Mehr Freude am Garten

Zier- und Nutzpflanzen
für drinnen und draußen

Mehr Freude am Garten

Zier- und Nutzpflanzen für drinnen und draußen

Verlag DAS BESTE Stuttgart · Zürich · Wien

© 1978 Verlag DAS BESTE GmbH, Stuttgart
© 1975 The Reader's Digest Association Limited, London

Alle Rechte, insbesondere die der Übersetzung, Verfilmung,
Funk- und Fernsehbearbeitung – auch von Teilen des Buches –,
im In- und Ausland vorbehalten

Printed in Germany

ISBN 3 87070 120 X

Mitarbeiter und Berater

Rolf Bühl

Ernst Deiser

Edgar Gugenhan

Joachim Kessler

Edelmar Krautter

Dr. Manfred Sturm

John R. McBain Allan

R. S. Aylett

Harry Baker

Kenneth A. Beckett

Ann Bonar

Audrey V. Brooks

P. R. Chapman

Keith M. Harris

Roy Hay

H. Raymond Jeffs

Reginald Kaye

F. P. Knight

Roy Lancaster

M. E. Leeburn

David McClintock

F. R. McQuown

Margaret J. Martin

R. H. Menage

John Negus

Frances Perry

C. E. Lucas Phillips

Ray Procter

David Pycraft

Peter Russell

David Sander

Peter J. Seabrook

James F. Smith

Michael Upward

Tony Venison

Patrick Walker

INHALT

Anlegen eines Gartens

Pflanzen im Haus

Der Nutzgarten

Der gesunde Garten

Register

VORWORT

Der Garten als schöne und gesunde Freizeitbeschäftigung: Kaum jemals war das Interesse daran so groß wie heute. Und dementsprechend groß ist auch das Angebot an Gartenbüchern. Es reicht vom farbenprächtigen Bildband, der in erster Linie zeigt, wie eine bestimmte Pflanze aussieht, bis zum hochspezialisierten Gartenbaulexikon, das in gedrängter Form sämtliche Begriffe dieses weitverzweigten Gebietes umreißt, ohne daß der Nichtfachmann großen praktischen Nutzen davon hätte.

In „Mehr Freude am Garten" soll der Hobbygärtner – egal ob er noch am Anfang steht oder schon weiter fortgeschritten ist – all das finden, was er wissen muß, wenn er einen Baum setzt, einen Strauch schneidet, den Gemüsegarten anlegt, Blumen pflanzt, wenn er einen Komposthaufen aufschichtet, von einer Zimmerpflanze Kopfstecklinge abnimmt oder einen Kaktus pfropft. Kurzum: Alle Arbeiten beim Gärtnern im Freien wie im Haus werden hier klar und verständlich beschrieben und ebenso klar und einprägsam Schritt für Schritt im Bild wiedergegeben.

Das vor allem ist es, was diesen Band von anderen Gartenbüchern unterscheidet. Daß außerdem auch viele Pflanzen in schönen Farbfotos gezeigt werden, ist eigentlich selbstverständlich. Aber fast noch wichtiger sind die übersichtlichen Pflanzentabellen, die nahezu jedes Kapitel begleiten. Hier werden die Pflanzen aufgeführt, die besonders empfehlenswert sind und in unserem Klima gut gedeihen.

Die Tabellen enthalten neben der Beschreibung der Pflanzen Angaben über ihre Größe und Breite, wie man sie pflanzt und pflegt, wie man sie schneidet, ob sie im Winter geschützt werden müssen oder nicht, wie man sie vermehrt, welche Sorten in welchen Farben blühen und wann, welchen Boden sie brauchen und ob sie Sonne oder Schatten haben wollen, wie man sie düngt und gießt und anderes mehr.

Die Pflanzen in den Tabellen sind meist alphabetisch nach ihrem botanischen Namen geordnet. Das hat seinen praktischen Grund: In Baumschul- und Staudenkatalogen sowie in Fachbüchern werden stets diese wissenschaftlichen und nicht die deutschen Namen verwendet, und auch in Gärtnereien und Blumengeschäften kommt man, wenn man den Fachausdruck benützt, meist rascher ans Ziel – besonders dann, wenn man etwas Ausgefallenes sucht.

Der botanische Name ist eindeutig. Für viele Pflanzen gibt es zwar einen volkstümlichen deutschen Namen, doch ist der von Gegend zu Gegend oft verschieden. Auch gibt es oft nur für den Gattungsnamen eine deutsche Entsprechung, während die Arten nicht mehr näher bezeichnet sind. Bei den Sorten schließlich tauchen überhaupt keine volkstümlichen Bezeichnungen mehr auf.

Man wird sich schnell an diese Anordnung gewöhnen, zumal das ausführliche Register auch die deutschen Namen und entsprechende Verweise enthält. Lediglich die Kapitel über Bäume, Heckenpflanzen, Obst und Gemüse, wo sich der deutsche Name überall durchgesetzt hat, sind dann auch nicht nach den botanischen Namen geordnet; doch werden diese selbstverständlich aufgeführt.

Der wissenschaftliche Name einer Pflanze geht entweder auf das Griechische oder Lateinische (gelegentlich auch auf das Arabische) zurück und setzt sich aus Gattungs- und Artname zusammen. Zur näheren Bestimmung der Pflanze tritt ein weiteres Wortelement, der Sortenname, hinzu, der stets in einfacher Anführung geschrieben wird und entweder eine Eigenschaft der Pflanze näher erläutert oder auf den Züchter, das Herkunftsland usw. hinweist. Zum Beispiel: *Convallaria majalis* 'Grandiflora'. *Convallaria*, der Gattungsname, ist lateinisch und bedeutet „Lilie der Täler", der Artname *majalis* heißt „im Mai blühend", und 'Grandiflora', der Sortenname, besagt, daß diese Sorte besonders große Blüten trägt.

Gelegentlich steht hinter dem botanischen Namen noch *var.* Dies ist die Abkürzung für *varietas* – Varietät, Abart, Spielart – und bedeutet, daß die Art von ihrer ursprünglichen Form etwas abweicht.

Ein ×-Zeichen zwischen zwei botanischen Namen weist darauf hin, daß zwei Arten miteinander gekreuzt wurden. Beispiel: *Forsythia × intermedia* (= *Forsythia suspensa × Forsythia viridissima*).

Nach der Abkürzung syn. (Synonym) folgt stets der frühere, häufig sogar bekanntere botanische Name einer Pflanze, der jedoch aufgrund neuerer Forschungsergebnisse seine Gültigkeit verloren hat.

In jedem Kapitel findet man auch einen Abschnitt über Pflanzenkrankheiten und -schädlinge. In übersichtlicher, tabellarischer Form werden die Schäden, ihre Ursachen und Möglichkeiten der Abhilfe aufgezeichnet.

Mit Hilfe dieser Beschreibungen – und mit Hilfe der bunten Abbildungen ab Seite 574 – kann man Krankheiten und Schädlinge ohne weiteres erkennen und erfolgreich bekämpfen. In der Tabelle sind meist nur die chemischen Wirkstoffe genannt. Eine Liste der Handelsnamen findet man ab Seite 599. Ein kleiner Ring neben einem Wirkstoff bedeutet, daß es diesen nur in der Bundesrepublik Deutschland gibt, ein Sternchen, daß er nur in der Schweiz zu haben ist.

Anlegen eines Gartens

Der Hausgarten dient als erweiterter Wohnraum,
als Wohnraum im Freien. Er muß so angelegt
werden, daß er dieser Aufgabe gerecht wird.
Nutzbare Flächen gewinnt man, wenn man Teile
des Gartens mit Platten belegt und so einen Sitzplatz
schafft. Den Garten gliedert man durch Pflanzungen,
Mauern, Pergolen oder Rankgerüste. Auf diese
Weise entstehen geschützte Erlebnisräume

Grundgedanken zur Planung und Anlage eines Hausgartens

Der Hausgarten hat heute als Wohnraum im Freien eine größere Bedeutung als früher. Denn in unserer unruhigen, technisierten Zeit sucht der Mensch mehr denn je Erholung und Entspannung in der Natur.

Mit der Planung des Gartens sollte man nach Möglichkeit schon beginnen, noch ehe das Haus gebaut wird. Das hat seinen guten Grund. Es lassen sich beispielsweise bei rechtzeitiger Planung die spätere Planierung des Bodens im Garten und die Erdgeschoßhöhe des Hauses so aufeinander abstimmen, daß der Aushub für den Keller und das Fundament im Garten untergebracht werden kann.

Ob es sich nun um eine Neuanlage, um die Verwandlung eines vernachlässigten, düsteren Hofs in einen wohnlichen Gartenraum oder um die Umgestaltung eines veralteten Gartens handelt, die Grundregeln, die bei der Planung beachtet werden müssen, sind die gleichen.

Wir gliedern den Garten je nach der Größe und den Bedürfnissen in einzelne Räume. Da gibt es den Vorgarten, den Wohn-, Spiel-, Bade- und den Nutzgarten. Diese einzelnen Gartenteile werden jedoch so angelegt, daß sie zusammengefaßt einen geschlossenen, harmonischen, übersichtlichen Gartenraum ergeben.

Der Vorgarten Der Gartenraum zwischen Gehweg und Haus ist oft nur wenige Meter breit. Hier wirkt ein einfacher Rasen, umgeben von Sträuchern und Blumenbeeten, am besten. Ideal wäre es, wenn man alle benachbarten Vorgärten zu einer Einheit zusammenfassen könnte, ohne sie durch Zäune voneinander abzugrenzen.

An einer verkehrsreichen Straße wird man den Vorgarten so gestalten, daß er einen möglichst wirksamen Schutz gegen den Straßenlärm und die Abgase der Fahrzeuge bietet. In solchen Fällen haben sich Mauern und dichte Pflanzungen gut bewährt.

Es ist ratsam, den Weg von der Straße zum Haus gut zu befestigen, damit man ihn sicher begehen und leicht pflegen kann. Garagenzufahrten lassen sich so anlegen, daß nur die Fahrspur mit Steinen belegt wird; dazwischen bleibt ein Rasenstreifen erhalten. Sämtliche Zugangswege im Vorgarten sollten gut beleuchtet sein.

Der Wohngarten Wir wünschen uns einen Garten, in dem man sich in frischer Luft frei und ungeniert bewegen kann. Der Garten sollte praktisch angelegt und leicht zu pflegen sein.

Der Sitzplatz liegt am besten unmittelbar beim Haus und, wenn das Wohnzimmer nach Süden oder Westen ausgerichtet ist, in enger Verbindung mit diesem, beispielsweise

◄ *In diesem liebevoll gestalteten Vorgarten blühen Frühlingsblumen in voller Pracht. Der Höhenunterschied zwischen dem Plattenweg und der Terrasse ist mit einer Klinkermauer überbrückt. Durch die Pflanzen davor und auf der Mauerkrone fügt sie sich harmonisch in das Gesamtbild ein. Die Pflanzen auf der Treppe müssen klein gehalten werden, damit man die Treppe bequem begehen kann*

Ein Sandsteinmauerwerk von bester Qualität läßt ►
die notwendige Mauer zum Schmuckstück werden. Weiße Schleifenblumen, gelbes Steinkraut und Aubrietien setzen leuchtende Akzente

Mit Wacholder, immergrünem Cotoneaster und Ro- ►►
sen wird dieser Sitzplatz zu einem Zimmer im Garten

in Form einer Terrasse. Oft bilden an das Haus angebaute Garagen oder andere Nebengebäude mit diesen zusammen einen windgeschützten, sonnigen Winkel, der sich für die Anlage eines Sitzplatzes geradezu anbietet. Hier läßt sich leicht und mit wenigen Mitteln eine Überdachung anbringen. Eine überdachte Terrasse ist von unschätzbarem Wert, kann man doch, auch wenn sich das Wetter eintrübt und die ersten Tropfen fallen, ruhig draußen bleiben. An der dem Nachbarn zugewandten Seite läßt sich ein Rankgerüst als Sichtschutz errichten. Damit erhält der Sitzplatz gleichzeitig einen gewissen Abschluß.

Die Terrasse wird meist mit Platten ausgelegt. Besonders gut machen sich Klinker und Natursteine. Auch Pflastersteine und Betonplatten lassen sich als Platzbefestigung verwenden.

Mauern Wege, Treppen und Mauern bilden das Gerüst des Gartens und sollen möglichst dem Gelände angepaßt werden. Ihre Linienführung bestimmt die Gartenräume. Eine niedrige, frei stehende Mauer hat eine gliedernde Aufgabe. Man errichtet sie meist dort, wo sie einen Gartenteil oder Sitzplatz räumlich abschließen soll.

Stützmauern müssen sehr sorgfältig und unter Beachtung der statischen Grundsätze gebaut werden. Sie haben, vor allem im abfallenden Gelände, eine größere Bedeutung. Terrassiert man dieses nämlich, so gewinnt man mehr Fläche. Hier kann man einen Steingarten besonders gut anlegen.

Jeder Eingriff in das natürliche Gelände muß allerdings sorgfältig abgewogen werden. Man sollte im Zweifelsfall lieber auf eine Stützmauer verzichten und das Gelände des Gartens weich modellieren, damit man eine harmonische Gesamtwirkung erreicht. Durch eine geschickte Bepflanzung, die die Stützmauer nicht verdeckt, sondern nur auflockert, wird diese harmonischer in den Garten und in die Landschaft eingefügt.

11

Hohe, frei stehende Mauern, die der Gliederung eines Gartens dienen oder den Abschluß eines Sitzplatzes bilden, wirken lockerer, wenn sie ganz oder teilweise durchbrochen sind.

Treppen Zur Überwindung von Höhenunterschieden sind Treppen erforderlich. Da man sich im Garten freier bewegt als im Haus, sollten die Stufen in ihrer Auftrittshöhe mehr dem Gehen als dem Steigen angepaßt sein und eine Höhe von 15 cm nicht überschreiten. Im flach ansteigenden Gelän-

Die Harmonie dieser Treppe aus Waschbeton-Blockstufen beruht auf dem bequemen Stufenmaß und der geringen Stufenbreite

de macht man die Stufen niedriger und zieht sie auseinander, während bei größeren Höhenunterschieden die Treppe durch eingeschaltete Podeste gegliedert wird. Man achte bei größeren Treppenanlagen mit dazwischenliegenden Podesten darauf, daß die einzelnen Stufenblöcke jeweils eine ungerade Zahl von Stufen aufweisen. Das Begehen eines solchen Treppenlaufs ist angenehmer, weil man nicht immer mit dem gleichen Fuß auf den Podesten ankommt. Einzelne Stufen sind möglichst zu vermeiden, da sie leicht übersehen werden. Treppen sollten gut sichtbar sein und möglichst in Anlehnung an ein architektonisches Element angeordnet oder durch eine seitliche Bepflanzung betont werden.

Es gibt verschiedene Arten von Stufen. Die Auswahl reicht von der einfachen Holzknüppelstufe über die ins ansteigende Gelände eingeschobene Stufenplatte, die Legstufe mit Unterlage, bis zur sorgfältig bearbeiteten Blockstufe. Man achte stets auf eine gute und feste Unterlage, damit sich die Treppe auch sicher begehen läßt.

Wege Kein Garten ohne Wege! Da sie für das Gesamtbild von entscheidender Bedeutung sind, muß man ihren Verlauf sorgfältig planen. Sogenannte Schlängelwege bringen Unruhe in die Anlage. Besonders in der Nähe des Hauses und im kleinen Garten ist eine straffe Führung der Wege wichtig, damit die Verteilung der einzelnen Gartenräume nicht gestört wird.

Die Art, wie die Wege befestigt werden sollen, darf nicht nur von den Kosten her beurteilt werden. Entscheidend sind hier vor allem die Aspekte der Zweckmäßigkeit, der Dauerhaftigkeit sowie der einfacheren Pflege. Die Möglichkeiten gehen vom einfachen Kies- und Asphaltbelag über Betonplatten verschiedener Ausführung, Pflaster- und Klinkerbeläge bis zu Natursteinplatten, gesägt oder bruchrauh, in unregelmäßig oder rechtwinklig verlegtem Verband.

Geringe Höhenunterschiede werden mit flachen Schrittstufen überwunden. Das Bild ganz oben zeigt eine Treppe aus Karlsruher Gartensteinen. Die gerundeten Stufen (oben) sind aus Waschbeton

Der Schrittplattenweg, der in den Rasen eingelassen ist, sieht natürlich aus, ist jedoch nur für wenig begangene Stellen zu empfehlen

Rankgerüste Vielfach ist es wohl notwendig, einen Teil des Gartens stärker gegen Blicke von außen abzuschirmen. Eine frei wachsende Strauchpflanzung oder eine Hekke kann diesen Zweck erfüllen. Es dauert aber oft Jahre, bis sie die entsprechende Höhe und Dichte erreicht hat. Ein Rankgerüst dagegen bietet sogleich einen guten Sichtschutz.

Die üppige Staudenpflanzung wird durch eine Kulisse aus Sträuchern begrenzt und hervorgehoben (links). Im Idealfall sollten sich Bäume, Sträucher und Stauden ergänzen

Durch die Bepflanzung wird die Hausecke (unten) lebendig. Diese Wirkung erzielt man, wenn man die Wege nicht direkt ans Haus legt

Rankgerüste mit Schilfmatten, Rohrgeflecht oder Holzstabgewebe bieten sofortigen Sichtschutz. Als einfache Lösung befestigt man das Material an waagrechten, halbierten Rundhölzern, die an senkrechten Holzpfosten angeschraubt werden. Für eine dauerhafte Lösung wählt man stärkere Holzpfosten, wobei diese nicht eingegraben, sondern an einbetonierten Eisenschuhen einige Zentimeter über dem Boden befestigt werden. So sind sie vor frühzeitigem Abfaulen geschützt.

Anstelle von Holzpfosten kann man auch Eisenrohre als tragende Konstruktion wählen. Man schraubt dann runde oder profilierte Holzlatten an diese Rohre. Es können auch Eisengitter und Baustahlgewebe angebracht werden. Vor dem Farbanstrich sollten alle Einzelteile einen Rostschutzanstrich erhalten.

An diesen Rankgerüsten läßt man nun ein- oder mehrjährige Schling- und Kletterpflanzen hinaufwachsen; auf diese Weise werden die Gerüste in den Garten eingegliedert.

Pergolen Eine Pergola bildet einen zusätzlichen Sichtschutz nach oben. Als schattenspendende, berankte Laube besitzt sie ihren eigenen Reiz. Pergolapfosten können aus Holz sein; sie werden aber, der größeren Stabilität wegen, auch aus Stein oder Eisen gefertigt. Als Auflage sind geschälte Rundhölzer gut geeignet. Für ein Rankgerüst reicht im allgemeinen eine Höhe von 1,8 m aus, während eine Pergola ungefähr 2,2 m hoch sein sollte, da die Pflanzen, die an ihr emporranken, auch von oben herabhängen.

Wasser Wasser ist ein uraltes Gestaltungselement. Wir finden es bereits bei den alten

◄ *Ein kleiner Garten erfordert sorgfältige Einteilung. Mit Hilfe von Pergolen, Rankgerüsten und Stufen kann man verschiedene Bereiche schaffen*

Auch die dekorative Wirkung des Wassers sollte ► *man ausnutzen. Wichtig ist es, nicht nur für den Zufluß, sondern auch für eine geeignete Abflußmöglichkeit zu sorgen*

Kulturvölkern, die die starke Wirkung, die von einem Wasserbecken oder einem schönen Brunnen ausgeht, wohl kannten. Wir sollten daher heute, da uns die Technik mit ihren vielen Möglichkeiten die Verwendung des Wassers im Garten so leicht macht, keinesfalls auf dieses lebendige, ursprüngliche Gestaltungsmittel verzichten.

Ein kleineres Wasserbecken ordnet man am besten einem Sitzplatz in der Nähe des Hauses zu, während einem größeren Becken eine raumgliedernde Funktion zukommt.

Durch eine ausgesuchte Bepflanzung wird ein Wasserbecken schöner und fügt sich harmonischer in den Garten ein. In die Nähe des Wassers pflanzt man gern Fackellilien, Taglilien, Trollblumen und Funkien zusammen mit Ziergräsern. Sie entfalten dort ihre volle Schönheit, besonders wenn sie sich im Wasser spiegeln.

Ein Vogelbad sollte in keinem Garten fehlen. Es bietet unseren gefiederten Freunden eine günstige Gelegenheit, sich zu erfrischen. Flache Keramikschalen oder ausgemuldete Natursteine sind dafür geeignet. Die Ausmuldung sollte vom Rand her möglichst flach beginnen und die Wassertiefe nicht mehr als 5 cm betragen. Das Vogelbad stellt man an einer übersichtlichen Stelle auf, da die Vögel es sonst aus Angst vor Katzen meiden.

Mobile Gärten

Verwendung Die Verwendung von Pflanzen als bewegliches Gestaltungselement in den verschiedensten Gefäßen hat in den letzten Jahren beträchtlich zugenommen.

Diese neue Gartenform erfreut sich wohl deshalb so großer Beliebtheit, weil die Menschen den Wunsch haben, sich in vielen Bereichen mit Pflanzen zu umgeben. Der bepflanzte Blumenkübel ist dafür wie geschaffen. Auch die Möglichkeit, diese Pflanztröge – je nach Hersteller und Ausführung auch Florakästen, Plantainer oder Planter genannt – einmal an dem, dann an jenem Ort aufzustellen, ist nicht nur praktisch, sondern

birgt auch besondere Reize. Allerdings wird man Pflanzgefäße aus den verschiedensten Gründen nicht allzu häufig umgruppieren. Meist verändert man seinen „mobilen Garten" einmal im Jahr. Der günstigste Zeitpunkt dafür ist das Frühjahr, wenn alles neu hergerichtet wird. Im Lauf der Zeit jedoch bildet sich meist ein optimaler Standraum heraus, der dann in der Regel auch beibehalten wird.

Gefäße Die Industrie bietet Pflanzengefäße aus einer Vielzahl von Materialien und in den verschiedensten Formen und Farben an. Gefäße aus Ton und Holz werden heute

durch künstliche Werkstoffe, wie Waschbeton, Eternit und Kunststoff, ergänzt. Neben quadratischen, rechteckigen und runden Gefäßen gibt es auch sechs- und mehreckige Formen. Da das Pflanzengefäß in erster Linie die Aufgabe hat, das Nährsubstrat für die Pflanzen aufzunehmen, sollte man beim Kauf besonders darauf achten, daß die Größe des Gefäßes dem Wachstum der Pflanze entspricht.

Aufbau der Anlage Bevor man mit der Bepflanzung beginnt, müssen verschiedene Überlegungen angestellt werden.

Weil die Pflanzen in den Gefäßen keine Verbindung zum Untergrund haben, aus dem sie Wasser und Nährstoffe entnehmen könnten, muß das Substrat so beschaffen sein, daß es möglichst viel Feuchtigkeit aufnehmen kann. Richtige Erde und vernünftiges Wässern sind wesentliche Voraussetzungen für die lange Lebensdauer einer Bepflanzung. Da den Wurzeln nur ein begrenzter Raum zur Verfügung steht, muß eine ausgeglichene Ernährung der Pflanzen über einen bestimmten Zeitraum gesichert sein. Auch bei stärkeren Wassergaben darf die Erde nicht verschlämmen, sondern muß Wasser aufnehmen und langsam an die Pflanzen abgeben können.

Im allgemeinen wird deshalb heute ein dreischichtiger Aufbau gewählt. Jede Schicht hat eine bestimmte Funktion. Zunächst müssen mobile Gefäße Öffnungen für den Abzug des überflüssigen Gießwassers erhalten.

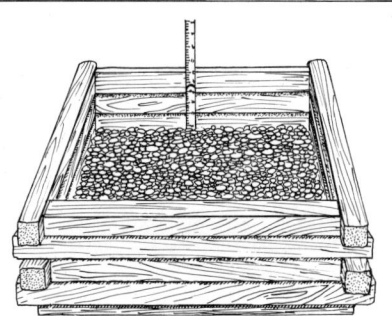

In den 1 x 1 m großen Pflanzentrog aus Holz wird zuerst eine mindestens 10 cm hohe Dränschicht aus Kies eingebracht. Sie hat die Aufgabe, übermäßige Wassermengen abzuführen

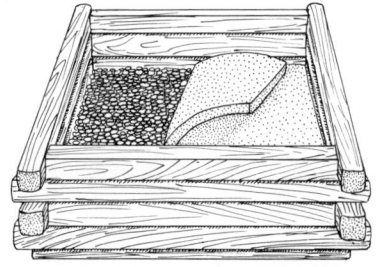

Damit Humusstoffe aus der obersten Vegetationsschicht nicht in die Dränschicht eingewaschen werden, verwendet man als Mittelschicht Filtervliese aus Kunststoff oder Glasfaser

Wenn der Pflegeaufwand für die Bewässerung verringert werden soll, kann eine ungefähr 10 cm starke Schicht aus Hygromull eingebracht werden. Mit diesem Material wird Wasser gespeichert

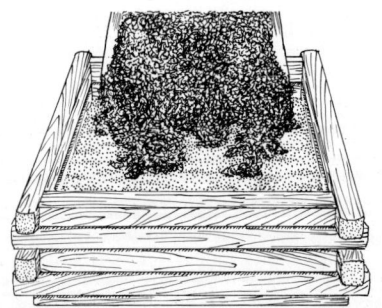

Zuletzt wird eine 25 cm hohe Erdsubstratschicht eingefüllt. Außer den Industrieerden und Torfkultursubstraten kann man auch eigene Mischungen aus Komposterde und Torf dafür verwenden

Will man im Herbst einer Kleingehölzpflanzung ▶ einen farbenprächtigen Akzent verleihen, dann wählt man am besten Heidekrautarten. Diese hier (Erica gracilis) ist zwar nicht winterhart, doch wird sie oft zur Bepflanzung von Balkonkästen und Blumenschalen verwendet

Mobiler Garten im Waschbetongefäß *Eine interes-* ▶▶ *sante Herbststimmung erreicht man durch eine derartige Bepflanzung. Auch hier wurde neben Kleingehölzen, Gräsern und Stauden das lachsrot blühende Heidekraut gepflanzt. Im Vordergrund die Rudbeckia fulgida 'Goldsturm'*

Dränschicht Die unterste Schicht, die Dränageschicht oder Dränschicht, sollte eine Mindesthöhe von 10 cm besitzen. Sie hat die Aufgabe, große Wassermengen schnell abzuführen. Gewaschener Flußschotter, Schlacke, Lavalit oder Blähton kommen dafür in Frage. Dort, wo die Belastung des Untergrunds für den Trog nur gering sein darf (mobile Gärten im Dachgarten), können als Dränschicht auch Dränplatten aus Styropor verwendet werden. Beim Gewicht und den Kosten der genannten Materialien lassen sich erhebliche Unterschiede feststellen.

Filterschicht Als Mittelschicht verwendet man am besten eine Filterschicht. Diese soll verhindern, daß Humusstoffe aus der obersten Vegetationsschicht in die Dränschicht eingewaschen werden und dort zu Verstopfungen führen. Man verwendet hierzu Filtervliese aus Kunststoff oder Glasfaser, etwa Lutraflor, Agri-Filzmatten, Polypropylenmatten oder Terra-Tel.

Ist der Pflanzentrog tief genug, dann kann man eine wasserspeichernde, ungefähr 10 cm dicke Schicht aus Hygromull einbringen. Dieses Material speichert Wasser und gibt es auch restlos wieder ab. Der Pflegeaufwand durch das Bewässern wird dadurch verringert, weil den Pflanzen stets eine bestimmte Wasserreserve zur Verfügung steht. Vor allem in der Urlaubszeit kann dies günstig sein.

Vegetationstragschicht Die oberste Schicht – sie muß mindestens 25 cm dick sein – ist die sogenannte Vegetationstragschicht. Gut abgelagerte Komposterde, gemischt im Verhältnis 1:1 mit Torf, kann man dafür verwenden. Aber auch die Industrieerden, beispielsweise Einheitserde oder Torfkultursubstrate, eignen sich sehr gut dafür.

Während die Industrieerden bereits Dünger enthalten, sollte die Komposterde bei Beginn der Kultur mit einem Volldünger angereichert werden. Am besten verwendet man dafür einen Langzeit- oder Depotdünger.

Damit wird ein Nährstoffangebot für eine Kulturperiode verabreicht. Erst im zweiten Jahr nach der Pflanzung muß man dann nachdüngen.

Bepflanzung Bei der Gestaltung des mobilen Gartens entscheidet man sich entweder für eine Dauer- oder für eine Wechselbepflanzung. Vielfach ergänzt man eine Dauerbepflanzung mit ein- und zweijährigen Sommerblumen, um den Arbeitsaufwand der Neubepflanzung zu verringern und trotzdem durch bunten Blütenreichtum Abwechslung in das Gesamtbild zu bringen. Hierfür steht eine Fülle geeigneter Pflanzen zur Verfügung.

Neben Laub- und Nadelgehölzen (überwiegend Kleingehölze), Stauden und Gräsern werden sämtliche Balkonpflanzen zur Bereicherung des Farbenspiels gerne verwendet. Oft erzielt man auch durch verschiedene Gruppierungen von mobilen Gärten oder durch eine Kombination mit dem Erdbeet, der Gartenterrasse, am Hauseingang oder auf dem Dachgarten einen besonderen gestalterischen Effekt.

▲
Mobiler Garten in Kunststoffgefäßen *Ein mobiler Garten läßt sich mit verschieden hohen und verschieden großen Gefäßen sehr wirkungsvoll aufbauen. Dabei können die einzelnen Gefäße ausschließlich eine Dauerbepflanzung tragen, während bei anderen nur Sommerblumen – hier zum Beispiel niedrige Tagetes-Sorten – verwendet werden. Die Wechselbepflanzung bietet zu jeder Jahreszeit ein anderes Bild. Die Dauerbepflanzung erfährt durch die Wechselbepflanzung eine bunte Abwechslung*

◄ **Mobiler Garten in Holzgefäßen** *Ein paar Holzgefäße sind hier beliebig nebeneinander aufgereiht und können so beispielsweise als Abschluß einer Terrasse dienen. Auch diese Gefäße sind in verschiedenen Größen und Tiefen zu haben. Für die Bepflanzung wurden, abgesehen von Gräsern, vor allem einjährige Sommerblumen (Fleißiges Lieschen) verwendet*

Besondere Effekte

Gartenschmuck Keramische Gefäße, wie Vasen, Schalen oder Töpfe, Gartenplastiken, Leuchten oder auch eine Sonnenuhr bereichern den Garten. Wohlgeformte Vasen oder Schalen sollen unser Auge durch ihre harmonische Schönheit in Material und Form als Kunstwerk erfreuen. Wir ordnen sie unbepflanzt einem Gartenraum zu.

Eine Plastik stellen wir im Garten nicht unmittelbar in eine Pflanzung, sondern geben ihr einen freien Platz. Damit sie sich von ihrer Umgebung abhebt, stellt man sie am besten auf einen Sockel. Vermeiden sollte man, beispielsweise eine Tierplastik im Garten so aufzustellen, daß der Eindruck entsteht, sie sei ein natürliches Lebewesen. Das mindert den Wert der Plastik und wirkt als gewollte Täuschung.

Beleuchtung Nur die wichtigsten Leuchten, beispielsweise an der Terrasse oder am Zugangsweg des Hauses, baut man fest mit unterirdisch verlegten Kabeln ein. Die Schalter hierfür werden neben der ins Freie führenden Tür und am Gartentor angebracht. Braucht man für ein Gartenfest mehr Licht, so kann man mit transportablen elektrischen Lampen oder auch mit Lampions und Windlichtern die schon vorhandene Beleuchtung ergänzen. Es gibt heute sehr schön geformte Windlichter, deren eiserne Schäfte entweder in einen Schuh oder direkt ins Erdreich gesteckt werden können. Mit ihrem flackernden Schein schaffen sie viel Stimmung.

Wir sollten jedoch nicht nur Wege und Treppen im Garten beleuchten, sondern auch einmal einen besonders schönen Baum oder Strauch von unten anstrahlen. Dafür eignen sich besonders hellgrün belaubte Pflanzen, etwa Birken oder der Eschenahorn. Der Effekt des von innen durchleuchteten Blattwerks erweist sich gerade bei einem Gartenfest als besonders passend.

Es blüht auch im Schatten Auch dort, wo es im Garten schattig oder halbschattig ist, gedeihen Pflanzen gut. Solche Plätze haben sogar bestimmte Vorteile, denn viele unserer Gartenpflanzen stammen aus dem Wald oder vom Waldrand und ertragen deshalb die volle Sonne nur zeitweise.

Meist sind Bäume oder Gebäude die Schattenspender. Bei Bäumen kommt es auf die Beschaffenheit der Krone an, ob der

Rhododendren und Farne sind Pflanzen, die sich besonders gut mit Wasser kombinieren lassen und im Garten für hübsche Effekte sorgen. Hier umgeben sie eine kleine Tierplastik, die als Wasserspeier die Gartenlandschaft belebt

Schatten von Sonnenflecken durchbrochen oder ganz dunkel ist. Unter dichtlaubigen Bäumen, etwa unter Kastanien, wächst kaum mehr etwas. Gebäude werfen nicht ständig Schatten, und selbst an Stellen, die kein direkter Sonnenstrahl erreicht, fallen zu irgendeiner Tageszeit Strahlen des reflektierten Sonnenlichts ein. Vielfach macht man sich über den Schattenwurf von Gebäuden eine falsche Vorstellung. Auch auf der Nordseite ist es, wenn die Sonne hoch steht, oft nur kurze Zeit schattig, und die West- und Ostseite haben meist den halben Tag volle Sonne.

Die Silberkerze gedeiht gut im Halbschatten. Sie gehört zu den Spätblühern und öffnet ihre silberweißen Blüten erst von Juli an

Wählt man Pflanzen für einen schattigen Standort aus, dann muß man die Eigenschaften des Bodens sowie seinen Feuchtigkeitsgehalt und die Bewässerungsmöglichkeiten mit berücksichtigen. Viele Schatten- und Halbschattenpflanzen lieben auch die Feuchtigkeit. Unter großen Bäumen oder Sträuchern mit flachen Wurzeln ist es aber meist ziemlich trocken, weil diese die Feuchtigkeit schnell dem Boden entziehen. Mauern, Gebäude oder hohe Zäune bilden häufig einen Schutz vor dem Regen, so daß schmale Beete an ihrem Fuß häufig gegossen werden müssen. Eine andere Möglichkeit besteht darin, solche Stellen mit trockenheitsresistenten Pflanzen zu besetzen.

Mit Sonnenflecken durchsetzte, schattige Standorte unter laubabwerfenden Bäumen und Sträuchern werden von vielen im Frühjahr blühenden Zwiebeln und Knollengewächsen wie Märzenbecher, Alpenveilchen, Winterling, Blaustern, Lerchensporn sowie Schneeglöckchen bevorzugt.

Auch Maiglöckchen gedeihen im Halbschatten, und zahlreiche Lilienarten fühlen sich in einer waldähnlichen Umgebung wohl. Der Boden sollte allerdings tiefgründig und humos sein.

Im Halbschatten, wenn der Boden nicht zu trocken ist, gedeihen viele Stauden. Für Blautöne sorgen polsterbildende Glockenblumen, das Kaukasusvergißmeinnicht, der Günsel und die Tradeskantie. Rote Farbtöne liefern das Lungenkraut, das Porzellanblümchen, der Schattensteinbrech und die roten Sorten der echten Geranien. Will man gelbe und weiße Töne, dann greift man zum Gelbweiderich, zu Taubnesseln und zum Salomonssiegel.

Wo Sonnen- und Schattenflecken miteinander wechseln und der Boden feucht ist, stehen noch mehr Pflanzen zur Verfügung. Fast alle Farne, darunter zahlreiche immergrüne Sorten, sorgen für die Begrünung des Bodens. Farbliche Abwechslung bringen die Etagenprimel und die Herzblume, Astilbe, Funkie, Waldgeißbart, Eisenhut, Taglilie, Silberkerze und die goldgelbe Trollblume.

Es gibt auch viele Sträucher, die gut im Schatten, durchbrochen von der Sonne, und auf fruchtbarem Boden gedeihen, wenn sie feucht gehalten werden. An trockenen Schattenstellen sollten sie jedoch während der Wachstumsperiode gegossen werden.

Zu den Sträuchern, die sich für solche Standorte eignen, gehören das zu den Hartheugewächsen zählende Johanniskraut mit seinen großen, goldgelben Blütendolden, die immergrünen Mahonien und immergrünen Berberitzen, die Hartriegelarten, Hasel, Seidelbast, Pfaffenhütchen, Heckenkirsche, Zierjohannisbeere, Schneebeere, Schneeball und die Hortensie sowie die vielfältigen Zwergmispelarten. Rhododendren und Erika bevorzugen auch den Schatten von Bäumen, doch brauchen sie einen sauren Boden.

Das Immergrün mit seinen sternförmigen, blauen Blüten gibt einen ausgezeichneten Bodendecker für schattige Plätze ab.

Alle Sträucher, die für einen Standort im Schatten von Bäumen empfohlen werden, können auch auf die Nordseite von Gebäuden gepflanzt werden.

Außerdem fühlen sich viele der schönsten mehrjährigen Pflanzen (Stauden) auf einem Beet in Nordlage wohl. Hierzu gehören Bergenien und das Kaukasusvergißmeinnicht, die japanischen Anemonen und die Akeleien, alle Glockenblumen und Pfingstrosen. In Zwischenräume kann man einjährige Pflanzen setzen, wie Stiefmütterchen, Löwenmaul oder Brunnenkresse.

Schattige Stellen sind also keineswegs benachteiligt. Einige der schönsten Pflanzen unserer Gärten gedeihen dort besonders gut.

Allerdings sollte man nicht mit Gewalt versuchen, die dunkelsten und zugigsten Ecken zu bepflanzen. Vielfach ist hier nämlich der begrenzende Wachstumsfaktor nicht das Licht, sondern die Trockenheit.

Durch weniger Gartenarbeit mehr Freude

Einen Garten, der überhaupt keine Arbeit bereitet, gibt es nicht, und kaum ein Gartenfreund würde sich einen solchen Garten wünschen. Für die meisten Leute ist Gartenarbeit eine angenehme, befriedigende Freizeitbeschäftigung.

Ein vernünftiger Gartenliebhaber wird jedoch seinen Garten von vornherein schon so anlegen, daß Freude und Arbeit im richtigen Verhältnis zueinander stehen. Allzu ehrgeizige Vorhaben sollten auf ihren späteren Arbeitsaufwand hin überprüft werden, ehe man sie in die Tat umsetzt. So verursacht eine streng geschnittene Hecke mehr Arbeit als eine freie Pflanzung. Blumenbeete mit wechselnder Bepflanzung (im Herbst Stiefmütterchen, im Frühjahr Tulpen, dann Sommerblumen) sind wesentlich aufwendiger als beispielsweise Staudenbeete.

Viel Arbeit verursacht im allgemeinen die Rasenfläche. Doch kann man auch hier Arbeit sparen, wenn man die Sache richtig anpackt. Zusammenhängende Flächen, wenig einzelne Bäume und Sträucher im Rasen und einfache Mähkanten erleichtern die Gartenarbeit. Auf zu kleinen, unzugänglichen oder zu steilen Flächen sollte man keinen Rasen anlegen. Sie werden besser mit bodendeckenden Gehölzen und Sträuchern bepflanzt.

Ein gewisses Maß an Arbeit fällt natürlich immer an. So muß der Boden in Pflanzungen bearbeitet und gedüngt werden, Rosen muß man zurückschneiden und gegen Krankheiten spritzen.

In einem Obst- und Gemüsegarten muß man sich stärker betätigen als in einem Ziergarten, dafür aber kann man dort auch Früchte ernten. Ein samtartiger Zierrasen erfordert mehr Pflege als ein anspruchsloser Gebrauchsrasen, und eine Blumenrabatte nimmt mehr Zeit in Anspruch als ein mit Sträuchern bewachsener Pflanzstreifen.

Im Idealfall sollten die größeren Arbeiten über das Jahr verteilt sein. Im Herbst nimmt

Eine solche Bepflanzung mit Prachtstauden benötigt relativ wenig Pflege: Man muß lediglich verblühte Triebe abschneiden, düngen, aufkommendes Unkraut entfernen und bei Trockenheit gießen. Das Bild zeigt ein Beispiel für die richtige Anordnung der Pflanzen: Im Hintergrund steht die hohe Rudbeckia nitida, davor die Sommerblüher Indianernessel, Sonnenbraut, Sonnenauge, Fetthenne und Phlox, im Vordergrund Astern

man die einjährigen Pflanzen heraus, die mehrjährigen Stauden putzt man aus und schneidet sie bis knapp an den Boden zurück. Ehe der Winter kommt, wird der Boden umgegraben. Wenn dann das Frühjahr anbricht, muß er nur noch flach durchgehackt werden. Umgraben sollte man ihn jetzt nicht, weil dadurch die Frostgare zerstört würde. Jetzt ist auch die beste Zeit zum Düngen.

Ein Garten sollte nicht mehr Arbeit verursachen, als sein Besitzer bereit ist zu leisten. Wächst einem die Arbeit über den Kopf, dann sollte man den Garten so umgestalten, daß pflegeaufwendige Anlagen durch weniger pflegebedürftige ersetzt werden.

In den meisten Gärten nimmt der Rasen die größte Fläche ein. Ihm sollte man sich vom Frühjahr an rechtzeitig widmen.

Um einen gleichmäßig grünen, feinen Teppich zu erhalten, muß man den Rasen regelmäßig mähen, düngen, bei Bedarf wässern und von Zeit zu Zeit belüften.

In einem Wohngarten, wo der Rasen auch als Spielplatz für Kinder und Tummelplatz für Haustiere dient, wäre es jedoch unzweckmäßig, übertriebene Anforderungen an die Schönheit zu stellen. Hier freut man sich über vereinzelte Gänseblümchen und ärgert sich auch nicht, wenn etwas Klee aufkommt. Schon bei der Anlage sollte man einen Gebrauchsrasen anstreben, bei dem die Gräser mehr auf ihre Strapazierfähigkeit hin ausgesucht werden als nach Feinheit und Aussehen.

Viel unnötige Mühe kann man sich sparen, wenn man während der Hauptwachstumszeit regelmäßig mäht und das Gras nicht erst allzu hoch wachsen läßt, bevor man mit dem Mäher herangeht. Eine zusammenhängend angelegte Fläche, bei der nicht rund um Beete und unter Sträuchern gemäht werden muß, erleichtert ebenfalls die Arbeit. Die Rasenränder kann man durch Plattenstreifen begrenzen, die in gleicher Höhe mit dem Rasen flach verlegt werden. Sie lassen sich mit dem Mäher befahren, wodurch man ohne zusätzlichen Arbeitsaufwand saubere Kanten erhält.

Wird das Mähen der Rasenkanten zunächst vernachlässigt, muß man mit Hilfe einer Rasenkantenschere von Hand nacharbeiten.

Etliche Arbeiten kann man dadurch einsparen, daß man Blumenbeete anstatt mit Sommerblumen mit mehrjährigen Stauden bepflanzt. So können beispielsweise in sonnige Rabatten Schafgarbe, Flockenblume, Kugeldistel, Sonnenbraut, Fackellilie, Phlox, Fetthenne und Ehrenpreis gepflanzt werden.

Herbstanemone, Prachtspiere, Bergenie, Kaukasusvergißmeinnicht, Dotterblume, Funkie, Taglilie und Trollblume eignen sich mehr für schattige, etwas feuchte Rabatten. Durch eine 5–7 cm starke Bodenabdeckung (Mulchen) aus Laub oder Torfmull, die im Frühjahr aufgebracht wird, kann man das Unkraut verdrängen. Gleichzeitig hält die Abdeckung den Boden feucht, so daß man weniger gießen muß, wenn es sich nicht gerade um eine ausgedehnte Trockenperiode handelt.

Noch weniger Arbeit fällt an, wenn man bodendeckende Pflanzen verwendet, die ihrerseits einen hübschen grünen Teppich bilden und gelegentlich sogar blühen.

Als Bodendecker geeignet sind: das Stachelnüßchen, Fetthennenarten und Thymian. In schattigen Rabatten gedeihen Storchschnabel, Taubnessel, Lungenkraut sowie das Große und das Kleine Immergrün.

Am wenigsten Arbeit erfordern reine Sträucherpflanzungen. Wählt man die Pflanzen für die einzelnen Jahreszeiten sorgfältig aus, dann bietet eine nur aus Sträuchern bestehende Rabatte das ganze Jahr hindurch einen schönen Anblick. Die Sträucher müssen nur gelegentlich geschnitten werden. Unkräuter können durch bodendeckende Pflanzen und Mulchen verdrängt werden.

Ebenso dankbar wie die bereits erwähnten mehrjährigen Bodendecker sind weitere flächendeckende Stauden und Halbsträucher wie Hartheu, Erika, Mahonie, Fingerkraut und kleine Koniferen.

Kleine Zwiebel- und Knollenpflanzen, wie Anemonen, Krokusse, Alpenveilchen, Schneeglanz, Schneeglöckchen, Blaustern und Zwergtulpe gedeihen besonders gut unter laubabwerfenden Sträuchern. Wenn man sie einmal gepflanzt hat, kommen sie Jahr für Jahr wieder, ohne daß sie einer besonderen Pflege bedürfen, und nach der Blütezeit werden ihre welkenden Blätter vom Laub der Sträucher verdeckt. Sie schätzen im Sommer den Schatten der Sträucher; im Frühjahr, wenn die Sträucher unbelaubt sind, genießen sie die Sonne.

Da man sich bei der Pflege von Beeten viel bücken muß, empfiehlt es sich, hier und da, wenn es sich gut in das Gelände einfügt, ein erhöhtes Beet anzulegen. Dies macht die Arbeit leichter und bringt vor allem kleine Blumen dem Auge näher. Ein solches Beet kann man aus den verschiedensten Materialien aufbauen. Ein erhöhtes Beet kann sich auch längs einer Mauer oder eines Zauns erstrecken; man kann es aber auch in Form einer großen, tiefen, frei stehenden Wanne oder als kleines Becken für kleine Steingartenpflanzen anlegen.

Eine wertvolle Hilfe bei der Gartenarbeit sind gute Geräte. Handliche Spaten, Rechen und Hacken, die in Gewicht und Größe zur Person des Gartenliebhabers passen, sind besser geeignet als altmodische, schwere Werkzeuge. Elektrische Heckenscheren arbeiten schneller als schwere Handscheren.

Wenn nur ein oder zwei Pflanzen gegen Schädlinge gespritzt werden müssen, nimmt man am besten ein Insektenvertilgungsmittel aus der Spraydose. Mit langstieligen Baumscheren kann man viele Äste vom Boden aus erreichen, ohne auf die Leiter klettern zu müssen.

Gärtnern im Freien

Freilandpflanzen sind allen Einflüssen der Natur ausgesetzt. Sie müssen Kälte und Hitze, Wind, Regenschauer und auch Trockenheit ertragen. Doch mit etwas liebevoller Pflege schmücken Blumen, Sträucher und Bäume den Garten viele Monate lang mit ihren leuchtenden und zarten Farben

Rasen

Der Rasen ist die Visitenkarte eines Gartens. Richtig schön dicht und grün zum Vorzeigen wird er aber nur, wenn man ihn sorgfältig pflegt

Schon bevor das Gras gesät wird oder Rasensoden verlegt werden, muß der Boden sorgfältig vorbereitet sein. Das ist die Grundvoraussetzung für einen guten Rasen. Und der ausgewachsene Rasen muß erst recht mit Sorgfalt gepflegt werden. Mähen, Düngen, Sprengen und der dauernde Kampf gegen das Unkraut sind unbedingt nötig, damit der Rasen schön wird und schön bleibt.

Regelmäßiges Mähen ist die wichtigste Arbeit bei der Rasenpflege. Wird das Gras nicht regelmäßig gekürzt, entwickeln sich sogenannte Obergräser mit langen Halmen und starkem Samenansatz; sie verdrängen dann die schnitt- und trittfesten Untergräser, und es entsteht eine Wiese.

Eine weitere wichtige Arbeit ist das Düngen, denn wenn man einer Pflanze immer wieder einen Teil ihrer Blätter und Triebe abschneidet, muß man sie gut ernähren, damit sie die gestutzten Teile wieder ersetzen kann.

Eine so stark beanspruchte Vegetation wie Rasen braucht außerdem ständig genügend Wasser. Zwar stirbt ein Rasen, der bei Trockenheit nicht gesprengt wird, nicht gleich ab. Er wird aber gelblich und später braun. Bei langer Trockenheit kann es – vor allem auf leichten, sandigen Böden – auch zu Dauerschäden kommen.

Verschiedene Rasenarten Je nach Nutzung unterscheidet man drei Arten von Rasen: Gebrauchsrasen, Zierrasen und Spielrasen.

Gebrauchsrasen besteht aus strapazierfähigen, anspruchslosen Grasarten. Er ist der ideale Haus- und Familienrasen.

Zierrasen besteht aus feinblättrigen und dicht wachsenden Grasarten. Er soll in erster Linie einen schönen Anblick bieten. Harten

Strapazen ist er weniger gewachsen.

Spielrasen, wie er beispielsweise auf intensiv gepflegten Golfplätzen anzutreffen ist, erregt zwar Bewunderung, seine Pflege erfordert aber ein hohes Maß an Kenntnis und Arbeit.

Die wichtigsten Rasenmischungen Die harten Bedingungen (Schnitt, Tritt), unter denen Rasengräser gedeihen müssen, sorgen für eine gewisse Auslese. Unter einer großen Menge von Grasarten gibt es nur wenige, die diesen Ansprüchen gerecht werden. Von diesen wenigen geeigneten Arten wurden allerdings im Laufe der Zeit immer mehr Sorten ausgelesen und gezüchtet.

Grasarten für Zierrasen Das Rote Straußgras wächst kriechend und treibt unterirdische Ausläufer. Es gedeiht am besten auf schwach saurem Boden, nimmt aber auch mit anderen Bedingungen vorlieb. Es verträgt nur bis zu einem gewissen Grad Trockenheit, ist sehr schnittverträglich, aber nur mäßig trittfest. Sorten: 'Bardot', 'Highland', 'Tracenta'.

Der Horstbildende Rotschwingel ist, wie der Name schon sagt, eine horstbildende Grassorte. Er treibt also keine Ausläufer, ist aber wie das Straußgras feinblättrig, sehr schnittverträglich, mäßig trittfest und verträgt Trockenheit gut. Sorten: 'Topie', 'Mennet', 'Koket', 'Golfrood'.

Der Ausläufertreibende Rotschwingel ergänzt den Horstrotschwingel gut; seine Ausläufer schließen Lücken. Im übrigen hat er ähnliche Eigenschaften. Sorten: 'Gracia', 'Novorubra', 'Ruby'.

Eine Samenmischung für Zierrasen soll aus ungefähr 20 Gewichtsprozent Rotstraußgras und je 40 % der beiden Rotschwingel

bestehen. Da Rotstraußgras sehr kleine Samen hat, ist es in der Mischung trotzdem dominierend. Saatgutbedarf je m² etwa 15–20 g dieser Mischung.

Grasarten für Gebrauchsrasen Die Wiesenrispe ist eine äußerst strapazierfähige sowie schnitt- und trockenheitsverträgliche Grasart. Sie ist in stark genutztem Rasen nicht zu entbehren, stellt jedoch hohe Ansprüche an die Nährstoffversorgung. Man verwendet sie zusätzlich zum Rotstraußgras und zu den beiden Rotschwingeln. Sorten: 'Merion', 'Mugget', 'Baron'.

Deutsches Weidelgras wächst ungemein rasch und entwickelt sich im Unterschied zu allen anderen Grasarten am Anfang sehr stark. Überdies ist es absolut schnitt- und trittverträglich. Sein großer Nachteil: Es ist relativ kurzlebig, verschwindet und hinterläßt Lücken.

Neue Sorten versprechen hier ein besseres Verhalten, so daß die guten Eigenschaften dieses Grases nutzbar gemacht werden können. Vor allem seine rasche Anfangsentwicklung ist wünschenswert (Ammenfunktion), doch darf sein Anteil an der Mischung nicht zu groß sein.

Mischungsverhältnis für Gebrauchsrasen (in Gewichtsprozenten): 5 % Rotstraußgras, 50 % der beiden Rotschwingel, 35 % Wiesenrispe, 10 % Weidelgras. Aussaatmenge: ca. 20 g/m².

Grasarten für Spielrasen Hauptbestandteil einer Spielrasenmischung ist die Wiesenrispe; dazu kommt der Ausläufertreibende Rotschwingel. Als besonders strapazierfähige Gräser verwendet man noch das Kammgras und das Lieschgras. Beide haben kräftige, breite Blätter und sind saftig grün, aber anfällig gegen Trockenheit.

Mischungsverhältnis für einen Spielrasen (in Gewichtsprozenten): 50 % Wiesenrispe, 30 % Rotschwingel, 10 % Kammgras, 10 % Lieschgras. Aussaatmenge: ca. 20 g/m².

Samenhandlungen und Kaufhäuser bieten Rasenmischungen unter verschiedenen Handelsbezeichnungen an. Kaufen Sie nur Mischungen, bei denen genau angegeben ist, welche Arten und Sorten sie enthalten. Anhand der oben stehenden Aufstellung können Sie prüfen, ob die Mischungen richtig zusammengestellt sind. Dabei sind kleinere Abweichungen in den Anteilen, andere Sorten oder die Beimischung von anderen Arten in kleinen Mengen unbedeutend.

Seien Sie besonders kritisch, wenn sogenannte „Schattenrasen" angeboten werden. Betretbare Rasenflächen unter Schatteneinfluß sind einfach nicht möglich. Ein Rasen braucht Licht. Muß ein Gebrauchsrasen im starken Schattenbereich angelegt werden, so ist der Mischung Saatgut der Hainrispe beizugeben. Das ist ein besonders schattenverträgliches, trockenheitsresistentes Gras, das jedoch schlecht schnitt- und trittverträglich ist.

Es gibt viele bodendeckende Pflanzen, die statt eines Rasens im Schatten gedeihen, so daß es auch hier mehrere Ausweichmöglichkeiten gibt.

Fertigrasen Heute bieten sogenannte Rasenschulen Roll- oder Fertigrasen an. Man muß zwar den Boden ebenso vorbereiten wie beim Säen, aber dann werden die Rasensoden einfach ausgelegt, und schon ist die Rasenfläche fertig.

Die richtige Mischung der Grasarten in den Rasensoden ist natürlich ebenso wichtig wie im Saatgut. Leistungsfähige Firmen erfüllen hier alle Wünsche. Fertigrasen ist allerdings wesentlich teurer als eine Ansaat.

Häufig werden Grassoden auch an Baustellen angeboten, wenn auf einem Wiesengelände mit den Bauarbeiten begonnen wird. Diese Grassoden enthalten jedoch meist einen hohen Anteil an ungeeigneten Gräsern und Unkräutern, die das Rasenbild erheblich stören.

Einen neuen Rasen anlegen

Vorarbeiten

Oft soll für den Garten eines Neubaus ein Rasen angelegt werden, wenn noch der Bauschutt herumliegt. Mitunter ist auch das Erdreich vom Kelleraushub auf dem gewachsenen Mutterboden abgelagert und nicht weggeschafft worden.

Sobald der Boden trocken ist, beginnt man mit der Vorbereitung. Zuerst räumt man den Bauschutt weg, dann entfernt man den Unterboden, der von den Aushubarbeiten übriggeblieben ist. Man kann ihn z. B. über das Gelände verteilen oder untergraben. Störendes Material läßt man abfahren.

Eine Rasenfläche muß nicht vollkommen eben sein. Ein sanftes Gefälle, auch wenn es nicht gleichmäßig ist, läßt sich ebenso leicht bearbeiten. Will man jedoch eine vollkommen ebene Rasenoberfläche erreichen, werden in Abständen von etwa zwei Metern Pflöcke so weit in den Boden getrieben, daß ihre Oberkanten alle auf gleicher Höhe sind, was sich mit Hilfe einer geraden Latte und einer Wasserwaage prüfen läßt. Etwa 10 cm unterhalb der Oberkante wird ein deutlicher Strich markiert. Dann wird das Erdreich zwischen den Pflöcken abgehoben oder aufgefüllt, bis die Fläche in Höhe der Markierungen eben ist.

Wenn nur stellenweise eingeebnet werden muß, verteilt man den Boden mit Spaten oder Schaufel. Die verbleibende Schicht des Mutterbodens sollte jedoch mindestens 15 cm tief sein.

Um eine größere Fläche zu planieren, ist eine erhebliche Erdbewegung nötig. Zuerst wird der Mutterboden abgehoben und am Rand der Fläche gelagert. Dann ebnet man den Unterboden ein, bringt danach den Mutterboden wieder zurück und verteilt ihn gleichmäßig über die ganze Fläche. (Mutterboden erkennt man gewöhnlich daran, daß er dunkler und „fetter" ist als der hellere Unterboden.)

Wenn der Untergrund aus schwerem Lehm besteht, kann Wasser nicht rasch genug versickern. Man schafft Abhilfe, indem man den Unterboden auflockert, bevor der Oberboden aufgebracht wird.

Um den Oberboden zu verbessern, arbeitet man organische Stoffe ein, z. B. verrotteten Stallmist, Komposterde und Torfmull, oder mineralische Stoffe, z. B. Sand. Als Faustregel gilt: Beim Einarbeiten von organischen Stoffen verstreut man etwa einen Eimer pro Quadratmeter, bei Sand etwa zwei Eimer.

Nach dem Planieren wird der Boden umgegraben, wobei er sorgfältig mit den Bodenverbesserungsmitteln vermischt werden sollte. Selbstverständlich darf man dabei nicht den Unterboden wieder nach oben schaffen.

Beim Umgraben entfernt man Steine und Wurzeln von mehrjährigen Unkräutern wie Nesseln, Ampfer, Disteln, Quecken, Winden usw. Auch Wurzelreste dürfen nicht im Boden bleiben, weil sie dort weiterwachsen.

Wenn man sich Zeit lassen kann, sollte man die so vorbereitete Fläche einige Wochen liegenlassen. Der Boden kann sich dann gleichmäßig setzen; das noch vorhandene Unkraut keimt und kann noch vor der Einsaat bekämpft werden.

Vorbereitung des Bodens

Ob Sie Grassoden verlegen oder Grassamen säen: In jedem Fall ist es wichtig, daß die obere Erdschicht zwar locker, aber doch gleichmäßig fest ist, damit sie sich nicht nachträglich setzt.

Deshalb läßt man die vorbereitete Fläche nach Möglichkeit eine Zeitlang liegen. Ist die Zeit knapp, kann das Setzen des Bodens (und auch das Keimen des Unkrauts) beschleunigt werden, indem man die Flächen ausgiebig beregnet und wieder abtrocknen läßt.

Auf kleineren Flächen werden Erdklumpen zertreten oder mit dem Krail oder Rechen zerschlagen. Bei größeren Flächen verwendet man dazu eine Bodenwalze.

Danach ebnet man die Fläche mit dem Rechen ein und entfernt dabei alle Steine. Man recht die Fläche diagonal und über Kreuz. Schließlich walzt man ebenfalls in zwei Richtungen, jeweils im rechten Winkel zueinander. Ist der Boden noch zu locker, weil größere Erdklumpen noch zu viele Hohlräume bilden, muß man ihn festtreten. Man setzt einen Fuß dicht neben den anderen und verlagert das Gewicht auf die Absätze. Dabei muß der Boden aber weitgehend abgetrocknet sein. Danach geht man wieder mit dem Rechen über den Boden.

Etwa sieben bis zehn Tage vor dem Verlegen von Rasensoden oder vor der Aussaat wird eine Grunddüngung (ca. 50 g/m² mineralischer Volldünger) ausgestreut. Man arbeitet den Dünger mit dem Rechen ein.

Kann der Dünger aus Zeitgründen nicht wenigstens eine Woche vor der Saat gestreut werden, ist es besser, den Rasen erst nach der Keimung zu düngen. Mineralische Dünger dürfen nicht mit dem Saatgut ausgebracht werden.

1. Schollen zerkleinern, den Boden abrechen und Steine entfernen

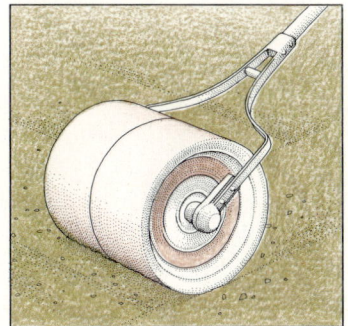

2. Die Erde in zwei Richtungen über Kreuz walzen

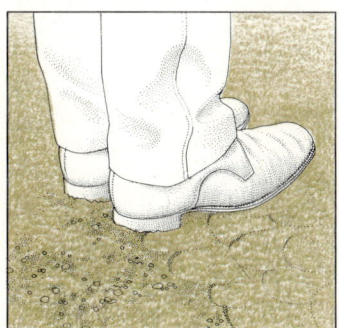

3. Wenn nötig, den Boden festtreten; nochmals rechen

4. 7–10 Tage vor Aussaat oder Sodenlegen Grunddüngung einrechen

Fertigrasen verlegen

Rasensoden können jederzeit verlegt werden, falls der Boden nicht gerade gefroren oder mit Schnee bedeckt ist. Die Vegetationszeit von April bis September ist jedoch am günstigsten, wobei man die heißen Monate möglichst meidet.

Der Rasen wird in Rollen geliefert. Die Normrolle ist 1,67 m lang und 30 cm breit (0,5 m²). Die Schälstärke beträgt ca. 2,5 cm. Das erscheint zunächst sehr dünn. Rasensoden wachsen jedoch viel besser an, wenn ein Großteil ihrer Wurzeln angeschnitten ist.

Der angelieferte Rasen darf höchstens zwei Tage aufgerollt liegen. Bei längerer Lagerung muß er provisorisch ausgebreitet und bei Trockenheit oder Wind bewässert werden.

Mit dem Verlegen der ersten Sodenreihe beginnt man am Rand der vorbereiteten Fläche. Die Soden werden einzeln ausgebreitet und festgedrückt. An den Außenrändern der Fläche läßt man sie etwas überstehen und sticht sie später ab.

Auf die fertige erste Reihe wird ein Brett gelegt, auf das man sich stellt, um dicht an die erste Reihe die zweite Sodenreihe zu legen, und zwar gegeneinander versetzt wie die Ziegel in einer Mauer. Ist die zweite Reihe fertig, legt man das Standbrett darauf und beginnt mit der nächsten Reihe.

Sobald die ganze Fläche belegt ist, wird zweimal gewalzt – das zweimal quer zur ersten Richtung.

Dann wird ein Gemisch aus Komposterde und Sand (oder nur Sand) ausgestreut. Man nimmt einen Eimer voll auf ca. 5 m² und fegt das Ganze anschließend mit einem harten Besen in die Fugen ein. Schließlich wird bewässert.

In der Vegetationszeit kann nach 10–14 Tagen zum erstenmal gemäht werden, wobei die Schnitthöhe etwa 4 cm betragen sollte.

An Wegrändern und Kanten werden überstehende Teile der Soden mit dem Rasenkantenstecher („Halbmond") oder mit dem Spaten schräg abgestochen.

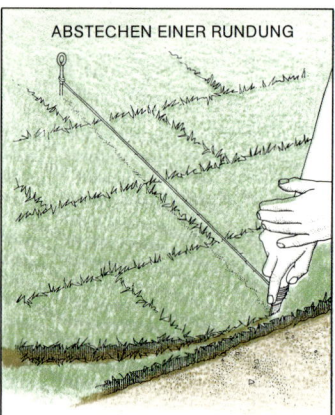

ABSTECHEN EINER RUNDUNG

Die Rasensoden über den vorgesehenen Rand der Rundung hinauslegen. An einem Stab in der Kreismitte eine Schnur festbinden, ihr anderes Ende um ein Messer wickeln und damit die Bogenrundung einritzen. Anschließend die Soden an der Markierung mit dem Halbmond abstechen

1. Jede Sode einzeln auslegen und fest andrücken

2. Auf einem Brett stehend, die zweite Reihe im Ziegelverband anlegen

3. Mit dem Brett auf der zweiten Reihe die dritte Reihe anlegen

4. Den Rasen zweimal walzen, einmal längs, einmal quer

5. Sand aufstreuen und mit einem harten Besen gleichmäßig verteilen

6. Ränder mit dem Rasenkantenstecher schräg abstechen

Pflege der verlegten Rasensoden

Der frisch verlegte Rasen muß ein- bis zweimal in der Woche mit dem Rasensprenger (Regner) bewässert werden. Dabei ist es wichtig, kräftig zu wässern (5–10 l/m²) und nicht nur oberflächlich zu spritzen. Das Wasser muß tief eindringen können, damit es im Boden gespeichert wird. Nur so werden die Wurzeln angeregt, in die Tiefe zu wachsen – zum Wasser hin. Häufiges geringes Wässern begünstigt dagegen einen flachen Wurzelwuchs.

An den spärlich wachsenden Stellen kann man Grassamen nachsäen.

Zwei bis vier Wochen nach dem Verlegen wird gedüngt. Geeignet sind mineralische Stickstoffdünger, von denen ca. 20 g/m² ausgestreut werden. Nach dem Düngen wässert man kräftig, damit der Stickstoff eingeschwemmt wird.

Anlegen eines neuen Rasens durch Aussaat

Die beste Zeit für die Aussaat sind die Wochen von Ende März bis Anfang Mai und von Mitte August bis Ende September.

Wenn möglich, läßt man den vorbereiteten Boden den Sommer über brachliegen, damit das Unkraut keimt. Man kann es dann aushacken oder mit einem Unkrautvertilgungsmittel ausrotten.

Zum Säen wählt man einen windstillen Tag, an dem der Boden oberflächlich trocken, darunter jedoch feucht ist. Die Oberfläche wird mit dem Rechen leicht abgezogen, so daß eine mindestens 2,5 cm tiefe, feine Bodenkrume entsteht.

Von Zierrasenmischungen werden etwa 15–20 g/m² ausgesät; für Spielrasen und Gebrauchsrasen nimmt man rund 20 g/m². Die Menge des Saatguts hängt von den sehr unterschiedlichen Größen und Gewichten der Samenkörner ab.

So ergeben z. B. beim Deutschen Weidelgras 500 Korn, beim Rotstraußgras 16 000 Korn ein Gramm. Dies ist zu beachten.

Das Saatgut kann entweder von Hand oder mit einem Streuwagen verteilt werden. Um auch von Hand gleichmäßig säen zu können, teilt man am Rand der Fläche mit Pflöcken und zwei Schnüren einen etwa 1 m breiten Streifen ab. Darauf streut man die entsprechende Menge von Saatgut und markiert dann den nächsten Streifen. Um den Samen möglichst gleichmäßig zu verteilen, wird zunächst nur die Hälfte in Querrichtung und dann die andere Hälfte in Längsrichtung gestreut. Anschließend wird das Saatgut mit dem Rechen nur leicht eingeharkt, so daß es knapp unter die Oberfläche gelangt.

Zunächst wird noch nicht gewalzt. Die Oberfläche bekommt dann nicht so leicht Risse, und ihre unregelmäßige Struktur bietet dem Saatgut bei schlechtem Wetter einen gewissen Schutz.

1. Unkraut aushacken oder mit einem Vertilgungsmittel vernichten

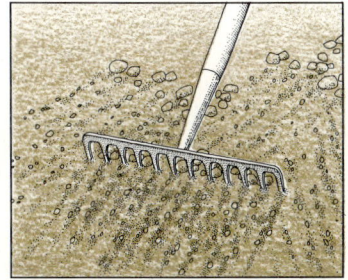

2. Boden rechen, bis er mindestens 2,5 cm tief feinkrümelig ist

3. Auf der Fläche mit Schnüren einen 1 m breiten Streifen abteilen

4. Im markierten Streifen das Saatgut ausstreuen

Pflege des jungen Rasens

Sobald das Gras 3–6 cm hoch ist, walzt man mit einer leichten Walze oder der hinteren Rolle eines Spindelmähers. Dadurch wird der Boden an die Würzelchen gedrückt und die Wurzelbildung gefördert.

Wenn das Gras mindestens 5 cm, aber höchstens 8 cm hoch geworden ist, wird zum erstenmal gemäht, am besten mit einem Sichelmäher. Schnitthöhe: 3–5 cm. Das Mähgut muß entfernt werden.

Nach dem ersten Schnitt düngt man den jungen Rasen mit einem mineralischen Stickstoffdünger, und zwar ca. 20 g/m². Danach wird der Rasen gewässert.

Folgt der Aussaat eine längere Trockenperiode, muß der Rasen unbedingt gegossen werden. Zu kräftige und grobe Bewässerung schwemmt allerdings die jungen Keimlinge aus dem Boden. Man zerstäubt das Wasser fein.

Es sind mehrere Arten von Rasensprengern auf dem Markt. Der Viereckregner hat ein langsam hin und her schwingendes Düsenrohr mit verschiedenen Einstellmöglichkeiten. Kreisregner bewässern eine runde Fläche und können vom feinen Wasserschleier bis zum kräftigen Strahl eingestellt werden.

Für die Wassermenge gilt wie bei Fertigrasen: lieber einmal kräftig als häufig zuwenig gießen, also vor dem Keimen ca. 5 l/m², danach ca. 10 l/m². Rasen braucht während der Vegetationszeit ca. 20 l/m² Wasser pro Woche.

Oft wird der Gartenfreund erschrecken, wenn statt des ungeduldig erwarteten Rasens zunächst nur Unkraut aufkommt. Das ist ganz natürlich, denn die Rasengräser keimen langsamer als die im Boden immer vorhandenen Unkrautsamen. Die meisten Unkräuter verschwinden nach dem ersten, spätestens zweiten Schnitt.

Die eigentlichen Rasenunkräuter, die man dann chemisch be-

Viereckregner

kämpfen muß, kommen meist erst später. Mit der Verwendung chemischer Unkrautvertilgungsmittel muß man jedoch beim jungen Rasen vorsichtig sein. Man sollte sie erst im zweiten Jahr anwenden.

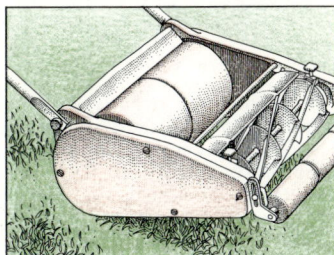

Das 3–6 cm hohe Gras leicht walzen, z. B. mit dem Spindelmäher

Der erste Schnitt des Grases: hier mit dem Sichelmäher

Pflege eines Rasens

Mähen und Kantenbeschnitt

Soll der Rasen saftig grün und gleichmäßig dicht bleiben, muß er sorgfältig gemäht und regelmäßig belüftet werden; außerdem muß man düngen, Unkraut sowie Pilze, Moose und Schädlinge fernhalten.

Wie oft gemäht werden muß, hängt von der Wachstumsgeschwindigkeit ab: während der Zeit des größten Wachstums – im Mai und Juni – oft zweimal in der Woche.

Gemäht wird von März bis Oktober, gelegentlich kann aber auch im Laufe eines milden Winters ein Nachschnitt notwendig sein. Wenn der Rasen sehr naß ist, sollte nicht gemäht werden.

Am besten ist eine Schnitthöhe von ca. 2,5 cm (bei Zierrasen). Bei stärker beanspruchten Flächen liegt die günstigste Schnitthöhe

zwischen 3 und 4,5 cm. Bei anhaltend trockenem Wetter, vor allem im Hochsommer, läßt man das Gras 5–6 cm hoch stehen.

Erdhäufchen von Regenwürmern sollte man gelegentlich mit einem harten Besen abfegen. Läßt man sie liegen, so verrottet darunter das Gras. Außerdem fördert das Kehren den Graswuchs.

Wird ein Rasen in parallelen Bahnen gemäht, ändert man bei jedem Schnitt die Mährichtung.

Bei anhaltender Trockenheit kann man das geschnittene Gras auf unkrautfreier Rasenfläche einfach liegenlassen. Dadurch wird die Bodenfeuchtigkeit zurückgehalten. Wenn das Schnittgut aber zu oft liegenbleibt, wird der Rasen weich und schwach und der Wurm- und Pilzbefall gefördert.

Die Kanten des Rasens schneidet man mit einer Rasenkantenschere.

Bewässern des Rasens

Wird ein Rasen bei lang anhaltender Trockenheit nicht regelmäßig bewässert, kann er dauerhaften Schaden erleiden.

Bei heißem, sonnigem Wetter wird einmal in der Woche gründlich bewässert. Rasen auf sandigem Boden muß alle vier bis fünf Tage gesprengt werden. Man ver-

Kehren und Rechen des Rasens

Im Frühjahr wird der Rasen mit einem Draht- oder Verstellbesen leicht abgekehrt, insbesondere vor dem ersten Mähen und wenn mit einem Sichelmäher gearbeitet wird.

Mitte September wird der Rasen mit einem Laubrechen kräftig durchgekämmt oder mit einer Rasenkehrmaschine abgekehrt.

Düngung des Rasens

Wenn im Herbst nicht gedüngt wurde, bekommt der Rasen Anfang April, solange der Boden noch feucht, das Gras aber trocken ist, als Grunddüngung 20 g/m² eines Volldüngers in flüssiger oder körniger Form. Je nach Beanspruchung des Rasens wird nun das Jahr über in regelmäßigen Abständen gedüngt, jeweils im Wechsel Volldünger und Stickstoffdünger. Für einen Gebrauchsrasen reichen drei bis vier Düngungen (April, Juni, August, Oktober), für einen Zierrasen sind fünf, für einen intensiv genutzten Spielrasen acht Düngungen notwendig.

Besonders wichtig ist die Herbstdüngung im Oktober, damit der Rasen auch im Winter grün bleibt. Außerdem wird das Wurzelwachstum, das ja auch im Winter nicht aufhört, gefördert.

Jeder Dünger muß gleichmäßig verteilt werden. Deshalb streut man von der vorgesehenen Düngermenge zunächst die Hälfte in

wendet einen Rasensprenger, am besten einen Viereckregner.

Die Wassermenge soll etwa 10 bis 20 l/m² betragen. Das entspricht etwa 10–20 mm Regenfall. Zur Kontrolle stellt man ein geradwandiges Gefäß im Bereich des Rasensprengers auf und mißt die Zeit, in der das Wasser im Gefäß eine Höhe von mindestens 1–2 cm erreicht hat.

Was nicht auf den Rasen gehört, mit dem Laubrechen entfernen

Querrichtung und dann die andere Hälfte in Längsrichtung.

Beim Düngen von Hand läßt sich genauer dosieren, wenn man die Rasenfläche mit Hilfe von Pflöcken und Schnüren in mehrere gleich große Abschnitte teilt.

Streuwagen

Nach dem Ausstreuen von festem Dünger muß die Rasenfläche bewässert werden, um Fleckenbildung zu vermeiden und den Wurzeln möglichst schnell die Nährstoffe zuzuführen.

Flüssigen Dünger verteilt man mit einer großen Gießkanne und einer geeigneten Brause.

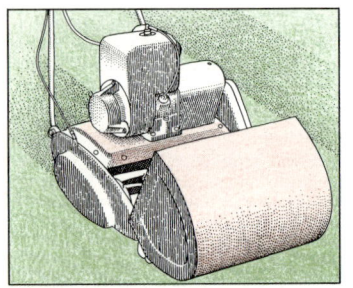
1. Den Rasen in parallelen, einander entgegengesetzten Bahnen mähen

2. Die Kanten mit der Rasenkantenschere beschneiden

PRÜFEN DER SCHNITTHÖHE BEI EINEM SPINDELMÄHER

Um die Schnitthöhe bei einem Spindel- oder Walzenmäher zu prüfen, legt man eine gerade Latte von der vorderen zur hinteren Rolle des Rasenmähers. Die Entfernung zwischen der Latte und dem feststehenden Untermesser entspricht der Schnitthöhe. Sie muß auf beiden Seiten gleich groß sein

Belüftung des Rasens

Jeder Rasen braucht Luft. Besonders wichtig ist eine Belüftung bei schweren Böden, die das Wasser aufstauen, oder wenn die Rasenoberfläche sich durch harte Beanspruchung verdichtet hat. Eine bessere Luftzufuhr fördert das Wachstum der Wurzeln.

Für kleinere Rasenflächen und leichtere Böden nimmt man eine Grabgabel und sticht in Abständen von 8–10 cm etwa 8–10 cm tief in den Boden. Man muß die

Nagelwalze

Grabgabel gerade einstechen und wieder herausziehen, ohne sie nach hinten zu drücken, weil sonst der Boden aufgeworfen wird.

Leichter geht es mit Lüft- oder Vertikutierrechen mit austauschbaren Zinken. Sie gewährleisten bei allen Bodenarten eine bessere Belüftung.

Die massiven Zinken können durch Hohllöffel ersetzt werden, die Löcher aus dem Boden stechen. Man verwendet sie vor allem auf schweren Böden.

Wahlweise können auch Messerklingen am Rechen angebracht werden. Diese Art des Vertikutierens ist besonders bei Bodenverdichtung wirksam. Durch die Klingen wird auch das Wurzelwerk zertrennt und zu stärkerem Wachstum angeregt. Für größere Flächen verwendet man Nagelwalzen, deren Stacheln sich auf einfache Weise austauschen lassen.

Nach dem Lüften wird der Rasen mit Sand überworfen, der zuerst mit dem Rechen, dann mit einem harten Besen verteilt wird. Er fällt in die eingestochenen Löcher und bewirkt eine bleibende Belüftung und eine Verbesserung des Wasserabzugs auch in tieferen Schichten. Der Sand darf jedoch höchstenfalls 0,5 cm dick aufgetragen werden, weil sonst der Rasen darunter erstickt.

Das Belüften und Absanden wird um so wichtiger, je intensiver ein Rasen benützt wird. Man sollte es mindestens einmal jährlich tun. Die günstigste Zeit dafür ist das frühe Frühjahr, denn dann wird der Sand am schnellsten durchwachsen.

Bekämpfung von Rasenunkräutern

Vorbeugen ist die beste Unkrautbekämpfung. Die typischen Rasenunkräuter, wie Löwenzahn, Klee, Breitwegerich, Gänseblümchen, Hornkraut usw., können sich nur deshalb entfalten und mit den Gräsern konkurrieren, weil sie von den Messern des Rasenmähers nicht erfaßt werden.

In einem schlecht gedüngten Rasen können sie sich besonders entfalten, weil die immer wieder abgeschnittenen Gräser eine schwache Konkurrenz sind. In einem gut gedüngten Rasen jedoch treiben die dicht wachsenden Gräser die Unkräuter dem Licht entgegen, und auch die gute Nährstoffversorgung treibt sie hoch – hoch genug für die Messer des Rasenmähers. Den Schnitt ertragen die Unkräuter nicht oft; sie werden geschwächt und verdrängt.

Unkrautbefall ist also immer nur die Folge eines vorherigen Versäumnisses. Man hat es leichter, wenn man die Ursachen beseitigt, also genügend düngt.

Kriechende Unkräuter, wie Klee und Ehrenpreis, werden mit dem Rechen oder Besen aufgerichtet, bevor man den Rasen mäht. Auf diese Weise kann man auch einjährige Unkräuter, etwa den Weißklee, und kissenbildende Unkräuter, wie die Vogelmiere, bekämpfen.

Einzelnstehende Unkräuter jätet man mit einer kleinen Handgabel, bevor sie sich allzu stark ausbreiten können.

Die meisten Unkrautarten lassen sich auch mit spezifischen Vertilgungsmitteln ausrotten.

Solche selektiven Unkrautvernichtungsmittel enthalten Wuchsstoffe, die das Wachstum von Unkräutern künstlich anregen, wobei sich ihre Blätter verwinden und einrollen. Schließlich sterben die Unkräuter ab und verrotten. Das Gras nimmt die Wuchsstoffe nicht auf und erleidet deshalb keinen Schaden.

Eine Woche vor der Behandlung mit Unkrautvertilgungsmitteln wird der Rasen gemäht; zur Behandlung selbst wählt man einen windstillen Tag. Die Anweisungen der Herstellerfirma sind dabei genau zu beachten.

Nach der Anwendung eines Unkrautvertilgungsmittels darf der Rasen mindestens acht bis zehn Tage lang nicht gemäht werden, damit das Mittel wirken kann.

Fertige Mischungen von Rasendünger mit Unkrautvertilgungsmittel sind sehr gut wirksam und vor allem für den Laien zu empfehlen, weil sie problemlos anzuwenden sind.

Selektive Unkrautvernichtungsmittel werden am besten im Mai, Juni oder Juli ausgestreut, können aber bis September verwendet werden.

Belüften Mit einer Grabgabel 8–10 cm tief in den Boden stechen oder eine Nagelwalze verwenden

Absanden Einen halben Eimer Sand pro Quadratmeter Rasen ausleeren und mit dem Rechen verteilen

Einzelnstehende Unkräuter werden mit einer kleinen Handgabel ausgestochen oder mit einem geeigneten Vernichtungsmittel behandelt

Schäden, die am Rasen auftreten können

Die folgende Tabelle beschreibt jene Schäden, die am häufigsten im Rasen auftreten.

Weitere Schadensformen, die durch Rasenschädlinge und -krankheiten verursacht werden, sind auf Seite 598 abgebildet und beschrieben.

Die Handelsbezeichnungen der verschiedenen Schädlingsbekämpfungsmittel siehe ab Seite 599.

Schaden	Ursache	Abhilfe	Vorbeugende Maßnahmen
Halbkreis- bis kreisförmiges Auftreten von bräunlichen Pilzen; das Gras stirbt an dieser Stelle ab	Hexenring, kreisförmig sich ausdehnendes Myzel von Pilzen der verschiedensten Arten	Mit chemischen Präparaten nicht möglich. Düngen mit schwefelsaurem Ammoniak	Bekämpfung nicht sicher; das Myzel ist im Boden weit verbreitet und wird meist nicht vollkommen abgetötet. Deshalb ist auch das Ausstechen und Auswechseln der Erde nicht erfolgversprechend
Verstärktes Auftreten von Moos im Rasen	Nährstoffmangel, Schatten, stauende Nässe	Ursachen beseitigen, spritzen mit Spezialmittel zur Moosbekämpfung, z. B. Gesamoos	Dauernder Erfolg nur, wenn der Rasen gut mit Nährstoffen versorgt wird
Starker Unkrautbefall mit Klee, Breitwegerich, Gänseblümchen, Hornkraut oder Löwenzahn	Schlechte Nährstoffversorgung	Düngen mit einem speziellen Rasendünger mit Unkrautvernichter nach Vorschrift des Herstellers	Den Rasen ausreichend mit Nährstoffen versorgen und regelmäßig mähen
Große, lockere Erdhaufen am Ende von Gängen, die dicht unter der Grasnarbe entlangführen	Maulwürfe	Maulwurfsfallen aufstellen oder die Gänge mit Gaspatronen ausräuchern	
Kleine, unregelmäßige Erdhäufchen, verteilt über die Rasenfläche. Bei schweren Böden kann durch Flachtreten oder Niederwalzen der Häufchen mit dem Walzenmäher das Gras darunter ersticken	Regenwürmer	Die Häufchen bei Bedarf abkehren	Da Würmer, die Erdhäufchen aufwerfen, in sauren Böden seltener auftreten, kann dem Übel durch Verwendung sauer reagierender Dünger abgeholfen werden
Der Rasen ist stellenweise braun, wie rostig. Auf den Blättern sitzen braune Pusteln	Rostpilze	Bei Befall mit Triforin spritzen	Keine Vorbeugung möglich
Flecken von gelbem, absterbendem Gras, die sich später braun färben. Bei feuchtem Wetter können die Flecken mit einem pelzigen, weißen Myzel bedeckt sein. Dieser Schaden tritt häufig im Frühjahr auf, wenn die Schneedecke weggeschmolzen ist	Schneeschimmel (Fusarium)	Mit Benomyl oder Tecto FL° gießen	Den Rasen in gut belüftetem Zustand halten

Rasenpflege rund um das Jahr

Januar Winterruhe.

Februar Winterruhe.

März In Gebieten mit mildem Klima Rasen belüften und absanden, sobald der Boden etwas abgetrocknet ist. Anschließend mit Rechen kräftig durchkämmen. Letzteres auch, wenn nicht belüftet wurde. Bei Bedarf wird nun schon zum erstenmal gemäht.

April Frühjahrsdüngung vornehmen. In rauherem Klima erst jetzt belüften und absanden. Durch Mähen das Gras niedrig halten, jedoch eine Schnitthöhe von 3 cm nicht unterschreiten. Unkräuter ausstechen, bevor sie sich ausbreiten können.

Mai Der beste Monat zur Unkrautvernichtung. Regelmäßig und häufig mähen. Nur intensiv genutzte Flächen düngen, das Gras wächst jetzt sowieso. Bei längerer Trockenheit gießen.

Juni, Juli und August Sommerdüngung ausbringen. Laufend mähen, Schnitthöhe im Hochsommer auf 4–5 cm erhöhen. Während längerer Trockenperioden kräftig bewässern. Einzelstehende Unkräuter gezielt bekämpfen. Bei hartnäckigen Unkräutern Dünger mit spezifischem Unkrautvernichter nach Vorschrift anwenden.

September Die Schnitthöhe wieder auf 3–4 cm herabsetzen. Nicht mehr so häufig mähen.

Oktober Herbstdüngung ausbringen. Auf diese Düngung nicht verzichten; sie erhält den Rasen auch im Winter grün. Herbstlaub abrechen. Bewässerung in der Regel nicht mehr erforderlich.

November Wenn nicht schon im Oktober, wird jetzt zum letztenmal gemäht, damit der Rasen kurz in den Winter geht. Danach sehr sorgfältig abrechen, auch das letzte Herbstlaub entfernen.

Dezember Winterruhe. Den Rasen möglichst nicht betreten, wenn er sehr naß oder gefroren ist.

Mulden und Kuppen einebnen

Kleinere Wölbungen oder Senkungen im Rasen werden am besten in der Vegetationszeit eingeebnet.

Mit dem Spaten sticht man in die Grasnarbe zwei Linien so über Kreuz, daß ihr Schnittpunkt in der Mitte der Schadstelle liegt. Parallel zu einer der beiden Linien macht man rechts und links zwei weitere Schnittlinien. Mit dem Spaten werden dann die Grassoden zurückgeschlagen.

Der Unterboden wird aufgelockert, dann entfernt oder schüttet man Erde nach Bedarf auf und ebnet die Fläche ein und tritt sie dann fest.

Schließlich werden die Rasensoden wieder zurückgelegt und angedrückt. Die Fugen füllt man mit Sand oder Erde aus.

1. In der Mitte einer Unebenheit den Rasen kreuzweise einstechen und beiderseits der Mitte nochmals zwei Parallelschnitte anbringen

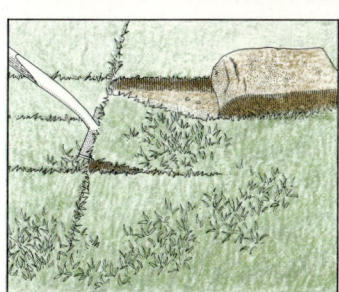

2. Rasensoden mit dem Spaten anheben und zurückschlagen

3. Unterboden flach umgraben, Erde zugeben oder wegnehmen, glattrechen

4. Die Grassoden zurücklegen und fest andrücken

5. In die Fugen zwischen die Soden feinkrümelige Erde oder Sand streuen

Ausbessern einer beschädigten Rasenkante

Um die beschädigte Stelle herum wird mit dem Spaten eine rechteckige Rasensode ausgestochen. Man hebt sie mit dem Spaten ab und setzt sie so wieder ein, daß die glatte Schnittkante außen und die schadhafte Stelle innen liegt.

Das Loch der schadhaften Stelle füllt man mit feiner Erde aus. Die Sode wird fest angedrückt und die ausgefüllte Stelle neu besät.

1. Um die Schadstelle eine viereckige Sode ausstechen und abheben

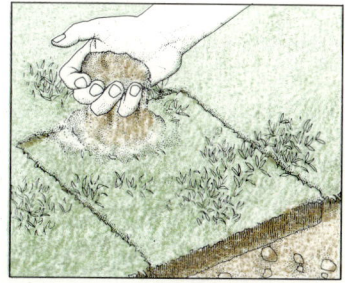

2. Die Sode so drehen, daß die schadhafte Stelle innen liegt

3. Das Loch mit feiner Erde füllen, festtreten und mit Grassamen besäen

Erneuerung eines verwilderten Rasens

Zunächst wird überprüft, ob die Mühe sich überhaupt lohnt. Ist der Rasen nämlich zu stark verunkrautet oder vermoost oder zu uneben, ist eine Neuansaat zweckmäßiger.

In diesem Falle müssen zuerst die Unkräuter und ungeeigneten Gräser mit Herbiziden gespritzt werden. Dabei muß man sich genau nach den Anwendungsvorschriften richten. Bei Mitteln, die nur auf grüne Pflanzenteile wirken, z. B. Herbiziden, wartet man ab, bis die Wurzelunkräuter ein zweitesmal austreiben, und spritzt dann noch einmal. Erst nach der Vernichtung der Unkräuter kann umgegraben und neu gesät werden.

Lohnt sich jedoch die Regenerierung, beginnt man am besten im zeitigen Frühjahr. Der Rasen wird kurz gemäht, scharf ausgerecht, anschließend kräftig gedüngt und ausreichend bewässert.

Im Mai und notfalls noch einmal im Juni wird das Unkraut mit herbizidhaltigen Düngern bekämpft. Danach wird der Rasen belüftet und abgesandet; kleine Kahlstellen können nachgesät werden. Wichtig ist, nicht zu viel Sand auf einmal aufzubringen. Sind größere Unebenheiten auszugleichen, muß erneut Sand aufgebracht werden, sobald das Gras durchgewachsen ist.

Man sollte aber nicht alle Maßnahmen zugleich durchführen, also nicht nach der Unkrautbekämpfung sofort den Sand aufbringen, weil sonst die Belastung zu groß wird. Günstig wirkt sich die Kombination Dünger und Unkrautvernichter aus, weil die Gräser dadurch gekräftigt werden und die entstandenen Lücken schließen. Mit etwas Mühe lassen sich auch verwahrloste Rasen gut regenerieren.

Rasenmäher: Schärfen der Messer

Spindel- oder Walzen- mäher schärfen

Die Messer eines Handrasenmähers werden geschärft, indem man sie rückwärts dreht, so daß sie von der Kante des feststehenden Untermessers geschliffen werden. Die beweglichen Messer und das Untermesser dürfen keine starken Scharten haben. Kleinere Scharten kann man selbst abfeilen, bei größeren Scharten müssen die Messer in die Werkstatt.

Die Messerwalze dreht man mit einem Radmutterschlüssel oder mit einer Leier mit Stecknuß, die man auf die Schraubenmutter am Ende der Walzenspindel aufsteckt.

Bei Mähern mit Riemenantrieb kann man dabei den Riemen aufgezogen lassen, wenn der Antrieb ausgekuppelt wird. Bei Mähern mit Kettenantrieb muß man in

jedem Fall die Kette abnehmen.

Hat der Mäher einen Zahnradantrieb, zieht man das freilaufende Zwischenzahnrad von seinem Zapfen ab.

Manche Rasenmäher haben im Zahnrad an der Antriebswalze ein Loch mit eingeschnittenem Gewinde. In dieses Loch kann man einen Schraubenbolzen als Kurbelgriff drehen, der mit einer Mutter gesichert wird.

Für Spindelmäher mit seitlichem Radantrieb muß man sich ein improvisiertes Werkzeug zum Kurbeln anfertigen, indem man in die Nuß eines alten Steckschlüssels zwei Schlitze einschneidet. Dann nimmt man das Freilaufritzel (Zahnrad) von der Messerwalzenspindel ab und setzt die Stecknuß mit den Schlitzen auf den Querdorn, dessen Enden aus der Spindel ragen.

Schleifen und Einstellen der Messer

Bevor man die Messer zum Schärfen dreht, muß man sie so einstellen, daß sie die feststehende Unterklinge eben berühren. Die beweglichen Messerklingen werden mit grober Schleifpaste bestrichen. Dann dreht man die Messerwalze rückwärts. Während der Arbeit muß die Walze immer wieder aufs neue eingestellt werden, damit die Schneidkanten stets das Untermesser berühren. Sind die Messer ausreichend nachgeschliffen, wischt

man die Schleifpaste ab und reinigt auch das Untermesser.

Um das Gras einwandfrei zu schneiden, müssen die Schnittflächen der Messerwalze das Untermesser gerade berühren. Die Messer sind dann richtig eingestellt, wenn man sie mühelos bewegen kann und dabei hört, wie das Metall aneinander reibt.

Die richtige Einstellung der Messer kann· man auch mit einem Stück Papier nachprüfen. Die Messer sollen das Papier über die ganze Länge des Untermessers glatt abschneiden.

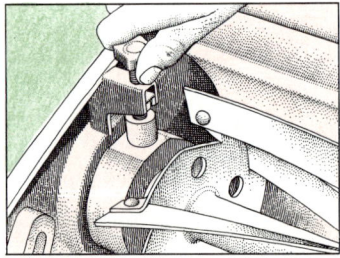

1. Messerwalze mit den beiden seitlichen Stellschrauben justieren

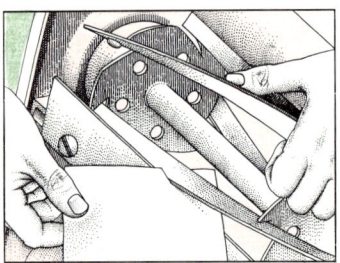

2. Schneidmesser sollen Papier am Untermesser glatt abtrennen

Sichelmäher

Bei Motorrasenmähern den durchgehenden Messerbalken (Sichelmäher) abschrauben (bei Elektromähern vorher das Kabel aus der Steckdose ziehen!) und die beiden Schnittkanten mit einer Feile schärfen. Um eine Unwucht festzustel-

len, steckt man einen Bleistift durch das mittlere Loch und läßt das Messer pendeln. Senkt es sich auf eine Seite, feilt man an diesem Ende etwas Material ab (nicht von der Schnittkante).

Manche Modelle haben angeschraubte Messerecken, die einfach ausgetauscht werden.

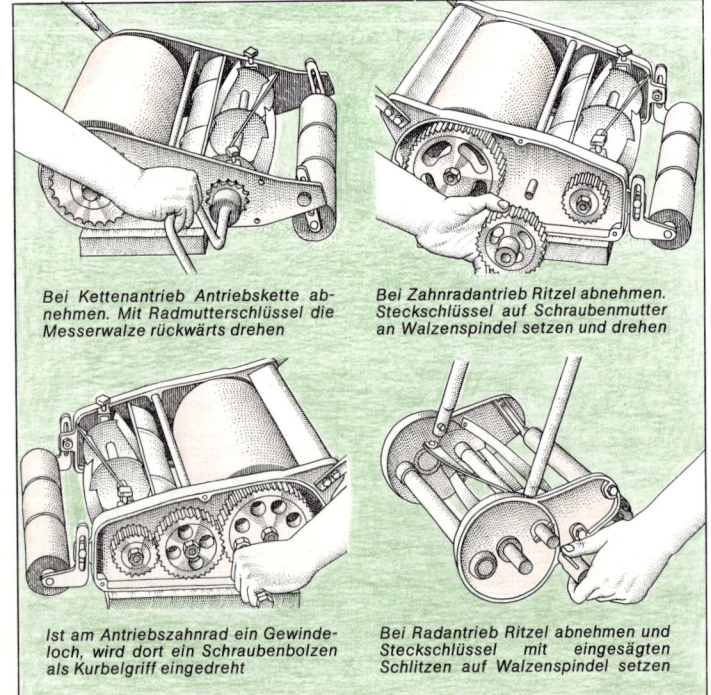

Bei Kettenantrieb Antriebskette abnehmen. Mit Radmutterschlüssel die Messerwalze rückwärts drehen

Bei Zahnradantrieb Ritzel abnehmen. Steckschlüssel auf Schraubenmutter an Walzenspindel setzen und drehen

Ist am Antriebszahnrad ein Gewindeloch, wird dort ein Schraubenbolzen als Kurbelgriff eingedreht

Bei Radantrieb Ritzel abnehmen und Steckschlüssel mit eingesägten Schlitzen auf Walzenspindel setzen

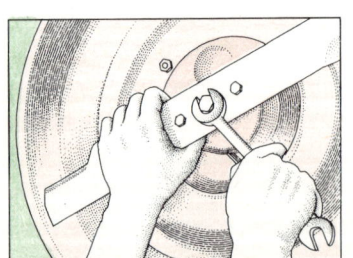

1. Messerbalken eines Motormähers mit Schraubenschlüssel abnehmen

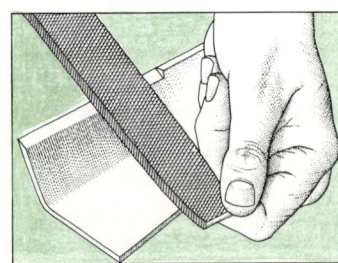

2. Schnittkanten des Messerbalkens mit der Feile schärfen

Bäume

Es gibt kaum eine Pflanze, die den Gartenfreund mit mehr Stolz und Freude erfüllt als ein selbstgepflanzter Baum, der im Laufe der Jahre zu seiner vollen Größe heranwächst

Laubabwerfende Bäume spenden im Sommer Schatten, doch auch ihre kahlen Äste sind von bizarrer Schönheit, wenn sie sich gegen den Winterhimmel abzeichnen. An immergrünen Laubbäumen freut man sich das ganze Jahr hindurch, besonders aber in der kalten Jahreszeit, wenn nur wenige andere Farben den Garten beleben.

Meist wählt man bestimmte Bäume deshalb aus, weil einem ihre Blätter, Blüten oder Wuchsformen gefallen oder weil sie einen bestimmten Zweck erfüllen sollen, beispielsweise den des Windschutzes. Da Bäume jahre- und jahrzehntelang einen festen Standort im Garten einnehmen, ist es außerordentlich wichtig, daß man den richtigen Baum für den richtigen Zweck oder Standort wählt.

Ein weit ausladender Kastanienbaum, der gleichermaßen wegen seiner Wuchsform, Blätter, Blüten und Herbstfärbung geschätzt wird, wäre in einem kleinen Vorgarten ebenso fehl am Platz wie ein Japanischer Fächerahorn in einer großzügigen Parklandschaft. Es ist aber durchaus möglich, daß auch ein stattlicher Baum gut in einen Vorgarten paßt. In diesem Fall könnte man einen Tulpenbaum oder eine große Konifere wählen.

Bäume pflanzt man auch deshalb gern, weil sie Schutz vor Winden bieten. Dichte, immergrüne Laub- und Nadelbäume sind hierfür am besten geeignet. Legt man besonderen Wert auf Schatten, wird man nicht gerade hochwüchsige, säulenförmige Bäume, etwa Lebensbäume, wählen. Statt dessen pflanzt man weit ausladende oder hängende Bäume, wie Buchen, Birken und Weiden. Soll ein Baum in den Vordergrund gesetzt werden, bilden Bäume mit lichten Kronen, wie Weißbirken oder Zedern, den geeigneten Rahmen für den übrigen Garten. Mehr an die Grenze eines Gartengrundstücks setzt man die dichteren Wachstumsformen, wie z. B. Bergahorn oder Eichen oder die dunklen Pyramidenformen von Tannen und Fichten.

Größe und Form der Blätter können ebenfalls bei der Wahl eines Baums ausschlaggebend sein. Ein schönes Muster ergeben die gefiederten Blätter der Gleditschie; interessante Strukturen zeigen auch die Blätter der Ulme und des Fächerahorns.

Heutzutage sind die Gärten meist klein, und die Gartenarbeit bleibt dem Besitzer oder Pächter allein überlassen. Der Arbeitsanfall kann jedoch wesentlich verringert werden, wenn man den Ziergarten „pflegeleicht" anlegt. So erfordern beispielsweise Bäume und Sträucher nach dem Pflanzen nur wenig Pflege. Dennoch bilden sie einen ausgezeichneten Hintergrund für Zwiebelgewächse, mehrjährige Pflanzen und einjährige Blumen und bieten zugleich oft den Halbschatten und Schutz, den viele dieser Pflanzen bevorzugen.

Will man einen einzelnen Baum auf einer Rasenfläche, auf der Rückseite einer breiten Rabatte oder nahe dem Zaun pflanzen, muß man genau die Vor- und Nachteile abwägen, bevor man eine Entscheidung trifft. Sucht man den Baum nach seiner Wuchsform, den Blättern oder anderen auffallenden Merkmalen, wie Farbe des Stamms, lang anhaltendem Beerenschmuck usw., aus, so muß man nur die Bodenbeschaffenheit, den Standort und gegebenenfalls die Ausladung der Krone berücksichtigen. Trifft man die Wahl des

Die Weißbirke sowie auch viele andere Bäume wirken am besten, wenn man sie in Gruppen pflanzt

Baums jedoch nach seinen Blüten oder danach, wie sich im Herbst sein Laub färbt, muß man sich auch sein Erscheinungsbild in den anderen Jahreszeiten vor Augen halten. Nachdem die üppige Blütenpracht im Frühjahr verwelkt ist, ist ein Baum den Rest des Jahres vielleicht nicht mehr so ansehnlich. Ebenfalls darf man nicht vergessen, daß die lebhafte Herbstfärbung der Blätter bei den meisten Bäumen nicht länger als einen Monat im Jahr anhält.

Immergrüne Laub- und Nadelbäume erfreuen sich steigender Beliebtheit, und das nicht nur, weil sie sich gut als Sicht- und Windschutz eignen, sondern auch wegen ihrer schönen Form. Zahlreiche immergrüne Gehölze, insbesondere Koniferen, sind oft sehr widerstandsfähig gegen Wind und Trockenheit, sobald sie sich erst einmal an ihren Standort gewöhnt haben. Sie eignen sich ausgezeichnet als einzelnstehende Bäume am Rand von Rasenflächen, und selbst im kleinsten Garten ist noch Platz für eine Zwergkonifere. Nahezu unentbehrlich sind immergrüne Laub- und Nadelbäume im Winter. Ihr grünes Kleid bringt Farbe in die sonst so eintönige Landschaft, und diese kann sogar noch prächtiger gestaltet werden, wenn man Formen und Sorten mit goldgelben, silbergrauen oder blaugrünen Blättern und Nadeln wählt.

Wahl des Standorts Im allgemeinen ist es nicht ratsam, Bäume in unmittelbarer Nähe des Hauses zu pflanzen, denn die Wurzeln können Grundmauern und Abwasserleitungen beschädigen, und außerdem halten schnell wachsende Bäume bald Licht und Luft vom Haus fern. In kleine Vorgärten sollten möglichst nur Zwergformen oder sehr niedrig wachsende laubabwerfende Bäume, beispielsweise Ahornarten, gepflanzt werden. Bäume, die so groß sind, daß ihre Äste über Wege und Einfahrten hängen, stellen eine Gefahr dar, weil Äste abbrechen können.

Im Herbst, wenn das Laub auf den feuchten Boden fällt, wird dieser leicht rutschig.

Wenn es der Platz erlaubt, sieht eine Gruppe von drei oder mehr Bäumen wirkungsvoller aus als ein einzelnstehender Baum. Dabei sollte möglichst nur eine einzige Wuchsform in der Gruppe vorherrschen. Ein hoher, schlanker Baum, eine pyramidenförmige Tanne oder Fichte und ein Baum mit kugeliger Krone nebeneinander sehen unschön aus. Man kann hier zwar keine festen Regeln aufstellen, doch sollten die Bäume derselben Gattung angehören und etwa die gleichen Abmessungen und Formen haben. So bietet beispielsweise eine Gruppe graublauer und lindgrüner Koniferen einen hübschen Anblick.

Der Abstand zwischen den Bäumen einer Gruppe hängt von deren Art ab. Als Faustregel gilt jedoch, daß man zwischen zwei Bäumen einen Abstand vorsehen soll, welcher der Hälfte der Ausladung der Krone der beiden ausgewachsenen Bäume entspricht.

Baumreihen, als Sicht- oder Windschutz gepflanzt, werden natürlich dichter gesetzt. Mit fortschreitendem Wachstum kann man dann jeden zweiten Baum herausnehmen.

Als Bepflanzung entlang eines Zauns nimmt man meist zuerst schnell wachsende Laubgehölze zusammen mit langsam wachsenden Koniferen. Wenn sich dann die Koniferen auszubreiten beginnen, werden die Laubbäume entfernt. In den meisten Baumschulen kann man sich beraten lassen, welche Gehölze sich für eine solche gemischte Bepflanzung von Grenzbereichen am besten eignen.

Die in der Tabelle ab Seite 42 beschriebenen und abgebildeten Bäume bieten eine breite Grundlage für die Auswahl. Doch da so viele verschiedene Arten und Sorten gibt, ist es ratsam, auch in Katalogen nachzuschlagen. Am günstigsten ist es aber stets, die Bäume

in einer Baumschule zu besichtigen, bevor man kauft.

Mehr als alles andere schaffen Bäume eine bestimmte Atmosphäre in einem Garten. Tannen und Eiben sehen erhaben aus, während Birken, Trauerweiden und Magnolien eher romantisch wirken. In städtischen Gärten findet man Zierkirschen, Robinien, Platanen sowie Rotdorn und Weißdorn.

Die verbreiteteren Baumarten sind nicht sehr teuer, seltenere Gehölze können jedoch recht kostspielig sein. In solchen Fällen ist es um so wichtiger, daß man einen Baum vor dem Kauf erst an Ort und Stelle besichtigt, und das am besten zu der Jahreszeit, in der er am schönsten ist, also zur Blütezeit oder wenn er Früchte trägt oder in seiner Herbstfärbung.

Am besten entscheidet man sich für einen jüngeren Baum, der möglichst nicht größer als 3 m ist. Er läßt sich leichter pflanzen als ein großer, und außerdem kann man ihn während der kräftigsten, auffallendsten Wachstumsphase beobachten, solange sich das Blattwerk noch in Augenhöhe befindet.

Baumschnitt Ein gewissenhafter Gartenbesitzer verfolgt den Wuchs seiner Bäume genau, und nötigenfalls berät er sich mit einem Baumwart. Überhängende Äste können ein Sicherheitsrisiko darstellen, und der Gartenbesitzer ist gegebenenfalls für Schäden haftbar, die Anlieger oder Passanten erleiden. Die Behandlung von Schäden am Stamm, das Zurückschneiden der Kronen von hohen Bäumen und das Fällen von Bäumen sollte man besser einem Baumwart oder Landschaftsgärtner überlassen, denn er hat die nötige Erfahrung und auch das richtige Werkzeug, um solche Aufgaben fachmännisch durchzuführen.

Der Grundstücksbesitzer und das Recht Es gibt verschiedene Vorschriften, die den Baumbestand in einem Privatgarten betreffen.

Ein Gartenbesitzer kann für Schäden haftbar gemacht werden,

die auf einem Nachbargrundstück durch eindringende Wurzeln oder überhängende Äste angerichtet werden. Er kann sogar zu Schadensersatzzahlungen verpflichtet sein, wenn er in seinem Grundstück Pflanzenschutzmittel gespritzt und dadurch die Früchte im Garten des Nachbarn verdorben hat.

Schäden durch Wurzeln im eigenen und benachbarten Grundstück kann man dadurch verhindern, daß man Bäume stets in ausreichendem Abstand von Gebäuden und Mauern pflanzt. Grenzabstände von Bäumen und Sträuchern sind im Nachbarrecht festgelegt. Häufig lassen sich Risse im Mauerwerk darauf zurückführen, daß dem Boden durch Bäume die Feuchtigkeit entzogen wird. Pappeln, Weiden und Eschen richten dabei den größten Schaden an und sollten daher nicht in der Nähe von Häusern gepflanzt werden. Ein Anhaltspunkt: Wurzeln können sich so weit ausbreiten, wie der Baum hoch werden kann.

Der Gartenbesitzer ist auch für überhängende Hecken und Bäume verantwortlich, wenn sie eine Gefahr für ein Nachbargrundstück oder einen öffentlichen Weg darstellen. In diesem Fall kann dem Gartenbesitzer auferlegt werden, seine Hecke ordnungsgemäß zurückzuschneiden oder einen Baum fällen zu lassen. Ist bereits ein Schaden entstanden, kann er zu Ersatzleistungen herangezogen werden. Ebenso ist es nicht erlaubt, Zweige von Sträuchern und Bäumen, deren Früchte oder Blüten giftig sind, auf ein Nachbargrundstück überhängen zu lassen.

Ein Gartenbesitzer oder Pächter kann überhängende Zweige abschneiden, wenn er dem Nachbarn eine angemessene Frist zur Beseitigung gesetzt hat und die Beseitigung nicht innerhalb dieser Zeit erfolgt ist. Ihm steht dieses Recht jedoch nur zu, wenn die Zweige die Benutzung seines Grundstücks beeinträchtigen. Überhängendes Obst darf der Nachbar pflücken.

Einpflanzen von Bäumen

Vorbereiten und Ausheben der Pflanzgrube

Die Pflanzzeit für laubabwerfende Bäume ist von Ende Oktober bis Anfang April. Immergrüne Gehölze pflanzt man am besten bereits im Oktober oder im März/April, wenn der Boden feucht und warm ist. Koniferen, die nach dem Einpflanzen häufig einen Teil ihrer Nadeln abwerfen, falls die Wurzeln nicht ausreichend mit Feuchtigkeit versorgt werden, sollten im März und April gepflanzt werden.

Der Boden darf weder gefroren noch mit Wasser vollgesogen sein. Unter Umständen muß man die von der Baumschule gelieferten jungen Bäume in einem kühlen, aber frostsicheren Schuppen lagern, bis man sie einpflanzen kann.

Holt man einen Baum selbst bei einer Baumschule oder in einem Gartencenter ab, ist dieser manchmal bereits in einem großen Plastiktopf großgezogen worden. In dem Fall kann man den Baum zu jeder Jahreszeit einpflanzen. Pflanzt man einen Baum im Sommer, muß er bis zum Herbst bewässert werden.

Die meisten Bäume kommen im Alter von drei bis vier Jahren zum Verkauf. Sie müssen ebenso tief eingesetzt werden, wie sie vorher in der Baumschule gestanden haben. Die Bodenmarkierung ist am unteren Ende des Stamms meist gut zu erkennen. In der Regel soll die kreisförmige Pflanzgrube einen Durchmesser von rund 1 m und eine Tiefe von 45 cm haben.

Nachdem der Rasen abgestochen ist (Abb. 1 und 2), beginnt man in der Kreismitte mit dem Ausheben der Pflanzgrube. Ändert sich die Farbe des Bodens, so bedeutet dies, daß man die Unterbodenschicht erreicht hat. Der Unterboden ist meist weniger humos. Er sollte deshalb getrennt vom dunkleren Mutterboden abgelagert werden. Am Grund der Pflanzgrube lockert man den Boden mit einer Grabgabel, um die Entwässerung und Durchlüftung zu verbessern und den Wurzeln des Baums das Eindringen in das Erdreich zu erleichtern. Bei schweren Böden ist es ratsam, auch die Seitenwände der Pflanzgrube aufzulockern.

Alle Bäume müssen in den ersten Jahren ihres Wachstums an einen Pfahl gebunden werden. Die Pfähle sollen bis knapp unter die Stelle reichen, an der sich der Baum zu verzweigen beginnt. Bereits vor dem Einpflanzen werden sie in den Boden geschlagen.

In der Mitte der Pflanzgrube gräbt man ein Loch für den Stützpfahl. Dort setzt man den Pfahl möglichst tief ein, tritt die Erde um ihn herum fest und rammt ihn dann in den Boden. Bei schweren Böden wirft man eine 15 cm hohe Kiesschicht auf den Grund der Pflanzgrube, um die Entwässerung zu verbessern.

Dann zerteilt man die abgehobenen Grassoden und legt sie mit der Grasseite nach unten in die Pflanzgrube. Darüber schichtet man mit der Gabel eine 10–15 cm hohe Lage aus gut verrottetem Stallmist, Gartenkompost oder Lauberde. Sodann beginnt man, die Pflanzgrube mit dem ausgehobenen Erdreich anzufüllen. Ist zuvor auch der Unterboden ausgegraben worden, mischt man ihn zum Anfüllen der Grube mit dem vorhandenen Mutterboden.

Sobald die Pflanzgrube bis zur Hälfte gefüllt ist, wird das Erdreich gut festgetreten.

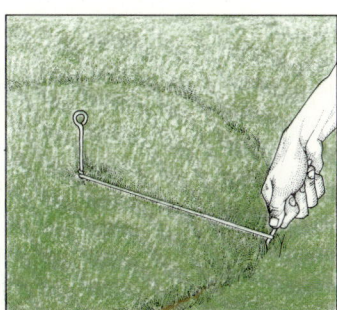

1. Mit einer Schnur beschreibt man einen Kreis von rund 1 m Durchmesser

2. Die Grassoden werden abgehoben und seitlich auf einem Haufen gelagert

3. Das Erdreich am Grund der Pflanzgrube wird mit der Grabgabel aufgelockert

4. Bei schweren Böden auch die Seitenwände der Pflanzgrube lockern

5. Pfahl einrammen. Bei lehmigen Böden zuerst eine Kieslage einfüllen

6. Grassoden zerteilen und mit der Grasseite nach unten in die Pflanzgrube legen

7. Darüber kommt eine Schicht Stallmist oder Komposterde als Langzeitdünger

8. Die Pflanzgrube halb mit Erde füllen und gut festtreten

Einpflanzen und Abstützen eines jungen Baums

Bevor man einen in der Baumschule gezogenen Baum einpflanzt, müssen gelegentlich die oberen Zweige etwas zurückgeschnitten werden. Man sieht sich die Zweige genau an und nimmt alle Stummel aus altem Holz bis zum Stamm hin ab. Ebenso entfernt man die Spitzen aller Zweige, die beim Transport beschädigt wurden.

Bei Bäumen ohne Erdballen kontrolliert man auch die Wurzeln und schneidet alle beschädigten oder abgestorbenen Teile bis zum gesunden Gewebe ab.

Bäume pflanzt man am besten zu zweit. Während der eine den Baum in der richtigen Stellung festhält, legt der andere eine flache Latte über die Ränder der Pflanzgrube. Die noch sichtbare Bodenmarkierung am Stamm wird auf die Höhe der Latte gesetzt. Dem-entsprechend wird dann Erdreich zugegeben oder weggenommen.

Man hält den Baum gerade an den Stützpfahl und füllt die Pflanzgrube mit dem übrigen Erdreich an. Ab und zu schüttelt man den Baum, damit sich das Erdreich zwischen den Wurzeln setzt.

Beim Auffüllen der Grube wird das Erdreich von Zeit zu Zeit festgetreten. Sobald die Wurzeln mit Erde bedeckt sind, streut man reichlich zwei Handvoll Hornoder Knochenmehl darüber, außerdem einen Eimer feuchten Torfmulls und vermischt alles gut. Danach wird die Pflanzgrube vollends aufgefüllt und die Erde festgetreten.

Der Boden wird mit einer Gabel glattgestrichen. Die Fläche um den Baum sollte möglichst zwei oder drei Jahre lang nicht bepflanzt werden, damit den Wurzeln des jungen Baums keine Nährstoffe entzogen werden.

Der Baum muß fest an den Stützpfahl angebunden werden. Im Handel sind verschiedene Arten von Baumbändern erhältlich. Die besten bestehen aus festem Kunststoffmaterial oder aus einem geflochtenen Band mit Gummipuffer.

Man bindet das Band etwa 10 cm unterhalb der ersten Verzweigung um den Stamm des Baums und zieht es durch den Puffer. Dieser verhindert, daß sich der Stamm am Stützpfahl reibt. Dann wird das Baumband festgezogen und am Pfahl – nicht am Baum – befestigt. Hat der Stamm eine gekrümmte Stelle, bringt man dort ein zweites Baumband an. Eine andere Möglichkeit besteht darin, daß man einen Streifen aus Sackleinen mehrmals um den Stützpfahl und dann um den Baumstamm und den Pfahl wickelt.

Im Lauf des Jahres muß das Baumband öfters kontrolliert werden. Wenn der Stamm dicker wird, lockert man es.

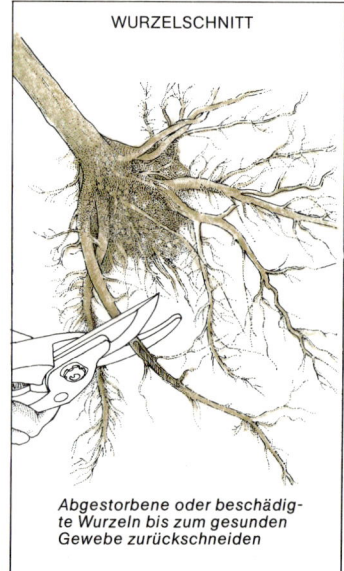

WURZELSCHNITT

Abgestorbene oder beschädigte Wurzeln bis zum gesunden Gewebe zurückschneiden

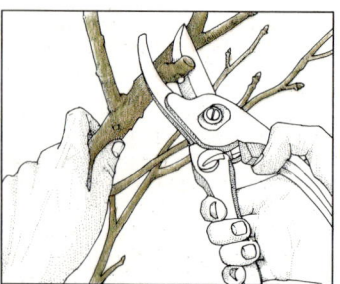

1. Abgestorbene Holzstummel bis an den Stamm heran abschneiden

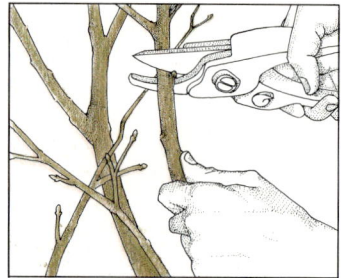

2. Beschädigte Zweigspitzen bis zu einer nach außen gerichteten Knospe abnehmen

3. Latte, Bodenmarkierung am Baum und Erdoberfläche sind auf gleicher Höhe

4. Pflanzgrube füllen und Baum leicht schütteln, damit sich das Erdreich verteilt

5. Erdreich festtreten und ausgleichen bis zur Markierung

6. Boden mit einer Gabel glattstreichen und 2–3 Jahre nicht bepflanzen

ANPFAHLEN DES BAUMS

Baumband Band so um Baumstamm und Stützpfahl schlingen, daß der Gummipuffer dazwischen liegt

Sackleinen Streifen erst um Pfahl, dann um Baumstamm wickeln

Wässern und Düngen nach dem Pflanzen

Das Wachstum junger Bäume kann dadurch gefördert werden, daß man früh im Herbst oder im Frühjahr den Boden mit einer 7–10 cm dicken organischen Isolierschicht, Mulch genannt, bedeckt.

Dadurch wird die Feuchtigkeit im Boden zurückgehalten und den Wurzeln Nahrung zugeführt. Im Winter hält die Abdeckung das Erdreich warm und schützt es vor leichtem Frost, während im Sommer die Erde im Bereich der Wurzeln kühl bleibt.

Bei Bäumen, die schon fest verwurzelt sind, ist eine Bewässerung im allgemeinen nicht notwendig. Junge Bäume werden jedoch bei lang anhaltenden Trockenperioden, insbesondere im Frühjahr, leicht welk. Dann muß man den Boden rund um den Baum wässern.

Junge Bäume brauchen in ihrer ersten Wachstumszeit nur wenig oder gar keinen Dünger. Haben ältere Bäume kleinere Blätter, verfärben diese sich frühzeitig und fallen ab, so sind das meist Anzeichen von Nährstoffmangel.

Damit die Nährstoffe zu den Wurzeln gelangen, bohrt man im Bereich der Wurzeln mehrere Löcher etwa 30 cm tief und in Abständen von 45–60 cm in die Erde. In diese setzt man einen breiten Trichter und schüttet einen Volldünger oder einen für Bäume und Sträucher empfohlenen Spezialdünger hinein. Bis knapp unter den Rand wird das Loch mit Dünger gefüllt und mit Erde abgedeckt.

1. Im Wurzelbereich 30 cm tiefe Löcher bohren; Abstand 45–60 cm

2. Dünger in die Löcher füllen und mit Erde abdecken

Wurzelschößlinge bei veredelten Bäumen entfernen

Wildtriebe, die nahe am Fuß des Hauptstamms austreiben, bezeichnet man auch als Wurzelschößlinge oder Stockausschläge. Diese Bäume sind auf die Unterlagen/Wurzelstöcke von Pflanzen der gleichen oder einer verwandten Art aufgepfropft oder okuliert worden.

Alle derartigen Wurzelschößlinge müssen entfernt werden, weil sie dem Edeltrieb die Nahrung wegnehmen. Man packt den Wurzelschößling und reißt ihn an der Stelle aus, an der er austreibt.

Wurzelschößlinge nicht abschneiden, sondern ausreißen

Einen neuen Leittrieb heranziehen

Bäume, die in Pyramiden- oder Säulenform gezogen werden, erleiden gelegentlich Schäden, solange sie noch jung sind. So kann beispielsweise starker Wind die Baumspitzen derart umbiegen, daß der Leittrieb verformt wird oder gar abbricht. Damit der Baum in der gewünschten Form weiterwächst, wählt man einen neuen, möglichst aufrechten Leittrieb aus.

Zunächst sucht man einen starken Rohrstock aus, der vom oberen Ende des Stützpfahls bis etwa 60 cm über die Spitze des neuen Leittriebs hinausreicht. Dann löst man das Baumband oben am Stützpfahl und schiebt den Rohrstock zwischen Pfahl und Band. Nachdem man das Baumband festgezogen hat, wird das untere Ende des Rohrstocks unterhalb des Bands am Pfahl festgebunden. Den neuen Leittrieb befestigt man an mehreren Stellen mit Bast am Rohrstock. Den beschädigten Leittrieb schneidet man auf gleicher Höhe mit dem Stamm ab. Die Schnittwunde verstreicht man mit Baumwachs.

Den neuen Leittrieb an einen Rohrstock binden, den alten abschneiden

Warum sich immergrüne Bäume braun färben

Immergrüne Gehölze, insbesondere Koniferen, werden oft einige Wochen nach dem Einpflanzen braun. Dies ist meist auf Wassermangel unmittelbar nach dem Einpflanzen oder auf starken, austrocknenden Wind zurückzuführen.

Um die Wurzeln von neu eingepflanzten Koniferen ausreichend mit Feuchtigkeit zu versorgen, ist eine mehrmalige kräftige Bewässerung erforderlich. Bei länger anhaltender Trockenheit müssen auch die Zweige abends mit Wasser besprengt werden. Auf keinen Fall darf man tagsüber bei Sonnenschein die erhitzten Pflanzen mit kaltem Wasser abschrecken.

Hohe Bäume in Containern müssen regelmäßig und gründlich bewässert werden. Selbst im Winter ist oft eine Bewässerung notwendig, vor allem wenn die Pflanzen an einer Stelle stehen, an die der Wind keinen Regen heranträgt. Junge Bäume können vor allem im Frühjahr durch den Wind ausgedörrt werden. Man stellt dann einen Windschutz auf.

Anzucht von neuen Ziergehölzen durch vegetative Vermehrung

Nur wenige Hobbygärtner wagen es, Bäume selbst zu vermehren. Die Vermehrung erfordert Fachkenntnisse, und bei Stecklingen braucht man auch teure Einrichtungen.

Eine Ausnahme machen Pappeln und Weiden. Sie können – von wenigen Arten abgesehen – aus 20 bis 25 cm langen Steckhölzern gezogen werden. Diese schneidet man von November bis März vom einjährigen Holz ab und steckt sie einfach in den Boden.

Stechpalmen und Tulpenbäume kann man dadurch vermehren, daß man sie über dicht über dem Boden hängenden Triebe im Frühjahr absenkt. Dies geschieht in der gleichen Weise wie die Vermehrung von Sträuchern durch Absenken (siehe Seite 73).

Einige Gehölze, wie die Robinie und die Silberpappel, treiben vielfach Schößlinge aus den Wurzeln. Diese können während der Ruhezeit (Herbst bis Frühjahr) ausgegraben, von der Mutterpflanze getrennt und an einer anderen Stelle des Gartens eingepflanzt werden, wo sie ein bis zwei Jahre bleiben können, ehe man sie an ihren endgültigen Standplatz setzt. Der Erfolg dieser Art der Vermehrung ist jedoch fraglich, denn manchmal sind diese Gehölze durch Pfropfen oder Okulieren auf einen anderen Wurzelstock veredelt worden, und der Wurzelschößling bringt wieder die ursprüngliche Art des Wurzelstocks und nicht das erwünschte edle Gehölz hervor.

Für die Vermehrung der meisten anderen Gehölze durch Stecklinge benötigt man einen warmen oder beheizten Frühbeetkasten und die feuchte Luft eines Treibhauses.

Die Vermehrung von anderen Bäumen ist noch weit schwieriger und sollte darum dem Fachmann vorbehalten bleiben.

Schäden, die an Gehölzen auftreten können

Die häufigsten Schäden an Gehölzen sind hier aufgeführt. Weitere findet man im Kapitel über Schädlinge und Krankheiten. Die Handelsbezeichnungen für die verschiedenen Wirkstoffgruppen werden auf Seite 599 aufgeführt.

Schaden	Ursache	Abhilfe
Blätter oberseits mit grauweißem, filzigem Belag bedeckt; Blätter und junge Triebe haben sich verformt	Echter Mehltau	Spritzen mit Triforin, Dinocap, Dichlofluanid oder Schwefelmittel
Plötzliches Verkümmern und Absterben einzelner Äste oder des ganzen Baums; im Herbst am Boden Hutpilze	Hallimasch	Bekämpfung sehr schwierig und gemäß den Anweisungen des Pflanzenschutzamts. Befallene Pflanzen ausgraben und verbrennen
Klebrige Blätter, die von einem schwarzen Schimmelrasen befallen sind	Rußtaupilz	Pilz wächst auf den Ausscheidungen der Blattläuse. Blattläuse spritzen mit Diazinon, Dimethoat u. a.
Eingerollte junge Blätter und Triebe, bedeckt mit grünen, braunen oder schwarzen Insekten; Blätterwerk klebrig	Blattläuse	Spritzen mit Malathion°, Diazinon, Dimethoat oder anderen Insektiziden
In den Blättern Löcher; Laub eingerollt oder mit silbrigen Kokons versponnen	Raupen	Spritzen mit Diazinon, Endosulfan u. a.

Auslichten einer zu dichten runden Baumkrone

Im allgemeinen müssen Bäume nur wenig ausgelichtet werden, weil der Hauptstamm bereits in der Baumschule geformt worden ist. Dasselbe trifft für die Verteilung der Leitäste zu. Koniferen sollten nur dann geschnitten werden, wenn sich zwei Stammverlängerungen gleichzeitig entwickeln. Bei älteren Koniferen können die unteren, dürren Äste in einer Ebene mit dem Stamm abgeschnitten werden.

Bei vielen Bäumen mit runder Krone wird die Kronenmitte in späteren Jahren zu dicht. In diesem Fall muß gelegentlich ein Auslichtungsschnitt vorgenommen werden. Schwache, abgestorbene oder beschädigte Äste entfernt man. Ebenso werden am Hauptast jene Seitentriebe abgeschnitten, die zur Kronenmitte hin wachsen. Man schneidet auch Äste heraus, die über Kreuz wachsen.

Winterkahle Bäume werden in der Regel von November bis Februar geschnitten, Birken und Ahorne möglichst noch im Dezember, weil bei ihnen ab Januar/Februar bereits der Saft wieder steigt. Soweit erforderlich, schneidet man immergrüne Gehölze im März/April.

1. Aus zu dicht gewordenen Kronen beschädigte und schwache Äste entfernen

2. Ebenso einige der Seitentriebe abnehmen, die zur Kronenmitte hin wachsen

3. Auch alle Äste, die sich aneinander reiben, wegschneiden

4. In die Krone muß nach dem Schnitt Licht und Luft eindringen können

Wilde Triebe entfernen

An einem Baumstamm können zwei Arten von Seitentrieben auswachsen. An Stellen, an denen ein größerer Ast abgesägt worden ist, treten gelegentlich gerade, dünne Triebe auf. Sie müssen unmittelbar am Stamm abgeschnitten werden.

Bei jungen, nicht erzogenen Bäumen wachsen ebenfalls Seitentriebe aus dem Stamm. Diese werden leicht zurückgeschnitten, bis der Stamm die gewünschte Höhe erreicht hat, dann ganz entfernt.

Man entfernt störende Seitentriebe am ausgewachsenen Baum

Absägen dicker Äste

Gelegentlich muß man einen starken Ast entfernen, weil er beschädigt worden ist oder auf ein Nachbargrundstück hinüberragt. Handelt es sich um einen langen Ast, sägt man ihn zuerst auf einen Stumpf von etwa 40 cm Länge ab, der erst anschließend endgültig entfernt wird. Dadurch verhindert man, daß der Ast unter seinem eigenen Gewicht abbricht und den Baumstamm beschädigt.

Beim endgültigen Abnehmen des Aststumpfs sägt man zunächst in gleicher Ebene mit dem Stamm von unten bis etwa zu 1/3 der Aststärke ein; sodann sägt man von oben so weit, daß man auf den unteren Schnitt trifft.

Die ausgefransten Ränder der Wunde werden mit einem scharfen Messer geglättet, und die Schnittfläche wird dann mit einem Wundverschlußmittel überstrichen. Dadurch fördert man eine schnellere Heilung und verhindert das Eindringen von Krankheitserregern in die Wunde.

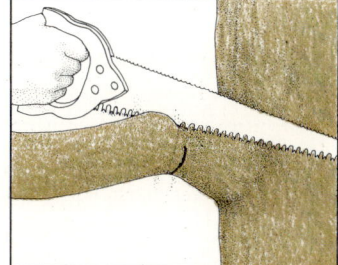

1. Ast bis auf einen Stumpf von ca. 40 cm erst von unten, dann von oben absägen

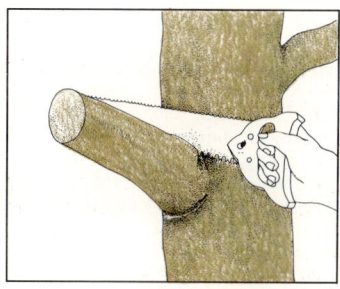

2. Auch den Stumpf erst unten am Stamm ansägen, dann Schnitt von oben vollenden

3. Die ausgefransten Ränder mit einem Messer nachschneiden

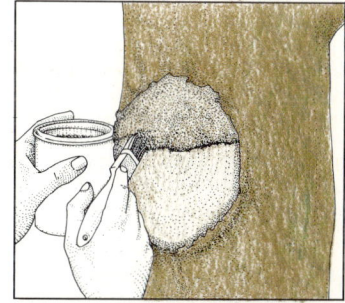

4. Schnittfläche mit einem Wundverschlußmittel bestreichen

Zurückschneiden eines Astes

Meist entwickeln sich die waagrechten Äste eines Baums so, daß sich eine natürliche Kronenform bildet. Gelegentlich wächst jedoch ein Ast besonders kräftig und verlagert den Schwerpunkt der Krone nach einer bestimmten Seite. Solche Äste muß man während der Ruhezeit zurückschneiden, damit die Symmetrie des Baums wiederhergestellt ist.

Allzu rasch wachsende Äste werden um rund 2/3 ihrer Länge bis an einen Seitentrieb zurückgeschnitten. Bei Ästen, stärker als 2,5 cm, bestreicht man die Wunde mit einem Verschlußmittel.

Im Winter schneidet man alle Äste zurück, die sich allzu kräftig entwickelt haben. Man setzt den Ast auf einen schwächeren, in gleicher Richtung verlaufenden Seitenast zurück

Konkurrenztrieb an jungem Baum entfernen

Manche Bäume, insbesondere solche mit einem aufrechten, kegel- oder pyramidenförmigen Wuchs, gabeln sich manchmal an der Spitze der Stammverlängerung und bilden einen Nebenleittrieb oder Konkurrenztrieb. Bei einstämmigen Bäumen, vor allem bei Koniferen, muß der Nebenleittrieb bis an die Austriebstelle heran vollständig entfernt werden. Bei anderen Bäumen, die bei ihrem natürlichen Wuchs Seitentriebe ausbilden, kann man den Nebenleittrieb auf die halbe Länge zurückschneiden. Dabei wird der Trieb mit einer Baumschere unmittelbar oberhalb einer nach außen gerichteten Knospe schräg abgeschnitten, aus der sich dann ein Seitentrieb entwickelt.

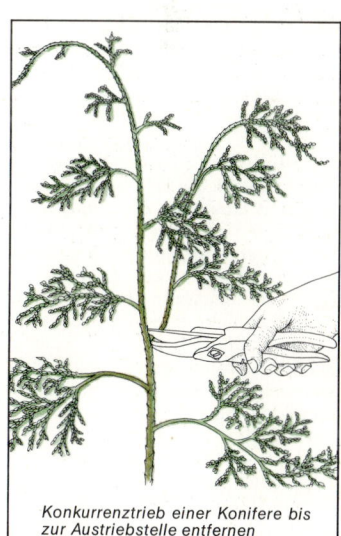

Konkurrenztrieb einer Konifere bis zur Austriebstelle entfernen

Die alte Kunst des Bonsai

Bonsai heißt auf deutsch „Zwergbäume". Die Bonsaizucht ist die alte Kunst, Bäume durch bestimmte Eingriffe künstlich klein zu halten. Die Kunst des Bonsai reicht bis ins 13. Jahrhundert zurück. Es gibt in Japan Bäume, die mehrere hundert Jahre alt sein sollen. Bonsaibäume kann man in Baumschulen und Blumenhandlungen kaufen. Sie eignen sich aber nicht als Zimmerpflanzen.

Heutzutage beschäftigen sich viele Pflanzenfreunde mit der Aufzucht eines solchen Zwergbaumes.

Am besten geht man dabei von einem Samen aus. Langsam wachsende, laubabwerfende Bäume, wie Eichen und Ahorne, können als Bonsai gezogen werden, häufiger verwendet man jedoch immergrüne Sträucher wie Zwergmispeln oder den Feuerdorn. Aber auch Koniferen sind für diesen Zweck gut geeignet.

Eine etwa 20 cm hohe Bonsaikiefer. Dieser Zwergbaum mit seinem gewundenen Stamm und der kräftigen Krone ist über 100 Jahre alt. Ursprünglich wurden Bonsais in ihrer natürlichen Wuchsform gezogen, heute verleiht man diesen winzigen Bäumen oft künstliche Formen

Anzucht und Zuschnitt von Trieben

Triebe von Bäumen haben manchmal bereits interessante, knorrige Formen. Wenn man diese Triebe vorsichtig ausgräbt und umsetzt, können sie in der gewünschten Form weitergezogen werden. Man kann aber auch selbst im Herbst Samen aussäen. Die Samen werden auf die Erde gelegt und mit einer Erdschicht in doppelter Kornhöhe zugedeckt. Den Pflanzbehälter stellt man ins Freie an einen schattigen, windgeschützten Platz oder in ein unbeheiztes Frühbeet, bis die Pflanze keimt. Dies ist meist im nächsten Frühjahr der Fall. Wenn die Sämlinge 2,5–3 cm hoch sind, setzt man sie einzeln in 7–10 cm weite Töpfe. Dann werden sie im Freien an einem geschützten Platz aufgestellt.

Im darauffolgenden Herbst setzt man die Sämlinge in ein Beet mit Gartenerde oder in einen Topf mit Komposterde. Durchmesser des Topfs: 12–15 cm. Den Topf stellt man an einen geschützten Platz ins

Freie und gräbt ihn in Torfmull ein.

Nun wickelt man einen weichen, dünnen Draht um die Spitze der jungen Pflanze und biegt sie zum Boden hin um. Der Draht wird in dieser Stellung mit einem Bindfaden festgehalten, den man um den Hals des Topfs schlingt. Nach einem Jahr hat sich der Stamm gekrümmt; der Draht wird entfernt.

Sobald der Stamm einen Durchmesser von etwa 1–2 cm erreicht hat, wird er im Winter 12–15 cm über dem Boden abgeschnitten.

Gegen Ende der Wachstumszeit werden alle dickeren Wurzeln stark zurückgeschnitten; nur die Haarwurzeln bleiben übrig. Sodann pflanzt man den Baum in einen kleinen Topf, der gerade genügend Platz für die restlichen Wurzeln bietet. Damit auch der Fuß des Stamms eine bizarre Form erhält, läßt man die Wurzelansätze etwas aus der Erde herausschauen.

Die kräftigsten Seitentriebe wählt man für das Heranziehen der Äste aus und schneidet die anderen Triebe bis zum Stamm ab.

BESCHNEIDEN DES HAUPTSTAMMS UND DER WURZELN

Wenn der Hauptstamm 1–2 cm stark ist, nimmt man ihn im Winter 12–15 cm über dem Boden ab; auch schneidet man die dickeren Wurzeln zurück

Erste Formung eines Bonsaibaums

Die eigentümliche, bizarre Form des Baums erreicht man dadurch, daß man Stamm und Äste mit Drähten umwickelt. Zu lange Seitentriebe werden zurückgeschnitten und von der Verzweigungsstelle am Hauptstamm an vorsichtig mit einem weichen Draht umwickelt. Der Draht darf nicht zu fest gewickelt werden, sonst würde er den Saftstrom in den zarten Trieben zu stark hemmen, und die Triebe würden dann absterben.

Jeden einzelnen Trieb umwickelt man mit Draht, bevor man ihm die gewünschte Form gibt. Die Drahtenden befestigt man wieder mit einem Bindfaden am Rand des Topfs. Nach ein bis zwei Jahren haben die Zweige ihre anerzogene Form für immer angenommen; die Drähte werden entfernt.

1. Lange Seitentriebe auf die gewünschte Länge zurückschneiden

2. Seitentriebe, am Hauptstamm beginnend, mit Draht umwickeln

3. Den mit Draht umwickelten Trieben gibt man die gewünschte Form

Einpflanzen der Bonsaibäume in flache Schalen

Für das Einpflanzen von Bonsaibäumen eignen sich alle Schalen, die eine Tiefe von rund 5 cm und ein Abflußloch haben.

Auf den Boden der Schale streut man eine dünne Kiesschicht und darüber eine 2,5 cm dicke Lage aus guter Komposterde. Den geformten Bonsaibaum nimmt man aus dem Topf heraus, krümelt die Erde rund um die Wurzeln ab und schneidet alle langen Wurzeln um mindestens $1/3$ zurück.

Den Stamm des Baums setzt man so auf die Komposterde, daß die Wurzeln ganz ausgebreitet sind. Dann bedeckt man die Wurzeln mit Komposterde, läßt einige aber auf der Oberfläche frei liegen. Die Erde wird festgedrückt.

Man kann den Stamm des Baums mit Steinen abstützen. Sie sorgen gleichzeitig dafür, daß die Wurzeln genügend Halt bekommen. Nach dem Einpflanzen wird die Erde leicht angegossen.

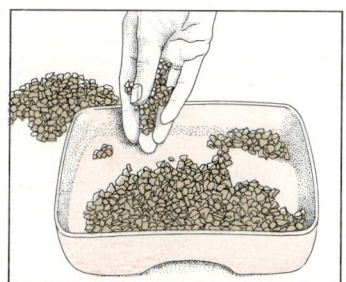

1. In eine etwa 5 cm tiefe Schale wird eine dünne Kiesschicht gestreut

2. Darauf kommt eine 2,5 cm dicke Schicht Komposterde, die man festdrückt

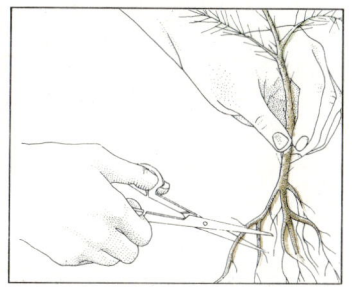

3. Lange Wurzeln des Sämlings um ein Drittel zurückschneiden

4. Sämling schräg mit flach ausgebreiteten Wurzeln auf die Erde setzen

Pflege und Umtopfen eines Bonsaibaums

Bonsaibäume müssen das ganze Jahr hindurch einen Standplatz im Freien haben. Sie eignen sich nicht auf Dauer als Zimmerpflanzen, können jedoch ab und zu eine Woche lang an einem hellen, kühlen Platz im Zimmer abgestellt werden. Die Komposterde des Baums muß stets feucht gehalten werden.

Da Bonsaibäume winterhart sind, braucht man sie nicht vor Frost zu schützen. Es ist jedoch ratsam, sie mit der Schale in Torfmull oder Sand zu betten oder während der Wintermonate in ein gut belüftetes Frühbeet zu stellen.

Um das Wachstum der Wurzeln zu hemmen, werden Bonsaibäume in flachen Schalen gehalten. Weil dort nur wenig Erde vorhanden ist und demzufolge auch nur wenig Nährstoffe zur Verfügung stehen, sollte man die Pflanzen jedes Jahr umtopfen. Bei Bedarf können gleichzeitig die Wurzeln und auch die Äste gekürzt werden.

Laubbäume

In der folgenden Zusammenstellung sind die Laubbäume unserer Gärten nach ihren deutschen Namen geordnet.

Die Wachstumszunahme ist je nach der Baumart verschieden. So wachsen einige Arten, wie z. B. der Goldregen, anfangs sehr rasch, dann jedoch nur noch langsam. Andere Bäume wiederum, wie die Magnolie und der Japanische Ahorn, wachsen, solange sie jung sind, nur langsam und brauchen viele Jahre, bis sie baumartige Ausmaße erreichen. Die hier aufgeführte endgültige Höhe und Breite sind Maße, die ein Baum nach etwa 30 Jahren erreichen kann. Auffallende Merkmale wie Farbe des Laubs, Herbstfärbungen, Blüten, Früchte und Rinde werden in der Spalte „Dekorative Wirkung" beschrieben.

Boden- und Standortbedingungen sind zusammen mit Pflanzvorschlägen für sämtliche Gartenarten unter „Besondere Hinweise" angegeben.

Ahorn   Amberbaum   Birke   Blasenbaum   Buche

Deutscher Name	Wissenschaftlicher Name	Höhe (H)/ Kronenbreite (B) nach 10 Jahren	Endgültige Höhe und Breite	Dekorative Wirkung	Besondere Hinweise
Ahorn	*Acer*				
Bergahorn	*A. pseudoplatanus*	H 4 m B 2 m	H 20 m B 8 m	Im Frühling nach dem Blattaustrieb gelbgrüne, hängende Blütentrauben	Wächst auf jedem Boden in freier Lage; schöner Solitärbaum
Eschenahorn	*A. negundo* 'Aureo-variegatum'	H 3 m B 2 m	H 9 m B 5 m	Grüne Blätter mit goldgelben Flecken von Frühjahr bis Herbst	Ausladender Baum; in frei stehender Lage für die meisten Böden geeignet; die grün-weiß-blättrige Form *A. n.* 'Variegatum' (Weißbunter Eschenahorn) ist ebenfalls weit verbreitet
Japanische Ahorne	*A. palmatum*	H 3 m B 2,5 m	H 6 m B 4 m	Eindrucksvolle, verschiedenartige Herbstfärbungen	Brauchen kalkfreien Boden und einen geschützten Standort; im Frühling empfindlich gegen Frostschaden
Roter Japanischer Fächerahorn	*A. palmatum* 'Atropurpureum'	H 2,5 m B 2 m	H 3–4 m B 2,5 m	Rote Blätter im Frühling und Sommer	Der bekannteste Zierahorn; ausgezeichnet für alle Gärten, Steingärten und für die Friedhofsbepflanzung geeignet
Spitzahorn	*A. platanoides* mit verschiedenen Sorten und Formen	H 4,5 m B 2 m	H 8–20 m B 4,5–6 m	Blüht gelb vor dem Laubaustrieb	Schöner Solitärbaum auf allen Bodenarten in freier Lage; Herbstfärbung: gelb, braun, rot. Rotblättrige Form: *A. platanoides* 'Faassen's Black'
Amberbaum	*Liquidambar*				
	L. styraciflua	H 4,2 m B 2 m	H 20–30 m B 9 m	Ahornähnliche Blätter, orange bis hochrot, in tiefrote Herbstfärbung übergehend	Kann auf feuchtem, kalkfreiem Boden in direkter Sonnenlage gepflanzt werden; wächst langsam; geeigneter Solitärbaum für große Gärten
Birke	*Betula*				
Sandbirke Weißbirke	*B. pendula* mit verschiedenen Gartenformen	H 5,5 m B 2,5 m	H 20 m B 6 m	Silberweiße Rinde; meist hängende Zweige mit doppelt gesägten Blättern	Auffallend schöner Solitärbaum, für alle Bodenarten geeignet; gedeiht in kalten Regionen
Youngs Hängebirke	*B. pendula* 'Youngi'	H 3,5 m B 2 m	H 5 m B 5 m	Die Zweige dieser Trauerbirke hängen fast bis zum Boden hinab	Wächst auf jedem Boden; ein idealer, frei stehender Baum für Rasenflächen in kleineren Gärten
Blasenbaum	*Koelreuteria*				
	K. paniculata	H 3 m B 2 m	H 8–10 m B 6 m	Gelbe Blüten im Juli/August; lange, gefiederte Blätter, die sich im Herbst gelb färben; blasige Kapselfrüchte	Auffallende Blätter und Blüten. Gedeiht in direkter Sonne auf jedem Boden
Buche	*Fagus*				
Säulenrotbuche	*F. sylvatica* 'Fastigiata'	H 3,5 m B 2 m	H 18 m B 7,5 m	Rotbraune Herbstfärbung	Gedeiht auf jedem Boden; großwüchsig und eignet sich gut als dekorativer Baum in großen Gärten. Es gibt auch eine Hängeform, *F. sylvatica* 'Pendula'

Eberesche

Eiche

Erle

Esche

Espe

Deutscher Name	Wissenschaft-licher Name	Höhe (H)/ Kronenbreite (B) nach 10 Jahren	Endgültige Höhe und Breite	Dekorative Wirkung	Besondere Hinweise
Eberesche	*Sorbus*				
Mährische Eberesche	*S. aucuparia var. edulis*	H 4,2 m B 2,5 m	H 12 m B 7,5 m	Gelbe und orangefarbene Herbst-blätter; eine Fülle orangeroter Beeren	Die meisten Ebereschen wachsen frei stehend auf stark sauren Böden; ausgezeichnet geeignet für Stadt- und Küstengärten. Die Vitamin-C-haltigen Beeren werden zu Marmelade verarbeitet
Mehlbeere	*S. aria 'Magnifica'*	H 5 m B 2,5 m	H 9 m B 5,5 m	Leuchtendgelbes Herbstlaub; eßbare orangerote Beeren	Durch seinen mittelgroßen Wuchs ist dieser Baum ausgezeichnet für kleine Gärten geeignet
Vielfiedrige Eberesche	*S. vilmorinii*	H 3 m B 2,5 m	H 6 m B 4,5 m	Zierliche, gefiederte Blätter, gelbrote bis purpurfarbene Herbst-belaubung; rosafarbene Beeren	Am besten auf kalkfreiem Boden; wächst langsam und ist ziemlich schmal; sehr günstig für kleinere Gärten
Eiche	*Quercus*				
Amerikanische Roteiche	*Q. rubra*	H 3 m B 2 m	H 15–20 m B 8–20 m	Rundkroniger Baum, im Herbst einzigartige orangerote bis scharlachfarbene Laubfärbung	Wächst verhältnismäßig schnell, ist anspruchslos in bezug auf Klima und Boden
Säuleneiche	*Q. robur 'Fastigiata'*	H 2,5 m B 0,6 m	H 15 m B 3,5 m	Eine säulenförmig wachsende Eiche. Rostbraune Herbstfärbung	Wächst auf jedem gut durchlüfteten Boden an sonnigem oder leicht schattigem Standort, wächst langsam; für große Gärten geeignet
Erle	*Alnus*				
Grauerle	*A. incana*	H 5 m B 2,5 m	H 20 m B 9 m	Gelbgrüne Blütenkätzchen im März; graue Blattunterseiten	Gedeiht auch auf nassem, moorigem Boden; wird am besten an Ufern fließender Gewässer gepflanzt; gabelt sich oft schon in Bodennähe
Italienische Erle	*A. cordata*	H 5 m B 2,5 m	H 13 m B 9 m	Gelbe Blütenkätzchen im zeitigen Frühling; glänzendgrüne Blätter, zäpfchenartige Früchte	Gedeiht am besten auf feuchten Böden, aber auch auf trockenen Kreideböden; geeignet für Parkanlagen
Esche	*Fraxinus*				
Goldesche	*F. excelsior 'Jaspidea'*	H 3,5 m B 1,5 m	H 12 m B 6 m	Goldgelbes Laub, gelbe Zweige im Winter	Wächst sehr gut auf jedem Boden; schöner Solitärbaum in großen Gärten und Parkanlagen in Städten und Küsten-gebieten
Hängeesche	*F. excelsior 'Pendula'*	H 3 m B 2 m	H 12 m B 6 m	Hängende Äste mit grünem Blattwerk	Schöner Einzelbaum auf jedem Boden, frei stehend
Espe	*Populus*				
Hangende Zitterpappel	*P. tremula 'Pendula'*	H 3,5 m B 2 m	H 6 m B 3,5 m	Lange, purpurne Blütenkätzchen im zeitigen Frühjahr	Wächst gut auf jedem Boden, schöner frei stehender Einzelbaum in Siedlungs- und Küstengebieten

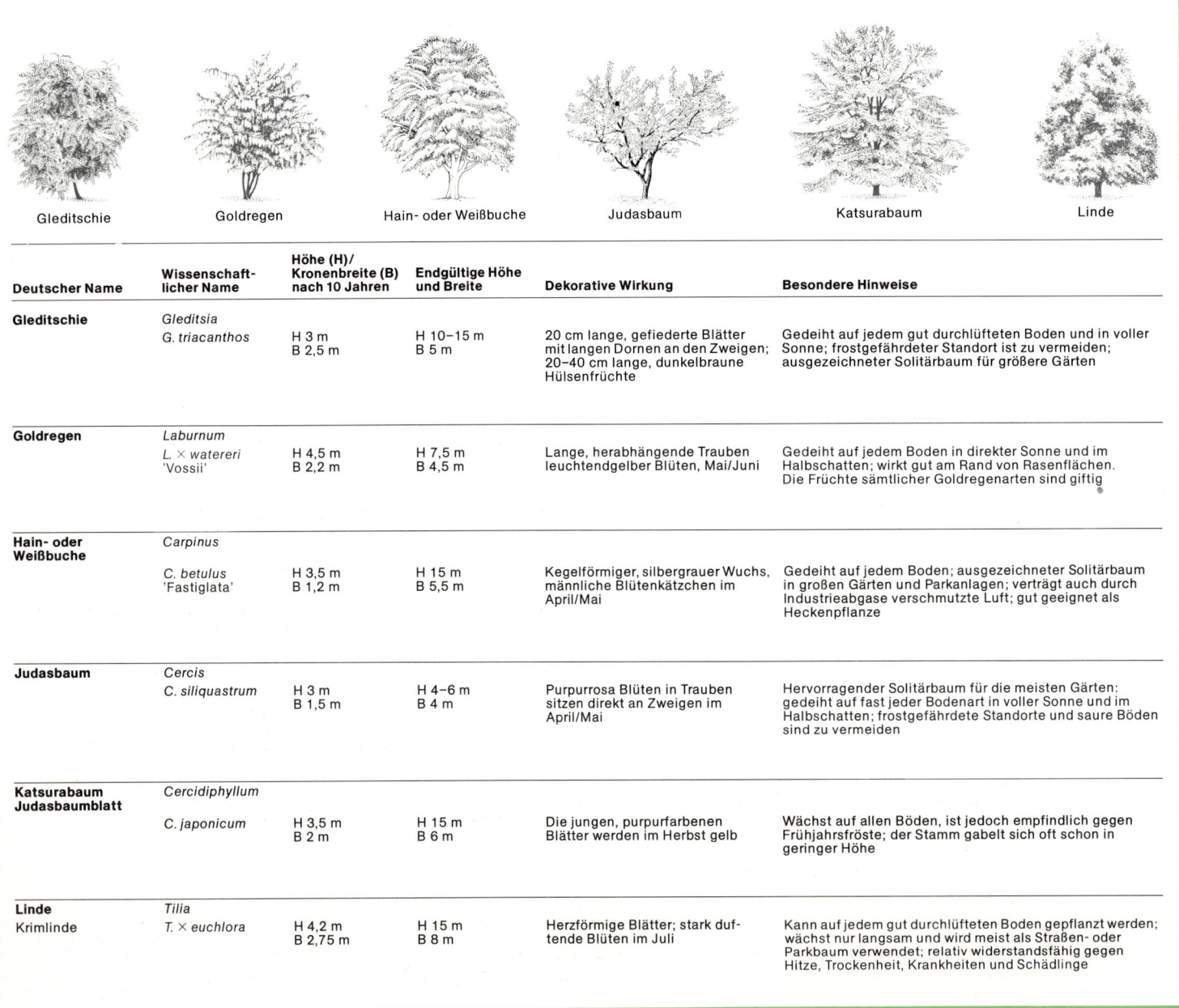

| Gleditschie | Goldregen | Hain- oder Weißbuche | Judasbaum | Katsurabaum | Linde |

Deutscher Name	Wissenschaft-licher Name	Höhe (H)/ Kronenbreite (B) nach 10 Jahren	Endgültige Höhe und Breite	Dekorative Wirkung	Besondere Hinweise
Gleditschie	*Gleditsia* *G. triacanthos*	H 3 m B 2,5 m	H 10–15 m B 5 m	20 cm lange, gefiederte Blätter mit langen Dornen an den Zweigen; 20–40 cm lange, dunkelbraune Hülsenfrüchte	Gedeiht auf jedem gut durchlüfteten Boden und in voller Sonne; frostgefährdeter Standort ist zu vermeiden; ausgezeichneter Solitärbaum für größere Gärten
Goldregen	*Laburnum* *L. × watereri* 'Vossii'	H 4,5 m B 2,2 m	H 7,5 m B 4,5 m	Lange, herabhängende Trauben leuchtendgelber Blüten, Mai/Juni	Gedeiht auf jedem Boden in direkter Sonne und im Halbschatten; wirkt gut am Rand von Rasenflächen. Die Früchte sämtlicher Goldregenarten sind giftig
Hain- oder Weißbuche	*Carpinus* *C. betulus* 'Fastiglata'	H 3,5 m B 1,2 m	H 15 m B 5,5 m	Kegelförmiger, silbergrauer Wuchs, männliche Blütenkätzchen im April/Mai	Gedeiht auf jedem Boden; ausgezeichneter Solitärbaum in großen Gärten und Parkanlagen; verträgt auch durch Industrieabgase verschmutzte Luft; gut geeignet als Heckenpflanze
Judasbaum	*Cercis* *C. siliquastrum*	H 3 m B 1,5 m	H 4–6 m B 4 m	Purpurrosa Blüten in Trauben sitzen direkt an Zweigen im April/Mai	Hervorragender Solitärbaum für die meisten Gärten: gedeiht auf fast jeder Bodenart in voller Sonne und im Halbschatten; frostgefährdete Standorte und saure Böden sind zu vermeiden
Katsurabaum **Judasbaumblatt**	*Cercidiphyllum* *C. japonicum*	H 3,5 m B 2 m	H 15 m B 6 m	Die jungen, purpurfarbenen Blätter werden im Herbst gelb	Wächst auf allen Böden, ist jedoch empfindlich gegen Frühjahrsfröste; der Stamm gabelt sich oft schon in geringer Höhe
Linde Krimlinde	*Tilia* *T. × euchlora*	H 4,2 m B 2,75 m	H 15 m B 8 m	Herzförmige Blätter; stark duftende Blüten im Juli	Kann auf jedem gut durchlüfteten Boden gepflanzt werden; wächst nur langsam und wird meist als Straßen- oder Parkbaum verwendet; relativ widerstandsfähig gegen Hitze, Trockenheit, Krankheiten und Schädlinge

| Magnolie | Maulbeerbaum | Pappel | Parrotie | Roßkastanie | Scheinakazie | Schmuckapfel |

Deutscher Name	Wissenschaft-licher Name	Höhe (H)/ Kronenbreite (B) nach 10 Jahren	Endgültige Höhe und Breite	Dekorative Wirkung	Besondere Hinweise
Magnolie	*Magnolia*				
	*M.-Soulangiana-*Hybriden	H 2 m B 1,5 m	H 6 m B 6 m	10 cm große, hellrosa gefärbte Blüten, außen rötlich gestreift, April/Mai	Lieben windgeschützte und spätfrostfreie Standorte und saure Böden
Maulbeerbaum	*Morus*				
	M. nigra	H 3 m B 1,5 m	H 7,5 m B 6 m	Dunkelrote bis schwarze, eßbare Beeren im August/September	Gedeiht auf jedem Boden in freier Lage; bevorzugt warme Gegenden; wächst sehr langsam
Pappel Balsampappel	*Populus* *P. balsamifera*	H 5,5 m B 2,75 m	H 15 m B 7,5 m	Blaßgrüne Blätter mit starkem Balsamgeruch	Gedeiht auf jeder Bodenart, sogar auf sehr mageren Böden und an Standorten, die sehr der Witterung ausgesetzt sind; nicht für kleine Gärten zu empfehlen
Parrotie Persischer Eisenholzbaum	*Parrotia* *P. persica*	H 2 m B 1,5 m	H 9 m B 7,5 m	Kleine, rote Blüten, Februar/März; gelbbraune, rote und goldgelbe Herbstfärbung; abschälende Rinde an älteren Bäumen	Gedeiht auf jedem Boden in freier Lage, von ausladendem Wuchs; wird einstämmig und als Heister gepflanzt oder gezogen und ausgeschnitten
Roßkastanie	*Aesculus*				
	A. hippocastanum	H 4,5 m B 2,2 m	H 20 m B 12 m	Weiße, rötlich gefleckte Blüten, Mai/Juni	Wächst auf den meisten Böden, einmaliger Solitärbaum für größere Gärten; glänzendbraune Kastanien
Rote Roßkastanie	*A.* × *carnea* 'Briotii'	H 4,5 m B 2,2 m	H 15 m B 8 m	Rote Blüten im Mai	Wächst auf jedem Boden; eindrucksvoller Solitärbaum für große Gärten; trägt oft nur wenige Kastanien
Scheinakazie	*Robinia*				
	R. pseudoacacia	H 4,2 m B 2 m	H 15–20 m B 6–8 m	Lockere, kugelförmige Krone mit dichten, 10–20 cm großen, weißen, duftenden Blütentrauben im Juni	Wächst auf jedem Boden; hauptsächlich als Straßenrand-bepflanzung bekannt
Schmuckapfel	*Malus*				
	M. coronaria 'Charlottae'	H 3,5 m B 2 m	H 6 m B 3,5 m	Duftende, gefüllte, hellrosa Blüten, Mai/Juni; schöne Herbstfärbung	Sämtliche Schmuckapfelarten gedeihen auf jedem guten Boden in direkter Sonne oder Halbschatten; besonders gut geeignet für kleinere Stadtgärten oder in Küstengebieten
	M. zumi 'Professor Sprenger'	H 2,5 m B 2 m	H 4 m B 3 m	Im Mai weiße Blüten; trägt orange-farbene, 1 cm große Früchte, die bis in den Winter hinein hängen bleiben	

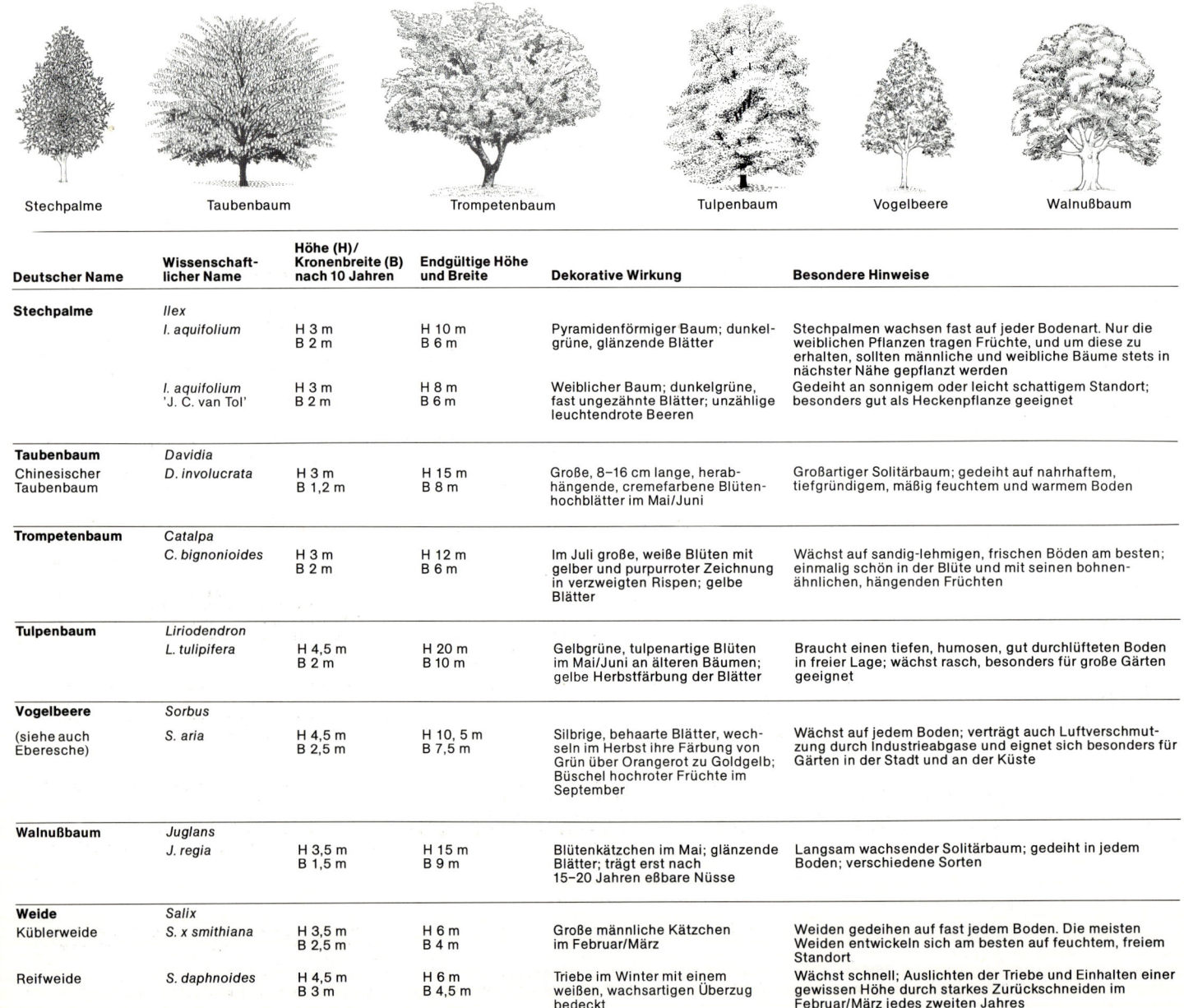

| Stechpalme | Taubenbaum | Trompetenbaum | Tulpenbaum | Vogelbeere | Walnußbaum |

Deutscher Name	Wissenschaft-licher Name	Höhe (H)/ Kronenbreite (B) nach 10 Jahren	Endgültige Höhe und Breite	Dekorative Wirkung	Besondere Hinweise
Stechpalme	*Ilex*				
	I. aquifolium	H 3 m B 2 m	H 10 m B 6 m	Pyramidenförmiger Baum; dunkel-grüne, glänzende Blätter	Stechpalmen wachsen fast auf jeder Bodenart. Nur die weiblichen Pflanzen tragen Früchte, und um diese zu erhalten, sollten männliche und weibliche Bäume stets in nächster Nähe gepflanzt werden
	I. aquifolium 'J. C. van Tol'	H 3 m B 2 m	H 8 m B 6 m	Weiblicher Baum; dunkelgrüne, fast ungezähnte Blätter; unzählige leuchtendrote Beeren	Gedeiht an sonnigem oder leicht schattigem Standort; besonders gut als Heckenpflanze geeignet
Taubenbaum Chinesischer Taubenbaum	*Davidia* *D. involucrata*	H 3 m B 1,2 m	H 15 m B 8 m	Große, 8–16 cm lange, herab-hängende, cremefarbene Blüten-hochblätter im Mai/Juni	Großartiger Solitärbaum; gedeiht auf nahrhaftem, tiefgründigem, mäßig feuchtem und warmem Boden
Trompetenbaum	*Catalpa* *C. bignonioides*	H 3 m B 2 m	H 12 m B 6 m	Im Juli große, weiße Blüten mit gelber und purpurroter Zeichnung in verzweigten Rispen; gelbe Blätter	Wächst auf sandig-lehmigen, frischen Böden am besten; einmalig schön in der Blüte und mit seinen bohnen-ähnlichen, hängenden Früchten
Tulpenbaum	*Liriodendron* *L. tulipifera*	H 4,5 m B 2 m	H 20 m B 10 m	Gelbgrüne, tulpenartige Blüten im Mai/Juni an älteren Bäumen; gelbe Herbstfärbung der Blätter	Braucht einen tiefen, humosen, gut durchlüfteten Boden in freier Lage; wächst rasch, besonders für große Gärten geeignet
Vogelbeere (siehe auch Eberesche)	*Sorbus* *S. aria*	H 4,5 m B 2,5 m	H 10, 5 m B 7,5 m	Silbrige, behaarte Blätter, wech-seln im Herbst die Färbung von Grün über Orangerot zu Goldgelb; Büschel hochroter Früchte im September	Wächst auf jedem Boden; verträgt auch Luftverschmut-zung durch Industrieabgase und eignet sich besonders für Gärten in der Stadt und an der Küste
Walnußbaum	*Juglans* *J. regia*	H 3,5 m B 1,5 m	H 15 m B 9 m	Blütenkätzchen im Mai; glänzende Blätter; trägt erst nach 15–20 Jahren eßbare Nüsse	Langsam wachsender Solitärbaum; gedeiht in jedem Boden; verschiedene Sorten
Weide Küblerweide	*Salix* *S. x smithiana*	H 3,5 m B 2,5 m	H 6 m B 4 m	Große männliche Kätzchen im Februar/März	Weiden gedeihen auf fast jedem Boden. Die meisten Weiden entwickeln sich am besten auf feuchtem, freiem Standort
Reifweide	*S. daphnoides*	H 4,5 m B 3 m	H 6 m B 4,5 m	Triebe im Winter mit einem weißen, wachsartigen Überzug bedeckt	Wächst schnell; Auslichten der Triebe und Einhalten einer gewissen Höhe durch starkes Zurückschneiden im Februar/März jedes zweiten Jahres

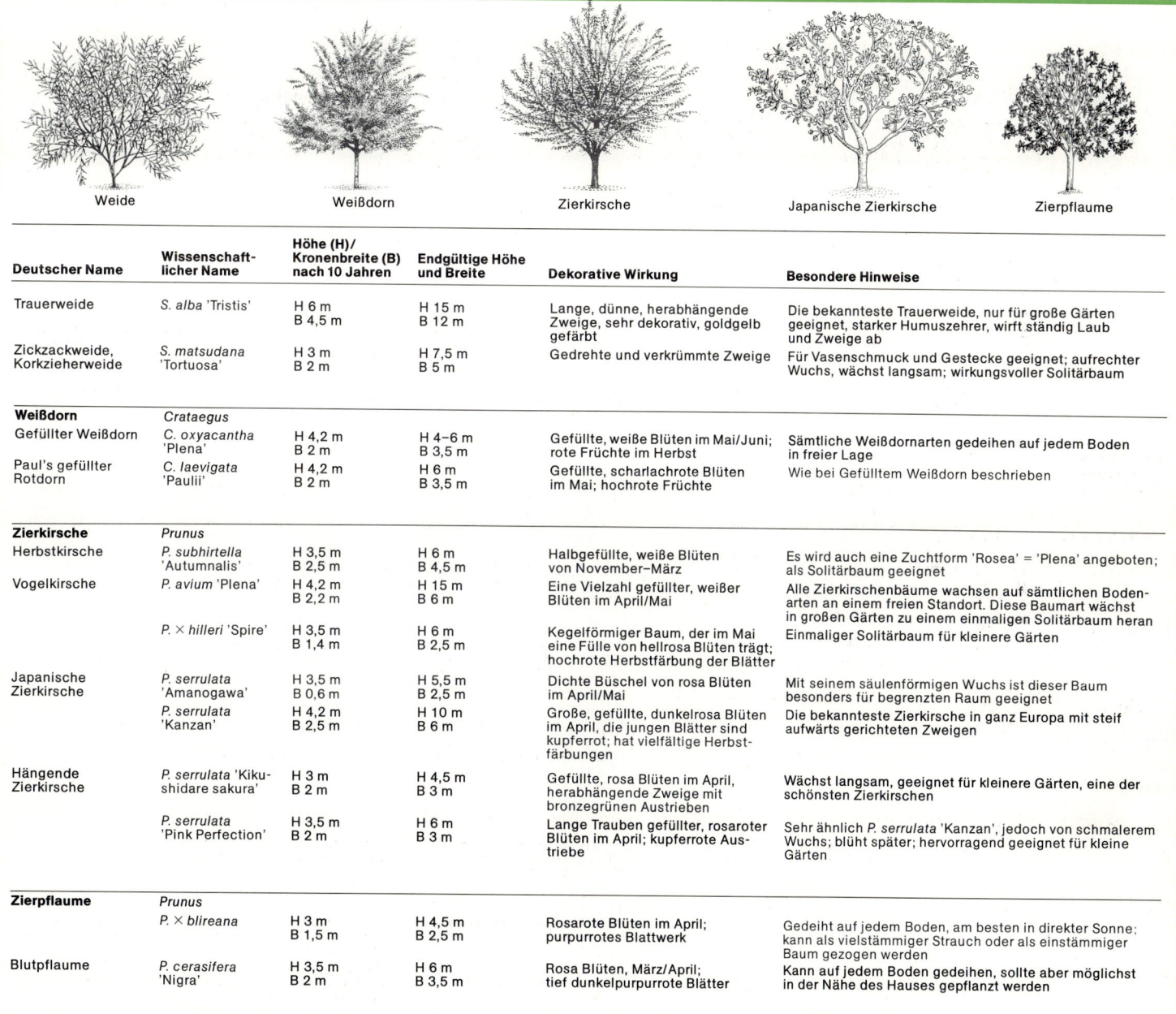

| Weide | Weißdorn | Zierkirsche | Japanische Zierkirsche | Zierpflaume |

Deutscher Name	Wissenschaftlicher Name	Höhe (H)/ Kronenbreite (B) nach 10 Jahren	Endgültige Höhe und Breite	Dekorative Wirkung	Besondere Hinweise
Trauerweide	*S. alba* 'Tristis'	H 6 m B 4,5 m	H 15 m B 12 m	Lange, dünne, herabhängende Zweige, sehr dekorativ, goldgelb gefärbt	Die bekannteste Trauerweide, nur für große Gärten geeignet, starker Humuszehrer, wirft ständig Laub und Zweige ab
Zickzackweide, Korkzieherweide	*S. matsudana* 'Tortuosa'	H 3 m B 2 m	H 7,5 m B 5 m	Gedrehte und verkrümmte Zweige	Für Vasenschmuck und Gestecke geeignet; aufrechter Wuchs, wächst langsam; wirkungsvoller Solitärbaum
Weißdorn	*Crataegus*				
Gefüllter Weißdorn	*C. oxyacantha* 'Plena'	H 4,2 m B 2 m	H 4–6 m B 3,5 m	Gefüllte, weiße Blüten im Mai/Juni; rote Früchte im Herbst	Sämtliche Weißdornarten gedeihen auf jedem Boden in freier Lage
Paul's gefüllter Rotdorn	*C. laevigata* 'Paulii'	H 4,2 m B 2 m	H 6 m B 3,5 m	Gefüllte, scharlachrote Blüten im Mai; hochrote Früchte	Wie bei Gefülltem Weißdorn beschrieben
Zierkirsche	*Prunus*				
Herbstkirsche	*P. subhirtella* 'Autumnalis'	H 3,5 m B 2,5 m	H 6 m B 4,5 m	Halbgefüllte, weiße Blüten von November–März	Es wird auch eine Zuchtform 'Rosea' = 'Plena' angeboten; als Solitärbaum geeignet
Vogelkirsche	*P. avium* 'Plena'	H 4,2 m B 2,2 m	H 15 m B 6 m	Eine Vielzahl gefüllter, weißer Blüten im April/Mai	Alle Zierkirschenbäume wachsen auf sämtlichen Bodenarten an einem freien Standort. Diese Baumart wächst in großen Gärten zu einem einmaligen Solitärbaum heran
	P. × hilleri 'Spire'	H 3,5 m B 1,4 m	H 6 m B 2,5 m	Kegelförmiger Baum, der im Mai eine Fülle von hellrosa Blüten trägt; hochrote Herbstfärbung der Blätter	Einmaliger Solitärbaum für kleinere Gärten
Japanische Zierkirsche	*P. serrulata* 'Amanogawa'	H 3,5 m B 0,6 m	H 5,5 m B 2,5 m	Dichte Büschel von rosa Blüten im April/Mai	Mit seinem säulenförmigen Wuchs ist dieser Baum besonders für begrenzten Raum geeignet
	P. serrulata 'Kanzan'	H 4,2 m B 2,5 m	H 10 m B 6 m	Große, gefüllte, dunkelrosa Blüten im April, die jungen Blätter sind kupferrot; hat vielfältige Herbstfärbungen	Die bekannteste Zierkirsche in ganz Europa mit steif aufwärts gerichteten Zweigen
Hängende Zierkirsche	*P. serrulata* 'Kikushidare sakura'	H 3 m B 2 m	H 4,5 m B 3 m	Gefüllte, rosa Blüten im April, herabhängende Zweige mit bronzegrünen Austrieben	Wächst langsam, geeignet für kleinere Gärten, eine der schönsten Zierkirschen
	P. serrulata 'Pink Perfection'	H 3,5 m B 2 m	H 6 m B 3 m	Lange Trauben gefüllter, rosaroter Blüten im April; kupferrote Austriebe	Sehr ähnlich *P. serrulata* 'Kanzan', jedoch von schmalerem Wuchs; blüht später; hervorragend geeignet für kleine Gärten
Zierpflaume	*Prunus*				
	P. × blireana	H 3 m B 1,5 m	H 4,5 m B 2,5 m	Rosarote Blüten im April; purpurrotes Blattwerk	Gedeiht auf jedem Boden, am besten in direkter Sonne; kann als vielstämmiger Strauch oder als einstämmiger Baum gezogen werden
Blutpflaume	*P. cerasifera* 'Nigra'	H 3,5 m B 2 m	H 6 m B 3,5 m	Rosa Blüten, März/April; tief dunkelpurpurrote Blätter	Kann auf jedem Boden gedeihen, sollte aber möglichst in der Nähe des Hauses gepflanzt werden

Koniferen und andere Nadelgehölze

Alle Koniferen, die auf den folgenden Seiten beschrieben werden, sind immergrün, mit Ausnahme des Ginkgobaums, des Urweltmammutbaums, der Lärche und der Sumpfzypresse. Koniferen unterscheiden sich von den Laubbäumen durch ihren einstämmigen Wuchs und die symmetrische Anordnung ihrer Äste, die dicht mit Büscheln nadelförmiger Blätter bedeckt sind.

Obwohl Koniferen schnell wachsen und im allgemeinen höher werden als Laubbäume, wachsen die hier beschriebenen Gartenzierformen in den ersten Jahren doch vorwiegend langsam. Sie brauchen weit weniger Platz als die Laubbäume. Gelegentlich jedoch erreichen sie erstaunliche Höhen und Breiten. Dies sollte man beim Pflanzen bereits einkalkulieren. Koniferen sind hervorragende frei stehende Solitärbäume. Ihre Blüten sind oft unscheinbar, und nur wenige Koniferen tragen bereits im Jugendstadium Zapfen.

Eibe

Serbische Fichte

Ginkgo

Hemlockstanne

Deutscher Name	Wissenschaftlicher Name	Höhe (H)/ Kronenbreite (B) nach 10 Jahren	Endgültige Höhe und Breite	Dekorative Wirkung	Besondere Hinweise
Eibe	*Taxus*				
	T. baccata	H 2,2 m B 0,6 m	H 12 m B 10,5 m	Dunkelgrüne, kurze Nadeln an waagrechten Ästen; kleine, rote, fleischige Früchte auf weißlichen Pflanzen	Gedeiht auf jeder Bodenart in voller Sonne und auch im Schatten; ausgezeichnet für hohe Hecken oder als Sichtschutz. Die Pflanze ist giftig
Säuleneibe	*T. baccata* 'Fastigiata'	H 2 m B 0,45 m	H 5 m B 2 m	Dicht geschlossener, säulenartiger Wuchs; die Spitze bildet eine vielwipflige Krone; Nadelkleid ähnlich *T. baccata*	Wird viel in der Garten- und Landschaftsgestaltung verwendet. *T. baccata* 'Fastigiata Aurea' ist eine goldgelbe Varietät
Fichte	*Picea*				
Blaufichte	*P. pungens* 'Glauca'	H 2 m B 0,6 m	H 20 m B 6 m	Kurze, harte Nadeln in Farbschattierungen von Silberblau bis Blaugrün; nach 20 Jahren trägt der Baum Zapfen	Gedeiht auf feuchten, sauren Böden in direkter Sonne oder leichtem Schatten; besonders geeignet als Rasensolitärbaum. Die schönsten Gartenformen sind: *P. p.* 'Glauca Kosteri', 'Glauca Hoopsii', 'Glauca Moerheimii'
Serbische Fichte	*P. omorika*	H 2,5 m B 1 m	H 18 m B 4 m	Schmaler Wuchs, mit dunkelgrünen Nadeln; dunkle, kleine Zapfen	Schöne Solitärkonifere für kleine Gärten
Ginkgo	*Ginkgo*				
	G. biloba	H 2,5 m B 0,6 m	H 20 m B 7,5 m	Laubabwerfend; fächerförmige, grüne Blätter wie beim Ginkgofarn, färben sich goldgelb im Herbst; steht botanisch zwischen Nadel- und Laubgehölzen	Wächst auf jedem Boden; schöner Solitärbaum für große Gärten und Parkanlagen; männliche und weibliche Pflanzen
Hemlockstanne	*Tsuga*				
	T. heterophylla	H 3 m B 1,2 m	H 21 m B 6 m	Nach oben gerichtete Äste mit hängendem Gipfel, dunkelgrüne Nadeln, kleine, eiförmige Zapfen	Kann auf kalkfreiem, feuchtem Boden gepflanzt werden; wächst am besten an etwas schattigem Standort in regenreichen Gebieten; schöner Solitärbaum für große Gärten und eine der besten Koniferen für schnell wachsende Hecken
	T. canadensis	H 2 m B 1 m	H 15 m B 5 m	Malerischer Aufbau mit waagrechten, leicht hängenden Trieben	Völlig winterhart; auf feuchten Böden; etwas Halbschatten oder Schatten. Sehr empfehlenswerter Gartenbaum

Fortsetzung Seite 57

Bäume

Ein schöner Baum ist nicht nur eine besondere
Zierde des Gartens, sondern erfüllt auch eine wichtige Aufgabe als Sauerstofferzeuger. Dabei braucht
er nur sehr wenig Pflege

Bei der Gestaltung eines Gartens sollte man sich nur für solche
Pflanzen entscheiden, die für die jeweiligen Bodenbedingungen
geeignet sind. Dies gilt für alle Pflanzen – auch für Bäume. Besonders wichtig ist es auch, sie gleich dort zu pflanzen, wo sie
viele Jahre ungestört bleiben können. Dabei ist wichtig, wie groß
der voll ausgewachsene Baum sein wird, denn nur wenige Gartenbesitzer können sich dazu entschließen, in späteren Jahren einen
schönen, stattlichen, aber für den Standort viel zu groß gewordenen Baum wieder zu entfernen – ganz abgesehen von den Schwierigkeiten, mit denen dies meist verbunden ist. Alle hochkronigen
und ausladenden Bäume wie beispielsweise bestimmte Ahornarten, Eichen, Eschen, Pappeln, Roßkastanien, Schwarznuß und
Ulmen sowie große Nadelbäume – einige Fichten, Tannen, die
Sumpfzypresse und der Mammutbaum – kommen für die heute
meist kleineren Gärten nicht in Frage. Man darf auch die Nach-
bargrundstücke sowie angrenzende Gebäude und Verkehrswege
nicht vergessen: Zu ihnen müssen bestimmte Abstände eingehalten
werden.

Bäume können Blickfang und Mittelpunkt des Gartens sein, sie
können als Wind- oder Sichtschutz, als Schattenspender und Schutz
für bestimmte Pflanzen dienen. Ob Laub- oder Nadelbäume – für
jeden Standort kann man den passenden Baum finden.

*Der breit wachsende chinesische
Wacholder stellt nur wenig Ansprüche an die Qualität des Bodens. Er
gedeiht auch im Schatten und leidet
nicht so unter der Trockenheit*

*Herrlich weiß blüht der Vogelbeer-
baum im Mai; von August bis Oktober kann man sich an seinem Beerenschmuck erfreuen, und prachtvoll
ist die Herbstfärbung seiner Blätter*

Die goldgelben Zweigspitzen der Orientalischen Goldfichte (Picea orientalis 'Aureospicata') bilden beim Austrieb im Frühjahr einen besonders hübschen Kontrast zum übrigen Grün der Pflanze

Sehr gut aufeinander abgestimmt ist diese Gruppe von höher werdenden und nieder bleibenden Nadelgehölzen mit Juniperus virginiana 'Glauca', Pinus mugo, Chamaecyparis lawsoniana 'Triumph von Boskoop', Juniperus chinensis 'Blaauw's Varietät' und Thuja occidentalis 'Globosa'. Als Zwischenpflanzung dienen verschiedene andere klein bleibende Nadelgehölze und die Schneeheide

▲ Nadelgehölzgruppe   Rotdorn ▼

In einem guten, etwas kalkhaltigen Boden entwickelt sich der Rotdorn zu einem mittelgroßen Baum, der im Mai karmesinrote Blüten trägt

Als Prunkstück eines jeden Gartens gilt seit alters der Magnolienbaum. Wenn die Nachtfrostgefahr im Frühjahr nachgelassen hat, entfalten sich die tulpenförmigen, weißen, rosa oder weinroten Blüten der Magnolia-Soulangiana-Hybriden

◀ Orientalische Goldfichte   Magnolia-Soulangiana-Hybride ▼

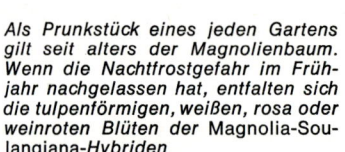

Sträucher
und Kletterpflanzen

Sie wirken nicht nur durch ihren Blütenschmuck, sondern auch durch ihre farbigen Beeren, ihren malerischen Wuchs und die Form, Farbe und Stellung ihrer Blätter

Sträucher und Kletterpflanzen sind zusammen mit den Bäumen die bestimmenden Elemente in unseren Gärten. Da heutzutage die Grundstücke meist verhältnismäßig klein sind, werden Sträucher und Kletterpflanzen häufiger als früher für die Gestaltung des Gartens verwendet, während man auf Bäume mehr und mehr verzichten muß.

Sträucher bilden Abgrenzungen gegen die Straße und die benachbarten Grundstücke; als Sicht-, Lärm- und Staubschutz spielen sie eine wichtige Rolle. Auch gliedern sie den Garten in verschiedene Erlebnisräume und bieten Vögeln und anderen Tieren Schutz. Sie bilden den Hintergrund für Staudenpflanzungen und Sommerblumen. Außerdem lassen sie sich als ausdauernde Bodendecker verwenden, und einige von ihnen klettern sogar an Mauern und Rankgerüsten hoch. Sie können sowohl einen ruhigen, meist grünen Hintergrund bilden als auch mit leuchtenden Farbklecksen den Vordergrund beleben. Dies ist bei ein und derselben Pflanze möglich: Wenn zum Beispiel die Forsythie im Frühjahr – noch vor dem Laubaustrieb – blüht, beherrscht sie den Garten. Im Sommer wirkt sie fast unscheinbar.

Einige Sträucher wollen allein stehen; ihr Wuchs kommt nur in Einzelstellung zur Geltung. Es sind die sogenannten Solitärpflanzen, die oft immergrün sind oder durch Früchte, buntes Herbstlaub oder bunte Rinde eine besondere Wirkung hervorrufen.

▲ Strauch- oder Roseneibisch

▼ Kirschlorbeer

▼ Perückenstrauch

Der Strauch- oder Roseneibisch bringt einen exotischen Hauch in unsere Gärten. Im milden Klima an geschützten Stellen entwickelt er sich zu voller Schönheit. Besonders gut ist seine Wirkung, wenn man verschiedene Sorten zu einer Gruppe zusammenfaßt

Der Kirschlorbeer ist immergrün. Man sollte ihn darum dort pflanzen, wo man ihn auch im Winter beobachten kann

Der Perückenstrauch fällt durch seine federbuschartigen Blütenstände, die bis in den Winter hinein erhalten bleiben

51

Mit ihrem leuchtenden Gelb eröffnen die Forsythien die Blütezeit der Sträucher im Frühling. Zwei, drei, höchstens fünf Sträucher beleben den ganzen Garten. Man braucht sie aber nicht in Gruppen zu pflanzen; sie wirken auch einzeln

Sehr wirkungsvolle Vertreter der Waldreben sind die 'Jackmanii'-Hybriden. Sie blühen von Juni bis September und auch noch in den Herbst hinein. Waldreben klettern mit Hilfe von Blattranken. Sie brauchen also ein Gerüst zum Festhalten

Der Wilde Wein kann sich mit seinen Haftwurzeln überall festhalten. Einen reizvollen Höhepunkt bildet die Herbstfärbung seiner Blätter

▲ Flieder

Jeder kennt den Fliederbusch, der eigentlich in keinem Garten fehlen sollte. Seine weißen, blauen, violetten und dunkelrosa Blütenkerzen gehören zum Frühling, ebenso wie deren schwerer, süßer Duft. Diese bekannten Pflanzen können eine Höhe von sechs und eine Breite von rund drei Metern erreichen.

Von ausgewachsenen Fliederbüschen kann man ohne Bedenken große Sträuße mit langen Stielen, beispielsweise für die Bodenvase, schneiden. Ein kräftiger Rückschnitt ist für den Flieder nur von Vorteil. Nach der Blüte soll man die Blütenstände ohnehin abschneiden

52

▼ Waldrebe

▼ Wilder Wein

▲ Pfaffenhütchen

◄ Roter Ginster   Berberitze ▲

Besonders farbenprächtig und ein
Schmuck für jeden Garten ist dieser
rote Ginster. Er ist verhältnismäßig
anspruchslos

Hier konnte sich eine weißbunte
Form des immergrünen Pfaffenhüt-
chens frei entfalten. Sie ist aus der
ihr sonst oft zugedachten Rolle einer
Gruppenpflanze herausgewachsen

Diese immergrüne Berberitze ist ein
sehr dekoratives Gehölz. Sie bringt
im Mai unzählig viele gelbe Glöck-
chen hervor und trägt ab August
blauschwarze Beeren

▲ Gruppenpflanzung mit Forsythie, Spierstrauch, Besenginster

Kolkwitzie ▼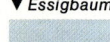

▼ Essigbaum

Die blühenden Sträucher der Forsythie (gelb), des Spierstrauchs (weiß) und des Besenginsters (gelb) kommen durch Tulpen und Vergißmeinnicht besonders wirkungsvoll zur Geltung. Nach der Blüte ordnen sich die jetzt prachtvollen Blütensträucher in den grünen Hintergrund ein

Die Kolkwitzie mit ihren wunderschönen rosa Blüten kann man als Gruppen- und als Solitärpflanze verwenden

Der Essigbaum ist trotz seines Namens ein Strauch. Seine Blätter färben sich im Herbst leuchtend rot

54

Hecken

Eine Hecke ist die natürlichste Einfriedung eines Gartens, der zur Straße hin abgeschirmt oder vor Blicken von den angrenzenden Grundstücken her geschützt werden soll

Heutzutage werden nur noch verhältnismäßig selten streng geschnittene Hecken bei der Gestaltung von Gärten eingeplant. In vergangenen Jahrhunderten stellten solche Hecken, ja sogar geschnittene Baumwände, wesentliche Elemente größerer Gartenanlagen dar. Diese grünen Mauern pflanzte und pflegte man mit beachtlichem Aufwand.

Soweit möglich, pflanzen wir heute dort, wo die Anlage einer Hecke notwendig erscheint, die Gehölze so, daß sie sich frei entwickeln können, nicht geschnitten zu werden brauchen, dabei aber doch ihren Zweck erfüllen und außerdem durch ihre Blüten und Früchte erfreuen. Glücklicherweise bieten sich für solche Blütenhecken viele Gehölzarten an. Da eine Hecke meist zweimal im Jahr geschnitten werden muß, wozu man viel Zeit braucht und einige Mühe aufwenden muß, sollte man es sich schon genau überlegen, wie man durch eine geschickte Wahl der Pflanzen um diese Mühe herumkommt, ohne daß die frei wachsenden Gehölze zuviel Platz im Garten beanspruchen.

Zweifellos können aber auch streng geschnittene Hecken im Garten unentbehrlich sein und gut zur Geltung kommen. Hierfür eignen sich besonders die kleinblättrigen Laubgehölze und die meist aufrecht oder säulenförmig wachsenden Nadelholzarten.

Wie ein gewaltiger Wall umgibt diese herrliche, alte Hainbuchenhecke schützend das Gehöft im Gebiet des Hohen Venns. Mit Freilandazaleen läßt sich eine farbenprächtige Hecke gestalten. Wegen ihrer Schattenverträglichkeit, ihrer schönen, immergrünen Belaubung und des reichen Fruchtschmucks eignet sich die Stechpalme gut als Heckenpflanze

▲ Hainbuchenhecke

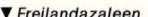

▼ Freilandazaleen

Stechpalmenhecke ▼

▲ Forsythienhecke

▲ Feuerdornhecke

Ligusterhecke ▼

Es gibt nur wenige anspruchslose Ziersträucher, die jedes Frühjahr so reich blühen wie die Forsythien

Der Feuerdorn mit seinen verschiedenen Arten und Sorten gehört in neuerer Zeit zu den bevorzugten Gehölzen bei der Gestaltung von Gärten und der Anlage von lockeren Hecken. Sein leuchtender Beerenschmuck hält sich oft bis in den Winter hinein

Sehr dankbar und anspruchslos sind die wintergrünen Ligusterhecken

Dichte Hecken bilden die verschiedenen grünen, gelbspitzigen und blaunadeligen Formen der Scheinzypresse

Scheinzypressenhecke ▼

Schwarzkiefer

Lärche

Riesenlebensbaum

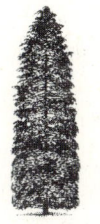
Scheinzypresse

Schuppentanne

Deutscher Name	Wissenschaft- licher Name	Höhe (H)/ Kronenbreite (B) nach 10 Jahren	Endgültige Höhe und Breite	Dekorative Wirkung	Besondere Hinweise
Kiefer	*Pinus*				
Zirbelkiefer	*P. cembra*	H 2 m B 0,6 m	H 10 m B 4 m	Säulenartig, mit dunkel- bis blau- grünen Nadeln; Zapfen nur an älteren Bäumen	Gedeiht auf sauren Böden, liebt direkte Sonnenbestrah- lung; wächst langsam; behält auch in rauhem, feuchtem Klima die Wuchsform bei und ist ein geeigneter Solitär- baum
Blaue Mädchenkiefer	*P. parviflora*	H 1,5 m B 0,75 m	H 6 m B 4,5 m	Silbrigblau bis weiß, kurze, pinsel- förmig angeordnete Nadeln; zahlreiche, gedrungene, grau- braune Zapfen	Am besten auf kalkfreien, feuchten Böden, sonst anspruchslos; wächst langsam, ausgezeichnete Solitär- konifere für kleine Gärten
Krummholzkiefer Latsche, Bergkiefer	*P. mugo*	H 0,6 m B 1,5 m	H 5 m B 3,5 m	Gestrüppartiger Wuchs, knorriges Erscheinungsbild, leuchtendgrüne Nadeln und braune Zapfen	Gedeiht auf jedem Boden gut, besonders auf Kalk und in den dem Wind ausgesetzten Lagen; für kleine Gärten geeignet, wie auch die nah verwandte kriechende Form *P. mugo ssp. pumilio*
Schwarzkiefer Österreichische Schwarzkiefer	*P. nigra ssp. nigra* *P. nigra* 'Austriaca'	H 3 m B 2 m	H 10–20 m B 5– 8 m	Dunkelgrüne, steife Nadeln	Winterhart, anspruchslos; gedeiht auch auf mageren, trockenen, kalkhaltigen Böden
Tränenkiefer	*P. wallichiana* *P. excelsa;* *P. griffithii*	H 4 m B 2,5 m	H 10–20 m B 5– 8 m	Schöne, lockere, breitpyra- midale Krone mit ausladenden Ästen und 10–18 cm langen, bläulichgrünen Nadeln	Ein lichtbedürftiger, rasch wachsender und frostharter Baum
Lärche	*Larix*				
Europäische Lärche	*L. decidua*	H 4–5 m B 3 m	H 10–25 m B 6– 8 m	Frischgrüne Nadeln; prächtige, gelbe Herbstfärbung. Junge Triebe gelblichgrau	Verlangt freie Lage und tiefgründigen Boden. Verträgt mehr Trockenheit als *L. leptolepis*
Japanische Lärche	*L. leptolepis*	H 4–5 m B 3 m	H 10–25 m B 6– 8 m	Überhängende Äste mit frisch- grüner Benadelung und rötlichen Jahrestrieben	Ist bei genügend feuchten Böden anderen Arten überlegen
Riesenlebensbaum	*Thuja*				
	T. plicata	H 2,5 m B 1 m	H 15 m B 4 m	Flache, stark duftende Schuppen- blätter, glänzendgrün mit wachs- artig blauer Unterseite	Wächst auf jedem Boden, am besten jedoch auf feuchtem Grund in der Sonne; für große Gärten als Solitärbaum geeignet und besonders günstig für Hecken
Scheinzypresse	*Chamaecyparis*				
	C. lawsoniana 'Columnaris Glauca'	H 2,5 m B 0,45 m	H 7,5 m B 1 m	Schmalwüchsig, mit mattgrauer bis blaugrüner Belaubung	Sämtliche Scheinzypressen gedeihen auf normalem Boden in direkter Sonne oder leichtem Schatten. Diese *C.-lawsoniana*-Form wird hauptsächlich als Solitärbaum in kleinen Gärten gepflanzt; eine der schönsten Hängekoniferen für freien Stand
	C. nootkatensis 'Pendula'	H 3 m B 1,5 m	H 15 m B 6 m	Aufrecht wachsend mit hängenden Ästen	
Schuppentanne	*Araucaria*				
	A. araucana	H 2 m B 0,6 m	H 18 m B 10,5 m	Zweige in symmetrischen Quirlen angeordnet; runde Zapfen an den weiblichen Bäumen	Wächst auf jedem durchlüfteten Boden gut; frostempfindlich; eignet sich nur für große Gärten und Parkanlagen in warmen Gebieten oder als Kübelpflanze

Sicheltanne

Sumpfzypresse

Urweltmammutbaum

Wacholder

Silberzeder

Zypresse

Deutscher Name	Wissenschaftlicher Name	Höhe (H)/ Kronenbreite (B) nach 10 Jahren	Endgültige Höhe und Breite	Dekorative Wirkung	Besondere Hinweise
Sicheltanne	*Cryptomeria* *C. japonica* 'Elegans'	H 1,5 m B 0,45 m	H 4–10 m B 2 m	Flache, weit ausladende Zweige mit blaugrüner Benadelung im Sommer	Gedeiht am besten auf leicht saurem, feuchtem, gut durchlüftetem Boden und in direkter Sonne; besonders schöner, langsam wachsender Solitärbaum für kleine Gärten; verträgt leichtes Auslichten gut; bei uns durchaus winterhart, aber nur selten erhältlich
Sumpfzypresse	*Taxodium* *T. distichum*	H 3 m B 1 m	H 20 m B 9 m	Nicht wintergrün; hellgrüne Nadeln, die sich im Herbst rostbraun verfärben	Gedeiht auf kalkfreiem, gut durchfeuchtetem Boden in sonniger oder leicht schattiger, windgeschützter Lage. Schöner Solitärbaum für große Gärten oder Parkanlagen. Bildet Atemwurzeln auf feuchten Böden
Urweltmammutbaum	*Metasequoia* *M. glyptostroboides*	H 2,5 m B 0,6 m	H 24 m B 6 m	Nicht wintergrün; die Nadeln gehen von Grün über Rosa in eine rote oder braune Herbstfärbung über	Wächst auf jedem Boden, auf Kalkboden jedoch sehr langsam; liebt direkte Sonnenbestrahlung; ausgezeichneter Solitärbaum; kann auch in großen Gärten in Gruppen gepflanzt werden
Wacholder	*Juniperus* *J. virginiana* 'Skyrocket'	H 2,5 m B 0,3 m	H 6 m B 0,5–1 m	Schmale Säulenform mit blaugrünen Nadeln	Wächst am besten in direkter Sonnenlage auf jedem Boden; ausgezeichneter Solitärbaum für kleine Gärten
Zeder Atlas- oder Silberzeder	*Cedrus* *C. atlantica* 'Glauca'	H 2,5 m B 1 m	H 25 m B 10 m	Silbrigblaue Nadeln; lange, blaugrüne Zapfen	Wächst auf jedem gut durchlüfteten Boden; sehr wirkungsvoll als langlebiger Solitärbaum in großen Gärten; gedeiht auch in Küstengebieten
Himalajazeder	*C. deodara*	H 2,5 m B 1,5 m	H 24 m B 13,5 m	Weit herabhängende Zweige mit blaugrauen bis dunkelgrünen Nadeln	Wächst auf jedem gut durchlüfteten Boden; nur für wärmere Lagen und geschützte Standorte geeignet; langlebig; ausgezeichnet in Küstengebieten
Zypresse Arizonazypresse	*Cupressus* *C. glabra* 'Pyramidalis'	H 2,5 m B 0,6 m	H 12 m B 3 m	Blaugraue Schuppenblätter; Büschel rotbrauner Zapfen	Gedeiht auf jeder Bodenart und in direkter Sonne; ist vor kalten Winden zu schützen; ausgezeichneter Solitärbaum, wo nur begrenzter Platz zur Verfügung steht

Zwergkoniferen für Grünflächen und Steingärten

Von vielen Koniferen gibt es Zwergformen. Bezeichnend für Zwergkoniferen ist ihr extrem langsames Wachstum. Zwergkoniferen, die nur wenige Zentimeter groß sind, wenn man sie kauft, behalten gewöhnlich ihre geringe Größe viele Jahre bei.

Durch ihre oft leuchtend goldgelbe oder blaugrüne Benadelung sind Zwergkoniferen als Solitärpflanzen für kleine Grünflächen wie geschaffen. Sie können auch in Steingärten gepflanzt werden. Mit Heidekraut, kleinen Birken und Kiefern harmonieren sie gut.

In großen Gärten pflanzt man gerne Zwergkoniferen zur landschaftlichen Gestaltung. Die Kriechformen des Wacholders gedeihen vor allem auf breiten, sonnigen Böschungen. Anbau- und Pflegebedingungen sind die gleichen wie für die Stammkoniferen.

Nestfichte

Zwergkiefer

Scheinzypresse

Lebensbaum

Zwergbalsamtanne

Wacholder

Deutscher Name	Wissenschaftlicher Name	Höhe (H)/ Breite (B) nach 10 Jahren	Beschreibung
Fichte	*Picea*		
Nestfichte	*P. abies* 'Nidiformis'	H 0,4 m B 0,4 m	Flachwüchsig, ausgebreitet, nestförmig, mit Reihen von Zweigen, die graugrüne, drahtige Nadeln tragen; sehr gut für Stein- und Heidegärten, Einfassungen, Grabbepflanzung
Zuckerhutfichte	*P. glauca* 'Conica'	H 0,5 m B 0,3 m	Wächst langsam, ist dicht und kegelförmig; zarte, hellgrüne Benadelung; besonders schön in großen Stein- und Heidegärten oder zur Grabbepflanzung. Endgröße im Alter bis 2 m hoch
Kiefer	*Pinus*		
Japanische Zwergkiefer	*P. pumila* 'Glauca'	H 0,75 m B 0,75 m	Stammlose Zwergform, niederliegend, wächst äußerst langsam und ist gut geeignet für Steingärten, Heidegärten und als Grabbepflanzung; blaugrüne Nadeln an knorrigen Ästen, auffallend tiefrote männliche Blüten; junge Zapfen violett, werden bei der Reife braun
Lebensbaum	*Thuja*		
	T. occidentalis 'Ellwangeriana Rheingold'	H 0,5 m B 0,35 m	Eine der schönsten langsam wachsenden Zwergformen mit feinen, moosartigen, goldgelben Zweigen, Austrieb rosafarben; ausgezeichnet für Steingärten
Scheinzypresse	*Chamaecyparis*		
	C. lawsoniana 'Minima Glauca'	H 0,4–0,5 m B 0,5–0,6 m	Kegelförmig und dicht, muschelige Zweige mit blaugrünen Nadeln; besonders gute Steingartenpflanze; Endgröße etwa 1 m
	C. pisifera 'Filifera Nana'	H 0,3–0,5 m B 0,5 m	Dichte, buschige Zwergform mit nach allen Seiten fadenförmig überhängenden Zweigspitzen; Nadeln grün; sehr schön für Steingarten- und Grabbepflanzung
Tanne	*Abies*		
Zwergbalsamtanne	*A. balsamea* 'Nana'	H 0,4 m B 0,5 m	Dicht- und breitwüchsig mit abgerundeter Krone; duftende, glänzendgrüne Nadeln mit grau-weiß gestreifter Unterseite; verträgt auch kalkreichen Boden. Wächst gut auf den meisten gut durchlüfteten Böden; Endgröße 0,6–1 m
Wacholder	*Juniperus*		
Säulenwacholder	*J. communis* 'Hibernica'	H 3 m B 0,8 m	Schmaler, säulenförmiger Wuchs, mit blaugrauen Nadeln; besonders geeignet für den Steingarten und auf Friedhöfen
Kriechender Wacholder	*J. horizontalis* 'Glauca'	H 0,3 m B 2–3 m	Kriechender Bodendecker; blaue Benadelung
Chinesischer Wacholder	*J. chinensis* 'Plumosa Aurea'	H 0,5 m B 0,8–1 m	Wächst langsam, gelegentlich auch in die Breite; hängende Spitzen, weibliche Form mit goldgelber Benadelung im Sommer, die sich im Herbst/Winter bronzegelb färbt

Sträucher und Kletterpflanzen

Mit ihren verschiedenen Farben und Wuchsformen sind Sträucher das ganze Jahr hindurch eine Zierde des Gartens

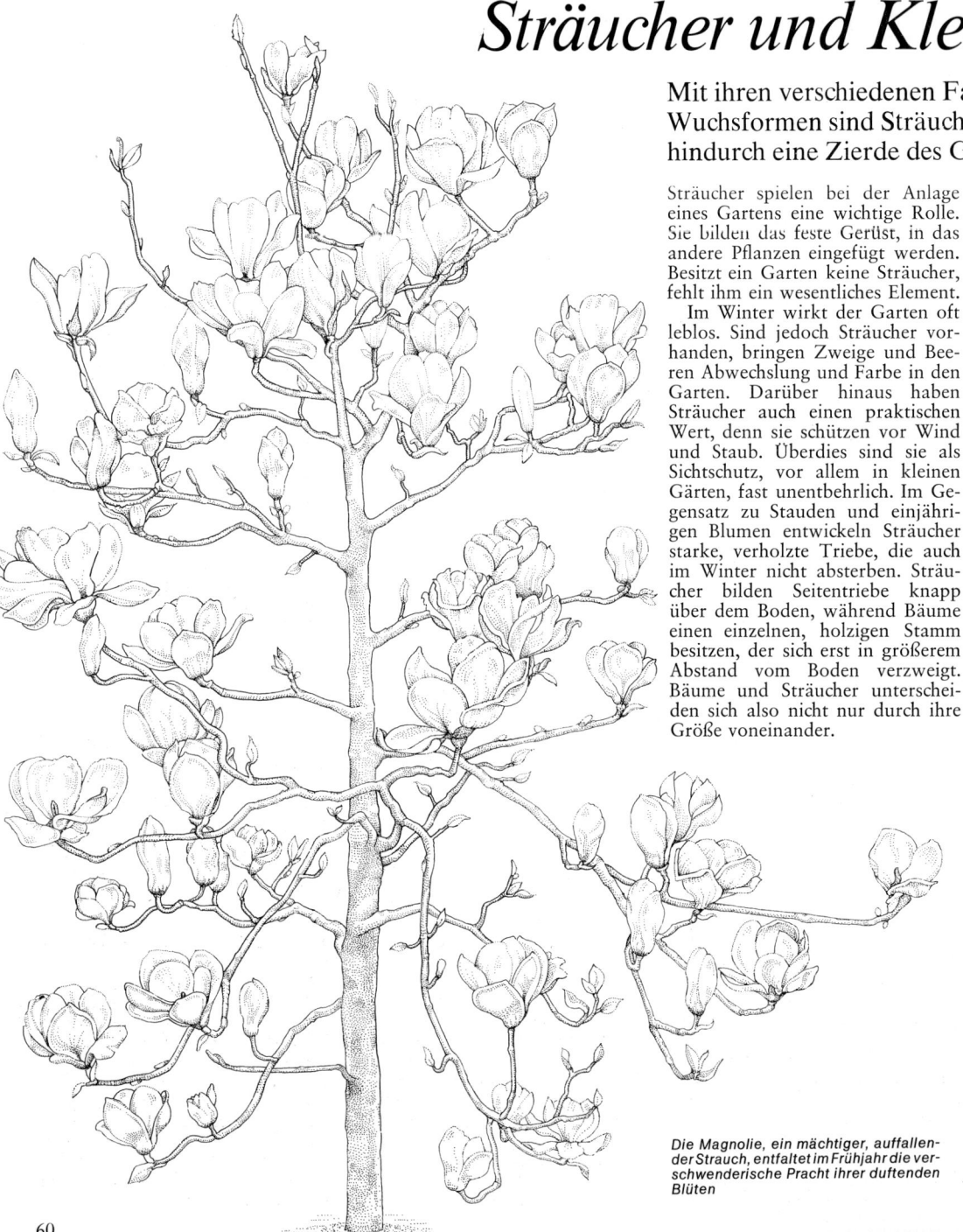

Sträucher spielen bei der Anlage eines Gartens eine wichtige Rolle. Sie bilden das feste Gerüst, in das andere Pflanzen eingefügt werden. Besitzt ein Garten keine Sträucher, fehlt ihm ein wesentliches Element.

Im Winter wirkt der Garten oft leblos. Sind jedoch Sträucher vorhanden, bringen Zweige und Beeren Abwechslung und Farbe in den Garten. Darüber hinaus haben Sträucher auch einen praktischen Wert, denn sie schützen vor Wind und Staub. Überdies sind sie als Sichtschutz, vor allem in kleinen Gärten, fast unentbehrlich. Im Gegensatz zu Stauden und einjährigen Blumen entwickeln Sträucher starke, verholzte Triebe, die auch im Winter nicht absterben. Sträucher bilden Seitentriebe knapp über dem Boden, während Bäume einen einzelnen, holzigen Stamm besitzen, der sich erst in größerem Abstand vom Boden verzweigt. Bäume und Sträucher unterscheiden sich also nicht nur durch ihre Größe voneinander.

Der Pfeifenstrauch z. B. ist, wie der Name sagt, ein Strauch, obwohl er bis zu 3 m hoch werden kann. Der Fächerahorn hingegen, der nur knapp 2,5 m hoch wird, zählt dennoch zu den Bäumen. Auch zahlreiche Klettergehölze gehören zu den Sträuchern, weil sie gleichfalls dauerhafte, verholzte Triebe bilden.

Weil Sträucher langlebige Pflanzen sind, sollte man genau überlegen, wo man sie am besten im Garten pflanzt.

Zunächst muß man die Wahl zwischen einem immergrünen und einem laubabwerfenden Strauch treffen. Da immergrüne Gehölze ihre Blätter im Herbst nicht verlieren, tragen sie viel zur Belebung des Gartenbilds in der kalten Jahreszeit bei.

Laubabwerfende Sträucher legen im Winter eine Ruhepause ein. Den etwas eintönigen Anblick, den sie im Winter bieten, machen sie oftmals dadurch wett, daß sie in der warmen Jahreszeit prächtigere Blüten tragen als die immergrünen Formen.

Die Vorteile immergrüner Gehölze Sie verleihen dem Garten auch im Winter Farbe und Leben. Viele von ihnen gedeihen zudem an schattigen Plätzen. Die Größe und Form ihrer Blätter bilden häufig einen interessanten Kontrast zu denen laubabwerfender Gehölze.

Besonders groß ist die Wirkung immergrüner Gehölze, wenn sie richtig in die Gegebenheiten eines Gartens eingepflanzt werden. Soll eine grüne Wand entstehen, dann ist es ratsam, von einer Pflanzenart viele Exemplare nebeneinander zu setzen. Soll aber der Wuchs, das Erscheinungsbild, beispielsweise einer Konifere, wirken, so nimmt man am besten nur eine einzelne Pflanze.

Die Magnolie, ein mächtiger, auffallender Strauch, entfaltet im Frühjahr die verschwenderische Pracht ihrer duftenden Blüten

Dicht gesetzte Sträucher wachsen so ineinander, daß die Schönheit der einzelnen Pflanze gar nicht mehr zur Wirkung kommt. Läßt man den Sträuchern jedoch genügend Platz, so können sie sich frei entfalten und wachsen zu stattlichen Einzelexemplaren heran.

Man unterscheidet grundsätzlich vier Wachstumsformen: den runden, den aufrechten, den ausladenden und den hängenden Wuchs. Will man eine mächtige Pflanze als Blickfang in die Ecke eines kleinen Gartens setzen, wäre es unklug, eine runde Form zu wählen. Sie füllt den verfügbaren Platz bereits aus, noch ehe sie die gewünschte Höhe erreicht hat. An eine solche Stelle paßt ein aufrecht wachsender Strauch besser. Soll jedoch ein Komposthaufen verdeckt werden, eignet sich für diesen Zweck ein immergrünes Gehölz mit runder Form wesentlich besser als ein schmaler, aufrecht wachsender, laubabwerfender Strauch.

Wahl der Farbzusammenstellung
Sträucher spielen auch bei der farblichen Gestaltung eines Gartens eine wichtige Rolle. Während bei immergrünen Sorten die Farbzusammenstellung das ganze Jahr über ziemlich gleichbleibt, ändern laubabwerfende Sträucher ihr Aussehen von Monat zu Monat.

Zunächst kann man im Winter nur das Gerüst der kahlen Zweige beobachten. Im Frühjahr beginnen dann die jungen Blätter zu sprießen. Es kommt zur Blüte. Ihr folgt eine Zeit mit einheitlich grüner Belaubung, gelegentlich in kräftigeren Tönen, wenn die Blätter älter werden. Später tragen manche Sorten Beeren, oder das Laub färbt sich im Herbst orange, gelb, rostrot oder rot. Selbst im Winter kann ein Strauch mit seiner Rinde noch eine weitere Farbkomponente bieten. Die möglichen Farbkombinationen aller Sträucher in einem Garten sind geradezu unbegrenzt, so daß der Gartenfreund ganz nach seinem Geschmack seine Wahl treffen kann.

Wählt man die Farben mit Geschick, dann kann man nicht nur erstaunliche optische Effekte erzielen, sondern auch gleichzeitig die Perspektive eines Gartens beeinflussen. Sträucher mit zarten Farben entlang der Grenze verleihen ihm eine gewisse Tiefe, während leuchtende Farben ihn kleiner erscheinen lassen.

Soll ein Strauch einen unansehnlichen Schuppen oder einen Abfallhaufen verdecken, wählt man am besten Pflanzen mit zurückhaltenden Tönen.

Vor dem Einpflanzen muß man sich überlegen, ob zwei Sträucher zur gleichen Zeit oder nacheinander blühen und ob einer davon auch im Winter grün sein soll. Man muß auch darüber entscheiden, welche Farben gut miteinander harmonieren.

Der Gartenfreund wünscht sich zunächst meist eine Pflanzung, bei der alles das ganze Jahr über blüht. Mit zunehmender Erfahrung wächst dann aber meist die Erkenntnis, daß dies unmöglich ist. Einige Pflanzen blühen zwar sehr lange, z. B. Polyantharosen oder der Fingerstrauch – sie sollten deshalb auch in keinem Garten fehlen –, die meisten Pflanzen blühen aber nur wenige Wochen. Vor dem Einpflanzen muß man vor allem zwei Dinge beachten: 1. Wann blüht welche Pflanze? Wichtig ist, daß das ganze Jahr über immer etwas im Garten blüht. 2. Die Wirkung einer Pflanze beruht nicht allein auf der Zeit ihrer Blüte, die meist relativ kurz ist, sondern auf ihrer ganzen Erscheinung. Herbstfärbung, Früchte, Wuchs, Stellung und Farbe der Blätter müssen in Betracht gezogen werden.

Unter Berücksichtigung der angeführten Punkte wählt man nun einige in Frage kommende Pflanzen aus. Danach gilt es, diese im Garten zu verteilen.

Zunächst legt man im Garten sozusagen ein Gerüst aus einfachen, robusten, meist heimischen Gehölzen an. Sie bilden den Rahmen. Dazwischen und davor stellt man die großen Effekte, die zu ihrer Zeit leuchten und sich dann wieder einordnen.

Man soll aus einem kleinen Hausgarten keinen botanischen Garten machen, in dem man von jeder Art nur einen Strauch pflanzt. Wenige Arten, die miteinander harmonieren, ergeben ein besseres Bild als willkürlich zusammengestellte Sträucher. Eine einzelne Pflanze – falls sie nicht bewußt als Solitärpflanze herausgestellt werden soll – geht oft unter. In Gruppen jedoch kommt sie zur Wirkung. Eine blühende Forsythie ist im Frühling sehr schön. Hat man mehrere Forsythien im Garten gruppiert, dann blüht zu dieser Zeit der ganze Garten.

Die Frühlingsblüher gehören in die Nähe des Hauses, damit man sie auch sieht, wenn man nicht jeden Tag einige Zeit im Garten verbringt. Goldregen, Schneeball und Spiräen, die sich im Frühsommer großer Beliebtheit erfreuen, leuchten auch aus der Ferne. Sträucher in Einzelstellung müssen mehr bieten als eine prächtige Blüte, z. B. einen schönen Wuchs, eine prächtige Herbstfärbung, Fruchtschmuck bis in den Winter hinein, oder sie sollten immergrün sein. Immergrüne Sträucher verwendet man dort, wo man das ganze Jahr über Sichtschutz braucht.

Vorsicht ist bei stark duftenden Sträuchern angebracht; direkt am Fenster oder beim Sitzplatz können sie stören. Wer sich an ihrem Duft erfreuen will, geht gern ein paar Schritte durch den Garten dorthin, wo sie wachsen.

Es ist auch wichtig, die Sträucher so anzuordnen, daß die spätere Pflege nicht zu sehr erschwert wird. Will man Sträucher in den Rasen setzen, dann möglichst als Gruppe und nicht einzeln, sonst wird das Mähen des Rasens schwierig. Unter und zwischen den Sträuchern kann man bodendeckende Pflanzen setzen.

So kann man sich zunächst die Gruppierung der einzelnen Sträucher im Garten vorstellen. Aber damit ist es nicht getan. Wir müssen auch die Ansprüche der Pflanzen an Licht, Boden und Klima berücksichtigen. Wenden wir uns zunächst den Lichtverhältnissen zu. Pflanzen, bei denen in den Tabellen als Standort „Sonne" angegeben ist, gedeihen im Schatten schlecht oder gar nicht. Oft blühen diese Pflanzen nur wenig, und die Blätter verfärben sich.

Die meisten Schattenpflanzen dagegen – und alle mit der Angabe „Halbschatten" – benötigen den Schatten nicht, sondern ertragen ihn. Allerdings muß die Wasserversorgung gesichert sein. Der Schlagschatten, etwa von Häusern, bereitet hin und wieder Kopfzerbrechen, denn auf Stunden tiefen Schattens folgen Stunden prallen Sonnenscheins.

Bei den Bodenansprüchen steht oft die Kalkverträglichkeit im Vordergrund. Technisch ist es zwar möglich, den Boden entsprechend zu behandeln oder völlig auszuwechseln, aber auf die Dauer läßt der Erfolg zu wünschen übrig.

Fast alle Böden lassen sich durch Humus verbessern. Gaben von Torfmull, Gartenkompost und verrottetem Mist wirken sich vorteilhaft aus. Schwere Lehmböden werden durch die Zugabe von Sand durchlässiger. Leichte Böden halten das Wasser besser, wenn Humus zugesetzt wird.

Was sich leider überhaupt nicht beeinflussen läßt, ist das Klima. Wir können für unsere Pflanzen warme, geschützte Plätze aussuchen. Außerdem können wir sie in kalten Nächten abdecken. Gelingt es jemandem, eine besonders empfindliche Pflanze über Jahre hinweg durchzubringen, ist die Freude groß.

Um so betrüblicher ist es jedoch, wenn in einem extrem kalten Winter etliche Pflanzen eingehen. Das Gerüst einer Pflanzung sollte daher immer aus winterharten, robusten Pflanzen bestehen.

Pflanzung von Sträuchern

Einpflanzen frei stehender Sträucher

Das Pflanzgut wird von Baumschulen in drei verschiedenen Formen geliefert: mit Wurzelballen, ohne Wurzelballen oder im Container.

Bei Sträuchern mit Wurzelballen sind die Wurzeln in den Mutterboden eingebettet und in ein Ballentuch aus Jutegewebe eingeschlagen. So werden Pflanzen geliefert, die nach dem Umsetzen nicht leicht anwachsen. Sträucher, die nach dem Umsetzen leicht Wurzeln schlagen, werden meist ohne Wurzelballen abgegeben. In Containern gelieferte Sträucher sind fest eingewurzelt und können ganzjährig gepflanzt werden. Wenn man sie jedoch im Sommer pflanzt, muß man dafür sorgen, daß sie bis zum Herbst reichlich mit Wasser versorgt werden.

Sträucher mit oder ohne Wurzelballen pflanzt man von Anfang Oktober bis Ende April, und zwar dann, wenn der Boden nicht gefroren ist. In rauhem Klima sollte man die Pflanzen besser im Frühjahr setzen.

Immergrüne Sträucher kann man im frühen Herbst pflanzen, damit sie noch Wurzeln bilden, ehe es kalt wird. Es besteht jedoch die Gefahr, daß sie im Winter, wenn der Boden gefriert, vertrocknen. Deshalb zieht man, wie auch bei empfindlichen laubabwerfenden Sträuchern, meist die Frühjahrspflanzung vor.

Der Abstand zwischen zwei Sträuchern sollte mindestens die Hälfte der endgültigen Breite der beiden nebeneinander stehenden Sträucher betragen. Beanspruchen beispielsweise zwei ausgewachsene Sträucher einen Raum von 1,5 und 2 m, so müssen sie in einem Abstand von 1,75 m eingepflanzt werden. Die Abstände legt man schon vorher fest und markiert die Pflanzstellen mit Stäben.

Die Pflanzgrube sollte eineinhalbmal größer sein als der Wurzelballen des Strauchs. Bei einer Containerpflanze sollte der obere Rand des Containers mit dem umliegenden Erdreich abschließen. Pflanzen mit oder ohne Wurzelballen werden etwas höher gepflanzt, als sie vorher standen. Auf keinen Fall tiefer pflanzen!

Am Grund der Pflanzgrube wird der Boden mit einer Grabgabel aufgelockert. Die aus der Grube ausgehobene Erde vermischt man mit Gartenkompost, Stallmist oder Torfmull. Eine ideale Mischung besteht aus zwei Teilen Erdreich und einem Teil organischem Material.

Sträucher im Container werden vor dem Einpflanzen gründlich gewässert. Dann entfernt man den Container. Bei Ballenware wird das Ballentuch erst geöffnet, nachdem man die Pflanze in die Grube gesetzt hat.

Bei Pflanzen ohne Wurzelballen schneidet man beschädigte oder kranke Wurzeln bis auf das gesunde Gewebe zurück. Auch am Strauch selbst werden alte Holzstummel bis an den Trieb zurückgeschnitten. Kranke oder beschädigte Triebe schneidet man bis dicht zu einer Knospe hin ab.

Die Pflanze wird in die Pflanzgrube gesetzt und diese mit der vorbereiteten Erde gefüllt. Danach tritt man die Erde fest. Bei schweren Böden genügen ein bis zwei Tritte. Der Boden rund um den Wurzelhals wird gut gegossen.

Sträucher ohne Wurzelballen werden beim Einpflanzen etwas angehoben, und das Wurzelwerk wird leicht geschüttelt, damit sich die Erde gut dazwischensetzt. Sodann tritt man den Boden fest, denn zwischen den Wurzeln dürfen keine Lufträume bleiben.

1. Die Pflanzenbasis muß mit der Bodenoberfläche auf einer Höhe sein

2. Pflanzgrube mit einer Gabel auflockern. Erde mit Torfmull vermischen

3. Container entfernen. Nachprüfen, ob Wurzelwerk gut verzweigt ist

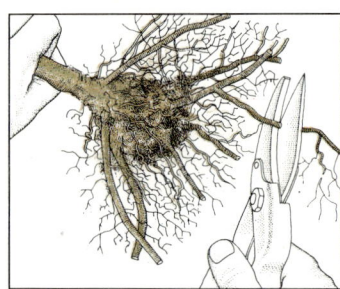

4. Bei Sträuchern ohne Wurzelballen beschädigte Wurzeln abschneiden

5. Bei allen Sträuchern alte Holzstummel bis zum Trieb abschneiden

6. Beschädigte oder kranke Holztriebe über einer Knospe abnehmen

7. Pflanze unten halten und in die Grube setzen; Erde nachfüllen

8. Pflanzgrube auffüllen und die Erde festtreten; gründlich gießen

Klettergehölze an einer Mauer einpflanzen

Der Boden am Fuß einer Mauer ist oft schlecht und mit Bauschutt durchsetzt. Damit man ein Klettergehölz einpflanzen kann, muß fruchtbarer Boden herangeschafft werden.

Der Pflanzabstand zur Mauer sollte mindestens 30 cm betragen. Ausdauernde, aber nicht vollständig winterharte Gehölze brauchen eine warme, geschützte Wand.

Efeu und Wilder Wein halten sich an der Wand fest; sie brauchen keine Stütze. Andere Kletterpflanzen hingegen müssen an Spalieren oder Spanndrähten gezogen werden.

Kunststoffspaliere mit Maschenweiten von 10–15 cm sind als Haltevorrichtungen für Klettergehölze gut geeignet. An den weiten Maschen lassen sich die Pflanzen leicht ziehen und festbinden. Baustahlmatten lassen sich ebenfalls verwenden, müssen aber vorher entrostet und mit Rostschutzmittel gestrichen werden. Die Haltevorrichtungen werden bereits vor dem Einpflanzen – etwa 2,5 cm von der Wand entfernt – befestigt, damit sich die Triebe der Pflanzen herumschlingen können.

Kurz nach dem Einpflanzen muß man Klettergehölze an der Haltevorrichtung festbinden, weil die meisten dieser Pflanzen von der Wand weg streben. Jeden einzelnen Trieb befestigt man mit Bast, einer Schnur oder Klemmringen am Spalier. Bald schon kann man beobachten, daß sich die Triebe um die Spalierstäbe oder Spanndrähte schlingen.

1. Pflanzgrube 30 cm von der Wand entfernt ausheben, Pflanze einsetzen

2. Jeden Trieb einzeln mit Bast oder Klemmringen am Spalier befestigen

Sträucher vor dem Wind schützen

Größere frei stehende Sträucher sollten unmittelbar nach dem Einpflanzen mit einem Pfahl abgestützt werden.

Er wird zuerst in den Boden geschlagen, damit die Wurzeln des Strauchs nicht beschädigt werden. Dann pflanzt man den Strauch knapp neben den Pfahl und bindet ihn mit einem Baumband oder einem Streifen aus Sackleinen fest. Bei Sträuchern mit Ballen wird der Pfahl schräg eingeschlagen, damit der Wurzelballen nicht beschädigt wird.

Den Streifen aus Sackleinen schlingt man kreuzweise mehrmals um den Pfahl und den Haupttrieb, bis der Strauch fest angebunden ist und zwischen dem Trieb und dem Pfahl ein Schutzkissen liegt.

Durch das Anbinden wird verhindert, daß bei Wind der Strauch bis zu den Wurzeln durchgeschüttelt wird. Dabei würden nämlich die neu gebildeten Würzelchen abgerissen. Ein Strauch mit biegsamen Trieben braucht nicht festgebunden zu werden. In der Wachstumszeit muß man nachprüfen, ob die Baumbänder nicht einschneiden. Ist dies der Fall, löst man sie und bindet sie dann erneut fest.

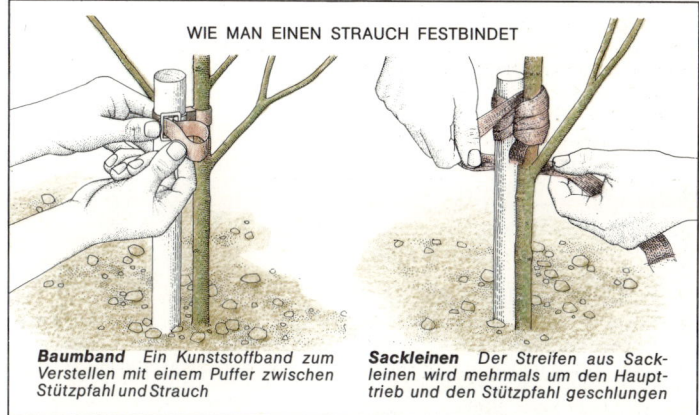

WIE MAN EINEN STRAUCH FESTBINDET

Baumband Ein Kunststoffband zum Verstellen mit einem Puffer zwischen Stützpfahl und Strauch

Sackleinen Der Streifen aus Sackleinen wird mehrmals um den Haupttrieb und den Stützpfahl geschlungen

Einen Strauch in den Rasen einpflanzen

Ein Strauch, der einzeln auf einer Rasenfläche steht, sieht besonders schön aus, wenn das Beet um ihn herum sorgfältig aus der Grasnarbe ausgestochen wurde.

In der Mitte des vorgesehenen Beets steckt man einen Stab in den Rasen. Am unteren Ende des Stabs wird eine Schnur angebunden. Jetzt spannt man die Schnur straff, und an der Stelle, die dem Halbmesser des Beets entspricht, bindet man ein Messer fest. Mit dem Messer beschreibt man einen Kreis auf der Rasenfläche. Dann sticht man entlang der Markierung mit dem Spaten ein, unterteilt den Kreis in Abschnitte und hebt die Rasensoden ab.

Anschließend wird das Beet umgegraben und der Strauch in die Mitte gepflanzt. Die abgehobenen Rasensoden können mit der Grasseite nach unten auf den Grund der Pflanzgrube gelegt werden, wo sie langsam verrotten und den Boden mit Humus anreichern.

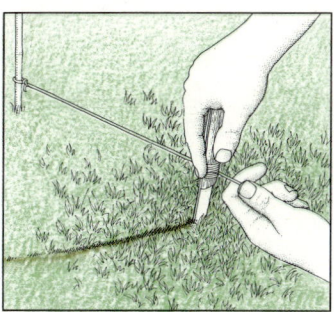

1. Mit einem Messer, das mit Schnur an einen Stab gebunden ist, wird ein kreisrundes Beet markiert

2. Man hebt die Rasensoden mit dem Spaten ab, gräbt das Beet um und pflanzt den Strauch ein

Sträucherpflege das ganze Jahr hindurch

Sträucher nach dem Einpflanzen

Kurz nach dem Einpflanzen, solange der Boden noch feucht ist, wird das Erdreich abgedeckt. Dies kann mit Torfmull, Laub oder Gartenkompost geschehen. Unter der sogenannten Mulchdecke bleibt der Boden feucht. Jedes Jahr im Frühjahr bringt man eine ungefähr 5 cm dicke Schicht auf die Erde zwischen den Sträuchern.

Pflanzt man einen Strauch im Herbst, Winter oder zeitigen Frühjahr, bedarf es – abgesehen vom ersten Wässern unmittelbar nach dem Einpflanzen – keiner weiteren Bewässerung, sofern die Pflanze nicht während einer längeren Trockenperiode zu welken beginnt. Wurde jedoch im späten Frühjahr oder Sommer gepflanzt, muß im Lauf der ersten Wochen bei trockenem Wetter reichlich gegossen werden.

Bei nährstoffarmen Böden wird jeweils im Frühjahr eine Volldüngung vorgenommen.

Leidet der Strauch später durch Schädlinge, wird er mit einem Insektizid behandelt. Gespritzt wird, wenn das Laub trocken ist, jedoch nicht in praller Sonne. Dabei hält man die Düse so, daß sowohl die Unterseiten als auch die Oberseiten der Blätter bespritzt werden.

MULCHEN

Nach dem Einpflanzen Torfmull oder Stallmist rund um den Strauch verteilen, damit der Boden feucht bleibt

SPRITZEN

Beim Spritzen mit Schädlingsbekämpfungsmittel Düse so halten, daß auch die Blattunterseiten erreicht werden

Schutz von empfindlichen Sträuchern im Winter

Manche Ziersträucher können einen strengen Winter nicht ohne Schaden zu nehmen im Freien überstehen. Dennoch lassen sie sich im Garten halten, wenn man bei großer Kälte für ausreichenden Schutz sorgt.

Der ideale Standplatz für empfindliche Sträucher sind Wände oder geschlossene Zäune in Südlage, die mindestens 1,5 m hoch sind. Einen fast ebenso guten Schutz bietet eine dichte, immergrüne Hecke.

Bei länger anhaltendem Frost kann man die Triebe an einem Strauch mit Stroh oder Reisig umhüllen und mit Schnur festbinden.

An Mauern hochgezogene Sträucher und Klettergehölze lassen sich mit Matten schützen, die man aus Reisig oder Stroh und Maschendraht fertigt. Zu diesem Zweck nimmt man zwei Lagen Maschendraht, stopft dazwischen eine dicke Isolierschicht und befestigt die vier Ecken durch Verdrillen der Drähte. Bei frostigem Wetter umgibt man die Pflanzen mit diesen Matten.

Frei stehende Sträucher können ebenfalls mit derartigen Matten geschützt werden, indem man sie rund um die Pflanzen auf den Boden stellt. Bei besonders strengem Frost kann oben noch ein Deckel aus gleichem Isoliermaterial aufgesetzt werden. Ein Plastiksack eignet sich nicht als Schutz. Er ist luftundurchlässig und schützt schlecht vor Kälte.

Empfindliche Pflanzen, bei denen sich Seitentriebe aus dem Wurzelhals unterhalb oder knapp oberhalb des Bodens entwickeln, müssen vor allem an dieser Stelle vor Frost geschützt werden. Das kann mit einer 15–25 cm hohen Schicht aus Stroh oder Torfmull geschehen, mit der man die Pflanzen im Spätherbst umgibt und zudeckt.

Eine andere Möglichkeit besteht darin, daß man um die Pflanze herum ein Zelt aus Stäben und Reisig aufstellt. Man steckt rund um die Pflanze in gleichen Abständen etwa sechs Stäbe pyramidenförmig in den Boden und bindet sie an den Spitzen zusammen. In halber Höhe werden sie nochmals mit einer Schnur verbunden. In dieses Gerüst wird Reisig eingeflochten.

Man kann auch Sackleinen über das Gerüst spannen.

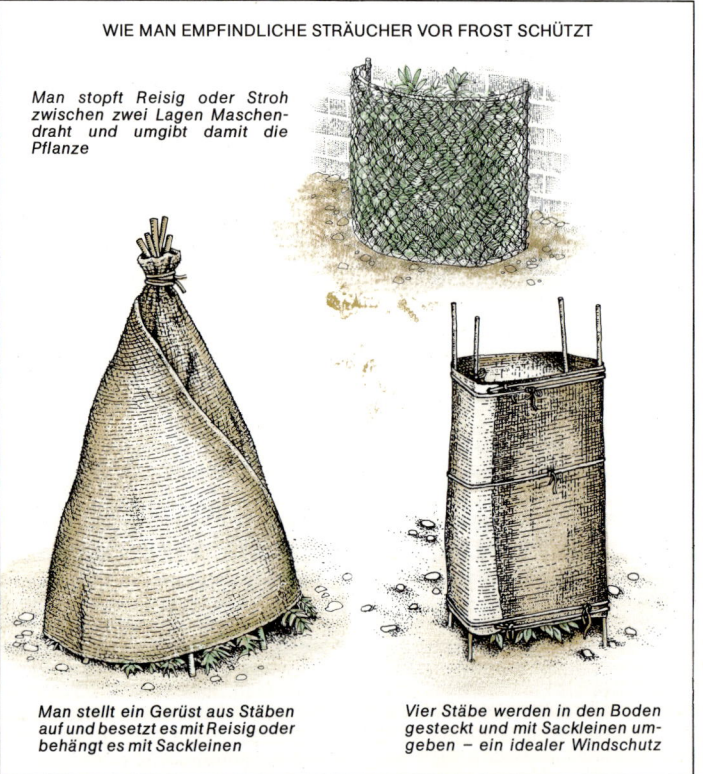

WIE MAN EMPFINDLICHE STRÄUCHER VOR FROST SCHÜTZT

Man stopft Reisig oder Stroh zwischen zwei Lagen Maschendraht und umgibt damit die Pflanze

Man stellt ein Gerüst aus Stäben auf und besetzt es mit Reisig oder behängt es mit Sackleinen

Vier Stäbe werden in den Boden gesteckt und mit Sackleinen umgeben – ein idealer Windschutz

Entfernen wilder Wurzelschößlinge

Wurzelschößlinge sind Triebe, die von der Basis der Pflanze oder vom Wurzelstock unter der Erde in die Höhe schießen.

Bei den meisten Sträuchern kann man diese Wurzelschößlinge einfach stehenlassen; anders bei Sträuchern, die auf einen fremden Wurzelstock aufgepfropft wurden. Hier muß man Wurzelschößlinge entfernen, damit die Pflanze nicht geschwächt wird, z. B. bei Rosen, Essigbaum und Flieder. Bei diesen Sträuchern treiben wilde Wurzelschößlinge immer unterhalb der Veredlungsstelle aus. Wilde Schößlinge, die oberhalb der Erde austreiben, findet man meist an Obstbäumen.

Wilde Schößlinge müssen an der Austriebstelle von Hand abgedreht werden. Wurzelschößlinge dürfen nie über der Erde abgeschnitten werden, weil sich dann nur noch mehr Wildtriebe bilden.

WILDE WURZELSCHÖSSLINGE

Die Austriebstelle freilegen und den Schößling von Hand abdrehen

Umpflanzen eines älteren Strauchs

Sträucher kann man von Anfang Herbst bis Ende Frühjahr umpflanzen, vorausgesetzt natürlich, daß der Boden nicht gefroren ist.

Zunächst hebt man einen Graben rund um den Strauch aus, weit genug entfernt, um die Wurzeln nicht zu beschädigen. Ist der Graben tief genug, sticht man mit dem Spaten unter die Wurzeln und wuchtet den Strauch hoch. Überschüssige Erde wird abgekrümelt, damit der Wurzelballen leichter zu transportieren ist und keine allzu große Pflanzgrube braucht. Schließlich wird der Strauch genauso eingepflanzt wie eine frisch angelieferte Ballenware (siehe Seite 62). Danach wird gründlich gewässert.

1. Vorsichtig einen Graben ausheben und den Strauch hochwuchten

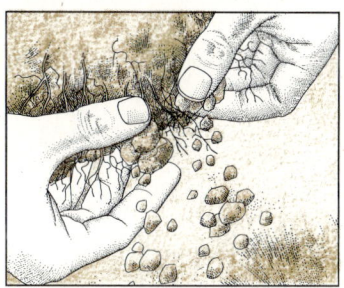

2. Vor dem neuerlichen Einpflanzen Erde vom Wurzelballen abkrümeln

Wie man üppigen Fruchtschmuck fördert

Zahlreiche Sträucher und einige Bäume pflanzt man vor allem, weil sie schöne Früchte tragen.

Zunächst einmal sollte man das Pflanzgut nur in einer bewährten Baumschule kaufen und sich dort beraten lassen, welche Sorten besonders schön fruchten.

Einige Sträucher und Bäume sind zweihäusig, d. h., männliche und weibliche Blüten wachsen auf verschiedenen Pflanzen. Zu diesen Arten gehören die Stechpalme und der Sanddorn. Zweihäusige Sträucher pflanzt man in Gruppen, und zwar drei oder mehr weibliche Exemplare rund um ein männliches Exemplar, da sonst keine Beeren entstehen.

Wie üppig die Beeren wachsen, hängt auch vom Wetter ab. Hatte die Pflanze zur Blütezeit oder beim Ansetzen der Früchte unter längerer Trockenheit zu leiden, fallen die Beeren oft frühzeitig ab. Frost zur Blütezeit kann die Fruchtbildung ganz verhindern.

Ist es zur Zeit der Blüte trüb und kalt, dann werden nur wenige Blüten durch Insekten befruchtet, und nur wenige Früchte entstehen.

Für üppigen Fruchtschmuck sind auch die Standortbedingungen der Pflanze entscheidend. Ein Strauch, der die Sonne bevorzugt, etwa der Feuerdorn, blüht im Schatten weniger und trägt dann auch spärlich Früchte.

Sträucher, die nur auf kalkfreiem Boden gedeihen, wachsen in kalkreichem Boden nur schwach oder gehen ein.

Außerdem knabbern im Winter Vögel oft die Knospen ab, die später blühen würden. Im Sommer fressen Amseln die heranreifenden Früchte.

Die Früchte der Zwergmispel wachsen in großen, roten Büscheln, unter deren Gewicht die Zweige sich biegen; sie halten sich oft bis tief in den Winter hinein

Immergrüne Sträucher pflanzen und pflegen

Immergrüne Sträucher leiden im Winter häufig unter Kälte und vor allem unter Trockenheit. Ihr Standort muß deshalb mit Bedacht gewählt werden. Sie sollten an einen geschützten Ort gesetzt werden, wenn sie nicht ausgesprochen winterhart und unempfindlich gegen Wind sind. Der Boden soll fruchtbar und nicht zu wasserdurchlässig sein.

Nach dem Einpflanzen müssen die Sträucher unbedingt feucht gehalten werden. Bei starkem, trockenem Wind sollte man frisch gepflanzte Sträucher mit Sackleinen abschirmen.

Genügend Wasser ist vor allem für Koniferen und breitblättrige, immergrüne Sträucher wichtig. Der Regen allein reicht meist nicht aus, weil die Wurzeln der jungen Gehölze erst eine geringe Ausdehnung haben.

Wassermangel zeigt sich zunächst dadurch an, daß die unteren Triebe des Strauchs braun werden und schließlich absterben. Im allgemeinen sollte stets gegossen werden, sobald die Oberfläche des Bodens ausgetrocknet erscheint.

In Töpfen oder Kübeln gezogene Exemplare können auch unter Nährstoffmangel leiden. Das zeigt sich meist dadurch an, daß die Pflanzen langsamer wachsen. Dabei entstehen kleinere, meist blassere, gelbgrünliche Blätter. Um ein gesundes Wachstum zu fördern, sollte von Frühjahr bis Spätsommer monatlich Dünger in fester oder flüssiger Form gegeben werden. Pflanzen in Töpfen und Kübeln müssen auch öfter gegossen werden.

Mögliche Schäden an Sträuchern

Die häufigsten Schäden an Sträuchern sind hier beschrieben. Sollten Schäden auftreten, die hier nicht erwähnt sind, siehe Abbildungen ab Seite 574. Die Handelsnamen der verschiedenen Wirkstoffgruppen siehe Seite 599.

Schaden	Ursache	Abhilfe
Etwa einen Monat nach dem Einpflanzen wachsen die Sträucher schlecht, Blätter werden braun	Trockenheit, Fehler beim Einpflanzen	Pflanze herausheben und nachsehen, ob der Wurzelballen trocken ist. Erde an den Wurzeln auflockern, mit Torf oder Kompost verbessern, Pflanze wieder einsetzen, gründlich wässern; Zweige zurückschneiden
Mißbildungen an Trieben, junge Blätter sind eingerollt, verkrüppelt	Blattläuse	Spritzen mit einem Mittel gegen saugende Insekten
Triebe sind von den Spitzen her abgestorben, vor allem im Frühjahr	Frost	Abgestorbene Triebe zurückschneiden und Strauch im nächsten Frühjahr vor Spätfrösten schützen
Blätter oder Spitzen der Triebe welken (oft bei Behälterpflanzen)	Wassermangel	Gründlich gießen; bei Behälterpflanzen mindestens jeden zweiten Tag prüfen, ob die Erde feucht ist

Kletterpflanzen an lebenden Bäumen

Es sieht sehr hübsch und sehr natürlich aus, wenn Kletterpflanzen an Bäumen emporranken. Der bewachsene Baum erleidet keinen Schaden, wenn die Kletterpflanze nicht allzu kräftig und der Baum selbst nicht gerade schwach ist.

Besonders gut eignen sich Bäume mit weit auseinanderstehenden Ästen oder mit lichten Kronen, die genügend Helligkeit durchlassen, z. B. alte Apfelbäume, Ebereschen, Föhren und auch Fichten.

Ein besonders beliebter Baumkletterer ist die Waldrebe *Clematis* und vor allem die *Clematis montana*. Sie kann sich bis in 12 m Höhe schlängeln. Andere geeignete Klettergehölze sind der Baumwürger, die Geißblattarten *Lonicera caprifolium* und *Lonicera pericly-menum* und außerdem noch der Efeu.

Hat ein Baum flach ausgebreitete Wurzeln, kann man die Kletterpflanze auch außerhalb des Blätterdachs pflanzen. Die Kletterpflanze rankt dann an einem Stab, den man am untersten Ast des Baums anbindet. Man kann auch von der Spitze des Stabs einen Draht zum untersten Baumast spannen. Die Kletterpflanze wird dann an Stab und Draht entlang hochgezogen.

Hat der Baum tief in den Boden reichende Wurzeln, kann die Kletterpflanze nahe am Stamm eingepflanzt und an ihm hochgezogen werden.

Im ersten Jahr nach dem Einpflanzen muß besonders gründlich gegossen werden. Im Frühjahr eines jeden Jahres sollte man mit Gartenkompost, Torfmull oder Stallmist mulchen.

Schaden	Ursache	Abhilfe
Bei Topf- und Kübelpflanzen: Blätter sind klein, gelblich und fallen frühzeitig ab. Die Pflanze welkt, obwohl die Erde feucht ist	Erde sumpfig; Luftmangel im Boden	Eine Zeitlang nicht gießen
Blütenknospen fallen ab	Frost, meist aber Trockenheit	Für geeigneten Frostschutz und vor allem für ausreichende Bewässerung sorgen, während die Pflanze knospt
Blätter sind gelb gefleckt oder verfärbt, ohne schlaff zu werden. Im fortgeschrittenen Stadium werden die Blätter braun und sterben ab	Chlorose oder Gelbsucht durch zu hohen Kalkgehalt im Boden. Betroffen sind vor allem Rhododendren und Heidesträucher	Mulchen mit Torfmull oder Verwendung eines sauer reagierenden Düngers. Gießen oder spritzen mit Fetrilon. Bei dichtem Wuchs die stark befallenen Triebe herausschneiden
Ausbleiben der Blüte trotz kräftigen Wachstums; meist große, dunkelgrüne Blätter	Zu hohe Düngergaben, vor allem an Stickstoff, oder zu starker Rückschnitt	Nicht mehr düngen; mit dem saisonüblichen Rückschnitt ein- oder zweimal aussetzen. Jeder Strauch braucht ein bis mehrere Jahre, bis er zum erstenmal blüht
Vor allem junge Blätter und manchmal auch frische Triebe sind wie mit grauem Pulver bedeckt. Dieser Belag wird dann fleckig oder verschwindet und hinterläßt verfärbte Stellen	Mehltau	Spritzen mit Triforin oder Dichlofluanid. Bei dichtem Wuchs die stark befallenen Triebe herausschneiden

Sträucher in Pflanzgefäßen

Viele Ziersträucher können auch in großen Töpfen oder Trögen gedeihen. Zu den Sträuchern, die sich besonders gut für die Troggärtnerei eignen, gehören: kleine Berberitzen, die Strauchverbene, die Zwergformen der Scheinzypresse, kleinere Formen der Zwergmispel, der Spindelbaum, die Strauchveronika, das Johanniskraut, der Ranunkelstrauch, Lavendel, Mahonie, Passionsblume, Mandelbäumchen, Feuerdorn und Weigelie.

Andere Sträucher wiederum können überhaupt nicht in Pflanzgefäßen gehalten werden. Ungeeignet sind beispielsweise Magnolie und Judasbaum. Ganz allgemein sollte man keine Sorten mit dicken, fleischigen Trieben wählen.

Ein Kübel von 70 cm Durchmesser und einer Tiefe von 40 cm bietet ausreichend Platz für einen Strauch von 1,2–1,5 m Höhe und einer Breite von 90–120 cm.

Im Boden des Pflanzkübels muß ein Abflußloch sein. Damit sich das Wasser nicht staut, kommt in den Trog eine 4 cm hohe Schicht aus wasserdurchlässigem Material, z. B. Tonscherben oder Kies.

Als Füllung eignet sich eine Mischung aus Landerde und Torfmull zu gleichen Teilen oder käufliche Blumenerde. Dagegen empfiehlt es sich nicht, nur einfachen Torf zu nehmen.

Käuflicher Erde ist Dünger beigemischt, selbst gemischter Erde muß Dünger zugesetzt werden. Geeignet sind organische Dünger aus Horn- und Knochenmehl oder synthetische Langzeitdünger.

Zum Einpflanzen muß der Wurzelballen gut feucht sein. Nun wird der Strauch eingesetzt und der Kübel mit der Erdmischung bis 2 cm unter den Rand aufgefüllt.

Nach dem Einpflanzen wird sofort gründlich gewässert. Wenn der Strauch nach dem Einpflanzen zu wachsen beginnt, wird die Erde mit einem flüssigen Düngemittel gegossen. Sollte die Pflanze zu groß werden, muß man sie an den Trieben und Wurzeln zurückschneiden.

Im Herbst oder zeitigen Frühjahr nimmt man dazu den Strauch heraus und kürzt die Wurzeln um etwa 10 cm. Dann säubert man den Pflanzkübel, setzt den Strauch wieder ein und füllt neue Erde nach.

Von Natur aus größere Sträucher bleiben klein und trotzdem gesund, wenn man die Wurzeln alle zwei Jahre schneidet.

Chamaecyparis lawsoniana 'Fletcheri'

Lavandula angustifolia

Hypericum calycinum

Choisya ternata

Rhododendron yakusimanum

EINPFLANZEN IN EINEN KÜBEL

1. Der Fuß der Triebe soll mit dem Kübelrand auf gleicher Höhe sein

2. Die Erde mit einem Holzstück verteilen und leicht andrücken

ZURÜCKSCHNEIDEN DES STRAUCHS

1. Die Triebe werden der Strauchsorte entsprechend zurückgeschnitten

2. Um das Wachstum einzudämmen, Wurzeln ab und zu zurückschneiden

Vermehrung von Sträuchern durch Stecklinge

Hartholzstecklinge – das einfachste Verfahren

Viele winterharte Sträucher können ganz einfach durch Hartholzstecklinge vermehrt werden. Das sind kräftige Triebe, die eben ihre erste Wachstumsperiode vollendet haben und hart und holzig geworden sind. Sie tragen auf der ganzen Länge Knospen (Augen), aus denen im nächsten Frühjahr neue Triebe wachsen.

Am besten werden die Stecklinge im Oktober abgeschnitten. Von manchen Sträuchern können Stecklinge jederzeit im Spätherbst oder im zeitigen Winter abgenommen werden; bei anderen wiederum hängt der Erfolg der Vermehrung stark davon ab, zu welcher Zeit die Stecklinge abgeschnitten wurden (siehe Tabelle ab Seite 96).

Der Sproß wird mit einer Baumschere am unteren Ende nahe der Austriebstelle abgeschnitten und dann von der Spitze her auf eine Länge von 25–30 cm gekürzt. Aus langen Trieben kann man zwei oder mehr Stecklinge herausschneiden. Die noch weichen Spitzen der Triebe sollten möglichst nicht genommen werden, denn sie bewurzeln sich schlecht.

Die Stecklinge werden am unteren Ende unmittelbar unterhalb eines Auges oder eines Knotens und am oberen Ende knapp oberhalb eines Auges sauber abgeschnitten. Bei immergrünen Sträuchern schneidet man den Steckling jeweils unterhalb eines Blatts ab und entfernt alle Blätter der unteren Hälfte.

Große Blätter an Stecklingen schneidet man mit einer Rasierklinge oder scharfen Schere zur Hälfte ab. Dadurch setzt man den Wasserverlust herab. Stecklinge von Sträuchern, die sich nur schwer einwurzeln, können zur Wurzelbildung angeregt werden, indem man ein Streifchen Rinde an einer oder beiden Seiten des unteren Endes abschneidet.

Bei manchen schlecht wurzeln-den Sträuchern kann die Wurzelbildung auch dadurch gefördert werden, daß man die verwundeten Stellen am unteren Ende des Stecklings mit einem Hormonpräparat bedeckt.

Schon vor dem Abschneiden des Stecklings sucht man eine geeignete Pflanzstelle im Garten, die vor kalten Winden geschützt ist, und gräbt den Boden um. In schweren Boden wird grober Sand eingearbeitet, um die Entwässerung und Belüftung zu verbessern.

Danach legt man einen schmalen Pflanzgraben an, indem man den Spaten in die Erde einstickt und ihn mehrere Zentimeter nach vorne drückt. In diesen Graben schüttet man eine 3–5 cm hohe Schicht aus grobkörnigem Sand und setzt die Stecklinge im Abstand von 7–10 cm so ein, daß sie zur Hälfte oder zu ²/₃ im Boden stecken.

Nach strengem Frost sitzen die Stecklinge oft nur locker im Boden. Man drückt sie dann im Frühjahr wieder fest in die Erde.

In ihrem ersten Jahr brauchen die Stecklinge nicht viel Pflege. Während des Sommers wird der Boden regelmäßig gehackt, von Unkraut befreit und von Zeit zu Zeit gegossen.

Alle Stecklinge, die leicht Wurzeln schlagen, sind nach einem Jahr so weit, daß man sie an ihren endgültigen Standplatz im Garten versetzen kann.

Stecklinge, die noch nicht die nötige Größe haben, muß man noch einmal umpflanzen. Der Pflanzabstand muß natürlich der jetzigen Größe entsprechen. Durch das Verpflanzen wird die Wurzelbildung gefördert; man erhält dadurch einen kleineren, aber dichteren Wurzelballen.

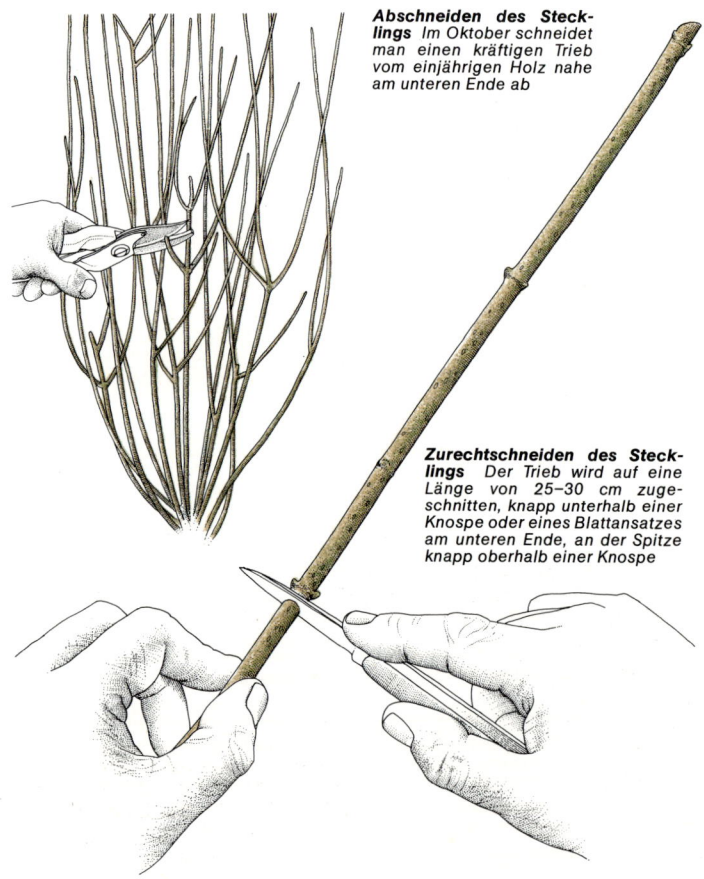

Abschneiden des Stecklings Im Oktober schneidet man einen kräftigen Trieb vom einjährigen Holz nahe am unteren Ende ab

Zurechtschneiden des Stecklings Der Trieb wird auf eine Länge von 25–30 cm zugeschnitten, knapp unterhalb einer Knospe oder eines Blattansatzes am unteren Ende, an der Spitze knapp oberhalb einer Knospe

EINPFLANZEN

1. Um das Wurzeln zu fördern, schneidet man etwas Rinde unten ab

2. Stecklinge müssen mindestens halb im Boden sitzen

3. Ein Jahr später können die Stecklinge umgepflanzt werden

Sommerstecklinge aus halbreifem Holz

Manche Bäume und Sträucher lassen sich kaum durch Hartholzstecklinge vermehren, wurzeln aber gut an, wenn man die Stecklinge aus dem halbreifen Holz schneidet. Zu diesen Sträuchern gehören z. B. die Bartblume und der Lavendel.

Für halbreife Stecklinge nimmt man die Triebe des laufenden Jahres, die am Ende schon etwas fest und verholzt, an der Spitze aber weich sind, weil sie sich noch im Wachstum befinden. Die beste Zeit zum Abnehmen reicht von Mitte Juli bis Ende August, in einem sehr heißen Sommer schon etwas früher. Stecklinge aus halbreifem Holz brauchen etwas mehr Pflege, solange sie noch nicht fest eingewurzelt sind. Man benötigt unbedingt einen geschützten Pflanzort, am besten einen Vermehrungskasten – eventuell mit Bodenheizung –, muß regelmäßig gießen und die Stecklinge vor direkter Sonne schützen. Nach der Wurzelbildung werden die jungen Pflanzen entweder in ein Frühbeet oder einzeln in Töpfe gesetzt.

In jedem Fall vergehen mindestens zwei Jahre, bis die Pflanzen so weit sind, daß man sie an ihren endgültigen Standort umsetzen kann.

Für die Stecklinge wählt man 15 bis 20 cm lange Seitentriebe vom Holz des laufenden Jahres – leicht daran zu erkennen, daß sie Blätter tragen.

Mit einem Messer oder mit der Baumschere wird der Seitensproß dicht am Haupttrieb abgeschnitten. Die unteren Blätter werden entfernt, und der Stiel wird direkt unterhalb dieser ersten Blattachsel abgeschnitten. Dann nimmt man die weiche Spitze knapp oberhalb eines Blattansatzes ab, so daß der Steckling etwa 5–10 cm lang ist.

Achselstecklinge Stecklinge aus halbreifem Holz wurzeln meist wesentlich besser, wenn man sie zusammen mit einem Rindenstreifen vom Haupttrieb herausschneidet. Manche Sorten schlagen kaum oder überhaupt nicht Wurzeln, wenn dieses Achselstück am Steckling fehlt, so z. B. der Feuerdorn und die Säckelblume.

Zuerst schneidet man einen Hauptsproß mit mehreren Seitentrieben ab, die jedoch möglichst nicht blühen sollten. Mit einem scharfen Messer schneidet man dann an der Abzweigung eines Nebentriebs von beiden Seiten her schräg in den Haupttrieb, so daß man den Steckling mit dem Achselstück abnehmen kann.

Achselstecklinge sollten etwa 5 bis 8 cm lang sein. Längere Triebe werden von der Spitze her gekürzt.

Abnehmen des Stecklings Zwischen Mitte Juli und Ende August schneidet man einen 15–20 cm langen Seitentrieb vom diesjährigen Holz nahe am Haupttrieb ab

Zurechtschneiden des Stecklings Die unteren Blätter werden entfernt, und der Stiel wird unmittelbar darunter abgeschnitten. Die weiche Spitze wird bis oberhalb eines Blatts so weit zurückgeschnitten, daß der Steckling 5–10 cm lang ist

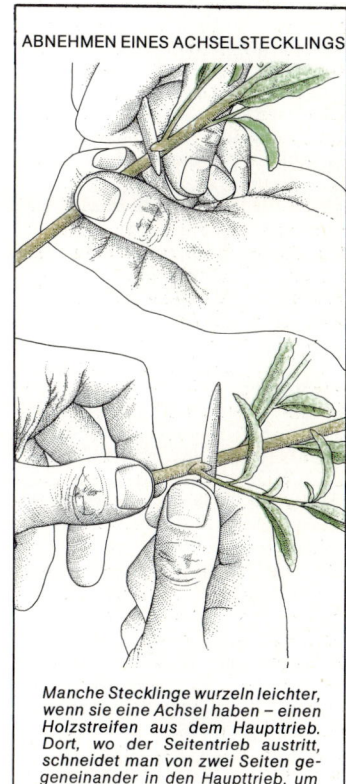

ABNEHMEN EINES ACHSELSTECKLINGS

Manche Stecklinge wurzeln leichter, wenn sie eine Achsel haben – einen Holzstreifen aus dem Haupttrieb. Dort, wo der Seitentrieb austritt, schneidet man von zwei Seiten gegeneinander in den Haupttrieb, um den Steckling abzunehmen

Halbreife Stecklinge pflanzen und pflegen

Ehe man den Steckling einpflanzt, füllt man einen Topf bis knapp unter den Rand mit einem Gemisch aus Torf und grobem Sand zu gleichen Teilen.

Die Größe des Topfs wählt man nach der Anzahl der Stecklinge. In einen Topf mit 7 cm Durchmesser können bis zu fünf Stecklinge, in einen Topf mit 12 cm Durchmesser bis zu zehn Stecklinge eingepflanzt werden.

Die Tiefe der Pflanzlöcher soll etwa ⅓ der Länge der Stecklinge entsprechen. Der Steckling wird eingesetzt und die Erde mit einem Pflanzholz oder den Fingern festgedrückt. Sind alle Stecklinge eingesetzt, gießt man gründlich mit einem Wassersprüher oder einer Gießkanne mit feiner Brause.

Die Stecklinge brauchen feuchte Luft, damit sie nicht austrocknen. Diesem Zweck dient eine einfache Abdeckung, die man aus zwei 30 bis 40 cm langen, verzinkten Drahtstücken und einer Plastikfolie herstellt.

Ein Drahtstück wird zu einem U gebogen und mit beiden Enden in die Erde gesteckt. Das andere ebenso gebogene Drahtstück wird über Kreuz eingesteckt. Dann stülpt man die Plastikfolie über das Drahtgestell und bindet eine Schnur um den Topf.

Für eine größere Anzahl Stecklinge nimmt man besser einen Vermehrungskasten. Er sollte ebenfalls mit einer Plastikfolie abgedeckt werden.

Den Topf oder Vermehrungskasten stellt man an eine schattige, aber warme Stelle in der Wohnung oder in ein Frühbeet. Wärme ist wichtig, im direkten Sonnenlicht wird es den Stecklingen jedoch zu heiß.

Kommt Wärme von unten, dann wurzeln die Stecklinge besonders gut. Es gibt Vermehrungs- und Beetkästen, in die Heizschlangen eingebaut sind.

Für die meisten Pflanzen sollte die Erde im Topf oder Vermehrungskasten beständig auf einer Temperatur von 16–18° C gehalten werden.

Die Stecklinge werden von Ende Juli bis Mitte August abgenommen. Da nicht immer alle gedeihen, sollte man vorsichtshalber ein paar mehr setzen.

Im allgemeinen bilden sich die Wurzeln innerhalb von zwei bis drei Wochen. Danach müssen die Stecklinge allmählich an die im Freiland herrschenden Bedingungen gewöhnt werden. Dazu läßt man die Stecklinge zwar noch im Warmen stehen, zieht aber die Plastikhaube etwas hoch oder bohrt einige Löcher hinein, damit Luft eintreten kann. Die Stecklinge müssen weiterhin vor grellem Licht geschützt bleiben. 10–14 Tage später nimmt man die Plastikhaube ganz ab, und eine Woche danach können die Stecklinge einzeln in Töpfe umgesetzt werden. Dabei werden sie vorsichtig voneinander getrennt. Die Töpfe sollten einen Durchmesser von ungefähr 9 cm haben.

Nach dem Einpflanzen läßt man den Topf im Haus stehen oder stellt ihn in ein Frühbeet. Die Erde im Topf darf niemals austrocknen.

Nach drei Wochen dürften sich die Wurzeln über die ganze Topferde ausgebreitet haben. In mildem Klima können die Pflänzchen jetzt schon ins Freiland gestellt werden, in rauherem läßt man sie besser bis zum Frühjahr im Frühbeet. Die Jungpflanzen können entweder weiter in Töpfen oder in Beeten gezogen werden. Im Topf gezogene Exemplare kann man leichter verpflanzen, ihre Pflege ist aber aufwendiger: Man muß oft wässern und düngen. In jedem Fall müssen die Pflanzen, ehe sie an ihrem endgültigen Standort sind, jährlich umgepflanzt werden.

1. Stecklinge bis zu einem Drittel in eine Torf-Sand-Mischung setzen

2. Mit Zerstäuber oder Kanne mit feiner Brause gründlich wässern

3. Über ein Gestell aus verzinktem Draht Plastikhaube stülpen

7. Junge Pflanze ins Freie stellen, sobald sie kräftig gewachsen ist

4. Nach der Wurzelbildung läßt man Luft an die Pflanzen

5. Nach 3 Wochen Stecklinge herausnehmen und vorsichtig trennen

6. Stecklinge einzeln in 9-cm-Töpfe umpflanzen

Weichholzstecklinge aus den Spitzen der Triebe

Weichholzstecklinge nimmt man von den unreifen, weichen Spitzen der Triebe ab, bevor sie verholzen. Sie werden sehr häufig zur Vermehrung mehrjähriger Stauden und Treibhauspflanzen verwendet. Allerdings erfordert dieses Verfahren bei der Anzucht von Bäumen und Sträuchern den größten Aufwand.

Man braucht einen warmen Vermehrungskasten, am besten mit Bodenheizung. Die sehr hohen Ansprüche in bezug auf Feuchtigkeit, Schatten und Keimfreiheit erfüllt am besten ein geschlossener Vermehrungskasten mit automatischer Sprühvorrichtung. Erst im nächsten Jahr kann man die Pflanzen ins Freiland umsetzen.

Weichholzstecklinge sollen keine Blüten tragen, fest, aber nicht hart

sein und eine Länge von 5–10 cm haben.

Im Juni oder Juli schneidet man einen Trieb mit vier oder fünf Blattpaaren ab. Mit einem scharfen Messer oder einer Rasierklinge trennt man das untere Ende des Triebs knapp vor dem ersten Blattpaar ab. Der Schnitt muß glatt und schräg sein. Dann entfernt man das erste und zweite Blattpaar, ohne die Rinde dabei zu verletzen.

Etwa zehn Stecklinge werden in einen 12-cm-Topf eingepflanzt; diesen füllt man bis knapp zum Rand mit einer Mischung aus Torf und grobem Sand zu gleichen Teilen.

Mit einem Pflanzholz bohrt man Löcher in die Erde, so daß die Stecklinge etwa zu ⅓ ihrer Länge eingesetzt werden können. Die weitere Behandlung entspricht der von Stecklingen aus halbreifem Holz (siehe Seite 70).

Vermehrung durch Wurzelstecklinge

Anstatt Triebe Wurzeln schlagen zu lassen, kann man bei der Vermehrung auch den umgekehrten Weg gehen: Man läßt Wurzelstücke Triebe bilden.

Von Vorteil ist, daß Wurzelstecklinge weniger Pflege brauchen als Stecklinge aus weichem oder halbreifem Holz. Zu den Sträuchern, die sich leicht durch Wurzelstecklinge vermehren lassen, gehören: der Sumach, der Perückenstrauch, der Spierstrauch sowie Brombeeren und Himbeeren.

Wurzelstecklinge werden im Herbst, Winter oder Frühjahr abgenommen. Dazu hebt man kleinere Pflanzen ganz aus dem Boden heraus; bei größeren legt man nur einen Teil des Wurzelwerks frei. Dann schneidet man mit einer Baumschere dickere Wurzeltriebe

nahe am Wurzelhals oder an einer Hauptwurzel ab.

Die Wurzeltriebe zerteilt man mit einem Messer in etwa 4 cm lange Stücke. Das obere, etwas dickere Ende dieser Stücke wird gerade, das untere schräg abgeschnitten. In einen Topf mit einer Torf-Sand-Mischung setzt man den Wurzelsteckling so weit ein, daß der gerade Schnitt oben genau mit der Topffüllung abschließt. Darüber streut man zuletzt etwas groben Sand und besprüht ihn mit Wasser. Die Töpfe mit den Wurzelstecklingen stellt man in die Wohnung oder unter ein Frühbeetfenster.

Nach sechs Monaten können die bewurzelten Stecklinge aus dem Topf genommen und vorsichtig voneinander getrennt werden. Man setzt sie dann einzeln in 9-cm-Töpfe und behandelt sie weiter wie Stecklinge aus halbreifem Holz (siehe Seite 70).

ABNEHMEN EINES WEICHHOLZSTECKLINGS

Mit scharfem Messer einen Trieb mit vier oder fünf Blattpaaren abschneiden. Das untere Ende des Triebs knapp vor dem ersten Blattpaar schräg abtrennen. Dann das erste und zweite Blattpaar entfernen. Etwa zehn Stecklinge in einen 12-cm-Topf einsetzen, und zwar in eine Mischung aus Torf und grobem Sand

1. Dicke Wurzeln nahe am Wurzelhals abschneiden

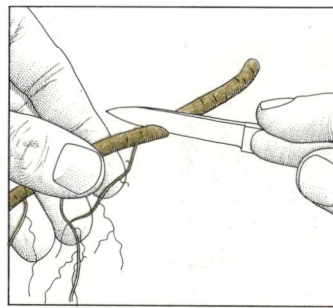

2. 4 cm lange Wurzelstücke oben gerade, unten schräg abtrennen

3. Stecklinge bis zum oberen Schnitt in Torf und Sand einpflanzen

4. Nach sechs Monaten Pflanzen in 9-cm-Töpfe mit Komposterde umsetzen

Vermehrung durch Blattknospenstecklinge

Will man von einer Mutterpflanze, von der man nur wenig abschneiden kann, mehrere Abkömmlinge haben, dann greift man zu Blattknospenstecklingen. Wenn ein Sproß zur richtigen Zeit abgenommen wird, können einzeln davon abgetrennte Knospen schneller Wurzeln schlagen als die bisher beschriebenen Sproßstecklinge.

Blattknospenstecklinge werden im August oder September vom halbreifen Seitentrieb genommen, von einem Sproß also, der im Frühjahr zu treiben begonnen hat. Ein solcher Trieb hat mehrere Blätter, und in der Achsel eines jeden Blattstiels sitzt wiederum eine ruhende Knospe.

Zunächst wird der Sproß nahe der Austriebstelle mit einer Baumschere abgeschnitten. Seinen Stiel schneidet man dann etwa 2 cm unter dem ersten Blattansatz mit einem scharfen Messer schräg ab. Unmittelbar oberhalb der in der ersten Blattachsel sitzenden Knospe wird der Stiel erneut durchgeschnitten, diesmal gerade. So erhält man den ersten Blattknospensteckling. Weitere zwei bis drei Stecklinge lassen sich auf die gleiche Weise vom selben Trieb schneiden.

Mit einem Messer schabt man etwas Rinde vom Steckling ab und behandelt dann das untere, schräg beschnittene Ende des Triebs samt der verwundeten Stelle mit einem Hormonpräparat. Dann setzt man den Steckling so in einen Topf mit einer Torf-Sand-Mischung, daß die Knospe gerade noch aus der Erde herausschaut. Jetzt werden die Stecklinge mit einem Zerstäuber leicht gegossen. Danach wird der Topf mit einer Plastikhaube über einem Drahtgestell zugedeckt (siehe Seite 70), damit die Luft feucht bleibt, und in die Wohnung oder unter ein Frühbeetfenster gestellt.

Nach sechs Monaten nimmt man die eingewurzelten Stecklinge aus dem Topf und trennt sie vorsichtig. Jeder Steckling wird in einen eigenen, mit Komposterde gefüllten Topf von 9 cm Durchmesser gepflanzt. Die Erde drückt man bis gut 1 cm unter den Rand des Topfs fest, um bequem gießen zu können. Der Steckling muß reichlich Wasser bekommen. Den Topf stellt man in die Wohnung oder unter ein Frühbeetfenster. Die Erde muß stets feucht bleiben.

Nach drei bis sechs Wochen haben sich die Wurzeln über die ganze Topferde ausgebreitet. Die Jungpflanzen sollten den Winter über in der Wohnung oder im Frühbeet belassen werden, bis man sie im Frühjahr ins Freie umsetzt.

Grauschimmel – der Feind aller Stecklinge

Den größten Schaden an Stecklingen richtet der Grauschimmelpilz an. Er bildet einen pelzigen, gräulichen Belag an Stielen, Blättern oder Blütenknospen und lebt auf abgestorbenen oder verrottenden Pflanzenteilen. Wenn er sich einmal an einer Stelle festgesetzt hat, vernichtet er auch den Rest des Stecklings.

Der Grauschimmel gedeiht in kühler, feuchter Luft und kann vom Herbst bis zum zeitigen Frühjahr eine besonders große Plage sein. Daher sollte man jeden einzelnen Steckling mindestens einmal in der Woche genau ansehen und alle Blätter oder ganze Stecklinge entfernen, die befallen oder schon abgestorben sind. Außerdem kann man zur Bekämpfung Dichlofluanid verwenden.

Wachstumsmittel fördern die Wurzelbildung

Es gibt pulverförmige oder flüssige Wachstumsmittel (Hormone), mit denen man die Schnittstelle eines Stecklings behandeln kann, um die Wurzelbildung anzuregen. Diese Hormone sind auch in den Pflanzen selbst vorhanden, oft jedoch in so geringen Mengen, daß die natürliche Bildung von Wurzeln nur sehr langsam verläuft. Durch eine zusätzliche Hormongabe wird die Wurzelbildung entweder beschleunigt oder überhaupt erst angeregt, beispielsweise beim Schneeflockenstrauch oder beim Eisenholzbaum, die beide von sich aus schwer Wurzeln treiben.

Bei Pflanzen jedoch, die sich erfahrungsgemäß leicht einwurzeln, ist die Hormonbehandlung unnötig. Die im Handel erhältlichen Hormonpräparate sind von unterschiedlicher Wirkung; für Weichholzstecklinge sind sie schwächer, für Hartholzstecklinge stärker. Daneben gibt es noch Sorten für alle Zwecke.

1. Im August/September Trieb mit mehreren Blättern abschneiden

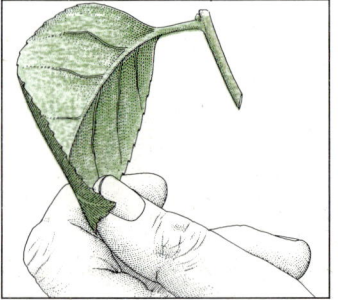

2. Steckling knapp über der Blattachsel und 2 cm darunter abnehmen

4. Stecklinge so einbetten, daß Blattachsel gerade noch herausschaut

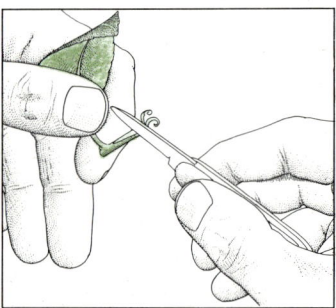

3. Etwas Rinde abschaben und Wunde mit Hormonpräparat behandeln

5. Nach 6 Monaten Stecklinge in 9 cm große Töpfe umpflanzen

Vermehrung durch Absenken wachsender Triebe

Bodenabsenkung – das übliche Verfahren

Das Absenken ist eine einfache Methode, um Sträucher ohne Treibhaus oder Frühbeetkasten zu vermehren.

Am besten eignen sich zum Absenken nicht blühende Zweige, die im laufenden Jahr gewachsen sind. Sie werden am günstigsten im Herbst abgesenkt, bei immergrünen Sorten auch im Frühjahr.

Zuvor wird der Boden rund um die Mutterpflanze mit der Grabgabel gelockert, ohne die Wurzeln zu beschädigen. Dann wählt man einen biegsamen Zweig und drückt ihn so nieder, daß er etwa 20–30 cm vor seiner Spitze die Erde berührt. An der Berührungsstelle streift man die Blätter vom Zweig ab.

An der Unterseite wird der Zweig mit einem Messer flach zur Triebspitze hin eingeschnitten. Wo Zweig und Erde einander berühren, gräbt man eine 7–10 cm tiefe Mulde und füllt sie teilweise mit Komposterde und feuchtem Torf. Den Trieb drückt man dann so in die Mulde, daß an der verletzten Stelle die Spitze rechtwinkelig hochsteht.

Ein etwa 20 cm langer, verzinkter Draht wird umgebogen und der Zweig damit im Boden verankert; die aufrecht stehende Spitze des Triebs bindet man an einen Stab. Dann wird die Pflanzmulde mit Komposterde angefüllt.

Nachdem man in gleicher Weise weitere Triebe abgesenkt hat, wird der Boden gründlich gegossen. Er darf nie austrocknen. Die meisten Absenker haben nach einem Jahr Wurzeln geschlagen. Nachdem man sich davon überzeugt hat, ob sich kräftige Wurzeln gebildet haben, trennt man den Ableger von der Mutterpflanze, hebt ihn mit einem ausreichend großen Erdballen heraus und pflanzt ihn in ein Beet um. An der gleichen Stelle können sich durch Austriebe noch mehr Ableger bilden.

Ein biegsamer, diesjähriger Zweig wird auf den Boden abgesenkt, mit einem Messer eingeschnitten und in feuchte Komposterde eingebettet. Nach rund einem Jahr haben sich an der verletzten Stelle meist Wurzeln gebildet

1. Zweig absenken; 20–30 cm vor seiner Spitze Blätter abstreifen

2. An der Stelle, die den Boden berührt, Zweig zur Spitze hin flach einschneiden oder stark verdrehen, damit das Gewebe an der Oberfläche verletzt wird

3. An der verletzten Stelle Trieb umknicken und im Boden verankern

4. Triebspitze an einen Stab binden, Knickstelle zudecken; gut wässern

5. Ein Jahr später prüfen, ob Wurzeln da sind; wenn ja, dann Ableger umpflanzen

Mehrfaches Absenken eines Triebs

Kletterpflanzen mit langen, biegsamen Trieben, wie das Geißblatt oder der Jasmin, können durch mehrfaches Absenken desselben Triebs vermehrt werden. Dies sollte, wie das einfache Absenken auch, im Frühjahr oder Herbst geschehen.

Man wählt dafür einen besonders langen, diesjährigen Ausläufer. Vorsichtig senkt man ihn ab und gräbt eine etwa 5 cm tiefe Mulde dort, wo er den Boden berührt. Dann wird der Trieb an der Unterseite verletzt und mit einem umgebogenen Aststück oder einem Draht im Loch verankert.

Die Pflanzmulde füllt man mit einem Gemisch aus Torf, grobem Sand und Komposterde. Dann deckt man die Stelle mit Komposterde zu und drückt sie fest. Die beiden nächsten Blattpaare bleiben über dem Boden; dann wird der Trieb erneut abgesenkt. So fährt man fort bis zur Spitze des Triebs.

Nach etwa einem Jahr dürften die Absenker gute Wurzeln gebildet haben.

Nun trennt man die Absenker mit einer Baumschere voneinander. Die bewurzelten Ableger können in der üblichen Weise umgepflanzt werden.

Das Umpflanzen ist einfacher, wenn man die Absenker statt im Boden in einzelnen Töpfen mit Torf und Sand verankert, die in den Boden eingelassen wurden. Wenn der Absenker dann Wurzeln geschlagen hat, kann man ihn mit dem Topf herausheben, ohne das Wurzelwerk zu beeinträchtigen.

1. Den Trieb absenken, im Boden verankern und mit Erde bedecken

2. Zwei Blattpaare überspringen und das gleiche wiederholen

Luftabsenker von steifen oder hohen Zweigen

Wenn Zweige zu steif oder zu hoch sind, um sie auf den Boden zu drücken, kann man Ableger durch Luftabsenker oder Abmoosen gewinnen. Von Mai – Juli ist dafür die beste Zeit.

Man wählt einen Sproß aus dem Wachstum des laufenden Jahres und streift in der Mitte ein Blattpaar ab. Dann schneidet man einen flachen Span vom Holz und behandelt die Schnittstelle mit einem Hormonpräparat.

Um die Schnittstelle bindet man feuchten Torf und Moos, umhüllt mit einer Plastikfolie.

Etwa zehn Wochen später nimmt man die Plastikhülle ab und trennt die junge Pflanze unterhalb der neuen Wurzeln vom Ast. Dann setzt man sie in einen 12–15 cm großen, mit Komposterde gefüllten Topf, der zwei Wochen in der Wohnung warm und feucht gehalten wird. Nach dem Abhärten kann die Pflanze im darauffolgenden Frühjahr ausgepflanzt werden.

1. Von einem diesjährigen Sproß streift man ein Blattpaar ab

2. Holzspan herausschneiden und Wunde mit Hormonpräparat behandeln

3. Plastikfolie unten abbinden, mit Torf-Moos-Gemisch füllen

4. Plastikhülle oben zubinden, mindestens zehn Wochen ruhen lassen

5. Plastikhülle entfernen und junge Pflanze vom Ast abtrennen

6. Ableger in einen 12–15 cm weiten Topf mit Komposterde setzen

Vermehrung durch Samen, Wurzelschößlinge und Teilung

Sammeln und Lagern der Samen bis zum Frühjahr

Die Samen von Sträuchern reifen bei uns meist im Herbst. Beeren können zur Gewinnung von Samen gesammelt werden, wenn sie ihre Farbe ändern. Samen in Hülsen oder Kapseln sind reif, wenn sich ihre Schalen braun färben oder aufspringen.

Am besten sät man die Samen sofort aus. Man streut sie auf eine Schicht Komposterde in einen Topf und deckt sie mit Komposterde zu. Bis zum Frühjahr, wenn die Samen keimen, stellt man die Töpfe an einen geschützten Platz.

Man kann Samen auch lagern. Trockene Samen bleiben in einem luftdichten Topf oder Krug jahrelang keimfähig. Beeren und ölhaltiges Saatgut halten sich dagegen nur wenige Monate. Solche Samen können in feuchtem Sand aufbewahrt werden.

Ölhaltige Samen, wie die der Strauchpäonie (links), sät man am besten gleich aus. Japanische Quitten (rechts) können als ganze Früchte bis zum Frühjahr aufbewahrt werden

In Gärtnereien, wo Sträucher in großer Anzahl aus Samen gezogen werden, lagert man fleischige Samen (Beeren) üblicherweise in Töpfen oder Kisten, in die zunächst eine Schicht feuchter Sand kommt; darauf folgt eine Schicht Beeren, dann wieder Sand usw. Zum Schluß wird mit Sand abgedeckt. Die Töpfe werden an einem feuchten, kühlen Ort so gestellt, daß keine Nagetiere heran können. Die Aussaat muß spätestens Anfang März erfolgen, weil die Samen sonst im Sand zu keimen beginnen. Sand und Saatgut werden zusammen ausgestreut.

Eine genaue Beschreibung der Anzucht von Pflanzen aus Saatgut befindet sich auf Seite 210.

BEERENLAGERUNG IN SAND

Zur Lagerung von Beeren gibt man eine Schicht Sand in einen Topf, darauf eine Schicht Beeren, dann wieder Sand usw.

Vermehrung durch Wurzelschößlinge

Einige Bäume und Sträucher treiben sogenannte Wurzelschößlinge oder Wurzelausschläge aus dem Boden. Diese treiben Wurzeln und eignen sich zur Vermehrung.

Beispiele hierfür sind: Forsythie, Deutzie, Pfeifenstrauch, Sumach, Himbeere und Brombeere, Spierstrauch und Weigelie; die Ulme und manche Kirschen- und Pflaumensorten.

In der Zeit von Oktober bis März entfernt man die Erde vom Schößling und kontrolliert, ob er Wurzeln gebildet hat. Dann schneidet man die Mutterwurzel vor der Austriebstelle des Schößlings ab und hebt den Trieb samt seinen Wurzeln aus dem Boden.

Schößlinge mit gut ausgebildeten Wurzeln können sofort an einen endgültigen Standplatz umgepflanzt werden, solche mit wenig Wurzeln kommen zunächst eine Zeitlang in ein Anzuchtbeet.

VERMEHRUNG DURCH WURZELSCHÖSSLINGE

Im Herbst oder Winter Erde vom Wurzelschößling entfernen und Wurzelbildung prüfen. Dann Mutterwurzel kurz vor der Austriebstelle des Schößlings abschneiden

Große Ableger durch einfache Teilung

Bei vielen Sträuchern entspringen die Haupttriebe unterirdischen Knospen. Jeder dieser Triebe bildet an seiner Basis unter der Erde Wurzeln. Solche Sträucher ähneln den mehrjährigen Blütenstauden und können wie diese geteilt werden. Zur Teilung wird ein Strauch aus dem Boden gehoben und am Wurzelballen so in mehrere, gleich große Teile zerlegt, daß jedem ein ausreichend großes Wurzelstück bleibt. Diese Teile können sofort getrennt ausgepflanzt werden.

Die beste Zeit für diese Art der Vermehrung ist das Frühjahr; man kann die Teilung aber auch von Oktober bis April vornehmen. Ein Strauch sollte jedoch mindestens drei Jahre alt sein, ehe man ihn teilt. Zu den Sträuchern, die durch Teilung vermehrt werden können, gehören der Ranunkelstrauch, die Brombeere, Himbeere und die Bleiwurz.

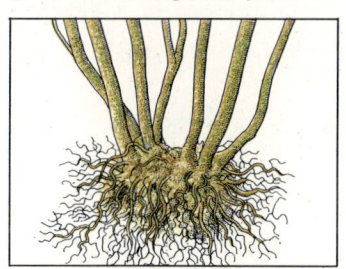 

1. Nur Pflanzen, deren Haupttriebe unter der Erde entspringen, kann man teilen

2. Pflanze in Teile mit gleich großen Wurzeln zerlegen und einpflanzen

Sträucher und Kletterpflanzen schneiden: sechs Methoden

Im allgemeinen nimmt ein Strauch keinen Schaden, wenn man ihn nicht schneidet. Es kann jedoch vorkommen, daß man das Wachstum eines Strauchs in gewissen Grenzen halten oder verwilderte Triebe entfernen möchte. Auch abgestorbene und kranke Triebe sollten beseitigt werden. Bei manchen Sträuchern wird das Wachstum angeregt, wenn man alte Äste heraus-

nimmt und damit mehr Licht ins Strauchinnere dringt. Andere Sträucher wiederum tragen schönere, größere Blüten, wenn sie jedes Jahr zurückgeschnitten werden.

Für den Schnitt braucht man folgende Werkzeuge: eine Gartenschere, eine Baumschere und eine Baumsäge. Außerdem benötigt man ein scharfes Messer zum Glätten von Schnittwunden.

Wenn man Triebe einkürzt, schneidet man sie bis unmittelbar oberhalb einer nach außen gerichteten Knospe oder Triebansatzstelle zurück. Der Schnitt wird schräg und parallel zum Winkel der Knospe oder des Triebansatzes ausgeführt. Entfernt man ganze Triebe, dann schneidet man sie in gleicher Ebene mit dem Stamm oder dem Haupttrieb ab. Anschließend wird

die rauhe Schnittfläche mit einem scharfen Messer glattgeschnitten und mit einem Wundverschlußmittel verstrichen.

Sträucher, die stark zurückgeschnitten wurden, sollten nach dem Schnitt möglichst mit einer 5 cm dicken Schicht Gartenkompost oder verrottetem Stallmist abgedeckt und zusätzlich gedüngt werden. Ungefähr 40 g/m² Volldünger genügen.

I Abgestorbenes und wildes Holz ausschneiden

Diese Schnittmaßnahme ist bei allen Sträuchern von Zeit zu Zeit angebracht. Dabei sollte man lieber im Abstand von drei bis sechs Jahren kräftig auslichten als jedes Jahr nur ein wenig schneiden. Zu

jeder Zeit des Jahres kann man Sträucher schneiden, vorzugsweise jedoch im Winter, aber auch nach der Blüte. Der geeignete Zeitpunkt für den Schnitt ist dann gekommen, wenn sich lange, wilde Triebe (Wassertriebe) gebildet haben oder wenn gesunde Triebe beschädigt wurden.

Das abgestorbene oder beschädigte Holz wird bis auf eine gesunde, nach außen gerichtete Knospe oder Triebansatzstelle zurückgeschnitten. Sodann schneidet man alle Triebe, die besonders schwach sind oder stören, bis an den Haupttrieb zurück. Gut gewachsenes, gesundes Holz darf nicht entfernt

werden, denn man schneidet gleichzeitig zahlreiche Knospen ab, die später Blüten treiben würden.

Einige der beliebtesten Sträucher können dieser Schnittmaßnahme unterzogen werden; hierzu gehören Seidelbast, Spindelstrauch, Strauchveronika, Fingerstrauch und der Schneeball.

Zunächst schneidet man das abgestorbene oder beschädigte Holz sowie alle schwachen Triebe aus. Dann werden die Triebe zurückgeschnitten, die wirr und störend gewachsen sind. Man schneidet sie bis auf eine nach außen gerichtete Knospe oder Triebansatzstelle zurück

II Zurückschneiden von zu üppigen Pflanzen

Viele unserer Sträucher brauchen nicht regelmäßig geschnitten zu werden. Nach einigen Jahren kann aber der Fall eintreten, daß die Pflanze zu mächtig geworden ist oder von unten her kahl wird. Dann wird sie im Frühjahr stark zurückgeschnitten. Mit einer Baumsäge sägt man die Hauptäste ein kurzes Stück über dem Boden ab. Die Schnittstellen werden mit Baumwachs verstrichen. Anschließend wird gemulcht und gedüngt.

STRÄUCHER, DIE MAN AUF DIESE WEISE SCHNEIDEN KANN

Philadelphus-Arten (Pfeifenstrauch)
Pieris (Lavendelheide)
Prunus laurocerasus (Kirschlorbeer)

Syringa-Arten (Flieder)
Viburnum-Arten (Schneeball)

Bei einem zu üppigen Strauch nimmt man zunächst die oberen Holztriebe ab

Dann sägt man die Äste etwas über dem Boden ab. Stümpfe mit Wundverschlußmittel verstreichen

77

III Schnitt von Sträuchern, die am vorjährigen Holz blühen

Manche Sträucher tragen ihre Blüten am vorjährigen Holz. In diesem Fall kann ein Schnitt unmittelbar nach der Blüte im Frühjahr oder Sommer vorgenommen werden. Dieser Schnitt soll bewirken, daß der Strauch größere Blüten treibt.

Dabei wird jeder Trieb, der Blüten getragen hat, bis auf zwei oder drei Triebansatzstellen oder Knospen oberhalb seiner Abzweigung vom Haupttrieb zurückgeschnitten.

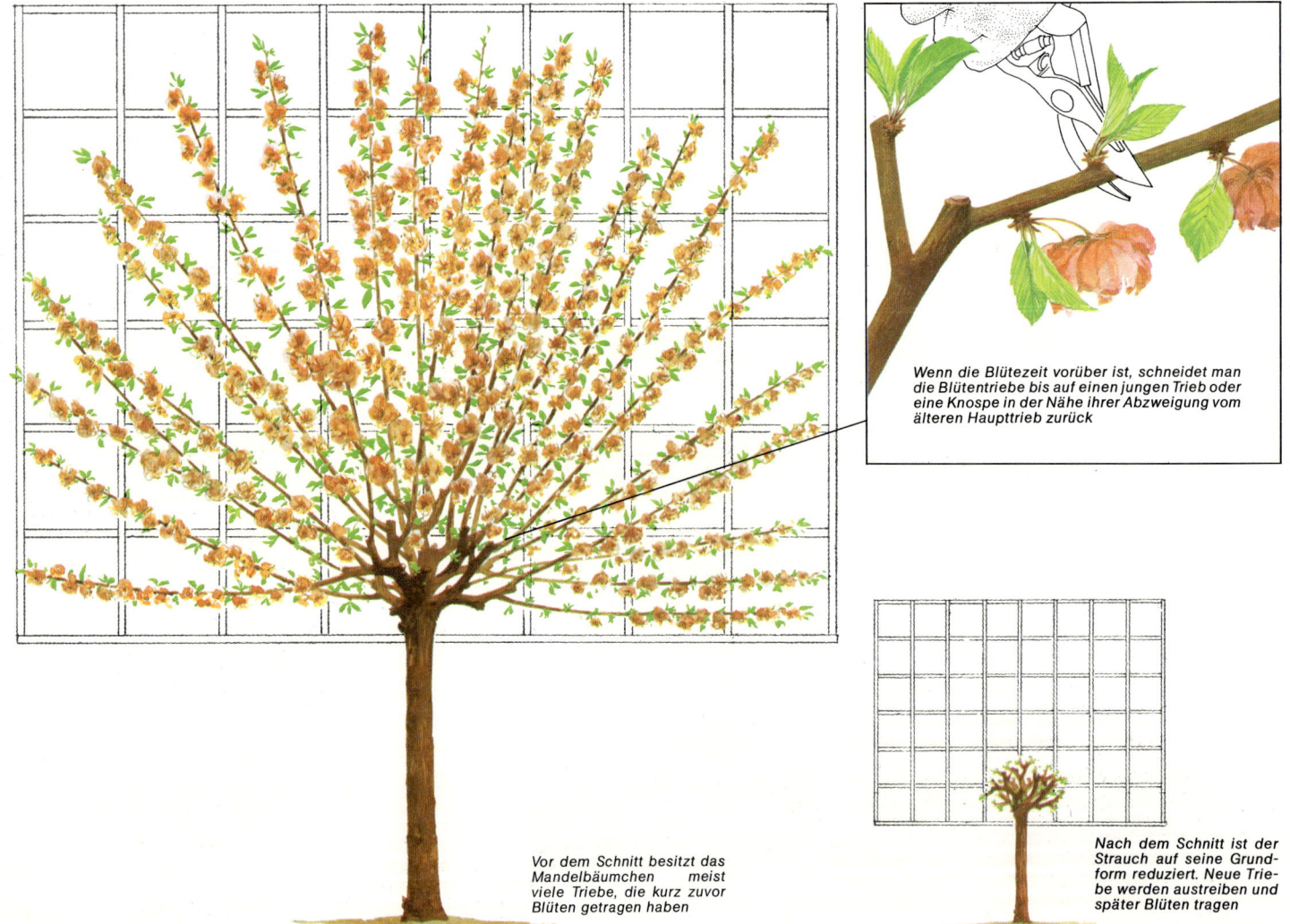

STRÄUCHER, DIE MAN AUF DIESE WEISE SCHNEIDEN KANN

Buddleja alternifolia
Deutzia (Deutzie)
Kerria (Kerrie)
Mahonia aquifolium (als Bodendecker)
(Mahonie)

Prunus triloba (Mandelbäumchen)
Rubus (Himbeere, Brombeere)
Spiraea × arguta
Weigela (Weigelie)

Wenn die Blütezeit vorüber ist, schneidet man die Blütentriebe bis auf einen jungen Trieb oder eine Knospe in der Nähe ihrer Abzweigung vom älteren Haupttrieb zurück

Vor dem Schnitt besitzt das Mandelbäumchen meist viele Triebe, die kurz zuvor Blüten getragen haben

Nach dem Schnitt ist der Strauch auf seine Grundform reduziert. Neue Triebe werden austreiben und später Blüten tragen

IV Schnitt von Sträuchern, die an den einjährigen Trieben blühen

Manche Sträucher blühen an den Trieben, die im selben Jahr erst gewachsen sind. Meist handelt es sich dabei um Pflanzen, deren Triebe in rauhen Wintern ohnehin zurückfrieren. Man schneidet sie dann im Frühjahr zurück. Unterläßt man diesen Schnitt, werden die betroffenen Pflanzen nicht nur zu groß, sondern sie vergreisen auch. Im Frühjahr, wenn kein Frost mehr zu erwarten ist, schneidet man alle Triebe des vorherigen Jahres bis auf zwei oder drei Knospen oder Triebansatzstellen zurück.

STRÄUCHER, DIE MAN AUF DIESE WEISE SCHNEIDEN KANN

Buddleja davidii
Caryopteris (Strauchverbene)
Ceanothus
(Säckelblume)
Colutea (Blasenstrauch)

Spiraea bullata, S. × bumalda,
S. douglasii, S. japonica,
S. menziesii, S. salicifolia
(Spierstraucharten)
Tamarix pentandra (Tamariske)

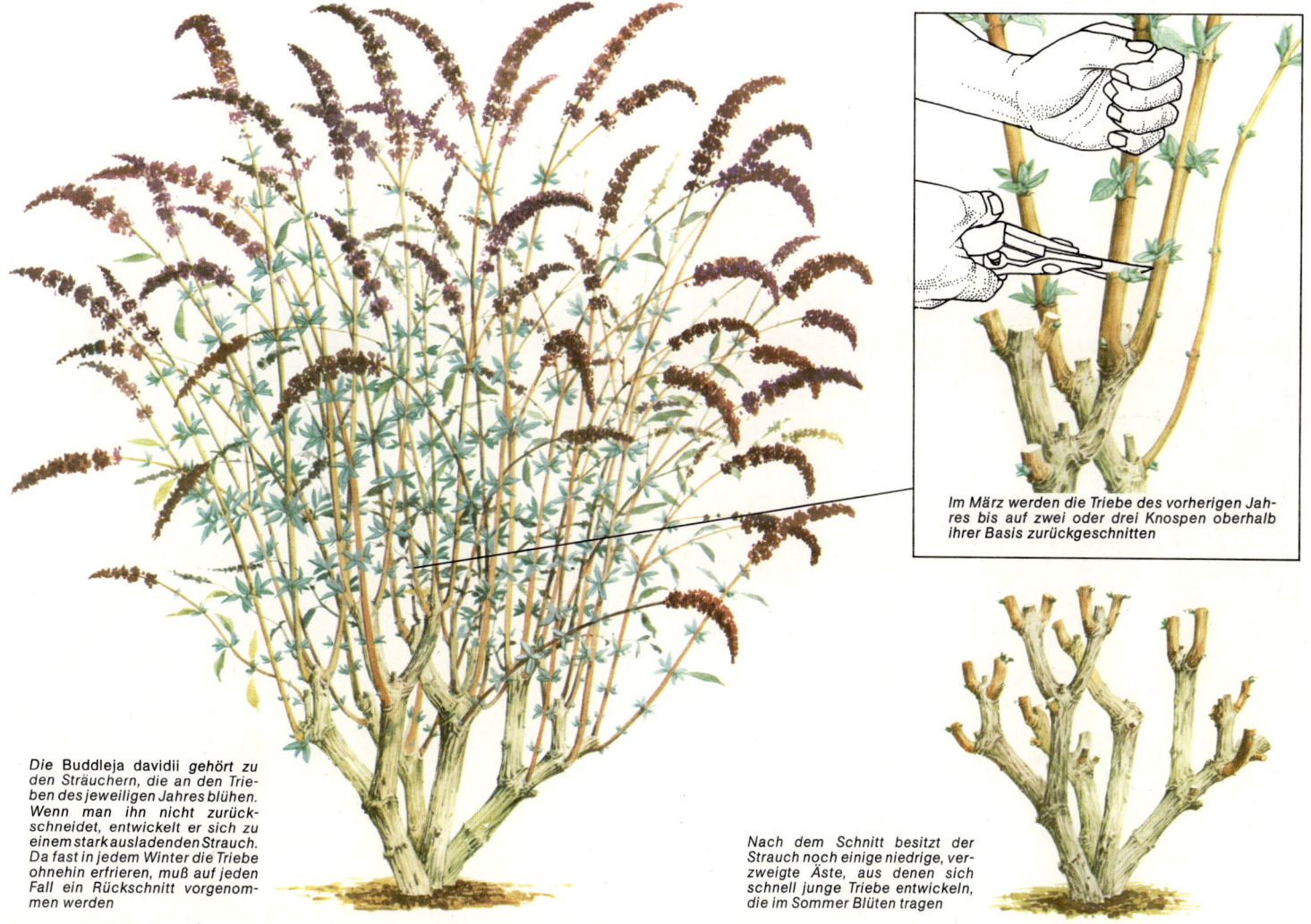

Die Buddleja davidii gehört zu den Sträuchern, die an den Trieben des jeweiligen Jahres blühen. Wenn man ihn nicht zurückschneidet, entwickelt er sich zu einem stark ausladenden Strauch. Da fast in jedem Winter die Triebe ohnehin erfrieren, muß auf jeden Fall ein Rückschnitt vorgenommen werden

Im März werden die Triebe des vorherigen Jahres bis auf zwei oder drei Knospen oberhalb ihrer Basis zurückgeschnitten

Nach dem Schnitt besitzt der Strauch noch einige niedrige, verzweigte Äste, aus denen sich schnell junge Triebe entwickeln, die im Sommer Blüten tragen

V Auslichten von altem Holz aus der Mitte

Einige Sträucher, insbesondere die Gartenhortensie, gedeihen besser, wenn man einen Teil des ältesten Holzes jedes Jahr fast bis zum Boden hin abschneidet.

Der Auslichtungsschnitt erfolgt im Frühjahr. Die dreijährigen Holztriebe, die eine rauhe Rinde und mehrere Seiten- sowie Nebentriebe besitzen, schneidet man heraus. Der Schnitt wird 3–5 cm oberhalb des Bodens ausgeführt. Bei Blütensträuchern kann dieser Schnitt auch während der Blüte erfolgen.

STRÄUCHER, DIE MAN AUF DIESE WEISE SCHNEIDEN KANN

Hydrangea macrophylla (Gartenhortensie) und zu dicht wachsende Sorten von:
Berberis (Berberitze)
Cotoneaster (Zwergmispel)
Forsythia (Forsythie)
Genista (Ginster)
Kolkwitzia (Kolkwitzie)
Potentilla (Fingerstrauch)
Ribes sanguineum (Blutjohannisbeere)
Symphoricarpos (Schneebeere)

Im Frühjahr werden die mehr als drei Jahre alten Triebe (mit Seiten- und Nebentrieben) fast bis zum Boden zurückgeschnitten. Es können auch einige zweijährige Triebe (nur Seitentriebe) entfernt werden

Vor dem Schnitt (links) besitzt die Hortensie viele alte Holztriebe mit Seiten- und Nebentrieben, die verhindern, daß Licht ins Innere dringt

Nach dem Schnitt (rechts) behält der Strauch nur seine einjährigen und einige zweijährige Triebe. Das Sonnenlicht kann nun gut in das Innere eindringen

VI Schnitt zur Beschränkung des Wachstums

Die meisten Kletterpflanzen werden erst dann geschnitten, wenn sie zu groß geworden sind. Der Regulierungsschnitt erfolgt nach der Blüte, bei nicht blühenden Sorten im Frühjahr.

Wurzelkletterer, die sich selbst verankern, z. B. der Efeu und die Kletterhortensie, können direkt an einer Mauer zurückgeschnitten werden. Rankenpflanzen, die eine Stützvorrichtung brauchen, z. B. das Geißblatt und die Waldrebe, sollten zuerst von dieser Stütze abgenommen werden. Sodann schneidet man alle Seitentriebe ab und läßt nur die Haupttriebe stehen. Wenn die Haupttriebe sehr alt aussehen, schneidet man sie ebenfalls ab.

KLETTERPFLANZEN, DIE MAN AUF DIESE WEISE SCHNEIDEN KANN	
Campis (Trompetenblume) *Clematis*-Arten (Waldrebe) *Hydrangea petiolaris* (Kletterhortensie) *Lonicera periclymenum* (Waldgeißblatt) *Lonicera caprifolium* (Jelängerjelieber)	*Lonicera × heckrotti* (Geißblattart) *Parthenocissus* (Jungfernrebe) *Polygonum aubertii* (Schlingender Knöterich) *Vitis* (Weinrebe)

Hat man die Rankenpflanze von der Stützvorrichtung entfernt, so prüft man, ob der Haupttrieb sehr alt ist. Ist dies der Fall, schneidet man ihn bis an einen jungen Trieb in der Nähe der Basis zurück. Ist der Haupttrieb erst wenige Jahre alt, läßt man ihn stehen und entfernt alle Seitentriebe

Wurzelkletterer können wie eine Hecke nach der Blütezeit oder, wenn sie keine Blüten tragen, im Frühjahr geschnitten werden. Sträucher, die eine Stützvorrichtung brauchen, werden vor dem Schnitt abgenommen

Nach dem Regulierungsschnitt wird die Rankenpflanze wieder an der Stützvorrichtung festgebunden. Blühfähige Rankenpflanzen tragen dann normalerweise im nächsten Jahr wieder Blüten

Sträucher – und wie sie geschnitten werden

Buddleja alternifolia   Nach der Blüte werden die alten Triebe zurückgeschnitten, um neues Wachstum anzuregen

Die Buddleja alternifolia *trägt Blüten an den Trieben des letzten Jahres. Sobald die Pflanze nicht mehr blüht, schneidet man die Blütentriebe bis auf den starken, jungen Trieb zurück. Bei jungen Pflanzen läßt man jedoch das ältere Holz in den ersten Jahren stehen, damit der Strauch eine gute Grundform erhält. Erst bei älteren Pflanzen schneidet man die verholzten Triebe zurück*

Buddleja alternifolia

Caryopteris   Dieser Halbstrauch trägt nur kleine Blüten, wenn man ihn nicht jedes Frühjahr zurückschneidet

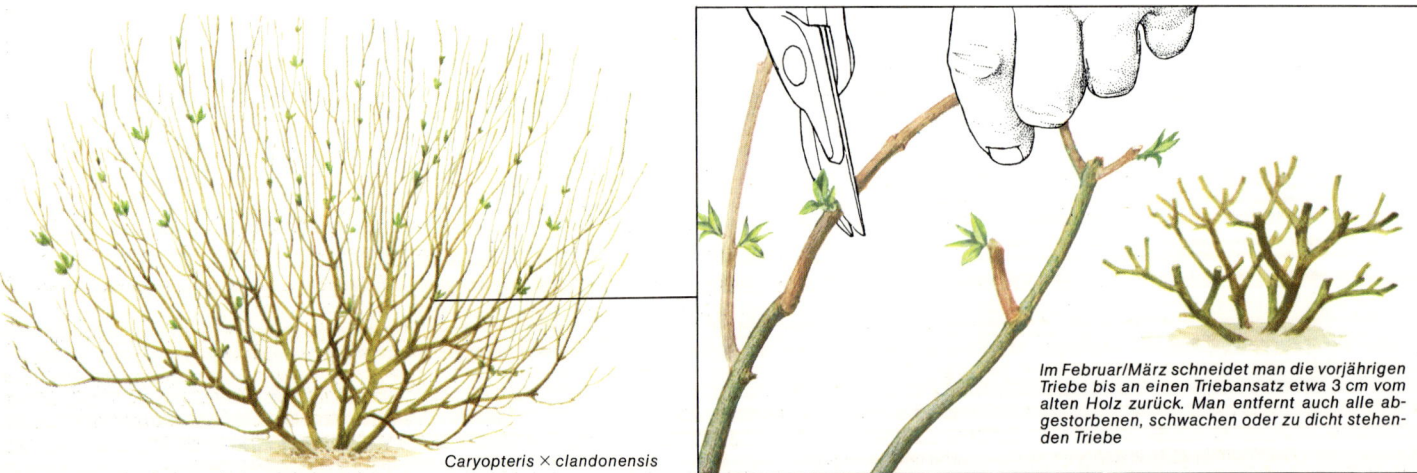

Caryopteris × clandonensis

Im Februar/März schneidet man die vorjährigen Triebe bis an einen Triebansatz etwa 3 cm vom alten Holz zurück. Man entfernt auch alle abgestorbenen, schwachen oder zu dicht stehenden Triebe

Ceanothus (laubabwerfende Sorten)   Ein Rückschnitt wird Ende März oder Anfang April vorgenommen

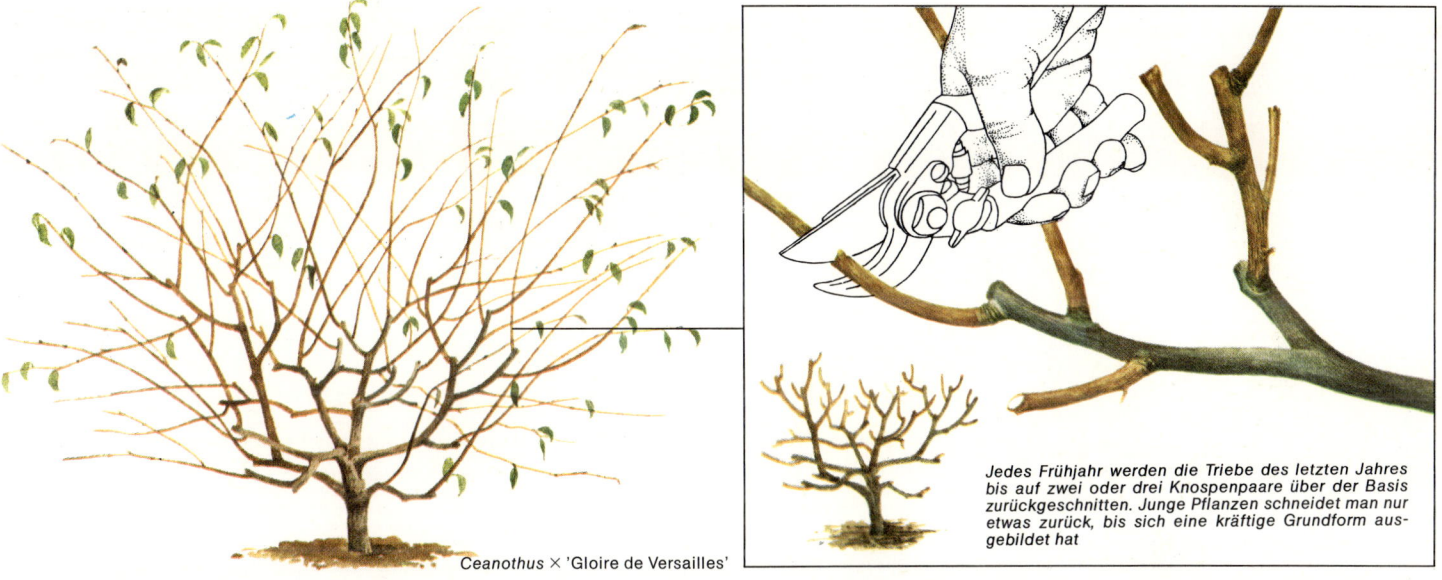

Ceanothus × 'Gloire de Versailles'

Jedes Frühjahr werden die Triebe des letzten Jahres bis auf zwei oder drei Knospenpaare über der Basis zurückgeschnitten. Junge Pflanzen schneidet man nur etwas zurück, bis sich eine kräftige Grundform ausgebildet hat

Clematis (Waldrebe)   Am reichsten blüht die *Clematis*, wenn man sie nicht schneidet

Clematis × 'Jackmanii'

Die Waldrebe bedarf keines Schnitts zur Anregung der Blütenbildung. Gelegentlich muß jedoch ausgelichtet werden, damit nicht ein Wirrwarr aus verschlungenen Trieben entsteht.

Spätblühende Hybriden, die meist nicht vor Juli blühen, können im Februar bis auf 30 cm an den Boden heran zurückgeschnitten werden. Der Schnitt wird oberhalb einer frischen, neuen Knospe oder Triebansatzstelle ausgeführt.

Großblütige Hybriden, die zweimal im Jahr blühen, können nach der ersten Blüte leicht zurückgeschnitten werden. Die kleinblütigen Waldrebenarten, die im Frühjahr blühen, kann man nach der Blüte auf die gewünschte Größe zurückschneiden

Cornus (Hartriegel) Leuchtende Triebe im Winter erhält man durch Rückschnitt von *C. alba* und *C. stolonifera* 'Flaviramea' im Februar oder März

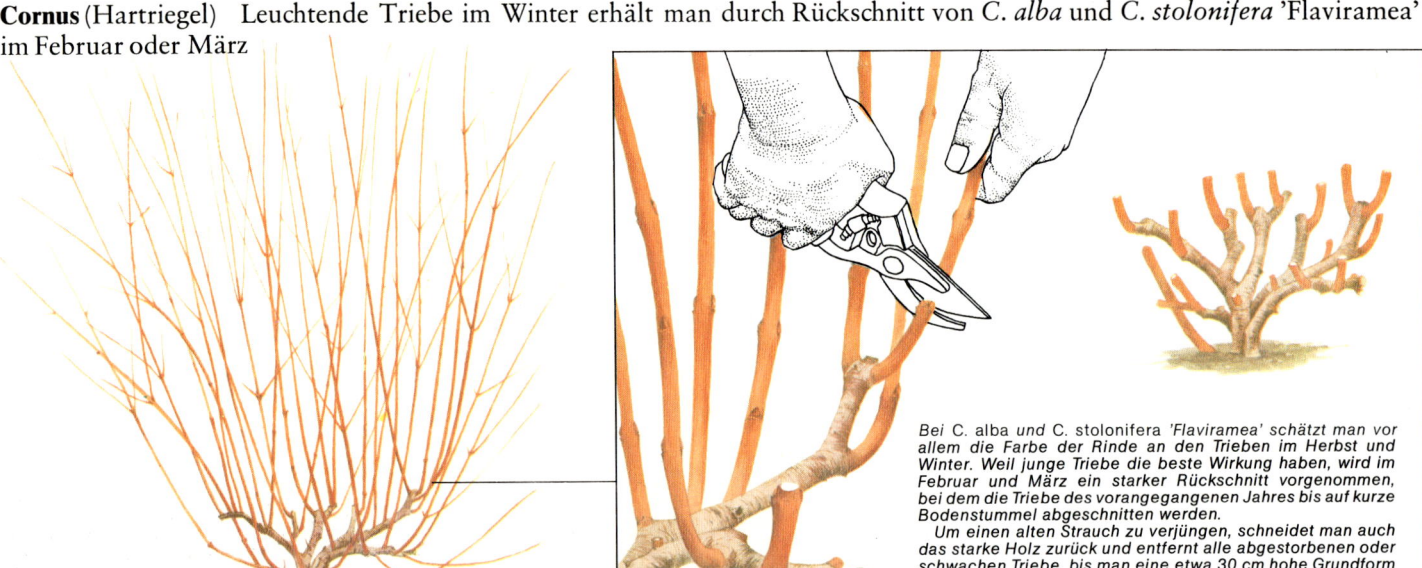

Cornus alba (alter Strauch)

Bei C. alba und C. stolonifera 'Flaviramea' schätzt man vor allem die Farbe der Rinde an den Trieben im Herbst und Winter. Weil junge Triebe die beste Wirkung haben, wird im Februar und März ein starker Rückschnitt vorgenommen, bei dem die Triebe des vorangegangenen Jahres bis auf kurze Bodenstummel abgeschnitten werden.
Um einen alten Strauch zu verjüngen, schneidet man auch das starke Holz zurück und entfernt alle abgestorbenen oder schwachen Triebe, bis man eine etwa 30 cm hohe Grundform erhält

Cytisus (Geißklee) Ein Rückschnitt wird nach der Blüte vorgenommen, damit der Strauch nicht in die Höhe schießt

Cytisus scoparius (Besenginster)

Die meisten Gartenformen des Cytisus müssen jedes Jahr zurückgeschnitten werden, damit der Strauch nicht kahl und hochgeschossen wirkt. Man schneidet, solange die Haupttriebe noch jung sind. Ende Juni/Anfang Juli kürzt man die Triebe, die Blüten getragen haben, bis an die Ansatzstelle der jungen Triebe. Ins alte Holz darf nicht geschnitten werden

Deutzia Die abgeblühten Triebe können im Juli ausgeschnitten werden, damit der Strauch eine gute Form behält

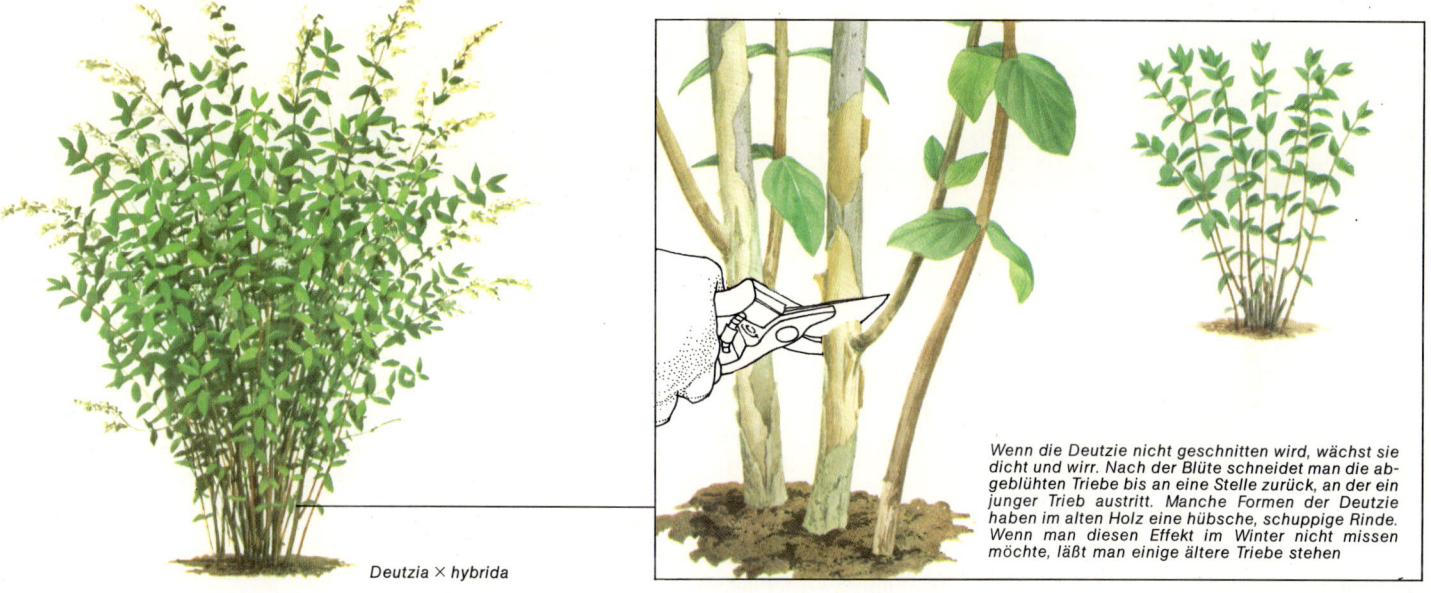

Deutzia × hybrida

Wenn die Deutzie nicht geschnitten wird, wächst sie dicht und wirr. Nach der Blüte schneidet man die abgeblühten Triebe bis an eine Stelle zurück, an der ein junger Trieb austritt. Manche Formen der Deutzie haben im alten Holz eine hübsche, schuppige Rinde. Wenn man diesen Effekt im Winter nicht missen möchte, läßt man einige ältere Triebe stehen

Forsythia Triebe, die keine Blüten mehr hervorbringen, werden nach der Blüte geschnitten

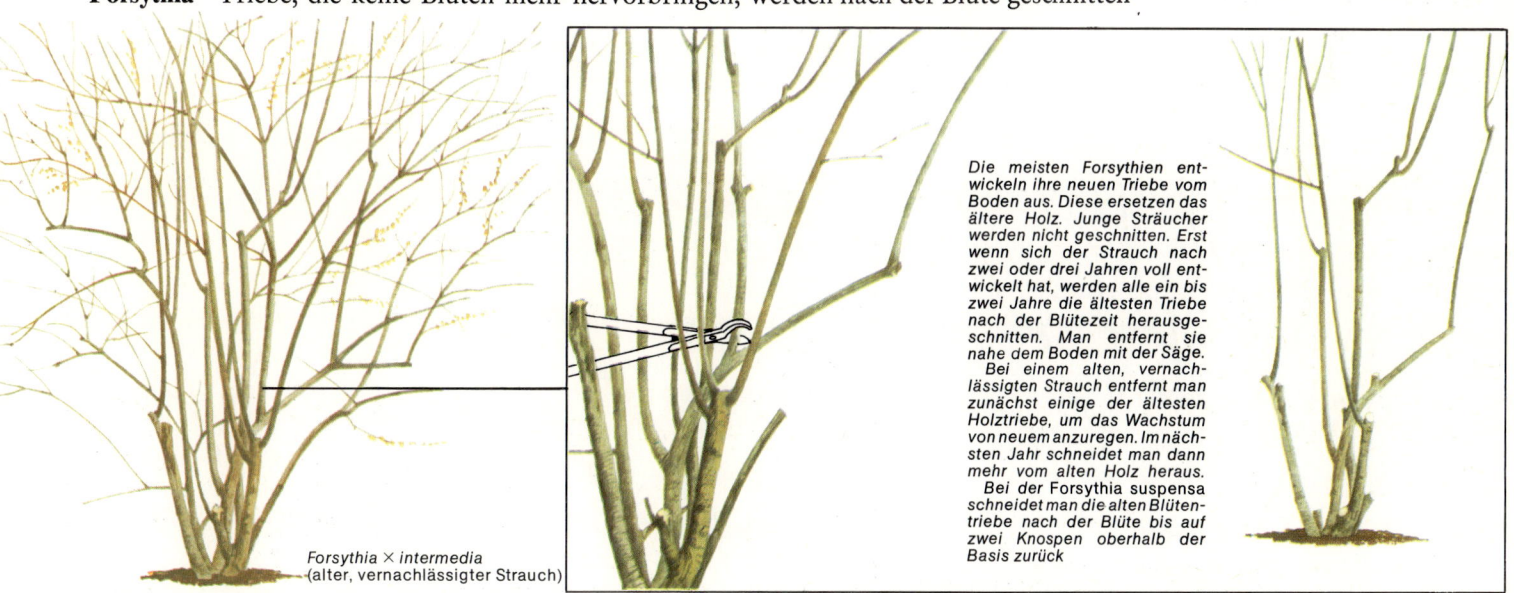

Forsythia × intermedia
(alter, vernachlässigter Strauch)

Die meisten Forsythien entwickeln ihre neuen Triebe vom Boden aus. Diese ersetzen das ältere Holz. Junge Sträucher werden nicht geschnitten. Erst wenn sich der Strauch nach zwei oder drei Jahren voll entwickelt hat, werden alle ein bis zwei Jahre die ältesten Triebe nach der Blütezeit herausgeschnitten. Man entfernt sie nahe dem Boden mit der Säge.
Bei einem alten, vernachlässigten Strauch entfernt man zunächst einige der ältesten Holztriebe, um das Wachstum von neuem anzuregen. Im nächsten Jahr schneidet man dann mehr vom alten Holz heraus.
Bei der Forsythia suspensa schneidet man die alten Blütentriebe nach der Blüte bis auf zwei Knospen oberhalb der Basis zurück

Hydrangea macrophylla (Gartenhortensie)   Damit der Strauch nicht zu mächtig wird, schneidet man die ältesten Triebe im März zurück

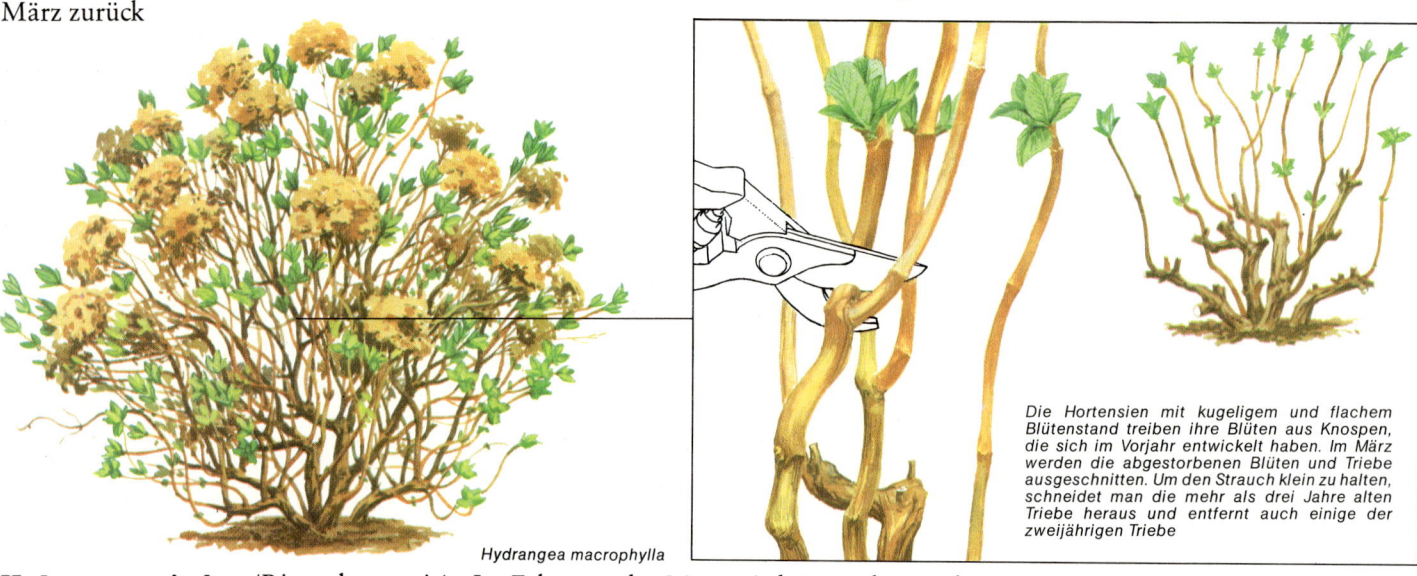

Hydrangea macrophylla

Die Hortensien mit kugeligem und flachem Blütenstand treiben ihre Blüten aus Knospen, die sich im Vorjahr entwickelt haben. Im März werden die abgestorbenen Blüten und Triebe ausgeschnitten. Um den Strauch klein zu halten, schneidet man die mehr als drei Jahre alten Triebe heraus und entfernt auch einige der zweijährigen Triebe

Hydrangea paniculata (Rispenhortensie)   Im Februar oder März wird sie stark zurückgeschnitten

Rückschnitt eines vernachlässigten Strauchs Im zeitigen Frühjahr wird ein starker Rückschnitt bis ins alte Holz vorgenommen. Der Strauch treibt auch wieder aus, wenn alle Triebe bis auf 12–15 cm zurückgeschnitten werden

Normaler, alljährlicher Rückschnitt Im ersten Jahr wird eine niedrige Grundform herangezogen, indem man alle Triebe auf 12–15 cm zurückschneidet. In den späteren Jahren schneidet man die Triebe des Vorjahres bis auf 3–5 cm an ihre Basis zurück

Hydrangea paniculata 'Grandiflora'

Hypericum calycinum (Johanniskraut) Die Pflanze wird im Frühjahr mit der Schere gestutzt, damit sie dann später den Boden dicht bedeckt

Im März/April werden die alten Triebe bis auf eine Höhe von 5–7 cm vom Boden abgeschnitten. Die jungen Triebe entwickeln sich schnell und blühen im Sommer

Hypericum calycinum

Hypericum (Strauchformen) Bei den hochwachsenden Formen werden im März die abgestorbenen Triebe ausgeschnitten

Wenn der Strauch allzu groß, dicht oder wirr geworden ist, wird er im Frühjahr bis auf die Ansatzstellen der jungen Triebe zurückgeschnitten. Diese bilden dann eine neue Grundform; der Strauch blüht jedoch erst wieder richtig im darauffolgenden Jahr.

In späteren Jahren kann man den Wuchs des Strauchs niedrig halten, indem man im Frühjahr altes und schwaches Holz herausschneidet und gesundes Holz bis auf einen jungen Trieb einkürzt

Hypericum patulum 'Hidcote'

Kerria (Kerrie) Nach der Blüte wird im Mai oder Juni ein Verjüngungsschnitt vorgenommen

Kerria japonica

Bei der Kerrie wachsen jedes Jahr neue Triebe aus dem Boden, die in der nächsten Wachstumsperiode blühen und dann meist absterben. Dieses Wachstumsverhalten wird gefördert, wenn man die Blütentriebe nach der Blütezeit im Mai, Juni oder Juli ausschneidet. Man entfernt sie bis knapp an den Boden, bei stärkeren Trieben bis an die Ansatzstelle eines jungen Triebs. Bei der Sorte 'Pleniflora' müssen meist alle Triebe bis zum Boden zurückgeschnitten werden

Lavandula (Lavendel) Im März/April schneidet man den Strauch zurück, damit er nicht in die Höhe schießt

Lavandula angustifolia

Wenn man den Lavendel nicht zurückschneidet, wächst er stark in die Höhe und bekommt kahle Triebe. Im März/April werden die abgestorbenen Blütenstengel und etwa 3 cm der Triebspitzen abgeschnitten. Ein starker Rückschnitt bis in das alte Holz ist nicht zu empfehlen, weil die Krone dann dürr werden könnte. Damit der Strauch im Winter eine schöne Form hat, können die alten Blüten im Herbst abgeschnitten werden. Sind die Pflanzen noch jung, führt ein starker Rückschnitt zu buschigem Wachstum

Philadelphus (Pfeifenstrauch)   Die ältesten Zweige werden ausgeschnitten, um den Strauch zu verjüngen

Philadelphus
× virginalis 'Virginal'

Wenn ein alter Pfeifenstrauch zu dicht
wächst, wird nach der Blüte, meist im Juli,
ein Verjüngungsschnitt vorgenommen.
Abgestorbene und schwache Triebe werden
vollständig entfernt. Dann schneidet man
die alten Triebe bis zur Ansatzstelle eines
jungen Triebs zurück. Sehr alte Zweige
werden bis zum Boden abgeschnitten,
so daß nach der Verjüngung höchstens
fünf Jahre altes Holz stehenbleibt

Rhus (Sumach)   *R. typhina* und *R. glabra* bekommen durch Rückschnitt größere Blätter

Rhus typhina

Die prächtigen, palmartig gefiederten Blätter des
R. typhina (Essigbaum) und R. glabra (Scharlach-
sumach) nehmen im Herbst eine leuchtend orangerote Färbung an. Damit sich zahlreiche, besonders
große Blätter bilden, schneidet man die Triebe des
letzten Jahres im Februar bis auf 10 cm an das alte
Holz zurück. Auf diese Weise entsteht eine niedrige Grundform. Der Strauch entwickelt sich jedoch
auch ohne Rückschnitt sehr schön

89

Ribes Durch einen Verjüngungsschnitt nach der Blüte wird das alte Holz durch junges ersetzt

Wenn der Strauch der Blutjohannisbeere zu groß wird, kann man ihn unmittelbar nach der Blüte, meist Anfang Mai, zurückschneiden. Alte Zweige werden bis auf Bodennähe an eine Stelle zurückgeschnitten, an der lebende Knospen aus der Rinde treiben

Junge Triebe aus dem Wachstum des Vorjahrs werden nur eingekürzt, um weiter unten ansetzende Triebe zu stärken. In späteren Jahren werden die älteren Triebe alljährlich um etwa ein Drittel gekürzt

Ribes sanguineum

Rubus Alte Zweige werden nach der Blüte ausgeschnitten, um den jungen Austrieb an der Basis zu fördern

Rubus cockburnianus (Schneerindenbrombeere) wird wegen seiner weißen Triebe im Winter geschätzt. Im Juli schneidet man die Zweige aus, die vorher Blüten getragen haben. Nur die jungen Zweige, die im Winter weiß sind, bleiben stehen. Die anderen Sorten können in gleicher Weise geschnitten werden

Rubus cockburnianus

Salix alba (Silberweide) Im Februar stark zurückschneiden, damit sich im Winter die jungen Triebe leuchtend färben

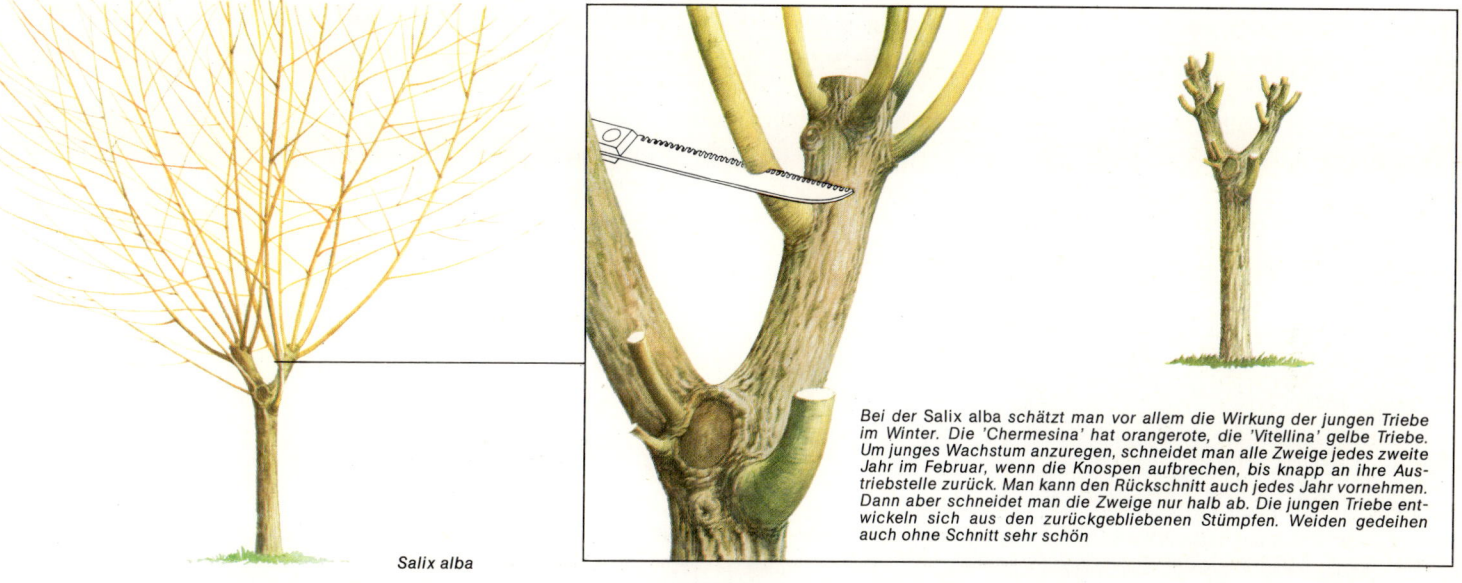

Salix alba

Bei der Salix alba schätzt man vor allem die Wirkung der jungen Triebe im Winter. Die 'Chermesina' hat orangerote, die 'Vitellina' gelbe Triebe. Um junges Wachstum anzuregen, schneidet man alle Zweige jedes zweite Jahr im Februar, wenn die Knospen aufbrechen, bis knapp an ihre Austriebstelle zurück. Man kann den Rückschnitt auch jedes Jahr vornehmen. Dann aber schneidet man die Zweige nur halb ab. Die jungen Triebe entwickeln sich aus den zurückgebliebenen Stümpfen. Weiden gedeihen auch ohne Schnitt sehr schön

Sorbaria (Fiederspiere) Die Zweige werden im späten Winter ganz zurückgeschnitten

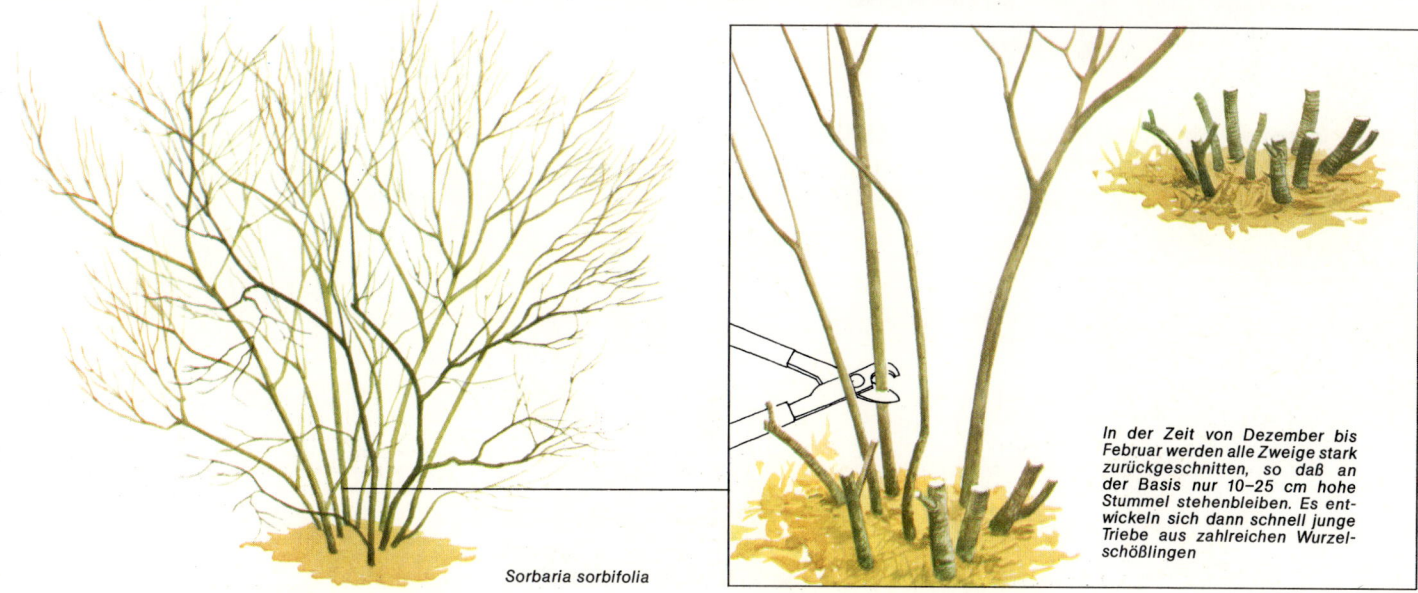

Sorbaria sorbifolia

In der Zeit von Dezember bis Februar werden alle Zweige stark zurückgeschnitten, so daß an der Basis nur 10–25 cm hohe Stummel stehenbleiben. Es entwickeln sich dann schnell junge Triebe aus zahlreichen Wurzelschößlingen

91

Spiraea × arguta   Zu große Pflanzen werden verjüngt, indem man die alten Zweige nach der Blüte zurückschneidet

Einige Spiräen, einschließlich der S. × arguta und der S. thunbergii, tragen Blüten an den Trieben des Vorjahrs. Ein alter, zu dichter Strauch kann unmittelbar nach der Blüte, meist im Mai, verjüngt werden. Man schneidet die alten Zweige bis zur Ansatzstelle eines jüngeren Triebs zurück

Sowohl bei alten als auch bei jungen Pflanzen sollten die abgeblühten Triebe jedes Jahr eingekürzt werden. Man schneidet den Teil des Triebs ab, der Blüten getragen hat

Spiraea × arguta

Spiraea japonica   Ein Rückschnitt im Frühjahr fördert die Ausbildung der rosaroten Blütendolden im Spätsommer

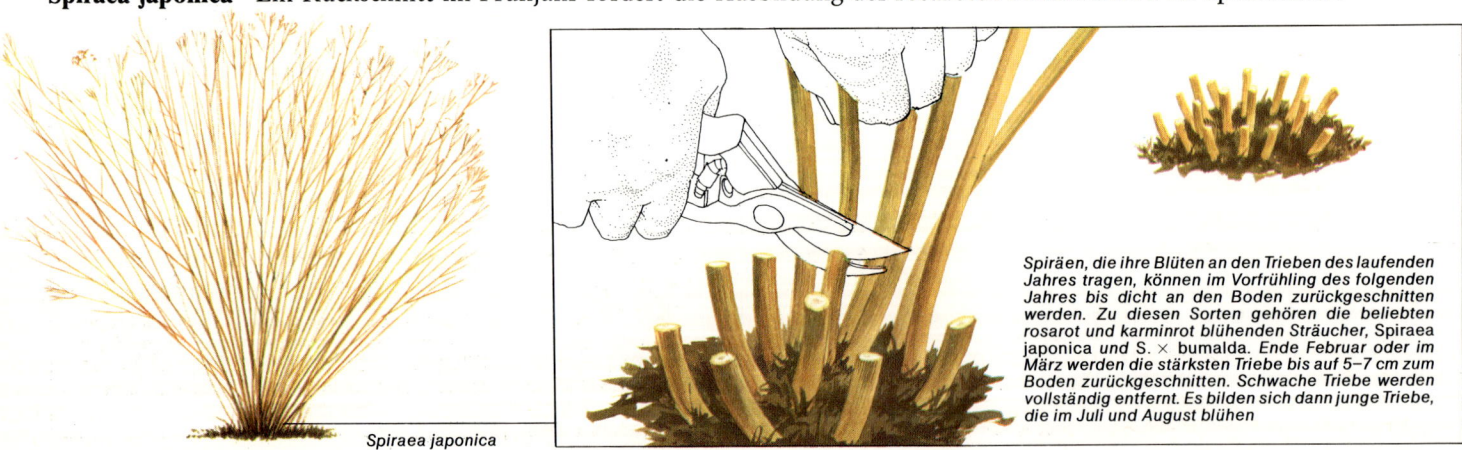

Spiräen, die ihre Blüten an den Trieben des laufenden Jahres tragen, können im Vorfrühling des folgenden Jahres bis dicht an den Boden zurückgeschnitten werden. Zu diesen Sorten gehören die beliebten rosarot und karminrot blühenden Sträucher, Spiraea japonica und S. × bumalda. Ende Februar oder im März werden die stärksten Triebe bis auf 5–7 cm zum Boden zurückgeschnitten. Schwache Triebe werden vollständig entfernt. Es bilden sich dann junge Triebe, die im Juli und August blühen

Spiraea japonica

Stephanandra (Kranzspiere)   Sie wird im Sommer zurückgeschnitten, um das Wachstum der Blätter und Triebe zu fördern

Stephanandra tanakae

Die Stephanandra schätzt man, weil sich im Herbst ihr Laub schön färbt und ihre Triebe im Winter leuchtende Farben aufweisen. Nach der Blütezeit im Juni oder Juli schneidet man die abgeblühten Triebe bis an eine tiefer gelegene Ansatzstelle eines kräftigen, jungen Triebs oder bis an den Boden zurück. Schwache Triebe werden vollständig entfernt

Tamarix   Um eine kompakte Wuchsform zu erhalten, werden die Sommerblüher jedes Jahr im Frühjahr zurückgeschnitten

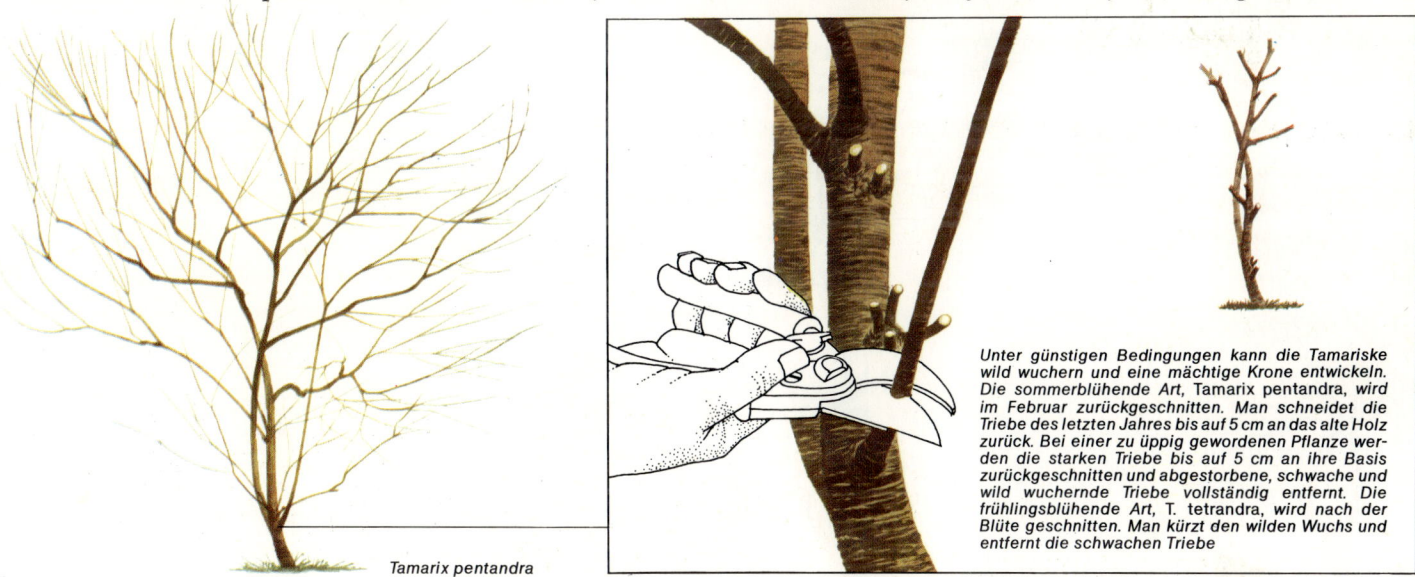

Tamarix pentandra

Unter günstigen Bedingungen kann die Tamariske wild wuchern und eine mächtige Krone entwickeln. Die sommerblühende Art, Tamarix pentandra, wird im Februar zurückgeschnitten. Man schneidet die Triebe des letzten Jahres bis auf 5 cm an das alte Holz zurück. Bei einer zu üppig gewordenen Pflanze werden die starken Triebe bis auf 5 cm an ihre Basis zurückgeschnitten und abgestorbene, schwache und wild wuchernde Triebe vollständig entfernt. Die frühlingsblühende Art, T. tetrandra, wird nach der Blüte geschnitten. Man kürzt den wilden Wuchs und entfernt die schwachen Triebe

93

Weigela (Weigelie)   Damit die Pflanze nicht zu üppig wird, schneidet man die abgeblühten Triebe im Juni oder Juli aus

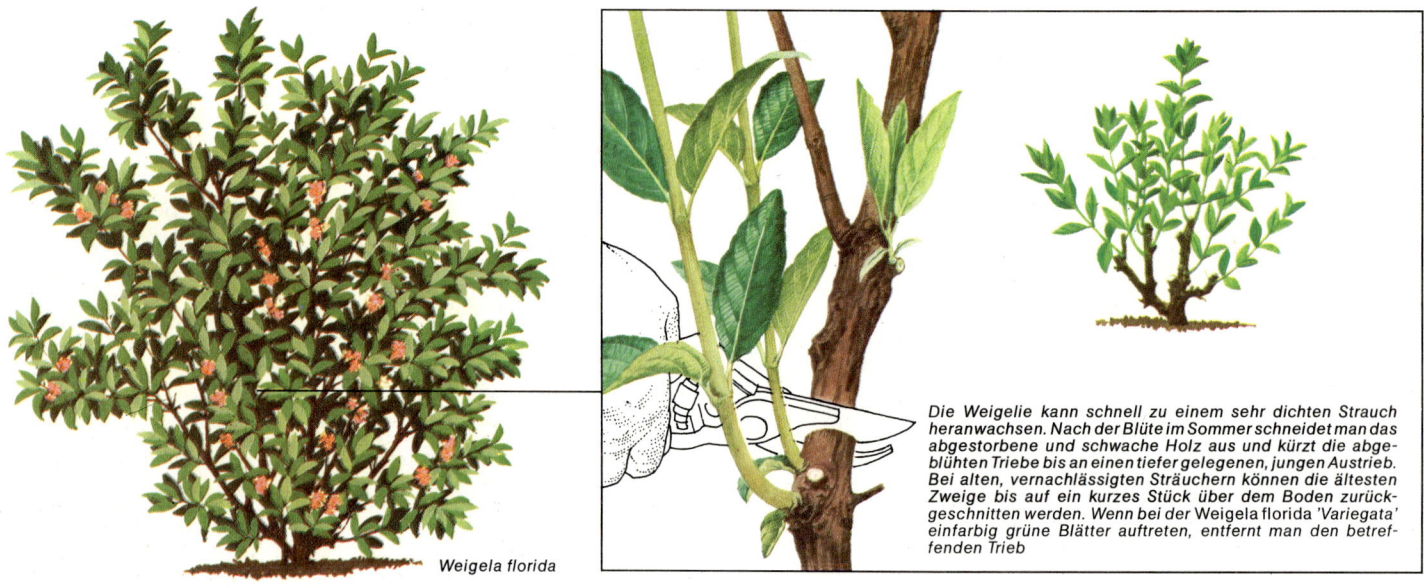

Weigela florida

Die Weigelie kann schnell zu einem sehr dichten Strauch heranwachsen. Nach der Blüte im Sommer schneidet man das abgestorbene und schwache Holz aus und kürzt die abgeblühten Triebe bis an einen tiefer gelegenen, jungen Austrieb. Bei alten, vernachlässigten Sträuchern können die ältesten Zweige bis auf ein kurzes Stück über dem Boden zurückgeschnitten werden. Wenn bei der Weigela florida 'Variegata' einfarbig grüne Blätter auftreten, entfernt man den betreffenden Trieb

Wisteria sinensis (Glyzine)   Damit sich viele Blüten bilden, werden die Triebe im Sommer zurückgeschnitten

Wisteria sinensis

Rückschnitt im Winter

Im Sommer zieht man die langen Leittriebe in die Richtung, in die sich der Schlingstrauch ausbreiten soll. Um die Ausbildung von Blütenholz zu fördern, werden alle unerwünschten Triebe bis auf 15–30 cm an ihre Basis zurückgeschnitten. Im Dezember oder Januar kürzt man diese Triebe bis auf zwei bis drei Knospen nochmals.

Um mehr Blütenknospen zu erhalten, kann man auch im Lauf des Sommers in Abständen von wenigen Wochen alle Triebe abkneifen, die man für die Erziehung der Form nicht benötigt. Zunächst verkürzt man die Triebe auf etwa 10 cm; später entfernt man nochmals alle Erweiterungstriebe bis auf zwei Blätter. Auf diese Weise kann jeder Trieb im Lauf der Wachstumsperiode dreimal verkürzt werden. In diesem Fall ist im Winter dann kein Rückschnitt mehr erforderlich

Sträucher und Kletterpflanzen für den Garten

Die folgenden Tabellen enthalten genaue Angaben über rund 80 Sträucher und Kletterpflanzen, die bei uns im Garten gedeihen.

Name und Beschreibung der Pflanze Die Sträucher und Kletterpflanzen sind alphabetisch nach ihren wissenschaftlichen Namen geordnet und kurz beschrieben. Auch die gebräuchlichsten deutschen Namen wurden aufgenommen.

Pflanzanleitung Sie enthält Hinweise auf die Beschaffenheit des Bodens, der für die Sträucher am besten geeignet ist, und Angaben über den günstigsten Standort im Garten.

Pflege Auf besondere Maßnahmen, die bei bestimmten Pflanzen angebracht sind, wird hingewiesen.

Winterschutz Vorsicht in allen Fällen, in denen ein Strauch durch Frost oder kalte Winde Schaden erleiden kann.

Schnittanleitung Welche Sträucher regelmäßig und welche nur selten oder überhaupt nicht geschnitten werden müssen, erfährt man hier.

Vermehrung In dieser Spalte findet man eine oder mehrere Vermehrungsweisen, die der Hobbygärtner am besten durchführen kann.

Sträucher lassen sich am einfachsten durch Hartholzstecklinge vermehren: Das sind ruhende Triebe aus reifem Holz, die im Winter in den Boden gepflanzt werden und im Frühjahr dann neues Wachstum hervorbringen. Nicht alle Sträucher lassen sich leicht vermehren. Vom bewurzelten Steckling oder vom gerade sichtbaren Keimling bis zum Strauch, den man pflanzen kann, ist oft ein weiter Weg. Die Hinweise in den Tabellen sollen dem Gartenfreund lediglich eine Anregung geben. Wichtig ist vor allem, daß man an den selbstgezogenen Pflanzen Freude empfindet; ein wirtschaftlicher Erfolg kann nicht garantiert werden.

Schädlinge und Krankheiten Sträucher und Kletterpflanzen werden nur selten von Schädlingen und Krankheiten befallen. Trotzdem können an einzelnen Sträuchern Schäden auftreten, deren wichtigste Formen und Ursachen in der Spalte „Schädlinge und Krankheiten" aufgeführt sind. Sollte ein Strauch ungewöhnliche Merkmale zeigen, die hier nicht erwähnt sind, kann man die Farbabbildungen der einzelnen Schädlinge und Krankheiten ab der Seite 574 zu Rate ziehen. Diese zeigen die Symptome, die an den verschiedenen Teilen der Pflanze – Blättern, Blüten, Trieben oder Wurzeln – auftreten können. Soweit Pflanzenschutzmittel angegeben sind, handelt es sich um Wirkstoffgruppen. Die Handelsbezeichnungen der jeweiligen Mittel, die diese Wirkstoffe enthalten, sind ab Seite 599 zu finden.

Arten Auf der rechten Seite der Tabelle finden Sie eine Auswahl der Arten und Sorten der einzelnen Strauchgattungen, die häufig gepflanzt werden. Dieser Teil der Tabelle soll ein schnelles Auffinden der Sträucher erleichtern, die für einen bestimmten Zweck geeignet sind. Will man beispielsweise einen wohlriechenden Strauch an eine schattige Stelle des Gartens setzen, wirft man einen Blick auf die Spalten „Standort" oder „Duft". In waagrechter Reihe zu diesen Spalten findet man den Namen des Strauchs und alle anderen wichtigen Angaben.

Höhe und Breite Die angegebenen Maße werden von den einzelnen Pflanzen nach mehreren Jahren des Wachstums unter günstigen Bedingungen erreicht. Die endgültige Höhe und Breite einer Pflanze richtet sich jedoch nach den Bodenbedingungen, ihrem Standort und der Pflege, die sie in den Aufbaujahren erhält. Wenn man Sträucher nebeneinander setzt, sollte jeweils der Abstand eingehalten werden, der der endgültigen Breite einer Pflanze entspricht.

Standort Manche Pflanzen gedeihen nur, wenn sie in den Sommermonaten viel Sonnenlicht bekommen, andere wiederum brauchen einen gewissen Schutz vor der Sonne während der heißesten Tageszeit. Die meisten Sträucher gedeihen jedoch sowohl an sonnigen als auch an schattigen Plätzen. Ausschlaggebend ist nur, daß sie genügend Licht erhalten. Dabei muß es sich nicht unbedingt um direktes Sonnenlicht handeln. Die Ansprüche, die eine Pflanze an das Licht stellt, sind in der Spalte „Standort" angegeben. Der Eintrag „Halbschatten" bedeutet, daß eine Pflanze dann gut gedeiht, wenn sie den größten Teil des Tages gegen Sonnenlicht abgeschirmt ist.

Kältebeständigkeit In Gegenden mit rauherem Klima muß sich der Gartenfreund Gedanken über die Winterhärte oder Kältebeständigkeit von Pflanzen machen. In der Tabelle unterscheidet man zwei Grade der Winterhärte. Gut winterhart: bei uns in allen Gebieten. Es sind also keine besonderen Schutzmaßnahmen notwendig. Mäßig winterhart: Die Pflanzen sind nur in mildem Klima ganz winterhart. In Gebieten mit rauherem Klima oder in besonders kalten Wintern können Schäden auftreten, die sich jedoch meist wieder auswachsen.

Pflanzen, die bei uns nicht winterhart sind und nur durch besondere Maßnahmen den Winter überstehen, werden überhaupt nicht aufgeführt. Die Winterhärte einer Pflanze hängt zum Teil auch von ihrem Standort, den Bodenbedingungen und den örtlichen Witterungsverhältnissen ab.

Eisige Winde können einer Pflanze mehr schaden als tiefe Temperaturen an windstillen Tagen, so daß Pflanzen an Standorten, die den Nordostwinden ausgesetzt sind, wesentlich leichter Schaden nehmen als beispielsweise an einer durch eine Mauer geschützten Stelle des Gartens.

Wenn die jungen Triebe eines Strauchs im Sommer viel Sonne erhalten und gut ausreifen können, sind sie gegen Kälte meist widerstandsfähiger als das weiche, saftreiche Holz, das in einem schlechten, feuchten Sommer herangewachsen ist.

Auch feuchter Boden mit zu hohem Stickstoffgehalt fördert das Wachstum von schwachem, saftreichem Holz, während ein gut entwässerter Boden mit hohem Kaligehalt ein gesundes Holzwachstum begünstigt.

Sehr junge und sehr alte Pflanzen sind meist besonders kälteempfindlich.

Blütezeit In der Spalte angeführt sind die durchschnittlichen Blütezeiten, die je nach der Großwetterlage von Jahr zu Jahr schwanken können.

Duft Die meisten Pflanzen strömen einen bestimmten Geruch aus, der aber von den einzelnen Menschen verschieden charakterisiert werden kann. Als „duftend" werden nur die Sorten bezeichnet, die einen angenehmen Geruch haben.

Besondere Hinweise Hier werden besondere Bedingungen angeführt, unter denen ein Strauch gedeiht, z. B. auf saurem oder alkalischem Boden, in Gegenden, in denen die Luft stark verschmutzt ist, oder unter Bedingungen, wie sie an der Meeresküste herrschen. Diese Spalte ist vor allem für den Gartenfreund aufschlußreich, der in einem Gebiet wohnt, das dem Anbau bestimmter Pflanzen Beschränkungen auferlegt.

Vor allem die Zusammensetzung des Bodens schließt manche Pflanzen von der Kultur aus. Es hat keinen Sinn, Rhododrendren und andere kalkfeindliche Pflanzen in einen Boden zu setzen, der einen hohen Kalkgehalt besitzt.

Es wird außerdem auch noch auf besondere Eigenschaften der Pflanzen hingewiesen, z. B., ob sie eine besonders schöne Rinde besitzen, wie sich ihre Blätter im Herbst färben, ob sie anspruchslos sind oder nicht, Tips für sonnige, schattige oder halbschattige Standorte und Nachbarpflanzen.

	Name und Beschreibung der Pflanze	Pflanzanleitung	Pflege	Winterschutz	Schnittanleitung
 *Amelanchier canadensis*	**Amelanchier** (Felsenbirne, Schneemispel) Außergewöhnlich schöner, vollständig winterharter, laubabwerfender Strauch. Im April und Mai sind die graziös gebogenen Triebe mit leuchtendweißen Blüten übersät, die zu karminroten bis schwarzen, eßbaren Früchten heranreifen. Gedeiht gut im Halbschatten oder in der Sonne. Die am weitesten verbreiteten Arten sind *A. canadensis* und *A. laevis*	Ein Strauch, der im lehmigsandigen Boden gedeiht. Ist der Boden nährstoffarm, wird eine Handvoll Volldünger in die Pflanzgrube eingearbeitet. Nicht an Stellen mit stauender Nässe pflanzen	Nur reguläre Pflege erforderlich	Nicht erforderlich. Es handelt sich um einen vollständig winterharten Strauch, der auch strengen Frost aushält	Nur selten erforderlich. Wenn die Zweige zu dicht wachsen, schneidet man sie in der Ruhezeit von Anfang Herbst bis Ende Winter an eine tiefer gelegene, günstige Triebansatzstelle zurück, die von der Strauchmitte nach außen weist

Berberis × stenophylla
	Berberis (Berberitze, Sauerdorn) Eine sehr artenreiche Gattung von Ziersträuchern, die meist alle als Berberitzen bezeichnet werden und wegen ihrer Blüten, Beeren und Blätter geschätzt sind. Sie gedeihen in jedem Boden, der die Nässe nicht staut. Die meisten Arten sind winterhart und anspruchslos.
	   Es gibt immergrüne und laubabwerfende Arten; alle tragen orangerote oder gelbe Blüten, manche haben kräftig gefärbte Früchte und Blätter im Herbst. Einige laubabwerfende Arten färben sich zum Jahresende leuchtend scharlach- und orangerot.
	   Die dornigen Blätter und Triebe bilden eine undurchdringliche Hecke. Die Zwergformen eignen sich für einen größeren Steingarten. Die Arten mit purpurfarbenen Blättern heben sich wirkungsvoll von anderen Straucharten ab. Die einzelnen Arten sind oft schwer zu unterscheiden, denn sie bilden zahlreiche Hybriden, und die Sämlinge sind selten artrein.
	   Die immergrüne Art, *B. × stenophylla*, trägt orangegelbe Blüten im Frühjahr und purpurrote Beeren im Herbst
		Die immergrünen Arten gedeihen gut in der Sonne und im Schatten, die laubabwerfenden Arten entwickeln jedoch keine kräftigen Farben, wenn sie nicht im vollen Sonnenlicht stehen.
		   Der Strauch gedeiht auf fast allen Bodenarten, auch auf Kalkböden.
		   Die immergrünen Arten werden bei mildem Wetter in der Zeit von September bis April gepflanzt.
		   Laubabwerfende Arten können bei mildem Wetter in der Zeit von Oktober bis März gepflanzt werden.
		   Für Hecken pflanzt man 30–40 cm hohe Pflanzen in Abständen von 45–60 cm. Nach dem Pflanzen werden alle Triebe um rund ¼ eingekürzt, um ein buschiges Wachstum zu fördern
			Unmittelbar nach dem Einpflanzen muß bei trockenem Wetter gründlich gewässert werden.
			   Im März oder April, wenn sich der Boden erwärmt hat, wird mit Gartenkompost oder Torfmull gemulcht
				Die meisten Berberitzen sind ausgesprochen winterhart, manche Arten jedoch, beispielsweise *B. buxifolia*, vertragen einen strengen Winter schlecht und brauchen dann einen gewissen Schutz, indem man z. B. Stroh um die Zweige wickelt. Diese Maßnahme ist meist überflüssig, wenn die Sträucher vor Nord- und Ostwinden geschützt stehen	Ein regelmäßiger, jährlicher Schnitt ist nicht erforderlich.
					   Wenn ein Strauch alt oder wirr wird, schneidet man die holzigen Triebe nach der Blütezeit bis zum Boden zurück. Dadurch wird das Wachstum starker, junger Triebe angeregt.
					   Immergrüne Hecken werden einmal im Jahr nach der Blüte in Form geschnitten; laubabwerfende Arten schneidet man im Spätsommer

Buddleja davidii
	Buddleja Eine Gruppe von Ziersträuchern, zu denen der Schmetterlingsstrauch, *Buddleja davidii*, gehört. Sein Name deutet an, daß er Schmetterlinge anzieht. Er wird auch Sommerflieder genannt.
	   An der *Buddleja* schätzt man die reiche Blütenpracht; der Strauch wird 2–3 m hoch. Es gibt bei uns nur laubabwerfende Arten.
	   B. alternifolia kann als Solitärstrauch gepflanzt werden
		Die *Buddleja* wächst fast in jedem Boden. Man pflanzt sie im Oktober/November oder März/April ein	Die *Buddleja* braucht nur selten gedüngt zu werden; dadurch würde lediglich das Wachstum der Blätter zu stark gefördert. Bei sehr nährstoffarmem Boden verabreicht man im Frühjahr oder Sommer einen Volldünger	Bei *B. davidii* erfrieren in strengen Wintern die Triebenden. Dies spielt jedoch keine Rolle, da der Strauch ohnehin im Frühjahr zurückgeschnitten wird	*B. davidii* wird im Frühjahr bis auf die unteren Knospen zurückgeschnitten.
					   Bei *B. alternifolia* werden die abgeblühten Triebe nach der Blütezeit ausgeschnitten

Vermehrung	Schädlinge und Krankheiten	Arten	Höhe und Breite	Standort	Kältebeständigkeit	Blütezeit	Duft	Besondere Hinweise
Junge Pflanzen werden durch Absenken oder Aussaat von reifen Samen herangezogen	Im allgemeinen tritt kein Befall auf	*Amelanchier canadensis* Laubabwerfend Weiße Blüten	H 3 m B 3 m	Sonne oder Halbschatten	Gut	April/Mai	Ohne	Nimmt auch mit Kalk vorlieb
		A. laevis Laubabwerfend Weiße Blüten	H 7,5 m B 4,5 m	Sonne oder Halbschatten	Gut	Mai	Ohne	Am besten an Plätzen, wo sich der Strauch frei entwickeln kann. Sehr malerischer Wuchs; liebt saure Böden
Alle Arten können aus Samen gezogen werden, die man im November im Freien aussät. Zum Schutz vor Mäusen setzt man die Samen in Töpfe und stellt sie in den Frühbeetkasten. Stecklinge vom halbreifen Holz können in der Zeit von Juli bis September abgenommen werden. Hartholzstecklinge von laubabwerfenden Sträuchern nimmt man von Oktober bis Dezember ab	Berberitzen werden im allgemeinen von Schädlingen nicht befallen. Zu beachten ist der Getreideschwarzrost. Die europäischen Berberitzen dienen dieser nicht ungefährlichen Pilzkrankheit als Zwischenwirt. Die Pilzsporen gelangen von Ernterückständen des Getreides auf die Berberitzen, wo sich auf den Blattunterseiten Sporenlager bilden. Von diesen aus wird im Sommer dann das Getreide befallen. In der Nähe von Getreideanbauflächen keine Berberitzen pflanzen. Bei Befall mit Mancozeb oder Triforin spritzen	*Berberis aggregata* Laubabwerfend Gelbe Blüten, rote Beeren	H 1,8 m B 1,5–1,8 m	Direkte Sonne	Gut	Juli	Ohne	Gedeiht im trokkenen Boden; unempfindlich gegen Wind
		B. buxifolia 'Nana' Immergrün Gelbe Blüten, blauschwarze Beeren	H 0,5 m B 0,5 m	Sonne oder Halbschatten	Gut	März–April	Ohne	Besonders geeignet für Einfassungen; erträgt jeden Schnitt. Auch für Steingärten empfehlenswert
		B. julianae Immergrün Reingelbe Blüten, blauschwarze Beeren	H 1,5 m B 2 m	Halbschatten bis Tiefschatten	Gut	Mai–Juni	Ohne	Malerischer Wuchs, 10 cm lange, dunkelgrüne, glänzende Blätter
		B. × stenophylla Immergrün Orangegelbe Blüten, purpurrote Beeren	H 1,5–2 m B 1,5–2 m	Sonne oder Halbschatten	Gut	Mai	Angenehm	Gedeiht auch im trockenen Boden; Zweige bogig überhängend
		B. thunbergii 'Atropurpurea' Laubabwerfend Rotes Laub	H 1–2 m B 1–1,5 m	Direkte Sonne	Gut	Mai	Ohne	Beliebte Heckenpflanze, sehr schnittverträglich
		B. verruculosa Immergrün Goldgelbe Blüten, blauschwarze Beeren	H 1–1,5 m B 1–1,5 m	Sonne bis Halbschatten	Gut	Mai–Juni	Ohne	2 cm lange, unten silbrige Blätter, sehr robust; auch für Steingärten
Vermehrung durch Hartholzstecklinge von Oktober–März	Die *Buddleja* kann von einer Viruskrankheit befallen werden, bei der sich die Blätter einrollen und fleckig werden. Diese Krankheit wird durch Blattläuse verbreitet. Als vorbeugende Maßnahme kann man ein Mittel gegen saugende Insekten spritzen	*Buddleja alternifolia* Laubabwerfend Hellviolette Blüten	H 2–3 m B 2 m	Direkte Sonne	Mäßig	Juni	Angenehm	Für Einzelstellung
		B. davidii Laubabwerfend Weiße, violette bis dunkelblaue Blüten Sorten: 'Peace', weiß; 'Black Knight', dunkelviolett; 'Royal Red', purpurrot	H 3 m B 2 m	Direkte Sonne	Gut	Juli bis Oktober	Angenehm	Gedeiht noch in mageren, trokkenen Böden, auch in Kalkböden

Name und Beschreibung der Pflanze	Pflanzanleitung	Pflege	Winterschutz	Schnittanleitung
Buxus (Buchsbaum) Ein winterharter, immergrüner Strauch, der sich sehr gut in Form ziehen und schneiden läßt. *B. sempervirens* erreicht eine Höhe bis zu 4,5 m. Für Zwerghecken am besten geeignet ist der langsam wachsende *B. s.* 'Suffruticosa'. *B. s.* 'Aureovariegata' besitzt goldgrüne Blätter	Der Buchsbaum nimmt mit Sonne und Schatten vorlieb und gedeiht besonders gut, wenn er von anderen Sträuchern und Bäumen etwas Schutz bekommt. Er wächst in allen Bodenarten, insbesondere auch in kalkhaltiger Erde. Man pflanzt ihn im Oktober/November oder März/April. Bei Hecken hält man einen Pflanzabstand von 45 cm ein	Wenn nach dem Einpflanzen längere Zeit hindurch ein kalter, trockener Wind weht, sollte das Laub mit einem Mittel gespritzt werden, das die Wasserverdunstung verhindert. Das Mittel bildet auf den Blättern einen Überzug und schützt sie vor Wasserverlusten, während die Wurzeln neu austreiben	Nicht erforderlich	Frei stehende Sträucher brauchen keinen regelmäßigen Schnitt. Wild wuchernde Triebe können im August/September ausgeschnitten werden. Hecken schneidet man im August/September in Form
Callicarpa (Schönfrucht) Bei den meisten Arten handelt es sich um tropische Sträucher, doch *C. bodinieri* ist bei uns winterhart. Im Herbst zeigen die Sträucher eine leuchtendgelbe und purpurrote Laubfärbung und tragen glänzendviolette Beeren. Die Blüten stehen in kleinen Dolden	Die *Callicarpa* liebt besonders einen sonnigen Standplatz, der durch andere Sträucher geschützt ist. Man setzt sie im April in gut gewässerten Boden ein. In windigen, kalten Gegenden umhüllt man die jungen Pflanzen mit Stroh oder Reisig, um den neuen Austrieb zu schützen	Nur reguläre Pflege erforderlich	In kälteren Gebieten streut man um die Pflanze eine Torfschicht und schützt die Zweige vor Frost, indem man sie mit Stroh oder Reisig umwickelt	Im Frühjahr schneidet man alle vom Frost beschädigten Zweigspitzen bis ins gesunde, weiße Holz zurück, wo sich dann neue Triebe ausbilden
Campsis (Jasmintrompete oder Trompetenblume) Ein mit Haftwurzeln kletterndes Gehölz, das sich besonders gut zum Bewachsen von Zäunen, Mauern und Pergolen eignet. Die *Campsis* ist laubabwerfend und hat orangerote Trompetenblüten an Trieben, die 7–10 m hoch klettern können	Man wählt eine geschützte Wand, die der direkten Sonnenbestrahlung ausgesetzt ist. Die Pflanzen werden in nährstoffreichen, gut entwässerten Boden eingesetzt. Man pflanzt im Frühjahr bei milder Witterung. Nach dem Einpflanzen werden die Triebe bis auf 15 cm vom Boden zurückgeschnitten	Wird der Strauch an einer Mauer hochgezogen, müssen die Wurzeln nach dem Einpflanzen und in längeren Trockenzeiten gründlich bewässert werden. Im späten Frühjahr deckt man den Wurzelbereich mit einer dicken Schicht Stallmist ab. Eine weitere Düngung ist nicht erforderlich	*Campsis radicans* ist winterhart, wenn es sich nicht um eine besonders kalte und windreiche Gegend handelt	Bis zu dem Zeitpunkt, wo sich die Pflanze über die vorgesehene Fläche ausgebreitet hat, ist kein Schnitt erforderlich; anschließend wird das Wachstum durch einen leichten Rückschnitt im Frühjahr jeden Jahres reguliert
Caryopteris (Bartblume) Die Sträucher werden wegen ihrer aromatisch duftenden Blätter und der blauvioletten Blütendolden, die sie im August und September tragen, sehr geschätzt. Es sind sogenannte Halbsträucher, die im Winter zurückfrieren, aber im Frühjahr neu austreiben. Sie eignen sich für die Bepflanzung von Böschungen und Steingärten. Die Pflanze bildet eine rundliche Kuppe aus weichen, grauen Trieben	*Caryopteris* wächst fast überall, auch in kalkhaltigen Böden, vor allem, wenn mit verrottetem Stallmist oder Gartenkompost angereichert wird. Fühlt sich aber im sandigen Lehm besonders wohl. Gepflanzt wird im September/Oktober oder März/April, in kalten Gegenden möglichst an einer geschützten Mauer. Eine Abstützung ist nicht erforderlich	Ist der Boden leicht, gibt man im Sommer einen Kalidünger hinzu, beispielsweise Kaliumsulfat. Das bewirkt, daß sich kräftig blaue Blüten entwickeln	In den meisten Gegenden nicht erforderlich. In kälteren Gebieten deckt man den Boden um den Strauch mit Sand oder Reisig ab	Im Frühjahr kürzt man die Triebe des Vorjahrs bis auf etwa 3 cm zum alten Holz hin ein. Zu dicht gewachsene Triebe werden vollständig entfernt

Buxus sempervirens

Callicarpa bodinieri

Campsis radicans

Caryopteris × clandonensis

Vermehrung	Schädlinge und Krankheiten	Arten	Höhe und Breite	Standort	Kältebeständigkeit	Blütezeit	Duft	Besondere Hinweise
Stecklinge vom halbreifen Holz nimmt man von August–September ab. Nach etwa einem Jahr, wenn sie gut Wurzeln geschlagen haben, setzt man sie ins Freie um. Hartholzstecklinge können ebenfalls im Oktober/November angezogen werden	Die Buchsbaumlaus befällt die Blätter, die dann in krautartigen Büscheln an den Triebenden wuchern. Man spritzt im April und Mai in 14tägigem Abstand mit einem Mittel gegen saugende Insekten. Bei Blattfleckenkrankheit und -rost wird mit Zineb oder Mancozeb gespritzt	*Buxus sempervirens* Immergrün Unauffällige Blüten *B. s.* 'Handsworthiensis' Aufrechter Wuchs *B. s.* 'Suffruticosa' Zwergform	H 3–6 m B 2 m	Sonne bis Schatten	Gut	April	Honigartig	Darf nicht zu trocken stehen, sonst anfällig gegen Schädlingsbefall
Weichholzstecklinge werden im Juni abgenommen. Die Schnittstelle wird mit einem Wachstumspräparat behandelt; der Vermehrungskasten sollte Bodenheizung haben. Stecklinge aus halbreifem Holz werden mit Achsel im Juni/Juli abgenommen	Im allgemeinen frei von Befall	*Callicarpa bodinieri var. giraldii* Laubabwerfend Lila Blüten, violette Beeren	H 2 m B 1,5–1,8 m	Sonne	Mäßig	Juli bis August	Ohne	Gedeiht am besten an einer nach Süden gerichteten Mauer. Besonders schön: Fruchtschmuck im September bis Oktober
Biegsame Triebe können im Herbst oder Frühjahr abgesenkt werden. Eine Absenkung kann aber auch zu einer anderen Zeit des Jahres vorgenommen werden. Die Schnittstelle wird mit einem Wachstumspräparat behandelt	Blattläuse können Schäden an den weichen, wachsenden Trieben anrichten. Man spritzt mit einem Mittel gegen saugende Insekten. Schildläuse verursachen verformten Wuchs. Man spritzt mit Malathion°. Bei Trockenheit können die Knospen abfallen. Abhilfe schaffen ausreichende Bewässerung und Mulchen	*Campsis radicans* Laubabwerfender Kletterstrauch Orangerote Blüten	H 8 m B 6 m	Direkte Sonne	Mäßig	Juli bis September	Ohne	Bevorzugt eine warme Mauer
Stecklinge aus dem halbreifen Holz werden in einer Länge von 7–10 cm mit Achsel im August/September abgenommen. Sie werden mit einem Wachstumspräparat behandelt. Hartholzstecklinge nimmt man im Oktober/November ab	Im allgemeinen frei von Befall	*Caryopteris × clandonensis* Laubabwerfend Tiefviolette Blüten	H 60–120 cm B 60–120 cm	Sonne	Mäßig	August bis September	Ohne	Ideal für trockene, sonnige Standorte

Name und Beschreibung der Pflanze	Pflanzanleitung	Pflege	Winterschutz	Schnittanleitung
Ceanothus (Säckelblume) Dieser Halbstrauch besitzt viele winzige, meist blaue Blüten und ist äußerst beliebt. Bei uns nur laubabwerfende Arten, die artbedingt von Juni bis in den Herbst hinein blühen	*Ceanothus* bevorzugt warme, geschützte Standorte mit durchlässigem, humosem Boden. Man pflanzt die Sträucher im April/Mai ein, wenn der Boden warm ist	Wenn nach dem Einpflanzen im Frühjahr warmes und trockenes Wetter herrscht, muß gründlich gewässert werden. Bei nährstoffarmem oder kalkhaltigem Boden wird im Frühjahr mit gut verrottetem Stallmist oder Gartenkompost gemulcht	Durch Frostschaden sterben die Spitzen der Triebe ab. In kalten Gegenden deckt man deshalb die Sträucher im November mit Reisig ab. Den Boden mit Torfmull abdecken	Das Holz des Vorjahrs wird im April bis auf 7–10 cm an den Haupttrieb zurückgeschnitten
Celastrus (Baumwürger) Eine laubabwerfende Kletterpflanze, die wegen ihrer leuchtend orangeroten Beeren im Herbst und Winter geschätzt wird. Die Triebe schlingen sich an Pergolen, Baumästen, Drähten oder Stäben 9–12 m hoch. Wenn die Früchte ganz reif sind, zerspringen sie in 3 Teile; scharlachrote Samen kommen zum Vorschein	*Celastrus* gedeiht in der Sonne und im Halbschatten; im Halbschatten kommen jedoch seine Farben besser zur Geltung. Man pflanzt ihn bei mildem Wetter in der Zeit von November–März in guten Boden, der Nässe nicht staut und der nicht kalkhaltig oder sehr trocken sein soll. Ideal ist ein torffreicher Boden. Junge Pflanzen sollten mit einem Pflock oder durch ein Gitter gestützt werden	Nur reguläre Pflege erforderlich	Nicht erforderlich	Ein regelmäßiger Schnitt ist nicht erforderlich, wenn die Pflanze frei klettern kann.
Ceratostigma (Bleiwurz) Ein kleiner Halbstrauch mit zahlreichen blauen Blüten, die im Spätsommer den Garten beleben. *C. plumbaginoides* wird 30–45 cm hoch und bildet flache Kuppen	*Ceratostigma* bevorzugt die direkte Sonnenbestrahlung, gedeiht aber auch im Halbschatten ganz gut. Um die jungen Wurzeln möglichst wenig zu beeinträchtigen, setzt man im Topf angezogene Pflanzen im April oder Mai in leichten, lehmigen Boden ein. Wenn ein Garten nach Nordosten ausgerichtet ist, gedeiht *Ceratostigma* besser an einem Standort, der durch eine Mauer, einen Zaun oder größere Sträucher geschützt ist	Wenn während des Frühjahrs und Sommers trockenes Wetter herrscht, werden die Sträucher gründlich bewässert, und der Wurzelbereich wird mit gut verrottetem Stallmist oder Gartenkompost gemulcht, damit der Boden kühl bleibt	In kalten Gegenden muß die Pflanze im Bodenbereich durch eine dicke Schicht Torfmull, Lauberde, Reisig oder groben Sand vor Frost geschützt werden	Beim *Ceratostigma plumbaginoides* sterben die Triebe im Winter ab. Sie werden im Frühjahr direkt über dem Boden abgeschnitten
Chaenomeles (Japanische Quitte oder Zierquitte) Ein kräftig wachsender, dorniger Strauch, der sich auch als Heckenpflanze eignet. Im zeitigen Frühjahr kommen die leuchtendweißen, rosaroten, roten oder scharlachroten Blüten zum Vorschein. Am häufigsten pflanzt man *C. lagenaria* und *C. japonica* mit verschiedenen Sorten; sie wachsen sehr kompakt und blühen reich. Die gelben, quittenähnlichen Früchte reifen im Herbst und sind ein weiterer Schmuck. Man kann sie essen und zu Marmelade verarbeiten	Die Pflanzzeit reicht von Mitte Oktober–März. Die Pflanze wächst in nahezu allen, auch auf kalkhaltigen Böden, am liebsten in der Sonne, aber auch im Schatten. Die *C. lagenaria* breitet sich stark aus und bildet einen wirren Busch. Als Hecke ist sie undurchdringlich	*Chaenomeles* ist verhältnismäßig anspruchslos. Auch ein ziemlich trockener Boden zur Pflanzzeit und übermäßige Nässe schaden ihr nicht. Es muß nur regelmäßig gedüngt werden	Nicht erforderlich	Frei stehende Sträucher brauchen nicht regelmäßig geschnitten zu werden. Abgestorbene oder zu dicht wachsende Zweige können nach der Blütezeit ausgelichtet werden

Ceanothus-Hybride

Celastrus orbiculatus

Ceratostigma plumbaginoides

Chaenomeles lagenaria

Vermehrung	Schädlinge und Krankheiten	Arten	Höhe und Breite	Standort	Kältebeständigkeit	Blütezeit	Duft	Besondere Hinweise
Stecklinge aus dem halbreifen Holz werden in der Zeit von Juli bis September abgenommen. Grünstecklinge können im Juni/Juli abgenommen und in einen Vermehrungskasten mit Bodenheizung eingesetzt werden. Man behandelt sie mit einem Wachstumspräparat	Schildläuse können die weichen Triebe und das ältere Holz befallen. Man spritzt im Sommer mit Malathion°	Ceanothus-Hybriden Laubabwerfend Meist blaue Blüten Sorten: 'Gloire de Versailles' und 'Topace'	H 1,2–1,8 m B 1,2–1,8 m	Direkte Sonne	Mäßig	Juni bis Oktober	Ohne	
Durch 25–30 cm lange Hartholzstecklinge, die im Oktober/ November abgenommen werden. Durch Samen, die im November ausgesät werden. Durch Absenken der einjährigen Triebe	Schildläuse können sich an den weichen Teilen der Triebe festsetzen. Bekämpfung durch sofortiges Spritzen mit Malathion° oder Austriebspritzmittel. Nach bestimmter Zeit nochmals spritzen, bis die Schädlinge verschwunden sind. Von sonstigen Krankheiten werden die Sträucher im allgemeinen nicht befallen	Celastrus orbiculatus Laubabwerfender Kletterstrauch Leuchtendgrüne Blüten, orange- und scharlachrote Früchte	H 10 m B 7,5 m	Sonne bis Halbschatten	Gut	Juni–Juli	Ohne	Bevorzugt die Freiheit einer zwanglosen Gartenanlage; guter Bewuchs für alte Baumstümpfe. Fruchtschmuck von September bis Januar
Ceratostigma plumbaginoides vermehrt man am besten im April durch Teilung. Die Pflanze wird ausgegraben, der Wurzelballen zerteilt und wieder eingesetzt	Im allgemeinen frei von Befall	Ceratostigma plumbaginoides Laubabwerfend Kleine, tiefblaue Blüten	H 30–45 cm B 45 cm	Sonne oder Halbschatten	Mäßig	September bis Oktober	Ohne	Bevorzugt trockenen, gut entwässerten Boden
Triebe, die sich bis zum Boden herabbiegen lassen, können im August abgesenkt werden. Samen, die an der Pflanze heranreifen, können im September/ Oktober ausgesät werden	Bei hohem Kalkgehalt des Bodens kann Chlorose (Gelbsucht) auftreten. Sauer reagierende Dünger verwenden. Die Sträucher können von Feuerbrand, einer von Bakterien hervorgerufenen Krankheit, befallen werden. Triebspitzen färben sich bräunlichrot. Diese Krankheit muß dem zuständigen Pflanzenschutzamt sofort gemeldet werden, weil sie sich sehr schnell verbreitet	Chaenomeles lagenaria Laubabwerfend Scharlachrote Blüten Sorten: 'Andenken an Carl Ramcke', zinnoberrot; 'Crimson and Gold', dunkelrot; 'Etna', scharlachrot; 'Nivalis', rein weiß	H 1–3 m B 2–3 m H 1,5 m B 2 m H 1,5 m B 2 m H 1 m B 2 m H 2–3 m B 2–3 m	Sonne bis Halbschatten	Gut	März–April	Ohne	Die Art wächst sehr stark, die Sorten bleiben wesentlich kleiner
		C. japonica Laubabwerfend Ziegelrote Blüten	H 1–2 m B 1–2 m	Sonne	Gut	März–April	Ohne	Besonders anspruchslos

Name und Beschreibung der Pflanze	Pflanzanleitung	Pflege	Winterschutz	Schnittanleitung
 *Chimonanthus praecox* **Chimonanthus** (Winterblüte) Ein stark duftender Strauch, der je nach Witterung von Januar–März blüht und wegen dieser frühen Blütezeit besonders geschätzt wird. Er ist nicht ganz winterhart und friert gelegentlich zurück. Es vergehen einige Jahre, bis er Blüten trägt	Gepflanzt wird in der Zeit von November–März, möglichst an einer warmen, sonnigen Stelle. Der Strauch gedeiht auch im Halbschatten, blüht aber am besten in voller Sonne. *Chimonanthus* wächst auf allen gut entwässerten Böden und gedeiht auch in kalkreicher Erde	Ist der Boden sandig, erwärmt er sich im Sommer stark. Deshalb muß rund um die Pflanze mit Gartenkompost oder Lauberde gemulcht werden. Bei lang anhaltenden Trockenperioden bewässern	Nicht gut möglich; bei einem abgedeckten Strauch würde man die Blüte nicht sehen	Ein regelmäßiger Schnitt ist nicht erforderlich. Abgestorbene oder zu lange Triebe werden im Frühjahr ausgeschnitten
 *Clematis montana* **Clematis** (Waldrebe) Eine der beliebtesten blühenden Kletterpflanzen, die mit ihren unzähligen Blüten Mauern, Gitter und Pergolen bedeckt. Sie schlingt ihre Blattstiele um dünne Gegenstände und rankt sich schnell hoch. Manche Arten, wie die *C. alpina*, werden kaum höher als 2 m, während die *C. montana* einen 8 m hohen Baum mit ihren weißen Blüten bedeckt. Bei der *Clematis* unterscheidet man zwei Gruppen: die kleinblütigen Wildarten und die großblütigen Hybridformen. Die Wildarten blühen meist im Frühjahr oder zeitigen Sommer. Die Hybridformen mit ihren großen Blüten blühen vom zeitigen Sommer bis Herbst. Die frühen Sommerblüher können im Herbst zur zweiten Blüte ansetzen	Gepflanzt wird von Oktober bis März in tiefem, nährstoffreichem Boden. Die *Clematis* bevorzugt die Sonne, aber ihr Wurzelbereich muß vor allzu großer Hitze geschützt sein. Sie gedeiht an einer nach Süden oder Westen gerichteten Mauer, wenn niedrige Sträucher oder bodendeckende Pflanzen über ihren Wurzeln wachsen und den Boden kühl halten. Einige Arten, wie 'Nellie Moser', gedeihen auch gut an einer Nordwand. Man läßt die Pflanze an Gittern, Drähten oder anderen Stützvorrichtungen hochranken	Bei Trockenheit muß reichlich gegossen werden, damit die Pflanze kräftig wächst. Im Bereich der Wurzeln wird gemulcht, um die *Clematis* im Sommer kühl und feucht zu halten	*Clematis montana*, *C. tangutica* und *C. viticella* gedeihen gut in kälteren Gegenden, die großblumigen Hybriden hingegen sollten vor kalten Winden und strengem Frost geschützt werden. Wenn hinsichtlich der Kältebeständigkeit einer bestimmten *Clematis*-Art Zweifel bestehen, umwickelt man ihre Triebe vom Spätherbst bis Anfang Frühjahr mit Reisig. Auf den Boden im Wurzelbereich kommt ein Mulch aus Torfmull, Gartenkompost oder Stroh	Die *Clematis* wird am besten überhaupt nicht geschnitten, es sei denn, ihre Ausbreitung müßte in bestimmten Grenzen gehalten werden. In diesem Fall können die Frühsommerblüher nach der Blütezeit zugeschnitten werden. Manche großblütige Hybriden blühen zweimal, im Sommer und im Herbst. Sie werden nach der ersten Blüte leicht zurückgeschnitten. Arten, die erst nach Juni blühen, können im Frühjahr ganz zurückgeschnitten werden
 *Clethra alnifolia* **Clethra** (Scheineller) Ein laubabwerfender Strauch, der wegen seiner stark duftenden Blüten geschätzt wird. Die am wenigsten kälteempfindliche Art, *C. alnifolia*, trägt von August–September glockenförmige, weiße Blüten. Der laubabwerfende Strauch gedeiht am besten an geschützten, sonnigen Plätzen in milderen Gegenden	Die *Clethra* braucht einen neutralen bis kalkfreien, gut entwässerten Boden. Man pflanzt sie im März/April bei milder Witterung, wenn der Boden schon warm ist	Nur reguläre Pflege erforderlich	In kalten Gegenden werden die Wurzeln mit einem dicken Mulch aus Torfmull oder Gartenkompost geschützt. Die Triebe umwickelt man mit Reisig	Ein regelmäßiger Schnitt ist nicht erforderlich. Wenn der Strauch zu dicht oder wirr wächst, kann man das alte Holz im März/April ausschneiden

Vermehrung	Schädlinge und Krankheiten	Arten	Höhe und Breite	Standort	Kältebeständigkeit	Blütezeit	Duft	Besondere Hinweise
Biegsame Triebe werden im September abgesenkt und 18–24 Monate danach von der Mutterpflanze abgetrennt, nachdem sich kräftige Wurzeln entwickelt haben. 　Man kann auch reife Samen im Oktober in einem Frühbeet oder im Treibhaus aussäen	Im allgemeinen kein Befall durch Schädlinge. Gelegentlich bekommen die Blätter braune oder gelbe Flecken, wenn der Boden ausgelaugt ist. Dann wird mit altem Stallmist oder Gartenkompost gedüngt	*Chimonanthus praecox* Laubabwerfend Schalenförmige, gelbe Blüten	H 2,4–3 m B 2,4–3 m	Sonne oder Halbschatten	Mäßig	Januar bis März	Honigartiger Duft	Blüht nur an warmen Stellen in mildem Klima
Durch Stecklinge vom halbreifen Holz, die im Juli abgenommen werden. 　Die Wildarten der *Clematis* können aus Samen aufgezogen werden, die man im Oktober aussät und in einem Frühbeetkasten oder Treibhaus ankeimen läßt. Triebe, die im März an mehreren Stellen abgesenkt werden, haben meist nach einem Jahr Wurzeln ausgebildet	Da junge Triebe häufig von Schnecken gefressen werden, streut man Schneckenkorn, sobald der Austrieb beginnt. 　Die Triebspitzen und Blätter werden von Blattläusen befallen. Bei den ersten Anzeichen spritzt man in Abständen von 14 Tagen mit einem Mittel gegen saugende Insekten. 　Die *Clematis*-Welke ist eine Krankheit, bei der die Triebe absterben. Bei Befall werden die Triebe bis zum Boden zurückgeschnitten. 　Der Echte Mehltau hinterläßt einen weißen Belag auf den Blättern. Man spritzt in Abständen von 14 Tagen im Frühjahr und Sommer mit Triforin oder mit Dichlofluanid, sobald die ersten Anzeichen zu erkennen sind	*Clematis alpina* Blauviolett	H 2 m B 1 m	Direkte Sonne oder Halbschatten	Gut	Mai–Juli	Ohne	Kalkliebend, für Steingärten geeignet
		C. montana Weiß, Sorte: 'Rubens', rosa	H 8 m B 6–8 m	Sonne bis Halbschatten	Gut	*C. montana* Mai 'Rubens' Juni–Juli	Ohne	Sehr reich blühend
		C. tangutica Goldgelbe, glockige Blüten	H 3 m B 3 m	Sonne bis Halbschatten	Gut	Juni und Herbst	Ohne	Schönste gelb blühende Art
		C. viticella Purpurfarben	H 3,5 m B 2–3 m	Direkte Sonne oder Halbschatten	Gut	Juli bis August	Ohne	Stammform vieler Hybriden
		Hybriden (frühblühende): 'Belle of Woking', malvenfarben; 'Lasurstern', blau; 'Marie Boisselot', weiß; 'Nellie Moser', rosarot; 'The President', purpurblau	H 3–4 m B 3–4 m	Direkte Sonne oder Halbschatten	Gut	Mai–Juni	Ohne	'The President' blüht meist nochmals im Herbst
		Hybriden (spätblühende): 'Duchess of Albany', rosarot; 'Gipsy Queen', purpurfarben; 'Jackmanii', purpurfarben; 'Lady Betty Balfour', purpurfarben; 'Perle d'Azur', blau; 'Ville de Lyon', rot	H 2,4–4,5 m B 2–4 m	Direkte Sonne oder Halbschatten	Gut	Juni bis September	Ohne	
Nach einiger Zeit bildet der Strauch zahlreiche Wurzelschößlinge. Man entfernt die Schößlinge im Herbst und setzt sie dort ein, wo sie blühen sollen	Im allgemeinen frei von Befall	*Clethra alnifolia* Laubabwerfend Weiße Blütenrispen *C. a.* 'Rosea' Rosarot gesprenkelte Blüten	H 1,8–2,4 m B 2–2,5 m	Sonne oder Halbschatten	Mäßig	August bis September	Stark duftend	Steht am besten in lichtem Baumschatten an geschützten Plätzen. Braucht einen kalkfreien Boden

	Name und Beschreibung der Pflanze	Pflanzanleitung	Pflege	Winterschutz	Schnittanleitung
Colutea arborescens	**Colutea** (Blasenstrauch) In Blumenarrangements wird die Pflanze wegen ihrer blasig aufgetriebenen, rot oder kupferfarben angelaufenen Hülsen geschätzt. Der Strauch ist sehr anspruchslos. Die Blüten sitzen an den wachsenden Trieben des laufenden Jahres; die Samen reifen meist am Strauch und können im Juli ausgesät werden. *Colutea arborescens* ist giftig	Die *Colutea* braucht zwar nur wenig Nährstoffe, wächst aber dennoch zu einem kräftigen Strauch heran und gedeiht sogar im kargen, sandigen Boden. Sie ist vollständig winterhart. Man pflanzt sie von November–März	Keine besonderen Ansprüche hinsichtlich Düngung und Bewässerung	Nicht erforderlich	Im März werden alle Triebe des Vorjahrs bis auf wenige Knospen an die Grundform zurückgeschnitten; alle schwachen Triebe werden vollständig entfernt
Cornus alba	**Cornus** (Hartriegel) Die Sträucher werden wegen ihrer Vielseitigkeit und Anspruchslosigkeit sehr geschätzt. Einen besonders prächtigen Anblick bieten C. alba × 'Sibirica' mit roter Rinde und C. stolonifera 'Flaviramea' mit leuchtend grüngelber Rinde. Die meisten Hartriegelarten sind winterhart und gedeihen fast in jedem Boden	Man pflanzt die Sträucher in der Vegetationsruhe. C. alba und C. stolonifera können neben einem Teich oder Wasserlauf gepflanzt werden, weil sie auch in feuchtem Boden gut wachsen	Bei heißem, trockenem Wetter muß der Cornus reichlich gegossen werden. An die Düngung stellt er keine besonderen Ansprüche	Der Cornus ist ausgesprochen winterhart und braucht deshalb keinen Schutz	Im ersten Frühjahr nach dem Einpflanzen schneidet man bei den Arten, die wegen der Färbung ihrer Rinden angepflanzt werden, alle Triebe bis auf ein kurzes Stück zum Boden zurück.
Corylopsis pauciflora	**Corylopsis** (Scheinhasel) Ein laubabwerfender Strauch, auf dem im zeitigen Frühjahr unzählige gelbe und duftende Blütenähren hängen, noch bevor die lindgrünen Blätter sprießen. Die gelben Blüten passen gut zu den roten Blüten der *Chaenomeles* (Japanische Quitte), die zur gleichen Zeit blüht	Man pflanzt von Oktober bis März. Die *Corylopsis* nimmt auch mit kalkreichem Boden vorlieb, wenn er mit alter Lauberde und Torfmull angereichert wird. Die Pflanzen setzt man unter Bäume oder dicht an andere Sträucher, wo sie vor rauhen Winden geschützt sind	Nur allgemeine Pflege erforderlich	Die jungen Triebspitzen können im Spätwinter durch Frost Schaden erleiden. Wenn die Pflanze nicht durch eine Mauer oder andere Sträucher geschützt ist, umhüllt man sie mit Reisig	Ein Schnitt ist nur selten erforderlich; wild wuchernde Triebe können jedoch im Mai nach der Blüte herausgenommen werden. Die Strauchmitte soll licht gehalten werden
Corylus avellana 'Contorta'	**Corylus** (Haselnuß) Die ungewöhnlichste Art dieser winterharten, laubabwerfenden Gruppe von Sträuchern ist *Corylus avellana* 'Contorta'. Die Zweige dieser als Korkzieherhasel bekannten Form sind spiralenförmig nach oben gedreht. Im zeitigen Frühjahr erscheinen die goldgelben Kätzchen, im Herbst die gut schmeckenden Haselnüsse	Gepflanzt wird von Oktober bis März. Die Haselnuß gedeiht auf allen Böden, außer auf ganz mageren Sandböden oder auf Böden mit stauender Nässe	Nur reguläre Pflege erforderlich	Nicht erforderlich	In den ersten 3–4 Jahren nach dem Einpflanzen werden im Frühjahr die Triebe des Vorjahrs auf die Hälfte eingekürzt. Danach ist kein regelmäßiger Schnitt mehr erforderlich
Cotinus coggygria	**Cotinus** (Perückenstrauch) Den Namen Perückenstrauch verdankt die Pflanze ihren vielen wuscheligen, rosa- und dunkelroten Blüten. Diese und die Fruchtstände haben den ganzen Sommer bis in den Herbst hinein eine hervorragende Wirkung. Die Herbstfärbung ist so großartig, daß man meint, der Strauch würde glühen	Die schönsten Herbstfärbungen treten auf, wenn der *Cotinus* in einem leichten, sandigen Lehmboden wächst. Gepflanzt wird im Herbst und Frühjahr	Bei anhaltenden trockenen Winden im Frühjahr muß reichlich gegossen werden. Im April wird der Wurzelbereich mit Gartenkompost oder gut verrottetem Stallmist gemulcht	Schutzmaßnahmen sind nicht erforderlich	Größere Schnittmaßnahmen sind nicht erforderlich. Um den Strauch in Form zu halten, schneidet man wirre Triebe im März/April zurück

Vermehrung	Schädlinge und Krankheiten	Arten	Höhe und Breite	Standort	Kältebeständigkeit	Blütezeit	Duft	Besondere Hinweise
Die Samen werden im März im Freien ausgesät, die Sämlinge setzt man im Oktober an ihren endgültigen Standplatz	Im allgemeinen frei von Befall	*Colutea arborescens* Laubabwerfend Gelbe Schmetterlingsblüten, auffallend rote und kupferfarbene Samenhülsen	H 3–4 m B 2–3 m	Sonne oder Halbschatten	Gut	Juni bis August	Ohne	Wächst auf jedem Boden, wenn er gut entwässert ist; gedeiht auch auf kalkhaltigem Boden
Stecklinge können in einer Länge von 30 cm im Oktober/November vom harten Holz abgenommen werden. Zur Vermehrung von *C. alba* und *C. stolonifera* nimmt man Wurzelschößlinge im Herbst ab und setzt sie dort ein, wo der junge Strauch wachsen soll	Im allgemeinen frei von Befall	*Cornus alba* 'Sibirica' Laubabwerfend Im Winter rotglänzende Triebe	H 2–3 m B 2–3 m	Direkte Sonne	Gut	Mai	Ohne	Wirkung der roten Triebe auch gut in Nachbarschaft von Birken
		C. mas Laubabwerfend Kleine, gelbe Blüten	H 3–6 m B 2–3 m	Sonne oder Halbschatten	Gut	Februar bis April	Ohne	Hübsche rote Früchte, eßbar, Kornelkirsche
		C. stolonifera 'Flaviramea' Grünlichgelbe Rinde	H 2–3 m B 2–3 m	Sonne oder Halbschatten	Gut	Mai–Juni	Ohne	
		C. sanguinea Weiße Dolden	H 3–5 m B 2–3 m	Sonne bis Halbschatten	Gut	Mai–Juni	Ohne	Äußerst robuster heimischer Strauch; schöne Herbstfärbung
Biegsame Triebe werden im Oktober abgesenkt	Im allgemeinen frei von Befall	*Corylopsis pauciflora* Laubabwerfend Gelbe Blüten	H 1–2 m B 1–2 m	Halbschatten	Empfindlich gegen kalten Wind	März–April	Duftet stark	Einer der wertvollsten Frühjahrsblüher
Durch Absenken im Herbst, indem man biegsame Triebe im nährstoffreichen Boden verankert. Durch Samen, die im Oktober in Töpfe gesetzt und den Winter über in einem Frühbeetkasten aufbewahrt werden	Zur Bekämpfung von Raupen und Rüsselkäfern spritzt man im Sommer mit Diazinon. Die Nüsse können auch von der Grundfäule befallen werden. Dann schneidet man die ganzen Fruchtstände ab und verbrennt sie	*Corylus avellana* Laubabwerfend Gelbe Kätzchen *C. a.* 'Contorta' Bizarre Korkenziehertriebe	H 4–6 m B 4,5 m und mehr	Halbschatten	Gut	Februar bis März	Ohne	
		C. maxima 'Purpurea' Laubabwerfend Dunkelrote Blätter	H 3–4 m B 3 m	Sonne oder Halbschatten	Gut	Februar bis März	Ohne	Die rotblättrige Form trägt zur Belebung einer Pflanzung bei
Biegsame Triebe können im September in den Boden abgesenkt werden	Der *Cotinus* kann von der Welkekrankheit befallen werden, die zu einem plötzlichen Absterben der Triebe führt. Die kranken Triebe werden zurückgeschnitten. Die Schnittstellen bestreicht man mit einem Wundverschlußmittel	*Cotinus coggygria* Laubabwerfend Wuschelige, purpurfarbene Blüten *C. c.* 'Atropurpureus' Purpurrote Blüten Die Sorte 'Royal Purple' hat breitovale Blätter, die sich rot färben	H 3–4 m B 2–3 m	Direkte Sonne	Empfindlich gegen kalte Winde	Juli	Ohne	Ein sehr zu empfehlender Strauch, geeignet für Einzelstellung

Name und Beschreibung der Pflanze	Pflanzanleitung	Pflege	Winterschutz	Schnittanleitung
*Cotoneaster horizontalis*				
Cotoneaster (Felsenmispel, Zwergmispel) Laubabwerfende und immergrüne Sträucher, die sowohl wegen ihrer weißen bis rötlichen Blütenfülle als auch wegen ihrer leuchtendroten, orangeroten oder gelben Beeren sehr geschätzt werden. Alle genannten Arten sind winterhart. Es gibt sehr viele *Cotoneaster*-Arten, von immergrünen, teppichbildenden Arten bis hin zu großen Sträuchern	Der *Cotoneaster* wächst in fast allen Böden, gedeiht gut in der direkten Sonne, nimmt aber auch mit Halbschatten vorlieb. Gepflanzt wird in der Zeit von Oktober–März	Stellt hinsichtlich Düngung und Bewässerung keine besonderen Ansprüche	Nicht erforderlich	Ein alljährlicher Schnitt ist nicht erforderlich. Wirre Triebe können bei den immergrünen Arten im April, bei den laubabwerfenden Arten im Februar ausgeschnitten werden. Zu groß gewachsene Sträucher werden zurückgeschnitten. Bei Hecken wird der Formschnitt im August vorgenommen
*Cytisus scoparius*				
Cytisus (Geißklee, Besenginster) Zu den Schmetterlingsblütlern gehörende Sträucher mit sehr reichen, gelben, bronzefarbenen, roten oder weißen Blüten. Kaum ein anderer Strauch entwickelt eine derartige sommerliche Farbenpracht. Der *Cytisus* eignet sich für Heide- und Steingärten; seine Wuchsformen reichen von bodendeckenden Arten bis zum Großstrauch mit überhängenden Zweigen	Der *Cytisus* gedeiht auch in armen, sandigen Böden, die im Sommer stark austrocknen können. Man pflanzt ihn im Herbst oder zeitigen Frühjahr. Sein Standort: direkte Sonne. Alle Arten bis auf *C. scoparius* vertragen kalkhaltigen Boden	Es ist nur sehr wenig Pflege erforderlich, weil der *Cytisus* auch im kargen, trockenen Boden gedeiht	Nicht erforderlich	Die meisten verbreiteten Arten des *Cytisus* müssen jedes Jahr im Sommer zurückgeschnitten werden, damit sie nicht zu dünn und hoch wachsen. Man schneidet die abgeblühten Triebe bis an die Ansatzstelle eines jungen Triebs zurück
*Daphne mezereum*				
Daphne (Seidelbast) Duftsträucher, die im frühen Frühjahr oder Sommer blühen. Manche Arten sind immergrün, andere laubabwerfend. *D. mezereum* blüht von Februar bis April und hat blaßrosa bis dunkelrote oder weiße Blüten; sie ist eine Waldpflanze. Alle Pflanzenteile sind giftig. *D. cneorum* hat kleine, rosarote Trompetenblüten, die im Mai und Juni prächtig aussehen; sie gehört in den Steingarten	Gepflanzt wird im September oder März/April in normalen Boden. *D. cneorum* gedeiht gut in der Sonne, *D. mezereum* im Halbschatten	Bei längerer Trockenheit im Sommer muß gründlich gegossen werden. Bei sandigem Boden wird der Wurzelbereich mit Gartenkompost, Lauberde oder Torf gemulcht	Kaum erforderlich; kann darauf beschränkt werden, daß D. mezereum im Herbst in kalten Gegenden mit Torf oder Gartenkompost zum Schutz gegen Frost gemulcht wird	Im allgemeinen kein Schnitt erforderlich. Schwache und unerwünschte Triebe können jedoch im März ausgeschnitten werden
*Deutzia scabra*				
Deutzia (Deutzie, Maiblumenstrauch) Ein besonders dankbarer, laubabwerfender Strauch. Er gedeiht in fast allen Böden und blüht bereits als Jungpflanze. Im Winter schält sich ein Teil der kräftig braunen Rinde von den Trieben. *Deutzia scabra* ist besonders unempfindlich. Ideale Bedingungen findet die Deutzie an sonnigen oder halbschattigen Plätzen, wo sie zu einem breit ausladenden Strauch heranwächst.	Gepflanzt wird von Oktober bis März in fruchtbaren Boden. Bei Trockenheit muß reichlich gegossen werden, damit die Wurzeln nicht austrocknen. Wenn sich die Triebe nur langsam entwickeln, düngt man im Frühjahr und dann wieder im zeitigen Sommer	Im späten Frühjahr wird das Wachstum der Pflanze durch Mulchen mit altem Stallmist oder Gartenkompost oder etwas Volldünger angeregt	Kaum erforderlich; die Deutzie ist ausgesprochen winterhart	Nach der Blütezeit im Sommer werden die abgeblühten Triebe bis an einen neuen Austrieb zurückgeschnitten

Vermehrung	Schädlinge und Krankheiten	Arten	Höhe und Breite	Standort	Kälte-beständig-keit	Blütezeit	Duft	Besondere Hinweise
Durch Aussaat reifer Beeren im September/Oktober und durch Absenken im Frühjahr oder Herbst	Es kann Befall durch Feuerbrand auftreten, der dem zuständigen Pflanzenschutzamt gemeldet werden muß. Das Amt empfiehlt dann die geeignete Behandlungsmethode	*Cotoneaster bullatus* Laubabwerfend Rötliche Blüten, rote Beeren	H 3–6 m B 3–5 m	Sonne bis Halbschatten	Gut	Mai–Juni	Ohne	Größter *Cotoneaster*, sehr dekorativ, schöne Herbstfärbung
		C. conspicuus decorus Immergrün Weiße Blüten, rote Beeren	H 0,6–1 m B 0,6–1,2 m	Sonne bis Halbschatten	Gut	Mai	Ohne	Wertvoller Kleinstrauch, auch für Steingärten
		C. dielsianus Laubabwerfend Weißrosa Blüten, scharlachrote Beeren	H 1,5–2 m B 2,5–3,5 m	Sonne bis Halbschatten	Gut	Mai–Juni	Ohne	Sehr schön auch als frei wachsende Hecke
		C. horizontalis Laubabwerfend Rosarote Blüten, rote Beeren	H 60 cm B 2 m	Sonne bis Halbschatten	Gut	Juni	Ohne	Schöner Strauch; zum Bedecken von Böschungen und Mauern gut geeignet
		C. salicifolius floccosus Immergrün Weiße Blüten, rote Beeren	H 3–4 m B 1,5–2,5 m	Sonne bis Halbschatten	Gut	Juni	Ohne	Sehr dekorative Solitärpflanze
Aussaat von Samen im April in Töpfe, die in einen Frühbeetkasten gestellt werden	Gelegentlicher Befall durch Gallmilben, die das Gewebe schädigen, indem sie gallenartige Gebilde an Blättern und Knospen hervorrufen. Man spritzt im Frühjahr mit Endosulfan	*Cytisus beanii* Laubabwerfend Gelbe Blüten	H 0,6–0,8 m B 0,9 m	Direkte Sonne	Gut	Mai	Ohne	Ideale Pflanze für Steingärten. Kaskaden gelber Blüten
		C. praecox (Elfenbeinginster) Cremefarbene Blüten	H 2 m B 1,5–2,5 m	Direkte Sonne	Gut	Mai	Strenger, etwas unangenehmer Geruch	In Nachbarschaft von dunklen Koniferen sehr wirkungsvoll
		C. scoparius Laubabwerfend Blüten gelb; auch rot blühende Sorten	H 2–3 m B 2–2,5 m	Direkte Sonne	Gut	Mai–Juni	Ohne	Nicht ganz immergrün; die Triebe bleiben aber grün. Viele wertvolle Sorten. Nicht auf Kalkböden
Man kann bis zum Oktober Samen aussäen. Immergrüne Arten können im Frühjahr abgesenkt werden	Verkümmerte Triebspitzen zeigen Befall durch die grüne Blattlaus, die den Saft aus dem Gewebe saugt. Man spritzt dann mit einem Mittel gegen saugende Insekten. Auch durch Viruserkrankungen kann der Wuchs verkümmern und zum Stillstand kommen. Einzige Abhilfe: die befallenen Pflanzen entfernen	*Daphne cneorum* Immergrün Rosarote Blüten	H 0,3–0,5 m B 0,6 m	Sonne	Gut	Mai–Juni	Stark duftend	Ausgezeichnete Steingartenpflanze
		D. mezereum Laubabwerfend Rosa bis dunkelrote oder weiße Blüten	H 1,5 m B 0,6–1,2 m	Halbschatten	Gut	Februar bis April	Stark duftend	Die roten Beeren sehen hübsch aus, sind aber sehr giftig. Vorsicht!
Stecklinge vom halbreifen Holz werden im Juli/August abgenommen. Man kann aber auch im Oktober Hartholzstecklinge abschneiden	Schädlinge treten nur selten auf; gelegentlich bringt die Pflanze nur spärliche Blüten hervor. Dies ist meist auf schlechte Lichtverhältnisse, Nährstoff- oder Wassermangel zurückzuführen. Man düngt mit einem Volldüngemittel und gießt bei Trockenheit	*Deutzia gracilis* Laubabwerfend Reinweiße Blüten	H 0,5–1 m B 0,5–0,8 m	Sonne oder Halbschatten	Gut	Mai–Juni	Ohne	Geeignet für niedere Hecken, wertvoller Kleinstrauch
		D. scabra Laubabwerfend Gefüllte, weiße Blüten mit rosarotem Überzug	H 2–3 m B 1,2–1,6 m	Direkte Sonne oder Halbschatten	Gut	Juni–Juli	Ohne	Gute Wirkung vor dunklem Hintergrund

	Name und Beschreibung der Pflanze	Pflanzanleitung	Pflege	Winterschutz	Schnittanleitung
Elaeagnus commutata	**Elaeagnus** (Ölweide) Sommer- und immergrüne Sträucher. Die immergrünen Arten sind bei uns nicht ganz winterhart. Die laubabwerfenden Arten dagegen sind sehr hart und stellen keinerlei Ansprüche an Boden und Bewässerung	Gepflanzt wird während der Vegetationsruhe. Jüngere Pflanzen wachsen am besten an. Keine Ansprüche an den Boden; auch für extrem trockene Standorte, z. B. im Regenschatten an Mauern, geeignet	Keine besondere Pflege	Nicht erforderlich	Ein regelmäßiger Schnitt ist nicht notwendig. Zu lange Triebe werden im April eingekürzt. Alte, verholzte Pflanzen werden am besten im Frühjahr stark zurückgeschnitten
Enkianthus campanulatus	**Enkianthus** (Prachtglocke) Ein kleiner Strauch, der im Mai Büschel bronzegelber Blüten treibt. Im Herbst färbt sich sein Laub leuchtend rot und gelb. Der winterharte, laubabwerfende Strauch braucht saure Böden. Er sieht gut aus zusammen mit Azaleen und Rhododendren und liebt einen geschützten Platz im Halbschatten	Gepflanzt wird im Herbst oder im März mit einem feuchten Torfballen in kalkfreien Boden. Eine Abstützung ist nicht erforderlich	Wenn der Boden im Sommer austrocknet, muß gründlich gewässert werden. Im Frühjahr und zeitigen Sommer wird eine Volldüngung vorgenommen. Keine kalkhaltigen Düngemittel verwenden	Kaum erforderlich, weil sich der *Enkianthus* in geschützten Lagen winterhart ist und meist zwischen immergrüne Azaleen gesetzt wird, die ihm einen gewissen Schutz vor kalten Winden bieten	Schnittmaßnahmen sind nur selten notwendig; allzu die Triebe symmetrisch rund um den Haupttrieb entwickeln
Euonymus alatus	**Euonymus** (Spindelstrauch, Pfaffenhütchen) Eine große Familie laubabwerfender und immergrüner Sträucher, die wegen ihrer rosaroten Beeren und leuchtenden Herbstfärbung beliebt sind. Die laubabwerfenden Arten sind widerstandsfähiger als die immergrünen. Bei den immergrünen Arten handelt es sich um niedrig wachsende Pflanzen, die sich als Bodendecker eignen. Alle Pflanzenteile des *Euonymus europaeus* sind giftig	Der *Euonymus* wächst in fast allen, auch in kalkhaltigen Böden. Die immergrünen Arten pflanzt man im September/Oktober oder April/Mai. Laubabwerfende Arten können bei milder Witterung den ganzen Winter gepflanzt werden	Junge Pflanzen müssen bei Trockenheit gegossen werden, insbesondere, wenn *Euonymus fortunei* als Bodendecker unter Sträuchern dient oder wenn der Boden trocken ist. Volldüngung im Frühjahr und dann nochmals im zeitigen Sommer	Nicht erforderlich	Ein regelmäßiger Schnitt ist nicht notwendig; allzu dicht wachsende Triebe von laubabwerfenden Arten können jedoch im Februar ausgelichtet werden. Die Bodendecker können im Frühjahr ganz zurückgeschnitten werden
Forsythia × intermedia	**Forsythia** (Forsythie, Goldglöckchen) Die leuchtenden, goldgelben Blüten der Forsythie entfalten ihre Pracht im Frühjahr, wenn noch wenig andere Blumen blühen. Es gibt Forsythien in den verschiedensten Formen. *F. × intermedia* hat kräftige, aufrecht wachsende Triebe, die mit Blüten übersät sind, und bildet schöne Hecken. *F. suspensa* hat zierlich gebogene, fast hängende Zweige. *F. × 'Beatrix Farrand'* ist ein Großstrauch mit gewaltigen Blüten	Forsythien wachsen in direkter Sonne ebenso wie im lichten Schatten. Sie gedeihen auf jedem Boden. Man pflanzt sie bei milder Witterung in der Zeit von Oktober–März. Der Boden soll nicht zu stark gedüngt werden, da sich sonst zu viele Blätter auf Kosten der Blüten entwickeln	Wenn die Pflanze bei heißem Wetter welkt, muß reichlich gegossen werden. Der Wurzelbereich wird kühl gehalten, indem man im späten Frühjahr mit gut verrottetem Stallmist oder Gartenkompost mulcht	Nicht erforderlich, da es sich um winterharte Sträucher handelt	Bei ausgewachsenen Pflanzen schneidet man alle ein bis zwei Jahre das älteste Holz bis nahe an den Boden zurück

Vermehrung	Schädlinge und Krankheiten	Arten	Höhe und Breite	Standort	Kältebeständigkeit	Blütezeit	Duft	Besondere Hinweise
Die laubabwerfenden Arten vermehrt man am besten durch Aussaat der reifen Samen im Juli/August	Im allgemeinen kein Befall durch Schädlinge	*Elaeagnus angustifolia* Gelbe Blüten, silbrige Belaubung	H 5–7 m B 3–5 m	Sonne	Gut	Juni	Stark duftend	Sehr malerischer Strauch, oft baumartig. Hängende, silbrige Blätter
		E. commutata Gelbe Blüten, silbrige Belaubung	H 4 m B 3 m	Sonne	Gut	Mai–Juli	Stark duftend	Bienenweide
Elastische Triebe werden im Frühjahr oder Herbst abgesenkt. Achselstecklinge vom halbreifen Holz können im Juli/August abgenommen werden. Weil sie sich nicht leicht einwurzeln, behandelt man sie mit einem Wachstumspräparat	Im allgemeinen frei von Befall	*Enkianthus campanulatus* Laubabwerfend Bronzegelbe Glockenblüten, leuchtende Herbstfärbungen der Blätter	H 2–3 m B 1 m	Halbschatten	Gut	Mai	Ohne	Gedeiht an baumbestandenen Plätzen zwischen Azaleen und Rhododendren
Die Vermehrung erfolgt durch Weichholzstecklinge, die mit Achsel im August/September von den jungen Trieben abgenommen werden. Reife Samen können auch im September ausgesät und in einem Frühbeet oder ungeheizten Glashaus angezogen werden	Wenn die jungen Triebe von Blattläusen und Schildläusen befallen werden, spritzt man mit einem Mittel gegen saugende Insekten. Sollte der Echte Mehltau einen weißen Belag auf den Blättern hinterlassen, spritzt man mit Triforin oder Dichlofluanid	*Euonymus alatus* Laubabwerfend Blüte unbedeutend, orangerote Früchte	H 2–3 m B 1,8–2,4 m	Sonne bis Halbschatten	Gut	Mai–Juni	Ohne	Sehr dekorativ durch auffallende Korkleisten an den Zweigen, eine lang anhaltende rote Herbstfärbung und den leuchtenden Fruchtschmuck
		E. europaeus Laubabwerfend Blüte unbedeutend, im Herbst orangerote Früchte	H 4–6 m B 2–4 m	Sonne bis Schatten	Gut	Mai	Ohne	Sehr robust, schöne Herbstfärbung
		E. fortunei Immergrün Einige Sorten haben panaschierte Blätter	H 0,4 m B kriechend	Halbschatten bis Schatten	Gut	Mai	Ohne	Besonders wirkungsvoll als Bodenbewuchs unter Sträuchern; an Mauern etwas kletternd
Hartholzstecklinge können im Oktober abgenommen werden. Die hängenden Formen der *F. suspensa* bilden oftmals Wurzeln an den Triebspitzen, die den Boden berühren. Die bewurzelten Spitzen können im Oktober von der Mutterpflanze abgetrennt und in ein Anzuchtbeet eingesetzt werden	Kaum Schädlingsbefall	*Forsythia* × 'Beatrix Farrand' Laubabwerfend Große, goldgelbe Blüten	H 5–6 m B 5–6 m	Direkte Sonne oder Halbschatten	Gut	März–April	Ohne	Großstrauch
		F. × *intermedia* Laubabwerfend 'Lynwood' Große, gelbe Blüten 'Spectabilis' Gelbe Blüten	H 3–4 m B 2–3 m	Sonne oder Halbschatten	Gut	April–Mai	Ohne	Straffer, aufrechter Wuchs
		F. suspensa Laubabwerfend Zitronengelbe Blüten	H 2–3 m B 3–4 m	Sonne oder Halbschatten	Gut	März–April	Ohne	Bogig überhängender Wuchs; schön auf Mauerkronen

	Name und Beschreibung der Pflanze	Pflanzanleitung	Pflege	Winterschutz	Schnittanleitung
Fothergilla major	**Fothergilla** (Federbuschstrauch) Ein zierlicher, niedrig wachsender Strauch, der wegen seiner flaschenbürstenartigen Blüten im Frühjahr und wegen der Herbstfärbung der Blätter geschätzt wird.\ \ Die *Fothergilla* ist mit der Zaubernuß verwandt und bevorzugt kühle, feuchte Standorte in torfigem, kalkfreiem Boden. Die Sträucher sind vollkommen winterhart und laubabwerfend	Gepflanzt wird bei milder Witterung im Herbst oder zeitigen Frühjahr, bevor die Knospen aufbrechen. Die Pflanzgrube wird mit Torfmull ausgelegt. Die *Fothergilla* bevorzugt einen halbschattigen Platz, der im Sommer nicht austrocknet	Volldüngung im Frühjahr und nochmals im Sommer, wenn das Wachstum stockt. Keine kalkhaltigen Dünger. Im späten Frühjahr, wenn der Boden warm ist, wird im Wurzelbereich gemulcht. Bei trockenem Boden reichlich gießen	Nicht erforderlich	Nicht erforderlich
Gaultheria shallon	**Gaultheria** (Scheinbeere) Die niedrige Form dieses Strauchs, *Gaultheria procumbens*, gehört mit zu den besten Bodendeckern für trockene, schattige Stellen unterhalb von Bäumen und Sträuchern. Sie besitzt glänzende, grüne Blätter, trägt im Spätsommer weiße oder rosarote Blüten und im Herbst leuchtend scharlachrote Beeren	Gepflanzt wird im September/Oktober oder April/Mai in kühlen, humosen Boden im Halbschatten	Bei trockenem Wetter muß gut gegossen werden. Wenn dieser Strauch langsam wächst, verabreicht man eine Volldüngung im späten Frühjahr und nochmals im zeitigen Sommer. *Gaultheria procumbens* ist sehr widerstandsfähig gegen Trockenheit	Nicht erforderlich	Nicht erforderlich
Genista pilosa	**Genista** (Ginster) Eine Gruppe von Sträuchern, die in unserem Klima nur niedrige Arten hervorbringt. Alle Arten sind winterhart, lieben die Sonne und wachsen ausgezeichnet an Böschungen und im lockeren, sandigen Boden. Im Frühjahr und Sommer tragen sie leuchtend goldgelbe oder gelbe Blüten	Der Ginster gedeiht auch in sehr kargen, sogar sandigen Böden. Man pflanzt ihn bei milder Witerung in der Zeit von Oktober–April. Die meisten Ginsterarten bevorzugen sehr warme, sonnige Standplätze	Nur gelegentlich wird eine Volldüngung vorgenommen, um neues Wachstum anzuregen. Im allgemeinen gedeiht der Ginster am besten, wenn man ihn nicht düngt	Nicht erforderlich	Schnittmaßnahmen sind nicht erforderlich. Man kann jedoch ein buschiges Wachstum fördern, indem man die Triebspitzen der jungen Pflanzen nach der Blüte abkneipt. Wenn ältere Pflanzen zu dicht wachsen, wird die Mitte ausgelichtet
Hamamelis mollis	**Hamamelis** (Zaubernuß) Die kahlen Triebe dieses winterharten, sommergrünen Strauchs tragen ab Februar eine Unmenge sternförmiger Blüten. Ihre Farben reichen von Goldgelb bis Kupferrot, und die Blätter nehmen feurige Färbungen an, bevor sie abfallen. Eine besonders schöne Form ist *Hamamelis mollis* 'Pallida' mit zitronengelben Blüten	Gepflanzt wird bei milder Witterung von Oktober bis März in tiefgründigen, nahrhaften und gut entwässerten Boden. Die Erde in der Pflanzgrube wird mit feuchtem Torfmull vermischt und zwischen den Wurzeln vorsichtig festgedrückt	Während der Wachstumszeit muß reichlich gegossen werden; im Frühjahr und Sommer nimmt man eine Volldüngung vor. Im Bereich der Wurzeln wird mit Torfmull, Gartenkompost oder gut verrottetem Stallmist gemulcht	Im allgemeinen nicht notwendig	Schnittmaßnahmen sind nur selten erforderlich, weil der Strauch von Natur aus schön wächst. Störende Triebe können nach der Blütezeit ausgeschnitten werden

Vermehrung	Schädlinge und Krankheiten	Arten	Höhe und Breite	Standort	Kälte-beständig-keit	Blütezeit	Duft	Besondere Hinweise
Elastische Triebe können im September abgesenkt werden	Im allgemeinen kein Befall durch Schädlinge und Krankheiten	*Fothergilla major* Laubabwerfend Rahmfarbene, flaschenbürstenartige Blüten	H 2–2,5 m B 1–2 m	Sonne bis Halbschatten	Gut	Mai	Gut duftend	Geeignet für baum-bestandene Flächen mit kalk-freiem Boden. Schöne Herbst-färbung
		F. monticola Laubabwerfend Rahmfarbene Blüten, auffallendes Herbstlaub	H 1,5–2 m B 1,5–2 m	Sonne bis Halbschatten	Gut	Mai	Gut duftend	Geeignet für baum-bestandene Flächen mit kalk-freiem Boden. Sehr schöne Herbstfärbung
Die *Gaultheria* kann im Herbst oder Frühjahr durch Teilung vermehrt und umgepflanzt werden. Auch durch Aussaat von Samen im Oktober können Säm-linge herangezogen werden	Im allgemeinen frei von Befall durch Schädlinge und Krankheiten	*Gaultheria procumbens* Immergrün Weiße oder rosarote Blüten, im Herbst rote Beeren	H 7–15 cm B 0,9 m	Halbschatten unter Bäumen	Mäßig, muß vor kalten Winden geschützt werden	Juli bis August	Ohne	Ausgezeichneter Bodendecker für trockene, schattige Flächen. Nur in kalkfreien Böden
		G. shallon Immergrün Weiße oder rosarote Blüten	H 0,8 m B 1,2–1,8 m	Halbschatten	Gut	Mai–Juni	Ohne	Gedeiht gut unter Bäumen. Nur in kalkfreien Böden. Schlecht zu ver-pflanzen, lang-sames Anfangs-wachstum
Achselstecklinge vom halbreifen Holz werden im August abgenommen; man kann auch im März Samen aussäen	Im allgemeinen frei von Befall durch Schädlinge und Krankheiten	*Genista pilosa* Laubabwerfend Leuchtendgelbe Blüten	H 0,3–0,6 m B 0,6–0,9 m	Volle Sonne	Gut	Mai–Juli	Ohne	Sehr wirkungs-voller Bewuchs für Trockenmauern
		G. sagittalis (Pfeilginster) Laubabwerfend Gelbe Blüten	H 0,3–0,5 m B 1 m	Volle Sonne	Gut	Mai–Juni	Ohne	Schön in Stein-gärten; kalkarmer, trockener Boden
		G. tinctoria (Färberginster) Laubabwerfend Tiefgelb	H 0,8–1 m B 0,6–0,8 m	Volle Sonne	Gut	Juni bis August	Ohne	Wächst auf kalkhaltigem und saurem Boden
Die Veredelung ist die einzige aussichtsreiche Methode. Man sollte diese Aufgabe jedoch einem Fachmann übertragen	Im allgemeinen frei von Befall durch Schädlinge und Krank-heiten	*Hamamelis japonica* Laubabwerfend Gelbe Blüten	H 2–4 m B 2–4 m	Sonne oder Halbschatten	Gut	Februar	Ohne	Auch für Industrie-gebiete geeignet
		H. mollis Laubabwerfend Goldgelbe Blüten 'Pallida' Zitronengelbe Blüten	H 2,5–4 m B 2,5–4 m	Sonne oder Halbschatten	Gut	Februar	Ohne	Fächerartiger Wuchs, gold-gelbe Herbst-färbung

	Name und Beschreibung der Pflanze	Pflanzanleitung	Pflege	Winterschutz	Schnittanleitung
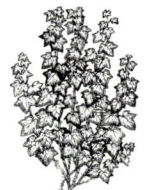 *Hedera helix*	**Hedera** (Efeu) Diese beliebte Kletterpflanze bedeckt kahle und schattige Mauern ebenso wie den kargen Boden im Tiefschatten der Bäume. Beim Efeu unterscheidet man 2 Arten des Wachstums: Laubtriebe mit gelappten Blättern und winzigen Haftwurzeln, die sich fast an jeder Oberfläche festhalten können, und Blütentriebe, die erst an der reifen Pflanze zu finden sind. Interessant ist, daß Efeu an der Sonne andere Blattformen ausbildet als im Schatten. Die Früchte und Blätter von *H. helix* sind giftig	Der Efeu ist so anspruchslos, daß die meisten Arten und Zuchtformen in jedem Boden und unter fast allen Bedingungen gedeihen. Gepflanzt wird im September/Oktober oder im März/April	Nach dem Einpflanzen muß bei warmem, trockenem Wetter reichlich gegossen werden; im zeitigen Frühjahr wird eine Volldüngung vorgenommen. Die Leittriebe junger Pflanzen bindet man an einem Pflock fest, der nahe an einer Mauer, einem Zaun oder einem Baum in den Boden gesteckt wird	Nicht erforderlich	Unregelmäßig gewachsenes Holz kann im März/April zurückgeschnitten werden. Unerwünschte Triebe können nochmals im Juli ausgelichtet werden. Einen Baumefeu kann man gelegentlich im März und Juli mit der Baumschere in Form schneiden
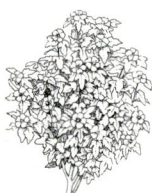 *Hibiscus syriacus*	**Hibiscus** (Roseneibisch) Ein sehr schöner Strauch, der im Spätsommer blüht. Die schalenförmigen, vielfarbigen Blüten erreichen einen Durchmesser bis zu 7 cm und ähneln den flammenden Stockmalven auf aufrechten Stengeln. Der *Hibiscus* ist bei uns nicht ganz winterhart, er muß im Winter vor rauhen Winden geschützt werden	Gepflanzt wird im März an sonnigen, geschützten Stellen mit fruchtbarem, gut durchlässigem Boden. Günstig ist eine nach Süden oder Westen gerichtete Mauer. Beim Einpflanzen ist darauf zu achten, daß die Wurzeln nicht unnötig beschädigt werden	Im zeitigen Frühjahr wird eine Volldüngung vorgenommen. Im späten Frühjahr wird über dem Wurzelbereich mit altem Stallmist oder Gartenkompost gemulcht	An kalten Plätzen umwickelt man den Strauch im Spätherbst mit Reisig. Die Wurzeln schützt man mit einer dicken Torfmullschicht	Regelmäßige Schnittmaßnahmen sind nicht erforderlich, lediglich die störenden Triebe werden nach der Blüte zurückgeschnitten
 *Hippophae rhamnoides*	**Hippophae** (Sanddorn) Ein winterharter, sommergrüner Strauch mit aufrecht wachsenden Zweigen. Er gedeiht gut in trockenen, sandigen Böden. Die leuchtend orangeroten Beeren des Sanddorns bilden einen hübschen Kontrast zu seinen silbrigen Blättern. Außerdem sind die Beeren eßbar und enthalten viel Vitamin C. Damit Beeren entstehen, muß man weibliche und männliche Pflanzen zusammensetzen	Von Oktober–April ist Pflanzzeit. Sanddorn gedeiht in allen Böden. Wenn der Boden trocken ist, muß nach dem Einpflanzen reichlich gegossen werden. Legt man eine Hecke an, läßt man Abstände von 90 cm zwischen den einzelnen Pflanzen	Ausgewachsene Pflanzen halten lange Trockenperioden aus, ohne zu welken. Ist der Boden sandig, wird der Wurzelbereich im späten Frühjahr mit Torfmull oder gut verrottetem Stallmist gemulcht. Wenn das Wachstum stockt, nimmt man im Frühjahr und Sommer eine Volldüngung vor	Nicht erforderlich	Schnittmaßnahmen sind nur selten notwendig. Es werden lediglich die störenden Triebe im Juli/August ausgeschnitten, damit die Pflanze eine gute Form behält. Hecken werden im August in Form geschnitten
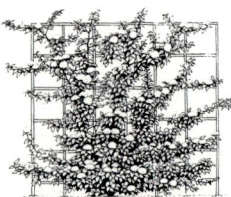 *Hydrangea petiolaris*	**Hydrangea** (Hortensie) Laubabwerfende Sträucher und Klettergehölze, die im allgemeinen winterhart sind, aber an eine geschützte Stelle des Gartens gesetzt werden, wenn regelmäßig strengerer Frost auftritt. Man unterscheidet 2 Hauptgruppen von Hortensien: solche mit kugeligen Blütendolden (Schneeballhortensie) und solche mit flach gewölbten Dolden und kleinen, unscheinbaren Blüten in der Mitte	Gepflanzt wird im Oktober/November oder im März/April in tiefgründigen, nahrhaften, gegebenenfalls auch mit Gartenkompost angereicherten Boden. Die Hortensien gedeihen an geschützten Plätzen, wo sie nicht den kalten Winden ausgesetzt sind	Auf saurem oder neutralem Boden können rosarote Formen ihre Farbe ändern und blau oder purpurrot werden. Durch kalkhaltigen Dünger wird dem entgegengewirkt	In klimatisch ungünstigen Gegenden umwickelt man den Strauch mit Reisig	Bei *Hydrangea macrophylla* werden die ältesten Triebe im März entfernt. *H. paniculata* wird im März stark zurückgeschnitten. Bei *H. petiolaris* schneidet man unerwünschte Triebe im Sommer aus

Vermehrung	Schädlinge und Krankheiten	Arten	Höhe und Breite	Standort	Kältebeständigkeit	Blütezeit	Duft	Besondere Hinweise
Stecklinge vom halbreifen Holz werden im Juli/August abgenommen; man kann auch 15 cm lange Hartholzstecklinge im November abnehmen	Im allgemeinen frei von Befall	*Hedera helix* Immergrüne, kletternde oder kriechende Pflanze	Kletternd: H bis 20 m Kriechend: H bis 0,3 m B 3 m	Sonne oder Schatten	Gut	September bis Oktober	Ohne	Im Grunde anspruchslos, im typischen Kontinentalklima nicht so verbreitet. Guter Bodendecker unter Gehölzen
Die Vermehrung ist schwierig; man überläßt sie am besten dem Fachmann	Wenn die Temperaturen absinken oder der Boden stark austrocknet, können die Knospen abfallen. Blattläuse können die weichen Spitzen der jungen Triebe verunstalten. Bei den ersten Anzeichen eines Befalls spritzt man mit einem Mittel gegen saugende Insekten	*Hibiscus syriacus* Laubabwerfend 'Blue Bird' Mittelblaue Blüten mit roter Mitte 'Dorothy Crane' Weiße Blüten mit karminroter Mitte 'Hamabo' Rosafarbene Blüten	H 1,8–3 m B 1,2–1,8 m	Direkte Sonne	Mäßig	Juli bis Oktober	Ohne	Schöne, exotisch wirkende Pflanzen, die bei uns nur in wärmeren Gebieten an geschützten Stellen gut gedeihen
Durch Aussaat von Samen im Oktober	Im allgemeinen frei von Befall	*Hippophae rhamnoides* Laubabwerfend Leuchtend orangerote Beeren	H 3–5 m B 2,4–3 m	Sonne	Gut	März bis April	Ohne	Gedeiht gut in trockenen, sandigen Böden, aber auch auf Lehm; sehr anspruchslos; dekorative Wirkung
Stecklinge vom halbreifen Holz werden im August/September abgenommen. Zur Vermehrung von Kletterhortensien setzt man 7 cm lange Weichholzstecklinge im Juni/Juli in den Boden und läßt sie Wurzeln bilden	Die jungen Triebe werden von Blattläusen befallen. Bei den ersten Anzeichen spritzt man mit einem Mittel gegen saugende Insekten. Gelegentlich kann Chlorose, eine Gelbsucht der Blätter, auftreten, wenn der Boden am Standplatz der Pflanze kalkhaltig ist. Abhilfe schafft eine Düngung mit sauer reagierenden Düngern	*Hydrangea macrophylla* Garten- und Zuchtformen mit kugeligen und flach gewölbten Blütendolden Laubabwerfend Rosarote oder blaue Blüten	H 1,2–2 m B 1,2–1,8 m	Sonne bis Halbschatten	Mäßig	Juli bis September	Ohne	
		H. paniculata 'Grandiflora' Laubabwerfend Weiße Blüten in Rispen	H 3,5–4,5 m B 2,5–3 m	Sonne bis Halbschatten	Gut	Juli bis September	Ohne	Riesenhortensie, eine wirkungsvolle Pflanze
		H. petiolaris Laubabwerfender Kletterstrauch Weiße Blüten	H 18 m B 9 m	Sonne bis Schatten	Gut	Juni–Juli	Ohne	Ausgezeichnete Kletterpflanze für eine Nordwand
		H. aspera sargentiana Große, weißviolette Blüten	H 2–3 m B 2–3 m	Halbschatten	Gut	Juli bis August	Ohne	Urwaldhafte Pflanze mit großen, samtigen Blättern

	Name und Beschreibung der Pflanze	Pflanzanleitung	Pflege	Winterschutz	Schnittanleitung
Hypericum patulum	**Hypericum** (Johanniskraut, Hartheu) Kaum ein anderer Strauch hat eine so lange Blütezeit wie das *Hypericum*. Sowohl die sommergrünen als auch die immergrünen Sorten tragen den ganzen Sommer hindurch eine Vielzahl von goldgelben, schalenförmigen Blüten. *Hypericum calycinum* bildet auf dem Boden einen Teppich aus kleinen, immergrünen Blättern und blüht von Juli–September	Die *Hypericum*-Arten gedeihen in normalen Böden. Manche Arten, wie *H. patulum*, nehmen auch mit kalkhaltigem Boden vorlieb. Man pflanzt in der Zeit von Oktober–April	Im späten Frühjahr wird der Boden im Bereich der Wurzeln mit Gartenkompost abgedeckt, damit er bei lang anhaltender Wärme im Sommer nicht austrocknet. Bei trockenem Wetter muß ausreichend gegossen werden. Im März und Juni wird eine Volldüngung vorgenommen	Kein Schutz erforderlich	*Hypericum calycinum* wird im März bis nahe an die Basis zurückgeschnitten. Andere Arten können im Frühjahr leicht zurückgeschnitten oder verjüngt werden
Ilex aquifolium	**Ilex** (Stechpalme) Ein weitgehend winterharter, immergrüner Strauch. Bei der Stechpalme müssen männliche und weibliche Sträucher zusammen gepflanzt werden, wenn Beeren entstehen sollen. *I. aquifolium* 'Pyramidalis' ist jedoch einhäusig; es wachsen also sowohl männliche als auch weibliche Blüten auf dem gleichen Strauch. Die Beeren von *Ilex aquifolium* sind giftig	Die Sträucher werden im April/Mai oder September/Oktober gepflanzt. Junge Pflanzen erholen sich nach dem Umpflanzen weit besser als ältere. Nach dem Einpflanzen können die Blätter abfallen. Dies bedeutet, daß der Strauch gut wächst. Bei Hecken hält man Pflanzabstände von 60 cm ein	Nach dem Einpflanzen muß bei trockenem Boden reichlich gegossen werden; im Frühsommer wird mit gut verrottetem Stallmist oder Gartenkompost gemulcht. Wenn das Wachstum stockt, verabreicht man im Frühjahr oder zeitigen Sommer einen Ausgleichsdünger	Erforderlich, wenn die Pflanzen austrocknenden Winden ausgesetzt sind. Man schützt sie mit Juteleinen oder Reisig	Schnittmaßnahmen sind nur notwendig, wenn eine ganz bestimmte Strauchform angestrebt wird. Dann nimmt man den Schnitt im Juli/August vor. Auch Hecken werden am besten Ende Juli geschnitten
Jasminum nudiflorum	**Jasminum** (Echter Jasmin) Ein reizvoller Winterblüher mit grünem Holz. Er eignet sich als Spreizklimmer zur Wandbekleidung. Eine Mauer, die mit dem winterblühenden *J. nudiflorum* bedeckt ist, sieht hinter den goldgelben Blüten gerade im Winter prächtig aus	Jasmin pflanzt man im Oktober oder im März/April. Er wächst in allen Böden, ist aber für eine Humusgabe dankbar	Ist der Boden sandig und trocknet rasch aus, deckt man den Wurzelbereich im April mit einer dicken Schicht Torfmull oder Kompost ab. Gedüngt wird mit einem Volldünger im Frühjahr und nochmals im Sommer, wenn der Jasmin nur langsam wächst. Bei Trockenheit gießen	Kein Schutz erforderlich	Beim *Jasminum nudiflorum* werden die Blütentriebe nach der Blüte zurückgeschnitten
Kalmia latifolia	**Kalmia** (Lorbeerrose) Von dieser Pflanzengattung, die keinen kalkhaltigen Boden verträgt, wird nur eine Art, *K. latifolia*, in größerem Maße verwendet. Die *Kalmia* ist ein immergrüner Strauch und bevorzugt einen kühlen, halbschattigen Platz mit feuchtem, durchlässigem und humosem Boden. Sie ist giftig	Gepflanzt wird im September/Oktober oder April/Mai	Wenn sich die Blätter infolge Kalkgehalts des Bodens gelb färben, muß man während der Wachstumsperiode in bestimmten Abständen mit Torf mulchen und mit einem sauer reagierenden Dünger düngen. In Trockenperioden gießen	Kaum erforderlich, wenn die Pflanzen durch benachbarte Sträucher oder Bäume vor Frost geschützt sind	Nicht erforderlich; im Sommer werden jedoch die verwelkten Blüten abgeschnitten

Vermehrung	Schädlinge und Krankheiten	Arten	Höhe und Breite	Standort	Kältebeständigkeit	Blütezeit	Duft	Besondere Hinweise
Hypericum calycinum wird zerteilt, und die mit Wurzeln ausgestatteten Teile pflanzt man in der Zeit von Oktober–April einzeln aus. Große Sträucher vermehrt man durch Stecklinge, die im Juli/September vom halbreifen Holz abgenommen werden	Im allgemeinen frei von Befall durch Schädlinge und Krankheiten; gelegentlich tritt jedoch Rosterkrankung auf. Sobald die Blätter die ersten Pusteln bekommen, spritzt man mit Zineb, Mancozeb oder Maneb	*Hypericum calycinum* Immergrün Goldgelbe Blüten	H 30–45 cm B bis 80 cm	Sonne bis Halbschatten	Gut	Juli bis September	Ohne	Idealer Bodendecker; im lichten Schatten am günstigsten
		H. patulum 'Hidcote' Wintergrün Große, gelbe Blüten	H 1–1,5 m B 1,2–1,5 m	Sonne bis Schatten	Gut	Juli bis September	Ohne	Gute Ergänzung zu *H. calycinum*; Höhenabstufung
Achselstecklinge vom halbreifen Holz werden im August abgenommen. Sämtliche Arten und ihre Zuchtformen können auch abgesenkt und nach 2 Jahren von der Mutterpflanze getrennt werden	Die Stechpalme kann von minierenden Insekten befallen werden, die sich unter der Blattoberfläche ihre Wege bahnen. Dadurch werden die Blätter gelb und fleckig. Zur Bekämpfung spritzt man im Juni und Juli mit Unden, Diazinon u. a.	*Ilex aquifolium* Immergrün Rote Beeren, dunkelgrüne Blätter	H 5–7,5 m B 3–4,5 m	Halbschatten	Mäßig	Mai–Juni	Ohne	Verschiedene Sorten, zum Teil mit panaschierten Blättern oder pyramidalem Wuchs
Biegsame Triebe kann man im September/Oktober absenken und im Boden verankern. Sie werden nach einem Jahr von der Mutterpflanze abgetrennt. Auch reife Samen kann man im September/Oktober in ein Frühbeet aussäen	Die jungen Triebspitzen werden gelegentlich von Blattläusen befallen. Bei den ersten Anzeichen spritzt man mit einem Mittel gegen saugende Insekten. Woll- oder Schmierläuse, kleinen Wattebäuschen ähnlich, können die weichen Triebe befallen. Man spritzt dann mit Malathion° oder Dimethoat	*Jasminum nudiflorum* Laubabwerfend Gelbe Blüten	H 3 m B 3 m	Sonne	Gut	Januar bis April	Ohne	Ein dankbarer Vorfrühlingsblüher an warmen, geschützten Plätzen
Schlanke Triebe können im August/September abgesenkt und ein Jahr später von der Mutterpflanze abgetrennt werden	Im allgemeinen frei von Befall	*Kalmia latifolia* Immergrün Dichte Dolden aus rosaroten, schalenförmigen Blüten	H 1,5–3 m B 1,8–2,4 m	Sonne oder Halbschatten	Gut	Juni	Ohne	Gedeiht besonders gut im Halbschatten. Braucht einen kalkfreien Boden. Darf nicht in die Nähe von Weideflächen gesetzt werden, weil die Blätter für das Vieh giftig sind

	Name und Beschreibung der Pflanze	Pflanzanleitung	Pflege	Winterschutz	Schnittanleitung
 *Kerria japonica*	**Kerria** (Ranunkelstrauch) Ein Strauch, der sich gut als Bewuchs vor Mauern, Lauben und Zäunen eignet. Die Zweige haben eine hübsche, grüne Rinde. Im Frühjahr treten die einfachen oder gefüllten, gelben Blüten hervor. Der winterharte und laubabwerfende Strauch ist anspruchslos und gedeiht in jedem Boden an sonnigen und schattigen Plätzen	Gepflanzt wird bei milder Witterung von Oktober bis März. Lediglich in sehr kalten Gegenden sollte er geschützt stehen	Bei Trockenheit im Frühjahr muß gegossen werden. Ende April wird der Boden im Wurzelbereich mit Gartenkompost oder Stallmist gemulcht. Vor dem Mulchen wird der Boden mit Wasser getränkt. Wenn das Wachstum angeregt werden muß, düngt man im späten Frühjahr mit einem Volldünger	Nicht erforderlich	Unmittelbar nach der Blüte werden die abgeblühten Triebe bis auf einen tiefer gelegenen, kräftigen Jungtrieb zurück-geschnitten
 *Kolkwitzia amabilis*	**Kolkwitzia** (Kolkwitzie) Ein Strauch mit graziös überhängenden Zweigen und einer Fülle von zartrosa, gelb-kelchigen und fingerhutartigen Blüten im Frühsommer. Jeder winzige Zweig ist mit Blüten übersät. Die Kolkwitzie ist einer der schönsten Ziersträucher für einen sonnigen Standplatz. Sie ist laubabwerfend und winterhart mit brauner, sich abhebender Rinde, die vor allem im Winter sehr wirkungsvoll ist	Gepflanzt wird im Oktober/November oder März in gut wasserdurchlässigen Boden, der mit Torfmull oder Gartenkompost angereichert wird. Man wählt einen hellen, sonnigen Standplatz	Bei trockenem Wetter muß gegossen werden, und im Frühjahr und zeitigen Sommer, wenn sich das Wachstum verlangsamt, wird eine Volldüngung vorgenommen. Gegen Ende April wird gemulcht	Nur selten erforderlich	Nach der Blüte kann die Pflanze aus-gelichtet werden. Dabei werden die älteren, abgeblühten Triebe vollständig herausgeschnitten, damit der Strauch jung und kräftig bleibt
 *Lavandula angustifolia*	**Lavandula** (Lavendel) Ein aromatisch duftender Strauch, der die Wärme und Trockenheit liebt. Die sommerlichen Ähren blauvioletter Blüten ziehen die Schmetterlinge an. Er eignet sich als Randbepflanzung von Rabatten und zur niederen Flächenbepflanzung. Im Winter bieten seine auffallend grauen Blätter einen hübschen Anblick	Gepflanzt wird bei milder Witterung in der Zeit von September–März in gut wasserdurchlässigen Boden. Sehr lockerer, karger Boden wird mit Gartenkompost, Stallmist oder Lauberde angereichert	Um ein gesundes Wachstum zu för-dern, wird im Früh-jahr und Sommer eine Volldüngung vorgenommen. Steht der Strauch in lockerem Boden, wird der Boden im Wurzelbereich gemulcht	Nicht erforderlich	Im März/April werden die verwelkten Blüten zusammen mit einem Stück der Trieb-spitzen zurück-geschnitten. Alte, stark verholzte Pflanzen werden am besten ausgegraben und durch junge ersetzt
Ligustrum ovalifolium	**Ligustrum** (Liguster, Rainweide) Immergrüne und laubabwerfende Sträucher mit glänzenden Blättern, die häufig für Hecken verwendet werden. Sie bilden eine dichte, reich verzweigte Barriere. Den weißen Blüten, die im Juli hervortreten, folgen im Herbst pechschwarze Beeren. Blätter, Rinde und Früchte von *Ligustrum vulgare* sind giftig	Gepflanzt wird in der Zeit von Oktober–April bei milder Witterung an einem voll sonnigen oder tief schattigen Standort. Bei Hecken wird ein Pflanz-abstand von 45 cm ein-gehalten	Nur wenig Pflege erforderlich. Lediglich schwache Pflanzen erhalten im Frühjahr und zeitigen Sommer eine Volldüngung. In sandigem oder kalkhaltigem Boden und bei warmem Wetter gießen	Kaum erforderlich. Friert *Ligustrum ovalifolium* in einem strengen Winter ab, wird er zurück-geschnitten; er treibt dann wieder aus	Regelmäßige Schnittmaßnahmen sind nur erforderlich, um Hecken in Form zu halten. Man führt den Schnitt zwei- bis dreimal im Jahr in der Zeit von Mai–Oktober aus

Vermehrung	Schädlinge und Krankheiten	Arten	Höhe und Breite	Standort	Kältebeständigkeit	Blütezeit	Duft	Besondere Hinweise
Gut ausgebildete Wurzelballen können bei gutem Wetter in der Zeit von Oktober–März geteilt werden	Im allgemeinen frei von Befall	*Kerria japonica* Laubabwerfend Orangegelbe Blüten 'Pleniflora' Gefüllte Blüten	H 1,2–2 m B 1,2–2 m	Sonne oder Schatten	Gut	Mai–Juni	Ohne	Ein besonders winterharter und attraktiver Strauch. Gedeiht in der Sonne, im Schatten und im kargen Boden. *K. j.* 'Pleniflora' blüht bis September
Stecklinge vom halbreifen Holz werden im Juli/August abgenommen	Nur selten tritt ein Befall durch Schädlinge auf. Die jungen Triebspitzen können aber absterben, wenn sie Frost abbekommen. Man schneidet sie dann im Frühjahr bis ins gesunde Holz zurück	*Kolkwitzia amabilis* Laubabwerfend Rosarote, gelbkelchige Blüten	H 2–3 m B 2–3 m	Sonne	Gut	Mai–Juni	Ohne	Sehr schöne Pflanze für einen sonnigen Standplatz; gedeiht in nahezu jedem Boden
Man kann Stecklinge vom halbreifen Holz im August abnehmen	Kaum Schädlingsbefall	*Lavandula angustifolia* (Echter Lavendel) Immergrün Blauviolette Blüten	H 40–60 cm B 60–90 cm	Direkte Sonne	Gut	Juli bis September	Ausgezeichnet, aromatisch	Auch im kalkhaltigen Boden dankbare, ausdauernde Pflanze
Hartholzstecklinge werden im September/ Oktober abgenommen; sie wachsen problemlos	Kaum Schädlingsbefall	*Ligustrum ovalifolium* Immergrün	H 3–5 m B 1,8–3 m	Sonne oder Schatten	Gut	Juni–Juli	Ohne	Anspruchslos, typischer Deck- und Heckenstrauch
		L. vulgare Laubabwerfend Dunkle, glänzendgrüne Blätter, weiße Blütenrispen	H 3–5 m B 3,5–4,5 m	Sonne oder Schatten	Gut	Juli	Unangenehmer Geruch	Ausgezeichnete Hecke; bleibt immergrün, wenn der Winter nicht äußerst streng ist

Name und Beschreibung der Pflanze	Pflanzanleitung	Pflege	Winterschutz	Schnittanleitung
Lonicera (Heckenkirsche, Geißblatt) Die Gattung umfaßt Kletterpflanzen und Sträucher mit purpurroten oder gelben Blüten, die stark duften. Die Sträucher reichen vom Großstrauch *L. maackii* bis zum Bodendecker *L. pileata*. Die Kletterpflanzen sind, botanisch gesehen, Schlinger und brauchen deshalb ein Gerüst aus Draht oder Stäben zum Klettern. Die Früchte von *L. xylosteum* sind giftig	Gepflanzt wird in tiefgründigen, nahrhaften Boden. Pflanzzeit von Oktober–April. Die *Lonicera*-Arten gedeihen im Schatten und Halbschatten, ertragen aber auch Sonne	Bei Trockenheit muß gegossen werden. Im Frühjahr und im Sommer, wenn das Wachstum ins Stocken gerät, wird eine Volldüngung vorgenommen. Durch einen Mulch mit Gartenkompost wird der Wurzelbereich in langen Trockenperioden kühl gehalten	Nicht erforderlich	Bei Pflanzen, die an einer Mauer gezogen werden, schneidet man gelegentlich die ältesten Triebe nach der Blüte heraus. Die übriggebliebenen Triebe bindet man erneut an der Stützvorrichtung fest. Nur leicht zurückschneiden, weil ein starker Rückschnitt die Blütenbildung verzögert
Magnolia (Magnolie) Eine Gruppe von besonders prächtigen Blütensträuchern, die z. T. baumartig werden. Im Frühjahr sind die Pflanzen mit exotischen Blüten übersät. Es gibt winterharte und etwas empfindlichere Arten. Die immergrünen Arten sind bei uns leider nicht winterhart	Die Magnolien gedeihen am besten in kalkfreiem Boden, der mit viel Torfmull angereichert wurde. Gepflanzt wird Ende März und im April. In kälteren Gebieten kommen nur warme, windgeschützte Stellen in Betracht	Bei trockenem Wetter muß reichlich gegossen werden. Im April mulcht man den Wurzelbereich der Pflanzen mit Gartenkompost. Im Frühjahr düngt man mit Volldünger	Kaum möglich. Warme, geschützte Stellen aussuchen, eventuell vor einer nach Süden oder Westen gerichteten Mauer pflanzen	Ein regelmäßiger Schnitt ist nicht erforderlich. Gelegentlich störende Triebe auslichten
Mahonia (Mahonie) Immergrüner Strauch, der im Frühjahr mit einer Fülle gelber, glockenförmiger Blüten übersät ist. Der Blüte folgen im Sommer blauschwarze Beeren. Das Laub bietet das ganze Jahr hindurch einen hübschen Anblick	Gepflanzt wird im September/Oktober oder April/Mai in fruchtbaren Boden. Braucht nach der Eingewöhnung nur wenig Pflege	Im Frühjahr und im Sommer wird ein kalkreicher Dünger verabreicht, damit die Farbe der Blüten kräftiger wird. Bei starker Trockenheit den Boden nicht austrocknen lassen. Im April mulchen	Nicht erforderlich	Ein regelmäßiger Schnitt ist nicht erforderlich
Pachysandra (Ysander) Eine der schönsten immergrünen Pflanzen für einen schattigen Standort, auch unter Bäumen. Es handelt sich um einen niedrig wachsenden Kriecher mit dunkelgrünen Blättern. Obwohl die Blüten meist als unscheinbar beschrieben werden, sehen die kleinen, weißen Blütenbüschel recht ansehnlich aus	Gepflanzt wird in der Zeit von Oktober–März in fruchtbaren Boden. In flachgründigem, kalkreichem Boden gedeiht die Pflanze nicht	Im Frühjahr und im Sommer wird eine Volldüngung vorgenommen und mit Kompost oder Torfmull gemulcht	Nicht erforderlich	Schnittmaßnahmen sind nicht erforderlich

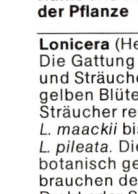

Lonicera caprifolium

Magnolia × soulangiana

Mahonia aquifolium

Pachysandra terminalis

Vermehrung	Schädlinge und Krankheiten	Arten	Höhe und Breite	Standort	Kälte-beständig-keit	Blütezeit	Duft	Besondere Hinweise
Hartholzstecklinge nimmt man im September/November ab. Biegsame Triebe können im August/September mehrmals abgesenkt werden. Samen der Kletterarten können nach der Reife im Oktober ausgesät werden	Die weichen, jungen Triebe werden oft von Blattläusen befallen. Bei den ersten Anzeichen eines Schadens spritzt man mit einem Mittel gegen saugende Insekten. Ungünstige Kulturbedingungen können ebenfalls zu einer Gelb- oder Braunfärbung der Blätter führen. Man düngt und bewässert dann, wie unter „Pflege" beschrieben	*Lonicera caprifolium* (Jelängerjelieber) Laubabwerfende Kletterpflanze Gelblichweiße Blüten, außen gerötet	H 3–5 m B 3–4 m	Sonne bis Halbschatten	Gut	Mai–Juni	Stark duftend, vor allem nachts	Schöne, anspruchslose Pflanze, ab September rote Früchte
		L. × heckrottii Kletterpflanze Laubabwerfend Blüten 5 cm lang, innen gelb, außen rot	H 3–4 m B 2–3 m	Sonne bis Halbschatten	Gut	Juni bis September	Stark duftend	Im Herbst rote Beeren. Für nährstoffreiche Böden
		L. maackii Laubabwerfender Großstrauch Gelblichweiße Blüten in großer Zahl, Fruchtschmuck	H 5–6 m B 5 m	Sonne bis Halbschatten	Gut	Mai–Juni	Wohlriechend	Zur Einzelstellung geeignet; schirmförmiger Wuchs
		L. pileata Immergrüner Bodendecker Unscheinbare blaßgelbe Blüten	H bis 1 m B 0,8–1 m	Halbschatten	Gut	Mai	Schwach duftend	In extremen Wintern Frostschäden möglich. Rückschnitt bis zum Boden; williger Neuaustrieb
		L. xylosteum Laubabwerfend Gelblichweiße Blüten	H 3–5 m B 2,5–4 m	Sonne bis Halbschatten	Gut	Mai–Juni	Schwach duftend	Äußerst robuster, anspruchsloser Strauch
Im Oktober können die Samen im kalkfreien Boden mit einer Kompostgrundlage ausgesät und in einen Frühbeetkasten gestellt werden. Elastische Triebe können im zeitigen Frühjahr abgesenkt werden. Die Anzucht gestaltet sich oft schwierig	Frost kann ernsthaften Schaden anrichten. Man schneidet dann die betroffenen Triebe zurück	*Magnolia × soulangiana* Laubabwerfend Große, weiße bis rosa Blüten	H 4–6 m B 3–5,4 m	Sonne	Mäßig	April–Mai	Ohne	Eine der beliebtesten Arten
		M. stellata Laubabwerfend Sternförmige, weiße Blüten	H 2,5–3 m B 2,4–3,6 m	Sonne	Mäßig	März–April	Ohne	Überaus reich blühend
Die Samen werden im August in humosen Boden in ein Frühbeet ausgesät. Eingewurzelte Wurzelschößlinge können im Herbst oder Frühjahr von der Mutterpflanze abgenommen werden	Eine durch Pilze verursachte Blattfleckenkrankheit kann das Laub befallen. Man spritzt mit Triforin, ebenso gegen Echten Mehltau. Bei rötlichen, durch die Rostkrankheit hervorgerufenen Pusteln an der Unterseite der Blätter spritzt man mit Mancozeb, Zineb oder Maneb	*Mahonia aquifolium* (Fiederberberitze) Immergrün Gelbe Blüten, blauschwarze Beeren	H 0,8–1 m B 0,6–1 m	Sonne bis Schatten	Gut	April–Mai	Gut	Schöne, sehr dankbare Pflanze, auch zur Bodenbedeckung geeignet
Die Pflanzen werden im März ausgegraben, geteilt und neu eingepflanzt	Im allgemeinen frei von Befall	*Pachysandra terminalis* Immergrün Kleine, weiße Blüten ohne Blütenblätter	H 30 cm B 45 cm	Schatten oder Halbschatten	Gut	April	Ohne	Gedeiht an schattigen Plätzen, auch unter Bäumen. Langsame Anfangsentwicklung

	Name und Beschreibung der Pflanze	Pflanzanleitung	Pflege	Winterschutz	Schnittanleitung
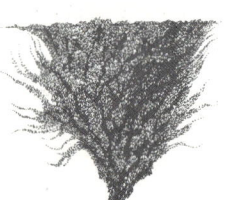Paeonia suffruticosa	**Paeonia** (Strauchpfingstrose) Sehr schöne Pflanze, die in keinem Garten fehlen sollte. Sie bringt Jahr für Jahr exotische, stark duftende Blüten hervor. Die großen Blüten der *P. suffruticosa* sehen wie Staubwedel aus und können leuchtend rot, rosarot, weiß oder purpurfarben sein	Man pflanzt in der Zeit von September–März in einen nährstoffreichen Boden an einem warmen, sonnigen Standort. Dabei ist zu beachten, daß die Veredelungsstelle zwischen Wurzelstock und Edeltrieb etwa 7 cm tief im Boden sitzt. Dadurch treibt der Edeltrieb selbst Wurzeln	Im Mai mulcht man den Wurzelbereich mit Kompost, damit der Boden in der heißen Zeit feucht bleibt. Wenn das Wachstum im Frühjahr oder Sommer sehr langsam vorangeht, wird eine Volldüngung vorgenommen. Kein Stallmist!	Die Strauchpfingstrose setzt man an etwas geschützte Stellen. Zum Schutz gegen Spätfröste werden die Pflanzen mit Reisig abgedeckt	Schnittmaßnahmen sind nicht erforderlich; es werden lediglich schwache und abgestorbene Triebe im März/April ausgeschnitten
Parrotia persica	**Parrotia** (Eisenholzbaum) Ein breiter, ausladender Großstrauch oder mittelhoher Baum. Im Frühjahr sind die kahlen, gemusterten Triebe mit winzigen, roten Blüten bedeckt, die von samtbraunen Schuppen umgeben sind. Die *Parrotia* ist sommergrün und ziemlich winterhart und gut geeignet für größere Gärten, auch wenn sie langsam wächst	Man pflanzt bei milder Witterung in der Zeit von Oktober–März in tiefgründigen, nahrhaften und gut entwässerten Boden an einem sonnigen Standort. Die *Parrotia* nimmt auch mit kalkhaltigem Boden vorlieb, hat aber eine schönere Herbstfärbung bei kalkfreiem Boden	Wenn das Wachstum ins Stocken gerät, nimmt man im Frühjahr und im Sommer eine Volldüngung vor. Die sich natürlich ausbreitenden Zweige dürfen nicht beschädigt werden, weil die Form der Pflanze sonst beeinträchtigt wird	Nicht erforderlich	Schnittmaßnahmen sind nicht erforderlich
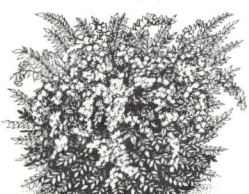Parthenocissus tricuspidata	**Parthenocissus** (Jungfernrebe, Wilder Wein) Selbstklimmende Pflanze mit flammenden Laubfärbungen im Herbst. Sie ist sommergrün und ziemlich winterhart. Ideal zum Bewachsen von Mauern. Zum Klimmen werden winzige Haftscheiben benutzt, die an den Rankenspitzen sitzen; sie schützen das Mauerwerk, statt es zu zerstören. Regenrinnen sollte man nicht überwuchern lassen	Gepflanzt wird bei milder Witterung in der Zeit von Oktober–März in den Boden, der mit Gartenkompost oder altem Stallmist angereichert wurde. Man führt die jungen Triebe an Stäben bis an die Mauer heran, bis sich die Haftscheiben an den Ranken entwickelt haben	Weil der Boden am Fuß von Mauern meist sehr arm an Nährstoffen ist, wird im Frühjahr jeden Jahres eine Langzeitdüngung vorgenommen. Bei Trockenheit muß reichlich gegossen werden	Nur in extremen Wintern kommt es zu Frostschäden. Die Pflanzen treiben meist wieder aus. Schutz praktisch nicht möglich	Zu dichte Zweige können im Sommer ausgeschnitten werden
Philadelphus × lemoinei	**Philadelphus** (Pfeifenstrauch, Falscher Jasmin) Ein hervorragender, sommergrüner Strauch, der Mitte Sommer mit weißen Blüten bedeckt ist. Die Blüten, die manchmal purpurrot gefleckt sind, haben einen starken, anhaltenden, honigartigen Duft. Der Pfeifenstrauch wird auch Falscher Jasmin oder Duftjasmin genannt	Gepflanzt wird in der Zeit von Oktober–März. Geeignet sind alle normalen Böden. Die großen Arten geben einen guten Hintergrund für Staudenpflanzungen ab. Die weiß blühenden Sträucher stehen ihrerseits gut vor einem dunklen Hintergrund	Wenn sich der Strauch eingewöhnt hat, ist nur wenig Pflege erforderlich. Nur bei lang anhaltender Trockenheit muß gegossen werden. Bei langsamem Wachstum wird im Frühjahr und Sommer eine Volldüngung vorgenommen. Im April/Mai mulcht man mit Torfmull oder gut verrottetem Stallmist	Nicht erforderlich	Nach der Blüte schneidet man das ältere Holz aus, läßt die jungen Triebe aber stehen. Alte, zu dichte Pflanzen können im Frühjahr bis auf 30 cm zum Boden zurückgeschnitten werden

Vermehrung	Schädlinge und Krankheiten	Arten	Höhe und Breite	Standort	Kältebeständigkeit	Blütezeit	Duft	Besondere Hinweise
Die Zuchtformen können nicht durch Samen vermehrt werden, die übrigen Arten können jedoch im September in ein Frühbeet ausgesät werden. Hartholzstecklinge, möglichst mit Achsel, können in einer Länge von 15–22 cm im September/Oktober abgenommen werden. Man behandelt sie mit einem Wachstumspräparat	Die Strauchpfingstrose kann besonders bei feuchtem Wetter von einer Welkekrankheit befallen werden, die in Form eines grauen Belags auf den Trieben auftritt. Die Triebe sterben dann ab. Zur Bekämpfung spritzt man mit Captan oder Euparen, sobald sich die ersten Blätter öffnen. Die Behandlung wird bis zur Blüte in Abständen von 14 Tagen wiederholt	*Paeonia suffruticosa* Laubabwerfend 'Beni Tukasa', scharlachrot; 'Comtesse de Tudor', lachsrosa; 'Hamadaijin', gefüllt purpurrot; 'Lactea', weiß mit purpurroter Mitte	H 1–2 m B 1,5–1,8 m	Sonne oder Halbschatten	In der Ruhezeit gut	Mai–Juni	Lilienartiger Duft	Schön zusammen mit Flieder
Biegsame Triebe können im Frühjahr oder Herbst abgesenkt und 2 Jahre später von der Mutterpflanze getrennt werden	Im allgemeinen frei von Befall	*Parrotia persica* Laubabwerfend Leuchtendgelbes, orangerotes, rosarotes und scharlachrotes Herbstlaub Raschelnde, rötliche Blüten	H 4–6 m B 4–6 m	Sonne	Gut	März	Ohne	Nimmt auch mit kalkhaltigem Boden vorlieb. Langsam wachsender, stattlicher Strauch als Blickfang im Garten
Biegsame Triebe können im Frühjahr oder Herbst mehrmals abgesenkt werden	Wenn die Triebspitzen von Blattläusen befallen sind, spritzt man mit einem Mittel gegen saugende Insekten. Die Rote Spinne kann Schaden am Laub anrichten. Man spritzt mit Malathion° oder Dimethoat, wenn die ersten Anzeichen von Milben auf den Blättern zu erkennen sind	*Parthenocissus quinquefolia* Laubabwerfende Kletterpflanze	H 15 m B 10–15 m	Sonne oder Schatten	Gut	Unscheinbare Blüten	Ohne	Eine sehr beliebte Art, deren Laub sich feurig scharlachrot färbt
		P. tricuspidata 'Veitchii' Laubabwerfende Kletterpflanze Dunkelblaue, silbrig überzogene Früchte im Sommer	H 15 m B 10–15 m	Sonne oder Schatten	Gut	Unscheinbare Blüten	Ohne	Die beliebteste Art; nimmt auch mit kalkhaltigem Boden vorlieb
Im Juli/August können Stecklinge vom halbreifen Holz oder im September/November 25–30 cm lange Stecklinge vom reifen Holz abgenommen werden	Im allgemeinen frei von Befall; durch die Blattfleckenkrankheit können die Pflanzen jedoch verunstaltet werden. Bei den ersten Anzeichen eines Schadens spritzt man mit Maneb oder Zineb	*Philadelphus coronarius* Laubabwerfend Rahmweiße Blüten	H 2–3 m B 2–2,5 m	Sonne oder Halbschatten	Gut	Mai–Juni	Angenehm, stark	Gedeiht in trockenem Boden
		P. × lemoinei 'Avalanche', einfache, weiße Blüten; 'Belle Etoile', weiß mit purpurroten Flecken; 'Virginal', gefüllte weiße Blüten	H 1–2,5 m B 2–2,5 m	Sonne oder Halbschatten	Gut	Juni–Juli	Stark duftend	

	Name und Beschreibung der Pflanze	Pflanzanleitung	Pflege	Winterschutz	Schnittanleitung
\n*Pieris floribunda*	**Pieris** (Lavendelheide) Die scharlachrot getönten Blätter einiger Arten ähneln stark einer Blüte, so daß der ganze Strauch wie mit Blüten übersät aussieht. Die Blüten jedoch sind weiß und maiglöckchenartig und stehen in Rispen im Frühjahr an den einzelnen Zweigen	Gepflanzt wird im März in eine mit Torfmull angereicherte Pflanzgrube an einem Platz, der vor kalten Winden geschützt ist. Die *Pieris* gedeiht nur in kalkfreiem Boden im Halbschatten	Bei Trockenheit wird eine dicke Schicht Torfmull um die Pflanze ausgestreut, um den Boden feucht zu halten, und man gießt reichlich. Bei langsamem Wachstum im Frühjahr und Sommer eine Volldüngung geben	Im maritimen Klima nicht erforderlich; in kälteren Gegenden und bei stärkerem Frost sollten die Wurzeln jedoch geschützt werden, indem man im Spätherbst den Boden mit Torfmull oder Lauberde abdeckt	Ein regelmäßiger Schnitt ist nicht erforderlich. Zu dichte Pflanzen können im Frühjahr bis auf 30 cm zum Boden zurückgeschnitten werden
\n*Polygonum aubertii*	**Polygonum** (Schlingeknöterich) Der kräftigste Vertreter dieser Gattung von Schlingsträuchern, *Polygonum aubertii*, ist auch unter den Namen Klettermaxe oder Architektentrost bekannt. Er wächst 3–5 m pro Jahr und kann schnell Mauern, Zäune und Pergolen überwuchern. Der Strauch ist winterhart und sommergrün; für einen kleineren Garten ist er nicht gut geeignet	Gepflanzt wird im März/ April in eine mit organischem Dünger angereicherte Pflanzgrube. Gedeiht in der Sonne und im Halbschatten	Nach dem Einpflanzen werden die wachsenden Spitzen der jungen Triebe mehrmals abgekniffen, um die Verzweigung zu fördern. In langen Trockenperioden muß reichlich gegossen und der Wurzelbereich mit Torfmull oder gut verrottetem Stallmist gemulcht werden	Nicht erforderlich	Bei *Polygonum aubertii* ist ein Schnitt nur erforderlich, wenn das Wachstum reguliert werden soll. Der Schnitt wird dann zweimal im Jahr – im April und nach der Blüte – vorgenommen
\n*Potentilla arbuscula*	**Potentilla** (Fingerstrauch) Ein sehr niedriger Blütenstrauch mit einfachen, weißen, gelben oder gelbroten Blüten, die kleinen Heckenrosen ähneln. Blüht fast 6 Monate im Jahr, vom zeitigen Sommer–Herbst. Der Strauch ist in allen Gegenden sommergrün und winterhart und wächst in jedem, auch in kalkhaltigem Boden	Man pflanzt in gut vorbereiteten Boden bei milder Witterung in der Zeit von Oktober–März. Der Strauch blüht am besten an sonnigen Plätzen, verträgt aber auch den Halbschatten	Im April wird der Boden im Wurzelbereich mit Torfmull oder Stallmist gemulcht, damit er im Sommer feucht bleibt. Bei langsamem Wachstum nimmt man im Frühjahr und Sommer eine Volldüngung vor	Nicht erforderlich	Ein regelmäßiger Schnitt ist nicht erforderlich. Um eine buschige Strauchform zu erhalten, kann man die kahlen Holztriebe nach der Blüte oder im zeitigen Frühjahr bis an den Boden zurückschneiden. Wenn die Blüte nachläßt, schneidet man die abgestorbenen Blütentriebe ab
\n*Prunus laurocerasus*	**Prunus** (Zierkirsche) Eine Gruppe von Ziersträuchern, zu denen auch das Mandelbäumchen, *Prunus triloba*, gehört, das im Frühjahr viele weiße oder rosarote Blüten hervorbringt. Zur gleichen Gruppe zählt auch der Kirschlorbeer, *P. laurocerasus*, eine hübsche, immergrüne Pflanze mit großen, glänzenden Blättern. Er ist besonders gut für schattige Plätze geeignet. Blätter, Knospen, Rinde und Früchte von *P. laurocerasus* sind giftig	Gepflanzt wird im Herbst oder bei milder Witterung bis zum März. Die *Prunus*-Arten nehmen auch mit kalkhaltigem Boden vorlieb	Nach dem Pflanzen muß im Frühjahr reichlich gegossen werden. Im April streut man rund um die Pflanze eine dicke Schicht Torfmull. Im Frühjahr und zeitigen Sommer wird eine Volldüngung vorgenommen	Im allgemeinen nicht erforderlich	Bei *Prunus triloba* werden die Blütentriebe nach der Blüte bis auf 2 oder 3 Knospen an die Basis zurückgeschnitten. Bei *P. laurocerasus* ist kein regelmäßiger Schnitt erforderlich. Alte Sträucher werden durch einen starken Rückschnitt verjüngt

Vermehrung	Schädlinge und Krankheiten	Arten	Höhe und Breite	Standort	Kältebeständigkeit	Blütezeit	Duft	Besondere Hinweise
Vermehrung im Frühjahr durch Absenken in den Boden oder Luftabsenken. Samen können im November oder März in ein Frühbeet ausgesät werden	Im allgemeinen frei von Befall	*Pieris floribunda* Immergrün Weiße, glöckchenartige Blüten	H 1,5–2 m B 1,2–1,8 m	Halbschatten	Mäßig	April–Mai	Ohne	Bildet eine schöne, immergrüne Hecke auf saurem, humosem Boden
		P. japonica 'Variegata' Immergrün Rahmweiße Blüten	H 1,8–3 m B 1,8–3 m	Halbschatten	Gut	März–April	Ohne	
Man kann im September/ Oktober 22–30 cm lange Hartholzstecklinge abnehmen	Blattläuse befallen und verunstalten die jungen Triebe. Sobald der Schaden erkennbar ist, spritzt man die Pflanze mit einem Mittel gegen saugende Insekten	*Polygonum aubertii* Laubabwerfender Schlingstrauch Reicher, weißer Blütenflor	H 10–20 m B 12 m	Sonne oder Halbschatten	Gut	Juli bis September	Zarter Duft	Sehr stark wachsend und robust
Im Oktober/November können 15–22 cm lange Hartholzstecklinge abgenommen werden. Samen werden im März in einen Frühbeetkasten ausgesät	Im allgemeinen frei von Befall. Gegen Mehltau spritzt man mit Triforin oder Euparen	*Potentilla arbuscula* Laubabwerfend Große, gelbe Blüten	H 0,6 m B 1,5 m	Sonne oder Halbschatten	Gut	Juni bis Oktober	Ohne	Ausgezeichnete Teppichpflanze zwischen lichten Sträuchern oder an sonnigen Böschungen
		P. fruticosa Laubabwerfend Gelbe Blüten	H 1,2 m B 1,5 m	Sonne oder Halbschatten	Gut	Mai bis September	Ohne	Kräftig wachsend, auch für kleine Hecken geeignet
Prunus triloba wird durch Achselstecklinge vermehrt, die man im Juli vom halbreifen Holz abnimmt. Zur Vermehrung des *P. laurocerasus* werden Achselstecklinge vom halbreifen Holz im August abgenommen	Zur Bekämpfung von Blattläusen spritzt man mit einem Mittel gegen saugende Insekten. Die Kräuselkrankheit kann die Blätter verunstalten. Man spritzt mit Kupferkalkbrühe oder Schwefelkalk im Winter. Nach 14 Tagen wird die Behandlung wiederholt	*Prunus laurocerasus* (Kirschlorbeer) Immergrün Weiße Blüten	H 2–3 m B 2–3 m	Sonne oder Halbschatten	Gut	Mai	Ohne	Sehr dekorativ
		P. triloba (Mandelbäumchen) Laubabwerfend Gefüllte, rosarote Blüten	H 1,5–2,5 m B 1,5–2 m	Sonne	Gut	April–Mai	Ohne	

	Name und Beschreibung der Pflanze	Pflanzanleitung	Pflege	Winterschutz	Schnittanleitung
Pyracantha coccinea	**Pyracantha** (Feuerdorn) Ein hervorragender, immergrüner Strauch, der im zeitigen Sommer mit duftenden, weißen Blütentrauben bedeckt ist und im Winter gelbe oder scharlachrote Beeren trägt. Mit seinen sehr spitzen Dornen ist er auch ein dichter, schützender Heckenstrauch. Er läßt sich auch gut an einer Mauer ziehen und gedeiht in der Sonne und im Halbschatten in allen, auch kalkhaltigen Böden	Gepflanzt wird bei milder Witterung in der Zeit von Oktober–März. Zum Bewachsen von Mauern und Zäunen stellt man ein Spalier auf oder spannt Drähte. Beim Anlegen einer Hecke werden Pflanzabstände von 60 cm eingehalten	Bei Trockenheit wird reichlich gegossen und im April der Boden im Wurzelbereich mit Gartenkompost, Stallmist oder Torfmull gemulcht	Nicht erforderlich	Frei stehende Büsche werden nicht geschnitten; man schneidet lediglich die zu dicht wachsenden, dünnen und schwachen Triebe zurück. Hecken werden im Mai/Juli mit der Schere in Form geschnitten. Lange Triebe von Spaliersträuchern an Mauern können im Frühjahr oder Sommer ausgeschnitten werden
Rhus typhina	**Rhus** (Hirschkolbensumach, Essigbaum) Ein winterharter, sommergrüner Strauch, der wegen seiner großen, farnwedelartigen Blätter geschätzt wird, die im Herbst eine feurig orangerote Färbung annehmen. Er ist anspruchslos, gedeiht in jedem, auch in kalkhaltigem Boden. Die schönsten Farben bringt er in leichtem, sandigem Lehmboden hervor. *R. typhina* hat einen bizarren, geweihartigen Wuchs und bildet kupferfarbene, samtige Fruchtkolben aus. Auf einer Rasenfläche steht er nicht günstig, weil er Wurzelschößlinge austreibt, die ausgegraben werden müssen	Pflanzzeit ist von Oktober bis März. Er gedeiht am besten in der direkten Sonne, nimmt aber auch einigen Schatten in Kauf. Gute Wirkung vor Mauern	Von den Wurzeln breiten sich Schößlinge aus. Man muß sie ausgraben, damit der Strauch nicht überall zu wuchern beginnt. Es ist nur wenig Pflege erforderlich, weil der *Rhus* kräftig wächst und sehr genügsam ist, wenn er sich einmal eingewöhnt hat	Nicht erforderlich	Schnittmaßnahmen sind nicht erforderlich, bei *Rhus glabra* und *R. typhina* können jedoch die Triebe des Vorjahrs im Februar bis auf 10 cm an das alte Holz zurückgeschnitten werden, um das Wachstum besonders großer Blätter anzuregen
Ribes sanguineum	**Ribes** (Zierjohannisbeere) Sie gedeiht in der Sonne und im Halbschatten und stellt keine Ansprüche an den Boden. *Ribes alpinum* bildet niedere Hecken	Man pflanzt bei milder Witterung in der Zeit von Oktober–März	Im April/Mai mulcht man den Wurzelbereich mit altem Stallmist oder Gartenkompost. Bei Trockenheit wird gegossen, und im Frühjahr und Sommer ist eine Volldüngung fällig, wenn das Wachstum langsam vorangeht	Die *Ribes* sind winterhart und halten auch strengen Kälteperioden stand	Alte Triebe werden im Mai bis nahe an den Boden oder bis an einen jüngeren Austrieb zurückgeschnitten. Bei Hecken wird das ältere Holz in gleicher Weise ausgeschnitten
Rosmarinus officinalis	**Rosmarinus** (Rosmarin) Die stark aromatischen Blätter dieser Straucharten werden zum Würzen verwendet. Hübsche lavendelfarbene, blaue bis weiße Blüten treten im Frühjahr hervor. Rosmarin ist nur in wärmeren Gegenden winterhart	Gepflanzt wird im April/Mai in Pflanzgruben an einem warmen, geschützten Platz in direkter Sonne. Der Boden kann kalkhaltig sein	Braucht nur wenig Pflege. Man muß nur darauf achten, daß der Boden in der heißen Sommerzeit nicht allzu stark austrocknet. Verwendet man ihn als Küchenkraut, wird eine Volldüngung vorgenommen. Im Frühjahr wird reichlich gegossen und im April gemulcht	*Rosmarinus officinalis* sollte an einen warmen, geschützten Platz gesetzt werden. Gegen Wind und Spätfröste ist er mit Reisig abzudecken	Vom Frost geschädigte oder abgestorbene Triebe werden im März/April ausgeschnitten. Wild wachsende Triebe des *Rosmarinus officinalis* werden eingekürzt; stark verholzte Triebe älterer Pflanzen werden um die Hälfte zurückgeschnitten

Vermehrung	Schädlinge und Krankheiten	Arten	Höhe und Breite	Standort	Kältebeständigkeit	Blütezeit	Duft	Besondere Hinweise
Reife Samen können in ein Frühbeet ausgesät werden	Wolläuse können die jungen Triebe befallen. Man spritzt dann mit Malathion○. Der Feuerbrand führt zu einem Verwelken und Ausdörren der Triebspitzen und gehört zu den Krankheiten, die dem zuständigen Pflanzenschutzamt gemeldet werden müssen. Der Schorf schwärzt die sich bildenden Beeren und Blätter. Man spritzt mit Captan oder Triforin	*Pyracantha coccinea* Immergrün Weiße Blüten, leuchtendrote Beeren	H 2–3 m B 3–4,5 m	Sonne oder Halbschatten	Gut	Mai–Juni	Angenehm	Ganz hervorragendes Gehölz, universell verwendbar, auch als Spalierstrauch an Mauern; nimmt mit kalkreichem Boden vorlieb
Eingewurzelte Wurzelschößlinge können im Herbst oder Frühjahr abgenommen werden. Biegsame Triebe können ebenfalls im Herbst oder Frühjahr abgesenkt werden	Ein Befall durch Schädlinge tritt nur selten auf. Die Triebe können aber von den Spitzen aus absterben, wenn der Boden keinen ausgeglichenen Nährstoffgehalt hat. Man nimmt dann im Frühjahr und Sommer eine Volldüngung vor. Auch die Welkekrankheit führt zu einem Absterben der Triebe. Man schneidet die befallenen Triebe zurück und bestreicht die Schnittstellen mit einem Wundverschlußmittel	*Rhus glabra* Laubabwerfend Hellrote Blüten	H 2–3 m B 3–5 m	Sonne bis Halbschatten	Gut	Juli	Ohne	Feurige Herbstfärbung; kahle, glatte Zweige
		R. typhina Laubabwerfend Blaßrote Blüten	H 3–5 m B 3,5–5 m	Sonne bis Halbschatten	Gut	Juni–Juli	Ohne	Feurige Herbstfärbung; filzig, behaarte Zweige
Hartholzstecklinge in einer Länge von 22–30 cm werden im September/November abgenommen	Bei Blattlausbefall spritzt man mit einem Mittel gegen saugende Insekten. Die durch Pilze verursachte Blattfleckenkrankheit kann das Laub befallen. Sobald die Flecken auftreten, spritzt man mit Captan, Maneb oder Zineb	*Ribes alpinum* (Alpenjohannisbeere) Laubabwerfend Rote Beeren	H 1–2 m B 0,9–1,2 m	Sonne oder Halbschatten	Gut	April; Blüte unauffällig, grünlich	Ohne	Eine gute Hecke im kargen Boden und im Schatten
		R. sanguineum (Blutjohannisbeere) Laubabwerfend Rote Blüten	H 1,8–2,7 m B 1,5–2,1 m	Sonne oder Halbschatten	Gut	April–Mai	Ohne	Bildet einen schönen Farbkontrast zu Forsythien
Hartholzstecklinge in einer Länge von 20–30 cm werden im September/Oktober oder Februar/März abgenommen	Im allgemeinen frei von Befall	*Rosmarinus officinalis* Immergrün Bläulichviolette Blüten	H 1 m B 0,8–1,5 m	Direkte Sonne	Mäßig	Mai, vereinzelt bis September	Angenehm	Nur im milden Klima

	Name und Beschreibung der Pflanze	Pflanzanleitung	Pflege	Winterschutz	Schnittanleitung
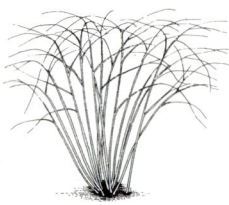 *Rubus cockburnianus*	**Rubus** Sommergrüne Sträucher, die mit der Brombeere und Himbeere verwandt sind. Im Winter bildet *R. cockburnianus* ein Dickicht aus geisterhaft weißen Ruten. *R. phoenicolasius* (Japanische Weinbeere) breitet sich flink aus und trägt eßbare Früchte. *R. fruticosus,* bei uns beheimatet, ist äußerst anspruchslos	Man pflanzt von Oktober bis März. Der Boden kann mit Gartenkompost oder Stallmist angereichert werden. Die *Rubus*-Arten wachsen auch auf kalkhaltigen Böden. Die Japanische Weinbeere zieht man am besten fächerförmig an einem Zaun oder einer Mauer oder über eine Pergola	Die Sträucher werden im Winter mit etwa 30 g (1 Eßlöffel) Kaliumsulfat/m² und im März/April mit etwa 15 g Ammonsulfat/m² gedüngt. Im späten Frühjahr wird mit altem Kompost oder Torfmull gemulcht	Nicht erforderlich	Bei den Ziersträuchern werden einige der älteren Triebe herausgeschnitten, damit sich junges Wachstum von der Basis aus entwickelt
 *Salix caprea mas*	**Salix** (Weide) Vielseitige Sträucher, die im Frühjahr silbergraue Kätzchen tragen. Manche Arten haben im Winter auch eine gelb bis rötlich gefärbte Rinde, *S. pendulifolia* ist weiß bereift. Zwergformen breiten sich im Steingarten aus, und bei manchen sehen die silbrigweißen Blüten im Frühjahr geradezu wie ein Behang aus Eiszapfen aus. Viele Weiden sind Bäume. Die Weiden eignen sich sehr gut für ausgesprochen feuchten Boden, einige Arten geben sich auch mit trockenem Boden zufrieden. Weiden sind eine hervorragende Bienenweide	Man pflanzt sie in der Zeit von Oktober–März. Weiden gehören zu den wenigen Arten, die tief gepflanzt werden können	Der Wurzelbereich wird im April mit Gartenkompost, Torfmull oder Stallmist gemulcht, damit dem Boden im Sommer die Feuchtigkeit erhalten bleibt. Gedüngt wird mit einem Volldünger im Frühjahr nur dann, wenn das Wachstum ins Stocken gerät	Nicht erforderlich	Abgestorbene Triebe werden im Winter ausgeschnitten. Die Arten mit farbiger Rinde können im Februar zurückgeschnitten werden
 *Sambucus racemosa*	**Sambucus** (Holunder) Trägt im Herbst viele schwarze oder rote Früchte, nachdem er in großen, weißen Dolden geblüht hat. Der Holunder ist winterhart und sommergrün und gedeiht in jedem Boden. Er entwickelt sich zu einem großen, rundlichen Busch und braucht deshalb viel Platz. Die Früchte von *S. racemosa* sind giftig	Gepflanzt wird bei milder Witterung in der Zeit von Oktober–März. Die Wurzeln werden in feuchten Torfmull eingebettet und fest in den Boden gedrückt	Im Frühjahr und Sommer muß bei trockenem Wetter gegossen werden. Der Wurzelbereich wird mit Gartenkompost, Torfmull oder Stallmist gemulcht. Ist der Wuchs schwach oder langsam, wird im April und Juli eine Volldüngung vorgenommen	Nicht erforderlich	Nicht erforderlich. Störende Triebe können herausgeschnitten werden

Vermehrung	Schädlinge und Krankheiten	Arten	Höhe und Breite	Standort	Kältebeständigkeit	Blütezeit	Duft	Besondere Hinweise
Die Spitzen der Triebe können im Herbst abgesenkt werden	Zum Großteil frei von Befall, aber Kronengallmilben können das Wachstum hemmen. Die mit den Gallen besetzten Triebe werden ausgeschnitten. Stark befallene Pflanzen mit Endosulfan spritzen	*Rubus cockburnianus* Laubabwerfend Purpurrote Blütenrispen, weiße Triebe	H 2–3 m B 1,5–1,8 m	Sonne oder Halbschatten	Gut	Juni	Ohne	
		R. fruticosus Laubabwerfend Weißrosa Blüten	H 2–3 m B 2,4–3 m	Sonne oder Halbschatten	Gut	Juni/Juli	Ohne	Völlig anspruchslos; begrünt die letzten Winkel und Böschungen
		R. phoenicolasius Laubabwerfender, auch kletternder Strauch Rosarote, eßbare Früchte	H 1,8–2,5 m B 2,4–3 m	Sonne oder Halbschatten	Gut	Juni	Ohne	Auch zum Bepflanzen schattiger Böschungen geeignet
Hartholzstecklinge können in einer Länge von 15–30 cm von Oktober–Februar abgenommen werden, jedoch nicht bei *Salix caprea*	Blattfleckenkrankheit verursacht schwarzbraune Flecken auf den Blättern. Man spritzt mit Mancozeb, wenn sich die Blätter entfalten, und spritzt noch zweimal im Sommer	*Salix caprea mas* Laubabwerfend Silberne Kätzchen	H 3–6 m B 3–4 m	Sonne oder Halbschatten	Gut	Weidenkätzchen im April	Ohne	Gedeiht im kalkhaltigen, feuchten oder trockenen Boden. Wertvollste Kätzchenweide
		S. pendulifolia Silbergraue, bis 12 cm lange, senkrecht nach unten hängende Blätter; Zweige bereift	H 3–4 m B 3–4 m	Sonne bis Halbschatten	Gut	Kätzchen im Februar	Ohne	Äußerst dekorativ, Einzelstellung vor dunklem Hintergrund
		S. purpurea 'Nana' Silbrige Belaubung, rote Zweige, kugeliger Wuchs	H 1,5 m B 1,5 m	Sonne bis Halbschatten	Gut	Kätzchen im April	Ohne	Für Kalkböden; erträgt Trockenheit
		S. wehrhahnii Klein bleibende Gebirgsweide	H 1–1,5 m B 1–1,2 m	Sonne	Gut	Kätzchen im April	Ohne	Schön in Steingärten
Hartholzstecklinge in einer Länge von 22–30 cm werden in der Zeit von Oktober bis Februar abgenommen. Aussaat der Beeren im Herbst	Zur Bekämpfung von Blattläusen spritzt man bei den ersten Anzeichen eines Befalls mit einem Mittel gegen saugende Insekten	*Sambucus canadensis* 'Maxima' Laubabwerfend Gelblichweiße, schirmförmig angeordnete Blüten, Durchmesser bis 40 cm	H 4–6 m B 4–5 m	Sonne	Gut	Juni/Juli	Ohne	Sehr wirkungsvoll bei Einzelstellung
		S. nigra Laubabwerfend Rahmfarbene Blüten, schwarze Früchte (Fliederbeeren)	H 4–7 m B 3,6–4,5 m	Sonne bis Schatten	Gut	Juni–Juli	Angenehm	Wird oft durch Vögel verbreitet
		S. racemosa (Traubenholunder) Laubabwerfend Gelblichweiße Blüten, scharlachrote Beeren	H 3–5 m B 3–4 m	Sonne bis Schatten	Gut	April–Mai	Angenehm	Nimmt mit kalkhaltigem Boden vorlieb

	Name und Beschreibung der Pflanze	Pflanzanleitung	Pflege	Winterschutz	Schnittanleitung
Skimmia japonica	**Skimmia** (Skimmie) Ein hübscher, winterharter und immergrüner Strauch mit rahmweißen, duftenden Blüten und scharlachroten, flachkugeligen, erbsengroßen Beeren im Winter. Die männlichen und weiblichen Blüten sitzen auf verschiedenen Individuen (Zweihäusigkeit). Will man also *Skimmia japonica* mit Beeren haben, müssen weibliche und männliche Pflanzen zusammengesetzt werden. Die einhäusige Art. *S. × foremanii*, trägt reiche Blüten und bringt jedes Jahr Beeren hervor	Gepflanzt wird im September/November oder März/April in humosen Boden. Sehr trockene Standplätze sind nicht günstig	Bei stark wasserdurchlässigem Boden muß reichlich gegossen werden. Der Wurzelbereich wird im April/Mai mit Gartenkompost, Torfmull oder altem Stallmist gemulcht. Bei schwachem Wuchs streut man im Frühjahr und Sommer etwa 120 g (4 Eßlöffel) Volldünger/m² aus	Nicht erforderlich, wenn die Pflanzen windgeschützt stehen	Schnittmaßnahmen sind nicht erforderlich
Sorbaria sorbifolia	**Sorbaria** (Fiederspiere) Ein hübscher, winterharter und sommergrüner Strauch mit eleganten, gefiederten, ebereschenartigen Blättern und rahmweißen Blütenrispen im Sommer und Herbst. Weil das Wachstum sehr kräftig ist, stellt man den Strauch möglichst in den Hintergrund, wo er sich frei entfalten kann	Gepflanzt wird bei milder Witterung in der Zeit von Oktober–März in normalen Boden. Die *Sorbaria* gedeiht sowohl in der direkten Sonne als auch im Halbschatten und tieferen Schatten	Wenn der Boden stark wasserdurchlässig ist, wird im April gemulcht. Bei langsamem Wachstum im Frühjahr und Sommer eine Volldüngung vornehmen; bei Trockenheit gießen	Nicht erforderlich	Der Strauch bildet Ausläufer und wird unter Umständen lästig. Man schneidet ihn im Frühjahr ganz zurück
Spiraea japonica	**Spiraea** (Spierstrauch) Winterharte, sommergrüne Sträucher, die vom zeitigen Frühjahr bis zum späten Sommer hübsche Blütendolden oder -trauben tragen. Sie eignen sich sehr gut als blühende Naturhecken und sehen mit ihrem elegant überhängenden Blütenflor besonders hübsch an einer Wasserstelle aus	Gepflanzt wird bei milder Witterung in der Zeit von Oktober–März in normalen Boden. Beim Anlegen einer Hecke hält man je nach Art der Pflanzen Abstände von 35–60 cm ein	Bei stark wasserdurchlässigem Boden mulcht man den Wurzelbereich mit Gartenkompost oder Stallmist. Die abgeblühten Blütenstände müssen stets entfernt werden	Nicht erforderlich	*Spiraea × bumalda* und *S. japonica* werden im Februar bis auf 5–7 cm zum Boden zurückgeschnitten. Man erhält dadurch eine kompakte Wuchsform. Bei *S. × arguta* werden die abgeblühten Triebe im Sommer eingekürzt
Stephanandra tanakae	**Stephanandra** (Kranzspiere) Wird häufig in Blumenarrangements verwendet, weil sie im Winter eine hübsche, hellbraune Rinde besitzt und schlanke Zweige mit farnartigen Blättern, die sich im Herbst goldgelb färben. Die hier angeführten Arten sind winterhart und sommergrün und bilden sehr dichte Sträucher	Gepflanzt wird bei milder Witterung in der Zeit von Oktober–März in normalen Boden. Nach der Eingewöhnung treibt die Pflanze zahlreiche Wurzelschößlinge	Wenn der Boden locker und sandig ist, mulcht man mit altem Stallmist oder Gartenkompost. Im Frühjahr und zeitigen Sommer wird eine Volldüngung vorgenommen	Nicht erforderlich	Nach der Blüte werden im Juli die abgeblühten Triebe bis an einen tiefer gelegenen jungen Austrieb oder bis an den Boden zurückgeschnitten

Vermehrung	Schädlinge und Krankheiten	Arten	Höhe und Breite	Standort	Kälte-beständig-keit	Blütezeit	Duft	Besondere Hinweise
Achselstecklinge von halbreifem Holz in einer Länge von 10 cm können im Juli/September abgenommen werden	Ein Befall durch Schädlinge tritt nur selten auf. Gelegentlich werden die Blätter gelb und sterben ab, wenn die Wachstums-bedingungen schlecht sind. Man düngt dann mit einem Mittel, das reich an Spurenelementen ist. Durch Frostschaden können sich die Blätter weiß färben	*Skimmia × foremanii* Immergrün Rahmweiße Blüten, scharlachrote Beeren	H 0,9–1,2 m B 0,9–1,2 m	Halbschatten	Gut	April–Mai	Angenehm	Einhäusig
		S. japonica (weiblich) *S. j.* 'Fragrans' (männlich) Immergrün Rahmweiße Blüten, scharlachrote Beeren	H 0,6–1 m B 0,8–1,2 m	Halbschatten	Mäßig	Mai	Angenehm	Um Beeren zu erhalten, pflanzt man weibliche und männliche Sträucher zusammen
Eingewurzelte Schößlinge können im Herbst oder Frühjahr ausgegraben und in gut vorbereiteten Boden eingepflanzt werden	Im allgemeinen frei von Befall	*Sorbaria sorbifolia* Laubabwerfend Rispen mit rahmweißen Blüten	H 1,5–2 m B 1,5–2 m	Sonne oder Halbschatten	Gut	Juni–Juli	Ohne	Anspruchslos; bildet dichte Bestände
Wurzelschößlinge können im Herbst oder Frühjahr abgetrennt werden. Hartholzstecklinge in einer Länge von 22–30 cm werden von Oktober–Februar abgenommen	Die Larven der Blattwespe können die Blätter befallen. Bei den ersten Anzeichen des Schädlingsbefalls spritzt man mit Diazinon oder Endosulfan	*Spiraea × arguta* Laubabwerfend Weiße Blüten	H 1,5–2 m B 1,5–2 m	Sonne bis Halbschatten	Gut	April–Mai	Ohne	Anspruchslos, wächst in jedem normalen Boden
		S. × bumalda Laubabwerfend Leuchtend karminrote Blüten 'Anthony Waterer' Panaschierte Blätter	H 0,4–0,9 m B 1,2–1,5 m	Sonne bis Halbschatten	Gut	Juli bis September	Ohne	Anspruchslos, wächst in jedem normalen Boden
		S. japonica Laubabwerfend Rosarote Blüten	H 0,9–1,5 m B 1,2–1,8 m	Sonne bis Halbschatten	Gut	Juli bis August	Ohne	Anspruchslos, wächst in jedem normalen Boden; geeignet für niedere Hecken
		S. vanhouttei Laubabwerfend Überhängende Zweige, weiße Blüten	H 2,5–3 m B 2,5–3 m	Sonne bis Halbschatten	Gut	Mai–Juni	Ohne	Blüht im Anschluß an *S. × arguta*; gute Kombination mit Goldregen und Schneeball
Hartholzstecklinge in einer Länge von 22–30 cm werden im Oktober/November abgenommen; Wurzelschößlinge können ausgegraben werden	Im allgemeinen frei von Befall	*Stephanandra incisa* Laubabwerfend Kleine, sternförmige, grüne Blüten	H 1,5–2 m B 1,2–1,8 m	Sonne oder Halbschatten	Gut	Juni–Juli	Ohne	Ausgezeichneter Gruppenstrauch
		S. tanakae Laubabwerfend Sternförmige, weiße Blüten, grünlichbraune Triebe	H 1,5–2 m B 1,8–2 m	Sonne oder Halbschatten	Gut	Juni–Juli	Ohne	Schöne, lang anhaltende Herbstfärbung

Name und Beschreibung der Pflanze	Pflanzanleitung	Pflege	Winterschutz	Schnittanleitung
Symphoricarpos (Schneebeere) Ein anspruchsloser Strauch; ideal für niedrige Hecken oder als Bodendecker. An den zahlreichen, vom Boden austreibenden Trieben sitzen die wachsartigen weißen oder rosaroten Beeren (Knackbeeren), die im Herbst und Winter in Blumenarrangements verwendet werden. Die winzigen Glöckchenblüten sind weißrosa. Die Früchte einiger *Symphoricarpos*-Arten sind giftig	Man pflanzt bei milder Witterung in der Zeit von Oktober–März in normalen Boden. Das Erdreich kann auch kalkhaltig sein. Beim Anlegen von Hecken werden Pflanzabstände von 60 cm eingehalten	Nur wenig Pflege erforderlich; lediglich bei stark wasserdurchlässigem Boden wird im späten Frühjahr im Wurzelbereich gemulcht	Nicht erforderlich	Ein regelmäßiger Schnitt ist nicht erforderlich. Schadhafte und wild wuchernde Triebe werden im Frühjahr ausgeschnitten. Bei alten, zu dichten Sträuchern schneidet man im Frühjahr das alte Holz aus der Mitte heraus, Hecken werden im späten Winter oder zeitigen Frühjahr in Form geschnitten
Syringa (Flieder) Ein Blütenstrauch mit auffallenden, großen Blütenrispen. Er ist winterhart und sommergrün. Die chinesischen Arten eignen sich sehr gut zur Einzelstellung, die großblütigen *Vulgaris*-Sorten mehr zur Gruppenstellung. Alle Arten gedeihen auch in verschmutzter Luft	Der Flieder ist für die meisten Bodenarten geeignet. Man pflanzt in der Zeit von Oktober–März an sonnigen und teilweise beschatteten Plätzen. Damit sich die junge Pflanze gut eingewöhnt, kann man im ersten Jahr unmittelbar nach dem Austrieb die meisten Blütenstände entfernen	Der Wurzelbereich wird im April mit altem Stallmist oder Gartenkompost gemulcht. Bei heißem Wetter im Sommer werden die Wurzeln vor allem in einem stark wasserdurchlässigen Boden gründlich eingewässert, damit der Strauch nicht welkt. Im Frühjahr bekommt er einen Volldünger. Die Blüten werden nach dem Verblühen abgeschnitten	Nicht erforderlich	Zu dichte Triebe werden mit dem Blattfall ausgeschnitten. Zu hoch geschossene oder stark verholzte Sträucher werden durch einen Rückschnitt bis 90 cm an den Boden heran verjüngt; die jungen Triebe setzen nach 2 oder 3 Jahren wieder Blüten an. Ab Juli werden die Wurzelschößlinge ausgerissen
Tamarix (Tamariske) Ein aparter, sommergrüner Strauch. Im Frühjahr und Sommer erstrahlt er durch seinen kräftig rosaroten, federartigen Blütenflor. Interessant ist auch sein sattgrünes, zypressenartiges Laub	Gepflanzt wird in der Zeit von Oktober–März an einen sonnigen Standort. Der Pflanzgrube wird Torfmull zugesetzt, damit sich die junge Pflanze schnell erholt und kräftig wächst	Wenig Pflege erforderlich. Nur wenn der Boden im Sommer stark austrocknet, sollte man den Wurzelbereich mit Gartenkompost oder Torfmull mulchen	Nicht erforderlich	Die sommerblühenden Arten werden im Februar, die Frühjahrsblüher nach der Blüte zurückgeschnitten
Vaccinium (Heidelbeere, Preiselbeere) Hübsche, sommergrüne und immergrüne Sträucher mit leuchtenden Herbstfärbungen des Laubs und dichten, kräftig gefärbten Fruchtständen. Sie lieben die gleichen Bedingungen wie die Heidekräuter, humosen Boden und direkte Sonne oder Halbschatten, absolut keinen Kalk	Man pflanzt im Oktober/November in sauren, sandigen Boden, der mit feuchtem Torfmull angereichert wurde. Der Standort soll vollsonnig oder halb beschattet sein	Der Wurzelbereich wird im April mit Gartenkompost und Torfmull gemulcht. Wenn das Wachstum stockt, streut man im späten Frühjahr und Sommer Knochenmehl oder Superphosphat rund um die Pflanzen	Nicht erforderlich	Schnittmaßnahmen sind nicht erforderlich; man entfernt lediglich im April schadhafte oder wild wuchernde Triebe, damit die Sträucher buschig bleiben

Symphoricarpos albus

Syringa vulgaris

Tamarix pentandra

Vaccinium corymbosum

Vermehrung	Schädlinge und Krankheiten	Arten	Höhe und Breite	Standort	Kälte- beständig- keit	Blütezeit	Duft	Besondere Hinweise
Eingewurzelte Schöß- linge können leicht im Herbst oder Frühjahr abgetrennt werden	Im allgemeinen frei von Befall	*Symphoricarpos albus* Laubabwerfend Kleine, rosarote Blüten 'Laevigatus' Wachsartige, weiße Beeren	H 1,5–2 m B 2–2,5 m	Sonne oder Halbschatten	Gut	Juli bis September	Ohne	Bestens geeignet für kargen Boden und windige Plätze
		S. × *chenaultii* 'Hancock' Laubabwerfend Purpurrote Beeren mit rosarotem Überzug	H 0,5–0,8 m B 2,4 m	Sonne oder Halbschatten	Gut	Juli bis September	Ohne	Ausgezeichneter Bodendecker unter Bäumen und in der Sonne
Achselstecklinge vom halbreifen Holz werden in einer Länge von 10–12 cm im Juli/ September abge- nommen	Kaum Schädlingsbefall	*Syringa* × *josiflexa* 'Bellicent' Laubabwerfend Rosarote Blüten	H 3,6–4 m B 3,6 m	Sonne oder Halbschatten	Gut	Juni	Ange- nehm	Kräftiger, gegen Krankheiten unempfindlicher Strauch; blüht später als *S. vulgaris*
		S. microphylla Laubabwerfend Rosarote Blüten 'Superba' Dunkelrosa Blüten	H 1–3 m B 2–3 m	Sonne oder Halbschatten	Gut	Mai bis Oktober	Ange- nehm	Ein schöner Strauch, inter- essant wegen der langen Blütezeit
		S. vulgaris Laubabwerfend Viele Sorten Weiß, blau, lila, violett bis purpur	H 3–6 m B 2–5 m	Sonne oder Halbschatten	Gut	Mai–Juni	Ange- nehm	Großartig als blühende Hecke
Hartholzstecklinge von 22–30 cm Länge können im Oktober/November abgenommen werden. Man kann auch 10–15 cm lange Stecklinge vom halbreifen Holz von Juli–September abnehmen	Im allgemeinen frei von Befall	*Tamarix pentandra* Laubabwerfend Winzige, dunkelrosa Blüten	H 3,6–4 m B 3,6–4,5 m	Sonne	Gut	Juli bis August	Ohne	Sehr wirkungs- volle, eigenartige Pflanze
		T. tetrandra Laubabwerfend Leuchtendrosa Blüten	H 3–4 m B 3–4,5 m	Sonne	Gut	Mai	Ohne	
Triebe werden im Frühjahr oder Herbst abgesenkt	Im allgemeinen frei von Befall	*Vaccinium corymbosum* Laubabwerfend Weiße, rosarot getönte Blüten	H 1,2–1,8 m B 1,8–2,4 m	Direkte Sonne oder Halbschatten	Gut	Mai–Juni	Ohne	Braucht unbedingt sauren Boden
		V. vitis-idaea (Preiselbeere) Immergrün Weiße oder blaßrosa Blüten	H 30 cm B 45 cm	Direkte Sonne oder Halbschatten	Gut	Mai–Juni	Ohne	Hübsche Teppich- pflanze zwischen Heidekräutern; leuchtendrote Früchte bleiben bis in den Winter hängen. Nur auf kalkfreien Böden

Viburnum opulus

Vinca minor

Weigela florida

Wisteria sinensis

Yucca filamentosa

Name und Beschreibung der Pflanze	Pflanzanleitung	Pflege	Winterschutz	Schnittanleitung
Viburnum (Schneeball) Die Sträucher werden wegen ihrer reichen, auffallenden Blütenstände im Frühjahr und Sommer und wegen ihres Fruchtschmucks im Herbst geschätzt. Neben den laubabwerfenden Formen gibt es auch immergrüne Arten, die bei uns winterhart sind. Die Früchte der *Viburnum*-Arten sind giftig	Gedeiht gut in allen, auch kalkhaltigen Böden. Die immergrünen Arten werden im September/Oktober oder März/April eingepflanzt, die sommergrünen Arten von Oktober–April. Die immergrünen setzt man an einen Platz, der vor kalten, austrocknenden Winden geschützt ist	Bei sandigem Boden wird im Frühjahr zur Anregung eines kräftigen Wachstums gedüngt, indem man etwa 40 g Volldünger/m² ausstreut. Im April wird mit Gartenkompost, Torfmull oder Stallmist gemulcht	Nicht erforderlich	Ein regelmäßiger Schnitt ist nicht erforderlich. Beschädigte oder wild wachsende Triebe werden im Frühjahr entfernt. Zu dichte Sträucher, die an der Basis kahl sind, können bis dicht an den Boden zurückgeschnitten werden
Vinca (Immergrün) Ein immergrüner, mattenbildender Strauch, der winterhart ist und einen guten Bodendecker für gemischte Bepflanzung sowie in Wildgärten abgibt	Gepflanzt wird in der Zeit von September–März in normale Böden. Am besten gedeiht das Immergrün an teilweise schattigen Plätzen	Nur wenig Pflege ist erforderlich	Nicht erforderlich	Ein regelmäßiger Schnitt ist nicht erforderlich; überflüssige oder wild wuchernde Triebe werden im Frühjahr ausgeschnitten
Weigela (Weigelie) Ein beliebter, sommerblühender Strauch, der im Mai–Juli dicht stehende, fingerhutartige Blüten trägt. Eine Form mit panaschierten Blättern sieht besonders hübsch aus, wenn die Blüte vorüber ist. Die Weigelie ist winterhart und sommergrün und gedeiht gut in der Sonne und im Halbschatten	Gepflanzt wird bei milder Witterung von Oktober bis März. Bei sandigem und stark wasserdurchlässigem Boden wird in die Pflanzgrube viel Gartenkompost, Torfmull oder alter Stallmist eingearbeitet, damit das Erdreich im Sommer feucht bleibt. Auch Kalkböden sind geeignet	Bei Trockenheit werden die jungen Pflanzen reichlich gegossen, damit sie sich gut einwurzeln können. Im April/Mai wird mit altem Stallmist oder Gartenkompost gemulcht	Nicht erforderlich	Nach der Blüte schneidet man die abgeblühten Triebe bis an einen jungen Austrieb zurück und entfernt abgestorbenes und schwaches Holz. Man kann den Strauch auch unbeschnitten lassen, bis das Wachstum reguliert werden muß
Wisteria (Wistarie, Glyzine) Mit der eindrucksvollste Schlingstrauch, der Mauern, Bäume oder Pergolen im Mai und Juni mit langen, blauvioletten oder weißen Blütentrauben bedeckt. Die Wistarie ist winterhart und sommergrün und braucht genügend Platz zum Ausbreiten. Bei starkem Rückschnitt setzt sie zwei bis drei Jahre nach dem Einpflanzen Blüten an; wenn man sie ungezwungen wachsen läßt, blüht sie erst nach mehreren Jahren. Die am längsten bekannte und immer noch beliebteste Art ist *W. sinensis* (Chinesische Traubenwinde)	Die im Topf angezogenen Pflanzen werden bei milder Witterung in der Zeit von Oktober–März in tiefgründigen, nahrhaften Lehmboden eingesetzt. Man wählt einen geschützten Platz und steckt neben die jungen Pflanzen einen Stock oder Reisig in den Boden, um sie an die Stützvorrichtung – quergespannte Drähte, Spalier, Holzlattengerüst einer Pergola oder Baum – heranzuführen	Bei trockenem Wetter muß man reichlich gießen oder den Wurzelbereich mulchen. Die Blütenknospen sind gegen Frost empfindlich. Die Wistarien brauchen viel Nährstoffe. Im Frühjahr und Sommer wird eine Düngung mit einem Volldüngemittel vorgenommen	Nicht erforderlich bzw. kaum möglich. Nur an warme, geschützte Plätze pflanzen	Um das Wachstum zu regulieren, schneidet man die Triebe des laufenden Jahres im Sommer bis auf 15 cm an die Basis zurück. Im Winter werden diese Triebe nochmals bis auf 2 oder 3 Augen an die Basis zurückgeschnitten. Die übriggebliebenen Zapfen treiben dann Blüten
Yucca (Palmlilie) in Kalifornien nennt man diese hübsche, immergrüne Pflanze mit ihren ledrigen Blättern auch Gotteskerze, weil sie sehr hohe Ähren mit großen, rahmfarbenen Blüten besitzt. Sie bildet eine große Rosette aus Blättern, deren Spitzen mit Dornen besetzt sind, und bringt in einem langen, heißen Sommer zahlreiche Blüten hervor	Gepflanzt wird im April oder Oktober in gut entwässerten Boden oder in einen Pflanzbehälter	Man gießt nur bei sehr trockenem Boden und düngt, wenn die Blätter ihre Farbe verlieren und gelblichgrün werden. Die *Yucca* ist empfindlich gegen Winternässe	Die Pflanze mit Reisig einbinden, den Boden mit Laub oder Torfmull abdecken	Schnittmaßnahmen sind nicht erforderlich

Vermehrung	Schädlinge und Krankheiten	Arten	Höhe und Breite	Standort	Kältebeständigkeit	Blütezeit	Duft	Besondere Hinweise
Man senkt im Frühjahr oder Herbst Triebe ab	Die Triebspitzen können vor allem bei Trockenheit von Blattläusen befallen werden. Man spritzt mit einem Mittel gegen saugende Insekten	Viburnum burkwoodii Immergrün Tiefgrüne, glänzende Blätter, zartrosa Blüten	H 1,5–2 m B 1,5–2 m	Sonne bis Halbschatten	Gut	April–Mai	Angenehmer, starker Duft	Schön zur Einzelstellung
		V. lantana (Wolliger Schneeball) Laubabwerfend Filzige Blätter, weiße Blüten	H 3–5 m B 3–4 m	Sonne	Gut	Mai–Juni	Ohne	Erträgt Trockenheit
		V. opulus Laubabwerfend Weiße Blüten	H bis 4,5 m B 3,6–4,5 m	Direkte Sonne oder Halbschatten	Gut	Mai–Juni	Ohne	Nicht an zu trockene Stellen pflanzen; schön neben Goldregen
Bei Vinca major und V. minor können die Wurzelballen im September/April geteilt werden	Eine Viruserkrankung, die durch Blattläuse übertragen wird, verursacht eine Gelbfärbung der Blätter bei Vinca minor; man spritzt mit einem Mittel gegen saugende Insekten. V. major kann vom Rost befallen werden	Vinca major (Großblättriges Immergrün) Immergrün Blauviolette Blüten	H 15–30 cm B 0,9–1,2 m	Halbschatten	Gut	April–Juni (gelegentlich September bis Oktober)	Ohne	Gute Bodendeckerpflanze
		V. minor (Kleinblättriges Immergrün) Immergrün Blaue Blüten	H 5–10 cm B 0,9–1,2 m	Halbschatten	Gut	April–Mai	Ohne	Gute Bodendeckerpflanze
Hartholzstecklinge in einer Länge von 22–30 cm werden im Oktober/November abgenommen; Stecklinge vom halbreifen Holz nimmt man möglichst mit einer Achsel im Juli/September ab	Im allgemeinen frei von Befall	Weigela florida Laubabwerfend Dunkelrosa Blüten 'Foliis Purpureis' Rosarote Blüten 'Variegata' Rosarote Blüten, Blätter mit rahmfarbenen Rändern	H 1,8 m B 1,8 m	Sonne oder Halbschatten	Gut	Mai–Juli	Ohne	
		Hybriden 'Bristol Ruby', rubinrot; 'Eva Rathke', hellrot	H 1,5–2,5 m B 1,5–2,4 m	Sonne oder Halbschatten	Gut	Mai–Juli	Ohne	Wertvolle Sommerblüher, die in keinem Garten fehlen sollten
Die Wistarie kann in einfacher Weise durch Absenker vermehrt werden, die man im Frühjahr oder Herbst im Boden verankert; man kann auch im Frühjahr Samen in einem ungeheizten Gewächshaus aussäen	Blattläuse verunstalten die jungen Triebe. Man spritzt mit einem Mittel gegen saugende Insekten. Bei der Chlorose, die auf Eisenmangel in kalkhaltigen Böden zurückzuführen ist, färben sich die Blätter weißlichgelb. Man düngt mit sauer reagierenden Düngern	Wisteria floribunda Laubabwerfender Schlingstrauch Blauviolette Blüten	H 9 m B 9 m	Direkte Sonne	Mäßig	Mai–Juni	Leichter Duft	Sehr schön, aber nicht ganz frosthart
		W. sinensis Laubabwerfender Schlingstrauch Dunkel blauviolette Blüten 'Alba' Weiße Blüten 'Plena' Dunkel blauviolette Blüten	H 10 m	Direkte Sonne	Mäßig	April–Mai	Leichter Duft	Schöner Bewuchs für Mauern und Pergolen an warmen Plätzen
Eingewurzelte Schößlinge werden am besten im Frühjahr, eventuell auch im Sommer und Herbst, von der Mutterpflanze abgetrennt und an ihrem endgültigen Standplatz eingesetzt. Wenn die Schößlinge sehr klein sind, setzt man sie für 1 oder 2 Jahre in ein Anzuchtbeet	Kaum Schädlingsbefall	Yucca filamentosa Immergrün Ähren mit rahmweißen Glockenblüten	H 0,6–0,8 m B 0,9–1,2 m	Direkte Sonne	Mäßig	Juli bis August	Ohne	Exotisches Aussehen, gehört in die Nähe des Sitzplatzes

Heckenpflanzen

Hecken sind ein wesentlicher Bestandteil der meisten Gärten. Sie können in Form geschnitten werden oder als frei wachsende Hecke mit ausladenden Blütenzweigen ungeschnitten bleiben

Hecken dienen als Sichtschutz, Windschutz oder als Raumteiler für den Garten. Ideal sind immergrüne Heckenpflanzen, da sie den ganzen Winter hindurch dicht und grün bleiben. Sehr gut geeignet sind Eibe, Stechpalme, Lebensbaum und Scheinzypresse, weil sie eine dichte Hecke bilden, die man entweder gar nicht oder nur einmal im Jahr zu schneiden braucht. Weit verbreitet sind auch der schnell wachsende Liguster und der Geißblattstrauch, der allerdings zwei- oder sogar dreimal jährlich geschnitten werden sollte.

Koniferenhecken sind meist dunkelgrün und wirken ziemlich düster. Zwar gibt es heute auch schon verschiedene hellere Koniferen, wie z. B. *Chamaecyparis lawsoniana* 'Lane' und die blaugrünen Formen *Chamaecyparis lawsoniana* 'Alumii' und 'Ellwoodii'.

Die beiden letzteren können zurückgeschnitten werden, ohne daß man befürchten muß, daß die Triebe absterben. Um eine dichte Hecke zu bekommen, pflanzt man die Koniferen im Abstand von ungefähr 60 cm.

Auch laubabwerfende Sträucher und Bäume sind gut als Hecken geeignet, besonders Buchen und Hainbuchen, die das herbstbraune und gelbe Laub oft bis ins zeitige Frühjahr hinein behalten.

Wo eine Hecke nicht als Abgrenzung dient, kann man blüten- oder beerentragende Sträucher natürlich wachsen lassen, so Kolkwitzien, Weigelien, Spiräen oder die überhängenden Zweige verschiedener *Cotoneaster*-Arten. Ihre individuellen Merkmale entwickeln sich dann eindeutiger, als dies bei streng geschnittenen Formhecken der Fall ist.

Ein besonders beliebter, gelb blühender Strauch ist die Forsythie. Die auffallendsten Sorten, 'Beatrix Farrand', 'Lynwood Gold', 'Spectabilis' und 'Spring Glory', die außergewöhnlich reich blühen, kann man gut als dicht wachsende Hecke ziehen.

Die Berberitze, auch Sauerdorn genannt, bildet eine gute, natürlich wachsende Hecke. Berberitzen sind eine artenreiche Gattung, die sowohl immergrüne als auch laubwerfende Pflanzen umfaßt. Viele bringen gelbe oder orangefarbene Blüten, rote und blaue Früchte sowie eine wunderschöne Herbstfärbung hervor.

Oft werden auch Bäume als Windschutz gepflanzt. Sie schützen den Garten wirkungsvoller vor Winden als ein Zaun oder eine Mauer, da Hecken als Luftfilter wirken und so die Windgeschwindigkeit langsam bremsen. Da eine Mauer den Wind vollständig stoppt, bildet sich auf der anderen Seite stets ein Luftwirbel.

In großen Gärten eignen sich auch Ulmen, Linden oder Roßkastanien gut als Windschutz.

Immergrüne Hecken

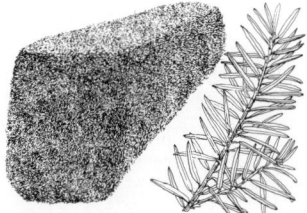

Berberitze *Berberis*

B. × stenophylla, mit verschiedenen Gartenformen, ist eine immergrüne Berberitze. Sie hat bogig überhängende Zweige mit orangegelben bis rötlichen Blüten, die an langgestielten Büscheln herabhängen. Im Herbst erscheinen purpurrote Beeren. Sie bildet eine ansehnliche, natürlich wachsende Hecke
Höhe: 90–120 cm nach 3 Jahren und 100–180 cm nach 6 Jahren
Standort: Sonne oder Halbschatten
Pflanzung: Im Oktober/November oder im April, Abstand 50 cm
Schnitt: Einmal jährlich im Juni etwas kürzen und auslichten

Buchsbaum *Buxus*

B. sempervirens ist ein immergrüner Strauch mit kleinen, dicht stehenden Blättern
Höhe: 90 cm nach 3 Jahren und 150–180 cm nach 6 Jahren
Standort: Sonne oder Halbschatten
Pflanzung: 45 cm Abstand im Oktober/November oder im April
Schnitt: Zu jeder Jahreszeit
B. s. 'Suffruticosa', eine Zwergform des Gemeinen Buchsbaums, ist ideal zur Einfassung von Wegen, Rabatten oder Rasenflächen. Diese Pflanzen können durch Schnitt auf einer Höhe von nur 30 cm gehalten werden

Eibe *Taxus*

Die Gemeine Eibe, *T. baccata,* ist eine breite, relativ langsam wachsende, immergrüne Pflanze mit dunkelgrünen Nadeln und roten Beeren. Die Nadeln einiger Formen sind goldgelb gefärbt
Höhe: Etwa 60–80 cm nach 3 Jahren und 120–180 cm nach 6 Jahren
Standort: Sonne bis Schatten
Pflanzung: Zwischen Oktober und April, Abstand 60 cm
Schnitt: Im späten Frühjahr Triebe einkürzen
Hinweis: Pflanze und Samen sind giftig! *T. b.* 'Lutea' ist eine wundervolle, gelbfruchtige Form

Feuerdorn *Pyracantha*

P. coccinea und *P. crenatoserrata* mit verschiedenen Sorten bilden buschige, kompakte, immergrüne Hecken. Sie haben weiße Blüten im Juni und später im Herbst einen prächtigen, orangefarbenen oder roten Beerenschmuck
Höhe: 120 cm nach 3 Jahren und 180–240 cm nach 6 Jahren
Standort: Sonnig, vertragen aber auch Halbschatten
Pflanzung: Im Oktober/November oder im April, in einem Abstand von 60 cm
Schnitt: Einmal jährlich im Frühjahr oder Sommer

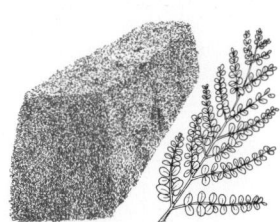

Heckenkirsche *Lonicera nitida,*

L. pileata Der Heckenkirschenstrauch bildet eine dichte, immergrüne, kleinblättrige Hecke. Unscheinbare, gelblichgrüne Blüten öffnen sich im April und Mai
Höhe: 70 cm nach 3 Jahren und 100–150 cm nach 6 Jahren. Am besten hält man sie auf einer Höhe von 90–120 cm
Standort: Sonne oder Halbschatten
Pflanzung: Am besten zwischen Oktober und März, Abstand 30 cm
Schnitt: Im Mai und nochmals im August/September

Lavendel *Lavandula*

L. spica ist mit ihren silbergrauen Blättern und den hellvioletten Blüten im Juli eine bevorzugte immergrüne Pflanze für Zwerghecken
Höhe: 30 cm nach 3 Jahren und 40–50 cm nach 6 Jahren
Standort: Möglichst vollsonnig; wächst auf jedem Boden
Pflanzung: 30 cm Abstand im Oktober oder im April
Schnitt: Lavendel kann im März/April und auch nach der Blüte – sogar mit der Heckenschere – geschnitten werden

Leylandzypresse *× Cupressocyparis leylandii* Dies ist eine Kreuzung zwischen Zypresse und Scheinzypresse, eine äußerst kräftige Konifere, ideal für hohe Hecken und Schutzwände. Sie wächst sehr schnell und besitzt einen ausgeprägten Säulenhabitus
Höhe: 300 cm oder mehr nach 6 Jahren
Standort: Sonne oder Halbschatten
Pflanzung: Im Oktober oder April, Abstand 60–90 cm
Schnitt: Im späten Frühjahr nach dem Austrieb

Liguster *Ligustrum*

Der Japanische Liguster, *L. ovalifolium,* ist ein schnell wachsender, wintergrüner Strauch. Der Goldliguster, *L. ovalifolium* 'Aureum', hat vorwiegend gelbe Blätter und ist meist wintergrün. Beliebt ist auch der Gemeine Liguster
Höhe: 90 cm nach 3 Jahren und 120–180 cm nach 6 Jahren
Standort: Sonne bis Halbschatten
Pflanzung: Zwischen Oktober und März, Abstand 45 cm
Schnitt: Strenge Hecken werden zweimal jährlich geschnitten

Immergrüne Hecken

Rhododendron *Rhododendron*

Rhododendron-Hybriden sind meist sehr dekorative Pflanzen mit immergrünen Blättern und großen Blüten im Juni. Sie eignen sich nicht für kalkhaltige und trockene Böden. Die Blüten und Früchte von nahezu allen *Rhododendron*-Arten sind giftig
Höhe: 40–60 cm nach 3 Jahren und 60–120 cm und höher nach 6 Jahren
Standort: Halbschatten
Pflanzung: Im Frühjahr, Abstand 60 cm. Als größere Hecke nur auf sauren und humosen Böden
Schnitt: Nach der Blüte

Riesenlebensbaum
Thuja plicata

Dieser schnell wachsende Baum mit tiefgrünen Schuppenblättern und roter, in Streifen abblätternder Rinde gibt eine ausgezeichnete Hecke. Die für Hecken am meisten verwendete *Thuja*-Art ist *T. occidentalis*. Ihre Zweigspitzen und Zapfen sind giftig
Höhe: 150 cm nach 3 Jahren und 240 cm und mehr nach 6 Jahren
Standort: Sonnig
Pflanzung: Im Oktober/November oder im April, Abstand 1–2 m
Schnitt: Im späten Frühjahr nach dem Austrieb

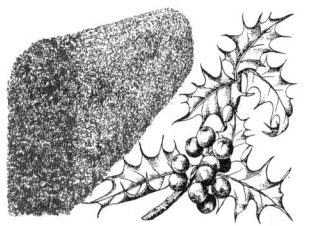

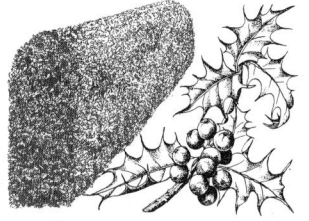

Scheinzypresse *Chamaecyparis*

C. lawsoniana, eine aufrecht wachsende Konifere, die eine robuste, dichte Hecke bildet. *C. l.* 'Alumii' ist eine Säulenkonifere. Sie bildet eine anmutige dichte Hecke mit blaugrauen Nadeln. *C. l.* 'Columnaris Glauca', eine schlanke, blaugrüne, säulenartig wachsende Form, gibt eine gute Schutzwand
Höhe: Bis 100 cm nach 3 Jahren, etwa 150–200 cm nach 6 Jahren
Standort: Sonnig oder halbschattig
Pflanzung: Im September/Oktober oder im April, Abstand 40–60 cm
Schnitt: Im späten Frühjahr nach dem Austrieb

Stechpalme *Ilex*

Wegen ihrer dunkelgrünen, glänzenden, immergrünen Blätter und des dichten Wuchses sind die verschiedenen Gartenformen von *I. aquifolium* und *I. crenata* als Schmuck und Sichtschutz beliebt
Höhe: Je nach Art und Sorte 60 bis 120 cm nach 3 Jahren und 120 bis 240 cm nach 6 Jahren
Standort: Sonne bis Schatten
Pflanzung: Im Oktober/November oder im April, Abstand 60 cm
Schnitt: Strenge Hecken im Juni/Juli, lockere nur bei Bedarf
Hinweis: Die meisten Arten sind getrenntgeschlechtig

Laubabwerfende Hecken

Berberitze *Berberis*

Die Art *Berberis thunbergii* 'Atropurpurea' ist eine laubabwerfende Verwandte der *B.* × *stenophylla*. Ihre bronzefarbenen bis kupferroten Blätter werden im Herbst kräftig purpurrot. Auch sie bildet eine ausgezeichnete Hecke
Höhe: 90–120 cm nach 3 Jahren und 150–180 cm nach 6 Jahren. Es gibt eine Zwergform, 'Atropurpurea Nana', von nur 30–60 cm Höhe
Standort: Sonnige Lage
Pflanzung: Von Oktober bis März im Abstand von 45 cm
Schnitt: Einmal jährlich, August/September

Buche *Fagus sylvatica*

Die Gemeine Rotbuche sowie ihre kupfer- und purpurfarbenen Formen (Blutbuche) eignen sich gut als Windschutz. Sie behalten ihre herbstbraunen Blätter oft den ganzen Winter bis zum zeitigen Frühjahr bei. Buchen wachsen, abgesehen von schweren, nassen Böden, gut auf jedem Boden
Höhe: 120 cm nach 3 Jahren und 150–240 cm nach 6 Jahren
Standort: Sonne bis Halbschatten
Pflanzung: Von Oktober–März, Abstand 45 cm. Nach dem Pflanzen alle Triebe um $1/4$ kürzen
Schnitt: Stets im Spätsommer

Flieder *Syringa*

S. microphylla 'Superba' ist ein buschiger, breiter, aufrecht wachsender Flieder mit dünnen Zweigen. Die wohlriechenden rosaroten Blüten erscheinen von Mai bis Oktober. Der Flieder bildet zwar Hecken, doch können diese nicht streng geschnitten werden
Höhe: 90 cm nach 3 Jahren und 150 cm nach 6 Jahren
Standort: Sonne oder Halbschatten
Pflanzung: Am besten pflanzt man den Flieder im Frühjahr, Abstand 60 cm
Schnitt: Im Oktober nach der Blüte

Forsythie *Forsythia*

F. × *intermedia* 'Lynwood Gold' und 'Beatrix Farrand' haben von allen Forsythien die größten Blüten. Im März und April sind sie von goldgelben Blüten übersät. Auch als dichte Hecke eignen sie sich gut
Höhe: 120 cm nach 3 Jahren und bis 180 cm nach 6 Jahren und noch höher
Standort: Sonne oder Halbschatten
Pflanzung: Zwischen Oktober und März, Abstand 60–100 cm
Schnitt: Nach der Blüte im Frühjahr auslichten und alte Triebe ausschneiden

Hainbuche *Carpinus*

Die Gemeine Hain- oder Weißbuche, *C. betulus,* bildet eine dichte Hecke, die ihre trockenen Blätter bis zum Frühjahr behält. Im April und Mai erscheinen die Kätzchenblüten, später in Knäueln hängende Nüßchen. Dies trifft jedoch nicht zu, wenn die Hecke geschnitten wurde
Höhe: 90 cm nach 3 Jahren und 150–240 cm nach 6 Jahren
Standort: Sonne oder Halbschatten
Pflanzung: 35 cm Abstand, von Oktober bis März
Schnitt: Zweimal jährlich, im Mai und August

Pfeifenstrauch, Falscher Jasmin *Philadelphus*

P. coronarius ist ein laubabwerfender Strauch. Er bildet eine dichte Hecke. Von Ende Mai an bringt er cremeweiße, große, stark duftende Blüten hervor. *P. virginalis* hat gefüllte Blüten, dunkelgrünes Laub
Höhe: 90–120 cm, frei wachsend bis 300 cm hoch
Standort: Sonne bis Halbschatten; eignet sich auch für trockene Böden
Pflanzung: Zwischen Oktober und März, Abstand 60 cm
Schnitt: Nach der Blüte

Rose *Rosa*

Die Floribundarose 'Queen Elizabeth' ist von außergewöhnlich kräftigem Wuchs mit aufrechtem Habitus. Sie ergibt eine farbenprächtige, rosa blühende Hecke. Da sie langstielig ist und wenig Stacheln hat, eignet sie sich auch gut als Schnittrose
Höhe: 60–80 cm nach 3 Jahren; sie kann schließlich 100–160 cm hoch werden
Standort: Sonne
Pflanzung: Zwischen Oktober und März, Abstand 60 cm
Schnitt: Am besten im zeitigen Frühjahr

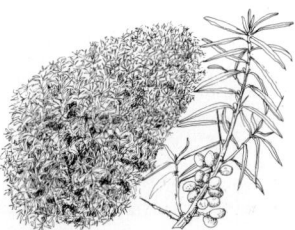

Sanddorn *Hippophae*

H. rhamnoides, ein laubabwerfender Strauch mit schmalen, langen Blättern. Die weiblichen Pflanzen tragen im Herbst orangefarbene Beeren, sofern männliche Pflanzen in der Nähe stehen. In Küstenregionen ist er häufig anzutreffen
Höhe: 120 cm nach 3 Jahren und etwa 180–240 cm nach 6 Jahren. Ungeschnitten kann er bis zu 9 m hoch werden
Standort: Sonne oder Halbschatten
Pflanzung: Zwischen Oktober und Februar, Abstand 60 cm
Schnitt: Im August Jahrestriebe kürzen

Schneebeere *Symphoricarpos*

S. albus Dieser aufrechte Strauch gibt ein hübsche Hecke. Er ist laubabwerfend. Von Juni bis August bringt er in Trauben angeordnete rosarote Blüten hervor, aus denen sich im Herbst weiße, runde Beeren entwickeln, die sich den ganzen Winter über halten. Die Beeren sind giftig
Höhe: 90–150 cm
Standort: Sonnig oder schattig
Pflanzung: Zwischen Oktober und März, Abstand 60 cm
Schnitt: Zwei- oder dreimal, von Frühjahr bis Herbst

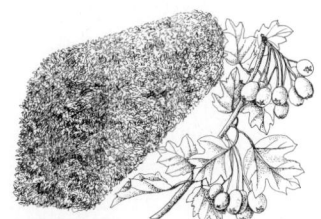

Weißdorn *Crataegus*

C. monogyna, der Gemeine Weißdorn, ist eine laubabwerfende Heckenpflanze. Sie sollte möglichst nicht um Obstgärten gezogen werden, da hier wie dort die gleichen Schädlinge auftreten
Höhe: 90 cm nach 3 Jahren und 150–200 cm nach 6 Jahren
Standort: Sonne bis Halbschatten
Pflanzung: Zwischen Oktober und März, Abstand 40–50 cm
Schnitt: Einmal jährlich im Spätsommer; unterbleibt der Schnitt, sind die Zweige im Mai von stark duftenden, weißen Blüten übersät

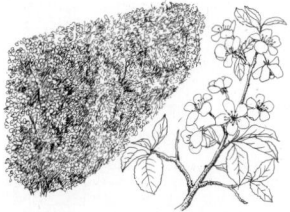

Zierkirsche, Zierpflaume

Prunus P. cerasifera, grünblättrig, ergibt zusammen mit der schwarzrotblättrigen Blutpflaume, *P. c.* 'Nigra', eine farbenprächtige Hecke. Beide Arten blühen im März weiß bzw. rosa. Die Blüten stehen einzeln; sie sind nicht gefüllt und ungefähr 2 cm groß. *P. c.* 'Nigra' ist sehr beliebt und ausdrucksvoll
Höhe: 150 cm nach 3 Jahren und bis 300 cm nach 6 Jahren
Standort: Sonne
Pflanzung: Zwischen Oktober und März, Abstand 45 cm
Schnitt: Nach der Blüte

Zierquitte *Chaenomeles*

Chaenomeles-Hybriden sind laubabwerfende, aufrecht wachsende Sträucher verschiedener Sorten, deren Blüten oft schon im Spätwinter erscheinen. Man nennt sie allgemein Japanische Zierquitten
Höhe: Je nach Art und Sorte 40 bis 80 cm nach 3 Jahren und im Alter bis zu 180 cm und höher
Standort: Sonne bis Schatten
Pflanzung: Von Oktober bis März, Abstand 90 cm
Schnitt: Einmal jährlich im Frühjahr nach der Blüte oder später im Sommer

Wie man eine schöne, dichte Hecke bekommt

Heckensträucher können entweder in einer Reihe oder in versetzter Doppelreihe gepflanzt werden. Aus der Doppelreihe entsteht eine kräftigere, dichtere Hecke.

Laubabwerfende Hecken können jederzeit während der Ruheperiode, im Herbst und Winter, gepflanzt werden. Immergrüne Hecken pflanzt man am besten schon im September/Oktober oder aber erst im April.

Man hebt den vorgesehenen Heckenstreifen genügend breit und tief aus. Die erste Erdschicht wird auf einer Seite angehäuft. Danach wird in den ausgehobenen Graben alter Dung oder Gartenkompost auf die unterste Schicht gelegt. Nun wirft man die oberste Bodenschicht wieder zurück.

Etwa zehn Tage vor dem Einpflanzen werden 50 g eines Volldüngers (zwei bis drei gehäufte Eßlöffel) auf 1 m² aufgebracht.

Mit einer Schnur wird die Reihe markiert; zur Markierung der Pflanzstellen steckt man Stäbe oder Pflöcke im Abstand von ungefähr 30–45 cm in den Boden.

Will man eine doppelreihige Hecke pflanzen, markiert man die Reihe so, daß die Pflanzen beider Reihen versetzt stehen. Die Pflanzlöcher müssen so groß sein, daß die Wurzeln genügend Platz haben bzw. den Wurzelballen aufnehmen können. Jeder Strauch wird etwas tiefer eingepflanzt, als er zuvor in der Baumschule saß.

Damit die Pflanze gedeiht, gibt man reichlich feuchten Torf in das Pflanzloch. Der Stamm wird leicht geschüttelt, damit sich die Erde setzt und keine Hohlräume bleiben. Dann verteilt man den Rest der Erde über die Wurzeln. Schließlich tritt man die Erde fest.

Damit der Wind die Wurzeln nicht wieder lockern kann, werden an jedem Ende der Reihe Pfähle gesetzt. Ein Draht wird fest zwischen die Pfähle gespannt und jede Pflanze daran festgebunden.

Es dauert einige Wochen, bis sich frisch gepflanzte Hecken an die neuen Lebensbedingungen gewöhnt haben. Immergrüne Hecken, wie z. B. Liguster und Koniferen, werden leicht vom Wind ausgetrocknet. Daher muß man sie zu Beginn häufig wässern. Auf der Windseite kann man zudem eine Schutzwand aus Sackleinen, Maschenwerk oder Reisig anbringen.

Damit die Blätter immergrüner Pflanzen – auch in Trockenperioden der Winterzeit – nicht zuviel Wasser verlieren, sollte man das Blattwerk mit einem Verdunstungsschutzmittel übersprühen.

Schnitt einer neuen Hecke Bei Hecken, die nicht geschnitten werden sollen, genügt es meist, die neuen Pflanzen um ¹/₃ zu kürzen. Schnitthecken brauchen einen dichten Unterbau und einen einheitlich dichten Wuchs nach oben. Daher werden die Pflanzen in der Regel nach dem Einsetzen ungefähr um die Hälfte gekürzt.

Jedes Jahr wird weiterhin der neue Wuchs um die Hälfte bzw. ¹/₃ gekürzt, bis die Hecke die gewünschte Höhe erreicht hat. Diese Höhe behält man durch starken Rückschnitt in jedem Jahr bei.

Zur Markierung der endgültigen Höhe zieht man eine Schnur zwischen zwei Pfählen und schneidet auf diese Linie zurück. Damit man eine möglichst dichte Hecke bekommt, wird der obere Teil schräg zugeschnitten.

Die Schnittzeiten und -methoden sind von Strauch zu Strauch verschieden, aber nach einer Faustregel sollen Formhecken zwei- bis dreimal jährlich im Frühjahr und Sommer und ungeschnittene Hecken jeweils nach der Blüte geschnitten werden.

Für den Schnitt kleinblättriger Heckensträucher, wie z. B. Liguster, Buchsbaum oder Heckenkirsche, verwendet man eine Heckenschere. Baumscheren eignen sich besser zum Schneiden von langblättrigen Arten und Koniferen. Mechanische Scheren sind gut für junge, kurze, grüne Triebe, aber sie können verholzte Triebe verletzen, wenn sie nicht scharf genug sind.

Ausgewachsene Hecken werden im Frühjahr mit einem Volldünger gedüngt. Eine zweite Düngung erfolgt im Frühsommer. Ist der Boden trocken, muß er unbedingt gewässert werden.

Um die Erde in Trockenperioden vor zu starker Wasserverdunstung zu schützen und feucht zu halten, wird eine dicke Schicht Gartenkompost, verrotte Blätter oder alter Mist auf die Wurzeln geschichtet.

PFLANZEN UND SCHNEIDEN EINER NEUEN HECKE

1. Graben ausheben. Oberste Schicht entfernen, Kompost daraufgeben

2. Löcher ausheben; feuchten Torf an die Wurzeln drücken

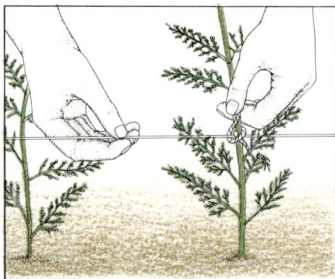

3. Pflanzen zum Schutz vor Winden an gespanntem Draht befestigen

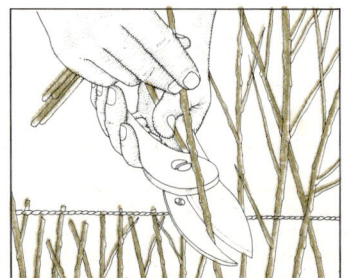

4. Sträucher strenger Hecken nach dem Pflanzen um etwa die Hälfte kürzen

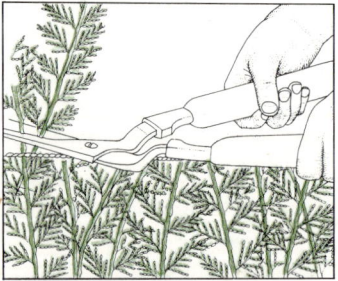

5. Bei jungen Hecken neuen Wuchs jährlich um die Hälfte zurückschneiden

6. Die ausgewachsene Hecke nach oben konisch zuschneiden

Chrysanthemen

Die Chrysantheme, die „goldene Blume des Ostens", wurde schon vor mehr als 2000 Jahren in China kultiviert. Heute zählt sie zu unseren beliebtesten Blumen

Chrysanthemen können in Steingärten, in Staudenrabatten, Töpfen oder Blumenkästen, aber auch im Gewächshaus gezogen werden. Als Schnittblumen sind sie besonders begehrt.

Man unterscheidet einjährige und mehrjährige Chrysanthemen; dazu kommen noch die Prachtchrysanthemen der Gärtner; dies sind mehrjährige Blütenstauden.

Die einjährigen, einfachen Chrysanthemen mit bunten Farbringen und Farbzonen werden aus Samen gezogen. Unter den robusten mehrjährigen finden wir die große Sommermargerite.

Das *Pyrethrum* (*Chrysanthemum coccineum*) ist ebenfalls eine als Schnittblume beliebte, ausdauernde Chrysantheme mit margeritenähnlichen, farbigen Blüten.

Die robusten koreanischen Hybriden, *Chrysanthemum × koreanum*, sind als Verwandte der Winteraster nahezu winterharte, mehrjährige Pflanzen mit einfachen, halbgefüllten und gefüllten Blüten, die meist als etwa 60 cm hohe Büsche gezogen werden. In rauhen Lagen werden sie, ehe der Winter kommt, herausgenommen.

Die spezialisierten Zuchtformen (Prachtchrysanthemen) werden im Garten oder Gewächshaus gezogen. Ihr Wachstum und die Blütenbildung werden durch Zurückschneiden von Trieben und Knospen beeinflußt.

Sorten, die im Freien vor Oktober blühen, bezeichnet man als früh blühend; Sorten, die nach dem ersten Frost blühen, als spät blühend. Diese müssen im Herbst unter Glas kultiviert werden.

Da es so unendlich viele verschiedenartige Chrysanthemen gibt, versuchten Spezialisten, eine gewisse Ordnung in die Fülle zu bringen. Heute werden Chrysanthemen vor allem nach der Form ihrer Blüten klassifiziert. Zu den sogenannten einfachen Chrysanthemen gehören alle Sorten, die nur ein bis zwei Reihen Rand- oder Zungenblüten ausbilden. Halbgefüllte Chrysanthemen bilden dagegen bis zu fünf Reihen Randblüten aus.

Die anemonenblütigen Chrysanthemen sehen den einfachen ähnlich, nur bilden sie mit ihren verlängerten Röhrenblüten eine stark erhöhte Scheibe.

Besonders beliebt sind auch die sogenannten gefüllt blühenden Chrysanthemen, bei denen der ganze Blütenstand, das sogenannte Köpfchen, aus Zungen- oder Strahlenblüten besteht. Je nach der Ausbildung des Blütenstands unterscheidet man verschiedene Klassen. Am bekanntesten sind

Ballförmige Chrysanthemen: Sorten mit regelmäßig einwärts gebogenen Zungenblüten und einer meist kugeligen Blütenform. Dazu kann man auch die sogenannten halbballförmigen zählen, die zum Teil kürzere Zungenblüten haben, und die ballettförmigen mit ihren leicht gedrehten Blütenblättern.

Pomponförmige Chrysanthemen: Sorten mit fast kugeligen Köpfchen. Die tütenförmigen Blüten stehen oft dachziegelartig übereinander.

Schirmförmige Chrysanthemen: Sorten, deren Zungenblüten nach außen zurückgebogen sind.

Spinnen: Unter diesem Begriff faßt man alle die Sorten zusammen, die fadenförmige, feinstrahlige, gerade oder gebogene Zungenblüten ausbilden.

Wenn man Chrysanthemen kultiviert, dann kann man die Form des Blütenstands und die Größe durch entsprechende Maßnahmen beeinflussen. Läßt man die Chrysantheme nur mit einem oder wenigen Trieben heranwachsen und bricht man gleichzeitig die Seitenknospen regelmäßig ab, dann entstehen besonders große Einzelblumen auf kräftigen Trieben.

Ballettförmige Blüte

Halbballförmige Blüte

Einfache Blüte

Kleinblumige Chrysantheme (Spray-Chrysantheme)

Ballförmige Blüte

Schirmförmige Blüte

Chrysanthemenkultur im Garten

Verbesserung des Bodens mit Dünger

Will man Chrysanthemen als Schnittblumen ziehen, braucht man einen fruchtbaren, tiefgründigen Boden. Er soll außerdem gut entwässert sein, weil Chrysanthemen die Feuchtigkeit nicht lieben. Der Platz soll sonnig und windgeschützt sein. Will man im Frühjahr und Frühsommer pflanzen, muß

Beliebte winterharte Chrysanthemen

Im Garten zählen zu den wertvollsten Herbstblühern die winterharten Formen der Chrysanthemen, die auch zu den *Chrysanthemum-Indicum*-Hybriden zählen. Vielfach werden sie auch als *Chrysanthemum × koreanum* bezeichnet. Es handelt sich hier um robustere Auslesen. Gepflanzt werden sie in geschützten Lagen.

Dies geschieht im Herbst oder Frühjahr zur üblichen Staudenpflanzzeit. Die Sorten werden normalerweise von Staudengärtnereien mit Topfballen geliefert. Zweckmäßig ist es, in kleinen Gruppen zu pflanzen.

Der Abstand zwischen den einzelnen Pflanzen soll 30–40 cm betragen. Damit ein buschiger Wuchs entsteht, müssen die Triebe ein- bis zweimal gestutzt werden. Im Juni wird zum letztenmal gestutzt. Dieser Termin ist je nach Sorte und Gegend verschieden. Früh blühende Sorten werden meistens etwas früher, spät blühende etwas später zurückgeschnitten. Entscheidend ist auch die Lage des Gartens. In rauhen Klimagebieten muß man etwas früher stutzen als in milden, warmen Gegenden. Am besten ist es, wenn man über mehrere Jahre hinweg die Sorten beobachtet und so auf Grund eigener Erfahrung zurückschneidet. Das ist wichtig, um eine gewisse Relation zwischen Stiellänge und Blütenansatz bzw. Blühtermin zu erzielen.

Viele Gartenbesitzer stutzen nur einmal oder auch zu früh. Dann entstehen langtriebige Blütenstände, die keinen ansprechenden Gesamteindruck machen. Die Triebe höherer Sorten müssen angebunden werden, damit sie bei starkem Wind oder bei Unwettern nicht umfallen oder abknicken.

Das Wachstum kann man durch entsprechende Düngergaben fördern. Dazu werden ein- bis zweimal 20–30 g/m² eines Blaukornvolldüngers gleichmäßig ausgestreut und flach in die Krume eingeharkt. Anschließend ist kräftig zu wässern, damit sich der Dünger auflöst und sofort von den Pflanzen aufgenommen werden kann. Nach dem Düngen muß der Boden einige Tage feucht gehalten werden, um Salzkonzentrationsschäden zu vermeiden.

Nachdem die Chrysanthemen im Herbst verblüht sind, werden die Triebe kurz über dem Erdboden zurückgeschnitten und vor dem Einsetzen strengerer Fröste mit Fichtenreisig abgedeckt.

Zahlreiche Sorten bekommt man in Staudengärtnereien und im Gartencenter. Die Tabelle auf Seite 154 gibt eine Übersicht über die Eigenschaften der bekanntesten Sorten.

Behandlung von gekauften Jungpflanzen

Von den Gärtnereien werden Jungpflanzen meist ab April geliefert. Man pflanzt sie in etwa 7 cm tiefe, 25 cm breite und 40 cm lange, flache Kästen oder in 7–9 cm große Töpfe. Die Behälter werden mit Blumen- oder Komposterde gefüllt und die Pflänzchen eingesetzt. In einen Kasten sollte man nicht mehr als zwölf Chrysanthemen pflanzen. Das anschließende Bewässern erfolgt mit einer sehr feinen Brause. Dann werden die Pflanzen mit Etiketten versehen. Verwendet man Töpfe, so legt man in den Topf eine kleine Scherbe. Danach wird er bis zur Hälfte mit Komposterde gefüllt. Die Pflanze wird eingesetzt und der Topf bis etwa 1 cm unterhalb des Randes mit Komposterde aufgefüllt. Mit einer feinen Brause bewässert man die Pflanzen.

Besitzt man ein Gewächshaus, so stellt man die Kästen oder Töpfe auf den Boden oder auf Tische. An sonnigen Tagen versprüht man Wasser. Auch stellt man die Pflanzen an einen schattigen Platz.

Ist kein Gewächshaus vorhanden, können die Kisten und Töpfe mit den Jungpflanzen auch gleich in den kalten Kasten gestellt werden.

Die Behandlung im kalten Kasten ist die gleiche. Zunächst bleibt das Fenster einige Tage lang geschlossen. Nach etwa einer Woche kann man das Fenster ein wenig öffnen. Die Pflanzen werden nur feucht, nicht naß gehalten. Man streut Schneckenkorn auf die Erde.

Nach einer weiteren Woche kann das Fenster noch höher gestellt werden, bis es Anfang Mai ganz abgenommen wird. Nur wenn Nachtfröste zu erwarten sind, deckt man den Kasten wieder zu.

1. Etwa 7–8 cm tiefe Kisten werden mit Blumen- oder Komposterde gefüllt und dann die Chrysanthemen eingepflanzt. Man kann sie auch in 7–9 cm große Töpfe pflanzen

das Beet im Herbst umgegraben werden, damit im Winter die Frostgare entstehen kann. Gleichzeitig kann man verrotteten Dünger oder Gartenkompost sowie Hornspäne oder Hornmehl in den Boden einarbeiten. Im April wird dann noch ungefähr 30–50 g eines mineralischen oder organisch-mineralischen Düngers ausgestreut und etwa 7–8 cm tief in die Krume eingeharkt.

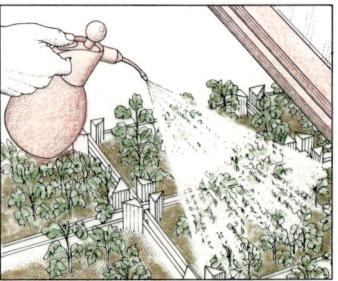

2. Pflanzen ins Frühbeet setzen; bei warmem Wetter besprühen

3. Schneckenkorn auf die Erde streuen, u. U. mit Insektizid spritzen

Das Auspflanzen im Frühsommer

Mitte bis Ende Mai kann man Chrysanthemen auspflanzen. Stäbe von 1,2 m Länge werden in den Boden getrieben. Am besten pflanzt man in zwei Reihen. Der Abstand zwischen den einzelnen Pflanzen und zwischen den Reihen sollte 30 cm betragen.

Mit einem Handspaten wird ein Loch, das etwas größer als der Wurzelballen der Pflanze ist, neben dem Stab ausgehoben. Dann nimmt man die Pflanze vorsichtig aus dem Kasten und pflanzt sie aus.

Nun werden die Pflanzen lose mit Bast, Schnur oder Chrysanthemenringen an den Stäben befestigt. Gärtner ziehen ihre Schnittblumen in sogenannten Chrysanthemennetzen. Wer Beziehungen zu einem Chrysanthemengärtner hat, kann sich dort einige Meter beschaffen und in die 12,5 × 12,5 cm großen Drahtmaschen die Chrysanthemen einpflanzen. Dem Wuchs der Pflanzen entsprechend, wird das Netz nach oben gezogen. Dadurch entfällt das zeitraubende Anbinden an den Stäben. Rund um jede Pflanze streut man Schneckenkorn aus.

Nach dem Auspflanzen wird gegossen. Bei Bedarf wird mit einem Insektizid gespritzt.

1. Jede Pflanze lose mit Bast oder Schnur anbinden

2. Etikettieren und Schneckenkorn rund um die Pflanze streuen

Düngen, gießen und spritzen

Bei feuchter Witterung streut man Düngemittel um jede Pflanze, und zwar alle zehn Tage ab Ende Juni, bis die Knospen erscheinen. Danach wird nicht mehr gedüngt. Bei trockener Witterung gibt man dem Gießwasser ein flüssiges Düngemittel bei. Wenn es nicht oder nur ganz wenig regnet, werden die Pflanzen einmal wöchentlich gründlich gegossen.

Um zu verhindern, daß Echter Mehltau auftritt, spritzt man alle drei Wochen einmal mit einem Triforin- oder Dinocap-Präparat. Man sollte nur spritzen, wenn mit einem Befall zu rechnen ist.

DÜNGEN

Düngemittel alle zehn Tage streuen; bei Trockenheit flüssig düngen

Krankheiten und Schädlinge bei Chrysanthemen

Die folgende Tabelle befaßt sich mit den häufigsten Krankheitsmerkmalen und Schädlingen. Weisen die Pflanzen andere Symptome auf als die hier beschriebenen, dann hilft das Kapitel über Schädlinge und Krankheiten ab Seite 574 weiter. Die Handelsnamen der chemischen Bekämpfungsmittel und ihre Anwendung findet man ab Seite 599.

Schaden	Ursache	Abhilfe
Weißlicher, mehliger Belag auf Blättern und Trieben, die auch Mißbildungen aufweisen können	Echter Mehltau	Mit Benomyl, Dichlofluanid, Dinocap oder Triforin spritzen
Braune Flecken auf Blattunterseiten und Rostpusteln. Starker Befall kann zu Vergilben und frühzeitigem Absterben der Blätter führen	Rost	Maneb oder Triforin
Blüten von Gewächshauspflanzen entwickeln sich schlecht, werden früh braun, besonders in der Mitte, grauer, wolliger Schimmelbelag	Grauschimmel	Geschädigte Blüten entfernen, für gute Lüftung, besonders an warmen Tagen, sorgen; mit Benomyl oder Dichlofluanid spritzen
Rundliche, dunkelgraue bis schwärzliche, scharf abgegrenzte Flecken auf den Blättern, Größe zwischen 0,5 und 2 cm. Die Blätter sterben von unten nach oben ab	Septoria-Blattfleckenkrankheit	Pflanzen ausreichend ernähren, besonders mit Kali und Phosphor. Mit Benomyl, Triforin oder Mancozeb spritzen
Gewundene, weißliche Linien im Blattgewebe	Maden der Minierfliegen	Kranke Blätter entfernen oder mit Diazinon spritzen
Triebe, Blätter, Blütenknospen und Blüten verkrüppelt, eingesunkene, braune Flecken an den geschädigten Stellen; kleine Löcher in den Blättern	Blattwanzen	Spritzen mit Diazinon-, Dimethoat- und Malathion°-Präparaten
Zerfressene Blätter und Blüten	Raupen oder Ohrwürmer	Diazinon spritzen
Abgefressene junge Spitzen, besonders an Schößlingen oder Ablegern	Schnecken, falls Schleimspuren; sonst wohl Raupen	Schneckenkorn um die Pflanzen streuen oder spritzen wie bei Raupen
Verkümmerte oder verkrüppelte Stengel und Blätter	Blattläuse	Diazinon-, Malathion°- oder Dimethoat-Präparate spritzen
Blätter mit blassen oder bräunlichen Flecken, schwacher Wuchs, Blütenknospen im Wuchs zurückgeblieben, Spinnfäden auf der Blattunterseite	Rote Spinne	Ein Akarizid, wie Kelthane oder Diazinon, spritzen
Blätter, insbesondere die unteren, zeigen dunkle Flecken, und werden ganz gelb oder braun, hängen schlaff am Stengel herab. Pflanzenwuchs kümmerlich, Blüten mißgebildet oder von minderer Qualität	Blattälchen und Stengelälchen	Behandlung schwierig, Pflanzen besser vernichten, Erdreich mit Basamid entseuchen
Regelmäßiges Welken von Blättern und Trieben bei warmem, sonnigem Wetter	Wassermangel	Tägliche Feuchtigkeitskontrolle. Welkt die Pflanze weiterhin, liegt wahrscheinlich Wurzelfäule oder Welkekrankheit vor. Dann Pflanze vernichten
Dünne Stengel, kleine, blasse Blätter und Blüten	Nährstoffmangel	Düngen

Größere Blüten durch Stutzen und Ausbrechen

Läßt man eine Chrysantheme natürlich wachsen, dann entwickelt sich eine strauchähnliche Pflanze mit vielen kleinen Blüten. Um Pflanzen mit schönem Wuchs und großen Blüten zu erhalten, muß die Pflanze gestutzt werden.

Beim Stutzen wird der Haupttrieb direkt oberhalb eines voll entwickelten Blattpaars abgeschnitten. Bei den meisten Arten ist dies Ende Mai oder Anfang Juni notwendig.

Aus den Blattachseln entwickeln sich dann Seitentriebe. Im allgemeinen läßt man vier bis sechs Triebe je Pflanze zur Gewinnung von Schnittblumen stehen, doch nur zwei bis drei, wenn man schöne, große Blüten haben will.

Im Juni und Juli bilden die neuen Triebe ihrerseits aus den Blattachseln Seitentriebe aus. Diese werden entfernt, wenn sie etwa 2,5 cm lang sind und wenn man sie leicht ausbrechen kann, ohne die Pflanze zu beschädigen.

Ende Mai wird der Haupttrieb oberhalb eines Blattpaars gestutzt

Wie man große, schöne Einzelblumen bekommt

Ab Ende Juli oder Anfang August bildet sich eine Blütenknospe an der Spitze jedes Triebs, die sogenannte Kronenknospe. Sie ist gewöhnlich von einem Büschel kleinerer Knospen umgeben. Damit man nicht viele kleine, unscheinbare Blüten bekommt, läßt man nur die Haupt- oder Kronenknospe stehen. Die sie umgebenden Nebenknospen werden ausgebrochen.

1. Ab Ende Juli bilden sich mehrere Knospen am Ende des Stiels

2. Entfernen der Nebenknospen, damit die Blüte größer wird

Verhütung von Blütenschäden

In unwirtlichen Gebieten, regenreichen Sommern oder Industriezonen kann es sein, daß die Blüten leicht Schaden nehmen. Wer also besonders schöne Blumen haben will, muß die Pflanzen rechtzeitig vor ungünstigen Umwelteinflüssen schützen.

Verschiedene Methoden können dazu angewendet werden. Am einfachsten ist es wohl, über den Beeten ein ungefähr 1,8 bis 2 m hohes Holzgestell zu errichten und dieses mit einer Plastikfolie zu überziehen. Dies sollte man tun, wenn sich die Knospen gebildet haben und Farbe zu zeigen beginnen. Eine andere Möglichkeit, die einzelnen Blüten zu schützen, besteht darin, daß man bereits die Knospen mit einer Pergamintüte umhüllt. Sie wird über die Knospen gestülpt und mit einem kleinen Gummi festgehalten. Mit einer Nadel sticht man einige Löcher in die Tüte, damit ein Temperatur- und Luftaustausch stattfinden kann. Außerdem schlägt sich keine Feuchtigkeit im Innern der Pergamintüte nieder.

Vor Nachtfrösten im Herbst kann man die Pflanzen mit dem zuvor erwähnten Holzgestell schützen. Man bedeckt es nun aber mit Stroh- oder Rohrmatten.

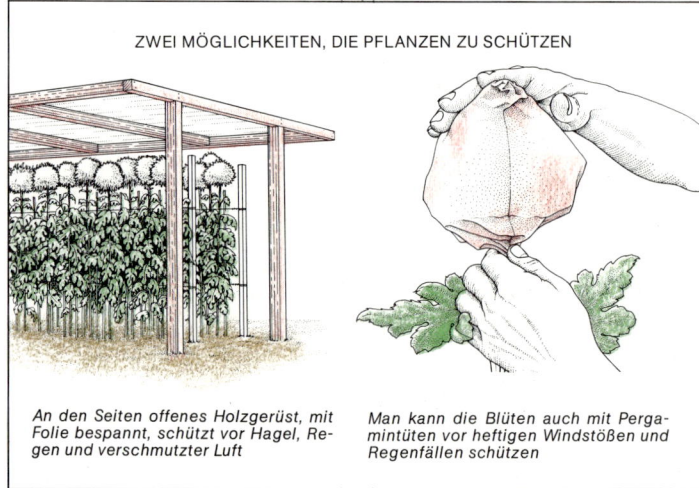

ZWEI MÖGLICHKEITEN, DIE PFLANZEN ZU SCHÜTZEN

An den Seiten offenes Holzgerüst, mit Folie bespannt, schützt vor Hagel, Regen und verschmutzter Luft

Man kann die Blüten auch mit Pergamintüten vor heftigen Windstößen und Regenfällen schützen

Schneiden von Blumen für die Vase

Am Tag vor dem Schnitt sollten die Pflanzen gegossen werden. Am nächsten Morgen, wenn die Triebe noch möglichst viel Wasser enthalten, schneidet man sie.

Mit einer Blumenschere wird der Stiel etwa 60 cm unterhalb der Blüte abgeschnitten.

Die Blätter werden vom unteren Teil des Stiels entfernt und dann etwa 8–10 cm des Stielendes mit einem Hammer geklopft; dadurch halten die Blüten besser. Nun stellt man die Pflanzen sogleich in eine tiefe Vase mit Wasser.

Sollten die Blumen früh zu welken beginnen, dann kann man sie vielleicht noch retten, wenn man die Stielenden ungefähr 2 cm tief in kochendes Wasser taucht. Dabei muß man aber achtgeben, daß die Blätter durch den Wasserdampf nicht beschädigt werden.

Kleinblumige und Spätblüher

Kleinblumige Garten- und Schnittblumen

Wer nur einfach viele Blüten haben möchte, braucht sich um die Entwicklung bestimmter Triebe und das Ausbrechen von Knospen nicht zu kümmern. Die Blattknospen der meisten Frühblüher gedeihen gut, wenn man sie ein einziges Mal abnimmt. Dies geschieht am besten, wenn die Pflanzen etwa 20 cm hoch sind. Nun tragen die Chrysanthemen nicht nur eine oder zwei große Blüten an jedem Stiel, sondern die Stiele tragen Büschel mit vielen kleinen Blüten. Diese sogenannten Sprays sind für Blumengestecke gut geeignet. Von Gärtnern werden diese kleinblumigen Chrysanthemen angeboten.

Spätblüher, im Gewächshaus gezogen

Chrysanthemen, die im Oktober und November blühen, sind gewöhnlich spät blühende Spielarten der früh blühenden Sorten und sollten im Gewächshaus gezogen werden. In wärmeren Gebieten kann man sie auch im Freien ziehen, sie müssen aber bei Frostgefahr ins Gewächshaus.

Oktoberblüher werden im Mai oder Juni so im Freien ausgepflanzt, zurückgeschnitten und von Nebenknospen befreit wie die Frühblüher. Im September oder Anfang Oktober werden sie vorsichtig aus dem Beet genommen.

Man gräbt mit der Grabgabel oder dem Spaten so tief unter die Wurzel, daß die Pflanzen mit einem möglichst großen Ballen herausgehoben werden können.

Im Gewächshaus pflanzt man sie in ein Beet, in Kübel oder Kästen.

Die Pflanzen sollten möglichst viel Raum im Gewächshaus haben. Je mehr Luft und Licht sie bekommen, um so besser gedeihen sie. Bei mildem Wetter muß man gut lüften. Frost dürfen sie nicht bekommen; auch Hitze schadet ihnen.

STUTZEN JUNGER PFLANZEN

Wenn die Pflanzen etwa 20 cm lang sind, werden sie gestutzt

HERAUSNEHMEN DER SPÄTBLÜHER

1. Mit Grabgabel oder Spaten Pflanze samt Wurzelballen herausheben

2. Pflanzen im Gewächshaus in Beete, Kübel oder Kisten pflanzen

Jungpflanzen aus Stecklingen

Überwinterung und Antreiben der Mutterpflanzen

Die meisten Chrysanthemensorten sind recht robust, leiden aber, wenn es zu feucht oder kalt ist. Daher muß man die Mutterpflanzen herausnehmen und geschützt aufbewahren. Aus ihnen werden im Jahr darauf neue Pflanzen herangezogen.

Eine Ruheperiode nach der Blüte ist für die Mutterpflanzen wichtig. Sie bleiben, bis sie ausgeblüht haben, im Boden. Dann schneidet man die Stengel bis auf eine Länge von 10–15 cm zurück. Anschließend hebt man mit einem Spaten die Pflanzen mit dem Wurzelballen heraus.

Mit der Gartenschere werden junge Triebe an der Basis abgeschnitten, da sie zur Vermehrung wenig taugen. Die Mutterpflanzen werden nun in eine flache Kiste mit Komposterde eingeschlagen.

Es wird nun leicht gegossen, damit sich die Erde an die Wurzeln anschmiegt. Dann stellt man die Kiste in einen kalten Frühbeetkasten, dessen Fenster abgelüftet werden. Nur bei Frostgefahr die Fenster schließen!

Auch unter die Tische eines kalten Gewächshauses kann man die Mutterpflanzen stellen. Sie müssen nur ausreichend Licht bekommen. Zwar können sie leichten Frost ertragen, sind aber gegen Feuchtigkeit sehr empfindlich. Deshalb braucht man sie bis Ende Dezember nicht oder nur selten zu gießen. Bei stärkeren Frösten ist weiterer Schutz notwendig. Pflanzenschutzmaßnahmen sind nach Bedarf erforderlich.

Ab Februar oder März werden die Mutterpflanzen aus dem kalten Frühbeet genommen und im Gewächshaus auf Tische gestellt und angegossen. Eine Temperatur von 7–10° C genügt zum Antreiben.

1. Die Triebe werden bis auf 10–15 cm Länge zurückgeschnitten

2. Mit Grabgabel oder Spaten Pflanze samt Wurzelballen herausheben

3. Mit der Schere alle jungen, grundständigen Triebe abschneiden

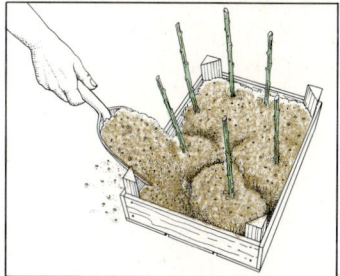

4. Mutterpflanzen einschlagen; zur Überwinterung in den kalten Kasten

Anzucht von Jungpflanzen unter Glas

Wer ein geheiztes (warmes) Frühbeet besitzt, kann Stecklinge schon ab Mitte März schneiden. Im kalten Frühbeet ist eine Vermehrung vor April nicht ratsam.

Etwa 6–8 cm tiefe Handkisten werden mit angefeuchteter Vermehrungserde gefüllt. Geeignet ist eine Mischung aus Torf und Sand im Verhältnis 1:1. Mit einem Brettchen wird die Erde leicht festgedrückt. Falls Handkisten nicht vorhanden sind, nimmt man 8-cm-Töpfe und steckt jeweils vier Stecklinge in einen solchen Topf.

Als Steckling schneidet man von einer Mutterpflanze einen grundständigen jungen Trieb ab, der möglichst 6–8 cm lang oder noch länger sein sollte. Sind grundständige Triebe nicht vorhanden, kann ein Steckling auch vom Haupttrieb genommen werden.

Mit einem scharfen Messer oder einer Rasierklinge werden die unteren Blätter des Ablegers vorsichtig entfernt, so daß der Stengel nicht beschädigt wird. Pilzinfektionen treten häufig auf, wenn der Stengel dabei verletzt wird.

Nun wird ein gerader Schnitt durch den Stengel direkt unterhalb eines Blattknotens der soeben entfernten Blätter geführt und so ein 4–5 cm langer Steckling gewonnen. Dieser wird mit der Stengelbasis etwa einen halben Zentimeter tief in ein hormonhaltiges Bewurzelungspulver getaucht. Dies ist jedoch nicht unbedingt notwendig.

Mit einem dicken Pikierholz oder Bleistift werden etwa 2 cm tiefe Löcher in die Erde gebohrt und die Stecklinge in einem Abstand von 4–5 cm gesteckt. Das Substrat drückt man mit den Fingern leicht an und feuchtet es mit einer feinen Brause an.

Man kann auch den Steckling zwischen Zeigefinger und Daumen nehmen, kurz in das Hormonpulver tauchen und dann vorsichtig in die Vermehrungserde 1 bis 2 cm tief stecken.

Bei leichtem, torfhaltigem Substrat ist das Andrücken mit den Fingern empfehlenswert, denn die Stecklinge müssen fest sitzen.

Nun wird die Handkiste mit den Sortennamen und dem Steckdatum beschriftet. Dann stellt man sie in einen mäßig temperierten Kasten. Ab April kann man die Pflanzen auch in das kalte Frühbeet geben. Das Gießen wird nach Bedarf vorgenommen.

Die Stecklinge bewurzeln sich nach ungefähr zehn Tagen in warmen Kisten und in etwa vier Wochen im kalten Frühbeet. Ob sie schon Wurzeln geschlagen haben, kann man daran erkennen, daß das Laub viel frischer aussieht und der Austrieb neuer Blätter einsetzt.

Haben die Stecklinge kräftige Wurzeln gebildet, werden sie in Töpfe oder tiefere Kisten pikiert. Danach sind die jungen Pflanzen genauso zu behandeln wie die von einem Gärtner bezogenen Pflanzen.

Kommt man aus irgendeinem Grund nicht dazu, die bewurzelten Stecklinge schon bald zu pikieren, sollten sie mit einer Kopfdüngung ernährt werden. Andernfalls leiden sie unter Nährstoffmangel und gehen vielleicht sogar ein. Daher gießt man die Pflanzen, wenn sie ausreichend Wurzeln gebildet haben, mit einer 0,2%igen Volldüngerlösung an. Zu diesem Zweck löst man 2 g eines üblichen Blumenvolldüngers in einem Liter Wasser auf und überbraust die Pflanzen. Anschließend wird mit klarem Wasser abgespritzt, damit keine Salzkonzentrationsschäden auftreten. Nun kann man noch einige Zeit ohne weiteres zuwarten, bis die Stecklinge pikiert oder in Töpfe gepflanzt werden.

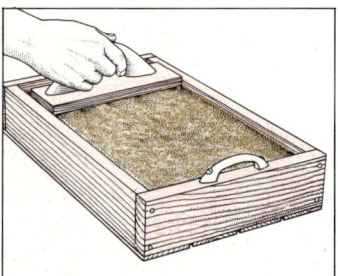

1. Handkisten mit Vermehrungssubstrat füllen und dieses andrücken

2. Grundständigen neuen Trieb von der Mutterpflanze abtrennen

3. Untere Blätter des Stecklings vorsichtig entfernen

4. Stengel unterhalb des Blattknotens abschneiden

5. Löcher im Abstand von 4–5 cm bohren; Stecklinge hineinsetzen

6. Man kann die Stecklinge auch direkt in lockeres Vermehrungssubstrat stecken

7. Kisten in einen geheizten oder kalten Kasten stellen

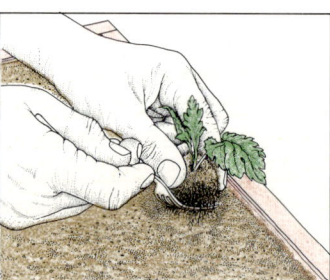

8. Jungpflanzen nach Bewurzelung herausnehmen und weiterkultivieren

Fortsetzung Seite 153

Chrysanthemen

Über 200 verschiedene Arten umfaßt die Gattung der Chrysanthemen. Eine große Zahl spielt im Garten als Sommerblumen und Blütenstauden eine Rolle. Im Kleingewächshaus werden sie als Topfpflanzen oder Schnittblumen kultiviert

Im Garten sind die *Chrysanthemum-Indicum*-Hybriden von Bedeutung. Man kennt sie als die typischen Winterastern, die am Ende des Vegetationsjahrs, im September und Oktober, ihre farbenprächtigen Blüten öffnen. Es gibt einerseits die widerstandsfähigen, winterharten Sorten, andererseits solche, die nur im Gewächshaus angebaut werden können. Die normale Blütezeit der Chrysanthemen liegt im Herbst, da der Blütenansatz durch die kurzen Tage stimuliert wird. Wer über ein Kleingewächshaus verfügt, kann Chrysanthemen praktisch das ganze Jahr über anbauen. Mit Hilfe von Zusatzlicht oder Verdunkelungseinrichtungen wird der Anbau gesteuert – eine reizvolle Aufgabe für den schon etwas fortgeschrittenen Hobbygärtner.

Absolut winterhart sind die verschiedensten Gartenstauden, zu denen vor allem die Margeriten zählen. Sie blühen im Hochsommer und sind nicht nur besonders hübsch im Garten anzusehen, sondern geben auch hervorragende Schnittblumen für Sommerblumensträuße. Übrigens werden alle staudigen Chrysanthemen durch Stecklinge oder Teilung der Pflanzen vermehrt.

Winterastern sind mit ihren leuchtenden Farben prächtige Herbstblüher, die in keinem Garten fehlen sollten

Spinnenchrysanthemen werden als Topf- und Schnittblumen im Kleingewächshaus kultiviert

Chrysanthemum-Indicum-Hybriden
▼ 'Gartenmeister Vegelahn'

Chrysanthemum-Indicum-Hybriden ►
'Luyona'

▲ Chrysanthemum-Indicum-*Hybriden 'Goldmarianne'*

▲ Chrysanthemum maximum *'Eisrevue'*
▼ Chrysanthemum-Carinatum-*Mischung (Kokardenblume)*

▲ Chrysanthemum-Indicum-*Hybriden*

▲ Chrysanthemum-Indicum-*Hybriden 'White Bouquet'*

Es gibt so viele Chrysanthemenarten und -sorten, daß man vom Frühjahr bis in den späten Herbst hinein blühende Pflanzen im Garten haben kann

146

Dahlien

Vor 400 Jahren wurden die Dahlien in Mexiko entdeckt, doch erst 200 Jahre später kamen sie nach Europa. Dort nannte man sie auch Georginen. Heute sind diese Blumen aus unseren Gärten nicht mehr wegzudenken

Zu Beginn des 19. Jahrhunderts kamen die ersten Dahlien nach Deutschland. Während die ersten Sorten nur einfach blühten, wurden bald schon Züchtungen mit halbgefüllten und später auch mit gefüllten Blüten bekannt. Die ersten gezüchteten, gefüllten Dahlien glichen bereits unserer heutigen Balldahlie. Sie entstand in einer Gärtnerei in Karlsruhe.

Im Garten brauchen Dahlien einen sonnigen, geschützten, warmen Platz. Dort können sie sich, wenn der Boden tiefgründig gelockert und humusreich ist, im Lauf des Sommers prächtig entwickeln. Dazu sind natürlich auch entsprechende Nährstoffreserven erforderlich; jedoch sollte man die Pflanzen nicht zu stark mit Stickstoff düngen, da sonst die Standfestigkeit der Triebe und der Blütenstiele leidet. Ab Ende Juli beginnt die Blütezeit, die sich bis zum ersten Frost fortsetzt.

Die hohen Sorten der Schmuck- und Kaktusdahlien werden am besten separat und nicht mit anderen Pflanzen zusammen angepflanzt. Daß die langstieligen Dahlien auch gute Schnittblumen abgeben, versteht sich fast von selbst.

Balldahlien schmücken seit mehr als 150 Jahren unsere Gärten. Heute werden außer Kaktusdahlien und ein- *fachen Dahlien noch viele andere Formen angebaut. Besonders prächtig sind die Schmuckdahlien*

▼ *Kleine Balldahlie 'Orange Flora'*   *Einfache Dahlien und Kaktusdahlien* ▶

▲ Halskrausendahlie

Schmuckdahlie ▼   ▼ Semikaktusdahlie 'Hamari Sunset'

Neben den üblichen Blütenformen gibt es für den Liebhaber schöner Dahliensorten viele besondere Varietäten. Duplexdahlien haben mehrere Blütenblattkreise und sind halb gefüllt, während bei den Halskrausendahlien die Scheidenblüten von einer Halskrause überragt werden.

Neuerdings gibt es auch Sorten mit gedrehten Blütenblättern, zu denen unter anderem die seesternblütigen Dahlien zählen.

Schmuckdahlien zeichnen sich durch besonders große Blüten aus. Sie haben breite Blütenblätter, die meist ballförmig angeordnet sind. Die kleineren Formen eignen sich gut als Schnittblumen, die größeren halten sich jedoch meist nicht lange. Im Garten wirken sie sehr attraktiv

▲ *Seesternblütige Dahlie*
◄ *Duplexdahlie 'Decoration'*   *Semikaktusdahlie* ▼

149

▲ Schmuckdahlie 'Bronce Wonder'
Kaktusdahlie 'Ökonomierat Helfert' ▼

Orchideenblütige Dahlie 'Rosa Giraffe' ▶

▲ Pompondahlie 'Kochelsee'

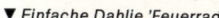

▲ Schmuckdahlie

▼ Einfache Dahlie 'Feuerrad'

Pompondahlien haben meist kleine Blüten mit dachziegelartig übereinanderstehenden Blütenblättern. Sie sind ein Blickfang im Garten und auch für Sträuße gut geeignet, denn die geschnittenen Blumen halten sich besonders lange. Man kennt viele Sorten in leuchtenden Farben. Seit wenigen Jahren gibt es bei uns die orchideenblütigen Dahlien. Sie haben gewellte Blütenblätter mit eigenwilliger Zeichnung. Die Sorte 'Giraffe' wurde in verschiedenen Farben gezüchtet. Die einfache Dahlie 'Feuerrad' ist großblumig und wirkt durch ihre aparte leuchtende Farbe. Sie sollte stets einzeln gepflanzt werden, damit ihre Blüten gut zur Geltung kommen. Es gibt auch noch andere einfach blühende Dahlien mit intensiven Farbtönen. Sie bilden immer einen wirkungsvollen Kontrast zu den gefüllten Sorten, deren Blüten sanfter getönt sind

▼ Einfache Dahlie

▼ Kaktusdahlie

Edelnelke ▲

Nelken

Nelken gibt es in unendlich vielen Arten und Sorten mit unterschiedlichsten Formen und Farben. Sie lieben Sonne und Trockenheit; deshalb pflanzt man sie in Steingärten, auf Trockenmauern oder auf sonnige Beete. Nelken sind auch ausgezeichnete Schnittblumen; das gilt vor allem für die Bartnelke und die vielen Abkömmlinge der Garten- oder Landnelken (*Dianthus caryophyllus*), von denen die schönste, die dauerblühende Edelnelke, im Kleingewächshaus herangezogen werden kann. Freilandnelken sollten in sehr kalten Wintern geschützt werden.

▲ *Bartnelke*

▼ *Bartnelke*

Sandnelke ▼

▼ *Pfingstnelke*

Spät blühende Chrysanthemen im Gewächshaus

Verpflanzen in größere Töpfe

Wer ein kleines Gewächshaus besitzt, kann Chrysanthemen heranziehen, die im November und Dezember blühen.

Vermehrt werden die Jungpflanzen, wie bereits beschrieben. Man kann dies spät im April oder sogar noch Anfang Mai vornehmen. Nachdem die Pflanzen Wurzeln gebildet haben, werden sie in Handkisten, den Frühbeetkasten oder in kleine Töpfe pikiert.

Frisch pikierte Pflanzen muß man bei starker Sonnenbestrahlung schattieren, damit die jungen, empfindlichen Blätter nicht welken.

Haben sie sich nach einigen Wochen gut entwickelt, müssen sie in einen größeren Topf verpflanzt werden. In der Regel genügen Töpfe von 12–13 cm Durchmesser.

Als Erdsubstrat dient Komposterde, Blumen- oder Einheitserde. Selbstgemischten Substraten kann man eine Grunddüngung beigeben, da Chrysanthemen große Mengen Nährstoffe brauchen.

Beim Verpflanzen dreht man die Pflanze um, hält sie zwischen Zei-ge- und Mittelfinger und klopft den Topf gegen einen harten Gegenstand. Nun löst sich die Pflanze mit ihrem Wurzelballen aus dem Topf leicht heraus und kann verpflanzt werden. Wie bereits beschrieben, wird in den neuen Topf etwas Erde gestreut, dann die Pflanze eingesetzt und der Topf mit Erde aufgefüllt.

Anschließend wird jede Pflanze an einem Stab festgebunden. Sind die Pflanzen eingewurzelt, werden sie an einen geschützten Standort im Freien gebracht. Sie müssen gleichmäßig bewässert werden, und das Wachstum wird in regelmäßigen Abständen durch eine entsprechende Düngung unterstützt. Am besten ist es, wenn flüssig gedüngt wird. Zu diesem Zweck werden etwa 20 g eines üblichen Blaukornvolldüngers in 10 l Wasser aufgelöst und damit die Pflanzen angegossen.

Nach dem Düngen dürfen die Pflanzen nicht trocken werden, da sonst die Wurzeln durch überhöhte Salzkonzentration „verbrennen". An sehr heißen Tagen muß man mehrmals sprühen, damit die Pflanzen nicht welken.

Stutzen der Pflanzen und Ausbrechen der Blüten

Die meisten spät blühenden Chrysanthemen müssen ein zweites Mal gestutzt werden. Dadurch wird die Blütezeit verzögert, und größere Blüten wachsen heran.

Die Methode ist die gleiche wie beim ersten Stutzen. Haben die Pflanzen nach dem ersten Stutzen etwa 10–12 cm lange neue Triebe gebildet, werden diese ein zweites Mal gestutzt. Es bilden sich neue Seitentriebe, von denen nur die besten und schönsten stehenbleiben. Durch diese Maßnahme, die bei allen Spätblühern empfehlenswert ist, setzen die Blütenknospen zu einem späteren Zeitpunkt an. Je später gestutzt wird, um so kürzer bleiben die Durchtriebe. Das hängt damit zusammen, daß Chrysanthemen sogenannte Kurztagspflanzen sind.

Einräumen ins Gewächshaus

Sobald die Witterung im September oder Oktober kühler wird, werden die Pflanzen vom Freiland ins Gewächshaus eingeräumt. Man stellt sie auf Grundbeete oder den Gewächshaustisch. Für eine mäßige, aber gleichmäßige Feuchtigkeit ist zu sorgen. Die Knospen- und Blütenbildung wird durch eine phosphor- und kalibetonte Kopfdüngung unterstützt.

Vorsicht, in der Nähe des Kleingewächshauses darf keine Lichtquelle sein, sonst bilden sich keine Knospen. Über einen Zeitraum von zehn bis zwölf Wochen müssen die Pflanzen jeden Tag mindestens 14 Stunden absolute Dunkelheit haben.

Sobald sie blühen, werden die Pflanzen als Zimmerschmuck verwendet.

1. Den Trieb zwischen zwei Fingern halten und die Pflanze herausnehmen

2. Die Pflanze in einen größeren Topf setzen und mit Erde auffüllen

1. Zweimaliges Stutzen ist bei Spätblühern erforderlich

2. An den neuen Austrieben bilden sich endständige Knospen

153

Empfehlenswerte Chrysanthemensorten

Da jedes Jahr viele neue Sorten auf den Markt kommen, veraltet jede Aufstellung von Chrysanthemensorten in Kürze. Die folgende Liste gibt aber Anhaltspunkte für Sorten, die, auf lange Sicht gesehen, als Standardsorten gelten.

Es handelt sich dabei ausschließlich um Sorten, die in der geschilderten Weise zur Gewinnung von Schnittblumen oder als Bereicherung des Blumengartens herangezogen werden können. Wichtig ist zu wissen, daß diese Sorten nur von Spezialgärtnereien bezogen werden können, wobei die einzelnen Sorten in einer gewissen Mindestmenge abgenommen werden müssen. Gartenbesitzer, die sich mit dieser Spezialität be-

fassen wollen, müssen sich einen Katalog bei einer dieser Jungpflanzenfirmen beschaffen und rechtzeitig bestellen. In den Katalogen achte man auf die Bezeichnung „Sorten zur Normalkultur". Das ist wichtig, da der Erwerbsgärtner heute vielfach die „gesteuerte Chrysanthemenkultur" durchführt. Bei diesem für den Gartenbesitzer kaum durchzuführenden Verfahren werden die Chrysanthemen durch künstliche Belichtung und Verdunkelung auf einen bestimmten Blühtermin gesteuert. Diese etwas komplizierte Methode kann nur solchen Hobbygärtnern empfohlen werden, die über ein umfangreiches Grundwissen auf gärtnerischem Gebiet verfügen.

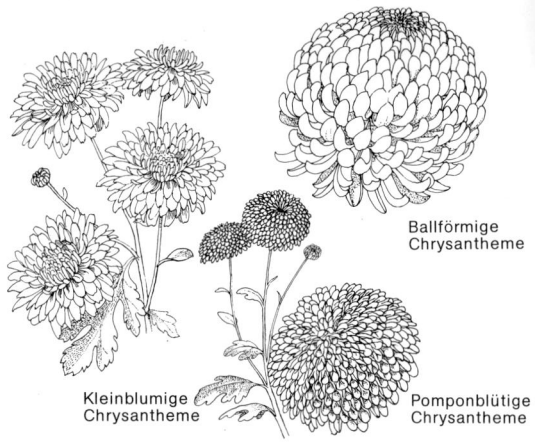

Ballförmige Chrysantheme

Kleinblumige Chrysantheme

Pomponblütige Chrysantheme

WINTERHARTE FREILANDCHRYSANTHEMEN			
Sorte	Blütenfarbe	Blütezeit	Besondere Hinweise
'Altgold'	Goldbronze	August–September	Niedrige Gruppensorte
'Citrus'	Zitronengelb	September–Oktober	Niedrig, blüht lange
'Edelweiß'	Rein weiß	Oktober–November	Dichte Blütenbüschel
'Fellbacher Wein'	Weinrot	Oktober–November	Standfeste Sorte
'Gartenmeister Vegelahn'	Karminrosa	September–Oktober	Stand- und wetterfeste Sorte
'Goldmarianne'	Tiefgelb	Oktober–November	Blüht sehr reich
'Hansa'	Lilarosa	August–September	Gefüllte Blüten
'Hebe'	Leuchtend rosa	August–September	Einfache Blüten, robust
'Kleiner Bernstein'	Bernsteinfarbig	September–Oktober	Gute Beetsorte
'Ordensstern'	Goldbraun	September–Oktober	Gefüllte Blüten
'Schwabenstolz'	Dunkel braunrot	September–Oktober	Zum Schnitt geeignet
'Schweizerland'	Altrosa	September–Oktober	Besonders winterhart
'Schwyz'	Leuchtend rostrot	Oktober–November	Gruppensorte mit gefüllten Blüten
'White Bouquet'	Rein weiß	Oktober–November	Pomponförmige Blüten

GROSS- UND MITTELGROSSBLUMIGE SORTEN (NICHT WINTERHART)			
Sorte	Blütenfarbe	Blütezeit	Besondere Hinweise
'Alec Bedser'	Gold, rein gelb	August	
'Asta Lee'	Rosa	September	
'Bessie Rowe'	Rein weiß	August–September	
'Bernstein'	Bernsteinbronze	August–September	
'Breitner'	Weiß, zitronengelb, bernsteinbronze, pastellrosa	August–September	Äußerst wetterfest, wächst stark
'Bornholm'	Bernsteinbronze, bernsteingelb	Oktober	Wetterempfindlich, muß geschützt werden
'Escort'	Dunkelrot	August–September	Kräftiger Wuchs, wetterfest
'Evelyn Bush'	Rein weiß, gelb	September–Oktober	Gut gefüllte Blumen, im Oktober Glasschutz, auch als kleinblumiger Massenblüher möglich
'Golddigger'	Goldgelb	Oktober	Typische ballförmige Blüte

GROSS- UND MITTELGROSSBLUMIGE SORTEN (NICHT WINTERHART)			
Sorte	Blütenfarbe	Blütezeit	Besondere Hinweise
'Good Morning'	Rein rosa	September–Oktober	Ausgeglichener Wuchs, wetterfest
'Hanenburg'	Rotbronze	September–Oktober	Flache Ballform, großblumig
'Holiday'	Pastellrosa	Oktober	
'Halcro'	Rotbronze	September–Oktober	Guter Wuchs,
'Hoeks Glorie'	Lilarosa	Oktober	flache Ballform
'Ostduin'	Rein gelb	Oktober–November	Glasschutz notwendig
'Wim Lange'	Weinrot, malvenrosa, bronze	Oktober–November	Ballförmige Blumen

KLEINBLUMIGE SORTEN (NICHT WINTERHART)			
Sorte	Blütenfarbe	Blütezeit	Besondere Hinweise
'Annamarie'	Weiß	August–September	
'Claudia'	Orangebronze	September–Oktober	Wächst stark, gute Schnittsorte
'Davina'	Samtrot	August–September	
'Erika'	Erikafarben	September	
'Gerrie Hoek'	Rein weiß, fliederrosa	August–September	
'Heidi'	Rein weiß	September	
'Juweeltje extra'	Lilarosa	Oktober	
'Liliane Hoek'	Dunkelrot, gelb	August–Oktober	Lange Schnittstiele, blüht mäßig auf
'Long Island Beauty'	Weiß, gelb, purpurn	November	Anemonenblütig
'Lucida'	Rein gelb	September	Blüht sehr reich
'Margaret'	Rein rosa	Oktober	Große Einzelblumen, stabiler Wuchs
'Nathalie'	Weinrot	September–Oktober	
'Patricia extra'	Kräftig rot	September	Blüht reich
'Pamela'	Gelb, orangebronze, rosa	September–Oktober	Wächst gut, flache Blumen
'Rheingold'	Goldgelb	August–September	Wächst gut, schön geformte Blumen, sehr ertragreich
'Stella'	Orange, purpurlila, rein rosa	August–September	Farben verblassen nicht
'Tiptop'	Rein rosa	September–Oktober	Bewährte Schnittblumensorte

Dahlien

Die leuchtenden Farben der Blüten, ihre vielfältigen Formen und das schöne Laub der Dahlien bringen eine exotische Note in den spätsommerlichen Garten

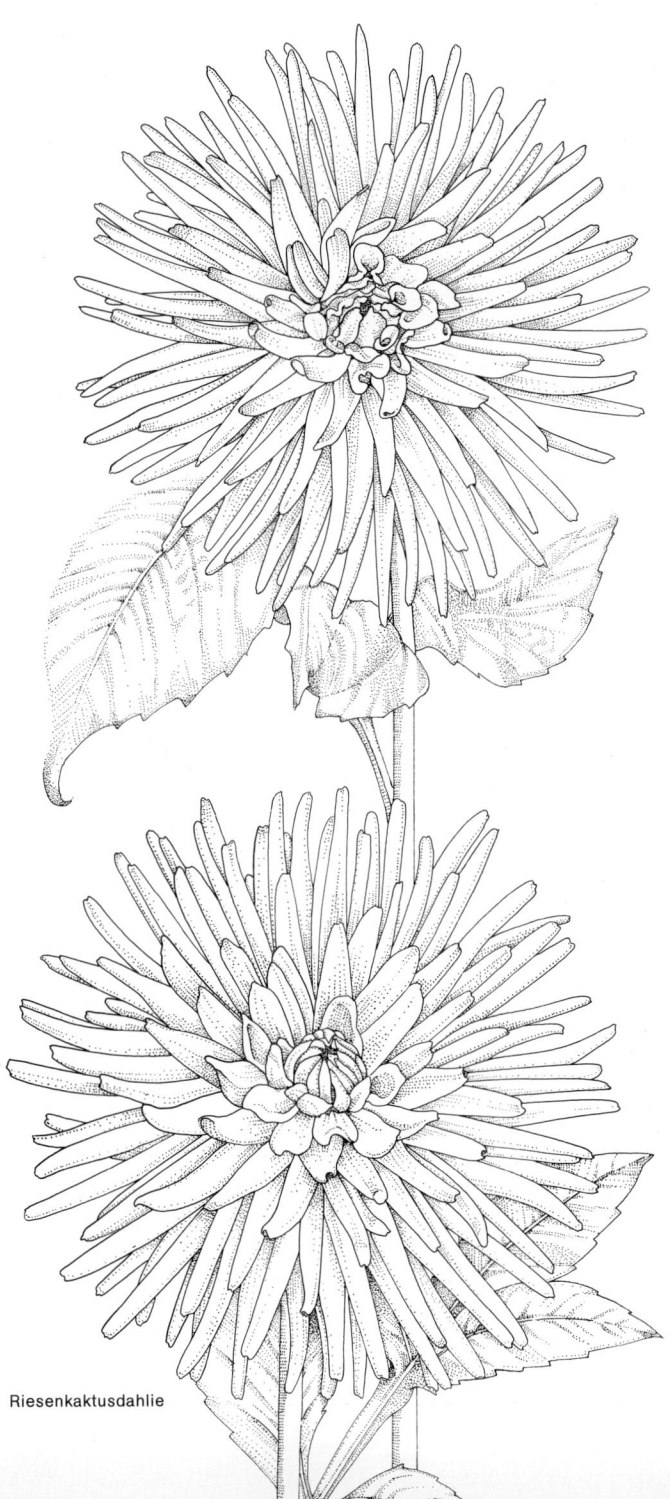

Riesenkaktusdahlie

Die Dahlie, die nach dem schwedischen Botaniker Andreas Dahl benannt ist, stammt ursprünglich aus Mexiko. Sie war den Azteken bekannt und wird in den Berichten europäischer Abenteurer des späten 16. Jahrhunderts erwähnt. Um 1790 wurde sie von den Spaniern nach Europa gebracht, hatte aber damals nur wenig Ähnlichkeit mit der Dahlie, wie wir sie kennen.

Die ursprüngliche Art, *Dahlia imperialis,* hatte einfache lila Blüten und wurde 1,8–4,8 m hoch. Kleinere Arten wurden auch entdeckt, darunter *D. coccinea* mit einfachen roten Blüten. Aus einigen dieser kleinblütigen Arten entwickelten sich die modernen, gefüllten Dahlien.

Die Dahlie ist eine subtropische Pflanze, die an einem warmen, sonnigen Standort am besten gedeiht. Sie verträgt jeden Boden, der weder zu sauer noch zu alkalisch ist. Eine humose, mittelschwere, schwach saure Lehmerde ist ideal. Dahlien blühen von Ende Juli bis in den Herbst, wenn der erste Frost einsetzt. Sie haben knollige Wurzeln, hohle Stengel und in der Regel saftig grüne Blätter, die einen schönen Hintergrund für die exotischen Blüten bilden.

Dahlien werden in zwei Gruppen eingeteilt: die einjährigen, die jedes Jahr aus Samen gezogen werden, und solche, die vegetativ durch Knollen vermehrt werden. Die aus Knollen gezogenen Dahlien werden wiederum nach der Form ihrer Blüten geordnet. Zu den bekanntesten Sorten gehören die Schmuck-, Kaktus-, Ball- und Pompondahlien, die alle gefüllt blühen. Beliebt sind auch die einfachen, die anemonenblütigen, die päonienblütigen (auch als Duplexdahlien bekannt) und die Halskrausendahlien; die drei letzten blühen halb gefüllt.

Die Schmuckdahlie hat symmetrische, dichtgefüllte Blumen. Die Blütenblätter sind breit, an den Enden abgerundet und gewöhnlich leicht gekrümmt.

Kaktusdahlien sind ebenfalls gefüllt, haben aber schmale, spitze Blütenblätter, die auf mehr als die halbe Länge gedreht oder gekraust sind. Die Semikaktusdahlien sind den Kaktusdahlien ähnlich, nur sind ihre Blütenblätter breiter und auf höchstens die halbe Länge gekraust.

Die Schmuck-, Kaktus- und Semikaktusdahlien lassen sich nach ihrer Blütengröße in riesenblütige (über 25 cm Ø), großblütige (20 bis 25 cm Ø), mittelblütige (15–20 cm Ø), kleinblütige (10–15 cm Ø) und zwergblütige Arten (unter 10 cm Ø) einteilen.

Die Blütenköpfchen der beliebten Balldahlien sind, wie der Name andeutet, rund wie ein Ball, können allerdings oben etwas abgeflacht sein. Die Blütenblätter sind stumpf oder am Ende abgerundet und in konzentrischen Kreisen angeordnet. Jedes ist auf mehr als die halbe Länge gerollt. Es gibt zwei Spielarten: kleine Balldahlien mit Blütenköpfen von 10–15 cm Ø und Zwergballdahlien, die unter 10 cm Blütendurchmesser bleiben.

Die Pompondahlien sind in der Form den Balldahlien ähnlich, die Blütenköpfe sind jedoch viel kleiner (4–6 cm Ø) und noch runder. Die Blütenblätter sind ganz gerollt. Oft stehen die Blütenblätter dachziegelartig übereinander, was ganz besonders reizend wirkt. Die Pompondahlien zählen zu den haltbarsten Schnittblumen und sehen in der Vase hübsch aus.

Halskrausendahlien haben eine aus Staubfäden gebildete gelbe Mitte, die von einer Reihe kleiner Blütenblättchen umgeben ist. Diese stehen als „Halskrause" zwischen den Staubfäden und den äußeren großen Blütenblättern.

Einfache Dahlien haben einen äußeren Ring aus Blütenblättern, die sich auch überdecken können, und weisen eine deutlich sichtbare Mittelscheibe auf. Die Blumen reichen bis 10 cm im Durchmesser.

Die anemonenblütigen sind von ähnlicher Größe, haben aber doppelte Blüten mit flachen, zungenförmigen äußeren Blütenblättern und einer kräftigen Scheibe aus kürzeren, röhrenblütigen, oft auch in der Farbe abweichenden Blütenblättern. Päonienblütige Dahlien haben auch einen etwa 10 cm großen Durchmesser. Jede Blüte besteht aus zwei oder mehr Ringen strahlenförmiger Blütenblättchen und einer Mittelscheibe.

Die Farbe der grünen Blätter kann je nach Art sehr verschieden sein. Sie reicht von Dunkelbronzefarben über Grünlichrot bis zu

Smaragdgrün. Die Blattformen reichen von den stark abgerundeten der Schmuckdahlien bis zu stark gelappten, fein gesägten Blättern, die schon fast an Farne erinnern.

Edeldahlien werden durch Stecklinge aus Trieben der Mutterpflanzen vermehrt. Die sogenannten Beet- oder Gruppendahlien, die zwar alle Sorten umfassen, meist jedoch einfach blühend sind und nicht mehr als 70 cm Höhe erreichen, werden oft aus Samen gezogen. Die Blüten sind dann gewöhnlich von unterschiedlicher Farbe. Dahlien können auch durch Knollenteilung vermehrt werden.

Am besten kultiviert man Dahlien auf einem besonderen Beet, das viel Licht hat. Sie sollten nicht im Schatten von Gebäuden oder Bäumen stehen. Auch als Randbepflanzung kann man sie verwenden.

Vor dem Hintergrund einer nach Südosten, Süden oder Südwesten

gelegenen Strauchgruppe an sonnigem Standort hebt sich eine Dahliengruppe als schöner Farbeffekt vom Herbstlaub ab.

Der Pflanzabstand richtet sich nach der Höhe der Pflanzen (siehe Seite 157).

Man pflanzt die aus Samen gezogenen Dahlien in Gruppen von fünf oder sieben Exemplaren auf Beete, entweder alle von einer Sorte oder bunt gemischt. Schmuck-, Kaktus-, Semikaktus-, Halskrausen-, Ball- und Pompondahlien pflanzt man entweder einzeln oder in Dreiergruppen von jeweils einer Sorte. Will man in einem Dahlienbeet die Sorten mischen, so wirken Dreiergruppen am besten.

Man muß jede Pflanze erreichen können, um sie anzubinden, zu düngen, zu jäten und um die Knospen zu entfernen; aus diesem Grund sollten beim Pflanzen entsprechende Pfade angelegt werden.

Im Herbst braucht man sich nicht zu beeilen, die Beete abzuräumen und die Dahlienknollen herauszunehmen. Sie können im Boden bleiben, bis Blüten und Blätter vom ersten Frost heimgesucht wurden und schwarz verfärbt sind. Dann muß man sie allerdings gleich herausnehmen, damit sie nicht vom Bodenfrost beschädigt werden. Sind die Pflanzen jedoch früher abgeblüht, empfiehlt es sich, die Knollen nur so lange im Boden zu lassen, bis sie ausgereift sind. Denn kaltes, nasses Wetter kann Pilze und Bakterien aktivieren, so daß wertvolle Pflanzen verlorengehen.

Andererseits darf man die Knollen nicht vor der Vollreife herausnehmen, weil sie Zeit brauchen, um genügend Nährstoffe für das Überwintern zu speichern, damit sie in der folgenden Saison starke neue Triebe bilden können. Auch wird die Lagerhaltbarkeit verbessert.

Anemonenblütige Dahlie *Flache, äußere Blütenblätter umstehen dichtgedrängte kürzere Röhrenblüten*

Einfache Dahlie *Ein Ring aus Blütenblättern umgibt eine deutlich sichtbare Scheibe*

Päonienblütige Dahlie *Zwei oder mehr zungenförmige Blütenblattringe umgeben eine Mittelscheibe*

Balldahlie *Runde Blütenköpfchen mit stumpfen, krausen, in konzentrischen Kreisen angeordneten Blütenblättchen*

Halskrausendahlie *Zwischen äußeren Blütenblättern und Scheibe befindet sich eine Krause aus kleinen Blütenblättchen*

Kaktusdahlie *Gefüllt, mit schmalen, spitzen Blütenblättern, die bis zur Hälfte gekraust sind*

Semikaktusdahlie *Ähnlich der Kaktusdahlie, Blütenblätter jedoch breiter, weniger gekraust*

Pompondahlie *Rundes Blütenköpfchen, Blütenblättchen oft dachziegelartig angeordnet*

Schmuckdahlie *Gefüllte Blume mit breiten, meist stumpfen Blütenblättchen ohne Mittelscheibe*

Wo, wann und wie man Dahlien pflanzt

Kräftiges Düngen für schöne Blüten

Im Herbst wird reichlich Mist, Kompost oder sonstiges organisches Material untergegraben. Die Beetoberfläche wird nicht geglättet, damit Frost und Winterwetter die sogenannte Frostgare hervorrufen können.

Im Frühjahr wird zwei bis drei Wochen vor dem Auslegen der Knollen oder dem Auspflanzen junger Dahlien ein organisch-mineralischer Volldünger flach eingehackt; Durchschnittsmenge 50 bis 60 g/m². Es können auch 30 bis 50 g Blaukornvolldünger gegeben werden.

Dem Wachstum entsprechend werden ab Ende Mai oder Anfang Juni ein bis zwei Volldüngergaben als Kopfdüngung verabreicht, die das Wachstum und den Blütenansatz unterstützen. Die Düngermenge beträgt jeweils ca. 20–25 g/m². Bei trockenem Sommerwetter muß der Dünger eingewässert werden.

Wie die Knollen gepflanzt werden

Mitte April legt man die Knollen. Hochwüchsige Dahlien (1,2–1,5 m) brauchen etwa 60–90 cm Abstand, mittelwüchsige (0,9–1,2 m) etwa 60 cm und aus Samen gezogene 40 cm.

Die neuen Triebe bilden sich nicht aus den knolligen Wurzeln, sondern aus der Krone, d. h. der Basis der Mutterpflanze. Eine oder mehrere Knollen sollten sich an einem solchen alten Stengelstück mit einem Auge befinden, um kräftige Triebe zu garantieren.

Man treibt Stäbe von 2,5 cm Durchmesser in die Beete. Sie sollen kürzer sein als die zu erwartende Pflanzenhöhe. Vor jedem Stab wird ein 15 cm tiefes Loch so gegraben, daß das Auge an der Basis des alten Stengels gegen den Stab zu liegen kommt.

Das Loch wird nun zur Hälfte mit einer guten Erdmischung gefüllt; am besten eignet sich gut verrottete Komposterde. Darauf wird die Knolle so gesetzt, daß ihre Krone etwa 5 cm unter der Erdoberfläche liegt.

Dann wird reine Komposterde oder mit Torf versetzte Erde über die Knolle getan; bei mehreren Knollen müssen die Zwischenräume ausgefüllt werden. Die Erde wird leicht angedrückt und der Stab etikettiert. Ist die Pflanzerde trocken, muß gegossen werden; danach jedoch bis kurz vor der Blüte gießt man sparsam.

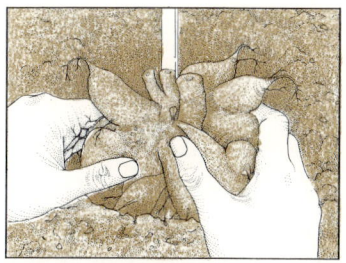
1. Knollen waagrecht in ein 15 cm tiefes Loch legen, den Stiel am Stab

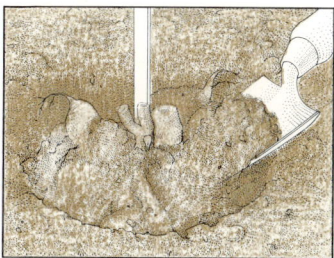
2. Mit Pflanzerde bedecken; Zwischenräume zwischen Knollen ausfüllen

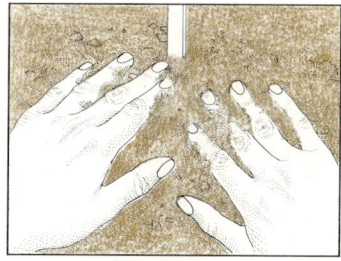
3. Erde mit den Fingern andrücken. Stab etikettieren

Junge Topfpflanzen auspflanzen

Junge Dahlienpflanzen kann man auch als Topfpflanzen vom Gärtner beziehen. Man pflanzt sie gegen Ende Mai oder Anfang Juni aus, wenn keine Frostgefahr mehr besteht.

Etwa eine Stunde vor dem Auspflanzen werden die Dahlien in den Töpfen gut angegossen.

Wie oben beim Legen der Knollen beschrieben, werden Stäbe im richtigen Abstand in das Beet getrieben.

Es wird nun eine Pflanzmischung aus Komposterde oder Torf mit guter Gartenerde hergestellt.

Mit einem Pflanzspaten wird neben dem Stab ein Loch ausgehoben, das groß genug ist, um den Wurzelballen aufzunehmen (in der Regel etwa 15 cm tief). Dann werden einige Handvoll der Pflanzerde in das Loch eingefüllt.

Nun nimmt man die Pflanze mit dem ganzen Wurzelballen aus dem Topf. Dabei dürfen die Wurzeln nicht beschädigt werden.

Man setzt den Ballen mit leichtem Druck ins Loch, gießt an und füllt sorgfältig mit der Pflanzerde auf. Diese wird abschließend mit den Fingern leicht angedrückt.

Sobald die Pflanze auszutreiben beginnt, kann sie etwas angehäufelt werden.

Es empfiehlt sich, die Pflänzchen in einem sehr frühen Stadium anzubinden, um Wetterschäden zu vermeiden. Dabei muß genügend Platz für die Ausdehnung des Stengels gelassen werden.

Sobald die Pflanzen angewachsen sind, muß man das Wachstum durch Kopfdüngung unterstützen.

1. Topfpflanzen eine Stunde vor dem Auspflanzen angießen

2. 15 cm tiefes Loch neben dem Stab graben; Pflanze aus dem Topf nehmen

3. Wurzelballen ins Loch setzen, rundum Pflanzerde einfüllen

4. Pflanzloch ganz auffüllen, Erde leicht andrücken

Dahlienpflege im Jahresablauf

Während der Knospen-entwicklung gründlich gießen

Topfpflanzen oder Knollen dürfen unmittelbar nach dem Auspflanzen nicht zuviel gegossen werden. Es schadet den Wurzeln nichts, wenn sie etwas nach Feuchtigkeit suchen müssen.

Wenn sich die Dahlien jedoch ihrer Blütezeit nähern, brauchen sie viel Feuchtigkeit.

Am besten ist ein automatischer Rasensprenger, der das Wasser fein zerstäubt und so die Pflanzen gleichmäßig von oben bewässert.

Benutzt man eine Gießkanne, rechnet man etwa 4 l Wasser pro Pflanze bei einem Abstand von 60 bis 90 cm. Stehen sie dichter, wird die Wassergabe pro Pflanze reduziert. Im allgemeinen rechnet man ca. 10 l Wasser pro m².

Auf schweren Böden gießt man die Pflanzen bei heißem, sonnigem Wetter etwa alle fünf Tage. Auf leichteren Böden, die rascher austrocknen, sollte etwa alle drei Tage gegossen werden.

Dahlienpflanzen während des Wachstums anbinden

Um Dahlien vor Schäden durch Wind und Regen zu bewahren, müssen sie gestützt werden. Zwei bis drei Wochen nach dem Pflanzen werden die Triebe 10–20 cm über dem Boden an den Stab gebunden. Bindfaden oder Bast wird in Form einer 8 um Pflanze und Stab geschlungen. Später wird die Pflanze weiter oben angebunden. Gleichzeitig wird kontrolliert, ob die untere Schlinge nicht zu eng geworden ist.

Um die Seitentriebe zu schützen, werden dünne Stäbchen in den Boden eingetrieben – z. B. drei in einem Dreieck in ca. 20 cm Abstand vom Hauptstab und nach außen geneigt – und dann mit Bindfaden umwickelt.

GIESSEN

Rasensprenger mit Feineinstellung zum Bewässern verwenden

Unkrautbekämpfung durch Mulchen

Sind die Pflanzen etwa 30 cm hoch, wird eine ca. 3 cm dicke Schicht aus trockenem Stroh, Torf, Heu oder altem Mist um sie gelegt; die Schicht darf den Stengel nicht berühren. Dies unterdrückt das Unkraut und erhält die Bodenfeuchtigkeit.

Man sollte meist nicht vor der ersten oder zweiten Juliwoche mulchen. Der Boden muß dabei feucht sein und wird gleich danach mit Wasser durchtränkt.

Wird Rasenschnitt zum Mulchen verwendet, sollte man vorher keine chemische Unkrautbekämpfung im Rasen vornehmen, da Schädigungen möglich sind.

Kommen trotzdem Unkräuter auf, werden sie mit der Hacke entfernt. Gleichzeitig wird der Boden gelockert; dabei hackt man nie tiefer als 3 cm.

MULCHEN

Im Juli mit Torf, Stroh oder Rasenschnitt abdecken, danach gießen

UNKRAUT

Unkräuter mit der Hacke entfernen. Nicht tiefer als 3 cm hacken

1. 2–3 Wochen nach dem Auspflanzen die Triebe anbinden

2. Später weiter oben anbinden; untere Schlinge darf nicht zu eng werden

3. Um Seitentriebe zu stützen, Fäden um Stäbe schlingen

Mehr Blüten durch Zurückschneiden oder Stutzen

Die meisten großblumigen Dahlien bilden starke Mitteltriebe; erst nach der Entwicklung von Blütenknospen am Mitteltrieb setzt die Seitentriebbildung richtig ein. Um dies frühzeitig anzuregen, wird zwei bis drei Wochen nach dem Auspflanzen der Mitteltrieb gestutzt – bei den aus Knollen gezogenen Pflanzen im Mai oder Anfang Juni, bei Topfpflanzen Mitte bis Ende Juni.

Nach 14 Tagen zeigen sich etwa ein halbes Dutzend neuer Triebe in den Blattachseln. Das oberste Paar wird entfernt, damit die unteren stärker werden. Jeder Seitentrieb entwickelt nun eine endständige Knospe mit Nebenknospen. Um besonders große Blüten zu erhalten, werden diese Nebenknospen entfernt, sobald dies möglich ist, ohne die Endknospe zu beschädigen.

Um langstielige Seitentriebe zu erhalten und das Wachstum im oberen Teil der Dahlie zu verstärken, werden die unteren Blätter am Haupttrieb entfernt.

1. 2–3 Wochen nach dem Auspflanzen Mitteltrieb ausbrechen

2. 14 Tage später oberstes Seitentriebpaar aus den Blattachseln entfernen

3. Um größere Blüten zu erzielen, Nebenknospen nach einigen Wochen ausbrechen

4. Einige Blätter am Stengelgrund abschneiden

Krankheiten und Schädlinge bei Dahlien

Wenn eine Dahlie Krankheitserscheinungen zeigt, die unten nicht beschrieben sind, schauen Sie ab Seite 574 nach. Eine umfassende Zusammenstellung der Handelsnamen bewährter chemischer Mittel findet sich auf Seite 599.

Schaden	Ursache	Abhilfe
Junge Triebe, besonders solche mit Blütenknospen, bleiben im Wuchs zurück, verkrüppeln. Blätter rollen sich ein; sie sind mit kleinen schwarzen oder grünen Insekten bedeckt, die klebrigen Saft (Honigtau) ausscheiden	Blattläuse	Mit Malathion°, Pirimicarb oder Diazinon spritzen
Blütenknospen und sich öffnende Blüten sind deformiert, teilweise verkrüppelt. Grüne Blätter haben braune, trockene Ränder und unregelmäßige Löcher	Blattwanzen	Ab Mitte Mai am frühen Morgen mit Diazinon oder Dimethoat spritzen
Starke Fraßschäden an Blättern und jungen Trieben, Kothäufchen auf den befallenen Pflanzenteilen zu erkennen	Eulenraupen	Mit Propoxur spritzen
Zerfressene Blütenblätter	Ohrwürmer	Stammgrund vorbeugend mit Parathion-methyl gründlich einstäuben
Blätter und Triebe junger Pflanzen sind abgefressen. Silbrige Schleimspuren manchmal vorhanden	Schnecken	Schneckenkorn ausstreuen
Untere Blätter zeigen helle, später braune Blattflecken. Bei starkem Befall vertrocknen die Blätter	Blattfleckenkrankheit	Weit pflanzen; bei den ersten Anzeichen der Krankheit mit Kupferoxychlorid, Maneb oder Captan spritzen
Plötzliches Welken einzelner Triebe und Pflanzen. An unteren Stengelteilen tritt ein weißes Pilzmyzel auf, in dem schwarze Körper (Sklerotien) eingelagert sind	Stengelfäule	Pflanzen herausreißen und vernichten. Auf sorgfältige Beseitigung der Wurzeln achten. Alle gesunden Pflanzen mit Benomyl spritzen
Die grünen Blätter bekommen gelbe oder braune Ringe und Flecken. Pflanzen bleiben im Wuchs zurück und haben kleine Blüten	Viruserkrankung	Pflanzen herausnehmen und vernichten
Die Pflanzen sind kleiner als gewöhnlich mit dünnen Stielen und kleinen, gelblichen Blättern	Unterernährung	Mit Einzel- oder Volldünger behandeln
Im Herbst Schwarzfärbung der Blätter und jungen Triebe; sie welken und sterben ab	Frosteinwirkung	Befallene Triebe abschneiden; noch lebende Pflanzen durch Düngen zu neuem Trieb anregen

Kräftiges Wachstum durch Zusatznahrung

Richtig vorbereiteter Boden dürfte während der Wachstumsperiode kaum zusätzliche Düngung brauchen. Mulchen mit gut verrottetem Stalldünger kräftigt bei leichtem Boden das Wachstum. Wurde nur eine mäßige Grunddüngung verabreicht, ist ab Ende Juli eine Kopfdüngung erforderlich. Dazu verwendet man einen üblichen Blaukornvolldünger, von dem man ca. 20–25 g/m² ausstreut und gut einwässert. Bei Bedarf ist die Düngung nach zwei bis drei Wochen zu wiederholen. Beim Düngen muß man darauf achten, daß nichts davon auf die Blätter kommt, da diese sonst „verbrennen".

Düngemittel mit viel Stickstoff sind zu dieser Jahreszeit nicht gut, da sie den Blattwuchs zu sehr fördern und das Überwintern der Knollen erschweren.

Normale Kopfdüngergaben werden bis gegen Ende August verabreicht. Eine Kopfdüngung aus Superphosphat und Patentkali zu gleichen Teilen kann Mitte August bis Anfang September gegeben werden. Dadurch wird die Ausbildung kräftiger Knollen bis zum Überwintern angeregt.

Überwintern der Knollen

Am Ende der Wachstumsperiode werden die Dahlienknollen aus dem Boden genommen und an einem frostfreien Ort für den Winter aufbewahrt. Im folgenden Frühjahr kann man sie aufteilen oder die Knollen so, wie sie sind, auspflanzen.

Nachdem die ersten Herbstfröste das Laub zerstört haben, werden die Dahlienstengel etwa 15 cm über dem Boden abgeschnitten. Sind es frühe Fröste, so können die Knollen noch zwei bis drei Wochen im Boden bleiben. Aber nach einem Novemberfrost müssen sie sofort herausgenommen werden.

Mit einer Grabgabel oder einem Spaten wird die Erde um die Knollen gelockert und anschließend die Knolle herausgehoben. Die Erde zwischen den Knollen wird sorgfältig mit einem Holzstäbchen entfernt. Dabei muß man sehr vorsichtig sein. Die alten Stengel dürfen nicht abgebrochen werden! Die Knollen werden nun etikettiert, damit man im Frühjahr weiß, welche Sorte man vor sich hat.

Die Knollen werden nun etwa 14 Tage lang an einem luftigen, trockenen Platz aufbewahrt, damit sie gut abtrocknen können, denn sonst könnte der Stengelansatz faulen. Die Knollen müssen völlig trocken sein, ehe sie zum Überwintern aufbewahrt werden.

An einem kühlen, frost- und zugfreien Ort werden die Knollen bei ca. 5° C aufbewahrt. Am besten eignet sich ein kühler, möglichst trockener Keller. Dort werden die Knollen auf Horden aufgesetzt. Falls man nur wenige Knollen hat, können sie auch auf mäßig feuchten Sand in Kistchen gelegt werden. Das hat den Vorteil, daß die Knollen den Winter über nicht austrocknen. Natürlich muß man den Sand ab und zu etwas befeuchten.

Für frische Luft ist über die ganze Lagerzeit hinweg zu sorgen.

Werden Dahlienknollen völlig trocken überwintert, kann man sie auch mit einer Schicht aus trockenem Torf abdecken oder in einem Plastikbeutel lagern. Das verhindert, daß Wasser verdunstet und die Knollen schrumpfen.

Es empfiehlt sich, die Knollen alle paar Wochen zu kontrollieren, um festzustellen, ob sie schrumpfen oder ob Krankheiten auftreten. Kranke Stellen werden ausgeschnitten. Geschrumpfte Knollen kommen über Nacht in einen Eimer mit Wasser, müssen aber danach wieder völlig abtrocknen.

1. Nach dem ersten Frost Stiele 15 cm über dem Boden abschneiden

2. Lose Erde zwischen den Knollen mit einem Holzstäbchen entfernen

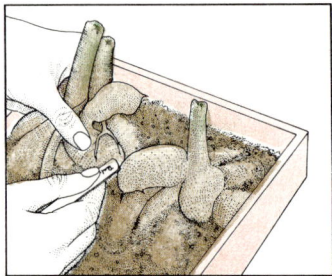

3. Knollen auf einer Torf- oder Sandschicht lagern

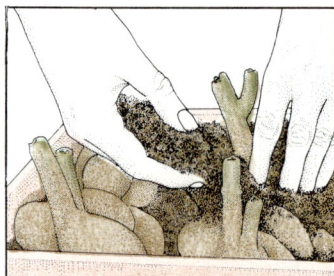

4. Zwischen die Knollen kann trockener Torf gestreut werden

Blumen für die Vase schneiden

Die beste Zeit, Dahlien zu schneiden, ist abends oder am frühen Morgen, wenn die Stiele voller Feuchtigkeit sind und die Luft kühl ist.

Man schneidet die Stiele am besten mit einem scharfen Messer durch, nicht mit einer Schere oder einer Baumschere. Dadurch könnten die Stiele gequetscht werden; sie können dann in der Vase das Wasser nicht mehr so gut aufnehmen.

Beim Schneiden sollte man darauf achten, daß die Länge des Stiels im richtigen Verhältnis zur Größe der Blume steht. Großblumige Sorten brauchen meist Stiele bis zu 60 cm Länge, kleinere Blüten entsprechend kürzere.

Die geschnittenen Blumen werden so bald wie möglich in einer mit Wasser gefüllten Vase angeordnet und für einige Stunden an einem kühlen Platz stehen gelassen, bevor sie ins Zimmer gebracht werden.

Vorher sind sie jedoch so zu putzen, daß alle Blätter an der Stengelbasis entfernt werden. Keinesfalls sollen Blätter in das Wasser der Vase gelangen, da sie sonst bald in Fäulnis übergehen. Dadurch werden die Mikroorganismen im Wasser und im Stengelgewebe angeregt, und sie verstopfen die Leitungsbahnen im Stengel. So wird die Aufnahme und der Weitertransport des Wassers in der Pflanze ungünstig beeinflußt, und die Blumen welken.

Das Wasser in der Vase sollte auch regelmäßig, am besten täglich, gewechselt werden. Frisches Wasser wird neu eingefüllt, nicht nachgefüllt.

Sollte eine Dahlie nach kurzer Zeit welken, kann sie sich wieder erholen, wenn das Stielende frisch angeschnitten wird. Dadurch werden neue „Poren" geöffnet, welche die Wasseraufnahme begünstigen.

Übrigens halten kleinblumige Dahlien, z. B. Pompondahlien, als Schnittblumen länger frisch als die großblumigen Sorten.

Um die Stiele nicht zu quetschen, mit scharfem Messer abschneiden

Jungpflanzenanzucht aus alten Mutterpflanzen

Beste Vermehrung durch Ableger

Neue Dahlienpflanzen gewinnt man aus Stecklingen oder durch Teilung der Wurzeln. Beetdahlien lassen sich aus Samen ziehen, aber bei den großblütigen, gefüllten Sorten ist diese Methode wenig erfolgreich. Aus Samen erhält man nur Mischungen, die der Mutterpflanze in Form und Farbe nicht ähnlich sehen, während Stecklinge oder durch Teilung gewonnene Pflanzen das genaue Ebenbild der Mutterpflanze sind.

Gegen Ende Februar oder Anfang März werden die alten Knollen aus dem Winterquartier geholt und von verbliebenen Erdresten befreit. Kranke Stellen werden ausgeschnitten.

Man legt die Knollen auf eine Schicht leichter Gartenerde, Torf oder Komposterde in Handkisten oder Töpfe und bedeckt sie bis unterhalb der Knospen mit demselben Material.

Nun wird leicht angegossen, um die Knollen feucht zu halten. Die Behälter werden in einem Gewächshaus bei etwa 16–18° C aufgestellt.

Nach zwei bis drei Wochen, wenn die Triebe 8–10 cm lang sind, werden sie oberhalb der Basis mit einem scharfen Messer oder einer Rasierklinge abgeschnitten. Teile der Knollen dürfen dabei nicht abgeschnitten werden, weil sich sonst keine neuen Triebe bilden, die sich für weitere Stecklinge verwenden lassen.

Manchmal sind die ersten Triebe innen hohl. Da sie sehr schwer anwurzeln, wirft man sie am besten weg. Die nachwachsenden Triebe sind gewöhnlich von normaler Größe und besser zur Vermehrung geeignet. Nun schneidet man die Stecklinge nach und nach und entfernt die untersten Blätter. Dabei dürfen die Knospen in den Blattachseln auf keinen Fall beschädigt werden.

Dann wird ein 7 oder 8 cm großer Topf mit einem Gemisch aus Torf und Sand zu gleichen Teilen gefüllt und noch mit einer 5 mm dicken, feinen Sandschicht bedeckt, bevor man vier bis fünf Stecklinge in das Substrat steckt. Eventuell kann man vorher die Löcher mit einem Hölzchen markieren. Die Erde um die Stecklinge wird leicht angedrückt und angegossen. Werden mehrere Sorten vermehrt, muß etikettiert werden.

Die Töpfe mit den Stecklingen kommen ins Gewächshaus und werden dort mäßig feucht gehalten. Überschüssige Feuchtigkeit oder Kondensationsfeuchte läßt sich durch leichte Ventilation, besonders nachts, verhindern. Die Pflanzen sollten vor direktem Sonnenlicht geschützt werden.

Sind die Stecklinge angewurzelt, was sich in zwei bis drei Wochen durch neue Blattbildung zeigt, werden sie einzeln in 7-cm-Töpfe umgepflanzt. Man nimmt dazu übliche Kompost- oder Blumenerde.

Nach dem Umtopfen müssen die Pflanzen zwei Tage lang vor Sonne geschützt werden. Im gut belüfteten Gewächshaus bleiben sie bis Ende April und kommen dann zur Abhärtung in ein kaltes Frühbeet, dessen Fenster nur bei Frostgefahr geschlossen wird. Ausgepflanzt wird Ende Mai oder Anfang Juni.

1. Im Februar/März Knollen auf feuchten Torf oder Komposterde legen

2. Stecklinge über der Basis abschneiden, wenn Ableger 8–10 cm messen

3. Mit scharfem Messer Stecklinge unter unterstem Blattknoten abschneiden

4. 4–5 Stecklinge in einen 7–8 cm großen Topf stecken

5. Töpfe evtl. im Vermehrungskasten ins Gewächshaus stellen

6. Nach 2–3 Wochen die Pflanzen einzeln in 7-cm-Töpfe umpflanzen

7. Im gut gelüfteten Gewächshaus halten; zwei Tage vor Sonne schützen

8. Ende April in ein kaltes Frühbeet bringen; Ende Mai, Anfang Juni pflanzen

Knollenteilung – die einfachste Vermehrungsmethode

Wenn man nur eine relativ kleine Zahl von Dahlienpflanzen braucht, ist es am einfachsten, sie durch Teilung der überwinterten Knollen zu erzeugen.

Jedes Knollenteilstück muß einen Teil des alten Stengels aufweisen, aus dem die neuen Triebe hervorwachsen werden. Die Knollen werden Mitte April bis Anfang Mai geteilt, d. h., unmittelbar bevor sie ausgepflanzt werden.

Mit einem scharfen Messer wird die Knolle in Teilstücke zerlegt; dabei muß sehr sorgfältig darauf geachtet werden, daß keine Triebknospe (Auge) beschädigt wird, da sonst der Austrieb gefährdet ist.

Falls man die Augen nicht ohne weiteres erkennen kann, werden die Wurzeln auf Torf oder Erde gesetzt und angetrieben. Sobald man die sich entwickelnden Triebknospen sieht, wird die Knolle, wie oben beschrieben, geteilt.

Die einzelnen Knollen werden immer so abgeschnitten, daß ein Auge oder eine Triebknospe am Stengel vorhanden ist.

Die Knollenteilstücke werden in genau der gleichen Weise ausgepflanzt, wie im Abschnitt „Wie die Knollen gepflanzt werden" auf Seite 157 beschrieben ist.

Man sollte stets darauf achten, daß die Schnittfläche so klein wie möglich bleibt und der Schnitt völlig glatt ausgeführt wird. Nur so lassen sich Fäulnisherde weitgehend oder ganz vermeiden.

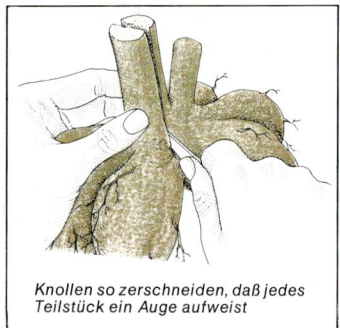

Knollen so zerschneiden, daß jedes Teilstück ein Auge aufweist

Kultur einjähriger Dahlien aus Samen

Die Saat einjähriger Dahlien ist billig und die Anzucht einfach. Allerdings eignen sich dafür in der Regel nur einfache oder halbgefüllte Sorten.

Hat man ein geheiztes Gewächshaus, bereitet man Ende März die Töpfe oder Kisten mit Torfkultursubstrat oder Blumenerde vor, sonst im April. Das Substrat wird geglättet, leicht angedrückt und gut durchfeuchtet. Nun werden die Samen gleichmäßig darauf verteilt und anschließend mit einer ca. 5 mm dicken Schicht Erde oder Sand bedeckt.

Um die Feuchtigkeit zu erhalten und das Auskeimen zu fördern, werden die Kisten mit Glasscheiben bedeckt; darauf kommt noch ein Blatt Packpapier. Man kann über Töpfe auch einen Polyäthylenfolienbeutel stülpen. Die Sämlinge werden im Gewächshaus gehalten.

Sobald die Saat aufgegangen ist (je nach Temperatur in 10–21 Tagen), werden die Beutel bzw. das Glas entfernt.

Sobald sie groß genug sind, werden die Sämlinge in Pikierkisten oder 7-cm-Töpfe pikiert, die mit Kompost- oder Blumenerde gefüllt werden. In jede 20 × 30 cm große Kiste kommen sechs Reihen zu je fünf Pflanzen.

Sind die Sämlinge erstarkt, kommen sie zur Abhärtung in einen kalten Kasten. Sie werden ausgepflanzt, sobald keine Frostgefahr mehr besteht.

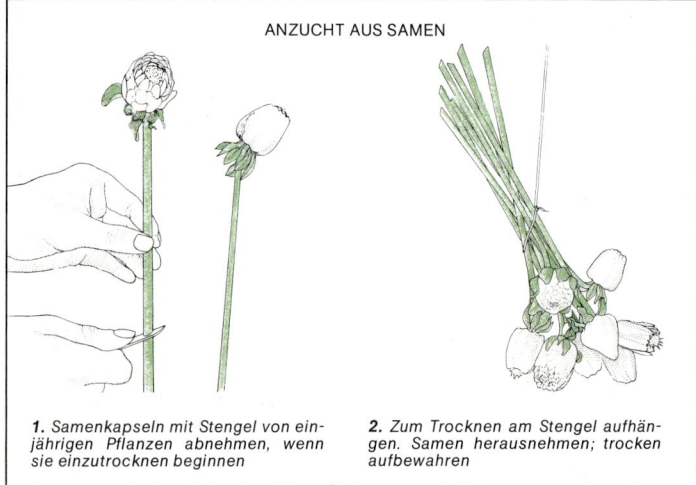

ANZUCHT AUS SAMEN

1. Samenkapseln mit Stengel von einjährigen Pflanzen abnehmen, wenn sie einzutrocknen beginnen

2. Zum Trocknen am Stengel aufhängen. Samen herausnehmen; trocken aufbewahren

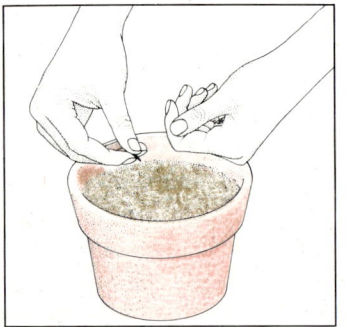

1. Im 12-cm-Topf Samen im März auf Komposterde aussäen. Leicht überdecken

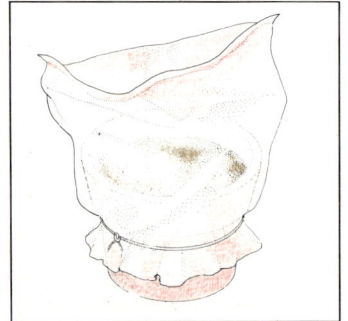

2. Erde angießen; Topf mit Polyäthylenfolienbeutel abdecken

3. Sobald Sämlinge gut zu fassen sind, in 7-cm-Töpfe pikieren

4. Besteht keine Frostgefahr mehr, Pflanzen im kalten Frühbeet abhärten

Nelken

Die Nelken gehören zu unseren schönsten Blütenpflanzen. Es gibt Edelsorten, die im Gewächshaus
gezogen werden, und Garten- oder Landsorten,
die im Freien wachsen

Wegen ihrer Schönheit und ihres
Wohlgeruchs wurden Nelken
schon im klassischen Altertum gezogen. Alle gehören zur Gattung
Dianthus. Sie werden in zwei
Gruppen eingeteilt: die Garten-
oder Landnelken und die dauerblühenden Edel- oder Gewächs-
hausnelken.

Die Garten- oder Landnelken
sind recht robust und blühen einmal im Jahr von Juli bis August.
Ihre Blütenblätter sind am Rand
glatt und flach und nicht gezackt
oder gezahnt wie die der Edelnelken.

Gartennelken gibt es in vielen
verschiedenen Formen und Farben;
außer Blau sind alle nur möglichen
Farbnuancen vertreten. Gartennelken zählen nahezu alle zu *Dianthus caryophyllus*.

Dazu gehört auch die dauerblühende Edelnelke, die in den Blumengeschäften angeboten wird. Sie
ist eine Gewächshauspflanze, die
das ganze Jahr über Blüten bringt
und keine hohen Temperaturen
braucht, um auch im Winter zu blühen. Ihre Blüten sind gefüllt, oft
wohlriechend und haben gezahnte
Blütenblätter. Alle Nelken lieben
neutrale bis schwach alkalische Böden, vertragen aber auch andere
Böden aller Art, wenn sie nicht zu
sauer sind. Sie sind auch erstaun-
lich unempfindlich gegen chemische Verunreinigungen. Schlechte
Entwässerung, tiefer Schatten oder
von Bäumen tropfende Nässe ist
dagegen gefährlich.

Welche Temperatur sie benötigen, hängt von der Art ab. Garten-
oder Landnelken vertragen z. B.
gar keine künstliche Wärmezufuhr,
denn sie sind ausgesprochene Freilandpflanzen.

Die dauerblühenden Edelnelken
dagegen sind Gewächshauspflanzen, doch muß das Gewächshaus
gut lüftbar sein, und die Nachttemperatur soll im Winter 10° C
nicht übersteigen.

Eine zuverlässige Liste der Nelkensorten läßt sich schwer aufstellen. Sorten können nämlich ganz
plötzlich und unvorhersehbar ent-
arten, und oft wird auch eine Sorte
durch eine bessere ersetzt; dann
wird die alte Sorte rasch aus den
Katalogen der Gärtnereien entfernt.

Standortwahl und Auspflanzen

Die Gartennelken sind mäßig robuste Dauerpflanzen, die im Frei-
en gezogen werden und im Juli/
August blühen.

Man wählt einen freien, sonnigen Standort. Das Beet soll tief
umgegraben und ausreichend gedüngt sein. Alle ein oder zwei Jahre düngt man mit Kalk. Bei alkalischen Böden erübrigt sich die
Kalkgabe. Die Nelken entwickeln
sich gut in neutralem oder schwach
alkalischem Boden, sie gedeihen
aber auch noch bei leicht saurem.
Setzlinge kann man im Herbst
oder Frühling pflanzen. Im Herbst
können die Pflanzen noch gut einwurzeln, ehe der Frost kommt (vorausgesetzt, es wird vor Mitte Oktober gepflanzt). Dann haben sie
bis zum Frühjahr einen gewissen
Vorsprung; allerdings können sie im
Winter einige erfrieren. Wird im
Frühling vor Mitte April ausgepflanzt, gedeihen die Pflanzen noch
durchaus gut.

Die Nelken werden mit einem
Handspaten gepflanzt, und zwar
im Abstand von 20 × 25 oder 30
× 30 cm. Dieser Abstand reicht
aus, da in unseren Klimaten eine
mehrjährige Nelkenkultur nicht

Dauerblühende
Edelnelke
'Pink Sim'

üblich ist. Normalerweise werden Garten- oder Landnelken nur zweijährig kultiviert. Wer rechtzeitig vorsorgt, kann jedoch immer wieder selber vermehren und nach Bedarf Nelken ziehen.

Vor dem Pflanzen wird der Boden mit einem Streugranulat gegen

Drahtwürmer und Schnakenlarven behandelt. Beim Pflanzen achtet man darauf, daß die Stengelbasis möglichst über der Erde bleibt, sonst sind Pilzinfektionen möglich. Der Wurzelballen wird nur mäßig angedrückt; zum Schluß wird leicht gegossen.

1. Das Pflanzloch oder die ganze Fläche gegen Schädlinge behandeln

2. Der Stengel sollte mit der Bodenoberfläche bündig abschließen

3. Die Erde leicht andrücken; die untersten Blätter bleiben frei

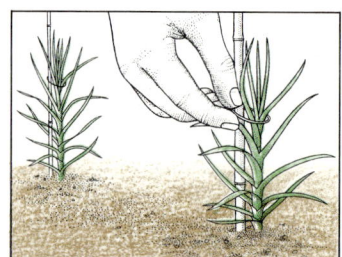
4. Schnittblumen an einen Stab binden; leicht gießen

Allgemeine Pflegemaßnahmen

Nelken vertragen Trockenheit so gut, daß man nur bei sehr trockener Witterung gießen muß, dann aber 10 l Wasser pro m². Weniger ist meist unwirksam.

Normalerweise werden sich die Gartennelken frei entfalten. Sie bilden einen Haupttrieb und mehrere Seitentriebe. Wer Wert auf Schnittblumen legt, sollte die Pflanzen an kleine Stäbe binden und die Triebe senkrecht hochleiten. Man kann die Triebe jeder Pflanze auch in Drahtringe einführen.

Noch einfacher ist es aber, spezielle Drahtnetze zu verwenden. Man spannt sie an Pflöcken über die Pflanzen und führt die Nelkentriebe in die Maschen ein.

Wer besonders schöne Blumen erhalten will, muß die an den Trieben entstehenden Seitenknospen rechtzeitig entfernen. Nur die Mittelknospe bleibt in diesem Falle stehen. Auf diese Weise entwickelt sich die endständige Knospe besonders schön und öffnet sich zu einer herrlichen Blüte. Die Seitenknospen werden dann abgenommen, wenn sie etwa erbsengroß geworden sind.

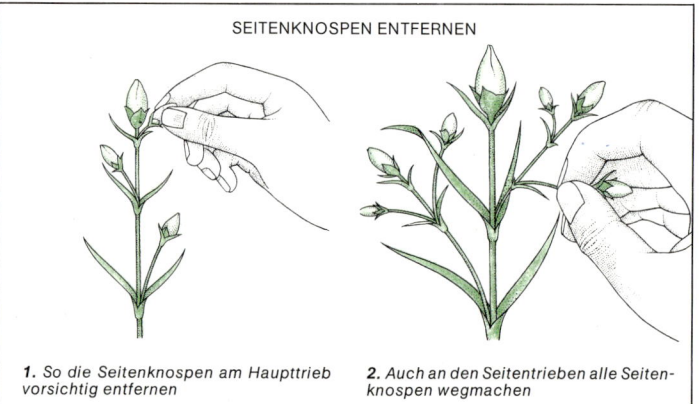
SEITENKNOSPEN ENTFERNEN

1. So die Seitenknospen am Haupttrieb vorsichtig entfernen

2. Auch an den Seitentrieben alle Seitenknospen wegmachen

Pflege der Jungpflanzen im Winter und Frühjahr

Wurden die Jungpflanzen im Herbst ausgepflanzt, muß man auf Rostbefall achten. Erhabene, schokoladenbraune Rostpusteln auf der Blattunterseite und Flecken auf der Blattoberseite sind kennzeichnend. Die erkrankten Blätter müssen entfernt und vernichtet werden. Man spritzt mit Maneb oder Triforin in Intervallen von 10 bis 14 Tagen.

In rauheren Gebieten ist ein Winterschutz erforderlich. Zu diesem Zweck werden die Pflanzen

vor dem Einsetzen strengerer Fröste mit Fichtenreisig abgedeckt.

Im Frühling entfernt man rechtzeitig den Winterschutz, damit die Triebe nicht vergeilen, d. h. durch Lichtmangel aufschießen. Dann wird die Erdkruste oberflächlich aufgelockert. Da Nelken zahlreiche Wurzeln direkt unter der Erdoberfläche ausbilden, soll nicht mehr als 1 cm tief gehackt werden. Unkräuter werden mit der Hand gejätet, solange sie noch klein sind.

Man darf nicht mit grobem organischem Material mulchen, weil sonst die Stengel faulen können.

Außerdem vertragen Gartennelken durchaus Trockenheit.

War das Beet anfänglich nicht genügend gedüngt, hilft man während der Wachstumsperiode in Abständen von ungefähr vier bis sechs Wochen mit einem Volldünger nach. Das ist sowieso günstiger, weil eine vor der Pflanzung vorgenommene Düngung bis zum Frühjahr unwirksam geworden ist. Denn die Nährstoffe werden durch die Niederschläge im Winter ausgewaschen.

Als Kopfdünger eignen sich die üblichen Garten- oder Blaukornvolldünger. Man verteilt 20–30 g

pro m² gleichmäßig auf der Fläche und arbeitet den Dünger flach in die Krume ein. Gedüngt wird am besten vor einem kräftigen Landregen. Sollte der notwendige Niederschlag fehlen, muß der Dünger eingewässert werden. Natürlich können die Nährsalze auch in Wasser (10 l) aufgelöst und ausgegossen werden. Die angegebene Menge wird dann auf eine Fläche von 1–1,5 m² verteilt.

Um Salzkonzentrationsschäden an den Blättern zu verhindern, werden die Pflanzen nach dem Düngen mit klarem Wasser abgespritzt.

Jungpflanzengewinnung durch Absenken

Die einfachste Methode, Gartennelken zu vermehren, ist das Absenken der Triebe im Juli oder August nach der Blüte. Man wählt starke, junge Seitentriebe, die noch nicht geblüht haben, aus und entfernt ihre unteren Blätter, indem man sie nach unten abstreift. Vier oder fünf voll entwickelte Blattpaare sollen an der Spitze stehenbleiben.

Um den Stengel geschmeidig zu machen, wird er zwischen den Blattknoten gequetscht. Dann sticht man unterhalb des letzten noch Blätter tragenden Blattknotens mit einem spitzen Messer ein und schneidet bis zum nächsten Knoten nach unten und außen, so daß eine Zunge entsteht. Nun wird im Boden eine flache Vertiefung gemacht, mit lockerer Erde (zu gleichen Teilen Erde, Sand und Torf) gefüllt, und Zunge und Stengel werden etwa 3 cm tief in der Erde mit einer Klammer (Haarnadel, Draht) festgehalten.

Das umliegende Erdreich wird leicht angedrückt und geglättet. Die abgesenkte Pflanze wird sechs Wochen lang feucht gehalten.

Nach sechs Wochen hebt man die Klammer etwas an und zieht leicht an der Pflanze. Eine bewurzelte Pflanze leistet dann Widerstand, eine nicht bewurzelte ist lose; sie soll noch weitere 14 Tage stehen bleiben. Bis dahin muß sie sich bewurzelt haben, oder sie kann weggeworfen werden.

Wenn die Pflanze bewurzelt ist, trennt man sie von der Mutterpflanze ab, und nach weiteren zwei Wochen wird der Absenker herausgenommen, ohne die Wurzeln zu beschädigen, und ausgepflanzt (siehe Seite 164). Wenn man kein freies Beet hat, setzt man sie in etwa 8–9 cm große Töpfe in ein Torf-Lehm-Gemisch. Beim Ausgraben sollte der Wurzelballen nicht beschädigt werden, denn dann wachsen die Pflanzen besser an.

1. Nach dem Abblühen an einem kräftigen Seitentrieb so viel untere Blätter abstreifen, daß nur vier oder fünf Blattpaare oben übrigbleiben

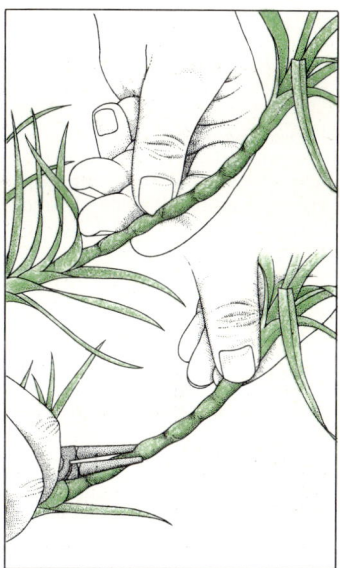

2. Stengel zwischen den Knoten mit Daumennagel oder Zange quetschen

3. Unterhalb des untersten blatttragenden Knotens einschneiden

4. Angeschnittenen Teil durch Aufklappen für das Absenken vorbereiten

5. Den Absenker in die Erde-Sand-Torf-Mischung drücken

6. Den Trieb mit einer Klammer etwa 3 cm tief im Boden festhalten

7. Nach sechs Wochen Bewurzelung durch leichtes Ziehen prüfen

8. Nach der Bewurzelung Absenker von der Mutterpflanze trennen

Neue Pflanzen aus Stecklingen ziehen

Steingartennelken lassen sich genau wie Gartennelken durch Absenken vermehren, aber wegen der kürzeren Stiele ist die Methode nicht so bequem. Daher vermehrt man sie hauptsächlich durch Stecklinge. Die Vermehrungssaison beginnt nach der Hauptblüte und dauert bis etwa in die dritte Augustwoche.

Man wählt stark wachsende, kräftige und ausgereifte Triebe aus. Die Stecklinge sollen frisch und saftig sein; daher müssen die Mutterpflanzen einen Tag vorher gegossen werden, wenn es nicht gerade geregnet hat. Die Triebe werden kurz neben dem Haupttrieb abgeschnitten. Dann streift man die unteren Blätter nach unten ab und läßt nur drei bis vier voll entwickelte Blattpaare an der Spitze stehen. Der Stengel wird unter dem obersten von Blättern befreiten Blattknoten abgeschnitten.

Nun füllt man einen Topf mit etwa 9 cm Durchmesser lose mit Vermehrungssubstrat, z. B. Torf-Sand-Gemisch im Verhältnis 1:1.

Es ist auch möglich, den Topf im unteren Teil mit Blumenerde oder Torfsubstrat zu füllen und oben eine ca. 5 cm hohe Mischung aus Torf und Sand im Verhältnis 1:1 aufzubringen. In diesem Fall bewurzelt sich der Steckling im Vermehrungssubstrat, während die gebildeten Wurzeln bereits Nahrung in der sich darunter befindenden Erde finden. Danach feuchtet man die Füllung mit einer feinen Brause an, ohne sie zu verdichten, und setzt die Stecklinge so weit in das Substrat, daß ihre untersten Blätter unbedeckt bleiben. Sie werden leicht angedrückt. Da sie aber dennoch umfallen können, neigt man sie leicht nach innen, damit sie einander stützen.

In einen Topf kommen zehn bis zwölf Stecklinge, je nach Größe. Sie werden mit einer feinen Brause angegossen, damit sich das Substrat verfestigen kann. Jeder Topf erhält ein Etikett mit dem Pflanzennamen und dem Vermehrungsdatum.

Nachdem man Stecklinge von einer Pflanze genommen hat, desinfiziert man das Messer in Methylalkohol und hält es in eine Flamme (kleine Spirituslampe oder Feuerzeug), um zu verhindern, daß Krankheitskeime von einer Pflanze viele Stecklinge infizieren. Die Mutterpflanze wird weiter kultiviert oder fortgeworfen.

Die Töpfe mit den Stecklingen stellt man in ein kaltes Frühbeet, wo sie es hell, aber kein direktes Sonnenlicht haben. Notfalls kann man die Frühbeetfenster schattieren. Dazu sind Bretter, Schattenleinen aus Kunststoffgeflechten oder Rohrmatten gut geeignet.

Bei warmem Wetter sorgt man für eine feuchte Atmosphäre im Frühbeet, indem man Wasser spritzt. Nach vier oder fünf Tagen wird das Fenster ein ganz klein wenig angehoben, doch darf die Luft innen nicht zu trocken werden, solange die Stecklinge noch nicht angewurzelt sind. Das Anwurzeln erfolgt innerhalb von 15 bis 30 Tagen und ist daran zu erkennen, daß die Stecklinge sich gerade aufrichten, ihr Laub spreizen und neues Grün an den Spitzen bilden. Während einer Woche wird das Fenster nun mehr und mehr geöffnet, damit die Pflänzchen abgehärtet werden.

Nach weiteren zwei oder drei Wochen werden sie an ihren endgültigen Platz ausgepflanzt.

Einige Wochen lang müssen sie dann bei trockenem Wetter noch gegossen werden.

Hochwüchsige Nelkensorten werden mit Stäben abgestützt.

1. Einen starken Trieb dicht am Haupttrieb abtrennen und die unteren Blätter entfernen, so daß nur drei oder vier Blattpaare verbleiben

2. Den Trieb unter dem obersten entblätterten Knoten abschneiden

3. Die Stecklinge in eine Mischung aus Torf und Sand stecken

4. Ein etwa 9 cm großer Topf faßt zehn bis zwölf Stecklinge. Töpfe gießen und in kaltes Frühbeet stellen. Bewurzelungszeit 15–30 Tage

Schwachtriebige Nelken werden durch sogenannte Rißlinge vermehrt. Dazu werden ganze Seitentriebe am Hauptstengel durch einen Ruck nach unten abgerissen und gestutzt oder ungestutzt eingepflanzt. Dabei kann allerdings der Hauptstengel der Mutterpflanze beschädigt werden, oder das untere Ende des Rißlings kann zu hart sein, was das Anwurzeln verzögert. Man sollte immer darauf achten, daß man Triebe mittleren Reifegrads verwendet, denn sie wachsen am besten an.

Man kann also bekannte Arten und Sorten aus Stecklingen, Rißlingen oder Absenkern heranziehen. Aber auch durch Aussaat lassen sich interessante Resultate erzielen, und man erhält viel mehr Pflanzen, von denen die besten wiederum später vegetativ, also durch Stecklinge usw., vermehrt werden können.

HOCHWÜCHSIGE NELKEN ABSTÜTZEN

Hochwüchsige Nelken mit Stäben abstützen. Blüten entfernen, sobald sie abgeblüht sind

Gute Blüten an den Seitentrieben

Um eine gute Blüte an jedem Seitentrieb zu erzielen, bricht man bei den Edelnelken alle Nebenknospen, außer der Kronenknospe, an der Spitze mit den Stielen ab, wenn sie erbsengroß sind.

An den Seitentrieben nur die Kronenknospe stehenlassen

Gekaufte Jungpflanzen eintopfen

Wenn man noch keine Erfahrung mit Nelken hat, kauft man am besten im April oder Mai fertige Pflänzchen. Diese Pflanzen sind oftmals bereits gestutzt worden. Wenn es nicht der Fall ist, stutzt man sie selber (siehe Seite 169). Sie werden zunächst in 10-cm-Töpfe mit Blumen- oder Einheitserde oder TKS 2 eingepflanzt.

Man setzt den Wurzelballen in den Topf, füllt ihn rundum mit Erde auf und drückt die Erde mit den Fingern an. Die Erde sollte ca. 1 cm unter dem Rand des Gefäßes liegen, damit man Raum für das Gießwasser hat. Diesen Raum nennt man Gießrand. Außerdem dürfen beim Eintopfen die Ansätze der untersten Blätter auf keinen Fall unter die Erde kommen, denn das schadet den Pflanzen.

Die eingetopfte Pflanze wird zwei oder drei Tage lang im Gewächshaus schattig gehalten und dann ins volle Licht gestellt. Ist der Ballen gut durchwurzelt – etwa nach vier Wochen –, wird die Pflanze in einen 15-cm-Topf umgesetzt und ein rund 1 m langer Stab zur späteren Stütze eingesteckt.

Abgesehen von den ersten zwei oder drei Tagen nach dem Umtopfen dürfen die Pflanzen nie zu feucht und zu warm stehen. Die beste Kulturtemperatur beträgt in den wärmeren Jahreszeiten 15 bis 20° C, im Winter 10° C; sie sollte auf keinen Fall 7° C unterschreiten.

1. So sehen kräftige, einmal gestutzte Nelkenjungpflanzen aus

2. So werden getopfte Nelken aus dem Topf genommen

3. Beim Umtopfen Erde um den Wurzelballen herum auffüllen

Wenn sich die Blüten öffnen

Wenn die Knospen Farbe zeigen, dürfen sie nicht mehr naß werden. Bei Hitze muß für leichten Schatten im Gewächshaus gesorgt werden, entweder durch Jalousien, Schattierleinen oder durch einen Anstrich der Scheiben, den man mit einer langstieligen Bürste und Wasser wieder abwaschen kann.

Die Blüten werden frühmorgens geschnitten, wenn die Stengel mit Wasser vollgesogen sind. Man schneidet den Stiel ganz unten ab, und zwar schräg, denn dadurch wird die Wasseraufnahmefläche größer als bei einem geraden Schnitt, und die Blumen erhalten mehr Wasser.

Die Blumen halten sich besser, wenn sie zuerst 24 Stunden lang bis zur Blüte ins Wasser gestellt werden.

Man kann Nelken auch schneiden, wenn die Blüten offen sind. Noch fest geschlossene Knospen gehen meistens nicht auf.

Gartennelken für Steingärten und Trockenmauern

Neben den üblichen Gartennelken gibt es eine ganze Reihe hübscher, kleiner wachsender Nelkenarten für Steingärten und Trockenmauern. Dazu zählen unter anderem die Pfingstnelke, *Dianthus gratianopolitanus* oder *D. caesius,* und die Federnelke, *D. plumarius.* Erstere bildet ca. 20 cm hohe, feste Polster, die in den Frühsommer- und Sommermonaten mit roten, orchideenpurpur- oder rosafarbenen, kräftig duftenden Blüten übersät sind. Dazu zählen unter anderem folgende Sorten: 'Fanal', rot, 'Feuerhexe', purpurrot, 'Hexenmeister', purpurviolett mit roter Mitte, 'Märchenprinz', orchideenpurpurn, 'Nordstjernen', rosarot.

Die Federnelken wiederum werden ca. 20–30 cm hoch und blühen auch insgesamt gesehen etwas früher als Pfingstnelken. Zu den besten Sorten zählen 'Altrosa', rosa, 'Delicata', zartrosa, 'Diamant', weiß, 'Heidi', dunkelrot, sowie 'Helen', eine lachsrosa Schnittsorte mit großen Blüten.

Diese sonnenhungrigen Steingartennelken dürfen nur an geeigneten Standorten auf wasserdurchlässigen, trockenen Böden gepflanzt werden.

Das richtige Schneiden der Blumen

Gartennelken werden geschnitten, wenn sie fast aufgeblüht sind. Sie sollten auf keinen Fall zu knospig sein. Man gießt am Tag zuvor gründlich und schneidet dann am frühen Morgen oder spätabends, wenn die Stengel viel Feuchtigkeit enthalten, mit einer Schere.

Die Blüten halten sich länger, wenn sie zunächst für zwölf Stunden bis zum Hals ins Wasser gestellt werden. Die Vase wird in einen kühlen, zugluftfreien Raum gestellt. An die Blüten darf kein Wasser kommen, weil sie sonst fleckig werden.

WÄSSERN DER BLÜTEN

Die Blüten zunächst zwölf Stunden bis zum Hals ins Wasser stellen

Zurückschneiden ergibt buschigen Wuchs

Die Jungpflanzen werden in der ersten Saison zurückgeschnitten, damit sie Verzweigungen oder Seitentriebe bilden und stark und buschig wachsen.

Die Pflanze sollte neun bis zehn voll entwickelte Blattpaare aufweisen, wenn sie im Herbst zurückgeschnitten wird. Pflanzen, die Mitte September noch nicht so weit entwickelt sind, werden erst im Frühling zurückgeschnitten, da die neuen Seitentriebe durch kaltes Wetter leiden würden. Im Frühling gekaufte Pflanzen können schon gestutzt sein. Man prüft, ob der Haupttrieb herausgeschnitten ist.

Zurückgeschnitten oder gestutzt wird am besten frühmorgens bei feuchtem Wetter, wenn die Stiele vollgesogen sind und leichter brechen.

Man bricht die Triebspitze nach dem sechsten, siebenten oder achten Blattknoten von unten ab, indem man die Triebspitze zwischen Daumen und Zeigefinger nimmt, mit der anderen Hand den Stengel festhält und die Spitze scharf nach unten biegt. Gewöhnlich bricht der Trieb glatt ab; wenn nicht, biegt man den Stiel im Winkel von 90° in die andere Richtung. Falls auch das nicht hilft, wird mit einem sauberen Schnitt die Spitze ganz nahe am Knoten abgetrennt. Danach entwickeln sich Seitentriebe aus den Blattachseln. Das Zurückschneiden kann zwar zu einer Verzögerung der Blüte führen, man erhält dafür aber auf jeden Fall gute Seitentriebe mit vielen Blüten.

Man braucht Staudennelken nur in ihrem ersten Jahr zu stutzen. Später verzweigen sie sich willig weiter.

Man gibt ein Düngemittel mit hohem Phosphorsäuregehalt, um die Pflanze zu einer zweiten Blüte in derselben Saison zu veranlassen.

Sollte die Witterung trocken sein, wirkt eine flüssige Düngung am besten.

Manche Staudennelken können bis in den späten Herbst hinein blühen.

1. Warten, bis neun oder zehn voll entwickelte Blattpaare da sind

2. Die Triebspitze über dem 6. oder 7. Blattknoten scharf umbiegen

3. Bricht die Spitze nicht, abschneiden, damit Verzweigungen entstehen

4. Resultat: eine buschige Pflanze mit vielen Blüten

Auspflanzen von Steingartennelken

Die Bodenvorbereitung ist dieselbe wie bei Gartennelken. Die Arten sind aber noch anspruchsloser und gedeihen auch in magerem, flachgründigem Boden noch gut, wo Gartennelken kümmern würden.

Man kann sie im Herbst oder im Frühjahr pflanzen. Wichtig ist, daß sich keine Blätter oder anderer Gartenabfall um die Pflanzen sammelt, da sonst die Stengelfäule einsetzen könnte.

Da die Steingartennelken einen Monat vor den Gartennelken blühen, nämlich ab Ende März bis Juli, müssen sie frühzeitig ausgepflanzt werden. Kauft man fertige Pflänzchen, kommen sie vor Ende März in den Boden und werden während trockener Perioden durchdringend gegossen.

Niedrigwüchsige Varietäten sollen im gegenseitigen Abstand von 20 cm gepflanzt werden. Starkwüchsige Arten und Sorten erhalten 30–40 cm Zwischenraum. Der Trieb soll nicht von Erde bedeckt sein; die unteren Blätter sollten die Erde nicht berühren, aber die Wurzeln müssen gut eingebettet sein. Dann werden die Pflanzen angegossen; später darf man sie aber nicht zu naß halten.

Schäden bei Nelken

Die Tabelle beschreibt die häufigsten Krankheiten und Schädlinge bei der Nelkenkultur. Für hier nicht beschriebene Symptome siehe die vierfarbige Aufstellung ab Seite 574. Pflanzenschutzmittel sind in den Tabellen ab Seite 599 aufgeführt.

Schaden	Ursache	Abhilfe
Blätter gefleckt, vergilbend und unterseits mit feinem Gespinst bedeckt	Rote Spinne	Spritzen mit Diazinon, Malathion° oder Dimethoat
Junge Blätter und Triebe fahlgrün, oft mißgebildet und mit klebrigem Saft überzogen (Honig)	Blattläuse	Spritzen mit Diazinon, Pirimicarb oder Malathion°
Silberweiße, nußfarbene, unregelmäßige Flecken an jungen Blättern und sich öffnenden Blüten. Blätter und Blüten verkrüppelt	Thrips	Spritzen mit Diazinon oder Malathion°
Herzblätter und ältere Triebblätter mit Miniergängen, später Vergilben und Absterben der Blätter und Triebe	Nelkenfliege	Spritzen mit Diazinon oder Dimethoat
Kelch (die grünen Blätter, die die Blüte in der Knospe überdecken) der Länge nach aufgeplatzt, so daß die Blütenblätter keinen Halt mehr haben	Platznelke	Exakte Ursache unbekannt; begünstigt anscheinend durch Überdüngung und Kalkmangel. Zuviel Stickstoff vermeiden, jährlich Kalk anwenden, um pH-Wert bei 7 zu halten
Sämlinge fallen um, Schwarzfärbung an der Stengelbasis	Umfallkrankheit durch zu dichtes Auflaufen und hohe Feuchtigkeit und Temperatur	Läßt sich eventuell durch Gießen mit Captan oder Zineb bekämpfen
Rundliche, erst helle, später braune, meist dunkelrot umrandete Flecken auf Blättern, Knospen und Stengeln; in der Mitte schwarzer Sporenrasen	Nelkenschwärze	Anbaufläche wechseln. Stecklinge nur von gesunden Pflanzen; Spritzen mit Benomyl, Zineb oder Mancozeb

Mehr Blüten durch gezieltes Stutzen

Sind die Pflanzen aus Stecklingen gezogen, müssen sie im April zum erstenmal gestutzt werden, wenn sie etwa 20–25 cm hoch sind.

Man wartet, bis sich neun voll entwickelte Blattpaare gebildet haben, und bricht dann die Triebspitze nach dem sechsten, siebten oder achten Blattknoten von unten ab, indem man die Triebspitze zwischen Daumen und Zeigefinger nimmt, mit der anderen Hand den Stengel festhält und die Spitze scharf nach unten biegt. Wenn der Trieb nicht glatt abbricht, biegt man ihn im Winkel von 90° auf die andere Seite; hilft das auch nicht, schneidet man die Spitze nahe am Knoten sauber ab.

Nach diesem ersten Stutzen (Zurückschneiden) bilden sich fünf bis sieben Seitentriebe. Einige davon werden ebenfalls gestutzt, wenn sie etwa 15 cm lang sind. Das ist das zweite Stutzen. Es wird in gleicher Weise ausgeführt, wobei etwa sechs voll entwickelte Blattpaare stehenbleiben sollen.

Seitentriebe, die nicht ein zweitesmal gestutzt wurden, blühen im Sommer. Die gestutzten Triebe bilden Seitentriebe, die später blühen. Ein zweites Stutzen bis Mitte Juni erbringt Herbstblüten, ein späteres bis Mitte Juli ergibt Winterblüten. Stutzt man jedoch im August, entstehen Blüten erst im nächsten Frühling.

Nach dem Stutzen ist es möglich, daß zu viele Seitentriebe gebildet werden und diese dann zu dicht stehen. Dann entfernt man die überzähligen Triebe.

ERSTES STUTZEN

1. Die Pflanze über dem ausgewählten Blattknoten ergreifen

2. Den Stiel mit der anderen Hand festhalten und Spitze abbrechen

ZWEITES STUTZEN

Wenn die Seitentriebe 15 cm lang sind, ihre Spitzen ausbrechen

Edelnelken unter Glas

Die dauerblühende Edelnelke ist eine Gewächshauspflanze. Am einfachsten und besten ist es, sie in Töpfen in einem geheizten Gewächshaus zu ziehen, denn dann bringen sie das ganze Jahr über Blüten. Handelsgärtnereien verwenden Beete statt Töpfen; dadurch wächst aber die Gefahr, daß bodeninduzierte Krankheiten auftreten.

Die Edelnelke muß sich verzweigen und trägt eine Blüte am Ende des Triebs. Um die Verzweigung zu unterstützen, wird gestutzt, meist sogar zweimal.

Vermehrt werden sie durch Stecklinge, die von blühenden Pflanzen genommen werden, und zwar am besten alle zwei bis vier Jahre.

Man nimmt die Stecklinge nur von den besten und blühwilligsten Pflanzen ab, weil sonst die Nachkommen rasch degenerieren.

Schäden bei Edelnelken

Die Tabelle beschreibt die wichtigsten Krankheiten und Schädlinge. Treten Symptome auf, die hier nicht erfaßt sind, siehe ab Seite 574. Chemische Mittel siehe ab Seite 599.

Schaden	Ursache	Abhilfe
Gelbliche Flecken an Blättern und Stengeln, später vorwiegend auf Blattunterseite braune bis schwarze Pusteln; Laub stirbt ab	Rost	Spritzen mit Maneb, Mancozeb oder Triforin
Untere Blätter und junge Triebe vergilben, welken und sterben unter graubläulich grüner Verfärbung ab	Welke-krankheiten	Befallene Pflanzen rausreißen und vernichten; Gießen mit Benomyl und Captan
Junge Blätter und Triebe fahlgrün, oft mißgebildet und mit klebrigem Saft überzogen	Blattläuse	Spritzen mit Diazinon oder Dimethoat
Blätter gefleckt, auf der Unterseite mit feinem Gespinst bedeckt, vergilben	Rote Spinne	Spritzen mit einem Milbenvernichtungsmittel, Malathion° oder Dimethoat
Silberweiße bis nußfarbige, unregelmäßige Flecken an den jungen Blättern und sich öffnenden Blüten	Thrips	Spritzen mit Diazinon, Dimethoat oder Malathion°

Vermehrung der Edelnelken durch Stecklinge

Edelnelken werden gewöhnlich durch Stecklinge vermehrt, die zwischen Oktober und Mai von blühenden Pflanzen genommen werden. Man gießt die Mutterpflanzen einige Stunden vor der Vermehrung, wählt einen Seitentrieb vom unteren Teil des Haupttriebs und bricht ihn ab, indem man ihn nach unten abzieht. Vom unteren Ende des Stecklings werden nun so viel Blätter nach unten abgestreift, daß nur vier bis fünf Blattpaare übrigbleiben.

Mit einem scharfen Messer schneidet man den Stiel des Stecklings direkt unter dem obersten von Blättern befreiten Blattknoten ab. Die Messerschneide wird in einer Flamme sterilisiert, ehe man weitere Stecklinge schneidet, da sonst Krankheiten übertragen werden können. Dann füllt man scharfen Sand oder Flußsand oder ein Gemisch aus halb Torf, halb grobem Sand in ein etwa 7 cm tiefes Gefäß, macht mit einem Pikierholz oder Bleistift im Abstand von etwa 5 cm Löcher, die etwas größer als die Stieldicke sind, und setzt die Stecklinge zum Anwurzeln so ein, daß ihre unteren Blätter über der Erde liegen. Nun wird angegossen, damit die Mischung die Wurzeln gut umhüllt.

Das Gefäß kommt in ein Gewächshaus oder einen Vermehrungskasten mit mindestens 10° C. Dabei ist Bodenwärme bis 20° und feuchte Luft günstig. Die Stecklinge sollen nicht in die direkte Sonne gestellt werden.

Nach vierzehn Tagen wird das Fenster des Kastens ein wenig angehoben, damit die Luft zirkuliert. Das Anwurzeln sollte in zwei bis drei Wochen erfolgen (an den Spitzen zeigt sich dann frisches Grün). Danach kann das Fenster immer mehr angehoben werden,

um die Jungpflanzen an die Luft zu gewöhnen. Zuletzt wird er ganz abgehoben.

Nach vier oder fünf Wochen nimmt man die Stecklinge heraus, stellt sie leicht beschattet auf die Gewächshaustische. Dort bleiben sie zehn Tage, dann werden sie in 7-cm-Töpfe in Blumenerde, Einheitserde oder TKS 2 gepflanzt. Man hebt sie vorsichtig einzeln mit dem Griff einer Gabel aus dem Gefäß, damit die Wurzeln nicht beschädigt werden.

Nach zwei oder drei Wochen, wenn der Ballen durchwurzelt ist, nimmt man sie heraus und prüft,

ob die Wurzeln sichtbar sind, und setzt sie in 10-cm-Töpfe mit üblicher Erde um. Vor dem Umtopfen gießt man gründlich.

Entweder beim ersten oder beim zweiten Umsetzen werden die Pflänzchen zum erstenmal gestutzt, d. h. dann, wenn sie etwa neun voll entwickelte Blattpaare aufweisen und 20–25 cm hoch gewachsen sind.

Die Vermehrung wird am besten von März bis Mai ausgeführt, weil dann die Lichtverhältnisse günstig sind und die Pflanzen schnell anwachsen und stark werden.

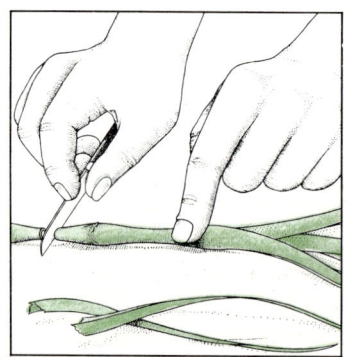

1. Bis auf vier oder fünf Paare alle Blätter vom Trieb entfernen

2. Unter dem höchsten von Blättern befreiten Blattknoten abschneiden

3. Stecklinge etwa 5 cm auseinander in Torf-Sand-Gemisch stecken

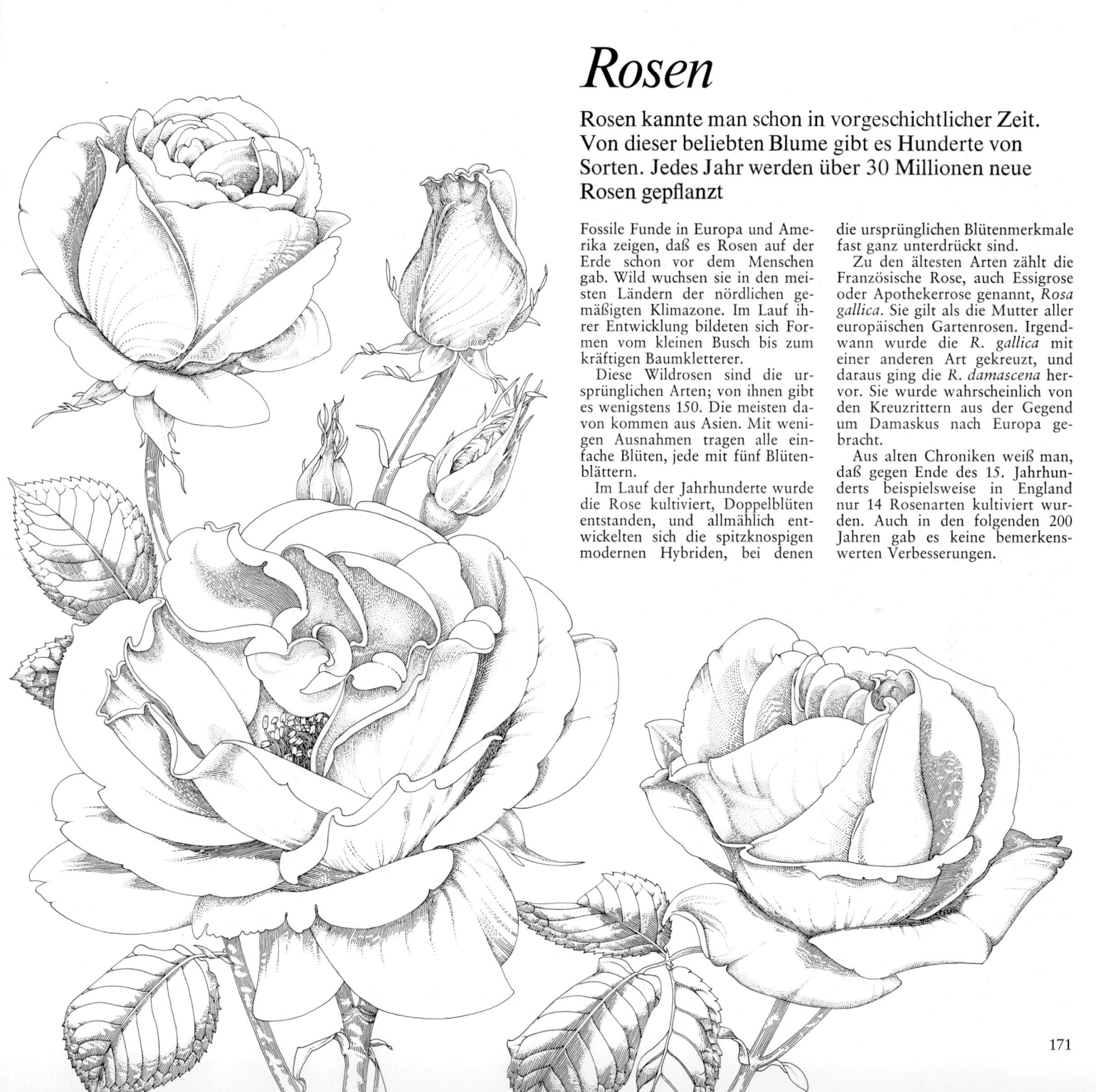

Rosen

Rosen kannte man schon in vorgeschichtlicher Zeit. Von dieser beliebten Blume gibt es Hunderte von Sorten. Jedes Jahr werden über 30 Millionen neue Rosen gepflanzt

Fossile Funde in Europa und Amerika zeigen, daß es Rosen auf der Erde schon vor dem Menschen gab. Wild wuchsen sie in den meisten Ländern der nördlichen gemäßigten Klimazone. Im Lauf ihrer Entwicklung bildeten sich Formen vom kleinen Busch bis zum kräftigen Baumkletterer.

Diese Wildrosen sind die ursprünglichen Arten; von ihnen gibt es wenigstens 150. Die meisten davon kommen aus Asien. Mit wenigen Ausnahmen tragen alle einfache Blüten, jede mit fünf Blütenblättern.

Im Lauf der Jahrhunderte wurde die Rose kultiviert, Doppelblüten entstanden, und allmählich entwickelten sich die spitzknospigen modernen Hybriden, bei denen die ursprünglichen Blütenmerkmale fast ganz unterdrückt sind.

Zu den ältesten Arten zählt die Französische Rose, auch Essigrose oder Apothekerrose genannt, *Rosa gallica*. Sie gilt als die Mutter aller europäischen Gartenrosen. Irgendwann wurde die *R. gallica* mit einer anderen Art gekreuzt, und daraus ging die *R. damascena* hervor. Sie wurde wahrscheinlich von den Kreuzrittern aus der Gegend um Damaskus nach Europa gebracht.

Aus alten Chroniken weiß man, daß gegen Ende des 15. Jahrhunderts beispielsweise in England nur 14 Rosenarten kultiviert wurden. Auch in den folgenden 200 Jahren gab es keine bemerkenswerten Verbesserungen.

In den europäischen Gärten wuchsen damals noch keine künstlich gezüchteten Rosen, sondern es gab nur Formen und Sorten der ursprünglichen Arten. Sie waren zufällig durch sprunghaft auftretende Veränderungen (Mutationen) bestimmter Merkmale entstanden. So konnte auf einem Rosenstock, der gewöhnlich weiße Blüte trug, plötzlich eine rosa Blüte auftauchen. Diese Mutationen wurden durch Pfropfen, Okulieren oder durch Stecklinge vermehrt.

Erst die Einführung der Chinarose in Europa Ende des 18. Jahrhunderts veränderte die Geschichte der Rosen. Jetzt hatten die Gärtner gelernt, wie man Rosen züchtet, und aus der Kreuzung von alten Rosen mit neuen entstanden Teerosen und dauerblühende Hybriden. Sie beherrschten die Gärten bis zum Ende des 19. Jahrhunderts.

Die Teehybriden, bei Hobbygärtnern heute besonders beliebt, sind eine verhältnismäßig junge Züchtung. Sie entstanden gegen Ende des 19. Jahrhunderts in Frankreich als Ergebnis der Kreuzung von Teerosen mit dauerblühenden Hybriden.

Etwas später – ebenfalls aus Frankreich – kamen die Polyantharosen, die aus der Kreuzung der japanischen *R. multiflora* mit einer Chinarose hervorgegangen sind. Sie führten schließlich zu der heute so beliebten Floribundarose.

Aus Frankreich kamen auch viele Hybriden. Kaiserin Josephine machte sich bekannt durch einen Rosengarten, worin alle zu jener Zeit vorhandenen Arten und Sorten blühten.

Im 19. Jahrhundert pflanzte man Rosen für sich, getrennt von anderen Blumen. Häufig wurden geometrische Beete angelegt, in denen jeweils nur eine Sorte wuchs.

Obgleich Rosen immer noch häufig separat gepflanzt werden, will man heute doch wieder zurück zu einem natürlicheren Stil aus

zweierlei Gründen: 1. Das ausschließliche Rosenbeet trägt mindestens fünf Monate im Jahr nicht zur Verschönerung des Gartens bei. 2. Die nackte Erde um die Rosen läßt viel mehr Unkraut aufkommen als ein mit Pflanzen bedeckter Boden.

Unserem Auge erscheinen heute viele Rosen weit schöner, wenn sie natürlich angelegt sind, besonders die Wildrosen und viele der modernen Floribundarosen.

Rosen mit anderen Blumen gemischt Rosen können, mit anderen Sträuchern und Stauden gemischt, überall im Garten stehen oder ebenso eine Ecke ausfüllen, einen Hauseingang flankieren oder eine Hauswand zieren. So wirken z. B. die hohen, überhängenden Strauchrosen, wie 'Nevada', 'Frühlingsgold' und *R. moyesii,* prächtig hinter einer Gruppe Hortensien oder anderen mittelhohen Sträuchern und ebenso hinter manchen Teehybriden oder Floribundarosen.

Werden verschiedene Rosen gemischt oder mit anderen Blumen zusammengepflanzt, achte man auf Größe und Blütezeit der einzelnen Pflanzen. Stehen Teehybriden und Floribundarosen beisammen, dürfen kleine Sorten nicht von höheren, wie 'Queen Elizabeth', 'Sutter's Gold', 'Roter Stern' oder 'Love Story', verdeckt werden. Die Kataloge geben normalerweise die Wuchshöhe der Pflanzen an.

Floribundarosen lassen sich ideal mit anderen Pflanzen mischen. Sie passen gut zu Zwergazaleen, die vorher blühen, aber auch zu anderen kleinen Sträuchern. Keine andere Rose läßt sich besser in Staudenrabatten einbeziehen oder füllt leere Stellen hübscher aus, wenn der Rittersporn schon abgeschnitten ist und die Herbstblumen noch nicht blühen.

Manche Rosenzüchter rümpfen zwar die Nase, wenn Teehybriden mit irgendwelchen anderen Blumen zusammen gepflanzt werden, aber viele Gärtner finden es schö-

ner, wenn die Stiele der Teehybriden durch andere, niedrige Pflanzen verdeckt sind.

Bodendecker für Rosenbeete Die folgenden kleinwüchsigen Pflanzen können Unkraut unterdrücken und sehen außerdem hübsch aus.

Blaue Veilchen, besonders die dichten buschigen Sorten, passen sehr gut zu Teehybriden. Noch besser schützen Labradorveilchen vor Unkraut, weil sie sich sowohl durch unterirdische Ausläufer als auch durch Samen vermehren. Ihre purpurnen Blüten bilden schnell einen dichten Teppich.

Andere gute Bodendecker sind der kleine, hellblaue Ehrenpreis, einjährige Lobelien und verschie-

dene *Ageratum*-Sorten sowie die Zwergstauden des Fingerkrauts, die von Juni bis September ununterbrochen blühen.

Die zahlreichen robusten Zwerggeranien bilden alle eine gute dekorative Decke, die sich nicht übermäßig ausdehnt. Zu nennen wären der Lancaster Storchschnabel, die Dalmatinische Geranie und die Balkangeranie.

Auch einige Zwergsträucher bilden eine gute Bodendecke rund um die Teehybriden, so die Amerikanische Scheinbeere und die graublättrige *Hebe pinguifolia.*

Die alten Rosensorten blühen nur vier Wochen im Juni und Juli und sehen in der übrigen Zeit wenig

Blaue Veilchen unter Teehybriden sehen nicht nur schön aus, sie unterdrücken auch das Unkraut und verdecken die blattlosen Teile der Rosenstämme

Die sieben Rosengruppen

attraktiv aus. Um den Anblick zu beleben, kann man Sträucher oder Stauden, die zu anderen Zeiten blühen, dazwischen oder daneben setzen.

Da diese Rosenarten höher wachsen als Teehybriden, können auch größere Stauden verwendet werden. Funkien sind dafür gut geeignet, besonders solche mit gemischtfarbigen oder bläulichen Blättern. Lilien in vielen prächtigen Farben sind für kurze Zeit herrliche Begleiter für hoch wachsende Rosen. Auch die größeren robusten Geranien verdecken die Stämme der Rosen gut.

Die hübsche *Aster × frikartii* mit ihrem lang blühenden, blauen und goldgelben Blumenschmuck, die pfirsichblättrige Glockenblume *Campanula persicifolia*, der hellviolette, strauchige Salbei *Salvia superba*, die verschiedensten Nachtkerzengewächse und das Schleierkraut mit seinen unzähligen weißen Sternchen sind alle ausgezeichnete Folgeblüher nach dem Flor der Rosen. Und im Frühling können Primeln, Akelei, Anemonen und Christrosen eine wahre Blütenpracht entfalten, bevor die Rosen aufblühen.

Rosen als Hecken Einige Rosensorten eignen sich gut für blühende Hecken, obwohl sie im Winter kahl sind. Verglichen mit den üblichen Heckenpflanzen brauchen sie aber viel Platz in der Breite, mit Ausnahme der Floribundarosen.

Gute Ergebnisse erzielt man, wenn man sie etwas dichter als gewöhnlich zusammenpflanzt und sie nur leicht schneidet.

Am vielseitigsten sind die Kartoffelrosen *R. rugosa* wegen ihres dichten Blattwerks.

Für höher wachsende Hecken eignen sich die dauerblühenden Strauchrosen besonders gut, vor allem die Sorten 'Bischofstadt Paderborn', leuchtend zinnoberscharlach, 1–1,5 m, 'Buisman's Triumph', hellrot, 1–1,5 m, 'Dirigent', glühend blutrot, 1,5–2 m,

'Lichtkönigin Lucia', kräftig zitronengelb, 1,5 m, 'Nymphenburg', orangerosa, 1–1,5 m, und 'Schneewittchen', blendend weiß, 1 m.

Wer eine lockere Hecke liebt, kann auch Park- und Moosrosen wählen, z. B. die 1–1,5m hoch wachsenden Zentifolien *Rosa centifolia* und die Goldrose *R. hugonis*, mit einfachen, schalenförmigen, goldgelben Blüten.

Die stachelige Schottische Rose, *R. pimpinellifolia*, bietet einen wirkungsvollen Schutz vor Tieren. Meistens ist nur die reine Art mit weißen bis hellgelben, duftenden, einfachen Blüten im Handel. Sie blüht früh und wird etwa 1 m hoch.

Von den Kletterrosen bildet die 'New Dawn' eine ausgezeichnete, dichte Hecke. Sie ist gut verzweigt, kräftig und fast dauernd von süßlich duftenden, zartrosa Blüten bedeckt. Sie erreicht leicht eine Höhe von 2 m. Bei regelmäßigem Schnitt verhält sie sich wie eine Strauchrose.

Die Floribundarose 'The Queen Elizabeth Rose' kann auch eine gute Hecke bilden. Wenn man sie im Abstand von 60 cm pflanzt und im Winter oder zeitigen Frühjahr schneidet, wird sie über 1 m hoch, läßt sich aber auch niedriger halten.

Rosen als Bodendecker Einige kriechende Rosen eignen sich ausgezeichnet zum Abdecken kahler Stellen. Sind sie genügend gefestigt, dann kommt kein Unkraut auf. Mit ihnen können auch schwer zugängliche Böschungen bepflanzt werden.

Zu den besten bodendeckenden Rosen gehört 'Max Graf', eine *Rugosa*-Hybride. Ihre Blüten duften wie die der Hundsrose. Sie blüht im Hochsommer und dehnt sich durch Bewurzelung der Triebe weit aus.

Die flachliegende *R. wichuraiana*, die Elternpflanze vieler Kletterrosen, kann sich bis zu 6 m ausbreiten; sie trägt im August duftende, cremeweiße Blüten.

Die Hochstammrose Hochstammrosen haben einen schlanken, aufrechten, kahlen Stamm, auf den verschiedene Sorten veredelt werden können – gewöhnlich Teehybriden oder Floribundarosen. Sie verleihen dem Rosengarten Eleganz.

Die Stämme allein – ohne Krone – sind normalerweise 90–100 cm hoch, Halbstämme sind kürzer (30 cm). Trauerrosen haben eine Stammhöhe von ungefähr 1,5 m und werden mit einer der biegsamen Kletterrosen veredelt, deren Triebe bis zum Boden herabhängen.

Park-, Moos- und Wildrosen Alle Wildrosen wie auch Hybriden zwischen verschiedenen Wildrosen gehören zu dieser Gruppe.

Sie haben gewöhnlich eine einfache Blüte mit nur fünf Petalen, es kommen aber auch einige gefüllte Formen vor. Die meisten von ihnen blühen kurze Zeit im Mai, Juni und Juli. Beliebte Arten sind: *Rosa moyesii*, rot, *R. primula*, gelb, *R. rugosa*, rosa.

Teehybriden Sie sind die Nachkommen aus der Kreuzung zwischen Bourbonrosen und Teerosen. Sie blühen reichlich zwischen Juni und Oktober und sind ausgezeichnete Schnittrosen. Die Blüten haben einen Durchmesser von 10 bis 15 cm und sind im allgemeinen gefüllt. Viele duften stark. Die Blütenknospen stehen aufrecht. Beliebte Sorten sind: 'Erotica', rot, 'Gloria Dei', lichtgelb mit braunrot, 'King's Ransom', goldgelb, 'Mabella', zitronengelb, und 'Super Star', zinnoberrot.

Floribundarosen Die modernen Floribundarosen tragen große Blütenbüschel. Die einzelnen Blüten sind kleiner als bei den Teehybriden, entweder einfach, halb oder ganz gefüllt und blühen von Juni bis Oktober; einige davon duften.

Floribundarosen sind aus einer Kreuzung zwischen Zwergpolyantha und Teehybriden hervorgegangen.

Beliebte Sorten sind: 'Allgold', gelb, 'Europeana', leuchtend blutrot, 'Goldtopas', gelb, 'Lilli Marleen', dunkelrot, und 'Maskerade', goldgelb und feuerfarben.

Moderne Strauchrosen Sie sind hauptsächlich Hybriden der Wildrosen, wachsen buschig und werden bis 1,8 m hoch und breit. Ihre Blüten sind einfach oder gefüllt und haben einen Durchmesser von 5–10 cm. Die meisten blühen mehrmals zwischen Juni und September.

Beliebte Sorten: 'Chinatown', gelb, 'Bischofstadt Paderborn', orange, 'Gruß an Koblenz', blutrot, 'Westerland', gelb mit roten Streifen, 'Schneewittchen', weiß, 'Nevada', weiß, 'Frühlingsgold', goldgelb.

Kletter- und Schlingrosen Es gibt viele hoch wachsende Rosen. Manche sind Abkömmlinge der echten Kletterarten, andere dagegen Mutationen von Teehybriden oder Floribundarosen.

Einige Kletterrosen sind sehr kräftig und wachsen 6–15 m an Bäumen oder Hauswänden hoch. Im Juni und Juli entfalten sich einfache, duftende Blüten.

Die weniger kräftigen Kletterer, die 3–4,5 m Höhe erreichen, sind ideal für Zäune. Sie stammen vorwiegend aus der Gruppe der Teehybriden und blühen im Juni und Juli.

Beliebte Sorten sind: 'Bantry Bay', rosa, 'Gruß an Heidelberg', rot, 'Golden Showers', gelb, 'New Dawn', rosa, 'Coral Dawn', orange, 'Parkdirektor Riggers', blutrot, 'Sympathie', dunkelrot.

Zwergrosen Sie erreichen eine durchschnittliche Höhe von 20–30 cm und haben fast keine Dornen. Die Blüten mit einem Durchmesser von 2–4 cm sind halb gefüllt oder gefüllt und erscheinen im Juni und Juli. Viele davon blühen mehrmals im Jahr. Einige wachsen kletternd.

Beliebte Sorten sind: 'Baby Maskerade', feuerfarben und goldgelb, 'Minuello', mandarinenrot, 'Scarlet Gem', leuchtend rot, 'Bit O' Sunshine', buttergelb.

Leitfaden für die Rosenpflanzung

Wie man die besten Bedingungen schafft

Rosen wachsen in den unterschiedlichsten Böden und Lagen und überleben häufig unter den ungünstigsten Bedingungen. Ideal ist jedoch eine sonnige Lage und ein lehmiger, neutraler bis leicht saurer Boden. In sandigem Boden brauchen Rosen reichliche Bewässerung.

Mit der Zeit wird jeder Boden rosenmüde. Deshalb setzt man Rosen nicht in Beete, in denen zuvor Rosen schon länger als zehn Jahre gestanden haben. Sollte das unumgänglich sein, bringt man frische Erde auf, oder man sät im vorhergehenden Sommer Raps oder einjährige Lupinen, die dann vor dem Blühen umgegraben werden.

Sind Rosen einmal gepflanzt, gedeihen sie viele Jahre lang gut in demselben Beet, wenn der Boden regelmäßig mit Humus und Nährstoffen versorgt wird.

Mindestens einen Monat vor dem Pflanzen der Rosen wird der Boden spatentief umgegraben. Neigt er zu Staunässe, ist es ratsam, ihn zwei Spaten tief umzugraben und ihn dann zu dränieren.

In die Krume wird Stallmist, Gartenkompost oder Torf eingearbeitet. Zerkleinerter Torf eignet sich besonders gut, weil er sehr schnell zu Humus wird; auch werden die Nährstoffe nicht so schnell aus dem Boden ausgewaschen. Kalkhaltige und sandige Böden muß man wiederholt mit organischem Dünger oder Gartenkompost anreichern.

Der Boden wird abschließend oberflächlich geharkt, aber nicht zu fein zerkleinert und auch nicht festgetreten. So bleibt er locker und wird gut belüftet.

Wann wird gepflanzt Rosen pflanzt man am besten von etwa Mitte Oktober bis Ende November. Für den Norden gilt: je früher, desto besser. Sie können aber auch jederzeit bis Ende März gesetzt werden, wenn kein Frost herrscht. Leichter Bodenfrost schadet nicht, jedoch darf nicht bei tiefgefrorenem Boden oder bei Staunässe gepflanzt werden. In regenreichen und frostreichen Gegenden pflanzt man daher besser erst im Frühjahr.

Obgleich man frisch angelieferte Rosen im allgemeinen bis zu zehn Tage in der Verpackung liegenlassen kann, ist es besser, sie sofort einzupflanzen, wenn die Bedingungen günstig sind; sonst schlägt man die Wurzeln in feuchten Torf ein und wässert sie regelmäßig. Auf diese Weise sind die Pflanzen unbegrenzt haltbar.

Werden die Pflanzen bei strengem Frost geliefert, bewahrt man sie in einem Schuppen auf.

Pflanzen, die in Containern aus der Baumschule kommen, können zu jeder Jahreszeit gepflanzt werden – vorausgesetzt, der Boden ist frostfrei und neigt nicht zu Staunässe.

Die Pflanzerde Für das Einpflanzen mischt man zwei Teile Torf mit einem Teil Gartenerde und einer Handvoll Knochenmehl.

Dann werden die Pflanzstellen der Rosen im Beet markiert. Man steckt kleine Holzstöcke in passenden Abständen in den Boden.

Pflanzweite Rosen sollten vom Weg oder Rasen mindestens 40 cm entfernt sein.

Die Pflanzweite von Rose zu Rose richtet sich nach dem Typ: Zwergrosen setzt man in einem Abstand von etwa 30 cm, Hochstammrosen sollten ungefähr 90 cm voneinander entfernt sein, Teehybriden und Floribundarosen von mittlerem Wuchs 45 cm, von stärkerem Wuchs 60 cm oder mehr; der Zwischenraum zwischen Strauchrosen sollte 1,5 m betragen, der von Kletter- und Schlingrosen mindestens 2 m.

Standort Alle Gartenrosen lieben einen möglichst vollsonnigen Standort. Je schattiger es ist, um so geringer ist die Blüte. Einige Sorten vertragen lichten Schatten. Für einen Platz im Dauerschatten sind Rosen nicht geeignet.

Vorbereitung der Rosen zum Pflanzen

Bei kaltem, austrocknendem Wind bedeckt man die Wurzeln mit einem Sack. Sind sie trocken, taucht man sie in einen Lehmbrei.

Wenn die Triebe frisch erworbener Pflanzen vor Trockenheit eingeschrumpft sind, erholen sie sich meist wieder nach einem Ganzwasserbad.

Vor dem Einpflanzen wird mit einer scharfen Baumschere alles abgestorbene Holz weggeschnitten.

Auch die in der Baumschule an der Pflanze belassenen Blätter sowie schwache oder beschädigte Triebe werden entfernt.

Es ist darauf zu achten, daß jeder Trieb genau über einem nach außen weisenden Auge abgeschnitten wird.

Alle überlangen Wurzeln werden bis auf 25 cm gekürzt. Alte, dicke Wurzeln werden entfernt.

Beschädigte Wurzeln werden bis kurz hinter der Schadstelle zurückgeschnitten. Die dünnen Faserwurzeln müssen erhalten bleiben.

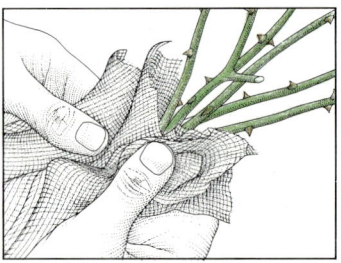

1. Vor kaltem, austrocknendem Wind Wurzeln mit Sackleinen schützen

2. Trockene Wurzeln in einen Lehmbrei tauchen

3. Abgestorbene, schwache und beschädigte Triebe abschneiden

4. Alle Triebe auf ein nach außen weisendes Auge zurückschneiden

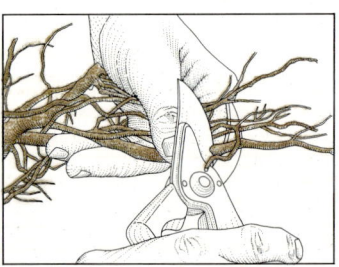

5. Lange und beschädigte Wurzeln auf etwa 25 cm kürzen

6. Dicke Wurzeln werden mit der Gartenschere herausgeschnitten

Das richtige Pflanzloch für Rosen

Das Pflanzloch wird so groß gegraben, daß die Wurzeln bequem Platz darin haben. Wenn sie gleichmäßig nach allen Richtungen ausgebreitet sind, sollte das Loch ungefähr 50 cm breit und 30 cm tief sein. Da Rosen viele Jahre nicht versetzt werden, muß der Untergrund für Wurzeln und Wasser durchlässig sein. Deshalb lockert man den Boden unterhalb der Grubensohle zusätzlich auf. In der Mitte schichtet man einen kleinen Erdhügel auf. Danach wird eine etwa 3 cm hohe Schicht einer gut vorbereiteten Pflanzerde eingefüllt. Nun kann mit dem Pflanzen begonnen werden.

Wer ganz exakt arbeiten will, legt einen Stock quer über das Loch, um die genaue Pflanztiefe zu messen.

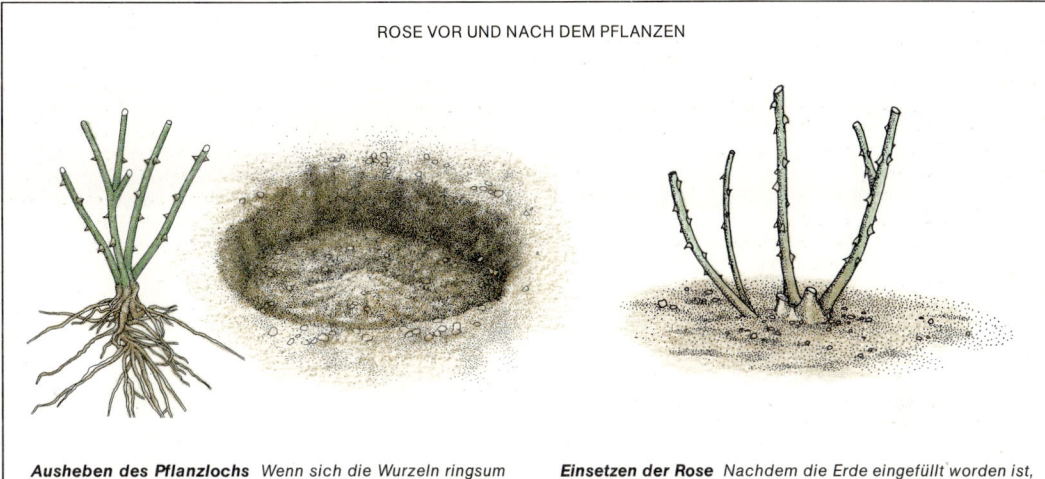

ROSE VOR UND NACH DEM PFLANZEN

Ausheben des Pflanzlochs Wenn sich die Wurzeln ringsum gleichmäßig ausbreiten, gräbt man ein rundes Loch, etwa 50 cm breit und 30 cm tief. Auf den Grund streut man eine 2–3 cm hohe Schicht Erde

Einsetzen der Rose Nachdem die Erde eingefüllt worden ist, muß der Rosenstock auf der gleichen Höhe wie vorher sitzen. Die Veredelungsstelle muß mit der Erdoberfläche bündig abschließen

Einpflanzen von Buschrosen

Buschrosen sind richtig gepflanzt, wenn die Veredelungsstelle in schwerem Boden mit der Beetoberfläche abschließt oder höchstens 2–3 cm unter die Erdoberfläche kommt; in leichtem Boden sollte sie 5 cm darunter liegen.

Die Wurzeln werden im Pflanzloch ausgebreitet. Mit den Fingern kämmt man sie vorsichtig durch, damit sie sich nicht überkreuzen. Sie dürfen sich auch nicht am Lochrand umbiegen. Falls nötig, muß das Loch vergrößert werden,

Buschrose auf kräftiger Unterlage

damit sich die Wurzeln richtig ausbreiten können. Nun wird zuerst etwas von der vorbereiteten Pflanzmischung um die Wurzeln verteilt und dann Gartenerde nachgefüllt, bis die Wurzeln bedeckt sind. Anschließend schüttelt man die Rose leicht auf und ab, damit die Erde den Wurzelraum vollständig ausfüllen kann und Hohlräume verschwinden. Nachprüfen, ob die Veredelungsstelle auf der richtigen Höhe liegt. Sie darf auf keinen Fall zu tief geraten.

Die Erde um die Wurzeln wird nun mit der Fußspitze festgetreten (leicht in schweren Böden und ziemlich fest in leichten Böden). Man tritt rundum von außen zur Mitte, so daß sich die Lage der Pflanze nicht verändert.

Dann wird das Loch vollends mit Erde aufgefüllt. Nur wenn die Veredelungsstelle zu locker im Boden sitzen sollte, tritt man den Boden nochmals etwas fest.

Wenn zwischen Oktober und März gepflanzt wird, braucht der Busch nur bei ausgesprochener Trockenheit eingewässert zu werden. Sonst gießt man gründlich nach dem Pflanzen.

1. Die Veredelungsstelle darf höchstens 2–3 cm unter die Erdoberfläche kommen

2. Die Pflanzerde wird vorsichtig über die Wurzeln verteilt

3. Pflanze schütteln, damit der Boden den Wurzelraum ausfüllt

4. Boden um die Wurzeln festtreten und das Loch auffüllen

Das Einsetzen von Hochstammrosen

Auch hier schneidet man zunächst mit der Baumschere alle langen Wurzeln auf die gleiche Länge von 25–30 cm zurück. Beschädigte Wurzeln werden entfernt.

Blätter und Blütenknospen sowie schwache Triebe und totes Holz werden ebenfalls abgeschnitten.

Alle Zweige werden auf ein nach außen weisendes Auge gekürzt. Hochstammrosen müssen an einem Pfahl befestigt werden. Er soll 2–3 cm dick sein und so lang, daß er 60 cm tief in die Erde getrieben werden kann und 15 cm über die Veredelungsstelle hinausragt. Imprägnierte Holzpfähle eignen sich am besten dafür.

Man hebt ein 40 cm breites Loch aus. Ein Pfahlende wird angespitzt und in der Mitte des Lochs 60 cm tief in den Boden getrieben.

Hochstämme, die auf Heckenrosen veredelt wurden (Merkmal: ein relativ glatter Stamm mit nur wenigen oder keinen Stacheln), sollten so gepflanzt werden, daß die Wurzelspitzen 15–20 cm tief im Boden liegen. Solche, die auf stachelige *Rugosa*-Unterlagen veredelt sind, brauchen nur 10 cm Tiefe. Eine 3 cm dicke Schicht der vorgemischten Pflanzerde wird in das Loch gegeben. Die Rose wird nun so nahe wie möglich an den Pfahl gestellt. Der Wurzelhals muß auf gleicher Höhe mit dem Boden liegen. Die Wurzeln werden gleichmäßig ausgebreitet.

Während man die Wurzeln mit der Pflanzerde bedeckt, hält man den Stamm am Pfahl fest oder bindet ihn vorher provisorisch an. Man schüttelt den Stamm leicht auf und ab, damit sich Hohlräume im Boden füllen.

Ein Teil der Gartenerde wird nachgeschüttet und leicht mit der Fußspitze angedrückt. Dann wird das Pflanzloch mit dem Rest der Erde aufgefüllt.

Der Hochstamm wird mit Sisal-, Gummi- oder Plastikband, das man im Gartenfachhandel kaufen kann, am Pfahl befestigt. Man kann dazu auch Schnur nehmen, muß dann aber ein Stück Sackleinen als Polster um den Stamm binden. Man achte darauf, daß keine Schädlinge an den Bändern überwintern.

1. In ein 40 cm breites Loch Pfahl treiben; Erde anschütten

2. Rose aufrecht halten, Wurzeln ausbreiten; mit Erde bedecken

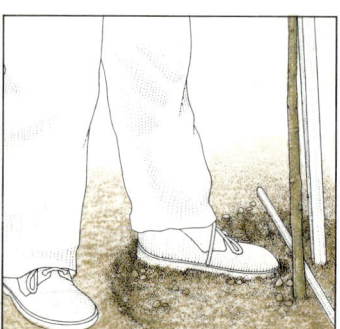

3. Erde nachfüllen und leicht festtreten; Loch auffüllen

4. Hochstamm am Pfahl mit Plastik- oder Gummiband anbinden

Einpflanzen von Kletterrosen an Mauern

Man pflanzt Kletterrosen im wesentlichen wie Buschrosen. An der Mauer entlang werden kunststoffüberzogene Spanndrähte horizontal im Abstand von 40 cm gezogen. Man führt den Draht durch Rebösen und spannt ihn.

Das Pflanzloch muß mindestens 30 cm von der Mauer entfernt sein. Die Triebe werden fächerförmig ausgebreitet, so daß sie beim Wachsen später zu den Drähten gezogen werden können.

Gewöhnlich haben junge Kletterrosen mehr abgestorbenes Holz als Busch- oder Hochstammrosen. Man schneidet es bis zum obersten guten Auge zurück.

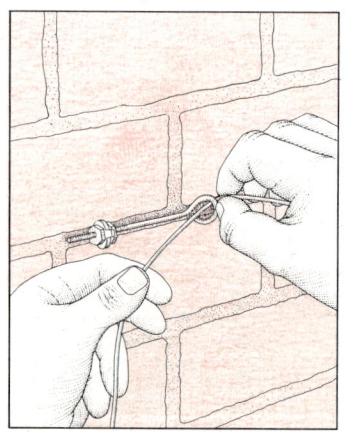

1. Kunststoffüberzogene Drähte horizontal an der Mauer entlang spannen

2. Die Rose braucht einen Abstand von 30 cm; mit lockerer Erde abdecken

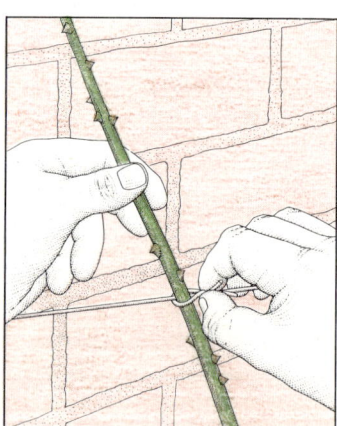

3. Triebe fächerförmig ausbreiten und an den Drähten befestigen

Rosenpflege das ganze Jahr über

Wie man Wildtriebe erkennen und entfernt

Ab Anfang Mai muß man auf Triebe achten, die aus dem Boden oder – bei Hochstammrosen – aus dem Stamm sprießen.

Diese Wildtriebe wachsen aus dem Teil unterhalb der Veredelungsstelle und unterscheiden sich im allgemeinen in ihren Blättern und Stacheln von der Edelsorte. Die Blättchen der Wildtriebe sind schmaler als die der Gartenrose, die Stacheln nadelartig. Da die Wildtriebe die Eigenschaften der Unterlage haben, muß man sie möglichst schon im Jugendstadium entfernen.

Der sicherste Weg, den Wildtrieb zu erkennen und bis zu seiner Austriebstelle zurückzuverfolgen: Ein Wildtrieb sprießt nur unterhalb der Veredelungsstelle hervor. Die Stelle ist mitunter schwer zu finden, wenn die Wurzel tief sitzt. Der Wildtrieb wird direkt an seinem Ursprung abgerissen. Niemals schneiden, weil dies den Austrieb weiterer Triebe begünstigt.

Abschneiden verblühter Rosen bringt neue Blüten

Sobald die Blüten von Teehybriden verwelkt sind, werden die Stiele bis auf einen kräftigen Trieb oder ein nach außen weisendes Auge zurückgeschnitten. Das fördert einen zweiten Blütenflor.

Viele Gartenfreunde schneiden bis zum untersten fünfteiligen Blatt zurück. Dadurch bildet sich jedoch nur ein Trieb. Wird nicht so weit zurückgeschnitten, können sich mehrere neue Triebe bilden. Gegen Ende der Saison werden verwelkte Blüten nur noch bis zum ersten Auge unter der Blüte zurückgeschnitten.

Bei Floribundarosen haben die Blütenstengel keine Augen; daher muß man das ganze Büschel, wenn es verblüht ist, bis auf das erste darunterliegende Auge abschneiden. Die Ausbildung von Hagebutten ist unerwünscht, es sei denn, man braucht sie für Dekorationszwecke oder zur Samengewinnung; dafür muß die Rose aber mindestens zwei Jahre alt sein.

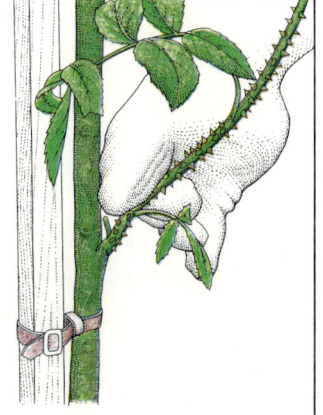

Buschrosen *Austriebstelle freilegen, dann den Wildtrieb abreißen*

Hochstammrosen *Alle Triebe unterhalb der Veredelungsstelle entfernen*

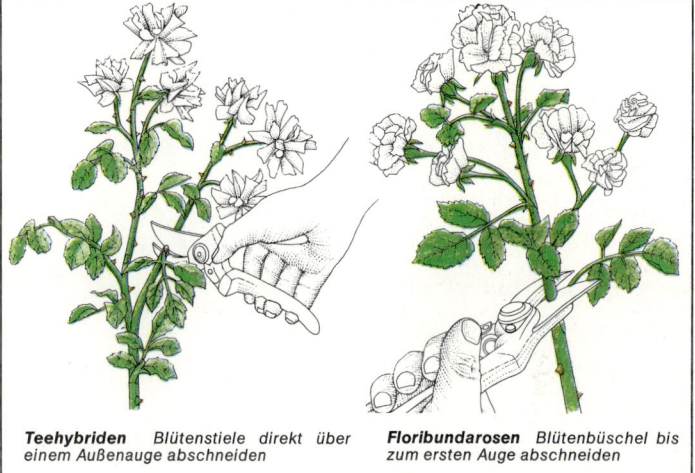

Teehybriden *Blütenstiele direkt über einem Außenauge abschneiden*

Floribundarosen *Blütenbüschel bis zum ersten Auge abschneiden*

Ausbrechen von Knospen bringt größere Blüten

Wenn man an Teehybriden einige der Blütenknospen entfernt, werden die verbleibenden Blüten größer. An neuen Trieben von Teehybriden bilden sich gleich unterhalb der großen Mittelknospe Büschel von Nebenknospen. Sie werden von Hand ausgebrochen.

Auch bei Floribundarosen kann man die größeren Mittelknospen sowie die kleinsten Knospen aus jedem Büschel entfernen. Vorsicht, daß die verbleibenden Knospen nicht beschädigt werden!

Um größere Blüten zu erzielen, werden die Knospen unter der Mittelknospe gebrochen

Wann Rosen bewässert und gespritzt werden

Die Bewässerung hängt vom Wetter und der Bodenbeschaffenheit ab. Sandige Böden brauchen reichlich Wasser. In anderen Böden leiden die meisten Rosen nicht so schnell unter Trockenheit, wenn sie nicht gerade frisch gepflanzt sind; nicht einmal zwei oder drei Wochen ohne Regen richten Schaden an.

Wenn Rosen in voller Blüte stehen, werden sie mit einem Berieselungsschlauch bewässert, der nur den Boden naß macht. Wasser schadet den Blüten. In der übrigen Zeit benutzt man einen Regner, der das Wasser fein versprüht. Es wird lange und gründlich mit niedrig gehaltenem Wasserdruck bewässert.

Anfang Mai und erneut im Juli werden die Rosen mit einem systemischen Insektizid gespritzt, das sie gegen die meisten saugenden Insekten schützt. Zum Schutz vor Pilzkrankheiten wendet man im Mai ein auch für Rosen geeignetes Allzweckfungizid an und wiederholt die Spritzung alle zwei bis drei Wochen bis September; die wichtigste Zeit ist der Juli.

Düngen und Mulchen

Im ersten Jahr nach dem Pflanzen werden Rosen nicht gedüngt. In allen folgenden Jahren beginnt man mit der Düngung im April. Eine etwa 5 cm dicke Schicht Humusdünger wird auf das Rosenbeet gestreut. Diese Mulchdecke hält die Feuchtigkeit, ernährt die Pflanzen, verbessert den Boden und sorgt dafür, daß das Unkraut nicht hochkommt. Abgelagerter Kuh- oder Pferdemist ist zum Mulchen wohl am geeignetsten, allerdings enthält er Unkrautsamen. Torf hat viele Vorteile, ist aber teuer. Gartenkompost kann ebensogut verwendet werden. Alle Mulchdecken sollten auf feuchten Boden aufgebracht werden. Im Mai verwendet man einen handelsüblichen Rosen- oder Gartendünger nach Anweisung des Herstellers. Er muß flach eingearbeitet oder eingewässert werden. Anfang Juli wird nochmals gedüngt, um die Pflanzen für ihren zweiten Blütenflor zu stärken.

Ende August verabreicht man 35 g/m² Kalidünger (schwefelsaures Kali), um die Winterhärte der Triebe zu fördern. Mineralischer Dünger wird in der Vegetationszeit ausgestreut und gleich mit viel Wasser in die Krume eingeschwemmt.

MULCHEN

Im April etwa 5 cm dick gut verrotteten Mist oder Torf streuen

NÄHRSTOFFVERSORGUNG

Im Mai und Anfang Juli handelsüblichen Gartendünger streuen

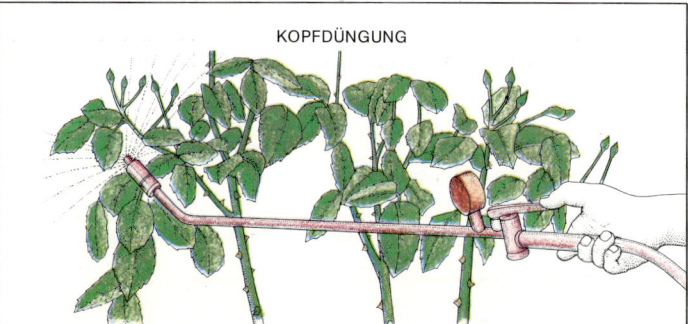

KOPFDÜNGUNG

Ab Mai kann man zusätzlich die Blätter düngen. Man verwendet eine Pflanzenschutzspritze und benetzt die ganzen Blätter von oben und unten gründlich mit der Lösung. Blattdüngern können auch Pestizide und Fungizide beigemischt werden

Schäden, die an Rosen auftreten können

Wenn Ihre Rosen Schäden aufweisen sollten, die in dieser Tabelle nicht beschrieben sind, sehen Sie bei den farbigen Abbildungen ab Seite 574 nach. Die Handelsnamen der Wirkstoffgruppen finden Sie ab Seite 599.

Schaden	Ursache	Abhilfe
Jungtriebe und Blütenknospen, besiedelt mit kleinen, grünlichen, klebrigen Insekten. Bei starkem Befall Verformungen an Trieben, Blättern und Knospen	Blattläuse	Spritzen mit Dimethoat, Pirimicarb, Unden u. a.
Blätter und Blütenknospen stellenweise stark gekrümmt, Blätter oft zerfetzt oder durchlöchert	Blattwanzen	Spritzen mit Dimethoat oder Diazinon
Blätter mit Trieben zerfressen, manchmal auch eingerollt	Raupen von Rosenwicklern und Rosenblattwespen	Spritzen mit Diazinon oder Dimethoat
Blätter sind weißlich gesprenkelt, bei starkem Befall gelb und fallen vorzeitig ab. Vor allem auf Blattunterseiten sitzen 3 mm lange, springende, bei Berührung auffliegende Insekten	Rosenzikaden	Spritzen mit Unden, Diazinon oder Dimethoat
Blätter und Blüten gesprenkelt und mißbildet, befallen von winzigen, länglichen, schwarzen Insekten	Thrips (Blasenfüße)	Spritzen mit Diazinon oder Dimethoat
Mehliger, weißlichgrauer Belag auf Blättern und Jungtrieben, auch auf Knospen	Echter Mehltau	Spritzen mit Dinocap, Triforin oder Benomyl
Blätter mit unregelmäßigen braunen, sternförmigen Flecken. Bei starkem Befall vorzeitiger Blattfall	Sternrußtau	Spritzen mit Triforin u. a. Abgefallenes Laub vernichten
Triebe gekrümmt oder verkrüppelt; im Frühling oder Sommer orangefarbene Schwielen an der Blattoberseite. Kleine gelbe, später braune bis schwarze Flecken bzw. Pusteln auf der Blattunterseite, vorzeitige Entlaubung	Rost	Spritzen mit Triforin u. a. Abgefallenes Laub vernichten
Triebspitzen schwärzlich oder purpurfarben	Frost oder kalter Wind	In frostreichen Gebieten Schnitt bis März oder Anfang April hinausschieben
Blätter vergilben und fallen vorzeitig ab; nur wenige und kurzlebige Blüten, allgemein schwacher Wuchs, Triebe dünn	Nährstoff- und Wassermangel	Kommt gewöhnlich auf leichtem Sandboden oder vor Mauern vor, wo kein Regenwasser hingelangt. Der Boden darf nicht austrocknen. Jedes Jahr mit gut verrottetem Mist oder Gartenkompost einschließlich Rosendünger mulchen

Schönere Rosen durch richtigen Schnitt

Wann und wie geschnitten wird

Die beste Zeit zum Rosenschneiden sind – bei durchschnittlichen klimatischen Bedingungen – die Wochen von Februar bis Anfang März. Um ein Ausfransen des gefrorenen Holzes zu vermeiden, sollte man nur bei relativ milder Witterung schneiden, am besten bei Temperaturen ab dem Gefrierpunkt.

Bei anhaltendem strengem Frost wartet man mit dem Schnitt noch etwas, bis es wärmer geworden ist, in kalten Gegenden sogar bis Anfang April.

Ausnahmen von dieser Regel sind möglich. Hochstamm- und Trauerrosen (das sind auf hohe Stämme veredelte Schlingrosen) werden beispielsweise oft schon im Herbst beschnitten.

Gebräuchliche Ausdrücke beim Rosenschnitt Alle Triebe des laufenden Jahres nennt man neues Holz. Daran sitzen die Blüten der Teehybriden, der Floribundarosen sowie der meisten anderen modernen Rosenarten und -sorten.

Altes Holz ist ein Trieb des Vorjahrs. Schling- bzw. Kletterrosen blühen am alten Holz; die Triebe wachsen in einem Jahr heran und tragen im nächsten Blüten.

Ein Auge ist eine junge oder im Entstehen begriffene Triebknospe, die sich in der Blattachsel befindet. Im Winter sieht das Auge aus wie ein Stecknadelkopf auf der Rinde; daraus kann ein neuer Trieb wachsen. Es gibt also zwei Arten von Knospen, die Triebknospen (Augen) und die Blütenknospen.

Die senkrecht wachsenden Haupttriebe nennt man Leittriebe. Aus ihnen wachsen die Seitentriebe heraus.

Der richtige Schnitt Mit einer scharfen Rosenschere schneidet man den Trieb glatt ab und vermeidet ausgefranste Ränder. Man schneidet nicht näher als 5 mm an ein Auge heran, da es sonst be-

schädigt werden könnte. Andererseits kann der Trieb absterben, wenn der Schnitt zu weit über dem Auge liegt.

Richtiger Schnitt (links); die anderen sind falsch

Der Schnitt sollte leicht schräg sein und zum Auge hin ansteigen. Das Auge unter dem Schnitt soll nach außen zeigen, damit die Triebe nicht zur Mitte wachsen. Das trifft für alle Rosen zu außer für Schling- und Kletterrosen, die an einem Gerüst entlangwachsen sollen, sowie für niederliegende Arten, die am Boden entlanggezogen werden.

Entwickeln sich nach dem Schnitt zwei Triebe an derselben Stelle, wird der schwächere vorsichtig mit dem Daumennagel oder einer scharfen Messerspitze abgenommen. Will man einen ganzen Seitentrieb entfernen, schneidet man ihn mit der Rosenschere so dicht wie möglich am Leittrieb glatt ab.

Versuchen Sie nicht, dicke Äste mit der Rosenschere abzuschneiden. Dafür nimmt man eine starke

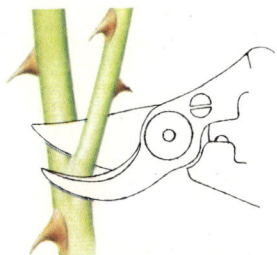

Seitentriebe werden dicht am Leittrieb abgeschnitten

Baumschere oder – vor allem für altes hartes Holz – eine feinzahnige Säge. Wenn nötig, glättet man die Schnittflächen anschließend mit einem scharfen Messer.

Zurückschneiden neu gepflanzter Rosen

Busch- oder Hochstammrosen, die man zwischen Mitte Februar und Anfang März pflanzt, müssen sofort beschnitten werden. Bei Herbstpflanzung wartet man damit bis zum Frühjahr.

Sämtliche Rosen werden zunächst so beschnitten, wie es die Abbildungen der drei Grundregeln auf Seite 181 zeigen. Danach schneidet man der jeweiligen Art gemäß weiter.

Triebe von Teehybriden und dauerblühenden Hybriden werden bis etwa 10 cm über dem Boden gekürzt.

Floribundarosen werden nur bis etwa 15 cm über dem Boden zurückgeschnitten. Niedere Sorten, wie 'Allgold', schneidet man weiter herunter, Zwergrosen bis auf 5 bis 8 cm.

Kletter- und Schlingrosen sowie ihre Hybriden brauchen im ersten Jahr keinen Schnitt; lediglich die Triebspitzen werden um ungefähr 10 cm gekürzt. Das gleiche gilt auch für moderne Strauchrosen.

Im Frühjahr nach dem Pflanzen werden bei Polyantharosen die Triebe um ein Drittel gekürzt, bei Zwergrosen auf eine Trieblänge von ungefähr 5 cm über dem Boden. Ungefähr drei gute Augen sollten stehenbleiben.

SCHNITT EINER NEU GEPFLANZTEN TEEHYBRIDE

Zunächst den Grundschnitt ausführen (siehe Seite 181). Danach sind die Triebe auf auswärts gerichtete Augen etwa 10 cm über dem Boden zurückzuschneiden

SCHNITT EINER NEU GEPFLANZTEN FLORIBUNDAROSE

Wie bei den Teehybriden muß man zuerst den Grundschnitt ausführen. Dann werden alle übrigen Triebe auf auswärts gerichtete Augen 12–15 cm über dem Boden gekürzt

Schnitt von Teehybriden, Floribunda- und Zwergrosen

Buschartig wachsende Rosen sollten so beschnitten werden, daß eine leichte, in der Mitte nicht zu dichte Krone entsteht. Das fördert den Luftaustausch und den Lichteinfall.

Zu den Rosen dieser Art gehören Teehybriden, Floribunda- und Polyantharosen, Hochstammrosen sowie Zwergrosen.

Der Schnitt muß bei diesen Rosen genau über einem nach außen zeigenden Auge ausgeführt werden, damit die Triebe nicht zur Mitte wachsen.

Bei Teehybriden wird etwa ein Drittel der vorjährigen Triebe abgeschnitten.

Wünscht man wenige, jedoch große Blüten von besonderer Formschönheit, schneidet man noch weiter zurück, bis auf etwa drei Augen über der Basis jedes Triebs.

Im allgemeinen werden schwach wachsende Rosen stärker zurückgeschnitten als kräftiger wachsende. Dadurch wird die Pflanze zu stärkerem Wuchs angeregt.

Außerordentlich kräftige Teehybridensorten müssen jedoch ebenfalls gelegentlich sehr stark zurückgeschnitten werden, wenn sich zu lange Triebe bilden, denn sonst entsteht ein Mißverhältnis zwischen Wurzel- und Triebwachstum.

Floribunda- und Polyantharosen sind allgemein kräftiger und blühen reicher als Teehybriden; deshalb sollten sie nicht so stark beschnitten werden.

Bei höher wachsenden Buschrosen werden im Herbst die oberen Triebe um etwa ein Viertel gekürzt.

Hochstammrosen können entweder Teehybriden oder Floribundarosen sein und werden wie Buschrosen beschnitten.

Unter Trauerrosen versteht man Hochstammrosen mit einer Krone aus einer Schlingrose. Sie muß nach dem Wuchscharakter der Rose beschnitten werden, damit die Eigenschaft der Sorten mit hängenden Trieben erhalten bleibt.

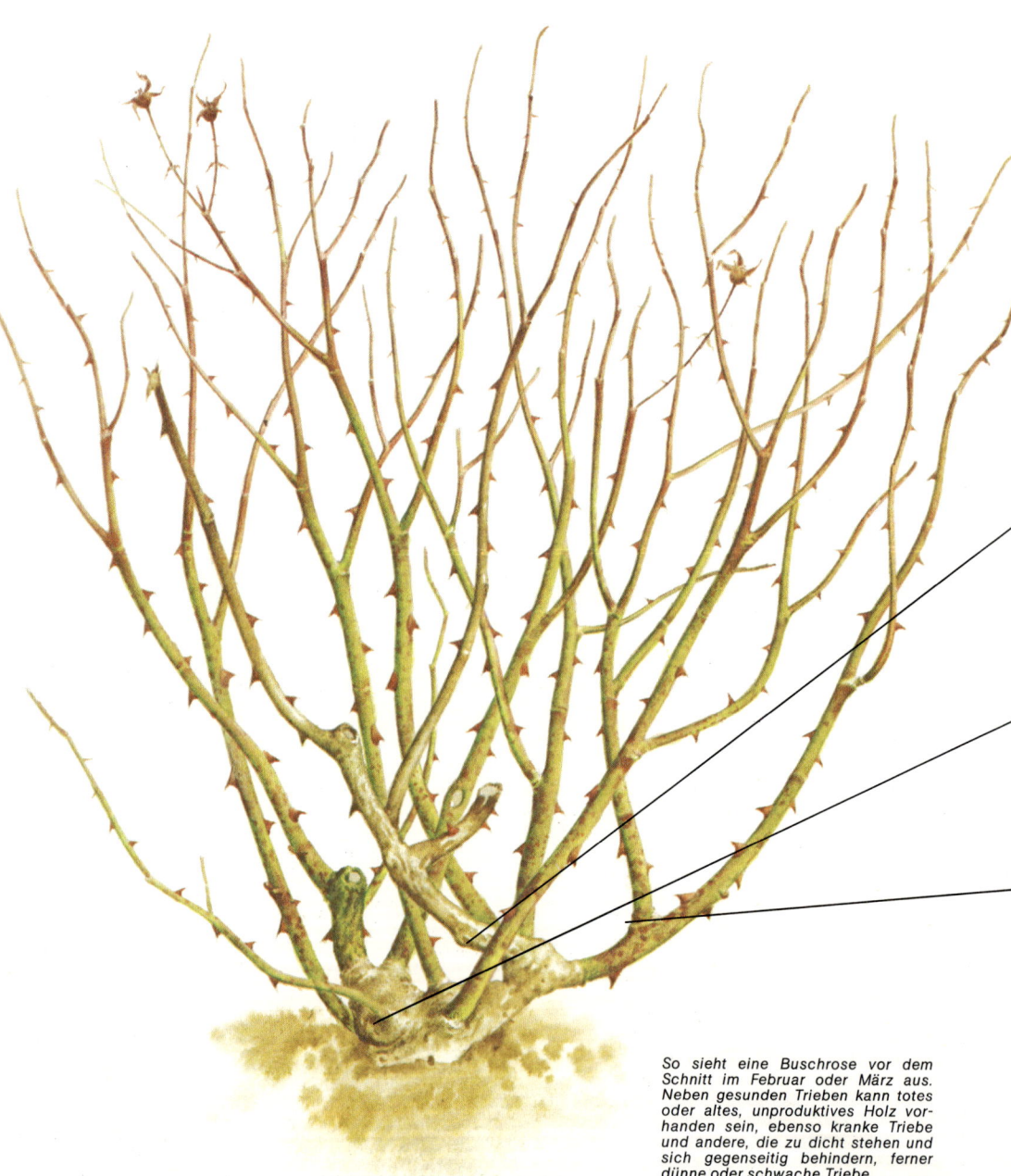

So sieht eine Buschrose vor dem Schnitt im Februar oder März aus. Neben gesunden Trieben kann totes oder altes, unproduktives Holz vorhanden sein, ebenso kranke Triebe und andere, die zu dicht stehen und sich gegenseitig behindern, ferner dünne oder schwache Triebe

DIE DREI GRUNDREGELN BEIM ROSENSCHNITT

1. Totes Holz entfernen Tote Triebe werden bis zum Übergang ins gesunde Holz oder – falls nötig – bis zur Basis entfernt. Kranke Triebe kürzt man bis vors erste Auge auf gesundem Holz ein

2. Dünne oder schwache Triebe herausschneiden Damit das kräftige Holz mehr Nährstoffe erhält, werden alle sehr dünnen oder schwachen Triebe vollständig herausgeschnitten. Man entfernt sie bis zu ihrem Ansatz an einem starken Trieb oder am Wurzelstock. Kraftloses Holz zehrt nur an der Pflanze, ohne daß es Blüten hervorbringt

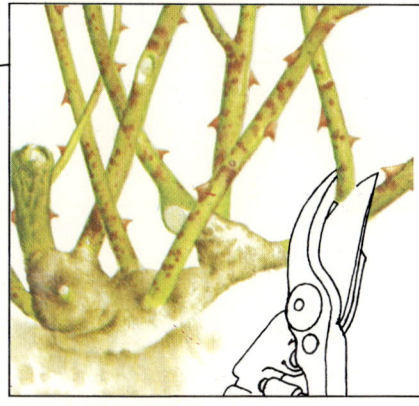

3. Zu dicht stehende Triebe entfernen Stehen zwei Triebe zu dicht hintereinander, schneidet man den schwächeren ab. Dadurch wird verhindert, daß die Pflanze zu dicht wächst. Mehr Licht und Luft können dann eindringen

WIE STARK SOLL DER RÜCKSCHNITT SEIN?

Schwächliche Sorten und dünne Triebe sollen stets stärker beschnitten werden als kräftige Sorten und starke Triebe. Hochstammrosen werden stärker beschnitten als Büsche, Teehybriden stärker als Floribundarosen

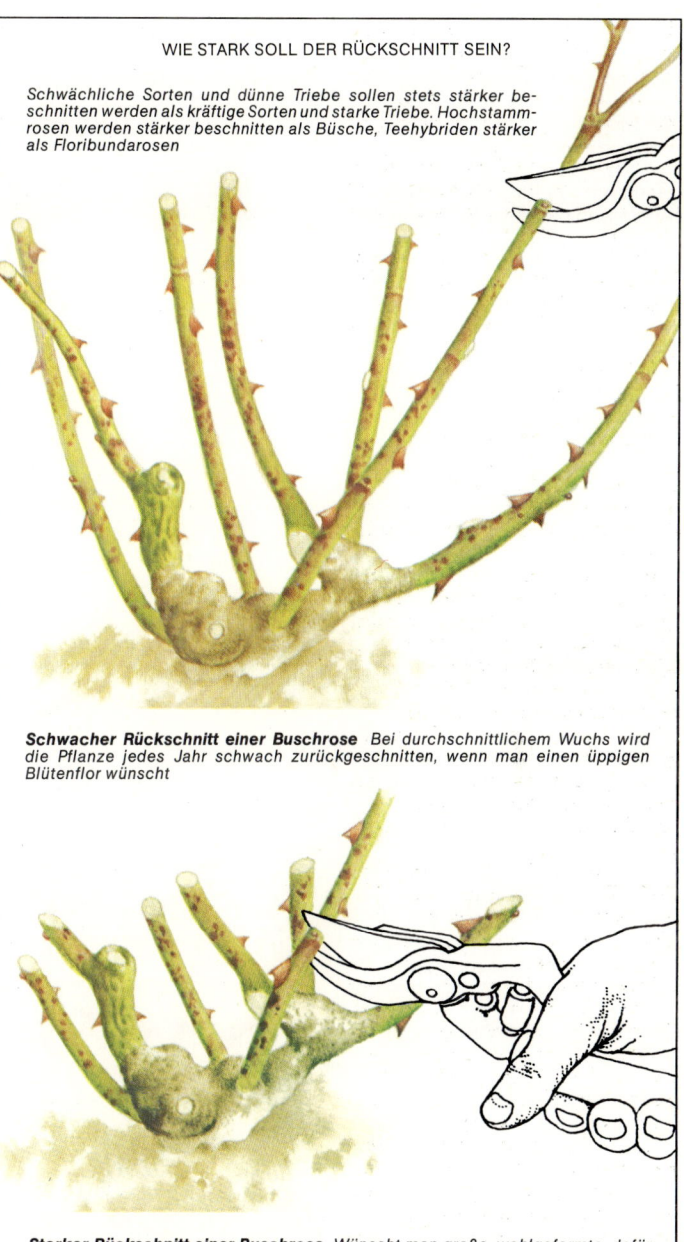

Schwacher Rückschnitt einer Buschrose *Bei durchschnittlichem Wuchs wird die Pflanze jedes Jahr schwach zurückgeschnitten, wenn man einen üppigen Blütenflor wünscht*

Starker Rückschnitt einer Buschrose *Wünscht man große, wohlgeformte, dafür aber weniger Blüten, wird die Pflanze jedes Jahr stark zurückgeschnitten*

Schnitt von Kletterrosen

Kletterrosen sind kräftig wachsende Sorten, die lange Triebe bilden und sich gut an Mauern oder Holzzäunen ziehen lassen. Sie blühen auf Seitentrieben am vorjährigen Holz. Es gibt aber auch Kletterrosen – Mutationen aus Teehybriden oder Floribundarosen –, die am einjährigen Holz blühen. Manche Kletterrosen treiben von der Basis her aus; bei anderen erscheint neues Holz gewöhnlich weiter oben an den alten Leittrieben. Bei Kletterrosen werden die Blütenzweige sofort nach dem Abblühen auf ein Auge zurückgeschnitten.

Zu Beginn des Winters entfernt man totes Holz und schwache Triebe. Danach werden ältere Leittriebe bis zu einem starken, neuen Sproß gekürzt. Hat sich kein neues Holz gebildet, schneidet man die Leittriebe und alle Seitentriebe, die geblüht haben, um etwa die Hälfte zurück.

Kräftige Leittriebe läßt man jedoch mehrere Jahre unbeschnitten wachsen und entfernt nur verblühte Seitentriebe. Nach drei bis vier Jahren werden die alten Leittriebe ganz herausgenommen und dafür ein neuer Leittrieb von der Basis der Pflanze hochgezogen. Neue Triebe zieht man zur Förderung der Seitentriebbildung.

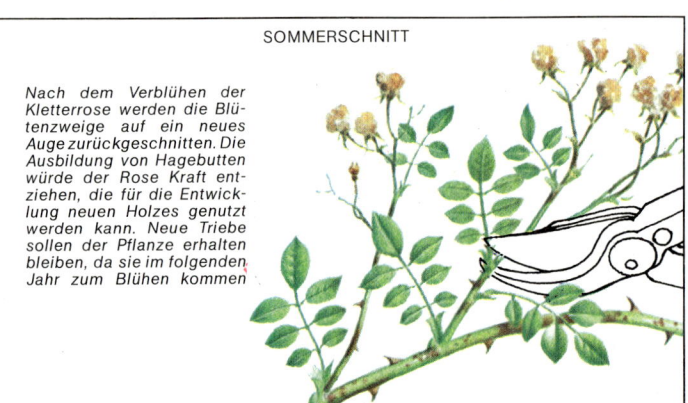

SOMMERSCHNITT

Nach dem Verblühen der Kletterrose werden die Blütenzweige auf ein neues Auge zurückgeschnitten. Die Ausbildung von Hagebutten würde der Rose Kraft entziehen, die für die Entwicklung neuen Holzes genutzt werden kann. Neue Triebe sollen der Pflanze erhalten bleiben, da sie im folgenden Jahr zum Blühen kommen

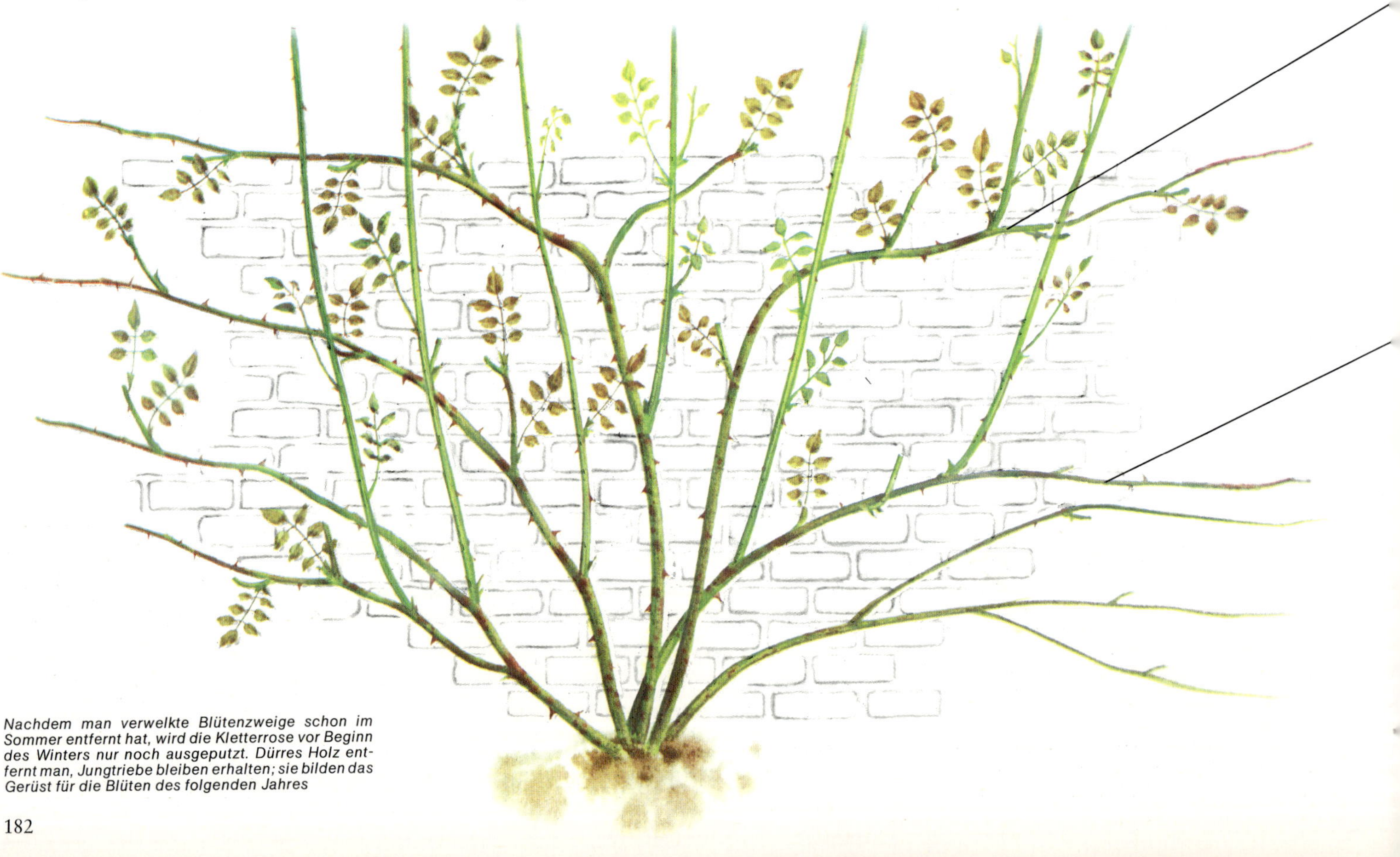

Nachdem man verwelkte Blütenzweige schon im Sommer entfernt hat, wird die Kletterrose vor Beginn des Winters nur noch ausgeputzt. Dürres Holz entfernt man, Jungtriebe bleiben erhalten; sie bilden das Gerüst für die Blüten des folgenden Jahres

Kletterrosen verjüngen

Um die Blühfreudigkeit von Kletter- und Schlingrosen zu erhalten, muß der auf Seite 182 angeführte Schnitt immer wieder im gleichen Rhythmus ausgeführt werden. Sehr wichtig ist dabei, daß die aus der Basis der Pflanzen stets austreibenden, jungen Triebe nicht achtlos entfernt werden. Die stärkeren werden ausgewählt und bleiben unbeschnitten. Sie wachsen normal heran und treten ab dem zweiten Jahr an die Stelle eines älteren Triebs.

Drei- bis vierjährige Blütentriebe, die bereits den Höhepunkt der Trieb- und Blühfreudigkeit überschritten haben, werden am Grund abgeschnitten und durch einen neuen, jungfräulichen Trieb ersetzt. Durch diese laufend vorgenommene Verjüngung der Triebe bleibt die Wuchskraft einer Rosengruppe erhalten, so daß sie ein hohes Alter erreichen kann.

Natürlich muß die Triebfreudigkeit durch eine laufende Düngung während der Hauptwachstumszeit unterstützt werden. Sie erfolgt wie bei den Buschrosen.

WINTERSCHNITT

Auslichten von altem Holz
Zuerst wird krankes oder dürres Holz entfernt, dann werden die Leittriebe auf kräftige, neue Seitentriebe gekürzt. Auf diese Weise wird älteres Holz ständig durch junges Holz ersetzt

Förderung von neuem Holz
Bildet ein Leittrieb keine neuen Triebe, wird er samt seinen alten Seitentrieben um etwa die Hälfte gekürzt. Hört er ganz auf, neue Triebe zu bilden, wird er vollständig herausgeschnitten, um von der Basis her neuen Wuchs zu fördern

ZIEHEN EINER KLETTERROSE

Nach dem Winterschnitt werden so viele Triebe wie möglich horizontal gezogen. Dadurch können sich leichter neue Blütentriebe bilden

Wo sich neue Triebe aus der Basis einer Kletterrose bilden, werden die älteren, drei- bis vierjährigen Blütentriebe an ihrem Ansatz abgeschnitten. Das ist im allgemeinen die bekannteste Schnittmethode

Schnitt von Strauchrosen

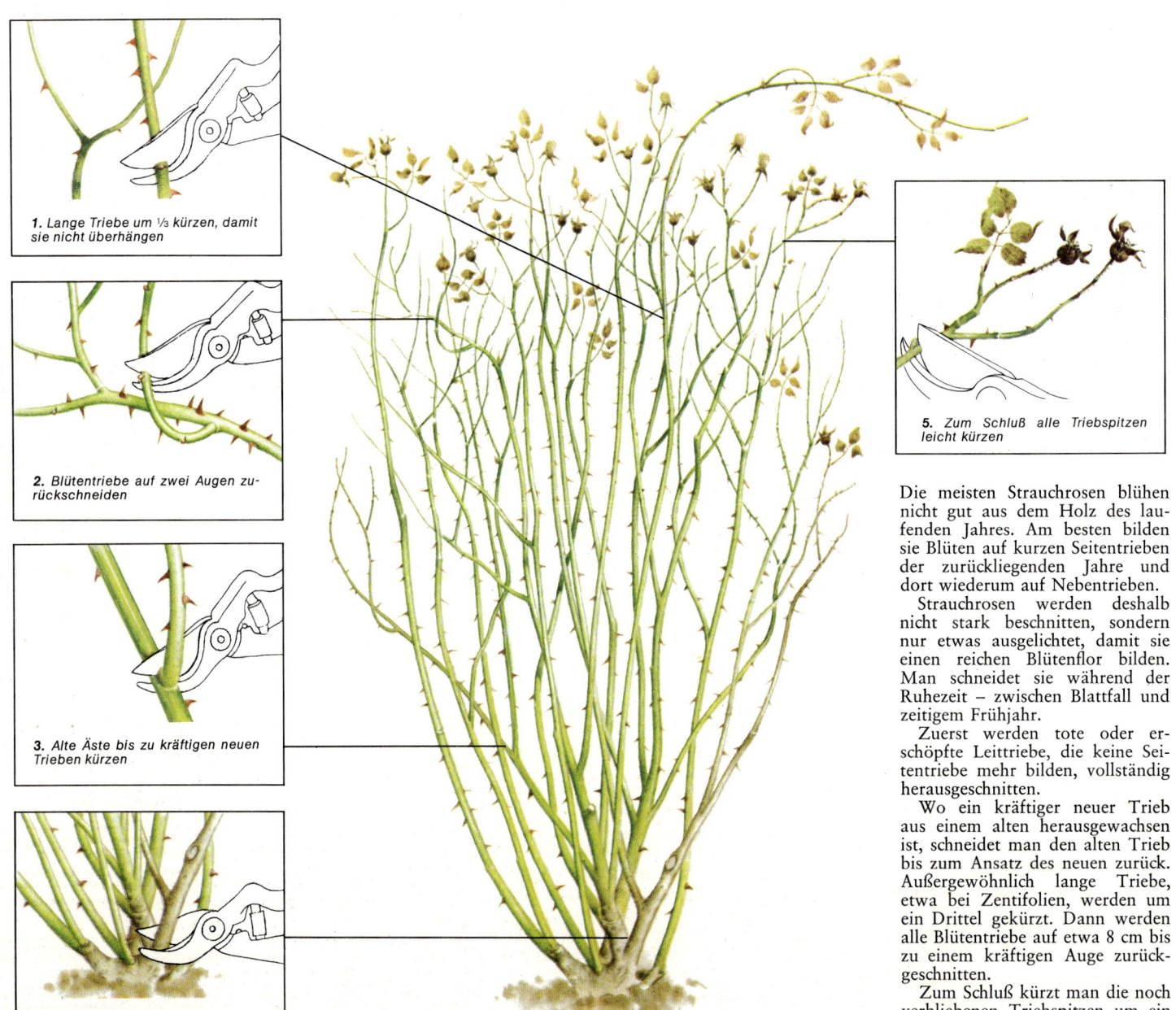

1. Lange Triebe um ⅓ kürzen, damit sie nicht überhängen

2. Blütentriebe auf zwei Augen zurückschneiden

3. Alte Äste bis zu kräftigen neuen Trieben kürzen

4. Abgestorbene und alte Triebe entfernen

5. Zum Schluß alle Triebspitzen leicht kürzen

Die meisten Strauchrosen blühen nicht gut aus dem Holz des laufenden Jahres. Am besten bilden sie Blüten auf kurzen Seitentrieben der zurückliegenden Jahre und dort wiederum auf Nebentrieben.

Strauchrosen werden deshalb nicht stark beschnitten, sondern nur etwas ausgelichtet, damit sie einen reichen Blütenflor bilden. Man schneidet sie während der Ruhezeit – zwischen Blattfall und zeitigem Frühjahr.

Zuerst werden tote oder erschöpfte Leittriebe, die keine Seitentriebe mehr bilden, vollständig herausgeschnitten.

Wo ein kräftiger neuer Trieb aus einem alten herausgewachsen ist, schneidet man den alten Trieb bis zum Ansatz des neuen zurück. Außergewöhnlich lange Triebe, etwa bei Zentifolien, werden um ein Drittel gekürzt. Dann werden alle Blütentriebe auf etwa 8 cm bis zu einem kräftigen Auge zurückgeschnitten.

Zum Schluß kürzt man die noch verbliebenen Triebspitzen um ein paar Zentimeter, um Nebentriebe zu fördern.

Fortsetzung Seite 193

Rosen

Die Rose ist die Königin der Blumen. Sie bezaubert durch herrliche Blüten in vielen Farbschattierungen vom zartesten Weiß bis zum dunkelsten Rot – und unbeschreiblich ist der Duft, den sie verströmt

Die heute bekannten Arten und Sorten wurden aus Urformen entwickelt, von denen die meisten aus wärmeren Klimagebieten stammen. Deshalb sind sie bei uns nicht völlig winterhart und standfest. Doch man hat einen Weg gefunden, sie einzubürgern: Sie werden auf Unterlagen veredelt, die das jeweilige Klima gut vertragen. Rosen gibt es für alle Gartenbereiche; wichtig ist nur, daß sie volle Sonne und einen tiefgründigen, humosen, nährstoffreichen Boden bekommen. Rosen im Schatten bilden lange, spindelige Triebe und werden blühfaul.

Für Beete eignen sich am besten die niedrig wachsenden Beetrosen, die während des ganzen Vegetationsjahres unermüdlich einfache und gefüllte Blüten entwickeln. Sie kommen am besten zur Wirkung, wenn man sie in ganzen Gruppen anpflanzt. Die großblumigen, stark wachsenden Edelrosen dagegen sollte man einzeln pflanzen, damit sie sich voll entfalten können. Sehr schön sind auch Hochstammrosen. Sie bilden in Augenhöhe ihre Krone mit den zahlreichen edlen Blüten aus. Während sich bei den normalen Beet- und Edelrosen die Veredlungsstelle am Wurzelhals befindet, ist sie bei den Hochstammrosen am Kronenansatz. Sie ist frostempfindlich und sollte im Winter geschützt werden. Kletterrosen pflanzt man an Pfeilern und Pergolen.

Polyantha-*Hybriden pflanzt man vor allem auf Beeten an*

'Paul's Scarlet' *an einer Pergola in üppiger, scharlachroter Blütenpracht*

▼ Polyantha-Hybride

Kletterrose 'Paul's Scarlet' ▶

▲ *Teehybride 'Sutter's Gold'*

▲ *Kletterrose*

Strauchrosen *'Buismans Trumpf'* (links) und *'Alba Suaveolens'* ▼

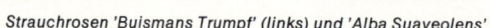

▲ *Wildrose Rosa hugonis*

Die Formenvielfalt der Rosen ist riesengroß. Die Teehybriden sind die edlen, großblumigen Rosensorten, die vielfach ganz zart duften. Hekkenrosen stehen als Wildrosen in den Landschaften Mitteleuropas; sie dienen auch als Unterlage für die edlen Sorten. Kletter- und Strauchrosen wachsen unermüdlich und können an Wänden, Zäunen, Pergolen oder frei wachsend gezogen werden

▼ *Heckenrose Rosa canina 'Kiese'*

Teehybride ▲

◀ Kletterrose

▲ Teehybride 'King's Ransom'

187

▲ Teehybride

▲ Teehybride

Strauch- und Wildrosen, z.B. Rosa hugonis, kann man frei wachsend anpflanzen. Beetrosen gehören in Gruppen auf Rabatten oder Beete an Wegen oder vor Fenstern des Hauses; schön ist dabei die Kombination mit niedrigen Sommerblumen

▲ *Wildrose* Rosa hugonis

Beetrosen ▼

Rhododendren

Rhododendren sind edle Blütensträucher und deshalb auch sehr beliebt. Vielfach wird jedoch übersehen, daß sie nur an besonderen Standorten gut gedeihen

Rhododendren und Azaleen zählen zu den Moorpflanzen, d. h., daß sie ganz bestimmte Ansprüche an den Boden stellen. Von ganz wenigen Ausnahmen abgesehen, lieben sie einen sehr humosen, vor allen Dingen aber sauren Boden. Böden mit moorigem Charakter und niedrigem pH-Wert sind für sie deshalb besonders geeignet. Nicht vertragen werden schwere, mineralische Böden mit einer neutralen oder nur schwach sauren Reaktion.

Wenn man keinen günstigen Boden hat, muß man entweder auf den Anbau verzichten oder eine Erdtransplantation vornehmen. Als Ersatzsubstrat dient saurer Hochmoorweißtorf, der sogenannte Düngetorf. Außerdem muß man die Gehölze immer wieder mit einem sauren Substrat abdecken und mit einem speziellen Dünger ernähren.

Am liebsten haben Rhododendren einen absonnigen Platz; Ost- und Westseiten oder der lichte Schatten von Gehölzen ist für sie daher am besten geeignet. Meistens werden die großblumigen Hybriden bevorzugt. Es gibt aber auch herrliche Sorten bei den sogenannten Japanischen Azaleen. Sie sind etwas schwachwüchsiger, tragen aber im Frühjahr zahllose, einfache, aber herrlich leuchtende Blüten.

An extremen Standorten sollten die Gehölze im Winter geschützt werden. In trockenen Sommern muß man gut wässern.

Japanische Zwergazaleen eignen sich gut für den Steingarten

Großblumige Hybriden werden an günstigen Plätzen über mannshoch

▼ *Japanische Zwergazalee*

Rhododendron-Hybride 'Prof. Hugo de Vries' ▶

▲ Rhododendron-*Hybride*

Rhododendron-*Hybride* ▶
Rhododendron-*Hybride* ▼

▲ *Japanische Zwergazalee*

Rhododendron sargentianum ▼

Japanische Zwergazaleen gedeihen an felsigen Standorten vor Gehölzen ganz prächtig. Die Triebe sind übersät mit leuchtenden Blüten. Damit sie sich wohl fühlen, deckt man alljährlich den Boden rings um die Pflanzen mit saurem Torfmull ab, denn Rhododendren lieben feuchte Standorte, und durch den Torfmull haben sie immer etwas Wasser, und außerdem entsteht durch Verdunstung auch die nötige feuchtkühle Atmosphäre. Rhododendron sargentianum ist eine Wildform mit röhrenförmigen rosa Blüten. Sie wird nur 30 bis 50 cm hoch und entwickelt sich an geschützten Standorten besonders günstig. Sie ist Anfang dieses Jahrhunderts aus China nach Europa gekommen und wird wegen der aparten Blütenfarbe gerne kultiviert

▲ Rhododendron-*Hybride mit gelben Blättern*

▲ *Winterharte Freilandazalee*

Japanische Freiland-Zwergazalee ▼

Nur an günstigen Standorten entwikkeln sich Rhododendren zu schönen Exemplaren mit herrlichen Blüten und prächtigen, tief dunkelgrünen Blättern.

Rhododendren sind kalkfeindlich. Ein zu hoher Kalkgehalt im Boden verhindert bei ihnen die Nährstoffaufnahme, legt das vorhandene Eisen fest, so daß die Pflanzen unter akutem Nährstoffmangel leiden. Die Blätter färben sich dann gelb, werden von den Rändern her braun, schwarz und fallen schließlich ab. Es ist also wichtig, die richtigen Voraussetzungen zu schaffen.

Unter den Rhododendren gibt es heute auch winterharte Freilandazaleen. Sie werden wie alle anderen behandelt und sind vorzügliche Frühjahrsblüher

◄ Rhododendron-*Hybride*

Die Vermehrung von Buschrosen durch Okulation

Vorbereitung der Unterlage und des Edelreises

Am besten vermehrt man Buschrosen durch Aufpropfung eines Auges auf eine Wildlingsunterlage. Man kann die Unterlage aus Samen ziehen, aus Stecklingen gewinnen oder in Spezialbaumschulen kaufen.

Auf fruchtbarem Boden eignet sich die wilde Hunds- oder Hekkenrose, *Rosa canina*, am besten. Aber auch eine Sorte der *R. multiflora* oder *R. laxa* läßt sich als Unterlage verwenden.

Für Hochstammrosen wird bei uns ebenfalls die Heckenrose als Unterlage verwendet. Ein wertvoller, harter Stammbildner ist die Edelkaninasorte 'Pfänder'.

Im November werden die Wildlingsunterlagen im Abstand von 30 cm in Reihen so eingesetzt, daß der Wurzelhals jeder Pflanze gerade bedeckt ist. Im Juli sind die Unterlagen reif zur Okulation.

Die Edelreiser werden von der gewünschten Sorte ausgesucht. Man wählt einen kräftigen, gesunden Trieb mit festem Holz, etwa 30 cm lang, an dem die Blüten gerade verwelkt sind.

Die verwelkten Blüten werden genau über einem Auge oder einem Blatt abgetrennt. Die Blätter werden bis auf einen etwa 1 bis 1,5 cm langen Stielrest abgeschnitten. Dann wird das Rosenreis ins Wasser gestellt.

Nun wird die Unterlage vorbereitet. Mit dem Fuß drückt man den Trieb zur Seite und hebt vorsichtig die Erde aus, bis die obersten Wurzeln freiliegen.

Der Hals über den Wurzeln muß gründlich gesäubert werden. Mit einem scharfen Messer führt man einen 2–3 cm langen T-Schnitt in der Rinde dicht über den Wurzeln aus. Man darf dabei nicht in das unter der Rinde liegende Holzgewebe schneiden.

Mit dem Rücken des Messers hebt man die beiden Rindenlappen ab und legt sie nach außen um.

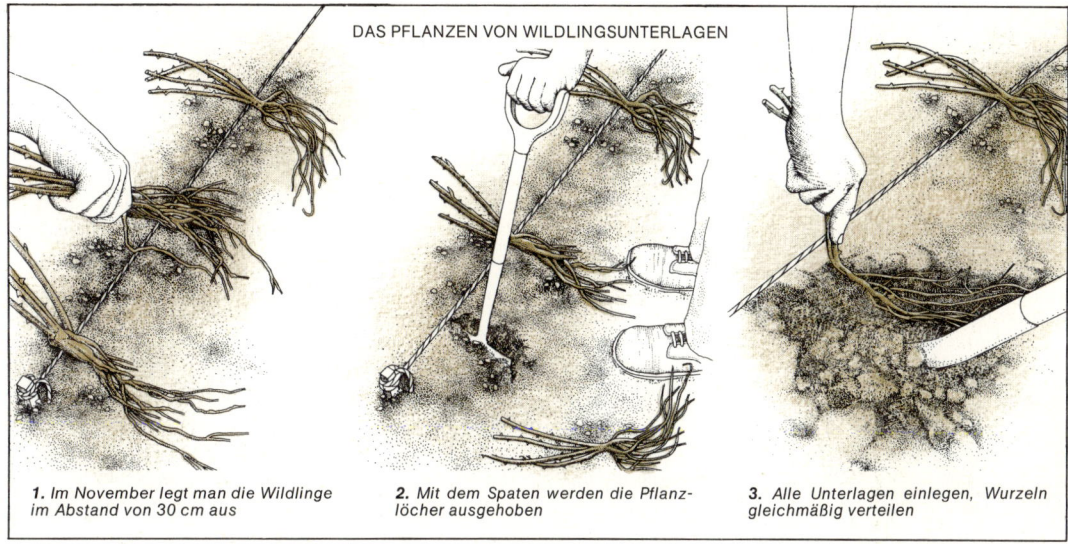

DAS PFLANZEN VON WILDLINGSUNTERLAGEN

1. Im November legt man die Wildlinge im Abstand von 30 cm aus

2. Mit dem Spaten werden die Pflanzlöcher ausgehoben

3. Alle Unterlagen einlegen, Wurzeln gleichmäßig verteilen

VORBEREITUNG VON EDELREISERN UND WILDLINGEN

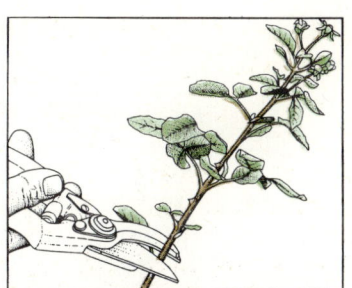

1. Im Juli 30 cm langen Trieb der gewünschten Rose abtrennen

2. Dornen durch Daumendruck vorsichtig entfernen

3. Blätter bis auf einen 1–1,5 cm langen Stielrest abschneiden

4. Wildlingstrieb zur Seite drücken und Erde entfernen

5. Der Wurzelhals muß sorgfältig gesäubert werden

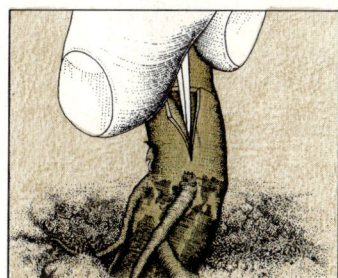

6. Ein T in die Rinde schneiden; beide Rindenlappen abheben

Übertragen des Auges auf den Wildling

Sobald der Wildling durch einen T-förmigen Rindenschnitt vorbereitet ist, nimmt man das Edelreis aus dem Wasser und schneidet ein in einer Blattachsel sitzendes Auge heraus.

Man setzt den Schnitt gut 1 cm über dem Auge an, zieht die Klinge durch und kommt 1–2 cm unter dem Auge wieder heraus. Der Schnitt ist flach und mit leichtem Bogen auszuführen, so daß sich etwas Holz mit ablöst. Das abgetrennte Stück nennt man Schild.

Man hält den Schild mit einer Hand, löst den Rindenstreifen ein wenig ab, bis sich das Holzstück mit Daumen und Zeigefinger fassen und vorsichtig aus der Rinde lösen läßt. Nun ist der Keim der ruhenden Knospe als winziger Pik-

kel auf der Innenseite der Rinde sichtbar.

Man hält den Schild am Blattstielrest und schiebt ihn in den T-Schnitt am Wildling. Das oben herausragende Schildstückchen wird weggeschnitten, die Rindenlappen um den Schild geschlossen.

Der Schild wird mit angefeuchtetem Bast zweimal unterhalb und dreimal oberhalb des Blattstielrests umwickelt. Auf der Gegenseite des Auges wird der Bast verknotet.

Zum Schluß häufelt man an die Veredelungsstelle wieder vorsichtig Erde an.

Ist der Verband zu straff, bildet sich nach drei Wochen eine Verdickung unterhalb des Edelauges. Dann muß man ein paar Umwicklungen lösen.

Als Zeichen einer geglückten Veredelung schwillt das veredelte Auge frisch grün an.

Etwa Mitte Februar des nächsten Jahres wird der Trieb der Unterlage direkt über der Veredelungsstelle abgeschnitten.

Wenn der Edeltrieb im Frühjahr einige Zentimeter lang ist, knipst man ihn bis auf zwei Augen über der Veredelungsstelle ab, um ihn zu weiterer Triebbildung anzuregen. Im Herbst wird die neue Rose ins Beet gepflanzt.

Hochstammrosen gewinnt man durch Veredelung von Teehybriden auf die schon erwähnten kultivierten Wildrosen (z. B. die Edelkaninasorte 'Pfänder'), die aus Samen oder Stecklingen herangezogen wurden.

Okuliert wird auf den Oberseiten der jungen Seitentriebe, und zwar so dicht wie möglich am Haupttrieb. Auf jeden Heckenrosenwildling pfropft man gleich zwei oder drei Edelaugen.

OKULATION EINER HOCHSTAMMROSE

Eine Rosa canina läßt man ein Jahr wachsen, bis sie für Halbstämme 30 cm, für Hochstämme 90–100 cm und für Trauerrosen etwa 1,5 m hoch ist. Im folgenden Sommer wird auf den Hauptast oder, noch besser, auf die Oberseiten von drei oberen Trieben okuliert

DAS PFROPFEN DES EDELAUGES AUF DEN WILDLING

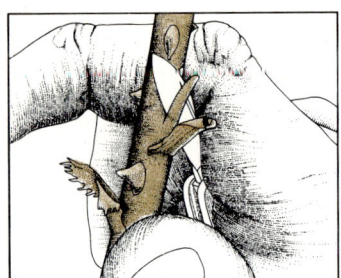

1. *Ein Edelauge herausschälen, den Schnitt gut 1 cm oberhalb ansetzen*

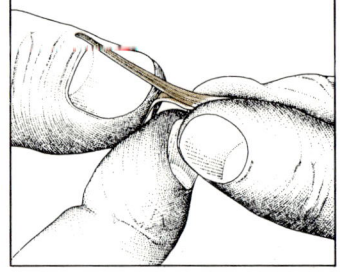

2. *Die Rinde des Schildes ablösen, den Holzsplitter entfernen*

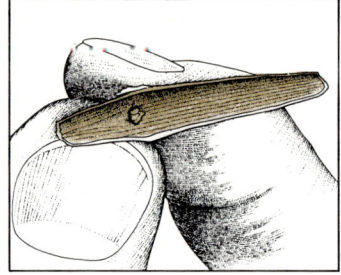

3. *Der Keim des Auges gleicht einem Pickel im Schild*

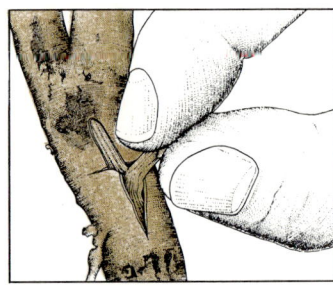

4. *Den Schild am Blattstielrest halten und in den T-Schnitt schieben*

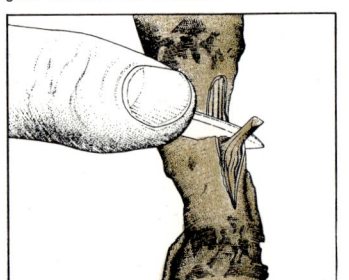

5. *Oberen Teil des Schilds abschneiden; Rindenlappen schließen*

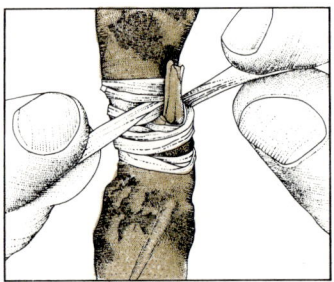

6. *Schild mit Bast verbinden und rückseitig verknoten*

7. *Mitte Februar den Wildtrieb über dem neuen Auge abschneiden*

8. *Den kurzen, neuen Trieb bis auf zwei Augen abknipsen*

Rhododendren und Azaleen

Die leuchtende Blütenpracht dieser Sträucher dauert vom Frühjahr bis zum Sommer. Es gibt Sorten für jede Gartengröße – nur der Boden muß stimmen

Rhododendren gehören zu den beliebtesten Sträuchern für den modernen Garten. Die Auswahl reicht von den nur wenige Zentimeter hohen Zwergsträuchern bis zu 12 m hohen Bäumen. Für jeden Garten und jeden Standort gibt es geeignete Sorten.

Der Name Rhododendron stammt aus dem Griechischen (*rhodon* – die Rose und *dendron* – der Baum). 1753 bestimmte der schwedische Botaniker Carl von Linné die Gattung *Rhododendron*. Gleichzeitig legte er getrennt dazu die Gattung *Azalea* fest. Im 19. Jahrhundert stellte der Botaniker George Don dagegen fest, daß zwischen Rhododendren und Azaleen kein botanischer Unterschied bestehe und beide zur gleichen Gattung *Rhododendron* gehören. Das gilt auch heute noch, obgleich viele Gärtner zwischen Rhododendren und Azaleen unterscheiden. Rhododendren sind in der Hauptsache immergrüne Sträucher, Azaleen dagegen werfen meist die Blätter ab; eine beliebte Gruppe der Japanischen oder Kurume-Azaleen ist allerdings immergrün.

Rhododendren und Azaleen blühen in den verschiedensten Farben: Weiß, Rosa, Lavendel, Violett, Purpurrot, Gelb, Hellrot, Scharlachrot und Orange. Auch die Blütenform ist sehr unterschiedlich – man findet röhrenförmige, sternähnliche, trichterförmige, schalen- und glockenförmige Blüten von 2 bis 15 cm Durchmesser und 2 bis 10 cm Tiefe.

Am besten gedeihen Rhododendren im Halbschatten oder im lichten Schatten. Der Boden sollte

Rhododendron indicum *wird etwa 1,2 m hoch und läßt sich gut in Kübeln auf schattigen Terrassen halten. Er blüht im Juni rot oder rosa*

feucht und sauer sein, denn die Pflanzen lieben keinen Kalk.

Unter den richtigen Bedingungen hat man mehrere Monate im Jahr den Blütenschmuck der nacheinander blühenden Sorten. Die großblättrigen, baumähnlichen Arten und ihre Hybriden eignen sich am besten für geschützte Heidegärten in milden Klimazonen, während die kleinblättrigen Sträucher in einem sehr breiten Bereich auch in ungeschützter Lage gedeihen. Zwergformen eignen sich gut für Steingärten, Sumpfgärten und schmale Einfassungen. Sorten, die vor Ende Mai blühen, müssen vor der Frühsonne geschützt angepflanzt werden, da die Wärme sich auf Blüten, die nachts dem Spätfrost ausgesetzt sind, nachteilig auswirkt. Auch in Mulden sollte man nicht pflanzen, da sich die kalte Luft an tiefen Stellen sammelt.

Am besten ist es, Rhododendren mit anderen Blüten- und Blattpflanzen zusammen anzupflanzen, damit der Garten auch während der langen Zeit, in der immergrüne Rhododendren nicht blühen und die blattabwerfenden Arten noch nicht ihre Herbstfärbung angelegt haben, einen bunten, abwechslungsreichen Anblick bietet.

In dem für Rhododendren geeigneten Boden gedeihen auch sehr viele andere Pflanzen, so z. B. das sehr wirkungsvolle Heidekraut, dessen Blattfärbung vom leuchtenden Rot über Rost und Orange zu

Trichterblüten

Glockenblüten

Röhrenblüten

195

Gelb, Bronze, Grün und Grau reicht. Die Blüten sind klein und haben alle Rosa- und Rottöne oder Weiß. Viele Arten sind im Spätwinter und Frühjahr am schönsten.

Die Torfmyrte *Pernettya mucronata* ist ein kleiner Strauch, der spät im Mai und Anfang Juni weiß blüht und von Oktober bis März Trauben leuchtend gefärbter Früchte trägt. Er gedeiht in der Sonne oder im Schatten. Die Pflanze ist eingeschlechtlich; man muß also einen männlichen und einen weiblichen Strauch zusammensetzen, weil sich sonst keine Beeren bilden.

Pieris japonica 'Variegata' ist ein Strauch, der von März bis April weiß blüht und mit seinen gefleckten Blättern einen schönen Kontrast zu den Rhododendrenblättern bietet.

Lilien blühen in vielen Farben – mit Ausnahme von blauen Tönen – von Mai bis September. Einige Sorten, wie die Goldbandlilie, der Gelbe Türkenbund, die Prachtlilie, die im Juni und Juli blühen, sind auch für den Heidegarten brauchbar.

Geeignete Stauden sind auch die Herzlilien (Funkien, *Hosta*), die sowohl schöne Blätter als auch Blüten tragen und jahrelang an einem Ort verbleiben können.

Eine weitere perennierende Pflanze, der Schwalbenwurzenzian, bringt von Ende Juli bis September dunkelblaue Blüten hervor und hat schmale, mittelgrüne Blätter. Er liebt einen feuchten und etwas schattigen Standort. Der schönste Herbstenzian, *Gentiana sino-ornata*, bildet ganze Mengen leuchtendblauer Blüten mit purpurblauen und grünlichgelben Streifen. Die Blüten sind 5 cm groß und blühen von September bis November.

Auch viele Bodendecker bilden zusätzliche Farbflecke in einer Rhododendrongruppe. Ideal geeignet sind Maiglöckchen, die von April bis Mai blühen, die Schein-

beere (Juli bis August), die Sockenblume (Mai bis Juli) und die Primel (März bis Mai). Winterharte Farne bilden mit ihren feinen Blättern einen schönen Kontrast, und die große Afrikanische Lilie bildet von Juli bis September große, blaue Blüten aus. Doch diese Gattung kann nur im milden Klima das ganze Jahr über im Freien gehalten werden.

Wenn man in einem größeren Garten noch geeignete Gewächse für den Hintergrund braucht, sollte man sich für immergrüne Nadelgehölze entscheiden. Zu Rhododendren passen sehr gut die Serbische Fichte, Kiefern und Lärchen.

DIE AUSWAHL IST GROSS: VON RIESENFORMEN BIS ZU ZWERGFORMEN

Da es Rhododendren und Azaleen in verschiedensten Größen, vom baumähnlichen Riesen bis zur bodendeckenden Zwergform, gibt, richtet man sich beim Kauf nach dem vorhandenen Raum.

Die Größe der Pflanzen kann je nach Standort und Niederschlagsmenge stark schwanken. Die im folgenden angegebenen Höhen gelten für Gebiete mit durchschnittlichem Niederschlag.
Baumähnliche Sorten (über 4,5 m) Die größten Rhododendren sind immergrün und werden 8 m hoch und höher. Man findet sie hauptsächlich im Norden der BRD. Sie sind nur für große Parks mit Baumbestand geeignet, wo sie vor Nord- und Ostwinden geschützt sind. Zu diesen Baumrhododendren zählt man *Rhododendron falconeri*, der von April bis Mai große, gelbliche Blüten mit roten Flecken trägt, und *R. sinograde*, der 20 cm lange Blätter mit silberner Unterseite hat. Er trägt im April gelbe Blüten.
Große Sträucher (2,5–4,5 m) Diese immergrünen Sträucher sind für kleinere Gärten geeignet; zu nennen sind unter anderem *R. yunnanense,* der im Mai zahlreiche rosa Blüten hervorbringt. Er verträgt Trockenheit und eignet sich

gut als Sichtschutz. *R. thomsonii* blüht sehr schön rot von März bis April.

Eine besondere Bedeutung haben in unseren etwas raueren Breiten die großblumigen Rhododendronhybriden. Diese Sorten zeichnen sich durch farbenfrohe Blüten, gesunden Wuchs und vor allen Dingen durch eine besondere Winterhärte aus. Sie können im allgemeinen ohne Bedenken bei uns angebaut werden, während manche der vorgenannten Arten

R. thomsonii

und Sorten nur in ausgesprochen milden Lagen im maritimen Klima gut gedeihen.

Zum Standardsortiment zählen u. a. folgende Sorten: 'America', leuchtend karminrot, für kälteste Standorte, Blütezeit mittel; 'Caractacus', purpurrot, kräftig aufrecht wachsend, spät blühend; *R. ca-*

tawbiense 'Album', zuerst lilaweiß, später reinweiß blühend, kräftig, gedrungen wachsend, spät blühend; 'Catharine von Tol', reinrosa, sehr winterhart, spät blühend; 'Dr. H. C. Dresselhuys', leuchtend karminrot, stark wachsend, mehr hoch als breit werdend, große, geschlossene Blütenstände, sehr winterhart; 'Edward S. Rand', rubinrot, mittelstarker Wuchs, winterhart; 'Humboldt', hell purpurviolett mit schwarzrotem Fleck, Wuchs kräftig, breitkompakt, mit großen Blütenständen; 'Prof. Hugo de Vries', kräftig rosa, in extremen Lagen schützen, da nur bedingt winterhart.

Die Knap-Hill- und Exbury-Azaleen werden 1,2–2,5 m hoch und haben große, manchmal gefüllte Trichterblüten, die sich im Mai öffnen. Die Farben reichen über alle Rottöne bis zu Rosa, Gelb und Weiß.

Auch die Mollis-Azaleen werden 1,2–2,5 m hoch. Diese Gruppe blüht vor der Blattbildung im Mai meistens gelb und rot.
Kleine Sträucher (0,6–1,2 m) Kleine immergrüne Hybriden bilden die Sorten der 'Diamant'-Serie, die es in vier verschiedenen Sorten gibt, sowie die Sorten 'Pink Drift', rosa Blüten, und 'Elizabeth', gera-

niumrote Blüten, April bis Mai.

Die immergrünen Sorten, die sogenannten Japanischen oder Kurume-Azaleen, *R. japonicum*, eignen sich gut für kleine Gärten, da sie selten größer als 1,2 m werden. Sie blühen im April und Mai, meist rosa und rot. Sehr ähnlich ist *R. sargentianum.*
Zwergsträucher (30–60 cm) Immergrüne Zwerghybriden für Steingärten sind 'Carmen', schwarzrot, und 'Moerheim', lilablau.
Niederliegende immergrüne Sorten Niedrige, sich breit ausdehnende Rhododendren lassen sich

R. forrestii var. repens

bei saurem Boden an leicht schattigem Standort als Bodendecker pflanzen. Zu dieser Gruppe gehört *R. forrestii* var. *repens* mit den Sorten 'Antje', blutrot; 'Axel Olsen', rot; 'Baden-Baden', leuchtend rot; 'Bad Eilsen', hellrot, und 'Bengal', rot.

Gesunde Rhododendren und Azaleen ziehen

Die wichtigste Voraussetzung für das gute Gedeihen ist ein saurer (pH-Wert nicht über 6, siehe Seite 612, und stark humoser Boden; kalkhaltige Böden lieben sie nicht.

Bei magerem, sandigem Boden setzt man reichlich humusbildendes Material, z. B. Torf oder Gartenkompost mit niederem pH-Wert, hinzu.

Rhododendren, die vor Ende Mai blühen, werden an Standorte gesetzt, wo sie vor der Frühsonne geschützt sind, denn das plötzliche Auftauen nach Nachtfrösten kann den Knospen und neuen Trieben schaden.

Möglichst jedes Jahr wird das Beet mit Torf oder Spezialhumus (z. B. Rhodohum) angereichert. Vor und kurz nach der Blüte düngt man mit einem Rhododendronspezialdünger.

Wenn man Rhododendren in Kübeln hält und in einem Gebiet mit kalkhaltigem Wasser wohnt, darf man nicht mit Leitungswasser gießen, sondern muß Regenwasser verwenden.

Verwelkte Blüten werden entfernt, indem man sie mit den Fingern abknipst. Das fördert die Trieb- und Knospenbildung für das nächste Jahr.

WELKE BLÜTEN ENTFERNEN

Nach der Blüte wird der gesamte Blütenstand mit den Fingern ausgebrochen; dadurch bekommt man auch im nächsten Jahr viele Blüten

Beschneiden junger und alter Rhododendren

Rhododendren brauchen nicht regelmäßig beschnitten zu werden. Junge Pflanzen mit zu dünnen Trieben schneidet man allerdings leicht zurück, um das buschige Wachstum zu fördern. Man schneidet die Stengel im Frühjahr vor Beginn des neuen Wachstums um etwa ein Drittel knapp über einem Auge zurück. Die Augen sitzen in den Blattachseln.

Große, vernachlässigte Pflanzen kann man im März bis auf etwa 1 m zurücknehmen. Die Stammenden treiben dann neu aus. Es kann dann aber drei Jahre dauern, bis der Busch wieder blüht.

Schäden an Rhododendren und Azaleen

In der folgenden Tabelle sind die häufigsten Schwierigkeiten aufgeführt, die bei Rhododendren auftreten können. Sollten sich Schäden bemerkbar machen, die nicht beschrieben sind, siehe ab Seite 574. Schädlingsbekämpfungsmittel sind in den Tabellen ab Seite 599 aufgeführt.

SCHWACHE JUNGPFLANZEN

Pflanzen mit dünnen Trieben im Frühjahr um ein Drittel zurückschneiden, damit sie buschig wachsen

UNSCHÖNER ALTER STRAUCH

Unschöne alte Sträucher kann man im März bis auf 1 m über dem Boden absägen

Schaden	Ursache	Abhilfe
Gelbfleckige oder vollständig vergilbte, in schweren Fällen braune und welke Blätter	Chlorose	Mit einer Eisenchelatverbindung behandeln und mit Torf abdecken. Rhododendren brauchen sauren Boden
Blätter mit rostbraunen Flecken, fallen manchmal vorzeitig ab, besonders an der Sonnenseite	Rhododendron-Hautwanzen	Beim ersten Anzeichen von Befall mit Diazinon spritzen
An Blättern gelbliche Sprenkelungen, Bildung von Honigtau, später siedeln sich "Rußtaupilze" an; dadurch starke Beschmutzung der Pflanzen	Mottenschildläuse (Weiße Fliege), eine besondere Läuseform mit vier dachförmig stehenden, weißen Flügelchen. Die Läuse sind mit weißen Wachsausscheidungen überzogen	Spritzen mit Diazinon-, Dimethoat-Präparaten; auch Propoxur und Pirimicarb sind möglich
Blätter rollen sich zigarrenförmig zusammen und hängen nach unten	Kälte oder Trockenheit	Das Erscheinungsbild tritt normalerweise nach Frost auf, und wenn die Witterung wärmer wird, erholen sich die Blätter. Herrscht dagegen Trockenheit, dann gründlich gießen und Boden mit Torf abdecken
Dunkle Flecken auf den Blättern, Endknospen der Triebe werden braun, Zweige welken und sterben ab	Zweigsterben (Phytophthora)	Befallene Zweige entfernen, im Abstand von zwei Wochen spritzen mit Captan, Mancozeb
Unregelmäßige Flecke, z. T. rot umrandet, auf den Blättern. Bei feuchtem Wetter Schimmelrasen sichtbar	Erreger von Blattfleckenkrankheiten	Möglichst schon vorbeugend alle vier bis sechs Wochen mit Zineb oder Mancozeb spritzen

Rhododendren und Azaleen vermehren

Die einfachste und schnellste Art: Ableger

Am einfachsten vermehrt man Rhododendren und Azaleen durch Ableger, und dadurch erhält man auch am schnellsten wieder eine blühende Pflanze.

Im Oktober biegt man einen geschmeidigen Zweig nach unten, bis er 20–30 cm hinter der Spitze den Boden berührt, entfernt an dieser Stelle die Blätter, schneidet den Zweig unten ein und biegt ihn so, daß die Schnittfläche etwas aufklappt.

Nun wird ein 7–10 cm tiefes Loch gegraben und zur Hälfte mit feuchtem, saurem Kompost gefüllt. An der Schnittstelle biegt man den Ast möglichst im rechten Winkel ab, legt ihn in das Loch, hält ihn mit einer 10–15 cm langen, selbst gebogenen Klammer aus verzinktem Draht fest und füllt das Loch mit Blumenerde auf. Die nach oben ragende Spitze wird angebunden.

Den Boden bedeckt man rundum mit etwa 2 cm Kompost oder Torf, damit er feucht bleibt. Danach wird gründlich gegossen und darauf geachtet, daß der Boden nie austrocknet. Nach zwei Jahren, wenn sich neue Wurzeln gebildet haben, kann man die Pflanzen mit der Gartenschere abtrennen und mit einem ausreichend großen Erdballen an den endgültigen Standort setzen.

1. Im Oktober etwa 25 cm hinter einer Zweigspitze die Blätter entfernen

2. Den Zweig an der Unterseite ein Stückchen einschneiden

3. Den Zweig in dem zur Hälfte mit Kompost gefüllten Loch festklammern

4. Das aufrechte Zweigende festbinden und das Loch mit Erde auffüllen

5. Nach zwei Jahren sollten die Ableger bewurzelt sein. Die Jungpflanzen abtrennen und mit dem Erdballen verpflanzen. Im nächsten Sommer können sie schon blühen

Viele Pflanzen durch Stecklingsvermehrung

Wenn man sehr viele neue Pflanzen ziehen möchte, schneidet man zwischen Juli und September 15 cm lange, halbbreite Triebe des gleichen Jahres an der Basis ab. Jeder Trieb hat an der Spitze eine kleine Blütenknospe.

Der Steckling wird unten von allen Blättern befreit und unmittelbar unter einem Blattknoten glatt abgeschnitten, so daß er nur noch 5–10 cm lang ist. Dann schält man ein schmales, etwa 2,5 cm langes Rindenstück unten ab. Wenn die Blätter länger als 7 cm sind, kürzt man sie ein, indem man sie übereinander legt und mit einem scharfen Messer in der Mitte glatt durchschneidet. Das verringert die Oberfläche und damit den Feuchtigkeitsverlust, was wichtig ist, da die Pflanze viel Feuchtigkeit zum Bewurzeln benötigt. Auch eine konstante Temperatur ist wichtig. Danach wird vorgegangen wie bei der Vermehrung durch Stecklinge (siehe Seite 69).

VORBEREITUNG DES STECKLINGS

Zwischen Juli und September ca. 15 cm lange Jungtriebe abschneiden, auf 5–10 cm kürzen, mehr als 7 cm lange Blätter halbieren und einen Rindenstreifen abschälen

Stauden

Viele unserer beliebtesten Blütenpflanzen sind Stauden, also mehrjährige Pflanzen. Sie eignen sich sowohl für die Bepflanzung von Beeten als auch für größere Flächen. Sie wachsen in der Sonne und im Schatten

Der Begriff Staude ist eine Sammelbezeichnung für alle krautartigen, winterharten Pflanzen, die mehrere Jahre lang Blüten tragen. Bei vielen von ihnen sterben im Herbst die oberirdischen Teile ab; im nächsten Frühjahr treiben sie wieder neu aus. Bekannte Beispiele hierfür sind Lupine, Rittersporn, Phlox und Gartenmohn. Andere Gattungen, wie verschiedene Nelken, viele Polster- und Steingartenpflanzen sowie die Fackellilie werden ebenfalls zu den Stauden gezählt, obgleich ihr Laub nicht abstirbt.

Einige mehrjährige Pflanzen, wie Stockrose, Spornblume, Rittersporn und Lein, halten sich oft nur vier bis fünf Jahre lang. Andere Stauden, wie Aster, Mädchenauge und Hundskamille, blühen üppiger, wenn sie alle zwei Jahre ausgegraben, geteilt und umgepflanzt werden. Pfingstrose, Wiesenraute und Christrose können älter werden als ein Mensch.

Der Siegeszug der winterharten Stauden in den Vorgärten begann Ende des 19. Jahrhunderts, als breite Beete und größere Flächen bepflanzt wurden. Eine Staudeneinfassung muß, wenn sie wirkungsvoll sein soll, mindestens 3 m breit und entsprechend lang sein. Ein reines Staudenbeet hat jedoch den Nachteil, daß es zwischen Oktober und April, wenn die Pflanzen abgestorben sind, nicht gerade schön aussieht.

In neuerer Zeit wurden Stauden bei den Kleingärtnern immer be-

Stauden gedeihen sowohl im tiefen Schatten als auch in der prallen Sonne, sie können Trockenheit und Feuchtigkeit ertragen und lieben nährstoffreiche oder auch arme Böden. Am Haus, unter Bäumen und Sträuchern – überall bereichern sie den Garten auf mannigfaltige Weise

199

liebter. Ein Grund dafür ist die Entwicklung der gemischten Rabatte, in welcher auch einjährige Sommerblumen, Rosen, zweijährige Pflanzen, Zwiebel- und Knollenpflanzen sowie Sträucher gemischt werden, so daß das Beet ständig blüht.

Außerdem wurden in Gärten, wo keine langen Rabatten möglich sind, Inseln angelegt. Sie sind für die meisten kurzen und mittelhohen Stauden ideal geeignet. Die größten Pflanzen kommen in die Mitte, die mittleren und niedrigen an den Rand. In unregelmäßiger Form wirken diese Inseln hübscher, als wenn sie in strengen Kreisen oder Ovalen angelegt werden.

Eine natürliche Weiterentwicklung der Blumeninsel sind die Rabatten. Es handelt sich hierbei einfach um kleinere Einfassungen mit niederen Stauden.

Auch als Bodendecker eignen sich Stauden, wobei niedrige, sich ausbreitende und kräftige Arten und Sorten dicht zusammengepflanzt werden, damit jedes Fleckchen Erde bedeckt ist. Mit Bodendeckern bepflanzt man oft Böschungen oder – vorausgesetzt, daß es sich um schattenliebende Pflanzen handelt – den Boden unter Sträuchern. Theoretisch ersticken Bodendecker alle Unkräuter, aber ehe man sie pflanzt, muß man das Unkraut sorgfältig entfernen und auch später von Hand jäten, da man zwischen den Stauden nicht hacken kann.

Stauden lassen sich an den verschiedensten Stellen in lockerer Anordnung pflanzen, etwa am Rand eines Gartenteichs, wo man sie mit wasserliebenden Pflanzen kombiniert. Auf Heideflächen und offenen Hochflächen kann man sie in lockerer Anordnung verteilen. An Stufen oder Wegrändern können feinzweigige oder breit wachsende Pflanzen, wie das Schleierkraut oder niedrige Nelken, sehr schön wirken. Große, aufrechte oder hoch wachsende Stauden können auch gruppenweise gesetzt werden und den Garten in verschiedene Bereiche unterteilen. Be-

sonders mächtige Stauden, die durch ihre Höhe oder die Größe ihrer Blätter Schwerpunkte in einem Staudenbeet bilden, sind der Federmohn, der Zierrhabarber, verschiedene Ligularien sowie die Herkulesstaude, die oft über 3 m hoch wird.

Sogar für die Bepflanzung von Balkonkästen und Kübeln sind Stauden geeignet.

In jüngster Zeit finden Pflanzen mit schönem Laub immer mehr Anklang, weil man sich lange an ihnen erfreut; bemerkenswert unter ihnen sind Katzenpfötchen, Perlkörbchen, Edeldistel, Funkie, verschiedene Irisarten, Lungenkraut und Mauerpfeffer. Silber-, gold- und rotblättrige Arten sind besonders gefragt, nicht nur von den Gärtnern, sondern auch in Blumengeschäften, wo die Blüten von Stauden häufig auch für Blumengestecke verwendet werden. Die Samenkapseln des Staudenmohns, die Blüten der Garbe, des Perlpfötchens, der Edeldistel, der Kugeldistel, des Schleierkrauts, des

Strandflieders und die Früchte des Fußblatts lassen sich außerdem für Trockengestecke verwenden.

Die Schönheit eines Staudenbeets hängt weitgehend von der Anordnung der Pflanzen ab. Spätblühende Pflanzen oder solche mit schönen Blättern müssen die Lücken, die bereits abgeblühte Pflanzen hinterlassen haben, verdecken. Die Farben sollten gut zusammenpassen, und alle Pflanzen sollten in ihren Größen aufeinander abgestimmt sein.

Bei der Farbzusammenstellung kann man sich nach den Regenbogenfarben richten, d. h., man beginnt an einem Ende mit Violett, geht dann zu Blau, Grün und Gelb über. Orange und Rot bilden den Abschluß. Einige Pflanzen, wie die Prachtspiere, das Schleierkraut, das Purpurglöckchen und der Strandflieder, wirken sehr zart, während Bergenien, die Funkie, das Kaukasusvergißmeinnicht, das Greiskraut und das Schaublatt mit ihren großen, schweren Blättern prächtig dazu kontrastieren.

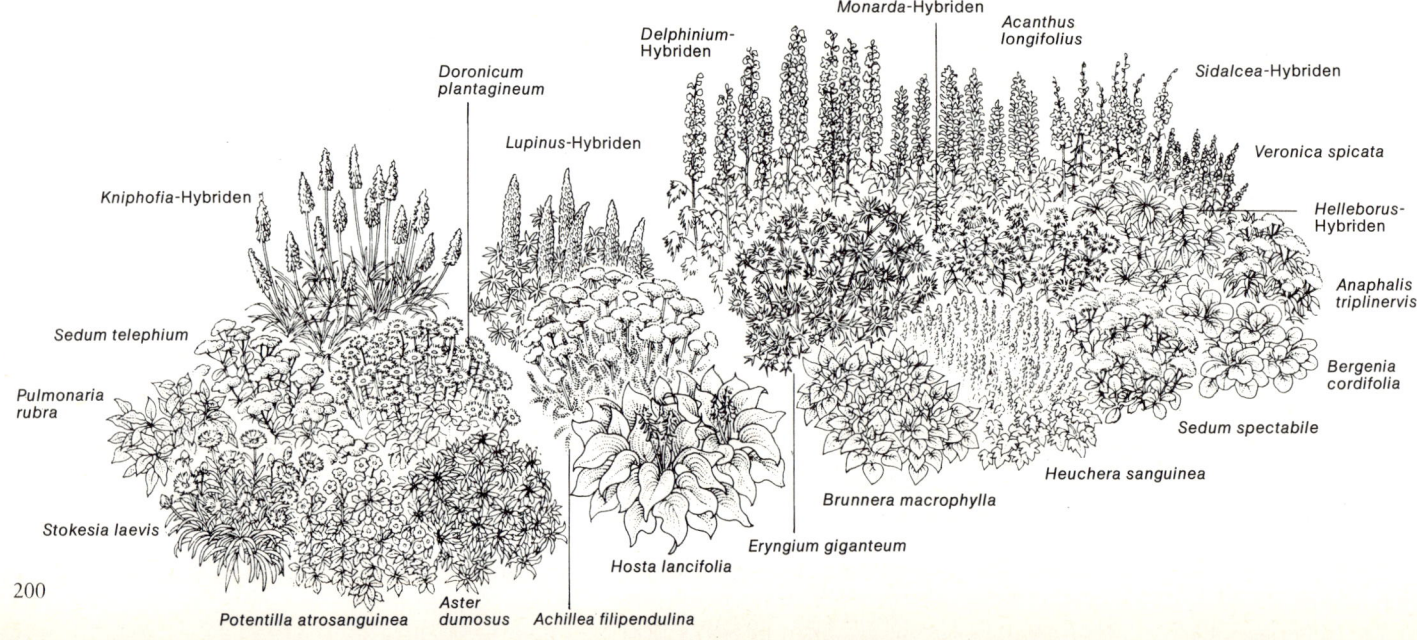

Doronicum plantagineum
Monarda-Hybriden
Delphinium-Hybriden
Acanthus longifolius
Lupinus-Hybriden
Sidalcea-Hybriden
Kniphofia-Hybriden
Veronica spicata
Helleborus-Hybriden
Sedum telephium
Anaphalis triplinervis
Pulmonaria rubra
Bergenia cordifolia
Sedum spectabile
Stokesia laevis
Heuchera sanguinea
Brunnera macrophylla
Eryngium giganteum
Hosta lancifolia
Potentilla atrosanguinea
Aster dumosus
Achillea filipendulina

Die richtige Anlage von Staudenbeeten

Die Vorbereitung eines Pflanzbeets

Am besten pflanzt man Stauden in der Zeit von Mitte September bis Ende Oktober, solange der Boden noch warm ist; man kann aber auch noch im Frühjahr pflanzen.

Einige Wochen vor dem Pflanzen entwirft man einen genauen Plan für das Beet und bestellt dann die Pflanzen.

Das Beet wird schon im September zwei Spaten tief umgegraben, damit sich der Boden wieder festigen kann. Obenauf verteilt man auf einen Quadratmeter einen Eimer Torf oder Gartenkompost. Unmittelbar vor dem Pflanzen werden die Schollen glattgetreten. Dann werden noch ungefähr 50 g eines Volldüngers auf einen Quadratmeter gestreut und danach gut eingearbeitet.

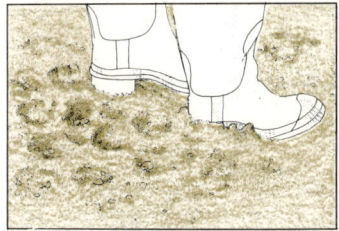

1. Mit den Füßen tritt man die Erde fest

2. Einen Mehrzweckdünger unterharken

Wie man Stauden richtig pflanzt

Containerpflanzen können das ganze Jahr über, sofern der Boden nicht gefroren ist, gepflanzt werden.

Am besten pflanzt man an einem trüben Tag, und im Sommer gießt man die Pflanzen regelmäßig, bis sie angewachsen sind.

Gelegentlich bekommt man auch Pflanzen im Ruhestadium; diese kann man nicht sofort auspflanzen. Man gießt die Wurzeln gut an oder packt sie in feuchten Torf. Anschließend stellt man sie an einen schattigen, windgeschützten Platz.

Und so wird gepflanzt: Nach dem Pflanzplan zieht man mit einer Hacke auf dem Beet einige Grundlinien. Bei einem großen Beet markiert man diese Linien besser mit Sand; sie halten dann auch einen stärkeren Regen aus.

In der Mitte des Beets beginnt man zu pflanzen. Für jeden Beetabschnitt werden die Pflanzen zurechtgelegt. Man pflanzt sie im entsprechenden Abstand zueinander.

Pflanzen mit kleinem Wurzelballen werden mit dem Handspaten gesetzt. Man gräbt ein Loch, das so groß und breit ist, daß es alle Wurzeln aufnehmen kann. Dann stellt man die Pflanze in die Mitte des Lochs, füllt es mit Erde auf und drückt die Pflanze mit der Rückseite der Schaufel und mit den Fingern fest.

Pflanzlöcher für Stauden mit großem Wurzelballen gräbt man mit einem Spaten. Wenn die Löcher wieder gefüllt sind, tritt man den Boden mit den Füßen fest.

Niederliegende Stauden, wie Beifuß und Nabelwurz, die als Bodendecker dienen, sollten immer in Gruppen gepflanzt werden.

Nach dem Pflanzen lockert man den festgetretenen Boden mit einer Harke wieder etwas auf.

Es ist darauf zu achten, daß Rhizomstauden, wie beispielsweise Iris und Pfingstrosen, nicht zu tief, Zwiebelstauden dagegen nicht zu flach in die Erde eingepflanzt werden.

1. Pflanzen in einem markierten Beetabschnitt gleichmäßig verteilen

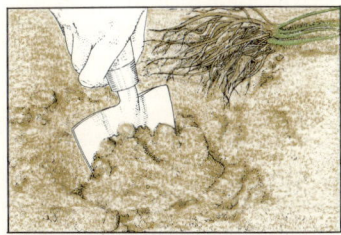

2. Mit einem Handspaten Löcher graben, groß genug für den Wurzelballen

3. Pflanze in das Loch setzen, Wurzeln verteilen und Erde auffüllen

4. Erde mit Fingerspitzen und Handspaten festdrücken

PFLANZEN MIT GROSSEN WURZELN

Mit dem Spaten wird ein tiefes Loch ausgegraben. Den Wurzelballen in die Mitte setzen; danach das Loch wieder mit Erde auffüllen und diese festtreten

BODENDECKER

Kleine Bodendeckerpflanzen werden vielfach als feste Bündel geliefert. Man vereinzelt sie und setzt sie in Dreier- oder Vierergruppen zusammen

Arbeiten im Frühjahr

Unkraut jäten

Mit dem Unkrautjäten sollte man möglichst früh beginnen und die Unkräuter durch regelmäßiges Hacken oder Spritzen des Bodens mit einem Unkrautmittel bekämpfen, das keimende Unkrautsamen abtötet. Die ausgerissenen Unkräuter wirft man in einen Eimer. Hartnäckige, schwer zu bekämpfende oder ausdauernde Unkräuter werden verbrannt; die anderen kann man – sofern sie keine reifen Samen tragen – auf den Komposthaufen werfen.

Kleine Beete kann man von Hand jäten. Für die mechanische Unkrautbekämpfung werden jedoch eine Schlaghacke, eine Ziehhacke mit kurzem Stiel und eine Grabgabel gebraucht.

Wenn die Pflanzen dicht zusammenstehen, etwa in Saatbeeten und Steingärten, verwendet man die Ziehhacke. Man schneidet damit die Unkräuter unterhalb der Bodenfläche ab und zieht die Hacke zu sich her. Zum Jäten größerer Flächen verwendet man die Schlaghacke.

Wenn rund um eine Staude tief wurzelnde Unkräuter stehen, löst man sie mit einer Grabgabel und zieht sie von Hand heraus. Gelegentlich muß man eine Staude ganz ausgraben und teilen, um an die Unkräuter im Wurzelbereich heranzukommen; dies kann bei Winden notwendig werden.

Die Teilpflanzen werden, nachdem sie vollständig vom Unkraut befreit sind, wieder eingepflanzt.

Treiben Stauden vom Nachbargrundstück Ausläufer in Ihren Garten, können Sie dies durch eine 40 cm tief reichende Wand unterbinden.

FLACH UND TIEF WURZELNDE UNKRÄUTER JÄTEN

Ziehhacke *Unkräuter zwischen dicht stehenden Pflanzen mit einer Ziehhacke ruckartig entfernen*

Schlaghacke *Zum Jäten zwischen Pflanzenreihen eignet sich eine Schlaghacke*

Grabgabel *In bodendeckenden Stauden löst man die Unkräuter am besten mit einer Grabgabel*

Bodenbearbeitung in bepflanzten Beeten

Zu Beginn der Vegetationszeit und im Spätherbst sollte bei bepflanzten Beeten der Boden gelockert werden. Dies gilt besonders für schwere Böden. In den gelockerten Boden können Luft und Feuchtigkeit eindringen und an die Pflanzenwurzeln gelangen; gleichzeitig lösen sich Unkräuter. Für diese Arbeit nimmt man am besten eine mittelbreite Hacke oder einen Kultivator mit einem langen Stiel.

Für kleinere Flächen verwendet man einen Kultivator mit drei Zinken, sonst einen mit fünf

Nahrung und Feuchtigkeit für die Pflanzen

Damit die Feuchtigkeit besser im Boden erhalten bleibt, wird die Fläche rund um die Pflanze mit einem organischen Material abgedeckt. Dieses Material zersetzt sich und liefert gleichzeitig Nahrung für die Pflanzen und verhindert das Wachsen von Unkräutern.

Zum Abdecken von Staudenbeeten eignen sich verrotteter Gartenkompost, Lauberde, Torf oder Stallmist am besten.

Man trägt die Deckschicht Ende Frühjahr nach dem Jäten auf, bevor die Pflanzen zu stark gewachsen sind.

Eine 5–8 cm dicke Lage wird rund um die Pflanzen gepackt und mit einer Gabel gleichmäßig verteilt. Im Idealfall deckt man das ganze Beet ab. Ist dies nicht möglich, häufelt man das Abdeckmaterial besser dicht rund um die Pflanzen, anstatt es dünn auf dem ganzen Beet zu verteilen. Die Pflanzen gedeihen und wachsen noch wesentlich besser, wenn man zusätzlich einen Volldünger verabreicht. Für Stauden sind organische Dünger besonders gut geeignet. Im Frühjahr gibt man vor dem Abdecken 120 g einer Mischung von Horn- und Knochenmehl pro Quadratmeter auf das Beet. Auch ein Volldünger, von dem man 50 g auf einen Quadratmeter verteilt, ist geeignet.

Wenn die Erde abgedeckt wurde, braucht man in der Regel nur bei längerer Trockenheit zu wässern. Man verwendet dazu einen gleichmäßig arbeitenden Regner. Am besten wässert man abends, damit nicht zuviel Wasser verdunstet. Schwere Böden, die bei starkem Regen zur Verkrustung neigen, sollten vor dem Wässern gelockert werden.

Die Nährstoffansprüche von Beet- und Wildstauden sind oft sehr verschieden. Während die einen Stauden für eine Düngung dankbar sind, vertragen andere diese nur sehr schlecht.

Die unterschiedlichen Ansprüche sollten in Pflanzengemeinschaften berücksichtigt werden.

ABDECKEN

Mit einer Gabel wird das Abdeckmaterial auf dem Beet etwa 5–8 cm über der gesamten Wurzelfläche der Pflanzen gleichmäßig verteilt. Geeignet sind verrotteter Gartenkompost, Lauberde, Torf oder Stallmist

Abstützen schwerer Stauden

Schwachstielige Stauden und solche, die große, schwere Blüten tragen, müssen abgestützt werden. Hierfür verwendet man Bambus- und Holzstäbe, Reisig oder ein leichtes Geflecht aus Plastik.

Die Stützen steckt man im April in den Boden, noch ehe die Pflanzen stark gewachsen sind. Sowohl Einzelpflanzen als auch ganze Gruppen lassen sich mit Reisig stützen; für hoch wachsende Pflanzen verwendet man jedoch am besten Plastikgeflechte oder Holz- und Bambusstäbe.

Die Stützen müssen so hoch sein, daß sie später bis unter die Blütenstände reichen. Daher ist es wichtig zu wissen, wie hoch die Pflanze ungefähr wird (siehe Tabelle ab Seite 211).

Mit Reisig oder Maschendraht gestützte Pflanzen braucht man nicht festzubinden, sehr hohe Pflanzen dagegen bindet man mit Bast oder Gartenschnur an den Stäben fest.

Plastikgeflecht für hoch wachsende Pflanzen

Besonders hohe Pflanzen (1,5 bis 2 m), wie die Spierstaude, die Rudbeckie und der Rittersporn, lassen sich mit einem Plastikgeflecht abstützen. Wenn man ein solches Geflecht verwendet, braucht man die Pflanzen nicht anzubinden. Man kauft am besten ein leichtes Geflecht aus Plastik mit einer Maschenweite von ungefähr 15 cm und macht daraus einen Zylinder.

In den Zylinder steckt man drei hohe Bambusstöcke aufrecht in den Boden und bindet sie unmittelbar über der Erde auf halber Höhe und dann noch einmal ganz oben an dem Plastikgeflecht fest. Bei noch höheren Pflanzen muß man eventuell noch einen zweiten Plastikzylinder auf den ersten setzen. Dabei sollen sich die beiden Zylinder um ein Feld überlappen. Mit einer Schnur bindet man sie zusammen.

1. Stäbe in den Plastikgeflechtzylinder stecken und festbinden

2. Bei 2–2,5 m hohen Pflanzen setzt man noch einen Zylinder auf

3. Das Geflecht hält die Stiele der herangewachsenen Pflanze fest

Stützen aus Bambusstangen und Schnur

Einzelne Stiele oder Pflanzengruppen von mehr als 60 cm bis zu einer Höhe von 2,5 m stützt man mit Bambusstangen ab.

Hat die Pflanze nur einen Stiel, dann steckt man den Bambusstock dicht neben der Pflanze in den Boden und befestigt ihn mit Bast, Schnur oder Drahtringen am Stiel. Wenn die Pflanze wächst, wird der Stiel alle 15–20 cm erneut festgebunden.

Bei Pflanzengruppen steckt man drei Bambusstangen, nach außen leicht geneigt, rund um die Pflanzen in den Boden. An einer Stange befestigt man jetzt 15–20 cm über dem Boden eine Schnur, die man anschließend um die anderen beiden Stöcke schlingt. Die Schnur wird straff gespannt und festgebunden. Wenn die Pflanze wächst, spannt man etwa 20 cm über der ersten Schnur eine zweite usw.

1. Eine Rittersporngruppe wird von Schnüren an Bambusstangen gestützt

2. Wächst die Pflanze, spannt man 20 cm über der ersten noch eine Schnur

3. Die ausgewachsene Pflanze wird von mehreren Schnüren gehalten

STÜTZRING

Ein mit Speichen versehener Stützring läßt sich, je nach der Größe der Pflanze, verschieben. Man steckt drei Bambusstangen in den Boden, legt den Ring darum und bindet ihn fest

Behandlung nach der Blüte

Abstützen schwachstieliger Pflanzen mit Reisig

Windempfindliche Pflanzen oder solche mit schwachen Stengeln können, wenn sie nicht höher als 60 cm werden, mit Reisig abgestützt werden. Das Reisig fällt meist beim Rückschnitt kleiner Bäume an. Von fast jedem Baum oder Strauch läßt sich gutes Reisig abnehmen. Besonders geeignet sind Haselnuß, Ulme, Buche und Eiche.

Die Reiser können nur in weichen Boden gesteckt werden, da man sie nicht einrammen kann, weil sie sonst brechen würden.

Zwei bis drei Reiser werden mitten in eine Gruppe von Pflanzen gesteckt, und zwar so tief, daß sie fest stehen. Im allgemeinen reichen zwei oder drei Reiser für eine Pflanzengruppe aus; wenn die Pflanzen jedoch nach einem starken Regen oder einem Sturm flach auf dem Boden liegen, sollte man besser noch einige rundum als Stütze anbringen.

Auf der Höhe des künftigen Blütenansatzes bricht man die Reiser an, biegt die Spitzen nach innen und verflicht sie untereinander so, daß ein netzartiges Gerüst entsteht. Wenn die Pflanze groß ist, bemerkt man die Stütze nicht mehr.

1. 2–3 Reiser werden mitten in eine Pflanzengruppe gesteckt

2. Die Spitzen bricht man an und biegt sie zur Mitte hin um

3. Spitzen so miteinander verflechten, daß ein netzartiges Gerüst entsteht

4. Ist die Pflanze hoch gewachsen, sieht man die Stützen nicht mehr

Welke Blüten und Stiele entfernen

Nach der Blüte entfernt man die welken Blüten und Stiele, damit sich kein Samen bildet. Bei früh blühenden Stauden, wie Rittersporn und Lupine, kommt so eine zweite Blüte im Spätsommer oder Herbst zustande. Pflanzen mit einzelnen, unbelaubten Blütenstielen, wie die Fackellilien, schneidet man so nahe wie möglich am Stielansatz ab. Bei Pflanzen, deren Stiele am unteren Teil Blätter haben, schneidet man die Stiele unmittelbar über den obersten Blättern ab.

Ab Mitte des Sommers schneidet man welke Blüten nur dort ab, wo sie unschön aussehen. Die Blütenstände von etlichen Stauden, beispielsweise von Mauerpfeffer und Garbe, wirken auch noch im Spätherbst und Winter dekorativ.

Blattlose Blütenstengel werden dicht über dem Boden abgeschnitten (links). Beblätterte Blütenstengel schneidet man über den oberen Blättern (rechts)

Pflanzenrückschnitt nach der Blüte

Stauden brauchen nur wenig geschnitten zu werden. Verwelkte, kranke oder geschrumpfte Blätter werden abgeschnitten oder abgerissen, da sich von dort aus Krankheiten verbreiten können.

Einige Pflanzen, wie Hundskamille und Kokardenblume, blühen zwar sehr üppig, wachsen dann aber fast nicht mehr. Damit sie dennoch gut aussehen, kann man sie nach der Blüte kurz über dem Boden abschneiden.

Bodendecker, wie Blaukissen und Beifuß, die man für Einfassungen verwendet, schneidet man nach der Blüte im Frühsommer mit einer Schere zurück, damit sich wieder gesunde, neue Triebe bilden. Oft blühen sie dann ein zweitesmal.

BODENDECKER

Blaukissen und Beifuß bleiben buschig und blühen noch einmal, wenn man sie nach der ersten Blüte stark zurückschneidet

Rückschnitt, ehe der Winter kommt

Nach den ersten Herbstfrösten muß das Staudenbeet in Ordnung gebracht werden. Bei den meisten Stauden werden welke Blüten entfernt und abgestorbene Stengel und Blätter mit der Gartenschere zurückgeschnitten. Zu groß gewordene Stauden teilt man und pflanzt

1. Nicht ganz winterharte Pflanzen schneidet man tief zurück

Chemische Unkrautvernichtungsmittel

Tief wurzelnde Unkräuter im Staudenbeet können vor der Pflanzung ohne weiteres mit chemischen Mitteln bekämpft werden.

Auf bepflanzten Beeten kann man ebenfalls mit Chemikalien arbeiten, ohne die Zierpflanzen zu schädigen. In diesen Fällen behandelt man die Unkräuter mit Amiben-Granulat, Chloramben° u. a.

Bei besonders hartnäckigen Unkräutern, beispielsweise bei Winden, wendet man MCPA an. Es wird meist zwischen Gräsern und auf freien Flächen eingesetzt und darf andere Pflanzen auf keinen Fall berühren. Eine gute Wirkung erzielt man auch mit dem Unkrautstab. Mit ihm berührt man die Blätter der Unkräuter. Der Wirkstoff dringt in die Blätter der Pflanzen ein und vernichtet sie von innen.

sie um; der Boden wird gelockert. Frost- und kälteempfindliche Pflanzen erhalten einen Winterschutz aus abgeschnittenen Stielen und einer 5–8 cm dicken Schicht Lauberde. Im März, wenn das neue Wachstum beginnt, sollte diese Abdeckung verrottet sein oder wieder weggenommen werden. Weiterer Winterschutz siehe Tabellen ab Seite 211.

UNKRAUTSTAB

Betupft man mit einem Unkrautstab die Blätter von Unkräutern, dann gehen die Pflanzen nach einigen Tagen ein

Schäden an Stauden

Durch richtige Kultur- und Standortsbedingungen kann man Schäden von vornherein bis zu einem gewissen Grad ausschalten.

Wenn Stauden Schäden aufweisen, die hier nicht beschrieben sind, dann ziehen Sie die Kapitel „Schädlinge und Krankheiten" und „Unkräuter" ab Seite 574 zu Rate. Eine umfassende Liste der Handelsnamen der empfohlenen Wirkstoffgruppen ist auf Seite 599 zu finden.

Schaden	Ursache	Abhilfe
Knospen entwickeln sich nicht richtig, welken oder fallen ab	Trockenheit	Gründlich gießen; bei Trockenheit mindestens einmal wöchentlich. Mit Torf, Gartenkompost oder verrottetem Stallmist Boden abdecken
Triebspitzen und Blütenstände sind mit kleinen, grünen Insekten bedeckt; verkrüppeltes Wachstum; Blüten öffnen sich nicht; Blätter weisen einen klebrigen Belag auf	Blattläuse	Mit Diazinon oder Malathion° spritzen
Junge Blätter, Knospen und Triebspitzen sind verkrüppelt; kleine, unregelmäßige Löcher in den Blättern; abgefressene Blätter	Blattwanzen oder Raupen	Mit Diazinon, Endosulfan u. a. spritzen
Junge Triebe sind abgefressen; Schleimspuren	Gartenschnecken oder Nacktschnecken	Schneckenkorn auslegen
Junge Triebe welken und fallen um	Erdraupen, Maulwurfsgrillen	Bekämpfung mit Cortilan
Blätter, junge Triebe und gelegentlich auch die Blüten sind mit einem weißen Schimmelbelag bedeckt; manchmal sind sie verkrüppelt oder welk	Mehltau	Mit Benomyl, Triforin oder anderen Mitteln spritzen
Blätter und weiche Stielspitzen welken, vergilben und hängen herunter; manchmal ist die ganze Pflanze befallen. Dies tritt besonders bei Astern auf	Verticilliumwelke, Fusariumwelke/Asternbräune	Befallene Pflanzen vernichten (nicht auf den Kompost), die übrigen mit Benomyl oder Tecto FL° behandeln
Blätter und manchmal junge Triebe mit braunen oder rötlichen Pusteln, die aufbrechen und Sporen freigeben. Befallene Blätter vergilben und sterben ab	Rost	Abhilfe nicht immer einfach; spritzen mit Triforin oder anderen Mitteln
Blätter welken besonders an heißen Tagen; die unteren Blätter vergilben und sterben vorzeitig ab; Stiele sind dünn, die Blüten klein	Wasser- und Nährstoffmangel	Gründlich gießen und danach mit Blattdünger düngen; Erde mit verrottetem Stallmist oder Gartenkompost abdecken. Pflanze eventuell im folgenden Herbst teilen
Pflanze gedeiht nicht; Blätter werden etwa einen Monat nach der Pflanzung braun	Nicht richtig gepflanzt oder nicht angewachsen	Pflanze ausgraben und feststellen, ob die Wurzeln einen festen, trockenen Ballen bilden. Wenn ja, Boden rund um die Wurzeln lockern, Pflanze sorgfältig neu einsetzen und anschließend gut gießen

Vermehrung von Stauden durch Teilung

Ausgraben zu groß gewordener Pflanzen

Am einfachsten vermehrt man Stauden durch Teilung. Eine Pflanze wird mit dem ganzen Wurzelstock aus dem Boden gegraben und in verschiedene Teile gerissen oder geschnitten. Aus jedem Teil entsteht wieder eine neue Pflanze.

Die Vermehrung empfiehlt sich in der Ruhezeit, zwischen Oktober und März, bei frostfreiem Wetter. Langsam wachsende, früh blühende Stauden teilt man am besten im Herbst.

Die Größe und Art des Wurzelsystems ist ausschlaggebend dafür, wie geteilt wird. Kleine Teile junger Stauden lassen sich nach dem Ausgraben leicht von Hand abreißen. Alte, zu groß gewordene Pflanzen dagegen, die einen stark durchwurzelten Ballen gebildet haben, zieht man entweder mit Hilfe von zwei Grabgabeln auseinander, oder man schlägt sie mit einem Spaten entzwei oder schneidet mit einem großen, scharfen Messer Teile ab. Bei Knollenpflanzen trennt man einzelne Knollen ab, die kräftige Wachstumsknospen aufweisen.

Zum Ausgraben wählt man einen Tag, an dem der Boden nicht zu naß ist. Neben der Pflanzengruppe, die man ausgraben will, stößt man eine Grabgabel in den Boden und hebelt die Pflanze nach oben. Das wiederholt man an allen Seiten des Ballens und hebt die Pflanze vorsichtig heraus. Mit den Fingern entfernt man möglichst viel Erde von den Wurzeln, ohne die Wurzeln oder Knollen zu beschädigen. Man kann auch den Wurzelballen abwaschen, damit man die Wachstumsknospen gut erkennt.

Teilen von Pflanzen mit Rhizomen

Pflanzen mit Rhizomwurzeln lassen sich leicht ausgraben, da der Wurzelballen – in Wirklichkeit ein dicker, unterirdischer Sproß – unmittelbar unter der Erdoberfläche liegt. Bergenien, Schwertlilien, Maiblumen und das Blumenrohr haben Rhizomwurzeln und lassen sich gut teilen. Am besten geeignet ist hierfür der Beginn des Frühjahrs, wenn sich die neuen Wachstumsknospen bilden.

Nach dem Ausgraben schüttelt man die lockere Erde ab, so daß das alte Hauptrhizom und die neuen unterirdischen Triebe sichtbar werden. Von diesen Seitentrieben wählt man einige Triebe mit zwei bis drei starken Wachstumsknospen oder kräftigen jungen Trieben und gesunden Wurzeln aus.

Jeder 5–8 cm lange Seitentrieb läßt sich einzeln einpflanzen, wenn man ihn vom Haupttrieb abgebrochen hat. Um das Gewebe nicht zu beschädigen, ist es jedoch ratsam, die Seitentriebe mit einem scharfen Messer abzutrennen und die Schnittflächen mit Holzkohle zu desinfizieren.

Das alte Rhizom wirft man weg, und die neuen Triebe werden bis zu den gesunden Wurzeln abgeschnitten. Verrottete Teile, welke Blätter und Stiele werden entfernt. Die jungen Rhizome werden sofort vertikal mit den Wurzeln nach unten so eingepflanzt, daß sie im Boden gut verankert sind und etwa so tief liegen, wie ursprünglich die Mutterpflanze lag.

1. Bergenien müssen im allgemeinen alle drei Jahre geteilt werden – am besten im Frühjahr. Man wählt gesunde, junge Rhizome aus. Jedes muß mindestens zwei Wachstumsknospen oder junge Triebe aufweisen; die dünnen Wurzelfasern dürfen nicht beschädigt sein. Die jungen Rhizome sollten eine Länge von 5–8 cm haben

2. Die neuen Rhizome werden glatt am Mutterrhizom abgeschnitten

3. Die Teilstücke hinter einem Büschel gesunder Wurzeln glattschneiden

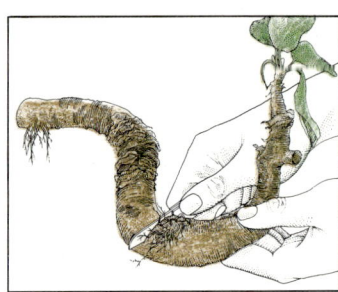

4. Abgestorbene Rhizomteile und welke Blätter werden entfernt

5. Das junge Rhizom an der Schnittfläche mit Holzkohle desinfizieren

Wie man junge Stauden teilt

Junge, buschige Stauden mit Faserwurzeln, wie Sonnenbraut, Rudbeckie und Herbstastern, lassen sich leicht teilen, so daß jeder Teil gesunde Wurzeln und starke Wachstumsknospen besitzt.

Abgestorbene Wurzeln und Blätter werden abgeschnitten. Die Teilpflanzen setzt man sofort an den künftigen Standort oder – wenn sie noch sehr klein sind – bis zum folgenden Herbst an eine andere Stelle im Garten, und erst dann werden sie an den endgültigen Platz gepflanzt.

1. Pflanzen mit kleinem Wurzelsystem teilt man durch Auseinanderziehen

2. Beschädigte oder abgestorbene Wurzeln schneidet man ab

3. Teilpflanzen mit mehreren Trieben werden gleich ins Beet gesetzt

Stauden mit fleischigen oder faserigen Wurzeln

Zu groß gewordene Stauden mit Faserwurzeln, wie die Sonnenbraut und der Phlox, lassen sich gelegentlich nur schwer teilen, da Triebe und obere Pflanzenteile eine feste Masse bilden.

Nachdem man die Pflanze ausgegraben hat, steckt man zwei kräftige Grabgabeln in die Mitte der Pflanze. Jetzt teilt man den Ballen durch Hebelbewegung der beiden Gabelstiele. Jede Hälfte wird dann nochmals geteilt.

Mit einem Messer entfernt man den zentralen Teil jedes Pflanzenabschnitts und teilt den Rest in Abschnitte mit etwa sechs Trieben. Abgestorbenes Holz wird vor dem Pflanzen entfernt.

Pflanzen mit harten, holzigen Stengeln, wie die Färberhülse und der Rhabarber, lassen sich nicht mit der Gabel teilen, sondern man teilt sie mit einem scharfen Spaten oder schneidet sie mit einem scharfen Messer durch, so daß jede Teilpflanze Wurzeln und Triebe aufweist. Die Teilstücke werden sofort neu gepflanzt.

Pflanzen mit fleischigen Wurzeln wie die Funkie teilt man ebenfalls mit einem Messer.

1. Zu groß gewordene Pflanzen teilt man mit zwei Grabgabeln

2. Die Stiele der Grabgabeln werden mehrmals zusammengedrückt und wieder auseinandergezogen, bis man zwei Teilballen hat. Diese werden dann nochmals geteilt

3. Holzige Triebe und abgestorbene Wurzeln werden abgeschnitten

4. Verrottete oder beschädigte Pflanzenteile fleischiger Wurzeln schneidet man ab

5. Die Teilstücke werden sofort an den künftigen Standort gepflanzt

Neue Stauden aus Stecklingen

Pflanzen mit Wurzelknollen teilen

Die Teilung von Pflanzen mit Wurzelknollen hängt von der Art der Knolle ab. Man gräbt die Pflanze aus und entfernt vorsichtig den Boden, ohne die Knollen zu beschädigen.

Bei Wurzelknollen, wie sie Taglilie und Pfingstrose haben, sind die Wachstumsspitzen oben, wo die Knollen zusammentreffen. Man teilt sie von oben nach unten in mehrere Abschnitte, und zwar so, daß sie sowohl Knollen als auch Wachstumsspitzen haben. Die Teilstücke werden sofort eingepflanzt. Teilstücke einer Knolle mit nur einer Wachstumsspitze wachsen im allgemeinen langsamer an als Abschnitte mit dreien oder vieren.

Pfingstrosen nehmen eine solche Störung häufig übel. Oft brauchen sie ein Jahr und länger, bis sie sich erholt haben und wieder blühen. Wenn eine Teilung nötig wird, sollte man sie im Herbst vornehmen.

Die kleinen, klauenähnlichen Knollen bei Anemonen und der Prachtscharte lassen sich von Hand abreißen. Große Knollen kann man mit einem Messer teilen, wobei man darauf achten muß, daß jedes Teilstück eine kräftige Wachstumsknospe hat.

Abnahme von Triebstecklingen im Sommer und Herbst

Eine große Anzahl von Stauden, wie verschiedene Flockenblumenarten, Bartfaden, Nachtkerze, Chrysantheme, Fingerkraut, Seifenkraut u. a., vermehrt man am besten durch Stecklinge. Im Juli/August schneidet man die Triebspitzen nicht blühender Seitentriebe ab.

Die 7–10 cm langen Stecklinge werden an gesunden, blatttragenden Stielen abgenommen, wobei jeder Steckling mindestens drei Blattpaare aufweisen sollte.

Man füllt einen Topf bis knapp unter den Rand zu gleichen Teilen mit einem Vermehrungssubstrat (Erde, Torf und Sand). In einem 10-cm-Topf lassen sich etwa sechs Stecklinge unterbringen.

Jeder Steckling wird knapp unter einem Blattansatz am Knoten mit einem scharfen Messer abgeschnitten. Dann entfernt man die untersten beiden Blätter.

Mit einem Holzstäbchen drückt man kleine Pflanzlöcher in die Erde und setzt die Stecklinge ungefähr 2–3 cm tief hinein. Danach wird die Erde etwas festgedrückt.

Gründlich angießen, ein Etikett in den Topf stecken. Bei empfindlichen Stecklingen zieht man eine Plastiktüte über den Topf und befestigt sie mit einem Gummiband. Damit die Tüte mit den Stecklingen nicht in Berührung kommt, kann man vorher ein Drahtgestell oder einige Stöcke in den Topf schieben. Zum Bewurzeln stellt man die Stecklinge in einen schattigen Frühbeetkasten.

Nach etwa vier bis sechs Wochen (in einem Vermehrungskasten mit 16° C Bodenwärme in kürzerer Zeit) haben sich die Stecklinge bewurzelt. Man zieht vorsichtig an ihnen; wenn sie nicht nachgeben, haben sie Wurzeln gebildet und können aus dem Vermehrungskasten genommen oder von der Plastikhülle befreit werden. Man läßt die Stecklinge noch vier bis fünf Tage im Frühbeetkasten und nimmt sie dann heraus.

Die bewurzelten Stecklinge zieht man vorsichtig auseinander und pflanzt sie einzeln in 7–8 cm große Töpfe. Jeder Steckling wird festgedrückt und gründlich angegossen.

Anschließend stellt man die Töpfe etwa eine Woche lang an einem schattigen Platz in den kalten Kasten. Dann schneidet man die Triebspitzen etwas ab. Dadurch entwickeln die Pflanzen zunächst ein kräftigeres Wurzelsystem.

Die Stecklinge läßt man in einem geschlossenen, kalten Kasten überwintern und pflanzt sie im Frühjahr an ihren endgültigen Standort.

TEILEN EINER PFINGSTROSE

Das Wurzelsystem wird in Teilstücke mit mehreren Knollen und Wachstumsknospen zerteilt. Abgestorbene Partien schneidet man ab

1. Im September schneidet man 7–10 cm lange Seitentriebe ohne Blüten ab

2. Die Stecklinge werden am Knoten unter dem Blattansatz abgeschnitten

3. In einen 10-cm-Topf mit Vermehrungssubstrat passen 5–6 Stecklinge

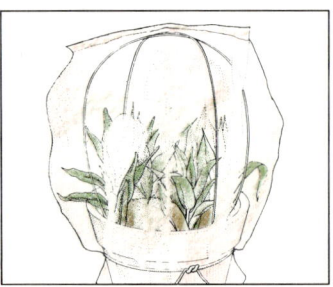

4. Zwei gebogene Drähte über Kreuz in den Topf stecken, Plastiktüte darüberziehen

5. Nach 5–6 Wochen jeden bewurzelten Steckling einzeln setzen

6. Triebspitze abknipsen; junge Pflanzen im kalten Kasten überwintern lassen

Vermehrung durch Basalstecklinge im Frühjahr

Viele Stauden, wie die Ochsenzunge, die Grasnelke, den Rittersporn, das Johanniskraut, die Lupine, die Skabiose und noch einige andere, vermehrt man nicht nur durch Teilung, sondern vor allem durch die jungen Triebe, die im Frühjahr an der Pflanzenbasis erscheinen.

Einige dieser Basaltriebe werden, wenn sie 7–10 cm lang sind, am Ansatzpunkt abgeschnitten. Man steckt sie direkt in einem kalten Kasten in den Boden oder pflanzt sie einfach in 7-cm-Töpfe in ein Vermehrungssubstrat. Die Töpfe stellt man dann wiederum in einen kalten Kasten.

Der Vorteil dieser Maßnahme im Vergleich zur Direktpflanzung ins Frühbeet besteht darin, daß man die Stecklinge ohne Umpflanzen jederzeit aus dem Kasten nehmen kann. Man hält die Stecklinge durch regelmäßiges Sprühen feucht und läßt den Kasten geschlossen. Wenn die Stecklinge anfangen zu treiben, läßt man allmählich etwas mehr Luft in den Kasten.

Nach etwa sechs Wochen pflanzt man die Stecklinge einzeln in 8-cm-Töpfe ein. Im Herbst setzt man sie dann an ihren endgültigen Standort.

1. Boden am Wurzelansatz entfernen und junge Triebe abschneiden

2. Gepflanzte Triebe in einen geschlossenen Frühbeetkasten stellen

Vermehrung durch Wurzelschnittlinge

Manche Stauden lassen sich während der Ruhezeit auch durch Wurzelschnittlinge vermehren. Dicke oder fleischige Wurzeln, wie bei der Kokardenblume, schneidet man in 5–7 cm lange Stücke. Das obere Ende wird gerade abgeschnitten, das untere schräg. Große Töpfe oder tiefe Schalen füllt man mit einer Mischung von Torf und Sand zu gleichen Teilen. Dann bringt man einige Pflanzlöcher von 5–7 cm Tiefe im Abstand von 5 cm an. Man drückt die Wurzelstücke senkrecht ein, so daß die flache Seite mit dem Boden abschließt; darüber streut man etwas Sand.

Dünne Staudenwurzeln, wie der Königskerze, werden in etwa 5 cm lange Abschnitte geteilt, flach auf die Erde gelegt und mit Erde zugedeckt. Beide Stecklingsarten bleiben im Winter in einem geschlossenen kalten Frühbeetkasten.

Im Frühjahr, wenn sich die Schnittlinge bewurzelt haben und zwei bis drei Blattpaare erschienen sind, topft man sie einzeln in 7-cm-Töpfe ein. Den Sommer über stellt man die Töpfe ins Freie; im Herbst werden die jungen Stauden ausgepflanzt.

1. Im Herbst schneidet man 5–7 cm lange Wurzelstecklinge ab

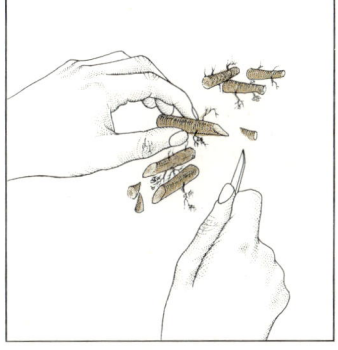

2. Das untere Ende wird schräg abgeschnitten, das obere gerade

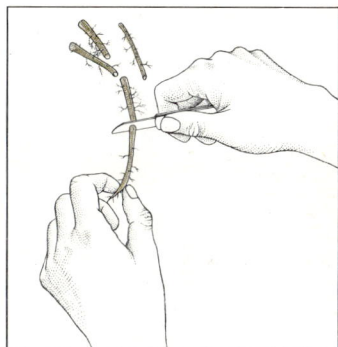

3. Dünne Wurzeln teilt man in ungefähr 5 cm lange, gerade Stücke

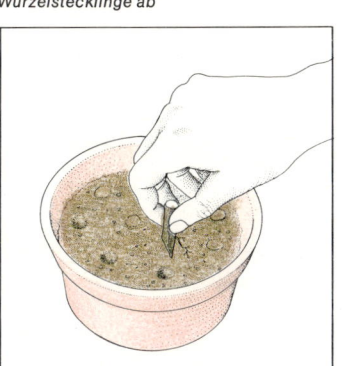

4. Dicke Wurzelschnittlinge steckt man mit der schrägen Seite nach unten

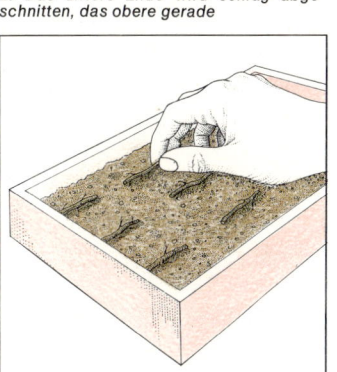

5. Dünne Wurzelschnittlinge legt man auf die Erde und deckt sie leicht ab

6. Haben die Schnittlinge Blätter gebildet, werden sie einzeln eingetopft

Neue Pflanzen aus Samen

Wie man Samen abnimmt

Wild wachsende Blütenpflanzen vermehren sich fast alle durch Samen. Auch die meisten Kulturpflanzen lassen sich durch Samen vermehren, jedoch mit unterschiedlichem Ergebnis. Zwar sind viele Gartenpflanzen Abkömmlinge von Wildarten, wurden aber gekreuzt und weitergezüchtet, so daß größere, prächtigere und zum Teil auch widerstandsfähigere Arten entstanden sind.

Pflanzen, die man aus Samen selbst zieht, unterscheiden sich oft wesentlich von der Mutterpflanze. Will man eine aus Samen gezogene Sorte vermehren, wählt man am besten die Vermehrung durch Stecklinge oder Teilung. Die daraus entstandene Nachkommenschaft ist auf jeden Fall erbgleich.

Aus abgepackten Samen von anerkannten Saatzuchtfirmen gehen im allgemeinen qualitativ einwandfreie Pflanzen hervor. Man kann so, ohne viel Geld ausgeben zu müssen, eine große Anzahl von Pflanzen ziehen.

Selbst gesammelte Samen lagert man bis Ende des Winters kühl und luftig.

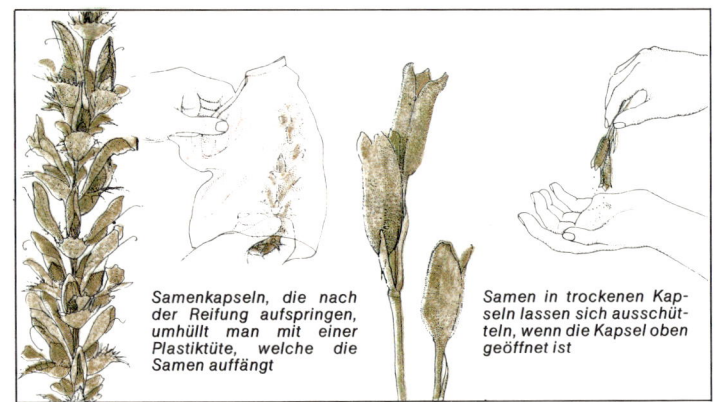

Samenkapseln, die nach der Reifung aufspringen, umhüllt man mit einer Plastiktüte, welche die Samen auffängt

Samen in trockenen Kapseln lassen sich ausschütteln, wenn die Kapsel oben geöffnet ist

Aussaat und Keimung von Samen

Die Samen können in ein geschütztes Beet ins Freiland gesät werden, oder aber – und das ist meist günstiger – man sät im Januar/Februar unter Glas aus.

Man füllt eine Saatschale oder einen 7-cm-Topf bis etwa 2 cm unter den Rand mit abgelagerter Komposterde. Die Samen werden gleichmäßig und nicht zu dicht ausgesät und mit etwa 5 mm Erde abgedeckt. Sehr feine Samen deckt man nicht ab.

Danach stülpt man eine Plastiktüte über die Töpfe oder legt eine Glasplatte darüber. Die Aussaatgefäße werden anschließend in einen geschlossenen Frühbeetkasten, in ein kaltes Gewächshaus oder einen Vermehrungskasten mit 15–18° C Bodenwärme gestellt.

Drei bis sechs Wochen später erscheinen in der Regel die Keimblätter. Nun nimmt man die Plastiktüte weg und öffnet an milden Tagen allmählich den Frühbeetkasten oder das Gewächshaus ein wenig.

Wenn die Sämlinge – besonders in flachen Saatschalen – die ersten Blättchen entwickelt haben, pikiert man sie in Kistchen oder Schalen, wo sie sich besser entwickeln können. Diese Gefäße füllt man mit einer gut durchlässigen, humosen Erde, die man gründlich durchfeuchtet.

Anschließend drückt man etliche flache Pflanzlöcher im Abstand von 5 cm (Abstand zwischen den Reihen 7 cm) in die Erde.

Sämlinge, die in größerem Abstand gesät werden, können etwas später pikiert werden. Man dreht den Topf um und nimmt den Erdballen heraus. Dann zieht man die jungen Pflanzen vorsichtig auseinander und setzt sie einzeln in 7-cm-Töpfe mit feuchter Einheitserde oder einem Vermehrungsgemisch. Nun hebt man die Sämlinge heraus und setzt sie in die vorbereiteten Pflanzlöcher. Die Sämlinge müssen mit größter Vorsicht behandelt werden. Man füllt den Topf bis 1 cm unter den Rand mit Erde und gießt nach ungefähr 24 Stunden.

Alle Sämlinge läßt man weiter im Frühbeetkasten, lüftet nun etwas stärker, wobei darauf zu achten ist, daß die Erde nicht austrocknet.

Die Jungpflanzen entwickeln sich besser, wenn sie im Sommer an eine geschützte Stelle ins Freiland gepflanzt werden. Im folgenden Herbst kommen sie dann an ihren endgültigen Standort.

1. Bei Anzucht in Töpfen sät man im Spätwinter oder zeitigen Frühjahr

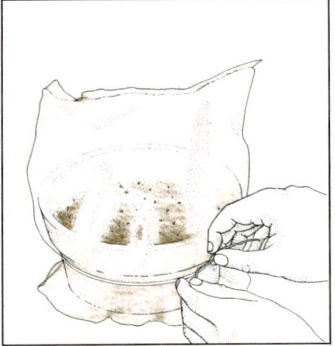

2. Plastiktüte überziehen und den Topf in einen Frühbeetkasten stellen

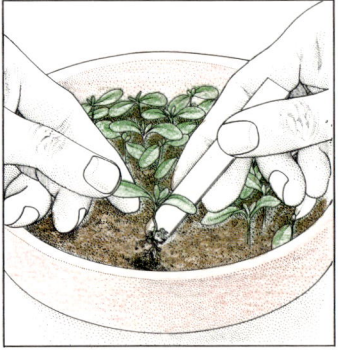

3. Wenn sich die ersten Laubblättchen zeigen, wird pikiert

4. 1–2 Monate später Pflanzen einzeln in 7-cm-Töpfe setzen

Empfehlenswerte Stauden für den Garten

Die meisten hier aufgeführten Stauden sind winterhart, langlebig und für die Bepflanzung von Staudenbeeten zusammen mit Sträuchern und Bäumen geeignet. Die Höhenangaben beziehen sich auf die Höhe bis zur Spitze des Blütenstands. Die Breite und damit auch der Pflanzabstand hängen von Boden und Klima ab.

Die Beschreibungen von Blüten und Blütezeiten sind als Richtlinien und Hinweise für das Studium von Staudenkatalogen gedacht. Nähere Einzelheiten über das Pflanzen erfährt man außer in den Tabellen auf Seite 201 und 210.

Die Vermehrung erfolgt im wesentlichen in der Ruhezeit durch Teilung. Sie sollte nur bei frostfreier und trockener Witterung ausgeführt werden. Bei richtiger Pflege und am richtigen Standort dürften sich bei Stauden wenig Schwierigkeiten ergeben. In der Spalte „Besondere Hinweise" werden Schädlingsbefall, Mißbildungen und Krankheiten aufgeführt.

	Name und Beschreibung	Arten und Sorten	Pflanzanleitung	Pflege	Vermehrung	Besondere Hinweise
Acanthus longifolius	**Acanthus** (Bärenklau) Langlebige Pflanze mit dekorativen, tief geteilten Blättern; bei *A. spinosus* besonders tief eingeschnitten. Blüten mit großer Lippe in langen Ähren	*A. longifolius* H 90 cm, B 60–90 cm; weißrosa Blüten, Juni–August *A. spinosus* H 50–90 cm, B 90 cm; lila oder weiße Blüten, Juli–August	Einzeln oder in Gruppen zu dritt pflanzen; Oktober bis Mai, guter, entwässerter Boden; für Gemischtbepflanzung oder Staudenbeete; gedeiht auch auf alkalischem, trockenem Boden. Sonne oder Halbschatten in Gemischtrabatten	Nach der Blüte Stiele fast bis zum Boden zurückschneiden; Wurzeln nicht stören; nur bei zu großem Wuchs ausgraben und teilen	Teilung Oktober bis März; Wurzelstecklinge im Frühjahr; Samen im Frühbeetkasten, März	Dürftige Blüte weist auf schlechten Boden hin. Auf schwerem, feuchtem Boden kleinwüchsig; an gut entwässerte, trockene Stelle umsetzen
 *Achillea filipendulina*	**Achillea** (Garbe) Hochwüchsige Stauden mit scharf riechenden, geschlitzten Blättern. Blüten in lockeren Dolden oder flachen Scheiben. Schnittblumen. *A. filipendulina* ist auch als Trockenblume geeignet	*A. clypeolata* H 60 cm, B 40 cm; gelb *A. filipendulina* 'Coronation Gold' H 0,9–1,2 m, B 60 cm; Blütenscheibe gelb, Juli–September *A. ptarmica* 'Schneeball' H 40 cm, B 50 cm; weiße Strahlenblüten, Juni–August *A. × taygetea* H 40–60 cm, B 40 cm; schwefelgelb	In kleinen Gruppen in beliebigen, gut entwässerten Boden pflanzen. Oktober–März; für alkalische Böden geeignet. Sonnig, in Rabatten oder auf trockenen Böschungen	Verblühtes regelmäßig entfernen. Alle Stiele im November bis an den Boden zurückschneiden; mit den abgeschnittenen Pflanzenteilen im Winter etwas abdecken	Teilung Oktober bis März	Bei kleinen Blüten Pflanze teilen. Wurzeln von *A. ptarmica* breiten sich gelegentlich stark aus. Eventuell abstützen. Wirkungsvoll zusammen mit violett blühender *Salvia*
 *Aconitum napellus*	**Aconitum** (Eisenhut) Lange Blütenrispen, ausgezeichnete Schnittblumen; tief gezahnte, oft glänzende Blätter. Alle Pflanzenteile sind giftig!	*A. napellus* H 1,2 m, B 45–60 cm; tiefblau, Juli bis September 'Bicolor', blau und weiß; 'Spark', violettblau *A. wilsonii* H 1,5 m; amethystblau; schönste Art	In Gruppen, Oktober bis März; feuchter Boden und zusätzlich düngen. Schattige Stauden- oder Gemischtrabatten, auch sonnig, wenn der Boden nicht austrocknet	Bei Trockenheit gießen. Verblühtes entfernen; alle Stiele im Oktober bis zum Boden zurückschneiden	Teilung Oktober bis März; Samen im Frühbeet März–April	Kümmerwuchs wahrscheinlich durch zu trockenen und sonnigen Standort; an feuchte, schattige oder halbschattige Stelle pflanzen
Alchemilla mollis	**Alchemilla** (Frauenmantel) Buschige Pflanze mit mehrteiligen, behaarten Blättern; kleine kugelige Blütenknäuel	*A. mollis* H 30–45 cm, B 45 cm; gelbgrüne Blüten, Juni–August	In kleinen Gruppen pflanzen; Oktober bis März; gut durchlässiger, aber feuchter Boden mit Torf- oder Gartenkompostzusatz. Sonnige oder halbschattige Rabatten	In der Rabatte nach dem Abdecken im Frühjahr mit kurzen Reisern abstützen; nach der Blüte Stiele bis über den Boden zurückschneiden	Teilung Oktober bis März; Aussaat ins Frühbeet im März	Durch Selbstaussaat entstehen unerwünschte Sämlinge; ausreißen
 *Alstroemeria aurantiaca*	**Alstroemeria** (Inkalilie) Beblätterte Stiele mit Trichterblüten; gute Schnittblume	*A. aurantiaca* H 90 cm, B 45 cm; orangegelbe Blüten mit roten Adern, Juni–September *A.*-'Ligtu'-Hybriden H 60 cm, B 45 cm und mehr; weiß, rosa, rot, orange, gelb, Juni–September. Nicht ganz winterhart	Von März–April gruppenweise 10–15 cm tief in jeden gut entwässerten, fruchtbaren Boden pflanzen. Geschützte, sonnige Stellen in Gemischt- und Staudenbeeten. Paßt gut zu graublättrigen Sträuchern	Mit Reisig oder Bambus abstützen. Verblühtes regelmäßig entfernen und Stiele im Herbst bis zum Boden zurückschneiden. Im Winter mit Laub abdecken	Teilung März bis April. Aussaat ins Frühbeet, März	Wächst manchmal schwierig an; wächst gelegentlich erst ein Jahr nach dem Pflanzen. Bei jungen Pflanzen nicht zu viele Schnittblumen abnehmen

Althaea rosea

Anaphalis triplinervis

Anchusa italica

Anemone japonica

Anthemis tinctoria

Anthericum liliago

Name und Beschreibung	Arten und Sorten	Pflanzanleitung	Pflege	Vermehrung	Besondere Hinweise
Althaea (Stockmalve) Beliebte Vorgartenpflanze mit großen Blütentrauben, Trichterblüten, großen mehrteiligen Blättern	*A. ficifolia* H 2 m, B 60 cm; Blüten einfach, verschiedene Farben *A. rosea* 'Plena' H 1,8–2,4 m, B 60 cm; Blüten gefüllt, 10 cm Ø, weiß, gelb, rosa und rot, Juli–September	Einzeln oder in Gruppen, Oktober–April als Hintergrund in dünger-reichen, schweren Boden pflanzen. Sonniger, geschützter Standort	Im Spätfrühjahr etwas stützen. Bei Trocken-heit reichlich gießen. Nach der Blüte 15 cm über dem Boden abschneiden. In kalten Gebieten mit Lauberde Winter-schutz geben	Aussaat ins Frei-land im Juni/Juli; im August/ September auf Kulturbeet pflan-zen; in kalten Gebieten Säm-linge im Frühbeet überwintern	Ältere Pflanzen blühen spärlicher; am besten pflegt man die *Althaea* zwei Jahre und wirft sie dann weg. Kümmerwuchs durch Rostkrankheit; schwer zu bekämpfen. Meist nur zweijährige Sorten
Anaphalis (Perlpfötchen) So genannt wegen der silbrigen oder grauen Blätter und der flachen Blütendolden. Ausgezeich-nete Schnitt- und Trockenblume	*A. margaritacea* H 40 cm; weiße Blüten, Juli–September *A. triplinervis* H 30–45 cm und mehr; weiße Blüte, August–September	In Gruppen von Septem-ber–April in jeden gut entwässerten Boden setzen. Sonnig, Beet-vordergrund	Im Spätherbst alle Stiele am Boden abschneiden	Teilung September–April	Verbreitet sich schnell durch unterirdische Rhizome. Wenn nötig, Pflanze ausgraben und Rhizomausläufer ent-fernen
Anchusa (Ochsenzunge) Dekorative, zweijährige und ausdauernde Pflanze. Sie eignet sich zur Gruppenbepflanzung als Beethintergrund	*A. italica* H 0,9–1,2 m, B 30–40 cm; leuchtend blau, Juni–August 'Loddon Royalist' und 'Dropmore', enzianblau	Von Oktober–März in fruchtbaren, gut durch-lässigen Boden pflanzen. Standort sonnig bis halbschattig	Mit Reisern oder Bambus stützen. Verblühtes entfer-nen; alle Stiele im Herbst bis zum Boden zurück-schneiden; dadurch winterhärter	Wurzelsteck-linge oder Teilung im März	Wurzeln faulen in nassem Boden; an gut entwäs-serte Stelle umpflanzen oder Boden durch Unter-graben von Sand oder Kies entwässern
Anemone (Anemone) Große Staudengruppe, einschließlich der Früh-lingsblüher mit Wurzel-knollen. Es sind reich blühende, langlebige Beetpflanzen mit tief gezahnten Blättern und Trichterblüten, die sich gelegentlich flach öffnen *A. pulsatilla* ist giftig	*A. japonica* H 0,6–1,2 m, B 30–45 cm; Blüten 5–7 cm Ø; rosa und weiße Töne, August bis Oktober 'Honorine Jobert', weiß; 'Queen Char-lotte', halb gefüllt, rosa *A. hupehensis* 'September Charme' H 60 cm; rosa, einfach, August–Oktober 'Splendens', hellrot, einfach, 1 m *A. pulsatilla* (syn. *Pulsatilla vulgaris*) (Küchenschelle) H 15–30 cm, B 30–40 cm; Blüten violett; Sorten: rot, rosa, weiß, April–Mai	In Gruppen von Oktober bis März in fruchtbaren, gut durchlässigen, aber feuchten Boden setzen. Sonne oder Halbschatten	Stiele nach der Blüte bis zum Boden zurückschneiden. Am besten mehrere Jahre ungestört lassen. *A. pulsatilla:* hübsche Samen-stände, können bis zum Herbst gelassen werden	Teilung Oktober bis März. *A. pulsatilla:* Aussaat ins Früh-beet von Herbst bis Frühjahr	Brauchen im allgemeinen ein Jahr zum Ein-gewöhnen. Häufig Blatt-läuse. Mit allgemein wirkenden Insektiziden bekämpfen. *A. pulsatilla:* empfindliche Wurzeln; sollte nur im Notfall versetzt werden
Anthemis (Hundskamille) Diese große, vielfältige Art enthält einige Garten-stauden. Sie haben tief eingeschnittene Blätter und gelbe oder weiße, margeritenähnliche Blüten	*A. tinctoria* (Färberkamille) H 60 cm, B 45–60 cm; 'Grallagh Gold', goldgelb *A. biebersteiniana* (Silberkamille) H 25 cm, Blüte gelb, Blatt silbergrau	In Gruppen von September bis März in normalen, gut durch-lässigen Boden setzen. Sonnig in Stauden-beeten; gedeiht auch in Meeresnähe	An windigen Stand-orten mit Reisig stützen. Verblühtes regelmäßig entfernen und Blütenstiele im Oktober bis zum Boden zurück-schneiden	Teilung Septem-ber–März; auch Stecklinge von Basaltrieben im April	Stengel leicht nieder-liegend; nicht an windi-gen Stellen pflanzen und im Frühjahr abstützen
Anthericum (Graslilie) Gattung enthält sowohl winterharte als auch frostempfindliche Arten. Sie bilden Büschel von grasähnlichen Blättern, aus welchen dünne Stengel mit Sternblüten wachsen	*A. liliago* (Astlose Graslilie) H 30–60 cm, B 30 cm; Blüten weiß, Mai–Juli *A. ramosum* (Ästige Graslilie) H 45–75 cm, B 30 cm; weiß, Juni–August. Beide winterhart	Von September bis März in Gruppen in durchlässigen Boden pflanzen. Sonne oder Halbschatten	Verblühtes entfernen, wenn kein Samen gewünscht wird; auch abgestorbene Blätter beseitigen	Teilung September bis März; Aussaat ins Frühbeet im März/April. Pflanzen blühen nach drei Jahren	

Aquilegia vulgaris

Artemisia lactiflora

Aruncus sylvester

Asphodeline lutea

Asphodelus albus

Aster novi-belgii

Name und Beschreibung	Arten und Sorten	Pflanzanleitung	Pflege	Vermehrung	Besondere Hinweise
Aquilegia (Akelei) Farbenprächtige, anmutige Beetpflanze. Gespornte Trichterblüten; Schnittblume. Blätter graugrün, farnähnlich	*A. vulgaris* H 90 cm, B 30–40 cm; Blüten blau, rosa und weiß mit kurzem Sporn, Mai–Juni *A.-Caerulea*-Hybriden Langer Sporn, weiß, cremefarben, gelb, rosa, rot, blau	In Gruppen zu sechst oder mehr von September bis März in jeden fruchtbaren, gut durchlässigen, feuchten Boden pflanzen. Gedeiht auf alkalischem Boden. Sonnig oder halbschattig	Bei Trockenheit gießen. Verblühtes entfernen, wenn keine Samen gewünscht werden. Stiele nach der Blüte bis zum Boden zurückschneiden	Teilung Oktober bis März; Aussaat ins Frühbeet oder ins Freiland im April	Sämlinge durch Selbstaussaat sind zwar hübsch, unterscheiden sich aber von den Mutterpflanzen. Blattläuse befallen Stiele und Blüten; sofort mit allgemein wirkendem Insektizid spritzen
Artemisia (Beifuß) Hauptsächlich wegen der silbergrauen, gefiederten, wohlriechenden Blätter gepflanzt	*A. lactiflora* H 1,2–1,5 m, B 30–60 cm; Blüten gelblichweiß, August–Oktober *A. albula* 'Silver Queen' H 70 cm, Blüten weiß, Blätter silbergrau	Von Oktober–März in kleinen Gruppen in jeden guten durchlässigen, aber feuchten Boden pflanzen. Ausgezeichneter Hintergrund für Gemischtrabatten. Sonne bis Halbschatten	Jährlich im Spätfrühjahr mit Torf abdecken. Im Herbst fast bis zum Boden zurückschneiden	Teilung Oktober bis März	Kümmerwuchs im allgemeinen durch Trockenheit
Aruncus (Geißbart) Anmutige Pflanzen mit hübschen, mehrteiligen Blättern. Lange, fein gefiederte Blütenstände über den Blättern	*A. sylvester* H 1,2–1,8 m, B 60–75 cm; große, gefiederte, cremeweiße Blütenrispen, Juni–Juli. Weibliche Pflanzen haben grünlichweiße Blüten; männliche Pflanzen blühen rein weiß	Gruppenweise von Oktober–März in feuchten Boden pflanzen. Halbschatten auf Beeten oder besonders wirkungsvoll am Teichrand und unter Bäumen	Bei Trockenheit reichlich gießen. Im Herbst alle Stiele bis zum Boden zurückschneiden	Teilung im Oktober	Kleine Blüten und hängende Blätter bei Wassermangel. Blattwespe kann schwere Schäden verursachen. Im Mai mit allgemein wirkendem Insektizid spritzen
Asphodeline (Junkerlilie) Mittelmeerpflanzen; nur eine ist bei uns erhältlich. Aufrecht wachsende Pflanze mit schmalen, fast grasähnlichen, grauen Blättern und in Trauben angeordneten Sternblüten	*A. lutea* H 0,8–1 m, B 30 cm; Blüten gelb, Mai–Juni	In Dreier- oder Vierergruppen von Oktober bis April in gut durchlässigen Boden setzen. Vollsonne, geschützt	Blütenstiele nach dem Verblühen zurückschneiden, wenn kein Samen gewünscht wird. Samenstand sieht jedoch sehr hübsch aus	Teilung Oktober bis April, vorzugsweise aber nicht mitten im Winter. Bildet Ausläufer	Eventuell leichter Winterschutz
Asphodelus (Affodil) Graue oder graugrüne, grasähnliche Blätter, in Büscheln angeordnet. Sternblüten auf feinen, verzweigten Stengeln hoch über den Blättern	*A. albus* H 1 m, B 60 cm; weiße Blüten mit rotbraunem Mittelnerv, Mai–Juli	Einzeln oder in kleinen Gruppen in gut durchlässigen, nahrhaften Boden pflanzen. Gedeiht auch auf kalkhaltigen, trockenen Böden. Vollsonne	Verblühte Stiele und abgestorbene Blätter im September/Oktober entfernen	Teilung September bis Oktober oder März–April. Aussaat nach der Reife oder im März ins Frühbeet	Verlangt Winterschutz
Aster Gattung mit vielen Arten und Sorten in verschiedenen Farben und Größen. Alle haben margeritenähnlichen Blüten mit gelbem oder orangefarbenem Mittelpunkt; ausgezeichnete Schnittblumen	*A. amellus* H 45–60 cm, B 45–60 cm; 'Sternkugel', hellviolett; 'Veilchenkönigin', dunkelviolett; August–September *A. dumosus* H 40 cm; August bis Oktober; 'Herbstgruß vom Bresserhof', rosa; 'Kassel', karminrot; 'Prof. A. Kippenberg', blau *A. novae-angliae* H 1–1,5 m, B 45 cm; 'Rudelsburg', dunkelrosa; 'Andenken an Paul Gerber', weinrot, September–Oktober *A. novi-belgii* H 0,9–1,3 m, B 40 cm; 'Dauerblau', blau;	In Gruppen von Oktober bis März in jeden guten Boden pflanzen. Sonnige Rabatten oder Asternbeete	Besonders im Spätsommer reichlich gießen. Hohe Sorten etwas stützen. Verblühtes regelmäßig entfernen und alle Stiele nach der Blüte bis zum Boden zurückschneiden	Teilung Oktober bis März	Dürftige Blüten weisen besonders bei *A. novi-belgii* auf Milbenbefall oder die Notwendigkeit der Teilung hin (Teilung alle zwei bis drei Jahre). Nur die äußeren Pflanzenteile neu einpflanzen. Im Herbst kann Mehltau auftreten; mit Benomyl oder Triforin spritzen. Sehr kranke Pflanzen verbrennen

Astilbe × arendsii

Astrantia major

Baptisia australis

Bergenia cordifolia

Brunnera macrophylla

Buphthalmum salicifolium

Name und Beschreibung	Arten und Sorten	Pflanzanleitung	Pflege	Vermehrung	Besondere Hinweise
Astilbe (Prachtspiere) Anmutige Pflanzen mit tief gezahnten, dunkelgrünen, oft rötlich getönten Blättern. Federartige Blütenrispen; als Schnittblume gut geeignet	*A. × arendsii* H 60–90 cm, B 30–60 cm; federartige Blütenstände, 30–40 cm hoch, weiß, rosa, rot, Juni–August 'Brautschleier', weiß; 'Cattleya', rosa; 'Feuer', rot; 'Glut', rot; *A. chinensis* H 40–60 cm, B 40–60 cm; rosa Blütenstände, August–September *A. chinensis var. pumila* H 25 cm, B 40 cm; lilarosa, nieder, schmale Rispen, August–September	In Gruppen von Oktober bis März in feuchten, fruchtbaren Boden setzen. Halbschattige bis schattige Lage; wächst aber auch an sonnigen Standorten. Besonders wirkungsvoll an Teichrändern zusammen mit Sumpfpflanzen	Jedes Jahr im Spätfrühjahr mit verrottetem Stallmist, Lauberde oder Torf abdecken und bei Trockenheit reichlich gießen. Stiele im Herbst bis zum Boden zurückschneiden. Alle drei Jahre im Frühjahr teilen und neu pflanzen	Teilung März bis April	Kümmerwuchs und spärliche Blüten weisen im allgemeinen auf zuwenig Feuchtigkeit im Boden oder auf Nährstoffmangel hin
Astrantia (Sterndolde) Anspruchslose Pflanze mit weißen oder rosa Blüten; haltbare Schnittblume. Dunkelgrüne Blätter, tief eingeschnitten. Alle Pflanzenteile sind giftig	*A. major* H 60–70 cm, B 30–45 cm; sternförmige, weißrosa Blüten mit weiß-grünen, strahligen Hüllblättern, Juni–Juli	Gruppenweise von Oktober–März in jeden feuchten Boden pflanzen. Am besten in halbschattige Beete, aber auch Sonne, wenn der Boden feucht ist	Wenn nötig, im Spätfrühjahr reichlich gießen. Bei freiem Stand mit Reisig stützen. Nach der Blüte Stiele bis zum Boden zurückschneiden	Teilung Oktober bis März; Aussaat ins Frühbeet im September oder März	Gelegentlich Schnecken auf den Blättern; Schneckenkorn auslegen
Baptisia (Färberhülse) Aufrecht wachsende Pflanze mit lupinenähnlichen Blüten	*B. australis* H 60–90 cm, B 45–60 cm; Blüten violettblau, Juni–August	In Dreiergruppen von Oktober–März in feuchten Boden pflanzen. Sonnige Gemischtrabatten; gut zusammen mit graublättrigen Sträuchern	Im Spätfrühjahr und bei längerer Trockenheit gießen. Bei freiem Stand abstützen	Teilung der fleischigen Wurzeln Oktober–März; Aussaat ins Freiland oder Frühbeet im April	Kümmerwuchs und kleine Blütenstände im allgemeinen bei Wassermangel
Bergenia (Bergenie) Immergrüne Pflanze mit ledrigen, großen Blättern, häufig im Herbst Rotfärbung; Blütenstand (Trugdolde) über den Blättern	*B. cordifolia* H 30 cm, B 45 cm; nickende, rosarote Blütenschäfte, März–Mai 'Ballawley', H 50 cm; 'Silberlicht', H 40 cm, weiß mit rosa Schimmer, Blätter im Winter braunrot; 'Morgenröte', H 40 cm, leuchtend rosa	In Gruppen von Oktober bis März in jeden gut entwässerten Boden pflanzen. Gedeiht auf fast allen Böden. Schattig oder sonnig, im Vordergrund; ausgezeichneter Bodendecker unter Sträuchern und Bäumen	Verblühte Stiele entfernen. So lange wie möglich ungestört lassen und nur bei zu starkem Wuchs ausgraben und teilen. Verholzten Teil des Rhizoms wegwerfen	Rhizomteilung nach der Blüte oder von September–Oktober	Braune, von einem Pilz verursachte Flecken besonders bei schwächlichen Pflanzen. Mit Captan oder Zineb spritzen und von April bis September mehrmals leicht düngen
Brunnera (Kaukasusvergißmeinnicht) Vergißmeinnichtähnliche Blütenstände über großen, herzförmigen Blättern	*B. macrophylla* H 40–50 cm, B 45 cm und mehr; himmelblau, April bis Juni; manchmal zweite Blüte im Herbst	In Gruppen von Oktober bis März in jeden guten Gartenboden pflanzen. Sonnige bis schattige Beete, idealer Bodendecker	Bei Trockenheit reichlich gießen. Abgestorbene Stiele im Herbst entfernen	Teilung Oktober bis März; Wurzelstecklinge Oktober bis November; sät sich an optimalen Standorten selbst aus	Zu trockener oder sonniger Standort vermindert Blütenbildung; an schattigen und feuchten Standort umpflanzen
Buphthalmum (Ochsenauge) Prächtige Pflanzen mit schmalen Blättern und großen, margeritenähnlichen Blüten. Schnittblume	*B. salicifolium* H 45–60 cm, B 45–60 cm; hellgelb, Juni–August	In großen Gruppen von Oktober–März pflanzen. Ausdauernd und für jeden fruchtbaren, feuchten Gartenboden geeignet. Vordergrund in sonnigen Beeten oder gemischt mit Sträuchern	An windigen Standorten etwas abstützen. Im Herbst Blütenstiele bis zum Boden zurückschneiden	Teilung Oktober bis März	Mangelnde Blütenbildung im allgemeinen durch Wassermangel im Frühjahr; darauf achten, daß die Wurzeln feucht sind

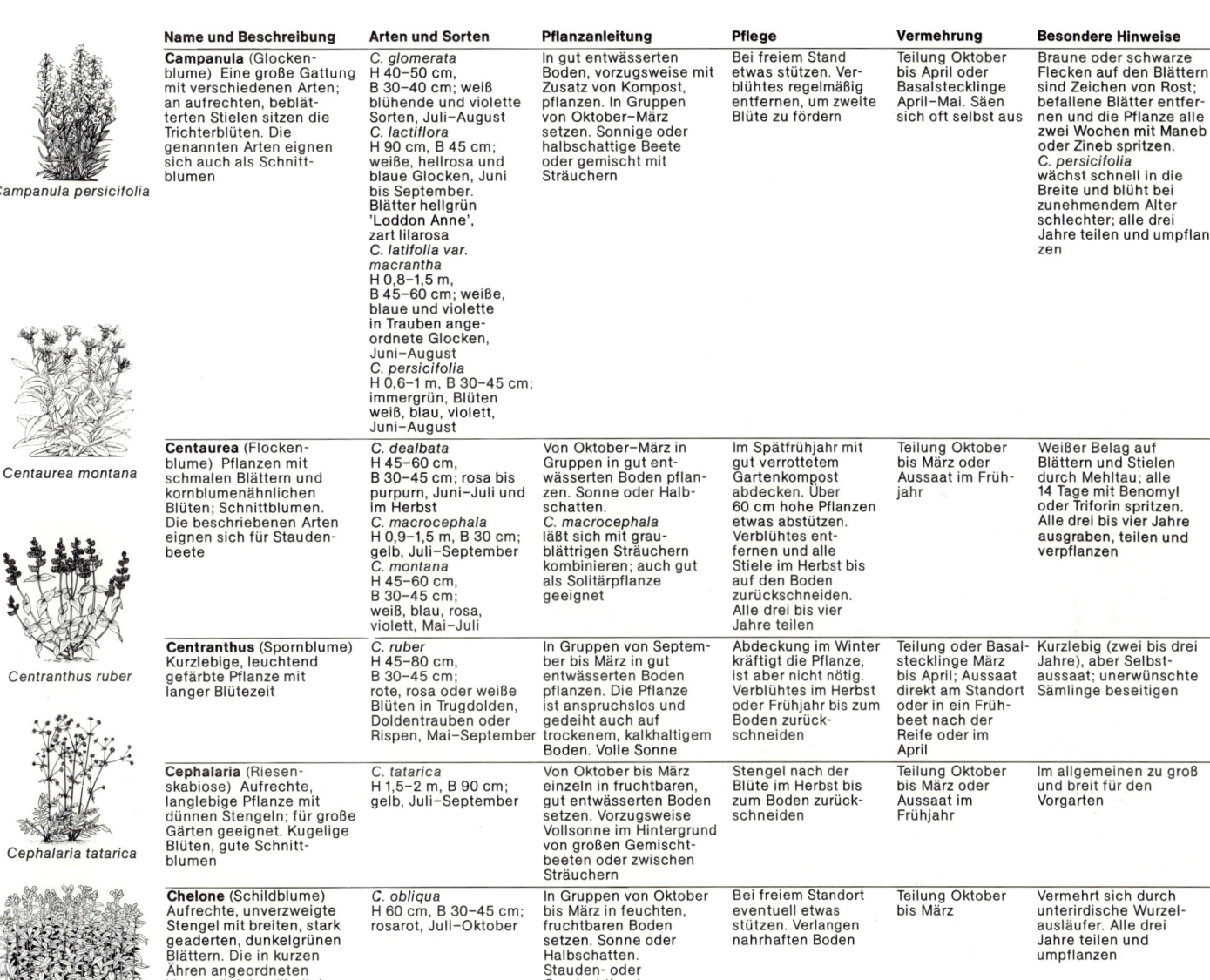

	Name und Beschreibung	Arten und Sorten	Pflanzanleitung	Pflege	Vermehrung	Besondere Hinweise
Campanula persicifolia	**Campanula** (Glockenblume) Eine große Gattung mit verschiedenen Arten; an aufrechten, beblätterten Stielen sitzen die Trichterblüten. Die genannten Arten eignen sich auch als Schnittblumen	*C. glomerata* H 40–50 cm, B 30–40 cm; weiß blühende und violette Sorten, Juli–August *C. lactiflora* H 90 cm, B 45 cm; weiße, hellrosa und blaue Glocken, Juni bis September. Blätter hellgrün 'Loddon Anne', zart lilarosa *C. latifolia var. macrantha* H 0,8–1,5 m, B 45–60 cm; weiße, blaue und violette in Trauben angeordnete Glocken, Juni–August *C. persicifolia* H 0,6–1 m, B 30–45 cm; immergrün, Blüten weiß, blau, violett, Juni–August	In gut entwässerten Boden, vorzugsweise mit Zusatz von Kompost, pflanzen. In Gruppen von Oktober–März setzen. Sonnige oder halbschattige Beete oder gemischt mit Sträuchern	Bei freiem Stand etwas stützen. Verblühtes regelmäßig entfernen, um zweite Blüte zu fördern	Teilung Oktober bis April oder Basalstecklinge April–Mai. Säen sich oft selbst aus	Braune oder schwarze Flecken auf den Blättern sind Zeichen von Rost; befallene Blätter entfernen und die Pflanze alle zwei Wochen mit Maneb oder Zineb spritzen. *C. persicifolia* wächst schnell in die Breite und blüht bei zunehmendem Alter schlechter; alle drei Jahre teilen und umpflanzen
Centaurea montana	**Centaurea** (Flockenblume) Pflanzen mit schmalen Blättern und kornblumenähnlichen Blüten; Schnittblumen. Die beschriebenen Arten eignen sich für Staudenbeete	*C. dealbata* H 45–60 cm, B 30–45 cm; rosa bis purpurn, Juni–Juli und im Herbst *C. macrocephala* H 0,9–1,5 m, B 30 cm; gelb, Juli–September *C. montana* H 45–60 cm, B 30–45 cm; weiß, blau, rosa, violett, Mai–Juli	Von Oktober–März in Gruppen in gut entwässerten Boden pflanzen. Sonne oder Halbschatten. *C. macrocephala* läßt sich mit graublättrigen Sträuchern kombinieren und ist auch gut als Solitärpflanze geeignet	Im Spätfrühjahr mit gut verrottetem Gartenkompost abdecken. Über 60 cm hohe Pflanzen etwas abstützen. Verblühtes entfernen und alle Stiele im Herbst bis auf den Boden zurückschneiden. Alle drei bis vier Jahre teilen	Teilung Oktober bis März oder Aussaat im Frühjahr	Weißer Belag auf Blättern und Stielen durch Mehltau; alle 14 Tage mit Benomyl oder Triforin spritzen. Alle drei bis vier Jahre ausgraben, teilen und verpflanzen
Centranthus ruber	**Centranthus** (Spornblume) Kurzlebend leuchtend gefärbte Pflanze mit langer Blütezeit	*C. ruber* H 45–80 cm, B 30–45 cm; rote, rosa oder weiße Blüten in Trugdolden, Doldentrauben oder Rispen, Mai–September	In Gruppen von September bis März in gut entwässerten Boden pflanzen. Die Pflanze ist anspruchslos und gedeiht auch auf trockenem, kalkhaltigem Boden. Volle Sonne	Abdeckung im Winter kräftigt die Pflanze, ist aber nicht nötig. Verblühtes im Herbst oder Frühjahr bis zum Boden zurückschneiden	Teilung oder Basalstecklinge März bis April; Aussaat direkt am Standort oder in ein Frühbeet nach der Reife oder im April	Kurzlebig (zwei bis drei Jahre), aber Selbstaussaat; unerwünschte Sämlinge beseitigen
Cephalaria tatarica	**Cephalaria** (Riesenskabiose) Aufrechte, langlebige Pflanze mit dünnen Stengeln; für große Gärten geeignet. Kugelige Blüten, gute Schnittblumen	*C. tatarica* H 1,5–2 m, B 90 cm; gelb, Juli–September	Von Oktober bis März einzeln in gut entwässerten Boden setzen. Vorzugsweise Vollsonne im Hintergrund von großen Gemischtbeeten oder zwischen Sträuchern	Stengel nach der Blüte bis zum Boden zurückschneiden	Teilung Oktober bis März oder Aussaat im Frühjahr	Im allgemeinen zu groß und breit für den Vorgarten
Chelone obliqua	**Chelone** (Schildblume) Aufrechte, unverzweigte Stengel mit breiten, stark geaderten, dunkelgrünen Blättern. Die in kurzen Ähren angeordneten löwenmäulchenähnlichen Blüten eignen sich auch als Schnittblumen	*C. obliqua* H 60 cm, B 30–45 cm; rosarot, Juli–Oktober	In Gruppen von Oktober bis März in feuchten, fruchtbaren Boden setzen. Sonne oder Halbschatten. Stauden- oder Gemischtbeete	Bei freiem Standort eventuell etwas stützen. Verlangen nahrhaften Boden	Teilung Oktober bis März	Vermehrt sich durch unterirdische Wurzelausläufer. Alle drei Jahre teilen und umpflanzen

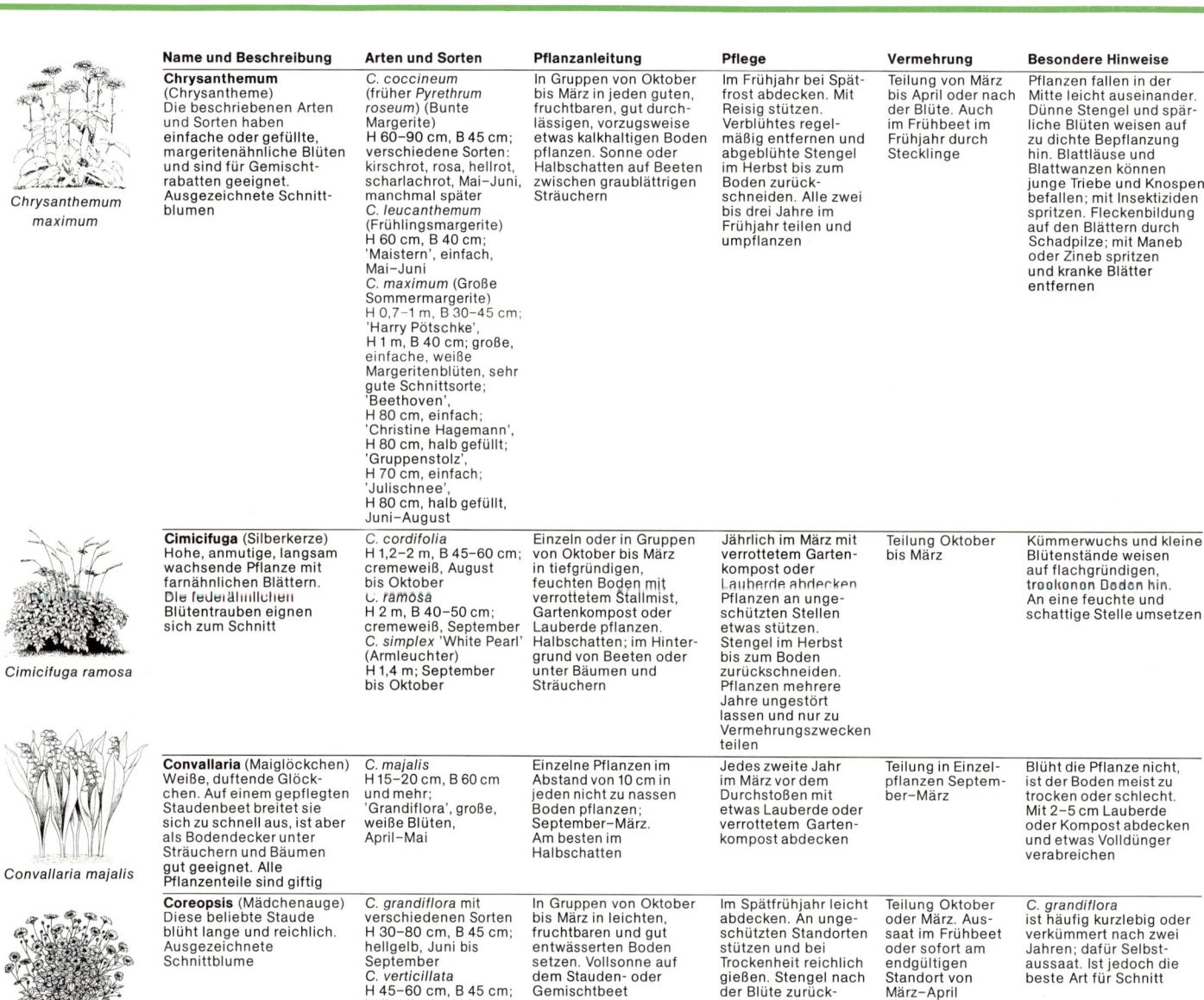

	Name und Beschreibung	Arten und Sorten	Pflanzanleitung	Pflege	Vermehrung	Besondere Hinweise
Chrysanthemum maximum	**Chrysanthemum** (Chrysantheme) Die beschriebenen Arten und Sorten haben einfache oder gefüllte, margeritenähnliche Blüten und sind für Gemischtrabatten geeignet. Ausgezeichnete Schnittblumen	*C. coccineum* (früher *Pyrethrum roseum*) (Bunte Margerite) H 60–90 cm, B 45 cm; verschiedene Sorten: kirschrot, rosa, hellrot, scharlachrot, Mai–Juni, manchmal später *C. leucanthemum* (Frühlingsmargerite) H 60 cm, B 40 cm; 'Maistern', einfach, Mai–Juni *C. maximum* (Große Sommermargerite) H 0,7–1 m, B 30–45 cm; 'Harry Pötschke', H 1 m, B 40 cm; große, einfache, weiße Margeritenblüten, sehr gute Schnittsorte; 'Beethoven', H 80 cm, einfach; 'Christine Hagemann', H 80 cm, halb gefüllt; 'Gruppenstolz', H 70 cm, einfach; 'Julischnee', H 80 cm, halb gefüllt, Juni–August	In Gruppen von Oktober bis März in jeden guten, fruchtbaren, gut durchlässigen, vorzugsweise etwas kalkhaltigen Boden pflanzen. Sonne oder Halbschatten auf Beeten zwischen graublättrigen Sträuchern	Im Frühjahr bei Spätfrost abdecken. Mit Reisig stützen. Verblühtes regelmäßig entfernen und abgeblühte Stengel im Herbst bis zum Boden zurückschneiden. Alle zwei bis drei Jahre im Frühjahr teilen und umpflanzen	Teilung von März bis April oder nach der Blüte. Auch im Frühbeet im Frühjahr durch Stecklinge	Pflanzen fallen in der Mitte leicht auseinander. Dünne Stengel und spärliche Blüten weisen auf zu dichte Bepflanzung hin. Blattläuse und Blattwanzen können junge Triebe und Knospen befallen; mit Insektiziden spritzen. Fleckenbildung auf den Blättern durch Schadpilze; mit Maneb oder Zineb spritzen und kranke Blätter entfernen
Cimicifuga ramosa	**Cimicifuga** (Silberkerze) Hohe, anmutige, langsam wachsende Pflanze mit farnähnlichen Blättern. Die federähnlichen Blütentrauben eignen sich zum Schnitt	*C. cordifolia* H 1,2–2 m, B 45–60 cm; cremeweiß, August bis Oktober *C. ramosa* H 2 m, B 40–50 cm; cremeweiß, September *C. simplex* 'White Pearl' (Armleuchter) H 1,4 m; September bis Oktober	Einzeln oder in Gruppen von Oktober bis März in tiefgründigen, feuchten Boden mit verrottetem Stallmist, Gartenkompost oder Lauberde pflanzen. Halbschatten; im Hintergrund von Beeten oder unter Bäumen und Sträuchern	Jährlich im März mit verrottetem Gartenkompost oder Lauberde abdecken Pflanzen an ungeschützten Stellen etwas stützen. Stengel im Herbst bis zum Boden zurückschneiden. Pflanzen mehrere Jahre ungestört lassen und nur zu Vermehrungszwecken teilen	Teilung Oktober bis März	Kümmerwuchs und kleine Blütenstände weisen auf flachgründigen, trockenen Boden hin. An eine feuchte und schattige Stelle umsetzen
Convallaria majalis	**Convallaria** (Maiglöckchen) Weiße, duftende Glöckchen. Auf einem gepflegten Staudenbeet breitet sie sich zu schnell aus, ist aber als Bodendecker unter Sträuchern und Bäumen gut geeignet. Alle Pflanzenteile sind giftig	*C. majalis* H 15–20 cm, B 60 cm und mehr; 'Grandiflora', große, weiße Blüten, April–Mai	Einzelne Pflanzen im Abstand von 10 cm in jeden nicht zu nassen Boden pflanzen; September–März. Am besten im Halbschatten	Jedes zweite Jahr im März vor dem Durchstoßen mit etwas Lauberde oder verrottetem Gartenkompost abdecken	Teilung in Einzelpflanzen September–März	Blüht die Pflanze nicht, ist der Boden meist zu trocken oder schlecht. Mit 2–5 cm Lauberde oder Kompost abdecken und etwas Volldünger verabreichen
Coreopsis grandiflora	**Coreopsis** (Mädchenauge) Diese beliebte Staude blüht lange und reichlich. Ausgezeichnete Schnittblume	*C. grandiflora* mit verschiedenen Sorten H 30–80 cm, B 45 cm; hellgelb, Juni bis September *C. verticillata* H 45–60 cm, B 45 cm; hellgelb, Juni bis September	In Gruppen von Oktober bis März in leichten, fruchtbaren und gut entwässerten Boden setzen. Vollsonne auf dem Stauden- oder Gemischtbeet	Im Spätfrühjahr leicht abdecken. An ungeschützten Standorten stützen und bei Trockenheit reichlich gießen. Stengel nach der Blüte zurückschneiden, um neues Wachstum zu fördern. Im Herbst bis zum Boden zurückschneiden	Teilung Oktober oder März. Aussaat im Frühbeet oder sofort am endgültigen Standort von März–April	*C. grandiflora* ist häufig kurzlebig oder verkümmert nach zwei Jahren; dafür Selbstaussaat. Ist jedoch die beste Art für Schnitt

Cortaderia selloana

Crambe cordifolia

Cynoglossum nervosum

Delphinium × belladonna

Dicentra spectabilis

Dictamnus albus

Name und Beschreibung	Arten und Sorten	Pflanzanleitung	Pflege	Vermehrung	Besondere Hinweise
Cortaderia (Pampasgras) Diese mehrjährigen, immergrünen Gräser sind als Schwerpunkte auf Beeten und zwischen Sträuchern gut geeignet. Sie haben gefiederte, silbrige Blütenwedel und blaugrüne Blätter	*C. selloana* H 1,5–2,8 m, B 1,2–1,8 m; silber- bis cremefarbene Wedel auf hohen Stielen, September bis Oktober	Im April einzeln in gut entwässerten, fruchtbaren Boden pflanzen. Vollsonne und Windschutz. *Cortaderia* ist vor einem Hintergrund aus dunklen Sträuchern oder Nadelgehölzen besonders wirkungsvoll. Weibliche Pflanzen haben die schöneren Blütenwedel	Braucht nahrhaften, tiefgründigen, durchlässigen Boden. Im Herbst Blattschopf zusammenbinden und Pflanzen ringsum mit Laub vor Winternässe schützen. Rückschnitt im Frühjahr. Über den Sommer bei Bedarf kräftig gießen	Teilung im April	Stiele und Blätter sind sehr scharfkantig; beim Säubern der Pflanzen im Frühjahr Gartenhandschuhe tragen
Crambe (Riesenschleierkraut) Langlebige, große Staude mit winzigen Blüten in großen, rispigen Trauben hoch über den kohlähnlichen, graugrünen Blättern	*C. cordifolia* H 1,2–1,8 m, B 1,2 m und mehr; weiße Blüten, Juni–Juli	Einzeln oder in Dreiergruppen im Oktober in fruchtbaren Boden pflanzen; organischen Dünger zusetzen. Sonnig; Schwerpunkt in Gemischtrabatten oder zwischen Sträuchern	Stiele nach der Blüte zurückschneiden	Aussaat nach Reifung der Samen oder im März; Wurzelstecklinge im Februar oder März, Bewurzelung im Frühbeet	Für den Durchschnittsgarten zu groß; auch die starken, fleischigen Wurzeln breiten sich weit aus
Cynoglossum (Hundszunge) Langlebige Pflanze mit blauen Blüten auf verzweigten Stielen; Blätter dunkelgrün und schmal	*C. nervosum* H 45–60 cm, B 30–45 cm; Blüten enzianblau, Juni bis August	Von Oktober–März in Vierer- oder Fünfergruppen in fruchtbaren, gut entwässerten Boden setzen. Sonne oder halbschattige Beete	Blütenstengel im Herbst bis zum Boden zurückschneiden	Teilung Oktober bis März. Aussaat ins Frühbeet März–April	Breitet sich schnell aus und muß alle zwei Jahre umgesetzt werden; auch Selbstaussaat
Delphinium (Rittersporn) Beliebte, elegante Beetpflanze mit tief gezahnten, manchmal behaarten Blättern und großen Spornblüten im Juni/Juli; im allgemeinen mit andersfarbigem Auge. Die *Elatum*-Sorten haben schlanke, pyramidenähnliche Blütentrauben, die *Belladonna*-Sorten offene, schlankere Rispen	*Delphinium*-Hybriden *Delphinium × cultorum* (*Elatum*-Gruppe) 'Abgesang', gefüllt, azurblau, H 1,8 m, spät; 'Jubelruf', blau, lange Rispen, H 2 m; 'Lanzenträger', enzianblau mit weißem Auge, lange Rispen, robust, standfest, H 2 m; 'Sommernachtstraum' enzianblau, dunkles Auge, standfest, H 1,5 m, früh blühend *Delphinium × belladonna* (*Belladonna*-Gruppe) 'Völkerfrieden', ultramarin, 1 m	In Dreier- bis Sechsergruppen von September bis März in fruchtbaren, gut entwässerten, aber feuchten Boden pflanzen. Vollsonne, vor Wind geschützt	Bei Trockenheit reichlich gießen. *Belladonna*-Sorten eventuell mit Reisig, die großen *Elatum*-Sorten mit Stäben stützen. Rückschnitt nach der Blüte bis auf etwa 10 cm über dem Boden, gießen und düngen. Zweitblüte von August bis Oktober. Abgeschnittene Blütenstengel im Herbst zum Abdecken der Pflanze als Winterschutz verwenden	Teilung von September bis März oder Basalstecklinge im April	Ältere, über vier- bis fünfjährige Pflanzen verlieren oft an Kraft und blühen schlechter; Pflanzen durch neue ersetzen oder teilen und umpflanzen. Viruskrankheiten können zu Kümmerwuchs und Verkrüppelung von Stengeln und Blättern führen. Die Blätter können auch gelbe Streifen und Ringe haben; befallene Pflanzen vernichten. Außerdem können die Blätter im Herbst von Mehltau befallen werden
Dicentra (Tränendes Herz) Anmutige Pflanze mit hängenden, herzförmigen Blüten an gebogenen Stengeln; Blätter farnähnlich, graugrün	*D. formosa* H 30–45 cm, B 40 cm; rosarot, April–Juli *D. spectabilis* H 45–80 cm, B 45–60 cm; tiefrosa und weiß, Mai–Juli	In Dreier- oder Vierergruppen von September bis März in gut entwässerten, aber feuchten, fruchtbaren Boden setzen. Vorn in sonnige oder halbschattige, geschützte Beete setzen.	Rückschnitt nicht nötig, da Pflanze von allein nach der Blüte abstirbt. Nach dem Anwachsen möglichst lange ungestört lassen	Vorsichtige Teilung der brüchigen, fleischigen Wurzelstöcke. Oktober bis März	Empfindlich gegen Spätfrostschäden im Frühjahr; an geschützten Standort setzen
Dictamnus (Diptam) Hübsche und im allgemeinen langlebige Pflanze mit kräftigen, rosa oder weißen Blütentrauben und tief eingeschnittenen, stark duftenden Blättern. Bei schwülem Wetter sondern die noch nicht reifen Fruchtstände ein ätherisches Öl ab, das leicht brennt (Brennender Busch)	*D. albus* (*D. fraxinella*) H 60–80 cm, B 45–60 cm; duftende, weiße und rosa Blüten, Juni–Juli	In Gruppen zu dritt von Oktober bis März vorzugsweise in gut entwässerten, fruchtbaren und lehmigen Boden pflanzen; bei sauren Böden Kalk zusetzen. Sonnige bis halbschattige Beete und Böschungen	Stiele im Herbst bis zum Boden zurückschneiden	Aussaat der reifen Samen im Spätsommer ins Frühbeet. Sämlinge blühen nach zwei Jahren	Nach dem Anwachsen Pflanzen nicht mehr stören; sie lassen sich nicht gut verpflanzen. Brauchen oft mehrere Jahre zur vollen Entwicklung; sind besonders langlebig

	Name und Beschreibung	Arten und Sorten	Pflanzanleitung	Pflege	Vermehrung	Besondere Hinweise
Digitalis purpurea	**Digitalis** (Fingerhut) Diese bekannte Vorgartenpflanze hat Trichterblüten in den verschiedensten Farben an langen Trauben. Der Fingerhut wird am besten als zweijährige Pflanze gehalten. Bei den hier beschriebenen handelt es sich um kurzlebige Stauden	*D. grandiflora* H 60–90 cm, B 30 cm; schwefelgelbe Blüten mit braunen Flecken, 5 cm lang, Juni bis August *D. × mertonensis* H 60–90 cm, B 30 cm; lachsrosa Blüten, Mai–Juli *D. purpurea* 'Excelsior'-Hybriden H 1,2 m, B 45–60 cm; große Stengel mit weißen, cremefarbenen, rosa oder violetten Blüten, Juni–Juli	In Sechsergruppen von Oktober–April in fruchtbaren, gut entwässerten, aber feuchten Boden setzen. Sonnige oder halbschattige Staudenbeete und Gemischtrabatten	Blütenstengel nach der Blüte abschneiden, um Bildung neuer blühender Triebe zu begünstigen. Im Herbst alle Stengel bis zum Boden zurückschneiden	Aussaat am besten nach der Reife ins Frühbeet	Fingerhut degeneriert nach etwa drei Jahren, sät sich aber leicht selbst aus. Oberirdische Pflanzenteile und Wurzeln können im Winter im schweren Boden faulen. In leichteren, besser entwässerten Boden umpflanzen. Der Fingerhut ist giftig!
Doronicum caucasicum	**Doronicum** (Gemswurz) Eine Gruppe früh blühender Pflanzen mit hübschen, gelben, margeritenähnlichen Blüten und zahlreichen grünen Blättern. Ausgezeichnete Schnittblumen	*D. caucasicum* Früheste Art mit gedrungenem Wuchs 'Riedels Goldkranz', H 25 cm, B 35 cm; goldgelb, doppelter Strahlenblütenkranz; 'Riedels Lichtspiegel', H 35 cm, Blüten ähnlich; etwas langstieliger *D. plantagineum* 'Excelsum' H 60–80 cm, B 30–45 cm; einfach, goldgelb, Mai–Juni	In Gruppen von Oktober bis März in feuchten tiefgründigen, fruchtbaren Boden pflanzen. Sonne oder Halbschatten, in Beeten oder unter Bäumen	Rückschnitt nach der Blüte fördert Zweitblüte. Im Herbst alle Stengel zum Boden zurückschneiden	Teilung Oktober bis März	Die Pflanzen erschöpfen sich manchmal selbst durch zu reiche Blüte. Alle drei Jahre teilen und umpflanzen, um sie zu kräftigen. Blätter können von Mehltau befallen werden
Dracocephalum grandiflorum	**Dracocephalum** (Drachenkopf) Diese mit der Pfefferminze verwandte Pflanze hat große, prächtige, zweilippige Röhrenblüten. Die beschriebenen Arten bilden Büschel mit sehr schmalen Blättern	*D. grandiflorum* H 30–45 cm, B 30 cm; blaue Blüten, Juni bis August *D. ruyschiana* H 25–40 cm, B 30–45 cm; stahlblaue Blüten, Juni–August. Blätter länglich, breit bis oval, fast dreieckig	In Gruppen von Oktober bis März in gut entwässerten, fruchtbaren Boden pflanzen. Sonne oder Halbschatten. Ist auch gut geeignet für Steingärten	Welke Blüten entfernen, wenn man keine Samen haben will; abgestorbenes Laub im Oktober beseitigen	Aussaat nach der Reife oder im Frühjahr in den Frühbeetkasten. Eventuell durch Stecklinge im Frühjahr. Die Teilung ist meist schwierig	
Echinacea purpurea	**Echinacea** Anspruchslose Beetpflanze mit margeritenähnlichen Blüten und kegelförmigem Knopf. Feste Stiele mit rauhen, gezahnten Blättern. Gute Schnittblume	*E. purpurea* (syn. *Rudbeckia purpurea*) H 0,9–1,2 m, B 45–60 cm; hell rotviolette Blüten, Juli–September	Einzeln oder in Dreiergruppen von Oktober bis März in fruchtbaren, gut entwässerten Boden mit Stallmist, Kompost- oder Lauberdezusatz pflanzen. Vollsonne	An windigen Stellen etwas stützen. Rückschnitt welker Blüten verlängert die Blütezeit; alle Stengel im Herbst bis zum Boden zurückschneiden	Teilung Oktober bis März	Kümmerwuchs und kleine Blüten im allgemeinen bei trockenem Boden; im Sommer einmal monatlich düngen
Echinops ritro	**Echinops** (Kugeldistel) Langlebige Pflanze mit runden, metallisch schimmernden Blütenköpfen. Als Trockenblume geeignet. Die Blätter sind distelähnlich, häufig oben dunkelgrün und an der Unterseite weiß oder grau	*E. banaticus* 'Taplow Blue' H 1 m, B 40–60 cm; reich blühend, intensiv blau *E. niveus* H 1,2 m; silberweiße, große Blütenköpfe *E. ritro* H 0,9–1,2 m; Blüten metallisch blau, Juli–September	Einzeln oder in Gruppen von Oktober–März in normalen, gut entwässerten Boden pflanzen. Gedeiht auf alkalischen Böden. Sonnige Beete	Im Herbst alle Stengel bis zum Boden zurückschneiden	Teilung Oktober bis März	Diese tief wurzelnden Pflanzen sind für flachgründige Böden ungeeignet

	Name und Beschreibung	Arten und Sorten	Pflanzanleitung	Pflege	Vermehrung	Besondere Hinweise
Eremurus bungei	**Eremurus** (Steppenkerze) Dekorative Staude mit auffallenden, grundständigen Blattrosetten und schmucken, hohen Blütenschäften mit imposanter Wirkung	E. bungei H 80 cm, B 60 cm; reingelb, Juni–Juli E. × elwesii H 2 m, B 60 cm; zartrosa bis orangefarben, Juni–Juli E. himalaicus H 1,2 m, B 60 cm; weiß, Mai–Juni E. robustus H 2–2,5 m; zartrosa, Juni–Juli	In Einzelpflanzungen oder in größeren Gruppen im Frühjahr; nicht tiefer als 20 cm pflanzen. Blüht oft erst nach einigen Jahren	Schwerer, nahrhafter Boden, nach der Blüte braucht die Pflanze Trockenheit. In feuchten Lagen Pflanzen herausnehmen und trocken einschlagen	Aussaat nach der Ernte, Teilung nur bei älteren Pflanzen möglich. Pflanzung der seesternähnlichen Wurzelstöcke in nahrhaften, durchlässigen Boden	In der Ruhepause im Sommer und im Winter Schutz vor Nässe. Teils über 1 m lange Blütentrauben
Erigeron speciosus	**Erigeron** (Berufkraut) Eine relativ anspruchslose Gattung mit margeritenähnlichen Blüten in vielen Farben. Sie ähneln der Aster, blühen aber früher. Ausgezeichnete Schnittblume	E.-Speciosus-Hybriden H 45–60 cm, B 30–45 cm; violettblau, rosa, hellblau, einfach oder halb gefüllt, Juni–August 'Adria', H 70 cm; violett, 'Dunkelste Aller', H 60 cm; dunkelviolett; 'Sommerneuschnee', H 60 cm; weiß; 'Foersters Liebling', H 60 cm; karminrosa	In Fünfergruppen von Oktober–März in gut entwässerten, nicht austrocknenden Boden pflanzen; vorzugsweise organischen Dünger zusetzen. Sonnige Beete	Verwelkte Blüten regelmäßig entfernen, um Zweitblüte zu fördern. Stengel im Herbst bis zum Boden zurückschneiden	Teilung Oktober bis März	Spärliche Blüte weist im allgemeinen auf Alterung hin. Nach der Teilung nur äußere Pflanzenteile neu einsetzen
Eryngium bourgatii	**Eryngium** (Edeldistel) Die auffälligen, strahligen Blüten mit ihren metallisch schimmernden, tief eingeschnittenen Hochblättern eignen sich gut als Trockenblumen	E. alpinum H 70 cm, B 40 cm; stahlblau, schönste Art, kurzlebig, Juli–August E. bourgatii H 30–40 cm, B 30 cm; silberblau, Juli–August E. planum H 90 cm; kleine, blaue Blüten, reich verzweigt, Juli–September 'Blauer Zwerg', H 50 cm	Einzeln oder in Gruppen von Oktober–April in normalen, gut entwässerten Boden pflanzen. Sonnige Beete	E. planum etwas stützen. Zum Trocknen Blüten vor dem Welken schneiden. Stengel im Herbst fast bis zum Boden zurückschneiden	Teilung der fleischigen Wurzeln Oktober bis April oder Wurzelstecklinge im Februar im Frühbeet bewurzeln lassen	
Eupatorium purpureum	**Eupatorium** (Wasserdost) Buschige, aufrechte Pflanzen mit kleinen, 10–12 cm großen Blütendolden an langen Stielen; lanzettliche, grüne Blätter. Für kleine Gärten zu groß	E. purpureum H 1,2–1,8 m, B 60–90 cm; Blüten weinrot, violett Juli–September	In Gruppen von Oktober bis März in guten, feuchten Boden setzen. Sonne oder Halbschatten; am besten für große Gärten oder auch für Gehölzrand geeignet	Im Herbst Stengel fast bis zum Boden zurückschneiden	Teilung Oktober bis März	Bei zu trockenem Boden oder zuwenig Platz wird die Pflanze schwächlich. An feuchten Standort mit reichlich Raum umpflanzen
Euphorbia griffithii	**Euphorbia** (Wolfsmilch) Die Blüten sind von auffälligen, farbigen Hochblättern umgeben; einige Arten eignen sich als Schnittblumen. Alle Arten sind giftig, besonders der Milchsaft	E. griffithii H 60 cm, B 45 cm; orangerot, Mai–Juni E. polychroma H 40 cm; halbkugelige Horste, schwefelgelb, April–Juni	Einzeln oder in Gruppen von September bis April in normalen, gut entwässerten Boden setzen. Gedeiht auch auf schlechtem Boden. An sonnigen, geschützten Stellen pflanzen	Verblühte Stengel im Spätherbst bis zum Boden zurückschneiden. E. griffithii nicht stören	Basalstecklinge im Frühbeet von April–Mai bewurzeln lassen; Teilung September–April	Starke, kalte Winde können Pflanzen schädigen und zur Entwicklung von Grauschimmel an den Trieben führen; befallene Triebe abschneiden und Pflanzen vorbeugend spritzen
Filipendula hexapetala	**Filipendula** (Spierstaude) Aufrechte, büschelbildende Pflanzen mit winzigen, in lockeren Doldenrispen angeordneten Blüten. Ausgezeichnete Schnittblumen	F. hexapetala 'Plena' H 30 cm, B 45 cm; cremefarben, Juni–August F. purpurea H 60–90 cm, B 45–60 cm; dunkel rosarot, Juli–August F. rubra H 1,5 m, B 45 cm; rosarot, duftend, Juni–August	Einzeln oder in Gruppen vorzugsweise in feuchten Boden pflanzen, angereichert mit organischem Dünger. Sonne oder Halbschatten. F. purpūrea steht ausgezeichnet an Wasserrändern	F. purpurea bei Trockenheit reichlich gießen. Alle Stengel im Herbst bis zum Boden zurückschneiden	Teilung Oktober bis März oder Stecklinge im Frühjahr	Gelegentlich Mehltau. Befallene Triebe abschneiden und Pflanzen vorbeugend spritzen

Gaillardia × grandiflora

Gaura lindheimeri

Gentiana asclepiadea

Geranium sanguineum

Geum coccineum

Name und Beschreibung	Arten und Sorten	Pflanzanleitung	Pflege	Vermehrung	Besondere Hinweise
Gaillardia (Kokardenblume) Die farbigen, margeritenähnlichen Blüten sind dauerhaft und als Schnittblumen gut geeignet	G. × *grandiflora*-Sorten H 45–75 cm, B 45 cm; Zwergsorte 'Kobold', nur 20 cm hoch; gelb mit rot	In Gruppen von März bis Mai in leichten, gut entwässerten Boden setzen. Sonnige Beete	Verblühtes regelmäßig entfernen, um Blütezeit zu verlängern. Alle Stengel im Herbst bis zum Boden zurückschneiden	Aussaat im Frühbeet oder ins Freiland im April, weiterkultivieren und im folgenden Frühjahr auspflanzen	Fallen leicht um; deshalb rechtzeitig abstützen. Pflanzen degenerieren nach etwa drei Jahren
Gaura (Prachtkerze) Eine ziemlich kurzlebige Pflanze aus Nordamerika mit kleinen, ährig angeordneten Blüten, ähnlich wie die Nachtkerze, aber mit weiter gespreizten Blütenblättern. Gezähnte Blätter	G. *lindheimeri* H 1 m, B 45 cm; aufrechte Zweige mit weißen, trichterförmigen Blüten mit rosa Rändern an langen Trauben, Juli–Oktober	Einzeln oder in Gruppen von September–Oktober oder März–April in gut entwässerten Boden pflanzen. Vollsonne	Blütenstand nach der Blüte entfernen, um die Bildung weiterer blühender Triebe zu begünstigen. Im Oktober bis knapp über den Boden zurückschneiden	Aussaat im Frühbeet oder Gewächshaus im März oder ins Freiland im April	Im allgemeinen keine Krankheiten. Kleine, dünne, gelbliche Blätter können darauf hinweisen, daß der Standort zu kalt und windig oder der Boden zu kalt und feucht ist
Gentiana (Enzian) Große Gattung von hauptsächlich alpinen Pflanzen mit prächtigen Glockenblüten in Weiß-, Gelb-, Blau- und Violetttönen. Einige Arten eignen sich für Staudenbeete	G. *asclepiadea* (Schwalbenwurzenzian) H 45–60 cm, B 45 cm; blau, Juli–August G. *lutea* (Gelber Enzian) H 0,9–1,5 m, B 45 cm; sternförmige, gelbe Blüten, Juli–August; aus den Wurzeln gewinnt man Enzianschnaps G. *septemfida* var. *lagodechiana* (Sommerenzian) H 15–30 cm; leuchtend blau, Juli–September; liegende bis aufrecht wachsende Blütenstengel	In Gruppen im September oder März in feuchten, fruchtbaren Boden pflanzen. Gedeihen nicht auf Kalkböden. Am besten Halbschatten bis Sonne; feucht. G. *lutea* ist ein idealer Farbfleck für Rasen oder Straucheinfassungen; verträgt Sonne	G. *asclepiadea* eventuell etwas abstützen. Bei Trockenheit gießen. Verblühte Stengel im Herbst bis zum Boden zurückschneiden	Aussaat nach der Reife im Oktober; Überwinterung im Frühbeet; im folgenden September auspflanzen. G. *asclepiadea* auch durch Teilung im März	Wächst manchmal schwer an, besonders G. *asclepiadea*, die hohe Ansprüche an Boden und Standort stellt. Alte Pflanzen lassen sich nicht mehr versetzen
Geranium (Storchschnabel) Kissenbildende Pflanzen mit großen, weit geöffneten Blüten. Reich blühend. Sie sind ganz anders als die allgemein als Geranien bezeichneten Topfpflanzen, bei denen es sich, botanisch gesehen, um Pelargonien handelt	G. *endressii* H 20–30 cm, B 45–60 cm; rosafarben, verträgt Trockenheit, Mai–August G. *macrorrhizum* H 30 cm, B 45–60 cm und mehr; 'Spessart', rosa, Mai–Juli G. *platypetalum* H 45–60 cm, B 45 cm; blauviolett, Juli bis August; prächtige Herbstfärbung G. *sanguineum* H 20–30 cm, B 45 cm; leuchtend rot, Mai–September	In Gruppen von September–Mai in gut entwässerten, gedüngten Boden pflanzen. Sonne oder Halbschatten, Front für Staudenbeete und Gemischtrabatten oder in Wildstaudenpflanzungen	Welke Blüten und Stengel fast bis zum Boden zurückschneiden, um Zweitblüte zu fördern. Im Herbst alle abgestorbenen Stengel bis zum Boden zurückschneiden	Teilung September bis März; Aussaat ins Frühbeet März–April	Schnecken können Jungpflanzen besonders an feuchten, schattigen Standorten schädigen; Schneckenkorn auslegen
Geum (Nelkenwurz) Prächtige, im allgemeinen kurzlebige Pflanzen. Die großen Blüten eignen sich auch als Schnittblumen	G.-*Chiloense*-Hybriden H 40–60 cm, B 40 cm; halb oder ganz gefüllt, gelb, orange, scharlachrot, Juni bis September G.-*Coccineum*-Hybriden H 15–40 cm, B 30–40 cm; orangerot, Mai–Juli	In Gruppen von September bis März in feuchten, aber gut entwässerten, humosen Boden pflanzen. Sonne oder Halbschatten	Nach der Blüte fast bis zum Boden zurückschneiden	Aussaat ins Frühbeet im März; danach zweimal pikieren und im September auspflanzen	Die erhältlichen Sorten der beschriebenen Arten blühen selten länger als drei Jahre. Man zieht sie am besten aus Samen oder gräbt sie alle zwei bis drei Jahre im Herbst oder Frühjahr aus und teilt sie

Gypsophila paniculata

Helenium autumnale

Helianthus decapetalus

Heliopsis scabra

Helleborus niger

Name und Beschreibung	Arten und Sorten	Pflanzanleitung	Pflege	Vermehrung	Besondere Hinweise
Gypsophila (Schleierkraut) Eine Gruppe von ein- und mehrjährigen Pflanzen mit zahlreichen winzigen Blüten, die auf schlanken, verzweigten Blütenständen sitzen	*G. paniculata* H 0,8–1,2 m, B 60–90 cm; einfache weiße Blüten, auch gefüllte rosa und weiße Blüten, Juni bis August; 'Rosenschleier', H 30–40 cm; zartrosa, gefüllt, ausdauernd	In Gruppen von Oktober bis März in gut entwässerten, fruchtbaren, kalkhaltigen Boden pflanzen. Bei saurem Boden zwei bis vier Teelöffel Kalk/m² zusetzen. Sonnige Beete. Läßt sich gut mit Berufkraut, Sonnenbraut und Phlox kombinieren	Möglichst tiefgründiger, leichter und durchlässiger Boden. Im Herbst alle Stengel zurückschneiden	Aussaat ins Frühbeet im März; Basalstecklinge von März–Mai oder im Juli; auch Teilung ist möglich	Ältere Pflanzen bilden tiefreichende, fleischige Wurzeln; einen Standort wählen, wo die Pflanze jahrelang ungestört bleibt
Helenium (Sonnenbraut) Anspruchslose, langlebige Pflanze mit prächtigen, margeritenähnlichen Körbchenblüten. Hervorragende, lang haltende Schnittblumen	*H.-Autumnale*-Hybriden H 0,6–1 m, B 45–60 cm; gelb, orange, bronze, kupfer- und mahagonirot, Juli–September; 'Baudirektor Linné', H 1 m, rot; 'Moerheim Beauty', H 70 cm, kupferrot; 'Waltraut', H 80 cm, goldbraun	In Gruppen von Oktober bis April in jeden gewöhnlichen, gut durchlässigen Boden pflanzen. Sonne oder Halbschatten	An freiem Standort etwas stützen. Entfernen von abgestorbenen Blütentrieben begünstigt Zweitblüte	Teilung Oktober bis April oder durch Stecklinge im Frühjahr	Spärliche Blüte bei älteren Pflanzen weist darauf hin, daß die Pflanze geteilt und umgepflanzt werden sollte (etwa alle drei Jahre). Schwache Triebe im Mai entfernen und etwa sechs gesunde, starke Triebe an jeder Pflanze lassen. Bei Mycoplasmakrankheit können die Blüten grün werden. Befallene Pflanzen vernichten
Helianthus (Sonnenblume) Zu diesen bekannten Pflanzen gehören sowohl einjährige Pflanzen als auch Stauden. Die hier beschriebene Art hat mittelgrüne, unterseits rauhe Blätter und margeritenähnliche Blüten. Gute Schnittblume	*H. decapetalus* H 1,2–1,8 m, B 40–70 cm; verschiedene Gelbtöne, einfach, halb und ganz gefüllt, Juli–September; 'Capenock Star', H 1,2 m, gelb, einfach; 'Meteor', H 1,1 m, gelb, halb gefüllt	In Gruppen oder einzeln von Oktober bis November oder im April in gut entwässerten, fruchtbaren Boden pflanzen; als Hintergrund auf sonnigen Beeten	Bei Bedarf abstützen. Verblühtes regelmäßig entfernen und abgeblühte Stengel im Herbst bis zum Boden zurückschneiden	Teilung Oktober bis April; Aussaat ins Frühbeet oder Freiland von März bis April oder durch Stecklinge	Einige gefüllte Sorten können wieder einfach werden, wenn man sie nicht alle drei Jahre im Herbst teilt und umpflanzt. Triebe in Bodenhöhe können durch Sclerotiniafäule abfaulen. Alles Verfaulte verbrennen
Heliopsis (Sonnenauge) Prächtige Pflanzen, darunter einjährige und Stauden mit margeritenähnlichen Blüten an aufrechten, verzweigten Stengeln. Sie sehen gut aus zusammen mit Phlox, Gräsern und spät blühendem Rittersporn	*H. scabra* H 0,9–1,4 m, B 45–60 cm; gelb, goldfarben, einfach, halb und ganz gefüllt, Juli–August; 'Goldgefieder', H 1,3 m, goldgelb, gefüllt; 'Karat', H 1,3 m, goldgelb, einfach; 'Sonnenschild', H 1,3 m, goldgelb, gefüllt; 'Spitzentänzerin', H 1,3 m, goldgelb, halb gefüllt	In Gruppen von Oktober bis März in normalen, gut entwässerten Boden pflanzen. Sonnige Beete	Abgeblühte Stengel im Herbst bis zum Boden zurückschneiden	Teilung vor und nach der Blüte; Stecklinge im Frühjahr	Hängende Stiele und fleckige Blüten, besonders bei gefüllten Sorten, bei längerer Regenperiode und kalter Nässe
Helleborus (Christrose, Nieswurz) Im Winter und bei Frühjahrsbeginn blühende Pflanzen, so die mehrere Monate lang blühende Christrose. Die großen Blüten halten sich lange im Wasser. Alle Pflanzenteile sind giftig	*H. hybridus* (Lenzrose) H 40–50 cm, B 45–60 cm; weiß, rosa, rot oder violett, Januar–März *H. niger* (Christrose) H 25–30 cm, B 45 cm; weiß, goldenes Auge, Dezember–März; 'Praecox', weißrosa, Oktober–Dezember	In Gruppen von September bis Oktober in tiefgründigen, gut durchlässigen, feuchten Boden setzen. Gartenkompost, Lauberde oder Torf vor dem Pflanzen untermischen. Halbschatten oder Sonne, unter Sträuchern oder am Rand von gemischten Beeten; ausgezeichnete Bodendecker unter hohen Bäumen; kalkliebend	Im Herbst etwas abdecken. Bei längerer Trockenheit gießen. In kalten Gebieten die sich öffnenden Blüten von *H. niger* mit Reisig oder einer Glasglocke schützen. Nach der Blüte Stengel bis zum Boden zurückschneiden	Teilung im März; Aussaat ins Frühbeet sofort nach der Samenernte; Anzucht ist sehr schwierig	Wurzeln dürfen nicht gestört werden; an eine Stelle pflanzen, wo sie jahrelang bleiben können. Blätter können von einem Pilz befallen werden, der die Schwarzfleckenkrankheit verursacht – besonders im Frühjahr. Mit einem kupferhaltigen Fungizid spritzen und befallene Blätter und Blüten sofort entfernen

	Name und Beschreibung	Arten und Sorten	Pflanzanleitung	Pflege	Vermehrung	Besondere Hinweise
Hemerocallis-Hybriden	**Hemerocallis** (Taglilie) Diese hübschen lilien-ähnlichen Pflanzen gewinnen immer mehr an Beliebtheit, seitdem die ursprünglich gelben und orangefarbenen Sorten durch andere Farbtöne ergänzt wurden	*H.*-Gartenhybriden mit vielen Sorten H 0,7–1 m, B 30–60 cm; rosa, gelb, aprikosen-farben, rot, violett, bronze, einfach und halb gefüllt, Mai–September; 'Atlas', H 1 m, gelb; 'Shooting Star', H 1,2 m, zitronengelb	In Gruppen von Oktober bis April in feuchten, gedüngten Boden pflanzen. Sonnige oder halbschattige Beete oder am Rand von Teichen	Stengel nach der Blüte fast bis zum Boden zurück-schneiden. So lange ungestört lassen, bis starker Wuchs Teilung und Umpflan-zen erforderlich macht. Entfalten ihre volle Schönheit erst nach einigen Jahren	Teilung im Herbst oder Frühjahr	Jede Blüte hält nur einen Tag, aber viele öffnen sich nacheinander. Kleine Blüten und Kümmerwuchs deuten meist auf Wassermangel hin; bei Trockenheit reichlich gießen
Heuchera × brizoides	**Heuchera** (Purpur-glöckchen) Langlebige Pflanzen mit kleinen Glöckchen an dünnen Stielen über immergrünen Blättern. Gute Schnitt-blumen	*H. × brizoides* H 20–60 cm, B 30 cm; 'Gracillima', rosa; 'Red Spangles', scharlachrot; 'Scintillation', rote Spitzen und rosa Blüten, Juni bis September	In Vierer- oder Fünfer-gruppen von Oktober bis April in leichten, gut durchlässigen Boden setzen. Sonne oder Halb-schatten; als Einfassung an Wegen und Beeten oder als Bodendecker; am besten nur Morgen- oder Abendsonne	Nach der Blüte Stengel fast bis zum Boden zurück-schneiden	Teilung von Oktober bis April. Erbreine Sorten lassen sich aus Samen ziehen, die man von März bis April ins Frühbeet sät	Die oberirdischen Teile wachsen bei älteren Pflanzen leicht aus dem Boden, wenn man sie nicht alle drei Jahre ausgräbt, teilt und tiefer pflanzt. Blätter können durch Gallwespen verkrüppeln
× *Heucherella tiarelloides*	× **Heucherella** Diese hübsche Pflanze ist eine Kreuzung zwischen *Heuchera* und *Tiarella* und hat winzige, in Trauben angeordnete Glocken-blüten. Die leicht lappig-gekerbten Blätter sind in der Jugend häufig braun gefleckt	× *H. tiarelloides* 'Bridget Bloom' H 30–45 cm, B 20–30 cm; Blüten leuchtend rosa, Mai–September	Wie *Heuchera*	Wie *Heuchera*	Teilung Oktober bis April	Wie *Heuchera*
Hosta sieboldiana	**Hosta** (Funkie) Langlebige Stauden, die sowohl wegen der hübschen, häutig gezeichneten und gefleckten Blätter als auch wegen der Blüten-trauben mit ihren violett-blauen bis weißen Glockenblüten sehr beliebt sind	*H. fortunei* H 45–90 cm, B 60 cm und mehr; violett Juli; Blätter graugrün; verschiedene Formen mit farbigen und gefleckten Blättern *H. lancifolia* H 30–50 cm, B 60 cm; violett, Juli–September *H. sieboldiana* 'Elegans', H 60 cm, B 90 cm; hellila, Blätter blau bereift, Juli–August *H. undulata* 'Univittata' H 30 cm, B 60 cm und mehr; violett, August	In Gruppen von Oktober bis März in gut durch-lässigen, aber feuchten Boden pflanzen, der mit verrottetem Stallmist, Gartenkompost oder Torf angereichert wurde. Halbschatten, in Beeten, am Rand von Teichen und als Unterpflanzung	Bei längerer Trocken-heit reichlich gießen. Stengel nach der Blüte bis zum Boden zurückschneiden	Teilung im März, bei reinen Arten und Sorten auch durch Samen	Junge Blätter können von Schnecken ange-fressen werden; Schneckenkorn aus-legen. Pflanzen so lange wie möglich ungestört lassen. Braune Flecken auf den Blättern können durch Grauschimmel verursacht werden; befallene Blätter entfernen und verbrennen
Incarvillea delavayi	**Incarvillea** (Freiland-gloxinie) Anspruchslose Pflanze mit endständig angeordneten, großen Trichterblüten. Die tief eingeschnittenen Blätter erscheinen nach der Blüte	*I. delavayi* H 40–60 cm, B 50 cm; Blüten rosarot, Mai–Juli	In Gruppen von März bis April in fruchtbaren, gut durchlässigen, kalk-haltigen Boden setzen. Blattansatz unmittelbar unter die Oberfläche bringen. Sonne bis Halbschatten	Winterschutz ratsam; jeden Herbst leicht abdecken. Verblühte Stengel und abge-storbene Blätter im Herbst entfernen	Aussaat im April ins Freiland; nach zwei Jahren an den endgültigen Standort setzen. Teilung im Herbst möglich, jedoch etwas schwierig	Pflanzen wachsen erst im Spätfrühjahr; Standort markieren oder durch Stöckchen kennzeichnen, um die Pflanze beim Hacken nicht zu beschädigen
Inula ensifolia	**Inula** (Alant) Ausdauernde, buschige und reich blühende Pflanze mit großen Scheibenblüten	*I. ensifolia* 'Compacta' H 20–30 cm, B 20–30 cm; gelbe, duftende Blüten, Juli–September *I. magnifica* H 1,5 m, B 45–60 cm; Blüten groß, goldgelb, Juli–September	In Gruppen in frucht-baren, feuchten Boden pflanzen. Für Lehmboden geeignet. Vertragen auch längere Trockenheit. Sonnige oder halb-schattige Beete	Nach längerer Trockenheit gießen. Verblühte Stengel im Herbst bis zum Boden zurückschneiden	Teilung Oktober bis März oder Aussaat	Nach einigen Jahren teilen und umpflanzen, damit sich die Pflanze weiter ausbreitet

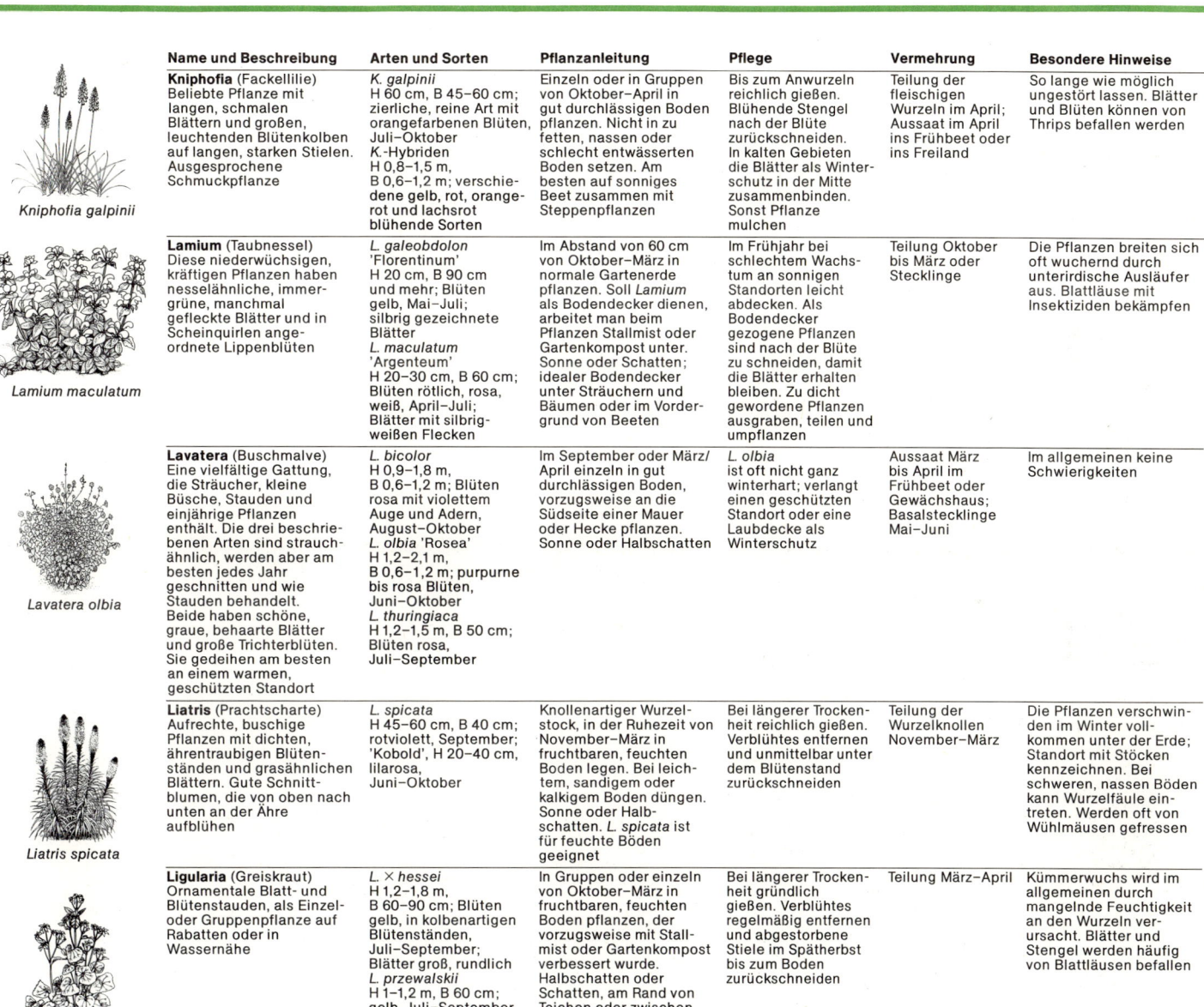

	Name und Beschreibung	Arten und Sorten	Pflanzanleitung	Pflege	Vermehrung	Besondere Hinweise
Kniphofia galpinii	**Kniphofia** (Fackellilie) Beliebte Pflanze mit langen, schmalen Blättern und großen, leuchtenden Blütenkolben auf langen, starken Stielen. Ausgesprochene Schmuckpflanze	*K. galpinii* H 60 cm, B 45–60 cm; zierliche, reine Art mit orangefarbenen Blüten, Juli–Oktober *K.*-Hybriden H 0,8–1,5 m, B 0,6–1,2 m; verschiedene gelb, rot, orangerot und lachsrot blühende Sorten	Einzeln in Gruppen von Oktober–April in gut durchlässigen Boden pflanzen. Nicht in zu fetten, nassen oder schlecht entwässerten Boden setzen. Am besten auf sonniges Beet zusammen mit Steppenpflanzen	Bis zum Anwurzeln reichlich gießen. Blühende Stengel nach der Blüte zurückschneiden. In kalten Gebieten die Blätter als Winterschutz in der Mitte zusammenbinden. Sonst Pflanze mulchen	Teilung der fleischigen Wurzeln im April; Aussaat im April ins Frühbeet oder ins Freiland	So lange wie möglich ungestört lassen. Blätter und Blüten können von Thrips befallen werden
Lamium maculatum	**Lamium** (Taubnessel) Diese niederwüchsigen, kräftigen Pflanzen haben nesselähnliche, immergrüne, manchmal gefleckte Blätter und in Scheinquirlen angeordnete Lippenblüten	*L. galeobdolon* 'Florentinum' H 20 cm, B 90 cm und mehr; Blüten gelb, Mai–Juli; silbrig gezeichnete Blätter *L. maculatum* 'Argenteum' H 20–30 cm, B 60 cm; Blüten rötlich, rosa, weiß, April–Juli; Blätter mit silbrigweißen Flecken	Im Abstand von 60 cm von Oktober–März in normale Gartenerde pflanzen. Soll *Lamium* als Bodendecker dienen, arbeitet man beim Pflanzen Stallmist oder Gartenkompost unter. Sonne oder Schatten; idealer Bodendecker unter Sträuchern und Bäumen oder im Vordergrund von Beeten	Im Frühjahr bei schlechtem Wachstum an sonnigen Standorten leicht abdecken. Als Bodendecker gezogene Pflanzen sind nach der Blüte zu schneiden, damit die Blätter erhalten bleiben. Zu dicht gewordene Pflanzen ausgraben, teilen und umpflanzen	Teilung Oktober bis März oder Stecklinge	Die Pflanzen breiten sich oft wuchernd durch unterirdische Ausläufer aus. Blattläuse mit Insektiziden bekämpfen
Lavatera olbia	**Lavatera** (Buschmalve) Eine vielfältige Gattung, die Sträucher, kleine Büsche, Stauden und einjährige Pflanzen enthält. Die drei beschriebenen Arten sind strauchähnlich, werden aber am besten jedes Jahr geschnitten und wie Stauden behandelt. Beide haben schöne, graue, behaarte Blätter und große Trichterblüten. Sie gedeihen am besten an einem warmen, geschützten Standort	*L. bicolor* H 0,9–1,8 m, B 0,6–1,2 m; Blüten rosa mit violettem Auge und Adern, August–Oktober *L. olbia* 'Rosea' H 1,2–2,1 m, B 0,6–1,2 m; purpurne bis rosa Blüten, Juni–Oktober *L. thuringiaca* H 1,2–1,5 m, B 50 cm; Blüten rosa, Juli–September	Im September oder März/ April einzeln in gut durchlässigen Boden, vorzugsweise an die Südseite einer Mauer oder Hecke pflanzen. Sonne oder Halbschatten	*L. olbia* ist oft nicht ganz winterhart; verlangt einen geschützten Standort oder eine Laubdecke als Winterschutz	Aussaat März bis April im Frühbeet oder Gewächshaus; Basalstecklinge Mai–Juni	Im allgemeinen keine Schwierigkeiten
Liatris spicata	**Liatris** (Prachtscharte) Aufrechte, buschige Pflanzen mit dichten, ährentraubigen Blütenständen und grasähnlichen Blättern. Gute Schnittblumen, die von oben nach unten an der Ähre aufblühen	*L. spicata* H 45–60 cm, B 40 cm; rotviolett, September; 'Kobold', H 20–40 cm, lilarosa, Juni–Oktober	Knollenartiger Wurzelstock, in der Ruhezeit von November–März in fruchtbaren, feuchten Boden legen. Bei leichtem, sandigem oder kalkigem Boden düngen. Sonne oder Halbschatten. *L. spicata* ist für feuchte Böden geeignet	Bei längerer Trockenheit reichlich gießen. Verblühtes entfernen und unmittelbar unter dem Blütenstand zurückschneiden	Teilung der Wurzelknollen November–März	Die Pflanzen verschwinden im Winter vollkommen unter der Erde; Standort mit Stöcken kennzeichnen. Bei schweren, nassen Böden kann Wurzelfäule eintreten. Werden oft von Wühlmäusen gefressen
Ligularia × hessei	**Ligularia** (Greiskraut) Ornamentale Blatt- und Blütenstauden, als Einzel- oder Gruppenpflanze auf Rabatten oder in Wassernähe	*L. × hessei* H 1,2–1,8 m, B 60–90 cm; Blüten gelb, in kolbenartigen Blütenständen, Juli–September; Blätter groß, rundlich *L. przewalskii* H 1–1,2 m, B 60 cm; gelb, Juli–September. Weitere schöne Arten sind im Handel erhältlich	In Gruppen oder einzeln von Oktober–März in fruchtbaren, feuchten Boden pflanzen, der vorzugsweise mit Stallmist oder Gartenkompost verbessert wurde. Halbschatten oder Schatten, am Rand von Teichen oder zwischen Pflanzen im Moorgarten. Wachsen auch an sonnigen Stellen	Bei längerer Trockenheit gründlich gießen. Verblühtes regelmäßig entfernen und abgestorbene Stiele im Spätherbst bis zum Boden zurückschneiden	Teilung März–April	Kümmerwuchs wird im allgemeinen durch mangelnde Feuchtigkeit an den Wurzeln verursacht. Blätter und Stengel werden häufig von Blattläusen befallen

Limonium latifolium

Linum perenne

Lobelia fulgens

Lupinus polyphyllus

Lychnis coronaria

Lysimachia clethroides

Name und Beschreibung	Arten und Sorten	Pflanzanleitung	Pflege	Vermehrung	Besondere Hinweise
Limonium (Strandflieder) Pflanzen mit grundständigen, ovalen, mittelgrünen, derben Blättern und gabelig verzweigten Blütenständen, die sich gut trocknen lassen	*L. latifolium* H 60 cm, B 40 cm; Blüten lavendelblau, Juli–September *L. tataricum* H 30 cm, Blüten weiß, Juli–September	In Gruppen von Oktober bis März in gut durchlässigen, fruchtbaren Boden setzen. Gedeiht auch auf trockenen, schlechten Böden. Vollsonne	Blüten zum Trocknen kurz vor dem Öffnen schneiden. Alle übrigen Stengel im Herbst bis zum Boden zurückschneiden. Eventuell etwas Winterschutz	Wurzelstecklinge im Februar und März; Aussaat ins Frühbeet im März	Ältere Pflanzen nehmen Störung der Wurzel übel. Sie brauchen etwa ein Jahr, bis sie sich vom Umpflanzen erholt haben. Blätter können von Mehltau befallen werden
Linum (Lein, Flachs) Leicht zu ziehende, aber kurzlebige Pflanzen mit zahlreichen graziösen, kleinen Blüten; blühen den ganzen Sommer über reich	*L. narbonense* H 30–50 cm, B 30 cm; himmelblaue Blüten, Mai–Juli, manchmal bis September *L. perenne* H 50 cm, B 30 cm; ähnlich wie *L. narbonense*, aber hellere, kleinere Blüten	In Dreiergruppen von Oktober–März/April in leichten, gut durchlässigen, gedüngten Boden pflanzen. Gedeiht auf warmen, trockenen Böden. Vollsonne	Bei längerer Trockenheit reichlich gießen. Verblühtes im Herbst zurückschneiden. Regelmäßig teilen, damit die Pflanzen kräftig bleiben, alle zwei Jahre neu pflanzen. Später vertragen sie das Verpflanzen schlecht	Aussaat im Frühbeet von März bis April; Basalstecklinge im April	Die Pflanzen sind kurzlebig und blühen selten länger als zwei Jahre, lassen sich jedoch leicht aus Samen ziehen. Winterschutz mit Deckreisig ist ratsam
Lobelia (Lobelie) Die Staudenlobelie hat schmale Blätter; die großlippigen Blüten sind in Trauben angeordnet	*L. fulgens* H 0,6–1 m, B 40 cm; dunkelrot, August bis Oktober; 'Queen Victoria', H 80 cm; große, scharlachrote Blütenstände, August–Oktober	In Gruppen im Frühjahr in fruchtbaren, feuchten Boden pflanzen. Sonne oder Halbschatten, geschützt, auf feuchten Beeten oder an Teichrändern	Bei längerer Trockenheit reichlich gießen. Verblühte Stengel im Herbst zurückschneiden. Zur Kräftigung teilen und alle zwei Jahre neu pflanzen	Teilung März bis April	Muß auch in milden Wintern mit einer Reisigdecke geschützt werden; in kalten Gebieten zusätzlich mit Blättern und Lauberde abdecken. Flecken auf den Blättern werden durch eine Viruskrankheit verursacht. Befallene Pflanzen vernichten
Lupinus (Lupine) Eine der beliebtesten und anspruchslosesten Beetpflanzen. Farbenprächtige, große Blütenkerzen über hellgrünen, fingerförmig geteilten Blättern	*L. Polyphyllus*-Hybriden H 0,9–1,2 m, B 45 cm; verschiedene Sorten in weißen, gelben, rosa, roten, blauen und zweifarbigen Tönen. Die Russel-Sorten sind besonders farbschön und großblumig	In Gruppen von Oktober bis März in gut durchlässigen, etwas sandigen Boden mit Stallmist, Kompost oder Torfzusatz und Volldünger pflanzen. Gedeiht am besten auf sauren Böden. Sonne oder Halbschatten	Jährlich im Frühjahr Volldünger geben. Bei längerer Trockenheit gießen. Verblühte Triebe entfernen, um Zweitblüte zu begünstigen und Samenbildung zu verhindern. Verblühtes im Herbst bis zum Boden zurückschneiden	Basalstecklinge von März–April; Aussaat ins Frühbeet im Frühjahr	Viruskrankheiten verursachen Flecken auf den Blättern, braune Stiele und Schwächung der Pflanze. Befallene Pflanzen vernichten. Auch Mehltau und Schnecken können Pflanzen schädigen
Lychnis (Lichtnelke) Leuchtend blühende Pflanzen als schöne Farbflecke auf Beeten. Auch als Schnittblumen geeignet	*L. chalcedonica* (Brennende Liebe) H 90 cm, B 45 cm; scharlachrot, Juli–September *L. coronaria* (Vexiernelke) H 60–90 cm, B 30 cm; weißfilzige Blätter, leuchtendrote Blüten, Juli–September	In Gruppen von Oktober bis März in normalen, gut durchlässigen Boden pflanzen. Sonnige Beete	Bei Trockenheit gießen. An windigen Standorten etwas stützen. Verblühtes regelmäßig entfernen und Pflanzen im Herbst oder Frühjahr bis zum Boden zurückschneiden	Basalstecklinge im April; Aussaat ins Frühbeet im März/April; eventuell auch durch Teilung	*L. coronaria* ist kurzlebig und blüht selten länger als drei Jahre. Sie läßt sich aber leicht aus Samen ziehen
Lysimachia (Felberich) Für feuchten Boden geeignet. Aufrechte Pflanzen mit weißen oder gelben Ähren und Trauben im Sommer	*L. clethroides* (Schneefelberich) H 60–80 cm, B 60 cm und mehr; weiß, überhängend, Juli bis September *L. punctata* (Goldfelberich) H 80 cm, B 60 cm und mehr; gelb, Juni–August	In Gruppen von Oktober bis März in normalen, feuchten Gartenboden und an Teichränder pflanzen. Sonnige oder halbschattige Beete	An windigen Standorten mit Reisern stützen. Bei Trockenheit reichlich gießen. Im Herbst alle Stengel bis zum Boden zurückschneiden	Wurzelstockteilung von Oktober–März. Durch Teilung und Umpflanzung alle zwei bis drei Jahre	Pflanzen breiten sich stark durch wuchernden Wurzelstock aus

Fortsetzung Seite 233

Stauden

Ganz besonders reizvoll ist die Welt der Stauden. Durch die Vielfalt ihrer Wuchsformen und Blüten, ihrer Eigenarten und Ansprüche bieten sie dem Blumenliebhaber zahlreiche Verwendungsmöglichkeiten

Heutzutage ist ein Garten ohne Stauden kaum denkbar. Erst vor einem halben Jahrhundert hielten sie Einzug in unsere Gärten, und dies hatte zur Folge, daß die bis dahin geltenden Grundsätze der Gartengestaltung völlig neu überdacht werden mußten. Inzwischen haben die Stauden einen festen Platz im Garten erobert. Durch sie können einzelne Teile des Gartens in lebendige Räume verwandelt werden.

Wer längere Zeit mit Stauden umgeht, lernt ihre Eigenarten kennen – wie sie altern und sich erneuern, vor allem aber, wie sie sich ständig in ihrem Lebensraum bewegen, denn alle Stauden wandern. Sie breiten sich häufig so mächtig aus und behaupten sich so zäh, daß selbst mancher Gärtner Mühe hat, mit ihnen fertigzuwerden.

Doch kein Gartenfreund wird sich durch einen Mißerfolg dazu verleiten lassen, auf Stauden ganz zu verzichten. Denn die meisten Gartenstauden sind so bezaubernd, daß der Gartenlandschaft ohne sie ein wesentliches Element fehlen würde.

Um jedoch Fehler beim Pflanzen, bei der Pflege und der Vermehrung zu vermeiden, muß man sich erst eingehend mit Stauden befassen. Ihre Beschreibung im einzelnen und eine treffende Abbildung von der einen oder anderen Pflanze sind bei der Auswahl von großem Nutzen. Doch auch über die individuellen Ansprüche, die eine Pflanze an die Umwelt stellt, muß man sich gut informieren.

Einen schönen, harmonisch gestalteten Garten, in dem es im Frühjahr, Sommer und Herbst herrlich blüht, werden wir nur dann erhalten, wenn es uns gelingt, für die Pflanzen optimale Lebensbedingungen zu schaffen, das heißt, unter den vorhandenen Bedingungen ihnen solche Lebensräume zuzuweisen, die ihren Bedürfnissen hinsichtlich Klima, Lage und Beschaffenheit des Bodens am besten entsprechen. Dadurch erst können Pflanzengemeinschaften entstehen, die sich kraftvoll entwickeln und sich im Lauf der Zeit zu voller Schönheit entfalten.

Sträucher, Laub- und Nadelgehölze lassen sich sehr gut mit Stauden kombinieren. Häufig bilden sie den Hintergrund, von dem sich die farbenprächtigen Blüten der Stauden abheben.

Die Königskerze ist oft nur zweijährig, vermehrt sich aber an günstigen Standorten – volle Sonne, durchlässiger Boden – durch Selbstaussaat

▲ Gemswurz

Zu den beliebtesten Frühblühern unter den Stauden gehören die Gemswurz mit ihren gelben Margeritenblüten, das Tränende Herz, gut geeignet für halbschattige Lagen, und die Küchenschelle mit ihren federartigen Fruchtständen. Auch die farbenprächtigen Lupinen beleben bereits im Frühsommer den Garten, wo sie als Flächenpflanzung vor Nadelgehölzen besonders gut zur Geltung kommen. Ihnen folgen im Hochsommer die Kardendistel, eine ornamentale Staude, der unverwüstliche Felberich, der einen frischen, kräftigen Boden liebt, und die Stockrosen, die auch unter dem Namen Malven bekannt sind

▼ Tränendes Herz

Lupine ▶

Kardendistel ▲ ▲ Stockrose

▼ Küchenschelle Felberich ▼

227

▲ Blutweiderich

Stauden, mit Sommerblumen kombiniert▼

Steppenkerze ▲

Stauden und Sommerblumen können sehr wirkungsvoll auf einem Beet zusammengepflanzt werden (großes Bild). Die Steppenkerze oder Kleopatranadel liebt einen trockenen Standort. Der Blutweiderich dagegen eignet sich für feuchte Böden. Seine weidenartigen Blätter verfärben sich im Herbst rot oder gelb

Alant ▲   ▲ Bergenie

▲ Indianernessel

▲ Tigerblume

Pampasgras ▶

Eine Fülle goldgelber, strahlenförmiger Blüten bringt der Alant hervor. Er gehört zu den anspruchslosesten Stauden. Die Bergenie, eine immergrüne Pflanze, gedeiht gut an schattigen Plätzen. Die Indianernessel mit ihren farbenprächtigen, leuchtenden Blüten stammt aus den Laubwäldern Nordamerikas. Die Tigerblume, eine Zwiebelpflanze, blüht nur einen Tag. Die silbrigweißen Federblüten des zwei bis drei Meter hohen Pampasgrases zeigen jede leichte Windbewegung an. Im Winter müssen die Wurzeln der Pflanze vor Staunässe geschützt werden.

▲ Christrose

▲ Dreimasterblume

Die Christrose oder Nieswurz, ein prächtiger Winterblüher mit immergrünen, fächerförmigen Blättern, will möglichst lange ungestört am gleichen Platz bleiben. Die Dreimasterblume ist eine ausdauernde und lang blühende Staude, die sich für sonnige und halbschattige Lagen eignet.

Vor dem Hintergrund dunkelgrüner Laub- oder Nadelgehölze ist die Silberkerze mit ihren eleganten, weißen Blütenkerzen als Kontrastpflanze besonders gut geeignet. Das Sonnenauge dagegen ist eine gute Rabatten- und Schnittstaude, die einen kräftigen, frischen Boden liebt. Zu den

bekanntesten Stauden gehört der Rittersporn, dessen Blütenrispen den Garten im Sommer und Herbst beherrschen. Die Trollblume, eine reich blühende Staude, verlangt, wie der Blutweiderich, einen feuchten Standort. Im Halbschatten fühlt sich die Prachtspiere wohl

▼ Silberkerze

▼ Sonnenauge

Rittersporn ▶

▲ Trollblume

Prachtspiere ▼

▲ Geißbart

Der Geißbart ist eine prächtige, anspruchslose, langlebige Staude mit gefiedertem Laub und lockeren, cremeweißen Blütenständen. Unentbehrlich für die Bepflanzung schattiger Plätze ist die Funkie. Ihre schon gezeichneten, teilweise lebhaft gemusterten Blätter beleben tote Winkel. Orientalischer Mohn eignet sich als Gruppenpflanze für größere Staudenbeete. Die niedrigen Büsche der Kissenaster verwendet man häufig als Vorpflanzung oder als Einfassung an Wegen und Treppen

▼ Funkie

▲ Orientalischer Mohn

Kissenaster ▼

Lythrum salicaria

Macleaya cordata

Malva moschata

Meconopsis betonicifolia

Mertensia virginica

Miscanthus sinensis

Name und Beschreibung	Arten und Sorten	Pflanzanleitung	Pflege	Vermehrung	Besondere Hinweise
Lythrum (Weiderich) Schön gefärbte, lang blühende Pflanzen für feuchte und nasse Böden. Buschartig mit aufrecht stehenden Blättern und dichten Scheinähren	*L.-Salicaria*-Sorten H 1,2–1,5 m, B 45 cm; violett, rosarot, rot, Juni–September *L. virgatum* 'Rose Queen' H 60 cm, zierlich, rosa blühend	In Gruppen von Oktober bis April in feuchten Boden pflanzen, der mit organischem Dünger angereichert wurde. Sonne oder Halbschatten. Am besten auf nassem Boden in der Nähe des Wassers, gedeiht aber auch auf Beeten	Pflanzt man auf normalen Beeten, dann reichlich gießen. Abgestorbene Stengel im Herbst bis zum Boden zurückschneiden	Wurzelstockteilung von Oktober–März	Spärliche Blüte und Kümmerwuchs bei Beetpflanzen rühren im allgemeinen von Wassermangel her; tiefer und feuchter pflanzen
Macleaya (Federmohn) Prächtige Pflanzen für größere Gärten. Große, abgerundete bis herzförmige, lappig gebuchtete Blätter und 90 cm hohe, federige Blütenrispen mit winzigen Blüten	*M. cordata* 'Coral Plume' (Korallenfeder) H 1,9–2,4 m, B 0,9–1,2 m; federähnliche, korallenrote bis rosa Blüten, Juli bis September	Einzeln oder in Gruppen von Oktober–März in tiefgründigen, feuchten und nahrhaften Boden pflanzen. Sonne oder Halbschatten. Schön als Solitärpflanzen im Rasen, im Beet oder vor einer Hauswand	Bei längerer Trockenheit reichlich gießen. Untere Stengel in halber Höhe mit Reisig stützen. Verblühtes entfernen. Im Herbst alle Stengel bis zum Boden zurückschneiden	Teilung von Oktober–März; Basalstecklinge im April im Frühbeet bewurzeln lassen	Breitet sich stark durch unterirdische Ausläufer aus; brauchen viel Platz
Malva (Malve) Anspruchslose, prächtige Pflanzen mit handförmigen Blättern. Üppige Dauerblüher	*M. moschata* H 60–80 cm, B 45–60 cm; hellrosa, duftend, Juni bis September; 'Alba', weiß blühend	In Gruppen von Oktober bis März in normalen, gut durchlässigen Boden pflanzen. Auch auf schlechten, trockenen Böden langlebig. Sonnige Beete	Verblühtes entfernen, um Blütezeit zu verlängern. Im Herbst alle Stengel bis zum Boden zurückschneiden	Basalstecklinge im April; Aussaat ins Frühbeet März–April	Bei fruchtbaren, feuchten Böden zu starkes Wachstum, so daß Stützen erforderlich sind. Braune, orange oder gelbe Flecken auf den Blättern durch Rost. Erkrankte Blätter verbrennen und Pflanzen mit Triforin spritzen
Meconopsis (Scheinmohn) Ungewöhnliche Pflanzen, darunter der blaue Himalajamohn; Blüten ähnlich wie beim Mohn	*M. betonicifolia* (Blauer Himalajamohn) H 0,8–1 m, B 30–40 cm; himmelblau, Juni bis August *M. cambrica* H 30 cm, B 20 cm; orangerote, gelbe, einfache und gefüllte Blüten, Juni bis September	In Gruppen im Frühjahr in feuchten, gut durchlässigen und neutralen bis sauren Boden pflanzen, stark angereichert mit organischem Dung. Halbschatten oder Sonne, geschützt; in Staudenbeeten und Gemischtpflanzungen sowie unter Bäumen und Sträuchern	Bei Trockenheit reichlich gießen. Verblühtes regelmäßig entfernen und im Herbst alle Stengel bis zum Boden zurückschneiden. Samen sammeln.	Aussaat ins Frühbeet nach der Reife oder im September. Gekaufte Samen werden von März bis April ins Frühbeet bei 13–16° C gesät. Die Keimung erfolgt im Frühjahr langsamer	Alle *Meconopsis*-Arten sind kurzlebig; die meisten Pflanzen sterben nach einer Blüte ab. *M. cambrica* sät sich selbst aus, die anderen lassen sich aus gesammelten Samen leicht ziehen. *Meconopsis*-Arten sind mehltauanfällig
Mertensia (Blauglöckchen) Ungewöhnliche Frühjahrsblüher; in Büscheln angeordnete röhren- bis trichterförmige Glockenblüten in endständigen Trauben; hübsche blaugraue Blätter	*M. virginica* H 40 cm, B 30–45 cm; Blüten blauviolett, April–Juni	In Fünfergruppen von Oktober bis März/April in fruchtbaren Boden mit Lauberde, Torf oder Gartenkompost setzen. Feucht und halbschattig bis schattig auf Beeten oder unter Gehölzen	Bei Trockenheit Böden, welche die Feuchtigkeit schlecht halten, reichlich gießen. Verblühte Stengel abschneiden. Alle vier bis fünf Jahre teilen und umpflanzen	Teilung der fleischigen Wurzeln im Oktober oder März. Aussaat ins Frühbeet nach der Reifung des Samens. Auch durch Stecklinge	Die Pflanzen ziehen nach der Blüte von Juli bis Februar vollkommen ein. Da sie durch Hacken und Graben und durch Unkrautvernichtungsmittel beschädigt werden können, markiert man den Standort
Miscanthus (Chinaschilf) Hohes, stattliches Schmuckgras mit schilfartigen, meist übergebogenen Blättern und schönen, fedrigen Ährenrispen	*M. sinensis* H 1,5–2 m, B 0,9–1,2 m; wegen der breiten Blätter mit silbrigen oder gelben Streifen sehr dekorativ. Schönste Sorte: 'Silberfeder', H 2 m	Einzeln oder in Gruppen von März bis April in normalen, gut durchlässigen Gartenboden setzen. Sonne oder Halbschatten; bilden Schwerpunkte in Gemischtrabatten oder auf Rasenflächen	Blätter zum Trocknen im August schneiden und aufhängen. Alle abgestorbenen Stengel erst im Frühjahr bis zum Boden zurückschneiden. Blattschopf über Winter eventuell zusammenbinden	Teilung von März bis April. Beste Pflanzzeit im Frühjahr	Gelegentlich weiße Flecken auf den Blättern durch Mehltau. Befallene Blätter entfernen und Pflanzen spritzen

233

Monarda didyma

Morina longifolia

Nepeta × faassenii

Oenothera tetragona

Omphalodes cappadocica

Origanum vulgare 'Aureum'

Name und Beschreibung	Arten und Sorten	Pflanzanleitung	Pflege	Vermehrung	Besondere Hinweise
Monarda (Indianernessel) Büschelbildende Pflanzen mit pfefferminzähnlichen, aromatischen Blättern. Die in Quirlen angeordneten Blüten ziehen Schmetterlinge und Bienen an	*M.-Didyma*-Hybriden H 0,6–1,2 m, B 60 cm; scharlachrot, rosarot, rotviolett, weiß, Juli–September; schönste Sorte: 'Präriebrand', H 1,2 m, leuchtend karminrosa; 'Croftway Pink', H 1,2 m, lachsrosa	In Gruppen von Oktober bis März in feuchten, mit Dünger angereicherten Boden pflanzen. Sonnige oder halbschattige Beete, in der Nähe des Wassers, in Heidegärten oder als Unterpflanzung lichter Gehölze	Wasserdurchlässige Böden bei Trockenheit reichlich gießen. Vertragen aber auch Trockenheit. Abgestorbene Stengel im Herbst bis zum Boden zurückschneiden	Teilung der verfilzten Wurzeln Oktober–März oder durch Stecklinge	Nach einigen Jahren teilen und umpflanzen, damit die Pflanze kräftig bleibt und die Blütenstände gut stehen
Morina (Kardendistel) Langlebige, büschelbildende, immergrüne Pflanzen mit distelartigen Blättern. Dicht übereinanderstehende Quirle an beblätterten Blütenschäften	*M. longifolia* H 60–90 cm, B 45–60 cm; Blüten weiß, später rotviolett, Juni–August	Einzeln oder in Gruppen im Herbst oder Frühjahr in gut durchlässigen, mit Dünger, Kompost oder Lauberde angereicherten Boden setzen. Sonnige oder halbschattige Beete, vor Wind schützen	Abgestorbene Stengel im Herbst zurückschneiden. In kalten Gebieten Winterschutz mit Lauberde geben	Aussaat ins Frühbeet nach der Reife im September oder im April. Auch Teilung und Wurzelschnittlinge	Die Pflanzen bilden dicke Pfahlwurzeln, die eine Teilung und das Umsetzen älterer Pflanzen erschweren
Nepeta (Katzenminze) Duftende Staude mit grauen Blättern. Lang haltende, blaue Blütenähren	*N. × faassenii* H 30 cm, B 40 cm; lavendelblau, Mai–September	In Reihen oder Gruppen von Oktober–März. Wächst in jedem Boden. Sonnige Beete	Verblühte Stengel im Herbst zurückschneiden	Teilung März bis April; Basalstecklinge im April im Frühbeet bewurzeln lassen oder Aussaat	Blätter gelegentlich von Mehltau befallen
Oenothera (Nachtkerze) Zum Teil immergrüne, lang blühende Pflanzen von strauchähnlichem Charakter. Trichterblüten mit seidigen Blättern	*O. missouriensis* H 20 cm, B 40 cm; niederliegende Triebe, Blüten gelb, Juni–September *O. tetragona* H 40–60 cm, B 30 cm; gelb, Juni–September; 'Hohes Licht', H 60 cm, hellgelb, reich blühend	In Gruppen von Oktober bis März in normalen, guten Gartenboden setzen. Sonne oder Halbschatten; im Vordergrund von freiliegenden Beeten	Bei Trockenheit reichlich gießen. Abgeblühte Stengel im Herbst bis zum Boden zurückschneiden	Teilung Oktober bis März, Aussaat und Stecklinge	Bei schweren, nassen Böden Wurzelfäule möglich. In leichteren, durchlässigeren Boden umsetzen
Omphalodes (Nabelwurz) Kissenbildende Pflanzen; ausgezeichnete Bodendecker für schattige Beete und Wegeinfassungen. Blüten gleichen großen Vergißmeinnichten	*O. cappadocica* H 15–20 cm, B 30–45 cm; Blüten himmelblau, April–Juni *O. verna* H 10–15 cm, B 30 cm; blaue Blüten mit weißer Mitte, März–Mai	In Gruppen von Oktober bis März in feuchten Boden setzen, der mit organischem Dünger angereichert wurde. Halbschatten oder Schatten, unter Sträuchern und als Beeteinfassung. *O. verna* für torfreichen Boden geeignet	Bei Trockenheit gießen. Verblühtes regelmäßig entfernen, um Blütezeit zu verlängern. Alle Stengel und abgestorbenen Blätter im Herbst zurückschneiden	Durch Aussaat oder Teilung im Frühjahr oder nach der Blüte im Juli	Verbreitet sich durch Ausläufer; wenn nötig, alle drei Jahre teilen und umpflanzen, um Ausdehnung zu begrenzen
Origanum (Dost) Staude aus dem Mittelmeerraum; auch als Küchenkraut bekannt. Die hier genannte Art ist nicht ganz winterhart. Leicht verholzte Stengel und winzige rosa oder violette Röhrenblüten in doldigen Rispen	*O. vulgare* 'Aureum' H 15–30 cm, B 30 cm; Blüten blaßviolett, hauptsächlich wegen der goldfarbenen Blätter gehalten, Juli–September; 'Compactum', H 15 cm, gute Polster, rosalila *O. laevigatum* H 40 cm, B 30 cm; blaubereifte Blätter, Blüten purpurrosa, August–Oktober	In Gruppen von September–Oktober oder im März in gut durchlässigen Boden setzen. Sonniger Standort	In kalten Gebieten nach dem Abfrieren im Frühjahr bis zum Boden zurückschneiden	Teilung März bis April; Aussaat zur gleichen Zeit ins Frühbeet; am besten aber durch Stecklinge	Im allgemeinen treten keine Schwierigkeiten auf

Paeonia mlokosewitschii

Papaver orientale

Penstemon × hybridus

Phalaris arundinacea

Phlox paniculata

Name und Beschreibung	Arten und Sorten	Pflanzanleitung	Pflege	Vermehrung	Besondere Hinweise
Paeonia (Pfingstrose) Langlebige Pflanzen; eine der beliebtesten Stauden. Jeder Stengel trägt eine oder mehrere große Blüten; ausgezeichnete Schnittblume *P. officinalis* ist giftig	*P.-Lactiflora*-Hybriden (*P. chinensis*) H 0,6–1 m, B 60 cm; 'Avalanche', H 90 cm, weiß; 'Inspecteur Lavergne', H 80 cm, rot; 'La Perle', H 80 cm, zartrosa; 'Sarah Bernhardt', hellrosa, beste Schnittsorte *P. mlokosewitschii* H 60–70 cm, B 45–60 cm; einfach, gelb, April–Juni; eine seltenere Art *P. officinalis* H 60–80 cm, B 45–60 cm; 'Alba Plena', weiß, gefüllt; 'Rosea Plena', dunkelrosa; 'Rubra Plena', hellrot, Mai–Juni	In Gruppen von Oktober bis März in tiefgründigen, fruchtbaren, feuchten Boden setzen. Flachgründige Böden vorher reichlich mit organischem Dünger anreichern. Wenn nur Torf verwendet wird, gibt man etwas Volldünger zu; Wurzeln nicht zu tief setzen. Sonne oder Halbschatten	Bei Trockenheit gießen. Verblühtes entfernen und im Herbst alle Stengel bis zum Boden zurückschneiden	Teilung des fleischigen Wurzelstockes von September bis Anfang März	Pflanzen blühen nach dem Umsetzen oft erst im zweiten oder dritten Jahr. Päonienwelke zeigt sich durch Braunwerden und Absterben der Blätter und Stengel. Auch die Blütenknospen werden braun und öffnen sich nicht. Befallene Triebe abschneiden. Kleine Knospen welken im allgemeinen bei Frost oder Trockenheit. Honigpilz führt zu Weißschimmel an den Wurzeln und zum Eingehen der Pflanze. Pflanzen ausgraben und vernichten
Papaver (Mohn) Staudenmohn hat charakteristische riesige, schalenförmige Blüten und auffallende, große Samenkapseln	*P.-Orientale*-Sorten H 0,5–1 m, B 60–75 cm; 'Beauty of Livermere', dunkel blutrot; 'Catharina', lachsrosa; 'Feuerriese', ziegelrot; 'Sturmfackel', feuerrot; Mai–Juli	In Gruppen von Oktober bis März in normalen, gut durchlässigen Boden setzen. Sonnige Beete	Nach der Blüte Stengel bis zum Boden zurückschneiden; treiben vielfach wieder einen neuen Blattschopf	Teilung von März bis Anfang April; Wurzelstecklinge, im Winter ins Frühbeet	Alle zwei bis drei Jahre teilen, um Ausbreitung zu begrenzen. Sorgfältige Standortwahl erforderlich, da die Pflanzen eine große, freie Fläche brauchen. Mehltaubefall möglich
Penstemon (Bartfaden) Zum Teil kurzlebige Pflanzen mit farbenprächtigen, in langen Rispen oder Trauben angeordneten Blüten	*P. barbatus* H 90 cm, B 45 cm; rosa bis rot, Juni–September *P. × hybridus* 'Schönholzer' H 60–80 cm, B 30 cm; zinnoberrot, Juni–September	In Gruppen von März bis April in gut durchlässigen, fruchtbaren Boden pflanzen. Sonnig und geschützt in Hausnähe; in milden Klimazonen im Staudenbeet	Bei Trockenheit gießen. Verblühtes regelmäßig entfernen. Im Herbst Stengel bis zum Boden zurückschneiden und Winterschutz geben	Stecklinge aus Seitentrieben, Juli–September. Unter Glas bewurzeln und überwintern; auch Aussaat möglich	Nur in mildem Klima winterhart; wird auch dann nur etwa drei bis vier Jahre alt. Am besten jährlich aus Stecklingen neu ziehen und im Frühjahr in Beete pflanzen
Phalaris (Glanzgras) Ein mehrjähriges, sich ausbreitendes Gras mit hellgrünen, gelbgestreiften Blättern	*P. arundinacea* H 0,6–1 m, B 60 cm; Blüten grün oder rötlichviolett, Juni–Juli. Verschiedene buntblättrige, gestreifte und gefleckte Formen, wie 'Elegans', 'Picta'	Im Frühjahr in normalen, gut durchlässigen Boden pflanzen, der zuvor mit Lauberde oder Kompost angereichert wurde. Sonne oder Halbschatten	Verblühte Stengel und abgestorbene Blätter im Frühjahr bis knapp über den Boden zurückschneiden. Alle zwei bis drei Jahre ausgraben und umpflanzen	Teilung des Wurzelstocks im Frühjahr vor dem Austrieb	Breitet sich durch kriechende Ausläufer stark aus; nur für großflächige Standorte geeignet
Phlox (Flammenblume) Beliebte Beetpflanzen mit farbenprächtigen Blütendolden; Schnittblume	*P.-Paniculata*-Sorten H 0,9–1,2 m, B 45 cm; 'Aida', tief violettrot; 'Frauenlob', lachsrosa; 'Landhochzeit', hellrosa; 'Orange', leuchtend orange; 'Pax', weiß; 'Sommerfreude', rosa; 'Violetta Gloriosa', hellviolett; 'Wilhelm Kesselring', rotviolett, weißes Auge; 'Württembergia', leuchtend rosa	In Gruppen von Oktober bis März in feuchten, aber gut durchlässigen, frischen Boden pflanzen, der mit organischem Dünger angereichert ist. Sonne oder Halbschatten	Bei Trockenheit reichlich gießen, besonders in sandigen Böden. Im Herbst alle Stengel bis knapp über den Boden zurückschneiden	Teilung der Wurzelstöcke im Oktober oder März, Wurzelstecklinge Februar–März	Hängende, schwache Blüten bei Jungpflanzen werden durch Wassermangel verursacht. Ältere Pflanzen bilden viele Seitentriebe. Pflanzen können durch Älchen/ Fadenwürmer befallen werden und bilden fleckige und gelbe Blätter. Befallene Pflanzen vernichten, Boden entseuchen; anderen Standort wählen

235

	Name und Beschreibung	Arten und Sorten	Pflanzanleitung	Pflege	Vermehrung	Besondere Hinweise
Physalis franchetii	**Physalis** (Lampionblume) Auffallend sind die scharlachroten, lampionartigen Kelchhüllen und die orangefarbenen Beeren. Als Trockenblumen geeignet	*P. franchetii* H 40–60 cm, B 50 cm und mehr; Blüten unscheinbar weiß, Kelchhüllen rot, Juli–Oktober	Einzeln oder in Gruppen im Oktober oder März in normalen Gartenboden setzen. Etwas Kompost oder Torf bei sandigem oder kalkigem Boden einarbeiten. Sonne oder Halbschatten; am besten für parkähnliche Wildgärten geeignet	Bei Trockenheit gießen. Getrocknete Fruchtkelche als Winterschmuck. Alle anderen Stengel im Herbst bis zum Boden zurückschneiden	Teilung im Oktober oder März	Breitet sich durch kriechende Wurzelausläufer stark aus. Regelmäßig im Herbst rund um die Pflanze umgraben und abgetrennte Wurzelteile entfernen; andernfalls mit senkrecht im Boden vergrabenen Platten umgrenzen, um zu starke Ausbreitung zu verhindern
Physostegia virginiana	**Physostegia** (Gelenkblume) Aufrecht wachsende Pflanzen mit langen, endständigen Blütenähren. Die einzelnen Röhrenblüten bleiben in der gewünschten Stellung stehen, wenn man sie nach rechts oder links drückt	*P.-Virginiana*-Sorten H 60–90 cm, B 45–60 cm; rosarot, weiß, rotviolett, Juli–Oktober; 'Bouquet Rose', rosa; 'Summer Snow', weiße Schnittsorte; 'Vivid', rosa	In Gruppen im Oktober oder März in fruchtbaren, gut durchlässigen Boden pflanzen. Sonne oder Halbschatten, gemischte Beete oder an Teichrändern	Bei Trockenheit reichlich gießen. Im Spätherbst bis zum Boden zurückschneiden	Teilung von März bis April; nur äußere Teile neu pflanzen	Rhizome breiten sich gelegentlich, besonders bei fruchtbarem Boden, stark aus; Wuchs beschränken, indem man die Pflanze alle zwei bis drei Jahre teilt und neu pflanzt
Platycodon grandiflorum	**Platycodon** (Ballonblume) Lampionartige Knospen öffnen sich zu großen, glockenblumenähnlichen Blüten von 5–8 cm Ø	*P. grandiflorum* H 45–60 cm, B 30 cm; hellblau, rosa, weiß und halb gefüllt, Juni–September. Schönste Sorte: 'Perlmutterschale', perlmutterrosa	In Gruppen von Oktober bis März in normalen Gartenboden pflanzen. Sonne oder Halbschatten, Beetvordergrund	Abgestorbene Stengel im Herbst bis zum Boden zurückschneiden	Aussaat ins Frühbeet von März bis April. Teilung der fleischigen Wurzeln sehr schwierig	Nur drei- bis vierjährige Pflanzen teilen und neu setzen. Da die Pflanzen erst im Spätfrühjahr zu wachsen beginnen, muß der Standort gekennzeichnet werden
Podophyllum emodi	**Podophyllum** (Fußblatt) Reizvolle Pflanzen mit schildförmigen oder handförmig gelappten Blättern, häufig braun gefleckt. Die anemonenähnlichen Blüten bilden korallenrote Früchte. Bei *P. emodi* sind Rhizome und Wurzeln giftig	*P. emodi* H 30–50 cm, B 45–60 cm; blüht im Mai weiß, manchmal mit rosa Schimmer; 2,5–5 cm große, eiförmige, rote Früchte im Sommer bis Herbst	In Gruppen von Oktober bis März in normalen Boden pflanzen, der mit Dünger, Kompost oder Torf angereichert wurde. Halbschattige bis schattige, feuchte Beete	Bei Trockenheit reichlich gießen. Stengel im Herbst bis zum Boden zurückschneiden. Benötigen viel Platz, da sich Rhizome ausbreiten	Teilung von März bis April oder im August. Aussaat ins Frühbeet nach der Reife im Sommer	Bereiten im allgemeinen keine Schwierigkeiten
Polemonium × richardsonii	**Polemonium** (Jakobsleiter) Anspruchslose Pflanzen mit zarten, farnähnlichen Blättchen. Die Blüten sind trichterförmig oder flach; lange Blütezeit	*P. × richardsonii* H 40–50 cm, B 30 cm; blau, weiß, April/Mai; im Juni/Juli zweiter Blütenflor; *P. caeruleum* H 60 cm; blauviolette Blüten, Mai–Juni	In Gruppen von Oktober bis März in feuchten, aber gut durchlässigen Boden mit Gartenkompost oder Torf pflanzen. Sonne oder Halbschatten auf gemischten Beeten	Bei windigem Standort stützen. Verblühte Stengel bis zum ersten Blatt zurückschneiden. Im Herbst Stengel bis zum Boden zurückschneiden	Teilung von Oktober–März oder Aussaat ins Frühbeet nach der Reife oder von März–April	Damit die Pflanzen kräftig bleiben, alle drei Jahre teilen
Polygonatum commutatum	**Polygonatum** (Salomonssiegel) Anspruchslose Pflanzen, im allgemeinen mit blaugrauen Blättern. Hängende, weiße Röhrenblüten; auch als Schnittblumen geeignet	*P. commutatum* H 1,2 m, B 60 cm und mehr; Blätter eiförmig, Blüten weiß, zu acht am Stengel, Mai bis Juni. Wertvollste Art für große Schattenflächen; *P. verticillatum* H 60 cm, weiß mit grün, Mai–Juni; Frucht erst rot, später schwarzblau; *P. multiflorum* H 50–60 cm; grünliche, nickende Blüten, Mai–Juni	In Gruppen von September bis März in feuchten Boden pflanzen, der mit Lauberde, Gartenkompost oder verrottetem Stallmist angereichert wurde. Schattig, waldartige Umgebung	Bei längerer Trockenheit gießen. Verblühte Stengel im Frühherbst bis zum Boden zurückschneiden	Teilung des Wurzelstocks von September–März	Alle drei Jahre teilen und neu pflanzen, damit sich die Pflanze nicht zu sehr ausbreitet. Pflanzen können von der Blattwespe befallen werden, die sich von den Blättern ernährt. Alle 14 Tage mit Insektiziden spritzen

	Name und Beschreibung	Arten und Sorten	Pflanzanleitung	Pflege	Vermehrung	Besondere Hinweise
Polygonum amplexicaule	**Polygonum** (Knöterich) Sehr vielgestaltige, anspruchslose Staudengattung. Alle Arten wirken sowohl durch schöne Belaubung als auch durch reizvolle und dicht blühende Ähren und Rispen über lange Zeit	*P. affine* H 30 cm, B 60 cm und mehr; Blüten rosa, Juni–Oktober; besonders für Übergangsbeete zum Steingarten *P. amplexicaule* 'Atropurpureum' H 1 m, B 60 cm; hellrote Ähren, August–Oktober *P. bistorta* 'Superbum' H 80 cm, B 60 cm und mehr; rosafarbene Ähren, Juli bis September	In Gruppen von Oktober bis März in feuchten Boden setzen, der vorzugsweise mit Gartenkompost oder Torf angereichert wurde. Sonne oder Halbschatten. *P. affine* ist ein guter Bodendecker für Gemischtbeete. *P. amplexicaule* und *P. bistorta* für Teich- und Bachränder geeignet. *P. sachalinense* nur für große Gärten	Hohe Arten bei Trockenheit reichlich gießen. Verblühte Stengel im Herbst bis zum Boden zurückschneiden	Teilung am besten im Frühjahr oder durch Aussaat	Alle Knöterricharten wachsen kräftig und wuchern; sie bilden große Matten
Potentilla nepalensis	**Potentilla** (Fingerkraut) Diese Gattung umfaßt sowohl Sträucher als auch Stauden. Die Stauden breiten sich weit aus und haben graue oder silbrige, behaarte Blätter. Die erdbeerähnlichen Blüten sind in Büscheln angeordnet	*P.-Atrosanguinea-* und *P.-Nepalensis-*Arten H 40–50 cm, B 45–60 cm; scharlachrot, mahagonirot, orangerot, rosafarben, einfache und halbgefüllte Blüten, Juni–September	In Gruppen von Oktober bis März in normalen, gut durchlässigen Boden setzen. Im Vordergrund von sonnigen Beeten	Bei längerer Trockenheit reichlich gießen; im Herbst bis zum Boden zurückschneiden	Teilung von Oktober–März oder durch Stecklinge. Aussaat nur bei reinen Arten und Sorten	Relativ kurzlebige Pflanzen; am besten alle drei Jahre im Herbst oder Frühjahr ausgraben, teilen und neu pflanzen
Primula denticulata	**Primula** (Primel) Diese große Staudengattung ist in verschiedene Gruppen eingeteilt und reicht von der Alpenaurikel und der Schlüsselblume bis zu den empfindlichen Gewächshauspflanzen, Steingartengewächsen und Wasserpflanzen. Die hier beschriebenen Arten können auf feuchten Beeten gehalten werden	*P. × bullesiana* (*P. beesiana × P. bulleyana*) H 40 cm, B 30 cm; Pastelltöne: gelb, orange, rot *P. denticulata* (Kugelprimel) H 30 cm, B 30–45 cm; violett, rot, weiß, März–Mai *P. vialii* (Orchideenprimel) H 50 cm, Blütenähren blau und rot	In Gruppen von September–März in feuchten Boden pflanzen, der mit verrottetem Stallmist, Gartenkompost oder Lauberde angereichert wurde. Sonne oder Halbschatten, im Vordergrund von feuchten, aber nicht nassen Beeten und unter Bäumen	Bei Trockenheit reichlich gießen; Verblühtes entfernen, wenn keine Samenbildung gewünscht wird	Teilung nach der Blüte oder im Frühjahr; Aussaat nach der Reife oder im März ins Frühbeet. Keine sortenreine Vermehrung durch Samen bei den genannten Arten	Welke Blätter und spärliche Blütenbildung deuten auf Trockenheit hin. Raupen und andere Schädlinge beschädigen oft die Wurzeln. Bei abgestorbenen, schwarzen Wurzeln liegt möglicherweise Wurzelfäule vor. Den Boden entseuchen oder desinfizieren
Prunella grandiflora	**Prunella** (Braunelle) Bodendeckende und breitwüchsige Pflanze mit hübschen, aufrechten Lippenblüten	*P. grandiflora* H 20 cm, B 45 cm; violett, rosa, gelb und weiß, Juni bis September *P. × webbiana* H 20 cm, B 45 cm; hellviolett, Juni bis September	In Gruppen von Oktober bis März in etwas feuchten, normalen Gartenboden setzen. Sonne oder Halbschatten oder als Bodendecker unter Sträuchern; auch für Steingärten geeignet	Bei Trockenheit gießen; Blütenstengel nach der Blüte bis zum Boden zurückschneiden; sonst anspruchslos. Während der Blütezeit Verblühtes regelmäßig entfernen	Teilung von Oktober–März	Leicht wuchernd; Ausdehnung durch Teilung und Neupflanzung alle drei Jahre begrenzen. Selbstaussaat führt zu weiterer Verbreitung
Pulmonaria saccharata	**Pulmonaria** (Lungenkraut) Hübsche, früh blühende Pflanze mit breiten, rauhhaarigen Blättern. Trichterförmige Blüten in endständigen Wickeltrauben	*P. angustifolia* H 20–30 cm, B 30–45 cm; Blüten blau, März–Mai *P. rubra* H 25 cm, rot, mit üppigem Laub, März–Mai *P. saccharata* H 20–30 cm, B 30–45 cm; Blüten rosa bis rot, Blätter weiß gefleckt, März–Mai	In Gruppen von Herbst bis Frühjahr in fruchtbaren, feuchten Boden pflanzen. Während der Wachstumszeit mit Torf abdecken. Halbschatten bis Schatten, Beeteinfassung oder Bodendecker unter Sträuchern	Bei Trockenheit gießen. Verwelkte Stengel nach der Blüte bis zum Boden zurückschneiden	Teilung nach der Blüte oder von Oktober–März	Breitet sich rasch aus; wenn die Pflanze nicht als Bodendecker dienen soll, muß man sie alle drei Jahre teilen und umsetzen

Ranunculus acris

Rheum palmatum

Rodgersia podophylla

Rudbeckia sullivantii

Salvia nemorosa

Sanguisorba obtusa

Name und Beschreibung	Arten und Sorten	Pflanzanleitung	Pflege	Vermehrung	Besondere Hinweise
Ranunculus (Hahnenfuß) Der Staudenhahnenfuß ist eine buschige Pflanze mit weißen und gelben, gefüllten Blüten; ausgezeichnete Schnittblume und Rabattenstaude. Der Saft von *R. acris* ist giftig	*R. aconitifolius* 'Pleniflorus' (Silberhahnenfuß) H 40 cm, B 45 cm; weiß, Mai–Juni *R. acris* 'Multiplex' H 60 cm, B 45 cm; goldgelb, Juni–August	In Gruppen von Oktober bis März in jeden normalen, feuchten Gartenboden setzen. Sonne oder Halbschatten, Staudenbeete oder Gemischtrabatten, Steingärten, an Wasserrändern	An windigem Standort mit Reisig stützen. Verblühtes regelmäßig entfernen und abgeblühte Stengel im Herbst bis zum Boden zurückschneiden	Teilung von Oktober–März oder Aussaat gleich nach der Ernte	Spärliche Blüte im allgemeinen bei zu trockenem Boden; an feuchteren Standort umsetzen. Verlangen Winterschutz, da oft nicht ganz winterhart
Rheum (Rhabarber) Prächtige Pflanzen mit großen Blättern. Hohe Blütenstände mit vielen kleinen Einzelblüten	*R. palmatum* 'Tanguticum' H 1,5–2 m, B 0,9–1,2 m; Blütenstiel und Blüten scharlachrot, Mai bis Juli; Blätter mit purpurrotem Schimmer. Schönster Zierrhabarber	Von Oktober–März einzeln in fruchtbaren, feuchten, tiefgründigen Boden setzen, der zuvor mit Gartenkompost angereichert wurde. Sonne oder Halbschatten, am Wasser oder am Fuß von Steingartenanlagen	Im Frühjahr bei Frost etwas abdecken; bei Trockenheit gießen. Abgeblühte Stengel bis zum Boden zurückschneiden	Teilung der holzigen Wurzeln von Oktober bis März. Aussaat ins Freiland oder ins Frühbeet von März–April	Auf leichten, wasserdurchlässigen Böden werden wenige und kleinere Blüten hervorgebracht. Eventuell Boden abdecken, düngen und gießen
Rodgersia (Schaublatt) Langlebige, auffallende Staude mit großen, schön geformten Blättern und fedrigen Blütenrispen	*R. aesculifolia* H 1 m, B 1 m; kastanienähnliche Blätter; weiße Blütenrispen, Juli–August *R. podophylla* H 1,2 m, B 70 cm; cremefarben, Juni bis Juli; Blätter handförmig, gesägte Blattränder, Austrieb bronzefarben	Solitärstaude von Oktober–März in feuchten Boden pflanzen, der mit organischem Dünger angereichert wurde. Halbschattig und bei genügend Feuchtigkeit auch sonnig, vor allem aber windgeschützt	Bei längerer Trockenheit gießen. Verblühte Stengel im Herbst bis zum Boden zurückschneiden	Teilung der Rhizome von Oktober–März	Pflanzen wachsen gelegentlich erst nach einigen Jahren gut an; langsame Ausbreitung durch kriechende Rhizome
Rudbeckia (Sonnenhut) Große Korbblütler mit ziemlich rauhhaarigen Blättern. Die einfachen oder gefüllten Blüten halten sich lange als Schnittblumen und haben kegelig hochgewölbte Scheiben. Gehören zu den dankbarsten und am reichsten blühenden Rabatten- und Schnittstauden	*R. nitida* H 1,8–2 m, B 60–90 cm; goldgelb, einfach, Juli–Oktober; 'Herbstsonne', gelb; 'Juligold', goldgelb, gute Schnittsorte. Verschiedene andere Arten *R. sullivantii* H 70 cm, B 60 cm; goldgelbe, sternförmige Blüten, Juli–Oktober; schönste Sorte: 'Goldsturm'	Einzeln oder in Gruppen von Oktober–März in guten, feuchten Boden pflanzen. Sonne oder Halbschatten, Staudenbeete oder Gemischtrabatten. *R. nitida* eignet sich sehr gut für Hintergrundbepflanzung	Hohe Arten etwas stützen. Bei Trockenheit gießen. Verblühtes im Sommer regelmäßig entfernen, um Blütezeit zu verlängern. Alle abgestorbenen Stengel im Herbst bis zum Boden zurückschneiden	Teilung der Ausläufer treibenden Wurzelstöcke von Oktober–März; Aussaat ins Frühbeet von März bis April oder durch Stecklinge mit Wurzelhalsansatz	Welke, braune untere Blätter weisen auf Wassermangel hin
Salvia (Salbei) Eine große Gruppe von einjährigen und zweijährigen Pflanzen sowie von Stauden, Halbsträuchern und Sträuchern. Die folgenden Stauden wachsen aufrecht und bilden Scheinähren oder Scheintrauben	*S. nemorosa* H 40–50 cm, B 30–40 cm; blauviolett, Juli–Oktober; 'Mainacht', dunkelblau, unermüdlicher Dauerblüher; 'Ostfriesland', dunkelviolett, schönste Sorte	Auf jeden Fall Gruppenpflanzung von Oktober bis März in gut durchlässigen, kalkhaltigen Boden. Sonnige, gemischte Beete, besonders wirkungsvoll in der Nähe graublättriger Pflanzen	Verblühte Triebe im August sofort zurückschneiden, dann treiben sie nochmals kräftig und bringen einen Nachflor	Teilung des holzigen Wurzelstocks von Oktober–März, Aussaat ins Frühbeet von März–April oder durch Stecklinge	*S. nemorosa* bildet Büschel und sollte alle drei Jahre geteilt und umgepflanzt werden
Sanguisorba (Wiesenknopf) Ungewöhnliches Rosengewächs mit unpaarig gefiederten Blättern. Die langgestielten, aufrechten Stengel tragen dichtwalzige, ährenförmige Blütenstände	*S. obtusa* (Poterium obtusum) H 1 m, B 50 cm; Blüten dunkelrosa bis rotviolett, Juni–August	Einzeln oder in Gruppen von Oktober–März, vorzugsweise in feuchten Boden pflanzen. Gedeiht in ständig feuchtem Boden, besonders wirkungsvoll am Wasser und an Hängen. Sonne oder Halbschatten	Stengel im Herbst zurückschneiden	Teilung von Oktober–März oder durch Aussaat	Im allgemeinen keine Schwierigkeiten

	Name und Beschreibung	Arten und Sorten	Pflanzanleitung	Pflege	Vermehrung	Besondere Hinweise
Saponaria officinalis	**Saponaria** (Seifenkraut) Eine Pflanzengruppe, deren Arten sich zum Teil für Steingärten und Beete eignen. Die hier beschriebene Art hat aufrechte Stengel mit gegenständigen, elliptischen Blättern und kleinen, in Trugdolden angeordneten Pomponblüten. Sie verbreitet sich schnell durch unterirdische Ausläufer und kann wuchern	*S. officinalis* 'Plena' H 60 cm, B 40 cm und mehr; Blüten hellrosa, Mai–August *S. ocymoides* 'Splendens' H 10–20 cm; karminrosa, Juni–Juli	Einzeln oder in kleinen Gruppen von Oktober bis März in einigermaßen durchlässigen Boden setzen. Rund um die Pflanzen vertikal Platten in den Boden schieben, damit sie sich nicht zu stark ausbreiten. Sonne oder Halbschatten	Von Oktober bis November bis zum Boden zurückschneiden	Teilung etwas schwierig, besser Stecklinge im Juli/August; Aussaat bei reinen Arten	Im allgemeinen keine Schwierigkeiten
Saxifraga fortunei	**Saxifraga** (Steinbrech) Hauptsächlich kleine Gebirgspflanzen für den Steingarten, aber auch einige Beetpflanzen. Die beschriebene Art bildet Büschel mit nierenförmigen, unterseits roten Blättern und hat weiße, doldenartige Blütenrispen	*S. fortunei* (*S. cortusifolia var. fortunei*) (Herbststeinbrech) H 30 cm, B 20 cm; leuchtendweiße Sternblüten, September–Oktober. Sorte 'Rubrifolium' hat rötlichbraune Blätter und rote Blütenstengel	In Gruppen nach der Blüte, am besten aber im Frühjahr, in feuchten, aber gut entwässerten Boden mit reichlich Torf oder Lauberde pflanzen. Halbschattig, aber auch sonnig	Verblühte Triebe abschneiden	Teilung von März bis April	Bei Frühfrösten eventuell Blüten schützen. Die Sorte 'Rubrifolium' blüht früher
Scabiosa caucasica	**Scabiosa** (Skabiose) Hübsche Pflanzen mit schmalen Blättern. Als lang blühende Rabattenstauden und als Schnittblumen geschätzt	*S. caucasica* H 60–90 cm, B 45 cm; verschiedene Blautöne, außerdem weiß, Juni–September. Schönste Sorte: 'Clive Greaves', lila	In Gruppen im Herbst oder Frühjahr in gut durchlässigen, kalkhaltigen Boden setzen. Sonnige Beete	Verblühte Stengel abschneiden, um Blütezeit zu verlängern. Pflanzen im Herbst zurückschneiden. Empfindlich gegen stehende Winternässe	Teilung von März bis April, Aussaat und Stecklinge	Ab und zu Mehltaubefall
Sedum spectabile	**Sedum** (Fetthenne) Leicht wachsende, formenreiche, dickblättrige, teils polsterbildende, teils buschig wachsende Sommerblüher mit verschiedenfarbiger Belaubung und hübschen Blüten	*S. spectabile* und *S. telephium* H 30–45 cm, B 30 cm; blaugrüne Blätter, bräunlichrote bis rotviolette Blütendolden, August bis Oktober; 'Herbstfreude', schönste Sorte	In Gruppen von Oktober bis April in normalen, gut durchlässigen Gartenboden setzen. Sonnige Beete	Leichter Winterschutz erforderlich. Fruchtstände sind hübsch und können bis zum nächsten Frühjahr an der Pflanze belassen werden. Unmittelbar über den Blättern entfernen	Teilung im Herbst oder Frühjahr ist relativ einfach, und sogar kleine, unbewurzelte Stücke wachsen im allgemeinen an	Nicht auf schwere, nasse Böden pflanzen, in denen die Pflanze leicht fault
Sidalcea × cultorum	**Sidalcea** (Präriemalve) Hübsche Beetpflanze mit handförmig geteilten, glänzenden Blättern. Trichterförmige, malvenähnliche Blüten in schlanken, ährenförmigen Trauben	*S. × cultorum* H 70–80 cm, B 45 cm; Juni–September; 'Brillant', karminrot; 'Elsie Heugh', rosa	In Gruppen von Oktober bis März in fruchtbaren, gut durchlässigen Boden pflanzen. Sonne oder Halbschatten	In windigen Lagen etwas stützen. Abgeblühte Stengel bis auf 30 cm zurückschneiden, um Zweitblüte zu fördern. Im Herbst alle Stengel bis zum Boden zurückschneiden	Teilung von Oktober–März	Niedriger Wuchs und spärliche Blütenbildung ist auf zu heiße, trockene Böden zurückzuführen; an feuchtere Stelle setzen und den Winter über abdecken
Solidago × hybrida	**Solidago** (Goldrute) Anspruchslose und prächtige Beetpflanze mit schmalen, weidenähnlichen Blättern. Die gefiederten Blütenstände sind lebhaft gefärbt und eignen sich als Schnittblumen. Es werden eine Anzahl von Gartenhybriden, einschließlich Zwergformen, angeboten	*S. × hybrida* H 60–90 cm; B 30–60 cm; 'Strahlenkrone', gelb, säulenförmig, H 60 cm; 'Golden Shower', gelb, locker überhängend, H 80 cm. Weitere Sorten in verschiedenen Gelbtönen, Juli–September	In Gruppen von Oktober bis März in gut durchlässigen, normalen Gartenboden pflanzen. Sonne oder Halbschatten, Staudenbeete oder Gemischtrabatten	Bei windigem Standort etwas stützen. Bei Trockenheit, besonders auf leichten Böden, gießen. Abgeblühte Stengel im Herbst oder Winter bis zum Boden zurückschneiden	Teilung von Oktober–März	Kräftige Stengel und schöne Blütenstände erhält man, wenn man die Pflanze alle zwei bis drei Jahre teilt und umpflanzt. Die Blätter können im Herbst von Mehltau befallen werden

	Name und Beschreibung	Arten und Sorten	Pflanzanleitung	Pflege	Vermehrung	Besondere Hinweise
Stachys lanata	**Stachys** (Ziest) Meist buschige, aufrechte, teils Ausläufer treibende Pflanzen mit gegenständigen Blättern und Blütenquirlen in endständigen Ähren. *Stachys lanata* wird hauptsächlich wegen der ausdauernden, silbrigen Blätter gepflanzt	*S. grandiflora* 'Superba' H 40 cm, B 45 cm; purpurrosa, Juni bis August *S. lanata* H 30 cm, B 45 cm; Blüten violett, Juni–Juli	In Gruppen von Oktober bis März in normalen, gut durchlässigen Boden setzen. Sonnige oder halbschattige Beete. *S. lanata* ist auch als Einfassung von Beeten oder als Bodendecker an trockenen Standorten geeignet	Blütenstengel von *S. grandiflora* nach der Blüte oder im Herbst zurückschneiden	Teilung von Oktober–März	*S. lanata* ist nicht ganz winterhart und überlebt selten lange auf kalten, nassen Böden oder in ungeschützten Lagen
Stokesia laevis	**Stokesia** (Kornblumenaster) Halb immergrüne Pflanzen mit aufrechten, kornblumenartigen Blüten; lange Blütezeit. Als Rabatten- und Schnittstaude geeignet	*S. laevis* H 30–40 cm, B 40 cm; verschiedene Blau- und Violettöne, Juli–Oktober	In Gruppen von Oktober bis April in leichten oder gut durchlässigen, sandig-lehmigen Boden setzen. Sonnige, geschützte Beete; dort kann die Blüte bis in den November andauern	Bei Trockenheit gießen. Verblühtes regelmäßig entfernen. Anfang des Winters alle abgestorbenen Stengel bis zum Boden zurückschneiden	Teilung oder Aussaat ins Frühbeet oder Gewächshaus im Frühjahr	Pflanzen sind gegen kalte Staunässe empfindlich. In kalten Gebieten Blätter und oberirdische Pflanzenteile abdecken. Sonst Pflanzen im Oktober ausgraben und eintopfen, unter Glas überwintern lassen und im April wieder auspflanzen
Symphytum peregrinum	**Symphytum** (Beinwell) Ziemlich robuste Pflanze mit borstig-behaarten, derben Blättern; einige Arten wachsen hoch und haben hübsche Röhrenblüten, andere eignen sich als Bodendecker	*S. grandiflorum* H 20–30 cm, B 60 cm und mehr; Blüten gelb, Knospen mit roten Spitzen, März bis Juni. Eignet sich als Bodendecker zwischen Sträuchern *S. peregrinum* H 0,8–1,2 m, B 60–90 cm; leuchtend blau bis violett, Juli–August	Einzeln oder in kleinen Gruppen von Oktober bis März in feuchten Boden setzen	Stengel nach der Blüte zurückschneiden. Man kann auch die Blütentriebe zurückschneiden, damit sich mehr Blätter bilden	Teilung von Oktober–März oder Wurzelstecklinge	Im allgemeinen keine Schwierigkeiten
Tellima grandiflora	**Tellima** (Falsche Alraunwurzel) Büschelbildende, anspruchslose Pflanzen mit hübschen, manchmal violett getönten Blättern und kleinen, in Trauben angeordneten Blüten. Wachsen gut, verwildern aber leicht	*T. grandiflora* H 40–50 cm, B 45 cm; Blüten unscheinbar grünlich, im Verblühen rosa bis rot, April bis Juni	In Gruppen von Oktober bis April in normalen Gartenboden pflanzen. Halbschatten bis Schatten auf Beeten und in parkähnlichen Gärten; hübscher Bodendecker unter hohen Sträuchern und Bäumen	Blütenstände nach dem Verblühen abschneiden	Teilung Oktober bis April oder Aussaat	Die Pflanze wächst zwar am besten im Halbschatten, ist aber anpassungsfähig und gedeiht auch an sonnigen oder sehr schattigen, trockenen Standorten
Thalictrum aquilegifolium	**Thalictrum** (Wiesenraute) Die graugrünen und blaugrauen Blätter ähneln dem Haarfarn; die in großen, lockeren Doldenrispen angeordneten winzigen Blüten eignen sich als Schnittblumen	*T. aquilegifolium* H 1 m, B 60 cm; hell- bis dunkelviolett, Mai–Juli *T. dipterocarpum* H 1,2 m, B 60 cm; hellblau bis violett, Juni–August *T. flavum* H 1 m, B 60 cm; gelb, Juni–August	In Gruppen von Oktober bis März in feuchten, mäßig sauren Boden setzen, der mit organischem Dünger angereichert wurde. Sonne oder Halbschatten, Hintergrund in Beeten oder zwischen Sträuchern	Bei Trockenheit reichlich gießen. Abgestorbene Stengel im Herbst bis zum Boden zurückschneiden	Teilung Oktober bis März oder Samen	Wächst gelegentlich schwer an; nimmt Störung der Wurzeln übel und sollte nur, wenn absolut nötig, ausgegraben und geteilt werden. In tiefem Schatten und an trockenen Standorten verlausen die Pflanzen leicht
Thermopsis fabacea	**Thermopsis** (Fuchsbohne) Die Pflanze ähnelt der Lupine und hat blaugrüne, dreizählige Blätter. Hohe, aufrechte Ähren mit wickenähnlichen Blüten bilden sich Anfang des Sommers	*T. fabacea* H 50 cm, B 60 cm und mehr; Blüten gelb, Mai–Juli; manchmal Zweitblüte im September	In Gruppen von Oktober bis April in gut durchlässigen, normalen Gartenboden setzen. Sonne oder Halbschatten, in Beeten oder zwischen Sträuchern	In windigen Lagen mit Reisig stützen. Sofort nach der Blüte bis über dem Boden zurückschneiden, um Zweitblüte zu begünstigen. Abgeblühte Stengel im Spätherbst bis zum Boden zurückschneiden	Teilung März bis April; Aussaat im Frühjahr unter Glas	Im allgemeinen keine Schwierigkeiten

	Name und Beschreibung	Arten und Sorten	Pflanzanleitung	Pflege	Vermehrung	Besondere Hinweise
Tiarella cordifolia	**Tiarella** (Schaumblüte) Sich ausbreitende Pflanzen, die als Bodendecker sehr geeignet sind. Die genannten Arten haben behaarte, ahornähnliche Blätter und zarte, lockere, in Wickeln zusammengesetzte Blütentrauben	*T. cordifolia* H 20 cm, B 60 cm und mehr; Blüten weiß, niederliegend, April–Juni *T. wherryi* H 30 cm, B 30 cm; Blüten cremeweiß, Mai–Juli; nicht wuchernd, braun gezeichnete Blätter	In Gruppen oder als Flächenpflanzung von Oktober–März in feuchten, aber lockeren Humusboden setzen. Halbschatten ist am besten, doch gedeihen die Pflanzen auch in der Sonne	Keine besondere Pflege nötig; abgeblühte Stengel können entfernt werden	Teilung Oktober bis März oder Aussaat	Keine Schwierigkeiten
Tradescantia × andersoniana	**Tradescantia** (Dreimasterblume) Diese Pflanzengattung umfaßt im wesentlichen frostempfindliche Stauden, die meist als Zimmerpflanzen gehalten werden. Eine ausdauernde und lang blühende Staude mit grasähnlichen, in Büscheln angeordneten Blättern und tief schönen, dreizähligen Blüten wird für Staudenbeete und Gemischtrabatten verwendet	*T. × andersoniana* H 40–50 cm, B 45 cm; 'Zwanenburg Blue', dunkelblau, früh; 'Karminglut', karminrot, mittel; 'J. C. Weguelin', hellblau, spät; Mai–September	In Gruppen von Oktober bis April in mäßig feuchten, fruchtbaren Boden setzen. Sonne oder Halbschatten; Staudenbeete und Gemischtrabatten	Relativ anspruchslos. Abgestorbene Triebe im Herbst bis zum Boden zurückschneiden	Teilung Oktober bis April. Aussaat ergibt keine reinen Farbtöne	Junge Triebe werden, besonders auf feuchten Böden, von Schnecken angefressen; Schneckenkorn auslegen
Trillium grandiflorum	**Trillium** (Dreiblatt) Schattenliebende Waldpflanze mit dreiteiligen Blättern, die endständig auf einem glatten, aufrechten Stengel sitzen. In der Mitte jedes Blattbündels erscheint eine dreiteilige Blüte	*T. erectum* H 30 cm, B 30–60 cm; Blüten aufrecht, bräunlichrot oder grünlichrot, unangenehm riechend, April–Mai *T. grandiflorum* H 30 cm, B 30–60 cm; Blüten weiß bis rosa, April–Mai; schönste Art *T. sessile* H 30–40 cm, B 30–45 cm; blutrot bis grünlich mit purpurnem Fleck, April–Mai	Einzeln oder in kleinen Gruppen (im Schatten lichter Gehölze) in feuchten Boden setzen, den man mit reichlich Lauberde oder Gartenkompost anreichert; Spätsommer bis März. Halbschatten oder Sonne bei feuchten Böden	Jedes Frühjahr mit etwas Lauberde oder Torf abdecken	Teilung der fleischigen Wurzeln nur beschränkt möglich, nachdem die Blätter abgestorben sind; Aussaat nach der Reife ins Frühbeet; Keimung oft erst nach einem Jahr. Sämlinge blühen frühestens nach fünf Jahren. Kaum Samen erhältlich	Gelegentlich werden die Pflanzen von Jahr zu Jahr schwächer und blühen nicht mehr; die Hauptursachen sind schlechter, trockener Boden und Wurzelfäule. Wenn Blätter absterben, Pflanze ausgraben und in humusreiche Erde umsetzen. Bei Wurzelfäule befallene Stellen mit scharfem Messer abschneiden
Trollius × cultorum	**Trollius** (Trollblume) Prächtige Blume, ähnlich der Butterblume, mit runden, tief eingeschnittenen Blättern. Die großen Blüten eignen sich als Schnittblumen. Alle Gartenpflanzen sind Hybriden	*T. chinensis* H 0,8–1 m; 'Golden Queen', orange, Juni *T. × cultorum* H 60–90 cm, B 30–45 cm; 'Earliest of All', hellorange; 'Goldquelle', gelb; 'Orange Globe', hellorange, Mai bis Juli	In Gruppen von Oktober bis April in tiefgründigen, feuchten Boden setzen. Sonne oder Halbschatten, feuchte Beete, Moorgärten oder Wasserränder	Bei Trockenheit reichlich gießen. Abgeblühtes bis zum Ansatz zurückschneiden, um Zweitblüte zu begünstigen. Alle abgestorbenen Stengel im Herbst bis zum Boden zurückschneiden	Teilung der Wurzelstöcke von Oktober–April; Aussaat ins Frühbeet September–März; nur bei reinen Arten und Sorten	Braune und welke Blätter und schlechte Blütenbildung auf leichten, schnell austrocknenden Böden; tiefer einpflanzen, damit die Wurzeln feucht bleiben. Reichlich verrotteten Stallmist, Gartenkompost oder Torf untermischen
Veratrum nigrum	**Veratrum** (Germer) Prächtige Pflanzen mit großen Blättern, die besonders in der Jugend stark scheidig und gefaltet sind. Viele kleine Blüten in festen, unregelmäßigen Rispen. Wurzeln, Stengel und Blätter sind sehr giftig	*V. nigrum* H 1–1,2 m, B 60–90 cm; schwarzviolett, Juni–August	Einzeln von Oktober bis März in feuchten, fruchtbaren, tiefgründigen Boden setzen. Halbschatten oder Sonne; Schwerpunkt auf Beeten oder zwischen in großem Abstand gesetzten Bäumen	Bei Trockenheit besonders Jungpflanzen gießen. Abgestorbene Stengel im Herbst bis zum Boden zurückschneiden	Teilung des Wurzelstocks von Oktober–März	Die Pflanze ist giftig!

	Name und Beschreibung	Arten und Sorten	Pflanzanleitung	Pflege	Vermehrung	Besondere Hinweise
Verbascum bombyciferum	**Verbascum** (Königskerze) Ornamentale Stauden mit großen Blattrosetten und dekorativen, ährig-rispigen Blütenständen	*V. bombyciferum* H 1–1,8 m, B 45–60 cm; zweijährige Art mit silberfilzig behaarten Blättern; Blüten schwefelgelb, Juni–August *V. × hybridum* in Sorten mit verschiedenen Höhen und Farben *V. olympicum* H 1,5–2,5 m, B 60–90 cm; grauweiß filzig behaarte Blätter; Blüten gelb mit violettem Mittelpunkt, Juni–September; blüht oft erst im zweiten oder dritten Jahr; stirbt nach der Blüte ab	In Gruppen von März bis Mai in gut durchlässigen, sandigen Boden setzen. Sonnige Beete, Geröllböden; gut zusammmen mit Steppenpflanzen	In windigen Lagen mit Stöcken abstützen. Verblühte Stengel unmittelbar unter dem Ansatz des Blütenstands abschneiden, damit sich neue Blüten bilden. Im Herbst alle Stengel bis über den Boden zurückschneiden	Wurzelschnittlinge oder Nebenrosetten Februar bis März im Frühbeet bewurzeln lassen; Aussaat unter Glas im Februar bei 13° C (die genannten Sorten kommen bei Aussaat nicht sortenrein wieder). Manche Arten säen sich am Standort selbst aus	Schwächlicher Wuchs bei zu nahrhaften Böden und im Schatten; am besten auf trockenen, kalkhaltigen Böden. Raupen können Blätter und Blüten anfressen; Mehltaubefall möglich
Vernonia crinita	**Vernonia** (Vernonie) Im wesentlichen robuste Sträucher und hohe, buschbildende Stauden, deren Blüten eine Mischung zwischen Kornblume und Aster darstellen. Die beschriebene Art bildet Büschel von aufrechten Stengeln mit schmalen, dunkelgrünen Blättern	*V. crinita* H 1,5–2,5 m, B 45–75 cm; Blüten violett, August–Oktober	Einzeln oder in Gruppen von Oktober–März in ausreichend feuchten Boden setzen. Sonne oder Halbschatten	Stengel im November bis über den Boden zurückschneiden	Teilung Oktober bis März oder durch Aussaat	Im allgemeinen keine Schwierigkeiten
Veronica spicata	**Veronica** (Ehrenpreis) Eine große Gruppe vielgestaltiger Einjahrespflanzen und Stauden verschiedener Höhe. Die hier beschriebenen Beetpflanzen bilden Büschel oder Kissen, haben schmale oder ovale, manchmal glänzende Blätter. Blüten in spitz zulaufenden, ährigen Trauben	*V. gentianoides* H 50 cm, B 30 cm; hellblau, Mai–Juni, manchmal später *V. longifolia* H 0,8–1,2 m; blaue Kerzenblüten, Juli bis September *V. spicata* H 30–45 cm, B 20–30 cm; verschiedene Blau-, Weiß- und Rosatöne, Juni–August *V. virginica* H 1,2–1,8 m, B 45 cm; hellblau, weiß, rosa, Juli–September	In Gruppen von Oktober bis März in gut durchlässigen, aber nicht zu leichten Boden pflanzen, der mit Lauberde oder Gartenkompost angereichert wurde. Sonne oder Halbschatten. *V. virginica* und *V. longifolia* bilden einen schönen Hintergrund für Beete oder lassen sich zwischen Sträucher pflanzen	Bei Trockenheit gießen; hohe Arten abstützen. Verwelkte Blütenstände am Ansatz zurückschneiden, um weitere Blütenbildung zu fördern. Im Herbst alle Stengel bis über den Boden zurückschneiden	Teilung von Oktober–März, Stecklinge und Aussaat	Auf nassen Böden kann *V. spicata* im Winter absterben. Alle Ehrenpreisarten werden leicht von Mehltau befallen; mit Benomyl oder Triforin spritzen
Viola cornuta	**Viola** (Veilchen, Stiefmütterchen) Wenige Veilchen und Stiefmütterchen eignen sich als Beetpflanzen. Viele Arten halten sich nur kurz; man verwendet sie besser für Rabatten. Die beschriebene Art ist aber ziemlich langlebig	*V. cornuta* (Hornveilchen) H 15–25 cm, B 20–30 cm; verschiedene Sorten in Blau, Violett, Gelb und Weiß, Mai bis August und später	In Gruppen von September–Oktober oder im März in gut durchlässigen, leicht humosen Boden setzen. Sonne oder Halbschatten, im Vordergrund von Beeten oder als Bodendecker unter Sträuchern	Bei Trockenheit gießen. Verblühtes regelmäßig entfernen, um Blütezeit zu verlängern. Alle zwei bis drei Jahre teilen und umpflanzen	Teilung von September–März; Basalstecklinge im Juli im Frühbeet; sät sich oft selbst aus	Veilchenkrankheit zeigt sich als erstes durch Vergilben der Blätter, und anschließend verfault die ganze Pflanze. Befallene Pflanzen vernichten und übrige Pflanzen umsetzen. Eine Virusinfektion kann zu fleckigen und verkrüppelten Blättern und Pflanzen führen. Alle befallenen Pflanzen verbrennen

Ein- und zweijährige Pflanzen

Soll der Garten möglichst bald in bunten Farben leuchten, setzt man ein- und zweijährige Blumen ein. Sie blühen länger als viele andere Pflanzen und sind gute „Lückenfüller"

Fast jedes Fleckchen Erde kann in wenigen Wochen oder Monaten in ein Blütenmeer verwandelt werden, wenn man einjährige Blumen sät.

Als einjährige Blumen bezeichnet man Pflanzen, die von Frühjahr bis Herbst heranwachsen, blühen, Samen bilden und absterben. Viele dieser Blumen blühen länger als die sonst üblichen Gartenstauden. Beim Anlegen eines neuen Gartens sind sie eine unschätzbare Hilfe. Mit ihnen kann man Blumenbeete füllen oder leuchtende Farbtupfer zwischen Sträuchern oder mehrjährigen Pflanzen setzen.

Einjährige Blumen sind leicht zu pflegen und in vielen Farben und Höhen zu haben, von Zwergpflanzen bis zu Kletterpflanzen, die Zäune schnell mit Blüten überdekken. Ähnlich wie die einjährigen Blumen wachsen die zweijährigen in einem Jahr heran; im nächsten Jahr blühen sie und sterben dann ab. Zu den beliebtesten zweijährigen Pflanzen gehört der Goldlack. Er ist eigentlich eine kurzlebige, mehrjährige Pflanze, blüht aber nach dem zweiten Jahr nur noch spärlich.

Einjährige Sommerblumen sind normalerweise in unserem Klima nicht winterhart. In klimabegünstigten Gebieten können aber einige von ihnen bereits im Herbst ausgesät werden. Sie überwintern als Sämlinge auf den Beeten, treiben im Frühjahr schnell aus und blühen vergleichsweise früh. Dazu zählen die Clarkie, der Goldmohn, die Atlasblume sowie der einjährige Rittersporn.

In der Regel werden aber die einjährigen Sommerblumen erst im Winter, Spätwinter oder Frühjahr ausgesät. Die Zeit der Aussaat hängt ab von der Entwicklungszeit und den jeweiligen Eigenschaften der Pflanze sowie von ihren Ansprüchen an das Klima. Frostempfindliche Einjahresblumen mit langer Anzuchtzeit werden bereits Anfang des Jahres (Januar, Februar) unter Glas ausgesät, später pikiert und schließlich ins Freiland gepflanzt. Dazu zählen Leberbalsam, Begonie und Petunie. Etwas später folgen das Löwenmaul, *Nemesia*, Salvie, Studentenblume, Zinnie u. a.

Für die Aussaat dieser Blumen eignet sich am besten ein Kleingewächshaus. Es genügt aber auch

Thuja occidentalis 'Rheingold'

Nigella

Coreopsis

Eschscholtzia

Ein Beet mit einjährigen Pflanzen kommt dann besonders gut zur Geltung, wenn es vor Sträuchern oder Bäumen mit dichtem Wuchs und fest umrissenen Formen angelegt ist. Besonders gut eignen sich Koniferen, beispielsweise Thuja, als Hintergrund für leuchtende Blüten

ein Frühbeetkasten oder ein sonniges Zimmerfenster. In mildem Klima können manche der frostempfindlichen Gattungen etwas später direkt ins Freiland gesät und durch Folientunnel geschützt werden. Sehr viele Sommerblumen, die witterungsunempfindlicher sind, werden im März, April oder Mai direkt auf Freilandbeete gesät. Man beachte in jedem Fall die Anweisungen auf den Samentüten, in den Katalogen bzw. die nachfolgenden Hinweise in diesem Buch. Gewöhnlich sind die zur Keimung erforderlichen Mindesttemperaturen angegeben.

Zu den zweijährigen Pflanzen, die sozusagen die Lücke zwischen den einjährigen und mehrjährigen füllen, gehören die Bartnelken, Stiefmütterchen, Glockenblumen und der Goldlack. Man sät sie im allgemeinen im Spätfrühjahr oder Frühsommer ins Frühbeet und pflanzt sie im Herbst ins Freie. Sie blühen dann im nächsten Jahr. Damit sie gut überwintern, müssen sie vor dem ersten Frost gut angewachsen sein.

Viele der ein- und zweijährigen Pflanzen findet man schon seit vielen Generationen in Gärten, etwa Levkoje, Sonnenblume, Löwenmaul, Rittersporn, Schleifenblume und viele andere.

Im Lauf der Zeit wurden aus ihnen viele Sorten gezüchtet, so daß dem Hobbygärtner heute ein großes Angebot zur Verfügung steht. Einer der größten Fortschritte in jüngster Zeit war die Züchtung von F$_1$- und F$_2$-Hybriden, wobei man zunächst durch sorgfältige Auswahl und zum Teil durch Inzucht zwei Elternstämme heranzog, bis in jedem von beiden die erwünschten Eigenschaften rein herausgezüchtet waren, um sie dann durch Kreuzung zu kombinieren.

Da sich dieses Zuchtverfahren über mehrere Pflanzengenerationen erstreckt, ist der Gartenfreund gelegentlich vom relativ hohen Preis der Samen überrascht.

Die erste Generation aus Samen von F$_1$-Hybriden ist jedoch im Vergleich mit anderen, normalen Sorten so viel besser, daß sich der Kauf trotz des relativ hohen Preises lohnt. Eine eigene Samennachzucht ist nicht möglich, da sich die Sorten aufspalten und nicht mehr die gewünschte Qualität liefern. F$_2$-Hybriden sind einwandfrei in der Qualität. Da es sich jedoch bereits wieder um Kreuzungen handelt, spalten die Blütenfarben auf. Die Pflanzen blühen also beispielsweise rot, rosa und weiß. Außer als Beetpflanzen und zu Einfassungen können einjährige Pflanzen auch für verschiedene andere Zwecke verwendet werden. Wer Schnittblumen liebt oder auch im Winter einen Hauch von Sommer im Haus haben möchte, kann Strohblumen wie Meerlavendel, Strandnelke und Sonnenflügel sowie Schmuckgräser ziehen. Alle eignen sich ideal zum Trocknen und für Blumenarrangements.

Einjährige Kletterpflanzen, wie Prunkwinde und Kapuzinerkresse, bringen eine weitere Dimension ins Spiel, die Senkrechte, die für einen Garten so wichtig ist.

Für Balkonkästen, Kübel und Hängekörbe werden viele geeignete einjährige und zweijährige Pflanzen, wie Ringelblume, Petunie, Goldlack und Hängelobelien, angeboten.

Für die „wilde" Ecke im hintersten Gartenwinkel eignen sich ebenfalls einjährige und mehrjährige Pflanzen, wie Kapuzinerkresse, Isländischer Mohn, Vergißmeinnicht, Hainblume und Ringelblume, die sich zum Teil jedes Jahr selbst aussäen, fröhliche Farbtupfer liefern und praktisch keine Arbeit machen.

Außerdem gibt es noch die leicht zu pflegenden Pflanzen, wie Reseda, Tabak, Levkojen, Goldlack und Veilchen.

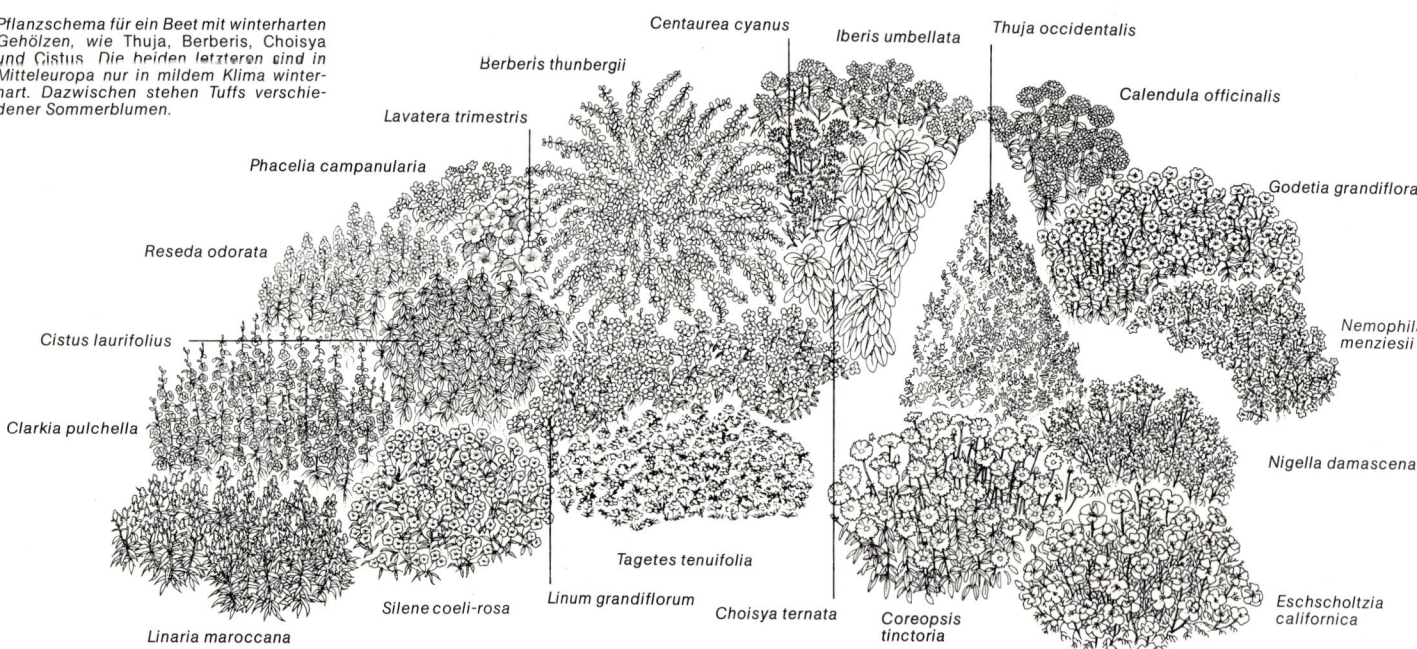

Pflanzschema für ein Beet mit winterharten Gehölzen, wie Thuja, Berberis, Choisya und Cistus. Die beiden letzteren sind in Mitteleuropa nur in mildem Klima winterhart. Dazwischen stehen Tuffs verschiedener Sommerblumen.

Centaurea cyanus
Iberis umbellata
Thuja occidentalis
Berberis thunbergii
Calendula officinalis
Lavatera trimestris
Phacelia campanularia
Godetia grandiflora
Reseda odorata
Cistus laurifolius
Nemophila menziesii
Clarkia pulchella
Nigella damascena
Tagetes tenuifolia
Linum grandiflorum
Choisya ternata
Eschscholtzia californica
Silene coeli-rosa
Coreopsis tinctoria
Linaria maroccana

Erfolgreiche Freilandaussaat

Vorbereitung von Boden und Saatbeet

Sobald einjährige Pflanzen verwelken – so zwischen Ende September und Mitte Oktober –, reißt man sie aus und wirft sie auf den Kompost. Ist das Beet abgeräumt, verteilt man auf dem Boden eine bis 5 cm dicke Schicht Torf, Mist oder Gartenkompost. Leichter, trockener Boden hält so besser die Feuchtigkeit, während schwerer Boden gelockert und außerdem mit Nährstoffen angereichert wird.

Nun wird der Boden mit dem Humus mit einer Grabgabel oder einem Spaten umgegraben. Man läßt den Boden grobschollig liegen, damit der Winterfrost tief eindringen und so den Boden aufbrechen kann. Man nennt dies die Frostgare. Mäßig feuchter Boden läßt sich leichter umgraben. Wenn der Boden also trocken und hart ist, kann man einige Tage vorher gründlich gießen; sollte er nach Regenfällen zu naß und klebrig sein, läßt man ihn einige Tage trocknen.

Sobald der Boden im Frühjahr genügend abgetrocknet ist, lockert man die oberste Schicht nur flach mit einem Krail. Dabei achte man auf Drahtwürmer (gegliederte, gelblichbraune, wurmähnliche Larven des Schnellkäfers) und Engerlinge. Beide ernähren sich von Pflanzenwurzeln. Man bekämpft sie mit Diazinon-Streumitteln. Eine Behandlung sollte ausreichen. Sie wird vor der Saat oder Pflanzung vorgenommen.

Unmittelbar vor der Aussaat streut man einen organisch-mineralischen oder einen mineralischen Volldünger aus, den man gleichmäßig auf dem Boden verteilt. Man nimmt ungefähr 50–100 g/m². Anschließend harkt man den Dünger leicht etwa 2 cm tief unter. Schließlich wird der Boden noch einmal geharkt, bis die Oberfläche feinkrümelig und eben ist.

UNTERGRABEN DES DÜNGERS

Organischen Dünger im Herbst untergraben. Den Boden zum Durchfrieren grobschollig liegenlassen

Wie und wann ausgesät wird

Vor der Aussaat einjähriger Pflanzen ins Freie für eine Einfassung oder ein Beet macht man sich einen Plan, damit man die verschiedenen Arten nach Farbe und Höhe hübsch anordnen kann.

Die größten Arten kommen nach hinten oder bei einem von Rasen umgebenen Beet in die Mitte, die niedrigsten nach vorn.

Im Fachhandel gekaufter Samen ist dem selbstgezogenen vorzuziehen. Wenn Sie Saatgut mit der Post bestellen, geben Sie Ihre Bestellung so früh wie möglich auf, damit Sie das Gewünschte mit Sicherheit rechtzeitig bekommen. Die meisten Saatgutfirmen geben ihre Kataloge im November und Dezember heraus.

Einjährige Pflanzen werden von März bis Mai ins Freiland ausgesät, damit die Blumen nicht zu spät im Sommer blühen. Besonders harte Arten können bereits Anfang September ausgesät werden und blühen im folgenden Frühsommer.

Ist der Boden trocken, muß man am Tag vor der Aussaat gründlich gießen. Um schweren Boden zu lockern, harkt man einen Eimer feinen Torf pro Quadratmeter etwa 10–12 cm tief unter.

Mit einer Ziehhacke kennzeichnet man die Saatflächen nach dem vorher angelegten Plan. Gesät wird entweder in Reihen oder Furchen, einzeln oder in Horsten oder breitwürfig über die gesamte Fläche.

Die Reihenaussaat hat den Vorteil, daß man zwischen den Sämlingen besser jäten kann als zwischen unregelmäßig wachsenden Pflanzen. Außerdem liegen alle Samenkörner gleich tief. Zur Vorbereitung der Reihensaat zieht man mit einer Hacke oder der Kante einer Harke eine 0,5–1 cm tiefe Furche. Darin verteilt man die Samen gleichmäßig und sparsam, damit man später möglichst wenig ausdünnen (vereinzeln) muß.

Der Abstand der einzelnen Saatreihen hängt von der Pflanzengröße ab. Im allgemeinen sollten die Reihen bei hohen, schmalen Pflanzen etwa eine halbe Pflanzenhöhe voneinander entfernt sein; Reihen für kleine, buschige Pflanzen sollten den Abstand einer vollen Pflanzenhöhe haben. Die Höhe der ausgewachsenen Pflanze ist auf dem Samenpäckchen angegeben.

Nach der Aussaat in Reihen deckt man die Samen mit Erde ab. Das kann von Hand, mit der Ziehhacke oder dem Rechen geschehen. Anschließend drückt man den Boden mit der flachen Seite der Hacke oder Harke vorsichtig fest. Wird breitwürfig gesät, harkt man die Samen sorgfältig unter, so daß sie von Erde bedeckt sind. Bei trockener Witterung müssen alle eingesäten Flächen mit einem Rasensprenger oder einem feinen Strahl aus dem Schlauch gründlich angefeuchtet werden, damit das Wasser tief eindringt. Dies wiederholt man regelmäßig nach Bedarf.

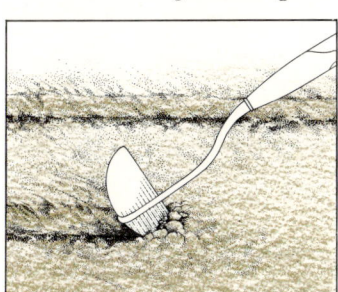

1. Mit der Ziehhacke Saatfurchen von 0,5 bis 1 cm Tiefe ziehen

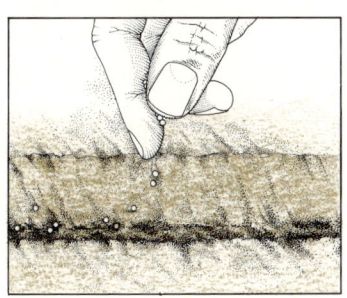

2. Wenn man dünn aussät, braucht man später nicht zu vereinzeln

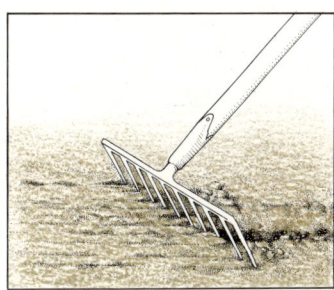

3. Die Samenkörner abdecken, indem man die Furche leicht zuharkt

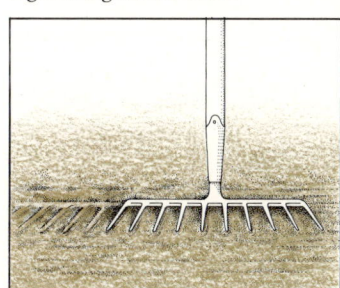

4. Den Boden mit der Harke etwas andrükken. Bei Trockenheit gießen

245

Besondere Arten von Saatgut

Neben den lose in Tüten verkauften Samen wird Saatgut heute auch als Pillensamen oder als Saatband angeboten. Beide ermöglichen ein einfaches und genaues Säen. Pillensamen, auch pilliertes Saatgut genannt, sind von einer Hülle, die sich zersetzt, umgeben. Dadurch sind die einzelnen Körner größer und leichter zu fassen und können in genaueren Abständen gesät werden. Man braucht dann später nicht auszudünnen. Viele Samen werden heute pilliert verkauft, z. B. das Steinkraut und das Löwenmaul.

Schutz der Sämlinge vor Vögeln und Katzen

Viele Vögel fressen gern Sämlinge ab. Jungpflanzen schützt man am besten, indem man rund um das Beet niedrige Stöcke in den Boden steckt, schwarzen Faden anbindet und ihn kreuz und quer über das Beet zieht. Man kann über die Pfähle auch ein grünes Netz oder Kunststoffgespinste spannen, wie sie in Gartenfachgeschäften zu haben sind.

Ein Saatband besteht aus zwei Papier- oder Kunststoffstreifen, zwischen denen Samenkörner in gleichmäßigem Abstand liegen.

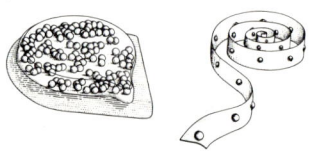

Pillierter Samen   Saatband

Man wickelt das Saatband von der Rolle, schneidet es nach Bedarf zu und legt es in eine 0,5–1 cm tiefe Furche, die dann mit Boden bedeckt wird.

Zum Schutz vor Vögeln spannt man ein Netz über die Pflanzen

Ausdünnen von Sämlingen

Sämlinge werden ausgedünnt, wenn sie zwei bis drei echte Blätter gebildet haben (nicht zu verwechseln mit den zwei winzigen, runden oder ovalen Keimblättern, die nach dem Aufgehen als erstes erscheinen). In diesem Stadium sind die Wurzeln noch schwach entwickelt, und das Ausreißen unerwünschter Sämlinge schadet den danebenstehenden Pflänzchen nicht. Man dünnt am besten bei feuchtem Boden aus, damit sich die Pflanzen leicht lösen. Bei Trockenheit empfiehlt es sich, das Beet am Tag vorher gründlich zu gießen. Jeder unerwünschte Sämling wird von Hand herausgezogen. Gleichzeitig drückt man mit der anderen Hand den Boden fest, damit die Wurzeln der übrigbleibenden Sämlinge nicht gestört werden. Der richtige Abstand zwischen den ausgedünnten Sämlingen ist den Angaben auf den Samentüten zu entnehmen. Eine brauchbare Faustregel besagt, im Frühling ausgesäte Sämlinge einmal auszudünnen (10–15 cm Abstand), im Herbst gesäte Sämlinge dagegen zweimal (5–7 cm im Herbst und

15–23 cm im Frühjahr). Man sollte nach Möglichkeit die kräftigsten Pflanzen erhalten.

Die ausgerissenen Sämlinge werden meist weggeworfen. Man kann sie jedoch bei Bedarf auch pikieren bzw. pflanzen.

Während der Wachstumszeit darf der Boden niemals austrocknen, damit das Wachstum nicht gestört wird.

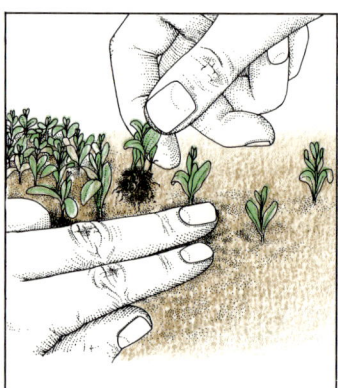

Zum Ausdünnen zieht man die unerwünschten Sämlinge einzeln mit der Hand heraus und hält gleichzeitig die Erde rundherum mit der anderen Hand fest

Wie man hohe Blumen anbindet

Einige Einjahresblumen, die über 60 cm hoch werden, brauchen eine Stütze. Nach dem letzten Ausdünnen steckt man rund um jede Sämlingsgruppe in etwa 30 cm Abstand einige Reiser oder Weidenruten. In die Mitte kommen noch zwei oder drei weitere Stöcke.

Sie sollten etwa ⅔ so hoch sein wie später die ausgewachsenen Pflanzen. Wenn die Blumen dann groß geworden sind, verdecken sie die Stöcke.

Auch mit weitmaschigen Netzen, Stäben oder Reisern können Blumen gestützt werden.

Große Pflanzen müssen abgestützt werden. Rund um jede Sämlingsgruppe steckt man Reiser

Entfernen welker Blüten verlängert die Blütezeit

Während der gesamten Blütezeit sollten verwelkte oder beschädigte Blüten entfernt werden. Läßt man Verblühtes stehen, geht die Kraft der Pflanze in die Samen, so daß sie weniger weitere Blüten treibt. Beseitigt man verwelkte Blüten, wird die Pflanze kräftiger und blüht üppiger. Man nimmt die Blüte zwischen Zeigefinger und Daumen und bricht sie mit einer Drehbewegung ab.

Wer Samen für das nächste Jahr ziehen möchte, muß an jeder Pflanze ein oder zwei Fruchtstände stehenlassen.

Welke Blüten mit einer Drehbewegung zwischen Zeigefinger und Daumen abbrechen, damit sich weitere Blüten bilden

Anzucht frostempfindlicher einjähriger Blumen aus Samen

Aussaat im Zimmer oder im Gewächshaus

Frostempfindliche einjährige Pflanzen werden von Februar bis Anfang April gesät. Begonien, Petunien, Astern, Spaltblumen und *Nemesia* gehören zu den bekannteren unter ihnen.

Man füllt 8-cm-Töpfe oder eine Saatschale mit feuchter Einheitserde oder einem besonderen Aussaatsubstrat. Werden gebrauchte Töpfe oder Saatschalen verwendet, müssen sie zuerst desinfiziert und anschließend ausgespült werden.

Die Füllung wird mit einem Holzbrettchen oder dem Boden eines anderen Topfs etwas festgedrückt, so daß die Erde 1 cm tiefer liegt als der Topfrand. Dann kann gesät werden. Größere Samenkörner werden einen halben Zentimeter hoch mit gesiebter Blumenerde bedeckt. Kleine Samen brauchen nur leicht abgedeckt zu werden und sehr feine Samen, wie die von Begonien, überhaupt nicht.

Die Erde wird angefeuchtet, indem man die Saatschale oder den Topf halbhoch in Wasser stellt, bis sich die Erde vollgesogen hat. Man kann auch mit der feinen Brause einer Gießkanne angießen. Die Aussaatgefäße werden beschriftet und mit Glas oder Plastik abgedeckt. Ebenso läßt sich eine Kunststofftüte über jedes Gefäß ziehen, die man mit einem Gummiband befestigt oder an der Unterseite zusammenfaltet. So entsteht die zur Keimung erforderliche Luftfeuchtigkeit. Die Töpfe werden an einem warmen, schattigen Ort aufgestellt, beispielsweise auf einem Schrank, an einem warmen Nordfenster, im Vermehrungskasten oder im Kleingewächshaus, und bei 12–18° C gehalten.

Wenn sich an der Innenseite Feuchtigkeit niederschlägt, hebt man die Tüte an und klopft mit dem Finger dagegen. Dadurch fallen die Wassertropfen ab. Das muß man täglich tun, weil sonst die Sämlinge faulen könnten.

Fünf Tage bis drei Wochen nach der Aussaat erscheinen in der Regel die ersten Keimblätter, die bei den meisten Sämlingen klein, rundlich oder oval sind. Jetzt wird die Abdeckung entfernt und der Topf an einen helleren Platz im Zimmer oder im Gewächshaus gestellt.

Sobald zwischen den Keimblättern die ersten echten Blätter erscheinen und die Pflanzen eine gewisse Stärke erreicht haben, kann man die Sämlinge pikieren.

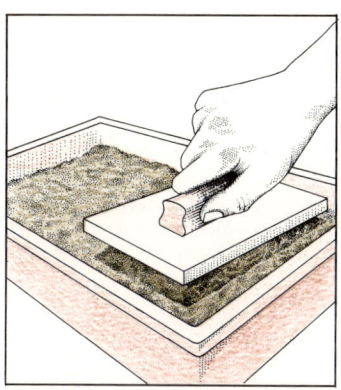

1. Saatschale mit feuchtem Substrat füllen und festdrücken

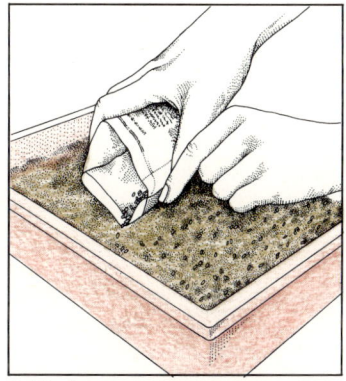

2. Die Samen gleichmäßig auf der Oberfläche verteilen

3. Die Samen mit einer dünnen Schicht gesiebter Erde bedecken

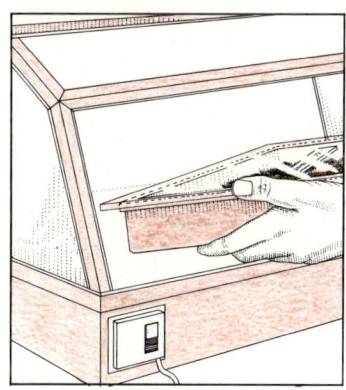

4. Schale bewässern und in den beheizten Vermehrungskasten stellen

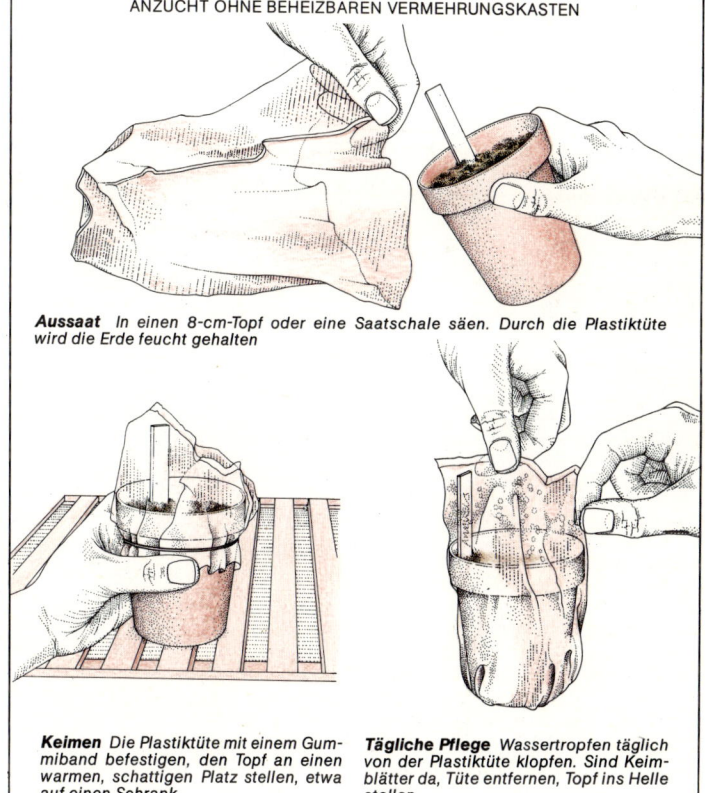

ANZUCHT OHNE BEHEIZBAREN VERMEHRUNGSKASTEN

Aussaat In einen 8-cm-Topf oder eine Saatschale säen. Durch die Plastiktüte wird die Erde feucht gehalten

Keimen Die Plastiktüte mit einem Gummiband befestigen, den Topf an einen warmen, schattigen Platz stellen, etwa auf einen Schrank

Tägliche Pflege Wassertropfen täglich von der Plastiktüte klopfen. Sind Keimblätter da, Tüte entfernen, Topf ins Helle stellen

Pikieren von Sämlingen

Man füllt eine Saatschale mit feuchter Pikiererde, die man leicht andrückt. Geeignet ist eine torfhaltige Erde.

Vor dem Pikieren bohrt man mit einem Pikierholz oder einem Bleistift die Pflanzlöcher, die ungefähr 3 cm voneinander entfernt sein sollten. In eine 30 × 40 cm große Schale passen 130 Sämlinge.

Jetzt hebt man mit dem Pikierholz oder einem kräftigen Karton- oder Plastikstreifen vorsichtig mehrere Sämlinge mit der daran haftenden Erde aus der Saatschale. Man faßt jeden Sämling einzeln an einem Keimblatt – niemals am Stiel, der sehr empfindlich ist. Mit dem Pikierholz oder Bleistift löst man den Sämling vorsichtig von den anderen. Für kleine Sämlinge, wie Begonien, schneidet man in

einen Karton- oder Plastikstreifen eine Kerbe und hebt damit die Sämlinge einzeln heraus.

Mit möglichst unbeschädigten Wurzeln und reichlich Erde pikiert man den Sämling in das vorgesehene Pflanzloch. Mit dem Pikierholz oder Bleistift drückt man die Erde um den Sämling an.

Nun wird ein Etikett beschriftet und die Schale vorsichtig gegossen. Man stellt sie in einen Frühbeetkasten, ins Kleingewächshaus oder auf eine Fensterbank im Zimmer, so daß sie vor direkter Sonneneinstrahlung geschützt ist. Zwei bis drei Tage später stellt man die Schale oder Kiste in die Sonne. Nur bei starker Einstrahlung wird leicht beschattet. Vollschatten ist zu meiden, da die Pflanzen sonst schwächlich werden und vergilben. Die Erde muß stets feucht sein, darf aber nicht naß sein.

UMFALLKRANKHEIT

Gelegentlich werden Sämlinge an der Stielbasis braun und fallen um. Diese Umfallkrankheit wird durch zu dichten Stand und zuviel Wasser begünstigt. Abgestorbene Sämlinge werden entfernt, die anderen behandelt man mit einer 0,25%igen Zineb- oder einer 0,05%igen Benomyllösung. Das nächstemal weiter auseinander pikieren!

Abhärten der jungen Sämlinge

Wenn die Jungpflanzen sich gut entwickelt haben und kräftig wachsen – etwa 4–8 Wochen nach dem Pikieren –, beginnt man mit der Abhärtung. Zu diesem Zweck bringt man sie aus dem Gewächshaus oder von der Fensterbank in einen Frühbeetkasten oder einen Folientunnel.

In den ersten Tagen öffnet man den Frühbeetkasten oder die Seiten des Folientunnels tagsüber ein wenig. Allmählich läßt man mehr Luft ein. Frühestens Anfang bis Mitte Mai (in frostgefährdeten Gebieten Ende Mai) bleibt der Kasten oder der Tunnel vollkommen offen, jedoch nicht bei kalter, nasser oder windiger Witterung.

Nachts läßt man Frühbeetkästen oder Folientunnel so lange geschlossen, bis keine Frostgefahr mehr besteht.

Eine zu schnelle Abhärtung kann zum Verkümmern oder zu einer roten bis violetten Verfärbung der Pflanzen führen. Wenn dies der Fall ist, stellt man die Pflanzen dorthin zurück, wo sie vor der Abhärtung gestanden haben. Wenn sie wieder normal grün sind, härtet man sie vorsichtiger und schrittweise ab.

1. Feuchte Pikiererde oder torfhaltige Erde einfüllen und leicht andrücken

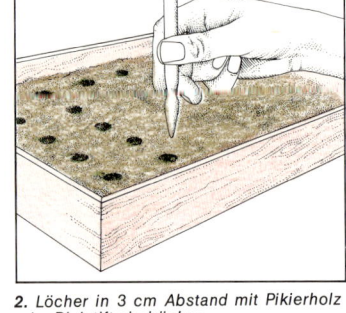

2. Löcher in 3 cm Abstand mit Pikierholz oder Bleistift eindrücken

3. Mit Pikierholz oder Topfschildchen Sämlinge gruppenweise herausheben

4. Sämlinge am Keimblatt halten und mit Pikierholz voneinander trennen

5. Sämlinge in die Löcher pflanzen und mit Pikierholz festdrücken

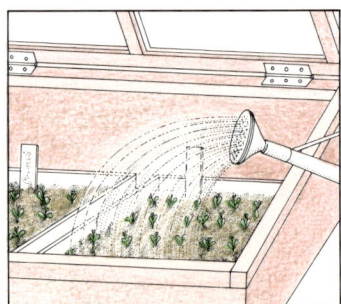

6. Schale vorsichtig gießen und in einen Frühbeetkasten stellen

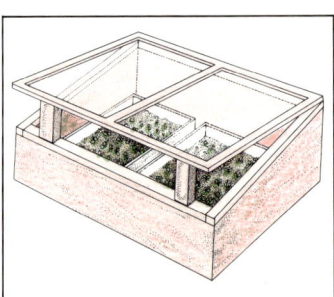

Anfangs lüftet man den Frühbeetkasten jeden Tag einige Stunden lang. Allmählich läßt man etwas mehr Luft ein. Nach den Eisheiligen, ab Mitte Mai, kann man die Fenster ganz abnehmen

Auspflanzen und Pflege im Beet

Nach der Abhärtung werden die Jungpflanzen Mitte Mai bis Anfang Juni ins Freiland ausgepflanzt. Der Boden muß mäßig feucht sein. Während einer Trockenperiode muß man den Boden am Tag vorher gründlich wässern. Die Pflanzstelle wird genauso vorbereitet wie bei der Aussaat ins Freiland.

Man stößt die Pikierschale mit einer Seite schräg am Boden auf, damit sich an der anderen Seite zwischen Wand und Erde ein Spalt öffnet.

Mit einem Handspaten oder den Händen greift man hier unter die Erde und löst vorsichtig die erste Pflanzenreihe.

Jede Pflanze wird einzeln von Hand oder mit dem Pflanzspaten abgelöst, wobei die Wurzeln nicht beschädigt werden dürfen. Der richtige Pflanzabstand hängt von der Gattung ab. Als Faustregel gilt, daß der Abstand etwa die halbe Höhe der ausgewachsenen Pflanze betragen soll. Bei buschig wachsenden Pflanzen nimmt man die volle Höhe als Abstand.

Mit dem Pflanzspaten wird das Pflanzloch ausgehoben. Es soll so groß sein, daß der Wurzelballen bequem Platz hat.

Man setzt die Pflanze so ein, daß die Stengelbasis mit dem Boden abschließt. Nun füllt man das Loch mit Erde an und drückt die Pflanze an der Fingern fest. Gleich nach dem Pflanzen bricht man bei Pflanzen, die normalerweise nicht buschig wachsen, mit den Fingern den Haupttrieb aus, damit sie mehrere Seitentriebe und Blüten hervorbringen.

Angießen ist empfehlenswert. Später muß nur bei längeren Trockenperioden gegossen werden.

Zum Thema Abstützen, Entfernen verwelkter Blüten und Schutz vor Vögeln, die oft die Sämlinge fressen, siehe Seite 246.

1. Pflanzschale am Boden aufstoßen, um Erde vom Rand zu lösen

2. Mit dem Pflanzspaten erste Pflanzenreihe ausheben

3. Sämlinge mit gut entwickeltem Wurzelballen in Pflanzloch setzen

4. Bei nicht buschig wachsenden Pflanzen Haupttrieb ausbrechen

Schwierigkeiten, die auftreten können

Die beiden häufigsten Ursachen für die schlechte Entwicklung von Pflanzen sind Blattläuse und Düngermangel. Anzeichen, die hier nicht beschrieben sind, finden Sie in dem Kapitel über Schädlinge und Pflanzenkrankheiten ab Seite 574, die empfohlenen Pflanzenschutzmittel ab Seite 599.

Schaden	Ursache	Abhilfe
Blätter und junge Triebe gekräuselt, verkrüppelt, mit Scharen meist grünlicher oder schwärzlicher, weichhäutiger, kleinerer Tiere besiedelt. Pflanzenteile mit klebrigem „Honigtau", später mit schwarzem „Rußtau" überzogen	Blattläuse (schwarze und grüne)	Spritzen mit Diazinon-, Dimethoat-, Demeton-S-methyl-, Malathion°- oder Pirimicarbpräparaten
Blätter und Blüten mit zunächst fahlen oder hellgelben, später silbrig schimmernden Flecken wirken wie gesprenkelt; schwarze Kotflecken. Stark befallene Blätter sterben ab. Auftreten vor allem bei langer Trockenheit	Thrips, Blasenfüße	Spritzen mit Diazinon oder Malathion°
Triebe, Blätter, Blütenknospen und Blüten verkrüppelt, mit eingesunkenen braunen Flecken und kleinen Löchern	Blattwanzen	Spritzen mit Diazinon-, Dimethoat- und Malathion°-Präparaten
Unregelmäßig gezackte Löcher in Blättern und Blüten	Ohrwürmer	Reichliches Ausstäuben von Parathionmethyl; spritzen mit Diazinon
Junge Blätter eingerollt und zusammengesponnen, darin fressen lebhafte Raupen	Tortrixraupe, Wicklerraupe	Spritzen oder Sprühen mit Diazinon- oder Endosulfanpräparaten, befallene Pflanzenteile vernichten
Sämlinge verfaulen in Bodenhöhe und kippen um, besonders wenn sie dicht in Töpfen, Schalen oder Kästen unter Glas gesät sind	Umfallkrankheit (Schwarzbeinigkeit, Vermehrungspilz)	Befallene Pflanzen ausmerzen, Spritzen mit Benomyl- oder Captanpräparaten. Vorbeugend zu dichte Aussaat sowie übermäßige Feuchtigkeit vermeiden
Blätter, junge Triebe und Knospen mit feinem, weißem oder grauem, mehlartigem Belag bedeckt, vor allem auf der Blattoberseite	Echter Mehltau	Spritzen oder Sprühen mit Benomyl- oder Triforinpräparaten oder mit Dichlofluanid. Eventuell befallene Pflanzenteile vernichten
Auf der Unterseite der Blätter weißes Myzel	Falscher Mehltau	Mit Kupferoxychlorid, Mancozeb oder Zineb spritzen
Pflanze verkümmert, kleine oder verformte Blätter mit gelben Punkten oder Adern. Blüten spärlich, Knospen fallen ab	Viruskrankheit	Befallene Pflanzen entfernen und vernichten; Blattläuse (Überträger!) immer rechtzeitig bekämpfen
Ganze Pflanze ziemlich schwach und klein, Blätter manchmal gelblich; oft nur kleine und vorzeitig gebildete Blüten	Nährstoffmangel	Regelmäßige Kopfdüngergaben von Gartenvolldünger, z. B. Blaukorn. 20–30 g/m² flach in den Boden einarbeiten oder in Wasser auflösen und gießen. Abspritzen nach der Düngung
Blattflecken treten zunächst meist einzeln auf, breiten sich dann aber schnell aus. Befallene Blätter vertrocknen und fallen ab	Blattfleckenkrankheit, hervorgerufen durch Pilze	Auf gute Kulturbedingungen achten, wiederholt vorbeugend spritzen mit Mancozeb oder Zineb

Ratschläge zur Aufzucht von Wicken

Wann und wo man aussät

Wicken gehören zu den anmutigsten, wohlriechenden und reich blühenden einjährigen Blumen. Eine Pflanze kann fast 50 Blütenstände bilden. Am besten gedeihen sie in gutem Boden an einem freien, sonnigen Standort.

Wicken kann man im Januar oder Februar in einen auf 16° C erwärmten Vermehrungskasten aussäen. Man kann auch von März bis April in einen Frühbeetkasten oder unter einen Folientunnel säen. Zu der Zeit lassen sich Wicken auch direkt ins Freiland säen.

Die meisten Wickensamen haben eine harte Hülle. Am besten legt man sie darum die Nacht über in Wasser ein. Man kann das Saatgut auch mit feuchtem Sand vermischen und erst nach einigen Tagen aussäen.

Buschverfahren

Beim Buschverfahren läßt man die Pflanzen natürlich wachsen und gibt ihnen, wenn nötig, eine Stütze.

Für diese Wuchsart muß der Boden so vorbereitet werden wie für Sommerblumen, die ins Freiland gesät werden (Seite 245).

Zum Auspflanzen gräbt man mit dem Pflanzspaten ein ausreichend großes Loch, worin die Wurzeln gut Platz haben. Die Pflanze wird festgedrückt und anschließend angegossen.

Die jungen Wicken werden entweder im Abstand von 15 cm in Reihen gepflanzt oder horstweise zu zweit oder zu dritt, wobei zwischen den einzelnen Horsten der Abstand 20–25 cm betragen sollte. Neben jede Pflanze steckt man einen kleinen Zweig und bindet sie daran an.

Drei bis sechs Wochen nach dem Auspflanzen werden die Hauptstützen gesetzt. Für Arten, die über 1,20 m hoch werden, verwendet man 1,50–1,80 m hohe Bohnenstangen oder Stäbe, oder man spannt ein Plastiknetz oder Drahtgitter bis zu dieser Höhe. Zwergformen werden mit 90 cm hohen Stangen gestützt. Gießen ist nur bei längerer Trockenheit nötig.

Sobald die Wicken gut angewachsen sind, gibt man alle 10 bis 12 Tage Flüssigdünger. Bei unregelmäßigem Düngen können die Knospen abfallen.

Ende Mai wird der Boden mit einer Schicht organischen Düngers abgedeckt, damit die Erde im Sommer feucht bleibt. Der Dünger darf jedoch nicht direkt an die Triebe kommen.

Schnittblumen müssen früh geschnitten, verwelkte Blüten immer rechtzeitig entfernt werden.

Die Samen keimen besser, wenn man sie vor der Aussaat mit einem captanhaltigen Pflanzenschutzmittel beizt. Man sät etwa 1 cm tief in Schalen oder Töpfe mit Blumenerde. Nach der Keimung hält man die Sämlinge hell und kühl.

Sämlinge aus einem beheizten Vermehrungskasten werden, sobald sich das zweite echte Blattpaar zeigt, in Frühbeetkästen pikiert. Pflanzen im Gewächshaus oder Frühbeetkasten brauchen viel Luft. Ab März sollte man an sonnigen Tagen reichlich lüften.

Ausgepflanzt wird witterungsabhängig im allgemeinen ab Mitte Mai. Man kann Wicken dann entweder buschig oder als eintriebiges Spalier ziehen.

In rauhen Lagen wartet man mit dem Auspflanzen bis Anfang Juni, da die Pflanzen durch Spätfröste geschädigt werden.

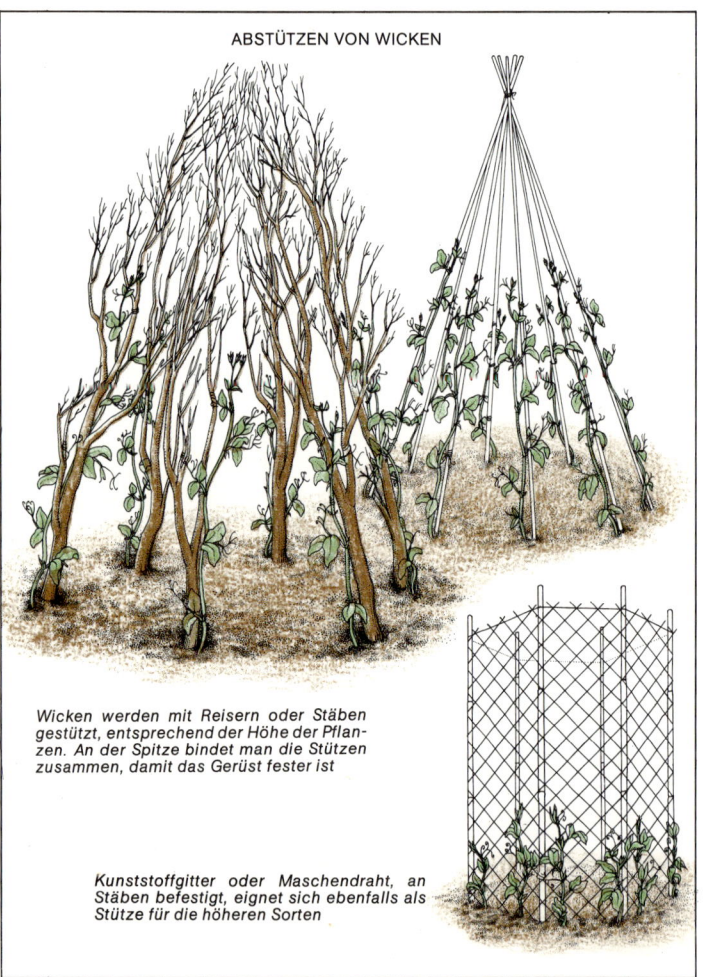

ABSTÜTZEN VON WICKEN

Wicken werden mit Reisern oder Stäben gestützt, entsprechend der Höhe der Pflanzen. An der Spitze bindet man die Stützen zusammen, damit das Gerüst fester ist

Kunststoffgitter oder Maschendraht, an Stäben befestigt, eignet sich ebenfalls als Stütze für die höheren Sorten

PFLANZEN

Ab Mitte Mai junge Wicken mit kräftigem Wurzelwerk ins Freie pflanzen

ANBINDEN

Jungpflanzen mit Bindfaden, Bast oder Metallring befestigen

Schöne, große Blüten durch Spalierverfahren

Besonders große Blüten erzielt man durch das bei uns wenig bekannte Verfahren der eintriebigen Aufzucht am Spalier. Es erfordert etwas mehr Aufwand. Dabei erhält man weniger, doch dafür größere Blüten, welche sich als Schnittblumen eignen.

Die Jungpflanzen können nach einem der bereits beschriebenen Verfahren gezogen werden.

Grundtriebe, welche die schönsten Blüten tragen, werden gefördert, indem man die Spitze des Haupttriebs ausbricht, sobald sich zwei echte Blätter entwickelt haben.

Im Herbst wird der Boden doppelt tief umgegraben. Dabei mischt man gut verrotteten Dünger oder Gartenkompost in die tiefere Schicht und bringt gleichzeitig 50 g/m² Knochenmehl oder 30 g/m² Superphosphat in die obere Erdschicht. Im März kann zusätzlich eine Grunddüngung mit einem organisch-mineralischen Volldünger erfolgen.

Zur Stütze der Pflanzen baut man ein Spalier. Zunächst treibt man je einen kräftigen Pfosten von etwa 2 m Höhe an beiden Enden jeder Reihe in den Boden. Die Pflanzenreihen haben etwa 1,30 m Abstand. An jedem Pfosten ist oben ein 40 cm langes Querholz angenagelt. Von einem zum andern Querholz spannt man zwei Drähte parallel im Abstand von 30 cm. In Abständen von 20 cm steckt man jetzt Stäbe in den Boden, die sodann an den Drähten befestigt werden.

Im Mai pflanzt man die im Spätwinter ausgesäten Wicken einzeln neben die Stöcke. Die Wurzeln dürfen dabei nicht zusammengedrückt werden; anschließend wird gut gegossen. Die Triebe bindet man locker an.

Wenn die Pflanzen etwa 25 cm hoch sind, schneidet man alle Triebe bis auf den kräftigsten ab. Dieser Hauptstamm darf nicht beschädigt werden. Von jetzt an schneidet man auch an allen Blattpaaren die Ranken ab.

Da sich die Pflanzen dadurch nicht mehr an den Stäben halten können, muß man sie anbinden, wobei zu beachten ist, daß der Stengel beim weiteren Wachstum noch dicker wird. Außerdem werden alle Seitentriebe entfernt, solange sie noch klein sind.

Wenn sich die Pflanze gut entwickelt hat, gibt man alle 10–12 Tage Flüssigdünger. Ende Mai deckt man den Boden mit einer 2,5–5 cm dicken Schicht von gut verrottetem Mist oder Gartenkompost ab, der jedoch nicht die Stengel berühren darf.

Alle Blütenstände mit weniger als vier Knospen werden entfernt, sobald sich die Knospen gebildet haben. Blütenstände mit vier oder mehr Knospen läßt man heranwachsen. Als Schnittblumen nimmt man die Wicken ab, wenn die unterste Blüte am Blütenstand vollständig aufgeblüht ist. Nicht abgeschnittene Blüten entfernt man nach dem Verwelken.

Abfallende Knospen stören bei dieser Kulturmethode noch mehr als bei der Buschkultur. Zum Schutz vor Knospenfall besprüht man die Pflanzen bei trockener Witterung noch zusätzlich mit Wasser.

Wenn die Triebe so hoch geworden sind wie die Stäbe, werden sie auf den Boden gelegt. Man löst die Bindungen und legt die einzelnen Triebe in voller Länge sorgfältig an den Stangen entlang auf den Boden. Das Ende eines Triebs zieht man etwa 30 cm an der nächstliegenden Stange hoch und befestigt es. Ebenso verfährt man mit den anderen Pflanzen. Pflanzen am Ende einer Stangenreihe zieht man um den Stützpfosten herum und befestigt sie an Stangen auf der anderen Reihe.

Die Pflanzen wachsen wieder in die Höhe und bilden dann weitere Blüten.

STANGENANORDNUNG FÜR SPALIERWICKEN

Einzeltriebe der Wicken locker an Stangen binden, die an Drähten befestigt sind

SCHNITT DER TRIEBE

1. Wenn die Pflanzen 25 cm hoch sind, die schwächeren Triebe entfernen

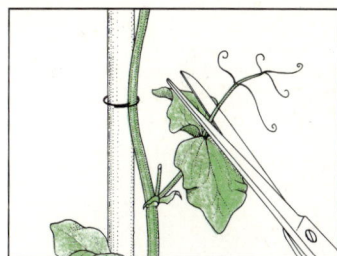

2. Die Ranken an jedem Blattpaar werden abgeschnitten

3. Haupttrieb an eine Stange binden, und alle Seitentriebe entfernen

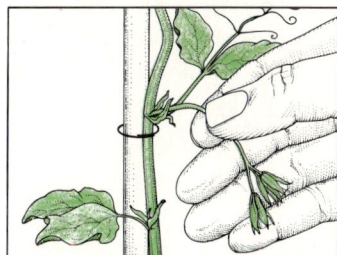

4. Alle Blütenstände mit weniger als vier Knospen entfernen

251

Aufzucht und Pflege zweijähriger Pflanzen

Zweijährige Pflanzen brauchen zwei Sommer, um sich voll zu entfalten. Im ersten Jahr bilden sie Blätter und Triebe, blühen aber erst im zweiten.

Zu ihnen zählt man im allgemeinen auch einige mehrjährige Pflanzen, die normalerweise wie zweijährige behandelt werden. Sie treiben im zweiten Jahr viele Blüten, anschließend verkümmern sie jedoch, so daß sich die weitere Pflege nicht mehr lohnt. Beispiele für diese Pflanzenarten (Gattungen) sind Stiefmütterchen, Schlüsselblume, Bartnelke, Vergißmeinnicht und Goldlack.

Ausgesät wird von Mai bis Juli. Man bereitet ein Beet an einem sonnigen oder leicht schattigen Platz vor. Der Boden muß fruchtbar, aber nicht zu schwer sein, weil die Pflanzen sich sonst ungenügend entwickeln.

Man zieht Reihen und sät in gleicher Weise wie bei einjährigen Pflanzen. Die Samen dürfen nicht zu dicht liegen, weil sonst die Pflanzen vergeilen. Auf gleichmäßige Feuchtigkeit ist bei der Aussaat zu achten. Wenn die Sämlinge 5–10 cm hoch sind, nimmt man sie vorsichtig heraus und pikiert sie in ein anderes sonniges oder leicht schattiges Beet. Ist der Boden beim Pikieren trocken, werden die Pflanzen gründlich gegossen.

Statt im Freien kann man die Pflanzen auch in einem Kleingewächshaus oder Frühbeetkasten vorziehen und sie wie frostempfindliche einjährige Pflanzen in Schalen oder Kästen pikieren.

Die Aussaat erfolgt auch hier von Mai bis Juli, wobei die Temperatur nicht über 20° C steigen sollte. Zweijährige Pflanzen müssen im September oder Anfang Oktober an den endgültigen Standort gesetzt werden, sonst können sie vor Beginn der schlechten Jahreszeit nicht genügend anwachsen. Das gilt auch für Pflanzen aus dem Gewächshaus oder Frühbeetkasten.

Vor dem Verpflanzen bereitet man das Beet vor, lockert es gründlich und mischt etwas gut verrotteten Mist oder Gartenkompost sowie etwas Knochenmehl oder Superphosphat unter.

Die zweijährigen Pflanzen werden dann aus dem Pikierbeet genommen, wobei die Wurzelballen so wenig wie möglich beschädigt werden dürfen. Wenn der Boden sehr trocken ist, gießt man die Pflanzen einen Tag vorher an, damit die Wurzeln sich leichter lösen lassen. Anschließend setzt man die Pflanzen so schnell wie möglich an ihren endgültigen Standort. Die Pflänzchen werden leicht angedrückt und angegossen.

In rauhen Gebieten müssen die Pflanzen im Winter geschützt werden. Am besten deckt man sie mit Reisig ab.

Im allgemeinen werden zweijährige Pflanzen zwar pikiert, man kann sie aber auch direkt an ihrem späteren Standort aussäen und ausdünnen, damit sie ohne Versetzen wachsen und blühen. Im nächsten Frühsommer werden die Pflanzen dann so behandelt wie die direkt ins Freiland gesäten einjährigen Sommerblumen.

Ein- und zweijährige Pflanzen als Schnittblumen

Mit ein- und zweijährigen Pflanzen kann man ein Blumenbeet anlegen, das von Frühjahr bis Herbst frische Schnittblumen liefert.

Wenn es ein wenig vom Haus entfernt liegt, stört es das Gesamtbild des Gartens überhaupt nicht.

Man sät in Reihen aus, wobei zwischen den Samen so viel Platz sein muß, daß die Pflanzen sich gut entwickeln können und man leicht dazwischen hacken kann.

Man sät in vier Reihen, läßt dann einen Zwischenraum, sät weitere vier Reihen usw. Die größeren Zwischenräume dienen als Wege, von denen aus man die Blumen pflücken kann, ohne sie zu zertreten.

In einem kleinen Garten, wo man kein Beet für Schnittblumen anlegen kann, schneidet man immer nur einige Blüten für einen kleinen Strauß und läßt die übrigen stehen.

Blumen für die Vase schneidet man am besten frühmorgens oder abends, wenn die Sonne nicht zu heiß scheint.

Am Tag vorher werden die Pflanzen gründlich gegossen, damit sie genügend frisch sind. Schneiden Sie möglichst nur Pflanzen mit gut entwickelten Blütenstielen, die mit ihren Trieben das Wasser kräftig ansaugen können.

Alle Stiele werden schräg angeschnitten, damit die Aufnahmefläche für Wasser größer ist. Die unteren Blätter entfernt man, weil sie im Wasser faulen würden.

Die Blumen werden möglichst sofort ins Wasser gestellt und zunächst ein paar Stunden lang kühl gehalten. Dadurch wird die Blütezeit wesentlich verlängert.

Haltbare einjährige und zweijährige Schnittblumen sind beispielsweise Löwenmaul, Aster, Ringelblume, Nelke, Clarkie, Schmuckkörbchen und Dahlie.

Lebenszyklus des Goldlacks Eine der häufigsten zweijährigen Pflanzen ist der Goldlack, der im Frühjahr zusammen mit vielen Zwiebelgewächsen blüht. Sein Lebenszyklus beginnt etwa ein Jahr zuvor mit der Aussaat. Sie wird im Juni oder Juli vorgenommen. Später werden die Pflänzchen pikiert und verpflanzt

1. Von Mai bis Juli wird in relativ weiten Abständen gesät

2. Sechs Wochen später die Pflanzen in ein neues Beet pikieren

3. Nach einigen Wochen entspitzen, damit sie buschig werden

4. Im September setzt man die Pflanzen an ihren endgültigen Standort

Einjährige und zweijährige Pflanzen aus Samen

Bei einjährigen Pflanzen vollzieht sich der ganze Wachstumsablauf in einem einzigen Vegetationsjahr. Der Same keimt, die Pflanze wächst heran, blüht und stirbt nach der Samenbildung wieder ab. Bei zwei- jährigen Pflanzen spielt sich ein Teil des Lebens der Pflanze im ersten Jahr ab, dann überwintert sie, und erst im zweiten Jahr blüht sie und bildet Samen aus. Diese Gewächse stammen vielfach aus wärmeren Gegenden und sind dort manchmal auch mehrjährig. Bei uns sind sie häufig kälte- und frostempfindlich. Die robusteren einjährigen Pflanzen können auch bei uns zeitig ins Freiland ausge- sät werden, während die kälte- und frostempfindlichen einer Vor- kultur bedürfen. Sie müssen ins Frühbeet oder im Kleingewächs- haus ausgesät und können erst spä- ter ausgepflanzt werden.

EINJÄHRIGE PFLANZEN FÜR DIREKTSAAT

Amaranthus   Calendula   Centaurea   Chrysanthemum   Clarkia   Convolvulus   Coreopsis

Name und Beschreibung	Höhe und Breite	Sorten und Blütenfarben	Aussaat	Standort	Besondere Hinweise
Amaranthus Fuchsschwanz (A. caudatus) Beliebte Gartenblume mit langen, hängenden, roten Blüten. Im Herbst werden Stiele und Blätter rot	H 0,6–1 m B 45 cm	Nur die Art mit roten Blütenzöpfen ist im Handel	März–Mai	Sonnig. Jede fruchtbare Gartenerde	Hübsch als Einzelpflanze zwischen kleineren einjährigen Pflanzen. Abstützen nicht erforderlich. In rauhen Lagen Vorkultur unter Glas
Calendula Ringelblume (C. officinalis) Eine beliebte Gartenblume mit Blüten von 3–6 cm Ø, sehr leicht zu pflegen	H 30–60 cm B 15–30 cm	'Pacific Prachtmischung', Farben- mischung; 'Gelbe Riesen', zitro- nengelb; 'Balls Orange', orange; 'Radio Orange', orange; 'Gold- prinzeß', goldgelb; 'Nova', orange mit schwarzbrauner Mitte	März–April	Sonne oder Halbschatten	Triebe entspitzen, damit die Pflanzen buschig werden. Verblühtes entfernen. Die Ringelblume gedeiht auch auf schlechtem Boden und sät sich selbst aus, wenn man die Blüten nicht entfernt. Moderne Züchtungen degenerieren durch Selbstaussaat
Centaurea Flockenblume (C. cyanus) Die großen Blumen blühen von Juni–September	H 0,3–1 m B 25–60 cm	'Blauer Junge', tiefblau; 'Pinkie', rein rosa; 'Mischung', Farbenmi- schung mit rosa, roten und blauen Blüten	April–Mai	Sonnig. Jeder fruchtbare, gute Gartenboden ist geeignet	Die graugrünen Blätter bilden eine gute Abwechslung in Rabatten. Ver- blühtes entfernen. An windigen Standorten abstützen
Chrysanthemum (C. carinatum, C. coronarium, C. segetum) Einjährige Chrysanthemen bilden buschige Pflanzen mit margeritenähnlichen Blüten, z. T. mit verschiedenfarbigen Ringen. Sie eignen sich besonders für gemischte Einfassungen, auch gute Schnittblumen	H 20–80 cm B 25–30 cm	'Tetra Polarstern', weiß mit gelb- schwarzer Scheibe; 'Comet', gold- gelb; 'Eldorado', kanariengelb mit dunkler Mitte; 'Prado', goldgelb, tiefschwarze Mitte; 'Stern des Orients', hellgelb mit schwarz- brauner Mitte; 'Frohe Mischung', Farbenmischung	März–April	Sonnig. Guter Gartenboden	Für Schnittblumen Haupttriebe ent- spitzen, damit sich Seitentriebe bilden können. Will man schon im Frühjahr und Frühsommer Blüten haben, Vor- kultur im kalten Gewächshaus in Töpfen
Clarkia (C. unguiculata, C. pulchella) Beliebte, leicht zu haltende einjährige Pflanze mit langen Trichterblüten. Gut geeignet für Ein- fassungen und Rabatten, wo sie den ganzen Sommer blüht	H 30–60 cm B 30 cm	Rot, rosa, violett und weiß (gefüllt und halbgefüllt); 'Formelmischung', Farbenmischung mit dicht gefüll- ten Blüten	Anfang April oder September	Sonnig. Mittel- schwerer bis leichter, etwas saurer Boden	Nicht zu stark düngen, da sich sonst zuviel Blätter bilden; abstützen erforderlich
Convolvulus Winde (C. tricolor) Eine Windenart mit großen, trichterförmigen Blüten, die sich am frühen Morgen öffnen und am Nachmittag verblühen. Besonders schön die Trichter- oder Prunkwinde	H 25–40 cm B 15–25 cm Als Schlinger über 1 m	Von beiden Gattungen werden vorwiegend Prachtmischungen mit blauen, weißen und rosa Tönen angeboten	März–April	Sonnig. Normaler Boden. Draht- gitter oder Wand- spaliere zum Hochranken	Samen regelmäßig entfernen, damit sich mehr Blüten bilden
Coreopsis Mädchenauge (C. tinctoria) Reich blühende, buschige Pflanzen mit margeritenähnlichen Blüten; zum Schnitt geeignet	H 0,3–1 m B 30 cm	'Tetra Goldteppich', goldgelb; 'Neugold', gelb, halbgefüllt; 'Schnittgold', goldgelb; 'Sonnen- kind', goldgelb, bildet kompakte Büsche	März–Juni	Sonnig. Frucht- barer, guter Gartenboden	Frühzeitig ausgesäte Pflanzen nach der Blüte für zweiten Blütenflor zurückschneiden. Größere Pflanzen stützen

EINJÄHRIGE PFLANZEN FÜR DIREKTSAAT

Cynoglossum

Delphinium

Eschscholtzia

Godetia

Gypsophila

Helianthus

Name und Beschreibung	Höhe und Breite	Sorten und Blütenfarben	Aussaat	Standort	Besondere Hinweise
Cynoglossum Hundszunge (*C. amabile*) Gebogene Trichterblüten in verschiedenen Blautönen; Juli–August	H 25–60 cm B 30 cm	Blau	März–April	Sonne oder Halbschatten. Etwas fetter, gut entwässerter Boden	Als Schnittblume geeignet, wenn man sie sofort ins Wasser stellt
Delphinium Rittersporn (*D. ajacis, D. consolida*) Kräftige, schnell wachsende Pflanze mit einfachen oder gefüllten Spornblüten	H 0,3–1 m B 30–40 cm	'Niedriger Hyazinthenrittersporn', Mischung; 'Riesenhyazinthen-Rittersporn', Mischung; 'Blaue Glocke', hellblau; 'Blaue Pyramide', dunkelblau; 'Karminkönig', karminrot; 'Rosa Königin', rosa; 'Scharlachähre', scharlachrot; 'Weißer König', weiß	März–April oder September	Sonnig. Normaler guter Gartenboden	Im September ausgesäte Pflanzen, die im nächsten Juni blühen, sind am schönsten. Verblühtes entfernen. Hohe Arten abstützen
Eschscholtzia Goldmohn (*E. californica*) Zahlreiche, schüsselförmige, leuchtende, bunte Blüten, meist gelb und orange	H 20–50 cm B 15 cm	'Prachtmischung', einfach; 'Gefüllte Modefarben', Farbenmischung	März–Mai oder September	Sonnig. Für sandigen Boden geeignet	Wächst praktisch überall; bei Folgeaussaat lange Blütezeit. Blumen für die Vase als Knospen schneiden. Aussaat im Herbst und Frühjahr möglich
Godetia Atlasblume (*G. amoena, G. grandiflora*) Eine beliebte Gartenblume ähnlich wie die Clarkie. Buschige Pflanzen mit einfachen oder gefüllten Trichterblüten in prächtigen Farben	H 25–80 cm B 15–30 cm	Einfach blühende Sorten: 'Kelvedons Ruhm', lachsorange; 'Leuchtfunk', karmesin; 'Sybil Sherwood', lachsrosa. Gefüllte Sorten: 'Azaleenschau', Mischung; 'Rosenkönigin', rosa	März–April oder September	Sonnig. Leichter, feuchter Boden	Hübsche Pflanze für Einfassungen und Töpfe. Im September ausgesäte Sämlinge müssen in kalten Gebieten geschützt werden
Gypsophila Schleierkraut (*G. elegans*) Eine schlanke, aufrechte oder kriechende Pflanze mit vielen, kleinen, sternförmigen Blüten, die wie ein Schleier aussehen	H 20–50 cm	'Maxima Alba' ('Covent Garden'), weiß, großblumig; 'Repens', weiß, kriechend; 'Repens Rosea', hellrosa, kriechend	März–April	Sonnig. Jeder gute, nicht zu nasse Boden	Bei saurem Boden vor der Aussaat Kalk (50–200 g/m²) untermischen. Größere Pflanzen mit dünnen Stäben abstützen
Helianthus Sonnenblume (*H. annuus; H. debilis*) Eine der größten Gartenpflanzen, sowohl was die Höhe der Pflanzen als auch die Blütengröße betrifft. Blüten häufig tellergroß. Auch Kleinformen (*H. debilis*)	H 0,6–3 m B 30–75 cm	'Giganteus', gelb, sehr hoch; 'Goldener Neger', goldgelb mit schwarzer Scheibe; 'Abendsonne', blutrot und braun; 'Herbstschönheit', gelb, bronze bis dunkelrot; 'Sonnengold', goldgelb, gefüllt; 'Teddybär' ('Dwarf Sun Gold'), goldgelb, gefüllt, niedrig; 'Stella', goldgelb, mehrtriebig; 'Einfache gemischt', mehrtriebig; 'Gartenfreude', Farbenmischung, mehrtriebig; 'Purpureus Hybridus', hellbronze und kupfer, mehrtriebig	April	Vollsonne. Gedeiht am besten in düngerreichem, gutem Gartenboden	Zwei oder drei Samen an einer Stelle säen. Stärkste Pflanzen stehenlassen. Große Pflanzen müssen mit Stangen abgestützt werden

EINJÄHRIGE PFLANZEN FÜR DIREKTSAAT

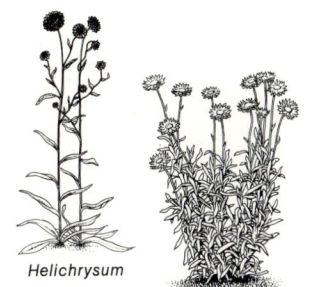

Helichrysum

Helipterum

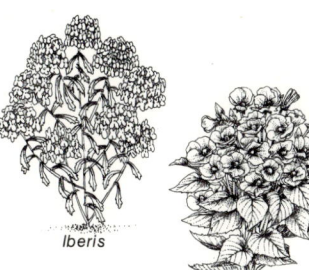

Iberis

Lavatera

Linaria

Linum

Lobularia

Nemophila

Name und Beschreibung	Höhe und Breite	Sorten und Blütenfarben	Aussaat	Standort	Besondere Hinweise
Helichrysum Strohblume (*H. bracteatum*) Eine der beliebtesten Trockenblumen, groß und margeritenähnlich. Die steifen Stiele stehen gut in der Vase	H 40–80 cm B 25–30 cm	'Bronzekugel', bronzefarben; 'Flammenkugel', braunrot; 'Gold-kugel', goldgelb; 'Purpurkugel', purpurrot; 'Weißkugel', weiß; 'Hot Bikini', wertvolle Neuheit in Einzelfarben und Mischung	März–Mai	Sonnig. Guter Gartenboden	Für Trockensträuße schneidet man die Blumen geschlossen oder halb geöffnet und hängt sie mit den Blüten nach unten kühl und luftig zum Trocknen auf. In kalten Gebieten Vorkultur, Aussaat März–April
Helipterum Sonnenflügel (*H. roseum*) Gefüllte und halbgefüllte Blüten auf schlanken Stielen. Für Trockensträuße geeignet. Die Pflanze hat schmale, behaarte, fast weiße Blätter. Für Einfassungen geeignet	H 45 cm B 15 cm	Angeboten wird die eigentliche Art als Mischung in Rosa, Rot, Karmin und Weiß	März–April	Sonnig. Gut entwässerter Boden	Zum Trocknen schneidet man die Blumen halb geöffnet und hängt sie mit den Blüten nach unten auf. In rauhen Gebieten frostempfindlich; hier Aussaat März oder April in den Frühbeetkasten
Iberis Schleifenblume (*I. umbellata, I. amara*) Schnell wachsende Pflanze für Einfassungen, breit wachsend. Blüten in breiten Trauben angeordnet	H 20–40 cm B 15–45 cm	'Eisberg' rein weiß; 'Rosa Cardinal', leuchtend rosa; Einjährige ge-mischt', Farbenmischung; 'Hya-zinthenblütige Riesen', schnee-weiß	März–Mai oder September	Sonnig. Gedeiht auf allen Böden	Eine leicht zu pflegende Pflanze, die besonders für Gärten in der Stadt geeignet ist, da sie Luftverschmut-zung verträgt. Verblühtes regelmäßig entfernen
Lavatera Bechermalve (*L. trimestris*) Hoher Strauch mit großen Trompetenblumen. Als Sichtschutz gut geeignet	H 0,5–1,2 m B 60 cm	'Tanagra', leuchtend rosa, groß-blumig; 'Sonnenuntergang', rosa; 'Rosea Splendens', karminrosa; 'Alba Splendens', weiß	März–April	Geschützter, sonniger Stand-ort. Nicht zu fetter Boden. Staunässe vermeiden	Bei windigem Standort abstützen. Für Zäune geeignet
Linaria Leinkraut (*L. maroccana*) Pflanze mit zarten, kleinen Blüten, ähnlich dem Löwenmaul	H 20–30 cm B 15–45 cm	'Prachtmischung', Mischung zarter Farbtöne	März–April	Sonnig. Normaler Gartenboden	Nach der ersten Blüte zurückschnei-den, damit sich Herbstblüte bildet. Ideal für Einfassungen
Linum Lein (*L. grandiflorum*) Reich blühend. Flache Trichterblüten in Büscheln den ganzen Sommer über	H 25–50 cm B 15–30 cm	'Perenne', blau; 'Rubrum', leuchtend blutrot mit dunklem Ring	März–Mai	Vollsonne. Normaler Boden	Am besten in großen Gruppen ziehen
Lobularia Duftsteinrich (*L. maritima, Alyssum maritimum*) Beliebte Pflanze für Steingärten, Trockenmauern oder Wege. Die Blüten öffnen sich nacheinander den ganzen Sommer hindurch	H 7–20 cm B 30 cm	'Klein Dorrit', weiß; 'Königsteppich', tiefviolett; 'Schneeteppich', weiß; 'Rosie O'Day', rosenrot; 'Violett-königin', lila	April–Mai	Sonne. Normaler, gut entwässerter Boden	Verblühtes regelmäßig abschneiden
Nemophila Hainblume (*N. menziesii*) Kleine, buschige Pflanze mit vorwiegend blauen, hahnenfußähnlichen Blüten. Für Ein-fassungen geeignet	H 15–20 cm B 15–20 cm	Besondere Sorten sind nicht im Handel. Weiß oder himmelblau	März–April oder September	Sonne oder Halb-schatten. Feuchter, schwerer Boden	Die Hainblume sät sich selbst aus, wenn man sie ungestört läßt

EINJÄHRIGE PFLANZEN FÜR DIREKTSAAT

Nigella

Papaver

Phacelia

Reseda

Scabiosa

Silene

Tropaeolum

Briza

Name und Beschreibung	Höhe und Breite	Sorten und Blütenfarben	Aussaat	Standort	Besondere Hinweise
Nigella Schwarzkümmel (*N. damascena*) Buschige Pflanze mit feinen Blättern und blauen, weißen und rosa Blüten. Gute Schnittblumen. Die Samenkapseln eignen sich für Trockensträuße	H 30–50 cm B 25–30 cm	'Indigoblau'; 'Miss Jekyll', himmelblau; 'Miss Jekyll White', rein weiß; 'Persisch Rosa', rosa blühend; 'Persische Juwelen', Mischung aus vorwiegend rosafarbenen Typen	März–April oder September	Sonniger Standort. Normaler, guter Gartenboden	Gedeiht in jedem gepflegten Gartenboden. Verblühtes entfernen. Langstielige Sorten sind für bunte Sommerblumensträuße gut geeignet
Papaver Mohn (*P. rhoeas, P. somniferum*) Zarte, reich blühende Pflanze mit Schalenblüten aus vier breiten, sich überlappenden Blütenblättern. Schnittblume	H 40–90 cm B 30 cm	'Gefüllte Mischung' ('Gefüllter Seidenmohn'), Mischung in zarten Farben; 'Gefüllte Prachtmischung', Federmohn mit geschlitzten Blütenblättern	März–April oder September bis Oktober	Sonnig. Normaler Boden	Abstützen normalerweise nicht nötig. Verblühtes entfernen, um Selbstaussaat zu vermeiden
Phacelia Bienenfreund (*P. campanularia*) Die dunkelblauen Blüten ziehen die Bienen an	H 15–30 cm B 15 cm	Nur die eine Art mit blauen Blüten ist im Handel	März–April oder September	Sonniger Standort. Normaler Gartenboden	Im September ausgesäte Pflanzen blühen früher, brauchen in kalten Gebieten jedoch etwas Schutz
Reseda Gartenreseda (*R. odorata*) Eine beliebte, altbekannte Gartenpflanze mit starkem Duft, der Bienen anzieht	H 20–60 cm B 15–25 cm	'Grandiflora', grünlichgelb mit langen Rispen; 'Goliath', tiefrote Staubbeutel; 'Machet Riesen', dunkellaubig; 'Machet Rubin', kupferrot	März–April	Sonnig. Leicht kalkhaltiger Boden	Wegen des Wohlgeruchs in Beete einstreuen. In bunte Sommerblumensträuße einbinden
Scabiosa Skabiose (*S. atropurpurea*) Spätblühende Pflanze, ausgezeichnete Schnittblume. Samenkapseln können getrocknet werden	H 45–90 cm B 25 cm	'Blue Moon', fahlblau; 'Cherry Red', kirschrot; 'Fire King', feuerrot; 'Olympia-Hybriden', lebhafte Farbenmischung, große Blütenbälle	April–Mai oder September	Freier, sonniger Standort. Jeder fruchtbare Boden	Verblühtes entfernen, wenn man die Samenkapseln nicht trocknen will. Da in rauhen Gebieten etwas frostempfindlich, besser ab Ende März im Frühbeet aussäen
Silene Leimkraut (*S. coeli-rosa*) Reich blühende Pflanze, in Gruppen setzen	H 25–80 cm B 15 cm	In Violett, Rot, Rosa, Weiß und Blau oder als Mischung erhältlich	März–Mai oder September	Sonne oder Halbschatten. Normaler, guter Boden	Normalerweise direkt aussäen, aber auch für Vorkultur und Beetbepflanzung geeignet
Tropaeolum Kapuzinerkresse (*T. majus*) Sehr beliebte einjährige Pflanze in hängenden, kriechenden oder kletternden Sorten. Als Kletterpflanze bis 3 m hoch. Leuchtend gefärbte Trichterblüten, lange Blütezeit. Zwergformen werden zunehmend beliebter	H 0,15–3 m B 15–60 cm	'Goldglanz', goldgelb, halbgefüllt; 'Scharlachglanz', orangescharlach, halbgefüllt; 'Rankende Prachtmischung', 3–4 m hoch, rankend; 'Doppelte Glanzhybriden', reiches Farbenspiel, halbgefüllt; 'Niedrige Mischung', nicht rankend; 'Whirly Bird', scharlachrot, halbgefüllt; 'Bunte Juwelen', reich blühend, halbgefüllt	April–Mai	Sonne oder Halbschatten. Auch für weniger günstige Böden geeignet	Klettersorten sind für Zäune ideal geeignet. Hängeformen benutzt man gern zum Bepflanzen von Körben
Ziergräser Für Blumenarrangements und Trockensträuße immer beliebter. Zu den besten Gattungen gehören *Briza* (Zittergras), *Lagurus* (Sammetgras), *Phalaris* (Glanzgras), *Polypogon* (Bürstengras), *Setaria* (Kolbenhirse) und *Rhynchelytrum*	H 25–60 cm	Verschieden	März–April	Sonnig. Normaler Boden	Will man die Gräser trocknen, muß man sie schneiden, bevor die Samen reif sind. In den meisten Samenkatalogen werden zahlreiche Gattungen und Arten sowie Mischungen angeboten

EINJÄHRIGE PFLANZEN MIT VORKULTUR

Ageratum

Amaranthus

Anagallis

Antirrhinum

Arctotis

Begonia

Name und Beschreibung	Höhe und Breite	Sorten und Blütenfarben	Aussaat	Standort	Besondere Hinweise
Ageratum Leberbalsam (A. houstonianum) Beliebte Zwergpflanzen für Einfassungen. Büschel von meist blauen Blüten, auch in Weiß und Rosa erhältlich. Blütezeit von Juni bis zum ersten Frost	H 10–15 cm B 15 cm	'Blaue Kugel', rein blau; 'Capri', blau, niedrig; 'Weißkissen', rein weiß; 'Blaukissen', tiefblau; 'Blue Mink', mittelblau, großblumig; F₁-Hybriden: 'Royal Blazer', dunkelblau; 'Blue Blazer', mittelblau; 'Nordmeer', dunkel violettblau; 'Summersnow', rein weiß; 'Hohes Bukett', kräftig blau, großblumig, für den Schnitt geeignet	März–April 16° C	Sonniger, geschützter Standort. Mäßig feuchter Boden	Verblühtes regelmäßig entfernen. F₁-Hybriden zeichnen sich durch gleichmäßige Wuchshöhen besonders aus. Auch Stecklingsvermehrung möglich
Amaranthus Fuchsschwanz (A. tricolor) Eine Blattpflanze, die hauptsächlich wegen der hell- bis dunkelrot und braun gefleckten Blätter gezogen wird	H 0,4–1 m B 30–45 cm	Nur die Art mit roten und bronzefarbenen Blättern sowie roten Blüten im Handel erhältlich	März 15° C	Sonniger Standort. Tiefgründiger, nährstoffreicher Boden	Einzeln in Beete pflanzen. Für kalte und ungeschützte Standorte nicht geeignet. Beim Umpflanzen Wurzeln nicht beschädigen
Anagallis Gauchheil (A. monelli ssp. linifolia) Kleine Pflanze mit enzianblauen oder roten Blüten. Blütezeit Juni–September. Geeignet als Einfassung und für Steingärten	H 20–40 cm B 30 cm	'Phillipsii', blau; 'Pimpernel', gemischt; 'Grandiflora Coerulea', dunkel enzianblau	März–April 16° C	Vollsonne. Durchlässiger Boden	An warmen Standorten kann sich Anagallis selbst aussäen. Bei uns sehr seltene Pflanze
Antirrhinum Löwenmaul (A. majus und Hybriden) Eine der beliebtesten Gartenblumen, die von Juni bis zum ersten Frost blühen. Die Blüte läßt sich durch Zusammendrücken wie ein Maul öffnen und schließen, was der Pflanze ihren Namen gab	H 0,2–1 m B 25–40 cm	In vielen Arten und Sorten erhältlich, vorwiegend mit den normalen, bekannten Blütenständen. 'Hyazinthiflorum', mit gedrängt sitzenden, hyazinthenblütenähnlichen Blütendolden	Februar–März 16° C	Sonniger Standort. Jeder gut kultivierte, nährstoffreiche Boden	Haupttrieb ausbrechen, um buschiges Wachstum zu fördern. Verblühte Blütenstände entfernen, um Blütezeit zu verlängern. Die hohen Sorten (in windigen Lagen abstützen!) sind hervorragende Schnittblumen, die niederen vorwiegend für Beetbepflanzung geeignet
Arctotis Bärenohr (A. × hybrida) Große margeritenähnliche Blüten in leuchtenden Farben an langen Stielen. Blütezeit Juli bis Herbst. Als Schnittblume geeignet, hält aber nicht lange. Am Nachmittag und bei trübem Wetter schließen sich die Blüten	H 40–60 cm B 30 cm	'Neue Hybriden Harlekin', Mischung verschiedener Farbtöne	März 18° C	Offener, sonniger Standort. Mittelschwerer Boden	Mitteltriebe entspitzen, wenn die Jungpflanzen etwa 15 cm hoch sind, um buschiges Wachstum zu fördern. Später eventuell abstützen. Verblühtes entfernen, um Blütezeit zu verlängern
Begonia Begonie (B.-Semperflorens-Hybriden) Die Begonie bildet von Mai bis Herbst zahlreiche kleine Blüten aus. Sie unterscheiden sich stark von den großen Blüten der Knollenbegonien	H 15–30 cm B 15–30 cm	Zahlreiche Sorten in Rot- und Rosatönen sowie Weiß; mit hellgrünen, kupferfarbenen oder rötlichen Blättern	Januar bis Februar 16° C	Sonne und Halbschatten. Mittelschwerer, feuchter Boden	Einige Pflanzen im Herbst in Töpfe setzen und an ein sonniges Fenster stellen. Sie blühen bis in den Winter hinein. Beste Pflanze für Einfassungen, Rabatten und Beete. Für Hintergrundpflanzungen stark wachsende, hohe Sorten verwenden, sonst niedere Typen auswählen. Sogenannte F₁- und Heterosis-Sorten sind sehr ausgeglichen in bezug auf Wuchshöhe, Blütenfarbe, Blütengröße usw. Es gibt auch sogenannte F₂-Hybriden, die immer aus einem Farbengemisch bestehen

257

EINJÄHRIGE PFLANZEN MIT VORKULTUR

Callistephus

Celosia

Chrysanthemum

Cleome

Cosmos

Cucurbita

Name und Beschreibung	Höhe und Breite	Sorten und Blütenfarben	Aussaat	Standort	Besondere Hinweise
Callistephus Sommeraster (*C. chinensis*) Eine der beliebtesten Spätsommer- und Herbstblumen mit chrysanthemenähnlichen Blüten. Blüten meist gefüllt. Manche Sorten einfach blühend	H 20–90 cm B 30–45 cm	Zahlreiche Rassen mit den verschiedensten Blütenformen und Farben im Handel erhältlich. Es überwiegen rote, blaue, rosa und weiße Töne. Für Beete niedere, für Schnittblumen hohe Rassen und Sorten auswählen	März–April 16° C	Sonniger, geschützter Standort. Jeder durchlässige Boden	Verblühtes entfernen, damit sich Blüten an den Seitentrieben besser entwickeln. Größere, großblütige Arten eventuell stützen. In milden Klimazonen kann man die Aster im April oder Mai direkt ins Freiland säen. Oft tritt Asterwelke auf. Dann nur resistente Sorten auswählen. Sie sind auf der Samentüte gekennzeichnet
Celosia Federbusch (*C. argentea var. plumosa, C. a. var. cristata*) Prächtige Beetpflanze mit feder- oder kammartigen Blüten. Hohe Sorten als Schnittblumen	H 20–60 cm B 20–30 cm	Federbuschcelosie: 'Feuerfeder', feurig rot; 'Goldfeder', goldgelb; 'Orangefeder', orangerot; 'Scarlet Gem', dunkelscharlach; 'Pampasfeder', hochwachsende Mischung; 'Federspiel', niederwachsende Mischung; Hahnenkammcelosie: Farbensorten in Scharlach und Karminrosa; 'Olympia-Mischung', Farbenmischung mit niederem Wuchs	März–April 18° C	Geschützter, sonniger Standort. Nährstoffreicher Boden	Sämlinge gut abhärten und erst nach jeglicher Frostgefahr auspflanzen
Chrysanthemum Mutterkraut (*C. parthenium*, syn. *Matricaria eximia*) Kleine Beet- oder Topfpflanze mit kleinen, chrysanthemenähnlichen Blüten; Blütezeit Juli–September	H 30–60 cm B 20 cm	'Goldball', goldgelb, kompakt; 'Schneeball', weiß; 'Weißer Stern', weiß, Zungenblüten mit geröhrter Mitte	März–April 13° C	Sonniger bis halbschattiger Standort. Leichter, durchlässiger Boden mit relativ hohem Kalkgehalt	Vorwiegend als Einfassungspflanze für Rabatten und Gruppen. Am besten zwischen andere Sommerblumen pflanzen
Cleome Spinnenpflanze (*C. spinosa*) Kräftige, fast staudenähnliche Pflanze mit duftenden Blüten, Juli–Herbst; Blüten haben Spinnenform	H 0,6–1 m B 45 cm	'Helen Campbell', weiß; 'Kirschkönigin', karminrosa; 'Treurosa Königin', rosa; 'Violettkönigin', tiefviolett; 'Farbfontäne', Mischung aus sechs Farben	Februar–März 18° C	Vollsonne. Düngerreicher, durchlässiger Boden	Immer in Gruppen zwischen andere Beetpflanzen setzen
Cosmos Schmuckkörbchen (*C. bipinnatus*; *C. sulphureus*) Hübsche Pflanze mit feinen Blättern und vielen ungefüllten, dahlienähnlichen Blüten. Ausgezeichnete Schnittblume	H 0,45–1,2 m B 45–60 cm	'Blender' ('Dazzler'), blutrot; 'Gloria', rosa Riesenblumen mit rotem Ring; 'Karminkönig', rot; 'Unschuld', rein weiß, riesenblumig; 'Diablo', feuerrot, reich blühend; 'Sunset' ('Sonnenuntergang'), glühend orangerot. Auch Mischungen	Februar–März 16° C	Sonniger Standort. Leichter, fruchtbarer, durchlässiger Boden, nicht zu stark gedüngt	Das Schmuckkörbchen gedeiht bei Wärme und Trockenheit am besten. Zuviel Dünger führt zu übermäßiger Blattbildung. Verblühtes entfernen. Kann in milden Gebieten im April oder Mai direkt ausgesät werden
Cucurbita Zierkürbis (*C. pepo*) Stark wachsende Pflanze mit lianenartigen Trieben. Aus großen, gelben Blüten entwickeln sich vielgestaltige Kürbisfrüchte, die, im Herbst geerntet, zum Zimmerschmuck verwendet werden können	H 50 cm Trieblänge 2–3 m	Neben verschiedenen Mischungen sind einzelne Sorten im Handel: 'Aladin', weiß, gelb, grün und rot gescheckte Turbanformen; 'Bischofsmütze', weiß mit rot gezeichneter, überlappender Mütze	Ende April bis Anfang Mai	Geschützter, sonniger Standort. Komposthaufen, nährstoffreicher, guter Gartenboden	Zierkürbisse eignen sich hervorragend zum Beranken von Pergolen. Im Sommer hängen die Früchte aus luftiger Höhe herab. Auch zum Bepflanzen von Kompostplätzen und Komposthaufen geeignet. Aussaat im April in Töpfe möglich, damit die Pflanzen früher blühen und fruchten

EINJÄHRIGE PFLANZEN MIT VORKULTUR

Dahlia

Dianthus

Dorotheanthus

Gaillardia

Heliotropium

Impatiens balsamina

Ipomoea

Name und Beschreibung	Höhe und Breite	Sorten und Blütenfarben	Aussaat	Standort	Besondere Hinweise
Dahlia Dahlie (*D.*-Hybriden) Einjährige Dahlien sind kleiner als die größeren Sorten für Einfassungen. Die Blüten können einfach, halbgefüllt oder gefüllt sein. Sie haben 5–7 cm ∅ und blühen von Juli bis in den Spätherbst	H 30–90 cm B 30–60 cm	Im Handel nur Farbenmischungen unter verschiedenen Namen mit unterschiedlichen Wuchshöhen und Blütenformen; 'Pompon-Prachtmischung', gut gefüllt; 'Unwins Hybriden', halbgefüllt; 'Red Skin', halbgefüllt, rotlaubig; 'Early-Bird', gefüllt; 'Rigoletto', gefüllt; 'Mignon', niedrigste Zwergmischung	Februar–März 16° C	Geschützter, sonniger Standort. Mittelschwerer Boden. Schlechten Boden einige Wochen vor dem Auspflanzen mit Dünger oder Kompost anreichern	Nicht zu stark düngen, weil sich sonst zuviel Blätter bilden. Bei Trockenheit reichlich gießen. Abstützen und Ausbrechen von Knospen nicht erforderlich, aber Verblühtes entfernen
Dianthus Nelke (*D. caryophyllus, D. chinensis, D. c. var. heddewigii*) Nelken gehören zwar zu den ausdauernden Pflanzen, aber aus Samen gezogene Pflanzen blühen noch im gleichen Jahr, normalerweise im Juli/August. Ideal für Beete und Töpfe. Für Einfassung von Beeten geeignet	H 15–60 cm B 15–30 cm	Sommernelke: 'Queen of Hearts' ('Herzkönigin'), orangescharlach; 'Merry-Go-Round', weiß mit rotem Herz; 'Snowflake' ('Schneeflocke'), weiß; Heddewigsnelke: 'Bravo', scharlach; 'Karussell', weiß, einfach; 'Colorama', niederwachsende Mischung; 'Gefüllte Sondermischung', reiches Farbenspiel	Februar–März 15° C	Sonniger Standort. Nährstoffreicher, durchlässiger Boden mit reichlich Humus	Hohe Arten abstützen. Im Herbst in Töpfe gesetzte Pflanzen blühen an sonnigem Zimmerfenster weiter. Die sogenannten Garten- oder Landnelken werden meist zweijährig gezogen
Dorotheanthus Mittagsblume (*D. bellidiformis*, früher *Mesembryanthemum criniflorum*) Polsterbildende Pflanze mit glänzenden, blaßgrünen Blättern. Die leuchtenden, asternähnlichen Blüten öffnen sich nur im Sommer bei Sonne	H 5–10 cm B 30 cm	Nur als Mischung in vielen Pastell-Schattierungen im Handel	März–April 15° C	Sonne. Leichter, sandiger Boden	Für Einfassungen, Böschungen und Steingärten geeignet, wo die Pflanze Polster bildet. Jungpflanzen sollten im Topf vorkultiviert werden
Gaillardia Kokardenblume (*G. aristata, G. pulchella, G.*-Hybriden) Prächtige, margeritenähnliche Blüten auf langen Stielen. Als Einfassungen und Schnittblumen geeignet. Blütezeit von Juni bis in den Herbst	H 30–60 cm B 25–45 cm	'Bremen', dunkelscharlach mit gelben Spitzen; 'Burgunder', weinrot; 'Fackelschein', dunkelrot mit gelben Spitzen, großblumig; 'Kobold', gelb mit rot; auch verschiedene Mischungen	Februar–März 15° C	Sonne oder Halbschatten	Größere Arten eventuell abstützen. Verblühtes entfernen, um Blütezeit zu verlängern. Einige Arten können in mildem Klima im April direkt ausgesät werden
Heliotropium Sonnenwende (*H. arborescens*) Wohlriechende Pflanze mit kleinen, in Dolden angeordneten, nach Vanille duftenden Blüten. Blütezeit Juni bis zum Herbst. Diese subtropische Staude wird bei uns als Einjahrespflanze mit Vorkultur gezogen	H 25–45 cm B 30–40 cm	'Marine', violett	Februar–März 16° C	Sonne. Jeder gute, durchlässige Boden	Hübsche Beet- und Balkonpflanze zum Auspflanzen ab Ende Mai. Für unwirtliche Gebiete nicht geeignet
Impatiens Springkraut (*I. balsamina*) Beliebte Pflanze. Reichlich dicht- oder halbgefüllte Blüten	H 30–60 cm B 15–30 cm	'Verbesserte Kamelien-Prachtmischung', vielfarbig, sehr großblumig; 'Rosenmischung', halb gefüllt in vielen Farben	März–April 16° C	Sonne oder Halbschatten. Nährstoffreicher Boden	Am besten in Gemeinschaft mit anderen einjährigen Blumen in Gruppen auspflanzen. Bei anhaltender Trockenheit reichlich wässern
Ipomoea Prunkwinde (*I. purpurea, I. tricolor*) Eine der schönsten Kletterpflanzen mit zart gefärbten Trichterblüten, die sich am Morgen öffnen und am Nachmittag abblühen; Juli–September	H bis 3 m B 30 cm	'Himmelblau', hellblau, früh blühend; 'Clarks Himmelblau', hellblau, im Schlund goldgelb schattiert; 'Prachtmischung', Mischung mit blauen, violetten, roten, rosa und weißen Blüten	März–April 18° C	Geschützter, sonniger Standort. Leichter, düngerreicher Boden	Kälte und Zugluft vermeiden. Samen über Nacht einweichen oder vor der Aussaat einkerben. Kann in milden Klimazonen im April direkt ins Freiland gesät werden

EINJÄHRIGE PFLANZEN MIT VORKULTUR

Kochia Limonium Lobelia Matthiola Mimulus Moluccella Nemesia

Name und Beschreibung	Höhe und Breite	Sorten und Blütenfarben	Aussaat	Standort	Besondere Hinweise
Kochia Sommerzypresse (K. scoparia) Zypressenähnliche Pflanze. Die blaßgrünen Blätter einer Sorte färben sich im Herbst leuchtend rot	H 0,6–1 m B 30–60 cm	Pflanzen wirken durch zarte Belaubung und Blüten unscheinbar. 'Trichophylla', Laub färbt sich im Herbst feuerrot; 'Childsii', Laub bleibt grün	März–April 16° C	Freier, sonniger Standort. Vorzugsweise leichter Boden	Für niedrige, kurzlebige Hecken gut geeignet. Kann in warmen Klimazonen im April direkt ins Freiland gesät werden
Limonium Strandflieder (L. sinuatum) Beliebte Blume für Trockensträuße. Kleine Trichterblüten in endständigen Büscheln, Juli–September	H 50–90 cm B 30 cm	'American Beauty', rosarot; 'Aprikose', chamoisrosa; 'Bonduelli', gelb; 'Candidissimum', weiß; 'Eisberg', weiß; 'Goldküste', gelb; 'Himmelblau', blau; 'Nachtblau', dunkelblau; 'Rosenschimmer', karminrosa	Februar–März 13° C	Freier, sonniger Standort. Normaler Boden	Blütenstiele unmittelbar vor dem Öffnen knapp unter der Blüte schneiden. In Bündeln mit den Blüten nach unten luftig aufhängen und trocknen
Lobelia Lobelie (L. erinus) Wohl eine der beliebtesten Pflanzen für Einfassungen. Hängende Sorten auch in Schalen und Balkonkästen. Vom Mai bis zum ersten Frost reiche Blüte	H 10–30 cm B 15–20 cm	'Kaiser Wilhelm', kornblumenblau; 'Kristallpalast', tiefblau; 'Rosamunde', rot mit weißem Auge; 'Schwabenmädchen' tiefblau mit großem, weißem Auge; 'Pendula Saphir', tiefblau mit weißem Auge; hängende Ranken, beste Balkonsorte	Februar–März 16° C	Sonne und Halbschatten. Düngerreicher, feuchter Boden	Sämlinge in Gruppen pikieren. Sie sind zur Trennung zu klein und empfindlich
Matthiola Levkoje (M. incana) Sehr beliebte Pflanzen mit stark duftenden Blüten. Von 30 cm hohen Zwergformen bis zu Riesensorten mit dichtem Blütenbesatz	H 0,3–1 m B 25–60 cm	Verschiedene Rassen in zahlreichen Farben oder Mischungen. Vorherrschend sind blaue, rote, rosa, gelbe und weiße Töne	Februar–März 15–18° C	Vollsonne oder Halbschatten. Mittelschwerer Lehmboden, vorzugsweise etwas alkalisch. Bei schlechtem Boden verrotteten Dünger oder Gartenkompost zusetzen	Hohe Pflanzen in windigen Lagen abstützen. Sogenannte gefüllte Sorten blühen nur zu etwa 50 % gefüllt. Teure Sorten haben einen Signalfaktor: Bei ihnen kann man schon im Jungpflanzenstadium die gefüllt blühenden Pflanzen erkennen
Mimulus Gauklerblume (M.-Hybriden) Pflanze für halbschattige, feuchte Standorte, besonders neben Teichen. Gefleckte Blüten ähnlich einem offenen Löwenmaul; Juni–September	H 20–30 cm B 25 cm	'Grandiflorus', großblumige, gefleckte Spielarten mit auffallend lebhaften Farben	März–April 13° C	Schattig bis halbschattig, feucht und kühl	Gedeiht in jedem Boden. Im allgemeinen ohne Ungeziefer und Krankheiten
Moluccella Muschelblume (M. laevis) Ausgefallene Pflanze für Einfassungen mit langen, weißen Blütenähren, jede Blüte in einem blaßgrünen Tragblatt. Blütezeit Spätsommer	H 0,6–1 m B 25 cm	Weiß und ziemlich unscheinbar. 'Irlandglocke' ('Glocken von Irland'), grüne, glockenförmige Kelchblätter	März–April 15° C	Offener, freier, sonniger Standort. Nahrhafter Boden	Als Schnittblume und Trockenblume geeignet. Kann in milden Klimazonen im März oder April direkt ins Freiland gesät werden
Nemesia (N.-Hybriden) Schnell blühende, kleine Pflanze mit trichterförmigen Blüten, Schlund häufig gefleckt. Blüht den ganzen Sommer über	H 20–50 cm B 10–15 cm	'Suttonii', Prachtmischung, großblumig; 'Carneval', halbhohe Mischung mit großen, fein gezeichneten Blüten; 'Triumph' ('Superbissima'), niedere Prachtmischung mit leuchtenden Farben	Februar–April 15° C	Sonniger Standort. Leicht saurer Boden	Haupttrieb der Jungpflanze entspitzen, um buschiges Wachstum zu fördern. Nach der Blüte zurückschneiden für Nachblüte. Kann in milden Klimazonen im März oder April ins Freie gesät werden

EINJÄHRIGE PFLANZEN MIT VORKULTUR

| Nicotiana | Perilla | Petunia | Phlox | Portulaca | Ricinus | Rudbeckia |

Name und Beschreibung	Höhe und Breite	Sorten und Blütenfarben	Aussaat	Standort	Besondere Hinweise
Nicotiana Ziertabak (*N. alata, N. × sanderae*) Petunienähnliche Blüten, die abends stark duften. Von Juni bis September reich blühend (in der Schweiz nicht zugelassen)	H 0,4–1 m B 30–40 cm	'Idol', dunkelrot; 'Scharlachkönig', dunkelkarmesin; 'Crimson Rock', F_1-Hybride, rot, sehr ausgeglichen im Wuchs	Februar–April 18° C	Warmer, sonniger Standort. Fruchtbarer, durchlässiger Boden	Blütezeit wird durch Entfernen welker Blüten verlängert. Hohe Sorten in windigen Gebieten abstützen
Perilla Schwarznessel (*P. frutescens*) Wegen der rotvioletten, tief gezähnten Blätter gezüchtete Blattpflanze, die guten Kontrast zu Sommerblumen bietet. Im Juli und August winzige, weiße Blütenähren	H 0,5–1 m B 30–40 cm	Weiß	Februar–März 18° C	Freier, sonniger Standort. Jeder gut gepflegte Boden	An den 10 cm hohen Jungpflanzen Haupttrieb ausbrechen
Petunia Petunie (*P.*-Hybriden) Diese Pflanze ist so weit entwickelt und verbessert worden, daß eine Vielzahl von Arten und Sorten im Angebot ist. Sie bildet reichlich prächtige Trichterblüten von Juni bis in den Herbst	H 20–40 cm B 30 cm	Alle Farben, einige zweifarbige Sorten. F_1-Hybriden sind wegen gleichmäßigem Wuchs und reicher Blütenbildung vorzuziehen. Hängepetunien vor allen Dingen für Balkons und Fensterkästen	Januar–März 15° C	Geschützter, sonniger Standort. Nicht zu fruchtbarer Boden	Lange Blütezeit; für Blumenkästen und Schalen ebenso wie für Einfassungen geeignet. Wind und starker Regen können den Blumen schaden; in gefährdeten Lagen nur wetterbeständige Arten auspflanzen. Verblühtes regelmäßig entfernen
Phlox Flammenblume (*P. drummondii*) Eine weitverbreitete, haltbare Beetpflanze mit großen Blütendolden, von Juni–September. Als haltbare Schnittblumen geeignet	H 10–50 cm B 25 cm	'Grandiflora', Prachtmischung in vielen Farben, Wuchshöhe 30 cm; 'Cäcilien-Phlox', Mischung, großblumig mit Auge; 'Sternenzauber', gesternte Blüten in schönen Farben	Februar–März 15° C	Freier, sonniger Standort. Fruchtbarer, durchlässiger Boden	Verblühtes entfernen. Bei magerem Boden Flüssigdünger geben. Regelmäßig gegen Thrips spritzen. Kann in milden Klimazonen im April oder Mai ins Freiland gesät werden
Portulaca Portulakröschen (*P. grandiflora*) Fleischige Blattpflanze mit halb niederliegenden, roten Stielen und leuchtend gefärbten Blüten, die sich bei Sonne öffnen. Juni–September	H 15 cm B 15 cm	'Einfache Prachtmischung', Mischung verschiedener Farbtöne mit einfachen Blüten; 'Gefüllte Prachtmischung', Mischung verschiedener Farbtöne mit vielen dichtgefüllten Blüten	Februar–März 18° C	Vollsonne. Durchlässiger Boden	Ausgezeichneter Bodendecker für heiße, trockene Standorte. Nur gießen, wenn die Pflanze welkt
Ricinus Wunderbaum (*R. communis*) Blattpflanze aus dem tropischen Afrika mit ahornähnlichen Blättern bis zu 30 cm Ø. Als Einzelpflanze für Beete. Die Samen sind giftig	H 1–3 m B 1 m	Blüten unscheinbar, dafür rote, schneckenförmig gedrehte Früchte; 'Zanzibariensis', Mischung verschiedener Typen mit riesigen Blättern; 'Sanguineus', Pflanzen mit blutrotem Laub	März 21° C	Sonniger, geschützter Standort. Fruchtbarer, durchlässiger Boden	An windigen Standorten abstützen
Rudbeckia Sonnenhut (*R. hirta*) Beliebte Spätsommerblume mit großen, margeritenähnlichen Blüten, normalerweise gelb oder braun mit schwarzer Scheibe	H 25–90 cm B 30–60 cm	'Doppelte Freude' ('Gloriosa Double Daisy'), goldgelb, teilweise gefüllt; 'Gloriosa Daisy', goldgelb, über kupferrot bis dunkelbraun, riesige Blüten; 'Meine Freude', sattgelb; 'Marmelade', tief goldgelb, sehr standfest, ausgezeichnete Sorte; 'Herbstwald', kupfrig rotbraun, langstielig	Februar–März 15° C	Freier, sonniger Standort. Jeder durchlässige Boden	Schneckenkorn rund um die Pflanzen streuen. Höhere Sorten abstützen

EINJÄHRIGE PFLANZEN MIT VORKULTUR

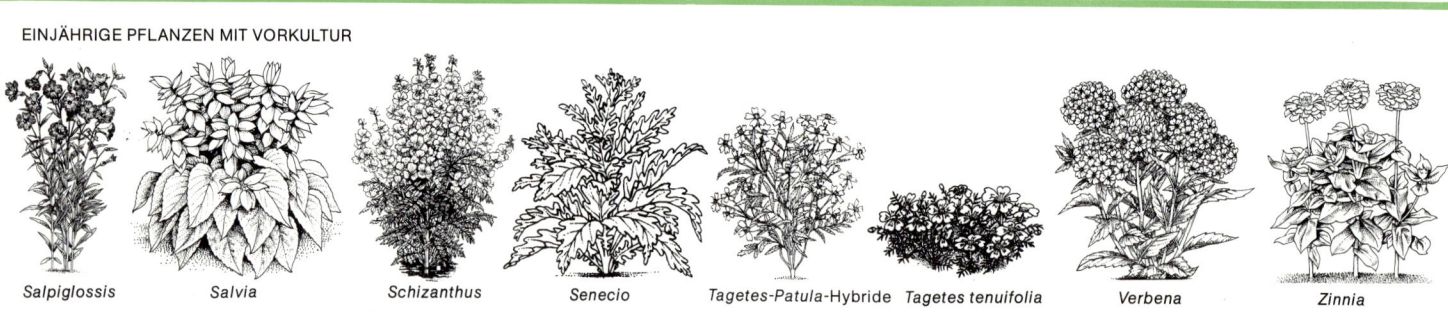

Salpiglossis Salvia Schizanthus Senecio Tagetes-Patula-Hybride Tagetes tenuifolia Verbena Zinnia

Name und Beschreibung	Höhe und Breite	Sorten und Blütenfarben	Aussaat	Standort	Besondere Hinweise
Salpiglossis Trompetenzunge (*S. sinuata*) Leuchtend gefärbte Trichterblüten, für Einfassungen oder Töpfe. Blütezeit Juli–September. Die Blüten fühlen sich samtig und klebrig an, sind zum Schnitt geeignet	H 0,45–1 m B 30 cm	Meist nur als 'Prachtmischung' in verschiedenen Farbtönen im Handel	Februar–März 18° C	Freier, sonniger Standort. Ziemlich nahrhafter Boden	Jungpflanzen entspitzen, um buschiges Wachstum zu fördern. Pflanzen abstützen. Abgeblühtes entfernen, um größere Blüten zu erzielen
Salvia Salvie, Salbei (*S. splendens*) Beliebte Pflanze, die in städtischen Anlagen und Gärten von Juni bis in den Herbst hinein häufig zu sehen ist. Die normalerweise leuchtendroten Blüten sind in dichten Ähren angeordnet	H 20–45 cm B 20–30 cm	'Feuerzauber', scharlachrot; 'Leuchtfunk', dunkelscharlach; 'Olympisches Feuer', feuerrot; 'Kabouter', scharlachrot; 'Scharlachzwerg', dunkelscharlach, früh blühend	Januar–März 18° C	Sonniger Standort. Normaler, durchlässiger Boden	5–7 cm hohe Jungpflanzen entspitzen, damit sie buschig werden
Schizanthus Spaltblume (*S.-Wisetonensis-*Hybriden) Normalerweise eine Topf- und Gewächshauspflanze, aber von Juni bis in den Herbst auch reich blühende Pflanze für Gruppenordnungen. Blätter blaß und farnähnlich	H 30–90 cm B 30 cm	'Hitparade', Prachtmischung in verschiedenen Farben	März–April 16° C	Sonniger, geschützter Standort. Leichter Boden, mit Mist oder Gartenkompost angereichert	7 cm hohe Jungpflanzen entspitzen. Höhere Arten abstützen
Senecio Greiskraut (*S. bicolor*, *S. maritima*, *Cineraria maritima*) Fast winterharte Staude, die wegen der tief eingeschnittenen, silbrigen Blätter gern gehalten wird	H 20–35 cm B 30 cm	'Rauhreif', 'Silverdust' ('Silbernebel'); 'Silberzwerg', sehr fein geschlitztes Blatt	Februar–März 16° C	Sonniger Standort. Jeder normale Boden	Blütenfarbe gelb, jedoch unscheinbar. Pflanzen werden für Teppichbeete als einjährige Blattpflanzen kultiviert
Tagetes Studentenblume, Sammetblume (*T.-Erecta-*Hybriden, *T.-Patula-*Hybriden) Eine der häufigsten einjährigen Pflanzen mit Vorkultur. Die hohen Sorten haben große Blüten bis über 10 cm Ø, von Juli bis in den Herbst. Die kleineren Sorten haben kleine, ein- oder zweifarbige Blüten	H 15–75 cm B 15–45 cm	Zahllose Rassen und Sorten in gelben, orangefarbenen und bräunlichen Tönen. F$_1$-Hybriden zeichnen sich durch gleichmäßigen Wuchs und herrliche Blüten aus	März 18° C	Freier, sonniger Standort. Durchlässiger, fruchtbarer Boden	Abschneiden welker Blüten verlängert Blütezeit. T.-Erecta-Hybriden eignen sich sehr gut als Schnittblumen. Dafür sind Sorten mit geruchlosem Laub empfehlenswert, z. B. 'Frills'
T. tenuifolia Buschige Zwergpflanze mit kleinen, margeritenähnlichen Blüten, Juli–September. Ausgezeichnet für Einfassungen geeignet. Mit der Studentenblume verwandt	H 15–20 cm B 15–20 cm	'Gnom', tieforange; 'Lulu', leuchtend hellgelb; 'Ornament', rotbraun	März–April 18° C	Freier, sonniger Standort. Jeder gute Gartenboden	Entfernen der welken Blüten nicht unbedingt erforderlich, verlängert aber die Blütezeit
Verbena Gartenverbene (*V.-*Hybriden) Duftende Blumen in dichten Dolden, von Juni bis in den Herbst. Für Einfassungen, Blumenkästen und Schalen geeignet	H 20–40 cm B 30 cm	'Sternenlicht', blau und weiß; 'Amethyst', mittelblau; 'Blaze', scharlachrot; 'Dannebrog', dunkelscharlach; 'Delight', hellrosa; 'Crystal', rein weiß; 'Sparkle', leuchtend scharlach mit weißem Auge	Februar–März 18° C	Freier, sonniger Standort. Jeder Boden, der mit organischem Dünger angereichert ist	Entspitzen, um buschiges Wachstum zu fördern. Als Bodendecker geeignet. Verblühtes entfernen. Auch zum Blumenschnitt geeignet
Zinnia Zinnie (*Z. elegans*) Die einfachen und gefüllten, margeritenähnlichen Blüten stehen aufrecht auf Stielen. Blütezeit Juli–September. Als Schnittblume gut haltbar	H 20–75 cm B 15–30 cm	Zahlreiche Rassen mit vielen Sorten in vorwiegend gelben, orangefarbenen, roten, violetten und weißen Farben	März–April 16–18° C	Sonniger, geschützter Standort. Nährstoffreicher Boden	Können durch starken Regen Schaden erleiden. Verblühtes entfernen. Wenn man Zinnien immer wieder anbauen will, wechselt man jedes Jahr den Standort

ZWEIJÄHRIGE PFLANZEN

Alcea

Bellis

Campanula

Cheiranthus

Dianthus barbatus

Dianthus caryophyllus

Name und Beschreibung	Höhe und Breite	Sorten und Blütenfarben	Aussaat	Standort	Besondere Hinweise
Alcea Stockmalve, Stockrose (*A. rosea* syn. *Althaea rosea*) Beliebte mehrjährige Gartenpflanze, die am besten als zweijährige Pflanze zum Begrünen von Zäunen und als Hintergrund in Gruppenpflanzungen gezogen wird. Blüten von Juli–September	H 1–2 m B 30–45 cm	Prachtmischung in vielen Rot-, Rosa-, Gelb- und Weißtönen	Mai–Juni	Sonniger, geschützter Standort. Schwerer, düngerreicher Boden	Die meisten Arten müssen in ungeschützten Lagen abgestützt werden. Bei Trockenheit reichlich gießen. Verblühtes entfernen, wenn Selbstaussaat nicht erwünscht ist
Bellis Maßliebchen (*B. perennis*) Diese Kulturform des gewöhnlichen Gänseblümchens mit gefüllten Blüten ist zu einer beliebten Pflanze für Einfassungen geworden. Auch für Blumenkästen geeignet. Blüte im Frühjahr	H 10–15 cm B 10–15 cm	Verschiedene Rassen: Pomponette, Monstrosa, Nibelungen, Super-Enorma, Märchenteppich. Zahlreiche Farben im Handel: Rot, Rosa, Weiß	April–Juni	Sonne oder Halbschatten. Jeder fruchtbare Boden	Verblühtes regelmäßig entfernen
Campanula Marienglockenblume (*C. medium*) Kräftige, aufrecht stehende Pflanze mit hellen, behaarten Blättern und glockenförmigen Blüten. Blütezeit von Mai–Juli	H 35–90 cm B 30 cm	In der Regel als einfachblühende oder gefülltblühende Mischung mit rosa, blauen und weißen Blüten im Handel	April–Juni	Sonne oder Halbschatten. Jeder durchlässige, fruchtbare Boden	Verblühtes regelmäßig entfernen. Höhere Sorten in windigen Lagen abstützen
Cheiranthus Goldlack (*C. cheiri*) Eine der beliebtesten zweijährigen Pflanzen, die in öffentlichen Anlagen zusammen mit Zwiebelgewächsen und Vergißmeinnicht gepflanzt wird. Blütezeit von April–Juni. Dichte, aufrechte Blütenähren	H 25–80 cm B 20–30 cm	Viele Rot-, Orange-, Gelb-, Braun- und Violettöne. 'Gefüllter hoher Buschlack', Mischung roter, orangefarbener, gelber und brauner Töne; 'Gefüllter Zwergbuschlack', Farbenmischung; 'Riesen-Goliath-Lack', dunkelbraunrot, sehr großblumig	Mai–Juni	Sonniger Standort. Jeder durchlässige Gartenboden	Sauren Böden Kalk zusetzen. Pflanzen entspitzen, wenn sie 15 cm hoch sind, um buschiges Wachstum zu fördern
Dianthus Bartnelke (*D. barbatus*) Beliebte zweijährige Pflanze für den Garten. Einfache oder gefüllte Blüten in dichten, endständigen Dolden im Juni und Juli. Verwandte der Gartennelke. Einige Arten sind auch als einjährige Pflanzen für Vorkultur erhältlich und blühen im gleichen Jahr. Bartnelken eignen sich am besten für Gruppenpflanzung und als Schnittblumen	H 30–60 cm B 20–25 cm	Verschiedene Rosa-, Lachsrot- und Weißtöne, gefüllt und einfach. Einige Sorten haben ein Auge in Kontrastfarbe. 'Albus', weiß; 'Atrosanguineus', dunkelpurpurn; 'Heimatland', dunkelrot mit weißer Mitte; 'Pink Beauty', kirschrosa; 'Scarlet Beauty', scharlach; 'Red Monarch', scharlachrot	Mai–Juni	Sonniger Standort. Normaler, durchlässiger Boden, vorzugsweise alkalisch	Abstützen nicht erforderlich. Verblühtes entfernen
D. caryophyllus Gartennelken Diese beliebten Pflanzen werden zweijährig angebaut, damit sie im folgenden Sommer früh blühen. Hierzu zählen auch Granat- oder Grenadinnelken	H 35–60 cm B 25–35 cm	'Mohrenkönig', dunkelrot; 'Rosa Königin', rosa; 'Scharlach', scharlachfarben; 'Sonnengold', hellgelb; 'Tausendschön', hell atlasrosa; 'Montblanc', weiß. Außerdem verschiedene Farbenmischungen	Mai	Vollsonnig. Jeder gute Gartenboden geeignet	Auch als Schnittblume geeignet. Höhere Pflanzen abstützen. Im Winter in rauhen Lagen Schutz durch Reisig erforderlich

ZWEIJÄHRIGE PFLANZEN

Digitalis

Erysimum

Impatiens walleriana

Lunaria

Myosotis

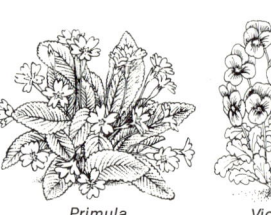
Primula

Viola

Name und Beschreibung	Höhe und Breite	Sorten und Blütenfarben	Aussaat	Standort	Besondere Hinweise
Digitalis Fingerhut (*D. purpurea*) Trichterblüten von Juni bis Juli. Alle *Digitalis*-Arten sind giftig	H 0,7–1,4 m B 45 cm	'Excelsior-Hybriden', Mischung aus weißen, rosa und gelben Farben, stark wachsend; 'Foxy', halbhohe Farbenmischung	Mai–Juni	Halbschatten. Boden, der Feuchtigkeit hält	Dünne Decke aus feuchtem Torf begünstigt das Keimen. 'Foxy' kann als einjährige Pflanze mit Vorkultur gezogen werden
Erysimum Schöterich (*E. × allionii, Cheiranthus × allionii*) Ähnlich wie der gewöhnliche Goldlack, aber etwas spätere Blütezeit, von Mai–Juni. Süß duftende Blüten	H 20–45 cm B 25–40 cm	Die normale Art blüht orangegelb; 'Gruppengold', goldgelb	Mai–Juni	Sonniger Standort. Jeder durchlässige Gartenboden	Sauren Böden Kalk zugeben. Wenn die Pflanzen 12–15 cm hoch sind, entspitzen
Impatiens Fleißiges Lieschen (*I. walleriana*) Hervorragende einjährige Blume zur Bepflanzung von Beeten vorwiegend halbschattiger und auch sonniger Lage. Blütezeit Juni bis in den Herbst	H 20–50 cm B 30 cm	Zahlreiche Rassen: 'Baby', 'Bellizzy', 'Kobold', 'Zig-Zag' in rosa, roten, violetten, orangefarbenen und weißen Tönen. F₁-Hybriden sind sehr ausgeglichen im Wuchs und zeichnen sich durch reichen Blütenflor aus	März	Sonne, vorwiegend Halbschatten. Jeder gute, nährstoffreiche Gartenboden geeignet	Vor Nachtfrösten schützen. Deshalb erst nach den Eisheiligen (Mitte Mai) auspflanzen
Lunaria Silberling (*L. annua*) Kleine, violette, duftende Blüten, in Gruppen sehr hübsch. Die Pflanze wird jedoch hauptsächlich wegen der silbrigen, scheibenförmigen Samenkapseln gezogen	H 0,4–1,2 m B 40–60 cm	Blaß- und dunkelviolett oder weiß	Mai–Juni	Halbschatten. Leichter Boden	Will man die Samenkapseln für Trockensträuße verwenden, schneidet man sie im August. Verblühtes nicht entfernen
Myosotis Vergißmeinnicht (*M. alpestris* syn. *M. sylvatica*) Feuchtigkeitsliebende Pflanze mit zahlreichen kleinen, blauen Blüten, gelegentlich mit gelbem Auge. Werden häufig mit Tulpen und Goldlack zusammengepflanzt. Blüte im Spätfrühjahr	H 15–25 cm B 10–20 cm	'Blaue Kugel', leuchtend blau, kugeliger Pflanzenaufbau; 'Amethyst', tief indigoblau; 'Compindi', tiefblau; 'Blauer Korb', tiefblau, großblumig, zum Schnitt geeignet; 'Blaues Wunder', tiefblau, beste Schnittsorte; 'Indigo Compacta', intensiv blau, gute Einfassungspflanze	Mai–Juli	Halbschatten. Durchlässiger, aber feuchtigkeitsspeichernder Boden mit viel Gartenkompost, Dünger oder Torfbeimischung	Sehr anspruchslose Pflanze, die fast überall gedeiht, wo der Boden nicht austrocknet. In undurchlässigen Böden kann die Pflanze im Winter faulen. Einige Sorten sind als Schnittblumen geeignet
Primula Primel (*P. elatior, P. vulgaris*) Eine der beliebtesten Frühjahrsblumen. In Büscheln hoch über den Blättern stehen die großen Blüten von *P. elatior*. Auf kleinen Stielen blühen die Kissenprimeln *P. vulgaris*	H 15–30 cm B 20–25 cm	*Primula elatior*: 'Pacific-Hybriden' in vorwiegend blauen, roten, rosa und gelben Farben. *P. vulgaris*: Zahlreiche Rassen, vorwiegend in den Farben Gelb, Blau, Rosa, Rot und Weiß	April–Mai in den Frühbeetkasten oder ins Gewächshaus	Sonne oder Halbschatten. Jeder fruchtbare Boden, der die Feuchtigkeit hält. Sandigen Boden mit Torf, Gartenkompost oder Dünger anreichern	Samen und Sämlinge feucht und schattig stellen. Bei Trockenheit reichlich gießen, vorzugsweise sprühen. Torfabdeckung hält die Feuchtigkeit
Viola Stiefmütterchen (*V. wittrockiana*) Beliebte zweijährige Pflanze für Einfassungen, Beete, Balkonkästen mit farbenprächtigen, großen Blüten	H 15–20 cm B 20–25 cm	Zahlreiche Rassen mit vorwiegend blauen, gelben, roten, violetten, braunen und weißen Farbtönen. Für rauhe Lagen besonders winterharte Sorten auswählen	Mai–Juli	Sonne oder Halbschatten. Jeder fruchtbare Boden mit mäßigem Feuchtigkeitsgehalt geeignet	Aussaaten leicht schattieren, Sämlinge eventuell pikieren. Im Herbst in rauhen Lagen Winterschutz geben. Abdecken mit Reisig empfehlenswert

Ein- und zweijährige Pflanzen

Wer den ganzen Sommer über eine üppige Blüten-pracht im Garten haben will, wird viele ein- und zweijährige Pflanzen, auch Sommerblumen genannt, setzen. Sie blühen unermüdlich und zeichnen sich durch die Farbenpracht ihrer Blüten aus

Sommerblumen gehören eigentlich in jeden Garten. Im Gegensatz zu den Blütenstauden, die immer nur eine begrenzte Zeit lang blü-hen, bringt die Mehrzahl der Sommerblumen von Juni bis zum Spätherbst ununterbrochen herrliche Blüten hervor.

Besonders prächtig blühen die Pflanzen aber nur dann, wenn man sie an den für sie günstigen Standort setzt. Die meisten der Gattungen und Arten stammen aus sonnenreichen, milden Klima-gebieten. Deshalb müssen sie auch im Garten an einen wind-geschützten, sonnigen Standort gesetzt werden.

Sommerblumen kann man selbst heranziehen. Sie werden ent-weder direkt auf die Gartenbeete gesät, bleiben also an Ort und Stelle, oder sie werden in Saatbeeten herangezogen und später aus-gepflanzt. Manche Gattungen und Arten benötigen bis zum Aus-pflanzen mehrere Wochen. Da sie aber frostempfindlich sind, wür-den sie, wenn man sie zu früh aussät, im Garten erfrieren. Deshalb müssen sie an einem geschützten Ort, zum Beispiel in einem Klein-gewächshaus oder Frühbeetkasten, ausgesät werden. Zu diesen Arten zählen unter anderem Begonien, Leberbalsam, Löwenmaul, Astern, Rittersporn. Ausgepflanzt wird dann erst nach den Eisheili-gen, also Mitte Mai.

▲ Mittagsblume

Die Mittagsblumen sind Gewächse tropischer Zonen. Sie lieben helles Licht und einen gut dränierten Stand-ort. Nur bei voller Sonnenbestrahlung öffnen sie ihre Blüten gegen Mittag. In den dickfleischigen Blättern wird Wasser gespeichert. Daher kann die Pflanze mehrere Tage lang Trocken-heit überstehen. Man sät möglichst direkt auf Beete oder Rabatten, damit sich die Wurzeln ungestört im Boden entwickeln können

Der Sonnenhut fällt durch seine rei-che Blütenbildung auf. Er kann im Frühbeet vorkultiviert und Mitte Mai ausgepflanzt werden. Mit seinen strahlenden Blüten ist der Sonnenhut eine beliebte Beetpflanze. Die auf langen Stielen stehenden Körbchen-

blüten eignen sich auch als Schnitt-blumen für die Vase. Im Hintergrund (am oberen Bildrand) Montbretien. Dies sind Stauden, die häufig mit Sommerblumen kombiniert werden

Im Garten wuchert oft die Acker-winde. Dieses lästige Unkraut hat eine Verwandte, die als Zierpflanze im Garten begehrt ist. Die farben-prächtige Winde wird gern am Zaun, an Gittern und Pergolen angebaut, wo sich ihre langen, rankenden Triebe rasch nach oben winden. Die Pflan-zen lieben einen sonnigen Standort und einen humosen, durchlässigen Boden. Am besten zieht man die Win-den zu mehreren in einem Töpfchen groß und pflanzt sie nach Mitte Mai in den Garten aus

▼ Sonnenhut und Montbretie

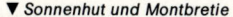

▼ Winde

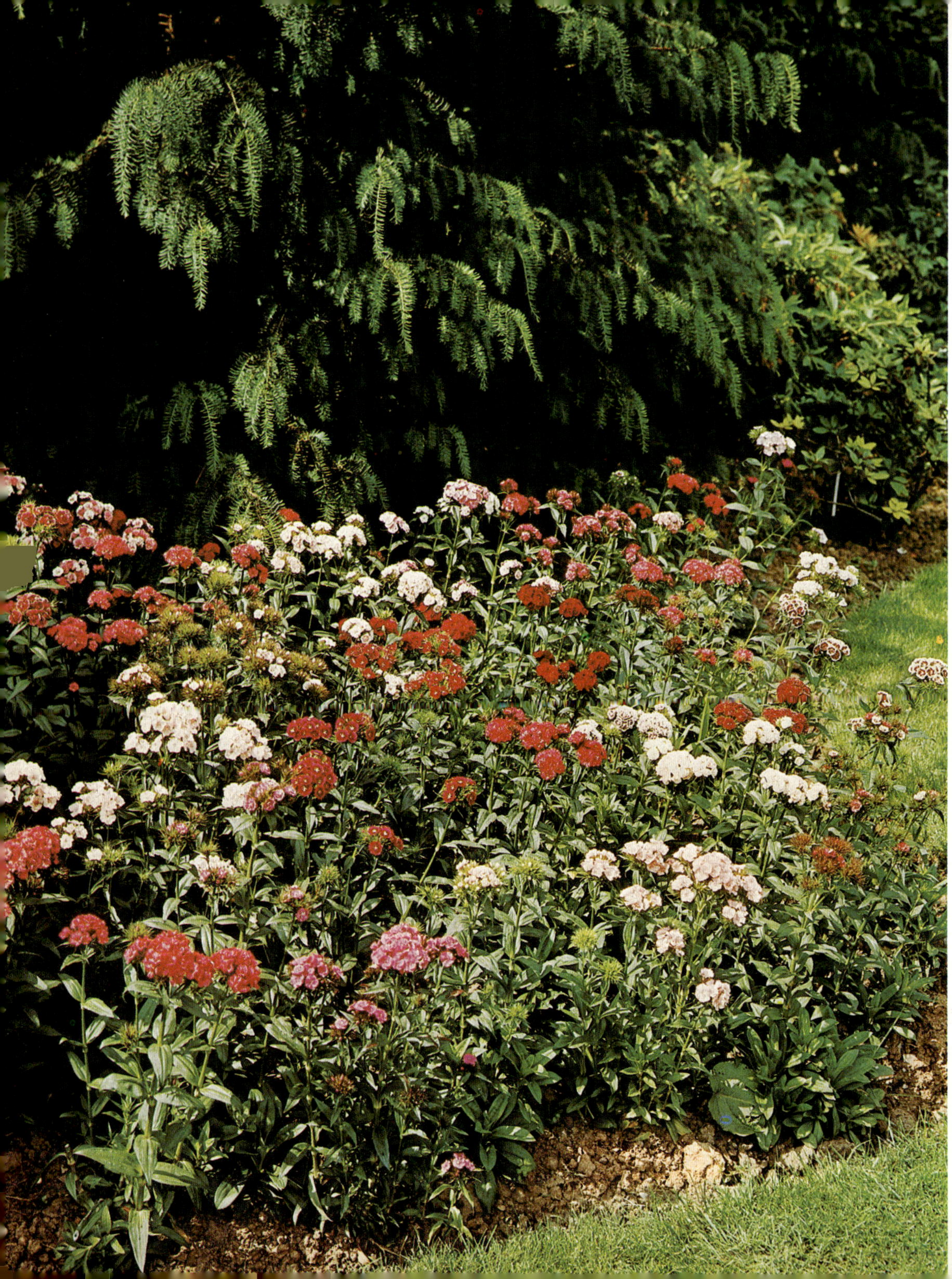

◀ Bartnelke Fingerhut ▲

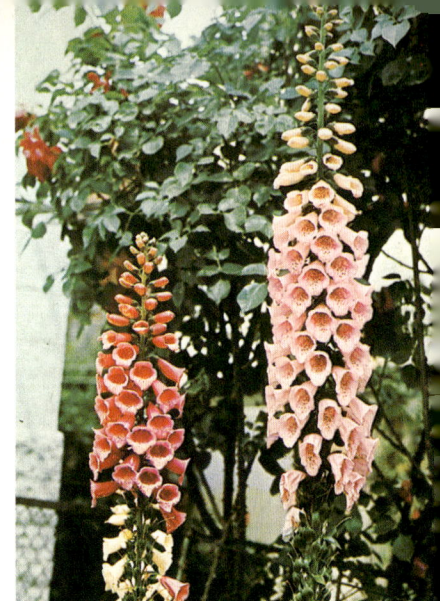

Der Fingerhut zählt zu den zweijährigen Sommerblumen. Er liebt die Sonne und den lichten Schatten und möchte sich möglichst ungestört entwickeln. Fühlt er sich wohl, breitet er sich rasch von selbst aus, da die Samenkörner nach der Reife ausfallen

Aparte Beetpflanzen und schöne Schnittblumen sind die Bartnelken. Es sind zweijährige Pflanzen. Sie werden im ersten Jahr ausgesät, auf Beete gepflanzt und blühen dann erst im nächsten Jahr. Die Bartnelken lieben einen sonnigen Standort

Die Kapuzinerkresse mit ihren goldgelben, orangefarbenen und dunkelroten Blüten eignet sich für jeden Platz im Garten

▼ Kapuzinerkresse

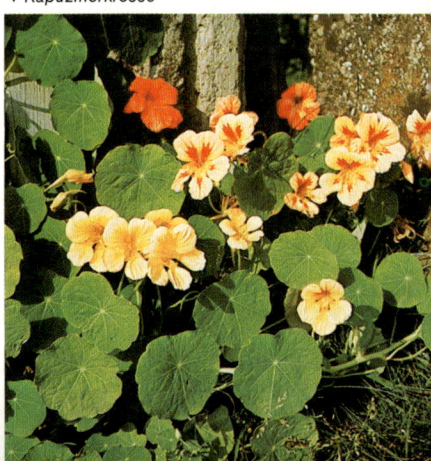

▲ Stiefmütterchen

▼ Bechermalve

Stiefmütterchen sind zweijährige Sommerblumen. Sie werden im Sommer ausgesät, die Jungpflanzen auf Beete pikiert oder gepflanzt. Dort überwintern sie und blühen im zeitigen Frühjahr. Dann werden sie an Ort und Stelle gepflanzt. Damit sie in rauhem Klima gut überwintern, ist ein Winterschutz erforderlich

Die Bechermalve ist eine wenig bekannte Sommerblume. Wer einen sonnigen Garten besitzt, sollte auf sie nicht verzichten

Die Trompetenzunge liebt einen sonnigen, geschützten Standort im Garten. Die hübsch gezeichneten Blüten bilden sich vom Sommer bis zum frühen Herbst

▲ Sonnenblume

Eigentlich gehören Sonnenblumen in jeden Garten. Mit ihnen kann schnell ein guter Sichtschutz geschaffen werden. Auch als Schnittblumen eignen sich diese einjährigen Pflanzen sehr gut. Ausgesät wird direkt auf die Gartenbeete in einen gut gelockerten, humosen Boden. Reichlich Nährstoffe und Wasser sind zum guten Gedeihen erforderlich

Der Isländische Mohn zählt zu den farbenprächtigsten Gewächsen. Die zarten Blüten bilden sich auf langen Stielen. Damit man sich lange an den Blumen erfreuen kann, sollte man sie an geschützte Standorte pflanzen

▼ Isländischer Mohn

▼ Trompetenzunge

Der Fuchsschwanz ist wegen seiner langen, hängenden Blütenschwänze sehr beliebt. Da er jedoch empfindlich ist, kann man ihn nur in warmen Lagen anpflanzen

Der Goldmohn wird auch Schlafmütze genannt, weil sein Kelch einem Mützchen gleicht. Er blüht in den verschiedensten Farben, in Orange, Gelb, Weiß, Rot und Rosa. Den Goldmohn sollte man nur an sonnigen Stellen pflanzen. Auch muß der Boden gut dräniert sein. Im März/April oder im September wird die Pflanze direkt auf Beete gesät

Das Fleißige Lieschen ist wieder in Mode gekommen. Von Jahr zu Jahr werden immer mehr Sorten gezüchtet. Es gibt niedrige und hohe Sorten mit ein- und mehrfarbigen Blüten in Rosa, Scharlachrot, Karminrot, Zinnoberrot und Weiß. Am besten gedeiht das Fleißige Lieschen im lichten Halbschatten. Fleißiges Lieschen nennt man es, weil es unentwegt zahllose Blüten hervorbringt

Die margeritenähnlichen Kokardenblumen haben eine schöne Blütenzeichnung. Die gelben Strahlenblüten sind mit einem in der Intensität der Farbe unterschiedlichen braunroten Ring versehen. Die Kokardenblumen lieben einen sonnigen Platz; sie brauchen reichlich Nährstoffe und viel Wasser

Zinnien sind ausgezeichnete Beetpflanzen, doch auch als Schnittblumen eignen sie sich sehr gut. Neuartige Hybriden zeichnen sich durch einheitlichen Wuchs und ausgeglichene, schöne Farben aus

▲ Fuchsschwanz

Fleißiges Lieschen ▼   ▲ Goldmohn

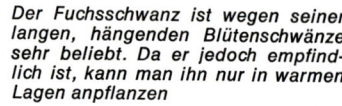

▼ Kokardenblume   ▼ Zinnie

Zwiebeln und Knollen

Die zahlreichen Gattungen und Arten der Zwiebelgewächse zeichnen sich durch Farbintensität und Leuchtkraft aus. Sie haben den großen Vorteil, daß sie jahrelang ohne besondere Pflege gedeihen

Der Frühling im Garten wird durch die Zwiebelgewächse angekündigt, deren Eigenart es ist, daß sie mit fertigen Blütenknospen in der Zwiebel die kalte Jahreszeit überdauern. Sobald die ersten Sonnenstrahlen den winterkalten Boden erwärmen, treiben die Blüten durch, und die Knospen entfalten sich.

Erst nach der Blüte werden in verstärktem Maße Blätter gebildet. Da die Pflanzen in dieser Zeit reichlich Nährstoffe brauchen, muß nach der Blüte gegossen und gedüngt werden.

Allmählich werden die Nährstoffvorräte aus den Blättern in den Zwiebeln eingelagert; die Blätter vergilben und ziehen ein. Bis zum Frühherbst sind dann die Blütenanlagen für das nächste Jahr vollständig in den Zwiebeln vorgebildet.

Der Hobbygärtner muß diesen natürlichen Rhythmus der Zwiebelgewächse beachten, wenn er sich alljährlich am Blütenflor erfreuen möchte. Blumenzwiebeln können auf Beeten, Rabatten und in Trögen kultiviert werden. Staunässe ist zu vermeiden. Verpflanzt wird frühestens im Sommer, keinesfalls gleich nach der Blüte, da sonst die Blütenanlage für das nächste Jahr gestört wird.

Sommerblühende Knollengewächse wie zum Beispiel Dahlien lösen den Frühjahrsflor ab. Sie sind oft nicht winterhart und müssen nach der Blüte im Herbst aus der Erde gegraben werden, um an einem geeigneten Platz zu überwintern.

Oft entfalten sich die weißen Blüten der Schneeglöckchen schon unter einer dünnen Schneedecke

Tulpen zählen zu den prächtigsten Frühjahrsblühern; auch als Schnittblumen sind sie gut geeignet

▼ *Schneeglöckchen*

Triumphtulpe 'Aureola' ▶

▲ Hyazinthe

▲ Krokus

▲ Krokus

Narzisse ▼

Bei Hyazinthen muß der Boden gut
dräniert sein, damit die fleischigen
Zwiebeln und Wurzeln nicht faulen.
Sie eignen sich auch zum Treiben im
Zimmer

Schalennarzissen wirken am besten,
wenn man sie in Horsten anbaut. In
Tuffs gepflanzt, können sie auch im
Rasen verwildern. Hier wie auch bei
Krokussen muß man im Frühjahr mit
dem Mähen warten, bis die Blätter
eingezogen sind.

Der Blaustern liebt eine geschützte
Lage vor Gehölzen oder zwischen
Rosen

▼ Blaustern

Krokusse sind beliebte Frühjahrsblüher. Man pflanzt sie in Rabatten, Pflanzkästen und Tröge; aber auch zwischen Stauden, im Steingarten und im Rasen kommen sie gut zur Geltung. Setzt man sie in den Rasen, dann muß man beim Mähen darauf achten, daß die Blätter stehenbleiben, da die Krokusse sonst im nächsten Jahr nicht blühen

Traubenhyazinthen sind widerstandsfähige kleine Zwiebelgewächse, die am besten in Gruppen gepflanzt werden. Vor Gehölzen in ungestörter Lage fühlen sie sich wohl

Traubenhyazinthe ▼

▲ Gladiole

Herbstzeitlose ▼

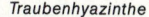

Gladiolen, die im Sommer bis Spätsommer blühen, sind Knollengewächse, die Sonne und Wärme lieben. Die farbenprächtigen Blüten, die sich an langen kräftigen Stielen bilden, blühen von unten nach oben auf. Als Schnittblumen für die Vase sind sie hervorragend geeignet

Auf der Staudenrabatte sind Herbstzeitlosen am besten aufgehoben. Wenn fast alle Blüten der anderen Gattungen verwelkt sind, leuchten ihre zartfarbenen Blütenkelche in der spätherbstlichen Sonne

271

Wasserpflanzen

In botanischen Gärten oder öffentlichen Parks gehören Wasserpflanzen selbstverständlich zum Bestand, in privaten Gärten trifft man sie dagegen selten an – und dabei sind sie einfach zu kultivieren

Man braucht auf Wasser- und Sumpfpflanzen nicht zu verzichten, nur weil man kein großes, recht kostspieliges oder mit viel Mühe selbst angelegtes Wasserbecken im Garten hat; in vielen Gärten fehlt dazu auch der Platz.

Diese so verschiedenartigen Gewächse gedeihen durchaus, wie Stauden und Kleingehölze zum Beispiel, auch auf engstem Raum in entsprechenden Gefäßen. Und deshalb mangelt es auch nicht an Möglichkeiten, ein hübsches Arrangement unterzubringen, sei es in einem kleinen Garten, auf der Terrasse, auf dem Balkon oder auch im Wohnzimmer. Geeignete Gefäße sind Kübel, Schalen oder Wannen unterschiedlicher Größe aus Holz, Asbestzement, Kunststoff, Natur- oder Kunststein.

Wasser- und Sumpfpflanzen lassen sich ohne großen Aufwand und ohne jegliche Schwierigkeit kultivieren. Sie sind, was Üppigkeit und Wuchsfreudigkeit angeht, den Landpflanzen oftmals überlegen.

▲ *Sumpfdotterblume*

▲ *Papyrus*

Seerosen gibt es in verschiedenen Arten mit vielen Sorten und Farben, für große und kleine und für tiefe und flache Wasserbecken. Sie brauchen viel Licht, Wärme und genügend Raum, um sich voll entfalten zu können. Ihre zauberhaften Blütenschalen öffnen sich morgens und schließen sich abends

Die Sumpfdotterblume eignet sich besonders gut für feuchte Stellen, Bachläufe und Wasserbecken

Die Papyrusstaude kann auch bei uns bis zu 3 m hoch werden

Ein kleines Wasserbecken, sehr hübsch bepflanzt mit Rohrkolben (Typha latifolia), Seerosen (Nymphaea alba), Wassernuß (Trapa natans), Tannenwedel (Hippuris vulgaris), Wasserhyazinthe (Eichhornia crassipes), Bitterklee (Menyanthes trifoliata), Wasseraloe (Stratiodes aloides) und Wasserähre (Aponogeton distachyus)

▼ *Seerose*

Wasserbecken ▶

Zwiebeln und Knollen

Vom ersten Schneeglöckchen im Februar bis zur letzten Herbstzeitlose sorgen die Zwiebel- und Knollengewächse für Farbenreichtum im Garten

Das große Angebot an winterharten Zwiebeln und Knollen erleichtert die Gartenarbeit erheblich. Denn einmal gepflanzt, beanspruchen sie auf Jahre hinaus nur ein Minimum an Pflege. (Nachfolgend wird die Bezeichnung „Zwiebel" allgemein für Zwiebeln und Knollen verwendet.)

Während die allermeisten Stauden, einjährigen Pflanzen und Beetpflanzen nur in den Sommermonaten blühen, dauert die Freilandsaison für Blumenzwiebeln durchgehend von März bis Oktober. Ein anderer Vorteil der Zwiebelpflanzen ist die Leichtigkeit, mit der sie sich ihrer Umgebung anpassen. Sie wachsen in den meisten Böden gut, müssen selten gemulcht, gedüngt oder gestützt werden, und die meisten gedeihen genauso gut im Halbschatten wie in der direkten Sonne.

In jedem Garten, wie klein auch immer, findet sich ein Plätzchen für Zwiebeln. Besonders die im Frühjahr blühenden gedeihen fast überall. Man kann sie großflächig im Rasen oder in einer Wiese verstreut anpflanzen und verwildern lassen. Gruppenpflanzungen schmücken Beete und Rabatten, bevor diese nach der Ruhepause wieder erwachen. Sie leuchten als bunte Tupfer unter Bäumen und Sträuchern und füllen kleine Ecken im Steingarten und zwischen gepflasterten Flächen aus. Sie wachsen in Kübeln, Töpfen, Blumenkästen und selbst in „hängenden Gärten". Im Winter erfüllen sie das Haus mit Duft und Farbe. Die Blumen der meisten Zwiebelpflanzen halten sich auch als Schnittblumen überraschend gut und eignen sich hervorragend für Blumenarrangements.

Vor dem Pflanzen lohnt es sich, eine Skizze anzufertigen. Nützliche Anregungen für die Gruppierung geben öffentliche und auch private Gartenanlagen; man sollte jedoch auf eigene Ideen nicht verzichten. Wenn dann auch anfangs vielleicht Fehler auftreten, so lernt man doch allmählich durch Erfahrung, wie man die Pflanzen am besten gruppiert, welche Farben und Blüten gut zusammenpassen und so weiter.

Die meisten Zwiebelkultivateure bieten sowohl die echten Gattungen und Arten als auch Hybriden an. Die eigentlichen Gattungen und Arten sind echte Reproduktionen von wild wachsenden Zwiebeln. Hybriden erhält man durch Kreuzungen, d. h. durch Bestäubung von zwei Arten oder Sorten innerhalb derselben Gattung. Ist das Zuchtergebnis befriedigend, werden zur Vermehrung die kleinen Zwiebeln von den Elternzwiebeln abgetrennt. Beliebte Hybriden sind oft billiger als reine Arten und haben größere, farbenprächtigere Blüten. Die Zwiebeln werden im allgemeinen nach Stück gehandelt; größere Mengen Narzissenzwiebeln können jedoch gelegentlich nach Gewicht bezogen werden. Die Zwiebeln kommen meistens aus Holland, wo sie auf den großen Feldern zwischen Den Haag und Amsterdam herangezogen werden.

Die ersten Blumen des Jahres Zwiebel- und Knollengewächse gliedern sich in drei Hauptkategorien: im Frühjahr blühende, im Sommer blühende und im Herbst blühende.

Als erste tauchen die wohlbekannten Schneeglöckchen auf und erheben nach einem milden Winter schon Ende Februar ihre weißen, hängenden Glockenblüten über den Boden. Kurz danach kommen der blaue, sternförmige Schneestolz, die frühen Krokusse, Alpenveilchen und Blausterne.

Gladiolus 'Picardy'
(großblumig)

273

Ein anderer Vorbote des Frühlings ist der kleine Winterling mit seinen leuchtend goldgelben Blüten über einem gerafften Kranz von grünen Blättern.

Alle diese Pflanzen passen gut zusammen, beispielsweise in Gruppen unter laubabwerfenden Bäumen oder im Steingarten. Für den Hausgebrauch können sie auch in Blumentöpfen gezogen werden. Sobald die Blumen die erste Farbe zeigen, holt man sie ins Haus; nach der Blüte werden sie in den Garten gepflanzt.

Frühlingsboten Im März, April und Mai erscheint die Mehrzahl der im Frühjahr blühenden Zwiebelpflanzen. Zuerst kommen die Krokusse. Die grünen Triebspitzen stoßen durch den Boden und entfalten ihre kelchförmigen gelben, lavendelfarbenen, weißen, malvenfarbigen und violetten Blüten; manche sind gestreift oder haben stark kontrastierende Farben, und im hellen Sonnenschein öffnen sie sich ganz weit und enthüllen ihre goldgelben Staubgefäße.

Die große Gruppe der Narzissen blüht von Februar bis April. Viele Kataloge führen die trompetenförmigen Typen unter ihrem volkstümlichen Namen Osterglocken und diejenigen mit den kurzen Kelchblüten als Narzissen, obgleich sie im botanischen Sinne alle zur Gattung *Narcissus* gehören. Viele von ihnen verbreiten einen süßen Duft. Sie können jahrelang ungestört in Beeten und Rabatten oder im Gras verstreut belassen werden; die kleineren Sorten nehmen sich auch im Steingarten sehr wirkungsvoll aus.

Andere Frühlingsboten sind die Hyazinthen und Traubenhyazinthen, die frühen Tulpen und die Märzbecher mit Blüten wie gerundete Schneeglöckchen und weißen Blütenblättern mit blaßgrünen oder gelben Spitzen.

Krokusse und Narzissen kommen am besten zur Geltung, wenn sie verstreut im Gras oder als dichte Gruppe unter Bäumen wachsen. Andere im Frühjahr blühende Zwiebelgewächse sind dagegen wirkungsvoller in einer formelleren Anordnung.

Hyazinthen sind ideal für Blumenkästen und Töpfe, wo der starke Duft der dichten Blütenähren voll zur Geltung kommt. Für die Freilandpflanzung sind die kleineren Zwiebeln mit einem Umfang von 12–13 cm vorzuziehen. Die Blütenähren sind zwar etwas kleiner, aber sie widerstehen Wind und Regen besser. Die kleinen, selteneren Arten wie *Hyacinthus amethystinus* und *H. azureus* sind ideal für Steingärten oder die Randbepflanzung von Rabatten. Beide Arten werden heute richtigerweise anderen Gattungen zugeteilt: *H. amethystinus* müßte *Brimeura amethystina* und *H. azureus Hyazinthella azurea* heißen.

Die ersten Tulpenarten, bestens geeignet für Steingärten und Beete, erscheinen im März, ihre größeren Hybriden im April und Mai. Die Darwintulpen mit ihren kräftigen Stengeln, von denen jeder die typische Kelchblüte trägt, sind wohl die beliebtesten. Sie halten länger als die späten Papageitulpen, die im Mai blühen.

Farbenfrohe Sommerblumenschau Der Frühsommer kündigt sich durch das Erscheinen des Hundszahnes, der eleganten Schachbrettblume, der hellblauen Blausterne und der Anemonen an. Diese kleinwüchsigen Blumen sind ideal für den Rabattenrand oder für Blumentröge. Eine nahe Verwandte der Schachbrettblume ist die Kaiserkrone, die ohne weiteres zwischen andere Blumenzwiebelgewächse als Solitärpflanze eingestreut werden kann.

Als nächste folgen Hahnenfuß, Klebschwertel und Fransenschwertel in warmen, sonnigen Rabatten, wo sie dann den Zierlauchsorten und den verschiedenen Gladiolenarten Platz machen.

Der Hochsommer bringt die imposanten Gladiolensorten, die

Viele kleine Zwiebelgewächse wie Iris reticulata, Anemone blanda, Narcissus triandrus albus *und die Traubenhyazinthe sind ideale Steingartenpflanzen. Ebenso kann man sie für den Rabattenrand verwenden oder in Kübel oder Blumenkästen setzen*

Montbretien mit ihren überhängenden Blumenzweigen und die duftenden Sterngladiolen. Sie alle fühlen sich gleichermaßen heimisch in Staudenrabatten oder zwischen Sträuchern.

Alle Farben des Spektrums finden sich bei den Gladiolen. An den langen, starken Stielen bilden sich die trompetenförmigen Blüten, die von unten nach oben erblühen. Zu den Hybriden zählen die großblumigen Sorten sowie die Schmetterlings-, Zwerg- und *Primulinus*-Sorten. Ihr brillantes Aussehen behalten sie bis in den September hinein.

Auch die Belladonnalilie mit ihren riesengroßen trompetenförmigen rosa oder weißen Blüten öffnet ihre Knospen im Sommer.

Farbe im Herbst und Winter Im September treten die zierlichen Herbstkrokusse und die Prachtkrokusse als Nachfolger der Gladiolenhybriden auf. Wie die im Frühjahr blühenden Krokusse pflanzt man sie am besten in Gruppen vor Büschen oder laubabwerfenden Bäumen und in Tuffs im Steingarten oder im Rasen aus, wo sie viele Jahre lang verbleiben können.

Gegen Ende des Jahres und in den ersten Monaten des neuen Jahres sorgen die Zwiebeln der Hyazinthen, Narzissen und Tulpen, die im September eingetopft wurden, für den Blütenflor im Zimmer. Draußen im Garten öffnet da und dort unter den kahlen Bäumen das *Cyclamen coum* Ende Dezember oder im Februar seine feinen rosa und weißen Blüten und kündigt damit einen neuen Frühling an.

Die beliebtesten Blumen aus Zwiebeln und Knollen

Narcissus 'Golden Harvest' (Trompetennarzisse)

Narcissus 'Barrott Browning' (kleinkronige Narzisse)

Crocus neapolitanus 'Remembrance'

Osterglocken oder Narzissen

Die Osterglocke wächst nicht nur auf Beeten, sondern man kann sie auch unter Bäumen, in Rasenecken und an grasbewachsenen Hängen besonders gut verwildern lassen. Die meisten Gartensorten sind aus den wilden Narzissen entstanden. Heute gibt es mehr als 8000 Narzissensorten, die entsprechend ihrer Blütenform und Farbe in verschiedene Untergruppen eingeteilt sind.

Die Blüte besteht aus der Trompete, die von sechs Blütenblättern umgeben ist. Die Trompete ist genauso lang wie die Blütenblätter oder noch länger und ist am äußersten Rand gekräuselt oder gewellt. Die sechs übereinanderstehenden Blütenblätter laufen normalerweise spitz zu. Die Farben sind verschieden. Bei einigen, wie bei der beliebten 'King Alfred', sind sowohl die Trompete als auch die Blütenblätter zitronengelb; bei anderen wiederum sind die Blütenblätter dunkler oder heller als die Trompete. Zweifarbige Osterglocken haben gelbe Trompeten und weiße Blütenblätter; bei einer dritten Gruppe sind Trompete und Blütenblätter weiß.

Unter Narzisse versteht man im Volksmund aber noch weitere Formen mit einer kurzen Trompete, die nicht größer als eine flache Schale ist. Zwischen den eigentlichen Osterglocken und den Narzissen mit kleiner, schalenförmiger Krone liegen jedoch Sorten mit Trompeten oder Schalen verschiedenster Größe. Ihre vielen Farbnuancen reichen von Weiß über Creme und Gelb bis Rosa, Rot und Orange; manche sind einfarbig, andere haben kontrastierende Farben.

Im Reich der Narzissen gibt es auch viele Wildarten, die sich gut im Garten anpflanzen lassen. Die Triandrus- und Cyclamineus-Narzissen haben hängende, glockige Trompeten und zurückgeschlagene Blütenblätter. Die Tazetten tragen auf jedem Stengel mehrere Blüten. Die Dichternarzissen haben gekräuselte, farbige Schalen und auffallende weiße Blütenblätter.

Jeder Stengel der süß duftenden Jonquillen trägt ein kleines Blütenbündel mit flachen cremefarbenen, gelben oder orangefarbenen Kronen und runden oder spitzen Blütenblättern in kontrastierenden Farben.

Weitere Einzelheiten enthält die Tabelle auf Seite 284–293.

Krokusse

Dicht stehende Krokusse bieten eine brillante Farbenschau im zeitigen Frühjahr, wenn erst wenige andere Pflanzen im Garten blühen. Die gelben, blauen oder purpurfarbenen Blüten öffnen sich noch vor den Osterglocken. Wie diese wirken sie am besten im Rasen oder in Gruppen vor oder zwischen Sträuchern.

Die meisten heute kultivierten Krokusse sind Hybriden oder Namensorten. Es sind aber auch einige Wildarten wie Crocus ancyrensis bekannt, die aus jeder Knolle bis zu 20 kleine Blüten hervorbringen. Neben den frühjahrsblühenden Krokussen gibt es auch andere, die im Herbst und Winter blühen. Sie alle wachsen aus kleinen trockenen Knollen. Bei den Winter- und Frühlingskrokussen erscheinen die stiellosen rundlichen Blüten gleichzeitig mit den grasartigen Blättern. Der im Herbst blühende Typ entwickelt die Blätter erst nach den Blüten.

Die 8–12 cm hohe Krokusblüte besteht aus sechs Blütenblättern, die bei den Hybriden und den Namensorten rundlich, bei den Wildarten spitz sind. In der hellen Sonne öffnen sie sich weit und geben die auffälligen goldgelben oder orangefarbenen Staubbeutel frei.

Eine besonders früh blühende Art ist C. chrysanthus. Die Blumen sind 8 cm groß und zeigen Farbschattierungen von Gelb, Blau und Purpurrot.

Die im März blühenden großblumigen Krokusse sind holländische Sorten von C. neapolitanus. Sie sind die größten unter den Krokussen. Ihre Blüten sind 12 cm hoch und weiß, blau, lila, purpurrot und goldgelb gefärbt, manchmal auch verschiedenfarbig gestreift.

Die im Herbst blühenden Krokusse erscheinen von September bis Oktober. Die 10–12 cm hohen Blüten sind rein weiß, lavendelfarben oder blauviolett. Sie ähneln der größerblumigen Herbstzeitlose, die rosa oder lila Blüten hat.

Gladiolen

Der Name Gladiolus kommt aus dem Lateinischen und bedeutet „Schwert", was die Form der Blätter beschreibt; die prächtigen Blüten, deren Farben von Blaßgelb bis Scharlachrot reichen, sind es jedoch, die diese Pflanzen auszeichnen.

Den ganzen Sommer über sorgen die Gladiolen für eine brillante Blumenschau im Garten; als Schnittblumen sind sie besonders haltbar.

Die Einzelblüten, die zu beiden Seiten des langen, dicken Stengels angeordnet sind, weisen alle in eine Richtung. Die Blütenähre kann bis zu 60 cm hoch werden. Sie besteht aus 16 bis 26 trompetenförmigen Blüten mit je sechs Blütenblättern; die unteren drei Blütenblätter sind leicht zurückgebogen. Manchmal haben alle Blüten die gleiche Farbe; sie sind aber auch öfter zwei- oder dreifarbig mit deutlichen Zeichnungen an jedem einzelnen Blütenhals.

Gladiolen werden in vier Gruppen unterteilt: Die großblumigen Hybriden entwickeln 60 cm lange Blütenähren mit Einzelblüten, die 10–15 cm breit werden. Primulinus-Gladiolen haben schlankere, gut 40 cm lange Blütenähren mit

5–8 cm breiten Einzelblüten, die im Zickzack angeordnet sind. Im Gegensatz zu den typischen Gladiolenblüten ist das obere Blütenblatt eingeschlagen und über den Staubbeuteln und der Narbe gefaltet. Auch bei den Miniaturgladiolen ist das oberste Blütenblatt leicht eingeschlagen, aber die Blüten sind kleiner (4–5 cm) als bei den *Primulinus*-Gladiolen. Die Einzelblüten mit oft gekräuselten oder gerafften Blütenblättern sitzen dicht auf gut 40 cm langen Ähren. Schmetterlingsgladiolen sind in der Anordnung der Blütenblätter und Blüten den großblumigen Sorten ähnlich, die Ähren sind jedoch kürzer (bis zu 45 cm), die Ränder der Blütenblätter häufig gekräuselt und gerafft und die Einzelblüten etwa 8 cm breit. Sie haben die markantesten Zeichnungen im Blütenschlund.

Hyazinthen

Obwohl Hyazinthen weitgehend als Zimmerpflanzen verwendet werden, sind sie auch ideal als Freilandpflanzen sowie für Blumenkästen und -kübel. Manche Zwiebeln werden einer Wärmebehandlung unterworfen. Im Herbst gepflanzt, blühen sie im Haus zu Weihnachten statt erst ab Januar. Wie man Zwiebeln vorzeitig zum Blühen bringt, wird auf Seite 282 erklärt.

Die meisten Hyazinthen stammen von einer einzigen Art, *Hyacinthus orientalis;* fast alle modernen Sorten haben den charakteristischen Blütenstand einer großen Einzelähre. Man kennt sie unter der Bezeichnung holländische Hyazinthen. Große Blumenzwiebeln mit großen Blütenköpfen sind ideal für die Zimmerkultur; kleinere Zwiebeln mit kleineren Stengeln und Blütenköpfen können schlechtem Wetter besser standhalten. Die stark duftenden Blumen gibt es in Weiß, Creme, Gelb, Lachs, Rosa, Rot, Hell- und Dunkelblau sowie in Purpur.

Unter der Bezeichnung Multiflorahyazinthen oder Römische Hyazinthen werden von einigen Spezialbetrieben Hyazinthen angeboten, die aufgrund eines speziellen Züchtungsverfahrens eine große Zahl kleiner, eleganter Blütenstände hervorbringen. Die Sorte 'Borah' bringt sie auch ohne Spezialbehandlung hervor. Sie alle eignen sich besonders gut für die Kultur im Zimmer, wo sie ab Weihnachten bis März blühen.

Schneeglöckchen

Die perlenähnlichen grünen Knospen des Schneeglöckchens schauen schon im Januar oder Februar aus dem Schnee hervor. Bei sehr kaltem Wetter bleiben sie geschlossen und öffnen sich erst, wenn sie die Sonnenwärme fühlen.

Das Schneeglöckchen darf man nicht mit dem Märzbecher verwechseln, der erst später im Frühjahr blüht. Schneeglöckchen haben drei lange und drei kurze Blütenblätter. Die sechs Blütenblätter der Märzbecher sind alle gleich lang, und auf jedem Stengel wachsen zwei oder mehr Blüten – im Gegensatz zum Schneeglöckchen, das nur eine hat.

Schneeglöckchen können gruppenweise in Stauden- oder gemischten Rabatten, in einer Rasenecke oder unter Bäumen angepflanzt werden. Wenn man die Zwiebeln an der Luft läßt, trocknen sie schnell aus. Daher ist es ratsam, sie nicht aus der Erde zu nehmen bzw. so schnell wie möglich wieder einzupflanzen. Wenn man Zwiebeln kauft, sollte man sie schnell in die Erde bringen. Im ersten Jahr blühen sie oft nicht gut, weil sie Zeit brauchen, um anzuwachsen. Haben sie sich aber erst erholt, blühen sie gut und brauchen nur wenig Pflege. Am besten gedeihen sie in schweren, feuchten Böden bei leichtem Schatten.

Schneeglöckchen können wie Krokusse und Hyazinthen in Blu-

mentöpfen gezogen werden. Am besten verwendet man einen Frühbeetkasten, bis sich die Blütenknospen zeigen. Danach kommen sie in ein kühles Treibhaus oder einen anderen kühlen Raum, wo es nicht wärmer als 10° C ist.

Tulpen

Vor über 300 Jahren wurde die Tulpe aus der Türkei nach Holland gebracht, wo die ursprünglichen Arten weiter gezüchtet und gekreuzt worden sind.

Wie die anderen Blumenzwiebeln erzeugen Tulpen einen Farbenreichtum bei nur geringer Pflege. Sie wachsen aus spitzen, dünnhäutigen Zwiebeln, die einen einzigen aufrechten Blütenstengel hervorbringen. Ein oder zwei große lanzettliche Blätter erscheinen nahe dem Boden und zwei oder drei kleinere weiter oben am Stengel. Die Blüte besteht aus sechs Blütenblättern.

Tulpen werden nach der Blütenform in Gruppen eingeteilt. Manche haben einen kurzen Kelch und kleine Blüten, andere wiederum pfingstrosenähnliche Floreszenzen. Lilienblütige Tulpen haben Ähnlichkeit mit Lilien; die besonders großen, prächtigen Tulpensorten sind meistens sogenannte Darwintulpen. Andere wiederum öffnen sich flach zu einer sternförmigen Blüte (Kaufmannianatulpen) oder zu einer gedrehten und ausgefransten (Papageitulpen). Die Rembrandttulpe ähnelt in ihrer Form der Darwintulpe, die reinen Farben sind jedoch gebrochen und mit Streifen oder Marmorierungen versehen.

Tulpen gibt es in vielen Farben – Weiß, Rot, Rosa, Orange, Violett, Malve und Purpur. Einige sind einfarbig, viele zweifarbig.

Die Wildtulpen mit ihren kurzen, kräftigen Stengeln und kelchförmigen Blüten sind ideal für den Steingarten. Es gibt sowohl einals auch zweifarbige in brillanten Farben.

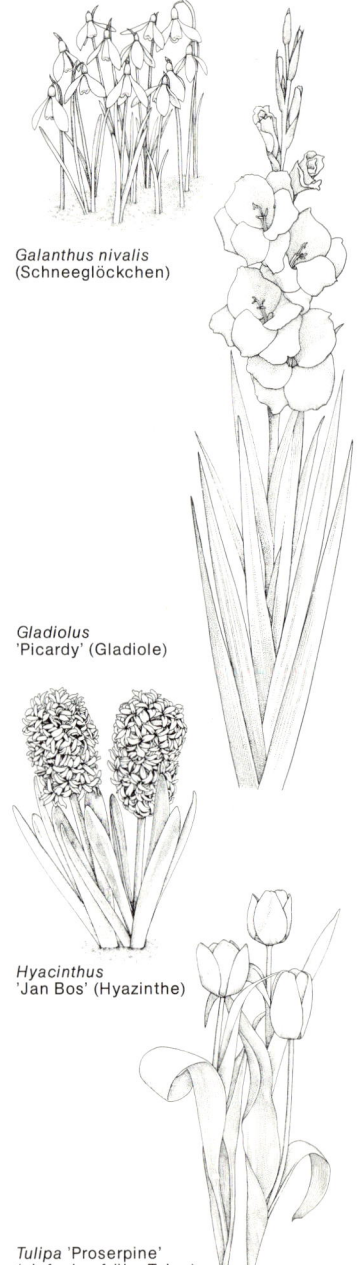

Galanthus nivalis (Schneeglöckchen)

Gladiolus 'Picardy' (Gladiole)

Hyacinthus 'Jan Bos' (Hyazinthe)

Tulipa 'Proserpine' (einfache, frühe Tulpe)

Wie man Zwiebeln und Knollen pflanzt

Wahl des Standorts und Vorbereitung des Bodens

Zwiebeln gedeihen überall, wo sie einigermaßen gute, durchlässige Erde haben und vor starken Winden geschützt sind. Man kann sie in Beete, Rabatten, Steingärten und Kübel setzen, einige kleine wie Schneeglöckchen, Winterlinge und Krokusse auch unter Sträucher und Bäume. Osterglocken und Krokusse verwildern gern im Gras.

Die meisten Zwiebelpflanzen bevorzugen eine sonnige Lage, aber Alpenveilchen, Blausterne, Hundszahn, Schneeglöckchen und Winterlinge fühlen sich im Halbschatten oder Schatten wohl. Einige Zwiebeln, darunter *Acidanthera*, Belladonnalilien und Fransenschwertel, sind gegen Kälte empfindlich und gedeihen am besten an einer Südmauer, wo Sonnenstrahlung und Windschutz optimal sind. In kälteren Gebieten sollten die Zwiebeln im Herbst ausgegraben und überwintert werden. Pflanzt man frühlingsblühende Zwiebelgewächse im Rasen, darf das Gras erst geschnitten werden, wenn die Blätter vergilbt sind.

Im Frühjahr blühende Zwiebeln pflanzt man von September bis Anfang November, sommerblühende im März oder, falls sie weniger robust sind, im April bis Mai, und herbstblühende im Juli und August.

Bei allen Zwiebeln wird der Boden umgegraben und von Unkraut und Steinen befreit; Torf oder gut verrotteter Gartenkompost wird dann mit der Erde vermischt (ein 10-l-Eimer voll pro m²). Gepflanzt wird erst, nachdem sich alles gesetzt hat. Nur auf schlechtem Boden ist eine Grunddüngung von 60–100 g eines organisch-mineralischen Volldüngers pro m² angebracht. Frühlingsblühende Zwiebelgewächse erhalten erst nach der Blüte zusätzlich Kopfdüngergaben.

Zwiebelgewächse im Steingarten

Niedrig wachsende Zwiebelpflanzen, ob sie im Frühjahr, Sommer oder Herbst blühen, gedeihen gut im Steingarten und in kleinen Ecken zwischen Pflastersteinen.

Kies oder Steinsplitter werden von der Pflanzstelle entfernt, dann gräbt man mit einem kleinen Handspaten die Pflanzlöcher doppelt so tief, wie eine Zwiebel dick ist. Die Zwiebeln werden einzeln oder in kleinen Gruppen zu drei oder vier Stück gelegt.

Nach dem Pflanzen wird der Boden mit dem Handspaten eingeebnet und eventuell wieder mit Kies überdeckt. Zu den Zwiebelpflanzen, die im Frühjahr den Steingarten beleben, gehören Schneeglöckchen, frühblühende Krokusse, Schneestolz, winterharte Alpenveilchen, Winterlinge, Zwergnarzissen und Blaustern. Nach den Frühjahrsblühern bringen die Zwergformen des Zierlauchs und die Gladiole Farbe in den Sommergarten. Danach folgen Sternbergie und Herbstkrokusse.

Kleine Zwiebelpflanzen sehen besonders hübsch aus, wenn sie aus dichten, bodendeckenden Pflanzen wie Thymian und Stachelnüßchen hervorwachsen. Wo diese Pflanzen fest verwurzelt sind, lockert man sie etwas mit dem Handspaten und setzt die Zwiebeln ein. Hat die Pflanze nur eine Pfahlwurzel, wie bei Schleierkraut, schiebt man die dichtstehenden Stengel etwas beiseite und pflanzt die Zwiebeln mit einem Handspaten.

Einige Zwiebelpflanzen, besonders Schneeglöckchen, pflanzt man am besten um, während sie noch im Wachsen sind. Nach der Blüte werden sie in derselben Tiefe wie vorher oder etwas tiefer wieder eingepflanzt und so lange feucht gehalten, bis die Blätter anfangen zu vergilben.

Gruppenpflanzung von Zwiebeln im Ziergarten

Vor dem Pflanzen werden die Zwiebeln in gleichmäßigen Abständen auf dem Pflanzstück ausgelegt. Die Pflanzweite entspricht der endgültigen Ausbreitung der Pflanze (siehe Seite 284). Man beginnt mit dem Einpflanzen in der Mitte der Pflanzstelle. Mit einem Handspaten gräbt man Löcher doppelt so tief, wie die Zwiebeln dick sind. Nun wird jede Zwiebel mit der Spitze nach oben eingesetzt. Anschließend bedeckt man die Zwiebel mit der ausgehobenen Erde und pflanzt die anderen in der gleichen Weise.

Ist nun die gesamte Fläche bepflanzt, kann sie vorsichtshalber markiert werden, damit man nicht später irrtümlich noch andere Pflanzen an dieselbe Stelle setzt.

Werden die Zwiebeln mit Stauden oder Beetpflanzen kombiniert, pflanzt man diese zuerst und setzt dann die Zwiebeln dazwischen. Mit einem Zwiebelpflanzgerät wird die Arbeit erleichtert.

Zwiebeln für Schnittblumen

Wenn man Blumen für die Vase schneidet, sollte man von jeder Gruppe nur ein paar wegnehmen, um die Zwiebeln nicht zu erschöpfen. Wo es der Platz erlaubt, kann man einige Reihen Narzissen, Tulpen und Gladiolen extra für Schnittblumen pflanzen.

Der Boden wird wie üblich vorbereitet. Die Zwiebeln werden etwas dichter gepflanzt als die endgültige Ausbreitung der Pflanze (siehe Seite 284). Der Reihenabstand beträgt ca. 30–40 cm.

Bei Schnittblumen nimmt man so wenig Blätter wie möglich mit weg. Die Blumen werden entweder frühmorgens oder spätabends mit der Schere oder einem scharfen Messer abgeschnitten und zunächst ein paar Stunden ins Wasser an einen kühlen Ort gestellt; dies verlängert ihre Lebensdauer, wenn sie später warm stehen.

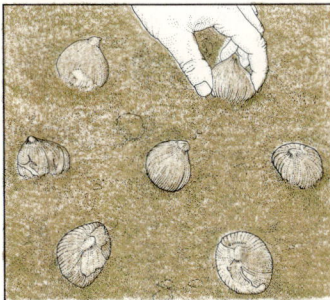

1. Die Zwiebeln in gleichmäßigen Abständen auslegen

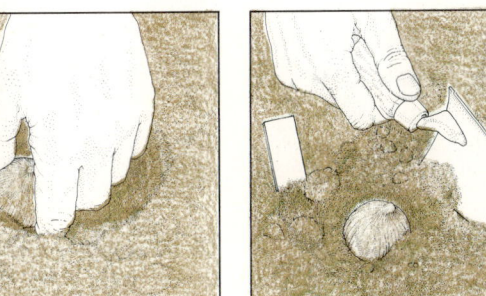

2. Jede Zwiebel mit der Spitze nach oben in ein Pflanzloch legen

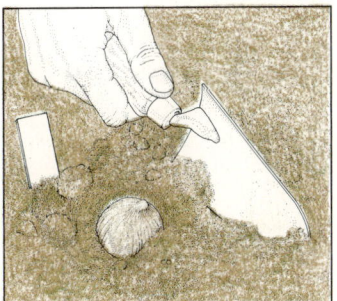

3. Zwiebeln mit der ausgehobenen Erde bedecken. Stelle markieren

Pflege nach dem Pflanzen

Zwiebelgewächse im Gras und unter Bäumen

Narzissen und Krokusse können im Rasen verwildern. Die natürlichste Wirkung wird erreicht, wenn man die Zwiebeln ausstreut und dort pflanzt, wo sie liegenbleiben.

Für einzelne Zwiebeln verwendet man einen Handspaten zum Ausheben der Pflanzlöcher oder ein spezielles Zwiebelpflanzgerät. Dieses besteht aus einem Metallzylinder, der an einem Griff befestigt ist. Der Zylinder wird doppelt so tief, wie eine Zwiebel dick ist, in den Boden gestoßen und dann mit dem aufgenommenen Boden- und Rasenstück hochgezogen. Die Zwiebel wird in das Loch gesteckt und mit der ausgehobenen Erde abgedeckt.

Sind mehrere Zwiebeln dicht beieinander liegengeblieben, kennzeichnet man die Stelle und legt die Zwiebeln beiseite. Mit einem Spaten sticht man ein H ins Gras, löst die beiden Hälften vom Untergrund und klappt sie auf. Dann lockert man die Erde darunter, hebt mit einem Handspaten die Pflanzlöcher aus, legt die Zwiebeln hinein und bedeckt sie mit Erde. Diese wird geebnet, die Rasenstücke werden wieder zurückgeklappt, fest angedrückt und anschließend angegossen.

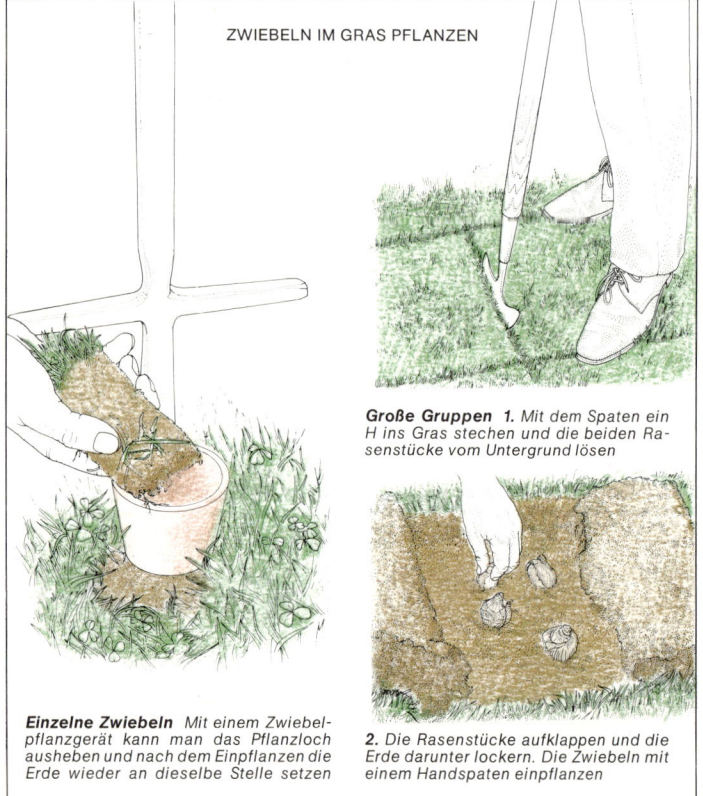

ZWIEBELN IM GRAS PFLANZEN

Einzelne Zwiebeln Mit einem Zwiebelpflanzgerät kann man das Pflanzloch ausheben und nach dem Einpflanzen die Erde wieder an dieselbe Stelle setzen

Große Gruppen 1. Mit dem Spaten ein H ins Gras stechen und die beiden Rasenstücke vom Untergrund lösen

2. Die Rasenstücke aufklappen und die Erde darunter lockern. Die Zwiebeln mit einem Handspaten einpflanzen

Zwiebeln in Rabatten und im Rasen pflegen

Im Februar, wenn die ersten Zwiebeln ihre Triebe bilden, beginnt man, Unkraut zu jäten. Die Triebe dürfen dabei nicht beschädigt werden. Unkrautvernichter sollten nicht angewendet werden.

Bei anhaltender Trockenperioden im Frühjahr und Sommer kann eine gute Wässerung das Wachstum verbessern. Auch nach der Blüte wird in Trockenzeiten weitergewässert. Die Wachstumsphase dauert an, bis die Blätter vergilben und absterben. Während der ganzen Zeit brauchen die Pflanzen ausreichend Nährstoffe aus dem Boden, um die Blütenanlagen für die folgende Saison auszubilden. Daher wird kurz vor der Blüte und nach dem Abblühen eine Kopfdüngergabe von ca. 30 g eines organisch-mineralischen Düngers oder Blaukornvolldüngers pro m² verabreicht. Der Dünger wird gleichmäßig ausgestreut und anschließend kräftig eingewässert. In dieser Zeit muß der Boden immer einen gewissen Feuchtigkeitsgehalt aufweisen, damit keine Salzkonzentrationsschäden auftreten. Der Dünger kann auch vor kräftigen Niederschlägen ausgestreut werden. Er löst sich dann durch den Regen auf und wird in den Boden eingewaschen.

Zwiebeln, die für Schnittblumen im Frühsommer und Sommer vorgesehen sind – Anemonen, Ranunkeln und Gladiolen –, bringen größere Blüten hervor, wenn sie während der Hauptwachstumsphase, also vor der Blüte, ebenfalls ein- bis zweimal eine ähnliche Kopfdüngergabe erhalten. Im Gegensatz zu den frühjahrsblühenden Zwiebelgewächsen bilden sie ihre Blüten erst nach dem Austrieb aus.

Verwelkte Blüten abschneiden Sobald die frühjahrsblühenden Zwiebelgewächse verblüht sind, werden die verwelkten Blüten mit einem 3–5 cm langen Stielstück abgeschnitten oder abgebrochen. Sie sind unansehnlich, und die Zwiebeln würden sich durch die Bildung von Samenkapseln erschöpfen. Die verbleibenden Stengel und Blätter bauen die Nährstoffe in den Zwiebeln auf. Bei Hyazinthen entfernt man die kleinen Blüten an der Ähre, indem man mit der Hand von unten nach oben streift. Der Blütenstengel muß intakt bleiben, da er die Zwiebel ernährt. Bei verwelkten Gladiolen wird die Blütenähre weggeschnitten; mindestens vier Blattpaare müssen stehenbleiben.

Manche Zwiebelgewächse bilden allerdings gute neue Pflanzen, wenn die ausgebildeten Samen herunterfallen. Bei Schneeglöckchen, Blaustern, Traubenhyazinthe, Schneeglanz und Alpenveilchen werden daher die verwelkten Blüten nur abgeschnitten, wenn man keine weiteren Pflanzen wünscht.

Wenn verblühte Zwiebeln nicht herausgenommen werden, läßt man Blätter und Blütenstengel auf natürliche Weise eintrocknen.

Große Pflanzen anbinden Nur wenige Zwiebelpflanzen sind nicht völlig standfest. In windigen, freien Lagen müssen möglicherweise einige der höheren Gladiolen-, Sterngladiolen- und Lauchsorten mit Bast oder Drahtringen an Stäben befestigt werden.

Gladiolen, die für Schnittblumen in Reihen ausgepflanzt werden, brauchen gewöhnlich keine Stütze; falls doch nötig, schlägt man an jedem Ende der Reihe Pfähle in die Erde und spannt vor und hinter der Reihe eine starke Schnur.

Frostschutz Obwohl weniger robuste Zwiebeln gewöhnlich aus der Erde genommen und über Winter gelagert werden, können Belladonnalilie, Stern von Bethlehem usw. in milden Gegenden auch im Boden bleiben. Bei Frost müssen sie jedoch geschützt werden. Dazu bedeckt man sie mit einer 8–10 cm dicken Schicht aus Torf, Farnkraut, Stroh oder mit einer dünnen Lage Reisig.

Zwiebeln trocknen und aufbewahren

Im Frühjahr blühende Zwiebeln wie Hyazinthen, Narzissen und Tulpen sollten im Idealfall in der Erde bleiben, bis die Blätter verwelkt sind. Dann werden sie ausgegraben und an einem sonnigen oder halbschattigen Platz zum Trocknen ausgelegt. Braucht man die Beete jedoch für Sommerblumen, müssen die Zwiebeln früher ausgegraben und an eine freie Stelle umgepflanzt werden, damit sie ihr Wachstum beenden können.

Man sticht eine Grabgabel oder einen Spaten in den Boden, weit genug von den Pflanzen entfernt und tief genug, um schräg unter die Zwiebeln zu gelangen, die dann mit Erdballen, Blättern und Stengeln vorsichtig herausgeholt werden. Die Erde um die Zwiebeln wird abgekrümelt, ohne die Oberhaut zu verletzen. Weiche oder faule Zwiebeln wirft man weg.

Nun verpflanzt man die Zwiebeln in ein freies Beet an einem sonnigen oder halbschattigen Platz. Man hebt in einer Tiefe und Breite von etwa 30 cm einen Graben aus, der lang genug ist, um alle Zwiebeln aufzunehmen. Auf dem Boden des Grabens breitet man ein feinmaschiges Draht- oder Kunststoffnetz aus und legt die Zwiebeln etwas schräg darauf. Sie dürfen sich fast berühren; mindestens die Hälfte der Stengel und Blätter muß jedoch herausragen. Das Netz muß an beiden Enden etwas überstehen.

Der Graben wird mit Erde aufgefüllt und bei Trockenheit gründlich gewässert. Sind die Blätter und Stengel später ganz verwelkt, werden die Zwiebeln zur Aufbewahrung herausgenommen, indem man an beiden Enden des Netzes zieht. Hat man nur wenige Zwiebeln, können sie auch in einer Handkiste in feuchten Torf eingeschlagen werden.

Die abgestorbenen Blätter, Wurzeln und die alten vertrockneten Zwiebelhäute werden entfernt. Die Brutzwiebelchen, die an der Mutterzwiebel sitzen, können zur Vermehrung verwendet werden; sonst werden sie weggeworfen. Die gesäuberten Zwiebeln werden unbedeckt in einzelnen Schichten in flache Kästen gelegt und bis zum Herbst an einem kühlen, trockenen Platz aufbewahrt.

In sehr milden Gegenden können Gladiolen das ganze Jahr über im Boden bleiben, sonst werden die Knollen herausgenommen, wenn sich die Blätter im Oktober braun verfärben. Die Stengel und Blätter schneidet man bis auf 3 cm ab. Die Knollen werden unbedeckt in Kästen an einem kühlen luftigen Ort aufbewahrt, bis sie nach etwa zehn Tagen völlig abgetrocknet sind. Die alten vertrockneten Knollen werden abgebrochen und die Brutknöllchen zur Vermehrung abgetrennt. Von den großen Knollen werden die harten, äußeren Schalen entfernt.

Unter Umständen wird während der Lagerzeit eine Pflanzenschutzbehandlung gegen überwinternde Blasenfüße (Thrips) vorgenommen (siehe Seite 591). Bis zum Frühjahr werden die Knollen in Kästen an einem kühlen, aber frostfreien Platz aufbewahrt. Sterngladiolen, Klebschwertel, Montbretien und Fransenschwertel sollten ebenfalls im Oktober herausgenommen und wie Gladiolen getrocknet und aufbewahrt werden. Zwiebelhorste können jederzeit zwischen Juli und September herausgenommen, aufgeteilt und gleich wieder eingepflanzt werden. Schneeglöckchenbestände teilt man besser sofort nach der Blüte im März.

1. Nach dem Abblühen Zwiebeln ausgraben und Erde entfernen

2. Zwiebeln in tiefen Handkästen in feuchten Torf einschlagen oder in einen Graben auf ein feinmaschiges Draht- oder Kunststoffnetz legen, dann mit Erde auffüllen

3. Sind alle Blätter und Stengel vertrocknet, Zwiebeln herausnehmen

4. Vor der Lagerung abgestorbene Blätter von den Zwiebeln nehmen

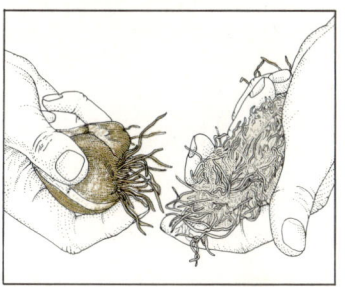

5. Dann tote Wurzeln und abgestorbene Zwiebelhäute entfernen

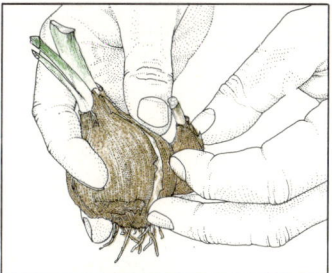

6. Brutzwiebeln abnehmen und eventuell zur Vermehrung verwenden

7. Zwiebeln in Kästen legen, trocken und kühl aufbewahren

Krankheiten und Schädlinge bei Zwiebeln und Knollen

Wenn Ihre Zwiebelgewächse hier nicht beschriebene Symptome aufweisen, schlagen Sie in der Liste nach, die auf Seite 574 beginnt. Die Pflanzenschutzmittel mit ihren Handelsnamen finden Sie in der Liste ab Seite 599.

Schaden	Ursache	Abhilfe
Zwiebeln, besonders Narzissen, fühlen sich an der Spitze und der Basis weich an, wenn man sie leicht drückt. Wenn sie eingepflanzt werden, treiben sie nur Blätter	Narzissenfliege (kleine und große)	Zwiebeln im Herbst kontrollieren, befallene vernichten
Blätter und Blüten haben braune Streifen; besonders Topfnarzissen	Narzissenmilben (Steneotarsonemus laticeps)	Spritzen oder Tauchen in Endosulfanbrühe (Thiodan u. a.)
Blasse Streifen auf Blättern von Narzissen, Tulpen und Hyazinthen, später Mißbildungen und Unterentwicklung, schließlich Absterben. Ringförmige Braunfärbung in aufgeschnittenen Zwiebeln sichtbar	Stengel- und Zwiebelälchen (Nematoden)	Befallene Pflanzen sofort vernichten
Stengel, Blätter oder Blütenknospen von kleinen grünen oder schwarzen Insekten befallen; oft unterentwickelt oder verkrüppelt	Blattläuse (grüne oder schwarze)	Spritzen oder Stäuben mit Präparaten gegen saugende Insekten, z. B. Diazinon, Endosulfan, Pirimicarb u. a.
Blüten und Blätter von Gladiolen haben silbrige Streifen und Flecken, die schließlich braun werden	Thrips	Spritzen mit Diazinon u. a.
Tulpenblätter weisen wäßrige Fleckchen und Streifen auf, die in Braun übergehen. Blütenblätter sind oft fleckig; Stengel können von Braunfäule befallen werden und kippen um	Tulpenfeuer	Befallene Pflanzen auslesen und vernichten, Pflanzfläche wechseln, wiederholtes Gießen mit Benomyl, Tecto FL° und Dichlofluanid
An Hyazinthenzwiebeln weichfaule Stellen, die vom Zwiebelboden aus ins Innere reichen; auch außen an der Zwiebel verhärtete Zonen sichtbar	Zwiebelfäule (Fusariumkrankheit)	Wechsel der Anbaufläche. Zwiebeln vor dem Pflanzen 30 Minuten in 0,2%ige Benomyllösung tauchen
Tulpen zeigen verschiedenartige Flecken auf den Blättern. Zwiebeln naß- oder trockenfaul	Bodenpilze verschiedener Art	Zwiebeln vor dem Legen in eine 0,05%ige Benomyllösung tauchen. Anbaufläche wechseln
Gladiolenblätter vergilben und sterben ab, gewöhnlich vor Erscheinen der Blüten. Knollen weisen rotbraune bis schwarze Flecken oder Beschädigungen auf; später vertrocknet die ganze Knolle	Trockenfäule (Fusarium)	Knollen vor der Pflanzung in Benomyl- oder Tecto-FL°-Lösung tauchen, kranke Pflanzen samt Knollen vernichten
Weiche Fäule an der Basis der Blätter, bringt die Gladiolenpflanzen oft zum Umknicken und Absterben. Knollen haben runde, eingeschrumpfte Flecken mit deutlichen, erhabenen Rändern	Lackschorf	Befallene Knollen auslesen und vernichten, Pflanzfläche wechseln; keine wirksamen Pflanzenschutzmittel
Blätter von Anemonen haben grauweißen Schimmelbelag; manchmal sind die Blätter auch verformt	Grauschimmel (Botrytis)	Feuchte Standorte vermeiden, mit Benomyl oder Dichlofluanid spritzen

Den Bestand vergrößern

Alle robusten Zwiebeln und Knollen vermehren sich durch Bildung von Brutzwiebeln. Wird der Bestand jedoch zu dicht, produziert er weniger Blüten von geringerer Qualität. Dann muß verpflanzt werden. Dabei kann man die Brutzwiebeln abtrennen und separat auslegen; diese sind nach ein bis vier Jahren blühfähig.

Die Vermehrung durch Samen ist möglich; Sämlinge, die aus Hybridenpflanzen hervorgehen, sind aber gegenüber den Eltern minderwertig und unterscheiden sich von diesen deutlich. Sämlinge benötigen oft bis zu sieben Jahre, bis sie blühreif sind; einige Krokusse, Lilien und Gladiolen blühen bereits nach zwei Jahren.

Zwiebelbestände teilen und wieder einpflanzen

Zwiebeln und Knollen sollten alle drei bis vier Jahre herausgenommen und geteilt werden. Im Gras verwilderte Zwiebelgewächse können fünf bis sechs Jahre im Boden bleiben.

Wenn Blumenzwiebeln an einem günstigen Standort gut gedeihen, vermehren sie sich schnell. Die Bestände werden dann zu dicht, die Blüten weniger. Auch hier ist die Teilung notwendig.

Mit der Grabgabel oder dem Spaten sticht man in den Boden, weit genug von den Zwiebeln entfernt und tief genug, um sie nicht zu beschädigen.

Der Bestand wird herausgehoben und die Erde vorsichtig von den Zwiebeln oder Knollen entfernt; dann trennt man sie behutsam mit den Fingern.

Narzissen, Tulpen und Krokusse können zum Trocknen liegenbleiben und bis zum Herbst aufbewahrt werden. Die meisten anderen Zwiebeln, besonders Schneeglöckchen und Winterling, sollten aber sofort in gleicher Tiefe und gleichem Abstand wieder eingepflanzt werden. Die kleinen Zwiebeln und Knollen behält man zur Vermehrung zurück.

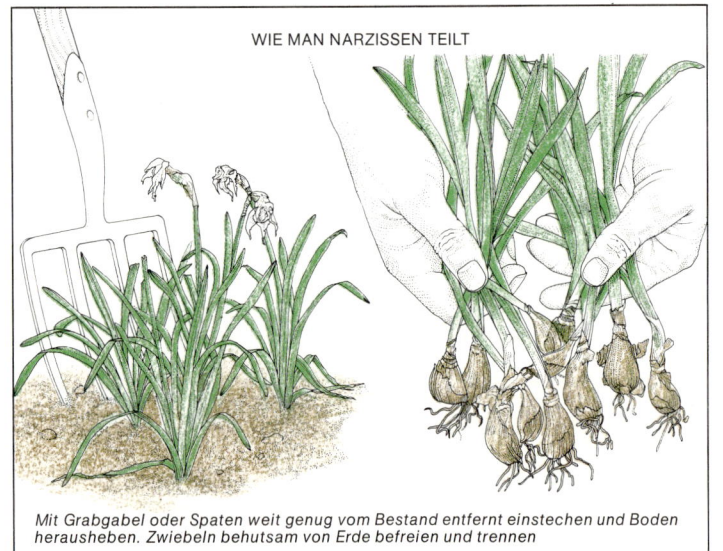

WIE MAN NARZISSEN TEILT

Mit Grabgabel oder Spaten weit genug vom Bestand entfernt einstechen und Boden herausheben. Zwiebeln behutsam von Erde befreien und trennen

Neue Pflanzen aus Brut-zwiebeln und -knollen

Pflanzen, die aus der Erde genommen werden, weisen an der Elternzwiebel oder -knolle Brutzwiebeln oder Brutknollen auf. Aus ihnen kann man in relativ kurzer Zeit neue Pflanzen heranziehen, die mit den Elternpflanzen identisch sind.

Brutzwiebeln bilden sich zu beiden Seiten der Elternzwiebel, Brutknollen an der Seite und auch oben. Sie werden mit den Fingern von den Elternpflanzen abgebrochen. Es empfiehlt sich, die Brut-

zwiebeln und -knollen in große und mittelgroße zu sortieren; die kleinsten wirft man am besten weg.

Brut von winterharten Zwiebel- und Knollengewächsen kann im Sommer oder Frühherbst in ein freies Bodenstück ausgepflanzt werden. Brut von nicht winterharten Pflanzen wie z. B. Gladiolen wird über Winter gelagert und erst im folgenden Frühjahr, wenn keine Frostgefahr mehr besteht, ausgepflanzt.

Man hebt an einem sonnigen Platz, der ein paar Jahre nicht

für andere Zwecke gebraucht wird, kleine, schmale Gräben oder Furchen aus. Große Brutzwiebeln, die etwa halb so groß wie die Elternzwiebeln sind, werden 10–15 cm tief gelegt, kleinere Brutzwiebeln und -knollen von Gladiolen und Krokussen nur 5 cm tief.

Vor dem Einpflanzen der Brut wird eine 1–3 cm dicke Sandschicht auf den Grund der Furche aufgebracht; die Pflanzweite beträgt das Doppelte der Zwiebeldicke. Bevor der Graben mit Erde aufgefüllt wird, gibt man nochmals ca. 3 cm Sand auf die Zwie-

beln und Knollen, um die Dränage zu verbessern und das spätere Ausgraben zu erleichtern.

Im ersten Jahr entwickeln die Brutzwiebeln und -knollen Blätter, aber keine Blüten. Große Brutzwiebeln und -knollen blühen gewöhnlich schon im zweiten Jahr, die kleineren im dritten. Sobald sie ihre Blühreife erreicht haben, pflanzt man sie an einen ständigen Platz.

Die Brutknollen von nicht winterharten Gewächsen müssen alljährlich im Herbst aus der Erde genommen werden.

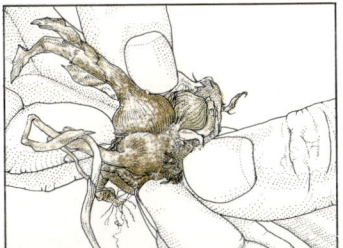

1. Brutknollen oder -zwiebeln von der Elternpflanze abtrennen

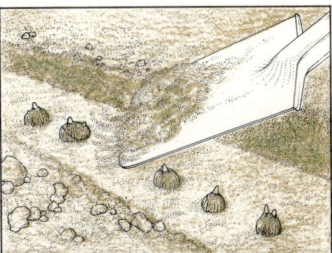

2. Einen schmalen Graben ausheben; 1–3 cm Sand aufbringen

3. Brutknollen oder -zwiebeln im Abstand ihrer doppelten Breite pflanzen

4. 3 cm Sand aufbringen, dann den Graben mit Erde auffüllen

Hyazinthen durch Einschneiden vermehren

Hyazinthen können durch die kleinen Brutzwiebeln vermehrt werden. Diese entwickeln sich nur spärlich; man kann jedoch eine größere Anzahl durch künstliche Mittel erzielen.

Im Herbst schneidet man mit einem scharfen Messer eine dicke, gesunde Zwiebel zwei- oder dreimal kreuzweise am Boden ein und pflanzt sie in einen großen Topf.

Im ersten Frühjahr zeigen sich gewöhnlich keine oder nur wenige deformierte Blätter. Im Jahr darauf erscheinen einige kleine Triebe. Sind diese verwelkt, nimmt man die Pflanze heraus, trennt die kleinen Zwiebeln an der Basis ab und pflanzt sie aus. Sie blühen nach zwei bis vier Jahren.

Hyazinthen können auch durch

Samen vermehrt werden. Die Blüten erscheinen drei bis vier Jahre nach der Aussaat; die ersten Ähren sind gewöhnlich sehr klein. Die Sämlinge weichen von der ursprünglichen Sorte ab.

Der Samen befindet sich in Kapseln, die aufspringen, wenn sie gelb sind. Die Samenkörnchen werden sofort im Abstand von 2–3 cm ausgesät, am besten in Töpfe mit 12 cm Durchmesser, die mit Torf gemischten Gartenkompost oder Blumenerde enthalten. Sie keimen im Frühjahr und bringen nur ein Blatt hervor. Wenn die Blätter eingezogen haben, wird bis zum Herbst nicht mehr gewässert. Erst dann gibt man Wasser und regt den neuen Trieb an. Eine Kopfdüngung unterstützt das Wachstum. Nach der nächsten Wachstumsphase pflanzt man die Zwiebeln um.

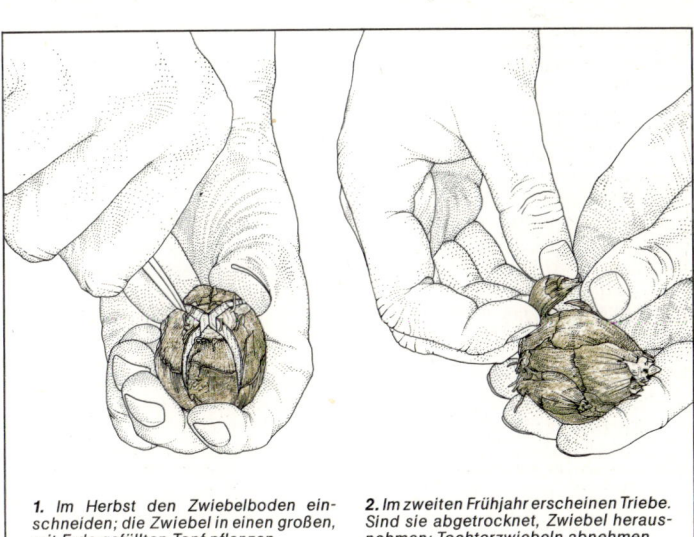

1. Im Herbst den Zwiebelboden einschneiden; die Zwiebel in einen großen, mit Erde gefüllten Topf pflanzen

2. Im zweiten Frühjahr erscheinen Triebe. Sind sie abgetrocknet, Zwiebel herausnehmen; Tochterzwiebeln abnehmen

Zwiebelgewächse für die Wohnung kultivieren

Zwiebeln zum Treiben eintopfen

Die Zwiebeln werden im September eingetopft. Man darf nur Gefäße mit Dränagelöchern verwenden, da es sonst zu einer Vernässung der Erde kommen könnte. Die Löcher werden mit Steinen oder Tonscherben abgedeckt.

Darauf kommt eine Schicht humoser Erde, deren Stärke von der Größe des Gefäßes und der Zwiebeln abhängt. Kleine Zwiebeln wie Krokusse und Tulpen sollten nach dem Pflanzen von der Erde bedeckt sein; bei den größeren Hyazinthen und Narzissen schaut der Zwiebelhals gerade noch aus der Erde.

Die Zwiebeln werden locker in die Erde gesetzt, damit sich keine zu feste Erdschicht bildet. Sonst staut sich darauf das Wasser, und die jungen Wurzeln faulen ab; bei Hyazinthen drücken die fleischigen Wurzeln die Zwiebel nach oben, so daß der Austrieb dann krumm wird.

Die Zwiebeln werden so eingepflanzt, daß sie einander fast berühren. Die Zwischenräume werden sorgfältig mit Erde ausgefüllt, damit die Zwiebeln einen festen Halt haben, wenn die Wurzeln zu wachsen beginnen. Gut 1 cm unter dem Topf- oder Gefäßrand wird die Erde geglättet, damit beim Angießen kein Wasser über den Rand fließt.

ZWIEBELN IM SPÄTSOMMER EINTOPFEN

Alte Wurzeln mit der Schere abschneiden. Dränagematerial auf den Gefäßboden legen. Zwiebeln in feuchte Erde einpflanzen

ÜPPIGE BLÜTENFÜLLE BEI NARZISSEN

Drei Zwiebeln auf 5 cm feuchte Erde in ein Gefäß mit 12–15 cm Ø setzen. Bis zum Hals bedecken, drei Zwiebeln dazwischenlegen und mit Erde auffüllen

Viele der winterharten Zwiebeln, die im Frühling im Freien blühen, kommen im Haus erheblich früher zur Blüte, wenn man sie im Spätsommer eintopft, einige Zeit in einem kühlen Raum stehenläßt und dann einer normalen Zimmertemperatur aussetzt.

Die beliebtesten dieser Zwiebelgewächse sind Hyazinthen, Krokusse, Narzissen, Schneeglöckchen, Zwergiris und Tulpen. Die Gärtner präparieren die Zwiebeln mancher Gattungen, damit sie sehr zeitig, etwa um Weihnachten, blühen. In Spezialkatalogen wird gewöhnlich auf solche Sorten hingewiesen. Dazu gehören die Trompetennarzissen 'Golden Harvest' und 'King Alfred' sowie die großkronigen 'Carlton' und 'Flower Record'. Bei Tulpen nimmt man zum Treiben frühe einfache oder frühe gefüllte Sorten. Großblumige Hyazinthen gibt es in reicher

Farbauswahl. Zum Treiben empfohlene Krokusse gehören zur Gruppe des *Crocus chrysanthus*, wie 'Blue Pearl' oder zur großblumigen *C.-Neapolitanus*-Gruppe, wie 'Große Gelbe' oder 'Remembrance'.

Nährstoffhaltige Blumen- oder Gartenerde ist nicht erforderlich; normale, durchlässige Landerde reicht aus. In zu nährstoffhaltiger Erde kann es sogar zu Wurzelverbrennungen kommen.

Die Zwiebeln können einzeln in Töpfe mit einem Durchmesser von 9–12 cm gepflanzt werden, aber dicht zusammengepflanzt in speziellen Zwiebelgefäßen oder Schalen, wirken sie noch reizvoller.

Nach der Blüte wird die Pflanze an einem hellen Platz aufgestellt, bis sie in den Garten gepflanzt werden kann. Dort kann sie nach etwa zwei Jahren wieder blühen.

Pflanzgefäße nach dem Eintopfen aufstellen

Die eingepflanzten Zwiebeln werden zum Einwurzeln längere Zeit bei niedriger Temperatur und Dunkelheit gehalten.

Normalerweise stellt man die Töpfe oder Gefäße in einen kühlen Keller oder einen anderen geeigneten Raum. Man kann sie auch im Frühbeetkasten oder an einer schattigen Stelle des Gartens flach eingraben. Darüber wird eine 10–25 cm hohe Torfschicht aufgeschüttet. Der Untergrund muß durchlässig sein, um Staunässe zu vermeiden. Die beste Temperatur beträgt 7–9° C; sie sollte 10° C möglichst nicht überschreiten.

Hat man nur wenige Gefäße, kann man sie in eine große Wanne stellen und mit Torf oder schwarzer Folie abdecken.

Vor dem Aufstellen bzw. Einlagern werden die Zwiebeln in den Töpfen angegossen. Auch während der ganzen Zeit sollte die Erde ausreichend feucht sein.

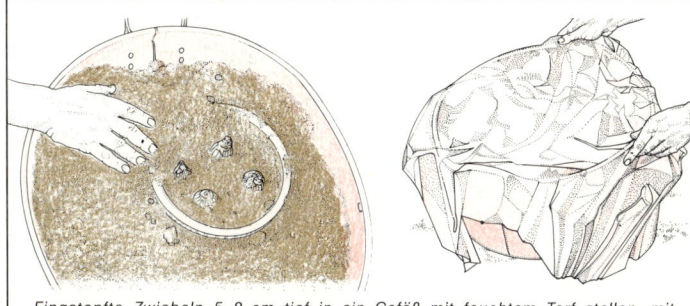

Eingetopfte Zwiebeln 5–8 cm tief in ein Gefäß mit feuchtem Torf stellen, mit schwarzer Folie abdecken und an einen kühlen Platz bringen

Blumenzwiebelanzucht im Haus

Nach acht bis zehn Wochen, also etwa Mitte November, wenn die Zwiebeln 3–5 cm hohe Triebe und kräftige Wurzeln gebildet haben, bringt man sie an einen hellen, nicht vollsonnigen Platz im Haus oder im Treibhaus mit einer Temperatur von 10–16° C.

Die Zwiebelgewächse bleiben noch mit einem Hütchen oder einer schwarzen Folie abgedeckt.

Nach 10–14 Tagen wird diese Haube abgenommen. Um eine frühe Blüte zu erzielen, kann die Temperatur ab jetzt auf ca. 18° C erhöht werden. Wenn man die einzelnen Schalen oder Töpfe nacheinander an diesen wärmeren Platz stellt, kann man erreichen, daß nicht alle Gewächse zum gleichen Zeitpunkt blühen.

Während der gesamten Treibperiode muß das Substrat in den Töpfen gleichmäßig feucht gehalten werden.

Kleine Zwiebelpflanzen in Spezialtöpfen

Kleine Zwiebelpflanzen wie Krokusse und Schneeglöckchen kann man in mehreren Schichten in Spezialtontöpfen ziehen. Diese haben rundherum Löcher, und die Zwiebeln werden so eingesetzt, daß die Blüten aus den Löchern herauswachsen. Den Topf füllt man zur Hälfte mit feuchter Erde und setzt die Zwiebeln so ein, daß sie mit dem Hals aus den Löchern herausschauen. Darauf füllt man noch mehr Erde und setzt weitere Zwiebeln ein. Die Zwiebeln der obersten Schicht werden mit dem Hals nach oben eingesetzt.

Die Schalen werden an einem kühlen, dunklen Ort – am besten im Freien – aufbewahrt, bis die Triebe 3–5 cm hoch sind.

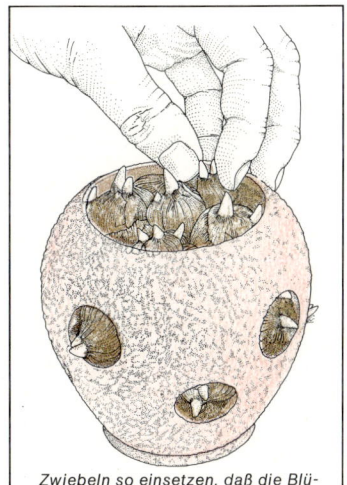

Zwiebeln so einsetzen, daß die Blüten durch die Löcher wachsen

Abgetriebene Zwiebeln weiterbehandeln

Die Blühdauer hängt von der Zimmertemperatur ab, beträgt aber im allgemeinen zwei bis drei Wochen. Die verwelkten Blütenstände werden abgeschnitten und die Töpfe an einen hellen, kühlen Platz aufgestellt. Sie werden mäßig gegossen, damit die Blätter noch einige Zeit am Leben bleiben.

Bei milder Witterung können die Zwiebeln zum Frühjahr hin in den Garten gepflanzt werden. Dort ziehen sie nach einer gewissen Zeit ein und beginnen mit ihrer sommerlichen Ruheperiode. Sie werden weitergepflegt, wie dies bei Freilandzwiebeln im allgemeinen üblich ist.

Im nächsten Jahr bilden sich meist nur Blätter. Ab dem zweiten Jahr setzt ein normaler Blütenflor ein. Nur starke, nicht sehr erschöpfte Zwiebelgewächse blühen bereits ein Jahr nach dem Abtreiben.

Hyazinthenzucht auf Gläsern

In den meisten Fachgeschäften sind spezielle Hyazinthengläser mit engem Hals erhältlich.

Das Glas wird bis 1 cm unter den Hals mit Wasser gefüllt und die Zwiebel daraufgesetzt.

Die Gläser werden bei ca. 10 bis 13° C in einen kühlen, dunklen Raum gestellt, bis die ins Wasser hineinwachsenden Wurzeln etwa 10 cm lang sind und Blätter erscheinen. Nun kommen die Gläser an einen wärmeren (18–20° C) und helleren Platz. Verdunstetes Wasser wird ersetzt.

Am Ende der Blühzeit werden die Zwiebeln weggeworfen; sie haben alle gespeicherten Nährstoffe aufgebraucht und können nicht mehr verwendet werden.

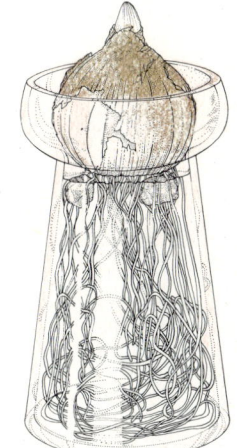

Hyazinthenzwiebeln gedeihen gut auf wassergefüllten Spezialgläsern

Zwiebeln und Knollen für alle Jahreszeiten

Alle in dieser Liste aufgeführten Pflanzen können im Freien gezogen werden. Einige jedoch, wie die Sterngladiole, sind nicht winterhart und sollten nach der Blüte aus der Erde genommen und an einem frostfreien Platz aufbewahrt werden (siehe Spalte „Besondere Hinweise").

Die Pflanzen sind unter ihrem botanischen Namen in alphabetischer Reihenfolge aufgeführt; der volkstümliche Name, falls vorhanden, ist ebenfalls angegeben. Die angegebenen Blühzeiten beziehen sich auf normale Gebiete der Bundesrepublik Deutschland. Sie liegen in kälteren Gegenden später.

In diesem Rahmen war es nicht möglich, mehr als einige Beispiele der vielen Hunderte von Hybriden und Sorten der beliebtesten Pflanzen wie Krokusse, Narzissen und Tulpen aufzuführen.

Acidanthera bicolor

Allium oreophilum

Amaryllis belladonna

Anemone coronaria 'De Caen'

Name	Höhe/Breite	Pflanzanleitung	Blütezeit	Blütenfarbe	Vermehrung	Besondere Hinweise
Acidanthera Sterngladiole						
A. bicolor var. murielae	H 50–90 cm B 15–25 cm	April/Mai an sonniger Südseite 10–12 cm tief pflanzen; guter, durchlässiger Boden	August bis September	Weiß, innen purpurn gefleckt	Durch Brutknollen	Duftend; nicht winterhart; im frühen Herbst aus der Erde nehmen, trocknen und bis zum Frühjahr aufbewahren. Sie können auch im Februar eingetopft werden, um im Juli im Kleingewächshaus zu blühen
Allium Lauch						
A. aflatunense	H 75–90 cm B 25 cm	Zwiebeln im September/ Oktober dreimal so tief, wie sie dick sind, in sonniger Lage einpflanzen; jede gute Gartenerde	Mai–Juni	Lilarosa	Alle drei oder vier Jahre im Herbst oder zeitigen Frühjahr aus der Erde nehmen und teilen. Brutzwiebeln	Leicht zu ziehende Pflanzen mit großen Blütendolden. Am besten in Gruppen im Steingarten; höhere Sorten in großen Gruppen in Beeten, Rabatten sowie zwischen Sträuchern
A. caeruleum	H 60 cm B 15 cm	Wie A. aflatunense	Juni–Juli	Blau	Wie A. aflatunense	Wie A. aflatunense
A. giganteum	H 0,9–1,5 m B 30 cm	Wie A. aflatunense	Juli–August	Violettrosa	Wie A. aflatunense	Wie A. aflatunense
A. moly	H 30 cm B 10 cm	Wie A. aflatunense	Mai–Juni	Gelb	Wie A. aflatunense	Wie A. aflatunense
A. oreophilum	H 20 cm B 8 cm	Wie A. aflatunense	Juni–Juli	Rosa	Wie A. aflatunense	Wie A. aflatunense
Amaryllis Belladonnalilie						
A. belladonna	H 50–80 cm B 30 cm	Im Frühjahr 15–20 cm tief vor einer Südmauer pflanzen; der Boden muß durchlässig sein	August bis September	Rosa	Teilung im Frühjahr oder Herbst. Bei Herbstvermehrung Zwiebeln eintopfen und an einem kühlen, luftigen Ort überwintern	Nicht ganz winterhart; deshalb am besten in kleinen Gruppen vor einer Mauer pflanzen. Ausgezeichnete Schnittblumen. Blätter erscheinen im zeitigen Frühjahr
Anemone Buschwindröschen						
A. blanda	H 10–15 cm B 10 cm	Im Frühherbst 5 cm tief in der Sonne oder im Halbschatten pflanzen; jeder gut durchlässige Boden	März–April	Weiß, hellblau, hellmalvenfarben, rosa	Ableger oder Rhizome im Spätsommer teilen; sofort wieder einpflanzen	In kleinen Gruppen unter Bäumen oder im Steingarten pflanzen. Sie passen gut zu Winterling (Eranthis) und Zwergiris
A. coronaria (auch A. c. 'De Caen' und A. c. 'St. Brigid')	H 20–40 cm B 10–15 cm	Im September/ Oktober 4–8 cm tief in sonniger oder halbschattiger Lage pflanzen; jeder Boden	April–Mai; in Kästen gepflanzt, auch später	Karmesinrot, scharlachrot, rosa, lila, malvenfarben und weiß	Alle zwei Jahre nach Absterben der oberen Teile aus der Erde nehmen und teilen	Leicht zu ziehende Pflanzen, ausgezeichnet als Schnittblumen. Stickstoffdünger wie schwefelsaures Ammoniak, bei Erscheinen der Blütenknospen angewendet, unterstützt das Wachstum. In Kästen gepflanzt, blühen diese Anemonen fast das ganze Jahr; Schutz im Winter empfehlenswert

Name	Höhe/Breite	Pflanzanleitung	Blütezeit	Blütenfarbe	Vermehrung	Besondere Hinweise
Camassia Präriekerze						
C. cusickii	H 90 cm B 45–60 cm	Im September/ Oktober 10–15 cm tief in wasserhaltenden Boden mit Lauberde pflanzen	Mai–Juni	Lavendel	Ableger im Oktober entfernen, sofort wieder einpflanzen	Langlebiges, robustes Zwiebelgewächs, für die Rabatte geeignet; Sonne oder Halbschatten. Alle drei bis vier Jahre die klumpenbildenden Zwiebeln teilen. Aufbinden ist selten nötig. Abgestorbene Blütenköpfe abschneiden
C. leichtlinii	H 90 cm B 45 cm	Wie C. cusickii	Mai–Juni	Blau, weiß	Wie C. cusickii	Wie C. cusickii
C. quamash (syn. C. esculenta)	H 50 cm B 45 cm	Wie C. cusickii	Mai–Juni	Blaulila oder weiß	Wie C. cusickii	Wie C. cusickii
Chionodoxa Schneestolz						
C. luciliae	H 15 cm B 10 cm	Im Frühherbst 5–8 cm tief an einem offenen, sonnigen Ort pflanzen	März–April	Blau mit weißer Mitte, auch rosa und weiß	Vermehrt sich leicht durch Samen. Bei Platzmangel aus der Erde nehmen und teilen	Leicht zu ziehen; in großen Gruppen im Steingarten und an Rabattenrändern pflanzen. C. l. 'Zwanenburg' hat große hellblaue Blüten mit einem weißen Herz
Colchicum Zeitlose						
C. autumnale Herbstzeitlose	H 10–15 cm B 20 cm	Im Juli/August 10 cm tief in der Sonne oder im Halbschatten pflanzen; durchlässiger Boden	September bis November	Rosalila	Bestände im Juli teilen und sofort wieder einpflanzen	Wie bei Crocus kommen Blüten vor den Blättern; in Gruppen von sechs oder mehr unter Bäumen oder im Gras pflanzen. Es gibt auch gefüllte Sorten. Blüten und Samen sind giftig
C. speciosum	H 15–25 cm B 20–25 cm	Wie C. autumnale, aber 10–15 cm tief	August bis Oktober	Rosa, lila oder weiß	Wie C. autumnale	Ausgezeichnet im Gras oder zwischen Sträuchern. Es gibt Hybriden mit violett oder karmesin-purpurn geäderten Blüten. Giftig
Crinum Hakenlilie						
C. × powellii	H 45–80 cm B 30–45 cm	Im April/Mai am Fuße einer Südmauer 25–30 cm tief pflanzen; fruchtbarer, durchlässiger Boden	Juli bis September	Hellrosa	Ableger im März/April entfernen; einzeln in Töpfe mit 8–10 cm Durchmesser setzen, die mit torfhaltiger Komposterde gefüllt sind; nach drei Jahren sollten die Zwiebeln blühen	Winterhart nur an geschützten Stellen. Im Sommer reichlich gießen. Am besten in Töpfen in einem hellen, kühlen Raum oder im Kleingewächshaus überwintern und von Mai bis Oktober ins Freie bringen. Selten verpflanzen
Crocosmia Montbretie						
C. × crocosmiiflora	H 50 cm B 10–15 cm	Im März/April an einem warmen, sonnigen Platz 5–8 cm tief pflanzen; gut durchlässiger Sandboden	Juli bis September	Orange, braun und gelb	Pflanzen im Herbst aus der Erde nehmen, nachtrocknen und Brut abnehmen. Im Frühjahr wieder einpflanzen	Leicht zu ziehen und ausgezeichnet für Schnittblumen; in Gruppen zwischen Stauden- oder Sträucherrabatten pflanzen. Im Oktober aus der Erde nehmen und wie Gladiolen aufbewahren; im Freien nur in ganz milden Gebieten winterhart; die Blätter bleiben zum Schutz bis März dran

Camassia cusickii

Chionodoxa luciliae

Colchicum autumnale

Crinum × powellii

Crocosmia × crocosmiiflora

Name	Höhe/Breite	Pflanzanleitung	Blütezeit	Blütenfarbe	Vermehrung	Besondere Hinweise
Crocus Im Spätwinter und Frühjahr blühende Sorten	H 10–12 cm B 10 cm	Von September bis November 5–8 cm tief in sonniger Lage pflanzen; gut durchlässiger Boden	Februar bis März	Weiß, goldgelb, malvenfarben, blau, bronze; einige gestreift	Wenn die Blätter braun werden, Knollen aus der Erde nehmen und Brut entfernen; sofort wieder einpflanzen, die größten an Dauerplätzen, kleinere auf einem freien Platz, wo sie in ca. zwei Jahren zu blühfertigen Knollen heranwachsen	Leicht zu ziehen und am besten im Steingarten, an Rabatten- und Beeträndern, unter laubabwerfenden Bäumen und verwildert in kurzem Gras. Großblumige Sorten wie 'Blue Pearl' (hellblau und weiß), 'E. A. Bowles' (tiefgelb und bronze), 'Snow Bunting' (weiß, purpurn und orange) und 'Remembrance' (dunkelblau) sind für die Topfkultur im Haus gut geeignet; für den Garten sind diese Sorten auch geeignet, dazu noch 'Gelbe Riesen' (großblumig, gelb), 'Grand Maître' (blau), 'Jeanne d'Arc' (weiß), 'King of the Striped' (blau-weiß gestreift), 'Peter Pan' (weiß), 'Purpureus Grandiflorus' (dunkelblau), 'Vanguard' (hellblau), 'Victor Hugo' (violett)
Im Herbst blühende Arten und Sorten	H 10–15 cm B 8–10 cm	Juli/August 5–8 cm tief an sonnigen Platz pflanzen	Oktober	Lila-blau, rosa, weiß, lavendel	Wie im Frühjahr blühende Sorten	Wie im Frühjahr blühende Sorten. Sie eignen sich aber nur zur Freilandkultur. C. speciosus 'Albus' (rein weiß), C. s. 'Artabir' (hell methylblau, tiefblaue Adern auf weißem Grund), C. sativus (lilablau)
Cyclamen Alpenveilchen (winterhart) C. coum	H 8 cm B 15 cm	Von Juli bis September 3–5 cm tief im Halbschatten pflanzen; humoser, durchlässiger Boden	Februar bis April	Rosa bis karminrot, manchmal weiß	Knollen teilen sich nicht und bilden keine Ableger; nur durch Samen vermehren, im Sommer aussäen	In kleinen Gruppen im Freien unter Bäumen und Sträuchern pflanzen. Jährlich im Frühjahr mit einer 2–3 cm dicken Torf- oder Laubdeckschicht mulchen
C. linearifolium (syn. C. neapolitanum)	H 10 cm B 15 cm	Wie C. coum	September bis November	Rosa bis hellrosa	Wie C. coum	Wie C. coum. Es gibt auch eine reinweiße Sorte 'Album'
C. purpurascens (syn. C. europaeum)	H 10 cm B 15 cm	Wie C. coum	Juli bis September	Karmesinrot	Wie C. coum	Wie C. coum; duftend. Die Knollen sind giftig
Eranthis Winterling E. hyemalis	H 10–15 cm B 8 cm	Zwiebeln im August/September 3 cm tief in der Sonne oder im Halbschatten pflanzen; lehmiger, normaler, durchlässiger Boden	Februar bis März	Leuchtend gelb	Bestände im späten Frühjahr aus der Erde nehmen und teilen, sofort wieder einpflanzen	Unter laubabwerfenden Bäumen und Sträuchern gruppieren. Passen gut zu Schneeglöckchen. Manchmal nur kurzlebig wegen Wassermangels im Frühjahr
Erythronium Hundszahn E. dens-canis	H 15–20 cm B 10–15 cm	Im Spätsommer 15 cm tief im Schatten pflanzen; feuchter, humoser, gut durchlässiger Boden	April–Mai	Rosa, lila oder weiß	Ableger (selten) können im Sommer von den ausgegrabenen Pflanzen entfernt werden; auf einem freien Platz ca. drei Jahre wachsen lassen	Gruppenweise im Steingarten oder an Buschrändern pflanzen. Einmal ausgepflanzt, sollen sie ungestört bleiben. Wenn unbedingt nötig, kann man sie ausgraben, nachdem die Blätter verwelkt sind

Crocus (im Frühjahr blühend)

Crocus (im Herbst blühend)

Cyclamen linearifolium

Eranthis hyemalis

Erythronium dens-canis

Name	Höhe/Breite	Pflanzanleitung	Blütezeit	Blütenfarbe	Vermehrung	Besondere Hinweise
Fritillaria						
F. acmopetala	H 35–45 cm B 10–15 cm	Von September bis November seitlich liegend 10 cm tief in der Sonne oder im Halbschatten pflanzen; gut durchlässiger Boden, mit Torf angereichert	April–Mai	Gelbgrün mit purpurfarbenen Spitzen	Tochterzwiebelchen im Spätsommer entfernen; im Treibkasten oder Topf heranwachsen lassen. Auch durch Sommeraussaat. Sämlinge blühen in vier bis sechs Jahren	In Gruppen in Rabatten pflanzen. Manchmal nicht standfest, bildet aber große Bestände am günstigen Ort. Alle drei bis vier Jahre teilen
F. imperialis Kaiserkrone	H 60–90 cm B 25–40 cm	Wie F. acmopetala, aber 30 cm tief pflanzen	April	Gelb, rot und orange	Wie F. acmopetala	Wie F. acmopetala. Es gibt viele Sorten, z. B.: 'Aurora' (orangerot), 'Lutea' (gelb), 'Rubra' (rot)
F. latifolia	H 10–25 cm B 8–10 cm	Wie F. acmopetala, aber in feuchtem Boden	April	Chromgelb und braun	Wie F. acmopetala	Wie F. acmopetala, am Rande sonniger Rabatten oder im Steingarten. In kalten Gegenden am besten in Töpfen in einem kühlen Treibhaus ziehen
F. meleagris Schachbrettblume	H 30–45 cm B 15 cm	Wie F. acmopetala	April–Mai	Bräunlichpurpurn und weiß mit purpurnen Zeichnungen	Wie F. acmopetala	Wie F. acmopetala, auch im kurzen Gras geeignet. Es gibt eine weiße Sorte, 'Alba', und eine purpurfarbene, 'Orion'
F. pallidiflora	H 25–30 cm B 8–10 cm	Wie F. acmopetala	April	Blaßgelb	Wie F. acmopetala	Wie F. acmopetala
F. persica	H 60–75 cm B 15–25 cm	Wie F. acmopetala, aber 15 cm tief und in voller Sonne	April–Mai	Pflaumenfarbig	Wie F. acmopetala	Wie F. acmopetala. Eine der am leichtesten zu ziehenden Fritillaria-Arten; vermehrt sich aber nur langsam
Galanthus Schneeglöckchen						
G. elwesii	H 15–20 cm B 10–15 cm	Im frühen Herbst oder gleich nach der Blüte 10–15 cm tief im Halbschatten pflanzen	Februar	Weiß mit grün	Nach der Blüte aus der Erde nehmen und teilen; sofort wieder einpflanzen	Am besten in Gruppen unter Bäumen, zwischen Efeu und zusammen mit Muscari, Chionodoxa, Eranthis. Manchmal wachsen Pflanzen schwer an, aber nachher ist wenig Pflege nötig
G. nivalis	H 10–15 cm B 10–15 cm	Wie G. elwesii	Januar bis März	Weiß mit grün	Wie G. elwesii	Wie G. elwesii; auch ausgezeichnet in kleinen Gruppen im Steingarten. Es gibt auch eine gefüllte Sorte 'Plenus'
Galtonia Sommerhyazinthe						
G. candicans	H 0,7–1 m B 25 cm	März/April 15–20 cm tief an einem offenen, sonnigen Platz pflanzen; jeder Gartenboden	Juli bis September	Weiß	Ein paar Ableger im September entfernen und sofort wieder einpflanzen	Leicht zu ziehen; in Dreier- oder Fünfergruppen in Stauden- oder Sträucherrabatten pflanzen. Ungestört lassen; erst wenn sie zu groß geworden sind, herausnehmen und teilen
Gladiolus Gladiole						
Großblumige Hybriden	H 0,9–1,5 m B 10–15 cm	Im April in 14tägiger Folge 10–15 cm tief in offener, sonniger Lage pflanzen	Juli bis September	Die ganze Farbskala; viele zweifarbige Sorten; auch einige mit attraktiven Schlundzeichnungen	Brutknollen im Herbst entfernen, trocknen und über Winter aufbewahren. Im April einpflanzen; sie blühen dann in ein bis drei Jahren	Leicht zu ziehen; in Gruppen in Staudenrabatten oder in Reihen als Schnittblumen. Aufbinden kann nötig sein. Jedes Jahr im Oktober herausnehmen. Sorten: 'Oscar' (kräftig rot), 'Eurovision' (zinnoberrot), 'Friendship' (atlasrosa), 'Flower Song' (gelb)

Fritillaria imperialis

Galanthus nivalis

Galtonia candicans

Gladiolus (großblumig)

Gladiolus
(Butterflyhybriden)

Gladiolus
(Primulinus-Hybriden)

Hyacinthus
(großblumige Hybriden)

Name	Höhe/Breite	Pflanzanleitung	Blütezeit	Blütenfarbe	Vermehrung	Besondere Hinweise
Butterfly-hybriden	H 0,6–1 m B 10–15 cm	Wie großblumige Hybriden	Juli bis September	Die ganze Farbskala; kleiner als großblumige Hybriden	Wie großblumige Hybriden	Wie großblumige Hybriden, aber Aufbinden selten nötig. Sorten: 'Bright Eye' (bariumgelb), 'Happy' (mandarinrot), 'Melody' (lachsrosa mit orange-scharlachrotem Fleck), 'Modele' (zartrosa), 'Orange Diamond' (orange, rot nuanciert)
Primulinus-Hybriden	H 45–90 cm B 8–15 cm	Wie großblumige Hybriden	Juli bis September	Die ganze Farbskala; die Blüten sind kleiner als großblumige Hybriden	Wie großblumige Hybriden	Wie großblumige Hybriden, müssen aber nicht aufgebunden werden. Sorten: 'Joyce' (rosa mit gelb), 'Red Star' (scharlachrot)
Miniatur-hybriden	H 45–90 cm B 10–15 cm	Wie großblumige Hybriden	Juli bis September	Die ganze Farbskala; wie *Primulinus*, aber kleiner	Wie großblumige Hybriden	Wie großblumige Hybriden, aber kein Aufbinden nötig. Gute Schnittblumen. Sorten: 'Amanda Mahy' (lachsfarbig), 'Floriada' (lachsfarbig rosa), 'Königin Wilhelmina' (zartrosa mit roten Tupfen), 'Nymph' (weiß, karmesinrot gefleckt), 'Sunmaid' (dunkelrosa mit weißen Flecken), 'Spitfire' (scharlachrot)
G. byzantinus	H 0,6–1 m B 15 cm	Im Herbst 10–15 cm tief in offener, sonniger Lage pflanzen	Juni–Juli	Purpurrot	Wie großblumige Hybriden	Geschützt winterhart; leicht zu ziehen. In Gruppen in Stauden-rabatten pflanzen; am besten nicht stören. *G. b.* 'Albus' blüht weiß
G. × colvillei	H 45–60 cm B 15 cm	Im Oktober 10–15 cm tief in geschützter Lage pflanzen	Juni–Juli	Weiß, rosa, rot, purpurn	Wie großblumige Hybriden	In Gruppen in Rabatten pflanzen. Meistens nicht winterhart, braucht Frostschutz; sonst wie groß-blumige Hybriden behandeln. In vielen Katalogen wird diese Art auch unter der Bezeichnung *G. nanus* geführt. Sorten: 'Amanda Mahy' (lachsfarbig rot), 'Floriade' (lachsfarbig rosa), 'Wilhelmina' (rosa) 'Nymph' (rein weiß mit karmesinfarbenen Flecken)
Hyacinthus Hyazinthe Großblumige Hybriden (Holländische Hyazinthen)	H 20–25 cm B 15–20 cm	Zwiebeln im zeitigen Herbst 10–15 cm tief an einem sonnigen oder halbschat-tigen Platz in gut durchlässigen Boden pflanzen. Für Wasserabzug muß gesorgt werden, sonst faulen die Wurzeln. Präparierte Zwie-beln zum Treiben im August/Sep-tember eintopfen; nur große Zwiebeln verwenden, vor allem, wenn sie auf Gläsern getrieben werden	April–Mai; präparierte Zwiebeln ab Weih-nachten	Weiß, rosa, rot, blau, gelb, orange	Um die Entwicklung von Knöllchen anzuregen, schnei-det man die Zwie-belbasis ein. Unbe-handelte Zwiebeln können nicht vermehrt werden	Zu den guten Sorten für Garten- und Hauskultur zählen: 'L'Innocence' (weiß), 'City of Haarlem' (gelb), 'Jan Bos' (kirschrot), 'Pink Pearl' (rosa), 'Delft's Blue' (blau). 'Ostara' (purpurblau), 'Amsterdam' (leuchtend rot)
Multiflora-hyazinthen (Römische Hyazinthen)	H 15 cm B 15–25 cm	Wie großblumige Hybriden	April–Mai	Weiß, rosa und blau	Wie großblumige Hybriden. Auch Brutzwiebeln möglich	Die Römischen Hyazinthen und ihre Hybriden blühen etwas früher und duften stärker als die holländischen Hybriden. Normalerweise in Schalen gezogen

Ixia-Hybride

Leucojum vernum

Muscari botryoides

Narcissus (Osterglocke)

Name	Höhe/Breite	Pflanzanleitung	Blütezeit	Blütenfarbe	Vermehrung	Besondere Hinweise
Ixia Klebschwertel *I.*-Hybriden	H 40–80 cm B 10 cm	Oktober/November oder besser im Frühjahr 5–8 cm tief in warmer, sonniger Lage pflanzen. Gut durchlässiger Boden	April–Mai	Gelb, rot, rosa und weiß mit kontrastierenden Zentren	Brut im Herbst entfernen, lagern und im folgenden Frühjahr pflanzen; Blüte zwei Jahre später	Nicht winterhart, überlebt im Freien nur in den mildesten Gegenden mit Frostschutz. Wie Gladiolen behandeln oder in Gruppen an sonnigen Rabattenrändern pflanzen
Leucojum Knotenblume *L. aestivum*	H 50 cm B 15 cm	August/September 8–10 cm tief im Halbschatten pflanzen; wasserhaltender Boden	Mai–Juni	Weiß mit grünen Spitzen	Brutzwiebeln nach der Blüte entfernen und sofort wieder einpflanzen	In Gruppen in Staudenrabatten pflanzen und mehrere Jahre ungestört lassen, bis Platzmangel eintritt. 'Gravetye Giant' ist eine größere, reicher blühende Sorte
L. vernum Märzbecher	H 20–30 cm B 10 cm	Wie *L. aestivum*, aber am besten im Schatten	März–April	Wie *L. aestivum*, aber kleiner	Wie *L. aestivum*	Wie *L. aestivum*. Die Form 'Carpathicum' hat gelbe Zeichnung
Muscari Traubenhyazinthe *M. armeniacum*	H 20 cm B 10 cm	August/November 8 cm an sonniger Stelle pflanzen	April–Mai	Tiefblau mit weißem Rand	Sät sich leicht am Standort aus. Teilung alle drei Jahre nach Vergilben der Blätter	Sehr leicht zu ziehen. Am besten in Gruppen an Rabattenrändern und im Steingarten oder als Einfassung für Beete. Gut geeignet als Schnittblumen und für Topfkultur
M. botryoides Straußhyazinthe	H 15 cm B 10 cm	Wie *M. armeniacum*	März–April	Himmelblau	Wie *M. armeniacum*	Wie *M. armeniacum*. 'Album' ist eine weiße Sorte
M. comosum	H 25–30 cm B 10–15 cm	Wie *M. armeniacum*	Mai–Juni	Grünlich mit purpurfarbenen Spitzen	Wie *M. armeniacum*	Wie *M. armeniacum*. 'Monstrosum' und 'Plumosum' blühen lange
M. tubergenianum	H 20 cm B 10 cm	Wie *M. armeniacum*	April	Hell- und dunkelblau	Wie *M. armeniacum*	Wie *M. armeniacum*; sehr reich blühend
Narcissus Narzisse Osterglocke: Die Trompete ist genauso lang wie die Blütenblätter oder noch länger; eine Blume je Schaft	H 35–45 cm B 15–20 cm	September/Oktober 15 cm tief in der Sonne oder im Halbschatten pflanzen; reicher, durchlässiger Boden. Wenn nicht jährlich verpflanzt wird, im Abstand von 15–20 cm setzen; sonst im Abstand von 10 cm	März–April	Gelb, weiß und Mischungen aus beiden Farben	Nach dem Herausnehmen im Frühsommer Brutzwiebeln entfernen; sofort oder ab September wieder einpflanzen	Alle Arten sind giftig. Frisch geschnittene Blumen nicht mit anderen Schnittblumen zusammen in die Vase stellen, da diese in kurzer Zeit verwelken (gilt vor allem für Tulpen). Leicht zu ziehen. In Gruppen in Stauden- oder Sträucherrabatten pflanzen. Auch unter Bäumen geeignet. Alle sind als Schnittblumen ausgezeichnet. Beliebte Sorten: 'Dutch Master', 'Golden Harvest', 'King Alfred' (gelb); 'Queen of Bicolors' (weiße Blütenblätter, gelbe Krone); 'Beersheba', 'Cantatrice' und 'Mount Hood' (weiß)
Großkronige Narzisse: Schale oder Krone größer als ein Drittel der Blütenblätterlänge. Eine Blüte je Schaft	H 35–50 cm B 15–20 cm	Wie Osterglocke	März–April	Trompeten und Blütenblätter gewöhnlich verschiedenfarbig mit gelben, roten und weißen Tönen	Wie Osterglocke	Wie Osterglocke. Viele Sorten: 'Carlton' (ganz gelb, gekräuselte Krone), 'Fortune' (orangerote Krone, gelbe Blütenblätter), 'Flower Record' (rote Krone, weiße Blütenblätter), 'Silver Standard' (weiß, schwefelgelbe Krone)

Name	Höhe/Breite	Pflanzanleitung	Blütezeit	Blütenfarbe	Vermehrung	Besondere Hinweise
Kleinkronige Narzisse: Blütenblätter dreimal so lang wie die Krone; eine Blüte je Schaft	H 35–45 cm B 15 cm	Wie Osterglocke	März–April	Kombinationen von Gelb, Scharlachrot und Weiß	Wie Osterglocke	Wie Osterglocke. Gartensorten: 'Barrett Browning' (orangefarbene Krone, weiße Blütenblätter), 'La Riante' (tief orangerote Krone, weiße Blütenblätter), 'Polar Ice' (ganz weiß)
Gefüllte Narzisse: Krone und Blütenblätter ähnlich geformt; eine Blüte je Schaft	H 30–45 cm B 15 cm	Wie Osterglocke	März–April	Weiß, cremefarben, zweifarbig	Wie Osterglocke	Wie Osterglocke. Hervorragende Sorten: 'Mary Copeland' (orange und weiß), 'Van Sion' (goldgelb), 'Texas' (gelb und orange)
Triandrus-Hybriden: Hängende Krone und umgebogene Blütenblätter	H 20–40 cm B 15 cm	Wie Osterglocke	März–April	Rein weiß, cremefarben oder tief gelb	Wie Osterglocke	Wie Osterglocke. Beste Sorten: 'Tresamble' (weiß), 'Thalia' (creme und weiß), 'Raindrop' (schneeweiß) mit bis zu fünf Blüten je Schaft, 'Silver Chimes' (cremeweiß) und 'Johnstonii' (zitronengelb)
Cyclamineus-Hybriden: Lange, hängende Krone, Blütenblätter ganz zurückgebogen	H 20–35 cm B 8–15 cm	Wie Osterglocke	März–April	Gelb, weiß, orange; einfarbig oder Schale mit tieferer Farbe	Wie Osterglocke	Wie Osterglocke; auch ausgezeichnet im Steingarten und als Topfkultur im Haus. Sorten: 'February Gold' (gelb), 'Peeping Tom' (gelb), 'Tête-à-tête' (zitronengelb), eine der schönsten Sorten
Jonquillen: Blütenblätter länger als die Krone; duftende Blüten; drei bis sechs Blüten je Schaft	H 15–35 cm B 10–15 cm	Wie Osterglocke, aber am besten an einem warmen, geschützten Ort	April	Blaß zitronenbis tief goldgelb; einfach oder gefüllt	Wie Osterglocke	Wie Osterglocke; auch in Steingärten gut. Beste Sorten: 'Baby Moon' (gelb), 'Trevithian' (butterblumengelb)
Tazetten: Echte *Tazetta*-Hybriden haben eine flache Schale; mehrere Blüten je Schaft. *Poetaz*-Hybriden sind ähnlich, aber mit gekräuselten Blütenblättern	H 35 cm B 15–20 cm	Geeignet vorwiegend zur Topfkultur im Haus oder im Gewächshaus. *Poetaz*-Hybriden wie Osterglocke	*Tazetta*: Januar–März im Haus; sonst wie *Poetaz*. *Poetaz*: April–Mai	*Tazetta*: Zitronengelbe Krone, weiße Blütenblätter. *Poetaz*: Rote Krone, cremefarbene Blütenblätter	Wie Osterglocke	*Tazetta*-Hybriden sind nicht ganz winterhart, aber ausgezeichnet für Topfkultur. *Poetaz*-Hybriden sind winterhart. Die beste *Tazetta* ist 'Paper White'. Unter den *Poetaz* ist 'Geranium' (cremefarbene Blütenblätter, orange Schale) besonders empfehlenswert
Poeticus-Narzissen: Flache Krone mit rotem Rand und weißen Blütenblättern	H 40–50 cm B 15 cm	Wie Osterglocke	April–Mai	Weiße Blütenblätter, rote, gelbe oder orangefarbene Krone	Wie Osterglocke	Wie Osterglocke. Die beliebteste Sorte ist 'Actaea' (weiß mit karmesinroter Krone)
Wildformen und Zwergnarzissen: Dazu gehören verschiedene Wildarten *N. bulbocodium* (Reifrocknarzisse) und *N. triandrus* (Engelstränen)	H 8–20 cm B 5–8 cm	Von August bis Oktober mindestens dreimal so tief wie die Zwiebelgröße an offener, sonniger oder halbschattiger Stelle pflanzen; jeder fruchtbare Boden	Februar bis April	Gelb oder weiß	Durch Samen, die nach der Blüte im Frühsommer anfallen. Sämlinge brauchen gewöhnlich drei bis sieben Jahre bis zur blühreifen Zwiebel. Tochterzwiebeln behandeln wie bei Osterglocken	Am besten in kleinen Gruppen in sonnigen Steingärten pflanzen oder in kurzem Gras verwildern lassen. *N. bulbocodium* ist ganz gelb, und es gibt etliche Formen in Gelbtönungen. *N. triandrus albus* ist cremeweiß

Narcissus (kleinkronig)

Narcissus (gefüllt)

Narcissus (Cyclamineus-Hybriden)

Narcissus (Jonquillen)

Narcissus (Poeticus)

Narcissus (Zwergform)

Name	Höhe/Breite	Pflanzanleitung	Blütezeit	Blütenfarbe	Vermehrung	Besondere Hinweise
Ornithogalum Milchstern						
O. nutans	H 35–40 cm B 15 cm	Im Oktober 5–8 cm tief in der Sonne oder im Halbschatten pflanzen; gut durchlässiger Boden	April–Mai	Weiß und blaßgrün	Nach Vergilben der Blätter Brutknöllchen entfernen; sofort wieder einpflanzen; Blüte nach ein oder zwei Jahren	Pflanzen zu Gruppen an Rabattenrändern oder im Steingarten zusammen mit *Muscari* und *Scilla*. Können auch im Gras verwildern. Verwelkte Blüten regelmäßig abschneiden
O. thyrsoides	H 40–50 cm B 10 cm	Im April 5–8 cm tief an sonniger, geschützter Stelle pflanzen	Juni–Juli	Weiß bis cremefarben	Wie *O. nutans*, aber Brutzwiebeln an einem trockenen, frostfreien Ort über Winter aufbewahren und im April wieder einpflanzen	Nicht winterhart. Jedes Jahr im Oktober herausnehmen und über Winter aufbewahren oder als Topfpflanze im kühlen Treibhaus ziehen. Schnittblumen halten sich gut
O. umbellatum Stern von Bethlehem	H 10–20 cm B 10 cm	Wie *O. nutans*	April–Mai	Weiß mit grünen Streifen	Wie *O. nutans*	Wie *O. nutans*
Puschkinia *P. scilloides var. libanotica*	H 10–15 cm B 5–8 cm	Im Oktober 5 cm in der Sonne oder im Halbschatten pflanzen; durchlässiger Boden	April–Mai	Zartblau mit dunkelblauen Streifen	Nach Absterben der Blätter Brut entfernen; sofort wieder einpflanzen oder an einem kühlen Ort bis Oktober aufbewahren	Geeignet für Gruppen im Steingarten, an Rabattenrändern oder im kurzen Gras; möglichst ungestört lassen. Auch als Topfpflanzen in einem kühlen Treibhaus geeignet
Ranunculus Ranunkel						
R. asiaticus	H 20–40 cm B 15 cm	Im März/April 5 cm tief an sonniger Stelle pflanzen; Boden mit Kompost oder Torf anreichern	Mai–Juli	Farbtöne von Karmesinrot, Rosa, Orange, Goldgelb und Weiß	Bestände beim Herausnehmen im Oktober teilen; an einem frostfreien, trockenen Ort aufbewahren und im folgenden Frühling wieder einpflanzen	Nicht winterhart, kann aber in sehr milden Gegenden im Oktober im Freien ausgepflanzt werden oder in Töpfen unter Glas. In Gruppen auspflanzen. Ausgezeichnete Schnittblume
Scilla Blaustern						
S. bifolia	H 15 cm B 10 cm	Im Spätsommer oder Frühherbst 10 cm tief in der Sonne oder im Halbschatten pflanzen; jeder humusreiche, feuchte Boden	März–April	Himmelblau	Samen; auch durch Teilung. Brutzwiebeln sofort wieder auspflanzen; sie blühen nach einigen Jahren	Leicht zu ziehen; in unregelmäßigen Gruppen in kleinen Rabatten, an Beeträndern und im Steingarten auspflanzen. Geeignet zum Verwildern im kurzen Gras, allein oder zusammen mit anderen Frühjahrszwiebelgewächsen. Wichtig ist eine gute Dränage des Bodens, damit Pflanzen durch Staunässe nicht geschädigt werden. Es gibt einige Varietäten mit weißen und purpurrosa Blüten
S. sibirica	H 15–20 cm B 10 cm	Wie *S. bifolia*	März–April	Brillantblau	Wie *S. bifolia*	Wie *S. bifolia*. Die beste *Scilla* für Topfkultur im Haus, 'Spring Beauty', hat größere und früher erscheinende Blüten. 'Alba' ist eine weiße Sorte
S. tubergeniana	H 10–15 cm B 10 cm	Wie *S. bifolia*	März	Zart hellblau	Wie *S. bifolia*	Wie *S. bifolia*. Paßt gut zu Winterling und Schneeglöckchen. Sehr attraktiv, mit etwa 10 cm langen Blütenschäften. Jede Zwiebel bringt drei und mehr Blütenstiele. Sehr gut für den Steingarten geeignet

Ornithogalum thyrsoides

Puschkinia scilloides

Ranunculus asiaticus

Scilla tubergeniana

Sparaxis-Tricolor-Hybride

Name	Höhe/Breite	Pflanzanleitung	Blütezeit	Blütenfarbe	Vermehrung	Besondere Hinweise
Sparaxis Fransenschwertel S.-Tricolor-Hybriden	H 25–30 cm B 10 cm	Im November 8–10 cm tief an einer sonnigen Südmauer pflanzen; humusreicher Boden	Mai–Juli	Vielfarbig – rot, purpurn, gelb, orange, weiß	Brutzwiebeln beim Herausnehmen entfernen und in Töpfen in einem kühlen Treibhaus ein bis zwei Jahre weiterwachsen lassen	Nur in sehr milden Gegenden winterhart. In Gruppen oder Reihen pflanzen; nach Absterben der Blätter herausnehmen und trocknen; bis November aufbewahren. Sonst in einem kühlen Treibhaus ziehen
Sternbergia S. lutea	H 10–15 cm B 10 cm	Im August 12–15 cm tief an sonniger Stelle pflanzen; humusreicher Boden	September bis Oktober	Gelb	Brutzwiebeln im August abnehmen und sofort wieder einpflanzen	Manchmal dauert das Anwachsen ein Jahr. In Gruppen an Rabattenrändern, im Steingarten oder im kurzen Gras. Wenn angewachsen, so lassen, bis sie zu groß werden
Tigridia Tigerblume T. pavonia	H 45 cm B 10 cm	Im April 8–10 cm tief an sonniger Stelle pflanzen; humusreicher Boden	Juli bis September	Verschiedene Farben: Orange, Rot, Gelb, Weiß mit dunklen Flecken	Brutknöllchen beim Herausnehmen entfernen; im Frühjahr wieder einpflanzen; Blüte nach ein paar Jahren	Nicht winterhart; leicht zu ziehen, wenn sie im Sommer genügend Wärme und Wasser bekommen; in Gruppen pflanzen. Jede Blüte lebt nur einen Tag. Nach der Blüte aus der Erde nehmen und trocknen
Tulipa Tulpe Einfache frühe Tulpen	H 20–35 cm B 10–15 cm	Im September/ Oktober 10 cm tief an sonniger, geschützter Stelle pflanzen; geeignet für kalkhaltigen Boden	April	Weiß, rot, gelb, rosa, violett und zweifarbig	Nach Verwelken der Blätter Brutzwiebeln entfernen und an einer trockenen, warmen Stelle lagern	Für Rabatten oder Frühbeete. Beliebte Sorten 'Brilliant Star' (scharlachrot), 'Couleur Cardinal' (dunkel scharlachrot), 'Kaiserkrone' (rot und gelb), 'Proserpine' (tiefrosa), 'Bellona' (rein gelb, großblumig), 'General de Wet' (goldorange), 'Joffre' (gelb), 'Prinz von Österreich' (orangescharlach). Auch geeignet zum Treiben
Gefüllte frühe Tulpen: Oft mit gewellten Blüten	H 30–40 cm B 15 cm	Wie einfache frühe Tulpen	April	Scharlachrot, rosa, gelb, orange und weiß	Wie einfache frühe Tulpen	Sorten: 'Elektra' (bordeauxrot), 'Maréchal Niel' (leuchtend gelb), 'Orange Nassau' (orange), 'Peach Blossom' (rosa), 'Bonanza' (rot mit gelb), 'Carlton' (tiefrot mit orangefarbenem Hauch)
Triumphtulpen: Große Blüten auf kräftigen Stengeln	H 40–50 cm B 15 cm	Wie einfache frühe Tulpen	Ende April–Mai	Rot, orange, rosa, weiß und zweifarbig	Wie einfache frühe Tulpen	Ausgezeichnet für große Gruppen; können unter Glas getrieben werden. Sorten: 'Dutch Princess' (goldgelb und orange), 'Korneforos' (rot), 'Pax' (weiß), 'Virtuoso' (tief rosa-lila), 'Edith Eddy' (karminrot mit weißem Rand), 'Kees Nelis' (blutrot mit orangegelbem Rand), 'Lustige Witwe' (dunkelrot mit reinweißem Rand), 'Don Quichotte' (purpurblau-violett)
Darwintulpen: Große, gerundete Blüten auf kräftigen Stengeln	H 60–75 cm B 15–20 cm	Wie einfache frühe Tulpen	Mai	Rot, orange, gelb, rosa, weiß, violett	Wie einfache frühe Tulpen	Die beliebteste Gartentulpe. Sorten: 'Flying Dutchman' (scharlachrot), 'Clara Butt' (rosa), 'Niphetos' (gelb), 'Queen of Night' (purpurn), 'White Giant' (weiß)
Darwinhybriden: Große, prächtige Blüten	H 60–90 cm B 15–20 cm	Wie einfache frühe Tulpen	Anfang Mai	Rot, orange, gelb, creme und ähnliche Farbtöne	Wie einfache frühe Tulpen	Gute Sorten: 'Apeldoorn' (rot), 'Golden Oxford' (gelb), 'Holland's Glory' (scharlachrot) und die zweifarbige 'Apeldoorn's Elite' (rot und orange)

Sternbergia lutea

Tigridia pavonia

Tulipa (Einfache frühe)

Tulipa (Darwin)

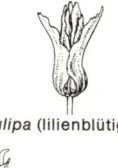

Tulipa (lilienblütig)

Tulipa (Cottage)

Tulipa (Papagei)

Name	Höhe/Breite	Pflanzanleitung	Blütezeit	Blütenfarbe	Vermehrung	Besondere Hinweise
Lilienblütige Tulpen: Blüte mit langer Schweifung; zugespitzte, nach außen zurückgebogene Blütenblätter	H 45–60 cm B 15 cm	Wie einfache frühe Tulpen	Mai	Rot, weiß, gelb, lavendel, rosa, zweifarbig	Wie einfache frühe Tulpen	Die kräftigen Stengel halten dem schlimmsten Wetter stand. Sorten: 'Alaska' (gelb), 'China Pink' (rosa und weiß), 'Queen of Sheba' (rot und orange)
Cottagetulpen: (spätblühende Gartentulpen) Blüten länglich oder eiförmig auf hohem Schaft	H 60 cm B 15–20 cm	Wie einfache frühe Tulpen	Mai	Gelb, weiß, rosa, grün, zweifarbig	Wie einfache frühe Tulpen	Gut als Schnittblumen. Bekannte Sorten: 'Advance' (kirschscharlachrot), 'Golden Harvest' (tiefgelb), 'Greenland' (grün und rosa)
Papageitulpen: Große gefranste Blüten, oft mit verdrehten, zweifarbigen Blütenblättern	H 60 cm B 20 cm	Wie einfache frühe Tulpen. Benötigen Windschutz	April–Mai	Rot, rosa, orange, malvenfarben, gelb, weiß, zweifarbig	Wie einfache frühe Tulpen	Ausgezeichnet für Blumenarrangements, besonders 'Black Parrot' (purpurn), 'Fantasy' (rosa und grün), 'Red Parrot' (rot), 'White Parrot' (weiß)
Kaufmannianahybriden: Blüten öffnen sich zu einem sechsspitzigen Stern	H 15–25 cm B 15 cm	Wie einfache frühe Tulpen	März	Rot und gelb, lachs und rosa, weiß und rot, zweifarbig	Wie einfache frühe Tulpen	Die erste im Frühling blühende Tulpe; beliebt in Blumenkästen, ideal für sonnige Steingärten. Hervorragende Sorten: 'Shakespeare' (scharlachrot und lachs, gelbe Basis), 'Stresa' (rot und gelb), 'The First' (karminrot und gelbweiß)
Fosterianahybriden: Große prächtige Blüten; Blütenblätter breit und an den Zipfeln zugespitzt	H 20–45 cm B 15 cm	Wie einfache frühe Tulpen	April	Leuchtend rot, tief goldgelb	Wie einfache frühe Tulpen	Am besten in Rabatten gezogen, wenn sie dort ungestört bleiben können. Sorten: 'Easter Parade' (gelb), 'Red Emperor' (tiefrot), 'Princeps' (scharlachorange), 'Purissima' (cremefarben)
Greigiihybriden: Blütenblätter breit und kurzzipfelig; enthüllen beim Öffnen ihre schwarzen oder braunen Zentren	H 15–45 cm B 15 cm	Wie einfache frühe Tulpen	Anfang April–Mai	Scharlachrot, rot, orange, gelb, rosa, zweifarbig	Wie einfache frühe Tulpen	Ideal für sonnige Steingärten. Sorten: 'Margaret Herbst' (rot), 'Oriental Beauty' (orangerot), 'Red Riding Hood' (leuchtend rot, purpurn gefleckte Blätter), 'Zamba' (gelb und grün)
Mendeltulpen: Ähnlich den Triumphtulpen; blühen nach den frühen Tulpen	H 35–40 cm B 15 cm	Wie einfache frühe Tulpen	Ab Mitte April	Scharlachrot, gelb, weiß, rosa	Wie einfache frühe Tulpen	Verwendung wie Triumphtulpen. Gute Sorten: 'Athleet' (weiß), 'Fridtjof Nansen' (johannisbeerrot), 'Krelages Triumph' (dunkelrot), 'Van der Eerden' (karminrot), 'Yellow Gem' (zitronengelb), 'Pink Trophy' (rosa)
Breedertulpen: Ähnlich wie Darwintulpen; Blüten von ovaler Form	H 50 cm B 15 cm	Wie einfache frühe Tulpen	Ende Mai	Purpurn, rot, braun	Wie einfache frühe Tulpen	Durch späte Blüte als Folgeblüher für frühe Tulpen geeignet. Gut für Beete, Rabatten und zum Schnitt. Bewährte Sorten: 'Dillenburg' (orangerot), 'Louis XIV' (orange-purpurn), 'Papago' (mohnrot), 'Tantalus' (gelb mit lilabraun)
Mehrblütige Tulpen: Tulpen mit mehreren Stielen	H 45 cm B 20 cm	Wie einfache frühe Tulpen	Mai	Weiß, rosa, rot, gelb	Wie einfache frühe Tulpen	Der straffe Stiel gabelt sich in 30 cm Höhe und bringt drei bis fünf langgestielte Blüten. Vor allem für späten Freilandflor. Sorten: 'Georgette' (gelb mit rotem Rand), 'Monsieur S. Mottet' (rahmweiß), 'Regenbogen' (rosa bis kirschrot), 'Wallflower' (rot mit gelber Mitte)

Wasserpflanzen

Eine Wasserstelle – und wenn es nur eine hübsch drapierte Plastikwanne oder ein Holzfaß ist – bringt Abwechslung und Leben in den Garten

Die Gestaltung eines Wassergartens macht viel Spaß, und selbst auf einer Terrasse oder einem Balkon läßt sich ein Behälter für Wasserpflanzen aufstellen. Dieser kann beispielsweise aus einem in der Mitte durchgesägten Bier- oder Weinfaß bestehen. Eine Seerose, einige andere, kleinere Wasserpflanzenarten und zwei oder drei Fische nimmt es leicht auf. Fast jeder wasserdichte Behälter eignet sich als Pflanzenbecken. Es gibt kleine Seerosenarten, die sogar in einer gewöhnlichen Waschschüssel gedeihen.

Größere Gärten bieten natürlich andere Möglichkeiten, denn dort kann man einen kombinierten Wasser-Stein-Garten mit mehreren Becken anlegen.

In einem Garten im Stadtbereich dürfte gerade so viel Platz sein, daß man eine Schale aus glasfaserverstärktem Kunststoff in den Boden einlassen kann. Ist eine Steckdose in der Nähe, läßt sich zusätzlich noch eine kleine Pumpe für einen Springbrunnen anschließen.

In einem größeren Garten am Stadtrand oder auf dem Land besteht die Möglichkeit, ein größeres Becken oder einen Teich aus starker Plastikfolie zu bauen, ohne daß dies allzuviel kostet. Ein solcher Teich kann jede beliebige

Taxodium distichum

Iris sibirica

Hosta sieboldiana

Mimulus luteus

Lysimachia nummularia

Primula japonica

Primula florindae

Osmunda regalis

Rodgersia aesculifolia

Nymphaea alba

Form und sogar einen abgestuften Boden haben. Man kann auch mehrere Becken auf verschiedener Höhe anlegen und sie durch Wasserfälle miteinander verbinden.

Glasfaserstoffe und Plastikfolien haben vielfach den Beton als Baustoff für Wasserbecken verdrängt, weil sie keine Frostrisse bekommen wie der Beton. Auch werden sie nicht undicht, wenn sich im Lauf der Zeit der Boden senkt. Als Pflanzenbecken kann man auch alte Wannen, Brunnenbecken oder Tröge verwenden. Diese Behälter werden mit Erde gefüllt und in den Boden eingegraben. Den Rand verdeckt man meist mit Pflanzen.

Ein Wassergarten kann entweder als Teich angelegt werden, in dessen Mitte man Pflanzen für größere Wassertiefen setzt und dessen Ränder man mit Flachwasserpflanzen besetzt, oder als

Sumpfgarten, für den man Pflanzen auswählt, die zwar die Feuchtigkeit lieben, aber nicht direkt im Wasser stehen müssen.

Jeder Wassergarten braucht viel Licht, weil die Pflanzen sonst keine Blüten ansetzen. Das Wasser sollte klar und seine Oberfläche bis zur Hälfte oder zu zwei Dritteln frei von Vegetation sein, damit man eingesetzte Fische gut beobachten kann.

Damit das Wasser klar bleibt, muß ein biologisches Gleichgewicht im Becken herrschen. Ist dieses nicht vorhanden, wird das Wasser trüb, bekommt einen üblen Geruch, und die Fische gehen ein.

Trübt oder verfärbt sich das Wasser, so ist dies meist auf Algen zurückzuführen, die sich von den im Wasser gelösten Mineralsalzen ernähren.

Die Mineralsalze kommen durch

verrottendes organisches Material, wie abgefallenes Laub oder Torf, in das Wasser. Man sollte daher alle Blätter stets aus dem Becken entfernen und darauf achten, daß das Erdreich für die Wasserpflanzen keinen Torf oder Gartenkompost enthält.

Der einzig sichere Weg, das Wasser klar zu halten, sind viele sauerstoffbildende Pflanzen (Oxygenatoren). Diese leben unter Wasser, ernähren sich von Mineralsalzen und entziehen somit den Algen die Nahrung. Gleichzeitig nehmen sie den Algen auch einen Teil des für sie unentbehrlichen Lichts weg, weil sie manche Teile im Becken beschatten.

Fische im Wasserbecken sind nicht nur eine Zierde, sondern erfüllen auch bestimmte Aufgaben. So sorgen sie beispielsweise dafür, daß die Mücken nicht zur Plage

werden, indem sie ihre Larven vertilgen. Sie fressen außerdem Schneckeneier, Blattläuse und die Larven der Köcherfliege, ebenso wie Algen und im Wasser schwimmende Pflanzenreste. Darüber hinaus düngen sie mit ihren Exkrementen das Pflanzsubstrat im Wasserbecken.

Für ein Zierbecken sind manche Fischarten besser, andere wiederum nicht so gut geeignet. Am besten bewähren sich Goldorfen und Goldfische mit ihren Zuchtformen. Sie sind farbenprächtig, halten sich in der Nähe der Wasseroberfläche auf und holen sich bald zutraulich ihr Futter, wenn man an das Becken herantritt. Andere Fische, wie Schleien und Spiegelkarpfen, suchen sich ihre Nahrung auf dem Grund und trüben das Wasser ständig, weil sie den Schlamm aufwühlen.

Typha latifolia

Pontederia cordata

Sagittaria sagittifolia

Trollius europaeus

Iris kaempferi

Lysimachia nummularia

Einen Gartenteich planen und anlegen

Für den Teich wählt man einen sonnigen, freien Platz im Garten. Zuerst muß man sich über die Form des Teichs im klaren sein. Die Umrisse legt man mit einer Schnur auf dem Boden aus. An den Seiten des Beckens kann man flachere Sockel vorsehen, auf die man Uferpflanzen (Flachwasserpflanzen) setzt. Diese Sockel müssen jedoch so angelegt werden, daß hohe Uferpflanzen nicht die Sicht auf die Wasserfläche verdecken.

Fertigbecken aus glasfaserverstärktem Kunststoff Es wird eine Grube ausgehoben, die etwa 10 cm breiter und länger ist als das Becken. Am Boden der Grube verdichtet man das Erdreich, entfernt alle Steine und bringt eine 2 cm hohe Schicht aus Sand auf. Dann stellt man das Fertigbecken hinein.

Die Ränder des Beckens müssen mit einer Wasserwaage genau waagrecht ausgerichtet werden. Dann füllt man den freien Raum zwischen Beckenwand und Grube mit feiner Erde aus. Diese wird, vor allem unter vorspringenden Sockeln, fest eingestampft. Zuletzt legt man Steinplatten etwa 2 cm vorstehend über den Beckenrand oder deckt ihn mit Rasensoden ab. Das Becken kann bepflanzt werden.

Auskleidung mit Plastikfolie Weil einfache PVC-Folien für diesen Zweck nicht stabil genug sind, sollte man sich für eine stärkere Kunststoffhaut (Mammuthaut) entscheiden.

Man mißt die größte Länge und Breite des Teichs ab und zählt zu diesen beiden Abmessungen das Doppelte der größten Tiefe hinzu.

So erhält man dann die endgültige Länge und Breite der Plastikfolie. Größere Zugaben für die Bodensockel und Überlappungen an den Rändern sind nicht erforderlich, denn die Folie dehnt sich an diesen Stellen entsprechend.

Dann hebt man die Grube aus. Die Seitenwände sollten schräg abfallen; Boden- und Sockelflächen hingegen müssen waagrecht verlaufen.

Alle scharfkantigen Steine werden aus der Grube entfernt, und der Boden wird mit einer 2 cm hohen Schicht aus Sand oder gesiebter Erde ausgelegt. Wenn die Seitenwände rauh sind, glättet man sie.

In der Grube wird dann die Folie so ausgelegt, daß das Plastikmaterial mindestens 15 cm über den Rand reicht. Man beschwert

sie dort mit flachen Steinen. Nun läßt man langsam Wasser in den Teich einlaufen. Dabei legt man die Folie so, daß eine glatte Oberfläche entsteht.

Wenn der Teich ganz gefüllt ist, kontrolliert man die Wassertiefe an den vorspringenden Sockeln. Sie sollte zwischen 5 und 25 cm betragen. Erforderlichenfalls schiebt man hier und da ein wenig Sand unter die Folie.

Schließlich wird der Rand mit Steinplatten ausgelegt, die man etwa 2–5 cm zum Wasser hin überstehen läßt. Nach der Fertigstellung sollte die Folie an keiner Stelle sichtbar sein.

Den Teich muß man stets bis zum Rand gefüllt halten, weil die Folie durch direktes Sonnenlicht bald zersetzt wird.

WIE MAN EINEN GARTENTEICH MIT HILFE EINER PLASTIKFOLIE ANLEGT

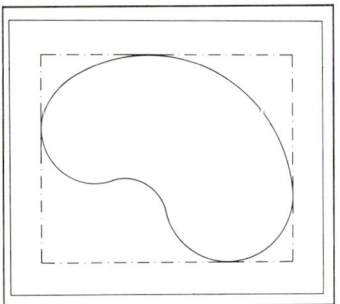

1. Größte Breite und Länge abmessen und die doppelte Tiefe hinzuzuzählen

2. Grube ausheben, Steine entfernen; 2 cm hohe Sand- oder Erdschicht auftragen

3. Folie auseinanderfalten und den Rand mit Steinen beschweren

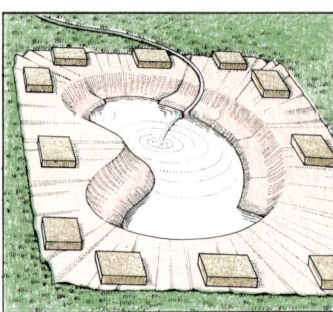

4. Langsam Wasser einlaufen lassen, damit sich die Folie der Grubenform anpaßt

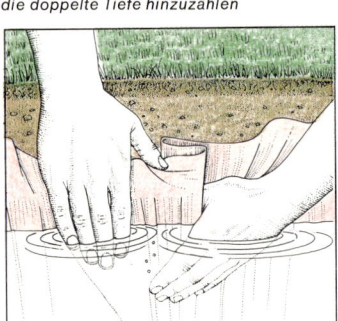

5. Plastikfolie in Form falten und Randsockel eventuell mit Sand erhöhen

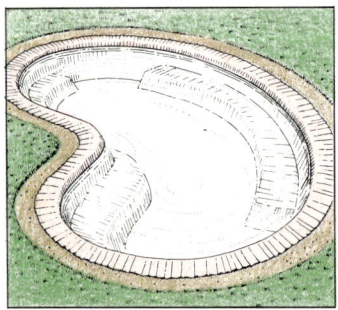

6. Ist der Teich voll, Folie so zuschneiden, daß am Rand nur 15 cm überstehen

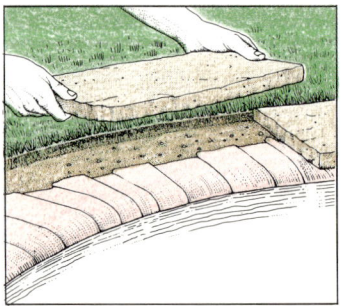

7. Rand mit Platten so abdecken, daß sie zum Wasser hin etwas überstehen

8. Gegebenenfalls nacharbeiten, wenn noch irgendwo Folie herausschaut

Fließendes Wasser im Garten

Einbau eines Springbrunnens in ein Wasserbecken

Ein Springbrunnen oder Wasserfall belebt nicht nur ein Wasserbecken, sondern reichert gleichzeitig auch das Wasser mit Sauerstoff an.

Das fließende Wasser muß durch Umwälzung dem Becken entnommen werden. Ein stetiger Zulauf von frischem Leitungswasser wäre nicht nur zu teuer und bei Wasserknappheit sogar verboten, sondern er würde auch den Wasserpflanzen schaden und das natürliche Gleichgewicht im Becken stören.

Für die Umwälzung des Wassers kann man Unterwasserpumpen und Oberflächenpumpen verwenden. Die Unterwasserpumpe wird in das Becken gestellt und hat häufig eine direkt anmontierte Düse für den Springbrunnen. Sie kann aber auch einen Wasserfall versorgen; manchmal dient sie gleichzeitig beiden Zwecken.

Die Oberflächenpumpe wird in eine Kammer in der Nähe des Beckens eingebaut. Sie saugt das Wasser vom Becken an, und durch Leitungen gelangt es zum Springbrunnen, zu den Auslässen für den Wasserfall oder an beide Stellen.

Ein Wasserfallbecken oder einen Bachlauf sollte man mit dem gleichen Material auskleiden, das für das Hauptbecken verwendet worden ist. Beton ist nicht empfehlenswert, weil er leicht Risse bekommt, wenn sich das Erdreich setzt. Anstatt eine Grube mit einer Folie auszukleiden, kann man auch fabrikfertige Becken in den Boden einlassen. Diese haben eine Überlaufkante und werden so eingebaut wie andere Fertigbecken.

Soll der Wasserlauf natürlich aussehen, kann man Kies auf den Boden schütten. In ein Becken mit Wasserfall darf man keine Pflanzen in die Nähe der Strömung setzen, denn das fließende Wasser spült den Boden weg.

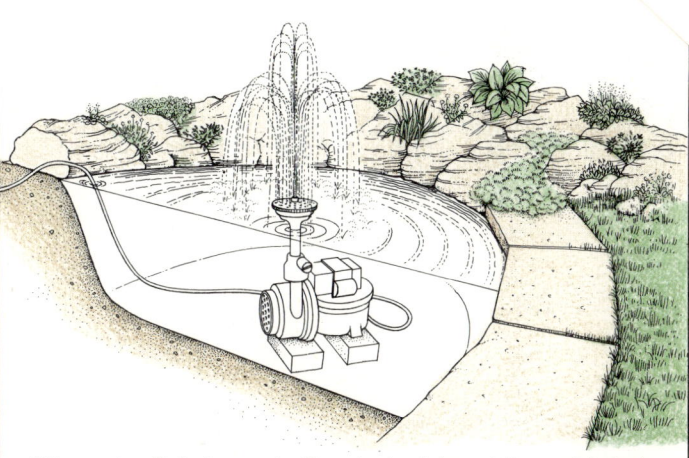

EINE PUMPE FÜR DEN SPRINGBRUNNEN

Will man einen Springbrunnen im Wasserbecken haben, stellt man einfach eine Unterwasserpumpe mit aufmontierter Düse in das Wasserbecken. Die Pumpe wird an eine Steckdose angeschlossen

Wie man einen Wasserfall in den Steingarten einbaut

Wenn man ein Wasserbecken neben dem Steingarten angelegt hat, wählt man eine geeignete Stelle für den Wasserfall. Die Höhe des Wasserfalls richtet sich nach der Leistung der Umwälzpumpe.

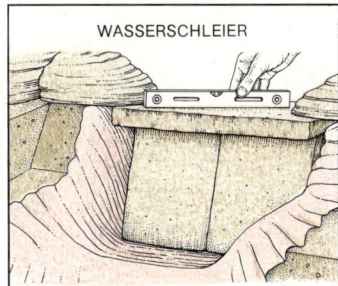

WASSERSCHLEIER

Um einen gleichmäßigen Wasserschleier zu erhalten, muß die Überlaufkante exakt waagrecht sein

Man hebt einige etwa 10 cm hohe Stufen mit flacher Überlaufkante aus. Die Zuleitung für das Wasser versenkt man entlang dem Wasserlauf in den Boden.

Dann legt man den Wasserfall mit Plastikfolie aus; sie wird mit großen, flachen Steinen festgehalten. Um die Ränder der Folie zu verbergen, bepflanzt man den Wasserfall seitlich mit Steingartenpflanzen.

An den senkrechten Sichtflächen der Stufen verbirgt man die Plastikfolie hinter großen, flachen Steinen. Eine weitere Steinplatte legt man etwas vorstehend auf die Überlaufkante der Stufe. Sie verdeckt die Folie und verleiht dem Wasserfall eine wesentlich bessere Wirkung.

Damit das Wasser gleichmäßig breit herabfällt, muß die Überlaufkante haargenau waagrecht sein. So bildet auch ein geringer Wasserstrom einen hübschen Wasserfall.

QUERSCHNITT DURCH EINEN WASSERFALL

Bei einem Wasserlauf durch einen Steingarten kann es sich um einen Bachlauf mit gleichmäßigem Gefälle oder um eine Reihe von Wasserfällen handeln. Kleidet man den Wasserlauf mit Plastikfolie aus, so sind der Formgebung fast keine Grenzen gesetzt

Um eine möglichst natürliche Wirkung zu erzielen, legt man die Kaskade so an, daß das Wasser seine Laufrichtung ändert. Das Wasser wird ständig von einer elektrischen Pumpe aus dem Becken bis zur höchsten Stelle des Wasserlaufs gefördert

Einsetzen von Wasserpflanzen in ein Becken

Plastikkörbe für Seerosen

Seerosen sind für größere Wassertiefen die geeignetsten und verbreitetsten Pflanzen. Am besten werden sie in Plastikkörbe eingesetzt.

Seerosen und andere für tieferes Wasser geeignete Pflanzen kann man bereits angezogen in Containern kaufen und sie jederzeit ins Wasserbecken einsetzen. Billiger ist es jedoch, wenn man die Pflanzen im zeitigen Frühjahr kauft, wenn das Wachstum gerade beginnt. In diesem Fall kann man mit dem Einsetzen Ende April beginnen.

Aus dem Garten holt man guten, schweren Lehmboden und entfernt daraus alle sichtbaren Wurzelreste. Organische Stoffe, die üblicherweise in Blumenerde zu finden sind, dürfen im Boden nicht vorhanden sein, weil sie bei ihrer Zersetzung Mineralstoffe in das Wasser abgeben und Faulschlamm bilden.

In den Lehmboden mischt man pro Eimer zwei Handvoll sterilisiertes Knochenmehl oder eine Handvoll Superphosphat. Dann vermengt man den Lehm mit so viel Wasser, daß eine gut zusammenhaftende Masse entsteht.

Den Pflanzkorb legt man mit sauberer, grober Jute oder Sackleinen aus. Wenn keine Plastikkörbe zur Verfügung stehen, nimmt man einen Plastiktopf mit 25 cm Durchmesser und bohrt mehrere 6 mm große Löcher hinein. Man kann auch am Boden des noch leeren Beckens Ziegelsteine im Viereck aufstellen, zwischen den Steinen Fugen für den Eintritt des Wassers frei lassen und diese Pflanzbehälter mit Jute oder Sackleinen auslegen.

Wenn man die Pflanzen nicht in Körbe oder Behälter setzen will, breitet man auf dem Boden des leeren Beckens eine 15 cm hohe Lehmschicht aus, in die man die Pflanzen direkt einsetzt. Um jedoch zu verhindern, daß der Schlamm von Fischen aufgewühlt wird, streut man eine Schicht Sand oder Kiesel über den Lehm.

Seerosen mit rhizomartigen Wurzelstöcken haben kräftige Wurzeln, mit denen sie sich verankern, und feine Haarwurzeln, mit denen sie die Nahrung aufnehmen. Im April oder Mai sprießen junge Blatttriebe aus den Rhizomen. Wenn in der Gärtnerei die Pflanzen nicht beschnitten oder wenn sie beim Transport beschädigt wurden, schneidet man mit einem scharfen Messer alle abgestorbenen und geknickten Blätter ab und entfernt die älteren, braunen Ankerwurzeln. Die jungen, weißen Wurzeln werden bis auf 8–10 cm zurückgeschnitten.

In gleicher Weise beschneidet man auch die Seerosen, die einen knollenartigen Wurzelstock haben, so die Nymphaea tuberosa.

Seerosen mit rhizomartigen Wurzelstöcken werden waagrecht in den zum Teil mit Erde gefüllten Behälter gelegt. Dann gibt man so viel von der vorbereiteten Bodenmischung hinzu, daß die Vegetationspunkte der Schößlinge gerade noch aus dem Boden herausschauen. Anschließend hebt man die Pflanze vorsichtig an, damit der lockere Boden die Zwischenräume der Wurzeln ausfüllt.

Pflanzen mit knollenartigem Wurzelstock werden mit den Wurzeln senkrecht in den Boden gesteckt und bis zum Hals der Triebe eingegraben. Den Boden drückt man mit den Fingern fest und füllt gegebenenfalls Erde nach.

Werden in das Wasserbecken auch Fische eingesetzt, streut man oben auf die Behälter eine Schicht aus erbsengroßen Kieseln.

Neu eingesetzte Seerosen soll man nicht gleich in das Becken senken, denn sonst blühen sie meist nicht in der ersten Saison. Statt dessen füllt man nur so viel Wasser in das Becken, daß die Pflanzbehälter gerade bedeckt sind. Dann erhöht man den Wasserspiegel entsprechend dem Wachstum der Triebe, bis nach etwa sechs oder acht Wochen das Becken vollständig gefüllt ist.

Wenn ein Wasserbecken bereits früher aufgefüllt wurde, stellt man die Behälter mit den Pflanzen auf eine Unterlage aus Ziegelsteinen, daß sie knapp unter dem Wasserspiegel liegen, und senkt die Unterlage allmählich, bis die Gefäße nach etwa zwei Monaten auf dem Boden des Beckens stehen.

1. Alte, braune Wurzeln ganz abschneiden, neue, weiße auf 8–10 cm kürzen

2. Pflanze in einen mit Jute oder Sackleinen ausgelegten Behälter setzen

3. Auf die Erde Kiesschicht streuen, damit Fische die Pflanze nicht entwurzeln

4. Becken so weit füllen, daß das Wasser über der Kiesschicht steht

Jährliche Düngung von Seerosen mit Knochenmehl

In Behälter eingesetzte Seerosen brauchen nach einiger Zeit eine zusätzliche Düngung. Um ein gesundes Wachstum zu gewährleisten, muß deshalb im Frühjahr gedüngt werden.

Anzeichen von Nährstoffmangel erkennt man an kleinen, gelblichen Blättern, schwachen Blüten und einer allgemeinen Kraftlosigkeit der Pflanzen. Umtopfen oder Düngen mit Knochenmehl in Pillenform schafft hier Abhilfe.

Die Knochenmehlpillen kann man selbst herstellen, indem man einen Blumentopf mit sterilisiertem Knochenmehl anfüllt, dem etwas Lehm und Wasser zugesetzt wird. Aus dieser Masse dreht man Pillen. Eine große Wasserrose braucht zwei Pillen, eine mittelgroße Pflanze eine Pille. Der Behälter mit der Pflanze wird aus dem Wasser gehoben, die Pille in der Nähe der Wurzeln in den Boden gedrückt und die Seerose wieder ins Becken gesetzt.

Uferpflanzen für den Beckenrand

Uferpflanzen gedeihen am besten, wenn die Wasserhöhe über ihren Wurzeln nicht mehr als 5–7 cm beträgt. Im Wasserbecken kann man für diese Pflanzen am Rand einen Sockel hochziehen.

Von den Uferpflanzen mit kriechenden Wurzelstöcken, wie der Sumpfkalla, entfernt man vor dem Einsetzen die abgestorbenen Blätter und die alten, braunen Wurzeln. Dann setzt man die Pflanzen in einen Behälter, indem man die Rhizome flach auf die Erde legt.

Rund um die Wurzeln wird die Erde festgedrückt. Der Boden darf aber nicht zu stark verdichtet werden. Die Erdoberfläche bedeckt man mit einer Schicht erbsengroßer Kiesel und versenkt den Behälter

so weit ins Wasser, daß die Wurzeln etwa 5–10 cm unter der Oberfläche liegen.

Bei Uferpflanzen mit sellerieähnlichem, knollenartigem Wurzelstock, wie dem Hechtkraut, entfernt man die abgestorbenen, verfärbten Blätter und schneidet die großen Triebe mit einem scharfen Messer zurück. Auch hier werden die alten Wurzeln entfernt und die übrigen auf etwa 6–7 cm zurückgeschnitten.

Dann setzt man die Uferpflanzen in ein Loch in der Erde, das so tief ist, daß man die Wurzeln senkrecht hineinstecken kann. Die Pflanze wird bis zum Wurzelhals eingegraben. Rund um die Pflanze drückt man den Boden gut fest, dann streut man kleine Kieselsteine auf die Oberfläche und senkt den Behälter 5–10 cm tief ins Wasser.

Die Aufgabe der sauerstoffbildenden Pflanzen

Sauerstoffbildende Pflanzen (Oxygenatoren), die auf dem Boden des Beckens wachsen, halten das Wasser klar, indem sie den Algen Nahrung und Licht entziehen. Sie bereichern das Wasser mit Sauerstoff und fördern außerdem das Wachstum nützlicher Mikroorganismen.

Weil sauerstoffbildende Pflanzen nur einen kleinen Wurzelstock haben, braucht man sie nur mit einem Streifen Zinkblech zu beschweren und im Wasserbecken zu

versenken, wenn der Boden des Beckens mit Erde bedeckt ist. Die zuträgliche Wassertiefe für diese Pflanzen beträgt 30–90 cm. Die meisten Unterwasserpflanzen kann man in Büscheln als bewurzelte Stecklinge kaufen. In Becken mit einer Wasserfläche bis zu 10 m² verteilt man etwa 5 solcher Stecklingsbüschel pro m².

Wenn im Wasserbecken keine Erde ist, kann man die sauerstoffbildenden Unterwasserpflanzen in gleicher Weise wie Seerosen und Uferpflanzen in Pflanzbehältern mit Erde ins Wasser setzen.

Wurzelstock mit Zinkstreifen beschweren; Pflanze einsenken

Pflanzen in einem durchlöcherten Topf ins Becken setzen

Schwimmpflanzen, die keine Erde brauchen

Schwimmpflanzen, wie die Wasseraloe oder Krebsschere, die unter der Oberfläche im Becken schwimmen, werden nicht eingepflanzt, sondern einfach ins Wasser gelegt. Sie ernähren sich mit Hilfe ihrer Schwimmwurzeln, die die Nähr-

stoffe aufsaugen, die aus der Erde und von anderen Wasserpflanzen stammen und im Wasser gelöst sind. In ähnlicher Weise wird auch die auf der Wasserfläche schwimmende Wasserhyazinthe lediglich ins Wasser gesetzt, wo sie mit ihren Wurzeln die aufgelösten Nährstoffe aufnimmt. Sie gedeiht auch gut im Schlamm.

ZWEI ARTEN VON UFERPFLANZEN

Pflanzen mit rhizomartigem Wurzelstock Alte Wurzeln entfernen und abgestorbene Blätter abschneiden. Wurzelstock flach auf die Erdoberfläche legen

Pflanzen mit knollenartigem Wurzelstock Erst alte Wurzeln abschneiden, dann die übrigen auf etwa 6 cm kürzen. Pflanze bis zum Hals der Triebe eingraben

Wasseraloe (Stratiotes aloides)

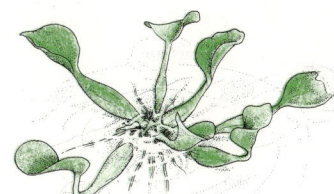

Wasserhyazinthe (Eichhornia crassipes)

Pflege eines Gartenteichs

Fische und Schnecken im Wasserbecken

Sind Tiere im Wasserbecken, ist das biologische Gleichgewicht meist ausgewogen. Fische und Schnecken fressen Insekten und deren Larven, und gleichzeitig düngen sie die Pflanzen mit ihren Exkrementen. Das von den Fischen und Schnecken ausgeatmete Kohlendioxid brauchen die Pflanzen für die Photosynthese (Bildung von Aufbaustoffen mit Hilfe von Wasser, Chlorophyll, Licht und Kohlendioxid), während der von den Pflanzen bei diesem Prozeß freigesetzte Sauerstoff sowohl von Tieren als auch von Pflanzen aufgenommen wird.

Schutz von Fischen und Pflanzen im Winter

Um zu verhindern, daß im Herbst Laub ins Becken fällt, bedeckt man die Wasserfläche mit einem feinmaschigen Draht- oder Plastiknetz.

Fremdkörper im Becken kann man mit einer Grabgabel herausholen, die man mit einem Drahtnetz bespannt hat. Man kann auch einen Rechen, ein Sieb oder ein Fangnetz dafür verwenden.

Wenn der Frost einsetzt, schneidet man die abgestorbenen Teile der Pflanzen rund um den Rand des Beckens ab, damit Schädlinge nicht zwischen den Blättern überwintern können. Ebenso entfernt man alle abgestorbenen Blätter der Seerosen.

Bei strenger Kälte kann man ein kleineres Becken mit Säcken abdecken. Wenn Tauwetter einsetzt, müssen diese sofort wieder entfernt werden. Man kann aber auch einen großen, festen Gummiball, ein Reisigbündel oder einen Holzklotz – bei größeren Becken mehrere – auf der Wasseroberfläche schwimmen lassen. Gefriert das Wasser, dann entlasten diese Gegenstände die Beckenwände vom Eisdruck. Wenn sich das Eis aus-

dehnt, drückt es beispielsweise den Gummiball zusammen, statt gegen die Beckenwände zu drücken.

Hat sich eine Eisschicht im Becken gebildet, gießt man heißes Wasser über den Ball, damit man ihn aus dem Eis herausnehmen kann. Dann schöpft man so viel Wasser aus dem Becken, daß der Wasserspiegel etwa 3–4 cm absinkt, und deckt das Loch im Eis mit einem Sack zu. Nun können die Fische atmen. Selten bildet sich eine zweite Eisschicht, weil das Luftpolster als Isolierung dient. Auf keinen Fall sollte man die Eisschicht mit einem Hammer aufhauen.

Man kann auch ein schwimmendes Heizelement in das Becken setzen. Es gibt verschiedene Systeme, die mit einem Schwachstromtransformator oder unabhängig vom Stromnetz arbeiten. Die Maschendrahtheizung ist in ein schwimmfähiges Material eingebettet, so daß sie knapp unter der Wasserfläche liegen bleibt.

Im Winter können Wasservögel mehr Schäden anrichten als zu anderen Zeiten des Jahres. Darum legt man zu der Zeit rund um den Rand des Beckens ein Maschendrahtnetz aus.

Fische sollte man erst sechs bis acht Wochen nach dem Bepflanzen einsetzen. Die Fische bekommt man in einer Tierhandlung meist in Plastikbeuteln mit einer mit Sauerstoff angereicherten Atmosphäre. Den ungeöffneten Beutel setzt man etwa 20 Minuten lang in das Becken, damit sich die Fische auf die Wassertemperatur im Becken einstellen können. Dann gibt man sie vorsichtig ins Wasser. Fische in Freilandbecken brauchen nur selten gefüttert zu werden. Von November bis März darf man ihnen überhaupt nichts geben. Im Herbst, ehe die „Fastenzeit" einsetzt, werden die Fische kräftig gefüttert, ebenso am Ende der Ruhepause, im Frühjahr.

Schäden an Wasserpflanzen

Insektenvertilgungsmittel dürfen nur dann verwendet werden, wenn im Becken weder Fische noch andere tierische Lebewesen vorhanden sind. Die nachfolgend angeführten Schäden treten am häufigsten auf. Wenn andere Symptome auftreten, kann man die Tabelle ab Seite 599 zu Rate ziehen.

Schaden	Ursache	Abhilfe
Die Blätter der Seerosen bekommen braune Flecken	Blattflecken-krankheit	Blätter bei ersten Anzeichen von Befall entfernen und vernichten
Mißbildungen an jungen Blättern und Blütenstengeln; Blüten sind verfärbt, entfalten sich nicht richtig. Schwarze Insekten erkennbar	Seerosen-blattlaus	Blätter mehrmals im Abstand von zwei Tagen mit dem Schlauch abspritzen, damit die Insekten abfallen, oder Blätter mit beschwertem Drahtnetz 24 Stunden im Wasser untertauchen
Fransige Löcher in den Blättern von Seerosen; Blätter faulen am Rand; kleine Maden vorhanden	Seerosen-blattkäfer	Bekämpfung wie bei Seerosenblattlaus oder absammeln
Blätter und Blüten werden kleiner und weniger; oft kein Blütenansatz. Blätter können auch blaß oder gelbgrün werden	Nährstoff-mangel	Tritt nur auf, wenn die Pflanzen in zu kleine Behälter eingesetzt wurden. Umpflanzen in größere Behälter mit frischer Erde oder Teilung und Einsetzen in einzelne Behälter
Schmutziger Film auf der Wasseroberfläche	Schmutz-stoffe	Schmutzfilm aufnehmen, indem man ein Zeitungsblatt flach übers Wasser zieht
Grüngefärbtes oder trübes Wasser	Algen	Wasserfläche mit Schwimmpflanzen (Seerosen) beschatten; verrottende Pflanzenreste aus dem Wasser entfernen; mehr sauerstoffbildende Pflanzen einsetzen (Sumpfried, Wasserhahnenfuß, Armleuchtergewächse)

BEKÄMPFUNG BEI INSEKTENBEFALL

Mit einem beschwerten Drahtnetz drückt man die Blätter unter die Wasserfläche

HERAUSFISCHEN VON BLÄTTERN

Über die Zinken einer Grabgabel legt man ein feines Drahtnetz und fischt die Blätter heraus

Sumpfpflanzen für den Rand des Wasserbeckens

Etliche Pflanzen brauchen zwar viel Wasser, gedeihen aber nicht, wenn sie direkt im Wasser stehen. Hierzu gehören die sogenannten Sumpfpflanzen, die häufig an den Rand eines Wasserbeckens gesetzt werden und einen Übergang zwischen dem Wassergarten und dem übrigen Garten bilden.

Man kann aber auch einen Sumpfgarten unabhängig von einem Wasserbecken anlegen.

Sumpfgärten kommen meist am besten zur Geltung, wenn man von einer strengen Planung absieht und die Pflanzen natürlich wachsen läßt. Auf feuchtem, nährstoffreichem Boden vermehren sich Sumpfpflanzen durch Abwerfen ihrer Samen und bilden abwechslungsreiche Gruppen, beispielsweise Primeln und Irisarten.

Weil den Pflanzen in einem Sumpfgarten weder Trockenheit noch Wasserüberschuß bekommt, muß man mit Geschick den Feuchtigkeitshaushalt regulieren. Im schweren Lehmboden ist meist ausreichend Wasser vorhanden. Wenn man den Boden im April oder Anfang Mai mit gut verrottetem Laub abdeckt, kann man die Feuchtigkeit zurückhalten. Liegt das Beet jedoch in einer Vertiefung, besteht die Gefahr, daß sich dort das Wasser staut und die Pflanzen eingehen.

Bei sandigem, gut entwässertem Boden besteht wiederum die Gefahr der Austrocknung.

Anlegen eines Sumpfgartens

Um einen ausgeglichenen Feuchtigkeitshaushalt zu schaffen, hebt man eine 30 cm tiefe, beliebig breite Grube neben dem Rand des Wasserbeckens oder an einer anderen geeigneten Stelle aus und streut Sand in der Grube aus. Sie wird mit einer starken Plastikfolie ausgelegt.

In die Plastikfolie schneidet man seitlich, etwa 15 cm über dem Boden, mehrere Löcher hinein, damit überschüssiges Wasser ablaufen kann.

Auf dem Boden der Folie breitet man Rasensoden mit der Grasseite nach unten aus. Darüber schüttet man ein Beet auf, das aus einer 25–30 cm hohen Schicht Komposterde oder einer Mischung aus Torf und Gartenerde besteht.

ARBEITSGÄNGE BEIM ANLEGEN EINES SUMPFGARTENS

Grube ausheben; Sandschicht einbringen; Grube mit starker Plastikfolie auslegen

Ein erhöhtes Beet aus Komposterde über der Grube aufschütten

In die Folie etwa 15 cm über dem Boden Löcher schneiden, damit überschüssiges Wasser abläuft

Plastikfolie mit Rasensoden (Grasseite nach unten) abdecken

Auspflanzen von Sumpfpflanzen

Bei den meisten Sumpfpflanzen handelt es sich um mehrjährige Kräuter (Stauden). Die günstigste Zeit zum Auspflanzen ist entweder das zeitige Frühjahr oder der Spätsommer und die frühen Herbstmonate, wenn der Boden noch warm ist. Beim Einpflanzen werden die Wurzeln gut ausgebreitet. Um die Wurzeln drückt man den Boden fest, jedoch darf das feuchte Erdreich nicht allzu stark verdichtet werden. Zwischen den Pflanzen läßt man keine allzu großen Abstände.

Genaue Anleitungen für das Einpflanzen von Stauden siehe Seite 201.

Ausreichende Wasserversorgung

Man muß dafür sorgen, daß der Boden stets feucht bleibt.

Liegt der Sumpfgarten tiefer als das angrenzende Wasserbecken, kann man das Becken in regelmäßigen Abständen überlaufen lassen, so daß der Sumpfgarten überschwemmt wird. Man kann auch am Rand des Beckens einen Sprinkler aufstellen, der das Wasser im Becken mit Sauerstoff anreichert und gleichzeitig den Sumpfgarten bewässert.

Im Herbst schneidet man die abgestorbenen Blätter der Stauden bis zum Boden ab. Vom Boden entfernt man alle Überreste und sticht ihn mit einer Grabgabel leicht um. Dann mulcht man mit einer 3–5 cm hohen Schicht aus Gartenkompost oder Torfmull.

Vermehrung durch Teilung und Aussaat

Die meisten feuchtigkeitsliebenden Pflanzen, die in einem Sumpfgarten wachsen, können durch Teilung im Frühjahr vermehrt werden. Hierzu gehören die Primeln, das Schaublatt, verschiedene Irisarten, Lobelien, Scheinkalla und der Zungenhahnenfuß.

Primeln und Scheinkalla kann man auch aus Samen anziehen. Eine ausführliche Beschreibung der Vermehrung durch Teilung findet man auf Seite 206.

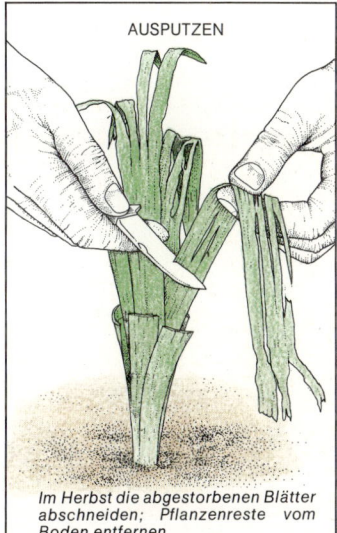

AUSPFLANZEN IM HERBST

Die Wurzeln der Sumpfgartenpflanzen ausbreiten; Erde festdrücken

AUSPUTZEN

Im Herbst die abgestorbenen Blätter abschneiden; Pflanzenreste vom Boden entfernen

Anzucht junger Wasserpflanzen

Teilung von alten und zu großen Seerosen

Nach vier bis fünf Jahren wachsen Seerosen oft so üppig, daß die Blätter die Blüten verdecken. Man sollte dann die Pflanzen im April oder Mai auslichten und teilen.

Zunächst nimmt man den Wurzelstock aus dem Pflanzbehälter und wäscht ihn gut aus. Bei Seerosen mit knollenartigem Wurzelstock reißt man den Wurzelstock einfach auseinander. Ehe man die Pflanzen nach der Teilung wieder einsetzt, entfernt man abgebrochene Blätter, schneidet die alten An-

kerwurzeln ab und kürzt die jungen Wurzeln so weit ein, daß sie in den Pflanzbehälter passen. Das Einpflanzen wird auf Seite 298 ausführlich beschrieben.

Bei Pflanzen mit rhizomartigem Wurzelstock schneidet man ein 15–20 cm langes Stück der jungen Spitze vom alten Rhizom ab. Dieses Stück ist wuchskräftiger und hat die meisten Blütenknospen. Den Rest wirft man weg, wenn der Bestand nicht vergrößert werden soll. Die abgeschnittenen Rhizomstücke sollten an ihren Schnittflächen mit Holzkohle gegen Fäulnis behandelt werden.

Junge Seerosen aus Wurzelausläufern und Augen

Wenn man Seerosen zum Auslichten und Teilen aus dem Becken nimmt, kann man junge Pflanzen aus Rhizomausläufern und den am Wurzelstock sitzenden Augen ziehen. Bei knollenartigen Seerosen sitzen die Augen an den Wurzeln in Form junger Bulben, die sich am alten Wurzelstock bilden, und können mit einem scharfen Messer herausgeschnitten werden.

Für die Anzucht füllt man gut durchfeuchteten Lehm in einen Topf, drückt die Augen bis knapp

unter die Erdoberfläche und stellt ihn in einen Behälter mit Wasser. Diesen setzt man dann an einen schattigen Platz im Treibhaus oder in einen kalten Frühbeetkasten. Nach drei bis vier Wochen sind deutlich Triebansätze zu erkennen. Wenn die Pflanze eine entsprechende Größe erreicht hat, kann man sie ins Wasserbecken setzen.

Bei rhizombildenden Seerosen werden die kleinen Ausläufer der Rhizome, die aus dem Mutterstock austreiben, mit einem scharfen Messer abgeschnitten. Diese Ausläufer werden so gepflanzt und behandelt, wie zuvor beschrieben.

TEILUNG EINES KNOLLENARTIGEN WURZELSTOCKS

Seerosen mit knollenartigen Wurzeln teilt man, indem man den Wurzelstock auseinanderreißt. Die Teilstücke werden eingepflanzt

AUGENSTECKLINGE AUS KNOLLENARTIGEN WURZELSTÖCKEN

Augen herausschneiden, dann jedes einzeln in einen Topf mit Lehm drücken. Topf ins Wasser stellen, mit Glas abdecken. Im nächsten Mai/Juni auspflanzen

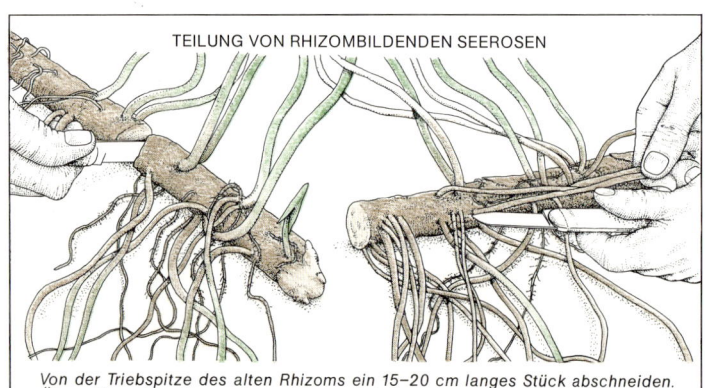
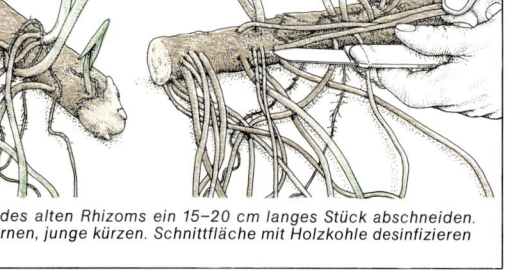

TEILUNG VON RHIZOMBILDENDEN SEEROSEN

Von der Triebspitze des alten Rhizoms ein 15–20 cm langes Stück abschneiden. Ältere Wurzeln entfernen, junge kürzen. Schnittfläche mit Holzkohle desinfizieren

JUNGE PFLANZEN AUS RHIZOMAUSLÄUFERN

Rhizomausläufer abnehmen und einzeln in Töpfe setzen. Die Töpfe ins Wasser stellen und mit Glas abdecken. Im folgenden Frühjahr wird ausgepflanzt

Vermehrung von Uferpflanzen durch Teilung

Uferpflanzen mit rhizomartigen Wurzeln, wie die Sumpfkalla, können durch Teilung der kriechenden Wurzelstöcke vermehrt werden. Man hebt die Wurzeln im Frühjahr heraus und schneidet eine etwa 15–20 cm lange, frische Spitze des Rhizoms ab. Dann entfernt man die abgestorbenen Blätter und alle braunen Wurzeln und pflanzt den Steckling wieder ein. Auch kleinere Stücke bis zu einer Länge von 2 cm kann man verwenden.

Uferpflanzen mit zwiebelähnlichen Ausläufern, wie das Pfeilkraut, werden geteilt, indem man den Wurzelstock auseinanderzieht. Dann schneidet man die abgestorbenen und verfärbten Blätter ab und entfernt die alten, braunen Wurzeln. Die jungen, weißen Wurzeln werden auf etwa 6–8 cm gekürzt, und das Teilstück wird eingepflanzt.

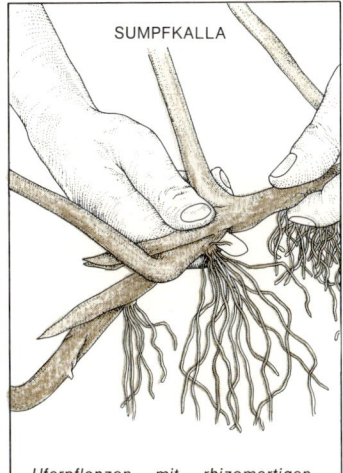

SUMPFKALLA

Uferpflanzen mit rhizomartigen Wurzeln werden durch Teilung des kriechenden Rhizomstocks vermehrt. Von der frischen Spitze schneidet man ein etwa 15–20 cm langes Stück ab und setzt es in einen Behälter mit guter Lehmerde ein

HECHTKRAUT

Uferpflanzen mit zwiebelähnlichen Ausläufern werden vermehrt, indem man den Wurzelstock auseinanderzieht. Die abgestorbenen Blätter und alten Wurzeln werden abgeschnitten. Dann kürzt man die frischen auf etwa 6–8 cm

Sauerstoffbildende und schwimmende Pflanzen

Sauerstoffbildende Pflanzen werden gewöhnlich durch weiche Stecklinge vermehrt, die man im Frühjahr oder Sommer abnimmt. Zu diesen Pflanzen gehören die Kanadische Wasserpest, das Laichkraut, die Krause Wasserpest u. a.

Von den jungen Trieben schneidet man etwa 7–10 cm lange Stücke ab und setzt sie in tiefe Behälter, deren Boden 5 cm hoch mit Lehmerde bedeckt ist. Die Behälter sollten so weit ins Wasser versenkt werden, daß die Wasserhöhe über den Stecklingen 15–20 cm beträgt. Eine Temperatur um 16° C begünstigt das Einwurzeln.

Viele winterharte Schwimmpflanzen kann man durch Teilung ihrer Wurzelstöcke im Herbst vermehren. Man zieht sie einfach auseinander und legt sie ins Wasser zurück. Wasserschlauch und Wasseraloe kann man so vermehren.

Anzucht von Wasserpflanzen aus Samen

Auch wenn sich Wasserpflanzen am einfachsten durch Teilung vermehren lassen, können einige Arten, so die Wasserähre und der Goldkolben, leicht aus Samen gezogen werden.

Man sammelt die Samen von den reifen Fruchtständen. Die Samen sollen nicht austrocknen, weil sie sonst länger zum Ankeimen brauchen. Man hält sie also feucht und kühl.

In einen flachen Behälter füllt man Lehmerde und legt die Samen auf die Oberfläche. Diesen Behälter stellt man dann so in eine Schale mit Wasser, daß der Lehm etwa 3 cm unter der Wasseroberfläche liegt. Es geschieht zuweilen, daß die Samen zunächst hochschwimmen, sobald aber alle Luft aus ihnen entwichen ist, sinken sie wieder ab. Die Schale stellt man an einem halbschattigen Platz im Treibhaus oder im kalten Kasten auf; die Samen keimen im nächsten Frühjahr.

Sobald das erste, echte Blattpaar erscheint, pikiert man die Sämlinge in Töpfe oder Kisten und stellt sie im Treibhaus oder kalten Kasten wieder ins Wasser.

Wenn das Wetter im Frühjahr des darauffolgenden Jahres wieder wärmer geworden ist, kann man die jungen Pflanzen ins Wasserbecken umsetzen.

1. Samen von den reifen Fruchtständen sammeln und möglichst feucht halten

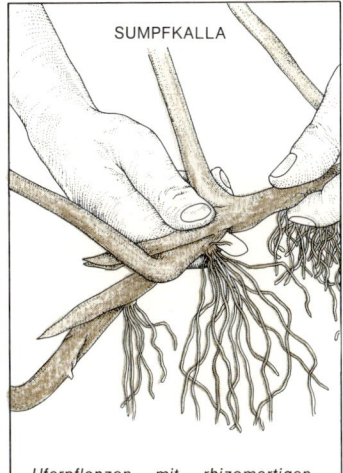

2. Schale mit Lehmerde füllen, Samen darauflegen und 3 cm unter Wasser stellen

3. Wenn nach 2–3 Wochen die ersten Blättchen erscheinen, Sämling umpikieren

4. Nachdem die Pflanze im Wasser überwintert hat, im Frühjahr auspflanzen

Pflanzen für einen Wassergarten

Da sich die meisten Wasserpflanzen sehr rasch ausbreiten, sollte man bei der Anlage eines Wassergartens zu Beginn nur wenige Arten auswählen, die jedes Jahr möglichst viele Monate lang abwechselnd in Blüte stehen.

Im ersten Teil der Tabellen sind Seerosen und andere, für tiefes Wasser geeignete Pflanzen aufgeführt. Diese sind die wichtigsten Schmuckstücke eines jeden Wasserbeckens. Um den Wassergarten jedoch interessanter zu gestalten, sollten noch weitere Pflanzen hinzugesetzt werden. Diese sind unter den Uferpflanzen zu finden. Sie bevorzugen den Rand des Beckens oder einen anderen Standort in flachem Wasser.

Sauerstoffbildende Pflanzen und Schwimmpflanzen sind deshalb wichtig, weil sie das Wasser mit Sauerstoff anreichern, den Fischen und ihrem abgelegten Laich Schutz bieten und dem Wasser das Kohlendioxid entziehen. Gleichzeitig tragen sie auch dazu bei, das Wasser klar zu halten.

Außerdem werden noch dekorative Sumpfpflanzen aufgeführt, die rund um das Becken in die Erde gesetzt werden und einen harmonischen Übergang vom eigentlichen Wassergarten zum übrigen Garten herstellen. Alle diese Pflanzen sind mehrjährig und lassen sich leicht vermehren.

Darüber hinaus finden sich hier auch einige größere Uferpflanzen. Diese eignen sich vor allem für größere Gärten oder für die Randbepflanzung von natürlichen Teichen, Seen und Bachläufen.

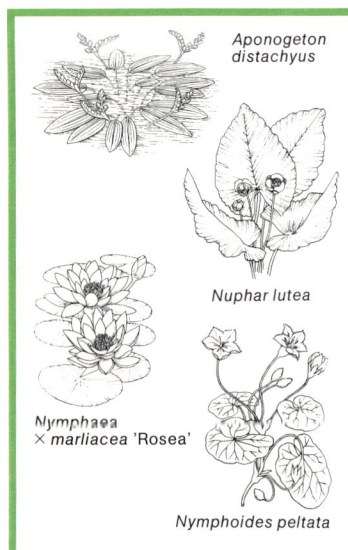

Aponogeton distachyus

Nuphar lutea

Nymphaea × marliacea 'Rosea'

Nymphoides peltata

MEHRJÄHRIGE PFLANZEN MIT SCHWIMMENDEN BLÄTTERN UND BLÜTEN IM TIEFEN WASSER

Name	Pflanztiefe	Blütenfarbe	Blütezeit	Vermehrung	Besondere Hinweise
Aponogeton					
A. distachyus Wasserähre	15–60 cm	Weiß mit schwarzen Staubgefäßen, von gegabelten Ähren getragen	Mai–Oktober	Samen	Duftet nach Vanille. Gedeiht am besten an sonnigen Plätzen; darf im Winter nicht einfrieren
Nuphar					
N. lutea Gelbe Teichrose	0,6–2 m	Dottergelb	Juni–August	Teilung	Alle Nuphar-Arten können sich stark ausbreiten und sollten deshalb nicht in kleine Becken gepflanzt werden. Gedeiht auch im fließenden Wasser
N. pumila Kleine Teichrose	5–10 cm	Goldgelb	Juli–August	Teilung	Eine Schwimmblattpflanze für flacheren Wasserstand
Nymphaea					
Seerose Verschiedene Hybriden und Spielarten	Zwerggarten: 10–15 cm Mittelgroße Arten: 30–45 cm Große Arten: 0,7–2,5 m	Verschiedene Rottöne, weiß, gelb und rosarot	Juni bis September	Teilung	Man wählt die Arten nach Farbe und zuträglicher Wassertiefe. Ungefähr 70 winterharte Arten; Zwerggarten müssen im Winter geschützt werden; Pflanzen in der Staudengärtnerei auswählen
Nymphoides					
N. peltata Sumpfrose	15–50 cm	Goldgelb, ausgefranste Blumenblätter	Mai–August	Teilung	Kann stark wuchern, ist aber leicht herauszuziehen. Schwimmende Blätter und Blüten

Acorus calamus

Alisma plantago-aquatica

Butomus umbellatus

UFERPFLANZEN

Name	Höhe	Pflanztiefe	Blütenfarbe	Blütezeit	Vermehrung	Besondere Hinweise
Acorus						
A. calamus 'Variegatus' Kalmus	60–90 cm	5–30 cm	Gelbgrün, unscheinbar	Juni–Juli	Teilung	Weiß-gelbgrün gestreifte Blätter; Wurzelstöcke und zerriebene Blätter duften aromatisch. Sonne bis Schatten
Alisma						
A. plantago-aquatica Froschlöffel	20–40 cm	5–8 cm	Weiß, rosarot angehaucht; lockere Doldenrispen	Juni bis September	Teilung oder Samen	Kann sich stark ausbreiten, deshalb natürliche Aussaat vermeiden. Sonne bis Halbschatten
Butomus						
B. umbellatus Blumenbinse	60–80 cm	5–50 cm	Rosarote Blütendolden	Juni bis September	Teilung	Im seichten Wasser reichere Blüte; verträgt auch tieferes Wasser; Sonne bis Halbschatten

UFERPFLANZEN (Fortsetzung)

Name	Höhe	Pflanztiefe	Blütenfarbe	Blütezeit	Vermehrung	Besondere Hinweise
Calla						
C. palustris Sumpfkalla	20–25 cm	Moorerde, Sumpf bis zu 15 cm	Weiß; danach rote Beerenkolben	Mai bis September	Teilung	Pollen wird von Schnecken übertragen. Kriechend; ideal zum Verdecken des Beckenrandes. Sehr giftig!
Caltha Dotterblume						
C. palustris Sumpfdotterblume	20–35 cm	Im Schlick bis zu 10 cm	Ungefüllt, goldgelb	April–Juni	Samen oder Teilung	Unentbehrlich im zeitigen Frühjahr. Giftig!
C. p. 'Multiplex'	20–35 cm	Im Schlick bis zu 10 cm	Gefüllt, goldgelb, auf verzweigten Stielen	April–Juni	Teilung	Die für ein Gartenbecken am besten geeignete Dotterblume mit Blüten, die sich lange halten. Dunkelgrüne, herzförmige Blätter
Cotula Laugenblume						
C. coronopifolia	7–15 cm	Feuchter Boden bis 3 cm	Goldgelb, knopfartige Blütenstände	Sommer	Samen	Gut in Gesellschaft von Sumpfvergißmeinnicht. Blätter riechen beim Zerreiben nach Zitrone. Stirbt nach der Blüte ab. Ist nicht winterhart, erhält sich aber durch Selbstaussaat
Cyperus Zypergras						
C. longus Langes Zypergras	0,6–1,2 m	15–30 cm	Braun, den ganzen Winter hindurch	Juli bis September	Samen oder Teilung	Vorsicht bei der Standortwahl; breitet sich sehr stark aus. Sonne bis Halbschatten
C. papyrus Papyrusstaude	0,5–2 m	5–50 cm	Grün und braun, große Wedel	Juli bis September	Samen	Nicht winterhart; am besten in Töpfe setzen und im Winter in einen Raum bei etwa 12–15°C stellen
Glyceria Schwadengras						
G. maxima 'Variegata'	40–50 cm	3–15 cm	Grün bis blaßbraun, lockere Rispen	Juli bis August	Teilung	Friert im Herbst zurück. Neigt zum Wuchern. Wächst auch in Erde und in tieferem Wasser
Iris Schwertlilie						
I. laevigata	60–80 cm	1–12 cm	Tiefblau	Juni–Juli	Teilung	Verschiedene Namenssorten in Weiß, Blau, Rosa u. a. Farben
I. kaempferi Sumpfschwertlilie	0,6–1 m	1–10 cm	Verschiedene Farben	Mai–Juni	Teilung	
I. pseudacorus 'Variegata' Wasserschwertlilie	0,5–1 m	5–45 cm	Gelb	Mai–Juni	Teilung	Wächst im tiefen Wasser höher; sehr eindrucksvoll; die Blätter werden im Spätsommer grün
Juncus Binse						
J. effusus 'Aureostriatus' Flatterbinse	0,3–1,2 m	5–15 cm	Braun, unscheinbar	Juni bis August	Teilung	Dunkelgrüne Stengel mit goldgelben Streifen sorgen für Abwechslung
J. inflexus (*J. glaucus*) Blaugrüne Binse	30–70 cm	5–15 cm	Braun, unscheinbar	Juni bis August	Teilung	Sonne bis Halbschatten; winterhart
Menyanthes Fieberklee						
M. trifoliata Dreiblättriger Fieberklee	20–25 cm	5–30 cm	Weiß, außen rosarot angelaufen	Mai–Juli	Teilung	Kriechend; geeignet als Abdeckung für Beckenränder; in Verlandungszonen und Moorböden

Calla palustris

Caltha palustris 'Multiplex'

Cotula coronopifolia

Cyperus papyrus

Glyceria maxima

Iris pseudacorus

Juncus effusus 'Aureostriatus'

Menyanthes trifoliata

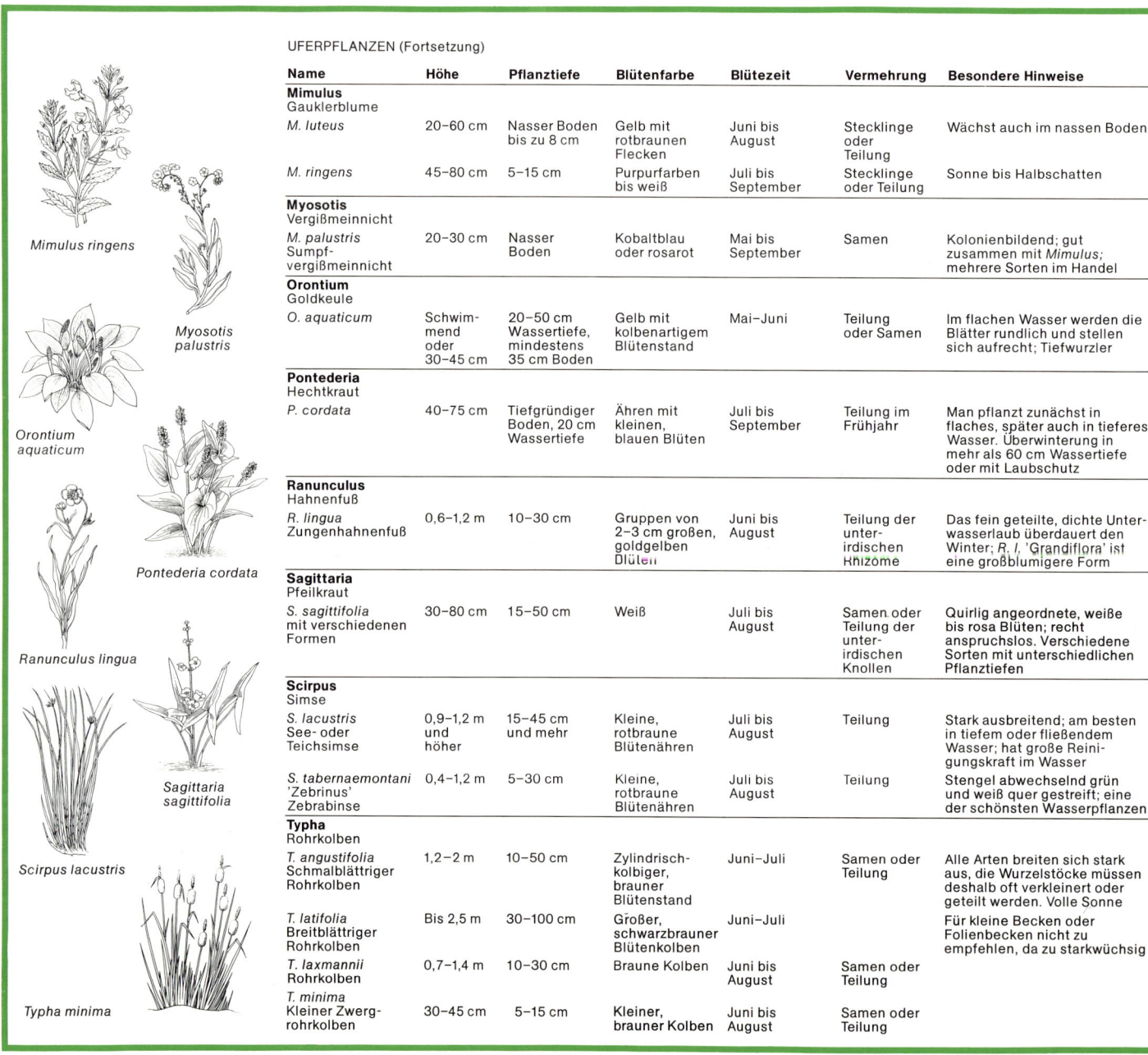

Mimulus ringens

Myosotis palustris

Orontium aquaticum

Pontederia cordata

Ranunculus lingua

Sagittaria sagittifolia

Scirpus lacustris

Typha minima

UFERPFLANZEN (Fortsetzung)

Name	Höhe	Pflanztiefe	Blütenfarbe	Blütezeit	Vermehrung	Besondere Hinweise
Mimulus Gauklerblume						
M. luteus	20–60 cm	Nasser Boden bis zu 8 cm	Gelb mit rotbraunen Flecken	Juni bis August	Stecklinge oder Teilung	Wächst auch im nassen Boden
M. ringens	45–80 cm	5–15 cm	Purpurfarben bis weiß	Juli bis September	Stecklinge oder Teilung	Sonne bis Halbschatten
Myosotis Vergißmeinnicht						
M. palustris Sumpf-vergißmeinnicht	20–30 cm	Nasser Boden	Kobaltblau oder rosarot	Mai bis September	Samen	Kolonienbildend; gut zusammen mit *Mimulus*; mehrere Sorten im Handel
Orontium Goldkeule						
O. aquaticum	Schwim-mend oder 30–45 cm	20–50 cm Wassertiefe, mindestens 35 cm Boden	Gelb mit kolbenartigem Blütenstand	Mai–Juni	Teilung oder Samen	Im flachen Wasser werden die Blätter rundlich und stellen sich aufrecht; Tiefwurzler
Pontederia Hechtkraut						
P. cordata	40–75 cm	Tiefgründiger Boden, 20 cm Wassertiefe	Ähren mit kleinen, blauen Blüten	Juli bis September	Teilung im Frühjahr	Man pflanzt zunächst in flaches, später auch in tieferes Wasser. Überwinterung in mehr als 60 cm Wassertiefe oder mit Laubschutz
Ranunculus Hahnenfuß						
R. lingua Zungenhahnenfuß	0,6–1,2 m	10–30 cm	Gruppen von 2–3 cm großen, goldgelben Blüten	Juni bis August	Teilung der unter-irdischen Rhizome	Das fein geteilte, dichte Unterwasserlaub überdauert den Winter; *R. l.* 'Grandiflora' ist eine großblumigere Form
Sagittaria Pfeilkraut						
S. sagittifolia mit verschiedenen Formen	30–80 cm	15–50 cm	Weiß	Juli bis August	Samen oder Teilung der unter-irdischen Knollen	Quirlig angeordnete, weiße bis rosa Blüten; recht anspruchslos. Verschiedene Sorten mit unterschiedlichen Pflanztiefen
Scirpus Simse						
S. lacustris See- oder Teichsimse	0,9–1,2 m und höher	15–45 cm und mehr	Kleine, rotbraune Blütenähren	Juli bis August	Teilung	Stark ausbreitend; am besten in tiefem oder fließendem Wasser; hat große Reinigungskraft im Wasser
S. tabernaemontani 'Zebrinus' Zebrabinse	0,4–1,2 m	5–30 cm	Kleine, rotbraune Blütenähren	Juli bis August	Teilung	Stengel abwechselnd grün und weiß quer gestreift; eine der schönsten Wasserpflanzen
Typha Rohrkolben						
T. angustifolia Schmalblättriger Rohrkolben	1,2–2 m	10–50 cm	Zylindrisch-kolbiger, brauner Blütenstand	Juni–Juli	Samen oder Teilung	Alle Arten breiten sich stark aus, die Wurzelstöcke müssen deshalb oft verkleinert oder geteilt werden. Volle Sonne
T. latifolia Breitblättriger Rohrkolben	Bis 2,5 m	30–100 cm	Größer, schwarzbrauner Blütenkolben	Juni–Juli		Für kleine Becken oder Folienbecken nicht zu empfehlen, da zu starkwüchsig
T. laxmannii Rohrkolben	0,7–1,4 m	10–30 cm	Braune Kolben	Juni bis August	Samen oder Teilung	
T. minima Kleiner Zwerg-rohrkolben	30–45 cm	5–15 cm	Kleiner, brauner Kolben	Juni bis August	Samen oder Teilung	

SAUERSTOFFBILDENDE UNTERWASSERPFLANZEN

Name	Pflanztiefe	Blütenfarbe	Blütezeit	Vermehrung	Besondere Hinweise
Ceratophyllum Hornkraut *C. demersum* Rauhes Hornkraut	30–90 cm	Unscheinbare Blüten	Juni–Juli	Teilung	Brüchig, deshalb vorsichtig behandeln; hat keine Wurzeln, Trieb im Boden verankert
Elodea Wasserpest *E. canadensis* Kanadische Wasserpest	0,3–1 m	Unscheinbare Blüten	Mai–August	Stecklinge oder Teilung	Ausgezeichneter Sauerstoffbildner in Fischbecken
Hottonia Wasserfeder *H. palustris*	15–60 cm	Blaßviolett, in 20–25 cm langen Blütentrauben	Mai–Juni	Teilung	Bildet Winterknospen und verschwindet bis zum Frühjahr unter dem Wasserspiegel. Liebt saures, mooriges Wasser in ruhiger, sonniger bis halbschattiger Lage
Myriophyllum Tausendblatt *M. spicatum* Ähriges Tausendblatt	15–45 cm	Braun oder grün, unscheinbar	Juli bis September	Stecklinge oder Teilung	Umfangreiche Gattung, verschiedene Arten, die sich meist sehr ähnlich sehen
Potamogeton Laichkraut *P. crispus* Krauses Laichkraut	0,4–2 m	Braun oder grün, unscheinbar	Mai bis September	Stecklinge oder Teilung	Wertvoller Wasserreiniger, auch in stehenden Gewässern und schlammigem Grund

Ceratophyllum demersum

Elodea canadensis

Hottonia palustris

Myriophyllum spicatum

Potamogeton crispus

SCHWIMMPFLANZEN, DIE FÜR JEDE WASSERTIEFE GEEIGNET SIND

Name	Blütenfarbe	Blütezeit	Vermehrung	Besondere Hinweise
Azolla Moosfarn *A. mexicana* (*A. caroliniana*)	Keine Blüten		Teilung	Rote Herbstfärbung des Laubs. Muß frostfrei überwintert werden. Stammpflanzen in Schalen mit Lehm und Wasser umsetzen
Eichhornia *E. crassipes* Wasserhyazinthe	Blaßviolett, mit goldgelber und blauer Zeichnung an den unteren Blütenblättern	Sommer	Durch Abtrennung von Ausläufern	Frei schwimmende Pflanze mit luftgefüllten Blattstielen. Muß frostfrei überwintert werden. In Erde eintopfen und ziemlich trocken unter Glas halten; im Juni aussetzen. Gute Ablaichpflanze
Stratiotes Wasseraloe *S. aloides*	Weiß	Mai–August	Winterknospen oder Teilung	Rosetten schwertförmiger Blätter schwimmen dicht unter der Wasserfläche, kommen zur Blütezeit über Wasser. Guter Wasserreiniger
Trapa Wassernuß *T. natans*	Weiß, unauffällig	Sommer	Samen	Frei schwimmende, einjährige Pflanze; die Blätter erhalten Auftrieb durch schwammige Blattstiele. Große, eßbare Früchte mit vier „Hörnern"

Azolla mexicana

Eichhornia crassipes

Stratiotes aloides

Trapa natans

Astilbe × arendsii

Gunnera manicata

Iris kaempferi

Lysichiton camtschatcensis

Lythrum salicaria

Mimulus luteus

Primula florindae

Rodgersia aesculifolia

PFLANZEN FÜR FEUCHTE STANDORTE UND SUMPFPFLANZEN (alle mehrjährig)

Name	Blütenfarbe	Blütezeit	Höhe	Vermehrung	Besondere Hinweise
Astilbe Prachtspiere					
A. × arendsii	Tönungen von Rosarot, Rot, Lila und Weiß	Juli–August	40–80 cm	Teilung im Frühjahr	Die Wurzeln dürfen nicht austrocknen. Sonne oder Halbschatten. Schönste und beste Sorten: 'Brautschleier' (weiß), 'Cattleya' (rosa), 'Feuer' (rot), 'Glut' (rot). Zu Wasserschwertlilien, Primeln und Taglilien setzen
Gunnera Mammutblatt					
G. manicata	Grünbraune Kolben	Mai–Juli	1,5–3 m	Teilung oder Samen	Wegen ihrer rhabarberartigen, oft bis zu 2 m großen Blätter nur für größere Gärten geeignet. Winterschutz mit Stroh oder Laub
Iris Schwertlilie					
I. kaempferi Sumpfschwertlilie	Verschiedene Farben	Juni–Juli	0,6–1 m	Samen	Kalkempfindlich. Von Mai–Juli feucht halten; im Winter trockener, sonniger Standort
I. sibirica Sibirische Schwertlilie	Weiß bis blau und violett	Juni	0,6–1 m	Samen	Wächst an feuchten wie an trockenen Standorten
Lysichiton Scheinkalla					
L. americanus	Gelb	April–Mai	50–70 cm	Teilung oder Samen	In feuchtem Boden oder in 5–7 cm hohem Wasser
L. camtschatcensis	Weiß	April–Mai	30–40 cm	Teilung	In feuchten Boden pflanzen
Lythrum Weiderich					
L. salicaria Blutweiderich	Rosarot oder rot	Juli bis September	0,8–1,4 m	Teilung im Frühjahr	Ideal für dichten Uferbewuchs. Anspruchslos, in trockenem Boden nicht so hoch
Mimulus Gauklerblume					
M. cardinalis M. cupreus M. luteus M. ringens	Rot, rotbraun, gelb	Juni–September	20–40 cm	Samen, Stecklinge oder Teilung	Können einjährig oder mehrjährig kultiviert werden. Aussaat im Frühjahr unter Glas, dann Auspflanzen in feuchten Boden, Halbschatten
Primula Primel					
P. beesiana	Purpur mit orangegelbem Auge	Mai–Juli	60 cm	Teilung im Frühjahr oder sofortige Aussaat der reifen Samen	
P. florindae	Gelb	Juni–August	60–90 cm		Wächst auch im flachen Wasser im Schatten
P. japonica Japanische Primel	Weiß, rosarot und purpurfarben	Mai–Juli	45–60 cm		Wächst sehr kräftig; variable Art mit verschiedenen Sorten
Rodgersia Schaublatt					
R. aesculifolia	Weiß	Juni–August	0,6–1 m	Teilung im Frühjahr	Halbschatten, feuchter Boden
R. tabularis	Gelblichweiß	Juni–August	0,6–1 m	Teilung im Frühjahr	Halbschatten, feuchter Boden

PFLANZEN FÜR FEUCHTE STANDORTE UND SUMPFPFLANZEN (Fortsetzung)

Name	Blütenfarbe	Blütezeit	Höhe	Vermehrung	Besondere Hinweise
Trollius Trollblume					
T. chinensis	Gelb und orange	Mai–Juli	0,6–1 m	Samen oder Teilung im Frühjahr	In Gruppen zwischen Schwertlilien und Primeln pflanzen. Schönste und beste Sorten: 'Goldquelle', 'Orange Globe', 'Golden Queen' T. europaeus ist giftig
T. × cultorum					
T. europaeus					
T.-Hybriden					

Trollius europaeus

FARNE, GRÄSER UND STRÄUCHER FÜR NASSE STANDORTE

Name	Höhe	Blütenfarbe	Blütezeit	Vermehrung	Besondere Hinweise
Dryopteris Wurmfarn					
D. filix-mas und andere Dryopteris-Arten	0,9–1,5 m	Keine Blüten		Teilung im Frühjahr	Kalkfeindlich, Wedel nicht wintergrün
Matteuccia Strauß- oder Trichterfarn					
M. struthiopteris	0,6–1 m	Keine Blüten		Sporenaussaat oder Teilung im Frühjahr	Die Wedel wachsen im Kreis und öffnen sich nach außen. Am besten im Halbschatten; humoser Boden mit Torf
Miscanthus Stielblütengras					
M. sacchariflorus Silberfahnengras	1–1,5 m	Braune bis silberweiße, federige Rispen	August bis September	Teilung im Frühjahr	Kann auf festem Boden und im Sumpf kultiviert werden. Raschelnde, schilfartige Stengel und lange, grasartige Blätter
M. sinensis 'Silberfeder' Chinaschilf	1,5–2 m	Silberweiße Blütenrispen	August bis September		Schönste Art
Onoclea Perlfarn					
O. sensibilis	40–50 cm	Keine Blüten		Durch Sporen oder Teilung im Frühjahr	Sonne oder Schatten. Die Wedel erfrieren beim ersten Frost; sonst robust. Pflanze für Wasserränder und feuchten Boden; kriechende Rhizome
Osmunda Königsfarn					
O. regalis	1,2–1,5 m	Grüne und braune, fertile Fiederblätter	Sommer	Teilung im Frühjahr	Büschelbildend, sommergrün. Sonne oder Halbschatten; tiefgründiger, feuchter und kalkfreier Boden oder in flachem Wasser
Sinarundinaria Bambusgras					
S. murielae S. nitida	1,8–3 m	Blüht nur im hohen Alter rötlichbraun		Teilung im späten Frühjahr	Tiefgründiger, nährstoffreicher Lehmboden; gelegentlich mulchen. Im Mai pflanzen und im ersten Jahr gut wässern. Bietet Windschatten und sieht einzeln stehend am Wasser gut aus. Sonne oder Halbschatten. Wintergrün

Dryopteris filix-mas

Matteuccia struthiopteris

Miscanthus sacchariflorus

Onoclea sensibilis

Osmunda regalis

Sinarundinaria nitida

Lilien

Lilien gehören zu den ältesten Gartenpflanzen. Es gibt sie in vielen Farben und Größen, für alle möglichen Standorte und mit den verschiedensten Blütezeiten

Lilium davidii

Schon vor mindestens 3000 Jahren war die Lilie im alten Ägypten, in Rom, Griechenland, China und Japan geschätzt. Jahrhundertelang waren nur wenige Arten bekannt, darunter die reinweiße Madonnenlilie aus dem östlichen Mittelmeerraum, ein altes Symbol der Reinheit. Auch die Türkenbundlilie, deren dunkel gefleckte, rosapurpurne Blüten sich im Juli öffnen, war in Europa verbreitet.

Die Gattung der Lilien besteht aus überwiegend winterharten Zwiebelpflanzen mit etwa 90 Arten. Alle sind mehrjährig, unterscheiden sich aber stark in Größe, Farbe, Blütezeit und Standortansprüchen.

Einige Lilien sind anspruchsvoll, aber auch in unseren Breiten gedeihen viele Sorten gut im Freien. In den letzten 100 Jahren wurden außerdem anspruchslosere Arten entdeckt und viele robuste, gegen Krankheiten unempfindliche Hybriden entwickelt, die kräftiger und farbenprächtiger sind als die Mutterpflanzen. Einige Hybriden lassen sich sogar relativ sortenrein aus Samen nachziehen. Besonders bei kurzlebigen Lilien wie der Königslilie, die nur wenige Tochterzwiebeln bildet, lohnt sich die Anzucht aus Samen. Sie ist außerdem von Vorteil, da sich die Lilienmosaikkrankheit nur durch vegetative Vermehrung ausbreitet. Die älteste und eine der schönsten Hybriden ist die ausgefallene aprikosenfarbene *L. × testaceum,* die durch eine Kreuzung zwischen Madonnenlilie und Scharlachrotem Türkenbund, einer großen Art aus Griechenland, entstand.

Lilien lassen sich nach der Blütenform in zwei Hauptgruppen unterteilen: in Trompetenlilien und Türkenbundlilien. Sehr große Trichter werden gelegentlich auch als kelchförmig bezeichnet; einige Trompeten- und Türkenbundformen haben nach oben weisende Blüten.

Trompetenlilien wie die Königslilie und die Osterlilie haben ziemlich große Blüten. Die Trichter sind verschieden geformt, wie z. B. an der schmalen, weißen Blüte von *L. formosanum* und der langen, weißen, violett gefleckten Trompete von *L. giganteum* zu sehen ist, einer Lilie, die bis zu 3 m hoch wird. Sie wird heute unter dem Namen *Cardiocrinum giganteum* geführt.

Die Türkenbund- und Tigerlilien wie *L. martagon* haben kleinere hängende Blüten von etwa 3 cm Länge, deren Blätter sich an den Spitzen nach hinten biegen.

Ein bemerkenswertes Beispiel einer Trompetenlilie ist die prächtige japanische Goldbandlilie; die Bluten sind weiß, haben einen Durchmesser von 25 cm und an jedem Blütenblatt einen goldgelben Mittelstreifen sowie dunkelrote Flecken. Die Lilien mit aufrechten Blüten bilden lockere Ähren, wie z. B. die orangefarbene mitteleuropäische Feuerlilie, die von Juni bis Juli blüht.

Lilien gibt es in fast allen Farben außer Blau – von reinem Weiß über viele Pastelltöne bis zum Tiefrot der beliebten Hybride 'Paprika'. Viele Blüten sind gestreift oder gefleckt, wie z. B. die cremeweiße, rotgefleckte und wohlriechende Prachtlilie.

Die Blütezeit im Freien reicht von Mai bis September oder Oktober. Eine der frühesten Arten ist *L. pyrenaicum* aus den Pyrenäen, eine winterharte grüngelbe Türkenbundlilie mit violetten Flecken.

Leider riecht diese Lilie – wie auch einige andere Arten, darunter die einheimische Türkenbundlilie – sehr stark und wird deshalb nicht gern in die Nähe von Wegen oder Fenstern gesetzt. Sehr angenehm duftet *L. cernuum,* eine hellrosa Lilie mit roten Flecken, die von Juni bis Juli blüht. Zu den Spätblühern gehört die Tigerlilie aus Japan mit ihrer orange-schwarz gefleckten Blüte.

Lilien gibt es von 45 cm bis 3 m Höhe. Zu den höchsten Sorten gehören die nordamerikanischen Arten *L. superbum* und die Pantherlilie, besonders die Sorte 'Red Giant', und der Gelbe Türkenbund aus China. Am kleinsten sind *L. concolor* mit nach oben weisenden, dunkelroten Blüten und *L. pumilum* mit scharlachroter Blüte in Türkenbundform.

Da Lilien in der Natur an sehr vielen Standorten vorkommen, läßt sich für fast jeden Garten mindestens eine Sorte oder Hybride finden.

Einige Lilien wie die Pantherlilie und die Goldbandlilie brauchen torfreichen, sauren Boden; andere wiederum, wie die Osterlilie und die Feuerlilie sowie die meisten Hybriden, sind kalkverträglich. Einige bevorzugen sogar Kalkboden – z. B. die Madonnenlilie und *L. × testaceum.*

Viele Lilien gedeihen am besten an vollsonnigen Standorten, einige dagegen, wie *L. superbum,* lieben Halbschatten. Die Wurzeln dieser Sorten stehen gern kühl und müssen deshalb durch kleine Farne oder Sträucher beschattet werden. Eine für die meisten Böden und Standorte geeignete Lilie ist die hohe Königslilie mit ihren weißen, außen rot schimmernden Trichterblüten.

Ziemlich leicht zu ziehen sind auch die einheimische Türkenbundlilie und einige ihrer Hybriden (Backhousehybriden) sowie die farbenprächtigen Midcenturyhybriden, darunter die aufrechte hellrote 'Enchantment'. Sie zählen überhaupt zu den besten Gartenlilien mit vielen Sorten.

Diese robusten und leicht zu pflegenden Sorten und Hybriden gedeihen auf Gemischtrabatten, solange sie nicht von anderen Pflanzen verdrängt werden. Durch ihren Farben- und Formenreichtum lassen sie sich leicht mit anderen Pflanzen gruppieren, und die vielen im Juni und Juli blühenden Lilien sorgen, nachdem Iris und Pfingstrose verwelkt sind, für Farbe im Garten.

Um einjährige Beete anzulegen, sind Lilien nicht geeignet; man kann sie jedoch in Töpfen ziehen und vor der Blüte mit dem Topf einsenken.

Einige der empfindlicheren Lilienarten hält man am besten als Topfpflanzen. Die Osterlilie und *L. formosanum* gedeihen unter Glas in einem Topf oder Kübel und bieten Jahr für Jahr ein prächtiges Bild. Eine weitere für den Topf geeignete Pflanze ist *L. davidii,* eine reichblühende orangefarbene Türkenbundlilie aus China.

Eine reine Lilienrabatte kann von Mai bis Oktober in Blüte stehen. Die meisten Lilien müssen jedoch vor Wind geschützt und einige höhere abgestützt werden. Ein Hintergrund aus Sträuchern, besonders Rhododendren, schützt vor Wind und bildet gleichzeitig einen schönen Kontrast. Hochwüchsige Lilien kann man zwischen die Sträucher setzen, wo sie eine natürliche Stütze finden.

Für parkähnliche Gärten besonders geeignet sind die Bellinghamhybriden aus Amerika. Ihre Blüten erscheinen in allen Rot-, Orange- und Gelbtönen und sind braun oder schwarz gefleckt. Andere Waldlilien sind die Goldbandlilie und die duftende Kaukasuslilie.

Für größere Flächen im Steingarten geeignet sind *L. cernuum* mit ziemlich kurzlebigen aufrechten Blüten und *L. pumilum* mit scharlachroten Türkenbundblüten. Beide brauchen einen feuchten, gut entwässerten und düngerreichen Boden.

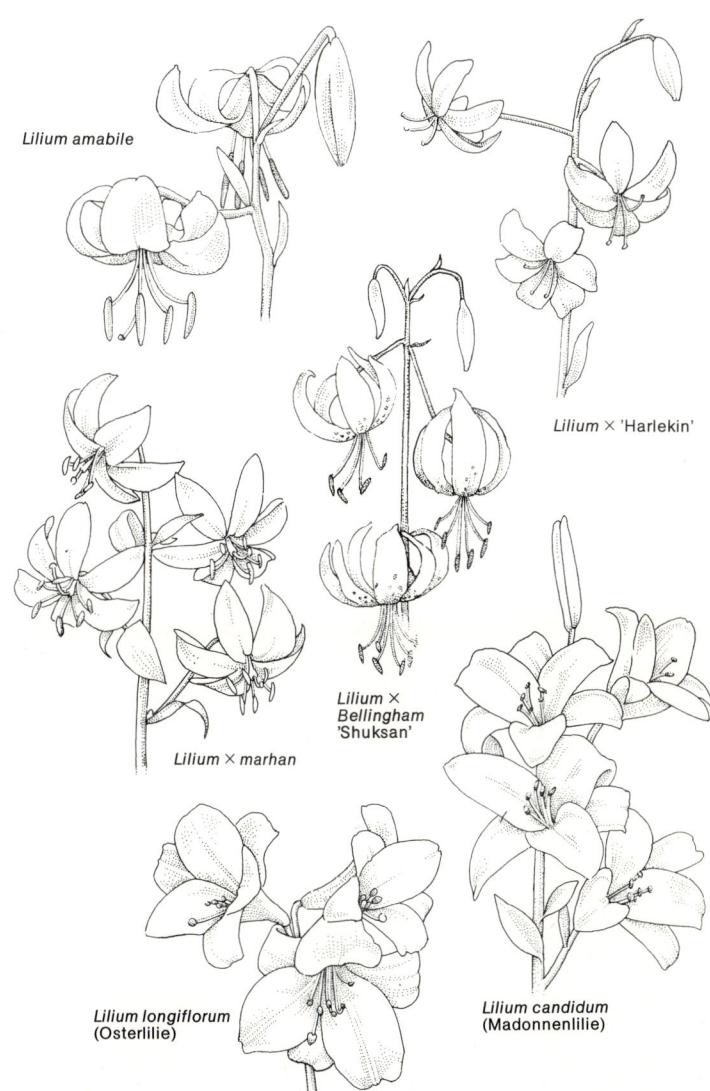

Lilium amabile

Lilium × 'Harlekin'

Lilium × Bellingham 'Shuksan'

Lilium × marhan

Lilium longiflorum (Osterlilie)

Lilium candidum (Madonnenlilie)

Blütenformen bei Lilien *Lilien werden nach der Blütenform in zwei Hauptgruppen unterteilt. Türkenbundlilien haben hängende, etwa 4 cm lange Blütenblätter, deren Spitzen sich nach hinten aufrollen. Beispiele sind L. amabile und die Hybriden L. × 'Harlekin', L. × marhan und L. × Bellingham 'Shuksan'. Trompetenlilien können sehr schmale, aber auch weit offene Trichter bilden. Zu dieser Gruppe gehören die Madonnenlilie und die Osterlilie. Die Bellingham-Hybriden sind Abkömmlinge der Türkenbundlilien und zählen eigentlich zu L. humboldtii, während L. × marhan mit Blut von L. hansonii auch dem Türkenbund sehr ähnlich ist*

Lilien pflanzen und pflegen

Auswahl der Zwiebeln und Vorbereitung des Bodens

Die meisten Lilien gedeihen auf jedem gut dränierten Boden. Wenn möglich, wählt man eine Südlage und leicht abschüssiges Gelände. In der Nähe sollten Sträucher oder kleine Bäume sein, die Windschutz bieten. Die meisten Lilien wachsen am besten in sonnigen Lagen, einige jedoch, wie *Lilium canadense* und *L. superbum,* bevorzugen einen halbschattigen Platz. Sie wirken am Rand von Teichen und Bächen sehr dekorativ, dürfen aber nicht im Wasser stehen.

Vor dem Pflanzen wird der Boden sehr tief umgegraben. Bei leichtem Boden gräbt man pro m² einen großen Eimer gut verrotteten Gartenkompost oder Torf unter. Bei schweren Böden setzt man außerdem Sand zu.

Um die Lilienwurzeln darf man niemals frischen Stallmist einbringen, da sie sonst faulen könnten.

Das Beet muß gut dräniert sein, da Lilien bei stauender Nässe absterben. Wenn der Garten tief liegt, legt man ein erhöhtes Beet an, dessen Kanten abgestützt werden.

Lilienzwiebeln müssen kräftig und groß sein mit einem gut ausgebildeten Wurzelsystem; die Schuppen müssen fest und dicht aufeinanderliegen. Pflanzen Sie niemals eine Zwiebel mit welken, lockeren Schuppen. Vermeiden Sie auch solche, deren Wurzeln nahe an der Zwiebel abgeschnitten wur-den. Hat man beschädigte oder weiche Zwiebeln, entfernt man die äußeren Schuppen, legt die Zwiebeln ein bis zwei Tage in feuchten Torf und pflanzt sie dann normal ein. Am besten sind Jungzwiebeln, weil sie Wurzeln bilden, welche die Zwiebeln bis in die beste Pflanztiefe hinabziehen.

Einige Lilien werden als Schutz vor dem Austrocknen mit Paraffin behandelt. Diese Zwiebeln sollten vor dem Kauf sorgfältig auf Schäden untersucht werden. Die Schuppen sollten fest und dick sein.

Die Zwiebeln pflanzen – wann und wie

Die meisten Lilien kann man jederzeit zwischen Spätsommer und zeitigem Frühjahr pflanzen, solange der Boden nicht gefroren ist. Augenblicklich verlagert sich die Pflanzzeit immer mehr ins Frühjahr, um eventuelle Auswinterungsschäden zu vermeiden.

Die Madonnenlilie pflanzt man möglichst bald nach dem Absterben des Stengels im Herbst, auf jeden Fall aber bevor sie die Blattrosette für den Winter bildet.

Einige Lilien wurzeln nur von der Basis aus, andere bilden auch am Stielansatz Wurzeln. Die erstgenannten Arten pflanzt man möglichst früh im Herbst.

Wenn schlechtes Wetter das Pflanzen verzögert, zieht man die Zwiebeln vorübergehend in Töpfen (siehe Seite 313). Brauchen die Zwiebeln nur kurz gelagert zu werden, legt man sie in flache Kästen mit angefeuchtetem Torf.

Bei den meisten Lilien sollte das Pflanzloch zweieinhalbmal so tief sein, wie die Zwiebel hoch ist. Madonnenlilien, *L. giganteum* und *L. × testaceum* jedoch legt man knapp unter die Oberfläche.

In das Pflanzloch wird reichlich scharfer Sand eingefüllt. Die Wurzeln breitet man aus, streut Sand darüber und füllt mit Erde auf. Mit einem Etikett oder Stöckchen kennzeichnet man die Lage.

Vor oder nach dem Pflanzen kann man etwas Knochenmehl ausstreuen und mit einer Gabel in die Krume einarbeiten.

1. Wurzeln auf einer Schicht wasserdurchlässigen Materials ausbreiten

2. Sand darüberstreuen; Loch mit Erde auffüllen. Standort kennzeichnen

Abstützen, gießen und düngen

Lilien, die im Spätsommer blühen, können von Herbststürmen geknickt werden, wenn man sie nicht abstützt. Solche mit weichen Stengeln, wie der Gelbe Türkenbund, sehen abgestützt besser aus. Lilien von weniger als 90 cm Höhe brauchen keine Stütze.

Im März steckt man an jede Pflanze einen Bambusstock, etwa zwei Drittel so lang wie die voraussichtliche Stengellänge. Wenn die Lilie wächst, bindet man sie daran fest.

Der Boden um die Lilien darf nie austrocknen. Bei trockenem Wetter in der Wachstumszeit gründlich gießen. Wenn möglich, deckt man den Boden mit Lauberde ab. Im Frühjahr ist auch Folienabdeckung möglich.

Blumen für die Vase schneiden

Lilien sind als Schnittblumen hervorragend geeignet, man sollte jedoch nicht mehrere Jahre hintereinander Blumen von der gleichen Pflanze schneiden. Am besten nimmt man jeweils nur von einem Drittel der Pflanzen Schnittblumen, damit sich jede wieder zwei Jahre lang erholen kann.

Man schneidet die Lilien, wenn sich die Blüten halb geöffnet haben, und zwar am besten frühmorgens, solange die Stengel noch voll Feuchtigkeit sind. Dazu benutzt man eine Schere oder Gartenschere. Der Stiel wird höchstens zur Hälfte mit abgeschnitten. Am Tag vorher muß gründlich gegossen werden.

Die Blumen halten länger, wenn man sie zunächst zwölf Stunden tief in kaltes Wasser stellt.

Schnittblumen nur alle drei Jahre von derselben Pflanze nehmen. Stengel höchstens halb abschneiden

Die Samenbildung verhindern

Welke Blüten werden abgebrochen, damit keine Samen gebildet werden; die Pflanze würde dadurch geschwächt werden.

Im Herbst schneidet man die abgestorbenen Stengel knapp über dem Boden ab und verbrennt sie (auf dem Komposthaufen könnten sich Krankheiten verbreiten). Will man eine bestimmte Sorte generativ vermehren, läßt man ein paar Samenkapseln an der Pflanze stehen. Diese enthalten 500 bis 700 Samen, die nach der Reife, wenn die Kapseln gelb werden, geerntet und nachgetrocknet werden.

Läßt man die Kapseln zu lange an der Pflanze, platzen sie, und der Samen wird verstreut.

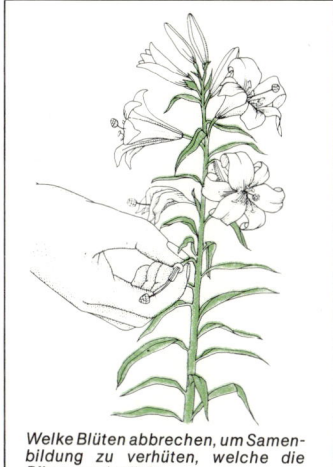

Welke Blüten abbrechen, um Samenbildung zu verhüten, welche die Pflanze schwächt

Krankheiten und Schädlinge bei Lilien

Diese Tabelle führt die häufigsten Krankheiten und Schädlinge bei Lilien auf. Zeigen die Pflanzen Symptome, die hier nicht beschrieben sind, so schauen Sie in der Tabelle nach, die auf Seite 574 beginnt. Die Handelsnamen der Pflanzenschutzmittel sind auf Seite 599 angegeben.

Schaden	Ursache	Abhilfe
Triebspitzen und junge Knospen mit grünen oder andersfarbigen Insekten bedeckt; Blattunterseite klebrig; gelegentlich verkrüppelte Knospen und Blätter	Blattläuse	Mit Propoxur, Dimethoat oder Malathion° spritzen
Blätter und Triebe abgefressen, Schneckenspuren rund um die Pflanze	Gehäuse- oder Nacktschnecken	Schneckenkörner auslegen
Rote Käfer oder Larven fressen von Mai bis Oktober die Blätter, die mit kotigem Schleim bedeckt sind	Lilienhähnchen	Sofort mit Diazinon spritzen oder Parathionmethyl stäuben
Weißer, mehliger Belag auf den Blättern, der sich abwischen läßt. Blätter vergilben und fallen ab	Echter Mehltau	Zwiebeln vorbeugend in Benomyl tauchen. Mit Dinocap oder Triforin im Abstand von acht bis zehn Tagen spritzen
An Knospen und Blüten braune Flecken, Knospen faulen, Blüten verkrüppeln. Befallene Stellen mit grauem Schimmelrasen bedeckt	Grauschimmel	Übermäßige Feuchtigkeit vermeiden, mit Benomyl oder Dichlofluanid spritzen
Blätter mit hellen oder gelben Streifen und Flecken, die sich im Lauf der Jahre vermehren, den Stengel schwächen, so daß dieser schließlich abbricht. Blüten häufig verkrüppelt oder keine Blütenbildung	Lilienmosaikkrankheit (Viruskrankheit)	Unheilbar; Pflanzen vernichten, um Ausbreitung zu verhindern

Lilien in Töpfen und Kübeln ziehen

Lilien lassen sich als Zimmerpflanzen ziehen; man kann sie aber auch in Töpfen vortreiben, wenn die Wetterbedingungen für die Freilandkultur noch zu schlecht sind. Am besten geeignet sind kleine, frühblühende Sorten. Die Zwiebeln werden im Oktober oder im März eingepflanzt.

Für eine mittelgroße Zwiebel (etwa 5 cm Durchmesser) nimmt man einen 15 cm großen Topf, in den man 3 cm Sand einfüllt.

Bei Zwiebeln, die nur an der Basis wurzeln, füllt man den Topf zur Hälfte mit Einheitserde T oder einem anderen humosen Substrat, so daß sich in der Mitte ein kleiner Hügel bildet. Darauf legt man die Zwiebel, breitet die Wurzeln aus, bedeckt sie mit Erde und drückt diese fest. Den Topf füllt man bis 1 cm unter den Rand mit Erde und etikettiert ihn. Dann wird er im Freien bis zum Rand in Sand oder Torf eingegraben und mit etwa 10 cm des gleichen Materials abgedeckt.

Bei Lilien, die am Stengel wurzeln, füllt man den Topf nur zu einem Viertel mit Erde und setzt die Zwiebel darauf. Dann wird sie knapp mit Erde abgedeckt und der Topf in ein kaltes Gewächshaus oder einen frostfreien Schuppen gestellt. Wenn der Trieb den Topfrand erreicht, füllt man bis 1 cm unter den Rand mit Erde auf.

Im zeitigen Frühjahr, wenn der junge Trieb der aus der Basis wurzelnden Lilie durchgebrochen ist, pflanzt man sie entweder ins Freie oder stellt sie im Zimmer an einen hellen Standort bei 12 bis 16° C. Wenn sich die Blüten öffnen, bringt man den Topf in einen wärmeren Raum. Die Erde soll ständig feucht, aber nicht naß sein. Alle zwei Wochen düngt man mit einer schwachen Düngerlösung.

Nach der Blüte kann man die Zimmerpflanzen entweder ins Freie setzen oder noch ein Jahr im Topf halten. In diesem Fall erneuert man die oberen 4 cm Erde und senkt die Töpfe im Winter unter einer Sand- oder Torfdecke ein. Sie müssen stets feucht sein.

Lilien kann man auch in Kübeln im Freien halten. Man verwendet die gleiche Erde wie zum Eintopfen und behandelt die Pflanzen wie Freilandpflanzen. Am besten überwintert man sie in einem kühlen Raum.

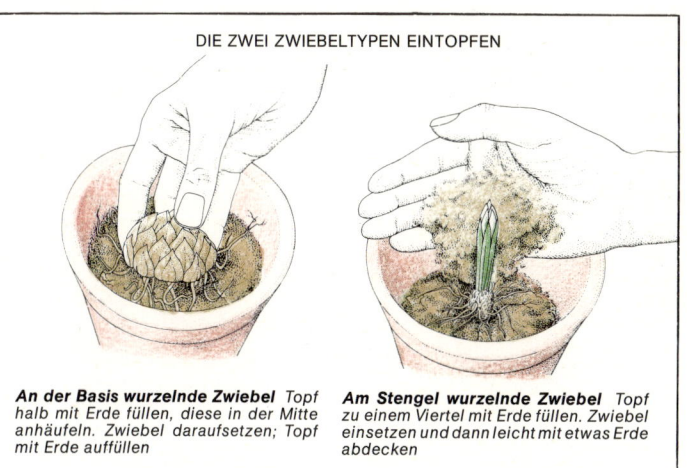

DIE ZWEI ZWIEBELTYPEN EINTOPFEN

An der Basis wurzelnde Zwiebel *Topf halb mit Erde füllen, diese in der Mitte anhäufen. Zwiebel daraufsetzen; Topf mit Erde auffüllen*

Am Stengel wurzelnde Zwiebel *Topf zu einem Viertel mit Erde füllen. Zwiebel einsetzen und dann leicht mit etwas Erde abdecken*

Wie man Lilien vermehrt

Pflanzen aus Zwiebel-schuppen ziehen

Die einfachste und gebräuchlichste Methode, Lilien zu vermehren, ist durch Schuppenstecklinge. Je nach Art blühen die Pflanzen zwei bis fünf Jahre später. Die beste Zeit ist nach der Blüte im Frühherbst, aber man kann die Schuppen jederzeit zwischen August und November stecken. Man verwendet nur dicke, kräftige, gesunde Zwiebeln direkt aus dem Garten, damit keine Infektionskrankheiten verbreitet werden.

Ein Topf oder eine Saatschale wird bis 1 cm unter den Rand mit feuchter Einheitserde T oder einem anderen Vermehrungssubstrat gefüllt.

Welke oder beschädigte Schuppen werden entfernt; von den dicken unbeschädigten nimmt man die gewünschte Anzahl ab. Eine durchschnittlich große Zwiebel liefert 12–24 Schuppen. Jede wird vorsichtig und möglichst nahe am Ansatz abgezogen. Will man die Zwiebel wieder einpflanzen, nimmt man nur etwa ein Drittel der Schuppen ab. Die dünnen in der Mitte sind für die Vermehrung ohnehin weniger geeignet.

Jetzt drückt man in das Substrat ein Loch, steckt eine Schuppe knapp zur Hälfte hinein und drückt sie mit den Fingern fest. Die restlichen steckt man in etwa 1–3 cm Abstand. Über den Topf oder die Schale zieht man eine Plastiktüte oder stellt sie in einen Vermehrungskasten. Wenn die Schuppen frühzeitig abgenommen wurden, kann man die Vermehrung auch im Frühbeet oder im kalten Gewächshaus durchführen; im Zimmer vermehrt man auf dem Fensterbrett.

Wurden die Schuppen im Spätherbst gesteckt, beschleunigt Bodenwärme von 10–13° C das Wurzelwachstum. Innerhalb von sechs Wochen sollten sich an der Basis jeder Schuppe eine oder mehrere winzige Zwiebeln gebildet haben. Zur Überprüfung entfernt man vorsichtig die Erde um ein paar Schuppen. Sind Zwiebeln da, dürfen die Schuppen keine Bodenwärme mehr bekommen.

Sobald die ersten Triebe erscheinen, kann man die Jungpflanzen einzeln in 6–8 cm große Töpfe mit Einheitserde pflanzen. Diese senkt man in Sand oder Torf ein und deckt sie mit einer etwa 3 cm hohen Schicht des gleichen Substrats ab. Überwintert wird im kalten Gewächshaus, im Frühbeet oder im frostfreien Schuppen.

Im folgenden Herbst können die Zwiebeln von allen kräftigen, winterharten Hybriden ausgepflanzt werden. Weniger kräftige Arten kultiviert man im Topf weiter und pflanzt erst im nächsten Herbst aus.

Zwiebeln im Sommer ausgraben und teilen

Einige Lilien, wie L. pyrenaicum und die Feuerlilie, bilden so schnell neue Zwiebeln, daß man sie alle drei bis vier Jahre ausgraben und teilen muß. Auch die Königslilie läßt sich so vermehren.

Wenn der Stengel im Spätsommer abgestorben sind, hebt man den Zwiebelklumpen vorsichtig mit einer Grabgabel heraus. Alle Schuppen, die sich dabei von den Zwiebeln lösen, kann man, wie hier links beschrieben, zur Vermehrung verwenden. Die Zwiebeln werden vorsichtig getrennt und in frische Erde gepflanzt.

Einige kräftige Lilien wie die Pantherlilie haben längliche Zwiebeln, die wie ein Rhizom miteinander verbunden sind. Diese Zwiebeln muß man teilen, auch wenn man keine Vermehrung wünscht, weil sonst die Blüte nachläßt. Sie werden mit einem scharfen Messer getrennt und an einen neuen Standort gepflanzt.

Von der Teilung erholen sie sich in zwei bis drei Jahren.

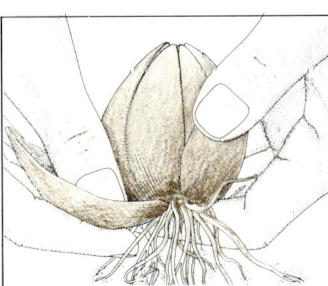

1. Welke oder beschädigte Schuppen entfernen

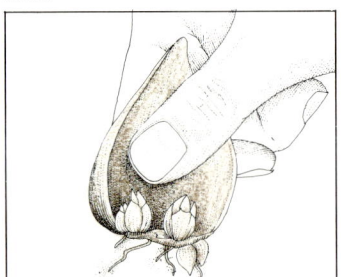

4. Nach sechs Wochen prüfen, ob sich Zwiebeln gebildet haben

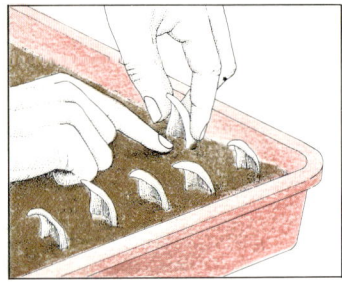

2. Dicke, feste Schuppen nach Bedarf vorsichtig abziehen

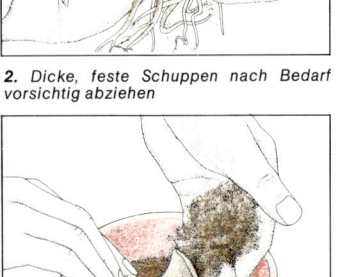

5. Zeigen sich Triebe, Pflanzen einzeln in 6–8 cm große Töpfe setzen

3. Schuppen zur Hälfte in Erde stecken; mit Plastikfolie abdecken

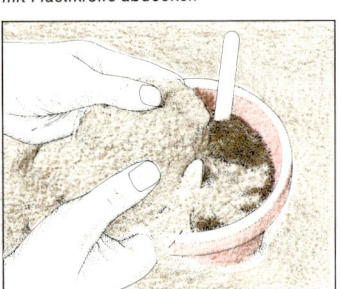

6. In Torf oder Sand einsenken; mit 2–3 cm des gleichen Substrats abdecken

ZWIEBELN TEILEN

Die von einigen Lilien gebildeten rhizomähnlichen Zwiebeln werden mit einem scharfen Messer getrennt und neu eingepflanzt

Tigerlilien aus achselständigen Brutzwiebeln

Brutzwiebeln nennt man die kleinen grünen oder schwarzvioletten Zwiebeln, die sich in den Blattachseln einiger Lilienarten, wie **zum Beispiel der Feuerlilie und der Tigerlilie,** bilden.

Die Brutzwiebeln werden abgenommen, wenn sie sich leicht lösen lassen – etwa zur Blütezeit. In einen Topf oder eine Saatschale bringt man eine Schicht Sand und füllt mit humoser, feiner Erde auf. Mit einem Hölzchen drückt man in Abständen von 3 cm etwa 1 cm tiefe Löcher in die Erde, legt die Brutzwiebeln hinein und deckt sie mit Erde ab.

Die Schale stellt man ins Frühbeet und pflanzt die jungen Lilien im folgenden Herbst aus.

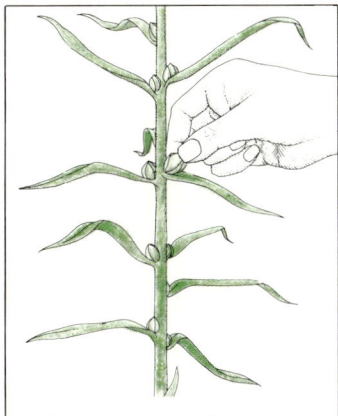

Achselständige Brutzwiebeln bilden sich in den Blattachseln einiger Lilienarten. Sie werden im Spätsommer entfernt und in humose Erde gepflanzt

Neue Lilien aus Samen ziehen

Durch Aussaat erhält man eine große Anzahl neuer Lilien, die in jedem Fall krankheitsfrei sind. Hybriden sind bei diesem Verfahren jedoch nicht sortenrein, und außerdem blühen sie frühestens in zwei Jahren.

Die Samenkapseln werden im Herbst abgenommen, wenn sie gelb werden; den Samen sät man sofort oder im zeitigen Frühjahr in ein Vermehrungssubstrat, und zwar in mindestens 3 cm Abstand 1 cm tief in Töpfe oder Schalen, die man ins kalte Gewächshaus oder auf ein Fensterbrett stellt. Eine Mindesttemperatur von 10 bis 13° C beschleunigt die Keimung, ist aber nicht entscheidend. Die Erde darf nicht austrocknen.

Liliensamen teilen sich in solche mit epigealer Keimung (z. B. die Königslilie und die Tigerlilie) und solche mit hypogealer (z. B. L. canadense und L. superbum). Epigeale Samen zeigen innerhalb von wenigen Wochen, bevor sich die Zwiebel bildet, oberirdische Triebe. Hypogeale Samen bilden zuerst eine Zwiebel, und es kann einige Monate dauern, bis die ersten Triebe erscheinen.

Sobald bei epigealen Sämlingen das zweite Blatt erscheint, pikiert man sie in 3 cm Abstand in Töpfe oder Schalen von ca. 8 cm Tiefe. Wenn sich bei hypogealen Sämlingen das erste Blatt zeigt, pikiert man sie einzeln in 6-cm-Töpfe. In beiden Fällen verwendet man Einheitserde oder eine humose Blumenerde. Die Gefäße kommen ins Frühbeet oder werden in Sand oder Torf eingesenkt.

Ein Jahr nach der Aussaat nimmt man die Jungzwiebeln aus den Gefäßen und legt sie in Reihen an einem geschützten Standort aus. Dort bleiben sie ein weiteres Jahr; bis dahin können einige Arten und Hybriden eventuell schon blühen.

Die Aussaat kräftiger Lilien, z. B. der Königslilie, kann im Frühjahr direkt ins Freiland erfolgen. Man sät die Samen 1 cm tief und in 30 cm Abstand. Dort läßt man sie zwei Jahre und pflanzt sie dann um.

Neue Pflanzen aus grundständigen Brutzwiebeln

Grundständige Brutzwiebeln werden von einigen Lilien, wie L. wardii und L. nepalens, zwischen den Stengelwurzeln oder den Basiswurzeln gebildet.

Im Spätsommer entfernt man vorsichtig die Erde um den Stengel und löst die Brutzwiebeln behutsam ab. Sie werden direkt ins Freiland gepflanzt. Das Pflanzloch muß zweieinhalbmal so tief sein, wie die Brutzwiebel hoch ist. Es wird in der Regel mit feuchtem Torf ausgelegt.

Man kann die Brutzwiebeln auch in 7–10 cm großen Töpfen mit Einheitserde oder einem geeigneten Vermehrungssubstrat im kalten Gewächshaus vorziehen und ein Jahr später auspflanzen.

Brutzwiebeln bilden sich zwischen den Stengelwurzeln oder an der Basis einiger Lilien; im Spätsommer abnehmen und auspflanzen

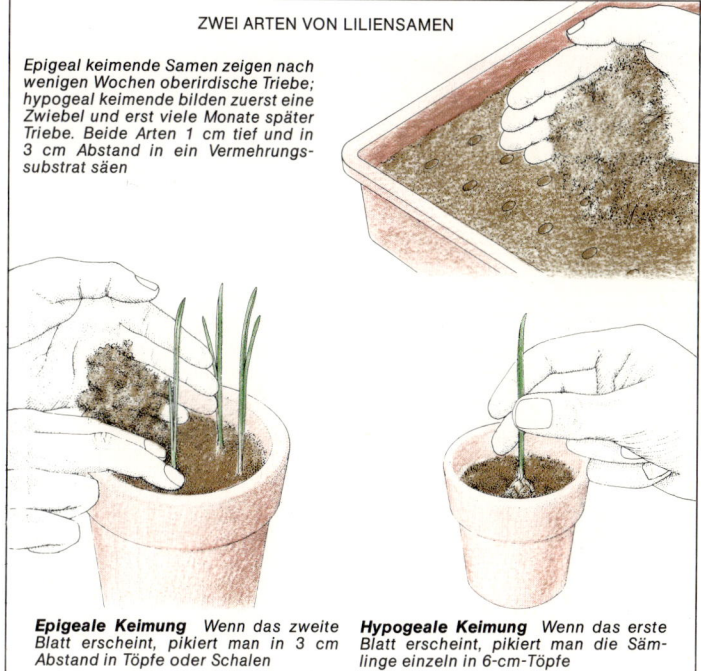

ZWEI ARTEN VON LILIENSAMEN

Epigeal keimende Samen zeigen nach wenigen Wochen oberirdische Triebe; hypogeal keimende Samen bilden zuerst eine Zwiebel und erst viele Monate später Triebe. Beide Arten 1 cm tief und in 3 cm Abstand in ein Vermehrungssubstrat säen

Epigeale Keimung *Wenn das zweite Blatt erscheint, pikiert man in 3 cm Abstand in Töpfe oder Schalen*

Hypogeale Keimung *Wenn das erste Blatt erscheint, pikiert man die Sämlinge einzeln in 6-cm-Töpfe*

Iris

Von der prächtigen Bartiris bis zu den winzigen Zwiebeliris blüht diese anmutige und vielseitige Gattung in den herrlichsten Farben und Formen über viele Monate des Jahres

Die Iris oder Schwertlilie ist eine alte Gartenpflanze, die schon vor Christi Geburt in Asien kultiviert wurde. Man unterteilt sie in zwei Gruppen – die Rhizomiris (mit dicken unterirdischen Sprossen) und die Zwiebeliris.

Zu den beliebtesten Rhizomiris gehören die Bartiris, deren äußere Blütenblätter mit fleischigen Haaren besetzt sind.

Die Bartiris werden nach der Höhe unterteilt – hohe (70 cm und mehr), mittelhohe (25–70 cm) und Zwergformen (kleiner als 25 cm). Alle haben dicke, kriechende Rhizome, an deren Enden die breiten Blätter in dichten Büscheln gebildet werden. Aus der Mitte erhebt sich dann der einzelne Blütenstengel. Diese Sorten blühen in den Farben Weiß, Rosa, Blau, Violett bis Schwarz, Gold, Rot und vielen Mischungen.

Besonders wirkungsvoll sieht es aus, wenn man hohe Bartiris in getrennten Beeten oder in Gruppen im Vordergrund von Stauden- oder Strauchrabatten setzt. Sie blühen schon Anfang Juni, wenn es noch wenige andere auffallende Blüten gibt, und ihre Blätter bilden einen schönen Kontrast zu den anderen Pflanzen.

Mittelhohe Bartiris blühen von Anfang bis Ende Mai und kommen im Vordergrund von Irisbeeten oder Beeten mit niedrigen Büschen und Stauden besonders gut zur Geltung. Auch für größere Flächen im Steingarten sind sie gut geeignet.

Die Zwergiris, die Ende April blüht, kann sich nur schwer gegen andere Pflanzen behaupten und wirkt am besten, wenn sie im Steingarten oder gruppenweise vor kleine Pflanzen gesetzt wird. Mit mehreren Arten, zu einer Gruppe kombiniert, kann man eine sehr schöne Wirkung erzielen.

Neben den Bartiris gibt es noch die bartlosen, ebenfalls sehr schönen Arten. Die wichtigste Gruppe ist die der *Iris sibirica* (Sibirische Schwertlilie), die 90–120 cm hoch wird. Die Blätter sind schmal und grasähnlich, und die Blüten erscheinen Mitte Juni auf schlanken Stengeln, die sich ideal für die Vase schneiden lassen. *I. sibirica* gedeiht auf den meisten Böden, bevorzugt jedoch einen feuchten Standort.

Zu den bartlosen Arten zählen *I. spuria* und die Kammiris. *I. spuria* eignet sich für die Hintergrundbepflanzung von Einfassungen, da sie 70–100 cm hoch wird. Sie ist langlebig und hat schmale, schilfähnliche, mittelgrüne Blätter. Ende Juni erscheinen mehrere Blüten an einem Stengel.

Zu den Kammiris gehören unter anderem *I. japonica*, *I. milesii* und *I. tectorum*. Ihre Blüten ähneln denen von Orchideen und haben an den äußeren Blütenblättern eine Art Kamm anstelle des Bartes. Die breiten, glänzenden Blätter sind immergrün. Sie sind relativ selten, und nur *I. tectorum* wird bei uns von manchen Staudengärtnern angeboten.

Andere Schwertlilienarten wachsen nur in morastigem Boden oder teilweise im Wasser stehend.

I. kaempferi kann man an einen feuchten Standort oder in den Moorgarten setzen, aber nicht direkt ins Wasser. Sie wirft die Blätter ab und bildet im Juli sehr große Blüten.

Die englischen, amerikanischen und japanischen Wasseriris *I. pseudacorus*, *I. versicolor* und *I. laevigata* entwickeln sich zu kräftigen Pflanzen. Man pflanzt sie in 5–10

'Galilee', eine rein blau-weiße hohe Bartiris

cm tiefes Wasser entweder in Körben oder Töpfen oder direkt in den Teichboden. Sie blühen von Juni bis Juli. Für die Anzucht und Pflege von Wasserpflanzen siehe Seite 298.

Die Zwiebeliris, die wie Narzissen oder Krokus gezogen werden, sind die einzigen Schwertlilienarten, die auch im Zimmer als Topfpflanzen gut gedeihen.

Es gibt drei Arten von Zwiebeliris – *I. reticulata*, *I. xiphium* und Arten aus der Gruppe der Junoiris.

I. reticulata, die 10–20 cm hoch wird, ist mit ihren Blättern mit vierkantigem Querschnitt sehr auffällig. Diese Irisart blüht bereits im März, und einige Sorten duften sehr angenehm. Sie läßt sich sehr gut in Töpfen als Zimmerpflanze ziehen (siehe dazu Seite 282) und ist auch für den Steingarten geeignet.

I. xiphium (45–60 cm) umfaßt die bekannten Holländischen, Spanischen und Englischen Iris. Sowohl die Holländischen als auch die Spanischen lieben einen warmen und trockenen Boden, während die Englischen Iris einen feuchten, kühlen Standort bevorzugen.

Holländische Iris blühen als erste Anfang Juni, ihnen folgen dann die Spanischen und schließlich die Englischen Iris Ende Juni und bis in den Juli hinein. Die Holländischen und Spanischen Iris treiben im Herbst Blätter, während die Englischen Iris die neuen Blätter erst im Frühjahr bilden.

Iris aus der Junogruppe (30 bis 60 cm hoch) wachsen aus Zwiebeln mit fleischigen Speicherwurzeln; aus diesem Grund braucht man tiefe Töpfe, wenn man sie als Topfpflanze halten will.

Die am einfachsten zu ziehende Art, *I. bucharica*, trägt bis zu sieben cremeweiße und gelbe, duftende Blüten an jedem Stengel und blüht von April bis Anfang Mai.

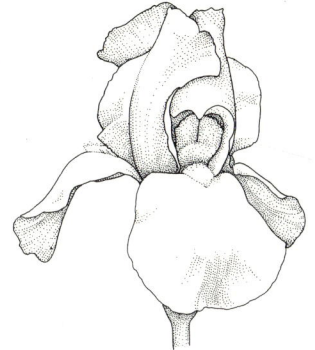

Bartiris *Die bekannteste aller Schwertlilien. Sie ist auch unter der Bezeichnung I. germanica bekannt und in praktisch jeder Blütenfarbe erhältlich*

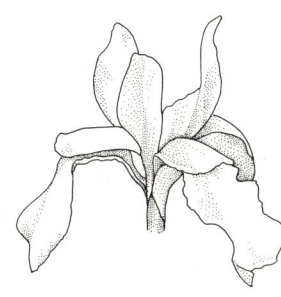

Sibirische Schwertlilie *Beliebte bartlose Iris, die Mitte Juni blüht. Man kann sie auf Beeten, am Rand eines Gartenteichs oder eines Bachs ziehen*

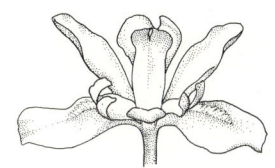

Kammiris *Die zartfarbenen Blüten mit den kammähnlichen Aufwölbungen ähneln Orchideen; sie erscheinen von April bis Mai. Die Blätter sind immergrün*

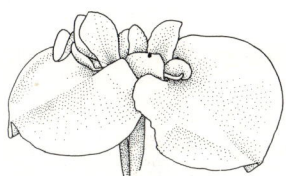

Wasseriris *Diese zwischen Mai und Juni blühenden Sorten gedeihen am besten in Teichen und Wasserbecken mit flachem Wasserstand*

Zwergbartiris (weniger als 25 cm hoch) blühen im April. Sie bilden hübsche Gruppen im Steingarten oder vor kleineren Pflanzen und Zwergsträuchern. Mehrere Sorten gemischt, ergeben ein schönes Bild

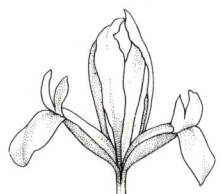

I. reticulata *Diese kleine Zwiebeliris blüht im März. Fast alle Sorten sind winterhart und für Steingärten oder Einfassungen geeignet*

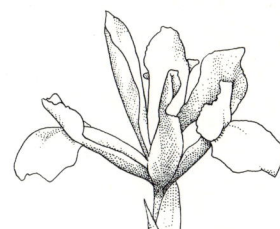

Holländische, Spanische und Englische Iris *Diese beliebten Zwiebelpflanzen bieten von Anfang Juni bis Juli ein farbenprächtiges Bild*

Rhizomiris

Gut dränierter, nährstoffreicher Boden

Viele Iris sind ausdauernde Stauden, die aus Rhizomen wachsen. Die beliebteste Gruppe, die Bartiris, hat ein dickes, fleischiges Rhizom, das zum Teil auf der Bodenoberfläche aufliegt. Die bartlosen Sorten und die Kammiris haben kleinere Rhizome, die unter der Erde liegen.

Die Vorbereitung des Bodens ist für alle Rhizomiris ähnlich, mit Ausnahme der Kammiris.

Iris gedeihen am besten in einem nährstoffreichen Boden mit viel Humus. Der Standort sollte nicht zu stark von Bäumen oder hohen Sträuchern beschattet sein, sondern viel Sonne erhalten, da die Rhizome in warmem Boden gut wachsen. Da Staunässe ungünstig ist, muß man Lehmböden gründlich umgraben und reichlich Sand oder Styromull zusetzen.

Vor dem Pflanzen bringt man genügend Humus auf – im Idealfall 3 cm Torf und 5 cm gut verrotteten Gartenkompost oder Stallmist. Das Beet wird einen Spaten tief umgegraben und der Dünger dabei eingearbeitet (siehe Seite 613). Zusätzlich kann eine organische Volldüngung verabreicht werden, und zwar pro m² 30–50 g eines handelsüblichen Düngers, der eingeharkt wird.

Die meisten Irisarten wachsen auch in leicht saurem Boden, gedeihen aber in neutralem Boden am besten. Bei saurem Boden verwendet man gelöschten Kalk oder noch besser gemahlenen Kalk (Düngekalk). Je m² benötigt man 40–60 g. Bei sehr saurem Boden wird diese Menge etwas erhöht.

Die Kammiris vertragen keine kalkhaltigen Böden. Deshalb läßt man den Boden für diese Sorten etwas sauer. Bei kalkhaltigem Boden gräbt man reichlich Torf unter, um den Boden saurer zu machen. Nur saurer Hochmoorweißtorf darf verwendet werden; Schwarztorf ist häufig kalkhaltig.

Wie man Bartiris richtig pflanzt

Bartiris pflanzt man am besten Ende Juni oder Anfang Juli, spätestens jedoch bis September. Man setzt sie in Gruppen von drei oder vier ein; zwischen den hohen Sorten läßt man 40 cm Abstand, zwischen den mittelhohen 20–30 cm und zwischen den Zwergformen 15–20 cm. Vorher schneidet man die Blätter etwas zurück und entfernt beschädigte Wurzelteile.

Mit einem Pflanzspaten gräbt man eine eiförmige Grube, deren Spitze in die sonnigste Richtung weist. Die Grube muß von der Oberfläche an der Spitze schräg auf 10 cm Tiefe am breiten Ende abfallen. Das Rhizom wird an das spitze Ende der Grube gelegt, die Wurzeln verteilt man zum breiten Ende hin.

Jetzt füllt man Erde über die Wurzeln; der obere Teil des Rhizoms muß frei bleiben. Den Boden drückt man fest, bringt ein Etikett an und bewässert gründlich.

Bartiris gießen und düngen

Nach dem Pflanzen darf der Boden um die Rhizome nicht austrocknen. Drei Wochen lang wird bei Bedarf gegossen; danach sind die Rhizome angewachsen.

Im Oktober streut man etwa 10 g schwefelsaures Kali oder Patentkali pro m² auf das Beet, um die Rhizome abzuhärten.

Wenn spät gepflanzte Rhizome durch den Frost aus der Erde gehoben werden, darf man sie nicht hinunterdrücken, da man hierdurch die Wurzeln beschädigen könnte. Man deckt sie während der Frostperiode mit Sand oder leichtem Boden ab. Abgestorbene Blätter werden im Winter oder zeitigen Frühjahr entfernt. Im März wird ein organisch-mineralischer Volldünger untergemischt. 50 g/m² reichen meist.

1. Vor dem Pflanzen die langen Blätter der Bartiris zurückschneiden

2. Ein eiförmiges Loch graben, dessen Spitze zur Sonne gerichtet ist

3. Rhizom an die Spitze legen, Wurzeln zum breiten Ende hin verteilen

4. Oberes Rhizomende nicht bedecken; Boden um die Wurzeln festdrücken

FROSTGEFAHR

Rhizome, die durch Frost gehoben werden, drückt man nicht hinunter, da dies die Wurzeln beschädigen könnte, sondern füllt an den Seiten Sand oder leichte Erde auf

WINTERPFLEGE

Im Winter oder zeitigen Frühjahr entfernt man abgestorbene Blätter, da diese sonst Schnecken anziehen und Fäulnis an den Rhizomen fördern könnten

Wie bartlose Iris gepflanzt werden

Die Rhizome der bartlosen Iris sind dünner als die der Bartiris. Zu den echten bartlosen Iris gehören *I. sibirica, I. spuria* und die Wasseriris.

Auch die Kammiris lassen sich in dieser Hinsicht in diese Gruppe einordnen, da ihre Rhizome unter den Boden und nicht an die Oberfläche gepflanzt werden.

I. sibirica, die im Juni blüht, ist winterhart und anspruchslos. Pflanzen aus Gärtnereien, die jeweils aus einem Rhizom mit zurückgeschnittenen Blättern bestehen, werden im allgemeinen ab September gepflanzt.

Man pflanzt sie 2 cm tief in nicht zu trockenen Boden, wobei die Wurzeln gleichmäßig ausgebreitet werden müssen. Man wählt einen sonnigen Standort und setzt die Rhizome in 40 cm Abstand. Nach dem Pflanzen werden sie gründlich angegossen und auch später feucht gehalten.

Die Rhizome von *I. spuria* werden Ende Oktober 5 cm tief in Gruppen gepflanzt. Für diese Iris ist jeder fruchtbare Boden geeignet; der Standort muß jedoch sonnig sein. Da die Rhizome sehr leicht austrocknen, muß man sie feucht halten, solange sie nicht eingepflanzt sind. Neue Pflanzen brauchen einige Zeit zum Anwachsen und blühen gelegentlich erst im zweiten Jahr nach der Pflanzung.

Von den Wasseriris kann man *I. pseudacorus, I. versicolor* und *I. laevigata* direkt in Teiche pflanzen. Andere Arten wie *I. kaempferi* gedeihen besser im Sumpfbeet oder am Ufer. Für das Pflanzen von Wassergewächsen mit Rhizomen siehe Seite 298.

Die schlanken Rhizome der Kammiris werden im Mai oder Juni einzeln oder in Gruppen knapp unter die Erdoberfläche gelegt. Diese Sorten brauchen feuchten Boden mit Torfzusatz und einen geschützten, halbschattigen Standort.

1. Blätter von bartlosen Iris und Kammiris auf 20 cm zurückschneiden

2. Loch graben; Rhizom muß mit ausgebreiteten Wurzeln 2 cm tief liegen

3. Wurzeln gut ausbreiten, Erde einfüllen und mit den Fingern festdrücken

4. Gründlich angießen; Boden bis zum Anwachsen der Pflanzen feucht halten

Wie man bartlose Iris pflegt

Im Winter sterben die Blätter der *I. sibirica* ab. Man beseitigt sie, damit sie keine Schnecken oder anderes Ungeziefer anziehen und damit Licht und Luft an die Wurzeln kommen.

Nach Möglichkeit sollte man nicht um die Pflanzen hacken, da die Wurzeln nahe an der Oberfläche liegen und leicht beschädigt werden könnten.

Unkraut entfernt man am besten von Hand oder streut eine 5 cm dicke Schicht von gut verrottetem Stallmist, Torf oder Gartenkompost im Frühjahr um die Pflanzen. Dadurch wird Unkraut unterdrückt und die Feuchtigkeit im Boden zurückgehalten.

Nach der Blüte von *I. sibirica* im Juni werden die Samenkapseln abgebrochen, da die Pflanze durch die Samenbildung geschwächt würde.

Diese Pflegevorschriften gelten für die meisten Iris mit unterirdischem Rhizom, bei einigen sind jedoch besondere Maßnahmen erforderlich.

I. sibirica blüht gelegentlich im ersten Jahr nur spärlich; im zweiten ist die Blüte jedoch reichlich, und die Pflanzen werden auch größer.

Damit sie ihre schöne grüne Farbe und Höhe behalten, gibt man im Frühjahr 30–50 g Volldünger pro m². *I. spuria* blüht im nächsten Jahr im allgemeinen besser, wenn sie nach der Blüte nicht mehr gegossen wird.

Die Kammiris lieben einen feuchten, aber gut dränierten Boden. Da sie alkalische Böden nicht vertragen, deckt man sie im Frühjahr mit einer 2–5 cm dicken Weißtorfschicht ab.

MULCHEN IM FRÜHJAHR

Im Frühjahr verteilt man rund um die bartlosen Iris eine Schicht Stallmist, Torf oder Gartenkompost

ENTFERNEN DER SAMENKAPSELN

Nach der Blüte von I. sibirica entfernt man die Samenkapseln, damit die Pflanze nicht geschwächt wird

Bartiris: Blütenstengel abstützen und schneiden

In windigen Lagen sollte man hohe Bartiris im Mai, sobald die Stengel erscheinen, stützen. Man verwendet bis 90 cm lange Bambusstäbe, an die man mit Bindfaden oder Bast die Stengel locker bindet. Mittelgroße und Zwergsorten brauchen keine Stütze.

Braune oder welke Blätter, die vor der Blüte erscheinen, zieht oder schneidet man ab.

Bis nach der Blüte hat das Mutterrhizom meist kleine Rhizomausläufer mit kleinen Blattbüscheln gebildet. Ist dies der Fall, schneidet man den Blütenstengel nahe am Rhizom ab, damit sich kein Wasser im Stengel sammelt und das Rhizom zum Faulen bringt.

Sind keine Ausläufer da, schneidet man den Stengel unmittelbar unter dem untersten Blütenansatz ab. So vermeidet man eine weitere Schwächung des bereits schwachen Rhizoms und fördert die Bildung von Ausläufern.

ABSTÜTZEN HOHER BLÜTEN

Hohe Bartiris werden in windigen Lagen mit Bambusstäben gestützt, an die man die Blütenstengel im Mai locker anbindet

RÜCKSCHNITT ABGEBLÜHTER STENGEL

Haben sich nach der Blüte der Bartiris Rhizomausläufer gebildet (links), schneidet man den Stengel über dem Rhizom ab. So wird verhütet, daß sich Wasser im Stengel sammelt und das Rhizom fault. Sind keine Ausläufer vorhanden, schneidet man den Stengel unter dem untersten Blütenansatz ab (rechts)

Krankheiten und Schädlinge bei Iris

Iris sind wenig krankheitsanfällig. Das häufigste Problem ist der Irisblattbrand. Zeigt eine Pflanze hier nicht beschriebene Symptome, zieht man die Tabelle ab Seite 574 zu Rate. Die Handelsnamen der Pflanzenschutzmittel siehe Seite 599.

Schaden	Ursache	Abhilfe
Braune Spitzen und Blattflecken bei Rhizomiris, Verdorren der Blätter nach der Blüte	Irisblattbrand	Mit kupferhaltigem Fungizid oder Zineb bereits ab Mai spritzen
Abgestorbene Blattspitzen; weiche, naßfaule Rhizome, die in eine hellbraune, breiige Masse übergehen; Absterben des Rhizoms	Rhizomfäule	Faule Rhizomteile abschneiden; Schnittfläche mit Kupferoxychlorid besprühen; besser noch befallene Pflanzen vernichten, gesunde Rhizome an nicht verseuchten Standort pflanzen
Von normal austreibenden Pflanzen vergilben die Blätter vor der Blüte. Manchmal krümmen sich die Sprosse. Nach dem Ausgraben werden Faulstellen an Wurzeln, Rhizomen und Zwiebeln festgestellt	Wurzelfäule (verursacht durch Pilze)	Kranke Pflanzen ausgraben und vernichten. Gesunde Rhizome an neuen Standort pflanzen. Zwiebeln vor dem Pflanzen 15 Minuten in 0,2 %ige Dichlofluanidlösung tauchen
Verkrüppelte Blütenstengel und Blüten (bei Rhizom- und Zwiebeliris)	Blattläuse	Mit Malathion°, Pirimicarb oder einem anderen Insektizid spritzen
Kümmerlicher Wuchs der Blätter. An den Wurzeln Kolonien kleiner, mit weißem Wachspolster überzogener Insekten	Wolläuse	Pflanzen mit Dimethoat angießen. Bestand ständig kontrollieren
Auf den Blättern und Blüten weiße, punktförmige Flecken, die sich später zu Streifen vereinigen	Blasenfüße (Thrips)	Mit Dimethoat, Malathion° und Demeton-S-methyl spritzen
Gelbe Streifen auf den Blättern von Zwiebeliris; Zwergwuchs der Pflanzen, Blütenblätter mosaikartig gefleckt	Viruskrankheit (Irismosaikvirus)	Pflanze ausgraben und verbrennen

BEHANDLUNG VON KRANKEN RHIZOMEN

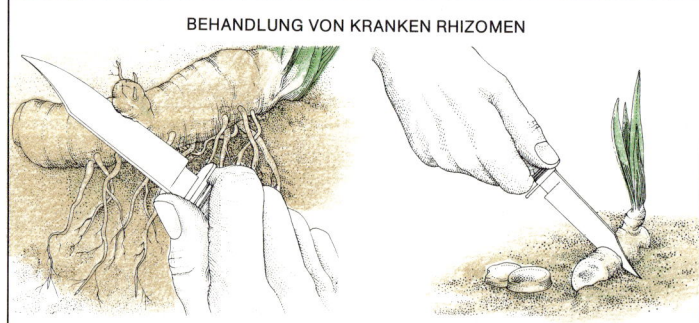

Bei Irisblattbrand gräbt man die Pflanze aus, schneidet die Ableger ab (links) und pflanzt sie neu ein. Das restliche Rhizom wird verbrannt. Bei Rhizomfäule schneidet man die faulen Teile bis zum gesunden Gewebe zurück (rechts) und besprüht die Wunde mit Kupferoxychlorid

Rhizomteilung bei Bartiris

Die Rhizome der Bartiris teilt man alle drei Jahre, um die Pflanzen zu vermehren und die Blütenqualität zu verbessern. Die Teilung erfolgt am besten nach der Blüte, ist aber bis Ende September möglich, wenn sich inzwischen ein zu dichter Pflanzenbestand entwickelt hat.

Ein Rhizom verzweigt sich im Laufe der Jahre mehrfach, und es bildet sich ein Rhizomklumpen, der den Boden auslaugt und weder Sonne noch Luft an die Wurzeln dringen läßt. Es bilden sich wenig oder gar keine Blüten.

Man lockert den Boden um den Bestand mit einer Grabgabel oder einem Spaten und hebt ihn vorsichtig heraus.

Mit einem scharfen Messer schneidet man die jüngeren Rhizome am Rand ab; jedes sollte ein oder zwei kräftige Blattbüschel tragen. Die Erde schüttelt man ab; die neuen weißen Wurzeln dürfen dabei nicht beschädigt werden. Der alte Mittelteil wird weggeworfen.

Welke Blätter werden beseitigt und die übrigen zurückgeschnitten. Dann setzt man die Rhizome neu ein (siehe Seite 318).

1. Wenn der Bestand der Bartiris zu dicht wird, blüht sie nicht mehr

2. Den Boden um die Pflanzen lockern und diese vorsichtig herausheben

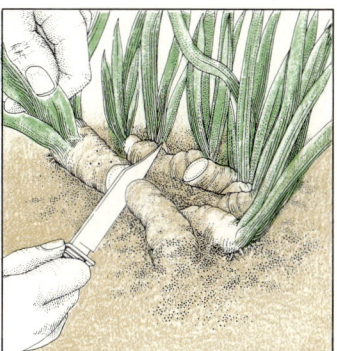

3. Junge Rhizome am Rand mit je einem oder zwei Blattbüscheln abschneiden

4. Welke Blätter von den jungen Rhizomen entfernen

5. Die guten Blätter zurückschneiden; das Rhizom neu einpflanzen

6. Um das Rhizom Erde auffüllen; obere Rhizomspitze nicht abdecken

Bartlose Iris, Kammiris und Wasseriris teilen

Auch bei bartlosen Iris, Kammiris und Wasseriris kann der Bestand nach drei bis fünf Jahren zu dicht werden, so daß er geteilt werden muß. Bei einigen dieser Rhizome muß man vorsichtiger sein, da sie nicht so kräftig sind wie die der Bartiris und eine Störung häufig übelnehmen.

Große Gruppen von I. sibirica sterben häufig in der Mitte ab. Man teilt sie etwa alle drei Jahre entweder im Herbst oder im April. Man schneidet die Blätter bis auf etwa 20 cm zurück und entfernt die abgestorbenen Blätter.

Den Boden rund um die Pflanzen lockert man mit Grabgabel oder Spaten und hebt sie dann vorsichtig heraus. Mit einem Spaten teilt man den Klumpen in mehrere Teile.

Jedes Teilstück schneidet man so zurecht, daß etwa sechs Blattbüschel übrigbleiben, die man dann neu einpflanzt.

I. spuria braucht nur alle vier bis fünf Jahre geteilt zu werden. Man teilt die Rhizome im Herbst und pflanzt sie sofort wieder ein. Kammiris teilt man nach der Blüte.

Die Wasseriris wird im Juli geteilt, wenn die Bestände zu groß geworden sind (Seite 302).

1. Blätter von I. sibirica zurückschneiden und welke Teile entfernen

2. Bestand ausgraben, mit dem Spaten zerlegen und neu einpflanzen

Irishybriden selbst ziehen

Der Hobbygärtner kann selbst Iris züchten, indem er zwei Blüten von verschiedenen Pflanzen gegenseitig bestäubt. Die Ergebnisse sind jedoch unterschiedlich.

Bei der Bartiris ist die Hybridisierung am einfachsten. Wenn sich die Blüten der zu kreuzenden Pflanzen geöffnet haben, nimmt man ein reifes, mit Pollen gefülltes Staubgefäß mit einer Pinzette ab. In der zweiten Blüte legt man den Stempel frei und wischt den Pollen an der Narbe ab. Bis die Blüte abstirbt, stülpt man eine Pergamenttüte darüber, damit eine Fremdbefruchtung verhindert wird. Jede Blüte wird mit den Namen der Elternpflanzen und dem Bestäubungsdatum gekennzeichnet. So läßt sich später kontrollieren, ob die ausgeführte Kreuzung auch gelungen ist.

Wenn die Samenkapsel dicker wird, entfernt man die umliegenden Blätter, um ein Faulen zu verhindern, und stützt die Kapsel mit einem Stab ab. Nach etwa acht Wochen wird die Kapsel braun. Wenn sie aufzuplatzen beginnt, ist der Samen reif.

Jetzt füllt man einen 10-cm-Topf bis 2 cm unter den Rand mit Blumenerde, verteilt die reifen Samen auf der Oberfläche und deckt sie mit 1 cm Erde ab. Der Topf wird angegossen und in einem kalten Gewächshaus oder im Frühbeet aufgestellt. Wenn die Sämlinge – etwa im Mai – 5 bis 8 cm hoch sind, pikiert man sie in 20 cm Abstand auf ein Beet im Garten. Häufig blühen sie schon zwei Jahre nach dem Pflanzen.

I. spuria und *I. sibirica* vermehren sich auch durch Selbstaussaat. Will man bestimmte Kreuzungen erhalten, muß man die Blüten unmittelbar vor dem Aufblühen vorsichtig auseinanderziehen und Staubgefäße und Bart entfernen. Man bestäubt sie sofort von Hand und stülpt über jede Blüte eine Pergamenttüte.

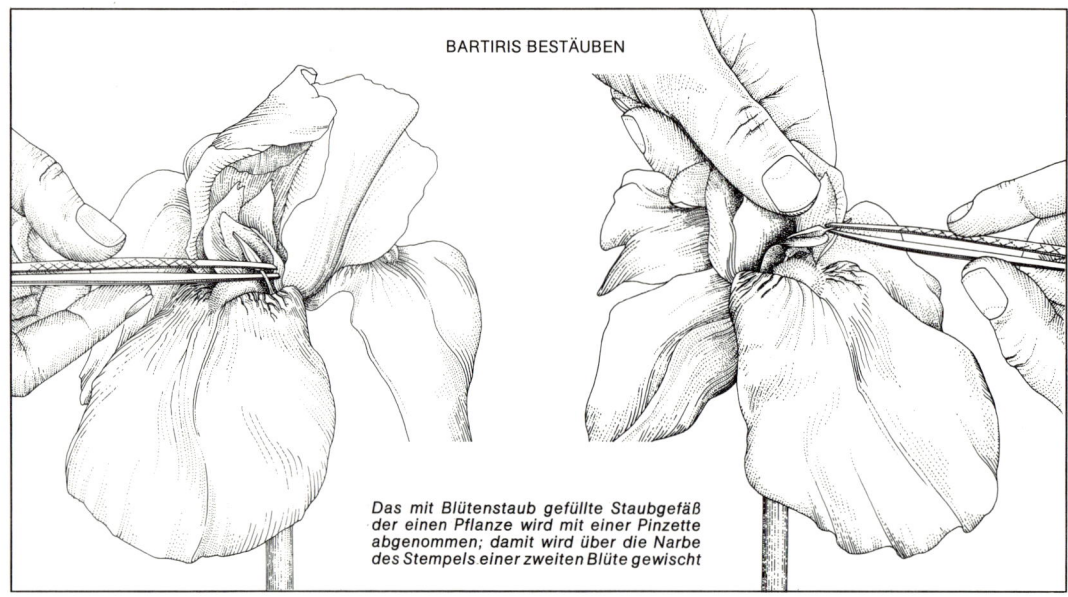

BARTIRIS BESTÄUBEN

Das mit Blütenstaub gefüllte Staubgefäß der einen Pflanze wird mit einer Pinzette abgenommen; damit wird über die Narbe des Stempels einer zweiten Blüte gewischt

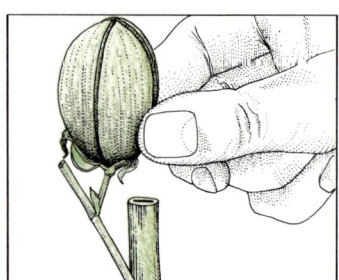

1. Stengel der verwelkten Blüte abstützen, umliegende Blätter entfernen

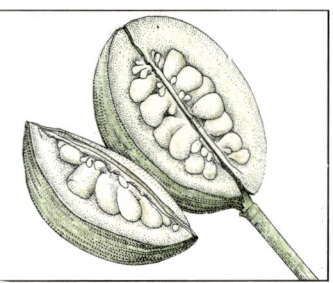

2. Der Samen ist reif, wenn die Kapsel braun wird und sich öffnet

3. Samen in einen 10-cm-Topf mit Blumenerde legen; mit 1 cm Erde abdecken

4. Nach der Aussaat der Samen den Topf angießen

5. Den Topf in einen Frühbeetkasten oder ein Kleingewächshaus stellen

6. Sind die Sämlinge etwa 8 cm hoch, pikiert man sie in ein Gartenbeet

Zwiebeliris

Die bekanntesten Zwiebeliris sind die Englischen, Holländischen und Spanischen Sorten (*Xiphium*-Hybriden). Holländische Iris blühen von Anfang bis Mitte Juni, darauf folgen zwei Wochen später die Spanischen Iris, die bis Ende Juni blühen, und als letzte blühen die Englischen Iris im Juli.

Die Stengel sind etwa 60 cm hoch und lassen sich ausgezeichnet schneiden.

Fast ebenso beliebt ist *I. reticulata,* eine ausgezeichnete Steingartenpflanze, die ab Anfang März blüht.

Die dritte Gruppe, die Junoiris, ist nicht so bekannt, aber ziemlich ausdauernd. Sie blüht zwischen März und Mai.

Wo und wie man Zwiebeliris pflanzt

Man wählt einen sonnigen, gut dränierten Standort und gräbt reichlich gut verrotteten Kompost oder Stallmist unter.

Holländische, Spanische und Englische Iris werden im September oder Oktober etwa 10–15 cm tief gepflanzt.

Englische Iris bevorzugen einen düngerreichen Boden, der nicht zu schnell austrocknet. Man pflanzt sie in 15–20 cm Abstand.

Die Holländischen Iris werden vorzugsweise in leichten Boden, ebenfalls in 15–20 cm Abstand gepflanzt.

Spanische Iris entwickeln sich besser in leichterem Boden und an einem wärmeren und trockeneren Ort als die Holländischen Iris. Man pflanzt sie in 10 cm Abstand.

Zwiebeln von *I. reticulata* werden von September bis Oktober 5–8 cm tief und 5–10 cm auseinander in Gruppen gepflanzt. Man wählt einen leichten, gut dränierten Boden und eine sonnige Lage. In schweren Böden blühen die Zwiebeln möglicherweise im zweiten Jahr nicht mehr. Schwere Böden lockert man vor dem Pflanzen durch Untergraben von Kompost und Sand.

Die Zwiebeln der Junoiris haben dicke Speicherwurzeln, aus denen die feinen Wurzeln wachsen. Man pflanzt im September 5 cm tief in 15–20 cm Abstand.

Zwiebeliris ziehen und pflegen

Bei Englischen Iris mischt man nach dem Absterben der Blätter gut verrotteten Kompost in die Erde. Diese Iris sind ziemlich robust und werden im Herbst nur ausgegraben, wenn das Beet zu dicht bewachsen ist.

Bei nassem, schwerem Boden gräbt man die Zwiebeln der Holländischen Iris aus und lagert sie, nachdem die Blätter abgestorben sind. Im September pflanzt man sie neu ein. Bei leichtem, nicht zu nassem Boden kann man sie das ganze Jahr in der Erde lassen.

Die Zwiebeln der Spanischen Iris reifen besser, wenn man sie jährlich nach dem Absterben der Blätter ausgräbt. Man läßt sie trocknen und pflanzt sie im September wieder ein. Vorher kann man sie in eine Dichlofluanidlösung tauchen (siehe Seite 320), um eine Zwiebelfäule im Boden zu verhindern.

I. reticulata erhält nach der Blüte alle 14 Tage Flüssigdünger, bis die Blätter gelb werden, damit die Zwiebeln im nächsten Jahr kräftig sind.

Zwiebeln der Junogruppe werden nur ausgegraben, wenn das Beet sehr dicht bewachsen ist. Man bringt immer wieder gut verrotteten Kompost auf das Beet, wobei die Wurzeln nicht beschädigt werden dürfen. Wenn der Boden kalkarm ist, gibt man jährlich etwas gemahlenen Kalk.

Zwiebeliris durch Teilung vermehren

Alle Zwiebeliris vermehren sich durch natürliche Zwiebelteilung.

Englische und Holländische Iris werden geteilt, wenn der Bestand zu dicht wird. Spanische Iris teilt man beim jährlichen Ausgraben; das gleiche gilt für die Holländischen, wenn man sie jedes Jahr ausgraben muß.

Die Zwiebeln nimmt man mit einer Grabgabel vorsichtig heraus, nachdem die Blätter abgestorben sind. Dann werden sie einige Wochen getrocknet, gereinigt und geteilt. Im September oder Oktober pflanzt man sie neu ein.

Große Zwiebeln blühen im nächsten Jahr. Kleine Tochterzwiebeln werden zunächst in einem Beet ausgepflanzt. Man harkt den Boden sehr fein und gibt 20 bis 30 g pro m² eines organisch-mineralischen Volldüngers zu. Die Zwiebeln sind nach etwa zwei Jahren blühreif.

Wird der Bestand von *I. reticulata* zu dicht, gräbt man die Zwiebeln nach dem Vergilben der Blätter vorsichtig aus, läßt sie trocknen und pflanzt sie im September oder Oktober neu ein.

Zwiebeln der Junogruppe werden geteilt, nachdem die Blätter abgetrocknet sind. Die lebenswichtigen Speicherwurzeln sind dann weich und brechen nicht so leicht ab. Der Boden um jede Zwiebel wird vorsichtig entfernt, dann gräbt man die Zwiebeln aus und teilt sie; an jeder Zwiebel muß mindestens eine Speicherwurzel hängen. Sie werden sofort wieder eingepflanzt.

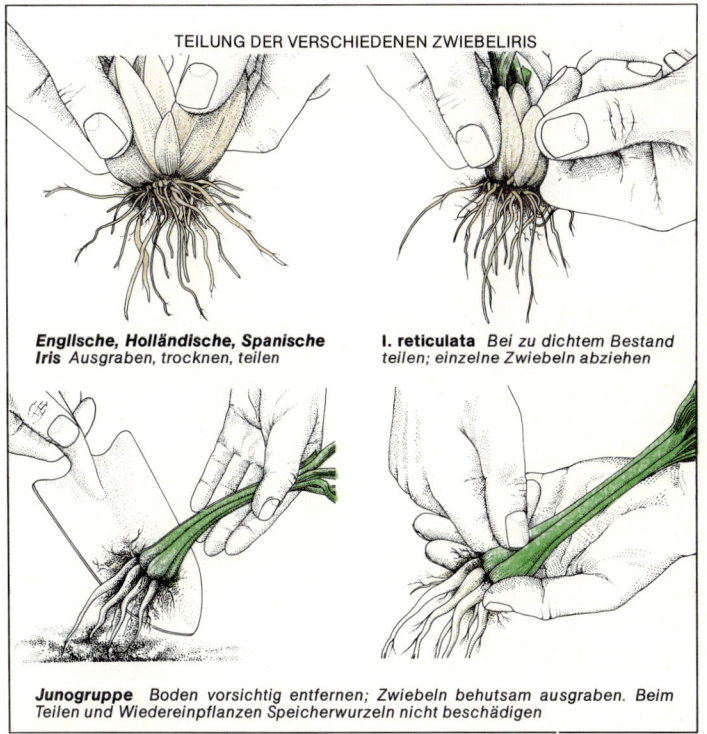

TEILUNG DER VERSCHIEDENEN ZWIEBELIRIS

Englische, Holländische, Spanische Iris *Ausgraben, trocknen, teilen*

I. reticulata *Bei zu dichtem Bestand teilen; einzelne Zwiebeln abziehen*

Junogruppe *Boden vorsichtig entfernen; Zwiebeln behutsam ausgraben. Beim Teilen und Wiedereinpflanzen Speicherwurzeln nicht beschädigen*

Steingartenpflanzen

Für die Bepflanzung eines Steingartens eignen sich Pflanzen, die im steinigen Gelände gedeihen

Die kleinen, oft leuchtenden Blüten der Steingartenpflanzen üben einen ganz besonderen Reiz aus. Weil sie vorwiegend aus felsigen Gebirgsgegenden stammen, sind sie meist winterhart und an kargen, steinigen Boden sowie an Trockenheit und Wind gewöhnt. Diese anspruchslosen Pflanzen lassen sich bei uns verhältnismäßig leicht kultivieren. Wichtig ist allerdings, daß man das Unkraut ausreißt, da die Steingartenpflanzen sonst leicht ersticken.

Ideale Voraussetzungen für die Anlage eines Steingartens ist ein Hangstück; es eignet sich dafür aber auch ein ebener Teil des Gartens, wenn der Boden trocken ist.

Will man einen Steingarten anlegen, so schaut man sich erst einmal in der näheren Umgebung nach passenden, größeren Steinbrocken um. Es lassen sich die verschiedensten Arten von Steinen verwenden. Besonders reizvoll ist es, wenn man die Steine in Form einer Treppe in den Untergrund einläßt.

Für die Bepflanzung eines Steingartens wählt man die Pflanzen so aus, daß möglichst zu jeder Zeit des Jahres eine Art blüht. So kann man beispielsweise unter teppichbildende Pflanzen Zwergformen von Blumenzwiebeln setzen, die im Vorfrühling Farbe in den Garten bringen.

An ebenen Stellen kann man Steingartenpflanzen zwischen Steinplatten oder auf eine Fläche setzen. Im ersten Fall werden Steinplatten in größeren Abständen auf Sand gelegt, und dazwischen setzt man die Pflanzen.

Alpenpflanzen und Steingartenpflanzen (beide Bezeichnungen werden oft gleichwertig verwendet) werden bei uns meist in gestuften Beeten kultiviert. Auf diese Weise ist es möglich, Pflanzen mit unterschiedlichen Bedürfnissen, beispielsweise solche, die kalkhaltigen, oder solche, die kalkfreien Boden bevorzugen, in getrennten Beeten zu halten. Man kann auch mehrere erhöhte Beete nebeneinander aus den verschiedensten Materialien errichten. Am besten eignen sich Steinbrocken, die mit Erde ausgefugt werden. In die Fugen kann man Pflanzen einsetzen, welche über die Seiten der Beete hinabwuchern.

Steingartenpflanzen können im Garten auch mit anderen Pflanzen zusammengesetzt werden. So sieht es zum Beispiel sehr hübsch aus, wenn man den vorderen Rand einer Strauchrabatte, insbesondere wenn sie erhöht oder mit Steinen eingefaßt ist, mit Kriechpflanzen oder Zwergsträuchern ausfüllt. Viele der höheren Steingartenpflanzen vertragen sich auch gut mit mehrjährigen Blütenstauden.

Bevor man an die Anlage eines Steingartens herangeht, sollte man einen genauen Plan des Gartens entwerfen. Zuvor empfiehlt sich jedoch noch der Besuch eines großen botanischen Gartens oder einer Gehölz- und Staudenanlage. Kleinere Steingärten können in öffentlichen Anlagen oder auf Gartenschauen besichtigt werden.

Unabhängig davon sind bei der Anlage eines gepflegten, naturgetreuen Steingartens oder Alpinums einige Grundregeln zu beachten. Auf keinen Fall sollte der Versuch unternommen werden, im Garten einen richtigen Berg nachzuahmen. Viel eher sollte man versuchen, das natürliche Erscheinungsbild des vorliegenden Gesteins nachzuahmen, denn dabei erzielt man die beste Wirkung.

Legt man einen Steingarten an einem Hang an, setzt man die Steine am besten flach in den Boden. Auch die Höhe der Anlage im Vergleich zur Breite muß wohl überlegt werden. Beträgt die Höhe der Stufe 30 cm, sollte man am Fuß der Erhebung eine Breite von mindestens 1,2–1,5 m einrechnen.

Wenn ein Steingarten einmal in seiner Grundform angelegt ist, kann man ihn später auf verschiedene Weise vergrößern. Die Einbeziehung einer Wasserstelle bietet stets einen besonderen Reiz.

Einer der wichtigsten Gesichtspunkte, die bei der Anlage eines Steingartens zu berücksichtigen sind, ist der Blickwinkel, unter dem er meist betrachtet wird – ob man ihn vom Fenster eines höheren Stockwerks aus überblickt oder aus der Nähe anschauen will.

Wenn man alle diese Überlegungen anstellt, wird man sowohl beim Verlegen der Steine als auch bei der Standortwahl für die Pflanzen die beste Wirkung erzielen.

Steingartenpflanzen finden in jedem Garten einen geeigneten Platz. Sie überziehen größere Steine und zwängen sich zwischen Steinplatten. An den Boden stellen Steingartenpflanzen keine großen Ansprüche, nur sollte er möglichst trocken sein

Anlage eines Steingartens

Will man einen Steingarten anlegen, dann muß man sich zunächst überlegen, wo es in der Umgebung geeignete Steine dafür gibt.

Sandstein- und Kalksteinbrocken eignen sich für einen Steingarten besonders gut. Man kann sie entweder von einem nahe gelegenen Steinbruch beziehen oder eventuell auch von einem großen Gartencenter.

Außerdem braucht man gebrochenen Steinsplitt von rund 6 mm Durchmesser als Abdeckung für den Boden und als Beimischung für das Erdreich.

Der ideale Standort für einen Steingarten ist ein sanfter, nach Süden oder Südwesten gerichteter Hang, der vor starkem Wind geschützt ist.

Plätze unter der Kronentraufe von Bäumen, wo Regenwasser auf die Pflanzen tropfen kann, sind für Steingärten ebenso ungeeignet wie trockene Ecken, wo die Pflanzen zuwenig Feuchtigkeit erhalten.

Ehe man einen Steingarten anlegt, muß das Unkraut restlos entfernt werden.

Eine gute Entwässerung des Bodens ist für den Steingarten unbedingt erforderlich, denn die meisten Steingartenpflanzen gehen ein, wenn es zu feucht ist. Bei lockerem Boden mit Kiesunterlage ist meist eine ausreichende natürliche Entwässerung gewährleistet. Lehmiger, schwerer Boden muß künstlich entwässert werden.

Für die Dränung legt man etwa 45 cm tiefe Gräben an und füllt sie zur Hälfte mit Steinen, Ziegelbruch oder Schotter. Darüber kommt eine Schicht aus umgedrehten Grassoden, aber auch Kies oder eine Lage Torfmull verhindert, daß Erde von oben zwischen den Schotter fällt und den Wasserablauf versperrt. Schließlich füllt man die Gräben wieder mit Erde auf.

Sandiger Boden, der nicht entwässert werden muß, wird vor dem Verlegen der Steine lediglich spatentief umgegraben.

Nun legt man zwei Reihen Steine so, daß sie winkelförmig zusammentreffen. Die größten Brocken setzt man als Ecksteine an die Spitze des Winkels. Dann fügt man immer kleinere Steine an die beiden Schenkel des Winkels an. Die letzten Steine sollen nur noch ein kleines Stück über den Boden hinausragen.

Die Steine werden so gesetzt, daß alle Fugen senkrecht oder waagrecht aufeinandertreffen. Im Gegensatz zur Ziegelbauweise werden die Steine also nicht mit versetzten Fugen verlegt. Haben die Steine Schichtlinien oder Adern, so sollten diese waagrecht verlaufen.

Grundsätzlich sollte ein terrassenförmig angelegter Steingarten stets vier- bis fünfmal breiter als hoch sein.

Es ist darauf zu achten, daß die Steine fest und sicher im Boden sitzen. Wenn alle Steine ihren endgültigen Platz haben, füllt man die umschlossene Fläche mit lockerer Erde. Weil sich diese im Laufe der Zeit setzt, bereitet man gleich eine größere Menge der Bodenmischung zum Nachfüllen vor. Schließlich wird die Oberfläche des Beets geglättet.

Nach etwa zehn Tagen hat sich der Boden gesetzt. Jetzt füllt man die entsprechende Menge der bereitgehaltenen Bodenmischung nach. Zuletzt wird die Oberfläche noch mit einer Schicht Steinsplitt abgedeckt.

Nachdem das erste Beet fertiggestellt ist, kann man den Steingarten erweitern, indem man hinter oder neben diesem Beet neue Steinumrandungen anlegt.

Baut man den Steingarten an einem Hang, sollten die Steine diesem zugeneigt sein, damit das Wasser zum Beet hin läuft und außerdem die Steine weniger leicht abrutschen können.

Es gibt verschiedene Möglichkeiten, einen Steingarten weiter auszubauen. Ein Wasserfall oder ein Becken mit Wasserpflanzen kann einem Garten einen besonderen Reiz verleihen.

Die besten Voraussetzungen bietet ein sonniger Platz, der aber zum Teil Schatten durch die Krone eines nahe stehenden Baums empfängt. So werden einige empfindlichere Pflanzen nicht von den direkten, heißen Sonnenstrahlen versengt.

1. Den größten Stein an die Ecke setzen, kleinere Stücke anfügen. Umschlossene Fläche mit durchlässiger Bodenmischung füllen

2. Am Hang die Steine so neigen, daß Regenwasser zum Boden hin und nicht über den Abhang hinab läuft

3. Weitere Steinlagen können hinzugefügt werden, doch sollte der Steingarten vier- bis fünfmal breiter als hoch sein

Steingartenpflanzen außerhalb eines Steingartens

Ein erhöhter Torfgarten aus Torfziegeln

Torfbeete oder ein Torfgarten eignet sich besonders gut für die Kultur von Zwergrhododendren und anderen kalkfeindlichen Pflanzen.

Die Anlage eines Torfgartens ist dann verhältnismäßig einfach. Das Beet wird mit einer Mischung aus gleichen Teilen Torfmull und Erdreich angefüllt. Farne und Heidekräuter, die man zwischen die Torfziegel oder Torf-"Steine" setzt, halten die Randbefestigung zusammen. Größere Torfziegel, etwa mit

den Abmessungen 30 × 10 × 10 cm, sind besser geeignet als kleinere.

Vor dem Verlegen müssen die Torfziegel mindestens 24 Stunden lang ins Wasser gelegt werden. Die Torfwände sollten nicht höher als 60 cm sein.

Im Idealfall sollte dieser Miniaturgarten an einer freien Stelle, entweder im flachen Gelände oder an einem sanften Abhang, stehen.

Im Sommer eines jeden Jahres wird als „Kopfdüngung" eine 2 bis 4 cm hohe Schicht mit Nährstoff angereichertes Torfsubstrat ausgestreut.

Größere Torfziegel werden vor dem Verlegen 24 Stunden ins Wasser gelegt und fugenversetzt gestapelt. Einige breitere Fugen für die Bepflanzung vorsehen!

Geröllhalden für Steingartenpflanzen in kleinen Gärten

Vor allem in kleinen Gärten bewährt sich die Geröllhalde – ein Beet aus Steinsplitt oder Schotter – als Standort für Steingartenpflanzen. Am besten dafür geeignet ist ein leicht abfallendes Gelände.

Die wesentlichen Voraussetzungen für die Bepflanzung einer Geröllhalde sind eine gute Entwässerung des Bodens im Wurzelbereich, ein kühler Boden und Feuchtigkeit im Frühjahr und Sommer.

Zunächst hebt man im Geröllbereich eine 60–90 cm tiefe Grube aus. Auf den Boden dieser Grube packt man eine 15 cm hohe Schicht aus wasserdurchlässigem Material, beispielsweise alte Ziegelsteine oder Schotter. Auf diese Schicht legt man ausgestochene Rasensoden mit der Grasseite nach unten. Dann füllt man die Grube mit einer Mischung aus zwei Teilen Steinsplitt, einem Teil Lauberde und einem Teil Lehm auf.

Besitzt der Lehm einen hohen Tongehalt, setzt man der Mischung zur Auflockerung etwas Sand hinzu. Im zeitigen Frühjahr

ANLEGEN EINER GERÖLLHALDE

Auf den Boden einer 60–90 cm tiefen Grube kommt eine 15 cm hohe Schicht aus wasserdurchlässigem Material, auf das man umgedrehte Rasensoden legt. Dann wird die Grube mit einer Mischung aus Steinsplitt, Lauberde und Lehm aufgefüllt

eines jeden Jahres wird auf die Halde als Kopfdüngung eine 1,5 cm hohe Schicht aus gleichen Teilen Torfmull (oder Lauberde) und grobem Sand (oder Steinsplitt) gestreut, der man etwas Knochenmehl zusetzt.

Geeignete Pflanzen sind in der Tabelle ab Seite 328 zu finden.

Rückschnitt bei mehrjährigen, Ausläufer treibenden Stauden

Geschnitten wird nur, wenn die Pflanze unkontrolliert wächst oder sich zu stark ausbreitet.

Man hebt dann die niederliegende Pflanze hoch und schneidet mit einer Gartenschere vor allem die unteren Triebe bis an den Hauptstamm zurück.

Pflanzen, die zahlreiche Ausläufer bilden, wie das Blaukissen und das Seifenkraut, sollten jedes Jahr nach der Blüte stark zurückgeschnitten werden, damit sich im nächsten Jahr neue Polster bilden.

Steingartenpflanzen auf Trockenmauern

Trockenmauern kann man verschönern, indem man Steingartenpflanzen am Rand entlang oder zwischen die Steinfugen setzt.

Eine Trockenmauer an einer sonnigen Stelle ist der ideale Platz für kräftige Steingartenpflanzen, mit denen man die besten Farbwirkungen erzielt.

Einige Pflanzen gedeihen auch gut an Mauern im Schatten, selbst wenn es dort meist feucht ist. Hierzu gehören die moosartigen Steinbrechgewächse und Farne. Weitere Pflanzen für Trockenmauern, siehe Tabelle ab Seite 328.

Bei richtiger Planung und Ausführung können Trockenmauern die meiste Zeit des Jahres mit blühenden Pflanzen geschmückt sein

Bepflanzen eines Steingartens

Steingartenpflanzen werden in einer Staudengärtnerei immer in Töpfen angezogen. Man kann sie deshalb zu jeder Jahreszeit auspflanzen.

Sämlinge, die man selbst angezogen hat und die nicht eingetopft werden müssen, können direkt in den Steingarten ausgepflanzt werden. Das Auspflanzen erfolgt in der gleichen Weise wie bei den Topfpflanzen.

Aufrechte Stauden und aufrecht wachsende Nadelgehölze sehen am besten aus, wenn man sie am Fuß eines größeren Steinbrockens einpflanzt. Kriechende Stauden und kriechende Nadelgehölze kommen wiederum am Rand eines Steinbrockens am besten zur Geltung.

Rosettenbildende Pflanzen, die vor starker Nässe geschützt werden müssen, kann man in senkrechte Steinspalten setzen, wo sich das Regenwasser nicht in den Blattrosetten ansammelt.

Nachdem man die Pflanze ausgetopft hat, vergewissert man sich, ob der Erdballen in die vorgesehene Steinspalte paßt. Ist dies nicht der Fall, drückt man den Ballen in eine entsprechende Form zurecht.

Sodann stopft man den Erdballen in die Spalte und füllt den Hohlraum unterhalb der Pflanze mit Erdreich aus. Schließlich wird die Spalte auch oberhalb der Pflanze mit einem Gemisch aus Erde und Steinsplitt angefüllt.

Am günstigsten ist es, wenn die Spalten gleich beim Verlegen der Steine bepflanzt werden. Man kann jedoch auch später noch die Bepflanzung vornehmen.

Größere Pflanzen lassen einen neu angelegten Steingarten nicht so kahl erscheinen. Man kann sie aus einem Anzuchtbeet oder einem älteren Teil des Steingartens umsetzen. Ein guter Platz für größere Einzelpflanzen sind die keilförmigen Fugen zwischen den Steinen.

Beim Einsetzen von stark wuchernden Pflanzen wählt man einen Platz im Steingarten, wo sie leicht in Grenzen gehalten werden und an Nachbarpflanzen wenig Schaden anrichten können.

Vor dem Einpflanzen sollte man die Tabelle Steingartenpflanzen ab Seite 328 genau lesen, um die spätere Ausbreitung der Pflanzen und ihre idealen Standortbedingungen kennenzulernen.

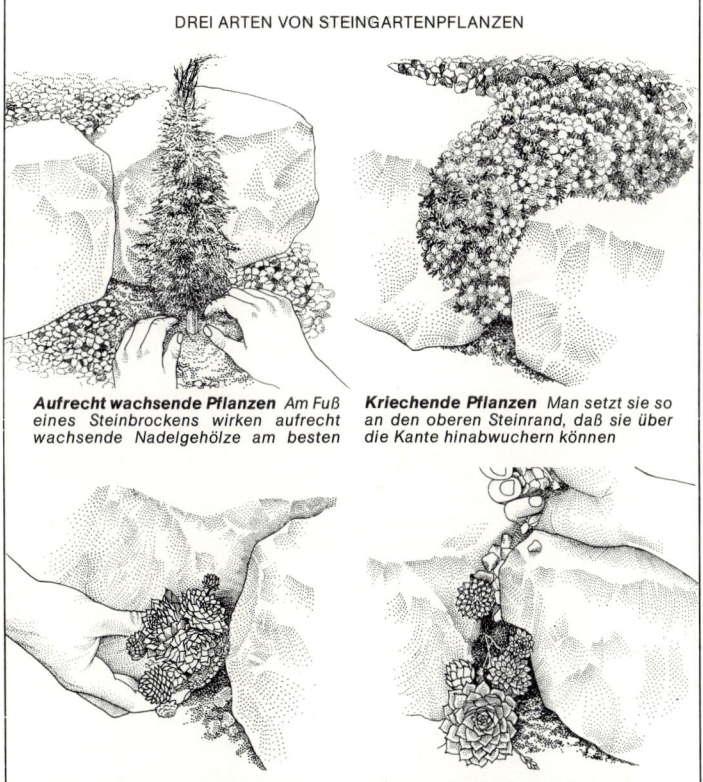

DREI ARTEN VON STEINGARTENPFLANZEN

Aufrecht wachsende Pflanzen Am Fuß eines Steinbrockens wirken aufrecht wachsende Nadelgehölze am besten

Kriechende Pflanzen Man setzt sie so an den oberen Steinrand, daß sie über die Kante hinabwuchern können

Rosettenbildende Pflanzen In eine senkrechte Steinspalte setzen. Der Erdballen wird in die Spalte gestopft; dann füllt man diese unten mit Erdreich, oben mit Erde und Steinsplitt auf

Schäden an Steingartenpflanzen

Die meisten Schäden richten Schnecken an. Wenn man die Pflanzen von Unkraut freihält, geht auch die Schneckenplage zurück. Sollten sich an den Pflanzen Schäden bemerkbar machen, die hier nicht aufgeführt sind, kann die Tabelle ab Seite 574 zu Rate gezogen werden.

Die Wirkstoffgruppen und Handelsbezeichnungen der verschiedenen Pflanzenschutzmittel sind auf Seite 599 zu finden.

Schaden	Ursache	Abhilfe
Blütenstengel oder junge Triebe sind verkümmert oder mißgebildet und von kleinen, klebrigen, grünlichen, rosaroten, braunen oder schwarzen Insekten bedeckt	Blattläuse	Spritzen mit Malathion°, Pirimicarb oder einem spezifischen Insektizid
Junge Triebe sind angefressen oder ganz abgefressen; meist schleimige Spuren an der Pflanze und um sie herum	Schnecken	Schneckenkorn auslegen oder Metaldehyd-Stäubemittel
Angefressene Blätter, aber keine Schleimspuren erkennbar	Raupen	Spritzen mit Diazinon, Unden oder Endosulfan. Man kann auch die Raupen von Hand entfernen
Triebe sind in Bodenhöhe oder knapp unterhalb des Bodens durchgebissen	Erdraupen	Mesurolschneckenkorn° streuen, Cortilan oder Lindan-Streumittel ausbringen
Polsterpflanzen bekommen braune Flecken	Zu große Trockenheit. Sind Ameisenbauten in der Nähe der Wurzeln, dann läßt der Boden zuviel Wasser durch. Überalterung der Pflanze	Bei trockenem Wetter regelmäßig gießen. Mittel gegen Ameisen ausstreuen. Boden festtreten. Sind die braunen Flecken sehr groß, vermehrt man die unbefallenen Teile. Vermehrung der frisch wachsenden Pflanzenteile
Graugrüner Schimmelbefall auf braunen Flecken, insbesondere bei feuchter Witterung	Grauschimmel	Spritzen mit Tecto FL° oder Dichlofluanid

Steingartenpflanzen für alle Standortbedingungen

Schon allein das Wort Steingartenpflanzen weist auf deren natürliche Standortbedingungen hin. Es handelt sich bei diesen alpinen Pflanzen stets um Sträucher und Stauden oder Zwiebel- und Knollengewächse. Viele von ihnen wachsen außer im Steingarten auch in Trögen, auf Geröllhalden, an Trockenmauern und im gedeckten Alpinum.

Man kann sie auch zusammen mit anderen Pflanzen in Rabatten setzen, wenn sie dort einen trockenen Boden vorfinden.

Zahlreiche Steingartenpflanzen blühen im Frühjahr. Stellt man jedoch verschiedene Arten geschickt zusammen, dann kann man sich das ganze Jahr an blühenden Pflanzen erfreuen. In den Vordergrund von Rabatten und Steingärten sollte man nur vorwiegend niedere Arten setzen.

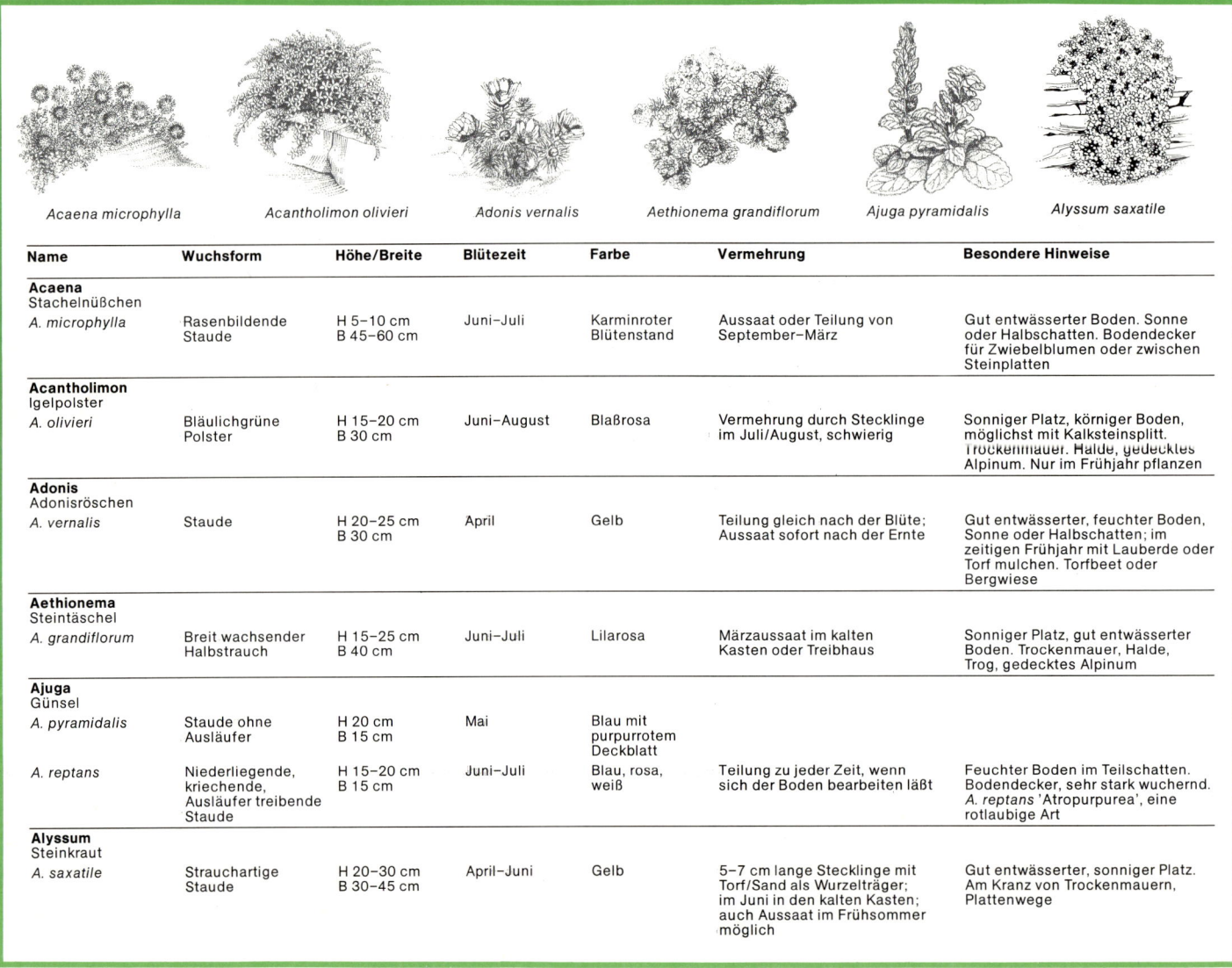

Acaena microphylla   Acantholimon olivieri   Adonis vernalis   Aethionema grandiflorum   Ajuga pyramidalis   Alyssum saxatile

Name	Wuchsform	Höhe/Breite	Blütezeit	Farbe	Vermehrung	Besondere Hinweise
Acaena Stachelnüßchen						
A. microphylla	Rasenbildende Staude	H 5–10 cm B 45–60 cm	Juni–Juli	Karminroter Blütenstand	Aussaat oder Teilung von September–März	Gut entwässerter Boden. Sonne oder Halbschatten. Bodendecker für Zwiebelblumen oder zwischen Steinplatten
Acantholimon Igelpolster						
A. olivieri	Bläulichgrüne Polster	H 15–20 cm B 30 cm	Juni–August	Blaßrosa	Vermehrung durch Stecklinge im Juli/August, schwierig	Sonniger Platz, körniger Boden, möglichst mit Kalksteinsplitt. Trockenmauer, Halde, gedecktes Alpinum. Nur im Frühjahr pflanzen
Adonis Adonisröschen						
A. vernalis	Staude	H 20–25 cm B 30 cm	April	Gelb	Teilung gleich nach der Blüte; Aussaat sofort nach der Ernte	Gut entwässerter, feuchter Boden, Sonne oder Halbschatten; im zeitigen Frühjahr mit Lauberde oder Torf mulchen. Torfbeet oder Bergwiese
Aethionema Steintäschel						
A. grandiflorum	Breit wachsender Halbstrauch	H 15–25 cm B 40 cm	Juni–Juli	Lilarosa	Märzaussaat im kalten Kasten oder Treibhaus	Sonniger Platz, gut entwässerter Boden. Trockenmauer, Halde, Trog, gedecktes Alpinum
Ajuga Günsel						
A. pyramidalis	Staude ohne Ausläufer	H 20 cm B 15 cm	Mai	Blau mit purpurrotem Deckblatt		
A. reptans	Niederliegende, kriechende, Ausläufer treibende Staude	H 15–20 cm B 15 cm	Juni–Juli	Blau, rosa, weiß	Teilung zu jeder Zeit, wenn sich der Boden bearbeiten läßt	Feuchter Boden im Teilschatten. Bodendecker, sehr stark wuchernd. A. reptans 'Atropurpurea', eine rotlaubige Art
Alyssum Steinkraut						
A. saxatile	Strauchartige Staude	H 20–30 cm B 30–45 cm	April–Juni	Gelb	5–7 cm lange Stecklinge mit Torf/Sand als Wurzelträger; im Juni in den kalten Kasten; auch Aussaat im Frühsommer möglich	Gut entwässerter, sonniger Platz. Am Kranz von Trockenmauern, Plattenwege

Androsace sarmentosa

Anemone pulsatilla

Antennaria dioica

Aquilegia alpina

Arabis caucasica

Arenaria tetraquetra

Name	Wuchsform	Höhe/Breite	Blütezeit	Farbe	Vermehrung	Besondere Hinweise
Androsace Mannsschild						
A. sarmentosa	Staude	H 2,5–5 cm B 15 cm	Mai–Juni	Rosa	Am besten in der Staudengärtnerei kaufen	Stark entwässerter Boden, möglichst mit Steinsplitt, in Sonne oder Halbschatten. Halde, Trockenmauer, Trog, gedecktes Alpinum
A. sempervivoides	Staude	H 5–10 cm B 20–30 cm	Mai–Juni	Hellrosa		
Anemone Küchenschelle						
A. pulsatilla (Pulsatilla vulgaris) Frühlingsküchenschelle	Staude	H 20 cm B 15 cm	März–Mai	Violett	Frischen Samen im Juli in einen kalten Kasten. Dort überwintern lassen, im Frühjahr eintopfen, im nächsten Herbst auspflanzen	Gut durchlässiger, jedoch feuchter Standort; sonniger Platz. Plattenweg, Torfbeet, Bergwiese, gedecktes Alpinum
A. sylvestris Waldanemone	Staude	H 15–35 cm B 10–20 cm	April–Juni	Weiß	Teilung im März/April	Durchlässiger, kalkhaltiger, humoser Boden, Halbschatten
Antennaria Katzenpfötchen						
A. dioica 'Rubra'	Niedere Staude	H 5–15 cm B 30 cm	Mai–Juni	Rosa	Teilung im März/April	Gut entwässerter Boden, Sonne. Plattenwege, Tröge, gedeckte Alpinen, Bodendecker für Zwergzwiebelblumen
Aquilegia Akelei						
A. alpina	Staude	H 40 cm B 30 cm	Mai	Blau	Aussaat reifer Samen im Juli/August oder März in Kompost im kalten Kasten	Feuchter, gut entwässerter Boden mit Zusatz von Lauberde oder Torf, in Sonne oder Halbschatten. Bergwiesen, Torfbeet, gedecktes Alpinum
A. ecalcarata	Staude	H 20–30 cm B 25 cm	Mai–Juli	Purpurrot		
Arabis Gänsekresse						
A. caucasica 'Plena' A. c. 'Schneehaube'	Wintergrüne Staude	H 20 cm B 60 cm	April–Mai	Weiß	Vermehrung durch Teilung, Stecklinge oder Aussaat. Starker Rückschnitt nach der Blüte	Gut entwässerter, sonniger Platz. Trockenmauer, Plattenweg, Halde, gedecktes Alpinum
Arenaria Sandkraut						
A. tetraquetra	Rasenbildender, wintergrüner Halbstrauch	H 3–5 cm B 45 cm	April–Juli	Weiß	Teilung im Frühjahr oder Aussaat	Gut entwässerter, feuchter Boden

Armeria maritima

Asperula odorata

Aster alpinus

Astilbe chinensis var. pumila

Aubrieta × cultorum

Name	Wuchsform	Höhe/Breite	Blütezeit	Farbe	Vermehrung	Besondere Hinweise
Armeria Grasnelke						
A. caespitosa	Wintergrüne Staude	H 3–8 cm B 15–25 cm	April–Mai	Rosarot	5 cm lange Schößlinge im Juli/August in Torf/Sand in den kalten Kasten	Gut entwässerter Boden, sonniger Standort. Trockenmauer, Halde, Trog, gedecktes Alpinum.
A. maritima	Wintergrüne Staude	H 15–20 cm B 30 cm	Mai–Juni	Rosarot		A. maritima nicht im Trog oder gedeckten Alpinum. Empfehlenswerte Sorten: A. m. 'Düsseldorfer Stolz', A. m. 'Frühlingszauber'
Asperula Meister						
A. lilaciflora caespitosa	Staude	H 5–7 cm B 10–15 cm	Juni–Juli	Lilarosa	3–4 cm lange Weichholzstecklinge von nicht blühenden Pflanzen im April/Mai in einen kalten Kasten	Stark entwässerter, durchlässiger Boden, sonniger Platz. Halde, Trockenmauer. In feuchten Gegenden im gedeckten Alpinum oder unter Glas geschützt.
A. odorata Heimischer Waldmeister	Staude	H 5–7 cm B 15 cm	Juni–Juli	Weiß		A. odorata Halbschatten bis Schatten
Aster Alpenaster						
A. alpinus	Staude	H 15 cm B 15–20 cm	Mai–Juni	Violett, rosa, weiß	Vermehrung durch Teilung, Stecklinge und Aussaat	Gut entwässerter Boden, sonniger bis halbschattiger Platz. Plattenweg, Bergwiese, Torfbeet
Astilbe Prachtspiere						
A. chinensis var. pumila	Staude	H 20–30 cm B 30 cm	Juli bis September	Lilarosa	Teilung im März/April	Feuchter Boden, Sonne oder Halbschatten. Gut im Torfbeet
A. glaberrima	Staude	H 10–15 cm B 10–15 cm	Juli bis August	Rosa, rahmfarben		
Aubrieta Blaukissen						
A. × cultorum-Sorten	Wintergrüne Staude	H 5–10 cm B 45–60 cm	März–Juni	Blau, rot, purpurfarben	Aussaat im Frühjahr im Kasten oder 5 cm lange Stecklinge im August	Gut entwässerter, kalkhaltiger Boden, volle Sonne. Trockenmauer, Plattenweg. Schönste Sorten: 'Schloß Eckberg' (blauviolett); 'Blue Emperor' (blauviolett); 'Dr. Mules' (violett); 'Neuling' (hellviolett); 'Bressingham Pink' (rosa); 'Rosenteppich' (rosa)

Campanula carpatica

Codonopsis clematidea

Cornus canadensis

Daphne cneorum

Dianthus gratianopolitanus

Name	Wuchsform	Höhe/Breite	Blütezeit	Farbe	Vermehrung	Besondere Hinweise
Campanula Glockenblume						
C. carpatica	Staude	H 20–30 cm B 30–40 cm	Juli bis August	Blau, purpur-farben, weiß	Selbstaussaat an Ort und Stelle. Aussaat von Oktober bis März oder April in Kompost im kalten Kasten. Teilung im März/April. 3–5 cm lange, nicht blühende Schößlinge im April/Mai in Torf/Sand	Gut durchlässiger Boden, sonniger bis halbschattiger Platz. Trocken-mauer, Halde, Plattenweg, Trog, gedecktes Alpinum. C. carpatica 'Blaue Clips' (blau); C. c. 'Karl Förster' (dunkelblau); C. c. 'Weiße Clips' (weiß); C. c. 'Karpatenkrone' (hellblau). C. cochlearifolia: reizende Zwergform für Stein-fugen und Fels. C. excisa: sehr schöne, aber reine Liebhaber-pflanze, auf humusdurchsetztem, feuchtem Urgesteinsschutt. Schönste Sorten von C. poschar-skyana: 'Blauranke' (hellblau); 'Stella' (dunkellila)
C. cochlearifolia (syn. C. pusilla)	Staude	H 10–15 cm B 30 cm	Juli bis August	Blau, weiß		
C. excisa	Staude	H 10–15 cm B 20 cm	Mai–Juni	Lila		
C. garganica	Staude	H 10–15 cm B 30 cm	Mai–Juni	Blau		
C. portenschlagiana	Staude	H 10–15 cm B 20–30 cm	Juni bis September	Kräftig violett, purpurn		
C. poscharskyana	Staude	H 15–20 cm B 30 cm	Juni bis August	Blau		
Codonopsis Glockenkraut						
C. clematidea	Staude	H 30–60 cm B 30 cm	Juni–Juli	Blau mit weißer Tönung	Aussaat in Kompost im kalten Kasten. Stecklinge von Schößlingen im April/Mai in Torf/Sand in den kalten Kasten	Gut entwässerter, lehmig-humoser, feuchter Boden; Sonne oder Halb-schatten. Oben auf Böschungen, Trockenmauern, Torfbeeten, Bergwiesen, in gedeckten Alpinen: ausgesprochene Liebhaberpflanze
Cornus Hartriegel						
C. canadensis	Staude	H 15 cm B 60 cm	Mai–Juni	Weiß; rote Beeren im Spätsommer	Teilung im Herbst oder Aussaat gleich nach der Ernte	Feuchter Boden mit Moos, Torf oder Lauberde; Schatten oder Sonne. Torfbeet, Bodendecker; stark wuchernd
Daphne Seidelbast						
D. cneorum Rosmarinseidelbast	Wintergrüner Strauch	H 15–20 cm B 50–80 cm	April–Juni	Karminrosa	5–10 cm lange Achselsteck-linge von Juli–September in Torf/Sand in den kalten Kasten; im Frühjahr eintopfen	Gut entwässerter Boden; Sonne oder Halbschatten. Zwergstrauch für Halden, Trockenmauern, Torfbeet
Dianthus Nelke						
D. deltoides Heidenelke	Rasenbildende Staude	H 15–20 cm B 30 cm	Juli bis August	Rot, rosarot, weiß	Leicht durch Aussaat und Teilung zu vermehren, aber auch durch Sproßstecklinge von Juni–August in Torf/Sand in den kalten Kasten	Gut entwässerter, kalkhaltiger Boden; sonniger Platz, nimmt auch mit Halbschatten vorlieb. Trocken-mauer, Plattenweg, Halde, Trog, Bergwiese, gedecktes Alpinum
D. gratianopolitanus (D. caesius) Pfingstnelke	Polsterbildende Staude	H 10–20 cm B 60 cm	Mai–Juli	Rosarot		

Draba bruniifolia

Dryas octopetala

Epimedium grandiflorum

Erinus alpinus

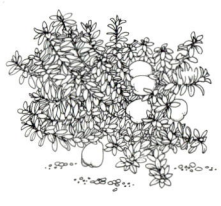
Gaultheria procumbens

Genista pilosa

Name	Wuchsform	Höhe/Breite	Blütezeit	Farbe	Vermehrung	Besondere Hinweise
Draba Hungerblümchen						
D. bruniifolia	Staude	H 5–10 cm B 15–20 cm	April	Gelb	Vermehrung am besten durch Teilung oder Aussaat im März/April	Durchlässiger Boden an einem sonnigen Platz. Empfindlich gegen Frühjahrstrockenheit
Dryas Silberwurz						
D. octopetala	Wintergrüne Staude	H 5–10 cm B 60 cm	Mai–Juni	Weiß	4–5 cm lange Achselstecklinge von Seitentrieben im August oder März in Torf/Sand in einen Kasten	Gut durchlässiger, kalkhaltiger Boden; sonniger Platz. Plattenweg, Halde, Bergwiese, zusammen mit Blumenzwiebeln
D. × suendermannii		H 15 cm B 60 cm		Cremeweiß		
Epimedium Elfenblume						
E. grandiflorum und verschiedene andere Arten	Wintergrüne Staude	H 20–30 cm B 30 cm	April–Mai	Weiß, rosa, lila, gelb	Rhizomschnittlinge oder Teilung im Frühjahr nach der Blüte	Mäßig feuchter, humoser Boden mit Lauberde oder Torfmull; Halbschatten, Torfbeet, Bodendecker, Waldlandschaft, teilweise beschatteter Steingarten. E. grandiflorum: für kleine Steingärten zu groß; eine der schönsten bodenbedeckenden Halbschattenstauden
E. × youngianum	Wintergrüne Staude	H 15–20 cm B 30 cm	April–Juni	Weiß und rosarot		
Erinus Leberbalsam						
E. alpinus	Wintergrüne Staude	H 10–15 cm B 15 cm	Mai bis September	Purpurrosa	Teilung oder Aussaat im April	Durchlässiger Boden und sonniger bis halbschattiger Platz. Trockenmauer, Plattenweg oder Halde
Gaultheria Scheinbeere						
G. procumbens	Bodendeckender, kriechender Strauch	H 10–15 cm B 60 cm	Juni bis August	Weiß-rosa, lachsrote Beeren	5–7 cm lange Achselstecklinge von Seitentrieben im Juli/August in Torf/Sand in einen kalten Kasten. Im nächsten Frühjahr eintopfen	Feuchter, kalkfreier Boden mit Lauberde oder Torf; Halbschatten bis Schatten. Bodendecker für ein Torfbeet. Kann stark wuchern
Genista Ginster						
G. lydia	Strauch	H 30–50 cm B 100 cm	Mai–Juni	Leuchtend gelb	5–10 cm lange Achselstecklinge im August in Torf/Sand in einen kalten Kasten	Durchlässiger Boden; sonniger Standort. Trockene Böschungen, Trockenmauern, Plattenwege, magere, steinige Böden
G. pilosa	Strauch	H 20–40 cm B 30–90 cm	Mai–Juni	Goldgelb		
G. tinctoria 'Plena'	Niederliegender Kleinstrauch	H 20–30 cm B 40–60 cm	Juni bis August	Orangegelb, gefüllte Blüten		

Gentiana acaulis

Geranium sanguineum

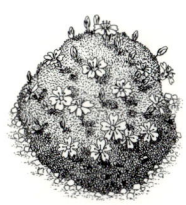
Gypsophila aretioides

Haberlea rhodopensis

Name	Wuchsform	Höhe/Breite	Blütezeit	Farbe	Vermehrung	Besondere Hinweise
Gentiana Enzian						
G. acaulis Stengelloser Enzian	Staude	H 10 cm B 30 cm	Mai–Juni	Dunkelblau	Teilung im Juni	Gut durchlässiger, etwas lehm-haltiger, feuchter Boden an sonnigem oder halbschattigem Standort. Torfbeet, Bergwiese, Trog und gedecktes Alpinum
G. septemfida var. lagodechiana Sommerenzian	Staude	H 15–30 cm B 30 cm	Juli bis September	Blau	Aussaat frischer Samen im Oktober, Teilung und Stecklinge	
G. sino-ornata Herbstenzian	Staude	H 15 cm B 30–40 cm	September bis November	Azurblau, purpurblau gestreift	Teilung im März, Stecklinge im Juni	
Geranium Storchschnabel						
G. dalmaticum	Staude	H 10–15 cm B 20–30 cm	Juni bis August	Hellrosa	Teilung im Herbst oder Frühjahr, umsetzen an endgültigen Standort. Aussaat im März	Gut durchlässiger, feuchter Boden; Sonne oder Halbschatten. Halde, Plattenweg, Trog.
G. endressii	Staude	H 20–30 cm B 30 cm	Juni bis August	Leuchtend rosa		
G. renardii	Staude	H 20–30 cm B 30 cm	Mai–Juli	Blaß blau- violett		
G. sanguineum	Staude	H 15–25 cm B 45 cm	Juni bis September	Karmesinrot		In Trögen zu stark wachsend
G. sanguineum 'Prostratum'	Staude	H 10 cm B 15–20 cm	Juli bis August	Purpurrosa		Wertvolle, zierliche Form
G. subcaulescens	Staude	H 10–15 cm B 30 cm	Mai bis Oktober	Karmesinrot		
Gypsophila Schleierkraut						
G. aretioides	Wintergrüne Staude	H 5 cm B 15–25 cm	Juni bis August	Weiß, blaßrosa	5 cm lange Schößlinge im April/Mai in Torf/Sand in einen kalten Kasten. Teilung. Stecklinge und Aussaat	Gut entwässerter Boden; sonniger Platz. Trockenmauer, Plattenweg, Halde, Trog, gedecktes Alpinum. G. aretioides am besten auf einer Halde oder im gedeckten Alpinum
G. cerastioides	Wintergrüne Staude	H 5–10 cm B 30–45 cm	Mai–Juli	Weiß		
G. repens Kriechendes Schleierkraut	Staude	H 10–15 cm B 60 cm	Mai bis August	Weiß, dunkelrosa		
G.-Hybride 'Rosenschleier'	Staude	H 30–50 cm B 40–50 cm	Juni bis August	Rosa, gefüllt		
Haberlea Haberlee						
H. rhodopensis	Staude	H 10 cm B 15–20 cm	Mai–Juni	Purpurviolett	Blattstecklinge im Juni/Juli zu einem Drittel in Torf/Sand in eine beschatteten, kalten Kasten einsetzen. Teilung und Aussaat	Gut entwässerter, feuchter Boden. Langlebige Staude an wind-geschützten, absonnigen Stein-garten- und Trockenmauerplätzen. Senkrechte Spalten an der Nordseite von Steinbrocken

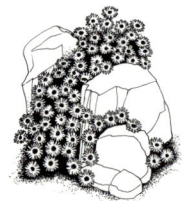

| Helianthemum-Hybride | Helichrysum milfordiae | Hepatica nobilis | Hypericum polyphyllum | Iberis sempervirens |

Name	Wuchsform	Höhe/Breite	Blütezeit	Farbe	Vermehrung	Besondere Hinweise
Helianthemum Sonnenröschen						
H.-Hybriden	Wintergrüne Halbsträucher	H 10–20 cm B 30 cm	Juni bis August	Gelb, rot orange, weiß	5–7 cm lange, nicht blühende Seitentriebe mit Achsel im Juni/August in Töpfe mit Torf/Sand setzen und in einen kalten Kasten stellen oder Aussaat	Durchlässiger, kalkhaltiger Boden; sonniger Platz. Trockenmauer, Plattenweg. Gelegentlicher Rückschnitt nach der Blüte. Schönste Sorten: 'Golden Queen' (goldgelb), 'Sterntaler' (gelb). H. lunulatum: Winterschutz ist zu empfehlen
H. lunulatum	Wintergrüne Staude	H 10–20 cm B 30 cm	Juni bis August	Goldgelb		
Helichrysum Strohblume						
H. milfordiae	Polsterrasige Staude	H 5 cm B 30 cm	Mai–Juli	Karminrosa, später weiß	Durch Stecklinge oder Teilung in einem kalten Kasten. Eintopfen und im kalten Kasten überwintern lassen. 7 cm lange Achselstecklinge im Juli/ August von Seitentrieben abnehmen und in 3 Teile Sand/ 1 Teil Torf setzen	Feuchter, durchlässiger Boden mit Torfmull oder Lauberde. Torfbeet, Plattenweg, Steingarten in der Sonne, Trog, gedecktes Alpinum. Etwas Winterschutz
Hepatica Leberblümchen						
H. nobilis (syn. H. triloba)	Teilweise wintergrüne Staude	H 10 cm B 15–20 cm	März–April	Blau	Teilung im August	Feuchter, gut durchlässiger Boden mit Lauberde oder Torfmull; Schatten oder Halbschatten. Torfbeet, gedecktes Alpinum
Hypericum Johanniskraut						
H. polyphyllum 'Citrinum'	Wintergrüner Halbstrauch	H 15 cm B 30 cm	Mai bis August	Zitronengelb	5 cm lange Weichholzsteck- linge im Mai/Juni von Seiten- trieben abnehmen und in Torf/Sand in einen kalten Kasten setzen oder durch Aussaat	Lockerer Boden; sonniger bis halbschattiger Platz. Plattenweg, Halde
Iberis Schleifenblume						
I. saxatilis	Staude	H 5–10 cm B 30 cm	April–Juni (zweite Blüte im Herbst)	Weiß	Stecklinge im Juni/August in Torf/Sand in einen kalten Kasten	Guter Boden; sonniger bis halb- schattiger Platz. Steinwege. Trockenmauern
I. sempervirens	Staude	H 10–25 cm B 15–60 cm	Mai–Juni	Weiß		Schönste Sorte: 'Findel'

| Leontopodium alpinum | Lewisia cotyledon | Limonium tataricum | Linum flavum | Lithospermum diffusum | Myosotis palustris |

Name	Wuchsform	Höhe/Breite	Blütezeit	Farbe	Vermehrung	Besondere Hinweise
Leontopodium Edelweiß						
L alpinum	Staude	H 20 cm B 25 cm	Juni bis August	Grauweiß, filzig	Aussaat im Februar/März in Blumenerde/Steinsplitt (1 : 1) in einem kalten Kasten	Gut durchlässiger Boden; sonniger Platz. Halde, Plattenweg, Trocken-mauer, gedecktes Alpinum.
L. souliei	Staude	H 15 cm B 20 cm	Juni bis August	Silberweiß		L. souliei: wertvollste Edelweißart für den Steingarten
Lewisia Bitterwurz						
L. cotyledon	Halb sukkulente, wintergrüne Staude	H 15–20 cm B 15–25 cm	Mai–Juni	Weiß mit rosaroten Streifen	Ableger im Juni in Sand/Torf in einen kalten Kasten setzen. Eintopfen und im Kasten überwintern lassen. Märzaussaat in Schalen oder Kistchen; Vermehrung nicht immer artgetreu	Durchlässiger, sandig kiesiger, kalkarmer, humoser Boden; sonniger bis halbschattiger Platz. Halde, Trockenmauer, gedecktes Alpinum. Gedeiht gut im Torfbeet, jedoch Schutz vor Nässe im Winter
L. tweedyi	Halb sukkulente, wintergrüne Staude	H 15 cm B 25 cm	April–Mai	Rosarot, aprikosen-farben		
Limonium Strandflieder						
L. tataricum	Wintergrüne Staude	H 30 cm B 20 cm	Juli bis September	Weiß	Aussaat im März/September	Gut durchlässiger, tiefgründiger Boden; sonniger Platz. Halde, Trockenmauer, Trog
Linum Lein						
L. flavum 'Compactum' Goldflachs	Halbstrauch-artige Staude	H 20 cm B 20 cm	Mai–Juli	Goldgelb	Aussaat im März/April in einen kalten Kasten. Pikieren in Gartenrabatten oder einzeln in Töpfe, da Pflanzen wenig Wurzeln bilden	Durchlässiger, nicht zu schwerer Boden; sonniger Platz. Niedriges Beet, Halde, gedecktes Alpinum, Plattenweg. Etwas Winterschutz ratsam
Lithospermum Steinsame						
L. diffusum	Halbstrauch	H 10–20 cm B 60 cm	April–Juni	Enzianblau	4–6 cm lange Achselsteck-linge von Seitentrieben im Juli/August in Sand/Torf. Etwas feucht halten; gut bewässern	Feuchter, gut durchlässiger, kalk-freier, humoser Boden mit Lauberde oder Torf. Geschützter Standort, Sonne oder Halbschatten. Torfbeet, Trockenmauer, freier Platz im Steingarten.
L. purpureo-caeruleum	Staude	H 15–20 cm B 30 cm	April–Juni	Rosarote Knospen, blaue Blüten		L. purpureo-caeruleum: Boden-decker mit kriechendem Wuchs
Myosotis Vergißmeinnicht						
M. palustris Sumpfvergiß-meinnicht	Kurzlebige Staude	H 30 cm B 20 cm	Mai bis September	Azurblau	Aussaat im Sommer im kalten Kasten oder Teilung	Feuchter, nasser Boden; sonniger bis halbschattiger Platz. Platten-weg, Trog, nasse Stellen im Steingarten.

Oenothera missouriensis

Omphalodes verna

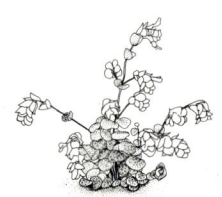
Origanum vulgare 'Compactum'

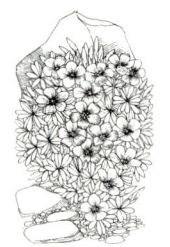
Oxalis adenophylla

Papaver alpinum

Name	Wuchsform	Höhe/Breite	Blütezeit	Farbe	Vermehrung	Besondere Hinweise
Oenothera Nachtkerze						
O. missouriensis	Staude	H 10–20 cm B 45 cm	Mai bis September	Rot getupfte Knospen, die sich zu gelben Blüten öffnen	Aussaat im April in Töpfe mit Komposterde	Gut durchlässiger Boden; sonniger Standort. Niedriges Beet, Halde, Trockenmauern
Omphalodes Gedenkemein						
O. cappadocica	Staude	H 10–15 cm B 45 cm	April–Juni	Zartblau mit weißer Mitte	Kräftig entwickelte Büschel werden im Juni/Juli geteilt	Feuchter Boden mit Torf oder Lauberde; Sonne oder Halbschatten. Steingarten oder Waldlandschaft, in jedem frischen Boden, Torfbeet, Bergwiese. O. verna: Bodendecker, breitet sich sehr stark aus
O. verna	Staude	H 10 cm B 30 cm	März–Mai	Hellblau mit weißer Mitte	Teilung im März/April oder nach der Blüte	
Origanum Bergdost						
O. vulgare 'Compactum'	Staude	H 15 cm B 15 cm	Juli bis Oktober	Rosalila	3–5 cm lange, nicht blühende Triebe von Juli–September in Sand/Torf in einen kalten Kasten	Gut durchlässiger Boden; sonniger, geschützter Platz. Plattenweg, Trockenmauer, Halde, gedecktes Alpinum, Aromatisch duftende Polster
Oxalis Sauerklee						
O. acetosella Waldsauerklee	Staude	H 5–15 cm B 15 cm	April–Juni	Weiß mit rötlichen Adern	Alle Arten durch Teilung nach der Blüte	Gut durchlässiger Boden mit Torf oder Lauberde; sonniger Platz. Halde. Plattenweg, Torfbeet, gedecktes Alpinum. Pflanzen müssen frostfrei überwintert werden. O. acetosella als Unterpflanzung an halbschattigen, feuchten, humosen Standorten
O. adenophylla	Staude	H 8–10 cm B 15 cm	Mai–Juli	Hellviolett		
Papaver Mohn						
P. alpinum Alpenmohn	Staude	H 10–20 cm B 10–25 cm	Juni bis August	Mischungen in Weiß, Gelb, Rot, Orangerot	Aussaat im März/April oder September am endgültigen Standort	Gut durchlässiger, auch kalkhaltiger Boden; sonniger, freier Platz. Plattenweg, Halde, Trog, gedecktes Alpinum. Oft nur wenige Jahre Lebensdauer

Fortsetzung Seite 345

Lilien

Lilien gehören zu den prächtigsten Blumen in unseren Gärten. Sie sind schon seit Jahrtausenden bei uns bekannt und äußerst beliebt

Die Heimat der Lilien sind die gemäßigten und subtropischen Zonen der nördlichen Erdhalbkugel. Die meisten Arten sind zwar aus Asien zu uns gekommen, doch auch in Amerika und Europa sind Lilien zu Hause; die Zahl der europäischen Arten ist allerdings gering.

Leider kann man die meisten Wildformen bei uns nicht kultivieren, da sie nicht standfest genug sind. Sie blühen zwar einmal, gehen dann aber ein. Deshalb wählt man am besten Arten aus, die sich in unserem Gartenmilieu wohl fühlen; dazu zählen vor allem die Midcenturyhybriden.

Von den reinen Arten haben sich bei uns seit Jahrhunderten die Madonnenlilien bewährt. Sie sind auf vielen Madonnenbildern dargestellt.

Wichtig für eine erfolgreiche Kultur ist vor allem der Boden. Schwere und nasse Böden sind nicht geeignet, und außerdem muß man den Kalkgehalt kennen, denn es gibt kalkliebende Lilien und solche, die Kalk nicht mögen.

Taglilien, Verwandte der echten Lilien, sind außerordentlich standfest und gedeihen in fast jedem Boden viele Jahre.

Taglilien sind besonders widerstandsfähig und wuchsfreudig. Sie blühen sehr reich. Bis vor wenigen Jahren gab es nur gelb blühende Sorten, doch neue Sorten haben das Farbenspiel der Blüten wesentlich bereichert. Hübsch sind vor allem die braunen und braunroten Töne

Die Madonnenlilie treibt ihre weißen Blüten im Juni und Juli

Lilium pyrenaicum *ist eine relativ seltene Art, aber für den Garten gut geeignet. Sie liebt einen sandig-humosen Lehmboden und gedeiht am besten an einem geschützten Platz*

Madonnenlilie ▲

▼ Taglilie 'Corky'

▼ Lilium pyrenaicum

▼ Taglilie 'Crimson Pirate'

Iris

Iris ist griechisch und bedeutet Regenbogen. Dieser Name beschreibt diese Blumen treffender als der Gattungsname Schwertlilien, denn sie entfalten eine großartige Farbenpracht im Garten

Die Iris zählen zu den reizvollsten Gartenpflanzen, denn sie schillern in den buntesten Farben und haben herrlich geformte Blüten. Sechs Blütenblätter sind über dem Fruchtknoten zu einer Röhre verwachsen, danach teilen sie sich auf und bilden zwei deutliche Kreise. Während die äußeren Blütenblätter nach unten hängen, stehen die inneren, von wenigen Ausnahmen abgesehen, nach oben und bilden den sogenannten Dom. Die hängenden Blütenblätter nennt man auch Fahnen.

Über den Hängeblättern stehen frei drei Narbenschenkel, die mit einer bürstenförmigen Haarleiste ausgestattet sind. Diese Haarleiste ist eine Besonderheit und wird auch als Bart bezeichnet. Die Gruppe der Bartiris erhielt danach ihren Namen.

Die Blütezeit der Iris liegt günstig, denn sie fällt in sonst blütenarme Monate. Sie blühen schon im Mai und Juni, zu einer Zeit also, in der gerade der Frühjahrsflor beendet ist und der Hauptflor der Sommerblumen noch nicht richtig eingesetzt hat.

Iris sanguinea ist eine sehr dankbare Art, die auch auf trockenen Standorten prächtig gedeiht. Die Sorte 'Snow Queen' hat weiße Blüten

Die Sumpfschwertlilie liebt Standorte, die vor allem im Frühjahr feucht sind, und einen nahrhaften, lehmigen Kulturboden. Nach der Blüte sollte man jedoch kaum mehr gießen, denn dann setzt die Ruheperiode ein

Die Pflaumeniris ist wenig bekannt; sie hat grasartige Blätter

Die Iris pseudacorus ist zum Beispiel an Bachrändern zu Hause, gedeiht im Garten aber auch an trockenen Stellen

Die Iris germanica ist die stattlichste Gartenschwertlilie; sie gehört zur Gruppe der Bartiris

▲ *Pflaumeniris*

▲ *Iris pseudacorus*

Iris germanica ▼

▼ *Iris sanguinea 'Snow Queen'*

▼ *Sumpfschwertlilie*

Steingartenpflanzen

Überall läßt sich ein Steingarten anlegen, an einem Hang, im ebenen Gelände, an einer Trockenmauer, in einem Torfbeet und nicht zuletzt in Trögen, in Schalen und in Becken

Ein Steingarten ist eine Zierde für jeden Garten. Schon allein die Steine, aus denen sich eine solche Anlage aufbaut – ob es sich nun um Kalksteine, Sandsteine, Schiefer, Granit, Basalt, Tuffsteine oder auch um große Kieselsteine handelt –, verleihen dem Garten einen besonderen Akzent. Man kann sie im rohen Zustand verwenden, gerade so, wie man sie vielleicht auf einer Wanderung durch bergige oder gebirgige Gegenden findet, doch eine ebenso große Wirkung kann man natürlich mit behauenen Steinen erzielen.

Steingartenpflanzen stammen vorwiegend aus der Gebirgs- und Hochgebirgsregion. Nahezu alle bevorzugen einen sonnigen Standort und einen gut entwässerten Boden. Es gibt eine fast unüberschaubare Anzahl von Steingartenpflanzen mit zahlreichen Gattungen, Arten und Sorten. Viele von ihnen zeichnen sich durch leuchtende Farben, fein gezeichnete Formen und die Fülle ihrer Blüten aus. So gibt es eine Sorte der Heidenelke, die intensiv karmesinrot blüht; mit den verschiedensten Blautönen wartet der Enzian auf; besonders viele zarte, kleine Blüten bringt das Schleierkraut hervor. Nicht jedem ist die Bitterwurz mit ihren weißen, rosaroten oder aprikosenfarbenen Blüten bekannt, doch wer sie im Steingarten einmal gepflanzt hat, wird sie nicht mehr missen mögen.

Zu den wichtigsten Steingartenpflanzen zählen die Aubrietien. Sie bilden bis zu 10 cm hohe Polster und blühen besonders reich und farbintensiv. Auch sollten Steinbrechgewächse in keinem Steingarten fehlen. Mehr als 300 Arten gibt es von dieser Pflanzengattung und überdies noch unzählige Hybriden. Die Blütenfarben und Blattformen der einzelnen Arten unterscheiden sich stark voneinander. Sehr häufig findet man die Flammenblume, meist unter ihrem botanischen Namen *Phlox* bekannt, in Steingärten. Sie blüht weiß und rosa.

Kein Steingarten ohne Glockenblumen! Wie bei den Flammenblumen, werden auch hier die niedrigen Arten bevorzugt. Sehr wertvoll ist die *Campanula portenschlagiana*.

Abgesehen von diesen Stauden werden im Steingarten auch gerne Farne, Moose, Gräser, Heidekräuter, Zwiebel- und Knollenpflanzen ebenso wie Laub- und Nadelgehölze verwendet.

Die meisten Hauswurzarten kann man gut in Mauerfugen, Gesteinsspalten oder in die Aushöhlungen von Tuff-steinen pflanzen. Zu hellem Gestein passen auch die dichten Büschel der Blauschwingelgräser gut

▲ Blaukissen

Das Blaukissen, ein Kreuzblütler, gehört zu den bekanntesten und schönsten immergrünen Polster- und Mauerstauden

Das Sonnenröschen ist ein kleiner Halbstrauch, der einen sonnigen Platz verlangt. Er blüht reich und ist für den Steingarten sehr gut geeignet

An feuchten und frischen Stellen in sonnigen oder halbschattigen Lagen wird die Kugelprimel bis zu 30 cm hoch. Ihre Blüten, die eine Kugel bilden, können weiß oder rosa bis violett sein

▼ Sonnenröschen

▼ Kugelprimel

▲ Trockenmauer

In pflanzlicher und farblicher Harmonie bilden Beetstauden, Zwiebelgewächse und Steingartenpflanzen auf dieser Trockenmauer eine Einheit

Im Hintergrund leuchten die sternförmigen gelben Blüten der Gemswurz. Sie ist umgeben von Tulpen und dem polsterbildenden gelben Steinkraut, einer strauchartigen Staude; daneben die weißen Blüten der Schleifenblume mit ihren lederartigen grünen Blättern und die rosafarbene Gänsekresse (Arabis caucasica 'Monte Rosa'), die häufig schon im April blüht. Die Mauer besteht aus Platten und Blöcken

340

▲ Edelweiß

Waldanemone ▼

▼ Storchschnabel

Die verschiedenen Storchschnabel-arten eignen sich sehr gut für den Steingarten, weil sie ziemlich robust und anpassungsfähig sind. Die meisten Arten bringen viele kleine weiße oder rosa Blüten hervor. Auch wegen der schönen handförmig gelappten Blätter, die sich im Herbst prächtig färben, wird die Pflanze gern im Steingarten verwendet. Die hier gezeigte Storchschnabelart Geranium sanguineum ist eine niedrige, stark wuchernde Art. Sie blüht von Juni bis September und wird 15–25 cm hoch. Mit den Balkon-„Geranien" sind die Storchschnäbel verwandt, doch deren botanischer Name ist Pelargonium

Der Wunsch vieler Hobbygärtner ist es, ein Edelweiß im Steingarten zu haben. Manch einer versucht, das bekannte Alpenedelweiß heranzuziehen. Das gelingt jedoch nur in höheren Lagen, und auch dann ist das Resultat meist unbefriedigend. Es gibt aber einige asiatische Edelweißarten, die reich blühen und schöne weiße Sterne bekommen. Dazu gehört zum Beispiel das hier gezeigte Leontopodium souliei

Schon früh im Jahr blüht die Waldanemone. Sie gedeiht in der Sonne und im Halbschatten und bevorzugt einen kalkhaltigen Boden

341

Zu der formenreichen Gattung der
Steinbrechgewächse zählen die
schönsten alpinen Stauden. Sie wirken nicht nur durch ihre hübschen
Blüten, sondern auch durch die
Schönheit ihrer immergrünen Polster
und der formvollendeten Blattrosetten. Als Einfassungspflanzen an Plat-
tenwegen und zur Pflanzung an Mau-
erkanten eignen sich besonders die
moosartigen Steinbrechgewächse

Ein Feuerwerk besonderer Art sind
die Heidenelken mit ihren unzähligen
roten Blüten, die von Juli bis August
erscheinen. Diese Staude bildet
dichte, kleinblättrige, rasenartige Polster. Wie die meisten Steingartenpflanzen braucht auch sie einen gut
entwässerten Boden. Sie bevorzugt
einen sonnigen Standort, gedeiht
aber auch noch im Halbschatten

▼ Heidenelke

▲ Steinbrech

Der Mannsschild ist eine ausgesprochene Gebirgspflanze. Er gehört zu
den Primelgewächsen. Ungefähr 100
Arten gibt es wild wachsend in Europa, Asien und Nordamerika.

Die hochalpinen Arten bringt man
nur mit großer Mühe im Steingarten
durch. Leichter aufzuziehen sind Androsace sarmentosa, die graublättrige Rosettenpolster bildet, A. semper-
vivoides mit ihren fleischigen, glänzenden Blättern und auch die hier
gezeigte Art A. primuloides.

Ihre primelartigen rosa Blüten erscheinen im Mai und Juni. Jeweils
acht bis zehn Blüten stehen in einer
Dolde. Mit ihren 5—10 cm langen
Ausläufern bildet sie rosettige Horste

▼ Mannsschild

Heidekraut

Wer schon einmal den besonderen Reiz einer blühenden Heidelandschaft kennengelernt hat, den wird es vielleicht locken, verschiedene Heidekräuter in seinem Garten anzupflanzen

Die Heide, gleich ob Steppenheide, Zwergstrauchheide oder Felsenheide, ist eine Vegetationsform nährstoffarmer und saurer Böden. Gerade der Zauber, den hier die Pflanzen bei größter Genügsamkeit entfalten, ist es, den man im Garten einfangen möchte. Eine Heide im verkleinerten Maßstab zu schaffen ist wohl der Traum manch eines Gartenliebhabers, doch nicht überall sind die notwendigen Voraussetzungen dafür gegeben.

Einen Heidegarten kann man überall dort anlegen, wo von Natur aus arme oder sandige Böden vorhanden sind. Die Oberfläche des Bodens sollte möglichst eben oder nur sanft gewellt sein. Von großer Bedeutung ist auch, daß der Heidegarten viel Sonne erhält. Gut läßt er sich an einen Steingarten anschließen.

Unsere bekanntesten und verbreitetsten Heidekrautarten sind die Besenheide, die Graue Heide, die Graue Glockenheide, die Schneeheide, die Bruchheide, die Echte Glockenheide und die Baumheide.

Einen Heidegarten kann man abwechslungsreich gestalten, wenn man Kiefer- und Wacholderarten zwischen das Heidekraut setzt. Ebenso fügen sich verschiedenartige Gräser, Berberitzen und Stechpalmen in das Bild eines Heidegartens ein.

Selbstverständlich kann ein Heidegarten auch im Herbst durch die überall im Handel erhältlichen, leider aber nicht winterharten südafrikanischen Topferikapflanzen zusätzlich belebt werden. Mit ihren leuchtenden Farbtönen in Rot, Rosa und Weiß schaffen sie – als Gruppe oder ins Beet gepflanzt – einen besonderen Höhepunkt und überbrücken oft die Zeit nach dem Abblühen der Besenheide bis zur Blüte der Schneeheide.

▼ *Heidepartie mit Heidekraut, Schneeheide und Säulenwacholder*

▲ *Weißblühendes Heidekraut*

▲ *Heidekraut mit Cinerarien*

Selbst im kleinen Garten kann man eine Heidepartie pflanzen. Aufgelockert wird sie durch Wacholder und verschiedene Gräser. Die Besenheide eignet sich nur für saure Böden, während die Schneeheide auch in leicht kalkhaltigen gut gedeiht

Farne

Farne gehören zu den anspruchslosesten Grünpflanzen. Ihre Wurzelstöcke können Jahrzehnte alt werden

Farne sind uralte Pflanzen. Schon vor mehr als 300 Millionen Jahren gab es diese einst viel artenreichere Pflanzengruppe. Sie bildete riesige Wälder, aus denen die heutigen Kohlenlager entstanden sind.

Farne gehören zu den dauerhaftesten Stauden. Sie gedeihen besonders gut unter Bäumen und höheren Gehölzen, die ihnen den notwendigen kühlen und lichten Schatten spenden. Kleinere Farne kann man natürlich auch unter niedrige Gehölze oder in Mauerfugen pflanzen.

Zu allen Jahreszeiten wirken Farne dekorativ: im Frühjahr, wenn ihre Wedel noch unentfaltet sind und wie Bischofsstäbe aussehen; im Sommer, wenn sie ihre filigranartigen Wedel emporrecken; im Herbst, wenn sich ihr Grün in mattglänzendes Gold verwandelt; und selbst im Winter, wenn die noch verbliebenen Sporenblätter mancher Arten mit Reif und Schnee bedeckt sind.

Auch im Sumpf- und Uferbereich sind Farne zu Hause. Will man sehr feuchte oder gar sumpfige Stellen eines Grundstücks bepflanzen, dann denkt man häufig wohl nicht gleich an Farne. Doch gibt es eine ganze Reihe von Arten, die am natürlichen Standort in moorigen Erlenbrüchen oder am Rand von Hochmooren leben. Dort säumen sie die torfigen Ufer fast bis zur Wassergrenze hin.

In diesem Bereich wagen sich einige Arten sogar zum flachen Wasser vor. Dazu gehört beispielsweise der Perlfarn. Auf hügelartigen Torfaufschüttungen bis zu 20 cm über der Wassergrenze finden sich die Standplätze des ornamentalen Königsfarns und des Ausläufer treibenden Trichterfarns, der wegen seiner Sporenwedelform auch Straußfarn genannt wird. Besonders schöne Bindeglieder zwischen den Farnpflanzen sind Gräser, Heidemoorpflanzen und Zwiebelgewächse.

▲ Königsfarn

▼ Frauenfarn

Hirschzungenfarn ▼

Eine sehr anspruchslose und veränderliche Art ist der Frauenfarn. Er ist sommergrün und kann bis zu 80 cm hoch werden. Seine zarten, spitzenartigen, hellgrünen Wedel sind stark unterteilt

Der Königsfarn mit seinen doppelt gefiederten, bis zu 1,5 m hohen Wedeln, die einen breiten Becher bilden, stellt einen Schwerpunkt im schattigen Gartenbereich dar

Für die Bepflanzung feuchter Stellen und auch für die von Mauerritzen ist der anspruchslose wintergrüne Hirschzungenfarn gut geeignet

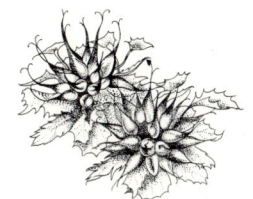

| Penstemon-Barbatus-Hybride | Phlox subulata | Phyteuma comosum | Polygonum affine | Potentilla nitida |

Name	Wuchsform	Höhe/Breite	Blütezeit	Farbe	Vermehrung	Besondere Hinweise
Penstemon Bartfaden						
P.-Barbatus-Hybriden	Staude	H 40–60 cm B 40 cm	Mai bis September	Blau, rosa, rot	4–6 cm lange, nicht blühende Triebe im Juli/August in Torf/Sand. Eintopfen und im kalten Kasten überwintern lassen	Guter Boden; sonniger Platz. Halde, niedriges Beet, Plattenweg, Torfbeet, Bergwiese; oft nicht ganz winterhart
Phlox Flammenblume						
P. douglasii	Rasenbildende Staude	H 5–10 cm B 45 cm	Mai–Juni	Rosalila	5–6 cm lange Stecklinge im Frühjahr und später in Torf/Sand in den kalten Kasten. Aussaat im November/Dezember	Gut durchlässiger Boden, sonniger Platz. Trockenmauer. Plattenweg, Halde. Schönste und beste Sorten von P. subulata: P. s. 'Atropurpurea' (purpurrot), P. s. 'G. F. Wilson' (zart lilablau), P. s. 'Temiskaming' (dunkelrot), P. s. 'White Delight' (weiß). Beste und schönste Sorte von P. douglasii P. d. 'Georg Arends'
P. subulata Moosphlox	Staude	H 5–15 cm B 30 cm	April–Juni	Weiß, rosa, blau, rot		
Phyteuma Teufelskralle, Rapunzel						
P. comosum	Staude	H 10–15 cm B 15 cm	Juni–Juli	Purpurfarben	Aussaat frischer Samen im Herbst oder Anzucht in Töpfen	Gut durchlässiger, körniger Boden; absonniger Platz. Halde, Trockenmauer, Kalksteinspalten, gedecktes Alpinum
P. scheuchzeri	Staude	H 20 cm B 20 cm	Mai–Juni	Dunkelblau		
Polygonum Knöterich						
P. affine	Staude	H 15–30 cm B 45 cm	Juli bis September	Tiefrosa	Teilung im März/April	Feuchter, aber nicht nasser Boden mit Torf oder Lauberde. Torfbeet, Plattenweg, Bergwiese, Bodendecker. Sehr stark ausbreitend, wuchernd
P. tenuicaule	Staude	H 10 cm B 30–45 cm	März–Mai	Blaßrosa bis weiß		
Potentilla Fingerkraut						
P. nitida	Rasenbildende Staude	H 5–8 cm B 30 cm	Juli bis August	Zartrosa, karminrote Mitte	Am besten durch Stecklinge von Bodentrieben im April in Torf/Sand in einen kalten Kasten	Gut durchlässiger, magerer Boden; sonniger Platz. Trog, gedecktes Alpinum, ist im Flachland blütenarm

Primula auricula

Ramonda myconi

Raoulia australis

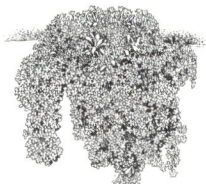

Saponaria ocymoides

Name	Wuchsform	Höhe/Breite	Blütezeit	Farbe	Vermehrung	Besondere Hinweise
Primula Primel						
P. auricula Alpenaurikel	Wintergrüne Staude	H 10–20 cm B 15 cm	April–Juni	Gelb, purpurfarben	3–5 cm lange Stecklinge oder eingewurzelte Triebe im Juni/August	*P. auricula, P. clarkei, P. edgeworthii:* feuchter, aber gut durchlässiger, kalkhaltiger Boden mit etwas
P. clarkei	Staude	H 5 cm B 15 cm	März	Blaßlila	Sofortige Aussaat reifer Samen	Lauberde oder Torf gelockert; Halbschatten oder Sonne. Torfbeet, Plattenweg, Trog, Alpinum.
P. denticulata Kugelprimel	Staude	H 20–30 cm B 15 cm	März–Mai	Verschiedene Farben	Kauf in der Gärtnerei	*P. denticulata:* lehmiger, feuchter Boden, halbschattig–sonnig;
P. edgeworthii	Staude	H 5–10 cm B 25 cm	Januar	Violettrosa	Sofortige Aussaat reifer Samen	Steingarten, Alpinum, Sumpfgarten, Uferbepflanzung. *P. × pruhoniciana:*
P. × pruhoniciana Kissenprimel	Staude	H 15 cm B 15 cm	Februar bis Mai	Rot und andere Farben	Kauf in der Gärtnerei	guter Gartenboden, etwas abson- nige Standorte, am Fuß des Stein- gartens. *P. vialii:* Halbschatten; gute
P. vialii Orchideenprimel	Staude	H 40–50 cm B 15 cm	Juni–Juli	Zweifarbig, Kelch scharlachrot, Blüten lavendelblau	Kauf in der Gärtnerei	humose, feuchte Standorte, aber auch auf trockeneren, steinigen Böden. Eventuell etwas Winter- schutz
Ramonda Felsenteller						
R. myconi	Wintergrüne Staude	H 10–20 cm B 20 cm	Mai–Juni	Blauviolett	Blattstecklinge mit Knospe im Juni/Juli; Teilung und Aussaat; in einen kalten Kasten ein- setzen (etwa sechs Wochen)	Gut durchlässiger, feuchter, humoser, nahrhafter Boden; schattiger Platz. Trockenmauer, Torfbeet, gedecktes Alpinum; eine
R. nathaliae	Wintergrüne Staude	H 10–15 cm B 20 cm	Mai	Blau mit Orangegelb		der schönsten Steingartenstauden. *R. nathaliae* auch auf kalkhaltigem Boden
Raoulia						
R. australis	Niederliegende, silbrige Staude	H 3–5 cm B 30 cm	April–Mai	Unscheinbar gelb	Teilung im Juni/September	Gut durchlässiger Boden, der nicht austrocknet; sonniger Platz. Halde, Plattenweg, Steingarten, gedecktes Alpinum; gegen Winternässe empfindlich
Saponaria Seifenkraut						
S. ocymoides	Staude	H 10–20 cm B 15–30 cm	Juni bis September	Hellrosa	Aussaat im März. Zuchtformen durch Stecklinge von Boden- trieben im März/April	Steiniger, durchlässiger Boden; sonniger Platz. Trockenmauer, Plattenweg, Bergwiese, gedecktes Alpinum

Saxifraga cotyledon

Sedum dasyphyllum

Sempervivum arachnoideum

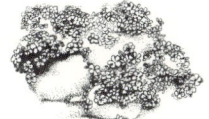

Silene maritima

Name	Wuchsform	Höhe/Breite	Blütezeit	Farbe	Vermehrung	Besondere Hinweise
Saxifraga Steinbrech						
Euazoonia-Gruppe *S. aizoon* (syn. *S. paniculata*) mit verschiedenen Unterarten und Sorten	Rosettenbildende Staude	H 15–20 cm B 20 cm	Juni–Juli	Weiß	Im Mai/Juni werden Blatt-rosetten ohne Blüten abge-nommen. Die unteren Blätter setzt man in eine Schale mit Torf/Sand und gießt von unten. Bei *S. cotyledon* auch durch Teilung	Gut durchlässiger, steiniger Boden; Sonne oder Halbschatten. Trocken-mauer, Plattenweg, Halde, Trog, gedecktes Alpinum. Verschiedene andere Gruppen, Arten und Unter-arten in der Staudengärtnerei erhältlich
S. cochlearis	Rosettenbildende Staude	H 20 cm B 20–30 cm	Juni	Weiß		
S. cotyledon	Rosettenbildende Staude	H 50 cm B 30–40 cm	Juni bis August	Weiß		
Sedum Fetthenne						
S. acre Mauerpfeffer	Staude	H 5–10 cm B 15 cm	Juni–Juli	Gelb	Teilung im Frühjahr oder Herbst	Gut durchlässiger, sandiger Boden; Sonne. Trockenmauer, Felsen, Plattenweg. Viele andere Arten, Unterarten und Sorten für jeden Standort in den Staudengärtnereien erhältlich
S. dasyphyllum	Rasenbildende Staude	H 2–10 cm B 30 cm	Mai–Juni	Weiß		
Sempervivum Hauswurz						
S. arachnoideum	Rosettenbildende Staude	H 3–10 cm B 30 cm	Juni–Juli	Rosa-rot	Ableger abtrennen im September/Oktober oder März/April	Gut durchlässiger Boden; sonniger Standort. Trockenmauer, Fels-spalten, Halde, Plattenweg, gedecktes Alpinum *S. tectorum:* sehr verbreitete Art
S. tectorum (mit verschiedenen Sorten)	Rosettenbildende Staude	H 10–20 cm B 20 cm	Juli	Purpurrosa		
Silene Leimkraut						
S. maritima	Polsterbildende Staude	H 10–15 cm B 30 cm	Juni bis August	Weiß	Stecklinge aus kräftigen Trieben im Juli/August in Torf/Sand, auch Aussaat und Teilung	Gut durchlässiger Boden; Sonne oder Halbschatten, sonst anspruchslos. Halde, Plattenweg, Trockenmauer, schottriger Boden, gedecktes Alpinum

Soldanella alpina	*Thymus serpyllum*	*Tiarella cordifolia*		*Uvularia grandiflora*	*Veronica prostrata*	*Viola cornuta*

Name	Wuchsform	Höhe/Breite	Blütezeit	Farbe	Vermehrung	Besondere Hinweise
Soldanella Alpenglöckchen						
S. alpina	Staude	H 5–8 cm B 15 cm	März–April	Purpur-violett	Teilung im Juni; wieder ein-setzen oder eintopfen. Aussaat nach der Reife oder im März	Feuchter, kühler, humoser, durchlässiger Boden. Sonne oder Halbschatten. Torfbeet, Trog, gedecktes Alpinum
S. montana	Staude	H 10 cm B 20 cm	März–April	Blaßviolett		
Thymus Thymian						
T. × citriodorus	Staude	H 15 cm B 30 cm	Mai–Juli	Lila	Teilung von März bis September	Gut durchlässiger Boden; sonniger Platz. Plattenweg, Halde, Trocken-mauer, Trog, Bergwiese, gedecktes Alpinum
T. serpyllum	Rasenbildende Staude	H 3–8 cm B 60 cm	Juni bis August	Rosarot, weiß		
Tiarella Schaumblüte						
T. cordifolia	Wintergrüne Staude	H 15–20 cm B 30 cm	April–Juni	Weiß	Teilung im Oktober oder April. Märzaussaat in einen kalten Kasten	Feuchter Boden mit Lauberde oder Torf; Halbschatten bis Schatten. Bodendecker; wuchernd
T. wherryi	Wintergrüne Staude	H 15–30 cm B 30 cm	Mai–Juli	Cremeweiß		
Uvularia Goldsiegel						
U. grandiflora	Staude	H 30 cm B 20 cm	Mai–Juni	Gelb	Teilung im Juni	Gut durchlässiger, feuchter Boden mit Lauberde oder Torfmull; schattiger Torfgarten, gedecktes Alpinum
Veronica Ehrenpreis						
V. incana	Staude	H 20–40 cm B 30 cm	Juni–Juli	Blau	5 cm lange Stecklinge von Seitentrieben im Juli/August in Torf/Sand in einen kalten Kasten. Durch Teilung im März/April	Gut durchlässiger Boden; Sonne oder Halbschatten. Plattenweg, Halde, Trockenmauer. *V. surculosa:* sonniger, trockener Standort; sät sich meist selbst aus
V. prostrata	Polsterbildende Staude	H 10–20 cm B 30 cm	Mai–Juli	Leuchtend blau		
V. surculosa	Rasenbildende Staude	H 10 cm B 30–45 cm	Mai–Juli	Blau-rosa		
Viola Veilchen						
V. cornuta	Staude	H 10–20 cm B 30 cm	Mai bis August	Violett	Märzaussaat in Komposterde, in den Schatten stellen	Feuchter, aber lockerer Boden; Sonne oder Teilschatten. Platten-weg, Torfbeet, Trog, gedecktes Alpinum; Unterpflanzung

Heidekrautgewächse

Heidekrautgewächse gehören zu den Gartenpflanzen, die nur in bestimmten Klimagebieten und auf ganz bestimmten Böden gut gedeihen

Heidekrautgewächse eignen sich für die Bepflanzung eines Gartens besonders dann, wenn der Untergrund moorig oder sandig ist. Unter solchen Voraussetzungen ist die Pflege eines Heidekrautgartens verhältnismäßig einfach. Interessante Zuchtformen bieten einen besonderen Reiz. Hinzu kommt noch, daß sich einige Heidekräuter relativ einfach vermehren lassen.

Bei uns gibt es vor allem drei Gattungen: Besenheide, Heide und Irische Heide.

Heidekrautgewächse kann man grob nach ihrer Blütezeit unterteilen: in einige im Sommer und im Herbst blühende Arten und in solche, die im Winter und Frühjahr blühen. Die im Sommer und Herbst blühenden Heidekrautgewächse brauchen in der Regel einen kalkfreien Boden, während die im Winter blühenden auch mit kalkhaltigem Boden vorliebnehmen.

Außerdem kann man die Heidekrautgewächse auch nach ihrer Größe in zwei Gruppen einteilen: in Baumheiden, die bis zu 2,5 m

Mit Heidekrautgewächsen kann man zu jeder Zeit des Jahres den Garten mit Farbakzenten bereichern. Die Calluna vulgaris blüht im Spätsommer, sieht aber auch im Winter prächtig aus, wenn ihr Laub rote, gelbe, orangerote oder bronzefarbene Tönungen annimmt. Die Erica tetralix zählt auch zu den im Sommer blühenden Heidekrautgewächsen und hat leicht silbergraues Laub. Die im Winter blühenden Heidekräuter, beispielsweise Erica carnea, haben im Sommer grünes oder gelbes Laub, das in gemischten Rabatten wirkungsvoll aussieht.

Um einen Garten mit Heidekräutern durch höheren Bewuchs abwechslungsreicher zu gestalten, kann man sie vor einen Hintergrund aus Sträuchern und kleinen Nadelgehölzen setzen

Wichtige Heidekrautgewächse

hoch werden, und in die übrigen Arten, die von Nadelkissengröße bis 50 cm reichen.

In reinen Heidekrautgärten läßt sich mit einiger Kunstfertigkeit Abwechslung in die Gartenlandschaft bringen. Eine gewisse Hilfe sind dabei die verschiedenen hohen Arten, Böschungen und Steinbrocken; am besten ist es jedoch, wenn man andere Pflanzen hinzusetzt. Meist verwendet man zu diesem Zweck niedere Formen von Kiefern und verschiedene Wacholderarten. Eine gute Wirkung erzielt man, wenn man Birken, Sanddorn, Stechpalmen, Felsenmispeln, Berberitzen und Ginster dazwischenpflanzt. Auch Stauden, etwa Königskerzen, Glockenblumen, Thymian, und einige Gräser, etwa das Wollgras, sollten nicht fehlen.

Meist werden verschiedene Arten von Heidekrautgewächsen in Gruppen zusammengesetzt, da Einzelpflanzen oft unansehnlich wirken.

Heidekrautgewächse können auch zur Verschönerung von Strauchrabatten, gemischten Rabatten oder Steingärten herangezogen werden. Man setzt sie entweder als Randbepflanzung ein oder streut sie zwischen die anderen Pflanzen. Selbst die abgestorbenen Blütenstände der im Sommer und Herbst blühenden Heidekrautarten können in der Wintersonne ebenso prächtig leuchten wie zuvor die Blüten. Einige Sorten der *Erica vagans* sehen dabei besonders schön aus, ihnen stehen aber die *E. ciliaris* und einige Hybriden der *E. cinerea* kaum nach.

Viele der im Sommer blühenden Heidekrautgewächse, vor allem die Besenheide, entfalten eine zweite Pracht im Winter, wenn ihr Laub mit zunehmendem Frost kräftige Färbungen annimmt. Sie leuchten dann karminrot, blutrot, bronzefarben, goldgelb, orangerot, gelb, silbern, grau oder grün und in allen Mischfarben, und die Tönung ändert sich mit der Jahreszeit.

Calluna Die Besenheide ist die Charakterpflanze der Heide- und Moorlandschaften. Man nennt sie oft auch Heidekraut. Sie wächst wild in ganz Europa und ist ausgesprochen winterhart. Die *Calluna* blüht hauptsächlich von Juli bis September an Rispen, die bis zu 30 cm lang werden. Sie blüht meist weiß, aber auch in verschiedenen roten, purpurfarbenen und rosaroten Tönen.

Es gibt nur eine Art, *C. vulgaris*, mit verschiedenen Sorten, deren Wuchs vom dichten Nadelkissen bis zu 60 cm hohen Pflanzen reichen kann. Bei neueren Züchtungen ist das Laub auffallend rot, gelb, orangerot oder bronzeartig gefärbt. Die *Calluna* wächst nicht in kalkhaltigem Boden.

Daboecia Die Irische Heide (*Daboecia cantabrica*) bringt von allen unseren Heidekrautgewächsen die größten Blüten hervor – bis zu 2 cm im Durchmesser. Sie blüht von Juli bis in den Herbst hinein in Weiß, Rosarot, Karminrot oder Purpurrot. Nach der Blüte fallen die Blumenkronen ab. Die dunkelgrünen Blätter sind auf der Unterseite silbergrau. Die Pflanzen erreichen eine Höhe von 15–75 cm.

Die *Daboecia* verträgt keinen kalkhaltigen Boden, der Standort und die Pflege ist wie bei *Calluna*. In kalten Gegenden muß sie vor Frost geschützt werden. Die Hybride *D. cantabrica × azorica* ist jedoch mehr winterhart und blüht auch länger. Gepflanzt wird im Frühjahr mit Ballen.

Erica (sommerblühend) Die Blüten der *Erica cinerea* (Grauheide, Graue Glockenheide) können viele Färbungen von Blaßrosa über die verschiedensten Rottöne bis Purpurschwarz haben. Alle Arten mit purpurfarbenen, rosaroten und weißen Blüten sind ab Juli bis in den Winter hinein beständig.

Erica (winter- und frühjahrsblühend) Alle hier beschriebenen Heidearten eignen sich auch für Gärten mit leicht kalkhaltigem Boden.

E. carnea (Schnee- oder Frühlingsheide) Dieser ausgezeichnete Bodendecker ist von allen Heidekrautgewächsen am weitesten verbreitet und ist ausgesprochen winterhart. In der Zeit zwischen Oktober und Februar öffnen sich die roten, rosaroten oder weißen Blüten. Die Blüte hält oft bis zum Mai an. Die Höhe und Breite der Pflanze beträgt 20–30 cm.

E. mediterranea (Bruchheide) Die größte der winterblühenden, kalkholden Heiden wird 50 cm hoch und höher. Die purpurfarbenen, rosaroten oder weißen Blüten erscheinen manchmal schon im Dezember und halten oft bis zum Sommer an. Sie blühen von Juni bis September, bei einigen erstreckt sich die Blütezeit bis in den Herbst. Sie gedeihen nicht gut in kalten Gegenden. Die verschiedenen Zuchtformen erreichen eine Höhe und Breite von 30–50 cm. Sie brauchen einen kalkfreien Humusboden und müssen im Winter leicht abgedeckt werden.

E. tetralix (Echte Glockenheide) Eine wegen ihres silbergrauen Laubs geschätzte Heide, die von Ende Juni bis September entweder rosarot oder weiß blüht. Sie ist ausgesprochen winterhart, braucht jedoch leicht moorigen oder sauren und feuchten Boden. Die Pflanzen erreichen eine Höhe und Breite von 20–30 cm.

E. vagans (Cornwallheide, Sommerheide) Eine Strauchheide, die 40–60 cm hoch und sehr buschig wird. Sie bildet lange, dichte Blütenrispen, vor allem wenn die Pflanze noch jung ist, verträgt einen geringen Kalkgehalt im Boden und hält auch stärkeren Frost aus.

Erica arborea (Baumheide) Die größte Heideart; sie kann bei uns in einem wärmeren Klima bis zu 2 m hoch werden. An ungeschützten Stellen oder in kalkhaltigem Boden gedeiht sie jedoch nicht. Die weißen Blüten erscheinen von März bis Juni.

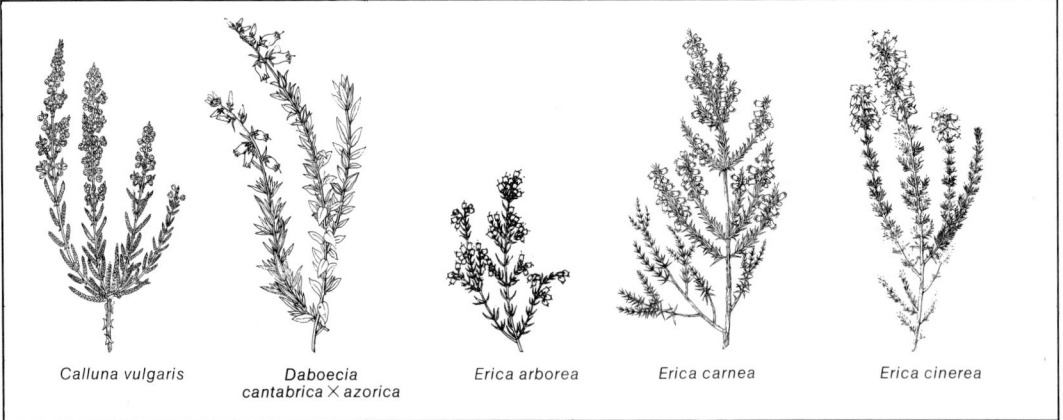

Calluna vulgaris

Daboecia cantabrica × azorica

Erica arborea

Erica carnea

Erica cinerea

Kultur und Vermehrung von Heidekrautgewächsen

Einpflanzen und allgemeine Pflege

Heidekrautgewächse brauchen einen freien Standort in der vollen Sonne. Alle Arten gedeihen am besten in torfhaltiger, saurer Erde. Die winter- und frühjahrsblühenden Arten vertragen auch kalkhaltigen Boden; die meisten sommer- und herbstblühenden Arten sind jedoch kalkfeindlich.

Zur Vorbereitung wird der Boden gründlich umgegraben, und alle Unkräuter werden entfernt. Auf normalen, humosen Gartenboden bringt man eine 2–3 cm hohe Schicht Torfmull aus, den man mit dem Krail (Dunghacke) einarbeitet. Kalkhaltige und schwere Böden brauchen eine größere Torfmenge. Ist der Boden sehr nährstoffarm, streut man knapp eine Handvoll eines kalkarmen Moorbeetdüngers pro m² aus.

Kleinere Arten und Sorten pflanzt man in Abständen von 30 bis 40 cm. Baumheiden werden in Abständen von 90–120 cm gepflanzt. In Gruppen sehen Heidekrautgewächse am besten aus.

Mit dem Handspaten hebt man eine Pflanzgrube aus, die etwas größer ist als der Topfballen der Jungpflanze. Man nimmt die Pflanze aus dem Topf oder Container heraus und lockert den Wurzelballen etwas auf. Dann setzt man sie in das Pflanzloch und füllt es mit humoser, torfhaltiger Erde oder mit Moorboden an. Abgesehen von Baumheiden, wird die Pflanze so eingegraben, daß sie mit dem Laubwerk auf der Erde liegt. Dann drückt man sie mit den Händen fest. Nach dem Einpflanzen wird gründlich gegossen. Zuletzt deckt man die ganze Bodenfläche mit einer Schicht feuchtem Torfmull ab. In den ersten Monaten nach dem Einpflanzen darf der Boden nicht austrocknen. Besonders gefährlich sind Winde im März. Haben sich Heidekräuter erst einmal eingewöhnt, sind sie nicht mehr so empfindlich gegen Trockenheit. Dennoch sollte man sie regelmäßig gießen.

1. Boden umgraben, alle Unkräuter entfernen, Torf einarbeiten

2. Kunststoffhülle aufschlitzen, Pflanze herausnehmen

3. Heidekrautgewächse so einpflanzen, daß das Laub auf der Erde liegt

4. Gründlich gießen und Boden mit Torfmull abdecken

Abschneiden der Blütenstände und Rückschnitt

Heidekrautgewächse, die im Winter und Frühjahr blühen, und die Zwergformen der anderen Arten müssen nur selten zurückgeschnitten werden. Unmittelbar nach der Blüte werden die abgestorbenen Blütenstände abgeschnitten. Die abgestorbenen Blüten der sommer- und herbstblühenden Arten zeigen häufig schöne Färbungen im Winter, so daß man mit dem Abschneiden der Blütenstände bis zum Frühjahr wartet.

Einige Heidekrautarten beginnen nach einiger Zeit wild zu wuchern, und die Blütenrispen entwickeln sich dann nur noch spärlich. Im Frühjahr schneidet man die alten, verholzten Stengel zurück. Der Rückschnitt kann beliebig tief erfolgen, ohne daß die Pflanze Schaden nimmt.

SCHNEIDEN

Bei winter- und frühjahrsblühenden Heidekräutern schneidet man die Blütenstände nach der Blüte ab, bei sommerblühenden erst im Frühjahr

Schäden an Heidekrautgewächsen

Schäden, die bei Heidekrautgewächsen am häufigsten vorkommen, werden in der Tabelle aufgeführt.

Die Handelsbezeichnungen der verschiedenen Pflanzenschutzmittel sind auf Seite 599 zu finden.

Schaden	Ursache	Abhilfe
Die Pflanze sieht etwa einen Monat nach dem Einpflanzen unansehnlich aus (wächst langsam, Blätter braun)	Schlecht eingepflanzt	Pflanze herausheben, Wurzeln vorsichtig auflockern und Wurzelspitzen etwas anschneiden. Neu einpflanzen und gut angießen
Blätter, vor allem die jungen Spitzen, sind gelb überzogen oder gefleckt, färben sich später braun und sterben ab	Chlorose (Gelbsucht)	Zu hoher Kalkgehalt des Bodens; Pflanze mit Eisenpräparaten spritzen oder gießen und mit Sumpfmoos oder Torf Boden abdecken bzw. physiologisch saure Dünger verwenden. Kalkfeindliche Arten nicht pflanzen
Das Laub färbt sich grau, wird welk, braun und stirbt ab	Welke- oder Dürrekrankheit, Erikasterben, Erikawelke	Befallene Pflanzen können nicht mehr gerettet werden. Die übrigen Pflanzen gesund halten durch Volldüngung und Mulchen mit Sumpfmoos oder Torfmull

Absenken von Heide-krautgewächsen

Am besten lassen sich Heidekräuter vermehren, wenn man die Triebe im Frühjahr absenkt oder im Spätsommer Stecklinge schneidet.

Triebe einer gut eingewachsenen Pflanze können zu jeder Jahreszeit abgesenkt werden. Am schnellsten bewurzeln sich die Absenker jedoch im Frühjahr. Den Hauptstengel eines Zweigs häuft man mit einer Mischung aus gleichen Teilen Torf und grobem Sand an. Man

kann den Zweig auch mit torfhaltigem Kompost bedecken.

Den Absenker beschwert man mit einem Stein, damit er sich nicht wieder aufrichtet. So kann man von einer Mutterpflanze mehrere Jungpflanzen gewinnen.

Die im Frühjahr abgesenkten Zweige haben sich meist bis zum Herbst bewurzelt. Die Herbstabsenker brauchen dazu etwa ein Jahr. Danach wird der alte Stengel von der Mutterpflanze abgetrennt, und der junge, bewurzelte Absenker kann gepflanzt werden.

1. Im Frühjahr sondert man einen äußeren Zweig des Heidekrauts ab und bedeckt ihn mit Torfkompost

2. Den Zweig beschwert man mit einem Stein; Erde wird angehäuft. Man kann auch noch weitere Zweige absenken

Anzucht junger Pflanzen aus Stecklingen

Im August schneidet man Zweige mit einjährigen Seitentrieben ab. Diese Triebe sind weicher, dünner und heller grün als das alte Holz. Von sommerblühenden Heidekräutern nimmt man nur die Triebe, die keine Blüten tragen.

Auf den Boden eines 12-cm-Topfs legt man eine Schicht Tonscherben. Dann wird der Topf bis

fast an den Rand mit einer Mischung aus zwei Teilen Heideerde oder Sumpfmoos und einem Teil grobem Sand angefüllt. Diese Mischung wird gut angefeuchtet. Auf das Substrat kommt schließlich noch eine dünne Schicht aus trokkenem, grobem Sand.

Von dem Zweig zieht man die einjährigen Seitentriebe ab. Die weichen Triebspitzen werden so weit zurückgeschnitten, daß der Steckling rund 3 cm lang ist.

Die Löcher sticht man mit einem zugespitzten Hölzchen in den Boden. Dann steckt man die Triebe hinein und drückt das Substrat fest. Der Topf wird mit einer klaren Plastikfolie bedeckt und an einer schattigen Stelle im Treibhaus oder Frühbeetkasten aufgestellt. Sobald sich die Stecklinge bewurzelt haben, hebt man die Plastikhülle etwas an, um Luft hereinzulassen. Nach einer Woche wird die Hülle ganz entfernt. Den

Winter über bleiben die Stecklinge in einem unbeheizten Treibhaus oder Frühbeetkasten stehen. Im April werden die Stecklinge, jeder einzeln, in kleine Töpfe, die eine Mischung aus drei Teilen Sumpfmoos und einem Teil grobem Sand enthalten, gesetzt und an einem schattigen Standort im Freien aufgestellt. Die Erde muß stets feucht gehalten werden. Im Herbst können die jungen Heidekräuter ausgepflanzt werden.

1. Im August schneidet man einen Zweig mit einjährigen Seitentrieben ab

2. Von den Seitentrieben werden etwa 3 cm lange Stecklinge geschnitten

5. Im Frühjahr Topf aus dem Kasten nehmen und Pflänzchen vorsichtig herausziehen

3. Man steckt sie in 1,5 cm tiefe Löcher in Abständen von 2 cm

6. Jedes Pflänzchen einzeln in kleine Tontöpfe einsetzen

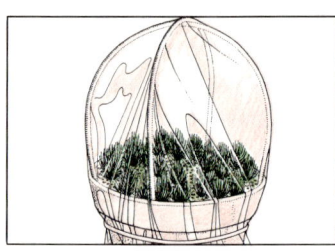

4. Topf mit Folie abdecken. Wenn das Wachstum einsetzt, Abdeckung entfernen

7. Pflanzen festdrücken, gießen und an einen halbschattigen Platz stellen

Farne

An Plätzen, die nur selten ein Sonnenstrahl erreicht, entfalten Farne ihre formenreiche, grüne Pracht. Zusammen mit anderen schattenliebenden Pflanzen kommen sie besonders gut zur Geltung

Farne sind ideale Pflanzen für jene Plätze im Garten, die nur wenig Sonnenlicht erreicht.

Auf der Erde gibt es ungefähr 10 000 Farnarten. Die meisten kommen aus wärmeren Ländern und können bei uns im Garten nicht kultiviert werden. Etwa 50 Arten jedoch gehören zu den Wildfarnen unserer Breitengrade.

Eine besonders erstaunliche Eigenschaft der winterharten Farne ist ihre Fähigkeit, Nachkommen mit sehr unterschiedlichen Wedelformen hervorzubringen.

Ein echter Farnliebhaber wird schattige Rabatten ausschließlich mit Farnen bepflanzen und dabei Arten mit verschiedenen Wedelformen und Grünfärbungen mischen.

Der Bärenklau zum Beispiel bildet einen guten Kontrast zum Schildfarn, das Tränende Herz kann man mit den größeren Hirschzungenfarnen zusammensetzen. Auch die Christrose paßt gut zu Farnen, verträgt jedoch keine Bodenabdeckung mit saurem Torfmull. Zum Mulchen nimmt man deshalb Buchenlauberde, denn sie ist alkalisch.

Ebenso harmonieren Blattpflanzen gut mit Farnen, etwa die verschiedenen Arten der Funkie mit ihren blau oder goldgelb panaschierten oder grün- und weißgestreiften Blättern.

Und nicht zuletzt gibt es auch Blütenpflanzen, die unter ähnlichen Bedingungen wie Farne gedeihen und die sich, wie etwa die Primel, gut mit Farnen kombinieren lassen.

Farne wirken am besten, wenn man sie so weit auseinandersetzt, daß die Wedel ungehindert entfalten können. Die freien Stellen zwischen den Pflanzen und am Rand von Rabatten kann man mit niedrig wachsenden Bodendeckern, wie Bergenien oder Maiglöckchen, ausfüllen. Da sich Maiglöckchen jedoch sehr stark ausbreiten, sollten sie mit Steinen, Platten oder in den Boden versenkten Plastikstreifen eingekreist werden, damit die Rhizome in Grenzen gehalten werden.

Auch mit der Elfenblume kann man Farnrabatten umgeben, und in die Rabatten eingestreute Zwergformen von Osterglocken, Schneeglöckchen, Schneestolz, Winterlinge und Blausterne passen gut zu Farnen und vermitteln den Eindruck einer natürlichen Waldlandschaft.

Osterglocken sollte man nur zusammen mit größeren Farnen anpflanzen, deren Wedel die unansehnlichen Blätter der Narzissen nach der Blüte verdecken. Auch höhere, im Wald wachsende Lilienarten sehen sehr elegant aus, wenn man sie zwischen Farngruppen pflanzt, wo ihre Blüten über die geschwungenen Wedel hinausragen.

Nicht alle Farne sind nur für schattige Plätze geeignet. Einige gedeihen auch gut im Halbschatten unter Bäumen, und ihre gefiederten Wedel bilden einen deutlichen Kontrast zur glatten Borke am Stamm schlanker Bäume.

Zahlreiche Farne sind immergrün und deshalb von besonderem Wert, wenn man den Garten im Winter abwechslungsreicher gestalten will. Schildfarne, Hirschzungenfarne und Tüpfelfarne sehen auch dekorativ aus, wenn ihre Wedel vom Frost bereift sind.

Selbst im Steingarten behält der immergrüne Streifenfarn seine strahlende Farbe, wenn die meisten anderen Pflanzen bereits verwelkt sind.

Farne können schattige Teile des Gartens, die sonst recht reizlos wären, beleben. Große Farne bilden hier den Hintergrund, während kleinere Arten zwischen den Steinbrocken in den Vordergrund gepflanzt wurden

Einpflanzen winterharter Farne

Farne gedeihen in fast allen Böden, sofern sie nicht schwer und schlecht entwässert sind. Sie müssen vor direkter Sonneneinstrahlung und vor kalten Winden geschützt sein. Genau den richtigen Schatten für Farne spendet die Nordseite eines Hauses oder ein Zaun. Auch der Schatten von Bäumen ist für Farne ideal, sofern die Pflanzen nicht direkt im Bereich der Kronentraufe stehen, wo Regenwasser auf sie herabtropfen kann. Es gibt jedoch auch einige Farne, die sowohl im tiefen Schatten als auch unter tropfenden Bäumen gedeihen, so der Rippenfarn und der Filigranfarn.

Die beste Zeit zum Einpflanzen von Farnen ist im Herbst oder Frühjahr. Werden Farnpflanzen geliefert, bevor man sie auspflanzen kann, darf man die Wurzeln nicht austrocknen lassen. Das Pflanzbeet wird ungefähr 30 cm tief umgegraben. Darauf streut man ungefähr 50 g/m² Knochenmehl sowie eine 2–3 cm hohe Schicht Gartenkompost oder Lauberde, die man zusammen mit dem Knochenmehl in den Boden einarbeitet.

Farne kann man in drei Gruppen unterteilen: in horstbildende Farne, in Farne mit unterirdischen Sprossen (Rhizomen) und in Hirschzungenfarne.

Bei den horstbildenden Farnen entwickeln sich die Wedel aus einem starken, zentralen Wurzelstock und bilden einen becherförmigen Horst, der wie ein großer Federball aussieht. Beispiele hierfür sind der Wurmfarn und der Frauenfarn.

Wenn man diese Farne pflanzt, werden zunächst die alten, verholzten Wedelstiele an der Basis der Pflanzen abgekniffen oder abgeschnitten. Dadurch erreicht man, daß sich die neuen Wurzeln und Austriebe schneller entwickeln.

Dann hebt man eine Pflanzgrube aus, die so tief ist wie der Wurzelstock, setzt den Farn hinein und füllt die Grube mit Erde auf. Die Pflanzenbasis muß in Bodenhöhe liegen. Anschließend wird die Erde mit den Füßen festgetreten.

Bei Farnen mit kriechenden Rhizomen entwickeln sich die Wedel meist entlang den Bodentrieben; sie bilden keine geschlossenen Horste. Diese Farne werden nicht so tief gepflanzt. In eine flache Mulde legt man die Rhizome, deckt sie mit Erde ab und drückt den Boden mit den Fingern fest.

Bei den Hirschzungenfarnen handelt es sich um eine Farngruppe, die am besten waagrecht wächst. Sie sind ideal für die Bepflanzung feuchter Felsspalten in nährstoffreichem, kalkhaltigem Boden von Steingärten oder Trockenmauern.

WIE MAN FARNE EINPFLANZT

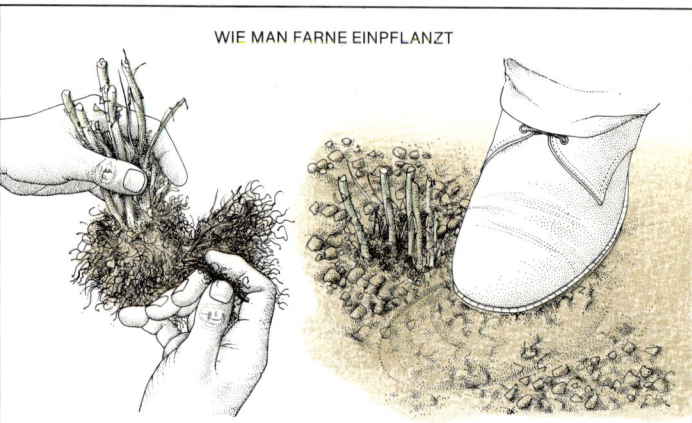

Horstbildende Farne Alte Wedelstiele – z. B. von Wurm- und Frauenfarn – entfernen und Pflanze so einsetzen, daß sich die Basis in Bodenhöhe befindet

Farne mit kriechenden Rhizomen Rhizom in flache Mulde legen, mit Erde bedecken und festdrücken. So pflanzt man den Tüpfelfarn

Hirschzungenfarne Ideal für Steingärten. Stein aufheben, Farn seitlich liegend mit Lauberde einpflanzen; Stein auflegen

BEARBEITUNG DES BODENS VOR DEM EINPFLANZEN

1. Boden im Herbst oder Frühjahr umgraben und Knochenmehl ausstreuen

2. Darüber eine Schicht Lauberde aufschütten und in den Boden einarbeiten

Schutz und Pflege von Farnen

Gießen, Düngen und allgemeine Pflege

Haben sich Farne einmal eingewöhnt, braucht man sie nur zu gießen, wenn es längere Zeit heiß ist. Nach dem Einpflanzen deckt man den Boden mit einer 2–3 cm hohen Schicht Gartenkompost, Lauberde oder Torfmull ab.

Jedes Jahr im Frühjahr und Herbst wird noch einmal gemulcht. Im Frühjahr streut man vor dem Mulchen Knochenmehl um die Pflanzen aus.

Das Unkraut zwischen den Farnen wird von Hand – nicht mit der Gabel oder Hacke – ausgejätet, um die flach ausgebreiteten Wurzeln alter Farne nicht zu beschädigen.

Jeweils im Frühjahr entfernt man die abgestorbenen Wedel mit einem Messer oder der Gartenschere möglichst nahe der Pflanzenbasis. Dadurch wird der junge Austrieb gefördert.

MULCHEN

Im Frühjahr und Herbst wird der Boden um die Farne mit Lauberde oder Torfmull abgedeckt

Schäden, die an Farnen auftreten können

Sollten sich an den Pflanzen Schäden bemerkbar machen, die hier nicht beschrieben sind, können die Farbabbildungen und Beschreibungen von Schädlingen und Krankheiten ab Seite 574 zu Rate gezogen werden.

Schaden	Ursache	Abhilfe
Wedel fallen um oder welken bei Wärme oder Trockenheit	Wurzelbohrer (Raupe) frißt an Wurzeln	Boden mit Diazinon behandeln
Abgefressene Blätter, vor allem an jungen und noch eingerollten Wedeln	Schnecken	Schneckenkorn rund um die Pflanze auslegen, vor allem, wenn die jungen Wedel austreiben
Jungwedel sind am Rand angefressen	Bohrasseln	Schneckenkorn auf den Boden an der Pflanzenbasis streuen (nicht auf die Blätter)
Schwarzbraune Streifen oder dichte Flecken auf den Wedeln; bei starkem Befall sterben die Wedel ab	Blattälchen (Pflanzenfadenwürmer)	Stark befallene Pflanzen müssen ausgegraben und verbrannt werden
Klebrige Flecken, manchmal mit schwarzem Pilzbelag überzogen. Wedel können verformt sein	Blattläuse oder Wanzen und Rußtaupilz	Mit Diazinon spritzen

Vermehrung von Farnen

Der einfachste Weg: Teilung

Horstbildende Farne, wie der Wurmfarn und der Frauenfarn, können durch Teilung der Horste im März vermehrt werden.

Man hebt den Wurzelstock vorsichtig mit einer Grabgabel aus dem Boden und schneidet die Wedel ab.

Bei kleinen Wurzelstöcken kann man den Ballen mit den Händen auseinanderziehen. Ist der Wurzelballen sehr groß, zerteilt man ihn mit zwei Grabgabeln.

Ganz auseinandertrennen kann man die beiden Teile mit einem scharfen Messer, um möglichst wenig Schaden anzurichten.

Die beiden Ballenteile können nochmals geteilt werden, damit man mehrere neue Pflanzen mit eigenen Wurzelstöcken erhält. Die Teilstücke werden dann so eingepflanzt, wie zuvor für horstbildende Farne beschrieben.

Auch Farne mit kriechenden Rhizomen können durch Teilung vermehrt werden. Im März gräbt man mehrere Pflanzen mit den Wurzeln aus und schneidet die Wedel ab. Dann zerteilt man mit einem scharfen Messer die Rhizome in mehrere Teilstücke; jedes muß mindestens ein austriebfähiges Auge besitzen. Diese Teilstücke werden dann so eingepflanzt, wie zuvor für Farne mit kriechenden Rhizomen beschrieben. Aus jedem Teilstück entwickelt sich dann ein neuer Farn.

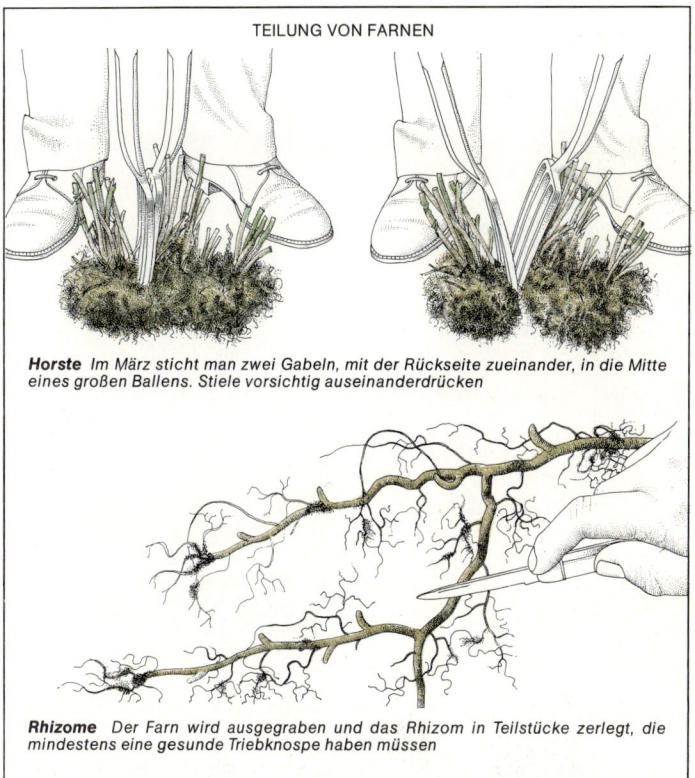

TEILUNG VON FARNEN

Horste *Im März sticht man zwei Gabeln, mit der Rückseite zueinander, in die Mitte eines großen Ballens. Stiele vorsichtig auseinanderdrücken*

Rhizome *Der Farn wird ausgegraben und das Rhizom in Teilstücke zerlegt, die mindestens eine gesunde Triebknospe haben müssen*

Anzucht von Hirschzungenfarnen

Junge Hirschzungenfarne können auch aus der Basis alter Wedelstiele gezogen werden, weil bei ihnen die Vermehrung durch Teilung recht langwierig ist.

Im Frühjahr oder Sommer gräbt man einen Farn aus und wäscht die Erde von den Wurzeln ab. Dann bricht man den Wurzelstock auseinander, um an die Basis der Blattstiele heranzukommen. Die Stiele werden so nahe wie möglich am Wurzelstock abgeschnitten. Man nimmt so viele Stiele ab, wie man Ableger benötigt. Von der Basis der Mittelrippe schneidet man an einem Ende den Rest des alten Wedels weg. Am anderen Ende entfernt man die alten Wurzelreste. Auf den Boden einer Anzuchtschale streut man eine 1–2 cm hohe Torfschicht, dann eine Schicht sterilisierten, groben Sand. Der Sand wird sterilisiert, indem man ihn in ein feinmaschiges Sieb schüttet und kochendes Wasser darübergießt. Auf den Sand legt man die mit Knospen versehenen Blattstielansätze. In einer 15 × 20 cm großen Schale haben etwa 50 bis 60 solche Stückchen Platz. Über die Schale stülpt man die Plastikhaube eines Vermehrungskastens oder eine Plastikfolie und stellt sie an einen schattigen Platz. Belüftung ist nicht notwendig.

Bis zum nächsten Frühjahr haben sich dann aus den Knospen an der Blattstielbasis junge Pflänzchen entwickelt. Sie werden einzeln in kleine Töpfe in gute Komposterde eingepflanzt. Nachdem sich ein kräftiges Wurzelwerk gebildet hat, kann man die Farne im Frühjahr oder Herbst auspflanzen.

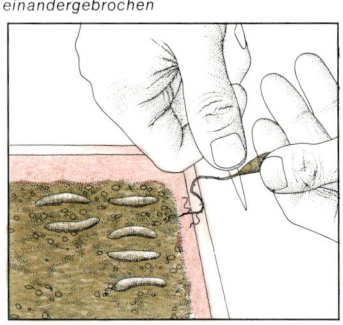

1. Im Frühjahr wird der Wurzelstock auseinandergebrochen

2. Man schneidet die Stielenden möglichst nahe am Wurzelstock ab

3. Stielenden zuschneiden, auf Sand legen; Plastikhaube darüberstülpen

4. Nach einem Jahr kann man die jungen Farnpflänzchen eintopfen

Brutwedelvermehrung bei Filigranfarnen

Einige Arten der Filigranfarne besitzen braune, knopfartige Brutknospen. Im Spätsommer bilden sie sich entlang der Mittelrippe der Wedel aus.

Zur Anzucht junger Pflanzen nimmt man von der Mutterpflanze einige Wedel ab. Auf den Boden einer Anzuchtschale streut man Torf und groben, sterilisierten Sand.

Die Wedel werden flach auf den Sand gelegt, so daß die Brutknospen nach oben zeigen, und mit verzinkten Drahthaken festgehalten. Über die Schale stülpt man eine Plastikhaube oder Plastiktüte und stellt sie an einen schattigen Platz. Auch hier braucht nicht belüftet zu werden.

Bis zum nächsten Frühjahr haben sich dann aus den Brutknospen an den Wedeln junge Farnpflänzchen entwickelt. Wenn diese so groß sind, daß man sie anfassen kann, entfernt man behutsam die alten Wedel aus der Schale. Vorsicht, daß die Wurzeln der jungen Pflänzchen nicht abgerissen werden! Dann trennt man die jungen Pflanzen von den alten Wedeln ab und setzt sie einzeln in 6-cm-Töpfe in gute Komposterde ein.

Mit fortschreitender Entwicklung werden die Pflanzen immer wieder in größere Töpfe umgesetzt, bis sich ein kräftiges Wurzelwerk gebildet hat. Dann kann man sie in den Garten auspflanzen.

1. Im Spätsommer legt man einen Farnwedel so auf Sand, daß die Brutknospen nach oben zeigen. Den Wedel befestigt man mit Drahthaken und stülpt eine Plastikhaube darüber

2. Bis zum nächsten Frühjahr entstehen junge Farnpflänzchen aus den Knospen

3. Alten Farnwedel entfernen; die jungen Pflanzen setzt man einzeln in kleine Töpfe

Massenvermehrung von Farnen durch Sporen

Will man Farne in großer Anzahl vermehren, sät man die Sporen aus. Zu diesem Zweck nimmt man nur die Sporen einwandfreier Pflanzen, weil sich Wachstumsschäden vererben können.

Zwischen Juni und September schneidet man einen reifen Wedel (Sporenblatt) vom Mutterfarn ab und legt ihn zwischen gefaltetes weißes Seidenpapier. Der Bogen wird dann an einen trockenen Platz gelegt.

Nach etwa einer Woche sind die feinen, braunen Sporen aus ihren Kapseln herausgefallen. Durch Anklopfen des Papiers sammelt man die Sporen in der Falte und gibt sie in eine Tüte. Die Sporen können bald nach dem Einsammeln oder im nächsten Frühjahr ausgesät werden.

Aussaat der Sporen Man sterilisiert eine Anzuchtschale oder einen 8–10 cm weiten Topf durch Übergießen mit kochendem Wasser. Wenn das Gefäß trocken ist, legt man einen flachen Stein oder Tonscherben über das Abflußloch am Boden. Auf den Boden des Topfs streut man eine 1–2 cm hohe Schicht groben Sand. Dann schüttelt man Komposterde durch ein Sieb mit etwa 6 mm Maschenweite. Zuerst gibt man eine 3 cm hohe Schicht des Siebrückstands in das Gefäß. Darüber schichtet man etwa 1,5 cm hoch die durchgesiebte Erde.

Die Erde wird mit dem Boden eines Blumentopfs etwas angedrückt. Dann legt man ein Stück Papier zum Schutz auf die feine Erde und gießt mehrmals kochendes Wasser in den Topf.

Nachdem sich das Gefäß abgekühlt hat, nimmt man das Papier weg und legt eine Glasscheibe auf den Topf. Wenn sich die Erde abgekühlt hat, nimmt man aus der Tüte einige Sporen mit der Spitze eines Messers heraus. Dann wird die Glasscheibe vom Anzuchtgefäß

genommen. Durch leichtes Anklopfen des Messers mit der Hand verteilt man die Sporen gleichmäßig über die Oberfläche. In den Boden steckt man ein Etikett mit dem Namen des Farns und dem Tag der Aussaat.

Anschließend wird die Glasscheibe wieder auf das Gefäß gelegt und dieses in ein schattiges Gewächshaus, einen kalten Beetkasten oder auf eine schattige Fensterbank im Haus gestellt. Die Glasscheibe bleibt stets auf dem Gefäß liegen.

Beginnt die Erde auszutrocknen, stellt man das Gefäß in einen größeren Behälter mit schwacher Kaliumpermanganatlösung (etwa ein gestrichener Teelöffel auf knapp 5 l Wasser). Durch das Kaliumpermanganat werden Keime im Wasser abgetötet.

Die Vorkeime (Prothallien) Nach etwa zwei bis drei Monaten hat sich auf der Erde ein grüner Überzug gebildet. Es sind die Vorkeime, ein geschlechtliches Zwischenstadium im Generationswechsel der Entwicklung von Farnen. Sechs Monate nach der Aussaat haben sich aus den befruchteten Vorkeimen kleine, herzförmige Blättchen gebildet; neun Monate nach der Aussaat kann man bereits kleine Farnpflänzchen erkennen. Wenn diese etwa 3–5 cm hoch sind, pikiert man sie in eine Vermehrungsschale.

Auf den Boden der Schale kommt wieder eine dünne Schicht aus grobem Sand oder Tonscherben, darüber sterilisierte Komposterde bis etwa 2 cm an den Rand der Schale.

Mit einem Taschenmesser hebt man eine kleinere Anzahl Farnpflänzchen vorsichtig aus der Erde und teilt sie. Nun pikiert man die Pflänzchen einzeln in die Schale und stellt sie dann in einen größeren Behälter mit Wasser, dessen Spiegel bis zur halben Höhe der Vermehrungsschale reichen sollte. Wenn die Erde an der Oberfläche dunkler wird, hat sie genügend Wasser aufgenommen.

Jetzt stellt man die Schale in eine Kiste und deckt sie mit einer Glasscheibe zu. Die Schale kommt an einen schattigen, kühlen Platz. Sobald die Erde austrocknet, gießt man leicht von oben.

Wenn die jungen Farne nach etwa sechs Wochen neue Wedel ausgebildet haben, muß man sie abhärten.

Bei einer Kiste, die mit Glas abgedeckt ist, hebt man ungefähr 10–14 Tage nach dem Einsetzen des neuen Wachstums die Glasscheibe allmählich an, indem man immer größere Keile zwischen den Rand der Kiste und die Glasscheibe setzt. Zwei bis drei Wochen später wird die Glasscheibe ganz abgenommen. Nach wenigen Ta-

EINSAMMELN DER SPOREN

Zum Einsammeln der Sporen wird ein reifer Wedel in weißes Seidenpapier eingeschlagen und eine Woche lang liegen gelassen. Die abgefallenen Sporen sehen auf dem Papier wie feiner Staub aus

gen sind die Pflanzen dann abgehärtet.

Hat man die Haube eines Vermehrungskastens über die Schale gestülpt, läßt man diese noch vier oder fünf Tage nach der Ausbildung von jungen Wedeln ganz geschlossen. Dann öffnet man allmählich die Lüftungslöcher in der Haube, bis sie schließlich nach

zwei bis drei Wochen ganz offen sind. Sodann wird die Haube einige Tage lang seitlich angehoben, um die Pflanzen ganz abzuhärten. **Eintopfen der Farnpflänzchen** Die jungen Farne müssen nun in kleine Einzeltöpfe umgepflanzt werden. Aus der Vermehrungsschale werden sie herausgehoben und eingetopft.

Auf die Erde streut man eine Kiesel- oder Splittschicht. Die kleinen Steine halten die Oberfläche kühl. Dann gießt man gründlich und stellt den Topf an eine schattige Stelle im Gewächshaus, in einen kalten Frühbeetkasten oder auf ein schattiges Fensterbrett im Haus.

Nach etwa zwei Monaten prüft man, ob sich die Wurzeln gut entwickelt haben. Wenn die Erdballen ganz durchwurzelt sind, wird die Pflanze in einen etwas größeren Topf umgepflanzt und wieder an einen schattigen Platz gestellt.

Man pflanzt mehrmals in größere Töpfe um, bis der Farn ein gut ausgebildetes Wurzelwerk besitzt. Dann kann er im Herbst oder Frühjahr ausgepflanzt werden.

ZWÖLF ARBEITSGÄNGE BEI DER AUSSAAT VON FARNEN

1. Komposterde durchsieben; zuerst grobe, dann feine Erde in den Topf geben

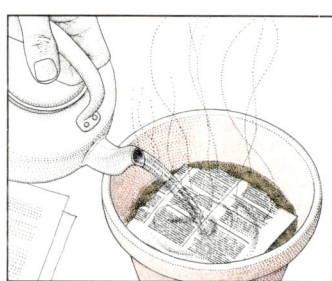

2. Komposterde mit kochendem Wasser übergießen. Papier schützt die Erde

3. Sporen ausstreuen, Gefäß mit einer Glasscheibe abdecken

4. Wenn die Erde austrocknet, Gefäß in Kaliumpermanganatlösung stellen

5. Nach sechs Monaten haben sich meist Vorkeime (Prothallien) gebildet

6. Nach weiteren drei Monaten sind die Pflänzchen für das Gefäß zu groß

7. Farnpflänzchen lösen und in eine Vermehrungsschale pikieren

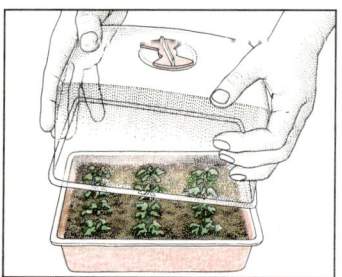

8. Haube über Schale stülpen und sechs Wochen schattig stellen

9. Wenn die Farnpflanzen abgehärtet sind, hebt man sie heraus

10. Pflanzen einzeln in kleine Töpfe setzen und festdrücken

11. Auf die Oberfläche streut man Splitt, damit die Erde locker bleibt

12. Nach zwei Monaten Wurzelballen prüfen und Farn in größeren Topf setzen

Farne zum Begrünen von schattigen Plätzen

Die folgende Tabelle enthält eine Auswahl von Farnen, die im Garten kultiviert werden können. Sie reicht vom kleinen Feuerlandfarn (7–10 cm) bis zum Königsfarn, der bis zu 1,5 m hoch wird.

Die meisten der angeführten Farne sind sommergrün; es gibt aber auch immergrüne Arten, die den Garten im Winter beleben.

Die einzelnen Methoden zur Anzucht junger Pflanzen sind in der Spalte Vermehrung zu finden. Am besten und billigsten wird es jedoch sein, wenn man die Farne von einer Staudengärtnerei bezieht.

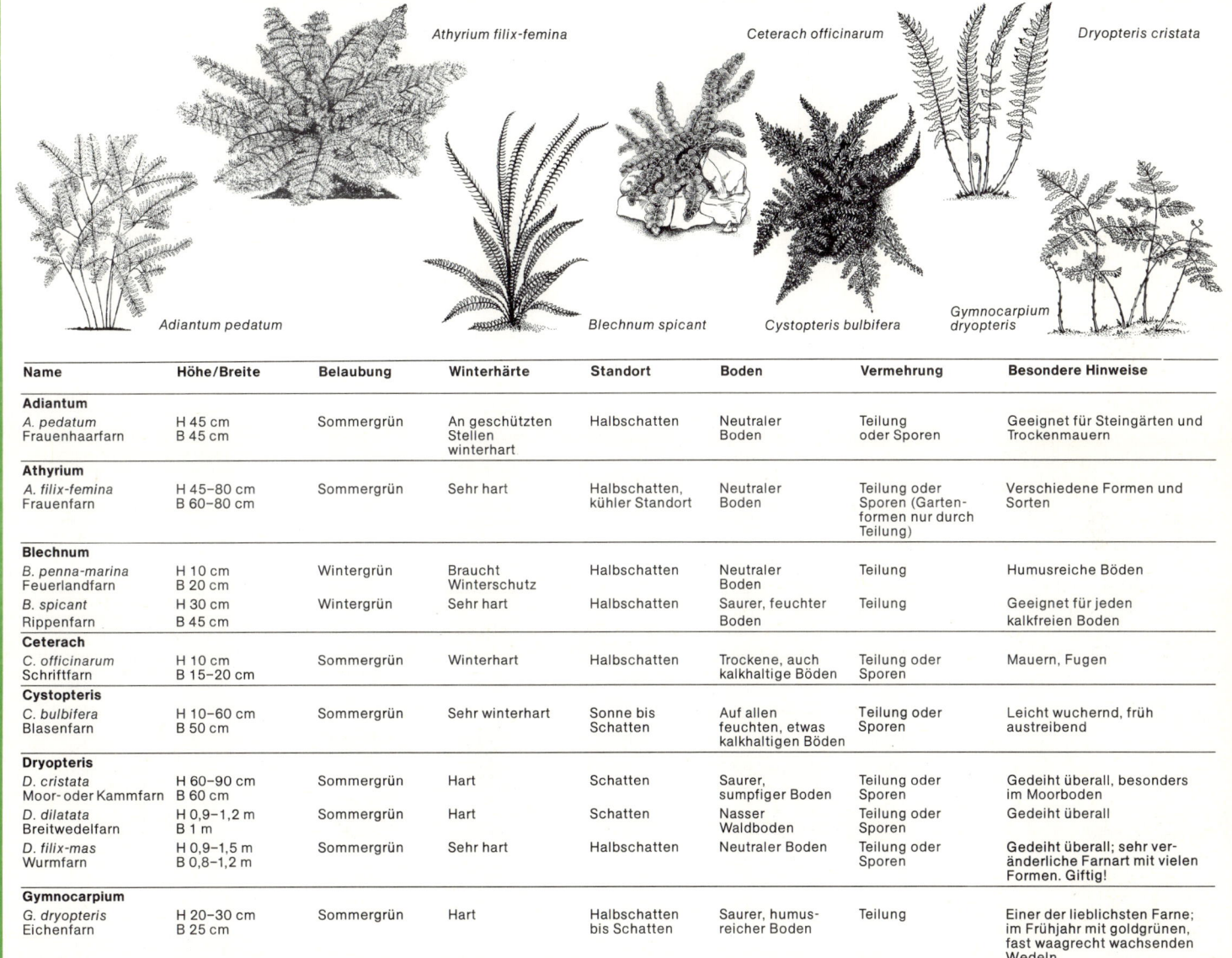

Athyrium filix-femina

Ceterach officinarum

Dryopteris cristata

Adiantum pedatum

Blechnum spicant

Cystopteris bulbifera

Gymnocarpium dryopteris

Name	Höhe/Breite	Belaubung	Winterhärte	Standort	Boden	Vermehrung	Besondere Hinweise
Adiantum							
A. pedatum Frauenhaarfarn	H 45 cm B 45 cm	Sommergrün	An geschützten Stellen winterhart	Halbschatten	Neutraler Boden	Teilung oder Sporen	Geeignet für Steingärten und Trockenmauern
Athyrium							
A. filix-femina Frauenfarn	H 45–80 cm B 60–80 cm	Sommergrün	Sehr hart	Halbschatten, kühler Standort	Neutraler Boden	Teilung oder Sporen (Gartenformen nur durch Teilung)	Verschiedene Formen und Sorten
Blechnum							
B. penna-marina Feuerlandfarn	H 10 cm B 20 cm	Wintergrün	Braucht Winterschutz	Halbschatten	Neutraler Boden	Teilung	Humusreiche Böden
B. spicant Rippenfarn	H 30 cm B 45 cm	Wintergrün	Sehr hart	Halbschatten	Saurer, feuchter Boden	Teilung	Geeignet für jeden kalkfreien Boden
Ceterach							
C. officinarum Schriftfarn	H 10 cm B 15–20 cm	Sommergrün	Winterhart	Halbschatten	Trockene, auch kalkhaltige Böden	Teilung oder Sporen	Mauern, Fugen
Cystopteris							
C. bulbifera Blasenfarn	H 10–60 cm B 50 cm	Sommergrün	Sehr winterhart	Sonne bis Schatten	Auf allen feuchten, etwas kalkhaltigen Böden	Teilung oder Sporen	Leicht wuchernd, früh austreibend
Dryopteris							
D. cristata Moor- oder Kammfarn	H 60–90 cm B 60 cm	Sommergrün	Hart	Schatten	Saurer, sumpfiger Boden	Teilung oder Sporen	Gedeiht überall, besonders im Moorboden
D. dilatata Breitwedelfarn	H 0,9–1,2 m B 1 m	Sommergrün	Hart	Schatten	Nasser Waldboden	Teilung oder Sporen	Gedeiht überall
D. filix-mas Wurmfarn	H 0,9–1,5 m B 0,8–1,2 m	Sommergrün	Sehr hart	Halbschatten	Neutraler Boden	Teilung oder Sporen	Gedeiht überall; sehr veränderliche Farnart mit vielen Formen. Giftig!
Gymnocarpium							
G. dryopteris Eichenfarn	H 20–30 cm B 25 cm	Sommergrün	Hart	Halbschatten bis Schatten	Saurer, humusreicher Boden	Teilung	Einer der lieblichsten Farne; im Frühjahr mit goldgrünen, fast waagrecht wachsenden Wedeln

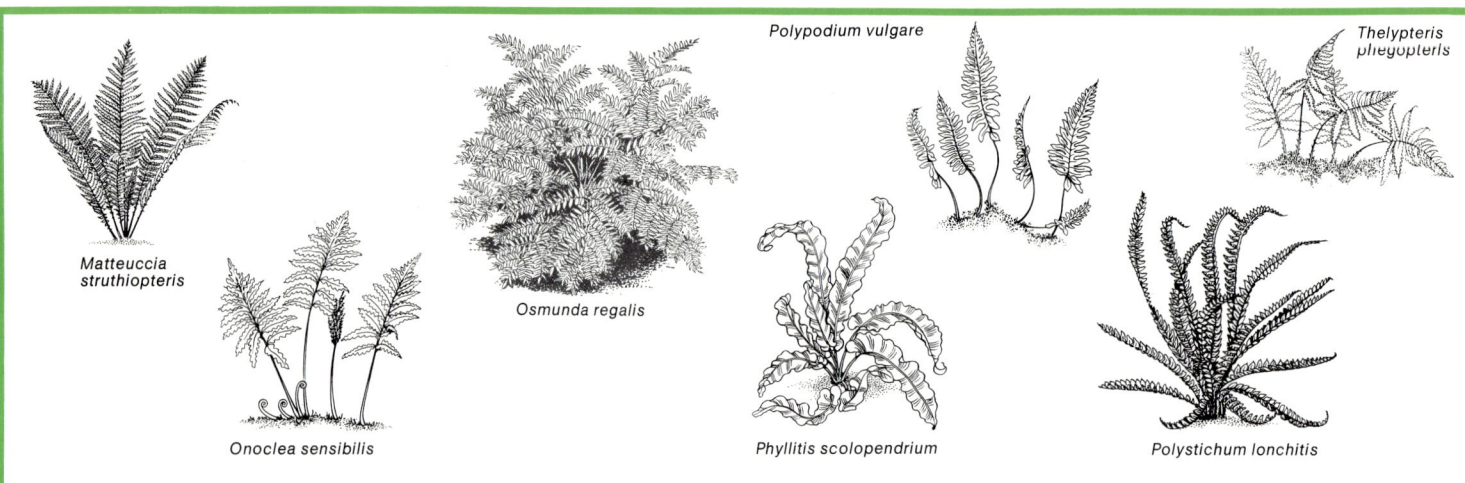

Matteuccia
struthiopteris

Onoclea sensibilis

Osmunda regalis

Polypodium vulgare

Phyllitis scolopendrium

Polystichum lonchitis

Thelypteris
phegopteris

Name	Höhe/Breite	Belaubung	Winterhärte	Standort	Boden	Vermehrung	Besondere Hinweise
Matteuccia							
M. struthiopteris Strauß-, Becher-, Trichterfarn	H 0,6–1 m B 60–90 cm	Sommergrün	Hart	Halbschatten	Saurer bis neutraler, feuchter Boden	Teilung	Gedeiht fast überall gut
Onoclea							
O. sensibilis Perl-, Sinnfarn	H 40 cm B 60 cm	Sommergrün	Hart	Halbschatten	Saurer bis neutraler, nasser Boden	Teilung	Gedeiht überall. Die zarten, grünen Wedel fallen beim ersten Frost zusammen
Osmunda							
O. regalis Königsfarn	H 1,2–1,5 m B 1,2–2 m	Sommergrün	Hart	Halbschatten	Saurer bis neutraler, nasser Boden	Sporen	Die Sporen sind nur drei Tage lang keimfähig. Von dieser Art gibt es verschiedene, auch kleinere Formen
Phyllitis							
P. scolopendrium Hirschzungenfarn	H 30–35 cm B 45 cm	Wintergrün	Sehr hart	Halbschatten	Kalkhaltiger Boden	Teilung oder Sporen	Verschiedene Gartenformen mit gezahnten und gekrausten Rändern. Gedeiht fast überall
Polypodium							
P. vulgare Tüpfelfarn	H 30–40 cm B 45 cm	Wintergrün	Sehr hart	Halbschatten	Humoser Boden	Teilung	Wächst auf alten Mauern und z. T. auf moosigen Bäumen. Zahlreiche fein gefiederte Formen
Polystichum							
P. aculeatum Punktfarn	H 0,6–1 m B 0,6–1 m	Wintergrün	Hart	Halbschatten bis Schatten	Humoser Boden	Teilung oder Sporen	Gedeiht überall
P. lonchitis Lanzenfarn	H 30–40 cm B 30 cm	Wintergrün	Hart	Halbschatten	Humoser, feuchter Boden	Sporen	Geeignet auch für Trocken- mauern. Etwas schwer zu kultivieren
P. setiferum Filigran-, Schildfarn	H 0,9–1,2 m B 0,9–1,2 m	Fast wintergrün	Hart	Halbschatten	Feuchte Mineralböden	Teilung oder Sporen, bei manchen Arten Brutwedel- vermehrung	Zahlreiche sehr schöne Formen, manche geeignet für humusreiche Gärten. Einer der schönsten Farne
Thelypteris							
T. phegopteris Buchenfarn	H 15–40 cm B 30–45 cm	Sommergrün	Hart	Schatten	Saurer, feuchter Boden	Teilung	Schöner Farn für einen schattigen, aber nicht nassen Standort im Steingarten

Pflanzen im Haus

Sind Pflanzen den Einflüssen des Wetters und des Klimas nicht ausgesetzt, dann ergeben sich völlig neue Möglichkeiten für den Hobbygärtner. Er kann nun eine Umwelt schaffen, in der die Pflanzen gedeihen, die er anbauen möchte, während umgekehrt beim Gärtnern im Freien seine Wahl nur auf solche Pflanzen fallen kann, die in einer bestimmten Klimazone wachsen

Zimmerpflanzen

Jede Zimmerpflanze braucht eine bestimmte Menge Licht, Wärme und Feuchtigkeit. Sie gedeiht dort am besten, wo diese Voraussetzungen gegeben sind

In den letzten Jahrzehnten haben Zimmerpflanzen stark an Beliebtheit gewonnen, zum einen, weil sich die modernen Wohnungen für ihre Pflege besser eignen, und zum anderen, weil das Pflanzenangebot für die verschiedenen Standorte wesentlich größer ist.

In den heutigen, mit Zentralheizung ausgestatteten, gut isolierten und hellen Wohnungen mit großen Fenstern können viel mehr farbenprächtige und interessante Pflanzen gehalten werden. Das Angebot reicht von den robusten, leicht zu pflegenden Efeu- und Philodendronarten über die etwas anspruchsvolleren Pflanzen, wie Fingeraralien und Zwergpfeffer, zu empfindlichen Pflanzen, wie dem rot blühenden *Anthurium* und dem beliebten Usambaraveilchen.

Zimmerpflanzenarten Zimmerpflanzen lassen sich in zwei Hauptgruppen unterteilen, nämlich in die Blattpflanzen und in die Blütenpflanzen.

Blattpflanzen haben entweder grüne oder bunt gemusterte Blätter. Grüne Blattpflanzen sind robuster und deshalb leichter zu pflegen, obgleich es auch hier einige Ausnahmen gibt, wie den Frauenhaarfarn und einige Gummibaumarten.

Farbige Blattpflanzen brauchen häufig mehr Wärme und Feuchtigkeit. Die Korbmarante und die Pfeilwurz mit ihren prächtig gefärbten Blättern können nach wenigen Monaten eingehen, wenn die Pflegevorschriften nicht genau beachtet werden. Die deutlich gezeichnete, farbige Rexbegonie und das silbrig gestreifte Zebrakraut mit roter Blattunterseite dagegen sind anspruchsloser. Buntblättrige Pflanzen, wie Grünlilie, Bogenhanf, Pfeffergesicht und die Dreimasterblume, lassen sich fast ebenso leicht pflegen wie grüne Blattpflanzen, benötigen aber mehr Licht.

Blühende Topfpflanzen, wie Glanzkölbchen und Flamingoblume, blühen bei richtiger Pflege (wozu auch das jährliche Umtopfen gehört) im Zimmer jahrelang. Einige Pflanzen, so das Alpenveilchen und der Weihnachtsstern, lassen sich nur selten mehrere Jahre lang halten. Der Grund liegt darin, daß sie meistens in ein zu warmes Wohnzimmer mit trockener Luft gestellt werden, solange sie blühen. Sie bekommen dann zuviel Wasser und werden nach dem Abblühen vernachlässigt.

Eine besondere Pflanzengruppe bilden die Bromelien, die sowohl wegen ihrer dekorativen Blätter als auch wegen der prächtigen Blüten gezogen werden. Die *Aechmea fasciata* zum Beispiel hat graugrüne Blätter und eine rosa Blüte. In der Natur wachsen viele Bromelien als Epiphyten auf Baumstämmen,

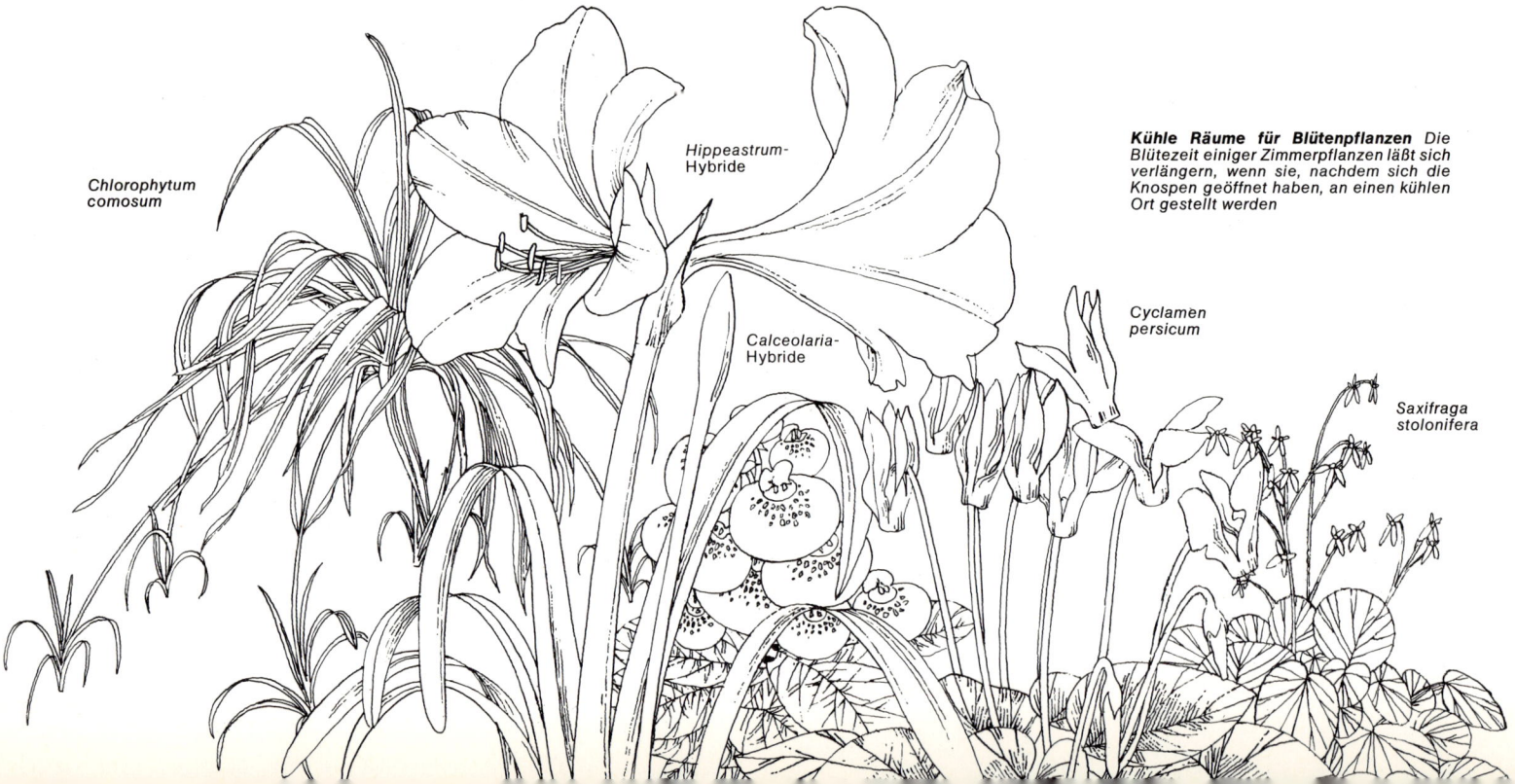

Chlorophytum comosum

Hippeastrum-Hybride

Calceolaria-Hybride

Cyclamen persicum

Saxifraga stolonifera

Kühle Räume für Blütenpflanzen Die Blütezeit einiger Zimmerpflanzen läßt sich verlängern, wenn sie, nachdem sich die Knospen geöffnet haben, an einen kühlen Ort gestellt werden

wo die Wurzeln hauptsächlich eine Haltefunktion für diese „Aufsitzerpflanzen" erfüllen. Sie stellen besondere Ansprüche an den Boden, der normalerweise aus Lauberde, Torf und gehacktem Moos besteht und nur schwach feucht gehalten wird. Auch ein Torfsubstrat kann verwendet werden. Bromelien können Wasser über die Blätter aufnehmen, weshalb man, wenn es im Zimmer warm genug ist, stets in den Blatttrichter gießen kann. Den Topfballen nur mäßig feucht halten!

Blühende Topfpflanzen sind Garten- oder Gewächshauspflanzen, die hauptsächlich im Winter und Frühjahr blühen. Sie kommen in den Handel, wenn sich ein Knospenansatz gebildet hat, und blühen dann häufig mehrere Wochen lang. Sie brauchen keine besondere Pflege. Natürlich muß man sie regelmäßig gießen und vertrocknete Blüten entfernen.

Zu den beliebtesten blühenden Topfpflanzen gehören Alpenveilchen, Blütenbegonien und Azaleen. Nachdem sie verblüht sind, werden sie entweder weggeworfen oder ins Gewächshaus gestellt.

Wachstumsformen Bei der Auswahl einer Zimmerpflanze spielt die Wachstumsform eine wichtige Rolle. Es gibt aufrecht wachsende Pflanzen, wie den Gummibaum oder den Känguruhwein, die beide bis zu 1,8 m und größer werden. Andere Pflanzen, wie die Kanonierblume und das Pfeffergesicht, sind klein und buschig. Die Dreimasterblume und das Zebrakraut hingegen haben einen niederliegenden Wuchs und benötigen wenig Kopfraum, dafür aber viel Raum für herunterhängende Stiele.

Bei der Wahl von Zimmerpflanzen sollte man stets die spätere Höhe und Form der Pflanze sowie die Klimaverhältnisse eines jeden Raums berücksichtigen.

Wahl der richtigen Zimmerpflanze Eine Pflanze gedeiht nur selten gut, wenn man versucht, sie an ihren Standort anzupassen. Besser ist

es, man wählt Pflanzen, welche die im Raum herrschenden Bedingungen von Natur aus benötigen.

Die Zentralheizung liefert zwar ausreichend Wärme, hat aber auch ihre Nachteile. Wird sie durch einen Zeitschalter geregelt, kann der Gegensatz zwischen Tag- und Nachttemperatur zu groß sein. Ein Temperaturabfall von mehr als 8° C in der Nacht kann das Wachstum empfindlicher Pflanzen beeinträchtigen.

Außerdem wird durch die Zentralheizung die Luft ausgetrocknet, was sich für einige Zimmerpflanzen, insbesondere für Tropenpflanzen und subtropische Pflanzen, als nachteilig erweist. Die Luftfeuchtigkeit läßt sich erhöhen, indem man die Töpfe in Torf einbettet oder in Untersetzer stellt, die mit Kies und Wasser gefüllt sind.

Alle Pflanzen benötigen reichlich Luft, aber nur wenige vertragen Zug. Dem Luftbedürfnis der Pflanzen muß man das ganze Jahr über Rechnung tragen. Deshalb sollte man Räume, in denen Blumen und Topfpflanzen stehen, immer gut lüften. Dabei dürfen die Fenster aber nicht ohne Bedacht geöffnet werden. Zugluft kann das Wachstum verzögern und zum Absterben der Pflanze führen. Aus diesem Grunde sollte man möglichst nur dort das Fenster öffnen, wo keine Pflanzen in unmittelbarer Nähe stehen.

Helle Räume sind für die meisten Topfpflanzen geeignet. Das beste Licht erhalten Pflanzen an Süd-, Ost- und Westfenstern. Direkte Sonnenbestrahlung ist nicht zu empfehlen. Das Sonnenlicht sollte durch dünne Vorhänge oder Jalousien gefiltert werden. Während der Mittagszeit sollte man eventuell Pflanzen von Südfenstern wegstellen, damit sie nicht welken.

Wenn das Fenster nicht gut isoliert ist, sollten die Pflanzen in kalten Nächten in die Mitte des Zimmers gestellt werden.

Dies gilt auch für zentral beheiz-

Ficus elastica

Sansevieria trifasciata

Begonia-Rex-Hybride

Pflanzen für warme Räume *Die Blätter vieler Blattpflanzen gedeihen besonders üppig in warmer, feuchter Luft*

te Räume, da der Temperaturabfall in der Nähe des Glases ziemlich hoch ist. Manche Pflanzen dürfen nachts nicht zwischen Fenster und Vorhang bleiben.

Pflanzen, die viel Feuchtigkeit brauchen, wie das Usambaraveilchen und viele Zimmerfarne, gedeihen besonders gut in warmen, feuchten Räumen.

Die besten Erfolge erzielt man, wenn man bei der Wahl der Zimmerpflanzen die Raumverhältnisse berücksichtigt. Genauere Angaben finden Sie in der Zimmerpflanzentabelle ab Seite 376. Aus ihr geht hervor, welche Pflanzen empfindlich und welche anspruchsvoll oder anspruchslos sind.

Empfindliche Zimmerpflanzen sind für Häuser ohne Zentralheizung nicht geeignet, da hier die Temperaturschwankungen größer sind. Die anspruchslosen oder leicht zu pflegenden Gruppen dagegen eignen sich auch für Häuser ohne Zentralheizung.

Gruppierung von Zimmerpflanzen
Viele Blattpflanzen wirken besonders gut, wenn sie in Gruppen zusammengestellt werden. Sehr große Pflanzen, wie Aralie, Gummibaum und Efeu, wirken auch gut allein. Rosettenförmige und buschige Pflanzen mit lebhaft gefärbten Blättern sowie blühende Topfpflanzen werden ebenfalls am besten einzeln gestellt.

Schnell wachsende Kletterpflanzen eignen sich ideal zum Begrünen von Raumteilern und kahlen Wänden. Die meisten Hängepflanzen, wie Dreimasterblume, Zebrakraut und Efeutute, lassen sich gut an Wänden befestigen, sollten aber zum Gießen möglichst aus dem Halter genommen werden.

In Blumengeschäften erhält man Arrangements mit mehreren Pflanzen. Ein solches Arrangement sollte aus Pflanzen bestehen, die in Farbe und Form kontrastieren, aber gleiche Anforderungen an die Pflege stellen. Den Hintergrund nimmt am besten eine hohe, aufrecht wachsende Pflanze ein, in der

Mitte werden buschige und breitwüchsige Pflanzen angeordnet, und die Hängepflanzen kommen an die Vorderseite der Blumenschale. Auch flache, wasserdichte, in ihren Abmessungen dem Fensterbrett angepaßte Auflagekästen aus Asbestzement oder Kunststoff können als Standort für Pflanzen dienen. Sie werden bis an den Rand mit Kies oder Blähton gefüllt und ständig halbvoll mit Wasser gehalten. Auf der Kiesoberfläche werden die Pflanzen in ihren Töpfen aufgestellt. Dadurch erhöht sich die Luftfeuchtigkeit wesentlich.

Pflanzenwannen eignen sich hervorragend für die Anordnung von Blattpflanzen. Man erhält sie aus Holz, Metall, Kunststoff oder Ton. Sehr vorteilhaft ist, daß man die Wannen bei zu starker Sonnenstrahlung oder zu großer Kälte an einen schattigeren oder wärmeren Platz stellen kann.

Die Pflanzen müssen so angeordnet werden, daß wirkungsvolle Kontraste in Wuchsform und Farbe hervorgerufen werden. Die Töpfe lassen sich leicht auswechseln. Einige Blütenpflanzen verleihen dem Arrangement zusätzlich Farbe.

Die Luftfeuchtigkeit in unmittelbarer Umgebung der Pflanzenwanne läßt sich erhöhen, wenn man alle Töpfe in feuchten Torf „einfüttert". Kaufen Sie stets Pflanzen, die an ihrem zukünftigen Standort gut gedeihen können.

Jede Pflanze braucht eine bestimmte Menge Licht oder Schatten. Auch ist jede mehr oder minder empfindlich gegen Zugluft und Rauch. Pflanzen mit dicken, dunklen Blättern brauchen weniger Licht, Pflanzen mit bunten Blättern brauchen mehr.

Umtopfen von Zimmerpflanzen
Alle Zimmerpflanzen müssen umgetopft werden, wenn das Wurzelwerk stark verwachsen und verfilzt ist. Der Zeitpunkt für das Umtopfen läßt sich leicht feststellen: Die Pflanze wächst kaum noch und trocknet selbst nach häufigem Gie-

ßen schnell aus. Gelegentlich wachsen die Wurzeln durch das Abzugsloch am Boden.

Grundsätzlich werden Jungpflanzen einmal jährlich im Frühling oder Frühsommer umgetopft. Ältere Pflanzen brauchen seltener umgetopft zu werden; der Zeitraum beträgt zwei bis drei Jahre und mehr.

Da den Topfpflanzen nur wenig Erde zur Verfügung steht, muß man zum Ein- und Umtopfen eine sehr gute Erde verwenden. Empfehlenswert ist eine Mischung aus organischen und anorganischen Stoffen, die die wesentlichen Nährstoffe in der richtigen Zusammensetzung enthält. Für eigene Mischungen werden vor allem Komposterde, humose Gartenerde, etwas Sand und reichlich Torfmull verwendet. Neben der Komposterde und humoser Gartenerde spielt in der Zimmergärtnerei Torfmull eine wichtige Rolle. Er wird heute als Zuschlag zu vielen Erdmischun-

gen verwendet. Es handelt sich dabei in erster Linie um einen sauren Hochmoortorf, der trotz der Bezeichnung „Düngetorf" praktisch keine Nährstoffe enthält.

Neben den Eigenmischungen können zum Ein- und Umtopfen von Zimmerpflanzen auch die üblichen Blumenerden in Beuteln verwendet werden. Diese in Tüten verpackten Erdgemische können aus verschiedenen Ausgangssubstraten zusammengesetzt sein. Derartige Substrate sind in Gärtnereien, Blumengeschäften, im Samenfachhandel, in verschiedenen Einzelhandelsläden und in Kaufhäusern erhältlich.

Eine weitgehende Vereinfachung der Bodenrezepte hat die Industrie mit den sogenannten Einheits- oder Fertigerden angestrebt. Sie bestehen vorwiegend aus Torf und haben daneben, je nach Fabrikat, Ton- und Styroporzusätze. Diese Substrate werden mit unterschiedlichem Nährstoffgehalt angeboten.

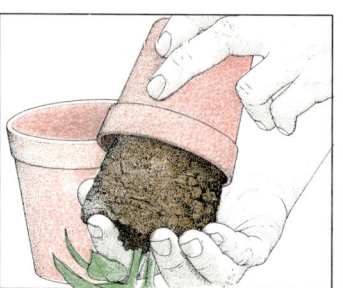

1. Pflanze zwischen zwei Finger nehmen, Topf umdrehen

2. Ehe man die Pflanze umtopft, alte Erde zum Teil entfernen

3. Pflanze auf frische Erde setzen, Topf mit Erde auffüllen

4. Abschließend die Erde leicht andrücken und gründlich wässern

Zimmerpflanzen pflegen

Sie laufen unter der Bezeichnung Einheitserde P und T.

Neben den Einheitserden werden auch sogenannte Torfkultursubstrate angeboten.

Ehe man Pflanzen umtopft, durchfeuchtet man die Erde gründlich. Die Pflanze wird aus dem Topf gelöst, indem man die Stengel der Pflanze zwischen die Finger einer Hand nimmt und dann den Topf umdreht. Um den Wurzelballen zu lösen, schlägt man mit einer Hand fest auf die Unterseite des Topfs. Ist die Erde stark von Wurzeln durchwachsen, muß die Pflanze in einen größeren Topf gesetzt werden. Wenn das nicht der Fall ist, setzt man die Pflanze mit neuer Erde in den gleichen Topf zurück. Bei einem Tontopf mit großem Abzugsloch wird eine Tonscherbe von einem zerbrochenen Topf mit der gebogenen Seite nach oben oder ein Kiesel über das Abzugsloch gelegt. Kunststofftöpfe haben mehrere kleine Abzugslöcher, die nicht abgedeckt werden müssen. Sämtliche Töpfe sind vorher, besonders innen, gründlich zu waschen, damit keine Krankheitskeime zurückbleiben. Neue Tontöpfe müssen mindestens zwölf Stunden gewässert werden, damit sie der Blumenerde keine Feuchtigkeit entziehen.

Je nach der Tiefe des Wurzelballens deckt man den Topfboden mit 2–5 cm Erde ab. Man setzt den Wurzelballen auf die Erde, so daß er etwa 1 cm unter dem Topfrand endet. Jetzt hält man die Pflanze mit einer Hand fest und füllt mit der anderen Erde rund um den Wurzelballen ein. Die Oberseite des Wurzelballens wird bis zum unteren Topfrand mit neuer Erde bedeckt, und der Topf wird leicht auf die Arbeitsfläche aufgeschlagen, damit sich die Erde festigt.

Nun füllt man weiter mit Erde auf, bis ungefähr 1 cm zwischen der Erde und der Oberkante des Topfs bleibt. Dann wird die Erde mit den Fingerspitzen leicht festgedrückt und gründlich gegossen.

Blätter säubern

Da Pflanzen mit den Blättern atmen und Feuchtigkeit aus der Luft aufnehmen, müssen die Blätter auf beiden Seiten sauber sein; die Poren dürfen nicht verstopft werden. Kleinblättrige Pflanzen werden einmal im Monat mit klarem Wasser abgesprüht, besonders während der Wachstumszeit. Große Pflanzenblätter werden auf beiden Seiten gelegentlich mit feuchter Watte oder einem Schwämmchen abgewischt. Im Handel sind auch staubabweisende Blattglanzmittel erhältlich, mit denen die Blätter eingesprüht werden können.

Weiches Regenwasser ist zum Gießen und Reinigen besser geeignet als Leitungswasser. Stellen Sie Ihre Zimmerpflanzen bei einem leichten, warmen Regen ins Freie! Pflanzen mit weichen, haarigen Blättern, wie das Usambaraveilchen, dürfen nicht mit Wasser oder Reinigungsmitteln abgewischt werden, weil die Blätter dadurch Flecken bekommen. Staub wird hier mit einem feinen Pinsel entfernt.

Richtig gießen und düngen

Viele Zimmerpflanzen gehen deshalb ein, weil man sie zuviel gießt. Die Wassermenge richtet sich nach der Pflanze selbst, der Zimmertemperatur und der Jahreszeit. Im allgemeinen brauchen Zimmerpflanzen während der Wachstums- oder Blütezeit im Spätfrühjahr und Sommer mehr Wasser als während der Ruhezeit im Herbst und Winter. Schmalblättrige Pflanzen benötigen mehr Wasser als breitblättrige.

Es bekommt den Pflanzen besser, wenn sie einmal wöchentlich reichlich gegossen werden, als wenn sie täglich nur einige Tropfen erhalten. Gegossen wird am besten mit Regen- oder weichem Leitungswasser.

Pflanzen können von oben gegossen werden, nur sollen dabei die Blätter und vor allen Dingen das „Herz" der Pflanze verschont bleiben. Werden sie häufig feucht, können Fäulnispilze oder der Grauschimmel auftreten.

Eine stark ausgetrocknete Pflanze erholt sich meist durch ein Vollbad. Hierfür setzt man den Topf mit der Pflanze so in eine mit Wasser gefüllte Wanne, daß die Erde unter dem Wasserspiegel liegt. Nach einiger Zeit, wenn keine Luftblasen mehr aufsteigen, ist die Erde völlig durchfeuchtet.

Die Blätter von behaarten Pflanzen dürfen nicht mit Wasser bespritzt werden, weil sie dadurch Flecken bekommen und faulen.

Gedüngt wird im allgemeinen während der Hauptwachstumszeit der Pflanzen. Diese liegt in der Regel in den Frühjahrs- und Sommermonaten. Im Herbst wird seltener, im Winter fast überhaupt nicht gedüngt, da die Pflanzen den Dünger dann nicht aufnehmen und verarbeiten können.

Alle im Fachhandel erhältlichen Düngemittel enthalten normalerweise die wichtigsten Nährstoffe: Stickstoff, Phosphorsäure, Kali und dazu noch Spurenelemente. Der besondere Düngerbedarf einzelner Zimmerpflanzen ist in der Tabelle ab Seite 376 aufgeführt.

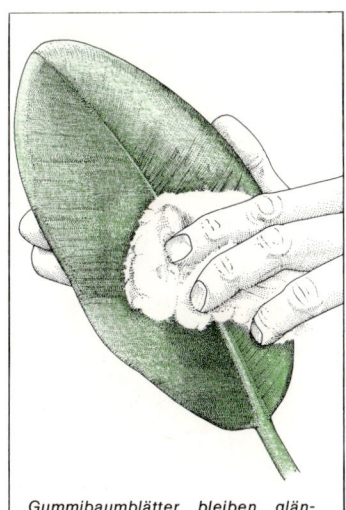

Gummibaumblätter bleiben glänzend, wenn man sie gelegentlich auf beiden Seiten abreibt

WIE MAN ZIMMERPFLANZEN FEUCHT HÄLT

Bromelien *Einige Pflanzen, wie die Vriesee, haben eine Blattrosette. Sie sollte stets mit Wasser gefüllt sein*

Ausgetrocknete Pflanzen *Der Topf wird in einen Behälter gestellt und dieser mit Wasser gefüllt*

Hohe Luftfeuchtigkeit fördert das Wachstum

Die meisten unserer Zimmerpflanzen stammen aus tropischen Wäldern, wo eine hohe Luftfeuchtigkeit herrscht. Zwar haben sich die Pflanzen weitgehend an die trockene Luft in unseren Häusern gewöhnt, doch wachsen sie bei künstlich erzeugter Luftfeuchtigkeit wesentlich besser.

Da in zentral geheizten Räumen die Luft trocken ist, sollte man als Gegenmittel flache Schalen mit Wasser neben den Zimmerpflanzen aufstellen, oder man setzt die Pflanzen samt Topf in einen Übertopf und füllt den Zwischenraum mit feuchtem Torf aus.

Einzelne Töpfe kann man auch auf Untersetzer stellen, die mit Kies oder Blähton gefüllt sind. Das Material muß stets mit Wasser bedeckt sein, das jedoch nicht bis an den Topfboden reichen darf, da sonst die Wurzeln leicht faulen.

Gelegentliches Absprühen der Pflanzen mit Wasser erhöht ebenfalls die Luftfeuchtigkeit. Äußerste Vorsicht ist jedoch bei Pflanzen mit behaarten Blättern geboten. Dort setzt sich zuviel Feuchtigkeit fest, und es kann zu Fäulniserscheinungen kommen. Im Herbst und Winter sollten die Pflanzen nicht mit Wasser besprüht werden.

Ideal für die Erhöhung der Luftfeuchtigkeit ist auch die mit feuchtem Torfmull oder Blähton gefüllte Pflanzenwanne. Hier werden

Feuchtigkeit für Pflanzen mit behaarten Blättern

die Töpfe ganz ins Füllmaterial eingesetzt. Dieses gibt nicht nur Feuchtigkeit an die Pflanzen direkt ab, sondern verdunstet ständig Wasser, das an den Pflanzen hochstreicht.

ZWEI VERFAHREN, DIE FEUCHTIGKEIT ZU STEIGERN

Man gibt Wasser in eine flache Schale. Die eingestreuten Kiesel verhindern, daß die Wurzeln faulen

Pflanze im eigenen Topf in größeren Topf setzen, Zwischenraum mit feuchtem Torf füllen

Pflanzenrückschnitt; Kletterpflanzen hochbinden

Zimmerpflanzen benötigen wenig oder gar keinen Rückschnitt. Wenn sie aus der Form geraten, können die Triebe jedoch unmittelbar über einem Blattansatz abgeschnitten werden.

Zu groß gewordene Gummibäume und das Fensterblatt lassen sich nicht zurückschneiden, ohne daß sich hierdurch unerwünschte Seitentriebe bilden. Man kann jedoch eine neue Pflanze ziehen, indem man die oberste Triebspitze etwa 3 cm unter einem Auge abschneidet und in ein geeignetes Vermehrungssubstrat pflanzt. Wünscht man buschige oder breit wachsende Pflanzen, knipst man im Frühjahr die Spitzen der jungen Triebe unmittelbar über einem Blattansatz ab, z. B. bei Geranien und Fuchsien. Hierdurch wird die Bildung von Seitentrieben aus den Blattachseln begünstigt.

Buschige und stammbildende Pflanzen brauchen keine Stützen, Kletterpflanzen, wie Efeu und Philodendron, müssen nach einiger Zeit festgebunden werden. Hierfür steckt man Bambusstöcke in den Topf und bindet die Triebe mit Bast oder leichten Kunststoffringen locker an. Man kann auch Bambus- oder Kunststoffgitter verwenden.

Philodendronarten und einige andere Kletterpflanzen bilden Luftwurzeln, durch welche die Pflanzen einen Teil ihrer Nahrung aufnehmen. Diese Kletterpflanzen werden an Stöcken oder Moosstäben festgebunden.

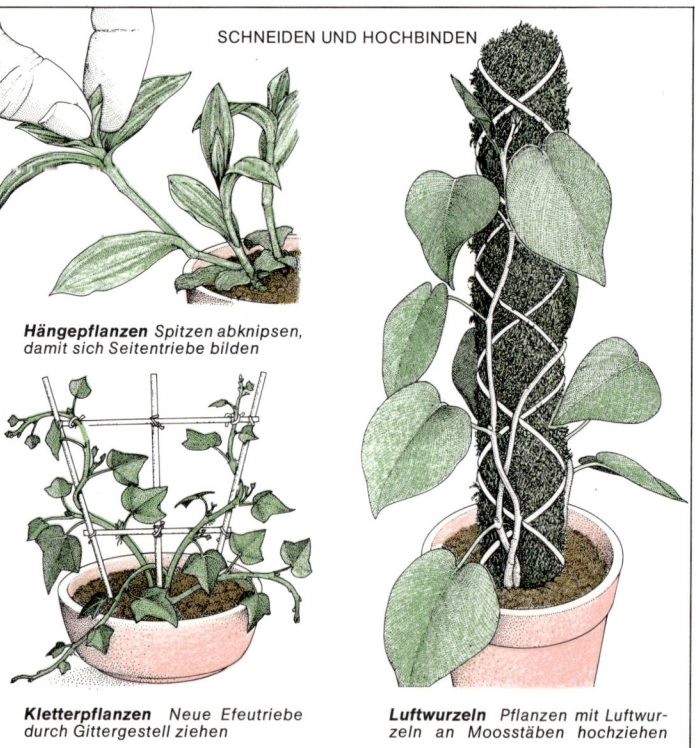

SCHNEIDEN UND HOCHBINDEN

***Hängepflanzen** Spitzen abknipsen, damit sich Seitentriebe bilden*

***Kletterpflanzen** Neue Efeutriebe durch Gittergestell ziehen*

***Luftwurzeln** Pflanzen mit Luftwurzeln an Moosstäben hochziehen*

Pflege von Zimmerpflanzen während des Urlaubs

Ehe Sie in Urlaub gehen, bitten Sie am besten einen Nachbarn, sich um Ihre Pflanzen zu kümmern. Wenn das nicht möglich ist, können Sie die Pflanzen auch zwei bis drei Wochen lang sich selbst überlassen; doch müssen einige Vorkehrungen getroffen werden.

Knipsen Sie alle Blüten und Knospen mit den Fingernägeln ab; dann braucht die Pflanze weniger Wasser. Stellen Sie alle Töpfe so auf, daß sie vor der Sonne geschützt sind.

Nun gießen Sie die Pflanzen ausgiebig, stellen sie in tiefe Schüsseln und füllen die Zwischenräume mit zusammengeballtem, nassem Zeitungspapier oder feuchtem Torf. Man kann auch jede Pflanze reichlich gießen und dann eine Plastiktüte darüberziehen. Die Tüte wird aufgeblasen, damit sie die Blätter nicht berührt, und mit einem Gummiband rund um den Topf festgehalten.

Es gibt auch verschiedene selbsttätige Gießvorrichtungen. Am einfachsten ist es jedoch, mehrere Zimmerpflanzen mit 2 cm breiten Lampendochten zu wässern. Hierfür stellt man einen Eimer Wasser auf ein paar Bretter oder einen Küchenstuhl. An ein Ende des Lampendochts bindet man einen kleinen Stein und legt diesen in den Eimer. Das andere Ende des Dochts wird in die Erde gesteckt. Das Wasser kann auf diese Weise durch den Docht in die Töpfe sickern.

PFLANZEN WÄHREND DES URLAUBS VERSORGEN

Töpfe in einen Kasten stellen und Zwischenräume mit nassem Zeitungspapier oder Torf füllen

Plastiktüte über Pflanze stülpen und mit Gummiband befestigen

Das eine Ende eines 2 cm breiten Lampendochts in den Blumentopf, das andere in einen Eimer mit Wasser legen

Schäden und Krankheiten bei Zimmerpflanzen

Auch Zimmerpflanzen können von Krankheiten befallen werden. Schlechtes Wachstum und mangelnder Blütenansatz werden jedoch häufiger durch falsches Gießen, ungenügende Lichtverhältnisse und zu trockene Luft verursacht.

Schaden	Ursache	Abhilfe
Wenig oder gar keine Blüten; schwache, zu lange Stiele; Blätter zu klein und blaß	Lichtmangel	Lichtverhältnisse bessern; wenn nötig, Leuchtstofflampen anbringen
Schräger Wuchs, Stiele und Blätter nach einer Seite gerichtet	Lichtmangel	Den Topf jeden zweiten Tag um ¼ drehen, damit die Pflanze gleichmäßig viel Licht erhält
Blasse oder bräunliche Flecken, besonders an jungen Blättern	Rote Spinne, Thrips	Mit einem Zimmerpflanzenspray sprühen
Pflanze kümmert: Wurzeln schlecht entwickelt, häufig verfault oder braun	Im allgemeinen stehende Nässe	Pflanze zwischen zwei Gießvorgängen austrocknen lassen
Langsame Blatt- und Stielentwicklung auch bei Düngergabe; schnelles Austrocknen des Bodens auch bei häufigem Gießen; Wurzeln wachsen durch das Abzugsloch im Topf	Zu kleiner Topf	Pflanze umtopfen
Pflanzen wachsen langsam oder gar nicht	Zuwenig Dünger, zuviel Wasser oder zu kleiner Topf	Regelmäßig düngen, weniger gießen oder umtopfen
Welken	Boden oder Luft zu trocken; zuviel Sonne oder zu hohe Zimmertemperatur; stehende Nässe; zu kleiner Topf	Blätter häufig absprühen; gleichmäßig gießen; Abzugsloch prüfen; in größeren Topf umpflanzen
Plötzlicher Knospen-, Blüten- und Blattabfall	Normalerweise durch plötzliche Änderung der Umweltbedingungen, wie Temperaturänderung, Lichtveränderung, Zugluft oder Trockenheit des Ballens	Pflegebedingungen verbessern
Farbige Blätter werden grün	Lichtmangel oder zu starke Düngergaben	Grüne Blätter abschneiden und Pflanze mehr ins Licht stellen; weniger düngen
Braune Spitzen oder Flecken auf den Blättern	Trockene Luft; Zugluft; stehende Nässe; Verbrennungen durch Sonne; Wasserspritzer; zu starkes Düngen; zu kleiner Topf	Pflegebedingungen verbessern; stark geschädigte Blätter entfernen
Gelbe Blätter, die fest und gesund bleiben	Kalkhaltige Erde oder Gießen mit Leitungswasser bei kalkempfindlichen Pflanzen	In frische Blumenerde umtopfen und mit Regenwasser gießen

Seltene Zimmerpflanzen selbst gezogen

Avocadopflanze, aus einem Stein gezogen

Anzucht von Pflanzen aus Fruchtkernen und -steinen

Man kann seine Zimmerpflanzensammlung wesentlich bereichern, wenn man die Steine verschiedener Früchte, wie die von Avocados, Pfirsichen und Datteln, einpflanzt.

Pfirsichsteine und Dattelkerne können in 5–8 cm große Töpfe mit Aussaaterde gesteckt werden, die man mit schwarzer Folie abdeckt und bei etwa 18° C keimen läßt, Pfirsichsteine müssen zunächst einige Wochen bei 4° C gehalten werden.

Will man eine Avocadopflanze ziehen, entfernt man die dunkelbraune Schicht, die den Stein umgibt, und steckt drei Streichhölzchen oder Zahnstocher in den Stein. Den Stein hängt man über ein Glas Wasser; das Wasser sollte immer etwa 2 cm unter den Stein reichen.

Nach sechs bis acht Wochen bilden sich an der Unterseite des Steins dicke, weiße Wurzeln. Nun pflanzt man den Stein 5–8 cm tief in einen großen Topf mit Blumenerde und stellt ihn an einen hellen, warmen und feuchten Platz. Nach einiger Zeit erscheint ein einzelner Trieb, an dem sich lange, schmale Blätter bilden.

Avocadopflanzen wachsen sehr schnell und müssen jedes Jahr umgetopft werden. Wenn die Pflanze die gewünschte Höhe erreicht hat, knipst man die Triebspitze ganz einfach ab.

Ananaspflanze aus einem frischen Blattschopf

Schneiden Sie den grünen Blattschopf von einer frischen Ananas und ein Stück Ananasfleisch der obersten „Augenreihe" ab, und lassen Sie ihn ein bis zwei Tage trocknen. Dann füllt man einen 8 bis 10 cm großen Topf mit feuchter Blumenerde; darüber wird etwas grober Sand gestreut. Jetzt setzt man den Blattschopf auf den Sand und gibt noch etwas Blumenerde über den fleischigen Teil.

Nun stülpen Sie eine Plastiktüte über den Topf und stellen ihn an einen schattigen Platz. Die Zimmertemperatur sollte 18° C betragen. Im allgemeinen dauert es etwa acht Wochen, bis sich Wurzeln gebildet haben. Wenn die Pflanze gut angewachsen ist, entfernt man die Plastiktüte und topft um. Die Pflanze kann bis zu 60 cm hoch werden.

Junge Ananaspflanze

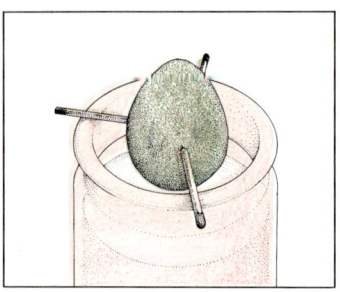

1. Stein mit Streichhölzern über ein Glas Wasser hängen

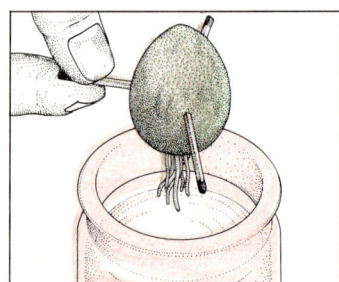

2. Nach 6 – 8 Wochen bilden sich mehrere Wurzeln

3. Der Stein wird 5–8 cm tief in feuchte Erde gepflanzt

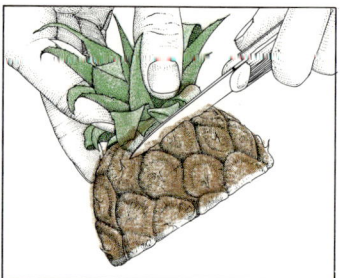

1. Blattschopf und oberste Augenreihe einer Ananas abschneiden

3. Blumenerde über Fruchtfleisch streuen und andrücken

2. Blattschopf in feuchte Erde setzen, die mit grobem Sand bestreut wurde

4. Plastiktüte über den Topf stülpen; mit Gummiband befestigen

Wie man einen Flaschengarten anlegt

Pflanzen in Flaschen zu ziehen ist eine altbekannte Methode und neuerdings wieder sehr beliebt geworden.

Am besten eignen sich dafür dickbauchige Flaschen mit weitem Hals. Wichtig ist, daß die Öffnung der Flasche luftdicht verschlossen werden kann. Die zugekorkte Flasche wirkt wie ein kleines Gewächshaus.

Eine wesentliche Rolle bei der Anlage eines Flaschengartens spielt die Erde. Sie sollte luftdurchlässig sein und alle wichtigen Nährstoffe enthalten. Torfhaltige Blumenerde oder Torfkultursubstrate, leicht aufgedüngt, eignen sich besonders gut.

Zuerst muß man die Flasche gründlich reinigen und austrocknen lassen. Verwendet man Blumentopferde, so wird zunächst eine 2 cm dicke Kies- oder Blähtonschicht eingefüllt. Die Erde muß trocken sein, damit sie nicht an der Flaschenwandung hängenbleibt. Man füllt die Erde durch einen Papiertrichter ein. Die Erdschicht sollte etwa 8–10 cm hoch sein.

Nun wird die Blumenerde mit einem dünnen Plastik- oder Gummiröhrchen, das bis auf den Boden reicht, gleichmäßig durchfeuchtet. Mit einer Garnrolle, die man an einen Stab gesteckt hat, wird die Erde etwas festgedrückt, ehe man die Pflanzen einsetzt. Kleine Pflanzlöcher gräbt man mit einem Kaffeelöffel oder einer Gabel, die an einem Stab befestigt wurde. Man beginnt mit der Arbeit am Außenrand.

Die Pflanzen werden mit einem zurechtgebogenen Drahtstück, das man um den Wurzelballen legt, gehalten und in die Pflanzlöcher gesetzt. Auch hier arbeitet man von außen nach innen. Vor dem Einsetzen einer neuen Pflanze muß der Boden wieder neu gefestigt werden.

Wenn alle Pflanzen in der Erde sind, kann die Flasche verschlossen werden. Dieser Flaschengarten kommt mehrere Monate ohne Pflege aus. Ungefähr alle vier Monate sollte man den Korken entfernen und frische Luft in die Flasche lassen. Nun erhalten die Pflanzen auch etwas flüssigen Dünger und Wasser. Man nimmt dazu einen Trichter und einen kleinen Schlauch, damit die Blätter und die Flaschenwandung nicht bespritzt werden. Läßt man die Flasche offen, muß einmal im Monat gegossen werden. Die Flasche stellt man am besten an einem Ort auf, wo sie viel Licht erhält, aber nicht der direkten Sonnenbestrahlung ausgesetzt ist.

In einen Flaschengarten sollte man nur feuchtigkeitsliebende, langsam wachsende Blattpflanzen setzen. Einige Farne und Bromeliengewächse sind ebenfalls geeignet, werden aber nach einiger Zeit zu groß.

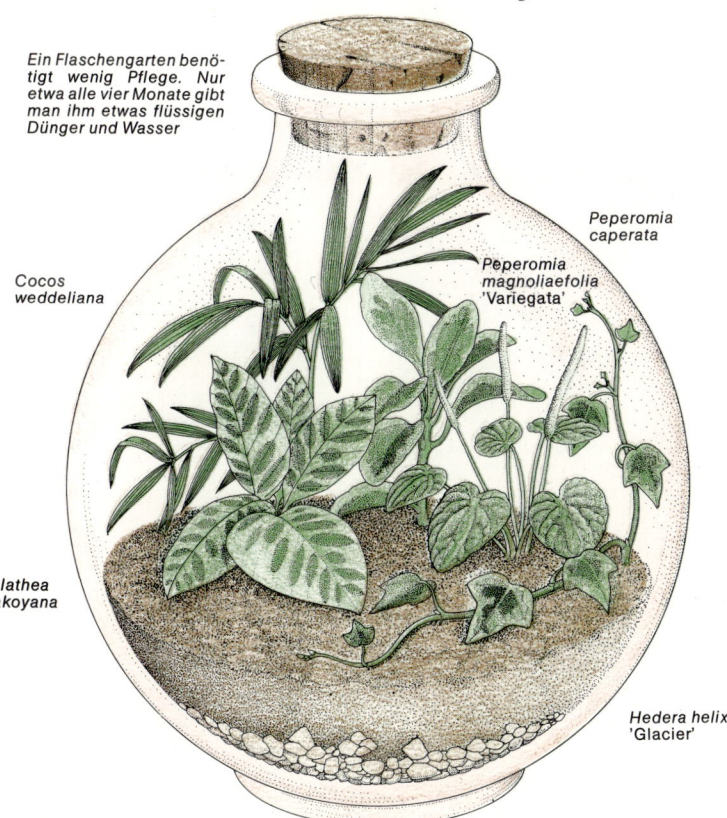

Ein Flaschengarten benötigt wenig Pflege. Nur etwa alle vier Monate gibt man ihm etwas flüssigen Dünger und Wasser

Cocos weddeliana

Calathea makoyana

Peperomia caperata

Peperomia magnoliaefolia 'Variegata'

Hedera helix 'Glacier'

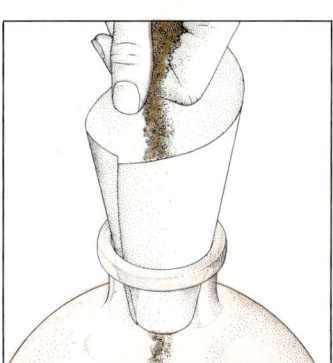

1. Papiertrichter in den Flaschenhals stecken und Erde einfüllen

2. Mit einer an einem Stab befestigten Gabel Pflanzlöcher graben

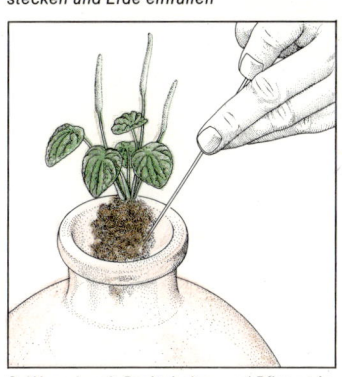

3. Wurzeln mit Draht halten und Pflanze in die Flasche senken

4. Boden um die Pflanze mit einer leeren Garnrolle festdrücken

Wie man Zimmerpflanzen vermehrt

Die meisten Zimmerpflanzen lassen sich durch einfaches Teilen der Pflanze vermehren oder dadurch, daß man schnell wurzelnde Triebstecklinge abnimmt. Andere Pflanzen sind anspruchsvoller und benötigen künstliche Wärme und Feuchtigkeit. Wie man jede einzelne Zimmerpflanze am besten vermehrt, geht aus der Tabelle ab Seite 376 hervor. Die häufigsten Vermehrungsarten sind: Teilung, Abmoosen, Abschneiden von Kopfstecklingen oder Triebstecklingen, durch Blattstecklinge und Ableger.

Viele Zimmerpflanzen lassen sich auch aus Samen vermehren. In den meisten Samenfachgeschäften erhält man die Samen der gängigen Pflanzen, wie Begonie und Fleißiges Lieschen, gelegentlich auch Samen von Exoten, wie Fingeraralie und Aralie. Die meisten Samen keimen ziemlich leicht, aber die Pflanzen gelangen erst nach mehreren Jahren zur Reife und müssen in der ersten Zeit sorgfältig gepflegt werden.

Der Samen wird im späten Frühjahr oder im Sommer in Töpfe mit humoser, sandiger Blumenerde gelegt. Man deckt ihn mit etwas Sand oder Humus ab und läßt ihn bei 16° bis 18° C keimen.

Sobald die Sämlinge zwei Blattpaare entwickelt haben, werden sie einzeln in 5–8 cm große Töpfe mit Blumenerde umgepflanzt. Jetzt bleiben die Pflanzen gut gewässert an einem schattigen, vor Zug geschützten Ort, bis sie erneut wachsen. Dann stellt man sie allmählich an einen helleren Platz, schützt sie jedoch stets vor Zug. Wenn sie schnell wachsen, erhalten sie zusätzlich Wasser und werden schließlich an ihren endgültigen Standort gestellt.

Teilung von Zimmerpflanzen

Die einfachste Art der Vermehrung ist die Teilung. Hierfür eignen sich jedoch nur bestimmte Pflanzen, die mindestens zwei oder möglichst mehrere Stiele oder Blattbüschel bilden, von denen jedes ein eigenes, gut entwickeltes Wurzelsystem hat. Leicht teilen läßt sich beispielsweise der Frauenhaarfarn, die Grünlilie, die Schusterpalme, die Fittonie und der Bogenhanf.

Zimmerpflanzen kann man während der Wachstumszeit, vom späten Frühjahr bis zum frühen Herbst, jederzeit teilen. Die Pflanze wird aus dem Topf genommen. Mit einem kleinen Stöckchen oder mit den Fingern entfernt man vorsichtig die Erde. So werden die Wurzeln gut sichtbar, und man erkennt, wo sich die Pflanze teilen läßt. Jetzt faßt man die Pflanze über den Wurzeln mit beiden Händen und zieht sie auseinander. Wenn der oberirdische Teil oder die Wurzeln sehr stark sind, werden die größten Wurzeln mit einem scharfen Messer zerschnitten. Die Teilstücke kommen sogleich in geeignete Blumenerde. Zunächst werden die Pflanzen ein wenig gewässert und einige Wochen an einen warmen, schattigen Ort gestellt.

Einige Zimmerpflanzen, wie die Kanonierblume und die Zebratradeskantie, werden häufig in den Gärtnereien aus drei oder vier Stecklingen in einem Topf gezogen. Später bilden diese Stecklinge eine Pflanze, die sich durch Auseinanderziehen teilen läßt. Die Teilpflanzen werden einzeln eingetopft.

1. Topf umdrehen und dabei die Pflanze festhalten. Die Topfkante z. B. gegen einen Tisch schlagen, um Erde und Wurzeln zu lockern

2. Erde entfernen, Wurzeln sorgfältig auseinanderziehen

4. Teilpflanze in einen Topf mit geeigneter Blumenerde setzen

3. Fest miteinander verwachsene Wurzeln durchschneiden

5. Topf mit Erde bis 1 cm unter den Topfrand auffüllen

Kopfstecklinge von nicht blühenden Trieben

Stecklinge von hohlstieligen Pflanzen (Fleißiges Lieschen, Dreimasterblume, Efeu) ziehen leicht Wurzeln. Man schneidet die Spitzen von jungen, noch nicht blühenden Trieben oder Seitensprossen zwischen März und August ab. Der Steckling sollte 7–10 cm lang sein; die unteren Blätter werden entfernt. Unmittelbar unter einem Blattknoten wird der Steckling glatt abgeschnitten und in ein Glas Wasser gestellt. Nachdem sich innerhalb von 10–14 Tagen Wurzeln gebildet haben, kann man ihn einpflanzen.

Stecklinge von anderen Zimmerpflanzen werden sofort in einen Topf gesetzt, der bis unter den Rand mit einer besonderen Stecklingserde gefüllt ist oder mit einer Mischung von einem Teil Torf und einem Teil Sand. Mit einem scharfen Messer schneidet man, je nach Pflanzenart, 7–10 cm lange Stiele oder Seitentriebe ab. Die unteren Blätter werden entfernt, und der Stiel wird unmittelbar unter einem Blattauge abgeschnitten. Mit einem kleinen Stöckchen bohrt man mehrere 1–2 cm tiefe Pflanzlöcher am Topfrand.

Jetzt wird die Erde vorsichtig um jeden Steckling herum angedrückt; dann füllt man den Topf bis zum Rand mit Wasser. Die Stecklinge werden durch eine Plastiktüte geschützt, die man mit einem Gummiband befestigt. Sie bewurzeln sich an einem schattigen Standort bei gleich bleibender Temperatur von 18° C in ständig feuchter Erde. Nach drei bis vier Wochen haben sich neue Blätter gebildet. Jetzt entfernt man die Plastiktüte. Die bewurzelten Stecklinge werden einzeln in 7–8 cm große Töpfe mit Gartenerde pikiert. Die umgetopften Pflanzen werden sorgfältig gegossen und so lange an einen schattigen, vor Zugluft geschützten Ort gestellt, bis sie gut angewachsen sind.

VERMEHRUNG VON KOPFSTECKLINGEN

Vom Zebrakraut kann man mehrere Triebstecklinge abnehmen. Man schneidet die Spitzen oder Seitentriebe etwa 8 cm lang ab und entfernt die unteren Blätter. Dann wird jeder Steckling unmittelbar unter einem Blattauge abgeschnitten

BEWURZELN VON KOPFSTECKLINGEN

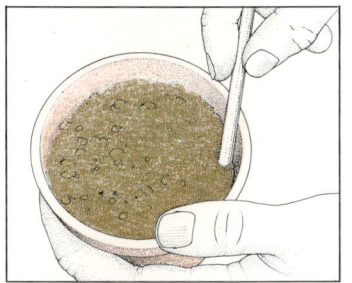

1. 4–6 Pflanzlöcher am Rand eines Blumentopfs anbringen

2. Jeden Steckling so einsetzen, daß sich sein Stiel an den Topfrand lehnt

3. Plastiktüte über Topf stülpen; während der Bewurzelung Topf schattig stellen

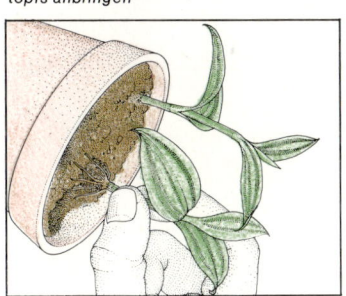

4. Topf umdrehen und die bewurzelten Stecklinge herausnehmen

5. Die neuen Pflanzen einzeln in 7–8 cm große Töpfe mit Einheitserde pikieren

6. Pikierte Pflanzen gießen und einige Wochen schattig stellen

Jungpflanzen von der Mutterpflanze abnehmen

Die meisten Bromelienarten, wie der Zimmerhafer, die Lanzenrosette und die Vriesee, sowie andere Zimmerpflanzen bilden regelmäßig Seitensprosse oder Tochterpflanzen. Diese kleinen Pflanzen füllen nach einiger Zeit den Topf vollständig aus. Jungpflanzen, die etwa halb so hoch sind wie die Mutterpflanze, lassen sich leicht abnehmen und einzeln eintopfen. Die beste Zeit für diese Vermehrungsart liegt zwischen Juni und August.

Nehmen Sie die Pflanze aus dem Topf, indem Sie die Oberseite mit einer Hand abdecken und den Topf mit der anderen Hand umdrehen. Wenn nötig, muß man den Topf leicht gegen eine Tischkante schlagen, damit sich der Wurzelballen löst. Jetzt hält man den Wurzelballen mit einer Hand fest und schneidet oder reißt den Nebentrieb mit Wurzeln vom Hauptballen ab, wobei man darauf achten muß, daß die Wurzeln nicht verletzt werden.

Ein 8–10 cm großer Topf wird mit einer Schicht feuchter Blumenerde gefüllt und die Jungpflanze so darauf gesetzt, daß der Blattansatz etwas unter dem Topfrand liegt. Jetzt füllt man noch etwas Erde auf und drückt sie mit den Fingerspitzen fest.

Anschließend wird die Pflanze ausreichend angegossen. Größere Jungpflanzen müssen ein bis zwei Monate abgestützt werden, bis sich die Wurzel gefestigt hat. Dazu wird ein Bambusstock neben der Pflanze in die Erde gesteckt und diese daran festgebunden.

Die Pflanze braucht in den ersten Wochen viel Licht, aber keine direkte Sonnenbestrahlung. Ein Nordwestfenster ist dafür am besten geeignet. Die Erde sollte stets feucht gehalten werden.

1. Die Mutterpflanze löst sich aus dem Topf, wenn man dagegen schlägt

2. Bewurzelte Jungpflanzen abtrennen, ohne die Wurzeln zu beschädigen

3. Jungpflanze in einen Topf mit Einheitserde einsetzen

4. Große Jungpflanzen einige Wochen mit einem Bambusstock stützen

Abnehmen und Bewurzeln von Ausläufern

Einige Pflanzen, wie Steinbrech und Grünlilie, bilden Tochterpflanzen entweder an den Blütenschäften oder an dünnen Ausläufern von der Mutterpflanze. Beim Steinbrech werden die fadenähnlichen Ausläufer, die an jedem Ende eine Jungpflanze tragen, von der Mutterpflanze gelöst. Ausläuferende einfach abknipsen!

Man setzt die Pflanze in einen 6-cm-Topf mit feuchter Erde. Die Pflanze wird nicht gegossen, sondern man stülpt eine Plastiktüte über den Topf und sichert sie mit einem Gummiband. Der Topf bleibt vor direkter Sonneneinstrahlung geschützt bei 18–21° C stehen. Die Erde muß feucht bleiben. Nach etwa zehn Tagen hat die Pflanze Wurzeln gezogen. Jetzt wird die Tüte entfernt und der Topf an einen helleren, kühleren Platz gestellt.

Die Grünlilie trägt häufig mehrere Jungpflanzen an einem Blütenschaftende. Man zieht diese Enden in einzelne Töpfe von 6 cm Größe mit Einheitserde und befestigt sie mit Drahtklammern. Nach etwa drei Wochen haben die Jungpflanzen Wurzeln geschlagen, die Schäfte können abgetrennt werden.

Saxifraga stolonifera *bildet während der Wachstumszeit Ausläuferpflänzchen, die sich nach wenigen Wochen bewurzeln*

Blattstecklinge von behaarten oder dickblättrigen Pflanzen

Zimmerpflanzen mit dicken oder behaarten Blättern, wie Usambaraveilchen, Gloxinie und Zwergpfeffer, werden durch Blattstecklinge vermehrt. Für diese Art der Vermehrung eignen sich am besten die Monate Juni–September. Man trennt zwei bis drei Blätter von der Pflanze ab und kürzt den Blattstiel auf eine Länge von 2–5 cm.

Ein 8 cm großer Topf wird fast bis zum Rand mit einer Mischung von Torf und grobem Sand im Verhältnis 1:1 oder einem Vermehrungsgemisch gefüllt. In dieses Substrat drückt man zwei bis drei Pflanzlöcher, die etwas kürzer sein müssen als die Blattstiele. Jeder Blattstiel wird jetzt mit einem scharfen Messer glatt abgeschnitten und in das Loch gesteckt, wobei zu beachten ist, daß das Blatt selbst den Boden nicht berührt.

Nun drückt man die Stecklinge mit den Fingerspitzen vorsichtig fest. Am besten entwickeln sich die Blattstecklinge in einem Vermehrungsbeet mit Zusatzwärme, aber auch im Zimmer kann man eine feuchte, warme Luft erzeugen. Hierfür füllt man den Topf bis zum Rand mit Wasser und läßt das überschüssige Wasser abtropfen. Anschließend stülpt man eine Plastiktüte über den Topf, befestigt sie mit einem Gummiband und sorgt dafür, daß die Erde nicht austrocknet.

Nach drei bis fünf Wochen haben sich Wurzeln gebildet, und neue Blätter wachsen hoch. Vorsichtig zieht man die bewurzelten Blattstecklinge heraus, ohne die feinen Wurzeln zu beschädigen. Jetzt werden die Stecklinge einzeln in 7 cm große Töpfe mit Einheitserde pikiert. Genügend angießen und abtropfen lassen! Anschließend zwei bis drei Wochen an einem schattigen, warmen Ort aufstellen.

WIE MAN BLATTSTECKLINGE BEKOMMT

Zwischen Juni und September kann man junge, gesunde Blätter mit Stielen von einem Usambaraveilchen abnehmen und die Stielenden glatt abschneiden

SO SCHLAGEN BLATTSTECKLINGE DES USAMBARAVEILCHENS WURZELN

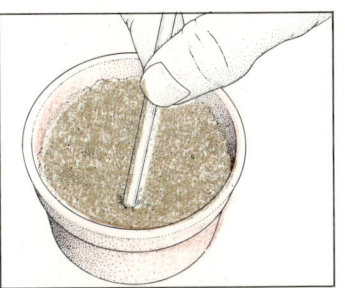

1. Einige Pflanzlöcher mit einem Stöckchen in die Erde drücken

2. Blattstecklinge so tief stecken, daß das Blatt die Erde nicht berührt

3. Erde festdrücken. Vorsicht, Stiele nicht beschädigen!

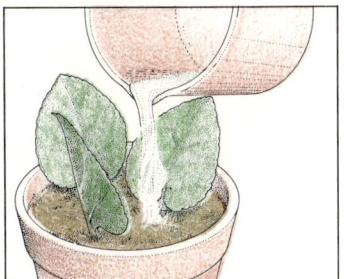

4. Topf ausreichend angießen und gut abtropfen lassen

5. Plastiktüte über den Topf stülpen und mit einem Gummiband befestigen

6. Wenn sich neue Blättchen gebildet haben, Blattstecklinge pikieren

Anzucht mehrerer neuer Pflanzen aus einem Blatt

Aus einem ausgereiften Blatt lassen sich neue Pflanzen heranziehen. Dies ist beispielsweise bei der Rexbegonie der Fall. Zwischen Juni und September nimmt man ein ausgereiftes Blatt von einer Pflanze und kürzt den Stiel bis auf 1 cm. Dann schneidet man die Hauptblattadern an der Unterseite mit einem Messer mehrfach ein.

Jetzt wird das Blatt mit der eingeschnittenen Seite nach unten in eine Saatschale mit sandigem Torf gelegt und mit Kieselsteinen beschwert. Die Schale wird mit Folie abgedeckt und warm gestellt.

Nach etwa vier Wochen haben sich an den Schnittstellen kleine Pflanzen gebildet. Jetzt wird die Plastikhülle entfernt und die Schale weitere zwei bis drei Wochen warm und schattig gestellt. Anschließend pikiert man die bewurzelten Jungpflanzen in 6-cm-Töpfe.

1. Rexbegonie und andere Begonien lassen sich aus Blättern vermehren

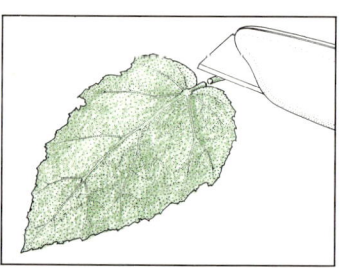

2. Den Stiel eines ausgereiften Blatts schneidet man bis auf 1 cm ab

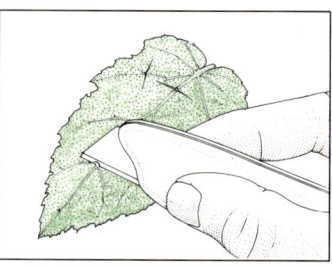

3. Das Blatt an den Hauptblattadern der Unterseite einschneiden

4. Blatt mit eingeschnittener Seite nach unten auf die Erde legen und beschweren

5. Nach einigen Wochen haben sich an den Schnittstellen Pflänzchen gebildet

Vermehrung der Sansevierie aus Blattabschnitten

Auch aus Blattabschnitten kann man neue Pflanzen ziehen. Man wählt hierfür ein gesundes, einjähriges Blatt einer Sansevierie aus und schneidet es dicht über dem Boden ab. Ein großer Topf oder eine Saatschale wird mit feuchter, torfhaltiger Erde gefüllt. Das Blatt wird mit einem scharfen Messer in etwa 2–3 cm lange Stücke geschnitten. Danach steckt man drei bis vier Blattstücke mit der angeschnittenen Seite nach unten zur Hälfte in die Erde. Mit lauwarmem Wasser werden die Blattstücke abgesprüht und anschließend mit einer Plastiktüte abgedeckt. Nun läßt man sie bei 21° C im Schatten stehen. Nach etwa sechs Wochen haben sich junge Blätter gebildet. Die Plastikhaube wird entfernt, und die Jungpflanzen werden einzeln in 8–10 cm große Töpfe mit Blumenerde pikiert.

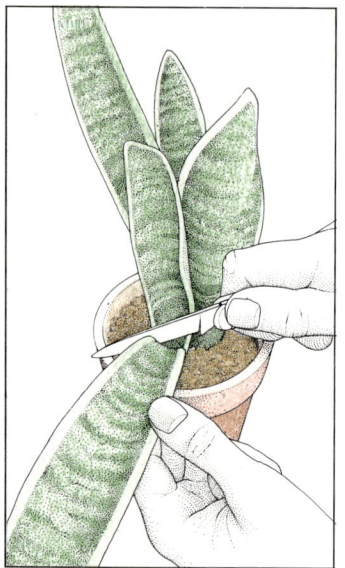

1. Ein Sansevierienblatt an der Basis der Mutterpflanze abschneiden

2. Mit einem scharfen Messer schneidet man das Blatt in 2–3 cm lange Stücke

3. Blattstücke mit angeschnittener Seite nach unten in feuchte Erde stecken

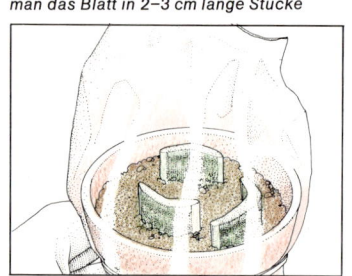

4. Eine Plastiktüte sorgt für höhere Luftfeuchtigkeit

5. Nach sechs Wochen haben sich junge Pflanzen entwickelt

Vermehrung von Pflanzen durch Abmoosen

Verschiedene Pflanzen, wie Gummibaum und Philodendron, werden nach einigen Jahren zu groß. Man kann dann die Blattspitze im Frühjahr abmoosen und eine neue, kleinere Pflanze gewinnen.

Die Blätter werden zunächst in der gewünschten Höhe unter der Spitze entfernt. Man schneidet sie glatt am Stamm ab, ohne das Gewebe zu beschädigen. Anschließend schneidet man den Stamm etwa 3 cm unter einem Blattauge schräg nach oben an. Ein festgebundener Stock schützt ihn vor dem Abknicken. In den Einschnitt wird ein flaches Kieselsteinchen oder eine Glasscherbe gesteckt, damit der Schnitt nicht wieder zuwächst. Anschließend umwickelt man die Schnittstelle mit einer durchsichtigen Plastikfolie. Diese sollte 15–20 cm breit sein und 7 bis 8 cm über und unter die Schnittstelle hinausragen. Unter der Schnittstelle sichert man die Hülle mit Klebestreifen, so daß eine Tüte entsteht. Diese füllt man mit feuchtem Moos oder Torf. Mit einem kleinen Stöckchen drückt man das Material in und rund um die Schnittstelle. Nun wird die Tüte auch oben verschlossen.

Im Lauf einiger Wochen bilden sich an der Schnittstelle Wurzeln. Haben die Wurzeln eine entsprechende Größe erreicht, wird die Packung vorsichtig abgenommen und der bewurzelte obere Teil vom Stamm abgetrennt.

Die neue Pflanze setzt man in einen 10–12 cm großen Topf. In den ersten drei Wochen braucht die Pflanze eine Temperatur von 18 bis 21° C.

1. Im Frühjahr entfernt man 15–30 cm unterhalb der Blattspitze eines zu groß gewordenen Gummibaums einige Blätter, indem man sie glatt am Stiel abschneidet

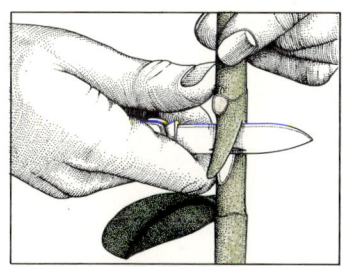

2. Unter einem Blattauge schneidet man den Stamm etwa 3 cm schräg nach oben ein

4. Unter den Schnitt bindet man eine Plastikfolie mit Klebestreifen

6. Nach der Wurzelbildung Trieb direkt unter den Wurzeln abschneiden

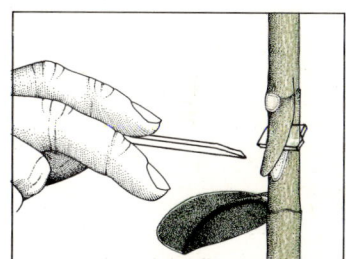

3. Einschnitt anheben, Kieselstein oder Glasscherbe hineinstecken

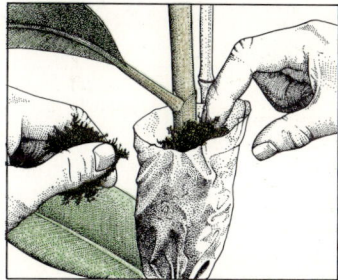

5. In die so entstandene Tüte füllt man feuchtes Moos oder Torf und schließt sie

7. Der neue Gummibaum wird in Blumenerde gepflanzt

Blatt- und Blütenpflanzen für die Zimmerkultur

In den folgenden Tabellen sind die für Zimmerkultur geeigneten Pflanzen nach Pflegeansprüchen (von einfach über empfindlich bis anspruchsvoll) geordnet. Einige als empfindlich oder sogar anspruchsvoll bezeichnete Pflanzen sind je-doch in Räumen mit Zentralheizung ziemlich leicht zu halten. Für jede Pflanze ist die Mindesttemperatur angegeben. Viele Pflanzen ertragen kurze Zeit auch niedrigere Temperaturen.

Licht ist ebenso wichtig wie Wärme. Buntblättrige Pflanzen gedeihen am besten im Halbschatten. Schusterpalme und Sansevierie gedeihen im Schatten am besten, aber viele andere Pflanzen brauchen direktes Sonnenlicht. Notwendige Arbeiten wie Gießen, Düngen, Feuchthalten und Umtopfen sind außerdem in der Spalte „Besondere Hinweise" aufgeführt. Die beste Art der Vermehrung findet man in der Spalte „Vermehrung", die einzelnen Verfahren werden ab Seite 370 beschrieben.

BLATTPFLANZEN

Adiantum cuneatum Asparagus setaceus Aspidistra elatior Begonia-Rex-Hybride Calathea makoyana Chlorophytum comosum Cissus antarctica

Name/Höhe	Pflege-ansprüche	Blätter	Mindest-temperatur (Winter)	Licht	Vermehrung	Besondere Hinweise
Adiantum Frauenhaarfarn A. cuneatum 15–25 cm	Empfindlich	Dreieckige Wedel, grün bis blaugrün, schwarze Stiele	12°C	Halb-schatten	Teilung im Frühjahr	Reichlich gießen und von April bis September monatlich düngen; im Winter feucht halten. Blätter vor Wasser schützen; zugempfindlich. Jährlich oder alle zwei Jahre im Frühjahr umtopfen
Asparagus A. setaceus Zierspargel 40–50 cm	Empfindlich	Gefiedert, hellgrün	10°C	Halb-schatten	Teilung oder Aussaat im Frühjahr	Gelegentlich absprühen, reichlich gießen, von Mai bis September alle zwei Wochen düngen. Im Winter ziemlich trocken halten
Aspidistra Schusterpalme A. elatior 30 cm	Einfach	Lang, dunkelgrün	4°C	Beliebig, aber keine direkte Sonnen-bestrahlung	Teilung im Frühsommer	Blätter gelegentlich abwaschen, im Sommer monatlich düngen. Gleichmäßig gießen, jedoch nicht zu feucht halten. Nur selten umpflanzen
Begonia B.-Rex-Hybriden Rexbegonie 15–20 cm	Empfindlich bis anspruchs-voll	Grün, rot, cremefarben, grau, gemustert	13°C	Halb-schatten	Blattstecklinge im Frühsommer	Im Frühjahr und Sommer alle zwei Wochen düngen; im Winter trockener halten; Gießwasser leicht temperieren
Calathea C. makoyana Korbmarante 40 cm	Anspruchsvoll	Grün mit grauer, cremefarbener oder weinroter Zeichnung	15°C	Halb-schatten	Teilung im Sommer	Zugempfindlich; im Sommer gleichmäßig feucht halten, im Herbst und Winter Wassergaben reduzieren
Chlorophytum C. comosum Grünlilie 25 cm	Einfach	Schmal, grün mit weißen Streifen	8°C	Heller Stand-ort, keine direkte Sonne	Teilung im Frühjahr, Abnahme der Ausläufer zu jeder Zeit	In der Wachstumszeit wöchentlich düngen und reichlich gießen. Braune Blattspitzen sind ein Hinweis auf einen zu klein gewordenen Topf oder auf zu trockene Luft
Cissus C. antarctica Känguruhwein 120 cm und mehr	Einfach	Grün, glänzend	7°C	Sonne oder Halb-schatten	Kopfstecklinge im Frühjahr	Blätter gelegentlich abwaschen. Von April bis September reichlich gießen und alle zwei Wochen düngen. Im Winter leicht feucht halten. An Spalieren aufbinden.

Fortsetzung Seite 385

Zimmerpflanzen

In unseren hellen, gut isolierten und geheizten Wohnungen kann man die verschiedensten Blatt- und Blütenpflanzen, auch empfindliche, ohne weiteres halten – man muß sie nur an den richtigen Platz stellen und richtig pflegen

Viele der beliebten Zimmerpflanzen sind in tropischen oder subtropischen Ländern beheimatet. Sie stellen daher besondere Ansprüche an Temperatur, Licht, Wasser und Luftfeuchtigkeit. Wenn diese Wachstumsfaktoren nicht gegeben sind, gedeihen die Pflanzen nicht gut oder gehen ein. In Kleingewächshäusern, Pflanzenvitrinen und Blumenfenstern kann man die erforderlichen Verhältnisse am besten schaffen.

In einem Wohnraum ist dies kaum möglich. Doch deswegen braucht man nicht auf den Schmuck herrlicher Blatt- und Blütenpflanzen zu verzichten. Man muß aus dem reichen Angebot nur solche Arten und Sorten auswählen, die auch unter den Verhältnissen kräftig wachsen und reichlich Blüten treiben, die üblicherweise in Wohnungen herrschen. Nicht alle Räume sind gleich stark geheizt, die Lichtverhältnisse sind verschieden, und auch die Luftfeuchtigkeit variiert leicht.

Es geht also nur darum, Pflanzen mit z. B. hohen Wärme- oder Lichtansprüchen auszuwählen oder solche, die mit weniger Wärme oder Licht auskommen. Mit der Luftfeuchtigkeit ist es das gleiche; es gibt Blatt- oder Blütenpflanzen, für die eine relativ hohe Luftfeuchtigkeit wichtig ist, und solche, die auch in trockener Luft gut gedeihen.

Um Luftfeuchtigkeit und Temperatur zu bestimmen, genügt ein übliches Hygrometer und ein Thermometer. Bei der Berücksichtigung des Lichteinfalls geht man davon aus, daß Zimmer mit Süd- und Ostfenstern heller sind als solche, die nach Westen oder Norden geöffnet sind. Nur wenige Pflanzen gedeihen auch noch in größerer Entfernung vom Fenster. Aber andererseits ist zuviel Licht auch nicht gut. Deshalb sollte man in der warmen Jahreszeit für ausreichend Schatten sorgen.

Die Aechmea chantinii gehört zu den Bromeliengewächsen. Bromelien mit silbrig schimmernden Blättern gedeihen gut in lufttrockenen Räumen. Arten mit glattem und glänzendem Laub brauchen mehr Luftfeuchtigkeit und Wärme. Nach der Blüte sterben Bromelienpflanzen ab, doch die seitlich herauswachsenden Sprosse, die Kindel, kann man von der Mutterpflanze abtrennen und eintopfen

Von Amaryllis (Hippeastrum-Hybriden) gibt es Sorten mit prächtigen, trichterförmigen Blüten. Bei richtiger Pflege halten die Pflanzen oft jahrelang

Billbergien gehören zu den dankbarsten Zimmerpflanzen überhaupt. Ihre purpurroten und grünen Blüten erscheinen in den Spätsommer- oder Wintermonaten

Amaryllis ▲

▼ *Aechmea chantinii*

▼ *Zimmerhafer (Billbergia nutans)*

▲ Känguruhklimme

Die Känguruhklimme ist ein anspruchsloser Kletterstrauch für Zimmer, Blumenfenster oder Wintergarten. Sie verträgt Sonne und Schatten gleich gut, und obwohl im Winter 5° C ausreichen, gedeiht sie auch in **warmen Räumen bei 15—18° C. Man zieht sie an Gestellen hoch**

Eine Torf- oder Pflanzenwanne bietet vielen Zimmerpflanzen ideale Bedingungen für ein gutes Wachstum; deshalb sollte sie in keinem Blumenfenster fehlen.

In die Wanne wird zunächst eine 2—3 cm hohe Kiesschicht gegeben. Darauf füllt man gut angefeuchteten Torf bis fast zum Wannenrand. In die Torfschicht werden dann die Pflanzen mit den Blumentöpfen eingefüttert. Ohne Töpfe sollte man nicht auspflanzen, weil sonst die Wurzeln zusammenwachsen.

Gegossen wird in einer Torfwanne nicht mehr jeder einzelne Topf, sondern lediglich die Torfoberfläche. Wenn entsprechend gegossen wird, reicht der Wasservorrat für einige Tage.

Die Pflanzen im Bild von oben nach unten und von links nach rechts: Glanzkölbchen (Aphelandra squarrosa), Kanonierblume (Pilea cadierei), Efeu (Hedera 'Gloire de Marengo'), Zwergpfeffer (Peperomia obtusifolia 'Variegata' und P. argyreia), Segge (Carex brunnea 'Variegata'), Wunderstrauch (Codiaeum variegatum), Dieffenbachie, Tradeskantien

378

▲ Aechmea fulgens

Aphelandra aurantiaca var. roezlii ▶

Die Aechmea fulgens, *eine hübsche* *Bromelienart, braucht eine hohe Luft-* *feuchtigkeit, die man nur im zweisei-* *tig geschlossenen Blumenfenster* *oder im Kleingewächshaus schaffen* *kann*

Die Aphelandra aurantiaca var. roez-
lii *blüht herrlich orangerot. Leider ist* *die attraktive Pflanze äußerst selten* *zu haben. Die Aphelandra blüht* *hauptsächlich im Oktober und No-* *vember. Sie ist, wie die viel bekann-* *tere* Aphelandra squarrosa *(siehe* *gegenüberliegende Seite) eine Warm-* *hauspflanze, die bei genügend ho-* *her Temperatur und ausreichender* *Luftfeuchtigkeit gehalten wird. Zug-* *luft tut ihr nicht gut*

Der Wunderstrauch, *auch Croton ge-* *nannt, kann durchaus im Zimmer ge-* *halten werden. Wichtig ist allerdings,* *daß man für eine gleichmäßige Tem-* *peratur von 18–20° C und eine ge-* *wisse Luftfeuchtigkeit sorgt, andern-* *falls wirft die Pflanze gerne die Blät-* *ter ab. Außerdem sollte das ganze* *Jahr über regelmäßig gegossen wer-* *den, und in der Wachstumszeit gibt* *man schwache Düngerlösungen*

Der Drachenbaum (Dracaena) *wird* *sehr häufig – auch vom Gärtner –* *mit der* Keulenlilie (Cordyline) *ver-* *wechselt. Ein Unterscheidungsmerk-* *mal sind die Wurzeln: Der Drachen-* *baum hat gelbe und die Keulenlilie* *weiße Wurzeln*

▼ Wunderstrauch und Drachenbaum

▲ Philodendron (Baumfreund)

Von der großen Gattung Philodendron gibt es einige Arten, die im Zimmer oder im Blumenfenster gut gedeihen. Die Raumtemperatur sollte im allgemeinen 16—18° C nicht unterschreiten. Eine hohe Luftfeuchtigkeit tut den Pflanzen gut. In der Wachstumszeit düngt man regelmäßig

Der Weihnachtsstern gedeiht über Jahre prächtig, wenn man ihn nicht zuviel gießt, sondern mit lauwarmem Wasser gleichmäßig feucht hält

Die Becherprimel, in China beheimatet, ist eine Kalthauspflanze. Sie liebt Temperaturen zwischen 10 und 12° C. Das Berühren der Blätter kann bei empfindlichen Menschen Nesselfieber auslösen

Clivien treiben jedes Jahr im Spätwinter oder Frühjahr Blüten, wenn man sie nach der Blütezeit richtig behandelt. Dazu gehört regelmäßiges Gießen und Düngen. Große Pflanzen müssen außerdem im Mai oder Juni umgetopft werden. Entscheidend aber ist, daß im Herbst eine Ruheperiode eingehalten wird, in der man die Pflanzen sehr wenig gießt und etwas kühler stellt

Der Korallenstrauch, auch Kirschbaum der Liebe genannt, trägt im Herbst und Winter traubengroße, rote, runde Früchte. Er braucht nahrhafte, humose Gartenerde. Günstige Standorte sind Blumenfenster und Balkone, wo keine besonders hohe Temperatur herrschen muß

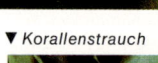
▲ Clivia miniata

▼ Weihnachtsstern

▼ Becherprimel

▼ Korallenstrauch

Kakteen

Das Ursprungsland der Kakteen ist Amerika. Reisende brachten Samen auf andere Kontinente, aber auch Vögel trugen zu ihrer Verbreitung bei

Nur wenige Pflanzen sind so anpassungsfähig wie die Kakteen. Es gibt kaum Standorte, an denen nicht die eine oder andere Art gedeihen würde. In ihrer Heimat sind sie vor allem in warmen und trockenen Gebieten weit verbreitet. Doch manche Arten findet man auch in Gegenden, in denen im Winter tiefe Minustemperaturen herrschen. In feuchttropischen Gegenden leben sie sogar als Rankgewächse und Epiphyten. Nur in der Nadelwaldregion gibt es fast keine Kakteen.

Und nicht nur deswegen werden die Kakteen häufig als die Sonderlinge unter den Pflanzen bezeichnet. Die Vielfalt ihrer Formen, Ausstattung und Größe ist verblüffend. Da gibt es Säulen, Kugeln, Scheiben und Bäume. Manche haben Blätter, andere gar keine, wieder andere sind mit Wolle oder Haaren bekleidet; am bekanntesten sind jedoch die mit Stacheln bewehrten Arten. Die Größenskala reicht von wenigen Zentimetern bis zu Baumhöhe. Man findet Winzlinge mit nur 1 cm Kugeldurchmesser und wahre Riesen, die 18 m hoch werden können.

Zu diesen Besonderheiten kommt, daß Kakteen sehr langlebig sind und Blüten hervorbringen, wie sie prachtvoller auch nicht bei Orchideen sein können. Es gibt zwar anspruchslose Kakteen, die auch bei geringer Pflege gedeihen, die meisten müssen jedoch ihren Bedürfnissen entsprechend versorgt werden.

Echinocereen brauchen einen schweren, durchlässigen Lehmboden. Sie gehören zu den dankbarsten Kakteen, wenn sie während der Wachstumszeit reichlich Sonne, Wärme und Luft bekommen

Lebende Steine, eine einmalige Erscheinung in der Pflanzenwelt, sehen wie Kieselsteine aus. Bisher sind 75 Arten dieser sukkulenten, in trockenen Wüsten wachsenden Pflanzen bekannt

▼ Echinocereus pectinatus

Lebende Steine ▶

▲ Weihnachtskaktus

▲ Mammillaria zeilmanniana

▲ Flammendes Käthchen

▼ Rebutia senilis

▲ Osterkaktus

▲ Cleistocactus candelilla

Der Weihnachtskaktus, ein aus dem tropischen Regenwald Ostbrasiliens stammender Gliederkaktus, wünscht im Zimmer einen nicht zu sonnigen Standort, warme, feuchte Luft sowie feuchten Boden

Das Flammende Käthchen ist in Madagaskar heimisch. Es gedeiht bei normalen Zimmertemperaturen, sollte jedoch nicht zu feucht gehalten werden

Der Osterkaktus ist ein epiphytisch wachsender Kleinstrauch mit Einzelgliedern, der Schatten, Wärme und mäßige Feuchtigkeit liebt

Mammillarien wollen im allgemeinen einen vollsonnigen Platz. Nur die weichfleischigen, grünen Arten bevorzugen den Halbschatten. Im Winter werden sie am besten weitgehend trocken gehalten

Cleistocactus candelilla, eine Säulenkakteenart, blüht reich im Frühjahr. Man sollte sie im Winter nicht zu trocken halten, da die Pflanze sonst schrumpft

Rebutien blühen auch unter ungünstigen Bedingungen, doch am besten gedeihen sie an sonnigen Standorten bei genügend Feuchtigkeit

Orchideen

Orchideen gehören zu den artenreichsten Familien des Pflanzenreichs; die faszinierenden Gewächse sind fast über die ganze Erde verbreitet

Die meisten Orchideenarten – es gibt rund 20 000 – sind im tropischen Urwald beheimatet, wo sie sehr oft an Baumstämmen und auf Ästen wachsen; dort können sie das Regenwasser gut auffangen. Doch auch in Europa und in Deutschland sind schöne Orchideen heimisch. Für die Pflege in der Wohnung eignen sich jedoch nur außereuropäische Arten, und zwar meist solche, die aus den Tropen und Subtropen stammen. Welche Bedingungen man dabei schaffen muß, hängt von den Lebensverhältnissen ab, unter denen die einzelnen Arten in ihrer Heimat leben. Das bedeutet, daß man nicht wahllos verschiedene Gattungen oder Arten unter gleichen Klimabedingungen halten kann. Es geht vielmehr darum, die vier Wachstumsfaktoren Temperatur, Licht, Luftfeuchtigkeit und Wasser so aufeinander abzustimmen, daß sich ein Klima ergibt, in dem mehrere Arten, die die gleichen Ansprüche stellen, gut gedeihen.

In einem eingebauten Tropenfenster, in einer Pflanzenvitrine oder auch in einem speziellen Kleingewächshaus läßt sich das Klima am besten nach Bedarf regulieren.

Wenn man also Pflanzen pflegen möchte, die unter unterschiedlichen Bedingungen leben, braucht man auch mehrere Unterbringungsmöglichkeiten. Wichtig ist jedoch immer, daß man die Ruheperiode der Orchideen kennt und sie dann entsprechend pflegt.

Die Odontoglossum-*Arten werden je nach Herkunft in kühler oder temperierter Umgebung gehalten. Sämtliche Arten lieben einen halbschattigen und luftigen Standort sowie eine feuchte Luft*

Phalaenopsis *benötigt keine Ruhezeit. Das Wichtigste sind Temperaturen über 18° C, genügend Schatten und hohe Luftfeuchtigkeit. Sie können deshalb nicht im Zimmer gehalten werden*

Dendrobium fimbriatum ▲

▼ Odontoglossum

▼ Phalaenopsis

▼ Cymbidium

Dendrobien unterteilt man in zwei Gruppen. Die eine ist auf dem asiatischen Festland beheimatet und braucht zunächst eine feuchtwarme Wachstumsperiode und anschließend eine ausgedehnte Ruhezeit mit kühleren Temperaturen. Die andere Gruppe ist auf dem Malaiischen Archipel heimisch, wo es keine ausgesprochene Trockenzeit gibt. Sie lieben in der Wachstumsperiode extrem hohe Temperaturen und viel Licht bei gleichmäßig hoher Luftfeuchtigkeit

Cymbidien lieben helle und kühle Standorte, eine gleichmäßige Luftfeuchtigkeit und von März bis August Beschattung, im Winter viel Licht

383

◀ Paphiopedilum   Cattleya ▲

Cattleyen sind Tropenpflanzen, die meist epiphytisch leben und eine im Zimmer nicht erreichbare hohe Luftfeuchtigkeit brauchen

Paphiopedilen lieben eine relativ hohe Luftfeuchtigkeit. Da sie keine Bulben haben, gibt es keine ausgesprochene Ruhezeit. Die Töpfe dürfen im Winter nie ganz austrocknen. Während der Triebzeit überbraust man sie täglich und sorgt für viel Frischluft

Miltonia-*Hybriden sind in Südamerika beheimatet. Es sind kleine, epiphytisch wachsende Orchideen, die faszinierende Blüten treiben. Sie stellen ganz ähnliche Ansprüche wie Cattleyen, brauchen aber mehr Schatten*

▼ Miltonia-*Hybride*

BLATTPFLANZEN (Fortsetzung)

Citrus mitis   Coleus-Blumei-Hybride   Cyperus alternifolius   Dieffenbachia maculata   Dizygotheca elegantissima   ✕ Fatshedera lizei   Fatsia japonica

Name/Höhe	Pflege-ansprüche	Blätter	Mindest-temperatur (Winter)	Licht	Vermehrung	Besondere Hinweise
Citrus						
C. mitis Calamondin-Orange 45 cm	Empfindlich	Glänzend, dunkel- bis mittelgrün	5–8° C	Sonne oder Halb-schatten	Eigene Vermehrung oder Aufzucht aus Samen ist nicht möglich. Die in Kultur befindlichen Pflanzen werden durch Veredlung gewonnen	Im Spätfrühjahr und Sommer häufig absprühen und gelegentlich düngen. Im Sommer reichlich gießen, im Winter mäßig feucht halten. Im März zurechtstutzen
Coleus Buntnessel						
C.-Blumei-Hybriden 30 cm und höher	Empfindlich	Nesselähnlich. Mit grünen, rosa, braunen, roten, gelben und orangefarbenen Flecken	10° C	Sonne	Kopfstecklinge im Frühjahr oder Sommer	Viel Licht im Winter. Im Frühjahr und Sommer wöchentlich düngen und reichlich gießen; im Winter mäßig feucht halten. Triebspitzen ausgeizen, um buschiges Wachstum zu fördern
Cyperus Zypergras						
C. alternifolius Bis 45 cm	Anspruchslos	Blätter grün, schmal und gebogen, obere Blätter spießähnlich	10° C	Halb-schatten	Teilung im Frühjahr oder Blattstecklinge	In Behälter mit Wasser stellen; häufig absprühen und im Sommer monatlich düngen. Immer für Luftfeuchtigkeit sorgen
Dieffenbachia Dieffenbachie						
D. maculata 0,5–1 m	Empfindlich bis anspruchsvoll	Lang, grünblättrig, hellgrün bis gelblich gefleckt	15° C	Sonne, etwas Schatten im Sommer	Kopfstecklinge im Sommer oder Abmoosen	Empfindlich gegen Zugluft. Braucht gleich-bleibende Wärme, Feuchtigkeit und häufiges Sprühen; stets mäßig wässern. Blattsaft ist gefährlich für Mund und Augen
Dizygotheca Fingeraralie						
D. elegantissima 1–2 m	Empfindlich	Gefiedert, palmenähnlich, kupfern bis olivgrün	16–18° C	Hell, aber keine Sonne	Schwierig. Aussaat nur im Gewächshaus	Zugempfindlich; gleich bleibende Temperatur und Feuchtigkeit. Im Sommer alle zwei Wochen düngen. Im Winter mäßig feucht halten
Fatshedera Efeuaralie						
✕ F. lizei Bis 1,5 m	Einfach	Fünffingrig, lang, dunkelgrün, gelegent-lich mit cremefarbener Musterung	10° C	Sonne oder Halb-schatten	Kopfstecklinge im Sommer und Abmoosen	Im Frühjahr und Sommer reichlich gießen und monatlich düngen. Im Sommer gelegentlich absprühen. Im Winter leicht feucht halten. An Stäben oder Gittern festbinden. Jährlich umtopfen
Fatsia Zimmeraralie						
F. japonica Bis 1,5 m	Einfach	Dunkelgrün, glänzend und palmenähnlich; sieben- bis neunlappig	5–8° C	Sonne oder Halb-schatten	Kopfstecklinge oder Abmoosen; auch Aussaat möglich	Blätter gelegentlich abwaschen, in der Wachstumszeit reichlich gießen, sonst mäßig. Im Frühjahr jährlich umtopfen

BLATTPFLANZEN (Fortsetzung)

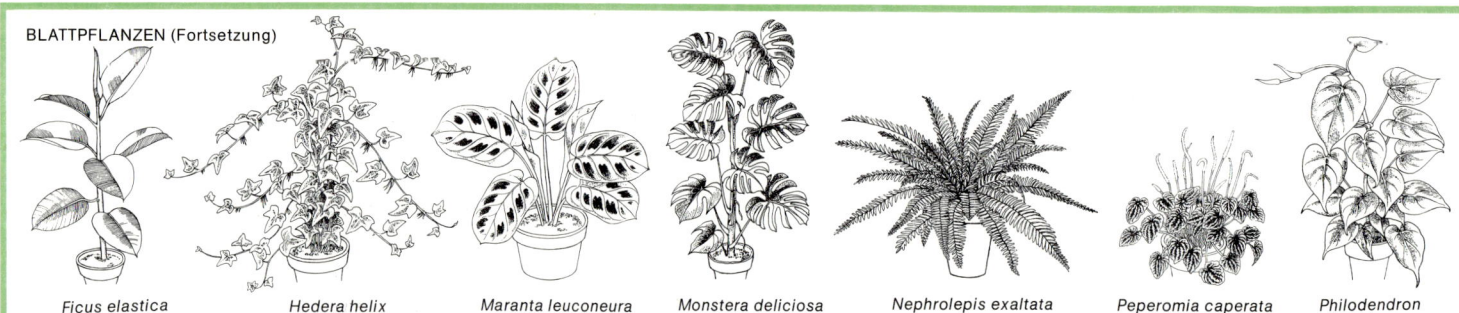

Ficus elastica | Hedera helix | Maranta leuconeura | Monstera deliciosa | Nephrolepis exaltata | Peperomia caperata | Philodendron scandens

Name/Höhe	Pflege-ansprüche	Blätter	Mindest-temperatur (Winter)	Licht	Vermehrung	Besondere Hinweise
Ficus F. elastica Gummibaum Bis 1,8 m	Anspruchslos	Glänzend, dunkelgrün, bis 30 cm groß	12° C	Halb-schatten	Kopfstecklinge oder Abmoosen im Sommer	Zugempfindlich. Im Winter leicht feucht halten, im Sommer reichlich gießen. Gelegentlich absprühen und für Luftfeuchtigkeit sorgen
Hedera Efeu H. helix Bis 2 m Hängend und kletternd	Einfach	Gelappt, grün oder mit silbergrauer, gelber oder panaschierter Musterung	Keine Wärme erforderlich	Sonne oder Halb-schatten	Triebstecklinge im Sommer und Herbst	Von April bis September abspritzen und monatlich düngen. Das ganze Jahr knapp feucht halten und für gleich bleibende Luftfeuchtigkeit sorgen. An Bambusstöcken festbinden
Maranta Marante M. leuconeura 30 cm	Anspruchsvoll	Oval bis länglich. Grün mit purpurroten oder weißen Mustern	16° C	Halb-schatten	Teilung im Frühjahr	Zugempfindlich; im Sommer reichlich, im Winter sehr mäßig gießen. Von Mai bis September alle zwei Wochen düngen und an heißen Tagen täglich besprühen. Stets für Luftfeuchtigkeit sorgen. Jährlich umtopfen
Monstera Fensterblatt M. deliciosa Bis 1,8 m	Empfindlich	Große, glänzendgrüne Blätter, ausgereift mit zahlreichen Einschnitten	12° C	Halb-schatten	Kopfstecklinge im Sommer oder Abmoosen	Zugempfindlich. Luftwurzeln in den Boden ziehen oder an Moosstab binden. Blätter absprühen und Pflanze im Sommer reichlich wässern und düngen; im Winter mäßig feucht halten
Nephrolepis Schwertfarn N. exaltata Bis 50 cm	Empfindlich	Lang und gefiedert, grün	10° C	Halb-schatten	Teilung im Sommer; Ausläufer abtrennen	Im Frühjahr und Sommer schwach düngen; im Sommer reichlich, im Winter mäßig gießen
Peperomia Zwergpfeffer P. caperata 15 cm	Empfindlich	Klein, dunkelgrün	16° C	Halb-schatten	Blattstecklinge im Frühjahr oder Sommer	Zugempfindlich; im Sommer mäßig gießen. Im Winter eher trocken halten, bei warmem Wetter häufig sprühen. Töpfe in feuchten Torf einsenken. Weiße Blütenähren von April bis Dezember
P. obtusifolia 40 cm	Einfach bis empfindlich	Dick und leuchtend grün, gelbe oder cremefarbene Kanten	16° C	Halb-schatten	Kopfstecklinge oder Blattstecklinge im Sommer	Wie P. caperata. Eignet sich gut als Unter-pflanzung im Blumenfenster
Philodendron Baumfreund P. scandens 1,2 m und mehr	Einfach bis empfindlich	Herzförmig, grün	16° C	Halb-schatten	Kopfstecklinge oder Triebstücke mit einem oder mehreren Blättern	Triebe zurückschneiden, um buschiges Wachstum zu fördern. An Stöcken, Gittern oder Moosstäben festbinden. Stets feucht halten. Häufig sprühen. In torfreicher Erde kultivieren

BLATTPFLANZEN (Fortsetzung)

| Pilea cadierei | Pteris cretica | Rhaphidophora aurea | Rhoicissus rhomboidea | Sansevieria trifasciata | Saxifraga stolonifera | Tradescantia fluminensis | Zebrina pendula |

Name/Höhe	Pflege-ansprüche	Blätter	Mindest-temperatur (Winter)	Licht	Vermehrung	Besondere Hinweise
Pilea Kanonierblume *P. cadierei* Bis 25 cm	Anspruchslos bis empfindlich	Dunkelgrün mit weißer oder silbriger Zeichnung	10° C	Schatten bis Sonne	Kopfstecklinge im Frühsommer	Empfindlich gegen Zugluft. Während der Wachstumszeit alle zwei Wochen düngen; häufig absprühen und stets für Luftfeuchtigkeit sorgen. Triebspitzen zurückschneiden
Pteris Saumfarn *P. cretica* 30–45 cm	Einfach	Schmal, hellgrün, manchmal mit weißen Streifen	10° C	Sonne, buntblättrige Pflanzen Halbschatten	Sporenaussaat im Frühjahr	Pflanzen nie austrocknen lassen, im Sommer häufiger gießen und monatlich düngen; für gleich bleibende Luftfeuchtigkeit sorgen. Jährlich umtopfen
Rhaphidophora Efeutute *R. aurea* Bis 1,8 m	Anspruchslos bis empfindlich	Hellgrün mit gelben Flecken	14° C	Vor direkter Sonnen-bestrahlung schützen	Triebstecklinge oder Kopfstecklinge im Sommer	Keine Zugluft, gelegentlich sprühen, im Sommer mäßig gießen, im Winter ziemlich trocken halten. An Moosstöcken festbinden. Zum Beranken von Spalieren und Epiphytenstämmen geeignet
Rhoicissus *R. rhomboidea* 1,2–1,8 m	Einfach	Herzförmig, dunkelgrün	7° C	Etwas Sonne oder Halbschatten	Kopfstecklinge im Frühjahr und Sommer	Im Sommer mäßig gießen und alle zwei Wochen düngen. Gelegentlich absprühen. Im Winter ziemlich trocken halten
Sansevieria Bogenhanf *S. trifasciata* 50 cm	Einfach	Dunkelgrün mit gelber und grauer Zeichnung und gelben Rändern	12° C	Sonne oder Halb-schatten	Teilung oder Blatt-stecklinge im Frühjahr oder Sommer	Im Sommer mäßig gießen; im Winter zwischen den einzelnen Wassergaben vollkommen austrocknen lassen. Umtopfen im Frühjahr in nicht zu kleine Töpfe
Saxifraga *S. stolonifera* Judenbart 25 cm	Einfach	Rundlich, grün mit silbernen Adern, cremefarben und rosa punktiert	4° C	Halb-schatten oder Schatten	Ausläuferpflänzchen von Frühling bis Herbst	Im Sommer kühl halten und mäßig gießen. Weiße, sternähnliche Blüten im Sommer
Tradescantia Dreimasterblume *T. fluminensis* Hängend	Einfach	Hellgrün mit weißen oder silbrigen Streifen und rosa Unterseite	7° C	Vor direkter Sonne schützen	Kopfstecklinge von Frühjahr bis Herbst	Von April bis September reichlich gießen und alle zwei Wochen düngen. Kurzlebig, nach zwei bis drei Jahren wegwerfen
Zebrina Zebrakraut *Z. pendula* Hängend	Einfach	Grün und silbern oder weiß gestreift mit roter oder rosa Unterseite	12° C	Vor direkter Sonnen-bestrahlung schützen	Kopfstecklinge von Frühjahr bis Herbst	Im Sommer reichlich gießen und alle zwei Wochen düngen. Im Winter mäßig feucht halten. Triebspitzen ausknipsen, um buschiges Wachstum zu fördern

ZIMMERPFLANZEN MIT BLÜTEN- ODER FRUCHTSCHMUCK

Aechmea fasciata | Aglaonema commutatum | Anthurium scherzerianum | Aphelandra squarrosa | Rhododendron simsii | Begonia-Lorraine-Hybride | Beloperone guttata | Billbergia nutans

Name/Höhe	Pflege-ansprüche	Blüten/Früchte	Mindest-temperatur (Winter)	Licht	Vermehrung	Besondere Hinweise
Aechmea Lanzenrosette						
A. fasciata 50 cm	Empfindlich bis einfach	Rosa Blütenschaft mit blauen Blüten	15° C	Heller Standort, nicht zu vollsonnig	Wenn Seitensprosse entsprechende Größe erreicht haben, abtrennen	Den Topfballen nicht zu feucht halten; Blattrosette stets mit Regenwasser gefüllt halten; im Sommer für Luftfeuchtigkeit sorgen
Aglaonema Kolbenfaden						
A. commutatum 15–25 cm	Empfindlich	Weiße oder gelbe Blüten im Juli	15° C	Schatten	Teilung im Frühsommer	Keine Zugluft. Im Sommer feucht, im Winter trocken halten. In der Wachstumszeit monatlich düngen
Anthurium Flamingoblume						
A. scherzerianum 30 cm	Anspruchsvoll	Blütenstände mit meist roter Blütenscheide; Februar bis Juli	18° C	Halbschatten	Teilung im Frühjahr und Frühsommer	Gleich bleibende Wärme, sprühen; im Sommer häufig mit angewärmtem Wasser gießen, im Winter mäßig feucht halten. Luftfeuchtigkeit wichtig
Aphelandra Glanzkölbchen						
A. squarrosa Bis 50 cm	Empfindlich bis anspruchsvoll	Gelbe Blütenähren im Sommer und Herbst	18° C	Hell, jedoch nicht vollsonnig	Abmoosen der Triebspitze (Trieb entfernen, um Bildung von Seitentrieben zu begünstigen)	Bei warmem Wetter sprühen. Keine Zugluft. Während der Blütezeit wöchentlich düngen, sonst alle zwei Wochen. Im Sommer reichlich gießen. Im Winter feucht halten. Jährlich umtopfen
Azalea *Rhododendron simsii* Topfazalee 30 cm	Empfindlich bis anspruchsvoll	Rosa, rote, orange oder weiße Blüten von Dezember bis Mitte Mai	5° C	Vor direkter Sonnenbestrahlung schützen	Halbreife Triebenden im Juni abnehmen	Kalkfreies Gießwasser verwenden. Vor Zugluft schützen. Während der Blüte alle zwei Wochen düngen. Nach der Blüte umtopfen. Im Herbst in einen kühlen Raum bringen (10° C)
Begonia Begonie						
B.-Lorraine-Hybriden Bis 30 cm	Einfach bis empfindlich	Rosa, rote oder weiße Blüten im Herbst und Winter	14° C	Möglichst hell	Sollte dem Gärtner vorbehalten bleiben	Gegen Zugluft empfindlich; täglich gießen mit abgestandenem, nicht zu kaltem Wasser. Krasse Temperaturunterschiede vermeiden
Beloperone *B. guttata* Spornbüchschen 40 cm	Einfach	Lachsfarbene Rispen mit weißen Blüten fast das ganze Jahr	12° C	Sonne bis Halbschatten	Kopfstecklinge im Frühjahr	Von April bis September wöchentlich düngen, gelegentlich absprühen und reichlich gießen. Im Winter mäßig feucht halten. Pflanzen im Februar zurückschneiden und verpflanzen
Billbergia Zimmerhafer						
B. nutans 45 cm	Einfach	Rosa Rispen mit gelbgrünen und blauen Blüten vom Spätsommer bis Winter	14° C	Halbschatten	Nach der Blüte Seitensprosse abtrennen bei entsprechender Größe	Wöchentlich düngen und Blatttrichter in der Wachstumszeit mit Regenwasser füllen (Mai bis September). Im Winter mäßig feucht halten. Das ganze Jahr für Luftfeuchtigkeit sorgen

ZIMMERPFLANZEN MIT BLÜTEN- ODER FRUCHTSCHMUCK (Fortsetzung)

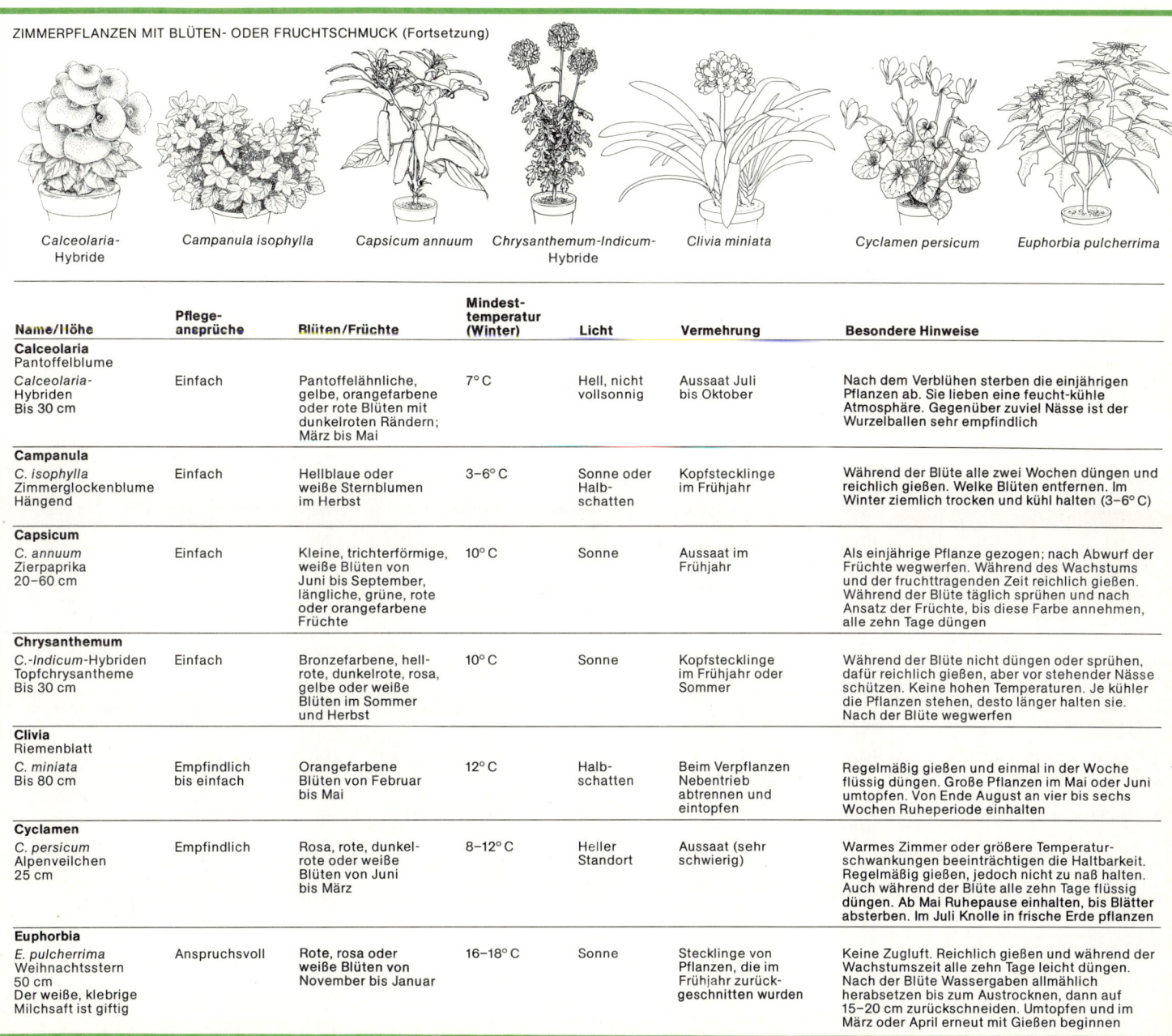

Calceolaria-
Hybride

Campanula isophylla

Capsicum annuum

Chrysanthemum-Indicum-
Hybride

Clivia miniata

Cyclamen persicum

Euphorbia pulcherrima

Name/Höhe	Pflege-ansprüche	Blüten/Früchte	Mindest-temperatur (Winter)	Licht	Vermehrung	Besondere Hinweise
Calceolaria Pantoffelblume						
Calceolaria- Hybriden Bis 30 cm	Einfach	Pantoffelähnliche, gelbe, orangefarbene oder rote Blüten mit dunkelroten Rändern; März bis Mai	7° C	Hell, nicht vollsonnig	Aussaat Juli bis Oktober	Nach dem Verblühen sterben die einjährigen Pflanzen ab. Sie lieben eine feucht-kühle Atmosphäre. Gegenüber zuviel Nässe ist der Wurzelballen sehr empfindlich
Campanula						
C. isophylla Zimmerglockenblume Hängend	Einfach	Hellblaue oder weiße Sternblumen im Herbst	3–6° C	Sonne oder Halb-schatten	Kopfstecklinge im Frühjahr	Während der Blüte alle zwei Wochen düngen und reichlich gießen. Welke Blüten entfernen. Im Winter ziemlich trocken und kühl halten (3–6° C)
Capsicum						
C. annuum Zierpaprika 20–60 cm	Einfach	Kleine, trichterförmige, weiße Blüten von Juni bis September, längliche, grüne, rote oder orangefarbene Früchte	10° C	Sonne	Aussaat im Frühjahr	Als einjährige Pflanze gezogen; nach Abwurf der Früchte wegwerfen. Während des Wachstums und der fruchttragenden Zeit reichlich gießen. Während der Blüte täglich sprühen und nach Ansatz der Früchte, bis diese Farbe annehmen, alle zehn Tage düngen
Chrysanthemum						
*C.-Indicum-*Hybriden Topfchrysantheme Bis 30 cm	Einfach	Bronzefarbene, hell-rote, dunkelrote, rosa, gelbe oder weiße Blüten im Sommer und Herbst	10° C	Sonne	Kopfstecklinge im Frühjahr oder Sommer	Während der Blüte nicht düngen oder sprühen, dafür reichlich gießen, aber vor stehender Nässe schützen. Keine hohen Temperaturen. Je kühler die Pflanzen stehen, desto länger halten sie. Nach der Blüte wegwerfen
Clivia Riemenblatt						
C. miniata Bis 80 cm	Empfindlich bis einfach	Orangefarbene Blüten von Februar bis Mai	12° C	Halb-schatten	Beim Verpflanzen Nebentrieb abtrennen und eintopfen	Regelmäßig gießen und einmal in der Woche flüssig düngen. Große Pflanzen im Mai oder Juni umtopfen. Von Ende August an vier bis sechs Wochen Ruheperiode einhalten
Cyclamen						
C. persicum Alpenveilchen 25 cm	Empfindlich	Rosa, rote, dunkel-rote oder weiße Blüten von Juni bis März	8–12° C	Heller Standort	Aussaat (sehr schwierig)	Warmes Zimmer oder größere Temperatur-schwankungen beeinträchtigen die Haltbarkeit. Regelmäßig gießen, jedoch nicht zu naß halten. Auch während der Blüte alle zehn Tage flüssig düngen. Ab Mai Ruhepause einhalten, bis Blätter absterben. Im Juli Knolle in frische Erde pflanzen
Euphorbia						
E. pulcherrima Weihnachtsstern 50 cm Der weiße, klebrige Milchsaft ist giftig	Anspruchsvoll	Rote, rosa oder weiße Blüten von November bis Januar	16–18° C	Sonne	Stecklinge von Pflanzen, die im Frühjahr zurück-geschnitten wurden	Keine Zugluft. Reichlich gießen und während der Wachstumszeit alle zehn Tage leicht düngen. Nach der Blüte Wassergaben allmählich herabsetzen bis zum Austrocknen, dann auf 15–20 cm zurückschneiden. Umtopfen und im März oder April erneut mit Gießen beginnen

ZIMMERPFLANZEN MIT BLÜTEN- ODER FRUCHTSCHMUCK (Fortsetzung)

Hippeastrum-Hybride	*Hyacinthus orientalis*	*Impatiens walleriana*	*Pelargonium-Peltatum-*Hybride	*Primula obconica*	*Saintpaulia ionantha*	

Name/Höhe	Pflege- ansprüche	Blüten/Früchte	Mindest- temperatur (Winter)	Licht	Vermehrung	Besondere Hinweise
Hippeastrum Amaryllis, Ritterstern *Hippeastrum*-Hybriden 30–60 cm	Einfach	Trompetenförmige, rote, rosa oder weiße Blüten von Weihnachten bis Mai	16° C	Sonne	Abtrennen der Seitenzwiebeln	In 12–18 cm große Töpfe mit Einheitserde pflanzen, wobei die halbe Knolle über der Erde bleibt. Mäßig gießen, bis das Wachstum beginnt, dann Wassergaben steigern und wöchentlich düngen, bis die Blätter gelb werden. Drei Monate Ruhepause einlegen. Jedes Jahr umtopfen
Hyacinthus Hyazinthe *H. orientalis* 15–25 cm	Einfach	Rosa, weiß, blau, rot oder gelb von Dezember bis April	10° C	Sonne bis Halb- schatten	Zwiebeln	Während der Wachstums- und Blütezeit mäßig gießen. Nach dem Blühen in den Garten pflanzen oder wegwerfen
Impatiens Fleißiges Lieschen *I. walleriana* 15–25 cm	Einfach	Weiße, rosa, rote und orangefarbene Blüten das ganze Jahr, vorwiegend im Sommer und Herbst	10° C	Sonne bis Schatten	Kopfstecklinge aus nicht blühenden Zweigen vom Frühjahr bis Herbst. Aussaat im Frühjahr	Triebspitzen abknipsen, um Bildung von Seiten- trieben zu begünstigen. Im Sommer wöchentlich düngen und reichlich gießen; im Winter mäßig feucht halten. Stets für Luftfeuchtigkeit sorgen
Pelargonium Pelargonie, Geranie *P.-Grandiflorum-*Hybriden Edelpelargonie 25–40 cm	Einfach	Große Blütenstände, weiß, rosa, rot oder lila von April bis Oktober	4–6° C	Sonne	Kopfstecklinge von Juni bis August	Diese Pelargonien sind ausgesprochene Zimmer- pflanzen. Gleichmäßig feucht halten und ab und zu mit einer schwachen Düngerlösung düngen
*P.-Peltatum-*Hybriden Efeupelargonie 30–50 cm Hängend	Einfach	Rosa, rote, orange- farbene, purpurne oder weiße Blüten von Mai bis Oktober	4–6° C	Sonne	Kopfstecklinge von Juli bis August	Für Balkon- und Schalentopfpflanzung. Triebe im Frühjahr abknipsen. Während der Wachstumszeit regelmäßig gießen und alle 8–14 Tage düngen; im Winter ziemlich trocken und kühl halten
*P.-Zonale-*Hybriden Bis 30 cm	Einfach	Rote, rosa oder weiße Blüten von Mai bis Oktober	4–6° C	Sonne	Kopfstecklinge im Spätsommer oder Frühjahr	Wie *P.-Peltatum-*Hybriden
Primula *P. obconica* Becherprimel Bis 25 cm	Einfach	Weiße, gelbe, rote, lila oder purpurne Blüten das ganze Jahr	10° C	Sonne oder Halb- schatten	Aussaat im Frühjahr	Im allgemeinen blühend gekauft, einjährig gezogen und nach der Blüte weggeworfen. Während der Blüte feucht halten und wöchentlich einmal düngen
Saintpaulia Usambaraveilchen *S. ionantha* 10–15 cm	Anspruchsvoll bis schwierig	Lila, rosa, weiße oder blaue Blüten von Januar bis Dezember	16° C	Vor direkter Sonne schützen; Halbschatten	Blattstecklinge im Sommer	Im Frühjahr in humose Blumenerde umpflanzen. Vorsichtig gießen! Usambaraveilchen lieben Luftfeuchtigkeit. Die Blätter sollten nie naß werden, da sie sonst faulen

ZIMMERPFLANZEN MIT BLÜTEN- ODER FRUCHTSCHMUCK (Fortsetzung)

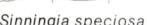
Sinningia speciosa

Solanum pseudocapsicum

Sparmannia africana

Spathiphyllum wallisii

Vallota purpurea

Vriesea splendens

Name/Höhe	Pflege-ansprüche	Blüten/Früchte	Mindest-temperatur (Winter)	Licht	Vermehrung	Besondere Hinweise
Sinningia Gloxinie *S. speciosa* 25 cm	Empfindlich	Glockenförmige, violette, rote, rosa, purpurrote oder weiße Blüten von April bis August	16° C	Halb-schatten	Aussaat im Frühjahr, Blattstecklinge im Sommer	Gekaufte Pflanzen mit Knospen oder Blüten müssen feucht gehalten werden; bis zum Verblühen einmal wöchentlich düngen. Wenn Blätter gelb werden, nicht mehr gießen. Knollen aufbewahren. Im Februar wird die Knolle in frische Erde gepflanzt, angegossen und wärmer gestellt
Solanum *S. pseudocapsicum* Korallenstrauch Bis 45 cm	Empfindlich	Sternförmige, weiße Blüten von Juni bis Juli; grüne, gelbe oder rote Beeren bis Dezember	10° C	Sonne	Aussaat im Frühjahr	Triebspitzen abknipsen, um buschiges Wachstum zu fördern. Im Sommer ins Freie stellen. Während der Blüte häufig sprühen. Alle zwei Wochen düngen, bis die Früchte rot werden. Im Winter mäßig feucht halten
Sparmannia *S. africana* Zimmerlinde 60 cm und mehr	Einfach	Weiße, duftende Blüten mit roten Staubgefäßen; von Januar bis April	8–12° C	Sonne	Kopfstecklinge, vorzugsweise von im Frühjahr zurück-geschnittenen Pflanzen	Vor Zugluft schützen. Gelegentlich sprühen, im Sommer düngen. Stets für Luftfeuchtigkeit sorgen. Im Sommer reichlich, im Winter mäßig gießen. Nach der Blüte zurückschneiden
Spathiphyllum Einblatt, Blattfahne *S. wallisii* 30 cm	Anspruchsvoll	Reinweiße, aron-stabähnliche Blüten im Winter und Frühjahr	12–15° C	Halb-schatten	Teilung im Frühjahr oder nach der Blüte	Während der Wachstumszeit reichlich gießen und Blätter häufig absprühen. Im Sommer regelmäßig gießen. Im Winter mäßig feucht halten. Luftfeuchtigkeit das ganze Jahr über wichtig. In der Hauptwachstumszeit alle zwei Wochen düngen
Vallota Vallote *V. purpurea* 40 cm	Empfindlich bis einfach	Rote, trichterförmige Blüten von Juni bis in den Herbst	7° C	Sonne	Abtrennen der Seitenzwiebeln	Im Winter kühl, aber hell stellen und nur so viel gießen, daß die Blätter nicht absterben. Im Frühjahr in nicht zu große Töpfe umtopfen. Die Zwiebeln sollen ein Drittel über die Erde hinausragen
Vriesea Vriesee *V. splendens* 45 cm	Empfindlich bis anspruchsvoll	Leuchtendrote Blütenähren und gelbe Blüten von Oktober bis März	16° C	Hell, nicht vollsonnig oder Halb-schatten	Abtrennen von Seitensprossen, wenn diese halb so groß sind wie die Mutter-pflanze	Die Pflanzen keinen zu krassen Temperatur-schwankungen aussetzen. Topfballen nicht zu naß halten. Stets Wasser in die Blattrosette gießen. Während der Wachstumszeit für Luft-feuchtigkeit sorgen

Kakteen

Mit ihrer bizarren Form und den prächtigen Blüten gehören Kakteen und andere Sukkulenten zu den reizvollsten Zimmer- und Gewächshauspflanzen

Pflanzen, welche in der Regenzeit Wasser in den Zellen speichern, das sie in der Trockenzeit aufbrauchen, bezeichnet man als Sukkulenten. Nach dem Speicherorgan unterscheidet man zwischen Blattsukkulenten und Stammsukkulenten.

Das bekannteste Beispiel für Stammsukkulenten sind die Kakteen, die gleichzeitig die artenreichste Sukkulentenfamilie bilden. Die Vielfalt ihrer Formen hat den Gärtner seit jeher fasziniert.

Viele Pflanzenliebhaber, die keinen Garten besitzen, können sich der Kakteenpflege zuwenden, denn es gibt viele Arten, die auf sonnigen Fensterbänken oder im Wintergarten gedeihen.

Die Unterscheidung zwischen Kakteen und anderen Stammsukkulenten ist nicht immer einfach; zum Teil sehen sie sich sehr ähnlich. Ein zuverlässiges Unterscheidungsmerkmal sind die Areolen, die bei keinem Kaktus fehlen. Dies sind kleine Haarpolster auf dem Pflanzenkörper; sie treiben Blüten und Sprosse.

Von Kakteen nimmt man im allgemeinen an, sie seien Wüsten-

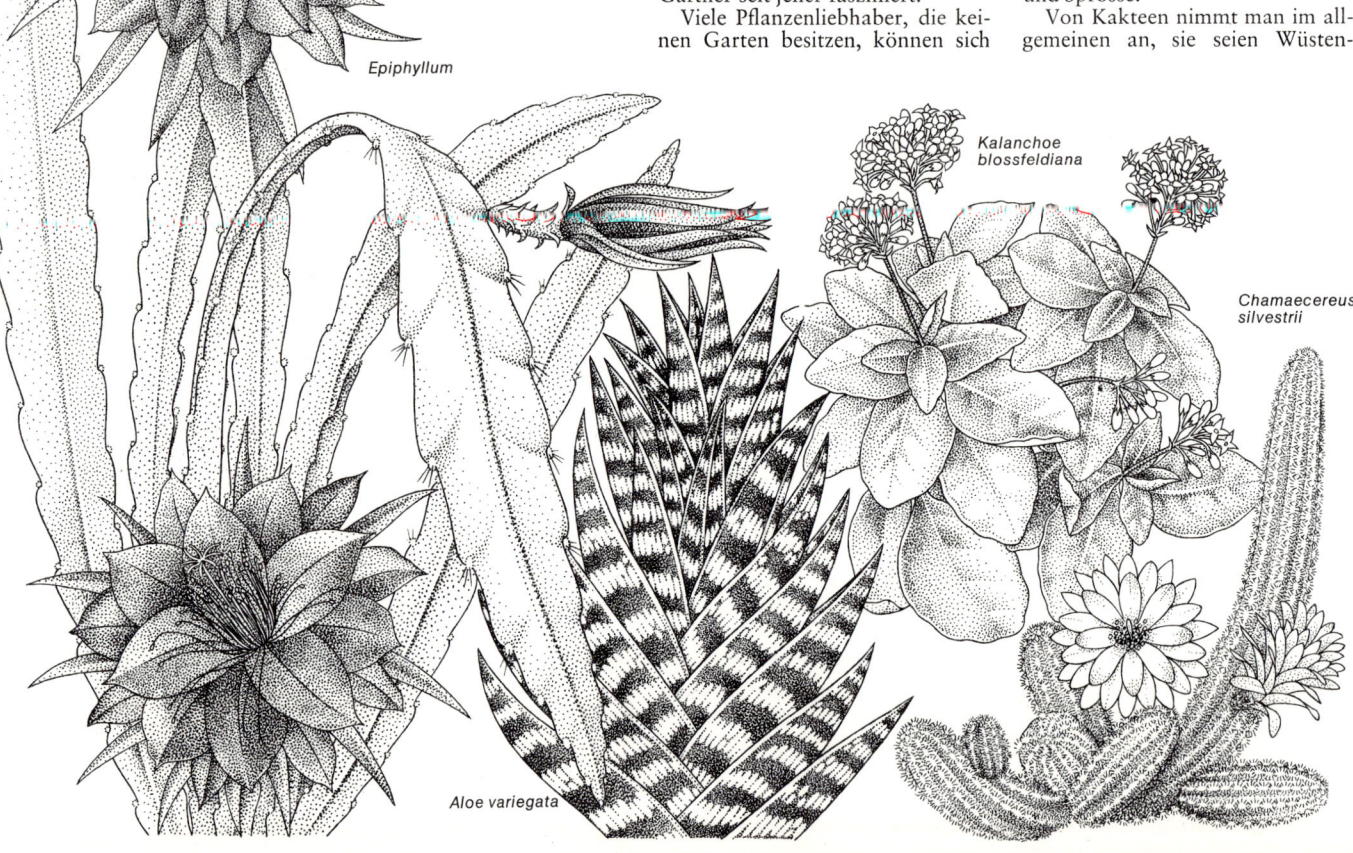

Epiphyllum

Kalanchoe blossfeldiana

Chamaecereus silvestrii

Aloe variegata

pflanzen; tatsächlich wachsen sie nur selten in Gebieten, wo jährlich weniger als 250 mm Regen fällt. Daneben gibt es allerdings auch einige Arten in Gebieten mit nur 60–100 mm Niederschlag.

Außer Wasser benötigen Kakteen auch Mineralsalze, und obgleich der Wüstenboden als unfruchtbar gilt, enthält er doch meist reichlich Minerale aus verwittertem Gestein.

Wüstenkakteen beziehen ihren jährlichen Wasservorrat häufig in der kurzen Regenzeit, in der sie wachsen und blühen. Viele benötigen eine winterliche Ruhezeit. Sie müssen dann kühl und trocken gehalten werden. Wenn Kakteen im Freien nicht gut gedeihen, so liegt dies nicht nur an der Kälte, sondern auch vielfach daran, daß der Boden zu feucht ist.

Wüstenkakteen sind äußerst vielfältig. Sie können als Säulenkakteen über 12 m hoch werden, oder sie bilden winzige Kugeln von weniger als 3 cm Durchmesser aus. Kakteen sind meist mit einer Wachsschicht oder mit Haaren bedeckt. Diese verhindern, daß die Pflanzen zuviel Wasser abgeben. Die Stämme einiger anderer Sukkulenten sind mit einer Art feinem Pulver bestäubt. Auch hierdurch wird die Verdunstung herabgesetzt.

Kakteen sind im allgemeinen grün, da sie Chlorophyll enthalten. Sie haben ein weitreichendes Wurzelsystem, das bei einigen Arten dicht unter der Bodenoberfläche ausgebreitet ist. Damit können sie sogar Tautropfen auffangen, während andere Wurzeln bis zum Grundwasserspiegel reichen. Viele Wüstenkakteen haben Stacheln, mit welchen sich gegen Tiere „verteidigen".

In den Regenwäldern Zentral- und Südamerikas findet man Kakteen, die in Astgabeln wurzeln. Diese Kakteen – auch der beliebte Weihnachtskaktus gehört dazu – haben flache und blattähnliche Triebe.

Wenn die Wachstumsbedingungen günstig sind, bilden die meisten Kakteen einmal im Jahr Blüten.

Die typische Kakteenblüte ist trompetenförmig und 1–15 cm groß. Normalerweise öffnen sich die Blüten nur in der Sonne; einige blühen jedoch nur nachts. Bleibt der Himmel längere Zeit bewölkt, öffnen sich die Knospen unter Umständen überhaupt nicht.

Im allgemeinen sind die Blüten von Kakteen prächtiger als die anderer Sukkulenten. Sie haben alle Farben, mit Ausnahme eines reinen Blaus, jedoch zeigen sie viele Schattierungen von Hell- bis Dunkellila. Die meisten Nachtblüher sind weiß und duften süß. Dadurch ziehen sie Nachtschmetterlinge an, welche die Blüten bestäuben. Die meisten Kaktusblüten halten sich nur ein, zwei Tage, die einiger Nachtblüher noch kürzer. Sie öffnen sich etwa um Mitternacht und sind am Morgen bereits verblüht.

Gelegentlich bilden sich Samenkapseln, wenn die Blüten befruchtet wurden. Sie sind häufig prächtig gefärbt, etwa bei den Mammillarien, von denen viele auch ohne künstliche Bestäubung Samen ansetzen. Die Kapseln sind meist rot und halten ziemlich lange.

Es kann lange dauern, bis sich Samenkapseln gebildet haben. Bei manchen Arten erscheinen sie erst ein Jahr nach der Befruchtung. So kommt es, daß die Blüten des einen Jahres und die Samenkapseln von den Blüten des Vorjahres gleichzeitig zu sehen sind.

Fast alle Kakteenarten stammen aus Mexiko, dem Westen und Süden der USA und aus Südamerika. Es gibt jedoch auch in unseren Breiten einige Sukkulenten, die jedoch nicht zu den Kakteen gerechnet werden. Hierzu gehören der Mauerpfeffer und die bekannte Hauswurz, die beide auch häufig in Steingärten gepflanzt werden.

Kakteen und Sukkulenten Die meisten Kakteen speichern Wasser im Stamm und haben Areolen (siehe Kasten links) mit Stacheln und Blüten. Die meisten anderen Sukkulenten (rechts) speichern das Wasser in ihren Blättern

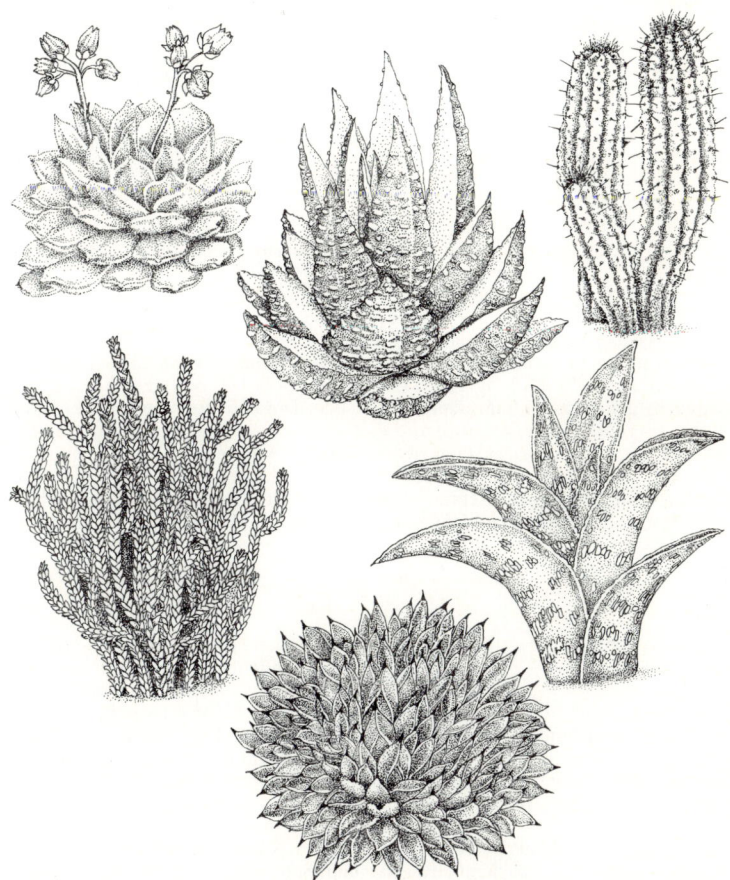

Zu den Sukkulenten, die man neben Kakteen am häufigsten bei uns findet, gehören die Echeveria (links oben) mit ihren dicken, fleischigen Blättern, die Haworthia (oben Mitte), die im Sommer nicht der prallen Sonne ausgesetzt werden sollte, die Euphorbia mammilaria (rechts oben), die mit ihren vielen Stacheln einem Kaktus ähnlich sieht, die Crassula (links unten), deren eng stehende Verzweigungen dichte Büschel bilden, die Aloe (rechts unten), deren Blätter von weißen Flecken übersät sind, und die anspruchslose Agave (Mitte unten).

So gedeihen Kakteen am besten

Kakteenpflege im Haus

Will man mit Erfolg Kakteen ziehen, so braucht man dafür ein sonniges, nach Osten, Süden oder Westen gelegenes Fenster.

Am besten gedeihen Kakteen natürlich in einem Gewächshaus.

Zum Gießen sollte man möglichst kalkarmes Wasser verwenden. Kakteen lieben vorwiegend kalkarme Böden, deshalb darf das Substrat nicht durch den Kalkgehalt des Wassers angereichert werden.

Die Zentralheizung bildet für die Pflege von Wüstenkakteen ein Problem, da diese eine kühle und trockene Ruhezeit im Winter benötigen, wenn sie blühen sollen.

Im Winter sollten Wüstenkakteen in einem ungeheizten Raum bei 5–10° C gehalten werden.

Bei einer höheren Temperatur muß gegossen werden, damit die Pflanzen nicht schrumpfen. Dies kann jedoch zur Bildung von Trieben in der falschen Jahreszeit führen. Es genügt aber, wenn man die Kakteen während der Winterruhe in der Wohnung oder im Keller unterbringt, vorausgesetzt, daß dort die Temperatur im allgemeinen nicht unter 5° C absinkt.

Wachstumsstörung Diese flachgliedrige Opuntie hat durch Lichtmangel Fehlbildungen erzeugt. Damit die Pflanze gleichmäßig wächst, muß sie auf dem Fensterbrett regelmäßig gedreht werden

Im Sommer kann die Temperatur 20–25° C und darüber betragen. Die Nachttemperatur kann zu der Jahreszeit auf ungefähr 15 bis 20° C absinken.

Entscheidend bei Kakteen ist, daß Licht und Wärme in einem bestimmten Verhältnis zueinander stehen.

Was mit Kakteen alles schiefgehen kann

Abgesehen von den in der Tabelle aufgeführten Krankheiten sind Kakteen anfällig gegen verschiedene tierische Schädlinge, wie Ameisen, Asseln, Tausendfüßer, Wurzelläuse und Älchen. Diese Schädlinge müssen sofort nach dem Auftreten mit einem Insektizid bekämpft werden.

Schaden	Ursache	Abhilfe
Verkorkung, hellbraune Flecken	Alte Schadstellen von Spinnmilben oder Roter Spinne; unregelmäßiges Gießen	Keine Abhilfe möglich. Gesunde Triebe können abgetrennt und als Stecklinge verwendet werden
Deutliche Jahresringe, die nach oben immer kleiner werden	Zuwenig Wasser und Dünger	In der Wachstumszeit umtopfen oder düngen. Richtig gießen
Blattkörper schrumpft und wird weich; wenig oder kein Wachstum	Zuwenig Wasser, Wurzelfäule	Richtig gießen
Polster aus weißer, wachsähnlicher Wolle	Woll- und Schmierläuse	Mit Diazinon u. a. spritzen
Neue Triebe dünn, blaß und saftig	Zu schattig; zuviel Wärme zur falschen Jahreszeit (normalerweise im Winter)	Sonnig stellen und Temperatur genau regeln
Fuß weich und naß; die ganze Pflanze oder Teile von ihr fallen zusammen	Naßfäule	Rechtzeitig mit Polyram-Combi in vorgeschriebener Konzentration übergießen
Gelbe oder bräunliche Flecken	Rote Spinne	Mit Diazinon oder einem Akarizid spritzen

Kakteenpflege im Freien

Kakteen sind anpassungsfähige Pflanzen und können im Gewächshaus, im Wohnzimmer, im Frühbeet und einige unempfindliche Arten sogar im Freiland gezogen werden. Wenn es nicht längere Zeit regnet, gedeihen Kakteen im Freien gut. Bei starkem Regen muß man die Pflanzen ins Haus stellen oder mit Glas abdecken.

Das Kakteenbeet wird vorbereitet, indem man den Boden mit einer zusätzlichen Kiesbeimischung entwässert. Anschließend setzt man die Pflanzen ein.

Für den Hintergrund sind größere Opuntien gut geeignet. Empfindliche Arten sollte man jedoch möglichst nicht dafür verwenden.

Eine gute Ergänzung des Kakteengartens im Freien sind Yuccas – ausdauernde Blattpflanzen, die auch aus Wüstengegenden stammen.

Ein Kakteengarten ist stets nur ein Sommergarten; im Herbst müssen die Pflanzen in den Wohnraum oder ins Gewächshaus gebracht werden.

Sukkulenten mit einem dekorativen Mehlbelag auf den Blättern müssen vor Regen geschützt werden.

Unempfindliche Kakteen und andere Sukkulenten können im Sommer an eine trockene Südseite im Garten gepflanzt werden

Umtopfen

Kakteen müssen umgetopft werden, wenn die Pflanze die in der Erde enthaltenen Mineralsalze aufgebraucht hat oder diese durch das Gießwasser ausgewaschen wurden. Junge, kräftige Pflanzen topft man um, wenn die Wurzeln den Topf ausfüllen.

Das Umtopfen erfolgt am besten im Frühling, ist aber auch zu jeder anderen Jahreszeit möglich. Dabei können die Wurzeln auf Schädlinge untersucht werden.

Das Erdsubstrat sollte auf die Ansprüche der Kakteen zugeschnitten sein. Auf jeden Fall muß es wasserdurchlässig sein, damit sich die Nässe nicht staut. Meist ist ein saurer Reaktionsgrad erforderlich (pH-Werte zwischen 4,5 und 6,5). Kakteenerde mischt man am besten selbst aus grobem Sand, etwas Lehm, gut verrotteter Humuserde und Torf. Für epiphytische Kakteen empfiehlt es sich, etwas Sumpfmoos als Grundlage beizugeben.

Beim Lösen des Wurzelballens dürfen die Wurzeln nicht beschädigt werden. Alte Erdreste werden vorsichtig abgeschüttelt. Schützen Sie Ihre Hände beim Herausheben der Pflanze, indem sie diese mit einem Streifen Papier umwickeln.

Man hält die Pflanze in die Mitte des neuen, größeren Topfs und füllt neue Erde bis zur alten Erdmarke ein.

Der Topf wird einige Male auf die Arbeitsfläche gestoßen. Damit die beschädigten Wurzeln nicht faulen, hält man den Kaktus einige Tage lang trocken. Große Pflanzen müssen nur selten umgetopft werden; gelegentlich sollte man die oberste Erdschicht erneuern.

1. Zum Lockern der Pflanze kann man einen Bleistift in das Abzugsloch schieben

2. Die Hände schützt man durch einen zusammengefalteten Streifen Zeitungspapier

3. Alte Erdreste werden vorsichtig von den Wurzeln entfernt und abgeschüttelt

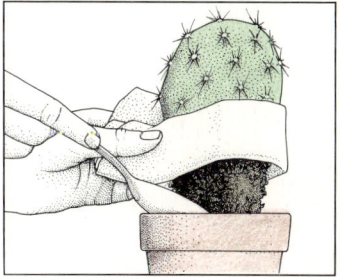

4. Pflanze festhalten und neue Erde mit einem Löffel rundherum verteilen

Gießen und Düngen

Kakteen müssen in der Wachstumzeit gegossen werden, sobald der Boden trocken aussieht. In der Ruhezeit brauchen sie fast kein Wasser oder nur so viel, daß der Boden nicht vollständig austrocknet. Stehen die Pflanzen jedoch in einem Wohnzimmer, müssen sie öfter gegossen werden. Eine Ausnahme bilden Blattkakteen, die auch im Winter Feuchtigkeit brauchen. Werden sie zu stark gegossen, faulen die Wurzeln.

In der Hauptwachstumzeit sollten die Pflanzen alle 14 Tage mit einem Kakteendünger gedüngt werden. Die Anwendung erfolgt nach Gebrauchsanweisung.

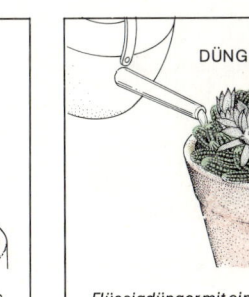

GIESSEN

Topf so lange ins Wasser stellen, bis die Oberfläche der Erde feucht ist

DÜNGEN

Flüssigdünger mit einer kleinen Gießkanne geben; Spritzer vermeiden

GIESSEN LEBENDER STEINE

1. Lithops, sogenannte Lebende Steine, dürfen ab Ende Herbst nicht mehr gegossen werden

2. Die neue Pflanze wird erst gegossen, wenn die alten Blätter ausgetrocknet sind

Reinigung von Kakteen

Pflanzen mit blanken Stämmen oder Gliedern müssen gelegentlich mit einem feuchten Schwamm abgewischt werden, damit sie besser atmen können. Auch nehmen sie dann das Sonnenlicht leichter auf.

Blanke Pflanzen müssen gelegentlich von Staub und Schmutz befreit werden

Vermehrung durch Stecklinge

Am einfachsten und häufigsten vermehrt man Kakteen durch Stecklinge. Mit einem scharfen Messer oder einer Rasierklinge schneidet man einen Seitentrieb ab und legt den Steckling etwa acht bis zehn Tage auf eine saubere Unterlage, damit die Schnittfläche ganz abtrocknet. Wenn eine Pflanze aus einzelnen Gliedern besteht, kann man ein Glied abnehmen.

Einige Pflanzen treiben Ableger, die man nur abzuschneiden und einzutopfen braucht. Die Mutterpflanze wird durch das Abnehmen von Stecklingen nicht beschädigt. Hinweise auf die Vermehrung einzelner Kakteen siehe Tabelle ab Seite 401.

Mit Ausnahme von *Pereskia*-Stecklingen, die sofort nach dem Abschneiden eingetopft werden müssen, läßt man andere Kakteenstecklinge trocknen, bis sich an der Schnittfläche ein Kallus gebildet hat. Bei den kleineren Schnittflä-

chen von Opuntien heilt die Wunde in ein bis zwei Tagen, bei den dickeren Säulenkakteen in fünf Tagen oder einer Woche. Die Kallusbildung zeigt, daß der Steckling in ein Substrat gesteckt werden kann. Die Gefahr der Fäulnisbildung ist nun viel geringer, als wenn man ihn gleich nach dem Schnitt steckt. Aus dem gleichen Grund sollte man Kakteenstecklinge nicht in eine Plastikhülle stekken, ehe sie sich bewurzelt haben.

Bei Opuntien verwendet man normalerweise eines oder mehrere vollständige Glieder, die an den Ansatzstellen abgetrennt werden. Bei feingliedrigeren Kakteen, wie dem Weihnachtskaktus, nimmt man für jeden Steckling zwei bis drei der gegliederten Flachtriebe.

Alle Stecklinge werden einige Tage warm und trocken gelegt, damit sich an der Schnittstelle ein Kallus bilden kann. Ist es soweit, dann füllt man einen 6-cm-Topf

Am besten nimmt man Stecklinge im Mai und Juni, der Hauptwachstumszeit, ab. Sie lassen sich aber auch zu anderen Zeiten abschneiden. In welchem Zeitraum sich Stecklinge bewurzeln, ist von Pflanze zu Pflanze verschieden.

Stecklinge dürfen nicht umgetopft werden, ehe sich Zeichen neuen Wachstums bemerkbar machen, da die winzigen Wurzeln der jungen Pflanze sonst beschädigt werden können.

Wie man Stammstecklinge abnimmt

Will man einen Stammsteckling haben, so wird ein horizontaler Stammabschnitt, der rund, säulenförmig, flach oder segmentiert sein kann, mit einem geraden Schnitt abgenommen. Im allgemeinen reicht ein scharfes Messer oder eine Rasierklinge dafür. Epiphyten, insbesondere Blattkakteen, schneidet man nicht an ihren

dünnsten, verholzten Stellen an, sondern da, wo das Blatt breit ist. Aus den Areolen an den breitesten Stellen entwickeln sich die schönsten Wurzeln.

Von schlanken Säulenkakteen kann man mehrere Stecklinge auf einmal beziehen. Nur darf man bei den einzelnen Abschnitten oben und unten nicht verwechseln. Wenn man die Stecklinge falsch herum einpflanzt, treten Wachstumsstörungen auf.

bis 1 cm unter den Rand mit sandiger Erde. Die Stecklinge werden nur so tief in die Erde gesteckt, daß sie aufrecht stehen bleiben. Zu tief eingesteckt, faulen sie. Dann wird angegossen und von nun an das Substrat mäßig feucht gehalten. Nach ein bis drei Wochen haben die Stecklinge Wurzeln getrieben. Anschließend werden sie einzeln in Töpfe mit dem gleichen Vermehrungssubstrat wie zuvor umgepflanzt.

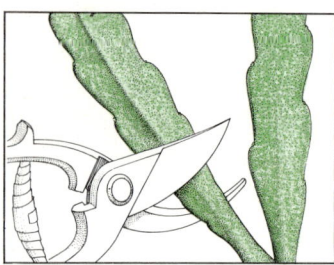

1. Trieb mit einer Gartenschere oder einem scharfen Messer durchschneiden

3. Stecklinge nur so tief in die Erde stekken, daß sie aufrecht stehen bleiben

2. Stecklinge bis zur Kallusbildung warm und trocken aufbewahren

4. Stecklinge umtopfen, wenn sie Zeichen neuen Wachstums aufweisen

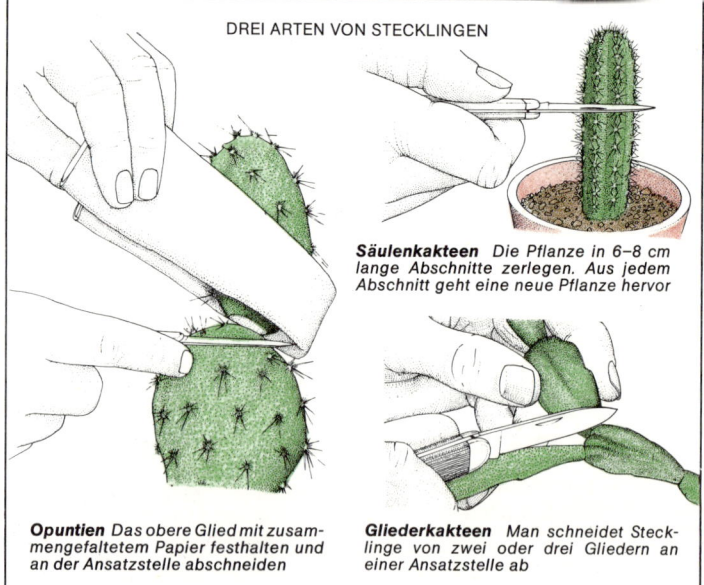

DREI ARTEN VON STECKLINGEN

Säulenkakteen Die Pflanze in 6–8 cm lange Abschnitte zerlegen. Aus jedem Abschnitt geht eine neue Pflanze hervor

Opuntien Das obere Glied mit zusammengefaltetem Papier festhalten und an der Ansatzstelle abschneiden

Gliederkakteen Man schneidet Stecklinge von zwei oder drei Gliedern an einer Ansatzstelle ab

Vermehrung durch Blattstecklinge

Einige Sukkulenten, wie der Mauerpfeffer und das Dickblatt, lassen sich aus einzelnen Blättern vermehren. Mit einer Pinzette nimmt man Blätter von der Pflanze ab und läßt sie ein bis zwei Tage trocknen. Dann steckt man sie flach in sandige Erde. Wenn man die Stecklinge zu tief einsetzt, dann faulen sie meist. Kleine, zylindrische oder runde Blattstecklinge werden einfach auf die Erde gelegt, wo sie, wenn es feucht genug ist, Wurzeln bilden.

Bei beiden Vermehrungsarten erscheinen nach ungefähr 14 Tagen Wurzeln.

Anschließend treibt die Pflanze einige Blätter, die bald schon eine Rosette bilden.

Jetzt wird der Steckling in einen 6-cm-Topf mit einer Mischung aus Torf und Sand umgetopft. Das Mutterblatt darf erst entfernt werden, nachdem es verwelkt ist.

1. Mit den Fingern oder einer Pinzette entfernt man vorsichtig einzelne Blätter

2. Die Blätter werden so in die Erde gesteckt, daß sie gerade stehen bleiben

3. Erscheinen an den Blattstecklingen neue Blätter, ist der Steckling angewachsen

4. Ist die neue Blattrosette so groß wie das Mutterblatt, topft man sie um

Vermehrung von Kakteen durch Ableger

Einige Kakteen und andere Sukkulenten bilden Ableger – Mutterpflanzen im Kleinformat. Diese Ableger sind entweder unter der Erdoberfläche oder an niedrigen Seitentrieben der Pflanze angesetzt.

Einige Kakteen, so verschiedene *Echinopsis*- und *Rebutia*-Arten, bilden Ableger mit eigenem Wurzelsystem. Man nimmt sie einfach ab und topft sie wie normale Jungpflanzen ein. Man sollte diese Ableger jedoch erst von der Mutterpflanze entfernen, nachdem sich das Wurzelwerk entwickelt hat.

Andere Ableger haben keine Wurzeln. Man schneidet sie ab, läßt sie trocknen, drückt sie leicht in feuchte, sandige Erde und verfährt mit ihnen wie mit Stecklingen. Seitentriebe, die die Pflanzen bilden, nachdem Stecklinge abgenommen worden sind, kann man wie Stecklinge behandeln.

Solange die Mutterpflanze neue Triebe bildet, sollte man sie behalten; später kann man sie dann wegwerfen.

ABLEGER EINIGER KAKTEEN

Echeverien (links) und einige andere Kakteen bringen Ableger mit eigenem Wurzelsystem hervor, die sich getrennt eintopfen lassen. Echinopsis-Ableger (rechts) bilden sich am Stamm, nicht an der Pflanzenbasis

Seitentriebe einer Mutterpflanze, von der Stecklinge abgenommen wurden. Auch sie eignen sich als Stecklinge

Vermehrung Lebender Steine durch Teilung

Kakteen, die kleinen Steinen ähneln, lassen sich teilen. Man lockert den Boden rund um eines der Pflänzchen und reißt es dann von der Nachbarpflanze ab; dabei geht ein kleines Stück vom Stiel mit ab. Wenn das Gewebe nicht gerissen ist, kann man das Pflänzchen gleich einsetzen. Ist die Pflanze verwundet, läßt man sie einige Tage trocknen und pflanzt sie dann ein.

Lebende Steine vermehrt man, indem man ein Pflänzchen von der Nachbarpflanze abreißt und einsetzt

Vermehrung von Kakteen durch Samen

Wie man Kakteen befruchtet

In Samenfachgeschäften erhält man zwar Kakteensamen, aber es ist billiger, wenn man die Samen selbst zieht, und vielleicht möchten Sie einen ganz bestimmten Kaktus aus Ihrer Sammlung vermehren.

Bei einigen Kakteen gedeihen männliche und weibliche Blüten auf einer Pflanze, während andere nur Blüten eines Geschlechts tragen.

Die männlichen Blüten erkennt man an winzigen gelben Pollensäcken. Rein weibliche Pflanzen können nur dann befruchtet werden, wenn die Blüten des männlichen Geschlechts derselben Art gleichzeitig geöffnet sind.

Am besten bestäubt man die Pflanzen von Hand. Mit einem feinen Pinsel nimmt man den Blütenstaub von den männlichen Blüten und überträgt ihn auf die Narbe der weiblichen Blüten. Bei den meisten Arten bilden sich etwa eine Woche nach der Befruchtung Samenkapseln.

Bei der *Euphorbia* muß in diesem Stadium ein Nylonstrumpf oder ein anderes feines Gewebe über den Topf gezogen werden, da die Samenkapseln aufplatzen und sich die Körner weit verstreuen. Bei den meisten anderen Pflanzen entfernt man die reifen Kapseln mit einer Pinzette und legt sie zum Trocknen an einen warmen Ort. Anschließend legt man die Samenkörnchen zum Trocknen auf Löschpapier. In zentral geheizten Räumen genügt hierfür gewöhnlich ein Tag.

Die trockenen Samen lassen sich leicht zerteilen und können sofort gesät werden. Man kann sie auch so lange in Briefumschlägen aufbewahren, bis man sie braucht.

Aussaat und Pikieren der Pflanzen

Eine Saatschale oder ein Blumentopf wird gründlich gewaschen und mit einer Schicht Kies bestreut. Anschließend füllt man den Topf mit einem sterilen Vermehrungsgemisch oder einer Erdmischung mit Torfzusatz. Die oberste Erdschicht sieben! Dann legt man auf die Erde die Samenkörner, ohne sie abzudecken. Jetzt stellt man den Topf so lange ins Wasser, bis sich die Erde von un-

ten vollsaugt. Man deckt den Topf mit Plastikfolie oder Glas ab.

Kakteen brauchen zum Keimen eine Temperatur von 20–30° C. Haben die Sämlinge die ersten Stacheln bekommen, dann kann man die Abdeckung wegnehmen.

Wenn die Sämlinge einen Durchmesser von 3–6 mm haben, werden sie in eine Saatschale pikiert. Die Pflänzchen dürfen einige Tage nicht der vollen Sonne ausgesetzt werden. Später wird noch einmal pikiert, oder man setzt die Pflanzen gleich in kleine Töpfe.

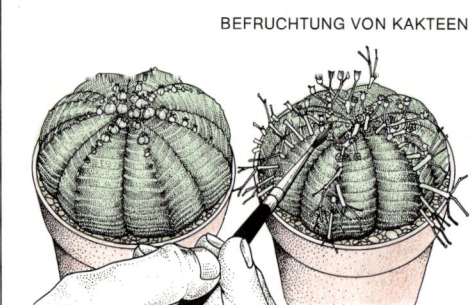

BEFRUCHTUNG VON KAKTEEN

Am einfachsten befruchtet man Kakteen mit einem dünnen Pinsel. Mit ihm überträgt man den feinen, gelben Blütenstaub von den männlichen auf die weiblichen Blüten

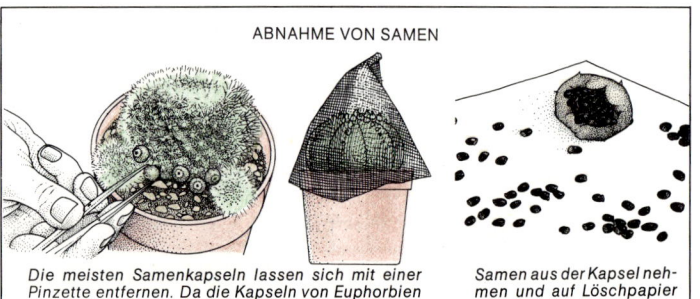

ABNAHME VON SAMEN

Die meisten Samenkapseln lassen sich mit einer Pinzette entfernen. Da die Kapseln von Euphorbien aufspringen, müssen sie abgedeckt werden

Samen aus der Kapsel nehmen und auf Löschpapier trocknen

1. Die oberste Erdschicht sieben, damit die Samenkörner leicht wurzeln

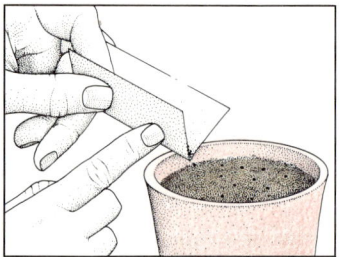

2. Die Körner in eine Papierfalte legen; durch Antippen gleichmäßig verteilen

3. Topf so lange ins Wasser stellen, bis die Erde oben feucht ist

4. Nachdem sich Stacheln gebildet haben, kann man die Sämlinge pikieren

5. Beim Pikieren darauf achten, daß die Wurzeln nicht beschädigt werden

6. Wenn die Pflanzen etwa 3–4 cm groß sind, pflanzt man sie in kleine Töpfe

Vermehrung von Kakteen durch Pfropfen

Pfropfen ist eine weitere wichtige Art der Vermehrung. Man kann dadurch sehr schnell neue Pflanzen erhalten. Außerdem lassen sich Arten, die bei uns nicht wurzelecht wachsen, zu einer verhältnismäßig normalen Entwicklung anregen.

Beim Pfropfen wird der obere Teil einer Pflanze, der sogenannte Pfröpfling, auf den Wurzelstock einer anderen Pflanze gebracht. Auf diese Weise bildet sie eine neue Pflanze.

Man pfropft bei Pflanzen, die schlecht wurzeln, oder bei solchen, die kein Chlorophyll enthalten und deshalb künstlich ernährt werden müssen, oder bei Pflanzen, die sich aus Samen, Ablegern oder Stecklingen nicht leicht vermehren lassen.

Im allgemeinen ist der Unterschied zwischen einem gepfropften und einem normal gewachsenen Kaktus nicht groß, besonders wenn man die Unterlage, also die Pflanze, auf der er wächst, möglichst klein hält.

Gelegentlich wird durch das Pfropfen zweier Arten das Wachstum stark beschleunigt.

Pfropfen ist nicht schwierig. Am besten pfropft man im Frühling oder zu Beginn des Sommers bei trockener Luft und etwa 19–21° C. Als Unterlage kann jeder rasch wachsende Kaktus verwendet werden, jedoch sollte ein gewisses Größenverhältnis zwischen Unterlage und Pfröpfling gewahrt werden.

In welcher Höhe gepfropft wird, hängt vom Ziel des Pfropfens ab. Will man eine schöne Pflanze bekommen, pfropft man möglichst niedrig, also etwa 4–5 cm hoch, damit die Unterlage nicht in Erscheinung tritt. Wenn die Pflanze jedoch sehr schnell wachsen soll, dann pfropft man so hoch wie nur irgend möglich.

Pfropfen eines Säulenkaktus

Eine kräftige, gut bewurzelte Unterlage, etwa so groß wie der Pfröpfling selbst, ist ausschlaggebend für den Erfolg.

Der Kopf der Unterlage wird mit einer Rasierklinge abgeschnitten. Die Ränder der Unterlage schrägt man ebenfalls mit der Rasierklinge an. Der Pfröpfling wird auf ähnliche Weise zugeschnitten. Beide Schnittflächen müssen flach und glatt sein.

Den Pfröpfling schiebt man von der Seite her auf die frisch abgeschnittene Unterlage und dreht ihn einige Male hin und her. Dadurch entweichen die Luftblasen. Versuchen Sie gleichzeitig, die zentralen Leitgefäße aufeinanderzustellen. Man erkennt sie deutlich auf den Schnittflächen als Kreise. Die Leitgefäße müssen miteinander verwachsen.

Jetzt wird der Pfröpfling mit einem Gummiband, das über den Pfröpfling und rund um den Topf geführt wird, auf die Unterlage gepreßt.

Der gepfropfte Kaktus wird im Gewächshaus oder in der Wohnung warm und schattig gestellt und vorsichtig gegossen. An die Veredlungsstelle darf kein Wasser kommen. Nach ein bis zwei Wochen sollte der Pfröpfling fest mit der Unterlage verwachsen sein. Jetzt kann man die Gummibänder entfernen.

Wenn man aus dem ersten Pfröpfling mehrere Pflanzen gewinnen will, teilt man ihn, sobald er zu wachsen beginnt, und läßt etwa 1 cm des Pfröpflings auf der Unterlage stehen. Der abgetrennte Teil wird auf eine andere Unterlage gepfropft.

An dem verbliebenen 1 cm großen Pfröpfling auf der ersten Unterlage bilden sich jetzt Sprosse, die man abnehmen und sich bewurzeln lassen oder neu pfropfen kann, wenn sie einen Durchmesser von ungefähr 1 cm haben.

WESHALB MAN KAKTEEN PFROPFT

Schwache Wurzeln Einige Kakteen, wie die Opuntia clavarioides, haben ein schwaches Wurzelsystem und benötigen eine kräftige Unterlage

Vermehrung Kakteen, die sich durch Samen, Stecklinge oder Ableger nicht leicht vermehren lassen, vermehrt man durch Pfropfen

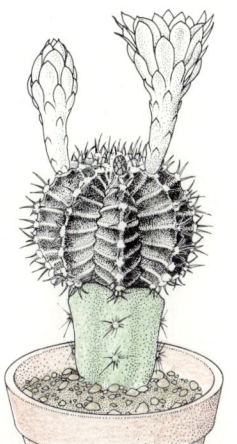

Kein Chlorophyll Kakteen wie einige Gymnocalycium-Arten, die wenig oder kein Chlorophyll enthalten, brauchen eine grüne Unterlage

---

Kakteenarten, die sich als Unterlage eignen

Als Pfropfunterlagen sind rasch wachsende, unempfindliche Kakteenarten, insbesondere *Cereus*-Arten, geeignet. Am häufigsten wird der *Trichocereus* verwendet, ein Säulenkaktus, der sich leicht aus Samen ziehen läßt.

Die gebräuchlichsten Unterlagen sind: *Trichocereus spachianus,* *Trichocereus macrogonus, Trichocereus pachanoi, Trichocereus bridgesii, Trichocereus schickendantzii* und *Eriocereus jusbertii.* Auch Opuntienarten werden häufig als Unterlage verwendet.

Auf einjährige *Trichocereus*-Sämlinge lassen sich bereits kleine Pfröpflinge setzen. Die abgeschnittenen Kopfenden können sich bewurzeln und später für größere Pfröpflinge verwendet werden.

Die Unterlagen sollen weder zu alt noch zu jung sein. Sind sie verholzt, dann wachsen sie in den meisten Fällen nicht zusammen. Zu junge Unterlagen werfen den Pfröpfling später ab.

Auch einige *Echinopsis*-Arten eignen sich als Unterlage. Die meist rundlichen Kakteen bewurzeln sich leicht. Sie können als Unterlage dienen, wenn sie einen Durchmesser von 2–2,5 cm erreicht haben.

1. Spitze der Unterlage mit einer Rasierklinge abschneiden

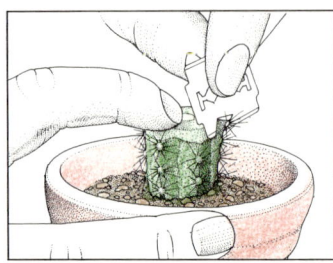

2. Kanten mit einer Rasierklinge abschrägen und Stacheln entfernen

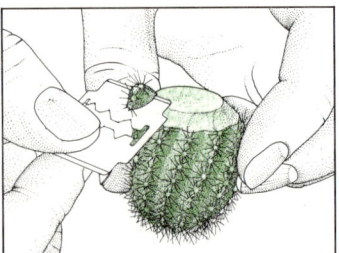

3. Pfröpfling ebenso vorbereiten, damit die Kanten zusammenpassen

4. Die Leitgefäße müssen zusammenwachsen, soll der Pfropfversuch gelingen

5. Pfröpfling mit Gummiband festhalten und mit Wattepolster schützen

6. Nach etwa zwei Wochen die Gummibänder entfernen

7. Braucht man noch mehr Pflanzen, Spitze des Pfröpflings abschneiden

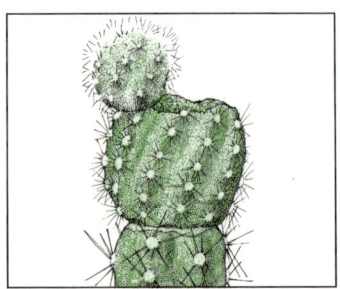

8. An dem verbliebenen Pfröpfling gebildete Sprosse wie Stecklinge behandeln

Spaltpfropfen bei flachgliedrigen Kakteen

Flachgliedrige Kakteen, wie Weihnachts- und Osterkaktus, werden wegen ihrer Form anders gepfropft als Säulenkakteen. Diese Methode bezeichnet der Fachmann als Spaltpfropfen.

Als Unterlage eignet sich das scheibenförmige Glied einer Opuntie. Die Unterlage wird mit einem scharfen Messer oder einer Rasierklinge eingeschnitten. Das untere Ende des Pfröpflings spitzt man keilförmig zu und schiebt es schnell in den Spalt. Gehalten wird der Pfröpfling mit einem längeren Kakteenstachel. Eine Nadel darf nicht verwendet werden, da sie rostet.

Die Pflanze wird warm gehalten und normal gegossen. Nach etwa vier bis sechs Wochen sollte der Pfröpfling angewachsen sein. Jetzt entfernt man den Stachel.

Diese Art des Pfropfens wendet man häufig bei hängenden Pflanzen mit vielen Gliedern an. Weihnachts- und Osterkakteen werden auch auf *Pereskia*-Unterlagen als Kronenbäumchen gepfropft. Man hält sie bei 10° C.

1. Unterlage mit einem scharfen Messer senkrecht einschneiden

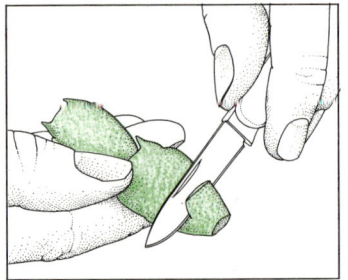

2. Pfröpfling keilförmig anschneiden und in den Spalt schieben

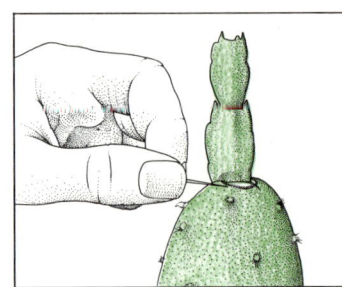

3. Pfröpfling mit einem langen Kakteenstachel festhalten

Sämlinge auf eine Opuntienunterlage aufpfropfen

Ein oben abgeschnittenes Opuntienglied kann auch als Unterlage für Kakteensämlinge dienen. Sie entwickeln sich hier sehr schnell.

Die Wurzeln der Sämlinge werden entfernt. Dann setzt man die Sämlinge auf das zugeschnittene Opuntienglied und befestigt jeden einzeln mit einem Gummiband. Wenn die Sämlinge größer sind, kann man sie umpfropfen oder eintopfen.

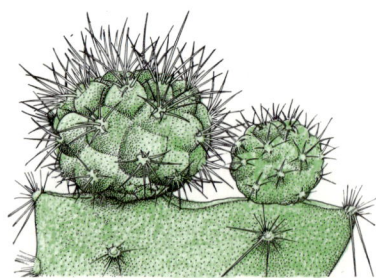

Verschiedene Kakteenpfröpflinge auf einer Opuntienunterlage können sehr apart aussehen

Kakteen und andere Sukkulenten fürs Zimmer

Alle Sukkulenten und Wüstenkakteen können als Zimmerpflanzen gehalten werden, wenn sie im Sommer reichlich Sonnenlicht erhalten.

Im Winter brauchen sie vor allem einen kühlen, trockenen, möglichst hellen Standort. Eine Temperatur von etwas über 5° C ist ideal. Ein trockener, kalter Frühbeetkasten im Freien ist einem geheizten Zimmer vorzuziehen.

Blattkakteen können das ganze Jahr im Zimmer bleiben, da sie keine direkte Sonneneinstrahlung vertragen. Man darf sie außerdem nicht vollständig austrocknen lassen. In der Tabelle ist die Blütengröße nur dann angegeben, wenn sie ungewöhnlich ist.

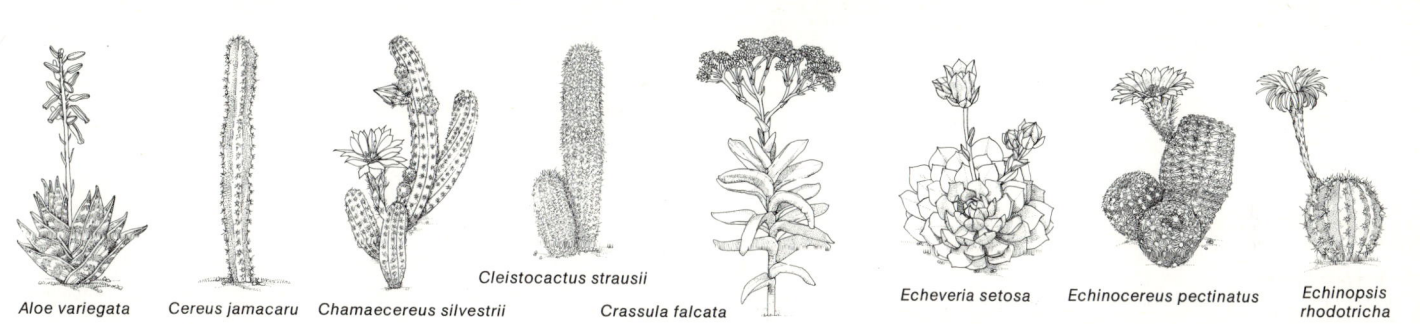

Aloe variegata Cereus jamacaru Chamaecereus silvestrii Cleistocactus strausii Crassula falcata Echeveria setosa Echinocereus pectinatus Echinopsis rhodotricha

Name	Form und Größe	Blüten	Blütezeit	Wachstumszeit	Vermehrung	Besondere Hinweise
Aloe						
A. variegata Tigeraloe	Rosette, 20–30 cm hoch	Orange	März	Frühjahr und Sommer	Samen, Ausläufer	Sukkulente. Hauptsächlich wegen der dicken, schön gezeichneten Blätter gehalten
Cereus Säulenkaktus						
C. jamacaru	Säulenförmig, 15–30 cm hoch	Weiß, bis zu 20 cm lang	Sommer	Frühjahr und Sommer	Samen	Wüstenkaktus. Nur sehr große Pflanzen blühen. Jungpflanzen eignen sich als Pfropfunterlage
Chamaecereus						
C. silvestrii Zwergcereus	Gruppenbildend, 7 cm hoch, 15 cm Ø	Rot oder orange	Spätfrühjahr	Frühjahr und Sommer	Ausläufer (Sprosse)	Wüstenkaktus
Cleistocactus						
C. strausii Silberkerze	Säulenförmig, 15–30 cm hoch	Rot	Frühjahr	Frühjahr und Sommer	Samen	Wüstenkaktus, mit weißen Borsten bedeckt. Nur sehr große Pflanzen blühen. Gute Pfropfunterlage
Crassula Dickblatt						
C. falcata	Verzweigt, 30 cm hoch	Orange	Sommer	Frühjahr und Sommer	Stecklinge	Sukkulente, hauptsächlich wegen der auffallenden Blüten gehalten. Bei sonnigem Standort leicht im Zimmer zu pflegen. Im Winter mäßig gießen
Echeveria Dickblattgewächs						
E. setosa	Rosette, 10 cm Ø	Rot mit gelber Spitze; auf langen Stielen	Sommer	Frühjahr und Sommer	Sproßstecklinge, Blattstecklinge	Sukkulente mit dicken, fleischig-saftigen Rosettenblättern
Echinocereus Igelsäulenkaktus						
E. pectinatus Regenbogenkaktus	Zylindrisch, 15 cm hoch, 6 cm Ø	Dunkelrosa	Sommer	Frühjahr und Sommer	Samen	Wüstenkaktus. Während der Wachstumszeit viel Sonne, Wärme und Luft. Überwinterung trocken und hell bei 5–6° C
Echinopsis Seeigelkaktus						
E. rhodotricha	Rund, 10 cm Ø	Weiß, 15 cm lang	Sommer	Frühjahr und Sommer	Samen, Ableger	Wüstenkaktus; die Pflanze muß mindestens 6 cm Ø haben, bevor sie blüht

Epiphyllum-Hybriden

Euphorbia milii

Gymnocalycium platense

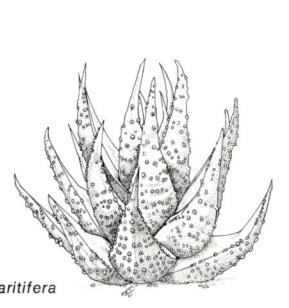

Haworthia margaritifera

Kalanchoe blossfeldiana

Lithops olivacea

Name	Form und Größe	Blüten	Blütezeit	Wachstumszeit	Vermehrung	Besondere Hinweise
Epiphyllum-Hybriden						
Blattkakteen	Lange, blatt-artige Sprosse	Weiß, rot, lachs-, cremefarben, karminviolett, bis zu 20 cm Ø	Frühsommer	Frühjahr und Sommer	Stecklinge	Vor starker Sommersonne schützen; im Winter bei 10–15° C und schwach feucht halten; saurer Humusboden notwendig
Euphorbia						
E. milii (syn. E. splendens) Christusdorn	Verzweigt, bis zu 90 cm Umfang	Die unschein-baren Blüten stehen in gegabelten Trug-dolden, die jeweils von zwei roten oder gelben Hochblättern umgeben sind	Frühjahr und Sommer	Frühjahr und Sommer	Stecklinge	Sukkulente. Braucht im Winter Temperatur von etwa 15° C. Erreicht die volle Größe praktisch nur im Gewächshaus. Viele kleinere Pflanzen von etwa 30 cm Höhe und Breite in Töpfen. Im Winter mäßig gießen. Der Milchsaft ist giftig
Gymnocalycium						
G. baldianum	Kugelig, 10 cm Ø	Rot	Sommer	Frühjahr und Sommer	Samen	Wüstenkaktus. Gelegentlich auch als G. venturianum im Handel
G. platense	Kugelig, 7 cm Ø	Weiß	Sommer	Frühjahr und Sommer	Samen	Wüstenkaktus
Haworthia Haworthie						
H. margaritifera	Rosette, 15 cm Ø	Weiß	Sommer	Frühjahr und Sommer	Samen, Ableger	Sukkulente. Dankbare Zimmerpflanze für Halbschatten
Kalanchoe						
K. blossfeldiana Flammendes Käthchen	Verzweigt, 30 cm hoch	Scharlachrot, orangegelb, fliederfarben	Spätwinter und Frühjahr	Frühjahr und Sommer	Samen, Stecklinge	Sukkulente. Wegen der hübschen Blüten beliebt. Dankbare Zimmerpflanze für sonnigen Standort. Im Winter mäßig gießen
K. tubiflora (syn. Bryophyllum tubiflorum) Brutblatt	Verzweigt, 60–80 cm hoch	Orange	Frühjahr und Sommer	Frühjahr und Sommer	Stecklinge	Sukkulente. Wächst überall. Im Winter mäßig gießen. Die Brutknospen an den Blattenden fallen ab und treiben leicht Wurzeln
Lithops Lebende Steine						
L. olivacea	Steinähnlich, 2–4 cm hoch, 3 cm Ø	Gelb	Herbst	Sommer	Samen, Teilung	Sukkulente. Beste Wachstumsbedingungen im Gewächshaus. Ab Spätfrühjahr gießen, wenn die alten Blätter vertrocknet sind. Von Dezember bis Mai trocken halten
L. optica	Steinähnlich, 2,5 cm hoch, 2–4 cm Ø	Weiß	Herbst	Sommer	Samen, Teilung	Wie L. olivacea

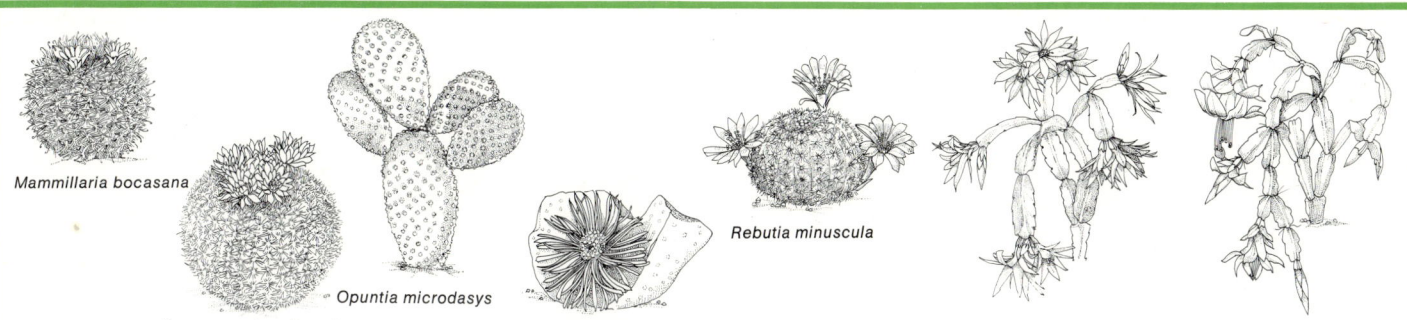

Mammillaria bocasana

Notocactus haselbergii

Opuntia microdasys

Pleiospilos bolusii

Rebutia minuscula

Rhipsalidopsis gaertneri

Zygocactus-Hybriden

Name	Form und Größe	Blüten	Blütezeit	Wachstumszeit	Vermehrung	Besondere Hinweise
Mammillaria Warzenkaktus						
M. bocasana	Rund, 4–5 cm Ø	Cremefarben	Sommer	Frühjahr und Sommer	Samen, Ableger	Eine der beliebtesten und widerstandsfähigsten Wüstenkakteen; blüht reich
M. zeilmanniana	Rund, 6 cm hoch, 4–5 cm Ø	Purpurrot	Sommer	Frühjahr und Sommer	Samen, Ableger	Leicht blühender Wüstenkaktus
Notocactus Buckelkaktus						
N. haselbergii	Rund, 7,5 cm Ø	Hellrot	Sommer	Frühjahr und Sommer	Samen	Wüstenkaktus; Jungpflanzen blühen selten
N. mammulosus	8 cm Ø	Gelb	Sommer	Frühjahr und Sommer	Samen	
Opuntia Opuntie, Feigenkaktus						
O. basilaris	Einzelne Glieder, 12–20 cm lang	Purpurrosa	Sommer	Frühjahr und Sommer	Samen, Stecklinge	Wüstenkaktus. Normalerweise nur wenige Glieder übereinander. Kommt als Topfpflanze kaum zur Blüte
O. microdasys	Einzelne Glieder, 15 cm lang	Gelb	Sommer	Frühjahr und Sommer	Stecklinge	Wüstenkaktus. Mehrere kleine Glieder übereinander. Kommt als Topfpflanze kaum zur Blüte
Pleiospilos Steinhaufen						
P. bolusii	Steinähnlich, 7 cm hoch, 6–8 cm Ø	Gelb	Frühherbst	Spätsommer bis Herbst	Samen	Sukkulente. Ähnelt einem Granit. Am besten fürs Gewächshaus geeignet
Rebutia Zwergkaktus						
R. minuscula	Gruppenbildend, 5 cm Ø	Rot	Spätfrühjahr	Frühjahr und Sommer	Samen, Ableger	Wüstenkaktus. Wächst und blüht auch unter ungünstigen Bedingungen
R. m. violaciflora	Gruppenbildend, 5 cm Ø	Kirschrot	Spätfrühjahr	Frühjahr und Sommer	Samen, Ableger	Wie *R. minuscula*
Rhipsalidopsis						
R. gaertneri Osterkaktus	Gliederkaktus, epiphytisch wachsender Kleinstrauch	Rot	Frühjahr	Frühjahr und Sommer	Stecklinge	Blattkaktus. Braucht Schatten, Wärme und ständig Feuchtigkeit sowie Humusboden
R. rosea	Gliederkaktus, 15 cm hoch	Hellrosa	Frühjahr	Frühjahr und Sommer	Stecklinge	Wie *R. gaertneri*
Zygocactus-Hybriden Weihnachtskaktus	Gliederkaktus, 30 cm Umfang	Rot und rosa	Winter	Frühjahr und Sommer	Stecklinge	Blattkaktus. Ruhepause nach der Blüte. In dieser Zeit nur wenig gießen. Nach zwei bis drei Monaten setzt neues Wachstum ein. Dann regelmäßig gießen und ab und zu schwach düngen. Im Juli/August folgt eine zweite Ruhezeit, in der sich die Blüten bilden

Hydrokultur

Die Hydrokultur bietet eine interessante Abwechslung gegenüber anderen Kulturverfahren und hat den Vorteil, daß Gieß- und Pflegeprobleme fast entfallen

Hydrokultur – Pflanzen gedeihen ohne Erde

Die Hydrokultur, d. h. Pflanzenzucht in einer Nährlösung ohne Erde, ist nicht neu. Bereits Anfang des Jahrhunderts entdeckte man, daß Pflanzen nicht von Erde leben, sondern von den darin enthaltenen Nährstoffen. Mit dem Blähton hatte man dann ein Füllmaterial gefunden, das ideale Voraussetzungen für die erdelose Kultur bietet.

In den letzten Jahren erfreut sich die Hydrokultur überall wachsender Beliebtheit. Das liegt nicht nur daran, daß es bei dieser erdelosen Kulturmethode kaum noch Gieß- und Pflegeprobleme gibt, sondern auch an den formschönen Gefäßen, die verschiedene Hersteller dafür entwickelt haben. Außerdem stellt die Hydrokultur für den Zimmerpflanzengärtner eine interessante Abwechslung dar.

Das Angebot an Hydrokulturtöpfen ist heute sehr reichhaltig. Größeren Hydrokulturanlagen begegnet man in Hotels, Büroräumen, Banken, Krankenhäusern, Hallenbädern, in Eingangshallen, Treppenaufgängen oder in den Wandelgängen von Theatern oder öffentlichen Gebäuden. Aber auch in unseren Wohnräumen brauchen wir nicht auf den Schmuck von Pflanzen zu verzichten.

Geeignete Pflanzen für die Hydrokultur

Die Auswahl der für die Hydrokultur geeigneten Pflanzen ist sehr groß. In Frage kommen die meisten Blattpflanzen, wie z. B. Drachenbaum, Bogenhanf, Grünlilie, Klimme- und *Ficus*-Arten, Zwergpfeffer, Bromelien, Kroton, Efeutute, Fußblatt, Dieffenbachie, Ka-

Die Vorteile der Hydrokultur

Der wesentliche Vorteil der Hydrokultur gegenüber der Erdkultur liegt darin, daß den Pflanzen ein größerer Wasservorrat zur Verfügung steht. Somit können sie sich über einen längeren Zeitraum selbst versorgen, ohne gegossen zu werden. Auch die benötigten Nährstoffe und Spurenelemente sind, im Wasser gelöst, stets im richtigen Verhältnis vorhanden. Falsches Gießen, Vertrocknen oder Verhungern von Pflanzen kann es bei der Hydrokultur nicht geben.

Die Bedienung wird durch einen Wasserstandsanzeiger erleichtert, der den Nährstoffspiegel im Blähton kontrolliert.

Insgesamt ist der Pflegeaufwand geringer als bei der üblichen Erdkultur. Während der Urlaubszeit kann man die Pflanzen sich selbst überlassen, wenn die übrigen Wachstumsfaktoren – Licht, Luft und Wärme – stimmen.

Auch das jährliche Umtopfen der Pflanzen entfällt bei der Hydrokultur. Das gesamte Pflanzensubstrat braucht theoretisch nur alle zehn Jahre ausgewechselt zu werden. In der Praxis wird es jedoch ab und zu notwendig, einzelne Pflanzen auszutauschen, weil sie zu alt oder zu groß geworden sind.

nonierblume, Fensterblatt u. a. Lediglich die Zahl der Blütenpflanzen ist begrenzt. Hier lohnt sich – bedingt durch die Kurzlebigkeit – eine Umstellung auf bzw. Anzucht in Hydrokultur oft nicht.

Bei der Bepflanzung von Hydrogefäßen sollte man beachten, daß alle Pflanzen derselben Gruppe die gleiche Zimmertemperatur und gleiche Lichtverhältnisse benötigen.

Geeignete Gefäße für die Hydrokultur

Hydrogefäße sind in verschiedenen Größen, Formen und Farben im Handel erhältlich. Sie sollten absolut wasserdicht sein. Geeignet sind Gefäße aus Kunststoff, Keramik oder Glas. Entscheidend ist in jedem Fall, daß sie genügend Wasser aufnehmen können.

Die meisten Kleingefäße bestehen aus einem Übertopf und einem Einsatz in Form eines Kunststoff-Gittertopfes. Die Mindestgefäßhöhe sollte bei etwa 20 cm liegen. Der Wasserstandsanzeiger ist entweder im Übertopf oder im Einsatz angebracht. Bei manchen Gefäßen läßt sich der Wasserstand an einem kleinen Sichtfenster des Behälters kontrollieren.

Verwendet man größere Pflanzenwannen, werden die Pflanzen in Styroportöpfen mit Schlitzen kultiviert und in beliebiger Anordnung in der Wanne aufgestellt, die dann mit Blähton aufgefüllt wird.

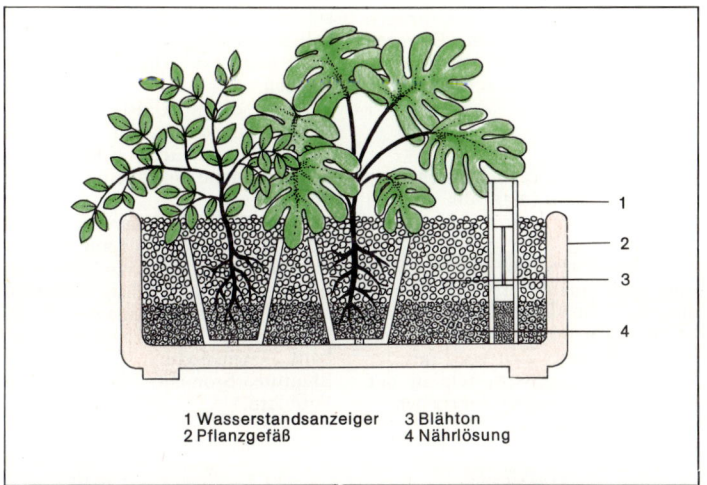

1 Wasserstandsanzeiger
2 Pflanzgefäß
3 Blähton
4 Nährlösung

Hydrokultur-Pflanzgefäß zur Aufnahme von vorkultivierten Pflanzen. Bewährt hat sich eine Schütthöhe von 20–23 cm. Die Nährlösung ist mit dem Wasserstandsanzeiger leicht zu kontrollieren. Der Wasserstand soll dabei nicht konstant eingehalten werden, sondern vor dem nächsten Nachfüllen immer absinken

Das Haltesubstrat

Früher verwendete man für die Hydrokultur sehr unterschiedliche Materialien, wie Ziegelsplitt, Bimskies, Flußkies, Vermiculit und verschiedene Kunststoffborsten. Heute arbeitet man mit Blähton, einem Material, das ideale Voraussetzungen für die erdelose Kultur bietet.

Blähton wird aus reinem Ton bei 1000° C hergestellt. In kleine Tonkügelchen wird Preßluft eingeblasen und damit die Durchlässigkeit des Materials erhöht. Blähton ist leicht, chemisch weitgehend neutral und schafft ein ideales Luft-Wasser-Verhältnis. Für Hydrokulturpflanzungen bevorzugt man eine Körnung von 10–20 mm, für die Anzucht von Hydropflanzen eine Körnung von 3–4 mm.

Vor der Verwendung sollte Blähton unbedingt gewaschen werden. Die günstigste Schütthöhe bei Pflanzenanlagen beträgt ungefähr 20 cm. Dabei sollte der Nährlösungspegel ein Drittel dieser Schütthöhe nicht übersteigen und somit zwischen 1–7 cm Höhe pendeln.

Die Nährlösung

Die Nährlösung für die Hydrokulturpflanzen wird mit Wasser und Dünger hergestellt. Dabei ist auf die Qualität des verwendeten Wassers zu achten. Wenn der Kalkgehalt des Leitungswassers nicht zu hoch ist, kann es ohne weiteres verwendet werden; sonst sollte man es mit einem der verschiedenen Wasserenthärtungsmittel, wie pH-Tabletten oder Aquisal flüssig, enthärten. Der günstigste pH-Wert für die Hydrokultur liegt zwischen 5,5 und 6,5.

Im Handel gibt es eine Reihe von Hydrokulturdüngern, die alle notwendigen Nährstoffe enthalten. Auch verschiedene flüssige Volldünger sind gut geeignet. In der angegebenen Konzentration (meist 0,2 %) wird mit dem Dünger eine Nährlösung hergestellt und in das Gefäß eingefüllt. Wenn der Wasserstandsanzeiger den unteren Bereich (Markierung Minimum) erreicht, wird die Nährlösung wieder aufgefüllt. Alle vier bis sechs Wochen wird die Nährlösung vollständig gewechselt. Kleingefäße werden nach dem Ausgießen der Nährlösung mit klarem Wasser gründlich nachgespült.

Bei größeren Pflanzenwannen genügt es normalerweise, das Wasser einmal im Jahr mit Hilfe eines Schlauchs abzusaugen. Beim Absaugen soll der Wasserstand hoch sein, damit die verbleibende Lösung verdünnt ist. Danach wird die neue Nährlösung in die Wanne eingefüllt.

Wem die Wasserenthärtung und das Zubereiten einer Nährlösung zu umständlich sind, kann sich die Arbeit mit Hilfe eines Ionenaustauschers erleichtern. Unter der Bezeichnung Lewatit HD 5 wird ein in Wasser unlösliches Kunstharz angeboten, das die für die Pflanzen unverträglichen Stoffe im Leitungswasser absorbiert und dafür die erforderlichen Nährstoffe direkt an die Wurzeln der Hydrokulturpflanzen abgibt.

Vom Hersteller werden 25–50 ml (cm³) Lewatit HD 5 je Einzelpflanze empfohlen. Damit sind die Pflanzen sechs Monate lang mit allen Nährstoffen versorgt. Während dieser Zeit muß man jedoch die fehlende Wassermenge immer wieder auffüllen.

Nach sechs Monaten wird bei Pflanzenwannen, die mehrere Hydropflanzen enthalten, ein neuer Ionenaustauscher über den Blähton gestreut und mit Wasser eingespült; bei Kleingefäßen wird die Lewatit-HD-5-Batterie gegen eine neue ausgewechselt.

Wichtig ist, daß bei der Verwendung von Lewatit normales Leitungswasser zum Gießen genommen wird, denn sonst kann der Ionenaustauscher nicht richtig arbeiten, und der gewünschte Erfolg bleibt aus.

Die Anzucht von Hydrokulturpflanzen

Für die Hydrokultur werden am besten solche Pflanzen verwendet, die nicht in Erde herangezogen wurden. So hat man die Gewähr, daß die Pflanzen im Hydrotopf gedeihen.

Die wichtigste Vermehrungsart für die Hydrokultur ist die Anzucht durch Stecklinge. Während Erwerbsgärtner als Vermehrungssubstrate hauptsächlich Blähton, Grodan oder Baystrat verwenden, läßt der Hobbygärtner die Stecklinge sich meistens in einem Glas mit Wasser bewurzeln. Wenn sich dort ausreichend Wurzeln gebildet haben, können die Pflanzen in den Hydrokulturtopf gesetzt und weiterkultiviert werden.

Die Anzucht eigener Pflanzen ist jedoch schwierig und nur bei einigen Pflanzenarten zu empfehlen. Am einfachsten ist es, speziell für die Hydrokultur vorkultivierte Pflanzen im Fachgeschäft zu kaufen, da diese den besten Erfolg garantieren.

Der Standort

Der richtige Standort ist bei der Hydrokultur genauso ausschlaggebend für ein gutes Wachstum der Pflanzen wie bei der üblichen Erdkultur. Ohne genügend Licht gedeihen die Pflanzen auch bei der Hydrokultur nicht. Ebenso müssen Zugluft, Lufttrockenheit und ähnliche ungünstige Faktoren möglichst ausgeschaltet werden.

Gerade bei der Hydrokultur sind ausgeglichene Temperaturverhältnisse besonders wichtig. Die günstigste Raumtemperatur für Hydrokulturpflanzen liegt bei 18 bis 26° C. Größere Schwankungen verursachen Wachstumsstockungen und Schäden an den Pflanzen. Vor allem im Winter führen solche Raumtemperaturschwankungen zu unterschiedlichen Temperaturen des Wassers in den Gefäßen, das möglichst 18–22° C warm sein sollte. Läßt es sich nicht vermeiden, daß die Werte für kurze Zeit darunter absinken, sollte der Wasserstand niedrig gehalten werden.

Besonders im Winter muß man auf die Luftfeuchtigkeit achten. Sinkt die relative Luftfeuchtigkeit auf 30% und darunter, dann spricht man von trockener Luft. Viele Pflanzen leiden darunter, und verschiedene Pflanzen, wie z. B. die Flamingoblume, die in der Gärtnerei in Hydrokultur recht gut wachsen, hören in der Wohnung meistens zu blühen auf. Als Folge von trockener Luft droht auch Schädlingsbefall (z. B. Rote Spinne) und bei Zugluft Blattfall.

Eine sehr häufige Ursache für das Kümmern vieler Pflanzen sind ungenügende Lichtverhältnisse, denn Wachstum und Blütenbildung hängen weitgehend von der vorhandenen Lichtstärke und der Dauer der Belichtung ab.

Wo immer es möglich ist, sollten Pflanzen nur in hellen Räumen gehalten werden. Dabei darf reichlich Licht nicht mit direkter Sonnenbestrahlung verwechselt werden, denn direkte Sonne vertragen die wenigsten Pflanzen. Dagegen können geeignete Vorrichtungen, wie etwa verstellbare Jalousien, schützen.

Wie man Hydrokultur-töpfe bepflanzt

Der Blähton wird in einem Gefäß angefeuchtet; dann gibt man eine 3–4 cm hohe Schicht in den Hydrokulturtopf.

Bei der Hydrokultur wird grundsätzlich etwas tiefer getopft als in Erde. Ausschlaggebend ist aber der Wurzelhals, der stets im oberen Drittel des Topfes stehen muß. Beim Eintopfen hält man mit einer Hand die Pflanze in den Topf, mit der anderen wird der Blähton so eingefüllt, daß er sich gleichmäßig um die Wurzeln verteilt. Dann wird der Topf bis zum Rand mit Blähton gefüllt.

Den bepflanzten Topf übergießt man mit Wasser, damit sich die Wurzeln gut verteilen und dem Blähton anschmiegen können. Anschließend stellt man ihn in den Wasserbehälter bzw. in das Pflanzengefäß.

In den ersten drei bis vier Wochen wird nur mit reinem Wasser aufgefüllt, bis der Wasserstand die halbe Höhe im Schauglas erreicht hat. Nach dieser Zeit wird mit der Nährlösung gegossen, wie in der Gebrauchsanweisung angegeben.

Erdpflanzen auf die Hydrokultur umstellen

Man kann auch Pflanzen für die Hydrokultur bekommen, wenn man die Wurzeln von Erdpflanzen auswäscht und diese auf die Hydrokultur umstellt. Der günstigste Zeitpunkt für die Umstellung ist das Frühjahr oder der Sommer.

Zunächst müssen die Pflanzen sorgfältig von Erde befreit werden. Man schüttelt den Ballen aus und wäscht ihn dann mit lauwarmem Wasser aus. Die Erde muß vollständig entfernt sein. Anschließend sollten die ausgewaschenen Pflanzen möglichst schnell eingetopft werden.

Nach dieser Umstellung muß man dafür sorgen, daß die Pflanzen genügend Licht, jedoch keine direkte Sonne und keine Zugluft bekommen.

Fast alle Grünpflanzen lassen sich von der Erdkultur auf die Hydrokultur umstellen, vorausgesetzt, sie sind gesund, wüchsig und auch noch nicht zu alt. Geeignet sind z. B. Baumfreund, Gummibaum, Bogenhanf, Drachenbaum, Dieffenbachie, Efeutute, Bromelien, Klimme und Fußblatt.

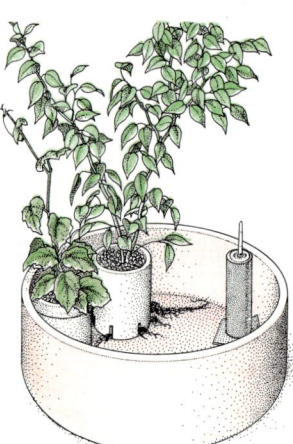

1. Hydropflanzen beliebig anordnen. Dann den Wasserstandsanzeiger einstellen

2. Nachdem alle Pflanzen untergebracht sind, füllt man die Lücken mit Blähton

3. Einmal jährlich wird das Wasser mit Hilfe eines Schlauchs und Kanisters abgesaugt

4. Auch Pflanzen aus Trockengebieten können in Hydrokultur kultiviert werden

Wieviel Licht brauchen Zimmerpflanzen?

Wer die natürliche Beleuchtungsstärke in einem Zimmer mißt, wird feststellen, daß dort die Lichtverteilung sehr unterschiedlich ist. Die grafischen Darstellungen zeigen, wie schnell die Lichtstärke abnimmt, je weiter man in den Raum hineingeht.

Zur Messung der Beleuchtungsstärke werden fotoelektrische Belichtungsmesser (Luxmeter) verwendet. Die Einheit für die Beleuchtungsstärke ist das Lux (lx).

Wichtig ist es nun, zu wissen, welche Ansprüche die verschiedenen Pflanzen an das Licht stellen. Allgemein gültige Angaben kann man hier nicht machen, weil jede Pflanze anders reagiert. Auch müssen neben dem Faktor Licht auch Temperatur, Luftfeuchtigkeit und Wasserversorgung mit berücksichtigt werden.

Allgemein läßt sich jedoch sagen, daß eine Pflanze unter 500 Lux nicht mehr weiterwächst; bei Werten ab 3000 Lux aufwärts ver-läuft das Wachstum völlig normal.

Nach ihren Ansprüchen an die Lichtintensität lassen sich die bekannteren Zimmerpflanzen in drei Gruppen einteilen:

1. Pflanzen, die in lichtärmeren Räumen (800–1000 Lux) noch gedeihen, z. B. Aralie, Schwertfarn, Efeuaralie, Baumfreund, Geweihfarn und Efeutute.

2. Pflanzen, die in helleren Räumen (1000–2500 Lux) gedeihen, z. B. *Aechmea*, Flamingoblume, Gummibaum, Fensterblatt, Kanonierblume, Schefflere, Vriesee.

3. Pflanzen, die höhere Lichtansprüche stellen (über 2500 Lux), z. B. Bogenhanf, Drachenbaum, Glanzkölbchen, Kakteen.

Wenn Wachstum und Blüte normal verlaufen sollen, dann sind diese Beleuchtungsstärken einzuhalten. Hier findet auch noch ein Zuwachs statt.

Oft sind aber aus Gründen der Raumgestaltung gerade an weniger hellen Standorten Pflanzen erwünscht. Wenn sie dort zufriedenstellend gedeihen sollen, muß man mit Kunstlicht nachhelfen.

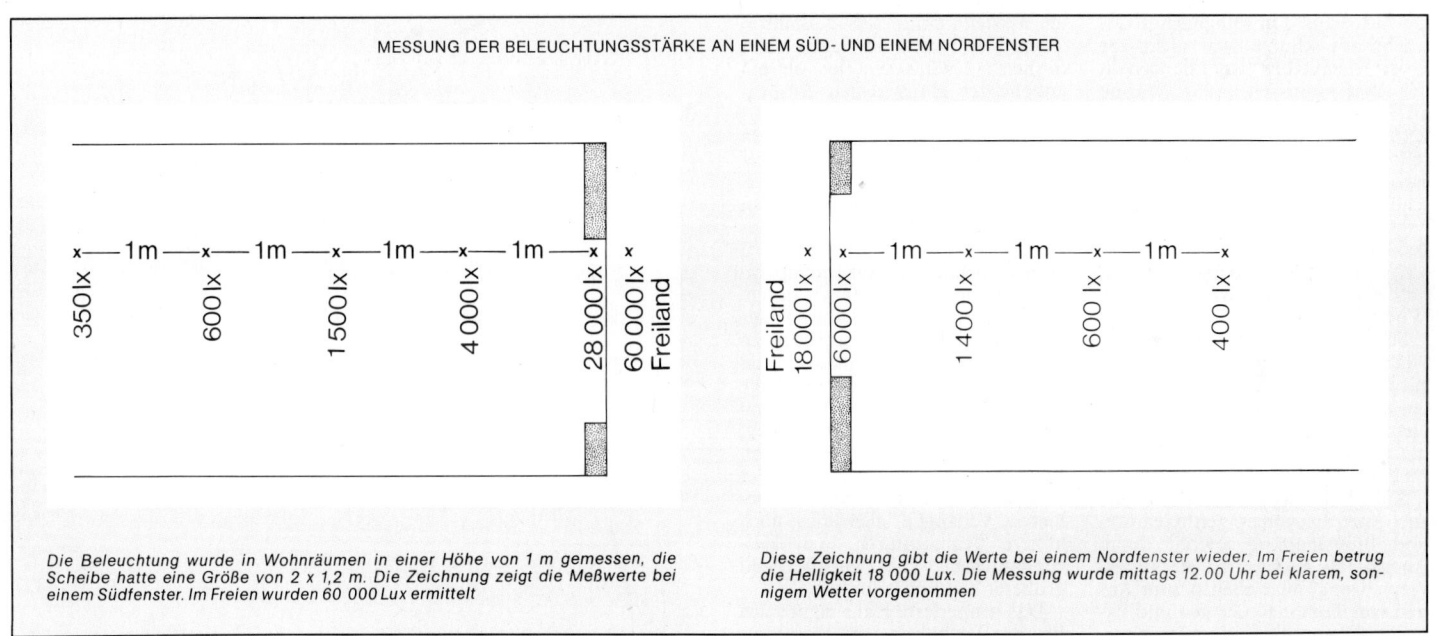

MESSUNG DER BELEUCHTUNGSSTÄRKE AN EINEM SÜD- UND EINEM NORDFENSTER

Die Beleuchtung wurde in Wohnräumen in einer Höhe von 1 m gemessen, die Scheibe hatte eine Größe von 2 x 1,2 m. Die Zeichnung zeigt die Meßwerte bei einem Südfenster. Im Freien wurden 60 000 Lux ermittelt

Diese Zeichnung gibt die Werte bei einem Nordfenster wieder. Im Freien betrug die Helligkeit 18 000 Lux. Die Messung wurde mittags 12.00 Uhr bei klarem, sonnigem Wetter vorgenommen

Kunstlicht für Zimmerpflanzen

Am wenigsten geeignet für die Beleuchtung von Pflanzen sind Glühlampen, weil sie viel Wärme abgeben und in ihrem Spektrum fast kein Blaulicht enthalten. In Frage kommen deshalb vorwiegend Leuchtstofflampen und Reflektorglühlampen.

Es eignen sich Leuchtstofflampen mit den Lichtfarben 32 (Warmton de Luxe) und 36 (L-Natura). Empfehlenswert sind Lampen mit 40 bis 65 Watt, am besten mit Innenreflektor (Buchstabe R). Ein Vorteil dieser Lampen ist die hohe Lichtausbeute bei geringer Wärmeabstrahlung. So können sie ziemlich nahe über den Pflanzen angebracht werden.

Reflektorglühlampen, wie z. B. Compta-lux-Flood 150 W, sind nur dann geeignet, wenn natürliches Licht zwar vorhanden, aber nicht in ausreichender Menge zur Verfügung steht. Für eine ausschließliche Beleuchtung von Pflanzen sind sie durch den relativ hohen Rotanteil weniger empfehlenswert. Die Entfernung von Lampe zu Pflanze sollte wegen der Wärmeabstrah-lung 1 m möglichst nicht unterschreiten.

Die Lichtquellen in Wohnräumen sollten blendfrei montiert werden.

Die tägliche Belichtungsdauer (Tageslicht und Kunstlicht) beträgt allgemein 12–14 Stunden. Bei der Auswahl der Lampen sollte man Kosten und Nutzen sorgfältig gegeneinander abwägen.

Kleingewächshausgärtnerei

Schon ein kleines Gewächshaus eröffnet dem Hobby-gärtner ein weites, neues Feld – vom Frühgemüse-anbau bis zur Orchideenzucht –, es muß nur entsprechend ausgerüstet sein

Ein Gewächshaus macht den Gärtner von den Launen des Wetters unabhängig. Unter dem Glasdach kann er Pflanzen ziehen, die im Freiland unter Kälte, Wolkenbrüchen und Wind so leiden würden, daß ihr Anbau sich nicht lohnt.

Man hat die Wahl zwischen einem beheizten oder unbeheizten Gewächshaus. Ein unbeheiztes Gewächshaus schützt zwar nicht vor Frost, bietet aber den Pflanzen in der Wachstumszeit mehr Wärme als die freie Natur. Diese Zusatzwärme läßt die Früchte schneller reifen und fördert den Blütenansatz vieler Zierpflanzen. Außerdem schützt ein unbeheiztes Gewächshaus vor starkem Wind und Regen sowie vor Vögeln und Ungeziefer. Sein größter Vorteil aber ist, daß es die Wachstumszeit um viele Wochen verlängert.

Schon früh im Jahr können die Pflanzen herangezogen und dann entweder im Gewächshaus gehalten oder in den Garten gepflanzt werden. Im Gewächshaus gedeihen die Pflanzen bis in den Spätherbst hinein.

Kalthäuser eignen sich besonders zur Anzucht von vielen Gemüse- und Blumenarten, sowohl durch Aussaat als auch durch Stecklingsvermehrung, aber ebenso zum Anbau von Tomaten, Gurken und Paprika. Wenn diese Gemüse abgeerntet sind, kann auch noch Feldsalat gesät werden.

Alle Gemüse, die normalerweise vor der Saison im Frühbeetkasten gezogen werden, wie Salat, Möhren, Radieschen und grüne Bohnen, gedeihen genausogut in einem kalten Gewächshaus, in dem es sich außerdem bequemer arbeiten läßt.

Noch größer ist der Nutzen des Gewächshauses, wenn es beheizt werden kann. Nun können hier auch empfindliche Arten gehalten werden, die einen mitteleuropäischen Winter anders überhaupt nicht überleben würden.

Durch automatische Heizung, Lüftung, Schattierung und Bewässerung sind die Wachstumsbedingungen fast vollständig regulierbar. Wer ein Kleingewächshaus im Garten aufstellt, sollte sich deshalb in jedem Falle vorher überlegen, ob er es heizbar wünscht oder ob ein unbeheiztes Haus seinen Ansprüchen genügt.

Bei beheizten Gewächshäusern spricht man je nach erreichbarer Mindesttemperatur von temperierten oder von Warmhäusern. Im temperierten Haus reicht die Heizung aus, das Innere frostfrei zu halten, solange die Außentemperaturen nicht unter –10° C liegen. Das genügt aber nicht, um Pflanzen den ganzen Winter über zu kultivieren. Im Warmhaus muß die Heizung dagegen in der Lage sein, die Temperaturen auch dann über dem Gefrierpunkt zu halten, wenn außen strenger Frost herrscht. Viele Pflanzen, z. B. Orchideen oder Blattpflanzen aus tropischen Gebieten, verlangen allerdings noch höhere Temperaturen, was Heizungsanlagen von entsprechend größerer Leistung erfordert.

Das temperierte Haus eignet sich für die Vorkultur von Einjahresblumen, von Blumenknollen wie *Canna*, Knollenbegonien, Dahlien usw., aber auch für das Verfrühen von Gemüsen wie Kopfsalat, Kohlrabi, Radieschen usw.

Ein unbeheiztes Gewächshaus eignet sich besonders, um zeitig im Frühjahr Blütenpflanzen aus Samen oder Stecklingen zu ziehen, die später, wenn die Frostgefahr vorüber ist, in den Garten ausgepflanzt werden.

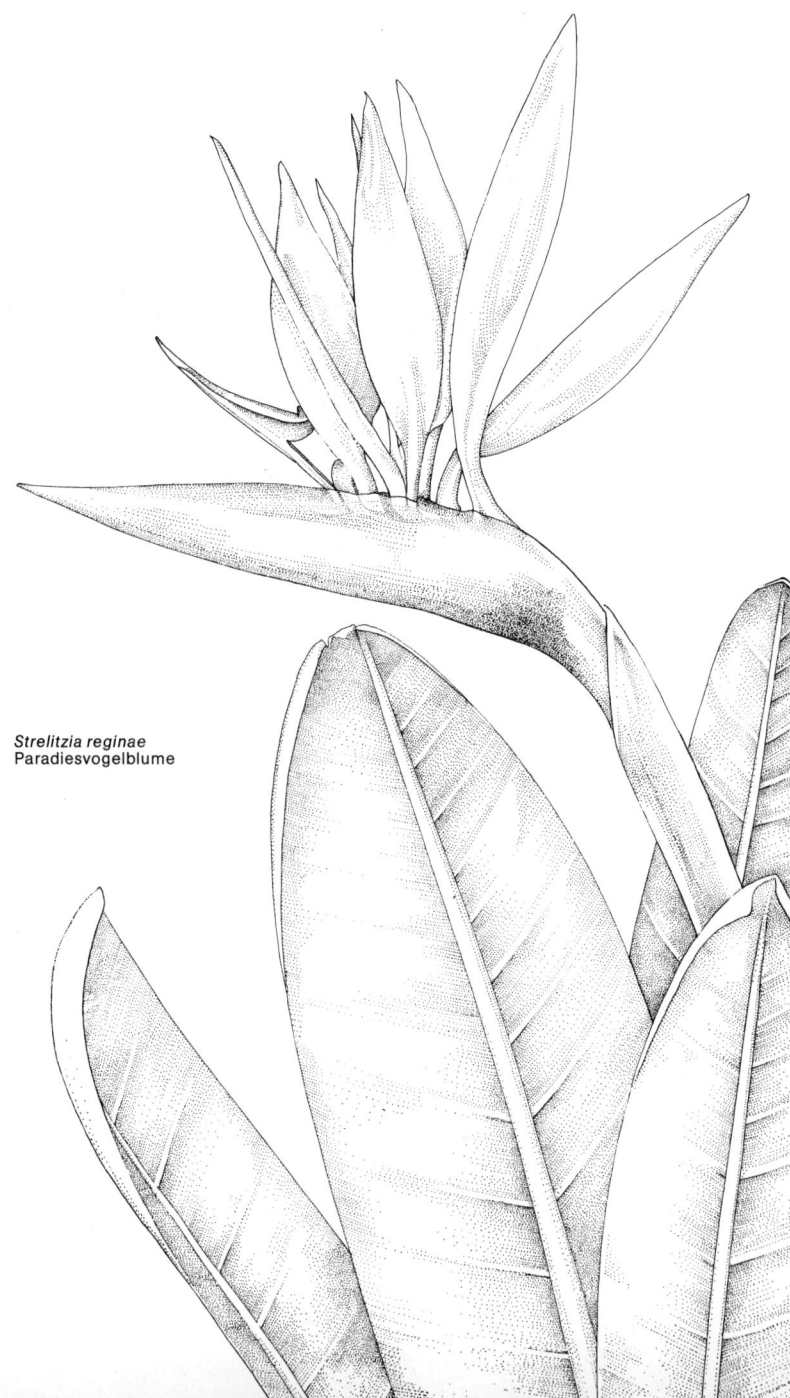

Strelitzia reginae
Paradiesvogelblume

Die Wahl des richtigen Gewächshauses

Wer sich ein Gewächshaus oder einen Frühbeetkasten anschaffen will, muß sich entweder für Glas oder für Kunststoff entscheiden.

Der Hauptvorteil von Glas liegt darin, daß es die kurzwelligen Sonnenstrahlen leicht durchläßt, die langwellige Wärmestrahlung jedoch nicht, so daß die Wärme im Gewächshaus bleibt.

Kunststoff hält die Wärmestrahlung nicht fest, so daß sich das Gewächshaus nach Sonnenuntergang sehr schnell abkühlt.

Gewächshäuser in Leichtbauweise mit Folienbedachung eignen sich zum Verfrühen von Gemüse im Frühjahr, zur Anzucht von Sommerblumen, aber auch zum Gemüseanbau im Sommer. Ständige Be-

heizung ist hier aber nicht zu empfehlen. Ein weiterer Nachteil ist, daß die Folie jährlich im Herbst erneuert werden muß. Neuerdings gibt es jedoch Spezialfolien, die zwei bis drei Jahre halten.

Trotz einiger Nachteile werden Folienhäuser immer beliebter. Natürlich können sie Glas nicht ersetzen, aber sie ergänzen es be-

stens. Polyäthylenfolie hat eine Lichtdurchlässigkeit von ca. 80 % und läßt in gewissem Grade auch ultraviolette Strahlung durch, was jedoch die Haltbarkeit mindert. Polyäthylenfolie (PE) ist preiswerter als PVC-Folie, die dafür aber in der Lichtdurchlässigkeit dem Glas fast ebenbürtig ist. Die Mehrkosten lohnen sich in jedem Fall.

Bauformen und Bauweisen von Gewächshäusern

Gewächshäuser werden in verschiedenen Bauweisen angeboten. Kleingewächshäuser mit Pultdach werden meist an die Wand eines vorhandenen Gebäudes (Wohnhaus oder Garage) angebaut. Man nennt diesen Typ deshalb auch Anlehnhaus. Das Pultdach sollte nach Süden geneigt sein, weil sonst nicht genügend Licht einfällt. Gewächshaustypen mit dem üblichen Satteldach werden dagegen frei stehend im Garten aufgestellt. Wo dies nicht möglich ist, sollten sie höchstens mit einer Giebelseite, und zwar der nördlichen, ein Gebäude berühren.

Häuser werden in verschiedenen Grundrissen angeboten: rechteckig, quadratisch, rund, sechseckig und neuerdings auch eine achteckige Sonderform, der sogenannte Pavillontyp.

Besonderes Augenmerk sollte

man auf die Ausführung der Stehwände richten. Bei einigen Typen reicht das Glas nur bis etwa zur Hälfte der Höhe; der untere Rest besteht aus Mauerwerk. Günstiger sind Modelle, bei denen die Glasstehwände vom Dach bis auf den Boden reichen, weil dadurch die Lichtverhältnisse im Gewächshaus und damit auch die Nutzungsmöglichkeiten ganz erheblich verbessert werden. Man gewinnt so auch unter den Tischen Platz für den Anbau.

Beim Anlehnhaus sind die Heizkosten gewöhnlich niedriger als beim frei stehenden Typ. Wird das Gewächshaus, wie üblich, an eine Südwand angebaut, wirkt diese Wand als Wärmespeicher und gibt nachts die tagsüber angesammelte Wärme ab.

Bei angelehnten Gewächshaustypen ist darauf zu achten, daß das Pultdach ausreichend geneigt ist. Auf einem zu flachen Dach sammeln sich leicht Schmutz und Laub, wodurch der Lichteinfall erheblich verringert werden kann.

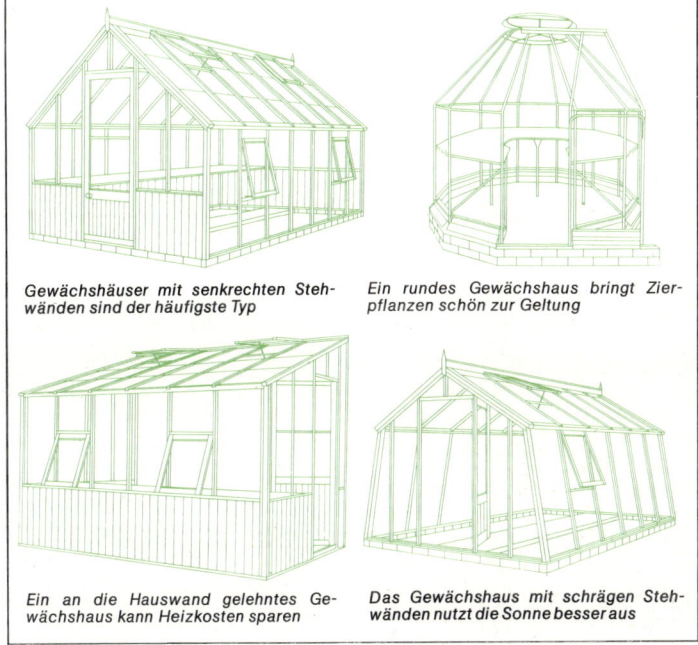

Gewächshäuser mit senkrechten Stehwänden sind der häufigste Typ

Ein rundes Gewächshaus bringt Zierpflanzen schön zur Geltung

Ein an die Hauswand gelehntes Gewächshaus kann Heizkosten sparen

Das Gewächshaus mit schrägen Stehwänden nutzt die Sonne besser aus

Verschiedene Gerüstkonstruktionen

Gewächshausgerüste müssen fest und dauerhaft sein und sollten außerdem gut aussehen.

Aluminium eignet sich für den Gewächshausbau wegen des geringen Gewichts sehr gut. Die dazu verwendeten Aluminiumlegierungen sind durch entsprechende Profilierung der Konstruktionsteile besonders versteift. Ein großer Vor-

teil ist, daß Aluminium keinen Korrosionsschutz braucht und nicht gestrichen werden muß.

Als Skelett können auch Stahlgerüste dienen, die gegen Korrosion entweder gestrichen oder feuerverzinkt geliefert werden. Die verzinkte Ausführung braucht keine weitere Pflege, ist dafür aber teurer.

Für den Gewächshausbau werden aber auch Holzkonstruktionen verwendet. Billige Holzsorten sind

nicht wetterbeständig und müssen ständig gegen Verrottung geschützt werden. Bessere Modelle besitzen Holzsprossen, meistens aus schwedischer oder einer anderen ausländischen Kiefer.

Ferner werden für Gewächshäuser Holzrahmen angeboten mit Nuten für die Glasscheiben, die also nicht eingekittet werden müssen und sich zur Dachpflege leicht entfernen lassen. Holzrahmen müssen vom Lieferanten mit einem Holz-

schutzmittel oder einem wasserabstoßenden Anstrich behandelt werden.

Bei vorgefertigten Gewächshäusern, die vom Käufer aufgebaut werden, dürfen die Nebenkosten nicht vergessen werden, wenn z. B. ein solides Fundament gewünscht wird. Wände aus Ziegeln oder Beton muß der Käufer in diesem Falle meist selbst herstellen. Die Pläne dafür werden vom Hersteller des jeweiligen Gewächshauses mitgeliefert.

Was Sie beim Kauf beachten sollten

Vor dem Kauf eines Gewächshauses sollten Sie sich möglichst viele Herstellerkataloge zuschicken lassen. Wählen Sie dann das größte Gewächshaus, das Sie sich unter Berücksichtigung von Pflege und Heizkosten leisten können. Ein Gewächshaus ist nämlich so nützlich und vielseitig, daß es schnell voll wird, und wenn man es zu klein gekauft hat, wird man es bald bereuen. Wenn Sie nicht nur an einer, sondern an beiden Wänden Pflanzentische aufstellen wollen, wählen Sie am besten ein etwa 3 m breites Gewächshaus, damit Sie genügend Bewegungsfreiheit haben.

Einige der größeren Gewächshäuser haben Trennwände mit Verbindungstüren, so daß man verschiedene Temperaturzonen für verschiedene Pflanzengattungen bilden kann.

Die Rahmenkonstruktion muß ausreichend stark sein, besonders wenn das Gewächshaus an einem windigen Ort aufgestellt werden soll oder wenn man am Dach Hängekulturtische für Hängepflanzen befestigen will. Holzrahmen sollten möglichst astfrei sein. Sockel aus Holz müssen stark und dick sein.

Aufstellung des Gewächshauses

Vor dem Aufstellen eines Kleingewächshauses in Wohngebieten ist es in jedem Fall ratsam, die Genehmigung der Baubehörde einzuholen.

Das Gewächshaus sollte frei stehen, damit es möglichst viel Licht erhält. Es darf niemals unter einem Baum aufgestellt werden, denn Bäume werfen Schatten, verschmutzen das Glas und können es durch herabfallende Zweige beschädigen.

Ein Nord- oder Osthang kann das Gewächshaus vor kalten Winden schützen.

Praktisch ist es, wenn das Gewächshaus in der Nähe des Hauses steht, damit es leichter mit Strom und Wasser zu versorgen ist.

Das Dach muß ausreichend geneigt sein, damit Kondenswasser ablaufen kann.

Die übliche Form bei frei stehenden Gewächshäusern ist das Satteldachhaus, das entweder senkrechte oder schräge Stehwände haben kann.

Wenn die Pflanzen auf Tischen kultiviert werden, sind senkrechte Stehwände vorzuziehen. Für Gemüse und andere Kulturen, die auf dem Boden kultiviert werden, eignen sich auch schräge Stehwände.

Schiebetüren sind vorteilhaft, sofern sie gut eingepaßt sind. Sie können nicht zuschlagen, lassen sich als zusätzliche Belüftungsöffnungen verwenden und sind platzsparend.

Die meisten Belüftungsfenster haben Scharniere und sind neuerdings als Klappflügel montiert. Achten Sie darauf, daß mindestens zwei Lüftungsklappen an der Seite und im Dach vorhanden sind. Ideal ist ein seitliches und ein oberes Belüftungsfenster auf jeder Seite des Hauses pro 1–1,5 m Glasfläche. Die Fenster können dann je nach Windrichtung geöffnet oder geschlossen werden.

Ein rechteckiges Gewächshaus wird am besten so aufgestellt, daß der First in Nord-Süd-Richtung verläuft.

Zwar ist dann die Lichtausnutzung im Winter nicht so günstig wie die Ost-West-Richtung, aber dafür wird das Haus im Sommer nicht übermäßig warm, weil die Mittagssonne nicht prall auf das Dach scheint.

Alle genannten Faktoren gelten für den idealen Standort. Sollte nichts davon möglich sein, ist die erfolgreiche Nutzung eines Gewächshauses trotzdem nicht ausgeschlossen. Wenn Sie z. B. Ihr Gewächshaus nirgends anders als an einem schattigen Ort aufstellen können, müssen Sie sich eben auf schattenliebende Pflanzen spezialisieren.

Hinweise zum Aufbau eines Gewächshauses

Alle vorgefertigten Gewächshäuser werden mit einer Aufbauanleitung geliefert. Sogar größere Typen kann man oft allein ohne Hilfe aufstellen. Häuser in Leichtbauweise brauchen keine Fundamente. Stabile Konstruktionen sollten jedoch auf einem soliden Sockel stehen. Er wird frostfrei (80–100 cm tief) gegründet und 20–30 cm breit aus Stampfbeton im Verhältnis 1 : 8 hergestellt.

Leichtere, kleine Häuser kann man auf dicke, imprägnierte Balken stellen. Gut eignen sich dazu alte Eisenbahnschwellen. Unter die Balken wird feiner Kies geschüttet. Sind die Fundamente nicht fest genug, kommt es leicht zu Glasbrüchen. Leichte Konstruktionen – wie auch Foliengewächshäuser – sind sturmanfällig und sollten deshalb im Boden gut verankert werden.

Wärmequellen und Heizsysteme

Während man im Sommer das Gewächshaus lüften und schattieren muß, benötigt man im Winter eine ausreichende Wärmezufuhr. Das Problem, wie diese Wärme erzeugt werden soll, ist bereits gelöst, wenn man das Kleingewächshaus an das vorhandene Heizsystem des Wohnhauses anschließen kann, sofern dessen Kapazität ausreicht. Wo dies nicht möglich ist, muß man sich Gedanken machen, welche Art von Heizung installiert werden soll. Die Anschaffung sollte gut überlegt und vor allem richtig dimensioniert werden. Wichtig ist, daß die Wärme gut reguliert werden kann, weil ein Glashaus sich bei Sonnenschein zusätzlich schnell erwärmt.

Den Wärmebedarf für das Kleingewächshaus kann man selbst ermitteln nach der Formel: Wärmeverlust = Abkühlungsfläche × K-Wert × Temperaturdifferenz.

Was bedeutet das nun im einzelnen? Die Größe einer Heizung richtet sich zunächst einmal nach der Abkühlungsfläche, also der Fläche der Außenhaut, die in m² festzustellen ist. Durch sie entweicht Wärme nach außen, so daß die Luft im Gewächshaus sich abkühlt. Die m²-Zahl der Außenfläche wird multipliziert mit dem K-Wert des lichtdurchlässigen Materials. Unter dem K-Wert oder Wärmedurchgangswert versteht man die Wärmemenge, die bei einer Temperaturdifferenz von einem Grad in der Stunde durch 1 m² Fläche eines bestimmten Stoffes hindurchgeht. Dieser K-Wert hängt weitgehend von den Eigenschaften des Materials ab. Und selbst unter verschiedenen Glasgewächshäusern schwankt er, beeinflußt durch Wind, Regen, Schnee, Strahlungsverhältnisse sowie Undichtigkeiten der Gewächshäuser. Für die Heizungsberechnung ist ein K-Wert von mindestens 6,0, besser 6,5, zu wählen. Dies gilt sowohl für einfache Verglasung als auch für normale Kunststoffgewächshäuser. Bei einer Eindeckung mit Doppelglas oder der Plexiglas-Stegdoppelplatte verringert sich der K-Wert dagegen um fast die Hälfte. Das Produkt aus Abkühlungsfläche × K-Wert wird nun noch multipliziert mit dem Temperaturunterschied, der bei extremen Bedingungen zwischen innen und außen herrscht. Im Kleingewächshaus müssen auch im strengen Winter bestimmte Temperaturen gehalten werden, die natürlich von den gewählten Kulturen (z. B. Orchideen, Bromelien etc.) abhängen. Benötigen die Pflanzen ständig 20° C, so muß bei einer Außentemperatur von –20° C eine Temperaturdifferenz von 40° C überbrückt werden. Kann dagegen die Temperatur im Gewächshaus bei extremen Außentemperaturen auch kurzfristig bis auf ca. 10° C absinken, ohne daß die Pflanzen dadurch Schaden nehmen, dann beträgt die

Temperaturdifferenz für die Berechnung des Wärmebedarfs eben 30° C.

Als Ergebnis der Rechnerei mit Abkühlungsfläche, K-Wert und Temperaturdifferenz erhält man die erforderliche Wärmemenge in kcal/h oder WE.

Die anzuschaffende Heizanlage muß diesen Wärmebedarf decken können.

Zur Auswahl stehen elektrische Heizsysteme, Ölöfen, Warmlufterhitzer oder die auch bei Gärtnern üblichen Warmwasserheizungen.

Heizen mit der Warmwasserzentralheizung Am idealsten für das Gewächshaus ist die Warmwasserzentralheizung. Am einfachsten ist es, wenn der öl- oder gasbeheizte Heizkessel des Wohnhauses so ausreichend groß ist, daß man das Gewächshaus daran anschließen kann. Dann benötigt man keine Extrafeuerstelle, sondern nur einen Abzweig der Vor- und Rücklaufleitung zur üblichen Heizung des Hauses. Damit keine Wärmeverluste auftreten, sollten die Zuleitungsrohre gut isoliert werden.

Die Heizwasserrohre sollten im Kleingewächshaus so aufgehängt werden, daß sie möglichst wenig Schatten werfen und bei der Arbeit nicht hinderlich sind.

In der Regel verlegt man die Heizrohre entlang den Außenwänden. Die Warmwasserheizung läßt man sich von einer Heizungsfirma verlegen, die auch die benötigte Rohrlänge berechnet.

Heizen mit elektrischem Strom Eine einfache Lösung ist auch die elektrische Beheizung. Sie ist zuverlässig, sauber, bequem und in der Anschaffung am billigsten. Brennstoff muß weder herangeschleppt noch gelagert werden, und die Heizkörper sind im allgemeinen ziemlich kompakt. Allerdings liegt Strom bei den laufenden Betriebskosten gegenüber anderen Energiespendern am höchsten und ist eher als Übergangsheizung geeignet. Bei Elektroheizungen müssen die Geräte, Stecker und Schalter unbe-

dingt für feuchte Räume geeignet sein.

Obwohl die elektrischen Heizgeräte sich gut regulieren lassen, wird man für Gewächshäuser, die im Winter durchgeheizt werden sollen, andere Wärmequellen wählen.

Heizen mit einem Ölofen Man kann im Gewächshaus auch einen Ölofen in der entsprechenden Größe aufstellen. Bei jeder Ofenheizung ist darauf zu achten, daß die Abgase aus dem Raum geführt werden müssen, um den Pflanzen nicht zu schaden. Zur besseren Verteilung der Wärme im Gewächshaus ist hier ein Ventilator sehr wirksam. Wenn sich der Ofen im pflanzenbesetzten Gewächshaus befindet, muß im Winter öfter gelüftet werden, weil die Flammen viel Sauerstoff verbrauchen.

Es gibt aber auch kleine Kessel und Brenner, die sich in einem Vorraum des Gewächshauses aufstellen lassen. Ein Extratank wird nicht benötigt, wenn Öl aus dem Tankkeller des Wohnhauses abgezapft werden kann.

Elektrische Bodenheizung Um den Pflanzenwuchs zu fördern, wird ganz besonders in Vermehrungsbeeten, aber auch in Grund-, Bank- oder Trogbeeten eine Bodenheizung verlegt, z. B. eine elektrische Maschendrahtbodenheizung. Dafür wird der Strom in einem Transformator auf eine Spannung

von weniger als 42 Volt herabgesetzt, die völlig ungefährlich ist. Der Maschendraht ist durch einen PVC-Mantel vor Rostschäden geschützt.

Die Beheizung des Bodens kann

aber auch mit elektrischen Heizkabeln erfolgen. Auch hier ist eine vorherige genaue Berechnung notwendig, die ein Fachmann ausführen muß.

Temperatursteuerung im Kleingewächshaus Auch im Kleingewächshaus ist eine exakte Temperatursteuerung von großem Vorteil. Sie ist technisch gesehen nicht besonders schwierig zu installieren, jedoch mit Kosten verbunden.

Die Temperatur wird über einen Thermostat genau gesteuert. Er wird entweder abends und morgens auf den entsprechenden Wert eingestellt oder über eine Zeitschaltuhr gesteuert, sofern ein Thermostat mit eingebauter Nachtabsenkung der Temperatur verwendet wird. Die Heizung wird so eingestellt, daß die Mindesttemperatur nicht unter den verlangten Wert abfällt.

1 Dachlüftung
2 Seitenlüftung in der Stehwand
3 Heizungsrohre
4 Arbeitsleuchte (wassergeschützt)
5 Lampe für Zusatzbelichtung (wassergeschützt)
6 Luftbefeuchter
7 Vorrichtung zum Aufhängen von Pflanzen
8 Hängekulturtisch
9 Kulturtisch mit Wellgitterbelag
10 Plattenweg

Zur Bodenerwärmung verlegt man Heizkabel in Torf und versenkt die Töpfe darin. Man kann die Kabel auch in einem Grundbeet im Gewächshaus verlegen, um das Wachstum von Frühgemüse zu fördern

Die wichtigsten Gewächshauseinrichtungen

Stellagen

Die einfachsten Gewächshaustische bestehen aus Holzlatten. Im Sommer deckt man sie mit Kunststofffolie ab und breitet eine 2–3 cm dicke Schicht aus feuchtem Sand darauf aus. Man kann auch Sandschalen dafür verwenden. Die Topfpflanzen auf dieser Sandschicht saugen die Feuchtigkeit durch das Abzugsloch auf. Der Sand kann von Hand oder automatisch nach einem der weiter hinten beschriebenen Verfahren feucht gehalten werden. Im Winter wird der Sand entfernt, damit die Töpfe genügend Luft erhalten.

Bei Warmwasserheizung werden die Rohre nach Möglichkeit unter den Teil der Stellagen verlegt, die für Jungpflanzen oder Sämlinge vorgesehen sind.

Werden Ölheizungen oder elektrische Konvektionsheizungen unter den Tischen angebracht, sollten Stellagen aus Asbest oder Metall verwendet werden.

Die Stellagen der Kleingewächshäuser reichen meist nicht aus. Deshalb empfiehlt sich der zusätzliche Einbau von Hängekulturtischen.

Kunststofffolie und Sand halten die Feuchtigkeit

Hängekulturtische bieten Zusatzraum für Töpfe und Hängepflanzen

Lüftung

Ein Gewächshaus muß mindestens über zwei Öffnungen im Dach und einige tiefliegende Öffnungen in den Seitenwänden gelüftet werden, sonst wird es im Sommer zu heiß. Wenn die oberen und seitlichen Fenster gleichzeitig geöffnet sind, findet ein schneller Luftaustausch statt.

Am gebräuchlichsten in Kleingewächshäusern ist die Klappenlüftung, die außer im Dach und in den Stehwänden auch im Giebel angebracht werden kann.

Die Lüftungsklappen können mit einer automatischen Öffnungsvorrichtung versehen werden. Ein eingebauter Temperaturfühler regelt dann die Lüftung über ein Kolbenhebelsystem. Wenn Stromanschluß vorhanden ist, empfiehlt sich der Einbau einer sogenannten Zwangsbelüftung: Ein automatisch arbeitender Ventilator wird so in eine Giebelwand eingebaut, daß er die Luft aus dem Gewächshaus ins Freie absaugt. Auf der gegenüberliegenden Giebelwand muß eine Klappe geöffnet sein, damit Frischluft eintreten kann. Ausreichende Luftumwälzung bewirkt, daß die Pflanzen nach dem Gießen schneller abtrocknen und damit Pilzbefall verhindert wird.

Für Dach- und Seitenfenster gibt es automatische Öffner. Mit seitlichen Schiebefenstern läßt sich die Temperatur im Gewächshaus regeln

Schattierung

Die wirksamste Schattierung eines Gewächshauses bieten Schattierrollos, die gewöhnlich aus Holz- oder Kunststofflamellen oder Schattiergewebe bestehen. Man kann sie an sonnigen Tagen herablassen und bei trübem Wetter hochziehen. Diese Schattierrollos lassen sich innen oder außen anbringen und laufen auf Schienen.

Automatische Schattiervorrichtungen werden ebenfalls angeboten, sind aber im Verhältnis zu anderen Methoden teuer. Sie werden über fotoelektrische Zellen betätigt.

Schattierrollos oder Schattiergewebe werden hauptsächlich für Gewächshausdächer verwendet, sind aber auch für Seitenwände erhältlich. Ein Haus, dessen Schmalseiten nach Osten und Westen zeigen, sollte auch an der Südwand schattiert werden.

Eine wirksame und billige Alternative zu den Schattiergeweben ist Schattierfarbe. Das Konzentrat wird in Wasser aufgelöst und von außen auf das Glas gesprüht oder gestrichen. Die Farbe ist wasserfest, läßt sich aber abwaschen. Wenn das Gewächshaus in Nord-Süd-Richtung steht, streicht man Süd-, Ost- und Westseite sowie das Dach.

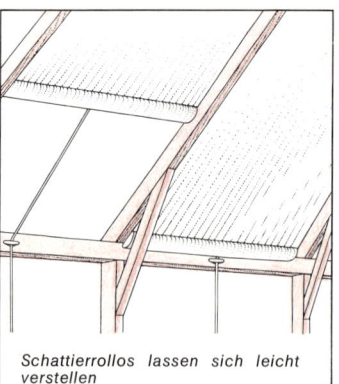

Schattierrollos lassen sich leicht verstellen

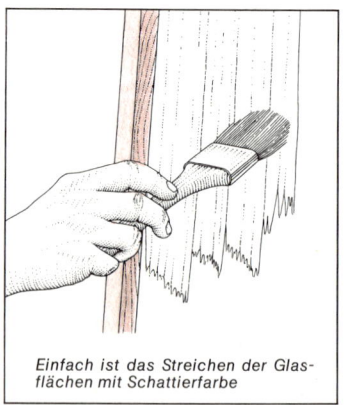

Einfach ist das Streichen der Glasflächen mit Schattierfarbe

Wasserversorgung im Gewächshaus

Zum perfekten, ganzjährig genutzten Gewächshaus gehört eine frostfrei verlegte Wasserzuführung. Die Ausgabe macht sich durch spätere Arbeits- und Zeitersparnis bezahlt.

Wenn ein Wasserhahn vorhanden ist, kann man die Pflanzen entweder mit der Gießkanne, mit dem Schlauch oder automatisch bewässern. Die automatische Bewässerung hat mehrere Vorteile. Sie ist zuverlässiger als das Gießen von Hand und sorgt für gleichmäßiges Wachstum der Pflanzen; sie ist außerdem zeitsparend, und man kann das Gewächshaus mehrere Tage oder sogar Wochen unbeaufsichtigt lassen.

Das Sandbeet eignet sich gut für eine automatische Bewässerungsanlage. Eine solche Anlage besteht aus einer Kunststoffwanne, einem Wassertank und einem Schwimmerventil. Es gibt kleine Anlagen, die sich erweitern lassen.

Die Wanne wird nach den Empfehlungen des Lieferanten mit Sand gefüllt, der mit einem ungiftigen Mittel gegen Algenbildung vermischt ist.

Das Schwimmerventil regelt den Wasserstand in der Wanne und damit auch die Feuchtigkeit des Sandes.

In das Sandbeet drückt man Kunststofftöpfe mit großen Abzugslöchern, die man offenläßt, damit die Topferde mit dem Sand in Berührung kommt. Anschließend werden die Töpfe gründlich gegossen.

Eine andere Gießhilfe ist die Tröpfchenbewässerung. Sie besteht aus einem Kunststoffschlauch mit Düsen, aus denen Wasser in die Töpfe träufelt. Von einem kleinen Tank aus wird der Schlauch in bestimmten Abständen automatisch gefüllt. Häufigkeit und Menge der Wasserversorgung werden über ein von Hand einstellbares Ventil geregelt.

Der Schlauch mit den Düsen wird mit Drähten an den Töpfen befestigt. Mit solchen Leitungen kann man auch Sandbeete bewässern. Das Verfahren eignet sich aber nicht für Kakteen, die nur gelegentlich und sehr wenig gegossen werden müssen.

Eine andere Bewässerungsmethode für das Gewächshaus besteht darin, daß ein Rohr mit Sprühdüsen fest über oder unter den Stellagen angebracht wird und so für Feuchtigkeit von oben oder unten sorgt.

Eine Firma bietet ein Gerät im Baukastensystem an, das sich auch für Kleingewächshäuser eignet. An einem Muttergerät läßt sich ein Bewässerungs- oder Befeuchtungsprogramm vorwählen. Durch ein oder mehrere Tochtergeräte wird dieses Programm auf die einzelnen Sprühabteilungen übertragen. Für jedes Abteil wird ein Magnetventil benötigt.

Um exakt festzustellen, wann eine Pflanze gegossen werden muß, ist ein Bodenfeuchtigkeitsmesser eine wertvolle Hilfe. Er besteht aus einer langen Sonde und einer Meßskala. Die Sonde wird in die Erde gesteckt; die Meßskala zeigt an, ob der Boden „trocken", „feucht" oder „naß" ist.

Sandbeet und Feuchtigkeitsmesser *Das Sandbeet wird aus einem Tank gewässert; die Töpfe ziehen die Feuchtigkeit aus dem Sand. Ein Feuchtigkeitsmesser im Topf zeigt an, wann gegossen werden muß*

Tröpfchenbewässerung *Aus Düsen in einem Schlauch tröpfelt Wasser in die Töpfe. Der Zufluß wird von einem kleinen Tank aus geregelt*

Weitere nützliche Einrichtungen

Der Handel bietet noch weitere Einrichtungen an, die für ein Gewächshaus nicht immer wesentlich, aber doch nützlich sind.

So kann z. B. am Gewächshausdach eine Rinne zum Sammeln des Regenwassers angebracht werden, das durch ein Fallrohr in eine innen oder außen aufgestellte Regentonne geleitet und zum Gießen verwendet wird. Regenwasser ist vor allem für kalkempfindliche Pflanzen in Gebieten mit hartem Wasser von Nutzen.

Das Fallrohr muß mit einem Sieb versehen sein, das groben Schmutz zurückhält.

Ein Bodenthermometer mißt die Temperatur des beheizten Bodens. Im Vermehrungskasten muß der Boden ja ständig bis zu 18° C warm sein, wenn man Pflanzen aus Samen und Stecklingen ziehen will, während Frühbeete oder Grundbeete im Gewächshaus z. B. für Frühgemüse eine Winterbodentemperatur von 10–13° C benötigen.

Wenn man an dunklen Winterabenden arbeiten will, ist künstliche Beleuchtung nötig. Feuchtigkeitsgeschützte Beleuchtungskörper für Gewächshäuser sind im Handel erhältlich.

Vermehrungskästen und ihre Nutzung

Vermehrungskästen mit durchsichtiger Abdeckung dienen zum Keimen von Samen oder zum Bewurzeln von Stecklingen. Sie können beheizt oder unbeheizt sein.

Ein unbeheizter Vermehrungskasten versorgt die Stecklinge oder Samen einfach nur mit gleichbleibender Luftfeuchtigkeit. Es gibt aber auch geschlossene Vermehrungskästen, die sich elektrisch beheizen lassen, was die Bewurzelung und das Keimen erleichtert. Viele Zwiebeln, bewurzelte Sprosse, Rhizome und Knollen wachsen ebenfalls schneller bei Zusatzwärme.

In großen Vermehrungskästen kann man Jungpflanzen halten, bis sie gut entwickelt sind. Man kann darin auch kleine Tropenpflanzen ziehen.

Es gibt verschiedene Arten von Vermehrungskästen. Die meisten werden über Heizdrähte im Boden beheizt.

Die einfachsten Anlagen bieten Platz für ein oder zwei Saatschalen. Sie haben ein ins Fundament eingebautes Heizelement und werden einfach an das Stromnetz angeschlossen. Die Schalen stehen auf einer Schicht Sand oder Kies.

Man kann einen Vermehrungskasten oder ein Vermehrungsbeet selbst herstellen mit einer Asbestzementplatte, die etwa 1,5 m lang ist und etwas schmaler sein muß als die Gewächshausstellage. Um die Asbestzementplatte herum baut man aus 25 cm breiten Brettern einen Kasten. Die Asbestplatte kann direkt auf die Stellage gelegt werden, so daß man die Kosten für die Tischauflage spart. Anschließend wird sie mit Kreuzteilen aus Holz oder Metall versteift; man bohrt drei oder vier Abzugslöcher hinein und deckt die Platte dann mit einer 5 cm dicken Sandschicht ab. Darauf legt man die Heizdrähte und deckt sie mit einer 7 cm dicken Schicht aus feuchtem Sand oder 2 bis 3 cm Sand und 3 cm Torf ab.

Wahl und Installation einer Bodenheizung

In kalter Erde wurzeln Stecklinge schlecht, und Samen keimen langsam. Die Aufheizung des Bodens oder Substrats in einem Vermehrungskasten oder Frühbeet allein durch künstlich erwärmte Luft wäre zu langsam und zu teuer. Außerdem würde eine hohe Lufttemperatur im Winter oder Frühjahr zu unerwünschtem Wachstum der oberirdischen Pflanzenteile führen.

Die einfache und wirtschaftliche Lösung für dieses Problem ist deshalb die Bodenheizung mit Hilfe eines elektrischen Maschendrahts oder mit elektrischen Heizkabeln. Die Heizkabel sind in beliebiger Länge und mit verschiedener Heizleistung erhältlich.

Sämlinge und Stecklinge im Vermehrungskasten benötigen eine Bodentemperatur von 18° C. Mit welcher Kabellänge und -leistung sie erreicht wird, ist durch vorherige Berechnung zu ermitteln, die vom Fachmann durchgeführt werden muß.

Heizkabel sind mit eingebautem Thermostat zur wirtschaftlichen Heizregelung erhältlich. Die Drähte sind voll isoliert und normalerweise aus Sicherheitsgründen mit einer geflochtenen Metallhülle versehen, die geerdet ist. Der Heizabschnitt hat normalerweise eine andere Farbe und darf nicht zerschnitten oder auf irgendeine andere Art verletzt werden.

Die Heizkabel können direkt an das Stromnetz angeschlossen werden; es gibt auch Niederspannungskabel, die über einen Transformator versorgt werden. Sie sind sicherer, falls die Drähte einmal durch Gartenwerkzeuge beschädigt werden sollten.

Sämtliche elektrischen Anlagen mit Netzstrom sollten aus Sicherheitsgründen nur von zugelassenen Elektrikern installiert werden.

Auf den Boden des Vermehrungskastens füllt man eine 5 cm dicke Sandschicht und legt darauf das Kabel in Schlangenlinien über den ganzen zu heizenden Bereich. Dabei sind zu enge Bögen oder Knicke zu vermeiden. Die Kabel müssen mindestens 10 cm und höchstens 20 cm voneinander entfernt sein und dürfen sich nie überkreuzen. Sie werden mit 2–3 cm Sand und 7 cm feuchtem Torf abgedeckt.

Stecklinge können direkt in den Torf gepflanzt werden, während Töpfe so weit versenkt werden, daß sie den Sand berühren.

In das Substrat wird der Fühler des Bodentemperaturreglers eingesteckt. Die Bodentemperatur sollte immer 2–5° C höher als die Lufttemperatur sein.

Als Luftheizung können Kabel an den inneren Seiten des Vermehrungskastens befestigt werden. Hat der Vermehrungskasten Glaswände, befestigt man die Heizdrähte an Leisten, die man in den Boden steckt.

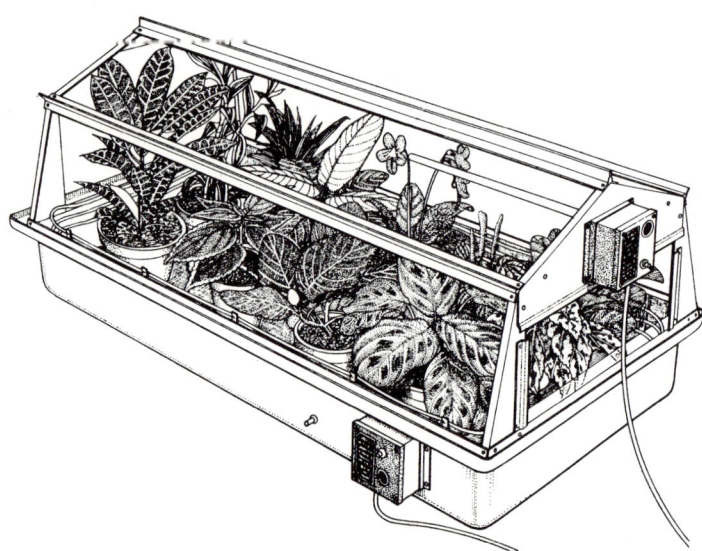

Ein großer beheizter Vermehrungskasten kann sogar eine Sammlung kleiner Tropenpflanzen aufnehmen

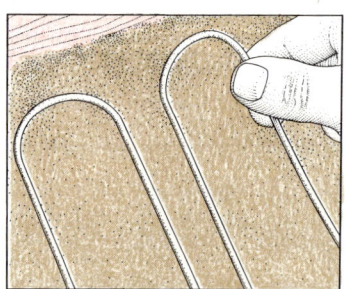

1. *Im Kasten eine Sandschicht verteilen und darauf die Heizkabel verlegen*

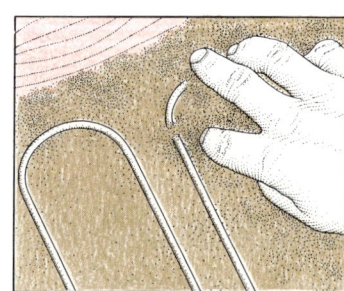

2. *Die Kabel zur besseren Wärmeleitung mit feuchtem Sand abdecken*

Die richtigen Bedingungen für das Gedeihen der Pflanzen

Boden- und Luftfeuchtigkeit, Temperatur, Schatten und Düngergaben lassen sich im Gewächshaus so regeln, daß fast jede Pflanzengattung bestens gedeiht.

Gießen Wenn das Substrat zu naß ist, faulen die Wurzeln. Die Erde darf immer nur gerade feucht sein. Es ist besser, etwas zuwenig als zuviel zu gießen.

Im Herbst und Winter, wenn die Pflanzen Ruhezeit haben oder langsam wachsen, ist ihr Wasserbedarf sehr gering. Im Frühjahr und Sommer, der Zeit des stärksten Wachstums, kann reichlich gegossen werden. Die Menge hängt von der Größe der Pflanzen und ihrer Wachstumsgeschwindigkeit ab und auch davon, ob sie blühen oder Früchte tragen.

Im allgemeinen ist die günstigste Zeit zum Gießen morgens. Nehmen Sie zum Gießen nur sauberes Wasser. Für kalkempfindliche Pflanzen sammelt man weiches Regenwasser in einer abgedeckten Tonne.

Bei warmer Witterung sollte man die Gewächshauspflanzen mit Wasser besprühen. Dadurch werden die Blätter gereinigt und können besser atmen.

Luftfeuchtigkeit und Abspritzen Die Luftfeuchtigkeit wird durch Besprühen der Pflanzen mit Wasser oder durch Abspritzen der Wände, des Bodens und der Stellagen im Gewächshaus erhöht. Dabei ist darauf zu achten, daß Pflanzen mit samtigen oder behaarten Blättern nicht naß werden. Feuchte Oberflächen wie die des Sandbeets erhöhen ebenfalls die Luftfeuchtigkeit. Gesenkt wird die Luftfeuchtigkeit durch sparsames Gießen ausschließlich an den Pflanzenwurzeln und durch erhöhte Belüftung.

Im Sommer ist hohe Luftfeuchtigkeit für die meisten Pflanzen günstig. Sie verringert den Verdunstungsverlust durch die Blätter und das Austrocknen der Erde. Viele beliebte Gewächshauspflanzen gedeihen besser, wenn das Gewächshaus bei heißem, trockenem Wetter mindestens zweimal täglich, morgens und abends, abgespritzt wird.

Im Winter ist die Luftfeuchtigkeit niedrig zu halten. Das Gewächshaus wird immer belüftet, sooft die Außentemperatur es zuläßt. Man gießt nur wenig. Hohe Luftfeuchtigkeit läßt bei kalter Witterung die Scheiben beschlagen, dadurch fällt weniger Licht ein; außerdem neigen die Pflanzen dann zu Pilzkrankheiten und sind den üblichen, mit nasser Erde verbundenen Gefahren verstärkt ausgesetzt. Um die Luftfeuchtigkeit zu senken, läßt man die Sandbeete im Winter austrocknen.

Temperatur Die Temperatur richtet sich nach den Bedürfnissen der Pflanzen. Im Sommer senkt man sie durch Abspritzen, Belüften und Schattieren. Das Abspritzen bringt Kühlung, weil das verdunstende Wasser Wärme entzieht. Dazu ist jedoch eine gute Lüftung nötig. An jeder Seite des Gewächshauses sollten oben und unten mindestens zwei Belüftungsöffnungen vorhanden sein; bei heißem Wetter kann außerdem die Tür geöffnet werden.

Ein Ventilator, der zusätzlich noch die erwärmte Luft absaugt, ist zu empfehlen. Bei bestimmten Kulturen wie z. B. Orchideen gehört in das Gewächshaus auch ein Luftumwälzer.

Schattierung Für das Schattieren eines Gewächshauses sprechen zwei wichtige Gründe.

Zunächst stammen viele Tropenpflanzen aus Waldgebieten und gedeihen am besten im Halbschatten.

Zweitens brauchen die meisten Pflanzen und selbst Tropenpflanzen keine Temperaturen von mehr als 26° C. Im allgemeinen reichen 24° C. Temperaturen über 32° C können für viele Pflanzen sogar schädlich sein. An warmen Sonnentagen läßt sich das durchschnittliche Kleingewächshaus aber mit der Belüftung allein kaum kühl halten und muß deshalb schattiert werden.

Wenn möglich, sollte die Schattierung von stark (deckende Schicht von Schattierfarbe) bis leicht (Wellenlinien in Abständen oder aufgespritzte Punkte) abgestuft werden, damit man den unterschiedlichen Lichtbedürfnissen der Pflanzen gerecht wird. So brauchen z. B. die meisten Kakteen entweder gar keinen Schatten oder nur sehr leichten Schutz, während die meisten Farne bei warmem Sonnenwetter Vollschatten benötigen. Schattenleinen oder Schattierrollos kann man je nach Sonneneinstrahlung voll oder teilweise herablassen. Läßt sich die Schattierung nicht abstufen, stellt man schattenliebende Pflanzen unter die Stellagen oder in den Schutz von Kletterpflanzen.

Ganz allgemein muß der Teil des Gewächshauses, wo die Anzucht erfolgt, von Mitte März bis Mitte Oktober abgeschattet werden. Topfpflanzen brauchen von Mitte April bis Ende September Schatten.

Nach Ende des Winters sind die Pflanzen häufig empfindlich gegen einen plötzlichen Temperaturanstieg an sonnigen Tagen. Deshalb kann auch im Frühling gelegentlich ein leichtes Schattieren nötig sein.

Düngen Zu starkes Düngen ist ebenso wie zu starkes Gießen häufig die Ursache, wenn Topfpflanzen eingehen. Den Pflanzenwurzeln schadet die Anhäufung von Nährsalzen in der Erde. Wenn die richtigen Pflanz- und Pikiererden verwendet werden, braucht die Pflanze erst Dünger, wenn sie gut entwickelt ist und den Topf mit Wurzeln gefüllt hat. Ebenso wie das Gießen muß auch das Düngen den Bedürfnissen der jeweiligen Pflanze angepaßt werden. Schnell wachsende Pflanzen wie Chrysanthemen oder Pflanzen mit zahlreichen Früchten wie Tomaten und Gurken können reichlich Dünger erhalten. Langsam wachsende Pflanzen wie Steingartengewächse und viele Kakteen vertragen dagegen übermäßige Düngergaben nicht.

Dünger wird von Pflanzen nur in gelöster Form aufgenommen. Deshalb ist Flüssigdünger am besten geeignet. Blumendünger wird in Wasser aufgelöst und mit der Gießkanne verteilt. Nach dem Düngen sollten Blätter, die mit der Düngerlösung in Berührung kamen, mit klarem Wasser abgespritzt werden.

Für Pflanzen, die einen Wachstumsstoß brauchen oder die über die Wurzeln nur langsam Nahrung aufnehmen, z. B. für junge, frisch umgetopfte Pflanzen, ist Blattdünger zu empfehlen.

Urlaubsvorbereitungen Ihr Gewächshaus können Sie schon mal einen Tag allein lassen – wobei Sie jedoch im Sommer darauf achten müssen, jeden Morgen zu gießen und zu schattieren, wenn Sie erst am Abend zurückkehren. Wenn Sie aber eine Woche oder länger fortbleiben, sollte Ihnen ein Bekannter oder Nachbar helfen.

Haben Sie niemand, der Ihr Gewächshaus pflegen kann, ist eine automatische Ausrüstung die einzige Lösung (Seite 412/413). Die meisten automatischen Bewässerungssysteme kommen mindestens eine Woche ohne Überwachung aus.

Wenn Sie sich keine automatische Ausrüstung leisten können, müssen Sie vor den Sommerferien folgende Vorsichtsmaßnahmen treffen: Sie gießen die Pflanzen so gründlich wie möglich und sorgen für zusätzliche Luftfeuchtigkeit, indem Sie die Pflanzen mit Folien abdecken. Wenn Sie keine Kunststofffolie verwenden wollen, spritzen Sie das Gewächshaus gründlich ab und stellen einige Behälter mit Wasser auf, um die Luftfeuchtigkeit zu erhalten. Das Gewächshaus wird vollständig schattiert. Die Lüftungsklappen bleiben offen, nur an der vorherrschenden Windseite werden sie weitgehend geschlossen. Untersuchen Sie die Pflanzen auf Schädlinge und Krankheiten, und geben Sie ihnen bei Bedarf eine Routinebehandlung mit allgemein wirkenden schädlings- und pilztötenden Mitteln. Entfernen Sie alle Blüten und Knospen. Topfen Sie um, wo nötig, und geizen Sie Pflanzen aus, wenn erforderlich.

Energie im Kleingewächshaus sparen

In Anbetracht der ständig steigenden Heizkosten macht es sich bezahlt, Überlegungen anzustellen, wie man im Kleingewächshaus Energie sparen kann. Im allgemeinen läßt sich dies am einfachsten durch geeignete Maßnahmen zur Wärmedämmung bewerkstelligen.

Als erste, wichtigste und zugleich billigste Maßnahme sollten alle undichten Stellen im Gewächshaus kontrolliert und beseitigt werden. Vor allem müssen Türen und Lüftungsklappen dicht sitzen, damit nicht unnötig Wärme verlorengeht.

Eine weitere Einsparung, die keine Unkosten verursacht, kann erzielt werden, wenn die vorhandene Innenschattieranlage über Nacht geschlossen wird. Dadurch entsteht zwischen Glasfläche und Schattierfläche eine luftführende Isolierschicht.

In vielen Erwerbsbetrieben wird zur Wärmedämmung eine sogenannte Innenfolie eingezogen. Dabei wird eine 0,1 mm starke Polyäthylenfolie mit Klammern unter dem Dach und auch an den Seitenwänden so verspannt, daß ein schmales Luftpolster zwischen Glashaut und Folie entsteht. Allerdings muß dabei berücksichtigt werden, daß sich Luftfeuchtigkeit und Schwitzwasser in erhöhtem Maße bilden. Die Klimaführung im Gewächshaus muß darauf eingestellt werden, d. h., es muß mehr und intensiver gelüftet werden.

An Stellen, bei denen ein Lichtverlust unwichtig ist (beispielsweise an nach Norden gerichteten Giebel- und Seitenstehwänden bis auf Kulturtischhöhe), kann auch eine Wärmedämmung mit Hartschaumplatten sehr wirksam sein. Man verwendet dazu 2–4 cm starke Platten, die mit geeigneten Klebestreifen von innen an den Stehwänden befestigt werden.

Bei Warmhäusern mit Temperaturen von 16° C und höher kann eine wesentliche Wärmeeinsparung erreicht werden, wenn anstatt einer Einfachverglasung eine Doppelverglasung oder eine Eindeckung mit Plexiglas-Stegdoppelplatten verwendet wird.

Bei allen Maßnahmen zur Wärmedämmung muß man sich vorher fragen, ob der jeweilige Lichtverlust vertretbar ist. Nicht selten verändert sich auch die Luftfeuchtigkeit so, daß eine andere Kulturführung notwendig wird.

Das richtige Eintopfen von Pflanzen

Blumentöpfe aus Kunststoff sind heutzutage beliebter als die herkömmlichen Tontöpfe, weil sie einfach zu reinigen, leichter und nicht so zerbrechlich sind. Da sie nicht porös sind, braucht man die Pflanzen weniger zu gießen.

Werden Topfpflanzen jedoch in feuchten Torf oder Sand versenkt, sind Tontöpfe vorzuziehen, da die Feuchtigkeit durch die poröse Topfwand an die Wurzeln gelangen kann. Pflanzen, die trockenere Erde lieben, gedeihen ebenfalls besser in Tontöpfen.

Die gängigsten Topfgrößen für das Gewächshaus haben 7 cm (für Stecklinge), 8 cm und 11–12 cm Innendurchmesser an der Topfoberkante. Sträucher und großwüchsige oder kletternde Pflanzen brauchen entsprechend größere Töpfe. Achten Sie darauf, daß jeder Topf ein ausreichend großes Abzugsloch hat.

Für kleinere Pflanzen wie Steingartengewächse, einige Sukkulenten und kleine Zwiebeln genügen Halbtöpfe oder Saatschalen, die nicht so hoch sind wie normale Töpfe. Kleine Pflanzen sehen in diesen Töpfen besser aus. Vor dem Gebrauch müssen alle Töpfe sorgfältig gereinigt und notfalls gründlich gescheuert werden, bis aller Schmutz und jede festhaftende Kruste entfernt sind.

Tontöpfe, besonders neue, werden vor dem Füllen gründlich gewässert, weil sie sonst der Erde Wasser entziehen und sie austrocknen.

In Plastiktöpfe braucht keine Scherbe über das Abzugsloch gelegt zu werden, in Tontöpfe bis zu 12 cm Durchmesser ebenfalls nicht. In größeren Tontöpfen müssen Sie das Abzugsloch mit einigen Topfscherben oder sauberen Kieseln abdecken. Das ist allerdings nicht nötig, wenn die Töpfe in ein Sandbeet kommen.

Nach diesen Vorbereitungen füllt man zunächst etwas feuchte Blumenerde in den Topf und stößt ihn ein paarmal vorsichtig auf, damit die Erde sich setzt. Dann hält man die Pflanze so in den Topf, daß der Wurzelballen nicht tiefer sitzt, als er vorher im Topf war.

Halten Sie die Pflanze in die Mitte des Topfs, und verteilen Sie weitere Erde rund um den Wurzelballen, bis sie 1 cm unter den Topfrand reicht. Achten Sie sorgfältig darauf, daß die Wurzeln nicht beschädigt werden.

Die Erde sollte nicht mit den Fingern zu fest gedrückt werden, weil sie dabei hart und luftundurchlässig werden kann. Um sie etwas zu verdichten, genügt es, den Topf einige Male aufzustoßen.

Nach dem Eintopfen wird die Pflanze angegossen, aber nicht zu viel. Beschädigte Wurzeln könnten bei zu starker Nässe faulen. Im allgemeinen genügt es, den Gießrand zwischen Erde und Topfkante mit Wasser zu füllen und dieses durchlaufen zu lassen.

Die frisch verpflanzten Gewächse sind zunächst etwas empfindlich. Die Erde muß jetzt ständig feucht gehalten werden, darf aber nicht zu naß sein.

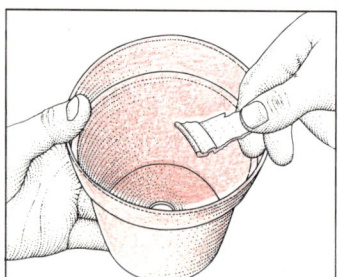

1. In Tontöpfe von mehr als 12 cm Durchmesser eine Scherbe einlegen

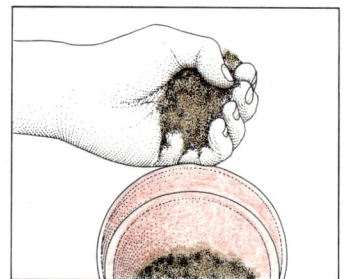

2. Feuchte Erde in den Topf füllen und durch Aufstoßen leicht verfestigen

3. Pflanze festhalten, Topf mit Erde auffüllen und ein paarmal aufstoßen

4. Den Gießrand mit Wasser füllen und dieses durchlaufen lassen

Umtopfen zu groß gewordener Pflanzen

Zu groß gewordene Pflanzen werden umgetopft, sobald ihre Wurzeln durch das Abzugsloch hinauswachsen.

Man dreht den Topf um und hält den Ballen mit den Fingern fest. Dann klopft man mit einem Stock von unten gegen den Topfrand oder stößt den Topf an die Tischkante, um den Wurzelballen zu lösen. Eine gut angewachsene

Pflanze löst sich sauber aus dem Topf.

Der neue Topf sollte so groß sein, daß zwischen Wurzelballen und Topfrand rundum 2–3 cm Platz bleibt. Die Pflanze wird in die Mitte gesetzt und der Topf mit Erde gefüllt. Die neue Erde setzt sich, wenn man den Topf einige Male auf den Tisch stößt. Die Oberfläche wird danach mit den Fingerspitzen oder einem Pflanzstock glattgestrichen. Zwischen Erde und Topfkante bleibt ein Gießrand frei.

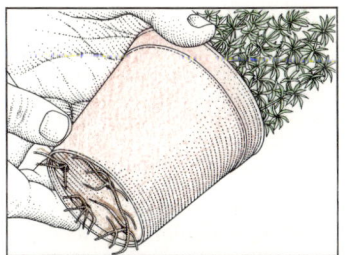

1. Wenn Wurzeln durchs Abzugsloch wachsen, ist es Zeit zum Umtopfen

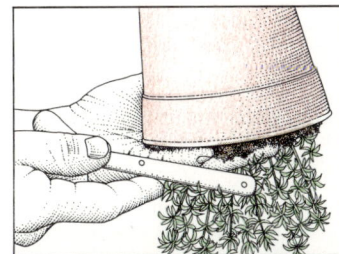

2. Topf umdrehen und gegen den Rand klopfen, um den Ballen zu lösen

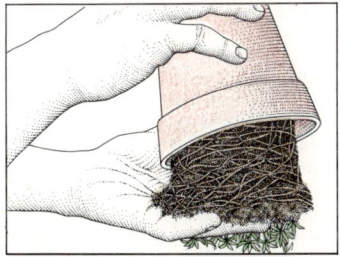

3. Eine gut angewurzelte Pflanze löst sich leicht vom Topf

4. Zum Umpflanzen wählt man einen Topf mit größerem Durchmesser

Umtopfen von Zwiebelgewächsen

Beim Umtopfen von Zwiebelgewächsen wie Amaryllis läßt man mindestens 1/3 der Zwiebel über die Erde hinausragen. Die Zwiebel kommt in denselben Topf, aber es wird frische Erde verwendet.

Nach dem Einpflanzen läßt man Zwiebelgewächse im Gewächshaus und gießt sie sparsam.

Amaryllis und Lachenalien können etwas vorgetrieben werden, damit sie früher blühen (siehe Seite 282). Diese beiden Zwiebelgewächse treiben häufig schon vor der Wurzelbildung reichlich Blätter aus. Amaryllis kann sogar vor der Wurzelbildung blühen. Aus diesem Grund muß man beim Transport dieser Pflanzen im Topf sehr vorsichtig sein, falls ihre Wurzeln noch nicht ausreichend verankert sind.

Erden und Erdgemische für Topfpflanzen

Die Ansprüche der Pflanzen an den Nährboden sind sehr verschieden und hängen von ihren heimatlichen Standortverhältnissen ab. Der Gärtner unterscheidet leichte, humose Erden wie Laub-, Heide-, Moor-, Mistbeeterde von den schweren Erden wie Lehm-, Rasen- und Landerde. Jeder Pflanzenliebhaber hat heute die Möglichkeit, geeignete Erdgemische für seine Topf- und Kübelpflanzen, Balkon- und Fensterpflanzen selbst herzustellen. Jede Topferde sollte mineralische und organische Stoffe in geeignetem Verhältnis enthalten. Am besten ist es, zunächst Komposterde oder humose Gartenerde mit etwas Sand und reichlich Torfmull zu mischen. In einer solchen Mischung, die bis zur Hälfte und mehr aus Torf bestehen kann, wachsen die meisten unserer robusten Zimmerpflanzen sehr gut. Beigemischter Torf muß unbedingt angefeuchtet sein. Trockener Torf entzieht nämlich dem Boden Feuchtigkeit, was sich auf das Wachstum der Pflanzen sehr nachteilig auswirken kann.

Auch bei der Anzucht und Vermehrung von Pflanzen ist Torf wegen seiner wachstumsfördernden Eigenschaften nicht mehr zu entbehren. Zur Vermehrung aus Blatt- und Triebstecklingen wird bevorzugt eine Mischung aus halb Torf und halb Sand verwendet.

Torfballen sind heute in Folien verpackt im Handel erhältlich, teils mit, teils ohne Nährstoffe. In der Qualität besteht zwischen süddeutschem und norddeutschem Torf kein wesentlicher Unterschied. Es handelt sich in jedem Falle um saure Hochmoortorfe, die trotz der Bezeichnung „Düngetorf" praktisch keine Nährstoffe enthalten.

Unter gewissen Voraussetzungen kann man viele Pflanzen in reinem Torfmull kultivieren; dafür müssen dem Torf aber unbedingt die nötigen Nährstoffe beigemischt werden.

Da Torf wenig wiegt, können große Pflanzen in reinem Torf kopflastig werden und besonders in den ebenfalls leichten Kunststofftöpfen umkippen. Eine große Topfpflanze setzt man deshalb besser in richtige Blumenerde, vor allem, wenn man sie noch an Stäben aufleiten muß.

Zur Erleichterung der Pflanzenzucht wurden von der Industrie sogenannte Einheitserden entwickelt. Als erste kam die Fruhstorfer Erde auf den Markt, die aus Untergrundlehm oder -ton und Torf unter Beifügung von Nährstoffen zusammengesetzt ist. Es gibt sie in zwei Ausführungen mit unterschiedlichem Nährstoffgehalt. Für kleinere Pflanzen verwendet man die Einheitserde P (Pikiererde) mit drei Gramm Volldünger und für größere Pflanzen die Einheitserde T (Topferde) mit sechs Gramm Volldünger. Neben den Einheitserden haben sich in den Gärtnereien auch die Torfkultursubstrate weitgehend durchgesetzt. Auch sie werden mit unterschiedlichem Nährstoffgehalt angeboten, einerseits für salzempfindlichere Pflanzen und zur Pflanzenvermehrung, andererseits für Pflanzen mit einem höheren Nährstoffbedarf. So ist zum Beispiel die als TKS I bezeichnete Mischung für Aussaaten, zur Stecklingsvermehrung und für Jungpflanzen richtig, während TKS II beim Umtopfen für Grün-, Blüten-, Balkonpflanzen usw. verwendet wird. Im Fachhandel werden Torfkultursubstrate unter verschiedenen Namen angeboten, die aber in der Zusammensetzung alle miteinander vergleichbar sind.

Alle weitgehend aus Torf zusammengesetzten Substrate trocknen bei trübem Wetter langsamer, bei sonnigem Wetter schneller aus. Sie müssen stärker gegossen werden als Erdmischungen, damit die Pflanzen genügend Feuchtigkeit erhalten. Der Erdballen darf nie ganz austrocknen, weil er sonst nur schwer wieder Wasser aufnimmt. Sollte es doch einmal soweit kommen, stellt man den Topf am besten für kurze Zeit in ein Gefäß mit Wasser, bis die Erde sich wieder vollgesogen hat.

Zum Ein- und Umtopfen unserer Pflanzen kann man aber auch handelsübliche Blumenerden in Beuteln nehmen. Diese tütenverpackten Erden sind ein Gemisch aus verschiedenen Ausgangssubstanzen und können außer für Spezialkulturen, wie z. B. Moorbeetpflanzen, Orchideen, Bromelien, Anthurien und Farne, vielseitig verwendet werden. Moorbeetpflanzen (Eriken, Azaleen und Kamelien) brauchen ein ausgesprochen lockeres Substrat aus vorwiegend Nadelstreu und Moorerde.

Eine gute Kakteenerde läßt sich aus einem Eimer Komposterde, einem Eimer Sand, zwei Eimern Torf und einem Eimer Lehmerde zusammenstellen. Vereinfacht genügt es auch, Torf und Komposterde je zur Hälfte zu verwenden.

Orchideen lieben einen Nährboden aus Sumpfmoos (*Sphagnum*) mit einem Zusatz von Wurzeln des Königsfarns (*Osmunda regalis*) und des Tüpfelfarns (*Polypodium vulgare*) sowie gehacktem Buchenlaub, Baumrinde und etwas Rasenerde, je nach Orchideenart in unterschiedlichen Anteilen. Orchideengärtnereien bieten auch fertige Mischungen zum Kauf an.

Als Bromelienpflanzstoff eignet sich eine luftdurchlässige Mischung aus grober Lauberde oder Sumpfmoos, Torfstreu und gehacktem Buchenlaub.

Alle Erden müssen feucht, aber nicht naß verwendet werden. Sie werden in sauberen, geschlossenen Behältern aufbewahrt und luftdicht verschlossen, da mit der Luft Ungeziefer, Krankheiten und Unkrautsamen eindringen können.

Verwenden Sie Erde so bald wie möglich nach dem Kauf oder der Zubereitung. Sie darf nicht wiederverwendet werden, kann aber nach Gebrauch im Garten zur Bodenverbesserung untergegraben werden.

Prächtige Pflanzen zu jeder Jahreszeit

Wenn man das Gewächshaus je nach Licht-, Wärme- und Luftfeuchtigkeitsbedarf der einzelnen Pflanzen in Abteilungen unterteilt und kleinere Pflanzen in getrennten Vermehrungskästen unterbringt, lassen sich in einem einzelnen Gewächshaus eine Fülle verschiedenartiger Pflanzen kultivieren.

Man kann sich die Arbeit jedoch erleichtern, wenn man Pflanzen mit sehr unterschiedlichen Anforderungen, wie z. B. Kakteen und Farne, nicht unter einem Dach vereint.

Am besten ist es, wenn man jede der folgenden Gruppen von Pflanzenarten in verschiedenen Gewächshausabteilungen unterbringen kann: Reben; Gemüse und Salate; Jungpflanzen; Schnittblumen, wie Chrysanthemen oder Nelken; Zierpflanzen. Wer besonders gute Ergebnisse erzielen will, sollte Nutzpflanzen und Blumen möglichst in getrennten Gewächshäusern anbauen. So kann man die geeigneten Bedingungen schaffen und Schädlinge und Krankheiten bekämpfen, ohne sich um die anderen Pflanzen sorgen zu müssen.

Versuchen Sie, Zierpflanzen auszuwählen, die das ganze Jahr über hübsch aussehen. Die Tabelle der Gewächshauspflanzen, die auf Seite 430 beginnt, enthält eine große Auswahl.

Verschiedene Kulturfolgen In einem unbeheizten Gewächshaus können das ganze Jahr über verschiedene Pflanzen mit aufeinanderfolgenden Wachstumsperioden gezogen werden. So kann man Kopfsalat und Radies Ende Februar säen oder pflanzen und im April und Mai ernten; nach den Eisheiligen (15. Mai) können Tomaten folgen und im Herbst schließlich spät blühende Chrysanthemen.

In einem unbeheizten Gewächshaus können außerdem praktisch alle beliebten Gartenblumen und Zimmerpflanzen von Frühling bis Herbst geschützt wachsen. Allerdings bietet ein unbeheiztes Gewächshaus nur Witterungsschutz. Deshalb ist stets für ausreichende Belüftung und für Schatten zu sorgen. Besonders geeignet für kalte Gewächshäuser sind Schnittblumen wie Rosen, Nelken, Wicken, Dahlien, die meisten Zwiebelpflanzen und Gladiolen.

Gut eignet sich ein Kalthaus auch für eine Sammlung von alpinen Pflanzen, die ihre reiche Blütenpracht selbst unter kühlen Bedingungen entfalten. Darin können außerdem manche unserer Zimmerpflanzen sich vom Frühjahr bis zum Herbst vom Zimmeraufenthalt erholen, und im Kalthaus bringen einige Gemüsearten wie Gurken, Tomaten, Paprika, Melonen und Auberginen frühere und höhere Erträge als im Freien.

Ebenso kann es zur Anzucht von vielen Gemüse- und Blumenarten durch Aussaat und Stecklingsvermehrung dienen. Es eignet sich auch ausgezeichnet für einjährige Sommerblumen. Viele Gartenblumen gedeihen in einem Gewächshaus in Töpfen mit guter Blumenerde viel prächtiger als im Freien.

In einem temperierten Gewächshaus mit einer Mindesttemperatur von 4–7° C können Geranien, Fuchsien und Kübelpflanzen überwintern. Ab Mitte Februar bis Anfang März können je nach Witterungsverlauf Gemüse- und Blumenarten ausgesät oder ausgepflanzt werden. Besonders geeignet sind temperierte Häuser für die Vorkultur von Freilandpflanzen, vor allem von Einjahresblumen, Blumenknollen, wie *Canna*, Dahlien und Knollenbegonien, aber auch zum Verfrühen von Feingemüse.

Auch zahlreiche Orchideen mit geringeren Wärmeansprüchen lassen sich in einem temperierten Kleingewächshaus mit Erfolg pflegen und heranziehen.

Sämtliche Möglichkeiten der Gewächshausnutzung bieten sich dem Pflanzenfreund aber erst in einem Warmhaus. Hier kann die Heizung auch bei strengem Frost die Temperaturen über dem Gefrierpunkt halten.

Je nach Pflanzenart sind aber höhere Temperaturen erforderlich. Verschiedene Blattpflanzen aus tropischen Gebieten sowie Orchideen erleiden schon bei Temperaturen unter 10° C, manche schon unter 15° C Schäden.

Bei großer Kälte kann man verhindern, daß die Temperatur im Kleingewächshaus zu tief absinkt, indem man die Glasflächen zum Beispiel mit Strohmatten abdeckt oder andere Maßnahmen zur Wärmedämmung, wie auf Seite 416 beschrieben, ergreift. Der dadurch verursachte kurzfristige Lichtmangel kann von den Pflanzen ohne weiteres verkraftet werden.

Kann im Gewächshaus eine Wintertemperatur von 16° C eingehalten werden, lassen sich darin viele tropische und subtropische Pflanzen kultivieren. Auch können in besonderen Pflanzen- oder Vermehrungskästen, die eventuell mit einer Zusatzheizung versehen sind, besonders wärmeliebende Pflanzen wie Gummibaum, Usambaraveilchen, Baumfreund, Blattbegonie, Lorraine- und Elatior-Begonie mit Erfolg vermehrt werden.

Für Pflanzensammlungen ist ein Warmhaus besonders geeignet; dabei sollte man Pflanzengruppen wählen, die an Wärme, Licht und Luftfeuchtigkeit ähnliche Ansprüche stellen. Die meisten unserer Zimmerpflanzen gedeihen und blühen auch besser, wenn man sie für einige Zeit den Klimaverhältnissen im Warmhaus aussetzt.

Grundsätzlich sollte man sich vor jeder Kultur über die Wärme-, Luft- und Lichtansprüche der Pflanzen informieren. Nur solche mit ähnlichen Ansprüchen können zusammen in einer Gewächshausabteilung erfolgreich kultiviert werden. Alle Arten, die in der Tabelle für Zimmerpflanzen (Seite 376) aufgeführt sind, eignen sich auch für das beheizte Gewächshaus.

Anzucht von Jungpflanzen für das Gewächshaus

Aussaat:
Der billigste Weg zu reicher Blütenpracht

Die Anzucht von Blumen aus Samen ist der billigste und einfachste Weg, um das ganze Jahr über eine Farbenpracht im Gewächshaus zu haben. Kaufen Sie den Samen von einer namhaften Firma, und säen Sie so früh wie möglich. Verwenden Sie keine alten Samen.

Nehmen Sie für die Aussaat Töpfe oder Saatschalen aus Ton, Kunststoff oder Styropor. Sie werden zur Hälfte mit leichter, sandiger Erde gefüllt. Für sehr feine Samen streut man auf die Oberfläche etwas feingesiebte Erde, die man glattstreicht und leicht andrückt.

Die Samen werden direkt aus dem Tütchen verstreut und so dünn und gleichmäßig wie möglich verteilt. Sehr kleine Samen lassen sich noch gleichmäßiger verteilen, wenn man sie vor der Aussaat mit etwas feinem Sand vermischt. Samen, die sechs Monate oder länger zum Keimen brauchen, sollte ein pilztötendes Mittel beigemischt werden, damit sie nicht in der Erde faulen.

Von vielen Pflanzenarten wird heute „Pillensaatgut" angeboten, d. h., die Samenkörner sind einzeln in Kügelchen von Pillengröße eingebettet und lassen sich gleichmäßiger verteilen.

Der ausgesäte Samen wird mit einer dünnen Schicht gesiebter Erde abgedeckt. Die Schicht darf nicht zu dick sein, da die Samen zum Keimen Luft brauchen und der Sämling zur kräftigen Entwicklung von Anfang an Licht und Luft benötigt. Sehr feine Samen oder Samen von Lichtkeimern wie Gloxinien, *Streptocarpus*, *Smithiantha* und Usambaraveilchen werden überhaupt nicht

abgedeckt. Die Erde wird mit einer feinen Brause gründlich angefeuchtet.

Damit die Erde feucht bleibt, deckt man die Saatschalen mit einer Glasscheibe ab. Um sie gegen Sonnenbestrahlung zu schützen, wird ein Blatt Zeitungspapier aufgelegt.

Die richtige Temperatur ist entscheidend für gutes Keimen. Die Samen der meisten Gewächshauspflanzen keimen bei 13–18° C. Je empfindlicher die Pflanzen, desto höher die Keimtemperatur. Warmhauspflanzen können 18–24° C erfordern.

Die Keimdauer ist sehr unterschiedlich; werfen Sie deshalb nicht gleich Samen weg, die anscheinend nicht gekeimt haben, sondern lassen Sie ihnen reichlich Zeit.

Pikieren Sobald die beiden Keimblätter sichtbar sind, müssen die Sämlinge pikiert werden. Man

versetzt sie einzeln in 6 cm große Töpfe mit Pikiererde (Einheitserde) oder gruppenweise in große Saatschalen (35 × 21 cm).

Langsam wachsende Topfpflanzen setzt man am besten zunächst in Saatschalen, da diese nicht so schnell austrocknen wie kleine Töpfe.

Man setzt die Sämlinge je nach Größe im Abstand von 3–5 cm. Als Vorbeugung gegen die Umfallkrankheit gießt oder spritzt man mit Benomyl.

Nach dem Pikieren stellt man die Setzlinge an einen hellen, aber geschützten Platz im Gewächshaus.

Wenn die Sämlinge die Töpfe mit Wurzeln gefüllt haben oder in den Schalen einander berühren, versetzt man sie in 8 cm große Töpfe.

Pflanzen, die in den Garten gesetzt werden sollen, müssen abgehärtet werden (Seite 248).

1. Samen dünn auf eine leichte, sandige Erde verteilen

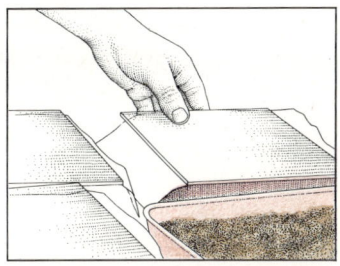

2. Samen mit Erde abdecken, Schale beschriften, Erde anfeuchten

3. Schale mit Papier abdecken und Glas darüber legen

4. Sobald die Keimblätter erscheinen, die Sämlinge pikieren

Zwiebelpflanzen

Viele Gewächshauspflanzen treiben aus Speicherorganen, wie Zwiebeln, Knollen oder Rhizomen. Um sie früh zum Blühen zu bringen, hält man sie vom Winterende oder Frühjahrsbeginn an 3–5° C wärmer als normal. Geeignet dafür sind Ritterstern, Knollenbegonien, Prachtlilien, *Achimenes, Smithiantha*, Gloxinien, Gesnerien und viele sommerblühende Zwiebeln.

Die meisten Zwiebeln kann man direkt in Töpfe setzen und dann in

einen beheizbaren Vermehrungskasten stellen. Bei Knollen und Rhizomen ist es allerdings nicht immer einfach festzustellen, welches Ende nach oben gehört; man pflanzt sie deshalb zunächst in feuchten Torf ein, stellt sie an einen warmen Platz und kontrolliert sie alle paar Tage. Sobald Sprosse oder Wurzeln sichtbar werden, nimmt man die Knollen heraus und topft sie richtig herum ein. Dieses Verfahren empfiehlt sich besonders bei Gloxinien und Begonien.

Wenn im Herbst die Blätter ver-

welkt sind, läßt man Pflanzen aus Knollen und anderen Speicherorganen (Knollenbegonien) austrocknen. Wenn die Erde ganz trocken ist, löst man die Knollen aus, reinigt sie und entfernt abgestorbene Wurzeln. Dann lagert man sie in einem Kistchen mit trockenem Sand oder Torfmull an einem trockenen Ort bei Temperaturen von 15 bis 18° C. In Gewächshäusern, die im Winter feucht werden, darf man die Knollen nicht lagern.

Im Februar legt man die Knollen in Töpfchen mit humoser Erde aus.

Pflanzen mit empfindlichen Knollen oder Rhizomen wie *Gloriosa* und *Smithiantha* dürfen nicht aus dem Topf genommen und gereinigt werden. Man stellt sie am besten in den Töpfen an einen trockenen Platz bei 16–18° C, ohne sie zu gießen.

Unmittelbar vor dem Beginn des neuen Wachstums nimmt man sie aus den Töpfen und versetzt sie in frische Blumenerde. Die Ausbildung von Nebenrhizomen ermöglicht bei diesen Pflanzen eine ausreichende Vermehrung.

Vermehrung von Gewächshauspflanzen

Gewächshauspflanzen lassen sich nach verschiedenen einfachen Methoden vermehren. Am einfachsten sind das Abnehmen von Kopfstecklingen und die Teilung. Außerdem erhält man bei diesen Verfahren neue Pflanzen, die mit der Mutterpflanze identisch sind.

Es sollten stets nur absolut gesunde Pflanzen vermehrt werden.

Verwenden Sie niemals Pflanzen mit gelben oder fleckigen Blättern, Verformungen, gestreiften oder deformierten Blüten.

Auch von Pflanzen, die von irgendwelchen Schädlingen befallen sind, sollten Sie keine Stecklinge nehmen.

Die wichtigsten Vermehrungsarten sind nachfolgend aufgeführt.

Kopfstecklinge – ein einfaches Verfahren

Eine der beliebtesten und einfachsten Vermehrungsarten für Gewächshauspflanzen ist das Abnehmen von Kopfstecklingen. Dieses Verfahren eignet sich für Pflanzen wie Fuchsien, Pelargonien, Chrysanthemen, Fleißiges Lieschen, Kanonierblume und Buntnessel. Die Kopfstecklinge können zu jeder Zeit außer im Winter abgenommen werden, am besten jedoch im Frühjahr.

Suchen Sie einen gesunden Trieb ohne Blüten oder Knospen aus. Schneiden Sie ihn einige Zentimeter unter der Spitze unmittelbar unter einem Blattansatz mit einem scharfen Messer ab. Entfernen Sie die unteren Blätter und Nebenblätter.

Eine Behandlung der Schnittfläche mit Bewurzelungshormonen (Wurzelpuder) läßt die Wurzeln schneller und mit größerer Sicherheit wachsen, ist aber nicht unbedingt nötig.

Man füllt einen 6–8 cm großen Topf mit Vermehrungssubstrat oder einer Mischung aus gleichen Teilen Torf und Sand. Die Erde muß feucht sein.

Drücken Sie den Steckling höchstens 1–2 cm tief in die Erde. In einem etwas größeren Topf können Sie mehrere Stecklinge zugleich unterbringen.

Danach wird der Topf abgedeckt, damit die unmittelbare Umgebung der Pflanze feucht und warm bleibt. Außerdem wird schattiert, damit die Blattflächen nicht zu viel Feuchtigkeit verdunsten. Man kann gewöhnliche Töpfe oder Saatschalen in einen geschlossenen Vermehrungskasten stellen oder statt dessen über jeden Topf eine Plastikfolie stülpen. Dazu steckt

man gebogenen Draht am Topfrand in die Erde, legt eine Plastiktüte oder Folie darüber und bindet sie unter dem Topf zusammen. Die Töpfe werden vor starkem Licht geschützt.

Die Erde muß durch gelegentliches Absprühen mit Wasser feucht gehalten werden.

Einige Pflanzen brauchen zum Bewurzeln unbedingt Wärme. Diese Stecklinge setzt man am besten

in einen beheizbaren Vermehrungskasten (Seite 414).

Wenn der Steckling zu wachsen beginnt, ist dies ein sicheres Zeichen dafür, daß sich Wurzeln gebildet haben. Das dauert etwa drei Wochen. Anschließend werden die Pflanzen in 8 cm große Töpfe mit Einheitserde P oder einer anderen Blumenerde versetzt (Seite 417).

Die meisten Jungpflanzen aus bewurzelten Stecklingen vertragen

zunächst keine direkte Sonnenbestrahlung, selbst wenn sie später Sonne mögen. Sie sollten nur sehr allmählich volle Sonnenbestrahlung erhalten.

Die Erde muß ständig feucht, aber nicht naß sein. Zu starke Nässe kann oft die Wurzelbildung verhindern, obgleich manche Pflanzen wie das Fleißige Lieschen Wurzeln schlagen, wenn man das Triebende einfach in klares Wasser hängt.

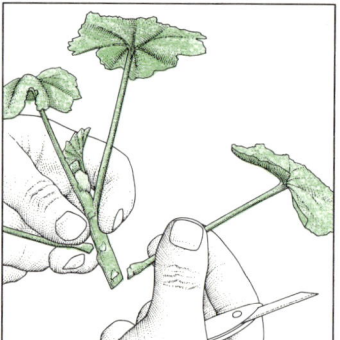

2. Die unteren Blätter werden vorsichtig entfernt

3. Das Triebende in feuchte Erde stecken und mit einem Glas abdecken

1. Jederzeit außer im Winter kann man einen gesunden Trieb ohne Knospen oder Blüten unmittelbar unter einem Blattansatz als Kopfsteckling abschneiden

Blattstecklinge von Topfpflanzen

Viele beliebte Topfpflanzen lassen sich auf unterschiedliche Art aus Blättern vermehren.

Bei einem Verfahren, das häufig bei Begonien erfolgreich ist, nimmt man ein Blatt ab, entfernt den Stiel und schneidet die Blattadern an mehreren Stellen ein. Die so vorbereiteten Blätter legt man flach auf ein Torf-Sand-Gemisch. Damit die Schnittstellen der Blattadern die Erde berühren, beschwert man sie. Um die Feuchtigkeit zu halten, legt man eine Glas- oder Plastikscheibe über die Schale und stellt sie bei einer Temperatur von 18–21° C in einen beheizten Vermehrungskasten. Nach einigen Wochen haben sich an den Schnittstellen Wurzeln gebildet. Jedes bewurzelte Teil kann nun abgetrennt und einzeln in 8 cm große Töpfe mit Einheitserde P gepflanzt werden. Man gibt ihnen mehrere Tage lang Schutz vor starker Sonne.

Ein anderes, für Begonien und Zwergpfeffer geeignetes Verfahren besteht darin, daß man Blätter in kleine Dreiecke zerteilt, wobei an jedem ein Stück des Stieles stehenbleiben muß. Die Dreiecke werden mit dem Stielende nach unten in die Erde gesteckt, abgedeckt und wie oben behandelt.

Lange Blätter von Pflanzen wie *Sansevieria* und *Streptocarpus* teilt man in etwa 5 cm lange Abschnitte. Jeder Abschnitt wird senkrecht in die Erde gesteckt.

Um Usambaraveilchen und andere kleinblättrige Pflanzen zu vermehren, schneidet man Blätter mit einem Stielrest von 1–2 cm ab und steckt sie mit dem Stiel einzeln in einen 6 cm großen Topf oder drei zusammen in einen 8 cm großen Topf mit Torf-Sand-Gemisch, so daß der Blattanfang gerade die Erdoberfläche berührt. Die Behälter werden abgedeckt und warm gestellt. Bei Bodenwärme von 16 bis 18° C bewurzeln sich die Stecklinge in 10–14 Tagen.

Usambaraveilchen: Abnahme von Blättern mit Stielen *Man schneidet die Blätter sauber mit einem Stielrest von 1–2 cm ab und steckt sie in Vermehrungssubstrat, so daß die Blattbasis gerade die Erdoberfläche berührt. Die Töpfe werden abgedeckt und warm gestellt*

Begonien (z. B. Begonia-Rex-Hybriden): Einschneiden der Blattadern *Geeignete Blätter aussuchen und Stiele entfernen. Blattadern mehrmals einschneiden und flach auf ein Torf-Sand-Gemisch legen. Schale mit einer Glasscheibe abdecken und in einen warmen Vermehrungskasten stellen*

Peperomie: Zerschneiden eines Blattes *Dreieckige Blattabschnitte mit einem Stück Stiel in Vermehrungssubstrat stecken, mit Glas abdecken und warm stellen*

Erfolgreiche Pflanzenvermehrung in Vermehrungsbeeten

Um Pflanzen zu vermehren, benötigt man in den meisten Fällen hohe Luftfeuchtigkeit und vor allem genügend Bodenwärme. Dabei sind die Temperaturansprüche der einzelnen Pflanzen sehr unterschiedlich.

Auch in einem Kleingewächshaus mit nur einer Abteilung ist es also erforderlich, ideale Aussaat- und Vermehrungsbedingungen zu schaffen, und zwar durch ein Warmabteil oder Vermehrungsbeet, das man als Kleingewächshaus innerhalb des Kleingewächshauses bezeichnen könnte.

Das billigste Vermehrungsbeet bastelt man sich selbst aus einigen Brettern, Latten und einer Folie. Mit einer dafür entwickelten Heizmatte oder einem Heizkabel kann man im Beet die notwendige Bodenwärme erzeugen.

Im Handel sind Vermehrungsbeete in verschiedenen Größen sowohl mit als auch ohne Bodenheizung erhältlich.

Mit solchen geschlossenen Anlagen, die aus einer Vermehrungsschale und einer Plastikhaube bestehen, kann der Blumen- und Pflanzenfreund ein besonderes Kleinklima innerhalb des Kleingewächshauses halten, in dem viele Arten und Pflanzen sich vermehren lassen.

Das Vermehrungssubstrat kann direkt auf eine 3–5 cm starke Sandschicht über dem Heizkabel aufgebracht werden.

Je nach Art der Pflanzen wird die mit Lüftungsöffnungen versehene Abdeckhaube zunächst eine gewisse Zeit geschlossen gehalten. Nach dem Keimen bzw. Bewurzeln wird die Haube immer höher angehoben, um so die Pflanzen langsam abzuhärten. Um die jungen Pflanzen gegen die Sonne zu schützen, deckt man das Vermehrungsbeet mit Papier ab.

Vermehrung mehrjähriger Pflanzen durch Teilung

Mehrjährige Gewächshauspflanzen lassen sich leicht durch Teilung des Wurzelballens vermehren, am besten zu Beginn des Frühjahrs vor der neuen Wachstumszeit.

Die Pflanze wird samt Erde aus dem Topf genommen. Wenn die Erde trocken ist und sich nur schwer löst, muß man sie gießen.

Dann stellt man fest, wo Stiele oder Stielbüschel aus der Erde wachsen. Mit einem sehr scharfen Messer schneidet man den Wurzelballen daneben einfach durch. Man sollte dabei die Wurzeln so wenig wie möglich beschädigen. Abgestorbene oder beschädigte Wurzeln kann man entfernen.

Die geteilten Pflanzen werden getrennt eingetopft, mäßig gegossen und einige Tage schattig gestellt. Die meisten Pflanzen blühen noch im selben Jahr.

Manche Pflanzen, z. B. Ritterstern, bilden kleine Seitenzwiebeln. Man kann diese beim Umtopfen abtrennen und einzeln in 8–13 cm große Töpfe setzen. Dafür verwendet man die gleiche Erde und stellt sie in die gleiche Temperatur wie die erwachsene Pflanze. Häufig dauert es zwei Jahre oder länger, bis sie blühfähig sind.

Andere Vermehrungsmethoden

Manche Kletterpflanzen und Hängepflanzen lassen sich vermehren, indem man einen Zweig in einen 8–10 cm großen Topf mit Torf-Sand-Gemisch führt. Wo Zweig und Topferde sich berühren, schlitzt man den Stiel ein oder entfernt ein winziges Stück der Rinde. Die Wunde wird mit Hilfe einer Drahtschlinge auf die Erde gedrückt oder mit einem kleinen Stein oder einem anderen Gewicht beschwert.

Nachdem sich Wurzeln gebildet

1. Im Frühjahr wird die Pflanze zwischen den einzelnen Sproßteilen auseinandergeschnitten

2. Nach dem Entfernen der alten Wurzeln wird jedes Teilstück der Pflanze einzeln eingetopft

NEUE PFLANZEN AUS JUNGZWIEBELN

Einige Zwiebeln von Gewächshauspflanzen bilden Seitenzwiebeln. Sie werden beim Umtopfen abgetrennt und einzeln in gleiche Erde wie die Mutterzwiebel gepflanzt

haben, was im allgemeinen drei bis sechs Monate dauert, wird der Zweig sorgfältig von der Mutterpflanze abgetrennt.

Stammbildende Gewächshauspflanzen lassen sich durch Abmoosen vermehren. Beispiele dafür sind *Monstera*, Dieffenbachie, Efeuaralie und Philodendron. Das Verfahren ist auf Seite 74 genau beschrieben.

Mitunter kann man auch Samen zur Vermehrung aufheben. Bei Hybridpflanzen ist die Vermehrung über Samen jedoch nicht zu empfehlen, da sie nicht zuverlässig die

gleichen Pflanzen hervorbringt. Reinerbige Pflanzen haben jedoch identische Nachkommen aus Samen.

Achten Sie immer darauf, daß Sie nur reife Samen sammeln. Beliebte Pflanzen, die sich durch Samen vermehren lassen, sind Hahnenkamm, Alpenveilchen, Cinerarien, Calceolarien und der Korallenstrauch.

Einige Gewächshauspflanzen wie Judenbart bilden Ausläufer. Man kann sie zwischen Frühjahr und Herbst abtrennen und die jungen Pflänzchen, die am Ende jedes Ausläufers sitzen, einpflanzen.

Das Gartenjahr kann verlängert werden

Flachfolien, Folientunnel und Frühbeetkästen

Die einfachste und billigste Möglichkeit, Pflanzen im Frühjahr und Herbst vor Nachtfrösten zu schützen, sind Hauben und Tunnel aus Kunststoffolien oder -platten. Diese Art von Frühbeeten hält mit der tagsüber eingefangenen Wärme den Luftraum über den Pflanzen ohne Heizung so warm, daß geringer Nachtfrost nicht schaden kann.

Diese einfache Art der Überdachung von Kulturen hat ferner den Vorteil, daß der Boden darunter nicht so schnell austrocknet. Außerdem wird den Pflanzen ein guter Schutz vor Hagel, Sturm und lang anhaltenden Regenfällen geboten.

Vor allem Frühgemüse wie Kopfsalat, Kohlrabi, Rettich, Radies und Spinat läßt sich auf diese Weise zwei bis vier Wochen früher ernten als auf Freilandbeeten. Auch im Herbst, wenn frühe Fröste Blumen und Gemüse zu vernichten drohen, können Hauben und niedere Folientunnel noch einmal Schutz bieten.

Der Auf- und Abbau ist sehr einfach. Am besten werden dünne Federstahlstäbe mit einer Länge von ca. 3 m verwendet. Sie werden im Abstand von 2–3 m an beiden Seiten eines 1,2–1,5 m breiten Beetes so eingesteckt, daß sie einen Bogen bilden. So erhält man das Gerüst für einen ca. 70 cm hohen Tunnel von beliebiger Länge. Anschließend wird eine 2,5–3 m breite Folie über die Bogen gespannt und an beiden Enden an Pfosten angebunden. Um dem Tunnel Stabilität zu verleihen, wird unmittelbar neben jedem tragenden Stahlstab ein zweiter in die Erde gesteckt und so über die Folie gebogen, daß sie straff gespannt ist.

So kann der Tunnel auch Stürme unbeschadet überstehen. Gleichzeitig erreicht man mit dieser Konstruktion eine Lüftungsmöglichkeit: Man kann die Folie an der Längsseite zwischen den Federstahlstäben hochziehen.

Mit Drähten oder Schnüren, die stramm gespannt an den Enden in der Erde verankert werden, können Folientunnel auch im Eigenbau hergestellt werden. Nach dem Überziehen gräbt man die Folie am besten an der häufigsten Windseite mit dem Spaten etwas ein. Die andere Seite wird mit Steinen oder Erde nur so beschwert, daß man die Folie zum Lüften anheben kann.

Fachgeschäfte führen verschiedene Ausführungen solcher Tunnel für Hobbygärtner. Beim Kauf sollte beachtet werden, daß die Folien nur eine begrenzte Lebensdauer haben. Im allgemeinen wird für Tunnel Polyäthylenfolie (PE-Folie) verwendet. Es empfiehlt sich, sogenannte Qualitätsfolien zu verwenden.

Um verschiedenen Sä- und Pflanzgemüsen im Frühjahr eine Starthilfe zu geben und damit den Erntetermin vorzuverlegen, hat sich die flache Abdeckung mit perforierten PE-Folien bewährt. Diese Methode erfordert keine Unterkonstruktion, so daß die Materialkosten gering sind. Die Folienbahnen werden direkt nach der Aussaat bzw. Pflanzung flach über das Beet gelegt und seitlich eingegraben. Unter der Folienauflage hält sich die Wärme der Sonneneinstrahlung länger, und die relative Luftfeuchtigkeit erhöht sich. Eine verbesserte Flachfolie ist die neuerdings im Handel erhältliche „wachsende Folie". Durch Tausende von kleinen Schlitzen, die gleichzeitig als Belüftungsautomatik wirken, „wächst" diese Gemüsefolie mit der Kultur mit, ohne das Wachstum der Pflanzen zu behindern. Wie lange man ein Beet mit dieser Xiro-Folie bedeckt läßt, hängt ab von der Kulturart und den Witterungsverhältnissen.

Bei Frühkulturen erzielt man die besten Ergebnisse, wenn man die Folie erst kurz vor der Ernte abnimmt. Bei länger dauernden Kulturen muß sie jedoch ab Mitte Mai entfernt werden, weil sonst die Temperaturen darunter zu hoch ansteigen.

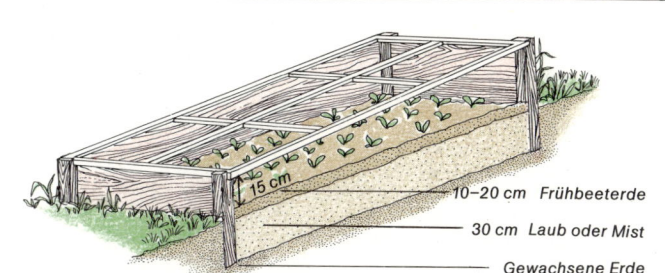

Frühbeetkasten (hier im Schnitt gezeichnet), mit Normalfenster bedeckt (1 × 1,5 m) und nach Süden geneigt. Das Frühbeet erweitert die Erntemöglichkeiten des Gartens erheblich. Frühbeetkästen lassen sich relativ preiswert selbst bauen

15 cm — 10–20 cm Frühbeeterde — 30 cm Laub oder Mist — Gewachsene Erde

Tägliches Lüften wie beim Folientunnel ist bei der Flachfolie nicht erforderlich. Wichtig ist, daß die „wachsende Folie" gleich nach dem Säen bzw. Pflanzen locker ausgelegt wird, um schnell das gewünschte Treibhausklima zu erzeugen

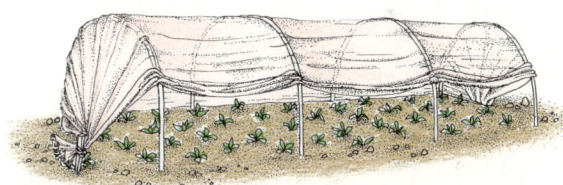

Folientunnel mit Federstahlstäben. Zur Abdeckung verwendet man UV-stabilisierte PE-(Polyäthylen-)Gartenbaufolie mit einer Stärke von 0,1 mm. Beim System „festam" kann die Folie zum Lüften zwischen zwei Drahtbögen eingeklemmt werden

Beispiel eines selbstgebauten Folientunnels. Den Pflanzen wird ein guter Schutz vor Hagel, Sturm und lang anhaltenden Regenfällen geboten. Frühgemüse läßt sich früher ernten

Das Gewächshausjahr

Frühbeetkästen erfordern mehr Pflege als Hauben oder Tunnel, sind aber vielseitiger verwendbar. Sie schützen besser vor Frost und ebenso vor starker Sonnenbestrahlung. Bei der Neuerstellung eines Frühbeetkastens spielen Preis, Haltbarkeit, Lichtdurchlässigkeit, Erwärmung und auch das gute Aussehen eine Rolle.

Holzfrühbeetkästen kann man leicht selbst bauen. Die Abmessungen des Unterbaues müssen sich jedoch nach den genormten Fenstergrößen richten. Daneben werden auch verschiedene Modelle aus Beton-Fertigteilen angeboten, die man beliebig lang aneinanderreihen kann.

Darüber hinaus sind auch noch Frühbeetabdeckungen im Handel, bei denen sowohl der Rahmen als auch die Fläche aus Kunststoff bestehen. Bei windigem Wetter sind diese „Fenster" aber zu leicht und müssen beschwert werden.

Für die Versorgung einer vierköpfigen Familie mit Gemüse reicht ein 4 m langes Frühbeet (6 m²) aus. Es muß nicht unbedingt warm angelegt, also mit Stallmist gepackt werden, denn auch im sogenannten kalten Frühbeet, nur mit Fensterauflage, lassen sich gute und frühe Ernten erzielen.

Ein Frühbeet läßt sich nicht nur im Gemüsegarten, sondern auch im Ziergarten aufstellen, am besten aber in der Nähe des Hauses, damit die täglich notwendigen Bestellungs- und Pflegearbeiten wie Lüften, Gießen usw. ohne viel Zeitaufwand zu erledigen sind. Als Standort empfiehlt sich eine sonnige Stelle im Garten, damit schon im Frühjahr die Sonnenstrahlen für die Erwärmung des Frühbeetes ausgenutzt werden. Einfache Kästen werden – nach Süden geneigt – immer in Ost-West-Richtung aufgebaut. Doppelkästen, bei denen zwei Fensterreihen gegeneinander liegen, stellt man in Nord-Süd-Richtung, damit die Kulturen von morgens bis abends im vollen Licht stehen.

Die Bestellung des Frühbeetes

Normalerweise beginnt der Gemüseanbau im Freiland kaum vor April. Im Frühbeet aber kann bereits Ende Februar oder Anfang März mit dem Anbau begonnen werden. Die Kulturperiode erstreckt sich dann bis in den Spätherbst und sogar bis in den Winter, ist also ausreichend, um stets drei sichere Ernten zu erreichen.

Der Blumenliebhaber nutzt das Frühbeet vor allem zur Anzucht von Sommerblumen (z. B. Zinnien, Astern, Löwenmaul), zum Antreiben von Knollenbegonien oder zur Vermehrung von Balkonblumen.

Mit der Bestellung kann begonnen werden, sobald der Boden aufgetaut und frostfrei ist. Etwa Mitte Februar werden die Fenster aufgelegt, damit die Erde sich erwärmt. Sollten nach der Bestellung die Temperaturen unter null Grad sinken, deckt man die Kasten mit Brettern oder Strohmatten ab. Gegossen wird am besten morgens und mit angewärmtem Wasser. Die Pflanzen sollten bis zum Abend wieder abgetrocknet sein. Lieber einmal gründlich als öfter und wenig gießen.

Zum Lüften stellt man die Frühbeetfenster mehr oder weniger hoch. An sonnigen Tagen ist ausgiebiger zu lüften als an trüben Tagen, ganz allgemein aber sollte man beim Lüften nicht sparsam sein. Übrigens werden im Fachhandel auch automatische Frühbeetfenster angeboten, die sich thermostatgesteuert öffnen und schließen.

Bei ganzjähriger Fensterauflage kann das Frühbeet wie folgt genutzt werden:

Anfang März bis Anfang Mai: Kopfsalat, Kohlrabi, Rettich, Radies

Anfang Mai bis Anfang September: Kastengurken. (Wer im Sommer keine Fenster auflegen will, kann Tomaten anpflanzen.)

Anfang September bis Anfang März: Feldsalat (Nüßlisalat), Winterspinat.

Januar

Scheiben reinigen, damit viel Licht eindringt. Unbeheizte Gewächshäuser und temperierte Häuser an milden, sonnigen Tagen gelegentlich lüften. Nur gelegentlich gießen, besonders wenig bei trübem, kaltem oder nebligem Wetter. Welke Blätter und Blüten entfernen, bevor sich Krankheiten daran bilden können. Überwinternde Pflanzen wie Fuchsien und Geranien, aber auch Kübelpflanzen kontrollieren und evtl. gießen.

Orchideen nur gießen, wenn es unumgänglich ist. Nur an Sonnentagen sprühen. Abgeblühtes *Paphiopedilum* kann umgetopft werden.

Im Vermehrungsbeet können Alpenveilchen (18° C) und Gloxinien (22° C) gesät werden. Von Usambaraveilchen können Blattstecklinge geschnitten werden.

Auch erste Gemüseaussaaten sind schon im Januar möglich. Rettich und Radies können einfach auf das Grundbeet gesät werden. Im Januar kann auch schon die Anzucht der Salatpflanzen für Gewächshaus, Frühbeet und Folientunnel beginnen.

Februar

An sonnigen und milden Tagen gelegentlich lüften. Wege und Bänke um die Mittagszeit mit einer feinstrahligen Kanne gießen. Pflanzen nicht zu stark gießen, aber auf ausgewachsene Pflanzen achten, die leicht austrocknen.

Das Warmhaus bei über 21° C lüften; leicht absprühen.

Fuchsien und Geranien zurückschneiden und umtopfen. Petunien für den Balkon werden jetzt ausgesät. Von Heliotrop, Lantane, Chrysantheme und Pantoffelblume können Stecklinge geschnitten werden.

Frostempfindliche und zarte einjährige und zweijährige Pflanzen, wie Gloxinie, Celosie, *Coleus* und *Streptocarpus*, können gesät wer-

den, wenn eine Mindesttemperatur von 13–16° C eingehalten werden kann. Tomaten, die im April unter Glas ausgepflanzt werden sollen, sät man Mitte des Monats. Sie brauchen eine Temperatur von 16° C. Am Ende des Monats kann man Schiefteller pflanzen.

Man setzt die Schuppenknöllchen mit 2–3 cm Abstand in feuchten Torf und sorgt für 20–25° C. Wenn die Triebe 2–5 cm hoch sind, setzt man 5–8 zusammen in einen 9 cm großen Topf und stellt sie auf die Gewächshausstellage.

Von Chrysanthemen können jetzt Stecklinge abgenommen werden, ebenso von *Campanula isophylla*.

Orchideen an milden oder sonnigen Tagen lüften. Wenig gießen, aber darauf achten, daß die Pflanzen nicht austrocknen und die Knollen nicht schrumpfen. *Cymbidium, Dendrobium* und *Paphiopedilum* können nach dem Abblühen umgetopft werden.

Die im Januar ausgesäten Kopfsalatsämlinge müssen jetzt pikiert werden. Weitere Gemüse, wie Tomaten, Paprika, Kopfsalat, Rettich, Radies, Kresse, können gesät werden.

März

Nach Bedarf lüften, absprühen und gießen (siehe Februar). Bei anhaltendem Sonnenschein etwas schattieren. Überwinterte und zu groß gewordene Pflanzen können geteilt und umgetopft werden (z. B. Bogenhanf). Frostempfindliche einjährige oder mehrjährige Pflanzen aussäen. Sämlinge von früheren Aussaaten pikieren.

Stecklinge können von *Acalypha*, Christusdorn, Usambaraveilchen, Dieffenbachie und Passionsblume geschnitten werden. Amarylliszwiebeln können eingetopft werden. Erst gießen, wenn sich die ersten Blätter gebildet haben.

Tomatensämlinge pikieren. Melonen, Radies, Rettich, Gurken,

Stangenbohnen säen. Bewurzelte Stecklinge von Chrysanthemen am Ende des Monats in einen kalten Frühbeetkasten setzen. Bei Frostgefahr mit Matten schützen. Knollen von *Canna*, Begonien, Dahlien, Gladiolen und Anemonen können durch Einlegen in schwach feuchten und gedüngten Torfmull vortreiben. Kakteen umpflanzen und, wenn nötig, gießen.

April

Mit wärmerer Witterung zunehmend lüften und dafür sorgen, daß die Pflanzen nicht austrocknen. Bei längeren Schönwetterperioden für Schatten sorgen und im Gewächshaus regelmäßig Wasser versprühen.

Ausgesät werden Küchenkräuter, Sonnenblumen, *Tropaeolum* und Levkojen. Gepflanzt werden Tomaten, Paprika, Gurken, Melonen. Grün- und Blattpflanzen können durch Stecklinge vermehrt werden.

Zu große Orchideen nach der Blüte teilen. Reichlicher gießen, aber zwischendurch austrocknen lassen, wenn die Pflanzen nicht gerade kräftig wachsen.

Kopfsalat, Rettiche, Radies, Kohlrabi und Petersilie können jetzt im Gewächshaus bereits geerntet werden.

Mai

Tagsüber reichlich lüften; täglich das Gewächshaus absprühen und die Pflanzen gießen. Besonders darauf achten, daß Jungpflanzen Schatten erhalten. Regelmäßig umtopfen, damit das Pflanzenwachstum nicht behindert wird.

Nach den Eisheiligen Balkonkästen und Schalen bepflanzen. Kübelpflanzen nach dem Abhärten Mitte Mai ins Freie stellen. Stecklinge können noch von Gummibaum, Philodendron, Fensterblatt,

Buntnessel und anderen Zimmerpflanzen ins Vermehrungsbeet gesetzt werden.

Nelken reichlich lüften. Jung bewurzelte Stecklinge umtopfen. Chrysanthemen für die Spätsommer- und Herbstblüte noch bis Ende Juni aus Stecklingen kühl vermehren. Dieselben Gemüsearten wie im April können auch im Mai gepflanzt werden.

Orchideen schattieren und häufig abspritzen. Reichlich gießen.

Juni

Besonders bei warmer Witterung gut gießen, da Topfpflanzen mit starkem Wurzelballen in wenigen Stunden austrocknen können. An allen warmen Tagen reichlich lüften, Wege und Arbeitstische ein- oder zweimal täglich abspritzen.

Jetzt sind Topfpflanzen für das nächste Frühjahr auszusäen, und zwar Cinerarien, Pantoffelblumen, Primeln, z. B. Becher-, Chinesen- und Fliederprimel.

Auch zweijährige Sommerblumen, wie Stiefmütterchen und *Bellis*, werden ausgesät.

Juli/August

Luftfeuchtigkeit möglichst dauernd hoch halten. Bei warmer Witterung Tag und Nacht lüften. Wie im Juni gießen und sprühen.

Vermehrung der Balkon- und Kübelpflanzen durch Stecklinge, z. B. Geranien (Pelargonien), Fuchsien, Pantoffelblumen. Gartenstauden, deren Samen im Sommer ausreift, werden gesät.

Stecklinge können von Usambaraveilchen, Gummibaum, Philodendron, Blattbegonien, Lorraine- und Elatior-Begonien geschnitten werden.

Cinerarien und Pantoffelblumen können pikiert werden. An einem kühlen Platz im Gewächshaus kann

im August der erste Satz von Freesienknollen gelegt werden.

An Gemüsen können im August Feldsalat, Kopfsalat, Rettich und Petersilie gesät werden.

Orchideen weiter reichlich gießen. *Cymbidium* ans volle Licht stellen.

September

Weiter lüften, abspritzen und gießen wie im Sommer, außer bei Kälte. Gegen Ende des Monats weniger düngen und bei ausgewachsenen Pflanzen vollkommen damit aufhören. Jetzt wird weniger Schatten aufgelegt, Schattierfarbe kann entfernt werden.

Von Usambaraveilchen, Efeuaralie und Philodendron werden Stecklinge geschnitten.

Ende des Monats Blumenzwiebeln zum Antreiben eintopfen und dunkel und kühl stellen.

Feldsalat, Kopfsalat, Rettich, Radies und Spinat können gesät werden. Gepflanzt wird Kopfsalat.

Alle Orchideen werden weniger gegossen und erhalten mehr Licht. Gelüftet wird ein Gewächshaus je nach Bedarf.

Oktober

Gegen Ende des Monats Düngung einstellen und Dauerschatten außer bei Farnen entfernen. An warmen Tagen lüften und abspritzen, bei Frost die Heizung anschalten.

Zu groß gewordene Kletterpflanzen ausdünnen, damit das Gewächshaus mehr Licht erhält.

Balkon- und Kübelpflanzen zum Überwintern einräumen und nur ganz gering befeuchten.

Cinerarien und Pantoffelblumen eintopfen. Aussaat von Alpenveilchen.

Orchideen weniger gießen. Abgeblühtes *Odontoglossum* kann umgetopft oder geteilt werden.

Zum Treiben bestimmte Tulpen, Narzissen, Hyazinthen, Krokusse usw. in Töpfe legen und frostfrei und dunkel stellen.

November

Gewächshäuser an Sonnentagen lüften, aber die Lüftungsöffnungen am Frühnachmittag schließen.

Gänzlich in Ruhe befinden sich Amaryllis, Knollenbegonien und Schiefteller (*Achimenes*). Weihnachtssterne aus eigener Nachzucht brauchen die konstante Temperatur von 18° C und wöchentliche flüssige Düngung mit Stickstoff und Kali zum Ansatz von Blüten und Brakteen.

Petersilie und Schnittlauch können jetzt angetrieben werden. Besonders sukkulente Gewächse wie Kakteen, *Crassula*, Euphorbien usw. trockener halten, aber hell aufstellen.

Orchideen nur an milden und sonnigen Tagen lüften.

Dezember

Wenn nötig, gießen und an milden Tagen lüften. Welke Blätter und Abgeblühtes entfernen.

Blumenzwiebeltöpfe für Weihnachten zum Treiben aufstellen. Glas reinigen, damit das schwache Winterlicht nicht noch weiter gedämpft wird.

Gloxinien und Alpenveilchen können gesät, Usambaraveilchen durch Stecklinge vermehrt werden. Petersilienwurzel und Schnittlauchklumpen können hell, Chicorée dagegen völlig verdunkelt angetrieben werden. Kresse, Radies und Kopfsalat können gesät werden.

Orchideen nur an Sonnentagen wenige Stunden lüften. Ausgewachsene Pflanzen nur einmal in zwei Wochen gießen.

Schäden und Krankheiten an Gewächshauspflanzen

Die folgende Tabelle beschreibt die häufigsten Schäden und Krankheiten an Gewächshauspflanzen. Sollten Ihre Pflanzen Symptome aufweisen, die hier nicht beschrieben sind, schauen Sie in der Tabelle nach, die auf Seite 574 beginnt. Die Handelsnamen der Pflanzenschutzmittel sind ab Seite 599 aufgeführt.

Schaden	Ursache	Abhilfe
Braune Ränder an den Blättern und verbranntes oder bleiches Aussehen. Häufig verbunden mit schlechtem Wachstum	Gewöhnlich eine Folge von zuviel Wärme und zuwenig Schatten	Mit Ausnahme von Kakteen und anderen Sukkulenten vertragen Pflanzen unter Glas keine Temperaturen über 29°C ohne Belüftung oder Schattierung oder beides. Pflanzen, die unter Hitze gelitten haben, müssen 3–4 Tage schattiert und nur wenig gegossen werden. Topfpflanzen gibt man Flüssigdünger oder Blattdünger
Knospen vergilben, welken und fallen häufig ab; die Pflanzenspitze kann geschrumpft sein, die Blätter wirken schlaff und glanzlos. Die Pflanzen welken leicht	Zu wenig Wasser über längere Zeit. Gelegentlich Folge eines zu kleinen Gießrandes im Topf	Damit die Pflanzen ausreichend gegossen werden können, ist ein Gießrand von mindestens 1/10 der Topftiefe freizulassen. Pflanzen mit den genannten Erscheinungen sind gründlich zu gießen; wenn nötig, stellt man sie einige Minuten in einen Eimer Wasser. Bei richtigem Gießen rinnt zum Schluß etwas Wasser aus dem Abzugsloch
Pflanzen in Töpfen oder Kübeln wachsen spärlich oder kraftlos. Blätter sind klein und häufig gelblich	Wenn keine Anzeichen für Ungeziefer oder Krankheiten vorliegen, wahrscheinlich Düngermangel	Flüssigdünger und vielleicht auch Blattdünger nach den Herstelleranweisungen geben. Wenn der Kübel mit Wurzeln gefüllt ist, umtopfen. Teilbare Pflanzen teilen und anschließend getrennt eintopfen
Blätter haben kleine Flecken und vergilben, welken und fallen vorzeitig ab; in schwereren Fällen sind die Triebe geschwächt und mit einem feinen Gespinst ganz überzogen	Rote Spinne	Mit Malathion°, Dimethoat oder einem Akarizid spritzen
Blätter und Blütenblätter fleckig oder mit hellen Zonen	Thrips (Blasenfüße)	Mit Diazinon oder Malathion° sprühen oder spritzen
Junge Triebe und Blätter klein oder verformt, gleichzeitig mit grünen, rosa oder schwarzen Tierchen bedeckt	Blattläuse	Mit Diazinon, Malathion° oder Dimethoat sprühen oder spritzen
Blätter häufig mit gelben Flecken, junge Triebe schwach. Wird die Pflanze leicht geschüttelt, fliegen winzige weiße Insekten von ihr auf	Weiße Fliege	Wiederholt mit Malathion° oder Diazinon sprühen. Hartnäckiges Ungeziefer
Blätter und gelegentlich auch Blüten fleckig und verformt; Gewebe brüchig. Pflanzenspitzen können absterben	Weichhautmilben	Mit Endosulfan spritzen

Schaden	Ursache	Abhilfe
Stiele und Blattachseln tragen Knäuel kleiner Insekten in wachsartiger weißer Wolle. Pflanzen und Blätter sind gelegentlich gelb, Blätter fallen vorzeitig ab	Woll- und Schmierläuse	Mit Diazinon, Propoxur oder einem allgemein wirksamen Insektizid regelmäßig sprühen, bis das Ungeziefer verschwunden ist; der Zusatz eines Netzmittels ist zu empfehlen. Geringen Befall wischt man mit einem weichen Pinsel oder einem mit Seifenwasser getränkten Tuch sorgfältig von den betroffenen Stellen ab
Pflanzen sind nicht kräftig und sehen gelblich aus, häufig welk aus, auch wenn die Erde feucht ist. Nimmt man sie aus dem Topf oder gräbt man sie aus, stellt man fest, daß die Wurzeln mit kleinen weichen Insekten unter einer Schicht wachsartiger weißer Wolle bedeckt sind	Wurzelläuse	Mit Diazinon und Netzmittel gießen oder darin eintauchen
Stiele und Blätter sind von kleinen weichen, blaßbraunen Insekten in Schildform bedeckt. Die Kraft der Pflanze läßt nach, die Blätter vergilben und fallen in den meisten Fällen vorzeitig ab	Schildläuse	Mit Malathion°, Oleomalathion° oder einem allgemein wirksamen Insektizid sprühen. Bei leichtem Befall die Insekten mit einem Pinsel oder einem mit Seifenwasser getränkten Tuch entfernen
Blätter und junge Triebe haben einen feinen weißen, mehlartigen Überzug und sind häufig verformt. Später können die weißen Flächen rötlich werden, und die Blätter fallen in den meisten Fällen vorzeitig ab	Echter Mehltau	Mit Benomyl oder Triforin spritzen
Stiele, Blätter, Knospen und Blüten sind braunfleckig und anschließend grauweiß verschimmelt; besonders bei Kälte und Feuchtigkeit treten diese Symptome auf	Grauschimmel	Mit Benomyl oder Tecto FL° spritzen; wenn möglich gut lüften
Sämlinge, besonders dicht in Töpfen oder Schalen unter Glas gesät, faulen über dem Boden und kippen schließlich um	Umfallkrankheit	Mit Benomyl oder Captan gießen. Zur Verhütung dieser Krankheit Samen dünn in sterilisiertem Substrat aussäen
Auf den Blättern der Pflanzen unregelmäßige graue bis braune Flecken. Bei fortschreitender Krankheit werden die Blätter allmählich von der Pflanze abgestoßen	Verschiedene Pilze, Blattfleckenkrankheiten	Mit Captan, Maneb, Dichlofluanid o. a. mehrmals in Abständen von 14 Tagen spritzen
Rhododendren und Azaleen in Töpfen haben gelbfleckige Blätter und blühen schlecht oder in manchen Fällen gar nicht	Chlorose	In saure Erde oder Erdmischung auf Torfbasis ohne Kalk umtopfen und mit Regenwasser gießen

Die acht beliebtesten Gewächshauspflanzen

Begonien

Die sehr artenreiche Gruppe der Begonien mit ihren schönen Blüten und Blättern eignet sich hervorragend fürs Gewächshaus.

Knollenbegonien Die großen gefüllten Begonien wachsen ähnlich wie Dahlien aus Knollen, ebenso die hängenden Arten, die so gern in Ampeln gepflanzt werden. Im Frühjahr ist die Pflanze auch als Zimmerschmuck geeignet. Die Knollen werden in feuchten Torf gelegt (Seite 419), wenn eine Mindesttemperatur von 16° C eingehalten werden kann. Dabei ist darauf zu achten, daß die flache oder etwas eingesenkte Seite der Knolle oben liegt und gerade mit der Torfoberfläche abschließt.

Die Knollen werden alle paar Tage überprüft. Wenn Blatttriebe erscheinen, setzt man die Knollen in 8-cm-Töpfe mit sehr humoser Erde. Sobald die Wurzeln die Töpfe ausfüllen, setzt man die Pflanzen endgültig in 11–12 cm große Töpfe um. Wenn sie hier gut angewachsen sind, erhalten sie regelmäßig Flüssigdünger.

Ab Ende April muß man die Pflanzen an mehr Luft gewöhnen. Nach den Eisheiligen werden sie in den Balkonkasten oder eine halbschattige bis schattige Lage im Garten ausgepflanzt. Es muß beachtet werden, daß die fleischigen Blätter sehr sonnenempfindlich sind. Unter der Bezeichnung *Begonia × bertinii* ist eine knollenbildende Begonie im Handel, die auch direkte Sonnenbestrahlung verträgt.

Am Ende des Jahres, wenn die Blätter der Knollenbegonien vergilben, verringert man die Wassergaben allmählich und läßt die Töpfe schließlich ganz austrocknen. Anschließend leert man sie, säubert die Knollen von Erde und lagert sie über den Winter in einem nicht zu kühlen Raum in trockenem Sand oder Torfmull.

Blütenbegonien (Lorraine-Begonien und Elatior-Begonien) Diese durch Kreuzung entstandenen Begonien sind begehrte Topfpflanzen, die in den Herbst- und Wintermonaten eine überquellende Blütenfülle in Rosa, Rot und Weiß bieten. Sorten mit überhängendem Wuchs eignen sich hervorragend für Ampeln. Die Blütezeit kann verlängert werden, wenn Verblühtes ausgezupft wird. Möglichst nur mit abgestandenem, nicht zu kaltem Wasser gießen.

Semperflorens-Begonien Diese kleinblütigeren Begonien, die als Beetbepflanzung beliebt sind, werden aus Samen gezogen und haben normale Wurzeln.

Sie blühen gut in 8-cm-Töpfen, großblütigere Formen gedeihen jedoch besser in 11-cm-Töpfen. Damit sie nach den Eisheiligen ausgepflanzt werden können, sät man sie Anfang Januar bei 16° C aus.

Blattbegonien Die Rex-Begonien werden wegen ihrer silbern, cremefarben, rot und purpurn gefärbten Blätter gezogen. *Begonia masoniana* 'Iron Cross' ist eine Blattbegonie mit bronze-roter Zeichnung.

Blattbegonien müssen im Sommer feucht und schattig stehen. Im Winter sollten sie bei 14–18° C etwas trockener gehalten werden. Im April werden sie umgetopft und gleichzeitig durch Teilung vermehrt. Sie lassen sich auch durch Blattstecklinge vermehren (Seite 421).

Gloxinien

In den Frühjahrs- und Sommermonaten sind die aus Brasilien stammenden Gloxinien mit ihren großen roten, rosa, blauen, weißen und mehrfarbigen Blütenglocken begehrte Topfpflanzen.

Damit sie ab Mai blühen, werden Gloxinien im allgemeinen im Dezember/Januar bei Temperaturen von ca. 20° C gesät. Die Sämlinge werden meist zweimal pikiert, bevor sie in den 11 cm großen Endtopf kommen. Die Erde soll sehr humusreich und locker sein. Auch Einheitserde kann verwendet werden. Während der Kultur müssen die Pflanzen vor direkter Sonnenbestrahlung geschützt werden. Auch zu große Feuchtigkeit ist ihnen nicht zuträglich, deshalb gieße man sie immer sehr vorsichtig. Gloxinien benötigen eine gleichmäßige Wärme und sind für eine entsprechende Luftfeuchtigkeit dankbar, jedoch dürfen Blätter und Blüten nicht naß gemacht werden.

Gloxinien sind Knollengewächse, die eine Ruhezeit verlangen. Deshalb wird nach dem Abblühen immer weniger Wasser gegeben, bis die Blätter gelb werden und sich entfernen lassen. Die Knollen überwintern an einem trockenen Platz bei Temperaturen um 15° C, indem man sie aus dem Topf nimmt, von Erde säubert und in trockenen Torfmull einschlägt. Man kann sie aber auch im alten Topf lassen.

Überwinterte oder auch gekaufte Knollen werden im Januar/Februar in frische Erde gepflanzt, angegossen und wärmer gestellt. Die Knollen werden so in 11–12 cm große Töpfe gepflanzt, daß sie 2–3 cm mit Erde bedeckt sind.

Elatior-Begonie

Gloxinie

Usambaraveilchen

In die Verwandtschaft der Gloxinien zählen diese aus den Usambarabergen in Ostafrika stammenden Topf- und Schalenpflanzen. In der Heimat wachsen sie an schattigen Stellen des Urwaldes. Ein halbschattiger Standort bei mäßiger Wärme zwischen 18 und 22° C und eine nicht zu trockene Luft bekommen dem Usambaraveilchen besonders gut. Wird bei größerer Wärme und Sonnenschein mit kaltem Wasser gegossen und gespritzt, bekommen die Blätter helle Flecken.

Umgetopft wird im Frühjahr in eine möglichst humose Erde, auch Einheitserde kann verwendet werden. Der Topf darf nicht zu groß gewählt werden. Junge Pflanzen blühen schon in einem 7–8 cm weiten Töpfchen sehr üppig. Für ältere Pflanzen sollte der Topf oder die Schale nicht größer als 10–11 cm sein. Werden die Pflanzen gleich-

Usambaraveilchen

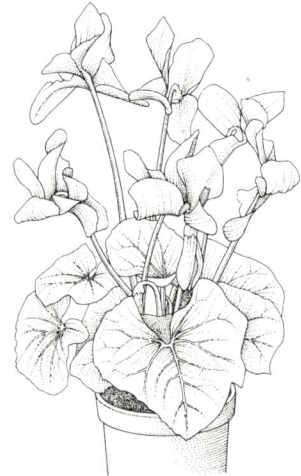

Alpenveilchen

Fuchsie

mäßig feucht gehalten, blühen sie fast während des ganzen Jahres.

Vermehrt werden sie am besten durch Blattstecklinge, die mit einem etwa 2–3 cm langen Stielrest flach in ein Sand-Torf-Gemisch gesteckt werden. Am Grunde der Blattstiele entwickeln sich innerhalb von 4–6 Wochen neue Pflänzchen, die einzeln in kleine Töpfe gesetzt werden. Gedüngt wird äußerst selten und nur im Sommer.

Alpenveilchen

Alpenveilchen sind mannigfaltig in ihren Blütenfarben und Blütenformen. Die Blätter sind häufig mit Silberstreifen geschmückt. Es werden auch Miniaturarten und Arten mit gefransten oder gefüllten Blüten angeboten.

Alpenveilchen sind gegen Temperaturunterschiede, Zugluft oder unregelmäßiges Gießen empfindlich.

Nach der Blüte (März/Mai) welken die oberirdischen Teile der Pflanze und sterben ab. Die Knolle wird im Juli in frische Erde gepflanzt. Man gießt leicht, bis sich die Wurzeln gebildet haben, anschließend stärker. Im Spätseptember werden die Pflanzen ins Gewächshaus zurückgebracht und bei gleichmäßiger Temperatur von 12 bis 14° C gehalten. In Gebieten mit niedrigen Herbsttemperaturen bringt man die Pflanzen früher ein. Man gießt und düngt auch während dieser Zeit regelmäßig. Vorzeitig erschienene Knospen werden entfernt, damit die Pflanze Kraft für die Hauptblütezeit von Dezember bis Frühjahr spart. Sobald sich Blütenknospen bilden, Flüssigdünger geben.

Ab Mai haben die Pflanzen Ruhezeit, man läßt die Erde fast trocken und stellt die Töpfe am besten in einen schattigen, kalten Frühbeetkasten.

Im Juli/August werden die Pflanzen erneut umgetopft, wobei man die gleiche Topfgröße und frische Erde verwendet.

Alpenveilchen können auch aus Samen gezogen werden, die man nur in einer Fachhandlung kaufen sollte. Die Samen sind groß und werden einzeln in Saatschalen mit einem entsprechenden Vermehrungssubstrat gesät. Anschließend deckt man sie etwa 1 cm hoch mit feuchtem Torf ab, der durch ein Sieb gerührt wird. Die günstigste Zeit für die Aussaat liegt zwischen Oktober und Februar. Nach der Aussaat werden die Saatschalen in einen Vermehrungskasten gestellt und brauchen eine gleichmäßige Temperatur von 18° C. Sobald die Sämlinge über dem Torf erscheinen, werden sie sofort in 6 cm große Töpfe mit Einheitserde P umgepflanzt und bleiben bei etwa 18° C. Die Erde muß ständig feucht sein. Wenn die Pflanzen gut angewurzelt sind und kräftig wachsen, senkt man die Temperatur auf etwa 16° C. Im April werden die Pflanzen in 11-cm-Töpfe versetzt und bei warmer Witterung in einen schattigen Frühbeetkasten gebracht.

Beim Umtopfen muß immer darauf geachtet werden, daß die Spitze der Knolle, auch wenn sie nur winzig ist, über die Erde herausragt.

Fuchsien

Die Fuchsie hat viele Vorzüge. Sie ist einfach zu kultivieren und hat eine lange Blütezeit – den ganzen Sommer und Herbst über. Sie läßt sich in verschiedenen Formen ziehen und wird in verschiedenen Arten angeboten – hängend oder stehend.

Man kauft die Pflanzen zum Frühjahrsbeginn und setzt sie in 6-cm-Töpfe mit Einheitserde. Im März/April kommen die Pflanzen in ihre endgültigen 11-cm-Töpfe. Die meisten Fuchsien müssen in irgendeiner Form beschnitten oder gestutzt werden. Am einfachsten zu ziehen ist die Buschform. Man kürzt dazu einige Triebe, um buschiges Wachstum zu fördern. Damit kann man beginnen, sobald die Jungpflanzen einige Zentimeter hoch sind.

Hängepflanzen müssen ebenfalls gestutzt werden, sobald der Haupttrieb über den Topfrand ragt.

Um die Fuchsie als Bäumchen zu ziehen, wird der Haupttrieb nicht gestutzt, damit die Pflanze nur einen einzelnen Stamm bildet. Statt dessen entfernt man alle Seitentriebe mit Ausnahme der Blätter, die direkt am Stamm ansetzen. Nach einiger Zeit bindet man den Stamm fest, damit er aufrecht wächst. Sobald die gewünschte Höhe erreicht ist, knipst man den Haupttrieb ab. Nachdem sich an der Spitze Seitentriebe gebildet haben, werden sie abgeknipst, sobald sie einige Zentimeter lang sind, um sie zu weiteren Seitentrieben anzuregen.

Während der Wachstumszeit gibt man Flüssigdünger und entfernt alle schwachen Triebe. Nach dem Ausgeizen brauchen die Pflanzen 6–8 Wochen, um Blüten zu bilden, falls sie nicht noch einmal zurückgestutzt werden.

Fuchsien sind nicht winterhart und müssen deshalb in einem frostfreien Gewächshaus bei 5–8° C gehalten werden. Im Winter erhalten sie nur so viel Wasser, daß sie gerade vor dem Vertrocknen bewahrt bleiben. Bei Kälte können einige Pflanzen die Blätter verlieren und eine Ruhezeit einlegen. Im Frühjahr, wenn das neue Wachstum beginnt, gießt man wieder mehr. Sobald man sieht, wo sich neue Austriebe bilden, werden alle toten Triebe zurückgeschnitten.

Anschließend werden die Pflanzen in neue Erde getopft und wärmer gestellt. Nach den Eisheiligen können Fuchsien wieder ins Freie gebracht werden.

Im Sommer stehen Fuchsien gern kühl und brauchen hohe Luftfeuchtigkeit und viel Luft. Man sollte einen halbschattigen Standort wählen.

Die Vermehrung erfolgt bei Fuchsien durch Kopfstecklinge, die im Lauf der Vegetationsperiode geschnitten werden (siehe auch Seite 420).

Primeln

Aus der umfangreichen Gruppe der Primeln stammen drei beliebte Gewächshaus-Topfpflanzen.

Primula malacoides (Fliederprimel) bildet im Frühjahr hübsche runde Blütenbüschel und wird als einjährige Pflanze gezogen. *P. obconica* (Becherprimel) ist eine mehrjährige Pflanze, die fast nie ohne Blüten ist. Sie blüht bereits im ersten Jahr, wenn sie im Januar oder Februar gesät wurde. *P. sinensis* (Chinesenprimel), die als einjährige Pflanze gezogen wird, hat einen dicken Stiel mit zwei oder drei Büscheln leuchtend gefärbter Blüten, die von Februar–April blühen.

P. malacoides und *P. sinensis* werden von Mai–August gesät. Sie keimen bei Temperaturen von nur etwa 12–14° C. *P. obconica* wird von Januar–Juni bei etwa 16° C ausgesät. Alle drei werden als Keimlinge in 6-cm-Töpfe pikiert. Man verwendet Einheitserde oder eine andere Blumenerde auf Torfbasis. Später topft man nach Bedarf um, stellt die Pflanzen schattig und hält die Erde gleichmäßig feucht. *P. obconica* braucht schließlich einen 11 cm großen Topf, die anderen Arten Töpfe von 9–10 cm. Im Winter reichen Temperaturen von 10–12° C aus.

Pelargonien (Geranien)

Die häufigsten Pelargonien sind die Zonalpelargonien, bekannter unter dem Namen Geranien.

Neuerdings sind einige schöne F_1-Hybriden aus Samen auf dem Markt erschienen. Sie werden bei etwa 16° C so früh wie möglich gesät, damit sie im Sommer blühen. Nach der Keimung werden die Sämlinge in kleine und später in 11–12 cm große Töpfe gesetzt. Frühzeitig gesäte Pflanzen können auch ins Freie versetzt werden. Am häufigsten werden Pelargonien jedoch für die Balkonbepflanzung verwendet.

Buschiges Wachstum wird durch Stutzen der bewurzelten Stecklinge gefördert, sobald sie einige Zentimeter hoch sind. Vorzeitig erschienene Blütenknospen werden entfernt. Im Herbst stellt man die Pflanzen zur Überwinterung ins Gewächshaus. Dann nur wenig gießen. Im Januar/Februar werden die Pflanzen umgetopft (11-cm-Topf) und bei 12–14° C gehalten. Ab Ende April beginnen sie zu blühen.

Edelpelargonien sind die typischen Gewächshauspelargonien. Sie werden in einer großen Farbskala angeboten, blühen aber wesentlich kürzer als die Zonalpelargonien.

Die Haupttriebe der Jungpflanzen werden frühzeitig gestutzt, um buschiges Wachstum zu fördern. Alte Pflanzen werden zurückgeschnitten, sobald sie im Frühjahr zu wachsen beginnen, damit sie unten nicht kahl werden. Die abgeschnittenen Teile können als Stecklinge verwendet werden. Edelpelargonien dürfen nicht in der vollen Sonne stehen. Sie gehören entweder auf den geschützten Balkon oder ins Blumenfenster.

Efeupelargonien sind eigentlich Hängepflanzen und für Hängekörbe ideal geeignet, können aber auch an Gittern oder Drähten hochgezogen werden. Sie blühen so lange wie Zonalpelargonien und sollten in gleicher Weise gepflegt werden. Auch sie muß man frühzeitig stutzen.

Alle Pelargonien brauchen während der gesamten Wachstumszeit feuchte, aber niemals übernäßte Erde. Im Winter hält man die meisten Pelargonien trocken und sorgt auch für trockene Luft. Kälte und Feuchtigkeit können zu Wurzel- und Stammfäule führen, und Frost ist im allgemeinen für die Pflanzen tödlich. Wenn das Wetter es zuläßt, sollte man den Lagerraum auch im Winter reichlich lüften.

Alle Pelargonien sind leicht durch Stecklinge zu vermehren, die man im Frühjahr und Sommer abnimmt. Die bewurzelten Stecklinge läßt man im Winter bei einer Mindest-temperatur von etwa 10° C weiterwachsen. Edelpelargonien müssen unter Glas etwas schattiert werden, aber im allgemeinen lieben alle Pelargonien das Licht.

Azaleen

Die rot, rosa und weiß blühenden Azaleen mit der richtigen Bezeichnung *Rhododendron simsii* sind sehr beliebte Topfpflanzen, die zwischen Weihnachten und Mai blühen. Die Schwierigkeit bei der Pflege liegt darin, daß Azaleen wie die meisten Heidekrautgewächse kalkempfindlich sind. Man soll sie deshalb mit kalkfreiem Wasser gießen, also mit Regenwasser oder enthärtetem Wasser.

Nach dem Blühen bricht man alle verwelkten Blüten samt den Stielchen sauber aus und stellt die Pflanzen bis etwa Mitte Mai kühl (bei etwa 10° C) auf. Danach werden die Azaleen an eine schattige Stelle des Gartens gestellt, regelmäßig gegossen und an warmen Tagen mehrmals mit Wasser übersprüht. Etwa alle zwei Wochen wird mit einer schwachen Volldüngerlösung gegossen. Am besten nimmt man dazu einen Spezialdünger für Moorbeetpflanzen. Ab Mitte September werden die Azaleen wieder an einen möglichst kühlen Platz gestellt.

Sollen die Pflanzen zu Weihnachten blühen, kommen sie etwa sechs Wochen vorher in die Wärme (bei ca. 18° C). Neue Austriebe unter den Blütenknospen, die sogenannten Geiztriebe, werden vorsichtig ausgebrochen. Auch während dieser Zeit dürfen die Pflanzen weder ballentrocken stehen noch vernässen. Umgetopft wird nach der Blüte in eine Mischung aus Heide- oder Nadelerde und Torfmull.

Eine andere Erde ist nicht geeignet, weil Azaleen nur in einer sauren Erde gut weiterwachsen. Es gibt Pflanzenliebhaber, die ihre Azaleen viele Jahre am Leben erhalten und sich immer wieder am Blütenflor der Pflanze erfreuen.

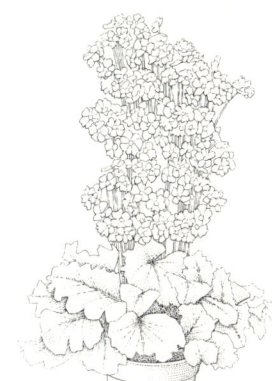

Primula malacoides

Pelargonium-Zonale-Hybride (Geranie)

Azalee (*Rhododendron simsii*)

Gewächshauspflanzen von A–Z

In der folgenden Tabelle sind verschiedene Gewächshauspflanzen zusammengestellt. Sie wurden wegen ihrer schönen Blüten, Blätter oder Früchte ausgewählt oder deshalb, weil sie eine Kuriosität darstellen.

Die angeführten Mindesttemperaturen reichen von 1° C bis 21° C. Die Beschreibung der Pflanzen bezieht sich auf die Topfpflanze im Gewächshaus; im Freien können sich bestimmte Eigenschaften und Wachstumsmerkmale wesentlich ändern. Höhe und Umfang gelten ebenfalls nur für Topfpflanzen. Die Temperaturangabe bezieht sich auf das erforderliche Minimum im Winter.

Viele Pflanzen können für maxi-

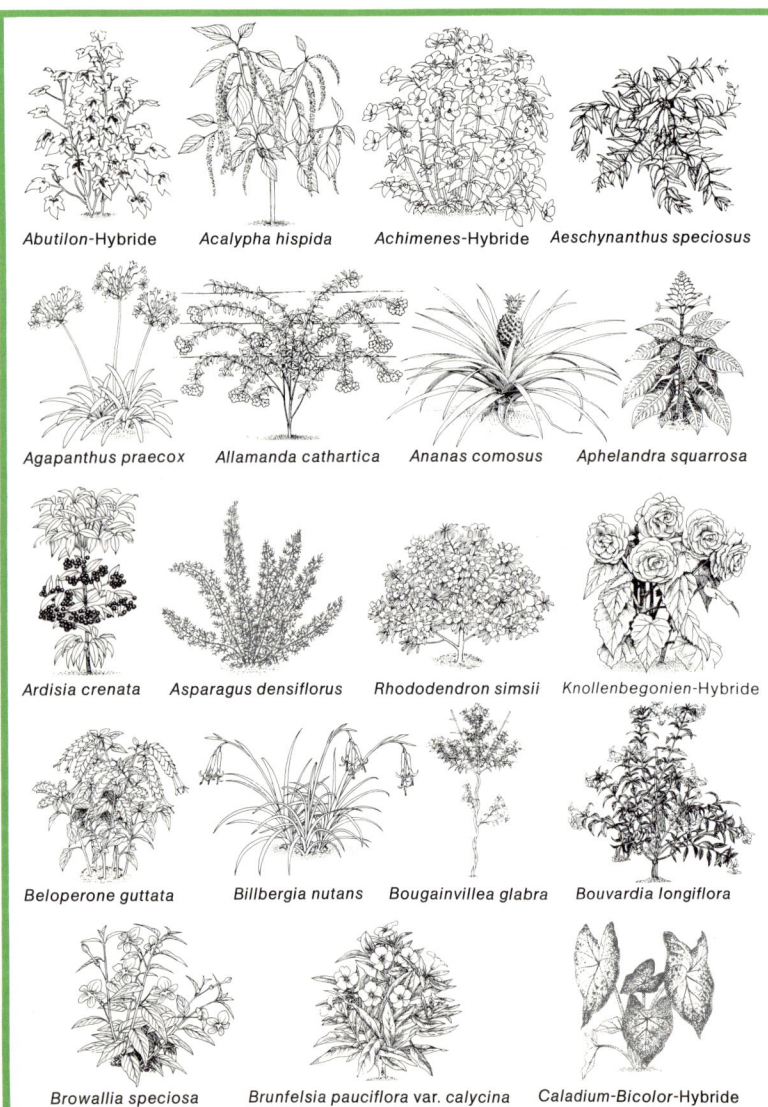

Abutilon-Hybride   Acalypha hispida   Achimenes-Hybride   Aeschynanthus speciosus

Agapanthus praecox   Allamanda cathartica   Ananas comosus   Aphelandra squarrosa

Ardisia crenata   Asparagus densiflorus   Rhododendron simsii   Knollenbegonien-Hybride

Beloperone guttata   Billbergia nutans   Bougainvillea glabra   Bouvardia longiflora

Browallia speciosa   Brunfelsia pauciflora var. calycina   Caladium-Bicolor-Hybride

Name	Beschreibung
Abutilon-Hybriden Schönmalve	Strauchartiger Wuchs. Glockenförmige Blüten, verschiedene Farben, prächtige Staubgefäße
Acalypha hispida Nesselschön, Katzenschwanz	Strauchartiger Wuchs; lange, prächtige, hängende, scharlachrote Ähren
Achimenes-Hybriden Schiefteller	Mehrjährige Pflanze. Blüten mit schmaler, langer Kronröhre und breitem Kronsaum in prächtigen Farben. Hübsche Blätter
Aeschynanthus speciosus Schamblume	Ausdauernd. Büschel von scharlachroten und gelben Röhrenblüten. Reich blühend. Ovale, spitz zulaufende, dicke, etwas glänzende Blätter
Agapanthus praecox Schmucklilie	Mehrjährige Pflanzen, einige immergrün. Zahlreiche blaue Blüten in einer großen, lockeren Dolde
Allamanda cathartica Allamande	Rankender Halbstrauch. Kräftig; prächtige gelbe, manchmal violette Blüten. Nur für Gewächshaus oder große Wintergärten
Ananas comosus	Immergrüne, mehrjährige Pflanze. Blütenstand zapfenartig. Früchte gelegentlich eßbar im Herbst
Aphelandra squarrosa Glanzkölbchen	Immergrüne, mehrjährige Pflanze. Schöne, grüngelb gezeichnete Blätter. Gelbe Blütenähren
Ardisia crenata Ardisie	Immergrüner Strauch. Weiße oder rosa Blüten, später leuchtendrote Beeren
Asparagus densiflorus Zierspargel	Immergrüne mehrjährige Pflanze. Hübsche, kompakte, nadelähnliche Blätter. Blüten unauffällig
Azalea *Rhododendron simsii*	Immergrüner Strauch. Prächtige Blüten in schönen Farben, Pflanzen buschig
Begonia Strauchbegonien Blatt- und Blütenbegonien	Mehrjährige Pflanzen, einige immergrün. Viele Blütenformen und Farben. Schöne Blätter
Beloperone guttata Spornbüchschen	Immergrüner Strauch. Ungewöhnliche, hopfenähnliche braunrot gefärbte Deckblätter (Brakteen)
Billbergia nutans Zimmerhafer	Mehrjährig. Ungewöhnliche hängende blaue, gelbe oder rosa Blüten. Blätter schmal
Bougainvillea glabra	Kletterpflanze. Besonders farbenprächtige Hochblätter oder Brakteen in Rot, Violett oder Orange
Bouvardia Bouvardie	Strauch. Prächtige, büschelweise angeordnete, rosa, rote oder weiße, duftende Röhrenblüten. Immergrüne Blätter
Browallia speciosa Browallie	Halbstrauchartige Pflanze. Ausdauernd. Zahlreiche violette, blaue oder weiße Blüten
Brunfelsia pauciflora var. calycina Brunfelsie	Strauch. Große violette Blüten fast das ganze Jahr über. Glänzende, immergrüne Blätter
Caladium-Bicolor-Hybriden Kaladie (Buntwurz)	Ausdauernd. Große, schön gefärbte Blätter; Blätter ziehen ein

mal zwei bis drei Tage etwas niedrigere Temperaturen aushalten.

Die Abkürzung E steht für Einheitserde. Es können jedoch auch andere Erden verwendet werden.

Für die Abnahme von Stecklingen, für die Teilung und andere Vermehrungsarten werden Monate angegeben, in denen der Erfolg am besten gewährleistet ist.

Wenn als Vermehrungsmethode einfach angegeben ist „Stecklinge", heißt dies, daß Kopfstecklinge abgenommen werden sollen. Näheres darüber findet man auf Seite 420.

Die Spalte „Anzucht aus Samen" gilt im allgemeinen für gekaufte Samen. Die Monate gelten für die Aussaat, die Temperaturangaben für die Keimung.

Höhe und Breite	Blütezeit	Min. Wintertemperatur	Pflegeanforderungen	Vermehrung	Anzucht aus Samen
H 60–90 cm B 45–60 cm	Mai–Oktober	5° C	Im Sommer Halbschatten; im Winter viel Licht. E	Samen, Stecklinge	März, 18° C
H 90 cm B 30–45 cm	Juli–Oktober	16° C	Möglichst feucht, schattig, hohe Luftfeuchtigkeit	Stecklinge März–April, 26° C	
H 15–60 cm B 15–40 cm	Juli–Oktober	14° C	Halbschatten, Luftfeuchtigkeit. E	Rhizome März–April; Stecklinge Februar–April, 18–21° C	
Hängepflanze	Mai–September	12° C	Gut geeignet für Ampeln oder Holzkörbe. Im Frühjahr umtopfen in humusreiche Erde oder Torfkultursubstrate. Viel Luftfeuchtigkeit und Schatten. Feucht halten	Stecklinge Mai–Juni, 18–21° C	
H 60–75 cm B 30–45 cm	Juni–August	8° C	Viel Licht, luftig; im Sommer feucht. E	Teilung zu Beginn der Wachstumszeit; Samen	März, 18° C
H 1–3 m B 1 m	Juli–September	10° C	Hell, aber nicht vollsonnig; gewisse Luftfeuchtigkeit; im Sommer feucht, im Winter und Herbst fast trocken. E. Im Winter stutzen	Stecklinge Juli–August, 26° C	
H 60 cm B 45 cm	Juli–August	15° C	Viel Licht, Luftfeuchtigkeit und Bodenfeuchtigkeit. Pflanzmaterial aus Lauberde, Heideerde, etwas Rasenerde und Sand mischen	Vermehrung durch Kindel, April–Mai, 26° C	
H 60 cm B 30–45 cm	Juni–November (manchmal später)	10° C	Schattig aufstellen, Luftfeuchtigkeit; im Winter sorgfältig gießen. E	Stecklinge Mai–August, 26° C; Abmoosen	
H 60–90 cm B 30–45 cm	Juni	12–15° C	Viel Licht und luftig; E. Anfang Frühjahr umtopfen. Im Frühjahr stutzen. Im Sommer reichlich gießen	Stecklinge Mai–August, 26° C; Samen	März–April, 18° C
H 30–60 cm B 45 cm		7° C	Halbschatten, im Sommer feucht. E	Teilung März–April; Samen	März–April, 24° C
H 15–45 cm B 15–45 cm	Dezember–April	5° C	Saure Erde wichtig. Pflanze braucht in der Wachstumszeit Luftfeuchtigkeit und Halbschatten	Stecklinge	
H bis 1,5 m B 30–90 cm H 15–45 cm B 15–30 cm	Verschiedene Arten das ganze Jahr über	5–10° C	Halbschatten, einige Typen vertragen volle Sonne und weniger Luftfeuchtigkeit. E	Stecklinge März–April, 18–21° C; Samen	Januar–April, 21° C
H 45–60 cm B 30–60 cm	Fast ununterbrochen	7° C	Bei voller Sonne bessere Ausfärbung der Brakteen, verträgt auch Schatten. E	Stecklinge März–April, 18° C	
H 45 cm B 30 cm	März–Mai	12° C	Luftfeuchtigkeit, von oben leicht abschatten; in Blattrosetten gießen. Locker eintopfen. E	Kindel	
H 0,9–1,2 m B 45 cm	Juni–September	7° C	Viel Licht, Luft und Nahrung während des Sommers. Im Februar stutzen	Stecklinge Juni–Juli, 21° C	
H 60–90 cm B 30–60 cm	Juli–Oktober	13° C	Halbschatten, kann im Sommer an geschütztem Platz im Freien stehen. E	Stecklinge März–April, 21° C	
H 45–60 cm B 20–35 cm	Juni–September	10° C	Halbschatten und hohe Luftfeuchtigkeit im Sommer, viel Licht im Winter. E	Samen	März–April, 18° C
H 60–90 cm B 45–60 cm	März–Juli, oft länger	13° C	Schatten und Luftfeuchtigkeit im Sommer. Im Winter fast trocken. E	Stecklinge April–Mai, 21° C	
H 20–45 cm B 30–45 cm		15° C	Wärme, Luftfeuchtigkeit und Schatten. E. Im Sommer reichlich gießen, im Winter trocken halten	Seitenknollen März–April, 20° C	

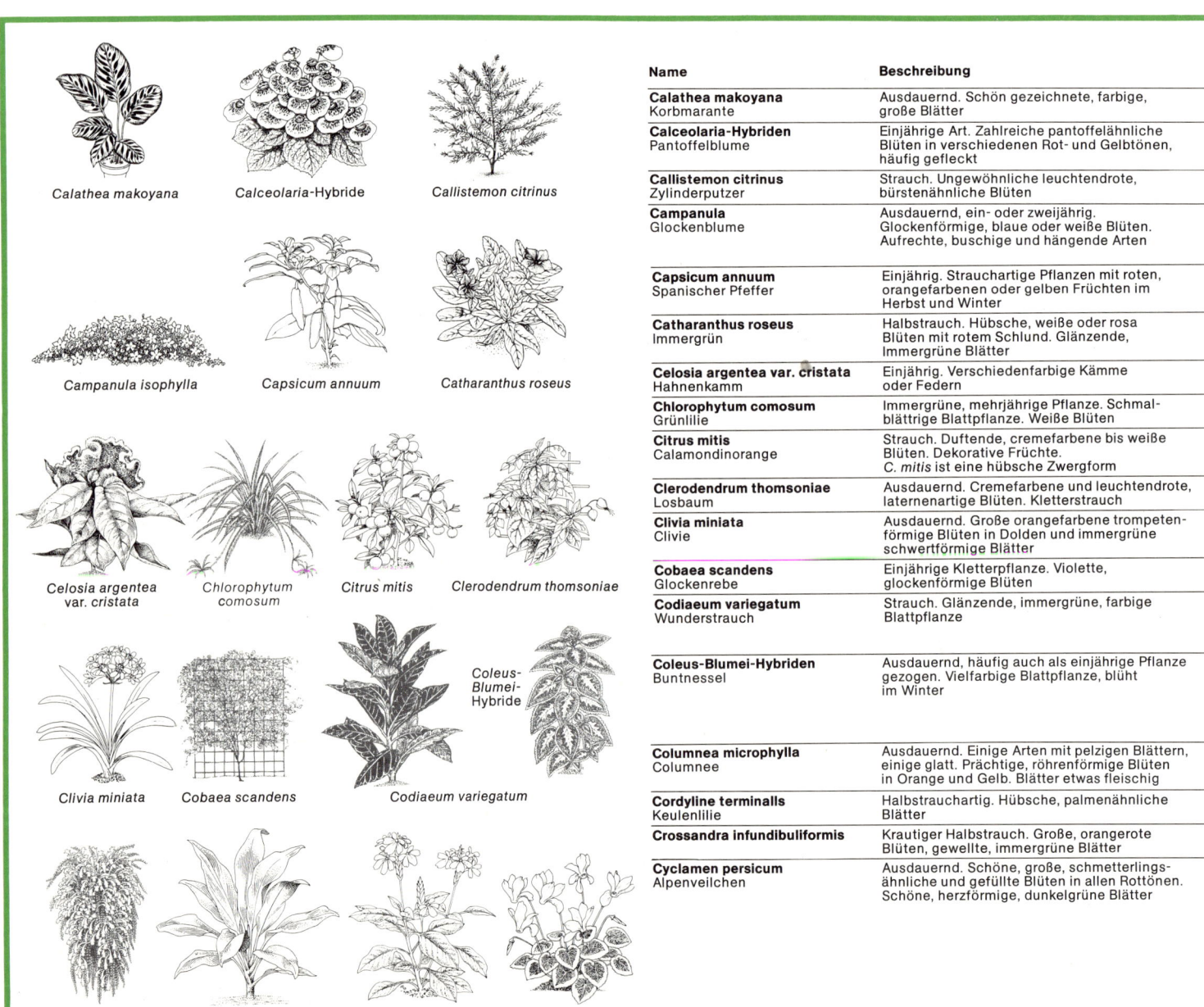

Calathea makoyana

Calceolaria-Hybride

Callistemon citrinus

Campanula isophylla

Capsicum annuum

Catharanthus roseus

Celosia argentea var. cristata

Chlorophytum comosum

Citrus mitis

Clerodendrum thomsoniae

Clivia miniata

Cobaea scandens

Codiaeum variegatum

Coleus-Blumei-Hybride

Columnea microphylla   Cordyline terminalis   Crossandra infundibuliformis   Cyclamen persicum

Name	Beschreibung
Calathea makoyana Korbmarante	Ausdauernd. Schön gezeichnete, farbige, große Blätter
Calceolaria-Hybriden Pantoffelblume	Einjährige Art. Zahlreiche pantoffelähnliche Blüten in verschiedenen Rot- und Gelbtönen, häufig gefleckt
Callistemon citrinus Zylinderputzer	Strauch. Ungewöhnliche leuchtendrote, bürstenähnliche Blüten
Campanula Glockenblume	Ausdauernd, ein- oder zweijährig. Glockenförmige, blaue oder weiße Blüten. Aufrechte, buschige und hängende Arten
Capsicum annuum Spanischer Pfeffer	Einjährig. Strauchartige Pflanzen mit roten, orangefarbenen oder gelben Früchten im Herbst und Winter
Catharanthus roseus Immergrün	Halbstrauch. Hübsche, weiße oder rosa Blüten mit rotem Schlund. Glänzende, Immergrüne Blätter
Celosia argentea var. cristata Hahnenkamm	Einjährig. Verschiedenfarbige Kämme oder Federn
Chlorophytum comosum Grünlilie	Immergrüne, mehrjährige Pflanze. Schmalblättrige Blattpflanze. Weiße Blüten
Citrus mitis Calamondinorange	Strauch. Duftende, cremefarbene bis weiße Blüten. Dekorative Früchte. *C. mitis* ist eine hübsche Zwergform
Clerodendrum thomsoniae Losbaum	Ausdauernd. Cremefarbene und leuchtendrote, laternenartige Blüten. Kletterstrauch
Clivia miniata Clivie	Ausdauernd. Große orangefarbene trompetenförmige Blüten in Dolden und immergrüne schwertförmige Blätter
Cobaea scandens Glockenrebe	Einjährige Kletterpflanze. Violette, glockenförmige Blüten
Codiaeum variegatum Wunderstrauch	Strauch. Glänzende, immergrüne, farbige Blattpflanze
Coleus-Blumei-Hybriden Buntnessel	Ausdauernd, häufig auch als einjährige Pflanze gezogen. Vielfarbige Blattpflanze, blüht im Winter
Columnea microphylla Columnee	Ausdauernd. Einige Arten mit pelzigen Blättern, einige glatt. Prächtige, röhrenförmige Blüten in Orange und Gelb. Blätter etwas fleischig
Cordyline terminalls Keulenlilie	Halbstrauchartig. Hübsche, palmenähnliche Blätter
Crossandra infundibuliformis	Krautiger Halbstrauch. Große, orangerote Blüten, gewellte, immergrüne Blätter
Cyclamen persicum Alpenveilchen	Ausdauernd. Schöne, große, schmetterlingsähnliche und gefüllte Blüten in allen Rottönen. Schöne, herzförmige, dunkelgrüne Blätter

Höhe und Breite	Blütezeit	Min. Winter-temperatur	Pflegeanforderungen	Vermehrung	Anzucht aus Samen
H 20–40 cm B 15–30 cm		15° C	Halbschatten, Luftfeuchtigkeit und gleichmäßige Wärme. Viel Feuchtigkeit im Sommer. E	Teilung im Februar/März, 18° C	
H 15–45 cm B 15–30 cm	März–Mai	8–10° C	Halbschatten während der Blütezeit, im Winter luftig	Samen	Juni–Juli, 15–18° C
H 0,9–2 m B 0,9–1,2 m	Juli–September	1° C	Hell und luftig. E. Kann im Sommer im Freien stehen	Stecklinge Mai–Juli, 18° C	
Höhe und Breite von einigen Zentimetern bis über 1 m	Mai–September	5° C	Sonne oder Halbschatten, mäßige Luftfeuchtigkeit. Überwinterung kühl (bei 3–6° C), dabei mäßig gießen. Erde lehmig humos und kalkhaltig. Um buschigen Wuchs zu erhalten, zwei- bis dreimal stutzen. E	C. isophylla: Stecklinge März–April, 10–13° C; C. pyramidalis als zwei-jährige Pflanze aus Samen	März–April, 18° C
H 15–60 cm B 15–30 cm	Juni–September	5° C	Viel Licht. Im Sommer viel lüften. E	Samen	Januar–April, 18° C
H 20–40 cm B 30 cm	März–Oktober	10° C	Drei Jungpflanzen in 10–12 cm große Töpfe mit E setzen. Reichlich gießen. Viel Luftfeuchtigkeit und Halbschatten	Samen	Februar, 21° C
H 30–60 cm B 20–30 cm	Juli–September	5° C	Viel Licht und Luft. 8–11 cm große Töpfe. E	Samen	April, 18° C
H 30 cm B 30–60 cm	Januar–November	8° C	Hell, aber keine direkte Sonne. In der Wachstumszeit gründlich gießen. E	Ausläufer bewurzeln; Teilung März–April	
H 80 cm B 50 cm	April–Juni	5–8° C	Heller, sonniger Platz; im Sommer auch im Freien und reichlich gießen. Gelegentlich mit Eisenpräparaten düngen. Im Herbst Wassergaben reduzieren	Stecklinge Juli–August, 16–18° C	
H 0,9–1,5 m B 30–45 cm	März–Juli	13° C	Einer der schönsten Warmhausschlinger. Halbschatten und reichlich Wasser im Frühjahr und Sommer	Stecklinge April–Juni, 21° C	
H 50–80 cm B 45 cm	Februar–Mai	10–12° C	Im Sommer leichter Schatten und reichlich gießen. Kann im Freien stehen. E. Einmal wöchentlich flüssig düngen	Abnehmen der kleinen Nebentriebe nach der Blüte; Samen	Zur Samenreifung 21° C
H 2 m B 60 cm	Juni–Oktober	5° C	Viel Licht. E. Stöcke oder Drähte zum Festhalten	Samen	März–April, 16° C
H 0,6–2 m B 30–60 cm		18–20° C	Viel Licht, in den Mittagsstunden für Schatten sorgen. Hohe Luftfeuchtigkeit und gleichmäßige Temperatur. E. Blätter bei heißer Witterung absprühen. Im Sommer können die Pflanzen ins Zimmer genommen werden	Stecklinge März–Juni, 26° C	
H 30–60 cm B 30–60 cm	Juni–September	10° C	Vollsonne oder Halbschatten. E. Reichlich düngen. Verblühtes entfernen. Nach ein- bis zweimaligem Stutzen wird eine gute Verzweigung erreicht	Stecklinge März–April oder Juli–August, 21° C; interessant ist die Ver-mehrung durch Aussaat, weil die Pflänzchen unter-schiedlich gezeichnet sind	März, 16° C
Hängepflanze, 60 cm und mehr	März–August	15–16° C	Als Ampelpflanzen in sehr durchlässiger, lockerer Erde kultivieren. Leicht abschatten. Im Sommer absprühen	Stecklinge März–Mai, 21° C	
H 1,2–2 m B 30–60 cm		10° C	Hell, jedoch nicht vollsonnig. Reichlich gießen. Im Winter spärlich feucht halten. E	Kopfstecklinge und Wurzel-rhizome, Abmoosen	
H 30–60 cm B 30–35 cm	Mai–August	15° C	Halbschatten und hohe Luftfeuchtigkeit im Sommer, kein Schatten und niedrige Luftfeuchtigkeit im Winter. E	Stecklinge März–Juni, 21° C; Samen	März–April, 21° C
H 10–30 cm B 30 cm	August–April	10–15° C	Gleichmäßige Temperatur wichtig. Im Sommer in schattigem, kaltem Kasten leicht feucht halten. An kühlen Tagen vorsichtig gießen, damit die Knolle nicht naß wird. Alles Verblühte und Faulende laufend entfernen	Knolle im Juli in frische Erde pflanzen; Samen	September bis November, 18° C

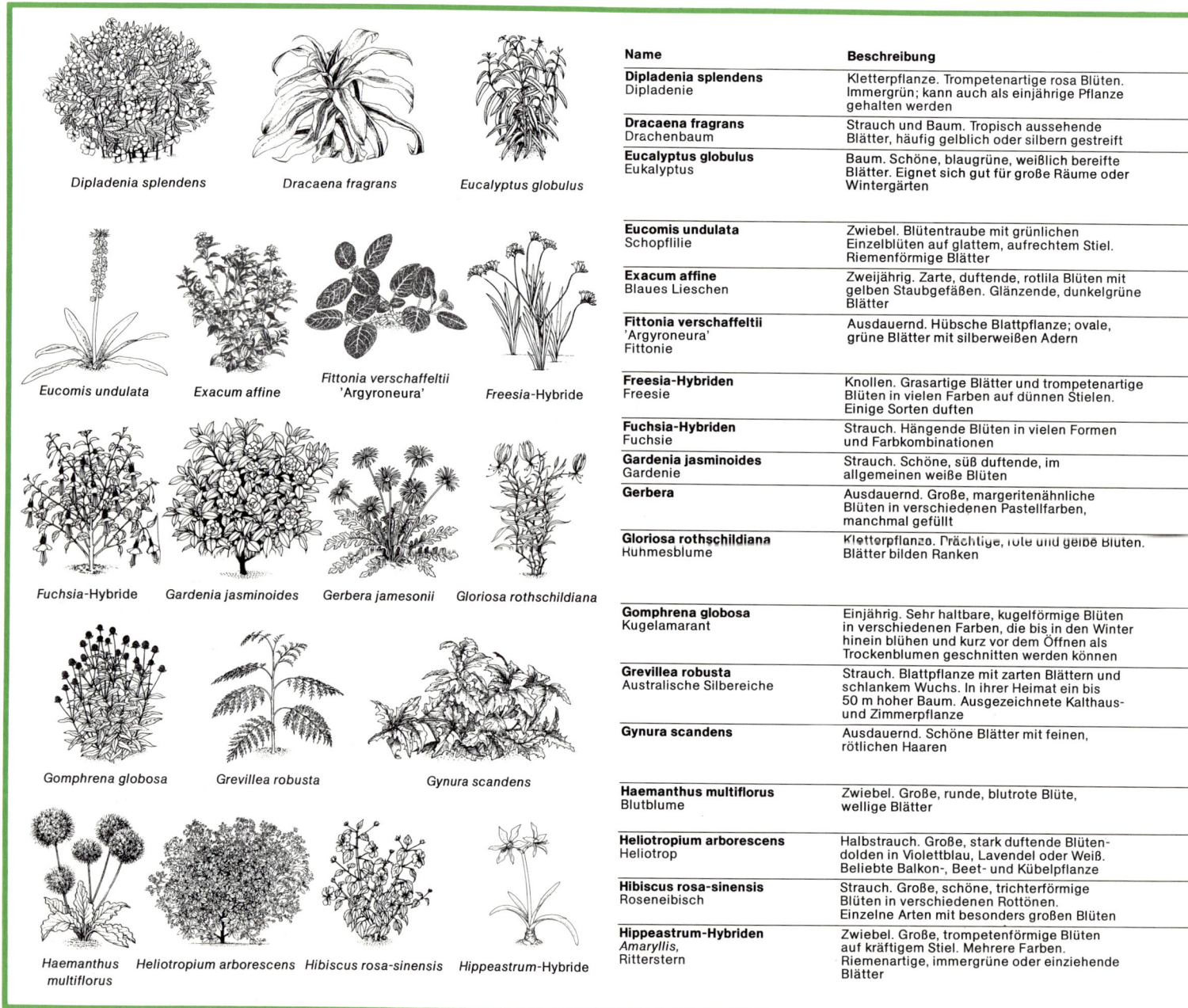

Dipladenia splendens *Dracaena fragrans* *Eucalyptus globulus*

Eucomis undulata *Exacum affine* *Fittonia verschaffeltii 'Argyroneura'* *Freesia*-Hybride

Fuchsia-Hybride *Gardenia jasminoides* *Gerbera jamesonii* *Gloriosa rothschildiana*

Gomphrena globosa *Grevillea robusta* *Gynura scandens*

Haemanthus multiflorus *Heliotropium arborescens* *Hibiscus rosa-sinensis* *Hippeastrum*-Hybride

Name	Beschreibung
Dipladenia splendens Dipladenie	Kletterpflanze. Trompetenartige rosa Blüten. Immergrün; kann auch als einjährige Pflanze gehalten werden
Dracaena fragrans Drachenbaum	Strauch und Baum. Tropisch aussehende Blätter, häufig gelblich oder silbern gestreift
Eucalyptus globulus Eukalyptus	Baum. Schöne, blaugrüne, weißlich bereifte Blätter. Eignet sich gut für große Räume oder Wintergärten
Eucomis undulata Schopflilie	Zwiebel. Blütentraube mit grünlichen Einzelblüten auf glattem, aufrechtem Stiel. Riemenförmige Blätter
Exacum affine Blaues Lieschen	Zweijährig. Zarte, duftende, rotlila Blüten mit gelben Staubgefäßen. Glänzende, dunkelgrüne Blätter
Fittonia verschaffeltii 'Argyroneura' Fittonie	Ausdauernd. Hübsche Blattpflanze; ovale, grüne Blätter mit silberweißen Adern
Freesia-Hybriden Freesie	Knollen. Grasartige Blätter und trompetenartige Blüten in vielen Farben auf dünnen Stielen. Einige Sorten duften
Fuchsia-Hybriden Fuchsie	Strauch. Hängende Blüten in vielen Formen und Farbkombinationen
Gardenia jasminoides Gardenie	Strauch. Schöne, süß duftende, im allgemeinen weiße Blüten
Gerbera	Ausdauernd. Große, margeritenähnliche Blüten in verschiedenen Pastellfarben, manchmal gefüllt
Gloriosa rothschildiana Ruhmesblume	Kletterpflanze. Prächtige, rote und gelbe Blüten. Blätter bilden Ranken
Gomphrena globosa Kugelamarant	Einjährig. Sehr haltbare, kugelförmige Blüten in verschiedenen Farben, die bis in den Winter hinein blühen und kurz vor dem Öffnen als Trockenblumen geschnitten werden können
Grevillea robusta Australische Silbereiche	Strauch. Blattpflanze mit zarten Blättern und schlankem Wuchs. In ihrer Heimat ein bis 50 m hoher Baum. Ausgezeichnete Kalthaus- und Zimmerpflanze
Gynura scandens	Ausdauernd. Schöne Blätter mit feinen, rötlichen Haaren
Haemanthus multiflorus Blutblume	Zwiebel. Große, runde, blutrote Blüte, wellige Blätter
Heliotropium arborescens Heliotrop	Halbstrauch. Große, stark duftende Blütendolden in Violettblau, Lavendel oder Weiß. Beliebte Balkon-, Beet- und Kübelpflanze
Hibiscus rosa-sinensis Roseneibisch	Strauch. Große, schöne, trichterförmige Blüten in verschiedenen Rottönen. Einzelne Arten mit besonders großen Blüten
Hippeastrum-Hybriden *Amaryllis,* Ritterstern	Zwiebel. Große, trompetenförmige Blüten auf kräftigem Stiel. Mehrere Farben. Riemenartige, immergrüne oder einziehende Blätter

Höhe und Breite	Blütezeit	Min. Wintertemperatur	Pflegeanforderungen	Vermehrung	Anzucht aus Samen
H 1,2–1,5 m B 30 cm	Juni–September	10° C	Reichlich gießen. Vertragen viel Sonne, werden aber besser in der heißesten Tageszeit leicht beschattet. Im Winter fast trocken halten. E	Stecklinge März–April oder Juni–Juli, 18° C	
H 0,6–1,2 m B 30–60 cm		7° C	Reichlich Licht begünstigt Blattfärbung; aber auf Luftfeuchtigkeit achten. Im Winter sparsam gießen. E	Stecklinge März, 24° C	
H 1–2,5 m B 0,6–1,2 m		7° C	Kann im Sommer auch im Freien aufgestellt werden. Verträgt auch volle Sonne. Ältere Bäume werden bald zu groß und unansehnlich, durch junge ersetzen. Während der Vegetationszeit wird viel Feuchtigkeit benötigt. Auch regelmäßige Düngergaben. E	Samen	Januar–Februar, 21° C
H 45–60 cm B 30–45 cm	Juli–September	3° C	Von Frühjahr bis Herbst reichlich gießen. Töpfe im Winter trocken halten. E	Vermehrung durch Nebenzwiebeln, März	
H 25–30 cm B 25 cm	April–August	10° C	Halbschatten und Luftfeuchtigkeit. Am besten sechs bis acht Jungpflanzen in 10–12 cm großen Topf setzen	Samen	Februar–März, 18° C
H 7–10 cm B 15–25 cm		16° C	Schatten und hohe Luftfeuchtigkeit. Gleichmäßige Temperatur. Halbhohe Töpfe am besten geeignet. E. Hohe Temperaturen im Sommer unschädlich. Pflanzen dürfen nicht austrocknen	Stecklinge April–Mai, 24° C	
H 30–50 cm B 10–15 cm	Oktober–April	7° C	Hell und luftig stellen. Etwa 4–6 Knollen in einen 12-cm-Topf setzen. Mit kleinen Stöcken abstützen. E	Samen	Januar–März, 18° C
H 25–60 cm B 20–30 cm	Mai–Oktober	5° C	Kühl und feucht, luftig und halbschattig im Sommer. Im Winter vor Frost schützen und schwach feucht halten	Stecklinge März, 16–18° C	
H 0,3–1,8 m B 45–60 cm	Juni–Oktober	15° C	Gleichbleibende Wärme und Luftfeuchtigkeit wichtig. Im Sommer reichlich gießen. Im Winter trockener halten. E	Stecklinge März, 26° C	
H 45 cm B 30–45 cm	Mai–Oktober	12° C	Viel Licht im Winter, halbschattig im Sommer. Feucht halten, aber nicht durchnässen. 13–18 cm große Töpfe mit E	Samen	Februar–März, 25° C
H 0,9–2 m B 30 cm	Juni–September	7° C	Von Februar bis Frühjahr je eine Knolle in 12–15 cm großen Töpfen vortreiben. Etwas Schatten und gute Luftfeuchtigkeit geben. Im Winter trocken halten. E. In der Wachstumszeit einmal wöchentlich mit verdünnter Düngerlösung gießen und reichlich Wasser geben	Knollige Rhizome beim Umtopfen trennen	
H 15–30 cm B 15–20 cm	Juli–September		Hell und luftig stellen. Mäßig gießen. Mehrere Setzlinge zusammen in 13-cm-Töpfe mit E setzen	Samen	März–April, 18° C
H 30–90 cm B 45 cm		7° C	Sonne bis Halbschatten. Beim Umtopfen soll der neue Topf nur wenig größer sein als der alte. Für buschiges Wachstum zurückschneiden	Samen	Februar–März, 18° C
H 45–75 cm B 30 cm	April–September	10° C	Halbschatten im Sommer, viel Licht im Winter. Ausreichend Luftfeuchtigkeit. Blätter vor Wasser schützen. E. Sollen die Pflanzen über ein Jahr behalten werden, werden sie im April oder Mai umgetopft	Stecklinge April–Mai, 21° C	
H 45–60 cm B 30–45 cm	April–Mai	7–12° C	Sonne bis Halbschatten. Umpflanzen ist nur alle paar Jahre nötig. Die Spitze der Zwiebel muß von Erde frei bleiben. E. Im Winter fast trocken halten	Abtrennen der Nebentriebe	
H 30–60 cm B 30–45 cm	April–September	5–10° C	Volle Sonne, viel Luft; in 10–11 cm großen Töpfen kultivieren. E. Für buschiges Wachstum zurückschneiden. Erst nach den Eisheiligen ins Freie bringen	Stecklinge Juli–August oder März–April, 18° C; Samen	Februar–März, 18° C
H 0,9–1,2 m B 60–90 cm	Juni–September	12–15° C	Halbschatten, Luftfeuchtigkeit. Im Sommer reichlich gießen, im Winter trockener halten	Stecklinge April–Mai oder Juli–August, 18–21° C	
H 30–60 cm B 30 cm	November–Mai	16° C	In 12–14 cm großen Töpfen mit E pflanzen; Zwiebelspitze muß über die Erde ragen. Zuerst vorsichtig gießen, dann, wenn sich Blätter bilden, stärker. Im Winter leicht feucht halten	Abtrennen der Seitenzwiebeln	

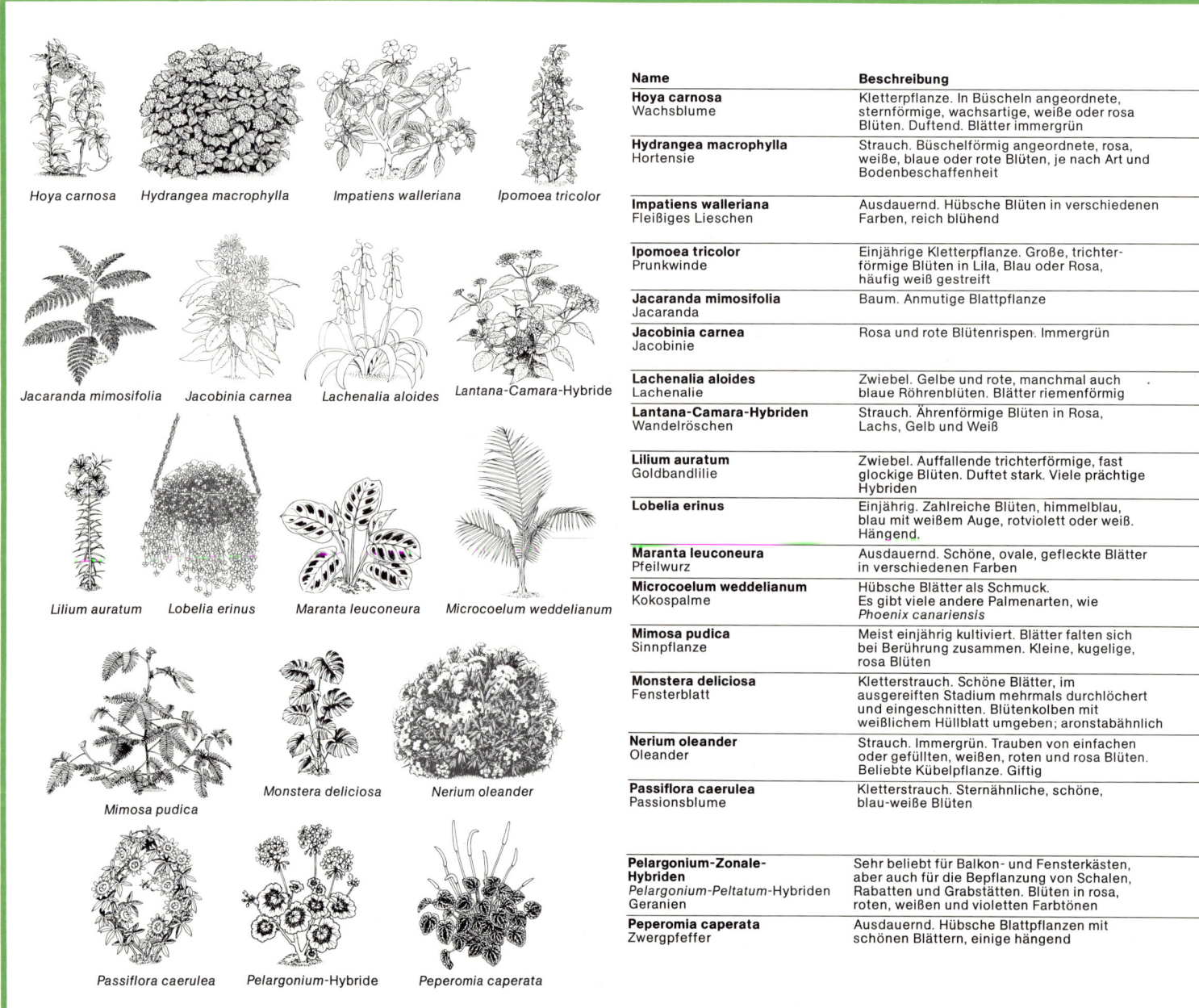

Hoya carnosa   *Hydrangea macrophylla*   *Impatiens walleriana*   *Ipomoea tricolor*

Jacaranda mimosifolia   *Jacobinia carnea*   *Lachenalia aloides*   *Lantana-Camara-Hybride*

Lilium auratum   *Lobelia erinus*   *Maranta leuconeura*   *Microcoelum weddelianum*

Mimosa pudica   *Monstera deliciosa*   *Nerium oleander*

Passiflora caerulea   *Pelargonium-Hybride*   *Peperomia caperata*

Name	Beschreibung
Hoya carnosa Wachsblume	Kletterpflanze. In Büscheln angeordnete, sternförmige, wachsartige, weiße oder rosa Blüten. Duftend. Blätter immergrün
Hydrangea macrophylla Hortensie	Strauch. Büschelförmig angeordnete, rosa, weiße, blaue oder rote Blüten, je nach Art und Bodenbeschaffenheit
Impatiens walleriana Fleißiges Lieschen	Ausdauernd. Hübsche Blüten in verschiedenen Farben, reich blühend
Ipomoea tricolor Prunkwinde	Einjährige Kletterpflanze. Große, trichterförmige Blüten in Lila, Blau oder Rosa, häufig weiß gestreift
Jacaranda mimosifolia Jacaranda	Baum. Anmutige Blattpflanze
Jacobinia carnea Jacobinie	Rosa und rote Blütenrispen. Immergrün
Lachenalia aloides Lachenalie	Zwiebel. Gelbe und rote, manchmal auch blaue Röhrenblüten. Blätter riemenförmig
Lantana-Camara-Hybriden Wandelröschen	Strauch. Ährenförmige Blüten in Rosa, Lachs, Gelb und Weiß
Lilium auratum Goldbandlilie	Zwiebel. Auffallende trichterförmige, fast glockige Blüten. Duftet stark. Viele prächtige Hybriden
Lobelia erinus	Einjährig. Zahlreiche Blüten, himmelblau, blau mit weißem Auge, rotviolett oder weiß. Hängend.
Maranta leuconeura Pfeilwurz	Ausdauernd. Schöne, ovale, gefleckte Blätter in verschiedenen Farben
Microcoelum weddelianum Kokospalme	Hübsche Blätter als Schmuck. Es gibt viele andere Palmenarten, wie *Phoenix canariensis*
Mimosa pudica Sinnpflanze	Meist einjährig kultiviert. Blätter falten sich bei Berührung zusammen. Kleine, kugelige, rosa Blüten
Monstera deliciosa Fensterblatt	Kletterstrauch. Schöne Blätter, im ausgereiften Stadium mehrmals durchlöchert und eingeschnitten. Blütenkolben mit weißlichem Hüllblatt umgeben; aronstabähnlich
Nerium oleander Oleander	Strauch. Immergrün. Trauben von einfachen oder gefüllten, weißen, roten und rosa Blüten. Beliebte Kübelpflanze. Giftig
Passiflora caerulea Passionsblume	Kletterstrauch. Sternähnliche, schöne, blau-weiße Blüten
Pelargonium-Zonale-Hybriden *Pelargonium-Peltatum*-Hybriden Geranien	Sehr beliebt für Balkon- und Fensterkästen, aber auch für die Bepflanzung von Schalen, Rabatten und Grabstätten. Blüten in rosa, roten, weißen und violetten Farbtönen
Peperomia caperata Zwergpfeffer	Ausdauernd. Hübsche Blattpflanzen mit schönen Blättern, einige hängend

Höhe und Breite	Blütezeit	Min. Wintertemperatur	Pflegeanforderungen	Vermehrung	Anzucht aus Samen
H 0,9–1,2 m B 30 cm	Mai–Oktober	10° C	Im Frühjahr in nicht zu große Töpfe pflanzen. E. Halbschatten; viel Licht und wenig Wasser im Winter, viel Luftfeuchtigkeit im Sommer	Stecklinge Mai–Juni, 20–25° C	
H 0,5–1,5 m B 45–90 cm	März–Juli	1° C	Stecklinge nach zwei Blattansätzen, Seitentriebe ebenfalls nach zwei Blattansätzen zurückschneiden. Feucht halten. Halbschatten. Erde reichlich mit Torf vermischen, da Hortensien einen sauren Boden bevorzugen	Stecklinge April–Juni, 18° C	
H 20–50 cm B 15–30 cm	Mai–Oktober	5–10° C	Stecklinge in 8-cm-Töpfe mit beliebiger Blumenerde setzen. Gedeihen in Sonne oder Schatten bei feuchter Erde. Pflanzen wegwerfen, wenn sie unten kahl werden	Stecklinge jederzeit, 16–18° C; Samen	März, 18° C
H 1,5–3 m B 20–30 cm	Juli–September	7° C	Warmer, sonniger Stand im Freien oder als Topfpflanze im Kalthaus oder auf dem geschützten Balkon. E. Auspflanzen nach Mitte Mai	Samen	März, 18° C
H 0,6–1,5 m B 30–40 cm		14–16° C	Setzlinge ein- bis zweimal verpflanzen. Warm, feucht und schattig kultivieren. E. In der Wachstumszeit viel Wasser	Samen	Februar–März, 21° C
H 0,6–1,2 m B 45–60 cm	Juli–Oktober	10° C	Stecklinge von im Winter hereingebrachten und zurückgeschnittenen Pflanzen. E. Wärme im Winter wichtig. Nach der Blüte zurückschneiden und weniger gießen	Stecklinge Februar–April, 18–21° C	
H 10–30 cm B 10–15 cm	Januar–März	7° C	Im August–September umtopfen. Mehrere Pflanzen in 13–18 cm große Töpfe oder Körbe. E. Mäßig gießen	Neue Zwiebeln beim Umtopfen abnehmen	
H 0,3–1 m B 30–60 cm	Juni–September	5–10° C	Stecklinge in 10–12 cm große Töpfe mit E setzen. Viel Licht und für Luftfeuchtigkeit sorgen. Im Winter spärlich gießen	Stecklinge August, 18–21° C	
H 0,45–1,5 m B 15–30 cm je nach Art	Mai–Oktober	1° C	In tiefe Töpfe setzen. E mit Lehm oder Rasenerde. Halbschatten	Vermehrung durch Brutzwiebeln. Samen	Januar, 18° C
H 10–30 cm B 15–30 cm	Mai–Oktober	10° C	In Büscheln pikieren, nach Mitte Mai auspflanzen. E. Für Luftfeuchtigkeit sorgen. Als Balkonbepflanzung und auf Gräbern	Samen	Februar–März, 18° C
H 15–30 cm B 15–30 cm		15–16° C	Töpfe oder Schalen mit E. Halbschatten, viel Luftfeuchtigkeit, Wasser und Dünger im Sommer	Teilung April–Mai	
H 1,8 m in 15 Jahren; Umfang verschieden		10–13° C	Viel Licht und Luftfeuchtigkeit. Von Mai bis September reichlich gießen. Braucht eine mittelschwere Erdmischung aus Laub-, Mistbeet- und lehmiger Rasenerde	Samen	März–April, 26° C
H 30–60 cm B 30 cm	Juli–September	13–16° C	Zwei bis drei Pflänzchen aus 8-cm-Töpfen in 11–12 cm große Töpfe setzen. E. Hell und sonnig stellen. Im Herbst die alten Pflanzen wegwerfen	Samen	März–April, 22–25° C
H 0,9–1,8 m B 45–60 cm		12–15° C	In große Töpfe setzen. E. Für beste Blattentwicklung Halbschatten. Mäßige Luftfeuchtigkeit und Wasser	Kopfstecklinge im Juni, 20° C	
H 1–2,5 m B 1–1,5 m	Juni–Oktober	5° C	Braucht mindestens einen 20-cm-Topf. E. Viel Licht. Kann im Sommer im Freien stehen. Überwinterung kühl, aber hell und luftig	Stecklinge Juni, 18° C	
H 0,1 m–1,5 m B 15–50 cm	Juni–Oktober	6–10° C	Vollsonniger Standort. Im Sommer reichlich gießen und düngen. Im Winter Ruhezeit einhalten. Bei 6–8° C hell überwintern. Umtopfen im Frühjahr. Nach dem Verpflanzen Ranken auf sechs bis acht Augen zurückschneiden	Stecklinge Juli, 18–21° C; Ableger März–April, Samen	März–April, 18° C
H 15–30 cm B 15–30 cm	April–Oktober	5° C	Warmer, sonniger und trockener Standort. In der Wachstumszeit alle 10–14 Tage flüssig düngen. Überwintern in hellem, kühlem Raum	Stecklinge März–April oder Juli–August, 18° C; Samen	Januar–April, 18° C
H 10–15 cm B 10–20 cm	April–Oktober	16–18° C	In Töpfen, Schalen oder Hängekörben mit E ziehen. Halbschatten. Viel Luftfeuchtigkeit	Teilung März–April; Blattstecklinge, Triebstecklinge April–Mai, 18–21° C	

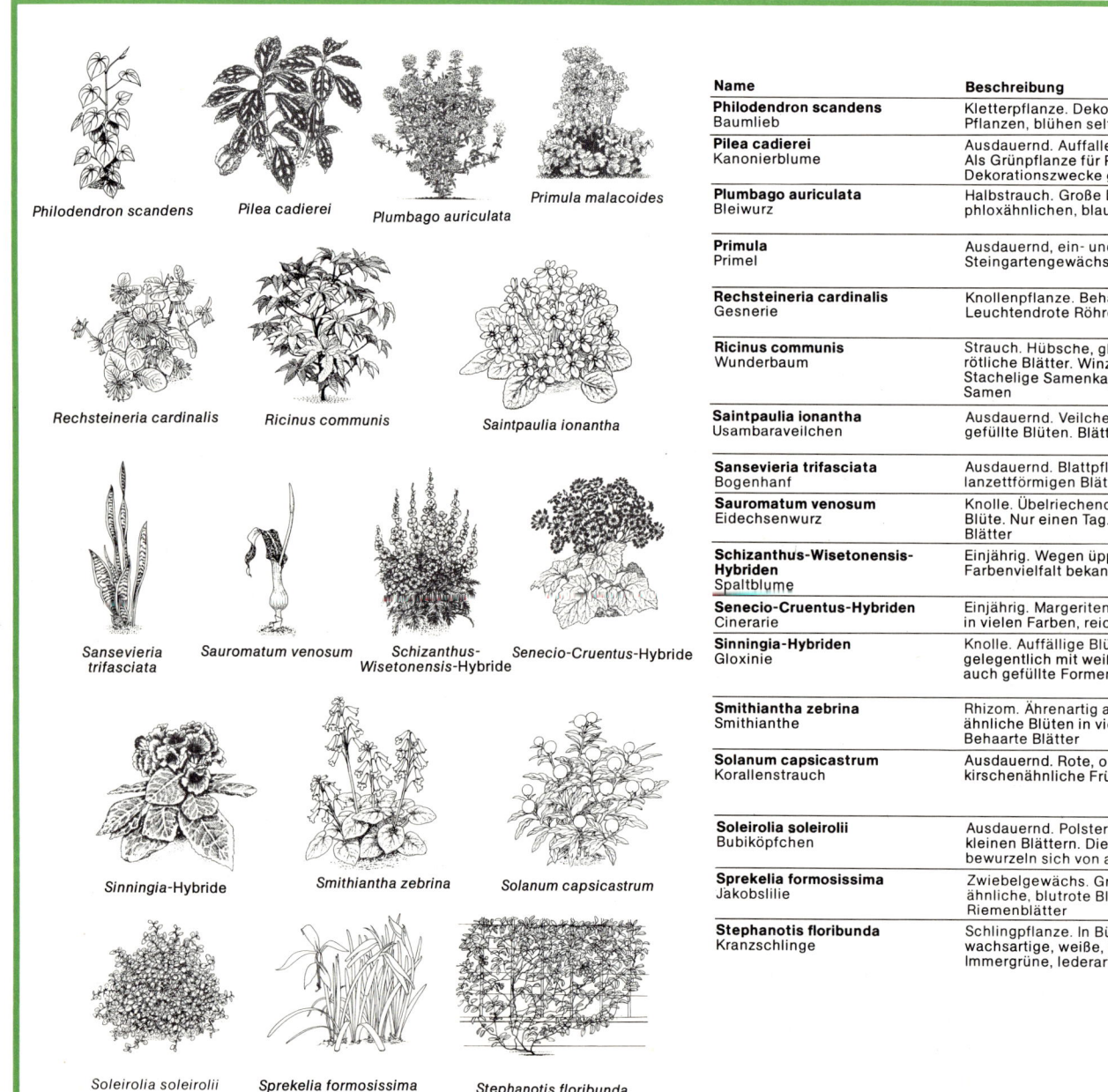

Philodendron scandens

Pilea cadierei

Plumbago auriculata

Primula malacoides

Rechsteineria cardinalis

Ricinus communis

Saintpaulia ionantha

Sansevieria trifasciata

Sauromatum venosum

Schizanthus-Wisetonensis-Hybride

Senecio-Cruentus-Hybride

Sinningia-Hybride

Smithiantha zebrina

Solanum capsicastrum

Soleirolia soleirolii

Sprekelia formosissima

Stephanotis floribunda

Name	Beschreibung
Philodendron scandens Baumlieb	Kletterpflanze. Dekorative, immergrüne Pflanzen, blühen selten
Pilea cadierei Kanonierblume	Ausdauernd. Auffallend panaschierte Blätter. Als Grünpflanze für Pflanzschalen und für Dekorationszwecke geeignet
Plumbago auriculata Bleiwurz	Halbstrauch. Große Dolden aus phloxähnlichen, blauen oder weißen Blüten
Primula Primel	Ausdauernd, ein- und zweijährig. Viele als Steingartengewächse. Einige süß duftend
Rechsteineria cardinalis Gesnerie	Knollenpflanze. Behaarte Blätter. Leuchtendrote Röhrenblüten
Ricinus communis Wunderbaum	Strauch. Hübsche, glänzendgrüne bis rötliche Blätter. Winzige, rote Blüten. Stachelige Samenkapseln enthalten giftige Samen
Saintpaulia ionantha Usambaraveilchen	Ausdauernd. Veilchenähnliche, häufig gefüllte Blüten. Blätter oval, behaart
Sansevieria trifasciata Bogenhanf	Ausdauernd. Blattpflanze mit steifen, lanzettförmigen Blättern mit gelbem Rand
Sauromatum venosum Eidechsenwurz	Knolle. Übelriechende, aronstabähnliche Blüte. Nur einen Tag. Schöne, palmenähnliche Blätter
Schizanthus-Wisetonensis-Hybriden Spaltblume	Einjährig. Wegen üppiger Blüten und Farbenvielfalt bekannt. Feine, farnartige Blätter
Senecio-Cruentus-Hybriden Cinerarie	Einjährig. Margeritenähnliche Blüten in vielen Farben, reich blühend
Sinningia-Hybriden Gloxinie	Knolle. Auffällige Blütenglocken, gelegentlich mit weißem Rand oder gefleckt; auch gefüllte Formen
Smithiantha zebrina Smithianthe	Rhizom. Ährenartig angeordnete, fingerhutähnliche Blüten in vielen Farben. Behaarte Blätter
Solanum capsicastrum Korallenstrauch	Ausdauernd. Rote, orangefarbene und gelbe, kirschenähnliche Früchte
Soleirolia soleirolii Bubiköpfchen	Ausdauernd. Polsterbildende Pflanze mit kleinen Blättern. Die rosafarbenen Stiele bewurzeln sich von allein
Sprekelia formosissima Jakobslilie	Zwiebelgewächs. Große, einzelne, orchideenähnliche, blutrote Blüten. Wenige Riemenblätter
Stephanotis floribunda Kranzschlinge	Schlingpflanze. In Büscheln angeordnete, wachsartige, weiße, stark duftende Blüten. Immergrüne, lederartige Blätter

Höhe und Breite	Blütezeit	Min. Winter-temperatur	Pflegeanforderungen	Vermehrung	Anzucht aus Samen
H 1,2–1,5 m B 20–45 cm		12–15° C	Halbschatten, mäßig gießen. Leicht zu pflegen. E	Stecklinge Mai–Juni, 21–24° C	
H 15–30 cm B 15–25 cm	Mai–September	10° C	10–12 cm große Töpfe mit E wählen. Etwas Schatten geben, mäßig gießen	Stecklinge Mai–September, 18–21° C	
H 0,9–1,2 m B 5–25 cm	April–November	7° C	Von Mai bis September stehen sie am besten ausgepflanzt im Freien oder in Töpfen. Überwinterung in hellem, kühlem Raum. Im Februar Triebe zurückschneiden	Stecklinge Juni–Juli, 18° C	
H 15–40 cm B 15–30 cm	Februar–Juli	5–7° C	*P. obconica* in 11-cm-Töpfe, andere Arten in 8-cm-Töpfe setzen. Erde gleichmäßig feucht halten. Etwas Schatten geben	Teilung nach der Blüte; Samen	Januar–Mai, 18° C
H und B bis zu 30 cm	Juni–Oktober	7° C	Knollen warm überwintern und Anfang Januar in neue Erde pflanzen. E. Die Knollen im Winter fast trocken halten	Trieb- und Blattstecklinge. Einpflanzen der überwinterten Knollen	
H 0,5–1,5 m B 0,5–1 m	Juli–September	10° C	Als Blattpflanze am besten einjährig halten. Anzucht durch Aussaat im März, Vorkultur in kleinen Töpfen. Nach Mitte Mai auspflanzen. Sonniger Standort	Samen	März, 21° C
H 5–15 cm B 15–30 cm	Fast das ganze Jahr	13° C	Jungpflanzen in 8–12 cm große Töpfe mit E setzen. Luftfeuchtigkeit, gleichmäßige Wärme, mäßiges Licht. Nicht mit kaltem Wasser gießen	Blattstecklinge April bis September, 18–21° C; Samen (F$_1$-Hybriden)	Januar–Februar, 21° C
H 50 cm B 15–25 cm		10° C	In 12–18 cm große Töpfe mit E setzen. Viel Licht oder Halbschatten. Sorgfältig gießen	Teilung April–Mai; Blattstecklinge Mai–August	
H 30–60 cm B 10–15 cm	März–Mai	7° C	Als Kuriosität ohne Boden und Wasser gehalten. Nach der Blüte eintopfen, damit sich Blätter bilden. 12–18 cm große Töpfe mit E	Ableger beim Eintopfen	
H 20–40 cm B 20–45 cm	Juli–September	5° C	In 10–12 cm großen Töpfen halten. Im Sommer Schatten geben, im Winter reichlich Licht und vor Frost schützen	Samen	August–September oder Februar–März, 18° C
H 30–60 cm B 30–60 cm	Dezember–Mai	5–7° C	Während der Blütezeit schattig stellen, im Winter lüften	Samen	Juni–September, 18° C
H 15–25 cm B 20–30 cm	April–August oder das ganze Jahr über durch Folgeaussaat	12° C	Knollen von Januar bis März in Torf legen und anschließend in 11–12 cm große Töpfe mit E. Nach der Blüte langsam austrocknen lassen	Blattstecklinge April–Mai, 21° C; Samen	Januar, 18° C
H 20–50 cm B 30–45 cm	Juni–Oktober	12° C	Drei bis fünf Rhizome im Februar in 12–13 cm große Töpfe mit E legen. Für Schatten und Luftfeuchtigkeit sorgen	Teilung der Rhizome Februar–April	
H 20–50 cm B 15–30 cm		5° C	10–12 cm große Töpfe mit E. Zur Blütezeit ins Freie stellen. Am besten als einjährige Pflanze. Sämlinge werden zweimal gestutzt	Samen	Sollen die Beeren zu Weihnachten reif sein, sät man im Februar, 18° C
kriechend		1° C	In Töpfen oder Schalen oder als Erdabdeckung auf Beeten oder Töpfen mit anderen Pflanzen halten. Halbschatten. E	Teilung März–September	
H 30–40 cm B 10–15 cm	April–Juni	10–12° C	Im Herbst in 11 cm große Töpfe mit E legen. Zwiebelspitze frei lassen. Bis zum Frühjahr nicht gießen, Halbschatten	Abtrennen der Seitenzwiebeln	
H 0,9–1,5 m B 15–30 cm	Juni–September	12–15° C	12–14 cm große Töpfe mit E für Jungpflanzen, entsprechend größere Töpfe für ältere Pflanzen. Halbschatten im Sommer. Triebe von Anfang an sauber an einem Holzgestell anbinden. Nur sparsam düngen	Stecklinge Mai–Juni, 18–21° C	

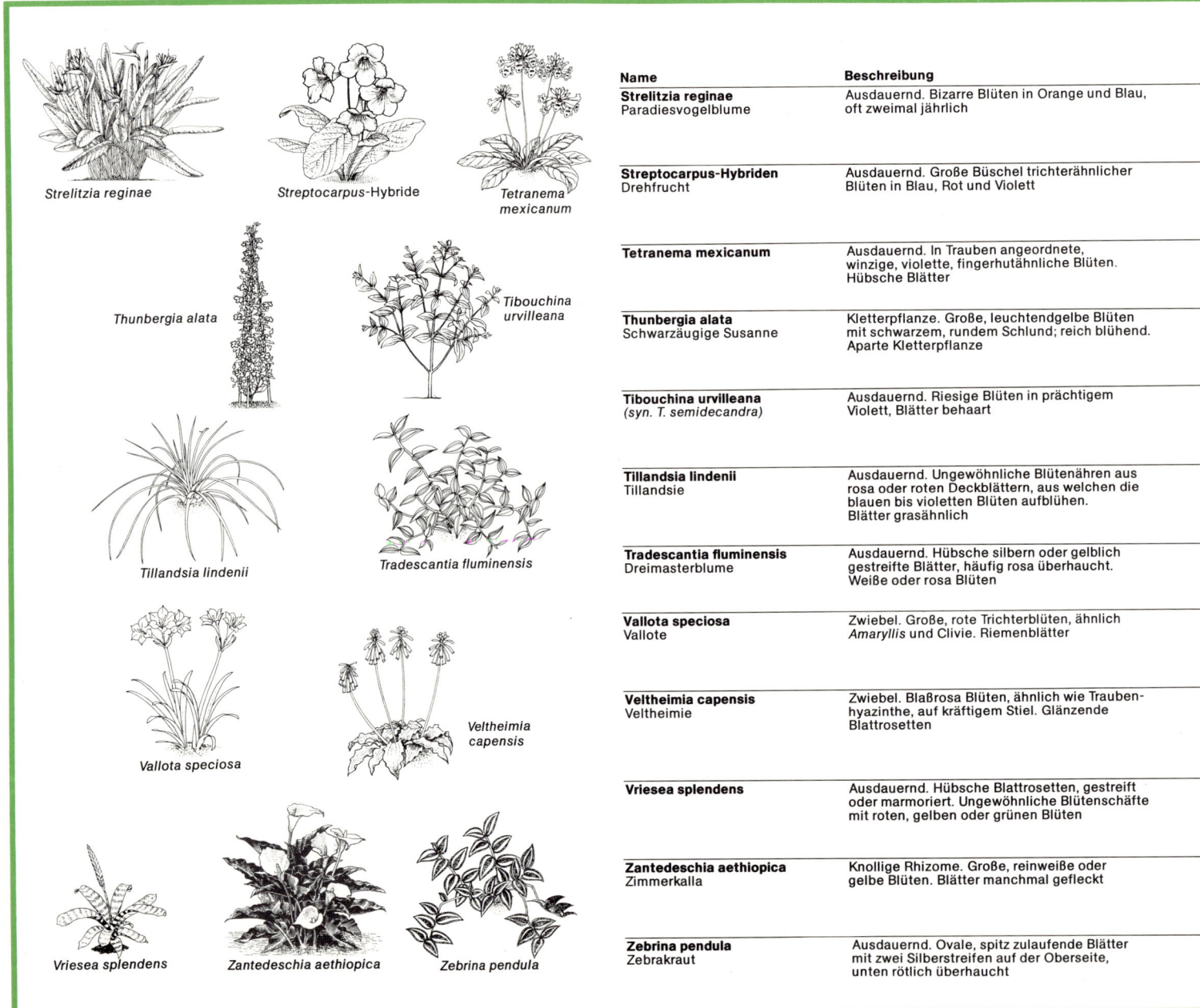

Strelitzia reginae

Streptocarpus-Hybride

Tetranema mexicanum

Thunbergia alata

Tibouchina urvilleana

Tillandsia lindenii

Tradescantia fluminensis

Vallota speciosa

Veltheimia capensis

Vriesea splendens

Zantedeschia aethiopica

Zebrina pendula

Name	Beschreibung
Strelitzia reginae Paradiesvogelblume	Ausdauernd. Bizarre Blüten in Orange und Blau, oft zweimal jährlich
Streptocarpus-Hybriden Drehfrucht	Ausdauernd. Große Büschel trichterähnlicher Blüten in Blau, Rot und Violett
Tetranema mexicanum	Ausdauernd. In Trauben angeordnete, winzige, violette, fingerhutähnliche Blüten. Hübsche Blätter
Thunbergia alata Schwarzäugige Susanne	Kletterpflanze. Große, leuchtendgelbe Blüten mit schwarzem, rundem Schlund; reich blühend. Aparte Kletterpflanze
Tibouchina urvilleana *(syn. T. semidecandra)*	Ausdauernd. Riesige Blüten in prächtigem Violett, Blätter behaart
Tillandsia lindenii Tillandsie	Ausdauernd. Ungewöhnliche Blütenähren aus rosa oder roten Deckblättern, aus welchen die blauen bis violetten Blüten aufblühen. Blätter grasähnlich
Tradescantia fluminensis Dreimasterblume	Ausdauernd. Hübsche silbern oder gelblich gestreifte Blätter, häufig rosa überhaucht. Weiße oder rosa Blüten
Vallota speciosa Vallote	Zwiebel. Große, rote Trichterblüten, ähnlich *Amaryllis* und Clivie. Riemenblätter
Veltheimia capensis Veltheimie	Zwiebel. Blaßrosa Blüten, ähnlich wie Traubenhyazinthe, auf kräftigem Stiel. Glänzende Blattrosetten
Vriesea splendens	Ausdauernd. Hübsche Blattrosetten, gestreift oder marmoriert. Ungewöhnliche Blütenschäfte mit roten, gelben oder grünen Blüten
Zantedeschia aethiopica Zimmerkalla	Knollige Rhizome. Große, reinweiße oder gelbe Blüten. Blätter manchmal gefleckt
Zebrina pendula Zebrakraut	Ausdauernd. Ovale, spitz zulaufende Blätter mit zwei Silberstreifen auf der Oberseite, unten rötlich überhaucht

Höhe und Breite	Blütezeit	Min. Winter-temperatur	Pflegeanforderungen	Vermehrung	Anzucht aus Samen
H 90 cm B 60 cm	April–Mai, August bis September	12° C	Leicht zu pflegen. Verpflanzt wird am besten im zeitigen Frühjahr oder Sommer kurz nach der Blüte. Halbschatten. Im Sommer reichlich gießen, im Winter feucht halten. Töpfe nicht zu groß wählen	Teilung März; Samen	März–April, 26° C
H 20–30 cm B 20–30 cm	Mai–September	10° C	Blüht in kleinen Töpfen, am besten aber im zweiten Jahr in 9–11 cm großen Töpfen mit E. Im Sommer reichlich gießen. Halbschatten und Luftfeuchtigkeit. Im Winter weniger gießen	Teilung März–April; Blattstecklinge April–Mai, 16–18° C; Samen	März–April, 18° C
H 10–15 cm B 10–15 cm	Februar–Oktober	10° C	Am besten als einjährige Pflanze. Sämlinge in 8-cm-Töpfe mit E setzen. Luftfeuchtigkeit, Halbschatten, gleichbleibende Temperatur	Samen	Februar–März, 18° C
H 0,9–1,5 m B 25 cm	Mai–September	10° C	Bei uns einjährig gezogen. Anspruchslos. Einzeln in Töpfe setzen. E. Nach Mitte Mai ins Freie pflanzen oder zur Berankung auf dem Balkon verwenden. Klettergerüst geben	Samen	Februar–März, 18° C
H 0,9–1,5 m B 60–90 cm	Juli–November	7–10° C	Jungpflanzen bei höherer Temperatur kultivieren. Lockere, humusreiche, kalkfreie Mischung aus Lauberde, Torf und Sand mit Zusatz von guter Rasenerde verwenden. Halbschatten. Mäßig gießen	Stecklinge März–April, 16–18° C	
H 25–45 cm B 30 cm	Juni–September	10–13° C	Substrat aus grober Laub- oder Heideerde, grober Torfstreu, Sumpfmoos, Farnwurzeln und Holzkohlenstückchen verwenden. Gleichmäßig hohe Luftfeuchtigkeit, reichlich gießen, mäßig Schatten geben	Abtrennung der Kindel	
Hängepflanze	April–November	7° C	Kann in Töpfen oder Ampeln gezogen werden. E. Hell bis Halbschatten, mäßig gießen	Stecklinge März–Oktober, 16–18° C	
H 45–60 cm B 15–25 cm	Juli–September	7° C	Im Frühjahr in nicht zu große Töpfe mit E umpflanzen, dabei die Zwiebelspitze frei lassen. Von Juli bis September können sie auch vor dem Fenster, auf dem Balkon, im Garten in voller Sonne stehen	Abtrennen von Seitenzwiebeln	
H 45–60 cm B 15–25 cm	Januar–April	5° C	Im Herbst in Töpfe mit E einpflanzen und die Zwiebelspitze frei lassen. Von Mai bis August machen die Zwiebeln eine Ruhezeit durch, während der das Laub abstirbt und die Zwiebeln bei hellem, sonnigem Stand völlig trocken gehalten werden müssen	Abnehmen von Brutzwiebeln	
H 60 cm B 20–40 cm	Oktober–März	18° C	In 11–12 cm große Töpfe mit einer Erdmischung aus Lauberde, Torf und gehacktem Sumpfmoos pflanzen. Heller Standort, nicht vollsonnig. Für hohe Luftfeuchtigkeit sorgen. Im Sommer reichlich gießen	Abtrennung der Kindel	
H 30–90 cm B 30–60 cm	Dezember–Mai	10° C	Im Oktober in 15–25 cm große Töpfe mit E setzen. Reichlich gießen. Macht von Mai bis Juli eine Ruhezeit durch, während der sie warm, trocken und sonnig stehen soll	Teilung der Rhizome	
Hängepflanze		12° C	In 8–13 cm großen Töpfen oder Hängekörben mit E halten. Mäßiger Wasser- und Lichtbedarf. Hohe Luftfeuchtigkeit	Stecklinge März–Oktober, 16° C	

Orchideen

Im temperierten Gewächshaus lassen sich viele Orchideen ohne Spezialausrüstung kultivieren, und tropische Orchideen kann man dabei in einem beheizten Tropenkasten halten

Das ideale Orchideenhaus wird an eine Hauswand gebaut, denn die Wand liefert Wärme, und wenn Zentralheizung im Haus ist, kann man mit einem daran angeschlossenen Heizkörper im Gewächshaus für billige Wärme sorgen.

Wenn Sie ein neues Gewächshaus kaufen, wählen Sie ein kleines, ausbaufähiges Modell. Für den Anfang sollte eine Größe von 3 × 2,4 m ideal geeignet, aber auch 1,8 × 2,4 m sind noch ausreichend.

Die Kulturtische an den Seiten- und Stirnwänden des Gewächshauses sollten etwa 90 cm über dem Boden angebracht werden.

Der Mittelweg sollte 60 cm breit und am besten betoniert oder mit Steinen belegt sein. Die Fläche unter den Stellagen sollte frei bleiben und mit Kies bestreut werden, damit sie schön sauber bleibt.

Für die Luftumwälzung sind Ventilatoren mit 25–30 cm Durchmesser am besten geeignet. Sie werden in ca. 1,5 m Höhe aufgehängt; in größeren Häusern werden zwei Ventilatoren eingesetzt, um einen möglichst guten Luftkreislauf zu erreichen, denn so lassen sich die Wachstumsbedingungen erheblich verbessern, weil Wärme und Luftfeuchtigkeit gleichmäßig verteilt werden, und außerdem senkt man damit die Heizkosten.

Einige wenige tropische Orchideen, die sehr viel Wärme brauchen, kann man in einem hohen Glaskasten, der auf dem Kulturtisch im Gewächshaus aufgestellt wird, kultivieren. Ein Vermehrungskasten mit Bodenheizung sollte viel Wärme liefern; wenn nötig, kann man ihn im Winter zur zusätzlichen Wärmedämmung innen mit Kunststofffolie auskleiden. Man befestigt die Folie an Holzleisten rund um die Seiten und

an der Oberseite des Vermehrungskastens, wobei man etwa 2–3 cm Platz zwischen Folie und Glas läßt. Im Sommer werden die Pflanzen aus dem Kasten genommen und in den wärmsten Teil des Gewächshauses gebracht.

Man kann auch eine Schmalseite des Gewächshauses mit einer Glaswand abtrennen und diesen Raum wärmer und feuchter halten. So gewinnt man einen ziemlich großen Bereich für tropische Orchideen. Im Winter isoliert man ihn zusätzlich mit Folie, die man auf Holzlatten spannt. Im Frühjahr, wenn die Pflanzen mehr Sonne brauchen, wird die Folie entfernt.

Eine weitere Möglichkeit zur Pflege tropischer Orchideen ist ein Miniaturgewächshaus im Zimmer. Solche Zimmervitrinen gibt es in verschiedenen Ausführungen mit und ohne automatisch arbeitende Klimageräte. Wenn möglich, sollte man die Pflanzenvitrine im Sommer an ein Nord- oder Ostfenster und im Winter an ein Süd- oder Westfenster stellen. Die Pflegeanforderungen sind die gleichen wie bei normalen Gewächshäusern, nur die Lüftung erfordert besondere Aufmerksamkeit, da die Temperatur sich in diesem kleinen Raum sehr schnell ändert.

Wärme Die meisten Orchideen lassen sich in Kalthaus- und Warmhaustypen unterteilen (siehe Tabelle ab Seite 447).

Die Kalthauspflanzen brauchen im Winter eine Mindesttemperatur von 10° C und im Sommer von 14° C, Tropenpflanzen dagegen 16° C (auch wenn sie kurzfristig kältere Temperaturen vertragen) und 22° C.

Am wirtschaftlichsten ist es, ein Gewächshaus an die Zentralheizung des Wohnhauses anzuschlie-

ßen. Wenn das nicht möglich ist, sollte man einen leistungsfähigen Warmlufterhitzer mit Thermostat installieren lassen.

Luftbefeuchtung In der Natur wachsen viele Orchideen in Gegenden, wo aus dem feuchten Boden oder von den Blättern der sie umgebenden Pflanzen Wasserdampf aufsteigt. Diese Luftfeuchtigkeit ist wichtig, denn ohne sie wären die Wachstumsbedingungen nicht gut.

Im Gewächshaus wird diese Luftfeuchtigkeit erzeugt, indem man den Gewächshausboden und die Stellagen häufig mit Wasser absprüht. Leichtes, aber häufiges Absprühen ist wirksamer als eine gelegentliche Überschwemmung.

Im Sommer wird das Orchideenhaus mindestens einmal morgens abgespritzt, zweimal täglich ist jedoch besser. Bei besonders heißer Witterung kann ein drei- bis viermaliges Abspritzen erforderlich sein.

Im Winter reicht es, wenn man das Gewächshaus zwei- oder dreimal in der Woche um die Mittagszeit absprüht. Wenn die Außentemperatur unter dem Nullpunkt liegt, darf man nicht sprühen.

Wenn der Boden leicht und sandig ist, muß man das Gewächshaus vielleicht häufiger oder stärker besprühen.

Am einfachsten spritzt man mit Leitungswasser und einem Gartenschlauch mit feiner Sprühdüse. Das Wasser darf dabei nicht auf die Pflanzen selbst gesprüht werden. Man vermeidet dies, indem man die Pflanzen auf umgedrehte Töpfe stellt.

Eine vollautomatische Befeuchtung läßt sich mit Hilfe von Gewächshaus-Luftbefeuchtern schaffen, die es mit unterschiedlichen Zerstäuberleistungen gibt.

Regelung der Luftzufuhr Alle Orchideen brauchen viel Luft, vertragen jedoch keinen Durchzug, und die Temperatur oder Luftfeuchtigkeit darf dabei nicht sinken.

Ein Orchideenhaus kann neben den Luftklappen am First auch

Luftklappen am Boden (im Mauerwerk eingelassen) haben. Grundsätzlich dürfen nicht beide Lüftungseinrichtungen zu gleicher Zeit bedient werden, weil sonst Zugluft entsteht.

Im Sommer öffnet man die oberen Belüftungsfenster auf der dem Wind abgewandten Seite. Nur an sehr warmen Tagen öffnet man auch die unteren Lüftungsklappen auf der gleichen Seite. Vor kühlen Nächten schließt man die Klappen frühzeitig, damit die Temperatur nicht plötzlich absinkt.

Zur automatischen Entlüftung wird ein Ventilator mit Verschlußklappe in die Giebelwand eingesetzt, der vollautomatisch die Warmluft dann absaugt, wenn die am Lüftungsthermostaten eingestellte Gewächshaustemperatur erreicht ist. Frischluft strömt durch die Seitenfenster ein, die von automatischen Fensteröffnern selbsttätig geöffnet werden.

Schattierung Damit die Temperatur im Gewächshaus im Sommer nicht zu stark ansteigt, muß für Schatten gesorgt werden. Die zweckmäßigste Schattierung ist die Außenschattierung, da nur sie die Erhitzung der Glasscheiben und damit auch der Gewächshausluft verhindert.

Die besten, aber auch die teuersten Schattenspender sind Schattiermatten aus Holz oder Kunststofflamellen. Kunststoffrollos, sind unter dem Dach verlaufen, sind billiger.

Zwischen Glas und Schattiermatten muß etwas Luft bleiben, damit die Luft über dem Glas zirkulieren kann.

An der Sonnenseite des Gewächshauses werden die Schattiermatten immer dann herabgelassen, wenn im Spätfrühjahr und Sommer die Sonne scheint.

Eine weniger zufriedenstellende Schattiermethode ist, die Gewächshausscheiben mit Schattierfarbe zu streichen. Man trägt sie im Februar/ März auf und wischt sie im späten September wieder ab.

Orchideen richtig pflegen

Wie Orchideen Blüten hervorbringen

Die meisten in unseren Breiten von Amateurgärtnern gepflegten Orchideen wachsen in ihrer Heimat in Astgabeln auf Bäumen. Pflanzen dieser Art nennt man Epiphyten.

Die meisten epiphytischen Orchideen blühen in Mitteleuropa vom Herbst bis zum Spätfrühjahr. Die Blüten werden aus Speicherorganen, den Scheinbulben, getrieben.

Einige epiphytische Orchideen bringen keine Scheinbulben hervor, z. B. die *Vanda*-Arten, die einen aufrechten Sproßaufbau haben und die Blüten aus den Blattachseln treiben, oder die *Paphiopedilum*-Arten, die eine Blattrosette bilden, aus welcher der Blütenstiel aufsteigt.

Zwei Typen von Scheinbulben Cymbidium-Arten (links) haben kräftige, 7–10 cm hohe Scheinbulben, die mit Blättern bedeckt sind. Die alten, blattlosen Bulben nennt man Rückbulben. Die Scheinbulben von Coelogyne-Arten treiben aus einer kriechenden, horizontalen Hauptachse

Kopflastige Orchideen richtig abstützen

Einige Orchideen, z. B. *Cattleya*- und *Dendrobium*-Arten, können kopflastig werden. Deshalb werden sie nach dem Umtopfen, bis sie kräftige neue Wurzeln gebildet haben, mit einem Stock gestützt.

Zuerst bindet man zwei oder drei der rückwärtigen Triebe etwa in halber Höhe mit grüner Schnur an den Stock und befestigt dann die andern Triebe.

1. Die Cattleya nach dem Umtopfen abstützen, damit sie nicht umkippen kann

2. Eine grüne Schnur um die Triebe winden und an den Stock binden

In der Ruhezeit wenig gießen

Viele Orchideen haben von Oktober bis in den Januar hinein eine Ruhezeit. In dieser Zeit können sie die Blätter abwerfen, so daß nur die Scheinbulben stehenbleiben, aus denen das neue Wachstum entsteht.

Wenn die Blätter abgefallen oder die Scheinbulben kräftig und gesund herangewachsen sind, stellt man die Pflanze in einem kühleren Teil des Gewächshauses auf eine Stellage mit besserem Licht und setzt die Luftfeuchtigkeit auf ein Minimum herab.

In der Ruhezeit kann man die Pflanzen ruhig in etwas größeren Zeitabständen kontrollieren, ohne daß sie darunter leiden. Wichtig ist nur, daß der Pflanzstoff nie zu stark austrocknet. Dies festzustellen ist nicht ganz einfach, denn der Ballen kann zwar oftmals an der Oberfläche ausgetrocknet sein, das muß dann jedoch nicht unbedingt bedeuten, daß auch der ganze Ballen überhaupt keine Feuchtigkeit mehr hat.

Unerfahrene Orchideenfreunde neigen dazu, zuviel zu gießen. Richtig ist jedoch, daß man den Pflanzen eher schaden kann, wenn man ihnen zuviel Wasser gibt, als wenn man sie weniger gießt.

In der Ruhezeit brauchen Orchideen mit Scheinbulben nur so viel Wasser, daß der Boden nicht vollkommen austrocknet. Anschließend wässert man sie gründlich. Orchideen ohne Scheinbulben müssen gelegentlich gegossen werden.

Wenn sich neue Wachstumszeichen zeigen, setzt man die Pflanze an den normalen Standort zurück und gießt sie wieder.

Orchideen richtig gießen und düngen

Orchideen dürfen nicht mit sehr kaltem oder kalkhaltigem Wasser gegossen werden. Deshalb muß man einen Regenwasserbehälter im Gewächshaus aufstellen, damit stets temperiertes und kalkfreies Wasser zur Verfügung steht.

Wenn man die Außenseite des Gewächshauses abwäscht, verstopft man den äußeren Zufluß zum Behälter mit einem Tuch, damit kein schmutziges und kalkhaltiges Wasser hereinlaufen kann.

Gedüngt werden immer nur gesunde und gut bewurzelte Pflanzen, und zwar nur in der Wachstumszeit, nie in der Ruhezeit.

Einmal in der Woche wird festgestellt, ob die Pflanzen feucht sind. Wenn die Erde ziemlich ausgetrocknet ist, gießt man gründlich, bis der Boden völlig durchtränkt ist. Hängepflanzen stellt man in ein Wasserbad, bis keine Blasen mehr aus der Erde aufsteigen.

Wenn die Orchideen ein Jahr lang nicht umgetopft wurden, gibt man ihnen in der Wachstumszeit etwa alle 14 Tage vom Spätfrühjahr bis zum Spätsommer eine Düngung in schwacher Dosierung und gießt danach, weil der Dünger trockene Wurzeln beschädigen kann.

Wichtig ist auch die Temperatur des Spritz- und Gießwassers. Als Faustregel gilt, daß die Gießwassertemperatur der Temperatur der Luft entsprechen soll. Geringe Unterschiede von wenigen Grad spielen dabei keine Rolle.

HÄNGEPFLANZEN

Körbe so lange ins Wasser stellen, bis keine Blasen mehr aufsteigen

Langstielige Blüten richtig abstützen

Langstielige Blüten wie die einiger *Paphiopedilum*-Arten kann man mit verzinktem Draht abstützen. Man biegt den Draht an einer Seite zu einem U und knickt das U im rechten Winkel um, so daß eine vertikale, offene Öse entsteht.

Lange Blütenähren stützt man, indem man einen Stock schräg in den Topf steckt und den Stiel, am besten mit Bast, daran festbindet.

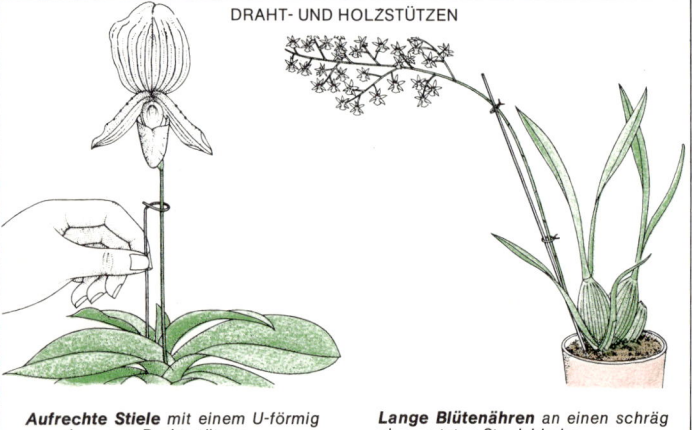

DRAHT- UND HOLZSTÜTZEN

Aufrechte Stiele mit einem U-förmig umgebogenen Draht stützen

Lange Blütenähren an einen schräg eingesetzten Stock binden

Einstielige Pflanzen kürzen

Einige Orchideen bilden einen senkrecht aufragenden Trieb, den man, wenn er zu groß wird, zurückschneidet.

Bei diesen Orchideen bilden sich aus dem Stamm Luftwurzeln, die jedes Jahr Seitentriebe entwickeln.

Wenn diese im Frühjahr zu wachsen beginnen, kann man die Pflanze zurückschneiden und umtopfen. Man füllt einen Topf zu einem Drittel mit Topfscherben und gibt etwas Pflanzstoff darauf.

Man schneidet den Stamm unter einer Luftwurzelgruppe ab, setzt den oberen Teil in den Topf und füllt diesen mit Substrat auf.

1. Den oft kahlen unteren Stamm unter einer Luftwurzelgruppe abschneiden

2. Den oberen Teil in den Topf drehen und diesen mit Orchideenerde füllen

Schädlinge und Krankheiten bei Orchideen

In der folgenden Tabelle sind die häufigsten Probleme beschrieben, die normalerweise bei der Zucht und Pflege von Orchideen auftreten können.

Die Liste ist jedoch nicht vollständig, und wenn Ihre Pflanzen Schäden zeigen, die hier nicht aufgeführt sind, finden Sie weitere Informationen in der vierfarbigen Darstellung der Schadensbilder durch Schädlinge und Krankheiten, die auf Seite 574 beginnt.

Die Wirkstoffgruppen und Handelsnamen der Pflanzenschutzmittel sind in den Tabellen ab Seite 599 verzeichnet.

Schaden	Ursache	Abhilfe
Kleine, braune, flache, eiförmige Flecken auf den Blättern und Scheinbulben (größere Mengen schwächen die Pflanze)	Schildläuse	Mit Malathion° oder Oleomalathion* spritzen
Weißliche, baumwollähnliche Büschel auf Blättern und Scheinbulben (bei größeren Mengen gelbe Blätter und Schwächung der ganzen Pflanze)	Schmier- und Wolläuse	Mit Malathion° oder Diazinon spritzen
Gelbe oder braune Flecken auf den Blättern, später vorzeitiges Vergilben der Blätter und Absterben der ganzen Pflanze	Rote Spinne oder Thrips	Mit einem Akarizid und Diazinon oder Malathion° spritzen

Schaden	Ursache	Abhilfe
Blüten und Blätter verformt und allgemeine Verkrüppelungserscheinungen	Viruskrankheit	Unheilbar. Befallene Pflanzen vernichten
Braune Flecken auf Blütenblättern und jungen Blättern	Zu hohe Luftfeuchtigkeit	An warmen Tagen stärker lüften und Gewächshaus seltener abspritzen
Stengel, Blätter oder Bulben faulen	Blatt-, Stengel- oder Bulbenfäule	Die Pflanze einige Wochen lang trocken halten und dann an einen hellen, luftigen Standort stellen. Mit Captan spritzen
Kleine oder schlecht entwickelte gelbliche Blätter und Scheinbulben, wenig oder keine Blüten	Zuwenig Dünger oder zuviel Wasser	Umtopfen, wenn nötig teilen, sorgfältig gießen
Blätter blaßgelb oder gelblich braun, gelegentlich braune Flecken	Verbrennungen durch zuwenig Schatten und Lüftung an heißen Tagen	Darauf achten, daß das Gewächshaus im Spätfrühjahr und Sommer schattiert ist, regelmäßig lüften
Junge Blätter oder Blütenknospen abgefressen	Verschiedene Schneckenarten	Schneckenkörner um die Pflanzen streuen, solange neue Triebe bilden
Knospen entwickeln sich nicht richtig, verwelken oder fallen vorzeitig ab	Zu kalt oder zu heiß und trocken	Auf richtige Pflegebedingungen achten. Mit einem Minimum/Maximum-Thermometer prüft man die Temperaturschwankungen

Teilen und Umtopfen zu groß gewordener Orchideen

Eine Gruppe Scheinbulben halbieren

Wenn Orchideen zwischen zwei und drei Jahre alt sind, müssen sie geteilt und verpflanzt werden. Die Teilung ist außerdem eine einfache Vermehrungsart.

Die günstigste Zeit zum Teilen und Verpflanzen von Orchideen ist der Beginn der Wachstumsperiode, denn dann setzt die neue Wurzel- und Triebbildung ein.

Zunächst werden alle nicht mehr frischen Pflanzenteile abgeschnitten oder abgezogen. Dann nimmt man die Pflanze aus dem Topf, indem man sie samt Erdballen mit einer Hand festhält und den Topf mit der andern umdreht. Wenn die Pflanze nicht herausfällt, schlägt man den Topf leicht gegen eine Arbeitsplatte, um den Wurzelballen zu lockern.

Nun sucht man in den oberen Pflanzenteilen eine Teilungsstelle und schneidet dort mit einem großen Messer gerade nach unten durch den Wurzelballen.

Dann wird der alte Pflanzstoff aus einem Ballen herausgelöst. Alte Bulben sowie alte und faulige Wurzeln werden entfernt. Die neuen Wurzeln dürfen dabei nicht beschädigt werden.

Das neue Pflanzgefäß soll so groß sein, daß vor der Pflanze genügend Platz für einen Neutrieb bleibt. Der Topf wird etwa zu einem Drittel mit Topfscherben aufgefüllt, um einen guten Wasserabzug zu garantieren.

Bei gelochten Orchideenschalen oder -körben ist dies nicht nötig. Auf die Scherben füllt man eine dünne Schicht Pflanzstoff (Substrat) (siehe nächste Seite).

Bevor man die Pflanze eintopft, füllt man das Wurzelsystem mit Pflanzstoff. Dann setzt man die Pflanze mit einer Drehbewegung in den Topf, so daß sich die Wurzeln spiralig aufrollen. Die Rückbulben sollten an der Topfrückseite anliegen, und vorn sollte 5 cm Platz für den neuen Trieb bleiben.

Nun wird rund um die Pflanze Substrat eingefüllt und vorsichtig festgedrückt. Je nach Gattung und Art wird mehr oder weniger fest gepflanzt. Kommen Orchideen in Substrat aus überwiegend *Osmunda*-Fasern, muß sehr fest gepflanzt werden. Dazu verwendet man einen schräg angeschnittenen Pflanzstock, mit dem man das Material vom Rand fest nach innen in den Topf drückt. Hohlräume dürfen dabei nicht entstehen. Zuletzt wird der überstehende Pflanzstoff mit der Schere geschoren. Man muß deshalb fest pflanzen, damit die Pflanzen einen genügend starken Halt haben, bis sie sich durch eine entsprechende Wurzelbildung selbst verankern.

Bei Orchideenarten, die in erdigeres Material verpflanzt werden, sollte das Substrat weniger stark angedrückt werden.

1. Vor dem Umtopfen als erstes die nicht mehr frischen Blätter entfernen

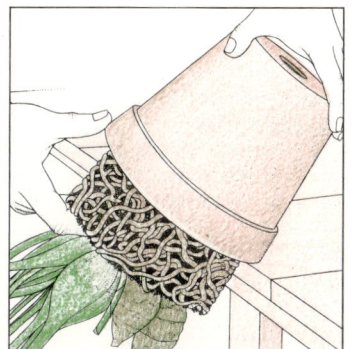

2. Den Wurzelballen, wenn nötig, durch leichtes Aufschlagen des Topfes lösen

3. An einer natürlichen Trennlinie die Pflanze mit einem Messer teilen

4. Den alten Pflanzstoff entfernen und abgestorbene Wurzeln abschneiden

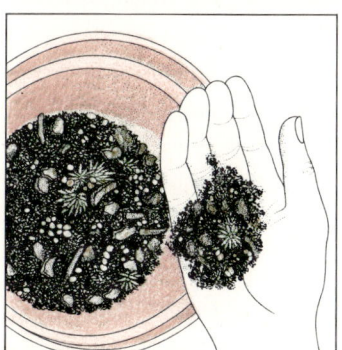

5. Die Topfscherben in den Topf füllen und Pflanzstoff darauf streuen

6. Den gesäuberten Wurzelballen ins neue Substrat einbetten

7. Die Rückbulben sollen den Topfrand berühren, damit der Neutrieb Platz hat

8. Den Pflanzstoff vom Rand nach innen fest in den Topf drücken

Spezialbehälter für Orchideen

Orchideen können durchaus in normalen Blumentöpfen gezogen werden, sie müssen dann nur zur Entwässerung eine hohe Tonscherbeneinlage erhalten.

Spezialorchideentöpfe oder -schalen haben in den Seiten Schlitze oder Löcher und benötigen keine Scherbeneinlage.

Für Hängepflanzen sind Holzkörbe am besten geeignet. Sie werden im Gewächshaus aufgehängt, so daß die Pflanzen sich hängend entwickeln können.

Hängeorchideen können aber auch an Rindenstücke oder Holzklötze (z. B. auch knorrige Teile älterer Bäume) gebunden werden. Die Orchideenwurzeln werden mit Substrat umhüllt und mit nichtrostendem Draht an der Rinde befestigt. Gut geeignet ist Korkrinde; sie hält viele Jahre.

Aufrecht wachsende Orchideen hält man in gelochten Tontöpfen. Orchideen mit hängenden Blüten gedeihen am besten in Holzkörben oder auf Rindenstücken. Sehr dekorativ ist Korkrinde, und sie hält auch mehrere Jahre lang

Pflanzstoff für Orchideen

Der Orchideenpflanzstoff weicht von den üblichen Blumenerden stark ab. Auch kann nicht jede Orchideenart im gleichen Substrat gezogen werden.

Die meisten Gattungen wachsen in der Heimat als Epiphyten auf Bäumen oder als Halbepiphyten auf vermodernden Stämmen. Deshalb sind die Wurzeln der Orchideen auf ein relativ hartes, unverrottetes, luftführendes und auch gut wasserdurchlässiges Substrat eingestellt.

Meistens werden Mischungen hergestellt, die aus Sumpfmoos (*Sphagnum*), Wurzeln des Königfarns (*Osmunda*), Wurzeln des Tüpfelfarns (*Polypodium*), kleingehacktem Buchenlaub und Rindenborke bestehen. Je durchlässiger der Pflanzstoff sein soll, um so höher muß der *Osmunda*-Anteil sein. Den Pflanzstoff – in der Hauptsache aus Farnwurzeln und Sumpfmoos – bezieht man von einer Orchideengärtnerei. Ist keine am Ort, läßt man ihn sich schicken.

Da der Pflanzstoff von Natur aus nur sehr geringe Nährstoffmengen besitzt, wird eine zusätzliche Ernährung notwendig sein. Entscheidend ist dabei, ob zum Eintopfen ein gedüngtes Ausgangsmaterial verwendet wurde oder nicht. Es gibt auch Orchideenpflanzstoff, der bereits einen geringen Nährstoffanteil hat. Die Stärke der Düngung und die Art der zusätzlichen Ernährung hängt von den Pflanzen ab. So müssen z. B. Orchideen, die in *Osmunda* stehen, weniger häufig gedüngt werden als solche, die in einem Substrat auf Rindenbasis wachsen.

In jedem Fall soll die Lösung viel schwächer genommen werden als für andere Topfpflanzen. Gedüngt werden darf nur während der Wachstumszeit alle drei bis vier Wochen, und die Lösungen sollten nie stärker als 0,1 % sein. Zwischen den Düngungen muß das Substrat feucht gehalten werden. In Fachgeschäften werden heute auch ganz spezielle Dünger für Orchideen angeboten.

Der Pflanzstoff oder das Substrat darf keine Stoffe enthalten, die den Wurzeln schaden könnten. Der pH-Wert des Pflanzstoffs sollte am besten einer leicht sauren Reaktion entsprechen.

Wichtig ist, daß die Orchideen im Pflanzstoff einen guten Halt finden. Deshalb muß man beim Eintopfen darauf achten, daß man das Substrat sehr sorgfältig und fest an die Wurzeln stopft. Nicht zuträglich für die Pflanzen ist es allerdings, wenn man das Substrat durch das Stopfen zu sehr verdichtet. Das läßt sich am ehesten vermeiden, wenn man Kombinationen verschiedener Pflanzstoffe verwendet, wie sie Fachgeschäfte führen.

Töpfe mit Sämlingen kaufen

Billig erhält man Orchideen, wenn man Töpfe mit mehreren Sämlingen in Spezialgärtnereien kauft. Bis zur Blüte muß man dann allerdings zwei oder drei Jahre warten.

Wenn die Sämlinge ankommen, topft man sie einzeln in 5 cm große Töpfe um.

Man gießt gründlich mit Regenwasser und setzt die Töpfe an einen schattigen Teil des Gewächshauses, an dem mindestens 16° C Wärme herrschen. Das Substrat darf niemals vollständig austrocknen.

Die Sämlinge können auch einzeln gekauft werden, dann braucht man sie nicht sofort umzutopfen.

Sechs bis acht Monate später topft man die Jungpflanzen in 6–8 cm große Töpfe um, und zwei bis vier Monate später prüft man, ob die Wurzeln an der Außenseite des Topfballens sichtbar sind. Wenn das der Fall ist, setzt man die Pflanzen vorsichtig in einen 10 cm großen Topf.

Die Pflanzen werden gegossen und an einen schattigen Platz im Gewächshaus gestellt, an dem die Temperatur nicht unter 10° C abfällt.

Das Substrat muß ständig feucht gehalten werden, es darf aber nicht zu naß sein.

18 Monate später setzt man die Pflanze in einen entsprechend großen Topf um. Sie hat dann das blühfähige Alter erreicht.

SÄMLINGE

Man wählt 5 cm große Töpfe und sorgt für 16° C Mindesttemperatur

Orchideen für Kalt- und Warmhäuser

In der folgenden Tabelle sind Orchideen beschrieben, die man bei Orchideenzüchtern kaufen und die man auch zu Hause pflegen kann. Die Tabelle ist in zwei Abschnitte unterteilt. Im ersten sind Kalthausorchideen aufgeführt, die im Winter eine Mindesttemperatur von nur 10° C benötigen, im zweiten Teil Warmhausorchideen, die eine Mindestwintertemperatur von 16° C brauchen. Beide Orchideenarten können im Sommer bei hoher Luftfeuchtigkeit bis zu 38° C

vertragen. Die Wintertemperatur kann bis zu 14 Tagen um 3° C unter die Mindesttemperatur absinken, ohne zu schaden.

Die Pflege von Warmhausorchideen ist teuer, da die Heizkosten für das Gewächshaus hoch sind. Deshalb ziehen es die meisten Hobbygärtner vor, einige wenige tropische Orchideen in einer großen, beheizten Pflanzenvitrine in einem Kalthaus zu halten. Man kann Orchideen aber auch, was bedeutend billiger ist, im Zimmer

in einem unbeheizten Glaskasten auf einer Fensterbank über einem Heizkörper halten. Die Bedingungen im Glaskasten müssen jedoch ständig überwacht werden. Hierfür geeignete Orchideen sind unten aufgeführt.

In den Maßen der Spalte „Pflanzenhöhe" ist auch die Blütenhöhe enthalten.

Die Lichtanforderungen sind in „Hell", „Halbschatten" und „Schatten" unterteilt. Dies erfordert natürlich bei den verschiede-

nen Jahreszeiten unterschiedliche Maßnahmen. Während der warmen Jahreszeit muß man vor allem in den lichtintensivsten Stunden für eine ausreichende Schattierung sorgen. Ab Mitte September genügt es im allgemeinen, wenn man nur an sonnigen Tagen schattiert.

Die Terminangaben können sich in kälteren Gebieten um zwei bis drei Wochen verschieben.

„Nacheinander" bedeutet, daß sich die Blüten nacheinander am Blütenstiel öffnen.

KALTHAUSORCHIDEEN

Brassia verrucosa   Coelogyne cristata   Cymbidium eburneum   Dendrobium nobile   Odontoglossum crispum   Oncidium varicosum

Name	Pflanzenhöhe	Blütengröße	Blüten pro Rispe	Haltbarkeit der Blüten	Blütezeit	Ruhe- bzw. Trockenzeit	Lichtansprüche	Düngung	Für Zimmerkultur geeignet	Allgemeine Hinweise
Brassia	45 cm	7–15 cm Ø	6–12	35–40 Tage	April–Juni	Leichte Ruhezeit	Halbschatten	Nein	Ja	Große, spinnenähnliche Blüten, gefleckt
Coelogyne	25–30 cm	4–10 cm Ø	3–10	10–21 Tage	Januar bis August	Mäßige Trockenzeit nach der Blüte	Halbschatten	Nein	Ja	Blüten in Weiß, Lachsfarben oder Braun. Häufig duftend
Cymbidium	50–150 cm	5–10 cm	12–24	50–60 Tage	Oktober bis Mai	Kurze Trockenzeit im Herbst	Im Winter viel Licht. Von März bis August Halbschatten	Ja	Nein	Einfach und billig. Kann lange Zeit bei 4° C gehalten werden
Miniaturhybriden	30–45 cm	4–10 cm	10–20	50–60 Tage	Oktober bis Mai		Ja		Nein	Groß und kleinblumig in vielen Farben
Dendrobium (Kalthausart)	45–60 cm	5–6 cm	12–30	10–20 Tage	März–Mai	Die Arten vom asiatischen Festland erhalten eine ausgedehnte Ruhezeit bei kühlen Temperaturen. *D. phalaenopsis* wird warm und feucht kultiviert	Hell, in den Mittagsstunden beschatten	Nein	Ja	Leicht blühend, sonnenliebend. Auch Warmhausarten
Odontoglossum	0,25–1 m	5–10 cm	5–35	21–42 Tage	November bis April	Stark gemäßigte Feuchtigkeit im Winter	Halbschatten	Nein	Ja	Sehr viele Arten in Weiß, Gelb und allen Violett- und Rottönen; leicht zu halten, sehr dankbare Art
Oncidium	0,5–1 m	3–8 cm	10–100	21–42 Tage	April bis Dezember (je nach Art)	Mäßige Trockenheit, Arten ohne Bulben kann man feuchter kultivieren	Hell	Nein	Ja	Viele, meist gelbe Blüten an langer, verzweigter Rispe

WARMHAUSORCHIDEEN

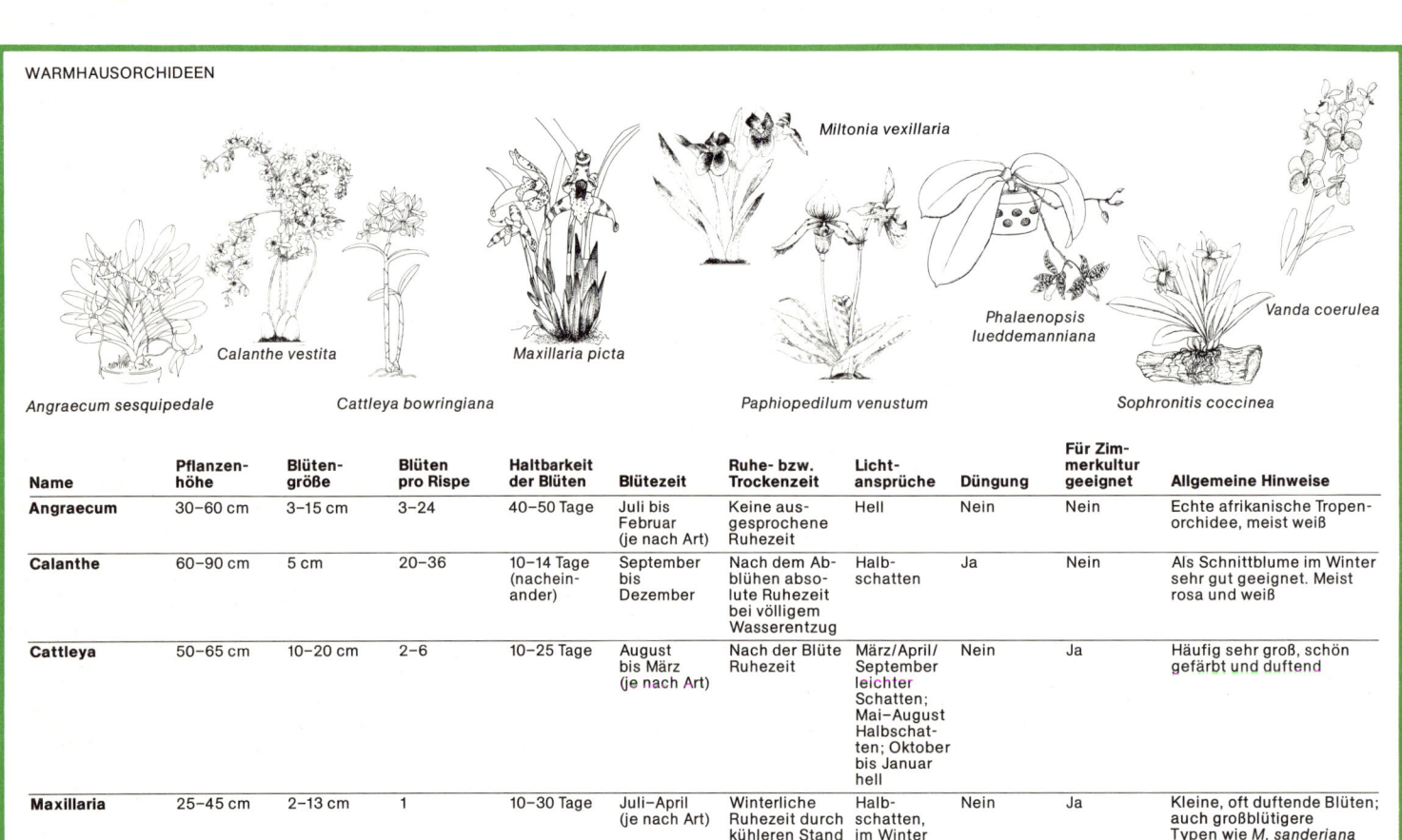

Angraecum sesquipedale

Calanthe vestita

Cattleya bowringiana

Maxillaria picta

Miltonia vexillaria

Paphiopedilum venustum

Phalaenopsis lueddemanniana

Sophronitis coccinea

Vanda coerulea

Name	Pflanzen- höhe	Blüten- größe	Blüten pro Rispe	Haltbarkeit der Blüten	Blütezeit	Ruhe- bzw. Trockenzeit	Licht- ansprüche	Düngung	Für Zim- merkultur geeignet	Allgemeine Hinweise
Angraecum	30–60 cm	3–15 cm	3–24	40–50 Tage	Juli bis Februar (je nach Art)	Keine aus- gesprochene Ruhezeit	Hell	Nein	Nein	Echte afrikanische Tropen- orchidee, meist weiß
Calanthe	60–90 cm	5 cm	20–36	10–14 Tage (nachein- ander)	September bis Dezember	Nach dem Ab- blühen abso- lute Ruhezeit bei völligem Wasserentzug	Halb- schatten	Ja	Nein	Als Schnittblume im Winter sehr gut geeignet. Meist rosa und weiß
Cattleya	50–65 cm	10–20 cm	2–6	10–25 Tage	August bis März (je nach Art)	Nach der Blüte Ruhezeit	März/April/ September leichter Schatten; Mai–August Halbschat- ten; Oktober bis Januar hell	Nein	Ja	Häufig sehr groß, schön gefärbt und duftend
Maxillaria	25–45 cm	2–13 cm	1	10–30 Tage	Juli–April (je nach Art)	Winterliche Ruhezeit durch kühleren Stand und mäßige Feuchtigkeit	Halb- schatten, im Winter hell	Nein	Ja	Kleine, oft duftende Blüten; auch großblütigere Typen wie *M. sanderiana*
Miltonia	30–45 cm	2–15 cm	5–7	10–28 Tage	Mai bis Dezember (je nach Art)	Mäßige Ruhezeit im Winter	Halb- schatten	Nein	Ja	Großblutige duftende Orchideen, zur Fäulnis neigend
Paphiopedilum Venusschuh	25–50 cm	7–15 cm	1–2	21–42 Tage	Oktober bis April	Keine aus- gesprochene Ruhezeit	Halb- schatten, im Winter hell	Nein	Ja	Schöne, sehr lang haltende Blüten für Schnittzwecke. Auch für Zimmerkultur geeignete Arten
Phalaenopsis	25–75 cm	5–15 cm	20–40 (nachein- ander)	21–100 Tage	Ganzjährig (je nach Art)	Keine Ruhezeit	Schatten	Ja	Nein	Wohl die am reichsten blühende Orchidee; braucht mindestens 17° C. Prächtige Blüten in vielen Farben
Sophronitis	7–35 cm	5–10 cm	1–3	10–28 Tage	November bis Februar	Kurze Ruhezeit	Halb- schatten	Nein	Nein	Meist Zwergpflanzen von 7–10 cm Höhe mit leuchtendroten und blaßlila Blüten
Vanda	0,35–1 m	5–11 cm	10–20	21–42 Tage	März bis September	Leichte Ruhezeit nach der Blüte	Hell	Nein	Nein	Viele große, lang haltende Blüten, oft duftend

Die Balkongärtnerei

Der Blumenschmuck an Balkonen und Fensterfronten ist heute vielfach zu einer Selbstverständlichkeit geworden. Die Kästen sind wie kleine Gartenbeete und wollen mit der gleichen Sorgfalt bepflanzt und gepflegt werden

Gefäße für Balkonpflanzen

In den letzten Jahren sind die Holzkästen früherer Zeiten größtenteils den widerstandsfähigeren Balkonkästen aus Asbestzement oder Kunststoff gewichen. Diese sind leicht zu säubern und haben eine lange Lebensdauer.

Die Größe muß ausreichend sein, wenn sich die Pflanzen richtig entwickeln sollen. Ideal sind Kästen, die mindestens 18 cm breit und ebenso hoch sind.

Damit überschüssiges Gieß- oder Regenwasser abfließen kann, sollten Abzugslöcher vorhanden sein. Sie werden durch Tonscherben oder Ziegelsplitt abgedeckt, damit nicht Wurzeln oder Erde die Löcher verstopfen.

Neuerdings sind im Handel auch Gefäße erhältlich, die einen gewissen Wasservorrat aufnehmen können. Ein Doppelboden unterteilt den Balkonkasten in einen Wasserspeicher und in einen Pflanzraum. Durch den Doppelboden ragen Saugdochte in das darüberliegende Substrat und versorgen es mit der notwendigen Feuchtigkeit. So braucht man nicht mehr täglich zu gießen.

Die richtige Pflanzerde

Verschiedene Industrieerden kann man in Gärtnereien oder Blumengeschäften beziehen. Billiger ist es jedoch, selbst eine Balkonpflanzerde zu mischen.

Dazu werden zwei Drittel Torf und ein Drittel gute Land-, Kompost- oder Lehmerde gemischt. Pro 10 l dieses Gemisches werden dann 30 g eines beliebigen mineralischen Volldüngers beigemengt. Neuerdings sind auch Volldünger mit Vorratswirkung (Depotdünger) im Handel. Wenn man diese der selbsthergestellten Pflanzerde beimischt, ist für einige Monate eine gleichmäßige Düngung gewährleistet.

Bei Blumenkästen mit verschiedenen Pflanzenarten in bunter Reihenfolge müssen die Blütenfarben miteinander harmonieren und auch zu der Hausfassade einen hübschen Kontrast bilden. Auf dem Balkon sind rote und weiße Petunien, gelbe Pantoffelblumen und Hängegeranien gepflanzt; im Fensterkasten wurden aufrecht wachsende Geranien mit weißen Petunien und Hängegeranien zusammengestellt. Die Kübelpflanzen sind Oleander

Die Bepflanzung der Blumenkästen

Für einen besseren Wasserabfluß sorgt eine Lage Topfscherben auf dem Boden der Kästen. Dann werden sie zu drei Vierteln mit Pflanzsubstrat gefüllt.

Die Pflanzen werden gründlich durchfeuchtet und dann im entsprechenden Abstand aufgeteilt. Jetzt werden die Gewächse aus den Töpfen genommen und am vorgesehenen Platz eingesetzt, wobei durch einen leichten seitlichen Druck der Topfballen mit dem umgebenden Erdsubstrat verbunden wird. Nach dem Andrücken der Erde muß noch ein 2 cm hoher Gießrand verbleiben, damit beim Angießen das Wasser nicht über den Kastenrand hinunterfließt.

Nach dem Angießen empfiehlt es sich, die fertigen Kästen zunächst an einen schattigen Platz zu stellen und erst am nächsten Tag an den endgültigen Standort zu bringen.

Pflege der Balkonpflanzen

Zu den wichtigsten Pflegemaßnahmen gehören das Gießen und das Düngen.

Das Substrat sollte ständig feucht, aber nicht naß sein. Gegossen wird am besten in den Abend- oder Morgenstunden, nie in der Mittagshitze.

Meistens ist der Nährstoffvorrat in der Erde nach etwa vier bis sechs Wochen erschöpft; jetzt kann mit dem Düngen begonnen werden. Man verwendet am besten die handelsüblichen Volldünger im wöchentlichen Abstand in den auf den Packungen angegebenen Dosierungen (z. B. 0,2%ige Konzentration eines Blumendüngers = 2 g auf 1 l Wasser). Vor jeder Düngung wird die Erde, wenn sie trocken ist, gegossen, damit es an den Pflanzen keine Verbrennungen gibt.

Zur Balkonblumenpflege gehört auch, daß die verblühten Blumen regelmäßig entfernt werden, damit die Samenbildung verhindert und die Knospen- und Blütenbildung gefördert wird.

Wie man Balkonpflanzen überwintert

Bei ausdauernden Gewächsen wie Geranien und Fuchsien ist die Überwinterung ohne Schwierigkeiten möglich, wenn man die Pflanzen im Herbst vor den ersten Nachtfrösten einräumt.

Als Überwinterungsort sind Räume mit einer Temperatur von etwa 4–6° C am besten geeignet. Die Pflanzen sollen dort entweder im Balkonkasten oder in Töpfen möglichst hell aufgestellt werden.

Auch ruhende Gewächse brauchen ein Mindestmaß an Pflege. Dazu gehört ein mäßiges Gießen. Obwohl eine gewisse Trockenheit vertragen wird, sollte der Wurzelballen nicht völlig austrocknen.

Gelegentlich sollten die Pflanzen auch etwas durchgeputzt werden. Außerdem brauchen winterruhende Pflanzen viel Frischluft.

Bevor die Pflanzen dann ab Mitte Februar heller und bei etwas höheren Temperaturen (12–15° C) aufgestellt werden, muß ein Rückschnitt gemacht werden, damit sie wieder neue Triebe bilden. Dabei werden nur grundständige Triebe mit vier bis sechs Augen belassen. So erhält man buschige Pflanzen, die bis zur Neubepflanzung der Balkonkästen Mitte Mai schon die ersten Knospen und Blüten angesetzt haben.

Grundsätzlich sollten die überwinterten Pflanzen nach dem Durchtrieb im Frühjahr in ein frisches Erdsubstrat umgepflanzt werden.

Die Vermehrung durch Stecklinge

Bei Pelargonien (stehenden und hängenden Geranien), Fuchsien und Pantoffelblumen hat sich die Vermehrung durch Stecklinge am besten bewährt. Wichtig ist, daß der Steckling nur vom besten, gesündesten und am reichsten blühenden Pflanzenmaterial genommen wird. Der günstigste Zeitpunkt für die Vermehrung ist der August.

Bei der Stecklingsvermehrung sind die Kopftriebe grundsätzlich vorzuziehen. Diese dürfen nicht zu weich sein, da sie sonst faulen. Im allgemeinen werden die Stecklinge unmittelbar unter dem Blattknoten mit einem scharfen Messer abgeschnitten. Bei Geranien soll der Steckling drei bis vier Blätter, bei Fuchsien und Pantoffelblumen drei bis vier Blattpaare haben. Weil die untersten Blätter gern in Fäulnis übergehen, werden diese sowie alle noch anhaftenden Knospen- und Blütenorgane entfernt.

Jetzt werden kleine Tontöpfe mit einem Durchmesser von 5 bis 8 cm mit feuchtem Torf gefüllt; man kann auch die sogenannten Jiffy-7 (Quelltöpfe) verwenden. Der Steckling wird ca. 2 cm in das Substrat gesteckt und leicht angedrückt.

Anschließend werden die Pflanzen kräftig mit Wasser überbraust und an einen Standort gebracht, an dem sie vor direkter Sonnenbestrahlung geschützt sind. Ideal ist ein Frühbeetkasten. Wer keinen besitzt, kann ein provisorisches Vermehrungsbeet aus einer Holzkiste herstellen, die mit feuchtem Torf gefüllt wird. Darin werden die Stecklinge mit den Töpfen eingesenkt und mit einer Glasscheibe überdeckt.

Während der Bewurzelungszeit braucht nur mäßig gegossen zu werden. Meistens reicht ein leichtes Besprühen, damit die Stecklinge nicht welken. Nach etwa vier bis sechs Wochen haben sich meist kräftige Wurzeln gebildet. Beim Jiffy-7 treten sie durch das den Torf umgebende Netz heraus, so daß die Pflanzen umgetopft werden müssen. Dazu verwendet man Töpfe mit einem Durchmesser

Kapuzinerkresse (links) schafft auf dem Balkon einen reichblühenden Sicht-schutz. Rote und rosafarbene Hängegeranien sind mit Strauch- bzw. Ein-jahresmargeriten kombiniert (oben). Diese blühen reichlicher und verzweigen sich besser, wenn die Blütenstiele oft geschnitten werden. Petunien (unten) bringen bei voller Sonne einen reichen Blütenflor. Die abgeblühten Blüten-stände müssen laufend entfernt werden

Geranien (oben) blühen von Mitte Mai bis zum ersten Frost und lassen sich mit Erfolg überwintern. Durch regelmäßiges Gießen und wöchentliche Düngergaben in der Hauptwachstumszeit wird an einem sonnigen Standort ein reicher Blütenflor erzielt. In halbschattigen und schattigen Lagen fühlen sich Fuchsien (unten links) wohl. Auch sie kann man gut überwintern. Sehr gut eignen sich Tulpen, Narzissen, Hyazinthen und Traubenhyazinthen für die Frühjahrsbepflanzung (unten rechts). Mit Stiefmütterchen ergänzt, liefern sie bis in den Mai hinein eine herrliche Blütenpracht

von 8–10 cm. Als Substrat eignet sich eine Mischung aus Komposterde und Torf zu gleichen Teilen. Wichtig ist, daß die Pflanzen vor der Überwinterung noch die Möglichkeit haben, den neuen Topfballen zu durchwurzeln.

Vor dem Eintreten der ersten Nachtfröste werden die Pflanzen in einen hellen, kühlen, aber frostfreien und luftigen Überwinterungsraum gebracht. Im zeitigen Frühjahr pflanzt man die überwinterten Jungpflanzen in größere Töpfe mit 11 cm Durchmesser und bringt sie an einen hellen und warmen Standort. Jetzt sollte auch gestutzt werden, um kräftige, buschige Pflanzen zu erhalten. Dabei wird die oberste Triebspitze abgeschnitten, damit die Pflanze von unten her austreibt und Seitentriebe entwickelt.

Nach einigen Wochen wird mit einem flüssigen Dünger die Nachdüngung begonnen. Bis Mitte Mai sind dann aus den Stecklingen, die im August des vorigen Jahres vermehrt wurden, blühende Balkonpflanzen geworden.

Geeignete Pflanzen für den Blumenkasten
Frühjahrsbepflanzung (April/Mai)

Zwiebelgewächse, wie Tulpen, Narzissen, Hyazinthen usw., Primeln *(Primula vulgaris)*, Stiefmütterchen *(Viola wittrockiana)*, Tausendschönchen, Vergißmeinnicht

Sommerbepflanzung (Mitte Mai–September)

Sonnige Lage: Begonie (von den Knollenbegonien nur *Begonia bertinii)*, Freilandpantoffelblume *(Calceolaria integrifolia)*, Geranie, Heliotrop, Leberbalsam, Lobelie, Nelke, Petunie, Ringelblume, Strauchmargerite *(Chrysanthemum frutescens)*, Tagetes, Wandelröschen, niedrige Sorten von Zinnien, Löwenmaul, Salvien, Verbenen, Gazanien, Zwergdahlien

Halbschattige Lage: Balsamine, Begonie (auch andere Knollenbegonien), Fleißiges Lieschen *(Impatiens walleriana)*, Freilandpantoffelblume, Fuchsie, Geranie, Kapuzinerkresse, Petunie

Schattige Lage: Efeu, Knollenbegonie

Herbstbepflanzung (Oktober)

Topfchrysanthemen, Glockenheide *(Erica gracilis)*

Winterbepflanzung

Zwergkoniferen, wie z. B. Zwergkiefer, Zwergwacholder, Zwergfichte usw., dazu Schneeheide *(Erica carnea)*

Für die Bepflanzung von Gerüsten als Wind- bzw. Sichtschutz eignen sich Schling- und Kletterpflanzen, wie z.B. Wicke *(Lathyrus odoratus)*, Glockenrebe *(Cobaea scandens)*, Prunkwinde *(Ipomaea tricolor)*, Schwarzäugige Susanne *(Thunbergia alata)* und Kapuzinerkresse.

Frühjahrsblumen für den Balkon
Für Blumenkästen eignen sich Stiefmütterchen, Vergißmeinnicht, Tausendschönchen und Freilandprimeln, aber auch verschiedene Blumenzwiebelgewächse wie Tulpen, Narzissen, Hyazinthen, Blaustern oder Krokus, in kleinen Horsten gepflanzt. Die Blumenzwiebeln müssen bereits im Herbst in die Kästen gelegt werden. Zur guten Bewurzelung werden die Gefäße bis zum Vorfrühling an einem kühlen, geschützten Ort bei ca. 2–6° C aufgestellt.

Noch bessere Erfolge erzielt man meist, wenn man die Blumenzwiebeln, nach Arten getrennt, in Einzeltöpfe legt und die Pflanzen im Frühjahr nach dem Austrieb zusammen mit den anderen Frühjahrsblühern in die Balkonkästen pflanzt.

Wer im Herbst versäumt hat, Blumenzwiebeln zu pflanzen, kann sich mit bereits blühenden Zwiebelgewächsen behelfen, die es im Frühjahr beim Gärtner oder im Blumengeschäft zu kaufen gibt.

Balkonblumen im Sommer
Die Hauptsaison für Balkonblumen beginnt nach den Eisheiligen Mitte Mai. Neben den aufrecht und hängend wachsenden Geranien gedeihen in sonnigen Lagen auch Petunien, Lobelien, Wandelröschen, Leberbalsam, Salvien, Pantoffelblumen und Margeriten. Am halbschattigen Standort fühlen sich Fuchsien, Knollenbegonien und Fleißige Lieschen wohl.

Um mehr Abwechslung und Farbenspiel in die Bepflanzung zu bringen, lohnt es sich, auch noch andere Pflanzenarten mit zu verwenden. Beispiele sind Heliotrope, Gebirgshängenelken, Topfrosen, Buntnesseln, Zwergdahlien sowie verschiedene einjährige Sommerblumen wie *Tagetes*, Zinnien, Verbenen oder Zwergedelwicken. Bei den Einjährigen sollten niedrige Sorten verwendet werden.

Wer seinen Balkon in eine wind- und sichtgeschützte grüne Stube verwandeln will, braucht nur verschiedene einjährige Schling- und Kletterpflanzen wie beispielsweise Wicken, Glockenrebe, Kaiserwinde oder Kapuzinerkresse an der entsprechenden Stelle anzupflanzen. Die Triebe winden sich dann an Klettergerüsten, Stäben oder Gittern reizvoll empor.

Der Balkon im Herbst
Für eine Herbstbepflanzung der Blumenkästen kommen die niedrigen, reichblühenden Chrysanthemen in Betracht. Verschiedene Sorten, die bis zu 30 cm hoch werden, sind in vielen Farben erhältlich.

Weniger frostempfindlich ist die Glockenheide *(Erica gracilis)*, die den Balkon mit den Farben Rotviolett, Weiß oder Lachsrosa bis in den Winter hinein belebt. Mit Chrysanthemen, Stauden und Kleingehölzen läßt sie sich gut kombinieren.

Hier hat sich eine Hausgemeinschaft auf eine einheitliche Balkonbepflanzung mit stehenden und hängenden Geranien geeinigt (oben links). Bei Fensterkästen (unten links) werden überwiegend hängende Pflanzen verwendet, damit genügend Licht ins Zimmer dringen kann. Eine massierte Blütenpracht (oben rechts) erreicht man mit herabhängenden Efeugeranien; einen Farbtupfer auf der weißen Hausfassade bringt eine Clematis. Auf dem oberen Balkon (unten rechts) sind Pantoffelblumen, Petunien und Geranien, auf dem unteren Geranien und Hängegeranien gepflanzt worden

Das Bild oben zeigt eine Winterbepflanzung mit verschiedenen Zwerg-koniferen und immergrünen Gehölzen, die im Sommer mit einjährigen Blütenpflanzen ergänzt werden können. Vor dem schmiedeeisernen Gitter (unten) steht ein Blumenkasten mit bunt gemischter Bepflanzung

Auch bei den Herbstblühern auf dem Balkon empfiehlt es sich, die Pflanzen aus den Töpfen herauszunehmen und erst nach guter Durchfeuchtung des Wurzelballens in die Balkonkästen zu setzen. Eriken muß man stets gut mit Wasser versorgen. Sie brauchen jedoch nicht gedüngt zu werden.

Balkonschmuck auch im Winter

Am einfachsten ist es, die Balkonkästen mit verschiedenen Zweigen von immergrünen Gehölzen auszustecken. Dafür eignen sich Kiefern, Fichten, Tannen oder Zweige von früchtetragenden Pflanzen wie Zwergmispel, Sanddorn, Schneebeere, aber auch Zweige der Mahonie.

Bei der Bepflanzung des Winterbalkons verwendet man vor allem langsam wachsende Kleingehölze und Zwergkoniferen, damit die Pflanzen – bei entsprechender Pflege – mindestens drei Jahre im Balkonkasten belassen werden können. Nur so lassen sich die Kosten rechtfertigen, die ja erheblich höher als die für Sommerblumen sind.

Zwergkiefern, Zuckerhutfichten und Zwergwacholder eignen sich besonders. Billiger sind die einfachen Baumschulfichten mit etwa

455

30 cm Höhe. Zur Auflockerung des Gesamtbildes können zwischen die grünen Nadelgewächse einige Exemplare Schneeheide (*Erica carnea*) gepflanzt werden.

Die meisten Pflanzen werden heute von den Baumschulen in Töpfen oder Containern angeboten. Für die Pflanzung nimmt man sie aus den Behältern und drückt sie gut in das Erdreich ein. Es empfiehlt sich, vorher den Topfballen ins Wasser zu tauchen, damit Ballentrockenheit vermieden wird.

Damit die Pflanzen einen guten Halt haben, sollte das Erdsubstrat nicht zu locker sein. Eine Mischung von je einem Drittel Komposterde, Landerde und Torf ist zu empfehlen. Der Torf muß vorher gut angefeuchtet werden.

Heute gibt es Wechselkästen aus Kunststoff mit 40 und 60 cm Länge. Diese Einsätze können in den Asbestzementkasten einge-

hängt werden, was den Wechsel von der Sommer- zur Winterbepflanzung und umgekehrt wesentlich erleichtert.

Gartenbesitzern bietet sich die Möglichkeit, die Winterkästen den Sommer über im Garten einzuschlagen. Damit die Wurzeln jedoch nicht ins Erdreich hineinwurzeln, empfiehlt es sich, eine Folie unterzulegen.

Wer keinen Garten hat, kann die immergrünen Gehölze auch den Sommer über im Balkonkasten lassen. Nach den Eisheiligen werden dann einfach einige Sommerblumen dazwischengepflanzt.

Zu den wichtigsten Pflegemaßnahmen gehört im Winter das Gießen. Gerade jetzt ist der Bedarf an Wasser bei wintergrünen Pflanzen außerordentlich groß. Sobald sich die Oberfläche trocken anfühlt, muß bei frostfreiem Wetter gegossen werden, damit die Pflanzen nicht vertrocknen.

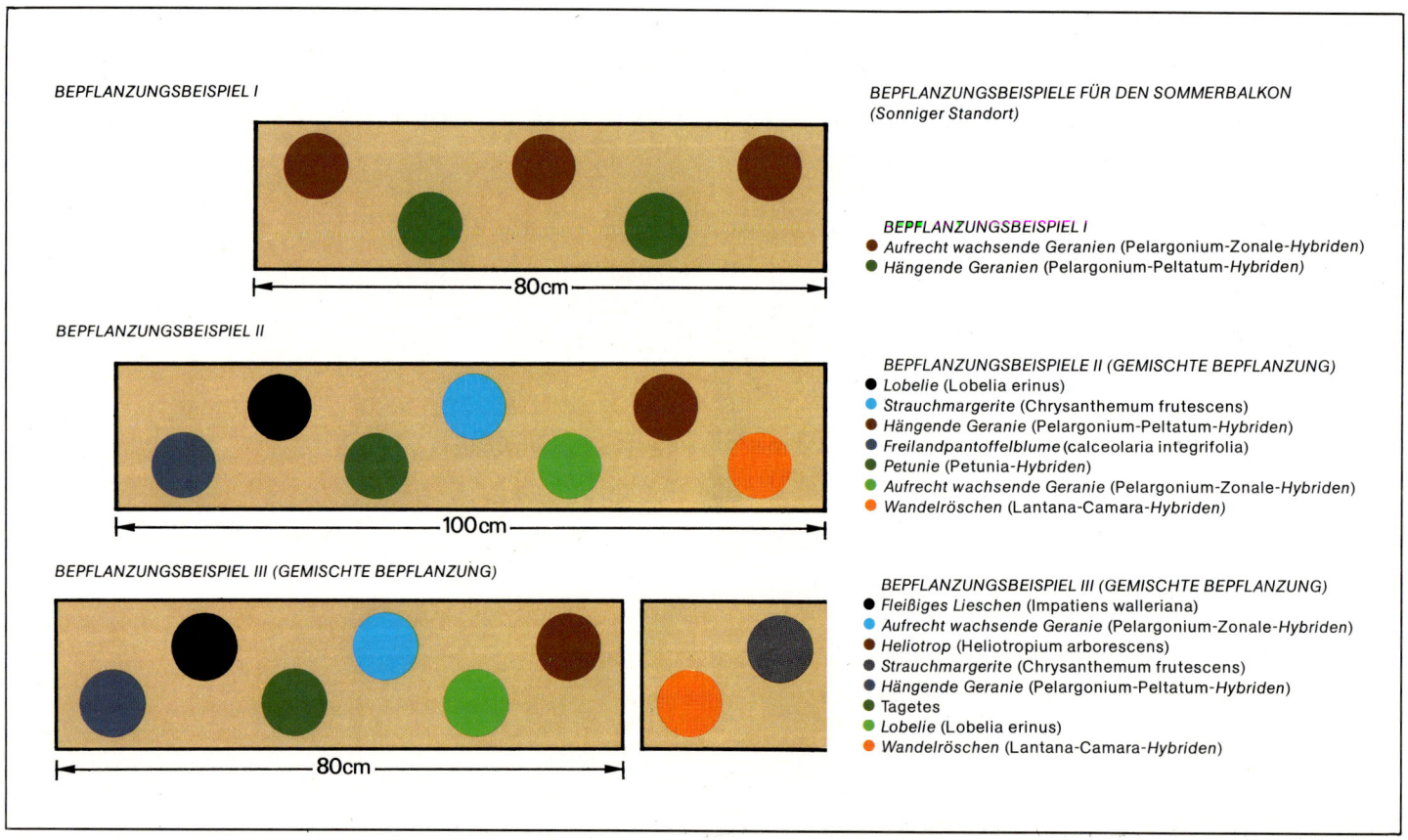

BEPFLANZUNGSBEISPIEL I

80cm

BEPFLANZUNGSBEISPIEL II

100cm

BEPFLANZUNGSBEISPIEL III (GEMISCHTE BEPFLANZUNG)

80cm

BEPFLANZUNGSBEISPIELE FÜR DEN SOMMERBALKON
(Sonniger Standort)

BEPFLANZUNGSBEISPIEL I
● Aufrecht wachsende Geranien (Pelargonium-Zonale-Hybriden)
● Hängende Geranien (Pelargonium-Peltatum-Hybriden)

BEPFLANZUNGSBEISPIELE II (GEMISCHTE BEPFLANZUNG)
● Lobelie (Lobelia erinus)
● Strauchmargerite (Chrysanthemum frutescens)
● Hängende Geranie (Pelargonium-Peltatum-Hybriden)
● Freilandpantoffelblume (calceolaria integrifolia)
● Petunie (Petunia-Hybriden)
● Aufrecht wachsende Geranie (Pelargonium-Zonale-Hybriden)
● Wandelröschen (Lantana-Camara-Hybriden)

BEPFLANZUNGSBEISPIEL III (GEMISCHTE BEPFLANZUNG)
● Fleißiges Lieschen (Impatiens walleriana)
● Aufrecht wachsende Geranie (Pelargonium-Zonale-Hybriden)
● Heliotrop (Heliotropium arborescens)
● Strauchmargerite (Chrysanthemum frutescens)
● Hängende Geranie (Pelargonium-Peltatum-Hybriden)
● Tagetes
● Lobelie (Lobelia erinus)
● Wandelröschen (Lantana-Camara-Hybriden)

Der Nutzgarten

Es gibt nichts Besseres als tagesfrisches Obst und
Gemüse – der eigene Garten liefert es fast das
ganze Jahr über und die Küchenkräuter dazu

Obst

Selbst ein kleiner Garten bietet Platz für Obst – nicht nur für Beerenobst, sondern auch für kleinere Baumformen, die an einer Mauer oder einem Zaun erzogen werden oder an einem kleinen offenen Platz wachsen

Beerenobst

Es wird als Strauch oder in Stammformen gezogen – außer Erdbeeren, die niedrig wachsende Stauden sind. Bei Sträuchern gehen zahlreiche Triebe gleicher Stärke nebeneinander aus der Wurzel hervor. Sie werden im allgemeinen etwa 1,2 m hoch, wobei sich Breite und Höhe annähernd entsprechen.

Schwarze, Rote und Weiße Johannisbeeren, Heidelbeeren und Stachelbeeren werden als Sträucher gezogen. Stachelbeeren sowie Rote und Weiße Johannisbeeren gibt es auch als Stämmchen mit unterschiedlicher Höhe. Stachelbeeren werden auch häufig als Schnurbäume an Wänden oder Hecken gezogen.

Himbeeren, Brombeeren und Loganbeeren wachsen als Halbsträucher. Sie entstehen dadurch, daß jedes Jahr neue, kurze Bodentriebe gebildet werden. Sie müssen an einem Pfahl oder an Drähten erzogen werden. Man schneidet jedes Jahr die Ruten, die einmal gefruchtet haben, weg; sie werden durch neuen Wuchs ersetzt.

Baumobst

Es wird in verschiedenen Formen gezogen, wobei für den Durchschnittsgarten der Niederstamm am besten geeignet ist. Früher wurden häufig Hochstämme und Halbstämme angepflanzt. Sie nehmen jedoch so viel Platz ein, daß sie im allgemeinen nur für ausgesprochene Obstgärten in Frage kommen.

Niederstämme sind von alters her die beliebteste Form für Äpfel und Birnen. Sie werden auf Unterlagen mit unterschiedlicher Wuchsstärke aufgepfropft. Sie haben einen 60 bis 70 cm hohen Stamm, und in dieser Höhe breiten sich die Äste aus und bilden die Baumkrone. Spindelbüsche sind durchschnittlich 2,5–3 m hoch und breit, Büsche 3–3,5 m.

Schnurbäume sind eine der besten Formen für den kleinen Garten. Sie haben nur einen Stamm und keine größeren, sich ausbreitenden Äste. Sie benötigen sehr wenig Platz, sind leicht zu handhaben und bringen für ihre Größe einen hohen Ertrag. Schnurbäume müssen durch Drähte unterstützt werden; sie können senkrecht hochgezogen werden, im allgemeinen erzieht man sie aber in einem Winkel von 45°, um einen längeren Hauptstamm zu erzielen. Die Durchschnittslänge ist 2,5 m. Als Variation gibt es den U-förmigen Doppelschnurbaum, der meist senkrecht hochgezogen wird. Äpfel und Birnen sind bestens als Schnurbäume geeignet.

Spalierbäume haben einen zentralen Stamm und horizontale, paarweise sich gegenüberliegende Äste, die durch Drähte unterstützt werden. Sie müssen sorgfältig beschnitten und erzogen werden. Diese Form ist am besten geeignet für Äpfel und Birnen. Die Durchschnittshöhe ist 2,5 m, die Durchschnittsbreite 3–4,5 m.

Fächerbäume haben Äste, die an Drähten erzogen werden und die Form eines Fächers bilden; sie werden im allgemeinen an einer Mauer hochgezogen. Alle in diesem Abschnitt behandelten Bäume können in Fächerform erzogen werden. Sie sind dekorativ, brauchen aber eine große Mauerfläche und sorgfältigen Schnitt. Die Durchschnittshöhe ist 3 m, die Durchschnittsbreite 4,5–6 m.

Zwergpyramiden haben einen zentralen Stamm mit Ästen, die ca. 40 cm über dem Boden beginnen und zur Baumspitze hin immer kürzer werden. Diese Form eignet sich am besten für Äpfel und Birnen, es gibt auch eine modifizierte Form für Pflaumen. Die Durchschnittshöhe ist 2–3 m, die Durchschnittsbreite 1–2 m.

Hochstämme erreichen eine Stammhöhe von 1,6–2 m und eine durchschnittliche Höhe und Breite von 6–9 m.

Halbstämme haben eine Stammhöhe von 1–1,6 m und eine durchschnittliche Höhe und Breite von 4,5–6 m.

Bestäubung

Blüten entwickeln sich nicht zu Früchten, wenn sie nicht befruchtet werden. Pollen werden gewöhnlich durch Wind oder Insekten übertragen.

Die meisten Obstbäume haben sowohl männliche als auch weibliche Organe in einer Blüte, aber nicht alle befruchten sich selbst (durch die eigenen Pollen). Manche müssen mit einer anderen Sorte zusammengepflanzt werden, die zur gleichen Zeit blüht, so daß eine Fremdbefruchtung stattfinden kann, so z. B. die Apfel-, Birnen- und Süßkirschensorten. Die meisten Sauerkirschen, Pfirsiche, Aprikosen und einige Pflaumensorten, ebenso Heidelbeeren, Himbeeren, Brombeeren, Johannisbeeren, Stachelbeeren und die meisten Erdbeersorten dagegen befruchten sich selbst. Bevor man bestellt, informiert man sich anhand der Angebotsliste über die Bestäubungsart.

Schnitt

Der Fachmann unterscheidet zwischen Erziehungs-, Instandhal-

tungs-, Fruchtholz- und Erneuerungsschnitt.

Äpfel, Süßkirschen und Birnen tragen die Frucht meist auf zweijährigem oder noch älterem Fruchtholz. Deshalb ist es wichtig, gleich viel altes und junges Holz zu halten.

Brombeeren, Schwarze Johannisbeeren, Heidelbeeren, Loganbeeren, Pfirsiche, Sommerhimbeeren und Sauerkirschen tragen die Frucht meist auf einjährigem Holz, Herbsthimbeeren und Weintrauben auf dem Holz des laufenden Jahres. Man muß daher Triebe, die schon Frucht getragen haben, ersetzen.

Pflaumen, Rote Johannisbeeren, Stachelbeeren und Damaszenerpflaumen fruchten auf einjährigem oder älterem Holz. Es geht darum, soviel wie möglich Jungholz zu erzielen.

Man schneidet gewöhnlich im Herbst oder Winter. Den Bäumen schadet es aber auch nicht, wenn nach dem Abernten in belaubtem Zustand schon geschnitten wird. Bei Süß- und Sauerkirschen kann so der Gummifluß gemindert oder gar verhindert werden. Pfirsiche sind für einen Sommerschnitt besonders dankbar. Große Schnittstellen sollten durch einen die Wunde abdeckenden Anstrich geschützt werden. Der senkrechte Schnurbaum fordert geradezu Schnittarbeiten während des ganzen Jahres.

Die Anzucht von Obstgehölzen

Ein Obstbaum, der aus einem Samen gezogen wird, unterscheidet sich wesentlich von seiner Mutterpflanze. Der einzig sichere Weg, eine Sorte beizubehalten, ist die Veredelung. Doch diese sollte man am besten einem Fachmann überlassen. Ein Teil der Triebe – Pfropfreis genannt – wird von der zu ziehenden Baumsorte entnommen und auf die Unterlage (Wurzelsystem und ein Teil des Stammes) einer anderen Sorte aufgepfropft. Diese Veredelungsstelle erscheint oft als Verdickung im Stamm.

Die Unterlage beeinflußt Größe, Lebenskraft und Ernteerfolg des Baums, und verschiedene Unterlagen wurden standardisiert und klassifiziert. Wenn man einen Obstbaum kauft, sollte man dem Fachmann sagen, in welcher Form man den Baum haben will und wie Boden und Wachstumsbedingungen sind, so daß er einen Baum auf entsprechender Unterlage auswählen kann.

Obstbäume kaufen

Es werden verschieden alte Bäume angeboten; sie können ein, zwei, drei oder vier Jahre alt sein. Einjährige Veredlungen haben noch keinerlei Kronenerziehung erfahren. Am besten kauft man zwei- und dreijährige Veredlungen, und zwar in anerkannten Markenbaumschulen, denn das Markenetikett ist ein Gütezeichen, das nur solchen Obstgehölzen angeheftet werden darf, die einwandfreie Qualitätsmerkmale aufweisen. Es bietet z. B. Gewähr für Gesundheit, für einen genügend kräftigen Stamm, für gut entwickelte Triebe, ein gut entwickeltes Wurzelwerk sowie dafür, daß der Baum frei ist von Krebs und sonstigen Krankheiten und Schädlingen und daß die Echtheit und Reinheit der sogenannten Klonunterlagen nachweisbar ist.

Obstbäume und Obststräucher pflanzen

Die Entwicklung der Bäume und Sträucher hängt in starkem Maße von der sachgerechten Pflanzung ab. Irgendwelche Fehler lassen sich später kaum korrigieren.

Wichtig ist, daß vor der Pflanzung der Boden sehr sorgfältig gelockert wird. Die Oberfläche sollte mindestens 1 m² groß sein. Eine Tiefenlockerung von 40–50 cm ist ausreichend. Zur Bodenverbesserung werden etwa zwei Eimer Torf, gut angefeuchtet, an der Pflanzstelle in den Boden eingearbeitet. Damit die Wurzeln nicht verletzt werden, schlägt man den Baumpfahl vor dem Pflanzen ein.

Als Vorratsdüngung rechnet man je Baumgrube 1 kg Thomasphosphat und 1 kg Kalimagnesia.

Sind die Baumwurzeln – etwa durch den Transport – eingetrocknet, sollte man sie vor der Pflanzung einige Stunden in Wasser legen. Beschädigte Wurzeln müssen mit einer scharfen Baumschere glattgeschnitten werden, und zwar so, daß die Schnittstelle an der Wurzel nach unten zeigt. Die Wurzeln werden so weit zurückgenommen, bis die Schnittstellen vollkommen weiß sind.

Man sollte erst pflanzen, wenn der Boden es zuläßt. Er darf nicht gefroren oder zu naß sein. Im Idealfall soll eine Handvoll Erde beim Festdrücken zusammenbleiben und beim Herunterfallen auseinanderplatzen.

Die Herbstpflanzung hat, vor allem beim Kernobst, Vorteile, weil sich dann bis zum Frühjahr der Boden gut setzen kann, die Wunden verheilen und sich neue Faserwurzeln bilden können. Im Frühjahr zeigt sich dann ein kräftiger Austrieb. Pflanzt man im Herbst frostempfindliche Obstarten, wie z. B. Birnen auf Quittenunterlagen, dann schützt man sie, indem man eine handhohe Schicht Stroh, Stalldung oder Torf auf die Baumscheibe (das ist der um den Baum liegende, vorher ausgehobene Boden) aufbringt. Bei Frühjahrspflanzungen deckt man die Baumscheiben ab, um die Bodenfeuchtigkeit zu erhalten. Pfirsiche sollte man immer im Frühjahr pflanzen.

Am besten pflanzt man zu zweit. Man füllt die Erde nach und nach auf und schüttelt ab und zu den Baum, damit sich die Erde um die Wurzeln setzen kann. Sobald die Wurzeln bedeckt sind, tritt man die Erde fest. Dann füllt man das Pflanzloch mit Erde auf. Oft senkt sich der Boden nach dem Pflanzen. Es ist deshalb ratsam, die Erde um den Baum herum leicht anzuhäufeln. Dann wird der Baum am Pfahl festgebunden (siehe Seite 36).

Nach dem Pflanzen sollte die alte Erdmarkierung gerade noch sichtbar sein, und die Verbindungsstelle zwischen Pfropfreis und Unterlage muß mindestens 10 cm über dem Erdboden liegen. Bei Kaninchen- oder Hasenplage sollte man den Baum durch einen Plastikwickel oder durch eine Drahthose schützen.

Schnurbäume und Spaliere sowie Fächerbäume Vor dem Pflanzen errichtet man zur Unterstützung der Bäume Drähte, die mit Haken und Drahtspannern an einer Mauer oder an Pfosten befestigt werden. Für Schnurbäume spannt man die Drähte in einer Höhe von 30 cm, 90 cm, 1,5 m und 2,1 m über dem Boden; für Spalierbäume alle 30–40 cm; für Fächerbäume alle 25–30 cm, wobei man in passender Höhe über dem Boden beginnt. Pflanzt man vor einer Mauer, setzt man den Stamm mindestens 15 cm von der Mauer weg, damit er nicht in trockener Erde steht. Außerdem neigt man ihn leicht gegen die Mauer, um ihn leichter an die Drähte binden zu können.

Anderes Obst Wie man Weinreben, Himbeeren und Erdbeeren pflanzt, siehe entsprechende Abschnitte. Brombeeren, Schwarze und Rote Johannisbeeren, Heidelbeeren, Stachelbeeren und Loganbeeren werden in gleicher Weise gepflanzt wie Sträucher (siehe Seite 62).

Was tun, wenn man nicht sofort pflanzen kann?

Wenn die Bäume oder Sträucher so ankommen, daß man sie nicht gleich einpflanzen kann, bedeckt man die Wurzeln vorübergehend in einem Graben mit Erde. Das nennt man einschlagen. Die Erde darf weder trocken noch zu naß sein. Bei nassem Wetter ist ein guter Platz zum Einschlagen an einer Hausmauer, wo der Boden gewöhnlich nur feucht ist. Ist der Boden zu trocken, wässert man ihn. Damit der Boden feucht bleibt und nicht gefriert, bedeckt man ihn vor dem Einschlagen zuerst mit Plastikfolie, dann mit trockenem Stroh und schließlich nochmals mit Plastikfolie. Gut geeignet ist starke Baufolie.

Wenn Bäume oder Sträucher so angeliefert werden, daß man sie nicht innerhalb von zwei oder drei Tagen einpflanzen kann, wird ein spatentiefer Graben ausgehoben, bei dem die eine Wand senkrecht ist und die andere eine Neige von 45° hat. Man legt die Bäume an der geneigten Grabenwand so nebeneinander, daß die Wurzeln so eng wie möglich aneinander liegen. Dann werden die Wurzeln mit der ausgehobenen Erde vollständig bedeckt. Bei starker Frostgefahr bringt man noch eine 20–30 cm dicke Torf-, Dung- oder Spreuschicht auf. Einen längeren Einschlag sollte man vermeiden.

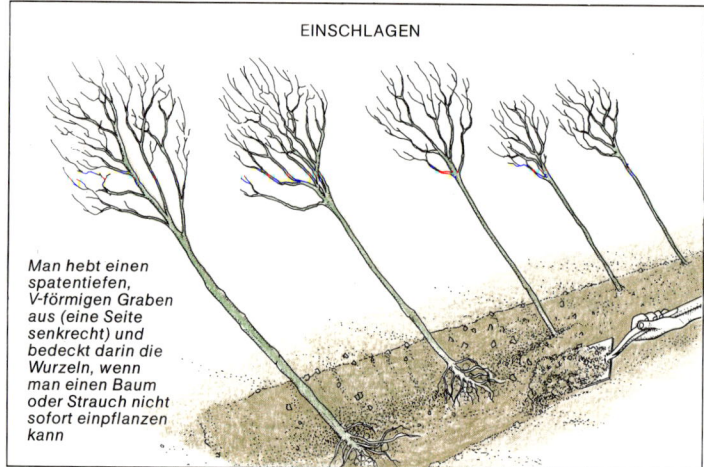

EINSCHLAGEN

Man hebt einen spatentiefen, V-förmigen Graben aus (eine Seite senkrecht) und bedeckt darin die Wurzeln, wenn man einen Baum oder Strauch nicht sofort einpflanzen kann

Der Platz, den ein Baum beansprucht

Die hier angegebenen Pflanzabstände können nur als Richtwerte dienen. Man läßt sich am besten beim Kauf des Baumes vom Fachmann den empfohlenen Abstand sagen. Je kräftiger die Unterlage und je fruchtbarer der Boden ist, desto größer sollten die Pflanzabstände gewählt werden. Auch den unterschiedlichen Platzbedarf von Hoch- und Halbstämmen muß man berücksichtigen.

Baumform	Baumabstand
Busch	3,5–4,5 m
Spindel	2 –3,5 m
Schnurbaum	0,5–1 m
Spalierbaum	3 –4,5 m
Zwergpyramide	1 –1,2 m
Pyramide	3 –3,5 m
Fächerbaum	4,5–7,5 m

Schutz des Obstes vor Schaden und Krankheit

Vögel können Fruchtknospen und wachsende Früchte ernstlich schädigen. Den einzigen wirklichen Schutz bieten 2,5-cm-Nylon- oder -Polyäthylennetze, mit denen man Bäume oder Sträucher abdeckt.

An Stützen gezogenes Beerenobst und Spalierbäume sind am leichtesten durch provisorische Käfige zu schützen. Andere Schutzmittel sind Musselin- oder Polyäthylensäcke, die über einzelne Früchte gezogen werden.

Obstbäume und Obststräucher werden von einer Unzahl von Krankheiten und Schädlingen befallen, so daß ein erfolgreicher Obstbau ohne sachgemäßen Pflanzenschutz unmöglich ist. Die Schädlingsbekämpfung ist in einem Garten genauso wichtig wie in einer Obstplantage, denn selbst wenn im Haushalt auch minderwertiges Obst immer verwendet werden kann, so sollte doch auch hier ein Mindestmaß an Pflanzenschutz betrieben werden, damit man einwandfreie und haltbare Früchte erhält. In jedem Kleingarten müssen zumindest eine Winter- oder Austriebspritzung, eine Vor- und ein bis zwei Nachblütenspritzungen durchgeführt werden.

Im Garten muß man mit Rücksicht auf Unterkulturen bei der Anwendung von Pflanzenschutzmitteln besonders vorsichtig sein. Aber nicht nur Pflanzen können dabei Schaden nehmen, Menschen, warmblütige Tiere und Bienen sind bei unsachgemäßer Anwendung von Pflanzenschutzmitteln ebenso gefährdet. Auch hier geben die Vorschriften und Gebrauchsanweisungen Auskunft. Grundsätzlich sollte man nur die Mittel verwenden, die von der Biologischen Bundesanstalt zugelassen (in der Schweiz im Pflanzenschutzmittel-Verzeichnis aufgeführt) sind. Einzelheiten über Obstschädlinge, Krankheiten und deren Bekämpfung siehe Seite 574–600.

Einen trägen Baum zum Fruchten bringen

Wenn ein Baum äußerst kräftig ist – gut wächst, jedoch wenig oder gar nicht fruchtet –, kann man seine Stickstoffaufnahme reduzieren, indem man um ihn herum Gras wachsen läßt. Gemäht wird es in der Wachstumsperiode. Man wirft es auf den Kompost.

Ein anderes Mittel ist das Wurzelstechen; es wird am besten im März durchgeführt. Man sollte diese Maßnahme aber nur ergreifen, wenn feststeht, daß es sich auch wirklich um „faule Blüher" handelt, also um Bäume, die ihrem Alter gemäß schon längst hätten tragen müssen. Wenn das der Fall ist, hebt man im Bereich der Kro-

nentraufe einen schmalen Graben wenigstens 35 cm tief aus. Damit wird das Wurzelsystem durchtrennt. Dieser Eingriff führt dann im Juli/August zur Blütenknospenbildung.

Bei zu großen Bäumen zeichnet man nur einen Halbkreis, der etwas kleiner als die Kronentraufe ist. Man gräbt auch hier eine Grube entlang der Linie und durchschneidet alle Wurzeln, auf die man stößt; danach wird die Erde zurückgeschaufelt und festgetreten. Im folgenden Winter wird die andere Hälfte in gleicher Weise behandelt.

Ein weiteres Mittel für Apfel- und Birnbäume ist die Ringelung der Rinde im März/April. Bei dieser Methode besteht allerdings

Schwer beladene Äste stützen

Schwer beladene Äste an Buschbäumen oder Hochstämmen müssen manchmal abgestützt werden, damit sie nicht unter dem Gewicht brechen.

Man kann einen dicken Pfahl, der 1–2 m höher ist als der Baum, neben diesem fest einrammen, an der Pfahlspitze Stricke befestigen, diese um die Äste schlingen, wieder zur Pfahlspitze führen und dort festmachen. Man kann auch neben jedem Ast einen Pfahl anbringen und eine Strickschlinge vom Pfahl um den Ast binden.

Bei beiden Methoden kommt es darauf an, den Ast an der richtigen Stelle zu unterstützen. Wenn der Strick zu dicht am Stamm ist, kann das Astende bei starkem Wind abbrechen. Ist der Strick zu dicht an der Spitze, kann der Ast zwischen Unterstützungspunkt und Stamm brechen. Zwischen Strick und Ast legt man ein Polster, damit sich die Rinde nicht aufscheuert.

Man kann aber auch unter jedem Ast einen Pfahl mit V-förmiger Gabelung einschlagen und den Ast mit einem Polster darauflegen.

die Gefahr, den Baum abzutöten, wenn sie nicht exakt ausgeführt wird. Man sollte sie deshalb nur im äußersten Fall anwenden. Man schneidet etwa 5–8 cm unterhalb des Astansatzes einen ca. 1,5 cm breiten Rindenstreifen um den halben Baumstamm herum aus und einen weiteren um die andere Hälfte 3 cm tiefer. Je jünger und kleiner der Baum ist, desto schmaler sollten die Streifen sein. Bei größeren Bäumen sollten die Streifen nicht breiter als 6 mm sein. Man schneidet mit einem scharfen Messer nur in die Oberfläche der Rinde, schält diese ab und bestreicht die freigelegten Abschnitte sofort mit Wundwachs, um den Assimilatstrom zu unterbrechen und den Baum zu schützen.

Schwer mit Früchten beladene Äste kann man einzeln stützen, indem man Strickschlaufen um sie legt, die an einem Pfahl festgebunden sind, oder durch sich gabelnde Pfähle. Bei beiden Methoden benutzt man ein Polster zwischen Ast und Stütze, damit sich die Rinde nicht durchscheuert

Äpfel

Apfel 'Golden Delicious'

Äpfel sind das in der Bundesrepublik am weitesten verbreitete Obst. Sie gedeihen auf den meisten Böden. Je lockerer, humoser und nährstoffreicher der Boden ist, desto besser ist dies für die Wurzelbildung und damit für das gesamte Wachstum. Nasse, kalte, undurchlässige Böden sind denkbar ungeeignet.

Alle Apfelsorten brauchen Pollenspender einer gleichzeitig blühenden anderen Sorte (siehe Seite 478). Spezialisten züchten jetzt „Familienbäume", die aus drei pollenspendenden Sorten bestehen und auf einer Unterlage wachsen. So braucht man nur einen einzigen Baum zu pflanzen. Die beste Pflanzzeit ist im Herbst (siehe Seite 460). Die Wurzeln frisch gepflanzter Bäume brauchen reichlich Wasser; deshalb muß man den Boden feucht halten, wenn man in einer Trockenperiode pflanzt.

In den ersten zwei oder drei Jahren bringt man im Frühjahr eine Schicht aus Stroh oder aus gut bereitetem Kompost auf.

Bei Äpfeln genügt es, in den Jahren bis zum Ertragsbeginn an Reinnährstoffen zu geben: 1 g Stickstoff, 2 g Phosphorsäure und 5 g Kali pro Jahr und Quadratmeter, bei mittleren Erträgen 8 g Stickstoff, 4 g Phosphorsäure und 14 g Kali und bei sehr hohen Erträgen davon jeweils die doppelte Menge. Stehen die Bäume auf Grasland, muß die Düngung verstärkt werden.

Der Dünger wird gleichmäßig auf dem Boden verteilt, und zwar auf einer Fläche, die etwas größer ist als die Kronentraufe. Unkraut wird durch oberflächliches Hacken oder mit einem flüssigen Unkrautvernichter entfernt.

Ältere Bäume muß man während längerer Trockenperioden bewässern; man gießt gut 20 l Wasser pro Quadratmeter auf die von der Baumkrone überspannte Fläche.

So wird sichergestellt, daß die Wurzeln, die sich in diesem Bereich befinden, das Wasser optimal nutzen können.

Reichen Fruchtansatz bei jungen Äpfeln ausdünnen

Das Ziel der Ausdünnung ist es, weniger Äpfel zu voller Größe auswachsen, anstatt zu viele kleine Früchte sich entwickeln zu lassen.

Im allgemeinen wird mit dem Ausdünnen nach dem Junifall (bei Apfel und Birne nach guter Blüte und reichem Fruchtansatz erwünscht) begonnen, da man dann erkennen kann, welche Früchte voraussichtlich am Baum verbleiben werden. Der Junifall ist normal und im allgemeinen kein Grund zur Besorgnis. Bei trockenen oder schlechten Böden kann die Fallmenge sehr groß sein. Das beste Mittel dagegen ist sorgfältiges Düngen und Mulchen.

Von jedem Fruchtansatz beläßt man nur die Frucht, die sich am besten entwickelt hat. Um die besten Früchte zu erreichen, werden Tafeläpfel auf 10–15 cm Abstand gehalten, Kochäpfel auf 15–20 cm. Auf jedem Fruchtspieß wird nur ein Apfel belassen. Man kann die Äpfel ausbrechen oder mit einer Gartenschere abschneiden.

Nach dem Junifall die Früchte auf ein oder zwei pro Fruchtansatz ausdünnen

Apfelernte je nach Saison

Am besten kann man prüfen, ob die Äpfel reif zum Pflücken sind, indem man einen mit der Handfläche etwas anhebt und leicht dreht. Er ist nur pflückreif, wenn er sich leicht vom Baum löst und der Stiel an der Frucht bleibt.

Hoch sitzende Früchte nimmt man mit einem Apfelpflücker, das ist ein Netz an einer langen Stange, vom Baum. Man drückt den starren Netzrahmen gegen den Apfelstiel. Ist der Apfel reif, fällt er ins Netz.

Äpfel müssen sehr sorgfältig behandelt werden, weil sie leicht Stoßflecken bekommen. Deshalb werden sie in einen weich gepolsterten Behälter getan.

Frühe Sorten (reif im August oder September) halten sich nicht und sollten am besten bald nach der Ernte verzehrt werden. Herbst- und Wintersorten werden im September oder Oktober gepflückt, bevor sie ausgereift sind; sie reifen während der Lagerung nach.

Herbstäpfel (zu essen von Oktober bis Dezember) werden getrennt von den Winteräpfeln (zu essen ab Januar) aufbewahrt, da die von den Herbstäpfeln abgegebenen Gase die Reifung der Winteräpfel unangemessen beschleunigen können.

Manche Winteräpfel können sich bis April oder sogar Mai halten, wenn sie unter günstigen Bedingungen gelagert werden. Sorgfältig geerntete Äpfel sollen möglichst sofort eingelagert werden. Das häufig empfohlene „Schwitzen" vor der Lagerung fördert nur unnötig die Reife. Alle beschädigten Früchte werden aussortiert.

Pflückreife Äpfel lassen sich leicht mit Stiel abdrehen

Lagerung der Äpfel

Ein besonderes Problem stellt meist die Lagerung des Obstes dar, weil die wichtigsten Voraussetzungen, nämlich die Regulierbarkeit von Temperatur, Feuchtigkeit und Luftzirkulation, nicht erfüllt werden können. In vielen Neubauten mit Zentralheizung sind die Keller zu warm, und die Luft ist zu trocken. Die Folge ist, daß die Früchte zu stark atmen und sehr viel Feuchtigkeit abgeben. Die Äpfel werden sehr schnell runzlig und halten nicht. Je niedriger die Temperatur, um so langsamer geht der Abbauprozeß vor sich.

Kellerräume sind im allgemeinen dann geeignet, wenn sie ganz oder teilweise im Erdreich liegen und im Herbst kühler sind als sonstige Räume. Ein guter Lagerraum muß an Decke und Wänden isoliert sein und Temperaturen von 4–6° C haben. Zur Erhöhung der Luftfeuchtigkeit besprengt man den Boden, der möglichst aus Ziegelsteinen oder gestampftem Lehm bestehen sollte, mit Wasser.

Die Äpfel werden am besten in Flachsteigen gelagert. Sie gewährleisten eine gute Durchlüftung und ermöglichen eine ständige Kontrolle der Früchte. Man kann die Äpfel auch in Polyäthylenbeuteln aufbewahren, die ca. 2,5 kg fassen. Die Beutel sollten so klein sein, daß gegebenenfalls nicht so viele Äpfel durch sich ausbreitende Fäulnis verderben. Die Äpfel geben Gase ab, die die Reifung verzögern; ein Übermaß jedoch ruft Fäulnis hervor. Deshalb sticht man etliche kleine Löcher in die Beutel.

So hält man Äpfel hell und frisch

Eine alte Methode ist das „Sonnentauen". Gleich nach dem Pflücken werden die gesunden Äpfel – mit dem Stiel nach unten – im Freien auf Zeitungspapier oder Polyäthylenfolie gelegt; sie dürfen sich nicht berühren.

Nach drei Wochen wird das Obst in trockenem Zustand eingelagert. Diese Methode beschleunigt aber die Reife und verkürzt die Haltbarkeit des Obstes ganz erheblich.

Schäden bei Äpfeln

Blattläuse und Apfelwickler bereiten gewöhnlich den größten Verdruß beim Apfelanbau. Aber auch Virosen, wie z. B. das Apfelmosaik, oder Pilzkrankheiten, wie Schorf, Mehltau und Obstbaumkrebs, können große Schäden anrichten. Wenn ein Baum hier nicht aufgeführte Symptome aufweist, siehe die vierfarbigen Darstellungen ab Seite 574. Schädlingsbekämpfungsmittel siehe ab Seite 599.

Schaden	Ursache	Abhilfe
Blätter gekräuselt (manchmal rötlich) und/oder Triebe gekrümmt; Befall durch viele kleine Insekten	Blattläuse (grüne Apfelblattlaus und verschiedene andere Arten)	Kurz vor der Blüte spritzen mit Dimethoat, Endosulfan oder Malathion°; falls nötig, nach der Blüte wiederholen
Blätter gesprenkelt, später übergehend in Gelb, Rostbraun oder Bronze	Spinnmilben (Rote Spinne)	Etwa Mitte Juni spritzen mit Dimethoat, Malathion° oder Metasystox; falls nötig, später wiederholen
Junge Früchte haben ein kleines braunes Loch in der Schale; oft beginnt dort ein brauner Narbenstreifen. Schneidet man eine Frucht auf, bemerkt man unangenehmen Geruch und eine weiße Made, die sich vom Fruchtfleisch ernährt. Die Früchte fallen oft vor der Reife ab	Apfelsägewespe	Sofort nach Abfall der Blütenblätter spritzen mit Endosulfan oder Dimethoat
Ab Juli weisen die Früchte ein kleines Loch auf, jedoch ohne Narbe, wie bei Apfelsägewespen-Befall. Beim Aufschneiden kein Geruch; die weiße Raupe frißt in oder nahe dem Kerngehäuse	Apfelwickler (Obstmaden)	Mitte Juni spritzen mit Diazinon oder Dimethoat. Erneut spritzen nach ca. 3 Wochen zum Abtöten der Raupen, bevor sie in die Frucht eindringen
Jungtriebe, Blüten, Knospen und Blätter haben einen weißen, mehlähnlichen Belag; manchmal vorzeitiger Laubfall. Blüten setzen keine Frucht an	Apfelmehltau	Im Herbst werden schwer befallene Triebe herausgeschnitten. Regelmäßig spritzen mit Benomyl, Dichlofluanid (Euparen) oder Triforin
Die Frucht spaltet sich, oder die Schale bekommt Risse	Ungleichmäßige Wasserversorgung	Mulchen zur Erhaltung der Feuchtigkeit, Wässern der Bäume in Trockenperioden, bevor der Boden völlig austrocknet

Schaden	Ursache	Abhilfe
An Ober- und Unterseite der Blätter zuerst rundliche, später unregelmäßige, braungraue Flecken. Blätter sterben vorzeitig ab. Frucht hat große verkorkte Risse, zahlreiche große schwarze Flecken	Apfelschorf	Nach Ausbildung der grünen Früchte (nach Abfall der Knospenblätter) bis Juli, falls nötig, spritzen mit Benomyl, Captan, Dichlofluanid (Euparen) oder Triforin
Leicht vertiefte Flächen toter oder absterbender Rinde an Zweigen und jungen Stämmen. Später dehnen sich diese Flächen zu länglicher Form aus; das zentrale Gewebe reißt und blättert ab. Schließlich umwachsen diese Krebsstellen den ganzen Stamm und töten ihn	Obstbaumkrebs	Infizierte Fruchtspieße und kleine Zweige herausschneiden und verbrennen. An größeren Ästen und am Stamm erkrankte Teile wegschneiden und verbrennen, dann die saubere Wunde mit Krebsanstrich verschließen. Bei starkem Befall diese mechanischen Maßnahmen durch zwei Spritzungen mit Kupferoxychlorid beim Laubfall im Herbst ergänzen. Anfällige Sorten: 'Cox Orange', 'Goldparmäne', 'Klarapfel', 'Geheimrat Oldenburg', 'Ontario', 'Roter Berlepsch'. Nasse, schwere Böden und kalte Lagen sind für anfällige Sorten ungeeignet
Die Frucht weist kleine braune Gewebestellen im gesamten Fruchtfleisch sowie unter der Schale auf, die als leicht eingesunkene braune Flecken durchscheinen	Stippigkeit	Düngen, mulchen und wässern, bevor der Boden völlig austrocknet. Mitte Juni mit Kalziumnitrat spritzen; 250 g/25 l Wasser. Diese Behandlung in Abständen von drei Wochen dreimal wiederholen
Früchte werden am Baum und im Lager befallen. Junge Früchte am Baum weisen in der Kelchgrube „trockene" Fäule auf. Im Lager greift die Fäule rasch um sich. Auf den hellbraun gefärbten, wäßrigen Faulstellen entstehen graufarbene Sporenrasen	Graufäule	Faule und verletzte Früchte vor der Lagerung aussortieren. Gelagertes Obst kontrollieren, befallene Früchte sofort entfernen. Nachblütespritzungen mit gegen Botrytis bzw. Grauschimmel zugelassenen Mitteln wie Benomyl, Dichlofluanid

Schnitt und Erziehung eines Apfelbaums

Unabhängig von der Obstart, der Baum- und Kronenform kann man zwischen Pflanz-, Erziehungs-, Auslichtungs- und Verjüngungsschnitt unterscheiden.

Mit dem Pflanzschnitt wird die Erziehung der Krone eingeleitet. Mit dem Erziehungsschnitt sollen Triebwachstum und Ertrag ins Gleichgewicht gebracht und das Grundgerüst der Krone hergestellt werden. Der Aufbau der Krone steht dabei in den ersten Jahren im Vordergrund.

Danach gilt es, gute Licht- und Luftdurchlässigkeit sowie Ausgewogenheit zwischen Wachstum und Fruchtbarkeit zu erreichen.

Blütenknospen und Holzknospen Beim Obstbaumschnitt muß man zwischen Blütenknospen (die zuerst eine Blüte und dann eine Frucht hervorbringen) und Holzknospen (die einen neuen Trieb entwickeln) genau unterscheiden können. Blütenknospen sind groß und prall; Holzknospen sind kleiner und flacher. Manchmal entwickeln sich Holzknospen auch zu Blütenknospen.

Leittriebe und Seitentriebe Ein Leittrieb ist der leitende Trieb an einem Ast; ein Seitentrieb ist ein seitlicher Trieb an einem Ast.

Fruchtspieße und Fruchtsprosse Manche Sorten bringen ihre Früchte an kurzen Trieben, den sogenannten Spießen, hervor. Ein Fruchtspieß ist etwa 5–15 cm lang, noch mehr gestrauchte Kurztriebe heißen Fruchtsproß.

Schnittausführung Man benutzt eine scharfe Baumschere, damit man den Baum nicht verletzt, was

Krankheiten zur Folge haben könnte.

Man schneidet unmittelbar so über einem nach außen weisenden Auge, daß kein Stumpf darüber

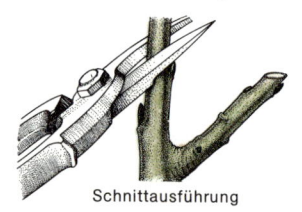

Schnittausführung

stehenbleibt, da dieser vertrocknet und zu einem Krankheitsherd werden kann. Der Schnitt soll schräg in Richtung des Auges verlaufen.

Erziehung In der Baumschule gekaufte Bäume sind im allgemeinen bereits teilweise erzogen und kön-

nen bis zu vier Jahre alt sein. Es ist wichtig, das genaue Alter zu wissen, damit man die Erziehung richtig fortsetzen kann.

Fruchttragen Ideal ist, wenn ein Baum im ersten Jahr nach dem Pflanzen keine Frucht trägt; mehr als ein oder zwei Früchte sollte er auf keinen Fall haben. Ein Kordon kann schon im ersten Jahr fruchten, ein Busch auf kräftiger Unterlage braucht bis zu fünf Jahre dazu.

Die Zeit, die ein Baum braucht, um seinen vollen Ertrag zu erreichen, liegt zwischen fünf und 15 Jahren, je nach Sorte, Unterlage und Schnittmethode. Bäume auf Zwergunterlagen erreichen den vollen Ertrag früher, leben aber nicht so lange wie andere auf kräftigen Unterlagen.

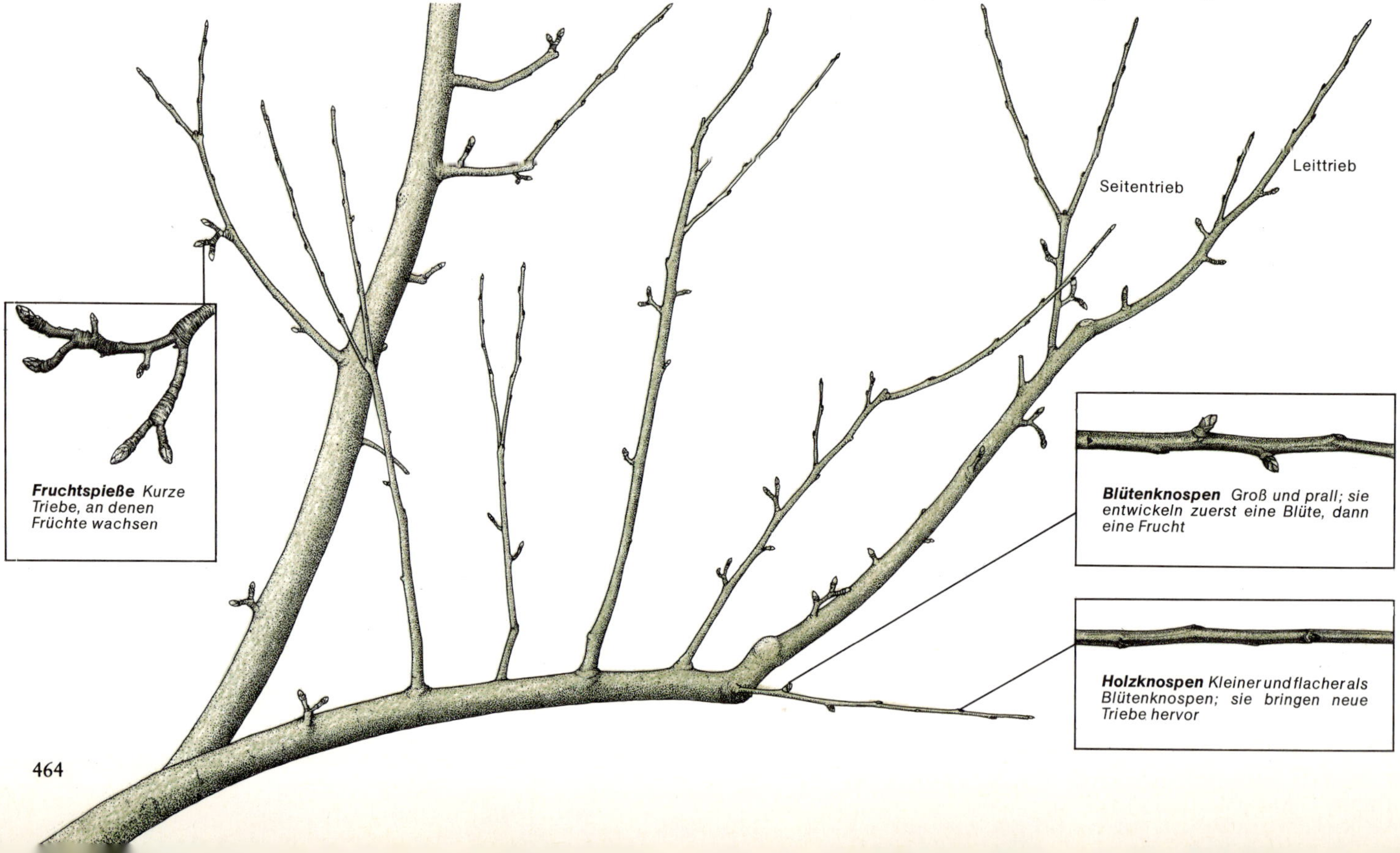

Seitentrieb

Leittrieb

Fruchtspieße Kurze Triebe, an denen Früchte wachsen

Blütenknospen Groß und prall; sie entwickeln zuerst eine Blüte, dann eine Frucht

Holzknospen Kleiner und flacher als Blütenknospen; sie bringen neue Triebe hervor

Schnitt und Erziehung von Niederstamm-Apfelbäumen

Die geeignete Baumform für den Hausgarten ist der Niederstamm mit der herkömmlichen Art der Kronenerziehung, der Rundkrone in Pyramidenform.

Pflanzschnitt an der Rundkrone

Wenn man einen Baum gepflanzt hat, beschneidet man die junge Krone, d. h., man macht den Pflanzschnitt. Der aus der Baumschule gelieferte Baum hat meistens vier bis fünf oder mehr einjährige Triebe. Man unterscheidet den Mitteltrieb (Hauptleittrieb oder Stammverlängerung), künftige Leitäste und Fruchtäste. Aus den vorhandenen Trieben wählt man den Mitteltrieb und drei Leitäste aus; sie sollen gleichmäßig um den Mitteltrieb verteilt sein. Sie werden eingekürzt, und zwar der schwächste um die Hälfte und die beiden anderen auf dessen Höhe. Der Mitteltrieb wird so beschnitten, daß er die anderen Äste noch um eine Scherenlänge überragt. Man schneidet stets dicht über einem nach außen stehenden Auge (Knospe), damit der Baum nach außen und nicht zum Kroneninneren hin austreibt. Die beiden nächsten Augen unterhalb der Endknospe bricht man gleich nach jedem Rückschnitt mit dem Fingernagel aus, so daß starke Konkurrenztriebe, die hier durch den Rückschnitt auf jeden Fall entstehen würden, erst gar nicht aufkommen können.

Ein Konkurrenztrieb wächst meistens beim Mitteltrieb. Er ist stark, sehr steil angesetzt und muß auf jeden Fall entfernt werden, da er nicht gut als Leitast verwendet werden kann, weil er gerne ausschlitzt, wenn man ihn nach außen abspreizt. Und die Leitäste sollen in einem Winkel von etwa 45° zum Mitteltrieb stehen. Wenn sie steiler stehen, bringt man sie durch ein Spreizholz in die gewünschte Lage (siehe Abb.). Dieses Abspreizen nennt der Fachmann formieren. Man formiert die Äste deshalb immer vor dem Rückschnitt, weil sonst die zurückgeschnittenen Leitäste nicht die gleiche Höhe erreichen.

Wenn mehrere schwächere Triebe in der jungen Krone sind, werden zwei davon als erste Fruchtäste herabgebunden. Fruchtäste werden jedoch niemals zurückge-schnitten. Die restlichen Triebe werden auf Astring entfernt, d. h. 1–2 mm nach ihrer Ansatzstelle am Stamm abgeschnitten. Man bindet Zweige herunter, um den Saftstrom zu bremsen, denn dadurch werden früher Blütenknospen angelegt. Der Zweig wird durch sanften Druck und eventuelles leichtes Drehen so weit nach unten gebracht, daß er fast waagrecht aus der Ansatzstelle kommt. Die Mitte des Zweiges liegt unter, die Spitze wieder über der Waagrechten. Da das Holz der einzelnen Sorten verschieden hart ist, lassen sich die Zweige entsprechend besser oder schlechter binden.

Dieser Pflanzschnitt ist bei Kernobst und Steinobst gleich. Die Stammhöhe spielt dabei überhaupt keine Rolle.

Rundkrone vor dem ersten Schnitt, mit Konkurrenztrieb

Rundkrone nach dem ersten Schnitt; der Konkurrenztrieb ist entfernt

Rundkrone vor dem zweiten Schnitt; die Leitäste haben stark getrieben

Rundkrone nach dem zweiten Schnitt; der obere Schnittwinkel beträgt 120°

465

Kronenerziehung in den folgenden Jahren

Im Hausgarten mit wenigen Bäumen beschneidet man Apfel-, Birn- und Pflaumenbäume am besten in der zweiten Februarhälfte. Empfindliche Sorten, beim Apfel zum Beispiel 'Cox Orange', können durch frühen Schnitt in sehr kalten Wintern leicht Schaden nehmen. Bei Temperaturen unter – 6° C sollte überhaupt nicht geschnitten werden.

Durch die Kronenerziehung soll ein stabiles Kronengerüst aufgebaut werden, und die Bäume sollen möglichst früh zum Tragen gebracht werden. Je mehr Triebe man zurückschneidet, desto mehr Holztriebe bringt der Baum hervor und desto später setzt der Ertrag ein.

Man erzieht die Krone aus dem Mitteltrieb (Stammverlängerung) und drei gleichmäßig verteilten Leitästen, wie man es durch den Pflanzschnitt schon vorbereitet hat. Alle diese Triebe werden vier bis fünf Jahre lang um ungefähr ein Drittel ihres jährlichen Zuwachses zurückgeschnitten.

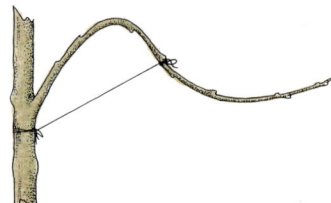

Falsch abgebunden

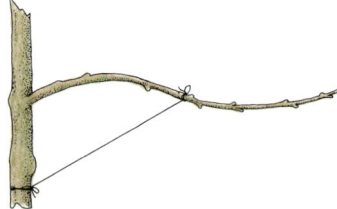

Richtig abgebunden

Außer den drei Leitästen werden aus dem Mitteltrieb keine weiteren Leitäste mehr erzogen. Wenn an ihm viele Triebe entstehen, lichtet man sie so aus, daß der Mitteltrieb nach einigen Jahren spiralig locker mit Fruchtästen besetzt ist. Wenn sie zu steil wachsen, bindet man sie herunter. Dabei ist wichtig, daß die Zweige möglichst flach von ihrer Ansatzstelle weggebunden werden, daß kein Katzenbuckel entsteht, denn sonst würden sich starke Neutriebe bilden, die wieder weggeschnitten werden müßten.

Der Schnitt im dritten Jahr

Wenn man im dritten Jahr schneidet, entfernt man zunächst einmal alles Bindematerial vom letzten Jahr. Als nächstes nimmt man dann eventuell vorhandene Spreizhölzer heraus und lichtet den Baum aus. Und zwar werden alle stärkeren, nach innen wachsenden Triebe, die auf der Oberseite der Leitäste entstehen, entfernt, ferner solche, die zwar nach außen wachsen, aber zu dicht stehen. Auch eventuelle Konkurrenztriebe werden entfernt, weil sie sich schlecht zu Fruchtästen umformen lassen. Sollte sich zeigen, daß der eine oder andere Leitast immer noch zu steil steht, wird ein längeres Spreizholz etwas höher als vorher eingesetzt. Hat man einen Jungbaum in den ersten drei Jahren auf diese Art erzogen, so behält er meistens die gewünschte Form bei. Ist die Krone ausgelichtet und frisch formiert, müssen zuletzt noch die drei Leittriebe und der Mitteltrieb zurückgeschnitten werden. Die Leittriebe werden, wie schon erwähnt, über einem nach außen zeigenden Auge angeschnitten. Den Mitteltrieb kürzt man über einem Auge ein, das abwechselnd in einem Jahr nach der einen Seite und im folgenden zur anderen Seite weisen soll. So wächst der Baum gerade weiter.

Rundkrone von oben mit Mitteltrieb und drei Leitästen

Wurde eine Krone etwa fünf Jahre lang auf diese Weise zurückgeschnitten, heben sich deutlich die im Gegensatz zu den Fruchtästen steiler stehenden, wesentlich stärkeren Leitäste ab. Die Fruchtäste bleiben dünner und senken sich bald unter der Last der Früchte. Wenn sie unter die Waagrechte abgesunken sind, bildet sich meist an der stärksten Biegungsstelle ein Holztrieb. Man läßt ihn unbeschnitten weiterwachsen, denn er ist der Ersatztrieb für den Fruchtast, auf dem er gewachsen ist. Wenn nämlich der alte Fruchtast drei- bis viermal Früchte gebracht hat, wird er bis zu diesem Ersatztrieb zurückgeschnitten. Auch der Ersatztrieb beginnt sich mit der Zeit abzusenken, und das Spiel beginnt von neuem. Der Vorteil dieser Fruchtrutenerziehung ist, daß man stets junges Tragholz hat. Die

Früchte werden am alten Holz immer kleiner, deshalb muß man das alte Fruchtholz ständig erneuern. Man erspart dem Baum damit eine radikale Verjüngung, die meistens zwei Jahre Ertragsausfall bedeutet.

Nach etwa fünf Jahren werden Mitteltrieb und Leitäste nicht mehr zurückgeschnitten, man läßt sie frei wachsen, lichtet nur noch aus und sorgt vor allem für die ständige Erneuerung der Fruchtäste und Fruchtruten. Sollten sich auf einem Fruchtast auf der Oberseite viele aufrecht wachsende Triebe bilden, entfernt man sie auf Astring. Entsteht in der Nähe der Basis eines Fruchtastes, am Leittrieb oder am Mitteltrieb ein starker Jungtrieb, kann man den alten Fruchtast ganz entfernen und diesen Jungtrieb als neuen Fruchtast verwenden.

Vernachlässigte Apfelbäume

Man schneidet im Winter, da man das Gerüst erst nach dem Blattfall richtig sehen kann. Wenn bei einem Baum der Zuwachs sehr gering ist, kann man alle Schnitte auf einmal durchführen, ansonsten verteilt man sie auf zwei oder drei Jahre.

Zuerst entfernt man alle abgestorbenen und kranken Äste. Dann lichtet man die Krone aus, indem man größere Äste vor allem aus der Mitte so herausschneidet, daß die verbleibenden Äste am Rand der Krone, wo sich die jungen Triebe entwickeln, in Abständen von 60–90 cm stehen. Ebenso entfernt man alle Äste, die sich kreuzen. Bei sehr großen Bäumen kann man die größten Äste bis auf einen Seitenast zurückschneiden.

Wenn man einen ganzen Ast entfernt, sägt man ihn möglichst nahe an der Ansatzstelle ab (siehe Seite 39). Die Ränder der Schnittfläche werden mit einem scharfen Messer glattgeschnitten, und die Wunde bestreicht man mit einem Wundverschlußmittel.

Stark quirliges Fruchtholz wird ausgelichtet, indem man einige Sprosse zurückschneidet und andere ganz entfernt. Die Fruchtsprosse sollten etwa 20–30 cm auseinanderliegen. Das Auslichten des Fruchtholzes wird stets auf mehrere Jahre verteilt.

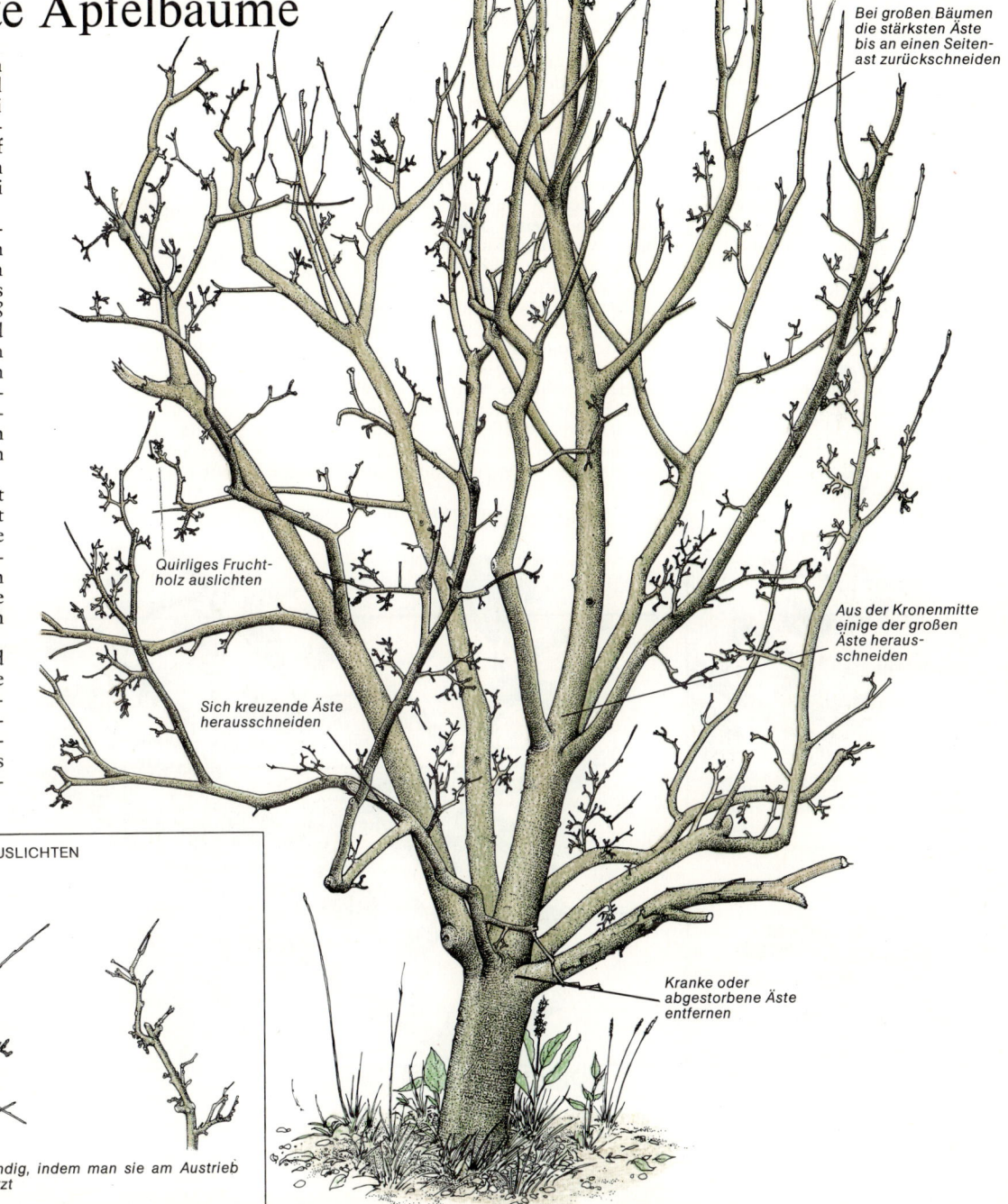

Bei großen Bäumen die stärksten Äste bis an einen Seitenast zurückschneiden

Quirliges Fruchtholz auslichten

Aus der Kronenmitte einige der großen Äste herausschneiden

Sich kreuzende Äste herausschneiden

Kranke oder abgestorbene Äste entfernen

QUIRLHOLZ AUSLICHTEN

Man entfernt einige Sprosse vollständig, indem man sie am Austrieb abschneidet, andere werden eingekürzt

467

Schnitt und Erziehung eines Schnurbaums

Man setzt die Bäume in Abständen von 50–90 cm schräg (45°) in den Boden, bindet neben jeden einen 2,5–3 m langen Stab im gleichen Winkel an die waagrechten Spanndrähte und befestigt die Stämme daran mit weichem Bindematerial. Die Stäbe werden entfernt, sobald die Stämme den obersten Draht erreicht haben.

Die Bäume werden als einjährige Veredlungen gepflanzt und auf 60 cm zurückgeschnitten. Dadurch bilden sich viele junge Triebe, die zu Fruchtholz umgewandelt werden müssen. Dies aber macht einen mehrmaligen Sommerschnitt (Juli, August, September) notwendig. Die jungen Triebe werden entspitzt, wenn sie 20–25 cm lang sind. Bei den stärkeren Trieben wird bis auf drei, bei den schwächeren auf vier Blätter zurückgeschnitten.

Wenn man den ersten Schnitt bereits im Juli durchführt, kann es in den beiden nächsten Monaten zu einem zweiten Austrieb kommen. Wenn der Sommer ziemlich trocken war und der Zuwachs gering geblieben ist, schneidet man ihn im September nochmals bis auf eine Knospe zurück; nach einem feuchten Sommer kann der zweite Austrieb jedoch so stark sein, daß man die weiteren Schnitte bis in den zeitigen Winter hinein öfter wiederholen muß. Im Winter schneidet man die Stammverlängerung auf sechs bis acht Augen zurück.

Sobald ein Schnurbaum über den obersten Spanndraht hinauswächst, bindet man ihn in spitzerem Winkel fest. Ein Winkel von 35° sollte jedoch nicht unterschritten werden, weil der Baum sonst

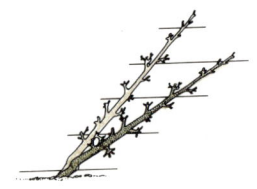

Einen Schnurbaum tiefer senken

brechen könnte. Kann man den Baum nicht mehr tiefer senken, schneidet man im Mai den jungen Trieb an der Spitze über einer Knospe bis auf 1,5 cm zurück. Der Baum sollte nicht über 2,5 m lang werden.

SCHNITT IM SEPTEMBER

Vom zweiten Austrieb nach dem Schnitt Ende Juli alle kleinen Triebe bis auf eine Knospe zurückschneiden

Ende Juli die herangereiften Seitentriebe bis auf drei Blätter am Blattbüschel der Triebbasis zurückschneiden

Aus Seitentrieben oder Fruchtspießen treibende Ersatztriebe bis auf ein Blatt am Basisbüschel zurückschneiden

RÜCKSCHNITT DES LEITTRIEBS

Kann man den Hauptstamm nicht tiefer senken, jeden jungen Trieb an der Spitze auf 1,5 cm über einer Knospe zurückschneiden

Schnitt und Erziehung eines waagrechten Schnurbaums

Erziehung eines einjährigen Spalierbaums

Spalierbäume sollen je nach ihrer Unterlage im Abstand von 3–4,5 m gepflanzt werden. Den richtigen Pflanzabstand erfährt man in der Baumschule. Eingepflanzt wird im Herbst oder im zeitigen Frühjahr (siehe Seite 460).

Wenn ein Baum unbeschnitten ist, führt man sofort nach dem Einpflanzen den Pflanzschnitt durch. Dabei schneidet man den Stamm bis auf eine Knospe oder einen Trieb etwa 35 cm über dem Boden und etwa 5 cm oberhalb des ersten, waagrechten Spanndrahts zurück. Man wählt eine Knospe, unter der noch zwei weitere Knospen oder Triebe sitzen, die sich etwa in gleicher Höhe des Drahts an den gegenüberliegenden Seiten des Stamms befinden. Aus der oberen Knospe entwickelt sich ein Trieb, der als Hauptleittrieb senkrecht nach oben erzogen wird. Die sich aus den beiden unteren Knospen entwickelnden Triebe werden als erstes Leitastpaar niedergebunden. Alle übrigen Knospen oder Triebe bricht man mit den Fingern heraus.

An der untersten Knospe wird die Rinde eingekerbt (geringelt), dazu schneidet man knapp über der Knospe ein halbmondförmiges Rindenstück aus dem Stamm, um das Wachstum anzuregen.

Im nächsten Sommer erzieht man die Triebe mit Hilfe von Stäben in der gewünschten Richtung. Man befestigt einen senkrechten Stab an den Spanndrähten und bindet daran den Trieb aus der obersten Knospe fest. Dann bindet man zwei Stäbe in einem Winkel von 45° an die Drähte und befestigt daran die Triebe der Seitenknospen.

Man kann die beiden Seitenäste zu gleichmäßigem Wachstum erziehen, indem man den Neigungswinkel der beiden Stäbe entsprechend verändert, also hebt oder senkt. Den schwächeren Trieb stellt man höher, weil dadurch das Wachstum gefördert wird; den stärkeren senkt man, damit er langsamer wächst.

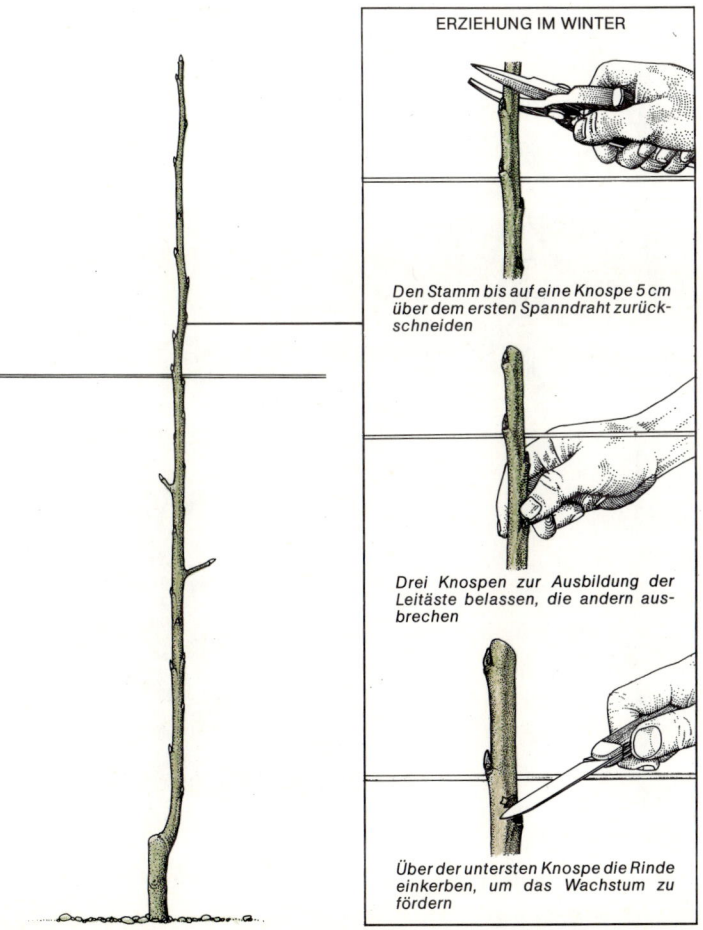

ERZIEHUNG IM WINTER

Den Stamm bis auf eine Knospe 5 cm über dem ersten Spanndraht zurückschneiden

Drei Knospen zur Ausbildung der Leitäste belassen, die andern ausbrechen

Über der untersten Knospe die Rinde einkerben, um das Wachstum zu fördern

ERZIEHUNG IM SOMMER

Im ersten Sommer, wenn das Wachstum einsetzt, bindet man den obersten Trieb an einen senkrechten Stab, die beiden anderen Triebe an Stäbe, die man in einem Winkel von 45° an den Drähten befestigt hat. Der gleichmäßige Wuchs wird durch die Stellung der Stäbe reguliert: Senkt man den Stab, wird das Wachstum verlangsamt, hebt man ihn an, wird es beschleunigt

Erziehung im zweiten und dritten Jahr

Im zweiten Winter nach dem Einpflanzen werden die beiden Seitenäste waagrecht nach unten gebunden.

Um das Wachstum von Fruchtholz anzuregen, schneidet man die Leitäste bis unmittelbar über eine Knospe zurück. Starke Leitäste werden dabei um weniger als die Hälfte, schwache Leitäste um etwas mehr zurückgeschnitten, damit das Leitastpaar auf beiden Seiten ungefähr gleich lang wächst.

Den Hauptstamm schneidet man bis auf eine Knospe etwa 5 cm oberhalb des zweiten Spanndrahts zurück. Dann wählt man zwei weitere, tiefer liegende Knospen für das zweite, waagrechte Leitastpaar aus. Alle übrigen Knospen oder Triebe werden mit den Fingern herausgebrochen. Wie beim ersten Leitastpaar wird auch hier die Rinde an der untersten Knospe eingekerbt (siehe Seite 469).

Im nächsten Sommer bindet man das zweite Leitastpaar wiederum an Stäbe, die im Winkel von 45° zum Stützstab stehen, und erzieht die Äste wie das erste Leitastpaar im Vorjahr. Der Zuwachs am ersten Leitastpaar wird an die Spanndrähte festgebunden.

Die jungen Triebe des laufenden Jahres werden meistens gegen Ende Juli, je nach Witterung und Gegend, bis August oder September zurückgeschnitten.

Die herangereiften Triebe sind mindestens 20 cm lang, an der Basis verholzt und tragen dunkelgrüne Blätter. Sie werden bis auf drei Blätter oberhalb des Basisbüschels zurückgeschnitten.

Wenn man bereits im Juli zum erstenmal geschnitten hat, können im September zweite Triebe aus dem beschnittenen Holz entstehen; sie werden bis auf eine Knospe abgenommen. Im dritten Winter schneidet man die Leitäste wie im Vorjahr und wählt weitere Knospen für das dritte Leitastpaar aus.

Im vierten Sommer erzieht man das dritte Leitastpaar und schneidet das herangereifte Holz wie im dritten Sommer zurück. Die Ersatztriebe aus den Fruchtspießen oder Seitentrieben werden bis auf ein Blatt über dem Basisbüschel abgenommen.

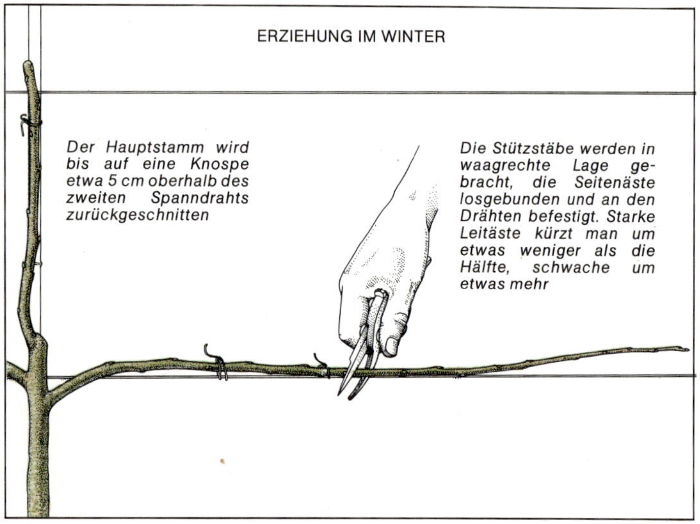

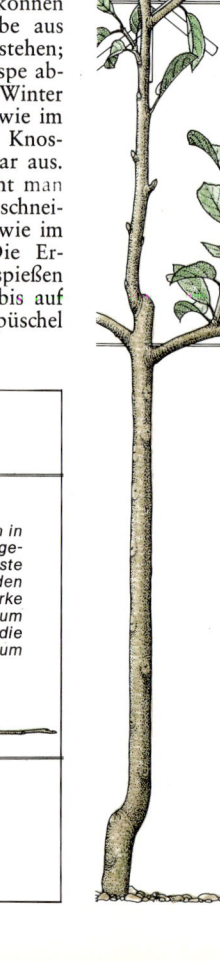

SCHNITT IM SOMMER

Gegen Ende Juli werden ausgereifte Seitentriebe bis auf drei Blätter vom Basisbüschel zurückgeschnitten

ERZIEHUNG IM WINTER

Der Hauptstamm wird bis auf eine Knospe etwa 5 cm oberhalb des zweiten Spanndrahts zurückgeschnitten

Die Stützstäbe werden in waagrechte Lage gebracht, die Seitenäste losgebunden und an den Drähten befestigt. Starke Leitäste kürzt man um etwas weniger als die Hälfte, schwache um etwas mehr

SCHNITT IM SEPTEMBER

Im September schneidet man den zweiten Austrieb nach dem ersten Schnitt im Juli bis auf eine Knospe zurück

Abschluß des obersten Leitastpaars an einem Spalierbaum

Das oberste Leitastpaar wird im Winter ausgebildet, indem man den Hauptstamm unmittelbar oberhalb zweier Seitenknospen abschneidet und alle darunter und darüber liegenden Knospen herausbricht, und zwar von Hand.

Zeitig im nächsten Sommer, wenn die Seitenknospen Triebe angesetzt haben, bindet man die jungen Äste im Winkel von 45° an Stützstäbe. Dann wird das Wachstum der beiden Äste wie das der anderen Leitastpaare im Sommer der vorangegangenen Jahre reguliert, indem man sie senkt oder hebt (siehe Seite 472). Im Winter entfernt man die Stützstäbe und bindet die Äste waagrecht an die Spanndrähte.

Ein Spalierbaum wird meistens mit vier bis fünf Leitastpaaren gezogen, was einer Höhe von 1,8 bis 2,5 m entspricht; die Ausbreitung beträgt meist 3,6 m (1,8 m pro Leitast auf jeder Seite). Man kann aber auch bis zu zehn Leitastpaare hochziehen.

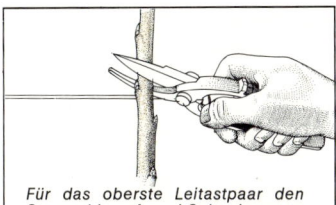

Für das oberste Leitastpaar den Stamm bis auf zwei Seitenknospen abschneiden

Schnitt an einem erzogenen Spalierbaum

Das junge Holz aus dem Wachstum des laufenden Jahres wird Ende Juli nach dem Heranreifen zurückgeschnitten. Die Triebe sind dann mindestens 20 cm lang.

Reife Seitentriebe, die direkt aus den Ästen herauswachsen, schneidet man bis auf drei Blätter oberhalb des Basisbüschels zurück. Die reifen Ersatztriebe, die aus den Seitentrieben oder Fruchtspießen wachsen, nimmt man bis auf ein Blatt oberhalb des Basisbüschels ab. Wenn das junge Holz im Juli noch nicht reif ist, schneidet man erst im August.

Wenn man bereits im Juli geschnitten hat, kommt es gelegentlich im September zu einem zweiten Austrieb. Nach einem trockenen Sommer ist der zweite Austrieb gering; man schneidet dann alle Triebe bis auf eine Knospe zurück. Ein feuchter Sommer hat einen kräftigen zweiten Austrieb zur Folge, dann müssen die Schnittmaßnahmen manchmal bis in den zeitigen Winter hinein fortgesetzt werden.

Sobald die Leitäste etwa 1,8 m lang sind oder den verfügbaren Platz ausfüllen, schneidet man sie im Sommer wie die herangereiften Seitentriebe zurück.

Bei älteren Bäumen wachsen die Fruchtspieße häufig zu dicht. Man lichtet sie dann im Winter aus, indem man einige direkt an der Austriebstelle abschneidet und andere einkürzt (siehe Seite 477).

Ende Juli die Seitentriebe bis auf drei Blätter überm Basisbüschel abnehmen

Ende Juli die aus den Seitentrieben wachsenden Ersatztriebe bis auf ein Blatt überm Basisbüschel abnehmen

SCHNITT IM SEPTEMBER

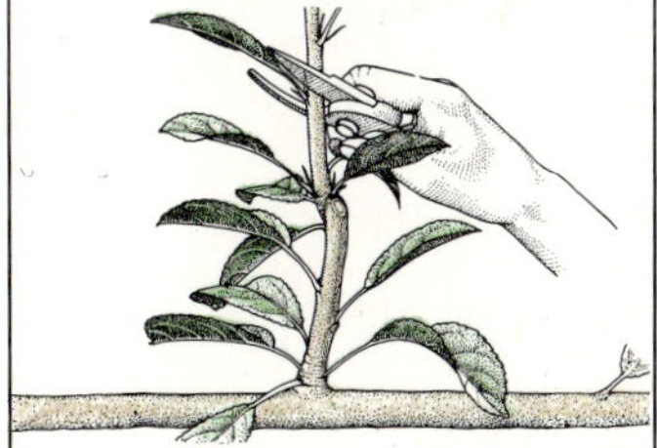

Im September zweiten Austrieb bis auf eine Knospe zurückschneiden

Schnitt und Erziehung einer fächerförmigen Palmette

Erziehung einer einjährigen Palmette

Fächerförmig gezogene Spalierbäume werden je nach Sorte und Unterlage in Abständen von 4,5–6 m gepflanzt.

Ein noch unbeschnittener Baum wird nach dem Einpflanzen über zwei gegenständigen Knospen auf etwa 60 cm über dem Boden zurückgeschnitten. Im nächsten Sommer bindet man die jungen Äste an Stützstäbe, die man im Winkel von 45° an den Spanndrähten befestigt hat. Alle darunter liegenden Knospen oder Triebe werden herausgebrochen.

Das Wachstum der beiden Äste – der ersten Rippen des Fächers – reguliert man, indem man den Neigungswinkel der Stützstäbe verändert. Wenn sie dann gleichmäßig wachsen, werden sie in einem Winkel von 45° abgestützt. Sobald die Triebe verholzt sind, entfernt man die Stäbe und bindet die Rippen an die Drähte.

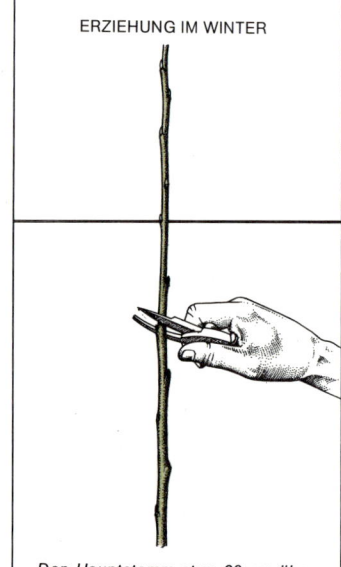

ERZIEHUNG IM WINTER

Den Hauptstamm etwa 60 cm über dem Boden und über Knospen abschneiden

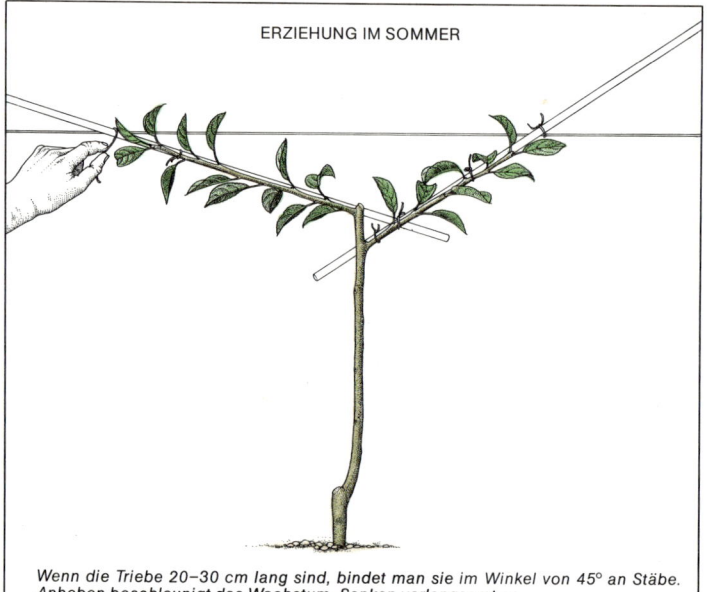

ERZIEHUNG IM SOMMER

Wenn die Triebe 20–30 cm lang sind, bindet man sie im Winkel von 45° an Stäbe. Anheben beschleunigt das Wachstum, Senken verlangsamt es

Erziehung einer zweijährigen Palmette

Im zweiten Winter wird jede Rippe direkt über einer Blattknospe auf 30–45 cm eingekürzt. Im zweiten Sommer bindet man die Verlängerungstriebe an den endständigen Knospen im gleichen Winkel wie die Rippen an die Stützstäbe. Dann wählt man an jeder Rippe zwei gleich weit voneinander entfernte Triebe an der Oberseite und einen Trieb an der Unterseite aus und bricht alle übrigen Triebe aus. Wenn diese Triebe lang genug sind, zieht man sie an sechs weiteren Stäben weiter.

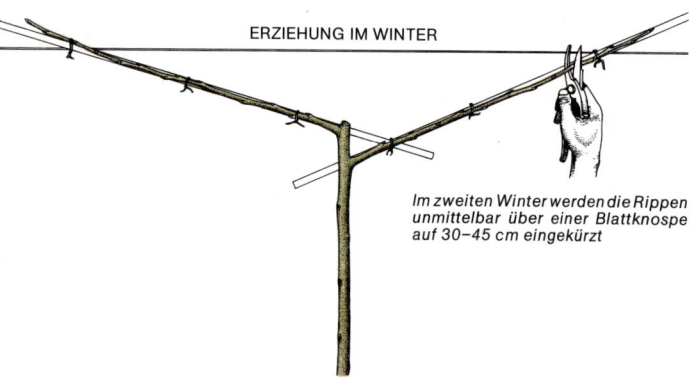

ERZIEHUNG IM WINTER

Im zweiten Winter werden die Rippen unmittelbar über einer Blattknospe auf 30–45 cm eingekürzt

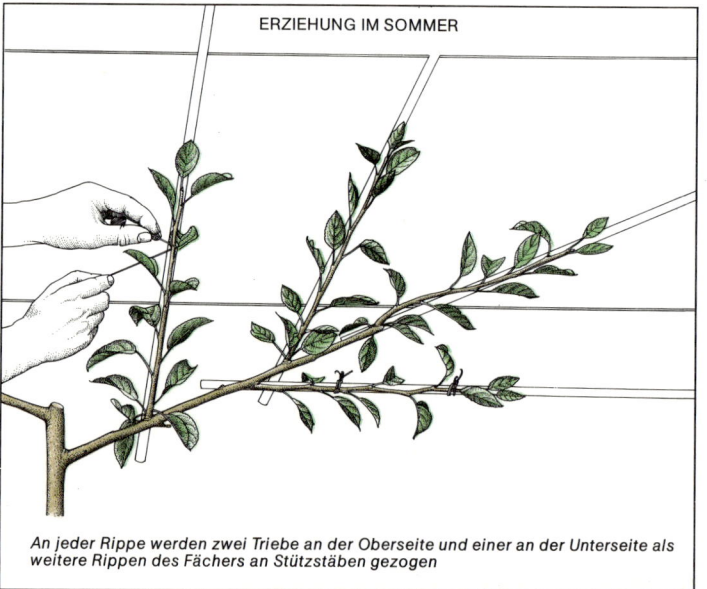

ERZIEHUNG IM SOMMER

An jeder Rippe werden zwei Triebe an der Oberseite und einer an der Unterseite als weitere Rippen des Fächers an Stützstäben gezogen

Erziehung einer dreijährigen Palmette

Im dritten Winter schneidet man alle acht Rippen unmittelbar über einer Blattknospe auf 60–75 cm zurück. Im nächsten Sommer bindet man die Triebe der endständigen Knospen an Stützstäbe. An jeder Rippe wählt man zwei Triebe an der Oberseite und einen an der Unterseite, um weitere Rippen heranzuziehen. Die anderen Triebe schneidet man bis auf drei Blätter oberhalb des Basisbüschels zurück.

Wenn die 24 neuen Rippen lang genug sind, bindet man sie an Stäbe. Die Palmette hat nun 32 Rippen. Man entfernt die Stäbe und bindet die Triebe mit weichem Material an die Drähte, sobald sie verholzt sind.

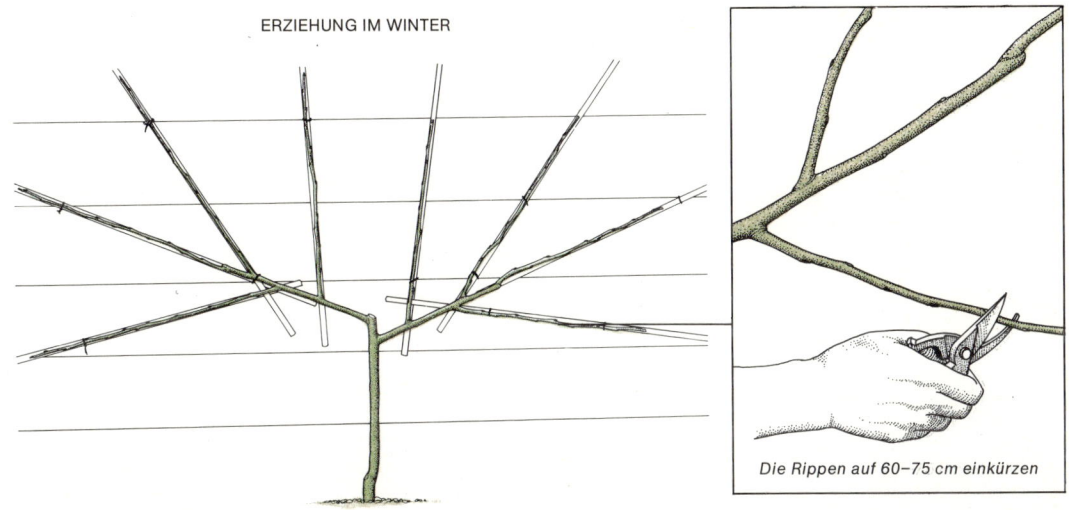

ERZIEHUNG IM WINTER

Die Rippen auf 60–75 cm einkürzen

ERZIEHUNG IM SOMMER

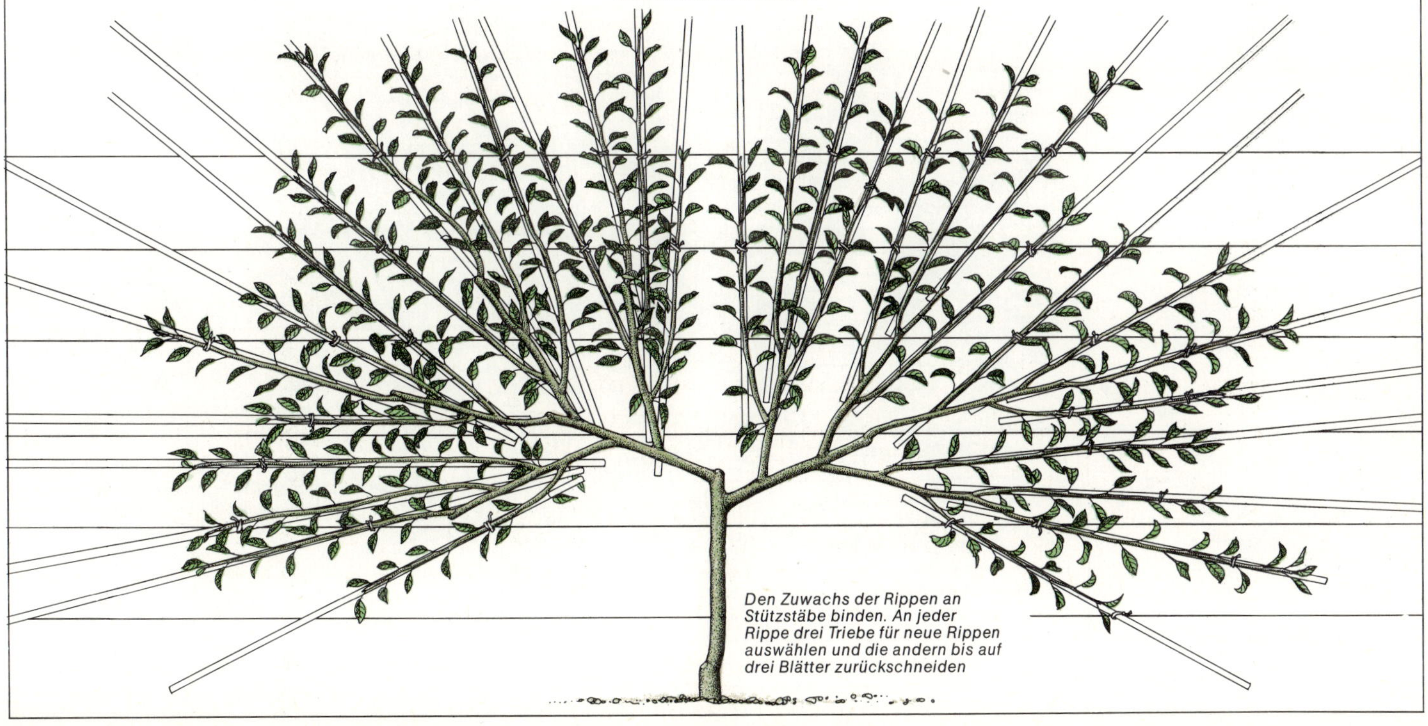

Den Zuwachs der Rippen an Stützstäbe binden. An jeder Rippe drei Triebe für neue Rippen auswählen und die andern bis auf drei Blätter zurückschneiden

Schnitt an einer Palmette nach abgeschlossener Erziehung

Wenn die Fächerform vollständig ausgebildet ist, lichtet man im Winter das zu dicht gewachsene Fruchtholz aus, damit der Baum regelmäßig und bessere Früchte trägt.

Man entfernt einige der zu dicht stehenden Fruchtspieße vollständig, indem man sie an der Austriebstelle glatt am Stamm abnimmt, schneidet andere zurück und lichtet die Bukette der Blütenknospen aus (siehe Seite 477).

Die jungen Triebe werden im Sommer nach dem Heranreifen zurückgeschnitten. Der Reifeprozeß setzt im allgemeinen Ende Juli ein und dauert etwa einen Monat. Die reifen Triebe sind nun mindestens 20 cm lang, an der Basis bereits verholzt und tragen dunkelgrüne Blätter.

Die reifen Seitentriebe der Rippen werden bis auf ein Blatt oberhalb des Basisbüschels zurückgeschnitten, sofern man sie nicht als Ersatztriebe braucht. Die Ersatztriebe bindet man an den Spanndrähten fest.

Wenn die neuen Triebe im Juli für den Schnitt noch nicht reif genug sind, muß man bis August oder September warten. Nach dem Schnitt im Juli werden ab September bis in den Winter hinein die aus dem beschnittenen Holz nachgewachsenen Triebe bis auf eine Knospe zurückgeschnitten. Wenn die Rippen des Fächers über den vorgesehenen Platz hinauswachsen, schneidet man sie bis zu einem starken Seitenast ab und bindet ihn als Ersatz fest.

SCHNITT IM SOMMER

Wenn die Rippen über den vorgesehenen Platz hinauswachsen, schneidet man sie bis auf einen starken Seitenast ab und bindet ihn als Ersatz fest

Ende Juli werden alle neuen Seitentriebe der Rippen bis auf ein Blatt über dem Basisbüschel zurückgeschnitten

Schnitt und Erziehung eines Zwergpyramidenbaums

Erziehung einer einjährigen Zwergpyramide

Zwergpyramidenbäume werden etwa 2 m hoch und haben kurze Äste, die sich rund um den Stamm ausbreiten.

Bei einem einjährigen, unbeschnittenen Baum wird der Stamm unmittelbar nach dem Einpflanzen auf rund 50 cm Länge zurückgeschnitten. Man macht den Schnitt direkt über einer Knospe oder einem Seitentrieb. Dann bricht man die zweithöchste Knospe heraus, weil diese einen Konkurrenztrieb zur Stammverlängerung der obersten Knospe ausbilden könnte. Danach wählt man drei oder vier tiefer liegende Knospen zur Ausbildung der ersten Leitäste aus; diese Knospen sollen in verschiedene Richtungen weisen. Alle unerwünschten Knospen oder Triebe werden herausgebrochen.

Der Trieb aus der obersten Knospe wächst senkrecht und bildet den Hauptleittrieb (Stammverlängerung); aus der zweiten und dritten Knospe entwickeln sich meist starke Leitäste, aus der vierten und fünften nur schwache Äste, wenn man das Wachstum nicht anregt (siehe Seite 465).

Erziehung einer jungen Zwergpyramide im Winter

Im zweiten Winter nimmt man den Hauptleittrieb etwa 50 cm oberhalb der letztjährigen Schnittstelle ab. Um einen geraden Stamm zu erhalten, schneidet man unmittelbar über einer Knospe, die gegenüber der Knospe liegt, die man im letzten Winter ausgewählt hat.

Wie im vorangegangenen Winter bricht man wieder die zweitoberste Knospe heraus, läßt drei oder vier tiefer liegende Knospen stehen, die geeignete Abstände für die Ausbildung einer zweiten Astgruppe haben, und kerbt über den beiden untersten ein. Dies wird jeden Winter wiederholt, bis der Stamm rund 2 m hoch ist.

Nur im zweiten Winter werden die Leitäste der ersten Gruppe etwa 20 cm von einer nach unten weisenden Knospe abgeschnitten. Danach schneidet man die Leitäste nur noch im Sommer zurück.

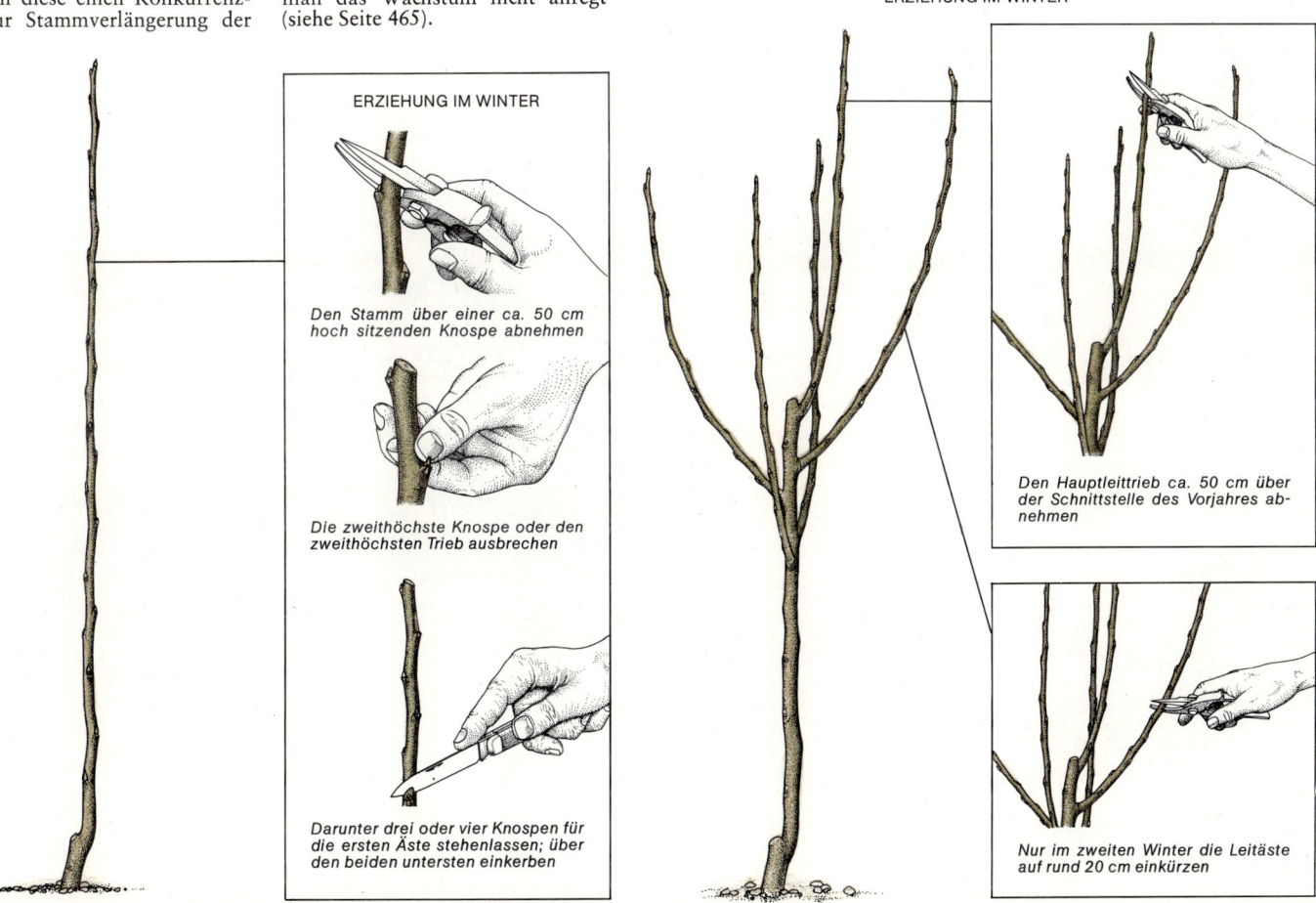

ERZIEHUNG IM WINTER

Den Stamm über einer ca. 50 cm hoch sitzenden Knospe abnehmen

Die zweithöchste Knospe oder den zweithöchsten Trieb ausbrechen

Darunter drei oder vier Knospen für die ersten Äste stehenlassen; über den beiden untersten einkerben

ERZIEHUNG IM WINTER

Den Hauptleittrieb ca. 50 cm über der Schnittstelle des Vorjahres abnehmen

Nur im zweiten Winter die Leitäste auf rund 20 cm einkürzen

Schnitt einer jungen Zwergpyramide im Sommer

Wenn ein junger Baum erzogen ist, braucht man im Sommer nicht zu schneiden. Bei älteren Bäumen schneidet man die jungen, reifen Triebe zurück; die Reifezeit beginnt meist Ende Juli und dauert gewöhnlich einen Monat. Die Triebe sind reif, wenn sie mindestens 20 cm lang, an der Basis verholzt sind und dunkelgrüne Blätter tragen.

Die Verlängerungstriebe an den Leitästen (nicht jedoch am Haupttrieb) werden bis auf fünf oder sechs Blätter oberhalb des Basisbüschels über einer nach unten weisenden Knospe zurückgeschnitten. Die reifen Seitentriebe der Äste schneidet man bis auf drei Blätter über dem Basisbüschel zurück.

Sollten sich aus den Seitentrieben oder Fruchtspießen reife Nebentriebe entwickelt haben, nimmt man diese bis auf ein Blatt oberhalb des Basisbüschels ab. Bis zum vierten Sommer werden alle Schößlinge, die aus dem Hauptleittrieb treiben, entfernt. Wenn die jungen Triebe im Juli für den Rückschnitt noch nicht reif genug sind, muß man bis August oder September warten.

Wenn der Schnitt im Juli möglich war, kann es im September zu einem zweiten Austrieb aus den zurückgeschnittenen Trieben kommen. Je nach Stärke dieses Austriebs muß man dann im September und oft bis in die frühen Winter hinein alle Triebe bis auf eine Knospe an die Austriebstelle zurückschneiden.

Erziehung einer Zwergpyramide zur endgültigen Höhe

Man setzt die Erziehung im Winter und die Schnittmaßnahmen im Sommer wie in den Jahren zuvor fort, bis der Hauptleittrieb (nach ca. sieben oder acht Jahren) rund 2 m hoch ist. Dann hat der Baum meistens sechs Astgruppen aus der letzten Wintererziehung.

Im Mai verkürzt man den Haupttrieb etwa um die Hälfte des Zuwachses vom letzten Jahr. Damit ist dann die endgültige Form der Zwergpyramide ausgebildet.

Wenn der Baum etwa 15 Jahre alt ist, werden sich die oberen Äste ebenso weit ausgebreitet haben wie die unteren. Man hält die Äste auf einer Länge von etwa 45 cm.

Ende Juli die jungen Triebe an den Leitästen bis auf 5–6 Blätter über dem Basisbüschel zurückschneiden

Reife Seitentriebe der Äste bis auf drei Blätter über dem Basisbüschel zurückschneiden

SCHNITT IM SEPTEMBER

Im September den 2. Austrieb nach dem 1. Schnitt bis auf eine Knospe abnehmen

Reife Nebentriebe der Seitentriebe bis auf ein Blatt vom Basisbüschel abnehmen

RÜCKSCHNITT DES HAUPTLEITTRIEBS

Wenn der Hauptleittrieb rund 2 m hoch ist, im Mai auf etwa die Hälfte des letztjährigen Zuwachses zurückschneiden

Schnitt einer Zwergpyramide nach der Erziehung

Jeden Mai schneidet man den Hauptleittrieb bis auf eine Knospe so weit zurück, daß vom letztjährigen Zuwachs nur ca. 1,5 cm stehenbleiben. Wenn die Äste 45 cm lang sind, hält man sie auf dieser Länge. Reichen die Leitäste bis in die Kronen benachbarter Bäume hinein, schneidet man im Mai eines Jahres den Neuzuwachs auf die Hälfte zurück und im Mai der nachfolgenden Jahre auf 1,5 cm.

Wie im Sommer der Vorjahre schneidet man die reifen Jungtriebe gegen Ende Juli zurück. Die reifen Seitentriebe der Äste werden bis auf drei Blätter vom Basisbüschel zurückgenommen. Reife Nebentriebe aus Seitentrieben oder Fruchtspießen kürzt man bis auf ein Blatt oberhalb des Basisbüschels ein. Wenn die Triebe im Juli noch nicht reif sind, schneidet man erst im August oder September.

Den zweiten Austrieb, der sich nach dem Julischnitt entwickelt hat, schneidet man im September bis auf eine Knospe zurück; ist er kräftig, schneidet man bis zeitig in den Winter hinein.

Zu dicht stehende Fruchtspieße werden ausgelichtet.

FRUCHTHOLZ AUSLICHTEN

Bei zu dicht stehenden Fruchtspießen im Winter einige ganz entfernen, die anderen einkürzen

Jeden Mai den Hauptleittrieb auf 1,5 cm des Zuwachses abnehmen

Ende Juli Seitentriebe auf drei Blätter vom Basisbüschel abnehmen

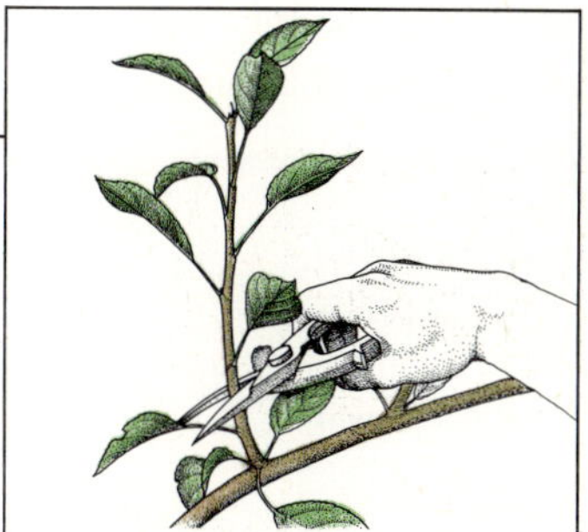

Reife Nebentriebe auf ein Blatt vom Basisbüschel abnehmen

Für den Anbau empfohlene Apfelsorten

Die Tabelle ist nach der Reifezeit zusammengestellt.

Befruchtungsgruppen Wichtig für gute Erträge sind die Befruchtungsverhältnisse, denn alle Apfelsorten sind selbstunfruchtbar, d. h., daß sie auf die Bestäubung mit sortenfremdem Pollen, auf die sogenannte Fremdbestäubung, angewiesen sind. Außerdem ist nicht jede Sorte als Pollenspender geeignet. Gute Pollenspender sind Sorten mit diploidem Chromosomensatz. Deshalb muß man mehrere Sorten zusammen anbauen. Wichtig für das Gelingen der Bestäubung ist ferner die Übereinstimmung der Blütezeit der sich gegenseitig befruchtenden Sorten, d. h., ihre Blütezeiten müssen sich auch bei weniger gutem Blühwetter mindestens drei Tage überschneiden. Man unterscheidet:

1 Frühblüher
2 Mittelfrühblüher
3 Mittelspätblüher
4 Spätblüher

Triploide Sorten sind nahezu steril und deshalb schlechte Pollenspender. Sie müssen mit zwei anderen Sorten der gleichen Blühgruppe zusammengesetzt werden, damit es zu einer Bestäubung der triploiden Sorte und untereinander kommt.

Erntezeit Die angegebenen Erntewochen gelten nur als Anhaltspunkte, denn die genaue Erntezeit hängt vom Wetter und den örtlichen Bedingungen ab.

Sorte	Pollen-spender	Blüte-zeit	Befruchtersorten	Pflückreife (Genußreife)	Besondere Hinweise
1 'Klarapfel'	ja	1	3, 6, 9, 11, 15, 18, 19	Ende Juli (Ende Juli bis Mitte August)	Früchte mittelgroß bis groß, grünlichweiß, druckempfindlich, feinsäuerlich; blutlausanfällig
2 'Gravensteiner'	nein	1	1, 3, 6, 9, 11, 15, 18	Ende August (September bis November)	Früchte mittelgroß bis groß, gelb, hellrot geflammt, würzig; schorf- und mehltauanfällig; Früchte fallen leicht; Blüte spät, frostempfindlich
3 'James Grieve'	ja	2	1, 6, 9, 10, 11, 15, 18, 21	Ende August (September bis Ende Oktober)	Früchte mittelgroß bis groß, grüngelb, Sonnenseite hellrot verwaschen, fein gewürzt; widerstandsfähig gegen Schorf
4 'Jamba'	ja	3	1, 6, 9, 11, 16, 18	August (Mitte August bis Ende Oktober)	Früchte mittelgroß bis groß, feinsäuerlich
5 'Alkmene'	ja	2	3, 6, 9, 11, 20	Anfang September (Mitte September bis Ende Dezember)	Früchte mittelgroß; hohe Erträge; Geschmack ähnlich dem 'Cox Orange'
6 'Oldenburg'	ja	1	1, 3, 9, 11, 18	Mitte bis Ende September (September bis November)	Früchte mittelgroß, hellgelb, später goldgelb, mildsäuerlich; Erträge früh und hoch
7 'McIntosh'	ja	3	1, 3, 9, 11, 15, 18, 21	Mitte September (Mitte September bis Ende Dezember)	Früchte leicht bläulich, leicht parfümiert im Geschmack, Schale hart; anfällig gegen Krebs
8 'Signe Tillisch'	ja	2	1, 3, 6, 9, 11, 15, 18	Mitte September (Anfang Oktober bis Ende November)	Früchte groß, sehr saftig, würzig, erfrischend; hoher Pflanzenschutzaufwand
9 'Goldparmäne'	ja	2	1, 3, 10, 11, 12, 15, 18, 19, 21	Anfang September (Ende Oktober bis Anfang Januar)	Früchte mittelgroß, süß, würzig, goldgelb, leuchtend ziegelrot geflammt; schorf- und blutlausanfällig
10 'Ingrid Marie'	ja	2	3, 9, 11, 15, 18, 21	Anfang bis Mitte September (Ende September bis Ende Januar)	Früchte mittelgroß bis groß, reißen leicht auf, grünlich-goldgelbe Grundfarbe, rot verwaschen; krebsfest
11 'Cox Orange'	ja	2	1, 3, 6, 9, 10, 12, 15, 18, 21	Anfang bis Mitte September (November bis März)	Früchte mittelgroß, saftig, süß, gelblichgrün, später goldgelb, rot marmoriert; schorf- und mehltauanfällig; empfindlich gegen kupfer- und schwefelhaltige Spritzmittel
12 'Berlepsch'	ja	3	1, 9, 11, 15, 21	Anfang bis Mitte Oktober (Dezember bis Ende März)	Früchte mittelgroß, weinsäuerlich, gelb bis goldgelb, rot marmoriert; schwefelempfindlich; krebsanfällig
13 'Tumanga'	ja	3	3, 6, 9, 15, 18, 19	Ende September bis Anfang Oktober (Anfang November bis Ende Januar)	Früchte mittelgroß, süß, aromatisch, Ertrag hoch; anfällig für Mehltau
14 'Kaiser Wilhelm'	nein	2	1, 9, 11, 19	Anfang bis Mitte Oktober (Februar bis März)	Früchte groß, leuchtend rot, gestreift; Ertrag hoch; anspruchslos und gesund
15 'Jonathan'	ja	2	1, 3, 6, 9, 10, 11, 12, 18, 19, 21	Ende September bis Mitte Oktober (Dezember bis April)	Früchte mittelgroß, karminrot, verwaschen gefärbt, angenehm säuerlich; stark schorf- und mehltauanfällig
16 'Boskoop'	nein	1	1, 3, 6, 11, 15, 18, 21	Anfang bis Mitte Oktober (Januar bis April)	Früchte groß, grünlichgelb; Roter Boskoop dunkelkarminrot; Schale rauh; säuerlich; schorfempfindlich; Ertrag spät
17 'Melrose'	ja	2	3, 6, 9, 15, 19	Anfang Oktober (Anfang Dezember bis Ende März)	Früchte groß, rot, saftig, mildsäuerlich; krebsanfällig
18 'Golden Delicious'	ja	2	1, 3, 6, 9, 10, 11, 15, 21	Mitte bis Ende Oktober (Dezember bis April)	Früchte mittelgroß, grüngelb bis goldgelb, an der Sonnenseite leicht gerötet, süß mit wenig Säure; Ertrag hoch; schorfanfällig; kupfer- und schwefelempfindlich
19 'Champagner'	ja	4	1, 6, 9, 15, 21	Ende Oktober (Februar bis März)	Früchte klein bis mittelgroß, grüngelb, weinsäuerlich, Schale glatt und fettig; krebs- und blutlausanfällig
20 'Ontario'	ja	3	1, 6, 9, 11, 15, 19, 21	Mitte bis Ende Oktober (Februar bis März)	Früchte groß, hellgelb, säuerlich, druckempfindlich; Blüte unempfindlich gegen Spätfrost
21 'Glockenapfel'	ja	3	1, 3, 9, 11, 12, 15, 18, 19	Ende Oktober (Februar bis Mai)	Früchte mittelgroß bis groß, hellgelb, an der Sonnenseite karminrot marmoriert, säuerlich

Aprikosen

'Aprikose von Nancy'

Die wirtschaftliche Bedeutung der Aprikosen ist in Mitteleuropa nicht sehr groß. Sie werden erwerbsmäßig nur in den Weinbaugebieten angebaut. In anderen Gegenden stehen sie vornehmlich in Gärten, wo Häuser, Mauern und Spaliere Schutz bieten. Gegen niedrige Wintertemperaturen ist die Aprikose vielfach gar nicht so empfindlich, wie häufig angenommen wird. Gefährlich sind jedoch Kälterückschläge gegen Ende des Winters nach vorausgegangenem mildem Wetter. Wird Blütenfrost erwartet, kann man die Bäume mit Gaze oder Folie abdecken. Die Reife tritt je nach Sorte von Anfang bis Mitte Juli bis Mitte August ein.

Die Aprikose stellt an Boden und Düngung die gleichen Ansprüche wie die Pflaume. Die Bäume tragen ihre Früchte am einjährigen und älteren Holz. Palmetten und Buschbäume werden wie Apfelbäume erzogen (siehe Seite 472 und 465), bis das Kronengerüst ausgebildet ist (geschnitten wird jedoch im zeitigen Frühjahr, wenn das Wachstum einsetzt). Dann werden die Palmetten wie Pflaumen und die Buschbäume wie Kirschen geschnitten (siehe Seite 492).

Aprikosen sind zwar selbstfruchtbar, sie blühen jedoch zu einer Zeit, da nur wenige Insekten ausschwärmen, so daß eine künstliche Bestäubung empfehlenswert ist, wenn man eine gute Ernte erzielen will. Zu diesem Zweck werden die offenen Blüten jeden zweiten oder dritten Tag während der Blütezeit mit einem kleinen, weichen Haarpinsel abgetupft.

Die Früchte werden nur ausgedünnt, wenn die Äste sehr schwer beladen sind. Man wartet, bis sich die Steine ausgebildet haben (prüfen durch Anschneiden einer Frucht), weil es unmittelbar vorher häufig zu einem natürlichen Fruchtfall kommt. Die Früchte sollten in Abständen von etwa 5 cm an den Ästen hängen.

Man pflückt Aprikosen, wenn sie reif und bereits kräftig gefärbt sind und sich leicht vom Ast abnehmen lassen. Sie sollten möglichst bald verbraucht werden.

Bei Aprikosen können die gleichen Schäden auftreten wie bei den Pflaumen (siehe Seite 511).

Sorte	Reifezeit	Besondere Hinweise
'Heidesheimer Frühe'	Anfang bis Mitte Juli	Frucht mittelgroß, rundlich bis oval, gut steinlösend
'Große Wahre Frühaprikose'	Mitte bis Ende Juli	Frucht groß, oval, gelb mit rot, gut steinlösend, Fleisch goldgelb
'Aprikose von Nancy'	Ende Juli bis Anfang August	Frucht groß, rund, gelb mit rot, saftreich, feinsäuerlich, Fleisch hell orangegelb
'Ungarische Beste'	Anfang bis Mitte August	Frucht mittelgroß, rund, gelb, Sonnenseite rot marmoriert, hoher Säuregehalt, saftig und aromatisch, gut steinlösend

Birnen

Birne 'Conférence'

Birnen sind fast ebenso leicht anzubauen wie Äpfel. Weil sie früher blühen, sind sie im Frühjahr jedoch mehr der Gefahr von Spätfrösten ausgesetzt. Man pflanzt sie an sonnigen Plätzen (siehe Seite 460), die vor kalten Winden geschützt sein sollten.

Birnbäume sind gegenüber trockenem Boden im Wurzelbereich empfindlicher als Apfelbäume; sie bevorzugen einen tiefgründigen, lehmigen Boden, der die Feuchtigkeit im Sommer zurückhält.

Birnbäume können in gleicher Weise erzogen werden wie Apfelbäume, nur müssen sie gewöhnlich stärker zurückgeschnitten werden. Man muß stets mehr als eine Birnensorte anpflanzen, damit es zu einer gegenseitigen Befruchtung kommt. Wer nicht für geeignete Pollenspender sorgt, wird daher oft Enttäuschungen erleben. Man muß also darauf achten, daß passende Sorten, die zur gleichen Zeit blühen, gepflanzt werden. Wie bei Äpfeln gibt es auch bei Birnen sogenannte Familienbäume, bei denen drei Edelsorten auf eine Unterlage aufgepfropft sind.

Birnen werden wie Äpfel gedüngt (siehe Seite 462), nur daß Stickstoff- und Kaligaben etwas geringer sein können.

Wenn die Bäume auf Grasland stehen, hält man das Gras den ganzen Sommer hindurch kurz und verstärkt die Düngung.

Im Juni werden einzelne Früchte abgeworfen; bei trockenem, nährstoffarmem Boden kann jedoch der ganze Behang abfallen.

Ernten der Früchte Es kommt sehr auf den richtigen Zeitpunkt der Ernte an. Lagerbirnen sollte man nicht bis zur Vollreife am Baum belassen, weil sie sonst weich und innen mehlig werden. Der richtige Erntezeitpunkt läßt sich nicht ganz einfach bestimmen, sondern wird durch das Zusammentreffen verschiedener Merkmale, wie z. B. Farbe der Schale und der Kerne, Beschaffenheit des Fruchtfleisches und Löslichkeit des Stieles, angezeigt. Die gepflückten Früchte werden in einer Schicht, ohne daß sie sich berühren, auf einem Regal oder in Steigen in einem kühlen Raum gelagert, dessen Temperatur etwa 3–4° C beträgt. Man sortiert sie vorher sehr sorgfältig aus und prüft die gelagerten Birnen regelmäßig und entfernt alle, die faulige Stellen bekommen haben, damit andere Früchte nicht angesteckt werden.

Schnitt und Erziehung Birnbäume werden wie Apfelbäume geschnitten und erzogen (siehe Seite 464); die Birne verträgt jedoch einen wesentlich stärkeren Rückschnitt. Zu dicht gewachsene Äste sollten unbedingt ausgelichtet werden.

Birnen setzen auch bereitwilliger Fruchtspieße an, und diese müssen mehr ausgedünnt werden als bei Äpfeln. Der Sommerschnitt sollte bereits Anfang Juli erfolgen, also früher als bei Äpfeln.

Wenn man einen Garten in Pflege nimmt, in dem vernachlässigte Birnstämme oder Buschbäume stehen, behandelt man sie wie einen vernachlässigten Apfelbaum (siehe Seite 467).

Schäden an Birnen

Die größte Gefahr stellen Blattläuse und der Birnenschorf dar. Sollten Schäden auftreten, die hier nicht beschrieben sind, zieht man die zusammenfassende Darstellung der Krankheiten und Schädlinge ab Seite 574 zu Rate. Pflanzenschutzmittel siehe ab Seite 599.

Schaden	Ursache	Abhilfe
Zahlreiche dunkelbraune Pusteln treten an beiden Seiten der Blätter auf	Birnengitterrost	Beseitigung des Sadebaums als Hauptzwischenwirt
Vertrocknetes Laub, mumienartige Früchte. Aus erkrankten Ästen und Zweigen treten milchige, zähflüssige Tröpfchen aus	Feuerbrand	Man meldet die Erkrankung dem nächsten Pflanzenschutzamt, das eine geeignete Behandlungsmethode oder die Vernichtung des Baums vorschreibt
Bräunliche oder schwärzliche Flecken treten an den Blättern und Früchten auf; die Frühjahrstriebe bekommen Blasen und Sprünge	Birnenschorf	Spritzen mit Triforin oder Benomyl, wenn sich die Knospen fast ganz geöffnet haben, dann alle zwei bis drei Wochen

Schaden	Ursache	Abhilfe
Leicht eingesunkene Stellen abgestorbener oder absterbender Rinde an Zweigen und jungen Stämmen. Später breiten sich diese Stellen aus; das Gewebe in der Mitte springt auf, blättert ab, und die Wucherungen breiten sich rings um den Stamm aus, der dann abstirbt	Birnbaumkrebs	Nicht so verbreitet wie der Krebs des Apfelbaums. Befallene Stellen werden ausgeschnitten oder ausgeschält und verbrannt. Die Wunden mit einem Wundverschlußmittel bestreichen. Für eine bessere Entwässerung sorgen, wenn der Boden die Nässe staut, weil diese den Schaden verschlimmert
Die ausgewachsenen Früchte am Baum oder die gelagerten Birnen zeigen blaßbraune Flecken mit konzentrischen Ringen weißlicher oder gelblicher Pusteln. Manchmal vertrocknen die Früchte und bleiben als Fruchtmumien am Baum hängen	Moniliafäule	Alle faulenden oder verdorrenden Früchte am Baum, am Boden oder im Lager müssen entfernt und vernichtet werden. Abgestorbene Triebe werden beim Baumschnitt entfernt. Da die Monilia ein Wundparasit ist, dürfen nur unbefallene und unverletzte Früchte eingelagert werden

Empfehlenswerte Sorten

Die Birnensorten sind alle Fremdbefruchter. Man muß deshalb mehr als eine Sorte anbauen, damit es zu einer gegenseitigen Befruchtung kommt. In der Tabelle sind die jeweiligen Befruchtersorten angegeben. Außerdem ist noch zu beachten, daß einige Sorten, z. B. 'Alexander Lucas', triploid sind. Dies bedeutet, daß die triploiden Sorten mit mindestens zwei anderen Sorten gepflanzt werden müssen, damit es sicher zu einer Befruchtung aller Sorten kommt.

Die angegebenen Erntewochen sind nur Richtwerte; die Erntezeit hängt von den örtlichen Gegebenheiten ab.

Sorte	Befruchtersorten	Pflückreife	Genußreife	Besondere Hinweise
1 'Bunte Julibirne'	2, 3, 4, 5, 9, 10, 11	Ende Juli bis Anfang August	Juli–August	Frucht klein bis mittelgroß, glattschalig, grünlichgelb, an der Sonnenseite rot gestreift und verwaschen; Fleisch weiß, saftig, wohlschmeckend
2 'Frühe von Trévoux'	1, 3, 5, 6, 7, 9, 10, 11, 13	Mitte August	August–September	Fleisch schmelzend, süß-säuerlich mit schwachem Aroma; noch für rauhere Lagen geeignet; hartreif ernten
3 'Clapps Liebling'	1, 2, 4, 5, 6, 9, 10, 11	August	August–September	Frucht mittelgroß bis groß, glattschalig, blaßgelb, Sonnenseite zinnoberrot verwaschen; Fleisch schmelzend, saftig; hartreif ernten; in feuchten Lagen Schorfbefall
4 'Williams Christbirne'	1, 2, 3, 5, 6, 7, 8, 9, 10, 11, 13	August–September	August–September	Frucht mittelgroß bis groß, gelbgrün, bei Vollreife hellgelb; Fleisch saftreich, schmelzend, sehr fein im Geschmack, süß; nicht lange haltbar; gute Einmachqualität
5 'Gellerts Butterbirne'	2, 3, 4, 6, 8, 9, 10, 11, 13	September	September–Oktober	Frucht groß, unregelmäßig, zimtbraun, leicht gelb durchscheinend; Fleisch schmelzend, vollsaftig, angenehm gewürzt; trägt erst spät; schorffällig
6 'Gute Luise'	1, 3, 5, 7, 9, 10, 11, 13	Mitte September	September–Oktober	Frucht mittelgroß, länglich; Fleisch süß, leicht säuerlich, aromatisch; hervorragend im Geschmack; gute Tafel- und Einmachqualität
7 'Tongern'	4, 6, 9, 13	September	Oktober	Frucht groß, birnenförmig, bauchig, braunrot gefärbt; Fleisch schmelzend, saftig, aromatisch; schorfanfällig
8 'Neue Poiteau'	3, 4, 5, 6, 9, 10, 13	Oktober	Oktober–November	Frucht grün, Schale berostet; Fleisch süß, aromatisch, saftig, für rauhere Lagen geeignet
9 'Conférence'	1, 2, 3, 4, 5, 6, 7, 10, 11, 13	September–Oktober	Oktober–November	Frucht mittelgroß bis groß, langhalsig; Schale dünn, glatt, berostet; Fleisch vollschmelzend, saftig, mild und würzig; trägt regelmäßig und reichlich; schorfanfällig
10 'Köstliche von Charneu'	1, 2, 3, 4, 5, 6, 7, 8, 11, 13, 14	Anfang bis Mitte Oktober	Mitte Oktober bis November	Frucht länglich, grünlichgelb, vollreif gelb, sonnenwärts in Streifen gerötet; Fleisch schmelzend, saftig, gewürzt; Tafelqualität
11 'Boscs Flaschenbirne'	1, 3, 4, 5, 6, 8, 9, 10, 13	September–Oktober	Oktober–November	Frucht ziemlich groß, gleichmäßig, rotbraun, etwas rauhschalig; Fleisch saftig, süß, aromatisch
12 'Alexander Lucas'	1, 2, 3, 4, 5, 6, 7, 8, 9, 10, 11, 13	Anfang Oktober	November bis Dezember	Frucht groß bis sehr groß, grüngelb, sonnenwärts rot gehaucht; Fleisch sehr saftig und süß, würzig; triploide Sorte
13 'Vereins-Dechantbirne'	1, 2, 3, 4, 5, 6, 8, 9, 10, 11	Oktober	November bis Dezember	Frucht groß, unregelmäßig, gelb, sonnenwärts leicht gerötet, punktiert; Fleisch schmelzend, saftreich und süß

Brombeeren und Loganbeeren

Brombeere 'Theodor Reimers'

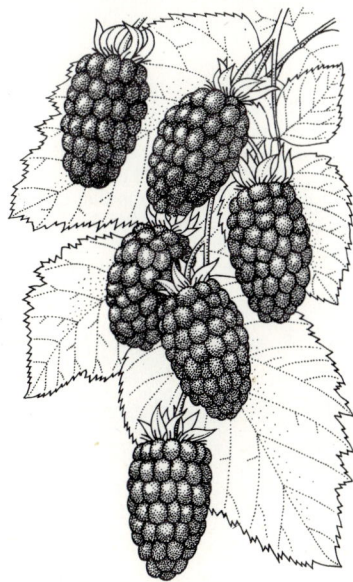

'Echte Loganbeere'

Sowohl die Brombeere als auch die Loganbeere – eine in der Schweiz wenig bekannte Verwandte der Brombeere – braucht einen kalkfreien, gut entwässerten, die Feuchtigkeit jedoch zurückhaltenden Boden.

Brombeeren und Loganbeeren sind selbstfruchtbar; von beiden gibt es Sorten ohne Dornen. Die Brombeeren reifen meist im August, die Loganbeeren im Juli. Absenker pflanzt man am besten im Frühjahr (siehe Seite 482). Der Abstand zwischen den Pflanzen soll in der Reihe je nach Wuchsstärke 2,5–4 m betragen. Unmittelbar nach dem Einpflanzen schneidet man die Triebe bis auf etwa 30 bis 40 cm zurück.

Die meisten Sorgen bereiten bei der Brombeere Virosen, Ranken- und Gnomoniakrankheit und Grauschimmel. Virusbefall verursacht häufig Ertragseinbußen, ohne daß die Krankheit sichtbar wird. Eine Bekämpfung ist nicht möglich, aber man geht vorbeugend gegen Blattläuse und Zikaden vor.

Die Pflanzen können auch von der Rutenkrankheit befallen werden (kleine, purpurfarbene Flecken an den Ruten). Die kranken Ruten werden herausgeschnitten und verbrannt. Vorbeugend kann man ab Juni zwei- oder dreimal mit Kupferoxychlorid spritzen.

Die Ruten der Loganbeere können auch von der Trockenfäule befallen werden (dunkle, purpurrote Flecken an den Ruten). Man spritzt dann mit Captan bald nach dem Austrieb der Ruten und wiederholt die Spritzung noch drei- oder viermal alle 14 Tage.

Kultur und Erziehung der Pflanzen

Die Ranken werden so an Pfählen oder Drähten gezogen, daß die Jungranken weit genug von den zweijährigen, fruchttragenden Ranken entfernt sind. Dadurch verhindert man, daß Krankheiten übertragen werden.

Der Pfahl soll 2,5–3 m lang sein, einen Durchmesser von etwa 10 cm haben und wird so weit in den Boden geschlagen, daß er noch etwas mehr als 2 m herausschaut. Die Tragranken werden dann am Pfahl hochgezogen, während man die Jungranken seitlich locker zusammenbindet.

Zur Erziehung an Drähten verwendet man starken, verzinkten Draht, der zwischen Pfähle ausgespannt oder bis zu einer Höhe von etwa 2 m vor einer Wand gezogen und mit Ösennägeln befestigt wird; die Abstände zwischen den Drähten sollen 30 cm betragen.

Man kann die Ranken fächerförmig erziehen, indem man die Tragranken auf beide Seiten ausbreitet und die Jungranken vorübergehend an den obersten Draht bindet oder die Tragranken nur um die Drähte schlingt. Bei der getrennten Erziehungsmethode werden alle Tragtriebe nach der einen und alle Fruchttriebe nach der anderen Seite gezogen.

Bewässerung und Düngung Gegossen wird nur bei Trockenheit im Sommer. Im Frühjahr verabreicht man eine Düngung von etwa 60 g (zwei Eßlöffel) Superphosphat und etwa 15 g eines Stickstoffdüngers je Quadratmeter. Man mulcht mit verrottetem Stallmist oder Kompost.

Ausschneiden der alten Ranken Wenn alle Beeren abgeerntet sind, schneidet man die abgetragenen Ranken in Bodenhöhe ab.

Hat man die Sträucher an Pfählen oder in Fächerform erzogen, bindet man die Jungtriebe des laufenden Jahres los und befestigt sie anstelle der alten, abgeschnittenen Ranken.

DIE GETRENNTE ERZIEHUNGSMETHODE

Die Tragranken werden an einer Seite festgebunden, die Jungtriebe an der anderen, so daß man nach der Ernte die Ranken nicht umbinden muß

RÜCKSCHNITT

Nach der Ernte die abgetragenen Ranken in Bodenhöhe abschneiden

Erdbeeren

Anzucht von Brombeeren und Loganbeeren

Brombeeren und Loganbeeren setzen leicht Wurzeln an. Deshalb zieht man junge Pflanzen durch Absenken heran: Ende Juli biegt man einen Trieb aus dem Wachstum des laufenden Jahres herunter und hebt unter der Spitze ein etwa 15 cm tiefes Loch aus, setzt die Triebspitze ein und drückt den Boden fest.

Im Frühjahr trennt man die junge Pflanze vom Mutterstrauch ab, indem man sie unmittelbar über einer Knospe durchschneidet. Im nächsten Frühjahr setzt man sie an ihren endgültigen Standplatz.

1. Ende Juli einen Trieb absenken und seine Spitze in den Boden pflanzen

2. Im Frühjahr den Trieb dicht über einer Knospe abtrennen

3. Im folgenden Herbst die Pflanze ausgraben und an ihren Standplatz setzen

Empfehlenswerte Sorten

Brombeeren sind erst reif, wenn sie glänzend tiefschwarze Beeren haben und sich mit dem Blütenboden leicht vom Kelch lösen. Loganbeeren werden täglich gepflückt, wenn sie prall sind. Reife Früchte sollte man nicht hängen lassen. Die genaue Reifezeit hängt von der Witterung ab.

Sorte	Reifezeit	Besondere Hinweise
BROMBEEREN		
'Wilsons Frühe'	Anfang Juli bis Ende August	Früchte klein bis mittel; Wuchs mittelstark, aufrecht; gering bewehrt
'Theodor Reimers'	Ende Juli bis Ende September	Früchte mittel bis groß; Wuchs stark; rankend; stark bewehrt
'Thornless Evergreen'	Anfang August bis Mitte September	Früchte mittel; Wuchs mittelstark; rankend; stachellos
LOGANBEEREN		
'Dornlose Loganbeere'	Juli	Früchte mittelgroß, zum Einmachen gut geeignet
'Echte Loganbeere'	Juli	Früchte groß, spitz zulaufend, sehr saftig

Erdbeere 'Red Gauntlet'

Es gibt Erdbeersorten, die nur einmal im Jahr tragen und Ende Juni oder Anfang Juli geerntet werden, und zweimaltragende (auch immertragende genannt), die von Juni bis Oktober mehrmals abgeerntet werden können. Sie sind meist weniger widerstandsfähig als die einmaltragenden Sorten.

Bodenvorbereitung und Einpflanzen

Einmaltragende Sorten pflanzt man von Juli bis Anfang September, immertragende im Frühjahr.

Zur Pflanzvorbereitung wird der Boden flach umgegraben. Man entfernt alle Unkräuter und setzt der Oberkrume gut verrotteten Stallmist oder Gartenkompost zu – bei kargem Boden einen Eimer (10 l), bei gutem Lehmboden einen halben pro Quadratmeter.

Als Grunddüngung arbeitet man 40 bis 50 g/m² eines Blaukornvolldüngers leicht ein; frühestens vier Wochen nach der Pflanzung düngt man ein weiteres Mal.

Man setzt die Pflanzen in Abständen von 20–40 cm in Reihen, die etwa 75 cm voneinander entfernt sind. Man hebt ein Pflanzloch aus, das 2,5–5 cm tiefer ist als

Erdbeeren gedeihen in allen nährstoff- und humusreichen, gut entwässerten, die Feuchtigkeit haltenden Böden, sofern sie nicht stark kalkhaltig sind. Man pflanzt sie auf ein freies, sonniges Beet, möglichst an einen nach Süden gerichteten Abhang. Frühe Sorten brauchen einen windgeschützten, vor Spätfrösten sicheren Platz.

der Wurzelstock lang, und setzt die Pflanze mit ausgebreiteten Wurzeln so auf eine Kuppe, daß sich der Wurzelhals unmittelbar unter der Erdoberfläche befindet und das Herz knapp aus der Erde ragt, füllt Erde darüber, tritt sie fest und wässert.

Die Wurzeln so ausbreiten, daß das Herz von Erde frei ist

Pflege vom Einpflanzen bis zur Ernte

Bei trockenem Wetter wird in den ersten Wochen nach dem Einpflanzen regelmäßig gegossen, denn Wassermangel zu dieser Zeit hemmt das Wachstum oder bringt die Pflanzen zum Absterben.

Im Herbst werden alle Ranken abgeschnitten, damit die Pflanze nicht ihre Kraft vergeudet. Im Januar düngt man mit 15 g/m² (ein Teelöffel) Patentkali. Wenn das Wachstum allgemein schwach ist, streut man Anfang April entlang den Reihen (nicht auf die Blätter) 15 g/m² (ein Teelöffel) Ammonsulfatsalpeter. Im Frühjahr werden Unkräuter flach ausgehackt.

Im ersten Jahr entfernt man bei immertragenden Sorten alle Blüten bis Ende Mai, um später eine gute Ernte zu erzielen.

Wenn die Früchte so groß geworden sind, daß sie fast den Boden berühren, streut man Schnekkenkorn im Abstand von 15 cm um die Pflanzen und legt sauberes Stroh so unter die Früchte und um die Pflanzen, daß auch das Schnekkenkorn zugedeckt wird.

Man kann auch sogenannte Erdbeerteller aus Pappe oder Plastikfolie unterlegen; dann muß der Boden aber gut feucht sein. Für Pflanzen, die im Gewächshaus oder in Töpfen kultiviert werden, eignen sich gut selbstgemachte Stützen aus verzinktem Draht, die man in den Boden steckt.

Vor Vogelfraß schützt man die Erdbeeren durch Netze, die man an Pfählen über die Pflanzen spannt.

Gegossen wird bei Trockenheit und unmittelbar vor der Reife, damit die Früchte anschwellen können. Während der Reifezeit können zu reichliche Wassergaben einen Befall durch Grauschimmel zur Folge haben. Die Beeren werden mit dem Stiel gepflückt. Danach nimmt man sie möglichst wenig in die Hand, weil sie leicht Druckstellen bekommen.

Abräumen eines Erdbeerbeets

Bei einjährigen Sorten wird nach der Ernte das Stroh zu den Pflanzen hin zusammengerecht und angezündet, um die alten Blätter und eventuell Schädlinge zu verbrennen. Das schadet den Pflanzen nicht; bald schon treiben neue Blätter aus, die dann genügend Licht und Luft haben.

Wenn Verbrennen nicht möglich ist, schneidet man die Pflanzen bis auf etwa 8 cm zum Herz hin ab, reißt alle unerwünschten Ranken oder alten, kranken Blätter aus und entfernt Erdbeerteller oder Folienstücke. Der Abfall wird zusammengeharkt und entfernt.

Man erneuert die Erdbeerstöcke alle zwei oder drei Jahre, denn danach tragen sie nicht mehr so gut und sind anfälliger gegen Krankheiten. Junge Pflanzen werden aus dem vorhandenen Bestand herangezogen.

Immertragende Sorten bilden Früchte aus, bis die Herbstfröste einsetzen. Deshalb schützt man sie ab Anfang Oktober mit Folientunnel, damit man auch darüber hinaus ernten kann.

Bei den immertragenden Sorten werden die Blätter nicht ver-

Folientunnel als Frostschutz

brannt, weil man dabei die jungen Triebe vernichten würde; man lichtet nur einige der alten Blätter aus. Die Stöcke werden erneuert, nachdem sie ein oder zwei Jahre Früchte getragen haben, weil sonst die Qualität nachläßt.

SCHUTZ DER JUNGEN PFLANZEN UND FRÜCHTE

Erdbeerteller halten die Früchte vom Boden fern und sauber

Praktisch sind Stützen aus verzinktem Draht, die man leicht selber biegen kann

RÜCKSCHNITT EINMALTRAGENDER ERDBEEREN

Nach der Ernte das Stroh zu den Pflanzen hin rechen und mit Blättern und Schädlingen verbrennen

Oder die Pflanzen bis 8 cm zum Herz zurückschneiden. Alte Blätter und unerwünschte Ranken ausreißen

Anzucht junger Pflanzen durch Ausläufer

Im Juni oder Juli legt man von kräftigen, gesunden Mutterpflanzen, die reichlich Früchte getragen haben, je vier kräftige Ausläufer aus. Dann füllt man entsprechend viele Blumentöpfe mit Blumentopferde und gräbt je einen bis zum Rand ein unter dem Blattbüschel jeder Ranke, das der Mutterpflanze am nächsten sitzt. Der Ausläufer wird mit selbstgemachten Klammern aus verzinktem Draht in der Topferde festgehalten. Das über den Topf hinausreichende Rankenende wird abgekniffen. Die Topferde muß immer feucht gehalten werden.

Die niedergehefteten Ausläufer können nach vier bis sechs Wochen ausgepflanzt werden. Man trennt sie im August von der Mutterpflanze ab und gießt die jungen Pflanzen weiterhin kräftig. Nach einer Woche werden sie vorsichtig aus dem Topf genommen und an ihren endgültigen Standplatz gesetzt.

1. Im Juni oder Juli vier Ausläufer einer kräftigen Mutterpflanze auslegen

2. Jedes ausgewählte Blattbüschel mit einer Drahtklammer im Topf festhalten

3. Hinter der neuen Pflanze den Ausläufer abkneifen

4. Nach 4–6 Wochen von der Mutterpflanze trennen; eine Woche später umpflanzen

Erdbeerfaß

Erdbeeren in Behältern

Erdbeeren kann man auch in Fässern oder großen Tontöpfen kultivieren – wobei die Pflanzen aus Löchern in den Wänden der Behälter herauswachsen. Die Löcher sollten etwa 5 cm Durchmesser und etwa 20 cm Abstand zueinander haben. Im Boden des Behälters muß sich ein Abflußloch mit etwa 5 cm Durchmesser befinden.

Auf den Boden des Behälters kommt zuerst eine Schicht aus Tonscherben oder Steinen; darüber füllt man bis in die Höhe der ersten Löcher gute Blumenerde oder eine Kompostmischung aus zwei Teilen gutem Lehmboden, einem Teil verrottetem Gartenkompost oder Stallmist und einem Teil grobem Sand. Die Mischung wird gut verdichtet. Dann pflanzt man die Stauden von außen durch die Löcher ein, füllt wieder etwas Kompostmischung nach und setzt weitere Stauden ein, bis der Behälter voll ist. Zum Schluß wird die Oberseite bepflanzt. Um die Pflanzen läßt man einen Gießrand stehen. Die Kompostmischung im Behälter darf niemals austrocknen. Die Pflanzen pflegt man wie auf einem Beet.

Schäden an Erdbeeren

Die meisten Schäden werden von Vögeln, Schnecken, Blattläusen und vom Grauschimmel angerichtet. Sollten Schäden auftreten, die hier nicht beschrieben sind, siehe ab Seite 574. Schädlingsbekämpfungsmittel siehe auch die Tabellen ab Seite 599.

Schaden	Ursache	Abhilfe
Die Blätter sind verkrüppelt oder zurückgeblieben und färben sich gelb; kleine, gelbe, grüne oder rosarote Insekten sind zu erkennen	Blattläuse	Man spritzt mit Dimethoat oder Malathion°
Die Blätter färben sich purpurrot und rollen sich nach oben ein, so daß die Unterseiten sichtbar sind	Erdbeermehltau	Man spritzt unmittelbar vor der Blüte mit Benomyl oder Dichlofluanid. Die Spritzung wird alle 10–14 Tage bis ein oder zwei Wochen vor dem Abpflücken wiederholt
Die Blätter sind klein, haben einen gelben Rand und stehen in flachen Büscheln; oder die Pflanzen bleiben zurück und sind verformt. Schlechter Ertrag	Virus-erkrankung	Es gibt keine Abhilfe. Man gräbt die Stöcke aus und verbrennt sie. Man bekämpft die Blattläuse, von denen die Viruserkrankung übertragen wird
Die Früchte verrotten und sind mit einem grauen, samtartigen Schimmelrasen bedeckt	Grauschimmel	Man spritzt mit Benomyl oder Dichlofluanid. Die Spritzung wird in Abständen von 14 Tagen dreimal wiederholt. Kranke Früchte nimmt man ab. Im nächsten Jahr beginnt man mit dem Spritzen, sobald sich die ersten Blüten öffnen

Empfehlenswerte Erdbeersorten

Alle Sorten können sich durch eigenen Blütenstaub befruchten.

Die Reifezeit hängt von den Witterungsbedingungen während der Wachstumsperiode ab. Es gibt auch Abweichungen zwischen unterschiedlichen Klimaräumen.

Sorte	Reifezeit	Besondere Hinweise
EINMALTRAGENDE SORTEN		
'Zefyr'	Sehr früh	Frucht mittelgroß, festfleischig, aromatisch, schwach säuerlich
'Gorella'	Früh	Frucht sehr groß, festfleischig, süßlich und schwach aromatisch
'Hemmi Grande'	Früh	Frucht sehr groß, weichfleischig, schwach aromatisch
'Vola'	Mittel	Frucht mittelgroß, feines Erdbeeraroma; wenig Fäulnis
'Red Gauntlet'	Mittel bis spät	Frucht groß, festfleischig, wenig Aroma, säuerlich; Ertrag sehr hoch
'Senga-Sengana'	Mittel bis spät	Frucht groß, festfleischig, aromatisch, säuerlich; gut für Konserven
ZWEIMALTRAGENDE SORTEN		
'Herzbergs Triumph'	Früh	Frucht mittelgroß, rundlich, dunkelrot, aromatisch, süß-säuerlich; zweite Ernte ab August
'Ostara'	Früh	Frucht groß, aromatisch; gute Erträge

Heidelbeeren

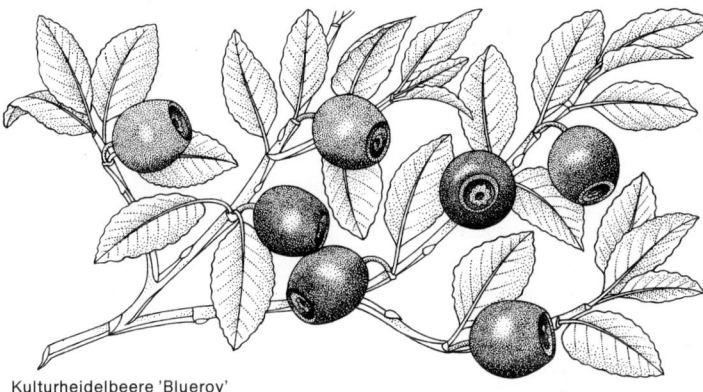

Kulturheidelbeere 'Blueroy'

Die Kulturheidelbeere ist eine aus Nordamerika importierte Verwandte unserer Waldheidelbeere. Ihre Sträucher sind meist größer und tragen auch größere und mehr Beeren als die Waldheidelbeere.

Kulturheidelbeeren brauchen einen sauren Boden – mit einem pH-Wert von 3,5–5 (siehe Seite 612), der die Feuchtigkeit zurückhält. Sie bevorzugen einen offenen, sonnigen Standplatz, vertragen aber auch Halbschatten. Vor kaltem Wind sollte man sie schützen.

Wenn man alkalischen Boden hat, zieht man sie in Behältern oder 1 m² großen und 30 cm tiefen Pflanzgruben, die man mit saurer Komposterde oder mit Kompost auf Torfbasis füllt, dem kein Kalk zugesetzt wird. Gießen sollte man möglichst mit Regenwasser. Kulturheidelbeeren sind meist im August pflückreif, sie sind nicht ausgesprochen selbstfruchtbar; um eine gute Ernte zu erzielen, muß man deshalb mindestens zwei Sorten anpflanzen. Vermehren kann man die Sträucher durch Absenken im Herbst oder Frühjahr (siehe Seite 73) oder durch Stecklinge, die im August vom halbreifen Holz abgenommen werden (siehe Seite 69).

Kulturheidelbeeren pflanzen und pflegen

Heidelbeersträucher kann man im Oktober/November oder im März/April pflanzen (siehe Seite 67). Jeder Strauch benötigt etwa 4 m² Standraum.

Am besten geeignet sind zwei- bis dreijährige Sträucher.

Bei Heidelbeeren sollte man nur physiologisch saure Volldünger oder Einzeldünger geben. 15 g/m² (ein Teelöffel) Kalimagnesia pro Jahr, alle drei Jahre 60 g/m² (zwei Eßlöffel) Superphosphat und außerdem 15 g/m² (ein Teelöffel) Ammonsulfatsalpeter pro Jahr.

Zu Beginn des Sommers wird mit gut verrottetem Stallmist, Gartenkompost, Lauberde oder Torfmull gemulcht. Gegen Vogelfraß müssen die Beeren geschützt werden (siehe Seite 461).

Die Pflanzen können unter Chlorose (Gelbsucht) leiden, die auf zu hohen Kalkgehalt des Bodens zurückzuführen ist. Die Blätter bekommen dann gelbe Punkte oder Flecke, das Wachstum ist schwach, und der Strauch trägt nur wenige Beeren.

Sollten sich andere Schadensformen bemerkbar machen, siehe ab Seite 574. Schädlingsbekämpfungsmittel siehe Seite 599.

Rückschnitt von Heidelbeersträuchern

Die Sträucher schneidet man nach dem dritten Standjahr jährlich im Winter zurück. Die Früchte werden am Holz des letzten Jahres ausgebildet.

Um das Wachstum neuer Triebe zu fördern, die im nächsten Jahr Früchte tragen werden, schneidet man einen bis vier der ältesten Triebe bis an einen kräftigen Jungtrieb zurück oder in Bodennähe ab, wenn genügend junge Bodentriebe vorhanden sind.

Man schneidet 1–4 der ältesten Triebe knapp an einem kräftigen Jungtrieb oder in Bodennähe ab

Empfehlenswerte Sorten von Kulturheidelbeeren

Die Ernte beginnt Mitte Juli und zieht sich, je nach Sorte, bis in den September hinaus. Das äußerlich sichtbare Zeichen der beginnenden Reife ist der Farbwechsel der Fruchtschale von Grün zu Dunkelblau-violett. Die Beeren eignen sich zum Frischverzehr, Backen und Konservieren.

Sorte	Reifezeit	Besondere Hinweise
'Earlyblue'	Juli–August	Früchte mittelgroß, intensiv blau, gut haltbar, besonders winterhart; aufrecht wachsend
'Blueroy'	August	Früchte groß, hellblau, besonders winterhart; hohe Erträge; starkwüchsig
'Bluecrop'	August	Früchte mittelgroß, intensiv blau, gut haltbar, besonders winterhart; aufrecht wachsend

Himbeeren

Himbeere 'Malling Promise'

Manche Sorten tragen an den Trieben des letzten Jahres, andere wiederum im September oder Oktober an den Trieben des laufenden Jahres. Doch bei allen müssen die abgetragenen Ruten Jahr für Jahr durch neue ersetzt werden.

Man kauft einjährige Ruten und pflanzt sie im Spätherbst. Himbeeren werden häufig von Viruskrankheiten befallen; deshalb kauft man nur garantiert virusfreie Jungpflanzen und zieht sie nicht aus eigenem, altem Bestand heran.

Himbeeren gedeihen am besten an warmen, frostgeschützten Standorten. Windschutz wirkt sich auf die Befruchtung und Fruchtreife günstig aus. Sie wachsen in jedem wasserdurchlässigen, die Feuchtigkeit jedoch zurückhaltenden und leicht sauren Boden. Man kann sie auch in kalkhaltigen Boden setzen, wenn dieser vorher mit Kompost oder verrottetem Stallmist angereichert wurde.

Bodenvorbereitung und Pflanzen der Ruten

Am besten pflanzt man Himbeeren in Reihen und zieht die Ruten an Drähten heran. Zuerst säubert man den Boden von allen mehrjährigen Unkräutern, da es später, wenn die Ruten gepflanzt sind, beinahe unmöglich ist, z. B. Quecken zu vernichten.

Zur Pflanzvorbereitung wird der Boden im Spätsommer oder Frühherbst tief umgegraben und reichlich mit gut verrottetem Stallmist, Kompost oder Torf versorgt.

Die beste Pflanzzeit ist Mitte Oktober bis Mitte November; man kann die Ruten aber auch im Frühjahr bis Mitte April einsetzen. Man hebt einen flachen, etwa 8 cm tiefen und 15–20 cm breiten Graben aus und setzt die jungen Pflanzen aufrecht, in Abständen von 40 cm und mit ausgebreiteten Wurzeln hinein und bedeckt sie mit einer 8 cm hohen Erdschicht, die man leicht festtritt. Der Abstand zwischen den Reihen sollte 1,8 m betragen. Gleich nach dem Pflanzen werden die Ruten auf etwa zwei Drittel ihrer Länge eingekürzt.

Jeden Januar düngt man mit 30 g/m² (ein Eßlöffel) Patentkali. In jedem dritten Jahr werden dieser Düngung etwa 60 g/m² (zwei Eßlöffel) Superphosphat zugesetzt. Jeden März verabreicht man 15 g/m² Ammonsulfatsalpeter.

Gegen Ende März wird eine 5 cm hohe Mulchdecke aus Gartenkompost, Stallmist oder Torfmull aufgelegt, um die Feuchtigkeit im Boden zu konservieren. Bei warmem, trockenem Wetter muß reichlich gegossen werden.

Zwischen den Ruten sollte vor allem während der Wachstumszeit nicht geharkt werden, weil man die flach unter der Erde liegenden Wurzeln beschädigen könnte.

Abstützen der langen, biegsamen Ruten

Im Sommer, wenn die Ruten neu austreiben, werden an beiden Enden der Reihe 2,5 m lange Pfähle etwa 60 cm tief in den Boden gerammt. Dann spannt man zwei verzinkte Drähte in 90 cm und 1,6 m Höhe zwischen ihnen; man kann aber auch zwei Drähte im Abstand von 30 cm an zwei Latten befestigen und diese in 1,2 m Höhe waagrecht an die Pfähle nageln. Die Drähte hält man mit S-förmigen Drahthaken parallel.

Im August bindet man die Ruten einzeln an die beiden übereinander gespannten Drähte; bei der Horizontalverdrahtung muß man die Ruten innerhalb der Drähte halten.

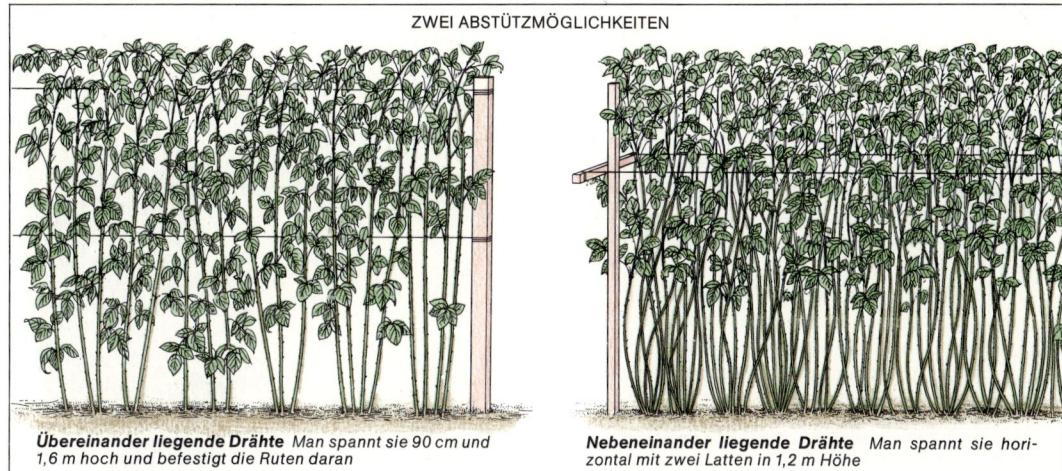

ZWEI ABSTÜTZMÖGLICHKEITEN

Übereinander liegende Drähte *Man spannt sie 90 cm und 1,6 m hoch und befestigt die Ruten daran*

Nebeneinander liegende Drähte *Man spannt sie horizontal mit zwei Latten in 1,2 m Höhe*

Die Früchte ernten

Im ersten Sommer nach dem Anpflanzen soll noch nicht geerntet werden, denn die Früchte würden den künftigen Tragruten zu viel Kraft entziehen. Deshalb schneidet man im Juni alle Blüten und Früchte von den jungen Trieben ab.

Erst im zweiten Jahr läßt man die Ruten Früchte tragen; die sommerfruchtenden Sorten können im Juli geerntet werden, die herbstfruchtenden im September oder Oktober. Himbeeren muß man nach dem Pflücken möglichst bald essen oder verarbeiten, da sie sich nicht lange halten. Zum Rohessen schmecken sie am besten, wenn sie reif, aber noch fest sind, zum Einmachen hingegen müssen die Himbeeren vollkommen ausgereift sein.

Alte Tragruten durch Jungtriebe ersetzen

Nach der Ernte bindet man die alten Tragruten los und schneidet sie in Bodenhöhe ab, so daß nur einjährige Ruten stehenbleiben. Von jeder Pflanze bindet man bis zu fünf der kräftigsten einjährigen Ruten an die Drähte (pro Meter 8–10 Triebe). Unerwünschte Jungtriebe werden am Boden abgeschnitten. Ausläufer (Schößlinge, die aus den Wurzeln treiben) zwischen den Reihen reißt man aus.

Im Februar kürzt man alle über den obersten Draht reichenden Ruten bis auf eine Knospe einige Zentimeter über dem Draht ein, damit die tiefer gelegenen Knospen stark austreiben.

Bei zweimaltragenden Sorten fruchten die im Sommer herangewachsenen Triebe schon ab Mitte August/September bis zum Einbruch des Frostes. Im Frühjahr muß man die abgetragenen oberen Teile der Triebe entfernen.

1. Nach der Ernte alle abgetragenen Ruten am Boden abschneiden

2. An jeder Pflanze nur bis zu acht der kräftigsten Jungtriebe stehenlassen

3. Die Jungruten anbinden und alle Ausläufer ausreißen

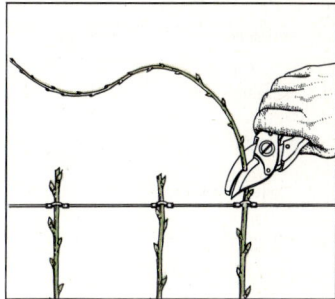

4. Im Februar die Ruten über dem obersten Draht bis an eine Knospe abnehmen

487

Schäden an Himbeeren

Die größten Schäden können der Himbeerkäfer, Virosen und die Rutenkrankheit anrichten. Sollten Schäden auftreten, die hier nicht beschrieben sind, siehe die vierfarbige Zusammenstellung ab Seite 574. Pflanzenschutzmittel siehe ab Seite 599.

Schaden	Ursache	Abhilfe
Die Blätter der Tragruten verwelken und verdorren im Sommer, und die Ruten können im Wind brechen	Rutenkrankheit	Befallene Ruten können durch Spritzungen nicht mehr gesunden. Durch reichliche Humusversorgung und Erhaltung der Bodenfeuchte für gutes Wachstum sorgen. Befallene Ruten tief abschneiden. Vorbeugend mehrere Kupferspritzungen ab Ende Mai
Kleine Maden fressen im Innern der heranreifenden Früchte, die dann weich werden	Himbeerkäfer	Man spritzt mit Endosulfan in die Blüte
Die jungen Triebe verdorren im April und Mai meist im unteren Bereich. Die Stiele sind von winzigen roten Raupen durchbohrt	Himbeermotte	Bei geringem Befall werden die Triebe ausgeschnitten und verbrannt. Bei starkem Befall spritzt man mit Diazinon
Eingerollte oder gekräuselte Blätter; klebrige Insekten	Blattläuse	Man spritzt mit Dimethoat
Die Blätter sind gesprenkelt und haben gelbe Flecken; sie kräuseln sich ein. Die Ruten bleiben zurück; die Ernte ist gering	Viruserkrankung	Alle Pflanzen ausgraben und verbrennen. Neue Pflanzen an einem anderen Standort einsetzen. Die Blattläuse bekämpfen, weil sie die Viruserkrankung verbreiten

Empfehlenswerte Himbeersorten

Alle angeführten Sorten tragen rote Früchte; alle sind selbstfruchtbar. Die in der Tabelle angegebenen Reifezeiten sind nur Anhaltspunkte, denn die Reife der Früchte hängt sehr stark von den Witterungsbedingungen ab.

Sorte	Reifezeit	Besondere Hinweise
'Malling Promise'	Mitte Juni bis Mitte Juli	Frucht groß, rundlich, mittelrot, druckempfindlich; starke Rutenbildung; Wurzelschoßbildung stark
'Preußen'	Mitte Juni bis Mitte Juli	Frucht mittelgroß, rundlich, süß, für Konserven und Saft; geringe Rutenbildung; anfällig für Rutenkrankheit
'Schönemann'	Mitte Juni bis Mitte Juli	Frucht groß, dunkelrot, langkegelförmig, säuerlich; robuste Sorte; gute Rutenbildung
'Zeva 2'	Ende Juni bis Ende Juli	Frucht groß, rundlich, süß, fest; robuste Sorte; gute Rutenbildung
'Zeva Herbsternte'	Ende Juni bis Ende Juli	Frucht sehr groß, rundlich, mittelrot, fest; süß; gute Rutenbildung; mehrmals tragende Sorte
'Lloyd George'	Anfang Juli	Frucht sehr groß, versteckt wachsend; dunkelroter Saft; ausgezeichnet zum Einmachen und Tiefkühlen; zweimal tragende Sorte, zweite Ernte spät ab September bis Oktober; braucht nährstoffreiche Böden

Johannisbeeren (Schwarze)

Schwarze Johannisbeere 'Baldwin'

Schwarze Johannisbeeren wachsen am besten an einem offenen, sonnigen Standplatz, nehmen aber auch mit Halbschatten vorlieb. An kalten, ungeschützten Plätzen oder frostgefährdeten Stellen sollte man sie allerdings nicht pflanzen.

Es eignet sich jeder gut entwässerte Boden, der die Feuchtigkeit zurückhält. Am besten gedeiht die Schwarze Johannisbeere jedoch bei reicher Nährstoffzufuhr; deshalb wird vor dem Einpflanzen der Boden mit einer größeren Menge gut verrottetem Stallmist oder gutem Gartenkompost angereichert. Geerntet werden die Beeren meist im Juli und August.

Einsetzen kann man die Pflanzen zu jeder Zeit von Oktober bis März (siehe Seite 62), die günstigste Pflanzzeit ist jedoch im Herbst von Mitte Oktober bis Ende November. Man setzt die Pflanzen in Abständen von rund 3 m und etwa 2,5–5 cm tiefer in den Boden, als sie in der Baumschule gestanden haben, damit die jungen Triebe direkt aus dem Boden austreten.

Im Frühjahr nach dem Einpflanzen schneidet man je nach Sortenwüchsigkeit die Triebe bis auf 20 bis 30 cm zurück. Dann wird eine 5 cm hohe Mulchdecke aus verrottetem Mist, Gartenkompost oder Torfmull aufgetragen. Jedes Jahr im zeitigen März streut man gut verrotteten Mist, abgelagertes Schnittgras oder Gartenkompost über das Beet. Von diesem Material verwendet man etwa zwei Eimer voll pro Quadratmeter.

Im zeitigen Herbst düngt man den Wurzelbereich mit etwa 40 bis 50 g/m² Thomasmehl. Im Frühjahr sollen noch etwa 30–40 g/m² Stickstoffdünger und 45–50 g/m² eines chlorfreien Kalidüngers gegeben werden.

Bei Trockenheit muß reichlich gegossen werden. Weil die Wurzeln flach wachsen, sollte man Unkraut nicht mit der Gabel oder Hacke ausgraben, sondern durch eine starke Mulchdecke bekämpfen, die gleichzeitig die Feuchtigkeit im Boden konserviert. Die Knospen und heranreifenden Beeren müssen vor Vogelfraß geschützt werden. Man überdeckt die Büsche am besten mit engmaschigen Netzen.

Schwarze Johannisbeeren ernten

Man sollte erst pflücken, wenn die Beeren vollreif sind. Etwa ein bis zwei Wochen vor der Vollreife beginnen sie sich schwarz zu färben. Nicht alle Beeren werden zur gleichen Zeit reif; die an der Spitze der Trauben reifen meist früher heran. Die Erntezeit dauert von Juli bis August.

Schäden an Schwarzen Johannisbeeren

Den größten Schaden kann die Johannisbeer-Gallmilbe anrichten, die auch Viruskrankheiten verbreitet. Sollten Schäden auftreten, die hier nicht beschrieben sind, siehe ab Seite 574. Schädlingsbekämpfungsmittel siehe Seite 599.

Schaden	Ursache	Abhilfe
Im Winter sind die Knospen auf ein Vielfaches ihrer Größe angeschwollen, treiben im Frühjahr nicht mehr aus und sterben ab	Johannisbeer-Gallmilbe	Die befallenen Knospen werden Anfang März abgenommen und verbrannt. Wenn sich die ersten Blüten öffnen, spritzt man vor allem Emulsionen mit Endosulfan. Nach etwa drei Wochen wird die Spritzung wiederholt. Wartezeit 60 Tage
Der Strauch trägt nur wenig Früchte und wächst schwach. Die Blätter sind ungewöhnlich klein und weniger gelappt	Brennessel-virus	Befallene Sträucher ausgraben und verbrennen. Nur Pflanzen setzen, die garantiert virusfrei sind. Johannisbeer-Gallmilbe bekämpfen, denn sie verbreitet die Krankheit
Die Triebe oder Blätter sind im Wachstum gehemmt und verkrüppelt. Kleine, klebrige Insekten sind zu erkennen	Blattläuse (schwarz oder grün)	Spritzen mit Dimethoat oder Diazinon

Empfehlenswerte Schwarze-Johannisbeer-Sorten

Alle Arten sind selbstfruchtbar; man kann also Einzelsträucher setzen. Die Bestäubung durch Insekten erhöht aber den Ertrag. Die angegebene Reifezeit dient nur als Anhaltspunkt, denn sie hängt von der Witterung ab.

Sorte	Reifezeit	Besondere Hinweise
'Silvergieters Schwarze'	Ende Juni	Trauben lang; Beeren groß, süß, mild und aromatisch im Geschmack
'Rosenthals schwarze Langtraubige'	Ende Juni	Trauben sehr lang; Beeren groß, hoher Vitamin-C-Gehalt, kräftig im Geschmack; starker Wuchs
'Roodknop'	Ende Juni	Trauben mittellang; Beeren groß, hoher Vitamin-C-Gehalt, schlecht haltbar
'Baldwin'	Anfang Juli	Trauben mittellang; Beeren mittelgroß, dickschalig, schlecht pflückbar
'Wellington xxx'	Anfang Juli	Trauben lang; Beeren groß, dickschalig, gut pflückbar
'Daniels September'	Anfang bis Mitte Juli	Trauben lang; Beeren mittelgroß; erfordert intensiven Schnitt

Aufzucht junger Pflanzen aus Steckholz

Schwarze, Rote und Weiße Johannisbeeren bewurzeln sich leicht. Junge Pflanzen lassen sich am besten aus etwa 20 cm langen Steckhölzern aufziehen. Ab Anfang September wählt man gut ausgereifte Jahrestriebe aus und vergewissert sich, daß sie frei von Krankheiten sind. Diese Triebe werden unmittelbar unterhalb einer Knospe abgeschnitten. Zu dicke Triebe sind ebensowenig geeignet wie zu dünne. Die Triebe werden entblättert.

Dann schneidet man das unreife Holz von der Triebspitze ebenfalls direkt oberhalb einer Knospe ab.

Die Steckhölzer pflanzt man zum Einwurzeln in einen vorbereiteten Graben ein und setzt sie erst später in eine Strauchrabatte um.

Mit dem Spaten sticht man einen etwa 15 cm tiefen, V-förmigen Graben (mit einer senkrechten Seitenwand) in den Boden. Zur besseren Entwässerung streut man auf den Grund des Grabens möglichst scharfkörnigen Flußsand.

Die Steckhölzer setzt man in Abständen von 10 cm so an die senkrechte Wand des Grabens, daß nur zwei Knospen aus dem Boden herausschauen. Dann füllt man den Graben mit Erdreich auf und tritt es mit den Füßen gut fest. Während des Sommers müssen die Steckhölzer feucht gehalten werden.

Nach einem Jahr dürften die Steckhölzer Wurzeln geschlagen haben. Am besten ist es, diese Steckhölzer nochmals umzusetzen und dann nach einem weiteren Jahr als fertige Gehölze am endgültigen Standort zu pflanzen.

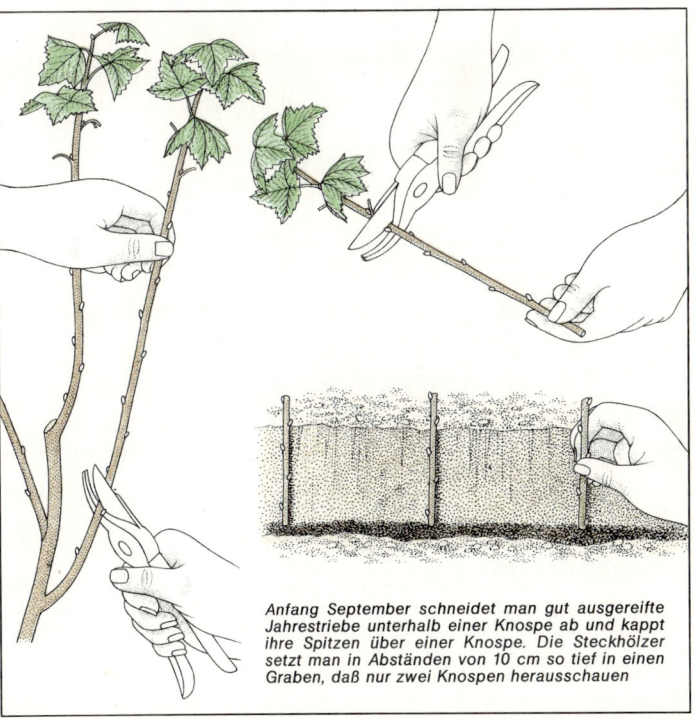

Anfang September schneidet man gut ausgereifte Jahrestriebe unterhalb einer Knospe ab und kappt ihre Spitzen über einer Knospe. Die Steckhölzer setzt man in Abständen von 10 cm so tief in einen Graben, daß nur zwei Knospen herausschauen

Rückschnitt im zweiten und dritten Jahr

Schwarze Johannisbeeren tragen die meisten Früchte am jungen Holz des Vorjahres, so daß man beim Rückschnitt darauf bedacht sein muß, einen Teil des älteren, dunkleren Holzes zu entfernen, um das Wachstum neuer Triebe anzuregen.

Beim jungen Holz handelt es sich entweder um Verlängerungstriebe an den älteren Ruten oder um neue Triebe, die direkt aus dem Boden oder in Bodennähe austreiben. Um ein richtiges Gleichgewicht aufrechtzuerhalten, muß ein Teil des älteren Holzes für die Verlängerungstriebe stehenbleiben.

Bei jungen Pflanzen ist nur ein geringer Rückschnitt erforderlich. In den späteren Jahren entfernt man jeden Herbst nach dem Blattfall ein Drittel jedes Busches.

Beim Rückschnitt im zweiten und dritten Jahr entfernt man einen Teil des älteren Holzes, um das Wachstum neuer Triebe anzuregen

Rückschnitt eines älteren Johannisbeerstrauchs

Ein älterer Strauch wird im Herbst zurückgeschnitten. Man entfernt einen Teil des älteren Holzes, um für junge Triebe Platz zu schaffen. Bei einem gut gepflegten Strauch sollte kein Holz stehenbleiben, das älter als vier Jahre ist.

Vernachlässigte Sträucher mit zu dicht stehenden Trieben müssen zur Verjüngung stark zurückgeschnitten werden. Zunächst nimmt man alle Triebe, die sich zu Boden neigen oder so tief wachsen, daß die Beeren am Boden liegen, vollständig heraus. Dann schneidet man älteres Holz aus der Mitte des Strauchs heraus, damit Licht und Luft eintreten können. Vom übriggebliebenen Holz entfernt man schließlich noch die ältesten Ruten. Die Büsche, die auf diese Art verjüngt werden, können bis zu 25 Jahre alt werden.

Die Triebe können zur Förderung der Nebentriebbildung eingekürzt werden, wenn sich lange, kahle, nur an den Endknospen verzweigte Ruten zeigen. So wird mehr Fruchtholz gebildet.

Ein Teil des älteren Holzes wird entfernt, um neuen Trieben Platz zu schaffen

Vernachlässigte Sträucher werden stark zurückgeschnitten, um das neue Wachstum anzuregen

Johannisbeeren *(Rote und Weiße)*

Weiße Johannisbeere 'Weiße Versailler'

Rote und Weiße Johannisbeeren

Rote und Weiße Johannisbeeren werden in der gleichen Weise kultiviert. Sie können als Sträucher oder als Hoch-, Halb- oder Fußstämme gezogen werden. Schnurbäume erzieht man wie Stachelbeer-Schnurbäume (siehe Seite 505).

Es eignet sich fast jeder Boden, der die Feuchtigkeit zurückhält, ohne die Nässe zu stauen; am besten sind jedoch tiefgründige, humose Böden. Johannisbeeren vertragen direkte Sonne und auch Halbschatten. Weil die Blüten schon frühzeitig austreiben, sollte man Standplätze vermeiden, an denen Spätfröste eintreten können.

Auf Kalimangel reagieren die Pflanzen sehr empfindlich; die Blattränder sehen dann versengt aus.

Die beste Pflanzzeit ist der Herbst. Die Pflanzabstände betragen 2 m bei Büschen und 60 cm bei Schnurbäumen mit einem Haupttrieb, 80 cm bei Schnurbäumen mit zwei Haupttrieben und 1,2 m bei Schnurbäumen mit drei Haupttrieben. Schnurbaumreihen sollen etwa 1,8 m auseinanderliegen.

Bei Schnurbäumen werden alle Haupttriebe an 2,5 m lange und etwa 5 cm dicke Pfähle gebunden, die man 60–90 cm tief in den Boden rammt. Man kann die Schnurbäume aber auch an einem Drahtgestell hochziehen, bei dem man drei oder vier Drähte in Abständen von 60 cm waagerecht ausspannt und an die man dann senkrechte Stäbe bindet.

Ende Januar düngt man mit 30 g/m² (ein Eßlöffel) Patentkali, dem man in jedem dritten Jahr 60 g/m² (zwei Eßlöffel) Superphosphat zusetzt. Im März verabreicht man 15 g (ein Teelöffel) Ammonsulfatsalpeter und legt eine 5 cm hohe Mulchdecke aus gut verrottetem Stallmist oder Gartenkompost auf.

Unkräuter werden durch Mulchen verdrängt. Ausharken ist nicht zu empfehlen, weil die flachen Wurzeln beschädigt werden könnten. Gegossen wird nur bei länger anhaltender Trockenheit. Bei starkem Wind können die Triebe abbrechen. Deshalb bindet man bei jungen Büschen die für die Ausbildung der Form wichtigen Triebe an einen Pfahl. Wie man junge Pflanzen aus Steckholz zieht, siehe Seite 489.

Schnitt an Büschen und Schnurbäumen im Winter

Wenn Schäden durch Vogelfraß zu befürchten sind, wartet man mit dem Winterschnitt, bis die Knospen zu schwellen beginnen (meist im Februar), jedoch nicht länger, so daß man bis an eine unbeschädigte Knospe zurückschneiden kann. Rote Johannisbeeren tragen die meisten Früchte an Fruchttrieben, die am alten Holz sitzen.

Beim Pflanzschnitt beläßt man je Strauch vier bis fünf kräftige Triebe (Leittriebe) und kürzt diese je nach ihrer Stärke um ein Viertel oder bis zur Hälfte ihrer ursprünglichen Länge ein.

Johannisbeeren bilden die schönsten Früchte am zwei- bis dreijährigen Holz aus. Deshalb muß man möglichst viele junge Triebe erhalten, indem man schwache und überzählige Jungtriebe sowie älteres Holz entfernt. In den ersten zwei Jahren werden nur die stehende Zweige am Wurzelhals sauber abgeschnitten. Dann aber ist die Krone schon so dicht geworden, daß man drei bis vier ältere Triebe entfernen muß. Dafür sollten aber Jungtriebe stehenbleiben. Ein gut gepflegter Johannisbeerstrauch oder Johannisbeerbaum besteht aus je einem Viertel einjährigem, zweijährigem, dreijährigem und vierjährigem Holz.

Beim Fruchtholzschnitt richtet man sich nach den Ansprüchen der einzelnen Sorten. Einige bilden so viele Seitentriebe aus, daß man das Fruchtholz nicht schneiden muß. Andere Sorten dagegen bekommen lange, kahle Triebe und wenig Seitentriebe. Da die Seitentriebe aber Hauptfruchtträger sind, werden alle Jungtriebe auf etwa die Hälfte zurückgeschnitten, um sie so zur Verzweigung anzuregen.

Bei Schnurbäumen schneidet man die Seitentriebe bis auf ein Auge zurück, damit sie Fruchtholz ausbilden. Bis zu einer Höhe von 1,8 m schneidet man an den Haupttrieben den jungen Zuwachs um etwa zwei Drittel, jedoch nicht mehr als 20 cm, zurück. Wenn der Haupttrieb dann 1,8 m hoch ist, schneidet man den Zuwachs jeden Winter unmittelbar oberhalb einer Knospe ganz zurück.

SCHNITT IM ZWEITEN WINTER

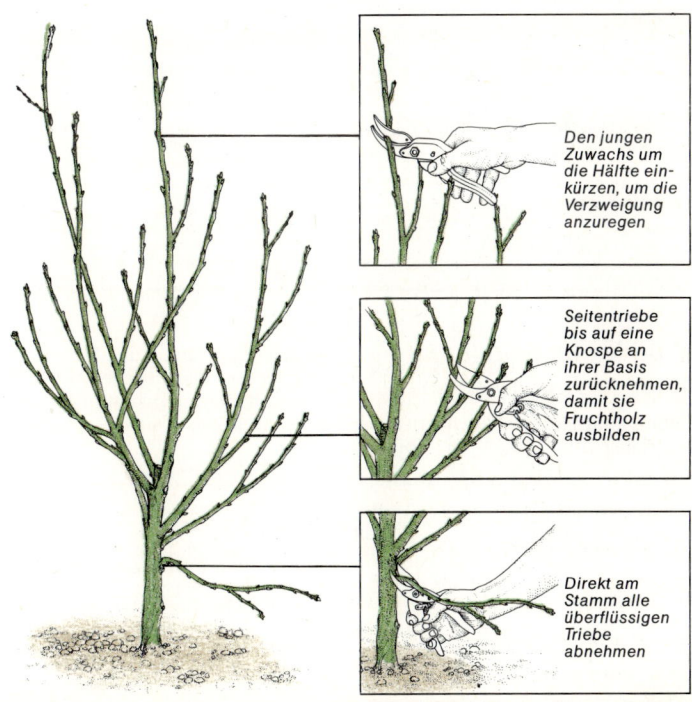

Den jungen Zuwachs um die Hälfte einkürzen, um die Verzweigung anzuregen

Seitentriebe bis auf eine Knospe an ihrer Basis zurücknehmen, damit sie Fruchtholz ausbilden

Direkt am Stamm alle überflüssigen Triebe abnehmen

Kirschen

Schnitt an Schnurbäumen im Sommer

Schnurbäume werden ab dem zweiten Jahr jährlich Ende Juni geschnitten. Man schneidet dann die Seitentriebe auf jeweils drei bis fünf Blätter über einer Blattachsel zurück.

Wenn ein Schnurbaum 1,8 m hoch ist, wird der Zuwachs am Haupttrieb auf vier Blätter zurückgenommen und im nächsten Winter ganz.

Ab Ende Juni die Seitentriebe auf 3–5 Blätter zurückschneiden

Rote- und Weiße-Johannisbeer-Sorten

Alle Roten- und Weißen-Johannisbeer-Sorten sind selbstfruchtbar.

Sorte	Reifezeit	Besondere Hinweise
ROTE JOHANNISBEEREN		
'Heros'	Anfang bis Ende Juni	Trauben sehr lang; Beeren mittelrot, groß, süß, leicht zu ernten; mittelhohe Erträge; hoher Schnittaufwand
'Rote Vierländer'	Mitte–Ende Juni	Trauben lang; Beeren dunkelrot, mittelgroß, süß-sauer; gute Verzweigung; hohe Erträge
'Rote Holländische'	Mitte Juli	Trauben mittellang; Beeren mittel- bis dunkelrot, sauer, herb, schlecht zu pflücken; sehr robuste Sorte
'Heinemanns Rote Spätlese'	Mitte August	Trauben sehr lang; Beeren hellrot, mittelgroß, sauer, leicht zu pflücken; hohe Erträge
WEISSE JOHANNISBEEREN		
'Weiße Versailler'	Anfang–Ende Juni	Trauben lang; Beeren klein, süß

Schäden an Roten und Weißen Johannisbeeren

Die häufigsten Schäden richten Blattläuse und Vögel an. Sollten Schäden auftreten, die hier nicht beschrieben sind, siehe ab Seite 574. Schädlingsbekämpfungsmittel siehe auch die Tabellen ab Seite 599.

Schaden	Ursache	Abhilfe
Auf dem Blatt (Unter- und Oberseite) bilden sich kleine braune Tupfen. Die Blätter vergilben, fallen vorzeitig ab	Blattfall- krankheit	Sofort nach der Ernte und wiederholt mit Dichlofluanid oder Kupferoxychlorid spritzen
Die Blätter sind gekräuselt oder haben Blasen, die oft rötlich werden, auch die Triebspitzen können geschädigt werden	Johannisbeer- blattlaus	Spritzen mit Diazinon oder Malathion°

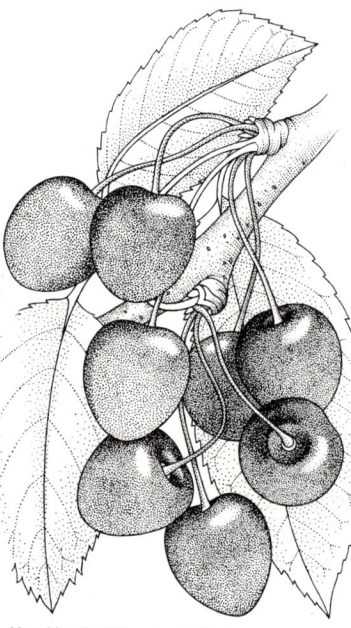

Herzkirsche 'Kassins Frühe'

Es gibt zwei Kirschenarten: Süßkirschen und Sauerkirschen. Beide Arten gedeihen bestens auf tiefgründigem, gut entwässertem Boden, wobei die Sauerkirschen etwas anspruchsloser sind.

Süßkirschen wachsen sehr kräftig. Für einen Garten durchschnittlicher Größe eignen sich nur als Palmettenfächer gezogene Bäume, und auch sie nehmen viel Platz an einer Wand in Anspruch. Da alle Süßkirschen selbstunfruchtbar sind, muß man mindestens zwei Sorten zusammensetzen, damit es zur gewünschten Befruchtung kommt.

Sauerkirschen sind weniger kräftig und können entweder als Buschbäume oder als Palmetten gezogen werden. Weil die meisten Sauerkirschen sich selbst befruchten können, ist auch die Pflanzung eines Einzelbaums möglich. Die Kultur ist einfacher als bei Süßkirschen. Süßkirschen sind meist im Juli pflückreif, Sauerkirschen im Juli/August.

Aufzucht einer Süßkirsche als Palmette

Als Palmetten gezogene Bäume breiten sich etwa 4,5–6 m weit aus. Man pflanzt sie in Abständen von 5,5–7,5 m (siehe Seite 460) an eine Wand, die nach Süden oder Westen gerichtet ist.

Ende Januar düngt man mit 15 g/m² (ein Teelöffel) Kalimagnesia, die man vom Regen in den Boden schwemmen läßt. In jedem dritten Jahr setzt man dieser Düngung 60 g/m² (zwei Eßlöffel) Superphosphat hinzu. Außerdem wird jeden März mit 30 g/m² (ein Eßlöffel) Ammonsulfatsalpeter gedüngt. Im späten Frühjahr mulcht man mit gut verrottetem Stallmist oder Gartenkompost.

Gegossen wird nur bei trockenem Wetter im Sommer. Unkräuter werden flach ausgeharkt oder mit flüssigem Unkrautvertilgungsmittel bekämpft. Wenn der Baum kräftig wächst, aber nur wenig Früchte trägt, schneidet man die Wurzeln zurück (siehe Seite 461).

Im frühen Sommer schützt man die Früchte mit einem Netz vor Vogelfraß.

Erziehung und Rückschnitt Einen jungen, unbeschnittenen Baum erzieht man in den ersten drei Jahren nach dem Einpflanzen wie eine Apfelpalmette (siehe Seite 472), schneidet jedoch im zeitigen Frühjahr, nicht im Winter. Nach der Ausbildung des Kronengerüsts sind unterschiedliche Maßnahmen erforderlich, denn Süßkirschen besitzen mehr Fruchtholz und weniger Seitentriebe, so daß man nicht stark zurückschneiden muß.

Zu Beginn des Sommers bricht man alle jungen Triebe des laufenden Jahres ab, die zur Wand hin oder von der Wand weg wachsen. Bei den übrigen Trieben werden im Juni oder Juli die Spitzen abgekniffen (entspitzt), wenn sie vier bis sechs Blätter ausgebildet haben.

Wenn die Leittriebe die höchste Stelle an der Wand erreicht haben, schneidet man sie bis an einen schwachen Seitentrieb zurück. Ist ein solcher nicht vorhanden, bindet man den Leittrieb waagrecht an einen der Drähte, damit das Wachstum gehemmt und ein neuer Austrieb gefördert wird. Später kann der alte Trieb bis an einen schwachen Seitentrieb zurückgeschnitten werden.

Im September schneidet man die im Sommer entspitzten Triebe auf drei bis vier Fruchtknospen zurück. Gleichzeitig entfernt man alle abgestorbenen Triebe direkt an der Austriebstelle.

Bei älteren Bäumen bindet man die jungen Triebe im Juni oder Juli an freien Stellen der Palmette fest; einige davon braucht man später als Ersatz für alte Triebe.

Ein Schnitt im Juli/August ist notwendig, wenn sich die neuen Seitentriebe nach der Wand hin entwickeln.

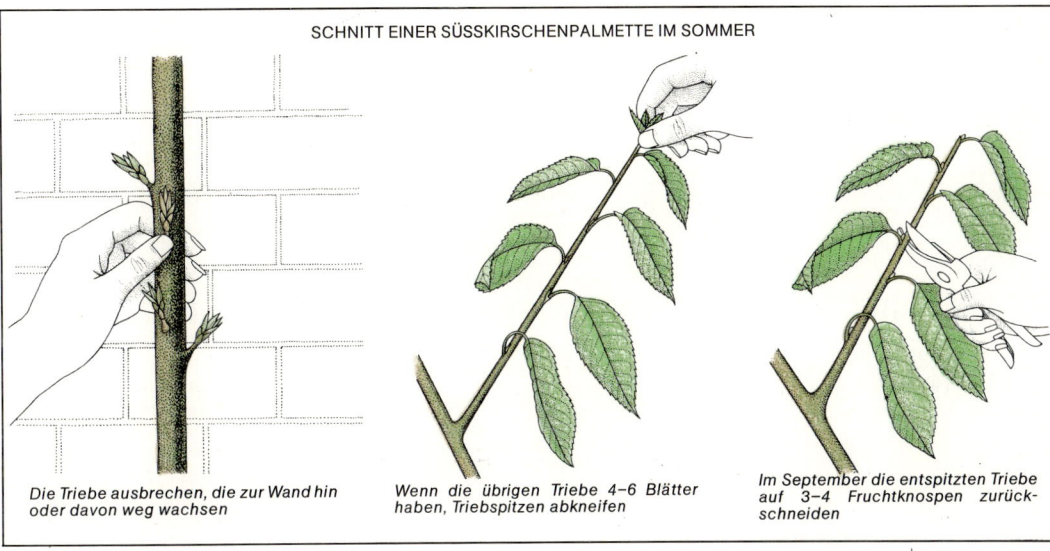

SCHNITT EINER SÜSSKIRSCHENPALMETTE IM SOMMER

Die Triebe ausbrechen, die zur Wand hin oder davon weg wachsen

Wenn die übrigen Triebe 4–6 Blätter haben, Triebspitzen abkneifen

Im September die entspitzten Triebe auf 3–4 Fruchtknospen zurückschneiden

Pflege von Sauerkirschen

Sauerkirschen können entweder als Buschbäume oder als Palmetten gezogen werden – wobei sich für das Spalier jede Wand eignet, auch wenn sie nach Norden gerichtet ist. Beide Baumformen setzt man in Abständen von 4,5–5,5 m (siehe Seite 460).

Sauerkirschen werden wie Süßkirschen gepflegt.

Rückschnitt eines Buschbaumes In den ersten drei bis vier Standjahren kürzt man im zeitigen Frühjahr die Leitäste um etwa die Hälfte ein, damit sich eine starke Krone bilden kann.

Der Baum trägt die meisten Früchte am Holz des Vorjahres. Bei älteren Bäumen soll durch den Rückschnitt das Wachstum jungen Holzes beständig angeregt werden. Normalerweise wird im zeitigen Frühjahr geschnitten. Bei Sauerkirschen ist aber oft ein Schnitt nach der Ernte besser. Man schneidet ältere oder verkahlte Triebe bis an einen einjährigen Seitentrieb zurück. Auch der Rand der Krone

wird gelegentlich dort ausgelichtet, wo sich junge Triebe entwickeln. Starke Jungtriebe kürzt man um ein Drittel, schwächere um die Hälfte ein. Alle großen Schnittflächen werden mit einem Wundverschlußmittel bestrichen, um den Befall durch Monilia zu verhindern.

Rückschnitt einer Palmette Man geht vor wie bei einer Apfelpalmette (siehe Seite 472), nur daß man im zeitigen Frühjahr schneidet.

Nach Aufbrechen der Knospen auslichten: ältere Triebe auf einjährige Seitentriebe zurückschneiden

RÜCKSCHNITT EINES KIRSCHENBUSCHBAUMS

Nüsse

Schäden an Süß- und Sauerkirschen

Mit den größten Schaden können Blattläuse anrichten. Sollten sich an den Bäumen Schäden bemerkbar machen, die hier nicht beschrieben sind, siehe ab Seite 574. Chemische Mittel sind auf Seite 599 zu finden.

Schaden	Ursache	Abhilfe
An einem oder mehreren Ästen zeigen die Blätter einen silbrigen Überzug, schrumpfen ein, färben sich gelb und fallen frühzeitig ab. Die Äste sterben meist nach ein oder zwei Jahren ab. An Schnittstellen hat das Holz eine braune Färbung	Monilia-Spitzendürre	Die befallenen Äste bis 15 cm ins gesunde Holz zurückschneiden und verbrennen. Die Schnittwunden verschließen und Captan in die Blüte spritzen
Triebe und Blätter sind verkrüppelt und dicht mit kleinen schwarzen Insekten besetzt	Schwarze Sauer- oder Süßkirschenblattlaus	Unmittelbar nach der Blüte spritzen mit Dimethoat oder Malathion°
Die Blätter verfärben sich, die Knospen welken, und die Triebe sterben ab und danach bald der ganze Baum	Hallimasch	Abgestorbene oder absterbende Bäume ausgraben und verbrennen

Süß- und Sauerkirschensorten

Süßkirschen sind selbstunfruchtbar und brauchen einen Partner für die gegenseitige Befruchtung, so daß man zwei Bäume anpflanzen muß.

Sauerkirschen sind in der Regel selbstfruchtbar. In der Tabelle sind Sorten aus der Bundessortenliste aufgeführt. Die Reifezeit ist in Kirschwochen angegeben, da die Reife natürlich je nach Klimaraum wechselt.

Sorte	Pollenspender	Reifezeit in Kirschwochen	Fruchtfarbe
SÜSSKIRSCHEN			
1 'Kassins Frühe'	3, 5, 6, 7	2	Schwarzbraun
2 'Jeickners Schwarze'	4	3	Dunkelbraun
3 'Hedelfinger'	1, 4, 5, 6, 7	4–5	Dunkelbraun
4 'Große Prinzessin'	1, 3, 7	4	Bunt, rot und gelb
5 'Büttners Rote'	1, 3, 7	4–5	Bunt, rot und gelb
6 'Große schwarze Knorpel'	1, 3, 7	5–6	Schwarzbraun
7 'Schneiders Späte'	1, 3, 4, 5	5–6	Dunkelbraun
SAUERKIRSCHEN			
1 'Ludwigs Frühe'	Selbstfruchtbar	2–3	Hell
2 'Diemitzer Amarelle'	Selbstfruchtbar	3	Hell
3 'Schwäbische Weinweichsel'	Selbstfruchtbar	3–4	Mittel
4 'Köröser Weichsel'	Selbstfruchtbar	5	Dunkel
5 'Heimanns Rubin'	Selbstfruchtbar	5	Dunkel
6 'Beutelsbacher Rexelle'	Selbstfruchtbar	5	Dunkel
7 'Morellenfeuer'	Selbstfruchtbar	5–6	Dunkel
8 'Schattenmorelle'	Selbstfruchtbar	6–7	Dunkel
9 'Kelleriis 14'	Selbstfruchtbar	7	Dunkel

Haselnüsse

Haselnüsse eignen sich im Garten gut als Sichtschutz und Grundstücksbegrenzung. Aber auch als Zierpflanzen lassen sich z. B. die rotblättrigen Haselnüsse in Gehölzgruppen dekorativ einordnen.

Haselnüsse gedeihen auf fast jedem Boden. Es genügt eine mittlere Bodenfruchtbarkeit.

Während das Holz der Haselnuß frosthart ist, sind die Blüten stark frostempfindlich.

Die weibliche Blüte der Haselnuß ist recht unscheinbar. Die männlichen Kätzchen dagegen sind schon früh im Winter zu sehen, und sie stäuben im zeitigen Frühjahr. Die Haselnüsse zählen zu den Windbestäubern. Da sie selbstunfruchtbar sind, sollten stets mehrere Sorten angepflanzt werden.

Man kann Haselnüsse durch Absenker vermehren, indem man von November bis Januar zweijährige Ruten in die Erde einlegt. Nach einem Jahr haben die abgesenkten Zweige Wurzeln geschlagen und können von November bis Januar von der Mutterpflanze abgenommen und gepflanzt werden.

'Rotblättrige Lambertsnuß'

Aufbrechende Hülle der Walnuß

Schnitt der Haselnuß

Erstrebenswert sind vier bis sechs starke Äste und eine becherförmige Hohlkrone. Deshalb schneidet man die Haupttriebe bis knapp über eine nach außen weisende Knospe um die Hälfte zurück. Auch Seitentriebe, die man etwa zur Bildung neuer Äste benötigt, kürzt man um die Hälfte ein. Alle anderen schneidet man um drei Viertel ihrer Länge zurück. Man schneidet Anfang März, wenn die Gehölze in Blüte stehen und die Verteilung des Blütenstaubes durch das Schütteln gefördert wird.

Bei dem Instandhaltungsschnitt wird durch alljährliches Auslichten eine lockere Krone aufgebaut. Triebe, die sich auf der Oberseite der Leitäste bilden, werden entfernt. Ebenso schneidet man alle Äste, die den Aufbau stören, und alle Wurzelschosse regelmäßig weg.

Beim Fruchtholzschnitt werden die Fruchttriebe, die sich an den Hauptästen entwickeln, auf zwei Augen oberhalb der jeweils letzten weiblichen Blüte gekürzt.

Walnüsse

Walnußbäume werden in Gärten seltener gepflanzt, weil sie einen großen Platzbedarf haben. Man kann sie jedoch auch als Buschbäume beziehen. Da die Blüten sehr frostempfindlich sind, ist ein geschützter Standort wichtig für sichere Erträge. Auch an trockenen

Pfirsiche, Nektarinen

Hängen trägt der Walnußbaum nicht gut.

Der Walnußbaum hat von allen Obstbäumen die längsten Wurzeln. Er gehört schon deshalb auf tiefgründige, durchlässige, sandige Lehm- und Lößböden. Das bedeutet aber keinesfalls, daß er nicht auch auf weniger guten Böden gedeiht. Zu bedenken ist jedoch immer, daß der Walnußbaum dem Boden sehr viele Nährstoffe entzieht, so daß in der Nähe stehende Pflanzen in Mitleidenschaft gezogen werden können.

Die Walnuß ist selbstfruchtbar. Trotzdem bereitet die Befruchtung häufig Schwierigkeiten. Männliche und weibliche Blüten stehen getrennt am Baum. Hinzu kommt

noch, daß die männlichen und weiblichen Blüten eines Baumes häufig zu verschiedenen Zeiten blühen und deshalb eine Befruchtung unmöglich ist. In diesen Fällen muß die Befruchtung von Nachbarbäumen aus geschehen, die zur selben Zeit blühen. Doch gibt es auch Walnußsorten, die ohne Bestäubung und Befruchtung vollkernige Nüsse bilden.

Walnußbäume braucht man nicht regelmäßig zu schneiden. Es genügt, bei jungen Bäumen einige Seitenäste zu entfernen, wenn sich zu viele gebildet haben. Außerdem schneidet man zu dicht stehende Äste ab. Geschnitten wird Ende August/Anfang September.

Pfirsich 'Amsden'

Pfirsiche stellen sehr hohe Ansprüche ans Klima. Sie sind so frostgefährdet, daß nicht nur einzelne Triebe, sondern in strengen Wintern auch ganze Bäume erfrieren können. Auch die Blüte ist alljährlich vom Frost bedroht, da die Bäume oft schon im März blühen. Deshalb sollte man für klimatisch weniger günstige Gegenden möglichst nur mittelfrühe und späte **Sorten wählen und sie an geschützte Plätze pflanzen. Eine Südwand** z. B. ist gut geeignet. Für Hausgärten kommen hauptsächlich der Pfirsichbuschbaum und das Pfirsichwandspalier in Frage.

Bei den Nektarinen handelt es sich um eine glattschalige, unbehaarte, weniger robuste Abart des Pfirsichs. Sie brauchen wärmere Standplätze als die übrigen Pfirsichsorten und sollten nur als Palmetten im Spalier gezogen werden. Ansonsten werden sie wie Pfirsiche behandelt.

Pfirsiche und Nektarinen sind selbstfruchtbar.

EMPFEHLENSWERTE SORTEN

Sorte	Ertrag	Reifezeit	Besondere Hinweise
HASELNÜSSE			
'Cosford'	Hoch	August	Nuß rundlich, hellbraun, mit dünner Schale; großes, breites, aufrecht wachsendes Gehölz; guter Pollenspender für alle anderen Sorten
'Rotblättrige Lambertsnuß'	Hoch	Ende August	Nuß mittelgroß, länglich-spitz; rotes Laub
'Noltinghams Fruchtbare'	Hoch	Ende August	Nuß mittelgroß, rundlich-kegelförmig
'Daviana'	Mittel	Ende August	Nuß groß, mit sehr gutem Geschmack, schmalbuschiger Wuchs
'Hallesche Riesennuß'	Mittel	Ende September	Nuß sehr groß, rundlich-kegelförmig; mandelartiger Geschmack
'Webbs Preisnuß'	Hoch	Mitte September	Nuß sehr groß, lang oval, dünnschalig; mandelartiger Geschmack
'Nr. 286 aus Staupitz/Spreewald'	Mittel	Anfang bis Ende September	Nuß mittelgroß; Kern oval, guter Geschmack; aufrechter Wuchs
WALNÜSSE			
'Nr. 139 aus Weinheim/Bergstraße'	Sehr hoch	Mitte bis Ende September	Nuß mittelgroß, geschmackvoll; Ertrag sehr früh und regelmäßig
'Franquette'	Sehr hoch	September bis Oktober	Nuß groß, spitz zulaufend, sehr guter Geschmack
'Nr. 120 aus Guls/Mosel'	Hoch	Ende September	Nuß groß bis sehr groß, oval, voll ausgebildet; Fremdbefruchtung erforderlich
'Nr. 26 aus Geisenheim'	Hoch	Ende September/Oktober	Nuß mittelgroß, voll ausgebildet; Ertrag früh einsetzend und regelmäßig

Pflege von Pfirsich- und Nektarinenbäumen

Es eignet sich jeder gute, leichte und vor allem wasserdurchlässige Boden. Gepflanzt wird der Pfirsich wie jeder andere Obstbaum (siehe Seite 460) im Oktober oder in der ersten Novemberhälfte.

Ende Januar düngt man mit 30 g/m² (ein Eßlöffel) Patentkali. In jedem dritten Jahr setzt man dieser Düngung 60 g/m² (zwei Eßlöffel) Superphosphat zu. Anfang März verabreicht man 30 g/m² (ein Eßlöffel) Kalkstickstoff und mulcht danach mit gut verrottetem Stallmist oder Gartenkompost. Man kann auch 80 g/m² Volldünger verwenden.

Wenn die Gefahr besteht, daß der Boden austrocknen könnte, wird reichlich gewässert. Nektarinen brauchen zur Zeit der Fruchtschwellung mehr Wasser als Pfirsiche, weil die Früchte sonst auf-

platzen. Das Unkraut im Wurzelbereich wird ausgehackt oder durch Mulchen mit Stroh bekämpft. Um eine gute Ernte sicherzustellen, kann man die Bestäubung künstlich unterstützen, indem man zur Blütezeit die Äste schüttelt, um das Pollenrieseln zu fördern.

Wenn die Früchte der Spalierbäume etwa Kastaniengröße erreicht haben, dünnt man sie so aus, daß zwischen den einzelnen Früchten etwa 10–20 cm Abstand bleibt. Falls sich an Niederstämmen Zwillingsfrüchte bilden, entfernt man jeweils eine Frucht von jedem Paar.

Die Früchte sind pflückreif, wenn das Fleisch am Stiel einem leichten Fingerdruck nachgibt. Pfirsiche sind sehr druckempfindlich. Man lagert sie kühl und so in flachen, mit weichem Material ausgelegten Kisten, daß sie sich nicht berühren.

Erziehung und Schnitt eines Pfirsichbuschbaums

Pflanzschnitt

Kurz vor dem Austrieb, wenn sich an einem einjährigen (noch unbeschnittenen), im letzten Herbst gepflanzten Baum die Holzknospen ausgebildet haben, schneidet man den Hauptleittrieb etwa 10 cm länger als die Seitentriebe oberhalb einer Holzknospe ab.

Drei bis vier kräftige Seitentriebe werden auf drei bis vier Augen (Knospen) zurückgeschnitten. Alle anderen Zweige entfernt man.

Schnitt in späteren Jahren

Man entfernt vor dem Austrieb alle Triebe vom Hauptleittrieb, die tiefer als der unterste Seitenast sitzen. Alle Äste, die an der Spitze absterben, werden bis auf einen gesunden Seitentrieb oder nach außen gerichteten Ast zurückgenommen. Wenn die Schnittstelle braun (krank) ist, schneidet man weiter bis ins helle (gesunde) Holz.

Im zweiten Jahr werden die beim Pflanzschnitt ausgewählten Leitäste so weit zurückgeschnitten, daß alle Augen austreiben. Im dritten Jahr entfernt man alle auf der Oberseite der Leitäste sitzenden Triebe und schneidet die stärkeren nach außen und seitlich gerichteten.

Wahre Fruchttriebe kürzt man um ein Drittel bis ein Viertel ein; falsche Fruchttriebe entfernt man ganz; Bukettzweige bleiben unbeschnitten. Die abgetragenen Fruchtzweige werden jährlich auf zwei bis drei Knospen eingekürzt.

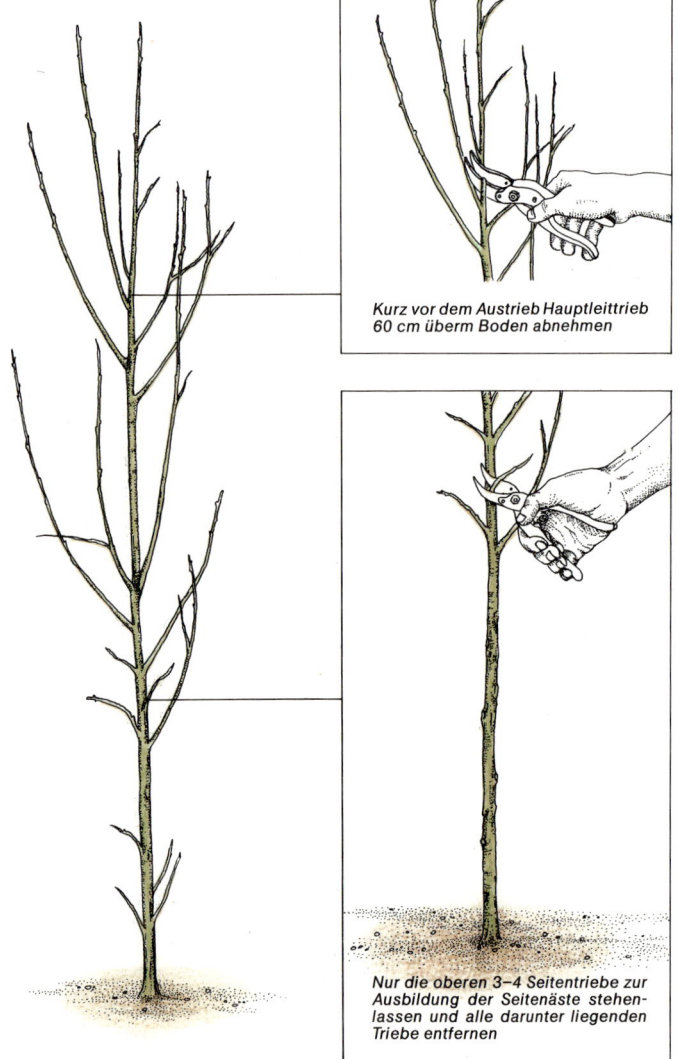

Kurz vor dem Austrieb Hauptleittrieb 60 cm überm Boden abnehmen

Nur die oberen 3–4 Seitentriebe zur Ausbildung der Seitenäste stehenlassen und alle darunter liegenden Triebe entfernen

Sich kreuzende Äste an der Basis abschneiden

Beschädigte Äste bis an einen kräftigen, gesunden Trieb zurücknehmen

496

Erziehung und Schnitt einer Pfirsichpalmette

Eine junge Pfirsichpalmette wird wie eine Apfelpalmette erzogen (siehe Seite 472), nur daß man bei beginnendem Wachstum im zeitigen Frühjahr und nicht im Winter zurückschneidet. Im Gegensatz zum Apfel bildet der Pfirsich die Seitentriebe am Holz des laufenden Jahres aus. Diese Seitentriebe werden bis auf ein Auge oberhalb der Austriebstelle zurückgenommen.

Ab dem vierten Frühjahr nach dem Einpflanzen eines unbeschnittenen Baums gelten für den Schnitt andere Regeln, weil der Pfirsichbaum seine Früchte vorwiegend an den Trieben des letzten Jahres trägt. Wenn im vierten Frühjahr das Wachstum einsetzt, werden alle Knospen oder Triebe ausgebrochen oder abgenommen, die zur Wand hin oder von der Wand weg weisen. Von den übrigen Knospen wählt man an beiden Seiten der Äste kräftige Augen aus, die in Abständen von etwa 15 cm stehen, und bricht alle anderen, mit Ausnahme der endständigen Knospe, heraus.

Im Lauf des vierten Sommers entwickeln sich aus diesen Knospen Seitentriebe, die im nächsten Sommer Früchte tragen werden, während die endständigen Knospen die Astverlängerung ausbilden. Gegen Ende des Sommers bindet man die Seitentriebe und die Astverlängerungen an den Drähten fest. Wenn die Seitentriebe etwa 45 cm lang sind, werden sie entspitzt.

Im fünften Frühjahr haben sich mindestens zwei Holzknospen an der Basis eines jeden Seitentriebs des letzten Jahres ausgebildet. Eine davon läßt man als Ersatztrieb stehen, die andere wird entfernt, wenn die Triebe 5–8 cm lang sind.

Die fruchttragenden Seitentriebe werden nicht entspitzt, damit sie den Saft anziehen und die Fruchtbildung unterstützen; wenn der Platz jedoch nicht ausreicht, kann man sie auf vier Blätter einkürzen, sobald sie sechs Blätter ausgebildet haben. Die aus dem Fruchtholz austreibenden Nebentriebe werden jedoch entfernt.

Nach der Ernte schneidet man im Herbst oder zeitigen Winter jeden abgetragenen Seitentrieb bis an den Ersatztrieb zurück und bindet diesen ans Drahtgerüst.

Jedes Jahr bricht man Triebe und Knospen aus, entspitzt, schneidet das alte Holz aus und bindet die Ersatztriebe fest. An den Astverlängerungen wählt man die Knospen für die Ausbildung neuer Seitentriebe wie im vierten Frühjahr aus. Sobald eine Astverlängerung den obersten Draht erreicht hat, behandelt man sie wie einen Seitentrieb.

Lücken werden geschlossen, indem man einige der abgetragenen Seitentriebe nach dem Anheften der Ersatztriebe stehenläßt und aus diesen neue Triebe heranzieht.

Im Frühjahr entfernt man von den fruchttragenden Seitentrieben alle Holzknospentriebe, wenn sie 5–8 cm lang sind, bis auf einen; er dient als Ersatztrieb

Die Fruchttriebe werden nicht entspitzt. Nur wenn der Platz nicht ausreicht, nimmt man sie auf vier Blätter zurück, sobald sie sechs Blätter ausgebildet haben

Nach der Ernte schneidet man alle abgetragenen Seitentriebe bis an den Ersatztrieb zurück und bindet diesen ans Drahtgestell

Pflaumen

Sorte	Genußreife	Farbe	Besondere Hinweise
'Mayflower'	Juni–Juli	Grünlichgelb bis karminrot	Frucht sehr früh reifend, schlecht steinlösend, schwach süß, geringes Aroma; wird leicht kleinfrüchtig
'Früher roter Ingelheimer'	Mitte bis Ende Juli	Grünlichweiß bis hellrot	Frucht steinlösend, schwaches Aroma; reicher Ertrag
'Amsden'	Mitte bis Ende Juli	Hell- bis dunkelrot	Frucht ziemlich groß, rund, saftig und würzig; moniliaanfällig
'Cumberland'	Mitte August	Grünlichgelb	Frucht groß bis sehr groß, Fleisch weißlich, steinlösend; robuste Sorte, auch noch für ungünstige Lagen geeignet
'Anneliese Rudolph'	Mitte August	Grünlichgelb bis blutrot	Frucht sehr groß, Fleisch weißlichgelb, saftig, aromatisch; robuste Sorte
'Rekord aus Alfter'	Mitte bis Ende August	Grünlichgelb bis rot	Frucht steinlösend, süß-säuerlich, würzig; starker Behang; muß ausgedünnt werden
'Madame Rogniat'	Ende August	Grünlichgelb	Frucht groß, Fleisch weiß, nicht immer steinlösend, saftig
'South Haven'	Ende August	Gelb bis orangerot	Frucht groß bis sehr groß, Fleisch gelb, saftig, aromatisch, gut steinlösend; anfällig gegen Kräuselkrankheit
'Roter Ellerstädter'	Mitte September	Weißlichgelb bis leuchtendrot	Gute Einmachqualität; Fleisch weiß, steinlösend, saftig, aromatisch; lange Lebensdauer; auch in ungünstigen Lagen noch brauchbar

Pflaume 'Königin Viktoria'

Schäden bei Pfirsichen und Nektarinen

Die meisten Schäden werden durch Spinnmilben, Blattläuse (mehlige Pflaumenblattlaus, schwarzgefleckte Pfirsichblattlaus, grüne Pfirsichblattlaus, Schildläuse) und die Kräuselkrankheit verursacht. Sollten sich Schäden bemerkbar machen, die hier nicht beschrieben sind, siehe die vierfarbige Aufstellung ab Seite 574. Die Wirkstoffe und Handelsnamen weiterer Pflanzenschutzmittel sind in der Tabelle ab Seite 599 aufgeführt.

Schaden	Ursache	Abhilfe
Die Blätter haben große, rötliche Auftreibungen, werden später weißlich, dann braun und fallen frühzeitig ab	Kräuselkrankheit	Man spritzt mit Captan beim Schwellen der Knospen
Die älteren Blätter werden allmählich gelb bis bronzefarben, trocknen aus und sterben ab	Rote Spinne	Man spritzt mit Malathion° oder Dimethoat
Die Blätter kräuseln sich, rollen sich ein, die Triebe und Früchte verkümmern. Honigtau auf Blättern, Blüten und Früchten	Grüne Pfirsichblattlaus	Man spritzt mit Dimethoat oder Malathion° kurz vor und nach der Blüte
Die Früchte bilden sich nicht aus oder fallen ab, solange sie noch klein sind, auch wenn die Blüte gut war	Frost oder mangelhafte Befruchtung	Man schützt den Baum, wenn Frost vorausgesagt ist. In einem kalten Frühjahr bestäubt man künstlich mit einem weichen Pinsel oder schüttelt den Baum

Für den Hausgarten sind Zwetschen (Zwetschgen), Mirabellen und Renekloden (Reineclauden), die zu den Pflaumen gehören, sehr gut geeignet, weil sie die unempfindlichsten Obstarten sind. Sie bescheiden sich mit einem weit geringeren Pflegeaufwand als z. B. die Kernobstarten, bringen aber trotzdem noch recht gute Erträge. Und gegenüber Schädlingen und Krankheiten sind die genannten Steinobstarten weit weniger anfällig als z. B. Äpfel und Birnen. Auch an den Schnitt, die Düngung und die Bodenpflege werden geringere Ansprüche gestellt.

Alle Sorten können in ähnlicher Weise angebaut werden und gedeihen fast auf jedem Boden; sie bevorzugen jedoch gut entwässerten Lehmboden, der auch kalkhaltig sein darf. Bei den Pflaumen und Renekloden handelt es sich um Frühblüher; sie sollten deshalb nicht in Gebieten angebaut werden, die im Frühjahr frostgefährdet sind.

Die gebräuchlichste Baumform bei Pflaumen ist der Halbstamm. Die Erziehung gleicht der von Apfel und Birne. Ist diese Baumform zu ausladend und groß, kann der Hobbygärtner Palmetten und Pyramiden erziehen.

Auch bei den Pflaumen muß man die Befruchtungsverhältnisse beachten: Es gibt selbstfruchtbare, schwach selbstfruchtbare und selbstunfruchtbare Sorten. Selbstunfruchtbare und schwach selbstfruchtbare Sorten müssen mit anderen Sorten gepflanzt werden, damit eine gute Befruchtung gewährleistet ist. Pflaumen, Zwetschen, Mirabellen und Renekloden können sich untereinander befruchten.

Bei den Pflaumen und Zwetschen haben die einjährigen Langtriebe im allgemeinen keine Blütenknospen. Diese entstehen vielmehr an den Kurztrieben, die sich

Die Pflaumenbaumpyramide

am zwei- und mehrjährigen Holz entwickeln. Dadurch, daß die zwei- oder mehrjährigen Triebe zahlreiche Kurztriebe ausbilden, die sich auch wieder verzweigen und Blütenknospen bilden, ist eine Verkahlung der Zweige kaum zu befürchten.

Pflaumen sind von Zwetschen oft nur schwer zu unterscheiden. Die Pflaumen sind meist eiförmig oder rund, während die Zwetschen länglich sind. Kennzeichen für Pflaumen ist vor allem die runde Form des Steins; die Zwetsche hat mehr längliche Steine. Die Stiele der Pflaumen sind dicker als die der Zwetschen.

Man pflanzt die Bäume möglichst im Herbst (siehe Seite 460). Wenn das Wetter trocken ist, muß man vorher den Boden gründlich bewässern. Bei stark sauren Böden (pH 5 und darunter) setzt man 500 g/m² Kalk zu.

Im zeitigen Frühjahr mulcht man mit einer 5 cm hohen Decke aus Stroh, gut verrottetem Gartenkompost oder Stallmist, um die Bodenfeuchtigkeit zu erhalten. Die Mulchdecke wird jedes Jahr erneuert. Unkräuter werden durch flaches Hacken entfernt oder mit einem Vertilgungsmittel bekämpft. Eine tiefe Bodenbearbeitung mit Spaten oder Grabgabel ist nicht angebracht, weil die flachen Wurzeln der Bäume leicht beschädigt werden können.

Wurzelschößlinge muß man sofort nach dem Austreiben ausreißen – man entfernt den Boden rund um den Schößling, um die Wurzel freizulegen, und reißt ihn an der Wurzel ab. Man darf die Schößlinge nicht abschneiden, weil sie dann um so stärker austreiben.

In manchen Jahren können die Wespen zu einer Plage werden. Sie nagen an den heranreifenden Früchten, besonders wenn diese bereits beschädigt sind. Wenn man ein Wespennest ausfindig macht, kann man es mit einem handelsüblichen Wespenpulver ausstäuben.

Düngung von Pflaumenbäumen

Jedes Jahr werden die Bäume gegen Ende Januar mit 30 g/m² (ein Eßlöffel) Patentkali gedüngt. In jedem dritten Jahr werden dieser Düngung 60 g/m² (zwei Eßlöffel) Superphosphat hinzugesetzt. Darüber hinaus verabreicht man jeden März 30–45 g/m² (ein bis einhalb Eßlöffel) Ammonsulfatsalpeter oder Kalkstickstoff.

Der Dünger wird gleichmäßig auf einer Bodenfläche ausgestreut, die etwas über den Kronenbereich des Baums hinausreicht. Man läßt ihn auf natürliche Weise in den Boden eindringen.

Früchte ausdünnen und ernten

Die Äste sind meist brüchig, und wenn sie abknicken, besteht die Gefahr, daß Bleiglanzpilze und andere Krankheiten an der Bruchstelle ins Holz eindringen.

Bei starkem Behang beginnt man im Juni auszudünnen, um die Äste zu entlasten und einen gleichmäßigen Behang zu erhalten. Man krümmt den Zeigefinger um den Stengel und drückt die Frucht mit dem Daumennagel ab, so daß der Stengel am Ast bleibt.

Endgültig ausgedünnt wird dann nach dem natürlichen Abwerfen der Früchte gegen Ende Juni. Bei Kompottpflaumen soll der Abstand zwischen den Früchten 5–7 cm betragen, bei Kochpflaumen 5 cm. Es bleibt also meist nur eine Pflaume pro Büschel stehen.

Beim Ernten nimmt man die Früchte am Stengel ab, um sie nicht zu verletzen. Der Stengel bricht dann so ab, daß er an der Frucht bleibt.

Für den Frischgenuß bestimmte Pflaumen läßt man möglichst lange am Baum ausreifen. Pflaumen zum Kochen und Einmachen sollten bereits vor der Vollreife geerntet werden.

Erziehung eines einjährigen Pyramidenbaums

Pflaumenpyramiden sehen ähnlich aus wie Apfelzwergpyramiden (siehe Seite 475), sind jedoch etwas höher, etwa 2,7 m, und wesentlich breiter, 2,5–3 m. Die Krone ist auch unregelmäßiger.

Ist das Grundgerüst der Krone ausgebildet, braucht die Pflaume keinen so starken Rückschnitt wie der Apfel.

Wenn man eine Pyramide aus einem einjährigen Baum heranziehen will, schneidet man den Stamm nach dem Einpflanzen im April über einer Knospe bis auf 1,5 m vom Boden zurück. Alle jungen Äste, die niedriger als 45 cm vom Boden wachsen, werden direkt am Stamm abgeschnitten.

Drei bis fünf der kräftigsten Seitentriebe an der Spitze des Stamms kürzt man oberhalb einer nach außen weisenden Knospe auf 20 cm ein, alle übrigen auf 15 cm. Weil das tiefere Holz meist schwächer ist, schneidet man es stärker zurück, um ein gleichmäßiges Wachstum anzuregen. Alle diese Seitentriebe zieht man als erste Leitäste heran.

Mitteltrieb 45 cm über der vorjährigen Schnittstelle abnehmen

Erziehung eines zweijährigen Pyramidenbaums

Im zweiten Standjahr schneidet man den Mitteltrieb im April oberhalb einer Knospe bis etwa 45 cm an die Schnittstelle des Vorjahres zurück.

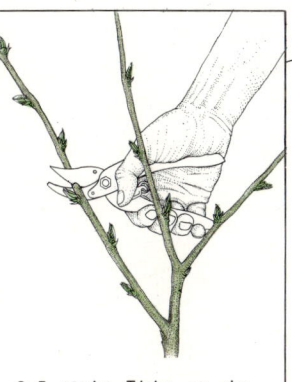

3–5 starke Triebe an der Stammspitze auf 20 cm, die übrigen auf 15 cm abnehmen

Erziehung und Schnitt ab dem dritten Jahr

Jeden April wird der Mitteltrieb oberhalb einer Knospe auf etwa 45 cm über der vorjährigen Schnittstelle zurückgenommen. Die Leitäste nimmt man je nach Wachstum zurück: um ein Drittel

des Zuwachses, wenn sie stark, um die Hälfte, wenn sie mittelkräftig und um zwei Drittel, wenn sie schwach entwickelt sind.

Die kräftigsten Seitentriebe der Leitäste schneidet man oberhalb einer nach außen weisenden Knospe auf 20 cm zurück, die übrigen auf 15 cm.

Die stärksten Seitentriebe über einer nach außen weisenden Knospe auf 20 cm, die übrigen auf 15 cm einkürzen

Im April den Zuwachs an den Leitästen um die Hälfte abnehmen, wenn sie mittelkräftig wachsen

Schnitt eines ausgebildeten Pyramidenbaums

Sobald der Baum rund 2,7 m hoch ist (etwa im sechsten Standjahr), hält man ihn auf dieser Höhe, indem man den Mitteltrieb bis auf einen starken Seitentrieb zurückschneidet, und zwar je nach Zuwachs alle zwei oder drei Jahre.

Pflaumenbäume tragen Früchte am einjährigen Holz und an Bukettrieben am alten Holz. Wenn der Baum regelmäßig fruchtet, schneidet man möglichst wenig zu-

rück; man kappt lediglich die kräftigen, jungen Seitentriebe bis auf sechs oder sieben Blätter vom Hauptast. Zu dicht stehende Äste lichtet man aus; man schneidet sie an der Ansatzstelle ab.

Besonders lange Leitäste schneidet man bis an einen starken Seitentrieb zurück; sie sollten nicht länger als 1,2–1,5 m werden.

Wenn der Baum kräftig wächst, aber nicht regelmäßig Früchte trägt, kann ein Rückschnitt der Wurzeln erforderlich sein (siehe Seite 461).

Den Mitteltrieb bis an einen Seitentrieb in 2,7 m Höhe abnehmen

Kräftige, junge Seitentriebe auf sechs oder sieben Blätter kappen

Schnitt einer Pflaumenbaumpalmette

Als Palmetten gezogene Pflaumenbäume werden wie Apfelbäume geschnitten und erzogen (siehe Seite 472); der Schnitt wird jedoch im zeitigen Frühjahr – und nicht im Winter – vorgenommen. Nach dem dritten Sommer, wenn das Kronengerüst ausgebildet ist, gelten für den Schnitt jedoch andere Regeln, weil Pflaumenbäume am alten und am jungen Holz Früchte tragen.

Jedes Frühjahr, sobald das Wachstum beginnt, bricht man alle Knospen aus, die zur Wand hin oder von der Wand weg weisen. Anfang Juli, wenn die zum Heran-ziehen von Ästen nicht benötigten Seitentriebe sechs oder sieben Blätter ausgebildet haben, werden ihre Spitzen gekappt.

Nach der Ernte kürzt man die entspitzten Triebe um die Hälfte ein. Man läßt auch keine kräftig nach oben wachsenden Triebe stehen, weil diese dem tiefer gelegenen Holz die Nahrung entziehen können. Wenn ein Trieb zum Ausfüllen einer kahlen Stelle oder als Ersatz für einen alten Ast gebraucht wird, bindet man ihn an einen Draht.

Unerwünschte Triebe und abgestorbenes Holz werden direkt an den Ansatzstellen abgeschnitten. Die Schnittstellen bestreicht man mit Wundverschlußmittel.

Anfang Juli kappt man die Spitzen der Seitentriebe, die nicht für die Ausbildung von Ästen vorgesehen sind, sobald sie sechs oder sieben Blätter ausgebildet haben. Gegen Ende des Sommers, nach der Ernte, kürzt man die zuvor gekappten Triebe um die Hälfte ein

Schnitt vernachlässigter Buschbäume oder Halbstämme

Wenn man einen Garten in Pflege nimmt, in dem vernachlässigte Halbstämme oder Buschbäume stehen, wird ein Wiederherstellungsschnitt vorgenommen wie bei einem vernachlässigten Apfelbaum (siehe Seite 467). Man entfernt z. B. alle abgestorbenen Äste und lichtet die Krone aus.

Schäden an Pflaumen

Abgesehen von Wespen und Vögeln wird der größte Schaden durch die Pflaumenblattlaus angerichtet. Sollten Schäden auftreten, die hier nicht beschrieben sind, siehe ab Seite 574. Schädlingsbekämpfungsmittel siehe Tabellen ab Seite 599.

Schaden	Ursache	Abhilfe
Blätter und junge Triebe sind verunstaltet und verkümmert; es sind viele kleine, klebrige Insekten zu erkennen	Pflaumenblattläuse	Man spritzt mit Diazinon oder Dimethoat im zeitigen Frühjahr vor der Blüte und gegebenenfalls nochmals nach der Blüte
Silbriger Glanz auf den Blättern. Nach ein bis zwei Jahren sterben die Äste ab. Schneidet man die befallenen Äste ab, zeigt die Schnittstelle dunkelbraune Flecken. Am abgestorbenen Holz siedeln sich kleine Pilze an	Bleiglanzkrankheit	Befallene Äste bis 15 cm ins gesunde (nicht mehr braun gefleckte) Holz zurückschneiden, die Wunden bestreichen. Zur Kräftigung des Baums je nach Bedarf düngen, mulchen, gießen oder den Boden entwässern. Eine Blattdüngung kann die Genesung beschleunigen
Die Blätter und jungen Triebe an einigen Ästen oder am ganzen Baum werden plötzlich welk und sterben ab	Hallimasch	Abgestorbene und absterbende Bäume ausgraben und verbrennen
Die Stämme, manchmal auch kleine Äste, sterben ab, und der Baum gedeiht nur schlecht	Schlechtes Wachstum der Wurzeln, meist zurückzuführen auf ungünstige Bodenbedingungen	Je nach Bedarf die Bodenwässerung verbessern oder Kalk zusetzen. (Eine Bodenprobe entnehmen und den Kalkgehalt prüfen lassen)
An den Blättern entstehen hellgrüne, verwaschene, gelegentlich mit einem braunen Rand umgebene Flecken. Früher Fruchtfall; die Früchte sehen marmoriert aus, das Fruchtfleisch ist stellenweise bis zum Kern hin rötlich verfärbt	Scharkakrankheit (Virose)	Benachrichtigung der zuständigen Behörde schon im Verdachtsfall
Die Blätter sind blaßgelb oder rötlich gesprenkelt und fallen manchmal frühzeitig ab	Rote Spinne (Obstbaum-Spinnmilbe)	Spritzen mit Dimethoat oder Malathion
Die Blätter sind abgefressen oder miteinander versponnen; meist sind grüne Raupen zu sehen	Frostspanner	Man spritzt mit Endosulfan oder Diazinon, wenn die Knospen aufbrechen und die Blätter sich entwickeln
Kahle Äste mit wenigen oder gar keinen Blüten	Vogelfraß	Den Baum mit Netzen oder Spannfäden schützen
Auf den Blüten werden Eier abgelegt, aus denen weißliche Larven schlüpfen, die die jungen Pflanzen zerstören	Pflaumensägewespe	Spritzen mit Dimethoat

Quitten

Empfehlenswerte Sorten von Pflaumen, Zwetschen, Mirabellen und Reneklloden

Ein großer Teil der Pflaumensorten sind selbstfruchtbar. Andere wiederum sind selbstunfruchtbar oder nicht genügend selbstfruchtbar und brauchen einen zweiten Baum zur Bestäubung, um einen ausreichenden Fruchtbehang zu erreichen. Geeignete Pollenspender sind durch die laufende Nummer der Tabelle bezeichnet.

	Befruchtersorte	Reifezeit	Besondere Hinweise
1	'Ruth Gerstetter' 2, 3, 4	Juli	Frühreifende Pflaume für den Frischgenuß; dunkelblau
2	'Lützelsachser' 1, 3, 4, 5, 8	Juli–August	Frühzwetsche für Frischgenuß, süß-säuerlich, gut steinlösend, dicke Haut; rötlichblau
3	'Ersinger' 2, 5	Anfang August	Frühzwetsche für Frischgenuß und Kuchen; gut steinlösend, dünne Haut; dunkelviolett, hellblau bereift
4	'Zimmers' 1, 5, 14, 15	Anfang bis Mitte August	Frühzwetsche, klein bis mittelgroß; dunkelblau
5	'Czar' Selbstfruchtbar	August	Halbzwetsche, groß, rund bis oval, süß und würzig, steinlösend, Haut zäh und abziehbar; rötlichblau, weißlichblau bereift
6	'Qullins Reneklode' Selbstfruchtbar	August	Reneklode für Frischgenuß und Konserven, steinlösend; gelb
7	'Nancy-Mirabelle' Selbstfruchtbar	Mitte bis Ende August	Mirabelle für Frischgenuß und Konserve, mittelgroß, rund, rot punktiert und marmoriert, steinlösend; goldgelb
8	'Bühler' Selbstfruchtbar	Mitte bis Ende August	Frühzwetsche für Frischgenuß und Kuchen; mittelgroß, süß-säuerlich, nicht steinlösend; dunkelblau
9	'Althans' 2, 6, 10, 12	Mitte bis Ende August	Reneklode für Frischgenuß und Konserven, groß bis sehr groß, gut steinlösend; violettrosa mit bläulichem Schimmer
10	'Große Grüne' 5, 6, 7, 8, 9, 12, 14, 15	Mitte bis Ende August	Reneklode, mittelgroß, rund, saftig und gezuckert, mit festem Fleisch, steinlösend; grünlichgelb
11	'Wangenheims' Selbstfruchtbar	Mitte August bis September	Frühzwetsche für Frischgenuß, Konserven und Kuchen, süß mit milder Säure, mäßig steinlösend, Haut dick, abziehbar; schwarzblau, hellblau bereift
12	'Königin Viktoria' Selbstfruchtbar	Ende August bis Anfang September	Pflaume für Frischgenuß, sehr groß, oval, süß mit etwas Säure, Haut dünn und gut abziehbar; rötlichorange
13	'Stanley' Selbstfruchtbar	September	Pflaume für Frischgenuß und Konserven, groß, süß mit schwacher Säure, Haut fest und abziehbar, bei guter Baumreife steinlösend; schwarzblau, hell bereift
14	'Italienische Zwetsche' Selbstfruchtbar	September bis Oktober	Zwetsche für Frühgenuß und Konserven, süß, angenehm säuerlich, Haut fest, schlecht abziehbar, gut steinlösend; dunkelblau, hellblau bereift
15	'Hauszwetsche' Selbstfruchtbar	Ende September bis Oktober	Zwetsche für Frischgenuß, Konserven, Marmeladen, zum Backen, Dörren; Haut schlecht abziehbar, gut steinlösend; dunkelblau, weißlichblau bereift

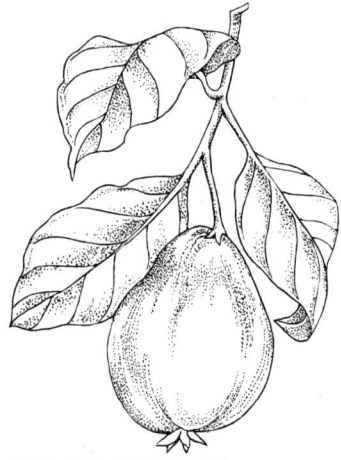

'Portugiesische Birnquitte'

Quitten sollten eigentlich in keinem Garten fehlen. Die Bäume und Sträucher tragen im Mai/Juni herrliche, große, weiße Blüten und im Herbst goldgelbe Früchte, die bis spät in den Herbst hinein an den Zweigen bleiben können.

Kurz vor dem ersten Kälteeinbruch geerntet, ergeben sie die besten Qualitäten für Marmelade und Gelee. Die Früchte sind im rohen Zustand nicht genießbar. Sie reifen aber nach der Ernte noch gut nach. Man darf Quitten nicht mit anderen Obstarten zusammen im gleichen Raum lagern, da sie deren Geschmack beeinflussen.

Man unterscheidet der Form nach Apfel- und Birnenquitten. Letztere eignen sich für den Anbau besser, weil sie weicher sind, weniger Steinzellen um das Kernhaus haben und in zahlreichen Sorten vorhanden sind. Die Apfelquitte ist trockener und härter.

Empfehlenswert sind Buschbäume, da sie wenig Platz beanspruchen und die Früchte sich leicht pflücken lassen. Hochstämme sind sehr schön, benötigen aber mehr Zeit, bis sie zu tragen beginnen.

Buschbäume kauft man als Zweijährige, Hochstämme als Drei- bis Vierjährige. Die Quitte stellt keine besonderen Ansprüche an den Boden. Da sie spät blüht, kann man sie auch noch in spätfrostgefährdeten Lagen anbauen. Allerdings ist das Holz in sehr strengen Wintern gefährdet.

Die Quitte bedarf keines besonders sorgfältigen Schnitts. Erfrieren die Triebspitzen im Winter, schneidet man sie auf ein gesundes, kräftiges Auge zurück. Sonst schneidet man in den ersten drei bis vier Jahren die einjährigen Leittriebe an jedem Zweig um gut die Hälfte der stärkeren der einjährigen Seitentriebe um etwa drei Viertel zurück. Die schwächeren Triebe läßt man ungeschnitten. Nach dem vierten Jahr werden, falls nötig, jeweils im Dezember lediglich ein oder zwei Äste herausgenommen, um die Krone auszulichten.

Sorte	Ertrag	Erntezeit	Besondere Hinweise
'Champion'	Hoch	Oktober	Früchte birnenförmig, groß, zitronengelb
'Riesenquitte von Leskovaz'	Sehr hoch	Oktober bis November	Früchte apfelförmig, sehr groß, gelb mit grünlichen Streifen
'Konstantinopeler'	Hoch	Oktober bis November	Früchte apfelförmig, hellgelb mit deutlichen Wülsten und Rippen
'Meech's Prolific'	Sehr hoch	November	Früchte birnenförmig, sehr groß, goldgelb, schwach gerippt mit filziger Oberfläche
'Portugiesische Birnquitte'	Hoch	November	Früchte birnenförmig, groß, leuchtend; große, flaumige Blätter

Stachelbeeren

Stachelbeere 'Gelbe Triumph'

Stachelbeeren wachsen bereitwillig in jedem gut entwässerten, die Feuchtigkeit aber zurückhaltenden Boden und gedeihen sowohl in praller Sonne als auch im Halbschatten. An stark frostgefährdete Stellen sollte man sie jedoch nicht setzen.

Man kann Stachelbeeren entweder als Sträucher, als Hoch-, Halb- und Fußstämme oder als Schnurbäume ziehen. Alle sind selbstfruchtbar. Die Früchte sind je nach Sorte grün, rot, gelb oder weiß. Man kauft möglichst Pflanzen im Alter von zwei oder drei Jahren mit mindestens fünf bis acht Trieben bei Sträuchern und vier bis sechs kräftigen Trieben bei

Stachelbeeren pflegen und düngen

Jedes Frühjahr wird mit gut verrottetem Kompost gemulcht, damit der Boden nicht austrocknet und Unkräuter erstickt werden. Unkräuter können auch mit einem flüssigen Vertilgungsmittel bekämpft werden; mit der Hacke könnte man leicht die Wurzeln beschädigen. Gegossen wird nur bei Trockenheit im Sommer.

Hoch-, Halb- und Fußstämmen und pflanzt sie bei milder Witterung in der Zeit von Oktober bis November. Es ist jedoch auch eine nicht zu späte Frühjahrspflanzung möglich. Bei ausreichend tiefgründigem Boden wird in zwei Lagen umgegraben (siehe Seite 614) und gut verrotteter Stallmist oder Gartenkompost in das Erdreich eingearbeitet. Sträucher und Stämme setzt man in Abständen von 1,5 bis 1,8 m. Schnurbäume pflanzt man 50–60 cm auseinander und zieht sie meist auf 1,5 m hoch.

Für eine Familie mittlerer Größe reicht der Ertrag von sechs bis neun Sträuchern oder neun bis zwölf Schnurbäumen.

Ende Januar düngt man mit 15 bis 30 g/m² (ein halber bis ein Eßlöffel) Patentkali. In jedem dritten Jahr setzt man dieser Düngung 60 g/m² (zwei Eßlöffel) Superphosphat zu. Eine weitere Düngung wird im März mit 30 g/m² (ein Eßlöffel) Ammonsulfatsalpeter verabreicht.

Gegen Ende des Winters werden die Knospen manchmal von Vögeln abgefressen; deshalb schützt man die Sträucher mit Netzen.

Stachelbeeren ausdünnen und ernten

Beeren zum Einkochen können bereits gepflückt werden, wenn sie etwas größer als Erbsen sind. Man pflückt so viele, daß die restlichen zu voller Größe auswachsen können. Im Idealfall sollten die ausgedünnten Beeren in Abständen von etwa 2,5 cm stehen. Beeren für Kompott und Konfitüre pflückt man erst, wenn sie weich und vollreif sind.

Schnitt einjähriger Stachelbeersträucher

Die Ausbildung der Früchte erfolgt an den jungen Trieben und am Fruchtholz der älteren Triebe. Geschnitten wird im Herbst oder Winter; wenn Vogelfraß zu befürchten ist, kann der Schnitt maximal bis zum Aufbrechen der Knospen hinausgezogen werden.

Durch den Auslichtungsschnitt wird die Strauchmitte ausgelichtet. Ausladende Sträucher schneidet man bis an eine nach oben oder innen gerichtete Knospe und aufrechte und dazwischen liegende Formen bis an eine nach außen gerichtete Knospe.

Beim Pflanzschnitt schneidet man die drei oder vier kräftigsten Triebe bis auf ein Viertel an eine Knospe zurück, die übrigen Triebe werden entfernt.

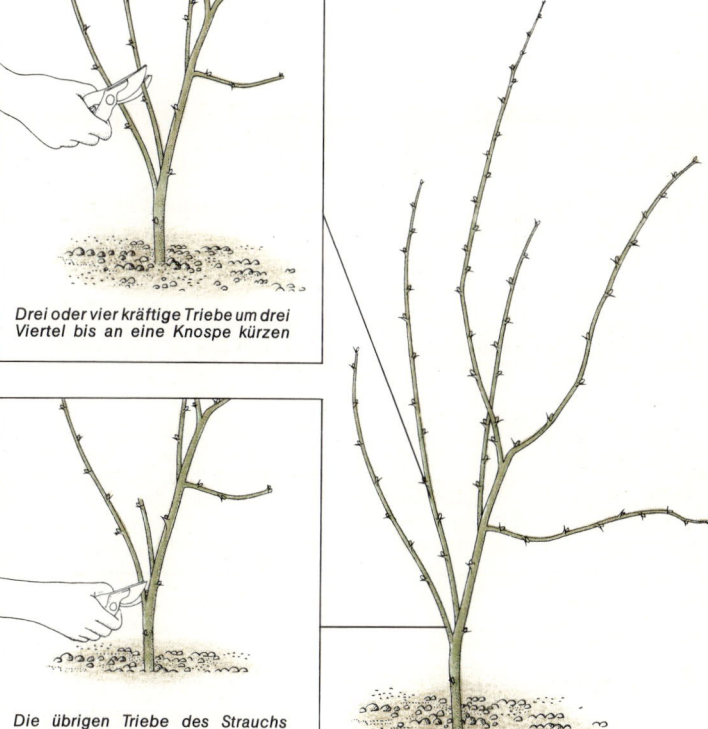

Drei oder vier kräftige Triebe um drei Viertel bis an eine Knospe kürzen

Die übrigen Triebe des Strauchs schneidet man direkt am Stamm ab

Schnitt zweijähriger Stachelbeersträucher

Man schneidet bei den sechs bis acht stärksten Trieben das Jungholz um die Hälfte zurück, wenn sie sehr kräftig sind, und um zwei Drittel, wenn sie schwächer sind. Die übrigen Triebe bis an eine Knospe über der Basis abnehmen.

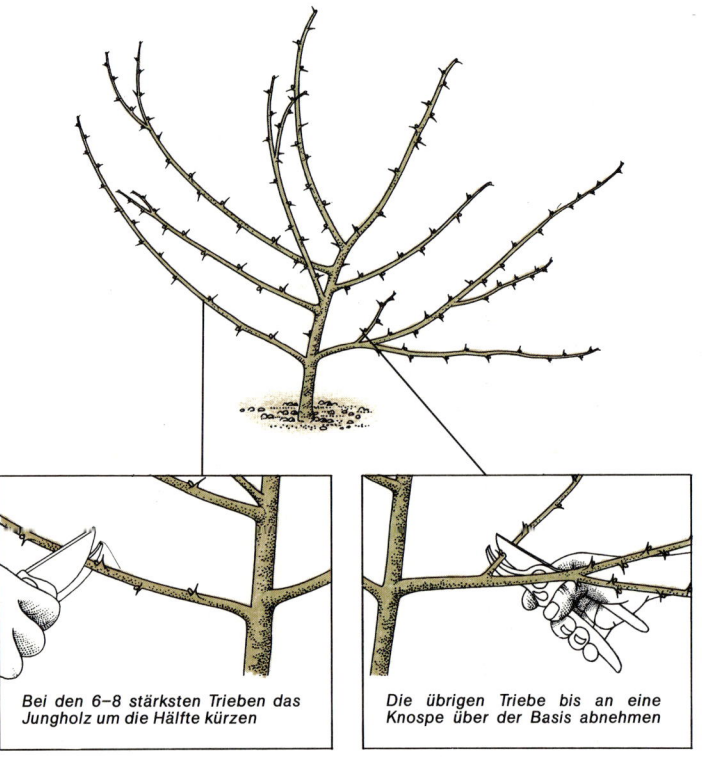

Bei den 6–8 stärksten Trieben das Jungholz um die Hälfte kürzen

Die übrigen Triebe bis an eine Knospe über der Basis abnehmen

Schnitt an älteren Stachelbeersträuchern

Im Winter schneidet man die Leittriebe um die Hälfte ihres jungen Zuwachses zurück. Um die Ausbildung von Fruchtholz anzuregen, kürzt man den Zuwachs an den kräftigsten Seitentrieben auf 8 cm und an den schwächeren auf 3 cm ein. Die schwächsten Triebe werden direkt am Ast abgenommen.

Wenn sich ein Ast stark zu Boden geneigt hat, wählt man einen jungen Trieb als Ersatz aus und schneidet den heruntergeneigten Ast bis zur Austriebstelle des Ersatztriebs ab. Der neue Ast wird dann um die Hälfte eingekürzt, damit er kräftig wächst. Die Mitte des Strauchs muß licht gehalten werden.

SCHNITT IM WINTER

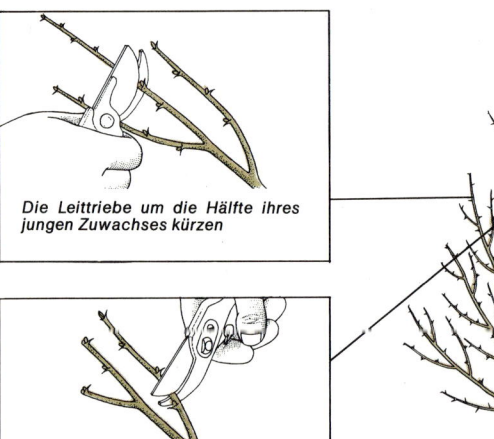

Die Leittriebe um die Hälfte ihres jungen Zuwachses kürzen

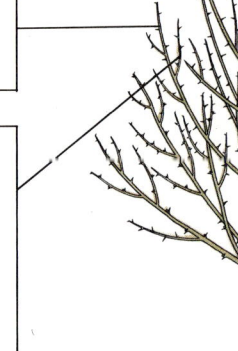

Zuwachs starker Seitentriebe auf 8 cm, schwächerer auf 3 cm kürzen

Schäden an Stachelbeersträuchern

Mit die größten Schäden richten die Stachelbeerblattwespe und der amerikanische Stachelbeermehltau an. Treten Schäden auf, die hier nicht beschrieben sind, siehe auch die vierfarbigen Darstellungen ab Seite 574. Die Handelsnamen und Wirkstoffe der Pflanzenschutzmittel siehe ab Seite 599.

Schaden	Ursache	Abhilfe
Die Blätter sind bis auf die Blattrippen abgefressen	Stachelbeerblattwespe	Bei den ersten Anzeichen des Schadens spritzt man mit Diazinon
Weißer, mehliger Belag auf Blättern, Trieben und Beeren, der sich später braun färbt; die Triebe werden allmählich deformiert	Amerikanischer Stachelbeermehltau	Die befallenen Triebe im Herbst herausschneiden. Regelmäßig mit Benomyl oder Triforin spritzen

SCHNITT IM SOMMER

Ende Juni die Seitentriebe bis auf fünf Blätter vor der Basis über einer Blattachsel zurückschneiden

Stachelbeer-Schnurbäume erziehen und schneiden

Stachelbeer-Schnurbäume werden senkrecht gezogen. Bei einem Schnurbaum wählt man nach dem Einpflanzen der einjährigen Jungpflanze einen kräftigen Trieb aus und schneidet alle anderen Triebe direkt am Stamm ab. Diesen ausgewählten Trieb bindet man an einen Stützpfahl, der ständig neben dem Baum stehenbleibt.

Jedes Jahr im Herbst oder Winter kürzt man die senkrechten Leittriebe auf zwei Drittel des neuen Zuwachses ein und schneidet alle Seitentriebe auf drei Knospen zurück.

Im Sommer – etwa in der dritten Juniwoche – schneidet man die Triebe aus dem Fruchtholz bis auf drei bis fünf Blätter oberhalb der Triebbasis zurück. Der Schnitt wird oberhalb einer Achsel des letzten Blattes ausgeführt.

Durch diesen Schnitt wird die Qualität der Früchte verbessert.

SCHNITT IM WINTER

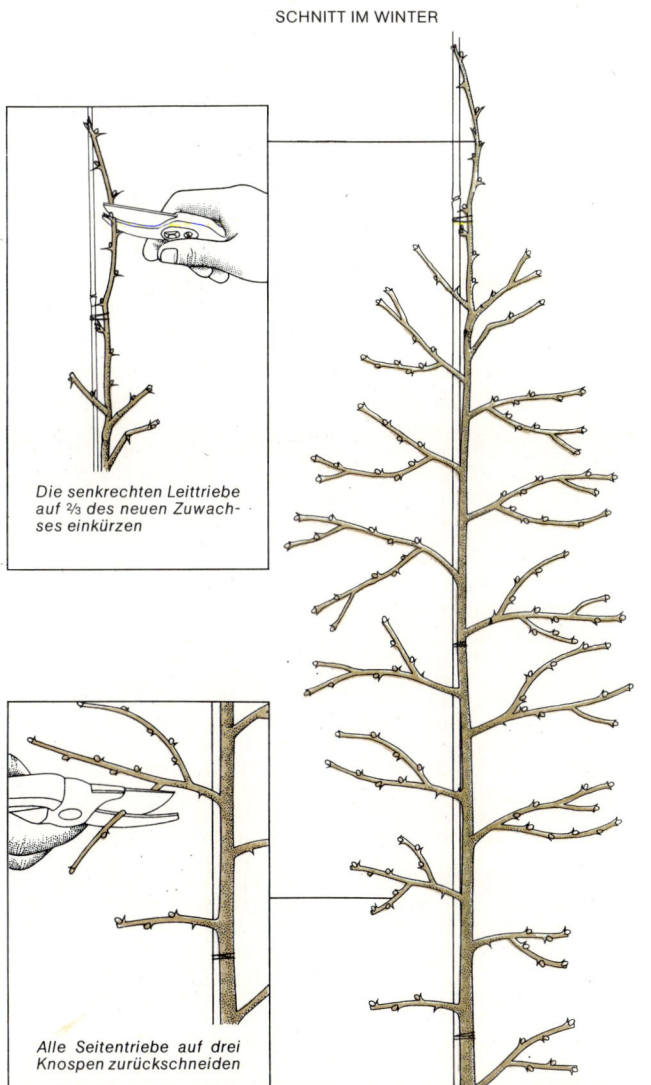

Die senkrechten Leittriebe auf ⅔ des neuen Zuwachses einkürzen

Alle Seitentriebe auf drei Knospen zurückschneiden

SCHNITT IM SOMMER

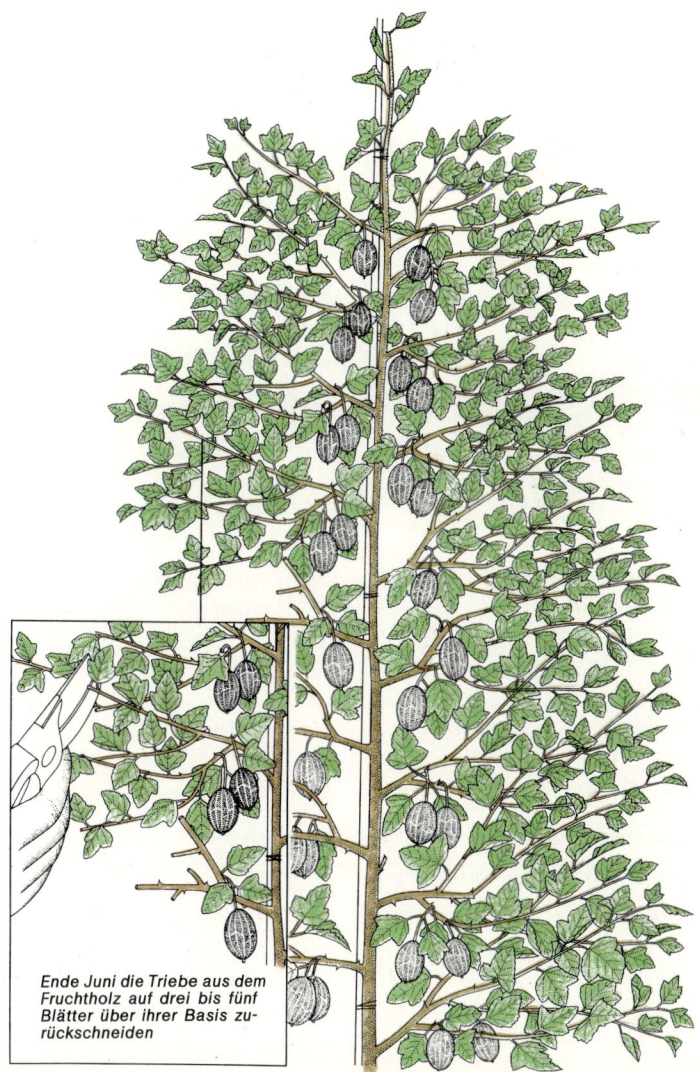

Ende Juni die Triebe aus dem Fruchtholz auf drei bis fünf Blätter über ihrer Basis zurückschneiden

Weintrauben

Vermehrung durch Steckholz oder durch Ableger

Stachelbeeren können, wie auch Johannisbeeren, aus Steckholz vermehrt werden (siehe Seite 69). Da sie sich aber nicht so leicht bewurzeln, ist die Vermehrung durch Ableger am sichersten. Die äußeren Triebe des Mutterstocks, von dem man Jungpflanzen haben möchte, müssen stark zurückgeschnitten werden. Dadurch bilden sich zahlreiche Jungtriebe, die man im August abbiegt, in flachen Rillen in den Boden bringt und so mit Erde bedeckt, daß nur noch die Triebspitzen zu sehen sind. Die Augen, die sich in der Erde befinden, beginnen jetzt zu treiben und bewurzeln sich. Im nächsten Frühjahr werden die jungen Ableger ausgegraben, von der Mutterpflanze abgetrennt und gepflanzt. Nach weiteren ein bis zwei Jahren haben sie sich zu jungen Sträuchern entwickelt, die dann am endgültigen Standort ausgepflanzt werden.

Zur Vermehrung mit Ablegern biegt man im August Jungtriebe nach unten, legt sie in Bodenrillen und deckt sie so zu, daß nur noch die Triebspitzen zu sehen sind

Empfehlenswerte Stachelbeersorten

Die angegebenen Reifezeiten können nur als Durchschnittswerte betrachtet werden, da sich die Reifetermine je nach Witterungsverlauf verschieben können. Verschiebungen ergeben sich auch zwischen unterschiedlichen Klimaräumen.

Name	Reifezeit	Besondere Hinweise
'Hönings Früheste'	Mitte–Ende Juni	Beeren goldgelb, stark behaart, süß, dünnschalig
'Maiherzog'	Anfang–Mitte Juli	Beeren hellrot, schwach behaart, süß-säuerlich, dünnschalig
'Lauffener Gelbe'	Anfang–Mitte Juli	Beeren goldgelb, groß, fein behaart; mehltauanfällig
'Weiße Neckartal'	Anfang–Mitte Juli	Beeren groß, weißlichgrün, fein behaart; geringe Mehltauanfälligkeit
'Gelbe Triumph'	Anfang–Mitte Juli	Beeren mittelgroß, grüngelblich, schwach behaart, süß, geringe Bewehrung; mehltauanfällig
'Rote Triumph'	Anfang–Mitte Juli	Beeren groß, dunkelrot, stark behaart, süß-säuerlich, dickschalig
'Weiße Triumph'	Anfang–Mitte Juli	Beeren groß, weißlichgrün, fein behaart, süß-säuerlich, dünnschalig, stark bewehrt

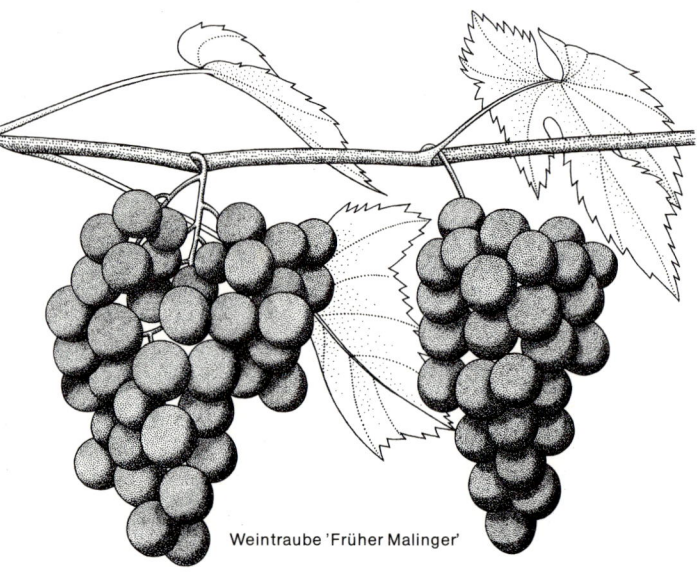

Weintraube 'Früher Malinger'

Die Weinrebe braucht von allen Obstarten am meisten sommerliche Wärme; deshalb sollte man sie nur in warmen und sonnigen Gegenden anbauen. Sie kann im Winter erfrieren, die Blüten sind frostempfindlich, und auch häufige Niederschläge und hohe Luftfeuchtigkeit wirken sich negativ aus. Aber selbst da, wo die Voraussetzungen nicht optimal sind, kann man Rebspaliere pflanzen, wenn man an die Qualität der Früchte nicht zu hohe Anforderungen stellt. Günstige Standorte sind die Südseiten von Mauern und Gebäuden. Entscheidend ist, daß Weinreben windgeschützt stehen, daß geeignete Sorten gewählt werden und daß man die richtigen Schnittmethoden kennt.

Die Weinrebe liebt kräftige, warme Mineralböden mit mäßigem Feuchtigkeitsgehalt. Der Boden soll durchlässig, humos und locker sein. Ungeeignet sind stark tonige, moorige und unter Staunässe leidende Standorte. Im Garten kann man die Weinrebe auch noch auf Sandboden kultivieren, wenn man genügend Humus zuführt. Im Winter vor der Pflanzung wird die Pflanzstelle 40–60 cm tief umgegraben, damit sich die tief wachsenden Wurzeln der Weinrebe ausdehnen können. Die Erde wird mit Stallmist oder Torf verbessert.

Man kauft in der Baum- oder Rebschule einjährige Pfropfreben und pflanzt sie von März bis Mai im Abstand von 1,2–1,5 m. Je ungünstiger das Klima ist, um so mehr muß man darauf achten, früh reifende Sorten auszuwählen.

Die Pflanzgrube wird mit dem Spaten etwa 40–50 cm tief ausgehoben. Dann füttert man die Pfropfrebe in ein Erde-Kompost-Gemisch ein und schlämmt sie gut ein. Man muß darauf achten, daß die Veredlungsstelle 2–4 cm über der Erdoberfläche liegt. Nur in Hanglagen, wo man mit Abschwemmungen des Bodens rechnen muß, soll die Veredlungsstelle mit der Erdoberfläche abschließen.

Vor dem Pflanzen kürzt man die Wurzeln auf etwa eine Handbreit ein. Gepflanzt werden kann, sobald die Frostgefahr vorüber ist. Der Boden soll gut durchwärmt und abgetrocknet sein. Damit Sonne und Wind die junge, neu gepflanzte Rebe nicht austrocknen, wird der Rebkopf etwa 5–8 cm mit lockerer Erde bedeckt. Schwemmt starker Regen diesen kleinen Erdhügel ab, muß er neu aufgehäufelt werden. Nach etwa vier bis fünf Wochen treibt die Rebe aus.

Den Boden muß man unkraut- frei halten und nach Regenfällen lockern. Wenn man gründlich hackt, wächst die Rebe kräftig und entwickelt ein gutes Wurzel- und Blattwerk. Besonders im ersten Jahr ist es außerdem wichtig, den jungen Weinstock in Trockenperioden zu wässern. Diese Pflegemaßnahmen sind die Voraussetzung für einen frühen und reichen Ertrag.

Pflege und Erziehung junger Weinstöcke

Neben vielen Erziehungsmethoden sind in Gärten zwei Methoden gebräuchlich: der Kordon- und Bogrebenschnitt. Den Kordonschnitt wendet man vor allem bei Reben an Mauern und Gebäuden, den Bogrebenschnitt (Bogenschnitt) auf Weinbergen bei Pflanzen an einzelnen Pfählen an. Beim Kordonschnitt wird dem Weinstock ein Stamm belassen, und die Fruchttriebe werden jedes Jahr auf ein Auge zurückgeschnitten. Er ist ungeeignet für Sorten, bei denen die ersten Augen am jungen Trieb nicht fruchtbar sind. In diesem Fall ist es besser, die Fruchttriebe auf vier Augen zu kürzen und die unfruchtbaren, blütenlosen Ruten im Frühjahr herauszuschneiden.

Von den sich im ersten Jahr entwickelnden Trieben wird nur ein Haupttrieb hochgezogen. Der junge Trieb wird alle acht bis zehn Tage neu an einen Pfahl angebunden, damit er sich gut entwickeln kann. So kann man schon im ersten Jahr einen Trieb von 1,2 bis 2 m Länge erhalten. Wenn dieser Trieb 20–30 cm lang ist, werden alle übrigen Triebe zurückgeschnitten. Erreicht der Haupttrieb im ersten Jahr etwa einen Meter Länge, schneidet man ihn bis auf zwei Knospen über der Veredlung ab und erzieht im kommenden Jahr die neuen Austriebe genau wie im ersten Jahr. Hat der Trieb aber die erforderliche Länge erreicht oder überschritten, wird

die Rebe im Frühjahr des zweiten Jahres auf die gewünschte Stammhöhe zurückgeschnitten, und zwar über einer gut ausgereiften Knospe. Wichtig ist, daß man den Schnitt nicht zu tief, sondern 1 bis 1,5 cm über der Knospe ansetzt. Hier unterscheidet sich der Schnitt grundsätzlich von dem anderer Obstgehölze. Auch ist es sinnlos, bei zu schwachem Wuchs, zum Beispiel im ersten Jahr, den Haupttrieb länger zu lassen als zwei Knospen über der Veredlung. Die Folge wäre nur, daß die Rebe auch im zweiten Jahr kümmert.

Beim Rebschnitt wird stets Ersatz- und Tragholz angeschnitten. Aus den Knospen der Tragreben (zweijähriges Holz) treiben Sprosse aus, die Trauben tragen. Nach der Ernte wird die ganze Tragrebe weggeschnitten. Aus dem Zapfen treiben neue Ruten, die das Ersatzholz, also die Tragreben für das nächste Jahr, liefern. Jeder Rebe eines Weinstocks wird eine bestimmte Aufgabe zugeteilt. Sie dient entweder als Tragrebe, oder sie ist zum Ersatz bestimmt, soll also das Holz liefern, das im nächsten Jahr Trauben bringt.

Als Tragreben können nur die Reben gewählt werden, die auf einjährigem, das heißt auf vorjährigem Holz stehen. Reben, die sich in einem Jahr auf altem Holz gebildet haben, sind im gleichen Jahr unfruchtbar. Sie müssen daher zunächst zu Zapfen zurückgeschnitten werden. Die sich dann aus diesen Zapfen entwickelnden Triebe sind fruchtbar und können beim

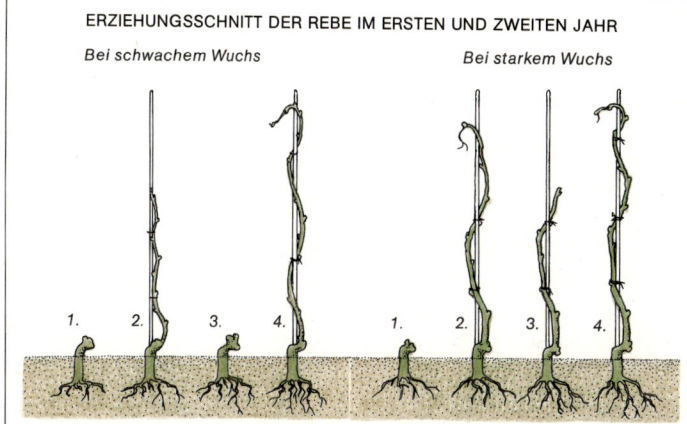

ERZIEHUNGSSCHNITT DER REBE IM ERSTEN UND ZWEITEN JAHR

Bei schwachem Wuchs   *Bei starkem Wuchs*

Erreicht der Trieb im ersten Jahr nicht die gewünschte Länge, dann wird er auf ein bis zwei Knospen eingekürzt

1. Pflanzschnitt 2. Zuwachs im 1. Jahr
3. Schnitt im 2. Jahr 4. Zuwachs im 2. Jahr

Hat der Trieb die gewünschte Länge im ersten Jahr erreicht, wird er auf Stammlänge zurückgeschnitten

1. Pflanzschnitt 2. Zuwachs im 1. Jahr
3. Schnitt im 2. Jahr 4. Zuwachs im 2. Jahr

Winterschnitt zu Tragreben angeschnitten werden.

Das Schneiden ist schwierig, weil nicht alle Weinsorten gleich reagieren. Bei einigen Sorten sind bereits die untersten Knospen Fruchtknospen, bei anderen wird der fruchttragende Trieb dagegen erst aus der dritten oder vierten Knospe gebildet. Da es den Knospen nicht anzusehen ist, ob sie fruchtbar oder unfruchtbar sind, muß man die Sorteneigentümlichkeiten kennen und beim Schnitt berücksichtigen.

Im Juni werden alle tragenden

Die Kordonerziehung

Man unterscheidet senkrechte und waagrechte Kordons. Der waagrechte Kordon eignet sich hervorragend zum Bewachsen von Mauern und Hauswänden. Man schneidet im dritten Jahr den Hauptzweig auf etwa 1,5 m zurück, biegt ihn um und bindet ihn waagrecht fest. Auf ihm, dem Ge-

Ruten zurückgeschnitten, wenn die Beeren die Größe kleiner Erbsen haben. Dadurch können sich die Trauben besser entwickeln. Die Ruten, die als Ersatz für Tragreben oder Zapfen für das nächste Jahr benötigt werden, kappt man im August etwa zwei bis drei Knospen über der Stelle, wo sie beim späteren Winterschnitt abgeschnitten werden sollen. Dann müssen noch alle Geiztriebe, die sich im Lauf des Jahres in den Blattwinkeln gebildet haben, entfernt werden, wenn sie etwa 40 cm lang sind.

rüst, treiben Fruchtsprosse, die beim Winterschnitt immer wieder auf Zapfen geschnitten werden müssen.

Soll der Rebstock aber hochstämmig erzogen werden, muß man alle unteren Knospen entfernen. Am Ende der gewünschten Stammhöhe wird der Leitzweig je nach Stärke auf vier bis sechs Augen zurückgeschnitten. Sie treiben im nächsten Jahr Seitensprosse, von denen einige Blüten und Früchte tragen. Wenn die Rebe verblüht ist, kappt man die Sprosse bis auf drei oder vier Blätter über dem Gescheir, dem jungen Fruchtansatz. Während des restlichen Jahres kürzt man alle weiteren Seitentriebe, die sich noch entwickeln, so weit ein, daß an jedem noch drei bis vier Blätter übrigbleiben; sie reichen für die Ernährung des Weinstockes aus.

Im Winter kürzt man die Ruten auf zwei Knospen ein. Sie erhalten den Zapfenschnitt und werden im Sommer wie im Vorjahr behandelt. Falls an einem Zapfen mehr als zwei Triebe entstehen, werden sie bis auf zwei entfernt. Dies wiederholt man jedes Jahr. An einer

Hauswand kann man einen Kordon recht hoch wachsen lassen; aber man darf nicht vergessen, daß ein Weinstock um so später reift, je größer er ist. Darum ist es besser, mehrere kleine Rebstöcke als einen großen zu ziehen.

Reben richtig erziehen heißt, sie regelmäßig schneiden, denn dadurch erreicht man, daß die Rebe möglichst viele Trauben ansetzt. Bleibt die Rebe sich selbst überlassen, bildet sie viel Holz, aber nur wenige, mit ganz kleinen Beeren besetzte Trauben aus. Lieber zuviel als zuwenig zurückschneiden, denn bei einem zu geringen Rückschnitt treiben die unteren Knospen nicht aus, so daß Lücken entstehen und austreibende Triebe schwach bleiben.

![Im dritten Jahr schneidet man den Hauptzweig auf etwa 1,5 m zurück, biegt ihn um und bindet ihn waagrecht fest. Sechs Augen sollen stehenbleiben](#)

Im dritten Jahr schneidet man den Hauptzweig auf etwa 1,5 m zurück, biegt ihn um und bindet ihn waagrecht fest. Sechs Augen sollen stehenbleiben

Die sechs Augen treiben dann im nächsten Jahr Seitensprosse, von denen einige Blüten und Früchte tragen

Der Bogrebenschnitt

Im zweiten oder dritten Jahr schneidet man den jungen Trieb wie beim Kordonschnitt auf 1,5 m Länge zurück, biegt ihn 30–40 cm vom Boden entfernt um und befestigt ihn waagrecht an Drähten. Diese Methode wird gewöhnlich bei reihenweise gepflanzten Weinstöcken angewendet, und zwar entweder als einarmiger oder

Der einarmige Bogrebenschnitt

Man spannt drei Drähte in Höhen von 70–75 cm, 1 m und 1,4–1,7 m übereinander. Im ersten Jahr schneidet man den sich entwickelnden Jungtrieb nicht. Wenn er bis zum obersten Draht hinaufgewachsen ist, wird er wie schon beschrieben behandelt. Die Seitentriebe auf dem „Stamm" tragen im nächsten Jahr Früchte. Im zeitigen Frühjahr oder an frostfreien Tagen im Februar schneidet man diese ganze Tragrebe mit all ihren Seitentrieben an ihrer Basis ab, biegt den besseren der beiden Ersatztriebe an ihre Stelle und schneidet ihn auf etwa 1,2 m zurück. Den anderen Trieb schneidet man wieder auf einen Zapfen mit zwei Augen zurück. Das wiederholt man jedes Jahr, denn Reben tragen an einjährigen Trieben, die auf zweijährigem Holz stehen.

Während des Sommers flicht

Der zweiarmige Bogrebenschnitt

Bei dieser Methode ist das Prinzip dasselbe, nur daß man jedes Jahr drei Ruten wachsen läßt. Zwei von ihnen werden je nach einer Seite gebogen, und die dritte wird auf einen Zapfen mit drei Augen geschnitten. Die Bogreben sind jeweils nur fünf bis sechs Knospen lang, d. h., sie sind halb so lang wie die Rute bei der einarmig erzogenen Tragrebe. Diese Methode hat den Vorteil, daß der Austrieb bei manchen Sorten viel kräftiger ist. Die Anzahl der Knospen und Trauben ist bei beiden Methoden dieselbe.

Wenn die nach der Bogenmethode erzogenen Rebstöcke älter und auch höher geworden sind, kann es vorkommen, daß im Frühjahr der Hauptstamm selbst an verschiedenen Stellen Triebe hervorbringt.

als zweiarmiger Bogrebenschnitt. In späteren Jahren wird eine weiter unten entspringende Rute auf einen Zapfen zurückgeschnitten; alle übrigen entfernt man.

Im nächsten Jahr werden die Seitentriebe auf dem Stamm Frucht tragen. Die Ruten aus dem Zapfen aber läßt man hochwachsen und schneidet aus ihnen später den neuen Zapfen und die Tragrebe für das folgende Jahr.

man die sich entwickelnden Ruten in den Drahtrahmen und kappt sie gegen Mitte August mit Messer oder Schere über dem letzten Draht. Bei zu dichtem Laub bricht man vor der Blüte unfruchtbare Triebe aus.

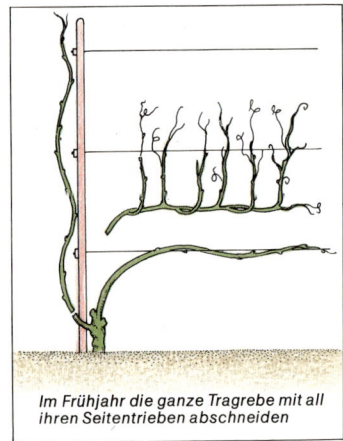

Im Frühjahr die ganze Tragrebe mit all ihren Seitentrieben abschneiden

Vermehrung der Rebe

Zur Aufzucht junger Rebstöcke verwendet man Stecklinge, die vom Holz aus dem Rückschnitt im Herbst gewonnen werden, oder man vermehrt die Rebe durch Ableger.

Wenn sich an den Triebspitzen weiches, unreifes Holz befindet, schneidet man es unmittelbar oberhalb eines Auges ab. Das untere Ende des Triebs wird direkt unterhalb eines Auges so weit zurückgeschnitten, daß ein 20–30 cm langer Steckling übrigbleibt.

Dieser Steckling muß nun bewurzelt werden; man kann ihn dazu am endgültigen Standort stecken. Der Boden wird mit Stallmist oder Gartenkompost und Düngemittel in der gleichen Weise vorbereitet wie für die Einpflanzung eines Rebstocks aus der Baumschule. Dann sticht man am Fuß der Mauer einen 15 cm tiefen, V-förmigen Graben mit einer senkrechten und einer schrägen Seitenwand in den Boden. Auf den Grund des Grabens kommt eine 3 cm hohe Schicht aus scharfkörnigem Sand.

Die Stecklinge setzt man in Abständen von etwa 20 cm so an die senkrechte Wand des Grabens, daß sie auf der Sandschicht stehen und nur die oberste Knospe aus dem Boden herausschaut. Man füllt den Graben mit Erdreich an und tritt den Boden fest. Dann wird die über das Erdreich ragende Knospe mit einem Sand-Torf-Gemisch leicht überdeckt, damit sie in Sonne und Wind nicht vertrocknet.

Sicherer ist jedoch die Vermehrung durch Absenker. Absenker sind in den Boden eingebettete Ruten, die erst vom Rebstock getrennt werden, wenn sie gut bewurzelt sind. Man wählt im Frühjahr die besten Triebe aus, biegt sie zur Erde ab und gräbt an der Stelle, wo sie die Erde berühren, einen mit humoser Erde gefüllten Korb ein. Die Rute wird erneut abgebogen, in den Korb eingesenkt und an der Spitze bis fast zur Erde zurückgeschnitten. Die später aus der Rute treibenden Triebe werden sofort aufgebunden und, wenn sie einen Meter lang sind, pinziert, damit sie kräftiger werden. Pinzieren nennt der Fachmann das Auskneifen der End- oder Kopftriebe. Im Herbst des gleichen Jahres sind die Absenker fertig. Sie werden nun vom Rebstock getrennt und am endgültigen Standort eingepflanzt.

Besonders zu empfehlen ist aber die Pflanzung von Pfropfreben. Das sind Veredlungen, bei denen die jeweilige Sorte mit einer reblausresistenten amerikanischen Unterlage verbunden ist. Durch die Veredlung wird die Frucht verbessert, die Reife beschleunigt und die Fruchtbarkeit erhöht. Pfropfreben werden weiterkultiviert wie junge Weinstöcke (siehe Seite 507).

Reife und Weinlese

Ab Juli schwellen die Weintrauben rasch an und haben dann im September ihre endgültige Form und Größe erreicht. Von da an wachsen sie nicht mehr; jetzt beginnen sie zu reifen. Man erkennt diesen Vorgang daran, daß die Beeren durchsichtig werden.

In einem trockenen, sonnigen Jahr steigt dann der Zuckergehalt in den Beeren schnell an, und der Säuregehalt nimmt gleichzeitig ab. Die Trauben sind gewöhnlich eßreif, bevor sie genügend Zucker zur Bereitung eines guten Weines haben. Man wartet meist, bis einzelne Beeren faul werden, um sicher zu sein, daß die Beeren ihre höchste Reife erreicht haben. Wenn der Herbst aber regnerisch ist, muß man die Trauben schneiden, bevor sie zu stark angefault sind.

Schäden, die an Weinstöcken auftreten können

Der Mehltau und der Krebs können großen Schaden an den Blättern, Beeren und Rebstöcken anrichten. Sollten Schäden auftreten, die hier nicht aufgeführt sind, kann man die Aufstellung ab Seite 574 zu Rate ziehen. Die Handelsnamen der chemischen Mittel sind ab Seite 599 zu finden.

Schaden	Ursache	Abhilfe
Die Blätter und jungen Beeren haben einen pulverförmigen, weißen Belag, später verfärben sie sich, und die Beeren platzen auf	Falscher Mehltau	Stark befallene Triebe werden im Herbst ausgeschnitten. Man spritzt regelmäßig mit Kupferoxychlorid oder Captan
Gallenbildung auf den Blättern der Reben	Reblaus	Verwendung von reblausfesten Unterlagen
Knollige, anfangs weiche, später verkorkte Wucherungen am Rebstock	Krebs	Abgestorbene oder absterbende Weinstöcke werden ausgegraben und verbrannt

Empfehlenswerte Weintraubensorten

Weinreben sind selbstfruchtbar, sie können sich selbst bestäuben. Einige sind jedoch schlechte Pollenspender; man setzt sie deshalb am besten mit einer anderen Sorte zusammen. Die genaue Reifezeit der Arten hängt davon ab, wann die Wachstumsperiode der Trauben eingeleitet wurde und welche Bedingungen zur Zeit des Wachstums geherrscht haben.

Sorte	Reifezeit	Farbe	Allgemeine Hinweise
'Früher Malinger'	Sehr früh	Weißgelb	Beeren mittelgroß, länglich, sehr süß. Traube locker; mittelstarkes Wachstum; für rauhe Lagen geeignet
'Weißer Gutedel'	Mittelfrüh	Hellgrau	Traube groß, locker; Beeren angenehm würzig; sehr ertragreich; mittelstark wachsend; kann auch noch im kühlen Klima gepflanzt werden
'Roter Gutedel'	Mittelfrüh	Hell- bis dunkelrot	Beeren mittelgroß, feinsäuerlich bis süß; ertragreich
'Blauer Portugieser'	Mittelfrüh	Schwarzblau	Traube und Beeren mittelgroß; kräftiger Wuchs; für große Wände geeignet

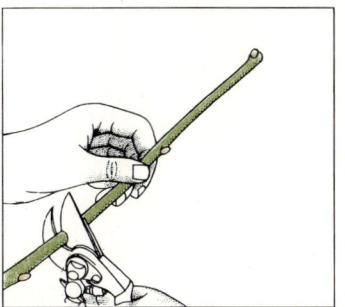

1. Aus den Trieben des Rückschnitts 20–30 cm lange Stecklinge schneiden

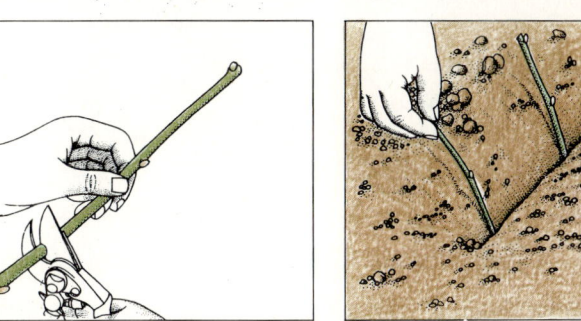

2. Die Stecklinge so in den Graben setzen, daß eine Knospe aus dem Boden schaut

Gemüse

Auch in einem kleinen Hausgarten ist Platz für hochwertiges Gemüse, das frischer ist und besser schmeckt als die im Laden gekaufte Ware

In vielen Hausgärten wird Gemüse nur dann angebaut, wenn genügend Platz dafür vorhanden ist. Selbstgezogenes Gemüse ist jedoch nicht nur besser als gekauftes, man spart damit auch Geld, vor allem, wenn man ein Gewächshaus oder Frühbeet hat und das Gemüse somit früh oder spät – also außerhalb der Saison – ernten kann, wenn es im Laden ziemlich teuer ist.

Ein Gemüsegarten wird am besten an einem freien Platz angelegt, der viel Sonne bekommt und nicht von Bäumen oder dem Haus beschattet wird. Deshalb sollte man ihn nicht an eine ungünstige Stelle des Grundstücks verbannen, auch wenn man vom Haus aus lieber nur eine Rasenfläche und Blumenrabatten sehen möchte.

Ohne Wasser kann man kein Gemüse ziehen. Deshalb lohnt es sich, eine Leitung zum Gemüsegarten zu legen, auch wenn er etwas weiter vom nächsten Wasseranschluß entfernt ist.

Ein breiter Zugangsweg sollte aus festem Material, z. B. Beton oder Platten, gemacht werden. Die übrigen Wege legt man schmal und je nach Bedarf an, indem man den Boden festtritt.

Den Frühbeetkasten setzt man möglichst an die östliche Begrenzung des Gartens mit einer Neigung nach Westen oder Süden, damit er möglichst viel Sonne bekommt.

Der Komposthaufen sollte eine Fläche von mindestens $1,5 \times 1,5$ m umfassen (siehe Seite 611) und möglichst an einem schattigen Platz liegen.

Wenn der Wind häufig aus der gleichen Richtung weht, sollte man am Rand des Gartens einen Windschutz, z. B. eine etwa 1 m hohe Hecke, anlegen.

Wasser, Frühbeet und Komposthaufen Wasser ist für den Anbau von Gemüse unbedingt erforderlich. Wenn kein Wasseranschluß in der Nähe ist, lohnt es sich stets, eine eigene Leitung zu installieren.
Der Frühbeetkasten sollte an einer sonnigen Stelle stehen und nach Süden oder Westen geneigt sein. Den Komposthaufen setzt man möglichst an einen schattigen Platz

Wege und Windschutz Der Zugangsweg wird aus festem Material gemacht; für die anderen Wege tritt man den Boden fest. Wenn der Wind meist aus der gleichen Richtung weht, schützt eine Hecke den Garten

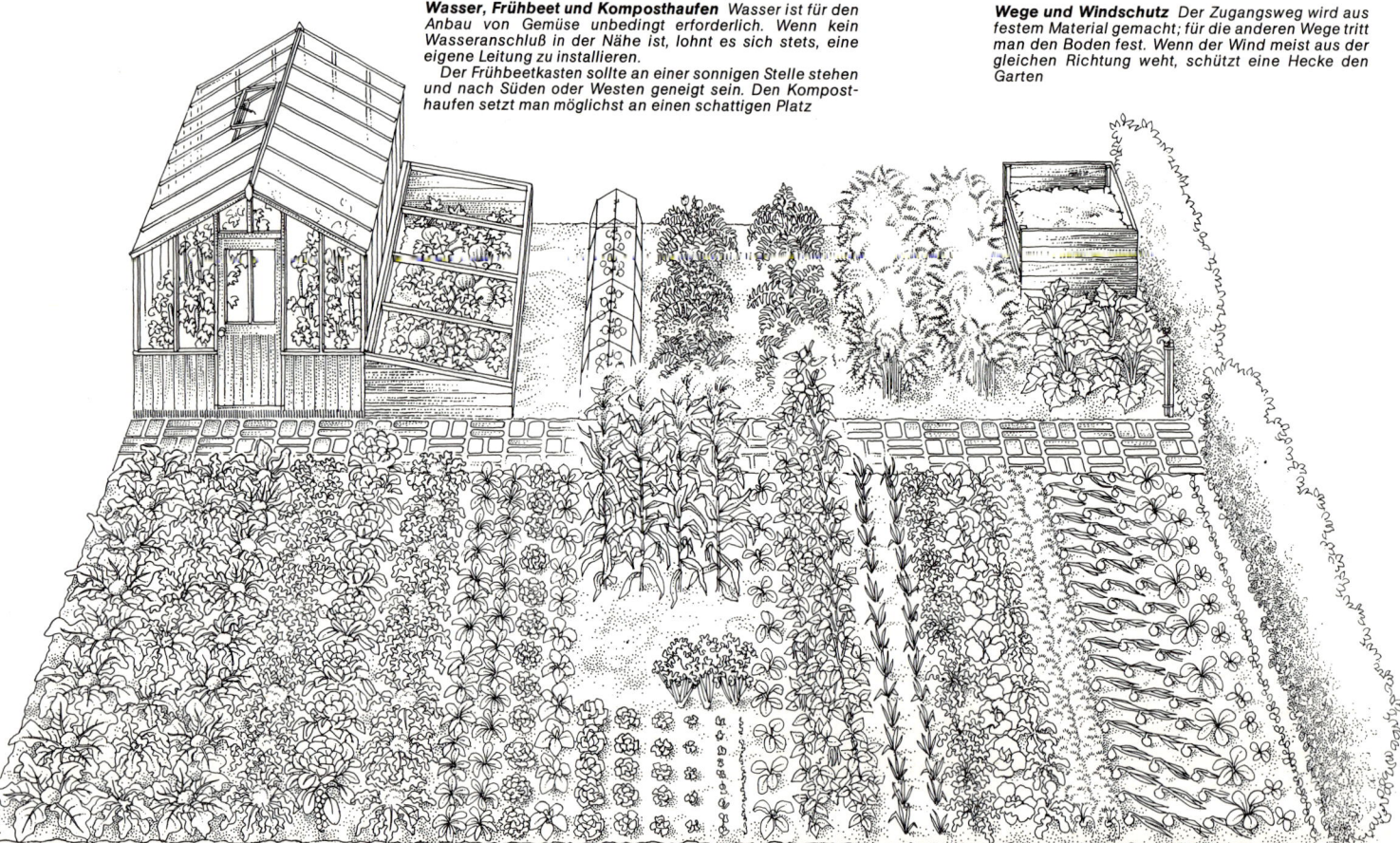

Neulandvorbereitung für den Gemüsegarten

Bei der Erschließung von Neuland wird der Boden im Herbst oder bei trockenem, frostfreiem Wetter im Winter vorbereitet.

Wenn die Fläche verwildert ist oder noch nie bebaut wurde, wird aller Abfall abgeräumt. Ziegelsteine und Schutt kann man als Unterlage für Wege verwenden.

Bei früheren Baustellen liegt häufig der ausgehobene Unterboden zuoberst auf einem Haufen. Man verteilt ihn möglichst gleichmäßig über die ganze Gartenfläche. Schlechter Boden wird abgefahren.

Hohes Gras, festes Unkraut, Gestrüpp und aus dem Boden ragende, starke Wurzeln werden entfernt. Die Grasnarbe wird mit dem Spaten abgehoben, indem man etwa 5 cm tief und spatenbreit Sodenstreifen vorsticht, die man in Abständen von etwa 30 cm durch Querstiche unterteilt. Den Spaten setzt man in einen Querstich ein und schiebt ihn nach vorne, so daß eine 5 cm dicke Grassode abgehoben wird. Die Soden werden in einer ungenutzten Ecke des Gartens mit der Grasseite nach unten gestapelt. Zwischen die einzelnen Lagen des Stapels streut man Kalkammonsalpeter. Der Haufen verrottet mit der Zeit zu sogenannter Rasenerde, die man zum Eintopfen oder Pflanzen verwenden kann.

Soweit möglich, wird der Boden in zwei Lagen umgegraben (siehe Seite 614). Dabei mischt man einen Eimer (10 l) Stallmist oder gut verrotteten Gartenkompost unter die Krume.

Wenn der Platz von mehrjährigen Unkräutern, insbesondere Quecke, Schafgarbe, Ampfer, Löwenzahn und Nesseln, überwuchert ist, werden die Wurzeln ausgegraben und verbrannt oder abgefahren.

1. Hohes Gras, kräftiges Unkraut und Gestrüpp abschneiden und entfernen

2. Die Grasnarbe mit dem Spaten stückweise einstechen und abheben

3. Die Rasensoden stapeln und Kalkammonsalpeter untermischen

4. Den Boden zwei Spaten tief umgraben und dabei Stallmist einarbeiten

Verbesserung des vorhandenen Bodens

Der ideale Boden für Gemüse ist ein Lehmboden – eine Mischung aus Sand, Ton und Humus. Er trocknet nicht allzu schnell aus, staut die Nässe nicht und hat eine lockere Krümelstruktur. Guter Lehmboden läßt sich leicht bearbeiten, und man muß ihm durch Stallmist oder Handelsdünger nur jene Nährstoffe wieder zuführen, die die Pflanzen verbraucht haben.

Wenn man keinen so guten Boden hat, setzt man ihm humusbildendes und die Feuchtigkeit haltendes Material, z. B. Stallmist oder Torfmull, zu.

Einen guten Lehmboden erkennt man daran, daß Unkräuter wie Gänsedistel, Kreuzkraut, Hornkraut und Fetthenne darauf wachsen. Außerdem kann man ihn zerkrümeln oder angefeuchtet zu einer dünnen Wurst auswalken, die sich aber nicht zu einem Ring formen läßt, ohne zu brechen – was bei einem feuchten, klebrigen Tonboden jedoch möglich ist.

Böden sind unterschiedlich gefärbt; dunkelbraune Böden sind am besten, denn sie erwärmen sich schnell und speichern Wärme. Gleichmäßig gefärbte Böden sind gut entwässert, fleckige nicht.

Es gibt saure, alkalische und neutrale Böden. Die meisten Gemüsearten gedeihen am besten in neutralem oder schwach saurem Boden. Bei zu hohem Säuregehalt des Bodens wird Kalk zugesetzt, wobei die Kalkdosis vom Säuregrad abhängt, den man mit Hilfe eines billigen Prüfgeräts (Pehameter) bestimmen kann. Im Idealfall sollte die Bodenreaktion zwischen den Werten pH 6,5 und pH 7 liegen. Bei zu hohem Alkaligehalt des Bodens wird saures Material, am besten Düngetorf auf Weißtorfbasis, zugesetzt.

Lößböden sind hervorragende, tiefgründige Lehmböden, die vor Jahrtausenden durch Windablagerungen entstanden sind. Wenn man einen Garten auf Löß anlegt, braucht man in den folgenden Jahren nur Humus zuzuführen und die Pflanzen normal zu düngen.

Tonboden ist ein sehr schwerer, nasser Boden, der vorwiegend aus feinsten, verwitterten mineralischen Bestandteilen besteht. Gemüsepflanzen gedeihen auf einem solchen Boden nur dann gut, wenn man ihn tiefgründig umgräbt, eventuell eine Dränage zur Entwässerung einzieht und strukturverbesserndes Material, z. B. Styromull, Torf oder aber Flußsand (2 m³ auf 100 m²), einarbeitet. Jeden Herbst müssen die leeren Beete tiefgründig umgegraben werden, damit der Boden im Winter durchgefrieren und sich eine Frostgare bilden, d. h. der Boden zerfallen kann.

Sandboden ist ein leichter, meist trockener Boden. Er erwärmt sich im Frühjahr schnell und kann deshalb frühzeitig bestellt werden. Gemüse muß jedoch schon nach wenigen trockenen Tagen ausreichend gegossen werden. Im Gegensatz zum schweren Boden gibt man Sandboden wasserspeicherndes Material zu, z. B. Torf, Kompost und Hygromull.

Nach längeren Regenfällen sind meistens die Nährstoffvorräte ausgewaschen. Deshalb müssen die Kulturen immer wieder nachgedüngt werden. Die Düngergaben dürfen aber immer nur schwach dosiert werden, um Salzkonzentrationsschäden zu vermeiden. Reine Sandböden muß man nicht jedes Jahr umgraben, doch es schadet in keinem Falle.

Niedermoorböden sind für den Gemüseanbau durchaus geeignet. Unter Umständen muß nur auf eine gute Dränage geachtet werden, um Staunässe zu vermeiden. Diese Böden brauchen keine Humuszugaben, da sie von Natur aus sehr humusreich sind. Man kann sie aber durch Sandbeigabe besser durchlüften. Auf schnell abtrocknenden Niedermoorböden kann gut Frühgemüse angebaut werden.

Fruchtwechsel zur bestmöglichen Gartennutzung

Man teilt den Gemüsegarten in drei Abteilungen ein und pflanzt in jede eine andere Gemüsegruppe, die dann nach einem Jahr in die nächste Abteilung verlegt wird, so daß eine dreijährige Fruchtfolge entsteht. Dadurch werden die Nährstoffe am besten genutzt und der Befall durch Schädlinge und Krankheiten verringert.

Im ersten Jahr pflanzt man in die erste Abteilung Erbsen, Boh-

nen, Sellerie, Chicorée, Gurken, Endivien, Lauch, Kopfsalat, Zucchini, Spinat, Mangold, Zuckermais und Tomaten. Diese Gemüsearten brauchen – bis auf Erbsen und Bohnen – einen nährstoffreichen, frisch gedüngten Boden. Die meisten werden im Frühjahr oder zeitigen Sommer ausgesät und können oft noch rechtzeitig für eine nachfolgende Zwischenkultur abgeräumt werden.

In der zweiten Abteilung baut man Wurzelgemüse – Rote Rüben, Möhren, Rettiche, Radieschen,

Steck- und Speiserüben – sowie Kartoffeln an. Diese Arten gedeihen am besten in einem Boden, der für eine Vorfrucht gedüngt und bei den jetzt angebauten Kulturen nur mit Handelsdünger versorgt wurde. Die Kulturen werden meist im Frühjahr und zeitigen Sommer ausgesät und so zeitig geerntet, daß man das Beet noch auf die im nächsten Jahr folgenden Kulturen vorbereiten kann.

In die dritte Abteilung kommt Kohlgemüse, also Brokkoli, Kohlrabi, Rosenkohl, Weißkraut, Wir-

sing, Blumenkohl und Grünkohl. Diese Arten bevorzugen ebenfalls einen mit Humus gedüngten und dann mit Kalk und Handelsdünger angereicherten Boden. Sie werden meist im Frühjahr in ein Anzuchtbeet ausgesät, gepflanzt und vom Frühsommer bis in den Herbst hinein geerntet.

Zwiebeln und Schalotten wachsen in jedem halbwegs guten Boden. Den meisten Platz hat man für sie oft beim Wurzelgemüse, recht groß werden sie jedoch auch in der ersten Abteilung.

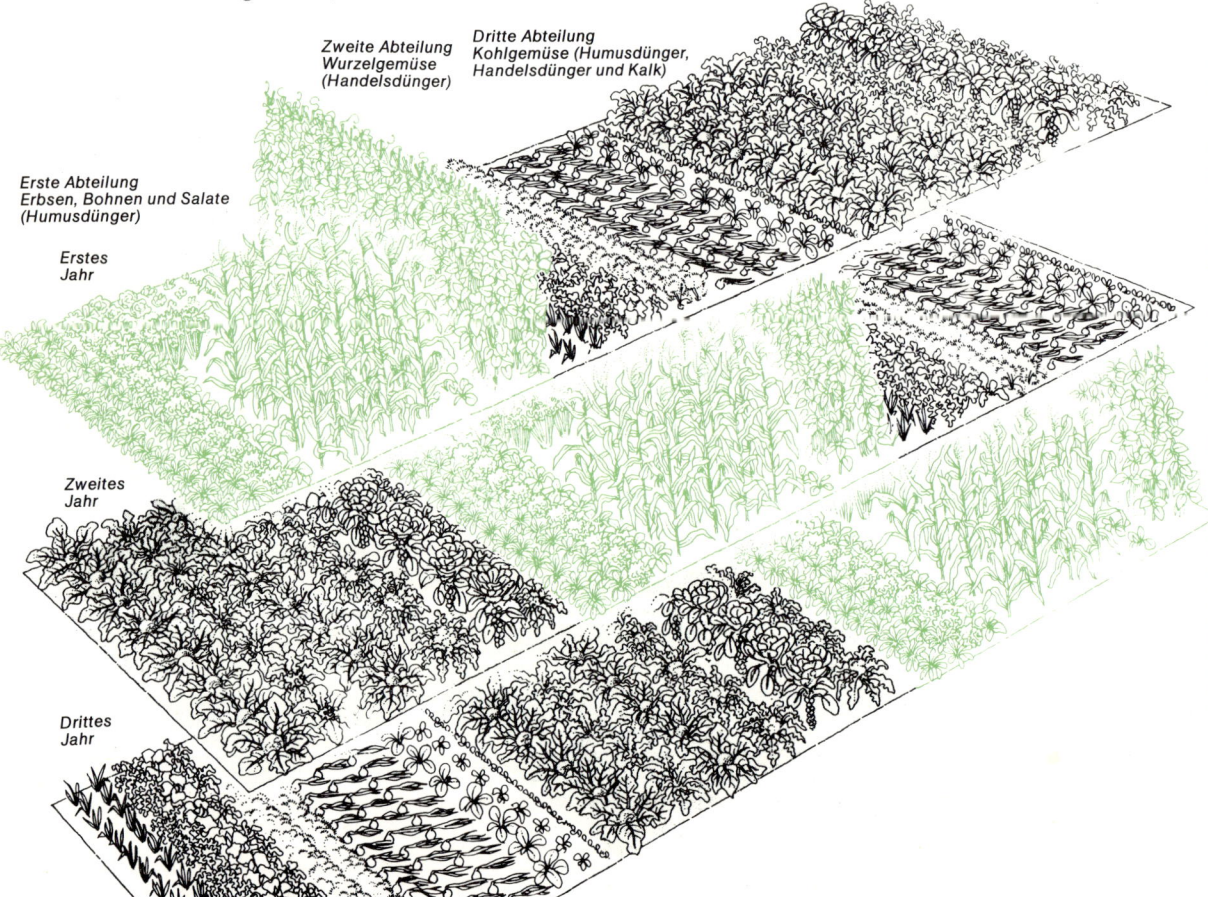

Dritte Abteilung
Kohlgemüse (Humusdünger, Handelsdünger und Kalk)

Zweite Abteilung
Wurzelgemüse (Handelsdünger)

Erste Abteilung
Erbsen, Bohnen und Salate (Humusdünger)

Erstes Jahr

Zweites Jahr

Drittes Jahr

Erstes Jahr Die erste Abteilung wird zwei Spaten tief umgegraben. Man arbeitet reichlich Stalldung, gut verrotteten Gartenkompost oder Düngetorf ein und pflanzt Erbsen, Bohnen und Salate. Die zweite Abteilung wird nur mit Handelsdünger angereichert; man pflanzt Wurzelgemüse. Die dritte Abteilung wird mit Humusdünger, Kalk und Handelsdünger – je nach Bedarf – angereichert; man pflanzt Kohlgemüse

Zweites Jahr Die zweite Abteilung wird zwei Spaten tief umgegraben und gedüngt; nach dem Wurzelgemüse pflanzt man Erbsen, Bohnen und Salate. Die dritte Abteilung wird dann für das Wurzelgemüse mit Handelsdünger angereichert, und die erste Abteilung bekommt Humus- und Handelsdünger sowie – bei Bedarf – Kalk als Vorbereitung für das Kohlgemüse

Drittes Jahr Die dritte Abteilung wird zwei Spaten tief umgegraben und gedüngt; dann werden Erbsen, Bohnen und Salate als Folgefrüchte des Wurzelgemüses gepflanzt. In diesem Jahr wird die erste Abteilung für das Wurzelgemüse nur mit Handelsdünger, die zweite Abteilung für das Kohlgemüse mit Humus- und Handelsdünger sowie bei Bedarf mit Kalk angereichert

Vorrats- und Kopfdüngung der Abteilungen

Die einzelnen Abteilungen des Gemüsegartens werden jedes Jahr umgegraben, sobald sie nach der Ernte im Herbst abgeräumt sind. Größere Bodenschollen braucht man dabei nicht zu zerkleinern, denn diese Arbeit besorgen später die Fröste im Winter.

Ist der Boden jedoch sehr locker und sandig, bringt es keinen Vorteil, wenn man ihn schon frühzeitig umgräbt. Die im Herbst nach oben gewendete, lockere Bodenscholle wird nämlich durch die nachfolgenden Regen verdichtet, und die Arbeit war umsonst. Man wartet lieber bis zum Februar oder März und sticht den Boden dann erst spatentief um.

Bei schweren Böden empfiehlt es sich, alle drei Jahre ein oder zwei Spaten tief umzugraben (Holländern, siehe Seite 614); die Abteilung für Erbsen, Bohnen usw. wird dann aber jedes Jahr geholländert.

Erbsen, Bohnen und die Blattsalate brauchen einen gut vorbereiteten Boden, d. h., man muß Stallmist, gut verrotteten Gartenkompost oder Düngetorf einarbeiten. Bei schwereren Böden kann diese Humusdüngung beim Holländern eingebracht werden.

Die Abteilung für Kohlgemüse erhält bei Bedarf Kalk, und zwar im Herbst vor dem Umgraben.

Die Abteilung mit dem Wurzelgemüse bekommt die gleiche Kopfdüngung wie die Abteilung mit dem Kohlgemüse; man läßt jedoch den Kalk weg.

Der für den Anbau von Gemüse von der Aussaat bis zur Ernte benötigte Zeitaufwand beträgt bei einer 10×30 m großen Fläche etwa 165 Stunden im Jahr.

Von März bis Ende Juni muß man etwa fünf Stunden pro Woche im Gemüsegarten arbeiten, von Juli bis November sind es nur noch etwa drei Stunden pro Woche, und von Dezember bis Februar reicht eine Arbeitsstunde pro Woche aus.

Zu erwartender Ertrag eines Gemüsegartens

Um eine vierköpfige Familie das ganze Jahr hindurch ausreichend mit Gemüse zu versorgen, braucht man einen Gemüsegarten mit einer Fläche von rund 10×20 m. In den meisten Fällen steht jedoch wesentlich weniger Platz zur Verfügung, und man muß sich entscheiden, welche Gemüsearten man am liebsten frisch ißt und anbauen möchte.

In der folgenden Tabelle sind die durchschnittlichen Erträge von 3 m langen Gemüsereihen angegeben, wenn der Boden ausreichend mit organischem Material und Volldünger versorgt wird. Es geht natürlich nur um Schätzwerte, weil der Ertrag je nach Art, Sorte, Boden, Gegend und Witterungsverhältnissen während der Anbauzeit unterschiedlich ausfallen kann.

MITTLERER ERTRAG EINER 3 m LANGEN GEMÜSEREIHE			
Artischocken, rundköpfig	60 Köpfe	Lauch	5 kg
Blumenkohl	5 kg	Mangold	7 kg
Bohnen, Puffbohnen	12 kg	Möhren, Hauptkultur	7 kg
Buschbohnen	7 kg	Frühsorte	6 kg
Stangenbohnen (Doppelreihe)	24 kg	Radieschen	1 kg
Brokkoli	3 kg	Rettiche	3 kg
Chicorée	5 kg	Rosenkohl	8 kg
Endivien	10 Köpfe	Rote Rüben	6 kg
Erbsen (stark unterschiedliche Erträge)	1,5 kg	Schalotten	3 kg
		Sellerie, selbstbleichend	11 kg
Gemüsekürbis	20 kg	Knollen	12 kg
Gurken, Frühbeet	45 Stück	Spargel	5 kg
Freiland	18 Stück	Spinat	3 kg
Kartoffeln, Hauptkultur	10 kg	Tomaten, unter Glas pro Pflanze	3 kg
Frühkartoffeln	7 kg	Freiland pro Pflanze	4 kg
Kohl, Frühkohl	5 kg	Zucchini	
Sommerkohl	7 kg	rankend (15–20 cm lang)	30 kg
Herbst- und Winterkohl, Wirsing	6 kg	buschig (15–20 cm lang)	40 kg
		Zuckermais	25 Kolben
Kopfsalat	10 Köpfe	Zwiebeln (Frühjahrssaat)	6 kg
Krauskohl	3 kg		

Intensive Nutzung der Anbaufläche

Mit den Hauptkulturen, die sich bei der Fruchtfolge abwechseln, ist die verfügbare Anbaufläche im Gesamtverlauf des Jahres keineswegs voll genutzt, so daß man andere Kulturen in die Zwischenzeiten einschieben kann. Man bezeichnet diese Anbauweise als Kulturfolge, bei der man eine Vorkultur, Hauptkultur und Nachkultur unterscheidet.

Die Vorkultur erstreckt sich auf schnell wachsende Gemüsesorten, die zeitig im Jahr ausgesät werden, bevor man in der betreffenden Abteilung des Gemüsegartens die Hauptkultur aussät oder pflanzt.

So kann man beispielsweise die Vorkultur aus Salat im März auf die Abteilung für das Kohlgemüse ausgepflanzt werden, bevor man im Juni oder Juli das Winterkraut pflanzt. Ebenso kann eine Vorkultur aus weißen Rettichen Anfang April ausgesät werden, bevor man den Blumenkohl für den Herbst auspflanzt.

Zwischenkulturen können auch zwischen die Reihen von langsamer wachsenden Gemüsearten gepflanzt und bereits geerntet werden, wenn die langsamere Hauptkultur mehr Platz benötigt. So kann man beispielsweise Salate, Radieschen oder Spinat zwischen die Reihen mit Erbsen säen oder setzen oder Salat oder Rettiche zwischen die Reihen mit Stangenbohnen.

Für die Zwischenkultur darf man nicht eine Gemüseart wählen, die den ganzen Platz mit ihren Blättern abdeckt, da sonst die Hauptkultur ersticken würde.

Zeitunterschiede je nach Gegend

Alle Zeitangaben für die Aussaat, das Pflanzen und die Ernte in den Anbauanleitungen für die einzelnen Gemüsearten gelten für normale Gebiete in Mitteleuropa.

In Höhenlagen und ungeschützten Gebieten müssen die angegebenen Zeiten für die Aussaat, Pflanzung und Ernte im Frühjahr und Sommer gegenüber normalen Gebieten mindestens zwei Wochen später angesetzt werden. In ausgesprochenen Frühlagen jedoch muß Aussaat oder Pflanzung etwa zwei Wochen früher vorgenommen werden.

In allen Gebieten hängt die Zeit der Aussaat zum Teil auch vom Wetter ab. Bei den Erntezeiten handelt es sich stets nur um Richtwerte, denn sie werden von den Witterungsbedingungen während der Wachstumsperiode bestimmt.

Grundsätzlich sollte mit einer Kultur erst dann begonnen werden, wenn die dafür günstigen Temperaturen herrschen. Sät man zu früh in einen kalten Boden, dann verzögert sie sich.

Die Nachkultur wird gesät oder gepflanzt, sobald die Hauptkultur abgeräumt ist. So kann man beispielsweise nach einer Hauptkultur von Stangenbohnen, die im Mai ausgesät wurden und bis zum August abgeerntet werden, Spinat oder Feldsalat anbauen.

Es lohnt sich, zur intensiven Nutzung der Beete nach der beschriebenen Methode für jedes Beet einen Anbauplan aufzustellen, in den man vor Beginn der Saison die Kulturfolge einträgt. Man hat dann immer eine genaue Übersicht darüber, was nacheinander angebaut werden soll.

Dieser Kulturfolgeplan kann im Lauf der Monate ergänzt und verbessert werden. Stimmen die Angaben mit dem praktischen Anbau überein, kann danach Jahr für Jahr verfahren werden.

Arbeitsweisen bei der Bestellung eines Gemüsegartens

Vorbereitung des Saatbeets Der Boden des Saatbeets muß feucht und fest sein und eine feine Krume haben, wenn die Samen gut keimen sollen.

Dazu gräbt man das Saatbeet im Herbst um. Der Boden bleibt grobschollig liegen, damit die Winterfeuchtigkeit einziehen und der Frost die Schollen zerkleinern kann. Im Frühjahr wird abgewartet, bis der Boden abgetrocknet ist. Dann beseitigt man Unebenheiten mit dem Rechen und macht so die Bodenoberfläche saat- oder pflanzfertig. Keinesfalls darf im Frühjahr gegraben werden, weil sonst die groben Schollen schnell austrocknen und nicht mehr zerfallen. Wichtig ist, daß man den Boden nur oberflächlich einebnet oder lockert und dabei Steine und größere Erdbrocken absammelt.

Ziehen der Saatrillen Die Gemüsereihen erhalten am meisten Sonne, wenn man sie von Norden nach Süden anlegt, was allerdings in kleineren Gärten aus Platzgründen oft nicht möglich ist.

Kurze Reihen, jede mit einer anderen Gemüseart bepflanzt, sind leichter zu kultivieren als lange Reihen, in denen die verschiedenen Arten nebeneinander angebaut werden; außerdem lassen sich dann oft die richtigen Reihenabstände nicht einhalten.

Gerade angelegte Reihen lassen sich besser bearbeiten als geschwungene: Man schlägt an den Enden Pflöcke ein und spannt dazwischen eine Schnur als Reihenmarkierung und zieht die Rille mit einer Zieh- oder Schlaghacke. Damit sie gerade wird, stellt man einen Fuß auf die Schnur und zieht die Schneide der Hacke daran entlang. Die Tiefe der Rille hängt von der Größe der Samen ab – je kleiner das Saatgut, um so flacher die Rille. Die meisten Gemüsesamen werden 2–3 cm tief ausgesät.

Aussaat des Samens Man kauft jedes Jahr frischen Samen. Altes Saatgut oder Restbestände aus dem Vorjahr keimen manchmal nicht oder bringen Pflanzen minderer Qualität hervor.

Es gibt pilliertes Saatgut, bei dem die einzelnen Samen mit einer Schutzschicht umgeben sind. Es läßt sich besser in Abständen auslegen und später leichter ausdünnen; der Boden muß aber gut feucht gehalten werden, bis die Sämlinge aus dem Boden kommen.

Bei trockenem Wetter wird das Saatbeet einen Tag vor der Aussaat bewässert. Man sät die Samenkörner stets dünn aus, weil die Pflänzchen später meist sowieso ausgedünnt werden müssen. Der Samen wird entweder aus der Tüte gestreut oder aus der hohlen Hand zwischen Daumen und Zeigefinger in die Rille gerollt. Sehr kleine Samenkörner lassen sich gleichmäßiger verteilen, wenn man sie mit etwas feinem, trockenem Sand vermischt.

Wenn etwas Saatgut übrigbleibt, sät man es am Ende einer Reihe aus; die Sämlinge kann man dann später zum Ausfüllen von Lücken verwenden, wenn die jungen Pflanzen umgesetzt oder ausgedünnt werden.

Man kann die Samenkörner auch in kleinen Häufchen in gleichmäßigen Abständen aussäen; diese Methode nennt man auch Horstsaat. Der Abstand zwischen den Horsten richtet sich nach der Gemüsesorte. So soll der Abstand bei Roten Rüben beispielsweise 10 cm betragen, denn auch die jungen Pflanzen werden später auf Zwischenräume von 10–12 cm ausgedünnt. Beim Ausdünnen läßt man nur den stärksten Sämling eines jeden Horstes stehen und entfernt die anderen. Nach dieser Methode können beispielsweise Zwischenkulturen von Radieschen zwischen die Samenhorste einer Reihe ausgesät werden.

Soll ein Gemüse bereits geerntet werden, wenn es erst zur Hälfte herangewachsen ist – z. B. Zwiebeln für Salat –, so legt man die Horste in halben Abständen an. Wenn die Sämlinge keimen, läßt man ebenfalls nur den kräftigsten eines jeden Horstes stehen und zieht bei der frühzeitigen Ernte dann jede zweite Pflanze heraus.

Abdecken der Saatrillen Um die Samen mit Erdreich zu bedecken, wird die Saatrille in Längsrichtung vorsichtig mit der Rückseite des Rechens zugeschoben und der Boden dann mit dem Rücken des Rechens leicht angeklopft.

Man kann das Erdreich auch von beiden Seiten mit den Füßen in die Saatrille zurückschieben und dann leicht anrechen. Dabei muß man jedoch aufpassen, daß die Samen nicht zu hoch zugedeckt oder in schwerem Boden zu fest eingetreten werden.

Ausdünnen Mit dem Ausdünnen der Sämlinge beginnt man, sobald man die Pflänzchen anfassen kann, ohne sie zu beschädigen. In diesem Stadium haben sich die Wurzeln noch nicht so stark entwickelt, daß die Nachbarpflänzchen beim Ausreißen Schaden erleiden könnten. Bei sehr trockenem Wetter wartet man mit dem Ausdünnen bis zum Abend und gießt anschließend das Saatbeet. Ausgedünnt wird in mehreren Stadien, da ja einige Pflänzchen durch Krankheiten und Schädlinge ausfallen könnten. Schwache Sämlinge werden zuerst entfernt. Im ersten Stadium dünnt man die Sämlinge auf die Hälfte der vorgesehenen Abstände aus.

Später nimmt man dann jeden zweiten Sämling heraus, so daß die Abstände stimmen. Lücken werden mit überzähligen Sämlin-

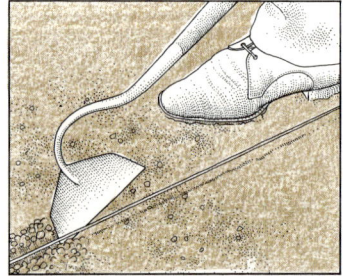

1. Die Saatrillen entlang der Schnur mit der Ziehhacke ziehen

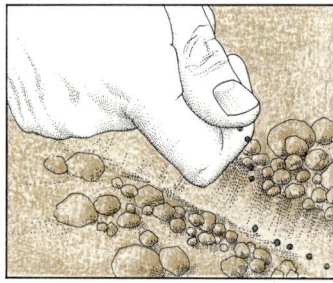

2. Die Samen gleichmäßig mit den Fingern in den Rillen verteilen

3. Schließt man die Rille mit den Füßen zu, den Boden nicht zu fest treten

Die Sämlinge vorsichtig mit einem Steck-etikett aus dem Boden heben

gen geschlossen. Gemüsesorten mit Pfahlwurzeln, z. B. Rote Rüben und Möhren, lassen sich jedoch meist nicht gut umpflanzen.

Die ausgedünnten Pflänzchen läßt man nicht am Boden liegen, da sie Schädlinge anziehen. Man wirft sie auf den Komposthaufen.

Pikieren Hat man Samen in Kisten oder Töpfe aus Ton oder Kunststoff gesät, müssen die Sämlinge in einem frühen Stadium, sobald sich die ersten echten Laubblätter entwickelt haben, in andere Behälter umgesetzt werden, damit sie ausreichend Platz zur Entwicklung haben. Man hebt sie vorsichtig mit einem Stecketikett aus dem Boden, um die Wurzeln möglichst wenig zu beschädigen, und hält sie dabei stets an den Keimblättern fest. Sämlinge in Torftöpfen muß man nicht pikieren.

Abhärten Im Gewächshaus oder Frühbeetkasten gezogene Jungpflanzen müssen allmählich an kältere Temperaturen gewöhnt werden, bevor sie im Freiland auspflanzen kann.

Im Gewächshaus stellt man die jungen Pflanzen zunächst an einen kühlen Platz und bringt sie nach einer Woche in den Frühbeetkasten. Dort gewöhnt man sie allmählich an die Bedingungen im Freiland, indem man das Frühbeetfenster zum Lüften anhebt. An schönen, warmen Tagen nimmt man das Fenster ganz ab und legt

es dann nachts wieder auf, läßt es aber geöffnet. Bei zu raschem Temperaturwechsel können die Pflanzen im Wachstum zurückbleiben und sich gelegentlich verfärben.

Setzen Einige Gemüsearten, z. B. Lauch, Kohl und anderes Kopfgemüse, werden meist in kleinen Anzuchtbeeten herangezogen und dann im endgültigen Beet eingesetzt. Am Abend vor dem Setzen wird das Anzuchtbeet gründlich gegossen, damit die jungen Pflanzen frisch sind, feste Blätter haben und die Wurzeln sich besser mit Ballen verpflanzen lassen.

Das neue Beet wird gründlich gelockert und bei trockenem Wetter über Nacht bewässert. Dann macht man von Hand mit dem Handspaten oder mit dem Pflanzholz Pflanzlöcher. Danach hebt man die Pflanze von Hand oder mit dem Handspaten aus dem Anzuchtbeet, ohne dabei die Wurzeln zu beschädigen, und pflanzt sie umgehend ein. Damit sie fest sitzen, drückt man die Erde mit dem Handspaten oder dem Pflanzholz rund um die Jungpflanze fest gegen die mit Erde umgebenen Wurzeln. Man prüft, ob die Pflanze wirklich fest sitzt, indem man mit Daumen und Zeigefinger an einem Blatt zieht. Wenn es einreißt, sitzt die Pflanze fest genug; zieht man sie jedoch aus dem Boden, muß sie fester eingepflanzt werden. Zum Schluß gießt man kräftig.

JUNGPFLANZEN SETZEN

Damit die Pflanze fest sitzt, das Erdreich gut andrücken

Reißt ein Blatt bei Zug ein, sitzt die Pflanze gut

Krankheiten und Schädlinge bei Gemüse

In der untenstehenden Tabelle sind die häufigsten Schäden aufgeführt; die für eine bestimmte Gemüseart typischen Schäden sind in der näheren Beschreibung der betreffenden Art zu finden. In Zweifelsfällen siehe ab Seite 574. Die Handelsnamen der Pflanzenschutzmittel siehe ab Seite 599.

Schaden	Ursache	Abhilfe
Blätter und Stengel verkrüppelt und zurückgeblieben. Kleine grüne, gelbliche, rosafarbene oder schwarze Insekten auf den Pflanzen	Blattläuse	Spritzen mit Propoxur, Pirimicarb, Demeton-S-methyl, Diazinon und Dimethoat
Blätter abgefressen, meist rundliche Fraßstellen von den Rändern nach innen	Raupen	Bei schwachem Befall ablesen, sonst spritzen mit Diazinon, Dimethoat und Endosulfan
Blätter abgefressen, meist unregelmäßige Fraßstellen oft mit silbriger Schleimspur	Schnecken	Einsatz von Schneckenkorn als Ködermittel auf der Basis von Metaldehyd und Mercaptodimethur°
Pflanzen welken und kippen um, der Stiel ist am Wurzelhals in Bodenhöhe oder unter dem Boden abgefressen	Drahtwürmer und Engerlinge	Wenn möglich, mechanisch bekämpfen beim Hacken und Umgraben oder mit Diazinon angießen oder Granulat streuen
Wurzelhals der Pflanzen von ca. 4–5 cm langen, grau gefärbten Raupen angefressen. Bei feuchter Witterung können auch oberirdische Teile geschädigt werden	Erdraupen	Ablesen der Raupen oder mit selbstgemachtem Köder bekämpfen: 100 g Weizenkleie, 2 g Zucker, 2,5 cm^3 Lindan, 150 cm^3 Wasser, gründlich mischen und auf ca. 10 m^2 Fläche ausstreuen
Die Wurzeln sind abgefressen, Pflanzen welken und sterben ab (oft gelbe, drahtartige Maden vorhanden)	Drahtwürmer	Auslesen der Larven beim Hacken und Umgraben, angießen mit Diazinon oder Granulat streuen
Blätter sind durchlöchert. Befallen werden vor allem Kohlgewächse, Rettiche und Radieschen	Erdflöhe	Stäuben oder spritzen mit Propoxur
Blätter mit feinem, weißem Belag überzogen; manchmal auch etwas verfärbt oder in der Form verändert	Mehltau	Bei Echtem Mehltau (Belag auf der Ober- und Unterseite der Blätter) mit Dichlofluanid oder Triforin spritzen, gegen Falschen Mehltau (Pilzbelag nur auf der Blattunterseite) Mancozeb, Dichlofluanid oder Kupferoxychlorid einsetzen
Blätter oder junge Triebe abgefressen oder beschädigt	Vogelfraß	Beete mit Netzen überspannen oder feine Kunststoffgespinste ausbringen
Blätter welken und werden orangerot, nehmen manchmal auch andere Tönungen an	Trockenheit	Rechtzeitig und durchdringend gießen, vor allen Dingen abends
Junge Blätter sind blaß gelbgrün, nehmen später gelbe, rote, orangerote oder purpurfarbene Tönungen an	Stickstoffmangel	Mit leicht löslichen Stickstoffdüngern, z. B. Kalksalpeter oder Kalkammonsalpeter, düngen
Sämlinge werden am Wurzelhals schwarz, faulen und kippen in Bodenhöhe um	Umfallkrankheit	Vorbeugende sofort nach der Aussaat mit Captan angießen

Monatlicher Arbeitskalender für den Gemüsegarten

Januar Die Gemüsebeete werden, sofern sie nicht zu stark gefroren sind, noch umgegraben. Aussaat im beheizten Vermehrungskasten oder Kleingewächshaus: Kresse, Tomaten, Kopfsalat und Kohlrabi, Rettiche und Radies. Ernte: Rosenkohl, Grünkohl, Lauch, Spinat, Feldsalat. Bestellen: Spargelpflanzen zur Anlieferung im Frühjahr. Jahresanbauplan: Benötigte Saatgutmengen, Pflanzen, Düngemittel und Pflanzenschutzmittel werden darin eingetragen.

Februar Aussaat im beheizten Vermehrungskasten oder Kleingewächshaus: Gewächshausgurken, Kopfsalat, Rettiche, Radies, Sellerie. Aussaat im unbeheizten Kasten: Möhren (Karotten), Radieschen, Rettiche, Petersilie, Kopfsalat (in wärmeren Gegenden). Aussaat im Freiland (wenn sich der Boden bereits bearbeiten läßt), mit Folientunnel oder Flachfolie abdecken: Palerbse (Schalerbse), Spinat und Radieschen. Ernte: Rosenkohl, Grünkohl, Lauch, Winterspinat, Feldsalat. Nach der Ernte: Vorratsdüngung mit organisch-mineralischem Volldünger, in größeren Gemüsegärten auch Kalkstickstoff, Thomasphosphat und Patentkali ausbringen. Eventuell auch Humusversorgung des Bodens durch Stallmist, Kompost oder Torf verbessern.

März Aussaat im beheizten Vermehrungskasten oder Kleingewächshaus: Sellerie, Kopfsalat, Kohlrabi, Blumenkohl, sämtliche Frühkohlarten, Freilandtomaten. Pflanzen im Kleingewächshaus: Kopfsalat, Kohlrabi, Tomaten. Aussaat im unbeheizten Kasten: Kopfsalat, Porree, Petersilie, Schnittlauch, Mangold, sämtliche Kohlgemüsearten. Aussaat im Freiland: Zwiebeln, Petersilie, Pal- und Markerbsen (letztere nur in warmen Gebieten), Rettiche, Radies, Frühspinat, Puffbohnen und Möhren. Ernten: Grünkohl, Winterspinat.

April Aussaat im unbeheizten Kasten: Buschbohnen, Stangenbohnen, Freilandgurken, sämtliche Kohlarten, Zuckermais. Aussaat im Freiland: Puffbohnen, Brokkoli, Rosenkohl, Weiß- und Rotkohl, Möhren, Blumenkohl, Chicorée, Grünkohl, Kopfsalat, Erbsen, Radieschen, Rettiche, Spinat, Mangold, Rote Rüben. Auspflanzen: Spargel, Artischocken, Weißkohl, Blumenkohl (im beheizten Kasten angezogen), Lauch, Kopfsalat. Steckzwiebeln und Kartoffeln legen. Ernten: Frühsalat und Radieschen aus dem Kleingewächshaus, Spinat aus dem Freiland.

Mai Aussaat oder Auspflanzen im unbeheizten Kasten: Kastengurken (Anfang Mai), Zucchini (Anfang Mai). Aussaat im Freiland: Buschbohnen, Stangenbohnen, Rote Rüben, Brokkoli, Weiß- und Rotkohl, Möhren, Blumenkohl, Chicorée, Freilandgurken und Kürbis (eventuell unter Folie), Endivien, Grünkohl, Kopfsalat, Zucchini (Ende Mai), Erbsen, Radieschen, Rettiche, Zuckermais (zweite Maihälfte), Spinat, Blumenkohl. Auspflanzen: Stangenbohnen (in wärmeren Gegenden), Buschbohnen, Brokkoli, Rosenkohl, Blumenkohl, Sellerie, Zucchini, Wirsing, Zuckermais, Tomaten (im Süden Ende Mai). Ernten: Spargel, Puffbohnen, Gewächshausgurken, Kopfsalat, Radieschen, Rettiche, Frühkohl, Spinat, Gewächshaustomaten.

Juni Von den im Mai ausgesäten Zucchini und Freilandgurken die Folientunnels abnehmen. Aussaat im Freiland: Rettiche, späte Kohlarten, Grünkohl, Rosenkohl, Buschbohnen, Rote Rüben, Möhren, Endivien, Kopfsalat, Radieschen, Rettiche. Auspflanzen: Brokkoli, Rosenkohl, Herbst- und Winterkohl, Blumenkohl, Sellerie, Freilandgurken (die im April im Frühbeet ausgesät wurden), Lauch, Tomaten. Ernten: Spargel (bis Mitte Juni), Brokkoli, Rote Rüben, Puffbohnen, Buschbohnen, Kopfsalat,

Früherbsen (in milden Gegenden), Kartoffeln (Ende Juni), Radieschen, Rettiche, Sommerspinat, Mangold, Tomaten aus dem Gewächshaus. Ab jetzt und in den Folgemonaten die heranwachsenden Gemüsearten durchschnittlich zweimal mit Kopfdünger versorgen. Am besten ist es, den Dünger in Wasser aufzulösen und damit zu gießen. Man rechnet die angegebene Düngermenge auf 1–1,5 m². Nach dem Düngen müssen die Pflanzen mit klarem Wasser abgespritzt werden, um Salzkonzentrationsschäden zu vermeiden. Außerdem ist es wichtig, den Boden einige Tage feucht zu halten, um ähnliche Schäden im Wurzelbereich zu vermeiden.

Juli Aussaat im Freiland: Rote Rüben, Frühmöhren, Blumenkohl, Kohlrabi, Grünkohl (Anfang Juli). Auspflanzen: Herbst- und Winterkohl, Blumenkohl, Grün- oder Krauskohl. Ernte: Artischocken, Buschbohnen, Puffbohnen, frühe Stangenbohnen, Weißkohl, Möhren, Blumenkohl, Gemüsekürbis, Frühbeetgurken (Ende Juli), Kopfsalat, Zwiebeln, Erbsen, Kartoffeln, Radieschen, Rettiche, Sommerspinat, Mangold, Tomaten.

August Zuckermais auf Reife prüfen. Aussaat im Freiland: Herbst- und Wintersalat, Frühlingszwiebeln, Radieschen, Winterrettiche (im Süden Mitte des Monats), Spinat, Feldsalat. Aussaat im Gewächshaus: Kopfsalat (Gewächshaussorten Ende August). Ernten: Artischocken, Buschbohnen, Stangenbohnen, Rote Rüben, Weißkohl, Rotkohl, Brokkoli, Blumenkohl, Möhren, Gemüsekürbis, Gurken, Lauch, Kopfsalat, Zucchini, Erbsen, Zwiebeln, Kartoffeln, Radieschen, Rettiche, Mangold, Zuckermais, Tomaten.

September Aussaat im Freiland: Radieschen, Winterspinat, Feldsalat. Auspflanzen: Winterkopfsalat. Ernten: Stangenbohnen, Rote Rüben, Brokkoli, Rosenkohl, Weiß-

kohl, Wirsing, Möhren, Blumenkohl, Sellerie, Gurken, Endivien, Lauch, Kopfsalat, Zucchini, Zwiebeln, Kartoffeln, Radieschen, Spinat, Mangold, Zuckermais, Tomaten.

Oktober Den Spargel bis in Bodenhöhe abschneiden. Ausgesät und gepflanzt wird kaum mehr um diese Jahreszeit. Ernten: Rote Rüben (für die Lagerung), Rosenkohl, Weißkohl, Möhren (für die Lagerung), Blumenkohl, Sellerie, Endivien, Grünkohl, Lauch, Zwiebeln, Radieschen, Wirsing, Mangold, Spinat. Feldsalat, Spinat, Radieschen und Rettiche können eventuell mit Folientunnels vor Frösten geschützt werden. Abgeräumte Beete tiefgründig umgraben. Vorher kann eine Humusdüngung in Form von Stallmist, Kompost oder Torfmull ausgebracht werden.

November Winterspinat, Wintersalat und Feldsalat ab Monatsmitte mit Folie abdecken. Endivien herausnehmen und im Kasten einschlagen. Ernten: Brokkoli, Rosenkohl, Weißkohl, Sellerie, Chicorée (zum Bleichen), Grünkohl, Lauch, Spinat, Mangold. Einlagern im Keller oder Frühbeet: Lagergemüsearten, also Weißkohl, Rotkohl, Wirsing, Lauch, Rote Rüben, Möhren. Schnittlauchschöpfe kann man noch vor Winterbeginn ausgraben, an einer geschützten Stelle lagern, im Laufe des Winters in Töpfe pflanzen und zum Treiben ans Küchenfenster stellen. Aussaat in Schalen oder Handkistchen: Kresse. Die Gefäße werden im heizbaren Kleingewächshaus oder am Küchenfenster zum Antreiben aufgestellt. Frischsalat gibt es dann nach ca. zwei Wochen. Umgraben leerer Beete und Humusdüngung wie im Oktober.

Dezember Alle abgeräumten Bodenflächen umgraben. Ernten: Rosenkohl, Weißkohl, Wirsing, Chicorée (zum Bleichen), Grünkohl, Lauch, Spinat, Feldsalat.

Artischocken

Artischocke
'Green Globe'

Von Artischocken werden nur die verdickten Enden der schuppenartigen Kelchblätter und der Blütenboden des Blütenkopfs gegessen.

Die Stauden werden etwa 1,5 m hoch und brauchen ein Beet, das nicht in den Rhythmus des Fruchtwechsels einbezogen wird. Am besten ist es, die Stauden alle drei Jahre zu ersetzen, weil ältere Stöcke meist nur wenige und kleine Blütenköpfe tragen. In kühleren Gegenden ist die mehrjährige Kultur meist nicht möglich, da die Pflanzen auswintern, erfrieren – es sei denn, man schützt sie gut.

Junge Pflanzen werden im Mai gepflanzt und im August oder September abgeerntet. An den zwei- bis dreijährigen Pflanzen schneidet man die Blütenköpfe im Juli. Empfehlenswerte Sorten sind 'Große Grüne von Laon' und 'Green Globe'.

Artischocken vermehrt man am besten durch Ableger, die man je-

des Frühjahr gewinnt, denn dann muß man die zwei- und dreijährigen Stauden auf drei Triebe zurückschneiden. Die älteste Reihe wird nach der dritten Ernte abgeräumt.

Man wählt einen freien sonnigen Standplatz auf gut dräniertem Boden, den man mit gut verrottetem Stallmist oder Gartenkompost und 50–60 g/m² organisch-mineralischem Handelsdünger anreichert.

Wenn man Ableger von einer Staude ziehen will, schneidet man kräftige, etwa 20 cm lange, von der Basis ausgehende Triebe ab. Der Schnitt wird senkrecht ausgeführt, so daß ein Teil des Wurzelstocks am Trieb bleibt.

Man schneidet das obere Viertel der Blätter ab und pflanzt die Ableger so tief ins Beet, wie die Mutterpflanze gestanden hat. Die Reihenabstände betragen 1 m, die Abstände in den Reihen 60 cm. Ableger brauchen viel Wasser.

1. Die Ableger so abschneiden, daß ein Teil der Wurzeln daranbleibt

2. Die Ableger in Abständen von 60 cm ins vorbereitete Beet pflanzen

Die richtige Pflege und Ernte

Jeden Mai bringt man eine Mulchdecke aus gut verrottetem Stallmist oder Gartenkompost aus.

Artischocken bilden eine große Endknospe und eine Anzahl kleinerer Nebenköpfe an den Seitentrieben. Auf einem jungen Stock sollte man nur vier bis sechs Köpfe stehenlassen. Alle unerwünschten Knospen an den Seitentrieben werden entfernt.

Man erntet die Blütenköpfe, sobald sie ausreichend groß, aber noch grün sind und feste, fleischige Schuppen haben. Einjährige Pflanzen erntet man im August oder

September, ältere im Juli. Wenn die Blütenköpfe purpurrot werden und die Schuppen sich öffnen, ist die Artischocke ungenießbar.

Zuerst wird der mittlere Blütenkopf abgeschnitten und der Blütenstiel um die Hälfte zurückgenommen. Die kleineren Nebenköpfe erntet man später, wenn sie ca. 7–10 cm Durchmesser haben.

Im Spätherbst, wenn sich die Blätter gelb färben, schneidet man den Haupttrieb bis zum Boden zurück. Die Ausläufer läßt man für die Teilung des Stocks im nächsten Frühjahr stehen. Vor Frost schützt man die Stöcke mit einer Lage Stroh, das man mit etwas Erde befestigt.

1. Die Köpfe abschneiden, wenn sie noch feste, fleischige Schuppen haben

2. Den mittleren Kopf abschneiden, dann den Blütenstiel um die Hälfte kürzen

3. Wenn die Blätter gelb werden, den Haupttrieb am Boden abschneiden

4. Um die Pflanze (nicht darüber) als Frostschutz Stroh und Erde schichten

Schäden bei Artischocken

Schlechtes Wachstum Wenn die Stauden klein, hart und verholzt sind und trockene Blütenköpfe tragen, ist der Boden meist zu trocken und nährstoffarm. Staunässe kann

wiederum zu Fäulnis führen; man muß deshalb darauf achten, daß das Beet unkrautfrei und der Boden gut wasserdurchlässig ist. Junge Pflanzen können von Schnecken und Blattläusen befallen werden (siehe Seite 515).

Blumenkohl und Brokkoli

Blumenkohl und Brokkoli oder Spargelkohl sind zwei Gemüsearten, die wegen ihrer Blumenköpfe angebaut werden. Während Brokkoli recht anspruchslos ist, braucht Blumenkohl bei der Anzucht mehr Sorgfalt, und seine Kultur ist ziemlich schwierig.

Blumenkohl bildet nach einer gewissen Wachstumsphase eine schöne, weiße Blume aus. Es handelt sich dabei um die noch nicht fest geschlossenen Blütenstände, die sich später durch Höherschieben des Stengels öffnen.

Brokkoli entwickelt sich in ähnlicher Weise. Seine Blume bleibt jedoch grün und ist nicht so attraktiv. Bei Brokkoli kann man im Reifestadium diese Mittelknospe abschneiden und in der Küche verwerten.

Läßt man die Pflanzen noch einige Zeit stehen, entwickeln sich aus Seitenknospen mehrere Triebe, die wiederum mit kleineren Blumen abschließen. Auf diese Weise ist es möglich, von einer Pflanze zwei Ernten zu erzielen.

Der Anbau von Blumenkohl und Brokkoli unterscheidet sich fast nicht, doch kann Blumenkohl vom zeitigen Frühjahr bis zum späten Herbst angebaut und geerntet werden, während Brokkoli meist ein Gemüse für die Spätsommerwochen und Herbstwochen ist.

Blumenkohl und Brokkoli werden in einem Saatbeet aus Samen angezogen und später auf ein Beet gepflanzt. Der Standplatz sollte frei und sonnig, aber nicht ganz ungeschützt sein.

Beide Arten gedeihen am besten in humosem, mittelschwerem, jedoch tiefgründig gelockertem Boden. Bei Frühkulturen wird der Boden nach der letzten Frucht grobschollig umgegraben und zum Ausfrieren liegengelassen. Das Beet sollte bereits für den Fruchtwechsel im Vorjahr gut mit Humus gedüngt worden sein.

Vor der Pflanzung ist außerdem eine Grunddüngung erforderlich. Man verwendet organisch-mineralischen Volldünger. 50–70 g/m² werden mit einer Ziehhacke in die Krume eingearbeitet.

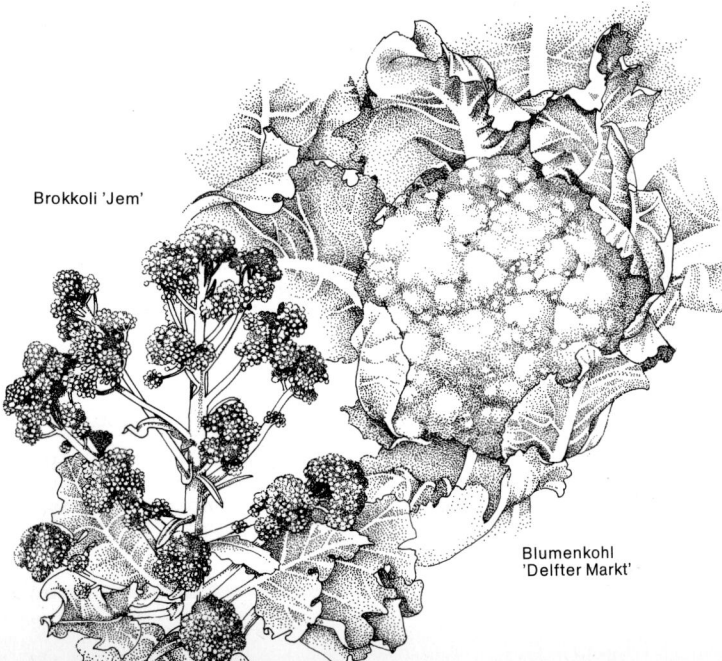

Brokkoli 'Jem'

Blumenkohl
'Delfter Markt'

Folgeaussaaten, Auspflanzen und Pflege

Wenn man Blumenkohl laufend ernten will, muß man in bestimmten Zeitabständen jeweils kleinere Mengen von früh und später heranreifenden Sorten aussäen. Nicht alle Sorten sind für den Sommer brauchbar, da sie bei heißem Wetter schießen.

Frühblumenkohl Für die Ernte im Juni bestimmte Pflanzen können auf zweierlei Weise angezogen werden – entweder durch Freilandaussaat im Spätsommer, wobei man sie im unbeheizten Frühbeetkasten überwintern läßt und Ende März auspflanzt, oder durch Aussaat in Anzuchtkästen im beheizten Gewächshaus bzw. im Vermehrungskasten im Januar; ausgepflanzt wird im April.

Die zuerst genannte Methode ist nur in milden Klimagebieten empfehlenswert. In rauheren Klimagebieten wird die zweite Methode gewählt. Wenn man sich selbst mit der Anzucht nicht befassen kann oder will, kauft man Setzlinge beim Gärtner.

Für die Aussaat im Spätsommer (Ende August bis Anfang September) wählt man eine geschützte Ecke im Garten und zieht 1,5 cm tiefe Saatrillen in Abständen von 15 cm. Man verwendet eine Frühsorte und sät möglichst dünn aus, so daß zwischen den Samenkörnern ein Abstand von etwa 1,5 cm bleibt.

Im Oktober setzt man die Sämlinge in einen unbeheizten Kasten um. Am Abend vor dem Umpflanzen der Sämlinge wird das Saatbeet nochmals gegossen. Dann hebt man die Pflänzchen mit dem Handspaten vorsichtig heraus, so daß die Wurzeln nicht beschädigt werden. Man setzt sie in Abständen von 5–8 cm in Reihen, die 15 cm voneinander entfernt sind. Nun wird gegossen und dann das Frühbeetfenster geschlossen.

Den Winter über bleiben die Sämlinge im Frühbeet. Man kontrolliert regelmäßig, ob der Boden noch feucht ist; nötigenfalls wird gegossen. Mit dem Abhärten der Pflänzchen beginnt man im März.

Bei der Aussaat unter Glas im Januar oder Februar sät man den Samen dünn in eine Schale mit Komposterde aus und bedeckt ihn mit feiner Komposterde. Bis zur Keimung und möglichst auch danach sollte eine Temperatur von 15° C herrschen.

Man pikiert die Pflänzchen im Februar einzeln mit Hilfe eines Hölzchens in 7–8 cm große Töpfe mit Komposterde. Besonders empfehlenswert sind Torftöpfe.

Frühsorten von Brokkoli Ende Februar oder im März werden die Frühsorten des Brokkoli für die Ernte im Juni ausgesät. Man sät in Anzuchtkästen, die ins unbeheizte Gewächshaus gestellt werden, oder in den unbeheizten Frühbeetkasten.

Gesät wird, wie zuvor beschrieben. Wenn die Sämlinge zu dicht stehen, werden sie auf etwa 8 cm ausgedünnt. Bei der Aussaat im Gewächshaus deckt man den Anzuchtkasten bis zur Keimung mit einer Glasscheibe und Zeitungspapier ab.

Anfang April, wenn die Sämlinge im Gewächshaus ihre ersten Laubblätter ausgebildet haben, werden sie entweder in Schalen oder direkt in den Boden eines unbeheizten Frühbeetkastens pikiert. Abstände: etwa 8 cm. Später werden die Pflanzen allmählich abgehärtet. Ab April oder Mai kann man sie auf ein geschütztes Beet im Freien pflanzen.

Aussaat der Hauptkultur Von Anfang März bis Anfang Mai wird in mehreren Zeitabständen die Hauptkultur des Blumenkohls für die Ernte im Spätsommer ausgesät. Die erste Märzaussaat erfolgt in ein Saatbeet im Frühbeetkasten oder in Anzuchtkästen, die man in das unbeheizte Gewächshaus stellt. Wenn die Sämlinge im Gewächshaus groß genug sind, werden sie in 6–8 cm große Töpfe pikiert. Sobald die Sämlinge etwa sechs Wochen alt sind, pflanzt man sie aus.

Spätere Kulturen des Blumenkohls können in Saatbeete im Freien ausgesät und anschließend auf das endgültige Beet gesetzt werden. Nun werden sie meist nicht mehr pikiert.

Von Mitte April bis Ende Mai erfolgt die Freilandaussaat von Brokkoli und Blumenkohl für den Schnitt in der Zeit von Oktober bis November. Dafür werden meist wieder Frühsorten verwendet.

Blumenkohl und Brokkoli werden so ins Freiland gesät, wie eingangs beschrieben. Wenn die Blumenkohl- und Brokkolisämlinge zu dicht stehen, dünnt man sie auf 8-cm-Abstände aus. Die ausgedünnten Pflänzchen können bei Bedarf pikiert werden.

Die jungen, im Gewächshaus oder Frühbeetkasten angezogenen Pflänzchen müssen vor dem Auspflanzen abgehärtet werden.

Man kann Jungpflanzen des Blumenkohls auspflanzen, wenn sie etwa sechs Wochen alt sind. Auch die Brokkolisämlinge werden zu dem Zeitpunkt ausgepflanzt.

Die im Gewächshaus oder Frühbeetkasten angezogenen Frühsorten des Blumenkohls können Ende März ausgepflanzt werden, sofern das Wetter verhältnismäßig mild ist. Bei ungünstiger Witterung wartet man bis April.

Am Abend vor dem Auspflanzen wird das Beet angegossen. Jungpflanzen in Torftöpfen werden vor dem Umpflanzen ein oder zwei Minuten lang mit dem Topf ins Wasser gestellt. Aus dem Saatbeet hebt man die jungen Pflanzen vorsichtig heraus; die Wurzeln dürfen dabei nicht verletzt werden. Junge Pflanzen ohne Vegetationspunkt in der Mitte werden ausgesondert, da sie keine Blumen ausbilden.

Die Frühsorten des Blumenkohls werden in Abständen von 40 cm in Reihen gepflanzt, die ebenfalls 40 cm voneinander entfernt sind. Die Hauptkultur, die längere Zeit stehenbleibt, sollte in größeren Abständen gesetzt werden. Bei den Sommersorten des Blumenkohls sollte der Abstand zwischen den Pflanzen und den Reihen 50 cm betragen; auch bei Herbstsorten sollte allseitig ein Abstand von 50 cm eingehalten werden.

Frühsorten von Brokkoli können Ende April oder besser im Mai ausgepflanzt werden. Die Hauptkultur pflanzt man in wärmeren Gegenden im Juni, sonst im Juli aus. Der Abstand zwischen den Pflanzen beträgt 50 cm, die Entfernung zwischen den Reihen ebenfalls 50 cm.

Blumenkohl- und Brokkolisetzlinge werden mit dem Setzholz oder dem Handspaten gepflanzt. Nur in ganz lockerem Boden kann mit der Hand gepflanzt werden.

Die Jungpflanzen setzt man bis zu den untersten Keimblättern ein. Der Boden wird gut angedrückt, indem man das Pflanzholz oder einen Handspaten 5 cm von der Pflanze entfernt in den Boden sticht und das Erdreich zum Stiel hindrückt.

Nach dem Einpflanzen gießt man die jungen Pflanzen und prüft, ob sie fest sitzen. Dabei faßt man eines der Blätter an der Spitze an und zieht daran. Reißt es ab, dann hat die Pflanze einen guten Sitz, wird sie aber aus dem Boden gezogen, muß sie fester eingesetzt werden.

Zwischen den Blumenkohl- bzw. Brokkolipflanzen wird regelmäßig gehackt, damit kein Unkraut hochkommt. Um das Wachstum der Pflanzen zu fördern, harkt man während der Entwicklung ein- bis zweimal ungefähr 20 g/m² eines mineralischen Blaukornvolldüngers in den Boden.

Etwa einen Monat nach dem Auspflanzen wird etwas Erde rund um die Stiele bis knapp an die untersten Blätter angehäufelt.

Sobald sich beim Blumenkohl die Blumen ausbilden, knickt man einige Blätter ab und deckt mit ihnen die Köpfe zu. Dadurch werden die Köpfe vor der Sonne und auch vor Frost geschützt. Bei Brokkoli brauchen die Blumen nicht durch umgeknickte Blätter geschützt zu werden.

Schäden bei Blumenkohl und Brokkoli

Schädlinge und Krankheiten Blumenkohl und Brokkoli haben unter den gleichen Schädlingen und Krankheiten zu leiden wie der Kopfkohl. Besonders leicht werden sie von der Kohlhernie befallen. Der Kohlhernienpilz tritt vor allem in sauren Böden auf, so daß man vor dem Anbau von Blumenkohl oder Brokkoli den Säuregehalt des Bodens mit einem geeigneten Gerät bestimmen und gegebenenfalls Kalk zusetzen sollte.

Schlechter Ertrag Der Blumenkohl muß sich stetig und schnell entwickeln können. Er gedeiht nicht, wenn das Wachstum durch schlechte Bodenbedingungen oder Wassermangel gehemmt wird. Brokkoli muß langsam heranwachsen. Bei zu hoher Nährstoffzufuhr schießt die Pflanze ins Kraut und bildet keine Blumen.

Fadenblättrigkeit In sauren Böden können die Pflanzen dünne, fadenförmige Blätter ausbilden, die gekräuselt und gekrümmt sind. Wenn dieser Schaden auftritt, gießt man auf 10 m² Anbaufläche eine Lösung von etwa 30 g (1 Eßlöffel) Natriummolybdat in 7,5 l Wasser.

Verfärbung der Blume In der warmen Jahreszeit verfärbt sich die halb ausgewachsene Blume. Man schützt sie durch Umknicken der Blätter, die man rechtzeitig über die Blume legt.

Ernte von Blumenkohl und Brokkoli

Die Blumen sind schnittreif, wenn sie gut ausgebildet sind, sich aber noch nicht zu öffnen beginnen. Bei mildem Wetter kontrolliert man täglich, weil die Entwicklung sehr schnell voranschreitet.

Manchmal müssen jeden Tag einige Blumen geschnitten werden. Man schneidet den Blumenkohl möglichst frühmorgens, wenn der Kopf noch feucht vom Tau ist. Bei Brokkoli schneidet man die Köpfchen etwa 5 cm oberhalb der Triebbasis ab, damit weitere Ernten nachwachsen können. Die Köpfchen werden geschnitten, solange sie noch jung und zart sind.

Wenn mehrere Köpfe von Blumenkohl gleichzeitig heranreifen, kann man sie mit umgeknickten Blättern abdecken. Sie halten sich dann noch ein bis zwei Tage.

Nach dem Abernten werden die Strünke aus der Erde gezogen. Gesunde Strünke kommen auf den Kompost, kranke werden verbrannt.

Empfehlenswerte Brokkolisorten

'Atlantic', 'Sperlings Sparko', 'Jem', 'Yoko', 'Coastal'

Empfehlenswerte Blumenkohlsorten

FRÜHSORTEN	
'Früher Mechelner', 'Astrid',	'Marktstolz', 'Grandessa',
'Romax', 'Aristokrat',	'Neckarperle', 'Sabine',
'Candor', 'Corvilia',	'Super Master', 'Frickers Ideal',
'Globus', 'Malinus',	'Bali', 'Candor',
MITTELFRÜHE SORTEN	'Corvilla', 'Dr. Jensma',
(Sie können das ganze Jahr über	'Sesam'
angebaut werden)	SPÄTSORTEN
'Delfter Markt', 'Delmar',	'Flora Blanca', 'Candor',
	'Dr. Jensma', 'Sesam'

Chicorée

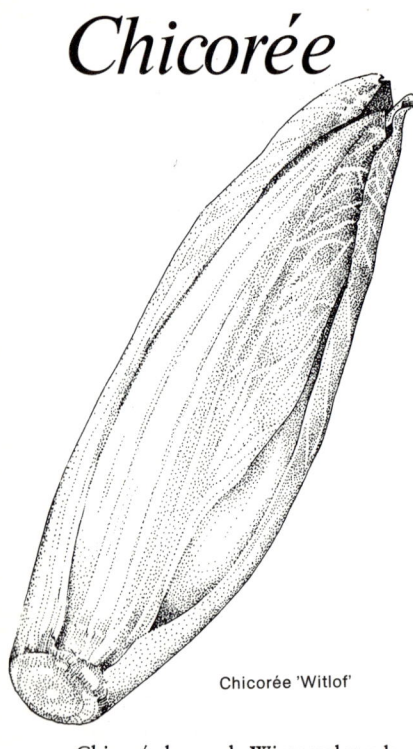

Chicorée 'Witlof'

Chicorée kann als Wintersalat oder als Gemüse (gedünstet und mit Butter) verwendet werden. Sie wird ab November getrieben und kann ab Februar geschnitten werden.

Man zieht sie aus den Wurzeln der Salatzichorie, die im Frühsommer ausgesät wird und deren Wurzeln ab November ausgegraben werden. In einem geschlossenen Raum in Wärme und Dunkelheit werden die Wurzeln angetrieben und gebleicht. Man erhält dann dichte, etwa 15 cm lange, weiße Blattschöpfe.

Im Sommer wird neuerdings eine besondere Form der Chicorée angebaut, die im Handel unter der Bezeichnung Zuckerhut läuft.

Im Herbst wird der Boden bereits gründlich umgegraben. Gleichzeitig arbeitet man gut verrotteten Stallmist oder Gartenkompost ein. Im Frühjahr, vor der Aussaat, kann noch eine Vorratsdüngung, etwa 50 g eines organisch-mineralischen Volldüngers pro Quadratmeter, verabreicht werden.

Aussaat, Pflege und Treiben von Chicorée

Der Samen wird im April oder Mai dünn in 1,5 cm tiefe Saatrillen ausgesät, die 35 cm voneinander entfernt sind. Sobald die ersten Laubblätter erscheinen, werden die Sämlinge auf einen Abstand von 15 cm ausgedünnt.

Zu der Zeit, wenn die Blätter absterben, kann man mit einer Grabgabel oder einem Spaten die Wurzeln aus dem Boden herausheben.

Die Blätter werden 2,5–5 cm über der Rübenschulter abgeschnitten. Vorsicht, damit der Vegetationspunkt nicht beschädigt wird! Wenn die Wurzeln nicht sofort zum Treiben eingeschlagen werden können, legt man sie vorerst in eine flache Grube und deckt sie locker mit einer Erdschicht ab.

Vor dem Treiben werden die Wurzeln mit einem scharfen Messer auf eine Länge von 20–25 cm eingekürzt.

Auf den Boden eines Topfs streut man etwas Erde, auf die man mehrere Wurzeln stellt. Dann füllt man den Topf bis an den Rand mit Erde auf, so daß die Wurzelkronen etwa 3–5 cm voneinander entfernt sind und etwas über den Topfrand hinausschauen. Die Erde wird gründlich angegossen.

Ein zweites, gleich großes Gefäß füllt man mit Torfmull und stülpt es so über das erste mit den Wurzeln, daß kein Licht eindringt.

Statt Töpfen oder Eimern kann man auch Handkästen verwenden. Auf den Kasten mit den Wurzeln schichtet man etwa 20 cm hoch Torfmull auf, so daß die Endknospe belastet wird. Dann stülpt man eine zweite Kiste darüber.

Wenn die Behälter mit den Wurzeln in einem warmen Raum aufgestellt werden, treibt die Chicorée schneller aus.

1. Ab November schneidet man die Blätter 2,5–5 cm über der Rübenschulter ab

2. Mit einem scharfen Messer kürzt man die Wurzeln auf 20–25 cm ein

3. Auf den Boden des Topfs mit etwas Erde stellt man mehrere Wurzeln senkrecht

4. Mit Erde auffüllen. Darüber stülpt man einen zweiten Topf mit Torfmull

Ernte der gebleichten Chicorée

Die gebleichte Chicorée ist erntereif, wenn die Köpfe etwa 15 cm lang und noch sehr dicht sind, also noch bevor sie sich zu öffnen beginnen. Dies ist meist vier Wochen nach dem Einschlagen der Wurzeln der Fall.

Die Köpfe werden unmittelbar vor der Verwendung in Bodenhöhe abgeschnitten.

Nach dem Schnitt wirft man die Wurzeln auf den Komposthaufen.

Sind die Chicoréeköpfe etwa 15 cm lang, schneidet man sie ab

Schäden, die bei Chicorée auftreten können

Schädlinge und Krankheiten Die Chicorée wird nur selten von Krankheiten befallen.

Die Wurzeln können jedoch von Nacktschnecken, Drahtwürmern und anderen Raupen befallen werden. Vorbeugend kann Diazinongranulat in den Boden eingearbeitet werden.

Empfehlenswerte Chicoréesorten

'Witlof'	'Extrema'
'Edellof'	'Firmato'
'Deldra'	'Delvo'

Endivien

Es werden zwei Formen von Endivien, genauer Winterendivien, kultiviert: die krausblättrigen Sorten, die einem Löwenzahn ähnlich sehen, und die breitblättrigen Sorten mit leicht gewellten Blättern, auch Eskariol genannt. Bei beiden Formen schmecken die Blätter im vollgrünen Stadium sehr bitter. Sie müssen daher gebleicht werden. Dies geschieht dadurch, daß man ihnen das Sonnenlicht entzieht. Die Endivie gedeiht am besten auf einem Boden, der bereits im Herbst oder Winter mit Humus gedüngt worden ist. Der Boden wird im Herbst tief umgegraben, dann läßt man ihn bis zur Pflanzzeit grobschollig liegen.

Normalerweise wird Endivie als Nachkultur angebaut, so daß vom Frühjahr bis zum Sommer eine andere Gemüseart auf dem Beet herangezogen werden kann. Meist wird Endivie als Pflanzgemüse angebaut. Gelegentlich wird sie auch direkt auf das Beet gesät; ein Umpflanzen ist also nicht erforderlich.

Hinsichtlich des Bodens ist noch zu beachten, daß die Endivie gegen saure Bodenreaktion sehr empfindlich ist. Der beste pH-Wert liegt bei 6,5–7.

Schäden, die bei Endivie auftreten können

Schädlinge und Krankheiten Die Blätter können von Vögeln und Schnecken angefressen werden. Im übrigen werden Endivien nur selten von Schädlingen oder Krankheiten befallen.

Hochschießen Bei den im Frühsommer ausgesäten Sorten oder umgepflanzten Sämlingen besteht die Gefahr, daß sie bei heißem Wetter schießen. Man muß darauf achten, daß die Pflanzen stets feucht gehalten werden. Wenn die Endivie schwach wächst und gelbe Blätter bekommt, können Läuse an den Wurzeln sitzen. Nach der Ernte werden die Strünke vernichtet, im Jahr darauf sollte man einen Fruchtwechsel vornehmen.

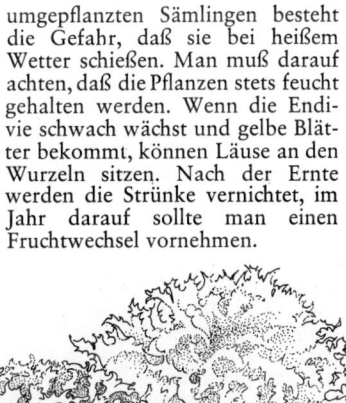

Endivie
'Grüner großer Krauser'

Aussaat von Endivie

Winterendivie wird in mehreren Saaten im Mai, Juni und Juli ausgesät. Man zieht 1,5 cm tiefe Saatrillen im Abstand von 25–30 cm und sät den Samen dünn aus. Dann werden die Rillen mit der Harke leicht zugeschoben.

Man dünnt die Sämlinge in zwei Stufen aus – erst auf Abstände von 15 cm, dann auf Abstände von 25–30 cm.

Zwischen den Pflanzen wird der Boden regelmäßig geharkt. Bei Bedarf wird gegossen und das Unkraut entfernt, bis die Pflanzen voll ausgewachsen sind. Ungefähr drei bis vier Monate nach der Aussaat bleicht man sie.

Es besteht aber auch die Möglichkeit, Endivie auf einem Saatbeet auszusäen und später zu pflanzen.

Bleichen von Endivie

Man beginnt mit dem Bleichen, wenn das Wachstum beendet ist. Im Kleingarten werden immer nur eine oder zwei Pflanzen für den Sofortverbrauch gebleicht.

Zunächst vergewissert man sich, ob die Pflanze ganz trocken ist. Am einfachsten deckt man die Pflanze mit einem Suppenteller ab.

Eine zuverlässigere Methode ist die Abdeckung der Pflanzen mit umgedrehten Blumentöpfen von 25 bis 30 cm Durchmesser. Die Abflußlöcher werden verschlossen, damit kein Licht eintreten kann. Man kann die Pflanzen auch mit einem Folientunnel zudecken. Über diesen zieht man eine schwarze Folie.

Der Bleichprozeß ist meist nach drei bis fünf Wochen abgeschlossen. In dieser Zeit muß man die Pflanzen regelmäßig kontrollieren. Vollständig gebleichte Pflanzen werden sofort verwendet.

Ab Ende Oktober treten meist stärkere Fröste auf. Man nimmt die Pflanzen deshalb aus dem Boden und schlägt sie unter einem Tisch im Gewächshaus ein. Dort werden sie gebleicht, indem man eine schwarze Plastikfolie über den Tisch legt.

Empfehlenswerte Endiviensorten

KRAUSBLÄTTRIGE SORTEN
'Grüner großer Krauser'
GLATTBLÄTTRIGE SORTEN
'Eskariol Grüner', **'Eskariol Gelber'**,
'Grüne Selbstbleichende'
'Rosa Bella', **'Golda'**,
'Sinco' (für Frühanbau),
'Volto' (für Spätanbau)

In diesem Fall werden Frühsorten im Mai, spätere ab Juni bis Mitte Juli dünn und breitwürfig ausgesät. Normalerweise wird nicht pikiert. Der Samen ist gut feucht zu halten. Nach etwa vier bis fünf Wochen sind die Pflanzen so weit herangewachsen, daß ausgepflanzt werden kann. Zu diesem Zeitpunkt muß jeder Setzling etwa vier bis sechs kräftige Blätter besitzen. Beim Pflanzen selbst werden die zu lang gewordenen Blätter eingekürzt.

Gepflanzt wird normalerweise von Juni bis Mitte August. Man wählt Reihen im Abstand von 30 cm und einen Abstand der Pflanzen in der Reihe von 25–30 cm. Es ist darauf zu achten, daß die Setzlinge nicht zu tief gepflanzt werden.

Nach dem Pflanzen sind die Pflegemaßnahmen ähnlich wie bei der direkt gesäten Endivie.

Erbsen

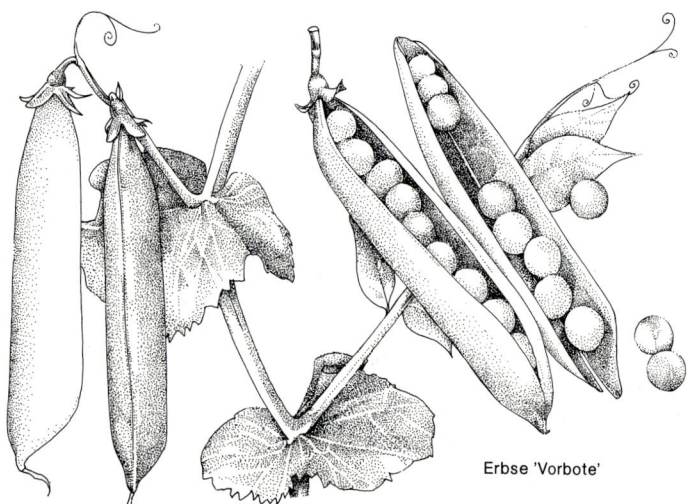

Erbse 'Vorbote'

Gartenerbsen können von Mai bis Oktober gepflückt werden; jedoch ist es üblich, nur bis August zu ernten. Um während dieser Zeit laufend ernten zu können, sät man verschiedene Sorten in mehreren Folgen im März und April aus. Einige Sorten kann man auch im Spätherbst aussäen; sie sind dann im nächsten Mai pflückreif.

Man unterscheidet Frühsorten, mittelfrühe Sorten und Spätsorten.

Nach der Wuchshöhe teilt man die Erbsen in niedrige Buscherbsen (etwa 45 cm hoch) und in hohe Reisererbsen (bis 1,5 m hoch) ein. Manche Arten sind rundsamig (Pal- oder Schalerbsen); sie sind robuster und werden am besten im Spätherbst und zeitigen Frühjahr ausgesät. Andere Sorten haben runzlige Samen (Markerbsen); sie sind besser im Geschmack, werden jedoch später ausgesät.

Man wählt einen freien, sonnigen Standplatz und düngt ihn im Herbst oder Winter vor der Aussaat gründlich mit Humus. Bevor man sät, arbeitet man 50–60 g/m² eines organisch-mineralischen Volldüngers ein.

Da Erbsen Stickstoff aus der Luft aufnehmen, reicht oft auch eine Grunddüngung mit Thomasphosphat und Patentkali (20–30 g/m²). Zusätzlich gibt man ganz kurz vor der Aussaat 10–15 g/m² Kalksalpeter oder Kalkammonsalpeter.

Aussaat von Frühsorten unter Glas

Frühsorten können unter Glas gezogen und später ausgepflanzt werden.

Der Samen wird in 7–8 cm große Torf- oder Tontöpfe mit Komposterde ausgelegt, und zwar in jeden Topf ein Korn etwa 2 cm tief.

Die Töpfe stellt man im Kleingewächshaus auf bei einer Temperatur von etwa 7–10° C. Die Komposterde darf nie ganz austrocknen, soll aber auch nur mäßig gegossen werden.

Ende März härtet man die Sämlinge im Frühbeetkasten ab.

Im April werden die Jungpflanzen in Abständen von 20 cm im Garten ausgepflanzt.

In milderen Gegenden sind die Erbsen meist Anfang Juni pflückreif.

Folgeaussaaten im Freiland

Mit der Aussaat im Freiland kann man Ende Februar oder im März beginnen, sobald der Boden etwas erwärmt und abgetrocknet ist. Man kann dann in mehreren Folgen, etwa alle zwei bis drei Wochen, bis Ende April aussäen: die Frühsorten Ende Februar und im März, die späteren Frühsorten Ende März, die Haupt- und Spätsorten im April.

Die ersten im Freiland ausgesäten Erbsen sind Ende Juni pflückreif. Die späteren Folgeaussaaten können meist bis August geerntet werden.

Man zieht 15–20 cm breite Saatfurchen, die in schweren Böden 2,5–3 cm, in lockeren Böden 5 cm tief sein sollen. Der Abstand der Furchen richtet sich nach der Wuchshöhe der nebeneinander angebauten Sorten. Als Richtlinie dient der Mittelwert der beiden Höhen. Baut man z. B. eine 60 cm hohe und eine 1,2 m hohe Sorte nebeneinander an, sollte der Abstand 90 cm betragen. In die Furchen legt man die Körner in drei Reihen mit einem allseitigen Abstand von 4 cm aus und deckt sie zu. Oder man kultiviert auf Beeten zu je drei Reihen mit 40 cm Abstand und ca. 3 cm Körnerabstand. Sollte der Garten von Mäusen

Eine breite, flache Saatfurche ziehen

heimgesucht werden, stellt man nach der Aussaat einige Fallen auf.

Als Schutz gegen Vögel eignen sich Kunststoffnetze, die an einfachen Holzrahmen oder an Drahtbügeln befestigt werden, oder zwischen Pflöcken ausgespannte schwarze Baumwollfäden oder Kunststoffgespinste.

Erbsen können von allerlei Krankheiten befallen werden (siehe Seite 523), die oft Pilze verursachen, welche entweder dem Saatgut anhaften oder die Pflanzen durch den Boden infizieren. Deshalb ist es das beste, gebeiztes Saatgut zu verwenden.

SCHUTZ GEGEN VÖGEL

Netze an Holzrahmen oder Drahtbügeln über den Reihen befestigen

Oder schwarze Baumwollfäden kreuzweise zwischen Pflöcken ausspannen

Aussaat im Herbst für die Frühsommerernte

Wenn man bereit ist, ein gewisses gärtnerisches Risiko einzugehen, kann man Erbsen Ende September bis Anfang Oktober im Freiland aussäen, die dann Ende Mai pflückreif sind.

Pflege und Ernte von Erbsen

Wenn die Sämlinge etwa 5 cm hoch sind, wird entlang den Reihen gehackt, um den Boden zu lockern und gut zu belüften.

Sobald sich zwei Blattpaare ausgebildet haben, beginnt man die Reisererbsen mit stark verzweigtem Reisig abzustützen. Man kann aber auch weitmaschige Kunststoffgitter verwenden, die an Pfählen befestigt werden, oder Erbsengitter aus weitmaschigem, am besten verzinktem oder plastikummanteltem Drahtgeflecht aufstellen.

Erbsen brauchen viel Feuchtigkeit. Man gießt daher regelmäßig bei trockenem Wetter, vor allem wenn die ersten Blüten auftreten, und dann wieder, wenn sich die jungen Hülsen auszubilden beginnen.

Um die Feuchtigkeit im Boden zu erhalten, mulcht man zwischen den Reihen am besten mit Torfmull oder strohhaltigem Stallmist.

Gepflückt werden die Erbsenkörner, wenn sie bereits gut ausgebildet sind, aber noch nicht ganz dicht in den Hülsen sitzen. Man zieht die Hülsen mit einer Hand nach unten ab, während man mit der anderen den Stiel festhält. Dadurch verhindert man, daß die Pflanzen entwurzelt oder die Stiele abgerissen werden. Man nimmt die Hülsen regelmäßig ab, sobald sie pflückreif sind, denn dadurch wird das Wachstum weiterer Hülsen gefördert.

Wenn man die Erbsen für die Verwendung im Winter trocknen möchte, läßt man an einigen Pflanzen die Hülsen voll heranreifen und pflückt sie dann. Sollte feuchte Witterung einsetzen, bevor der Reifeprozeß abgeschlossen ist, nimmt man die Pflanzen aus dem Boden heraus, hängt sie gebündelt an einem trockenen, luftigen Platz auf und läßt sie dort trocknen und ausreifen.

Man wählt Frühsorten von Palerbsen oder spezielle winterharte Erbsen aus und behandelt sie vor der Aussaat mit einem Beizmittel gegen Krankheiten. Das Saatgut wird in einer Papiertüte oder Blechbüchse mit dem Beizmittel geschüttelt, so daß jedes Korn einen dünnen Überzug erhält.

Dann wird in üblicher Weise ausgesät. Die Reihen kann man sofort nach der Aussaat mit den Abdeckhauben bedecken. Dadurch schützt man die Pflanzen vor Vögeln und Kälte und beugt gleichzeitig der Umfallkrankheit vor, durch die die ganze Kultur vernichtet werden kann.

Schäden, die bei Erbsen auftreten können

Umfallkrankheit Erbsen werden häufig von dieser Krankheit befallen, bei der der Stengel in Bodennähe faulig wird und die ganze Pflanze abwelkt. Vorbeugend wird der Boden gut kultiviert und entwässert und die Frucht gewechselt.

Erbsenmehltau Ein weißer Schimmelrasen kann sich auf den Blättern der späteren Kulturen ausbilden. Man entfernt stark befallene Pflanzen und spritzt mit Schwefelpräparaten.

Auch kombinierte Präparate aus Schwefel und Zineb eignen sich gut zur Bekämpfung.

Brennfleckenkrankheit Im Juni oder Juli bilden sich hellbraune bis braunschwarze Flecken an Blättern, Stengeln und Hülsen. Die Samen bekommen graugelbe bis dunkle Stellen. Manchmal werden auch Stengelbasis und Hauptwurzel befallen; sie färben sich dann schwarz. Am besten verwendet man resistente Sorten, gebeizte Samen oder wechselt die Beete.

Blattrandkäfer Vom Käfer werden die Blattränder der jungen Pflanzen bogenförmig ausgefressen. Man behandelt mit Endosulfan.

Blasenfuß und Erbsenwickler Der Erbsenblasenfuß sticht Blätter und Blüten an, die danach mit kleinen, silbrigen Flecken dicht besetzt sind. Die Gefahr eines Befalls besteht von Juni bis August, vor allem bei heißem, trockenem Wetter. Die Raupen des Erbsenwicklers können bei Hauptkulturen und Spätsorten Schaden anrichten. Gegen beide Schädlinge spritzt man zehn Tage nach dem Aufbrechen der Blüten mit dem bienenungefährlichen Endosulfan.

Erbsenälchen Im Sommer stockt das Wachstum, die Blätter verfärben sich gelblich und sterben von oben nach unten ab. Ab Juni sind vereinzelt Knötchen, sogenannte Zysten, an den Wurzeln sichtbar, in denen die Älchen oder Fadenwürmer leben. Die Bekämpfung ist schwierig; am besten hilft Fruchtwechsel.

Andere Schäden Die Pflanzen können auch durch Blattläuse, Vögel und Schnecken geschädigt werden (siehe Scite 515).

Die Pflanzen bleiben bis zum Frühjahr – wenn es die Höhe der Abdeckhauben erlaubt – abgedeckt.

Für die Aussaat im Herbst eignen sich die winterfesten Sorten 'Sperlings Winfrida' und 'Winkossa'; sie gehören zu den sehr schmackhaften Markerbsen.

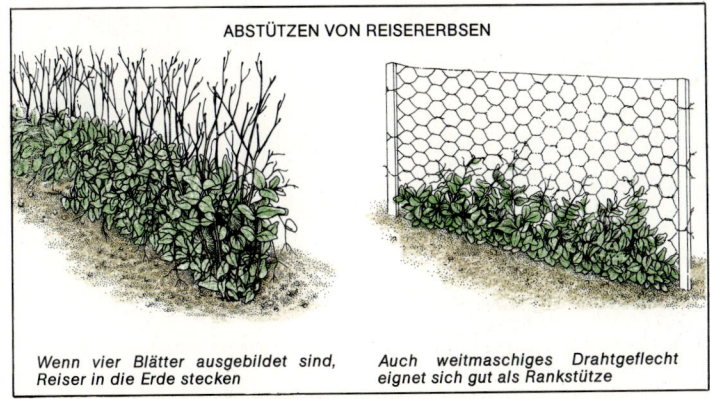

ABSTÜTZEN VON REISERERBSEN

Wenn vier Blätter ausgebildet sind, Reiser in die Erde stecken

Auch weitmaschiges Drahtgeflecht eignet sich gut als Rankstütze

Empfehlenswerte Erbsensorten

PALERBSEN	
'Maiperle'	'Juwel'
'Allerfrüheste Mai'	'Properla'
'Kleine Rheinländerin'	'Salout'
'Rheinperle'	'Senator'
'Überreich'	'Siegerin'
'Vorbote'	'Sprinter'
	'Wunder von Kelvedon'
MARKERBSEN	WINTERHARTE MARKERBSEN
'Aldermann'	'Sperlings Winfrida'
'Lorka'	'Winkossa'

Gurken

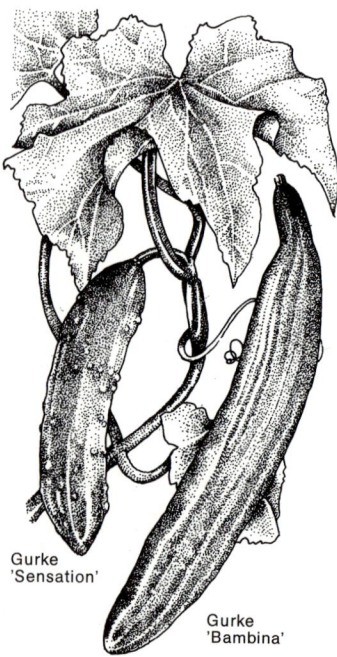

Gurke
'Sensation'

Gurke
'Bambina'

Es gibt zwei Gurkenarten: Treibhausgurken und Freilandgurken. Treibhausgurken brauchen viel Wärme und werden unter Glas gezogen, während Freilandgurken, auch Feldgurken genannt, widerstandsfähiger sind und an einem sonnigen, geschützten Platz im Freien angebaut werden können.

Freilandgurken werden von August bis Oktober geerntet; die im beheizten Treibhaus gezogenen Arten können praktisch das ganze Jahr über angebaut und geerntet werden.

Die Gurke gehört zu den rankenden Kletterpflanzen. Im Treibhaus muß man sie an Drähten hochziehen; im Frühbeet oder im Freiland läßt man die Triebe auf dem Boden wachsen.

Alle Gurken brauchen einen nährstoffreichen Boden. Wenn man sie in ein Beet im Treibhaus setzt, sollte der Boden aus drei Teilen gutem Lehm und einem Teil gut verrottetem Stallmist bestehen.

Anbau von Gurken im Treibhaus

Die Samen brauchen zum Keimen eine hohe Temperatur. Man kann sie in Handkästen oder Töpfen im elektrisch beheizten Vermehrungskasten im Gewächshaus anziehen. Der Thermostat des Kastens wird auf eine Temperatur von 24° C eingestellt.

Im Februar sät man zum erstenmal, im April zum zweitenmal. Entweder legt man die Samenkörner einzeln in 7–8 cm große Töpfe mit Komposterde oder in Handkästen im Abstand von 2,5 cm. Die Samen müssen gut 2 cm mit Erde bedeckt sein.

Die Töpfe oder Kästen werden mit einer Glasscheibe abgedeckt; darauf kommt ein zusammengefaltetes Stück Zeitungspapier. Dann stellt man die Gefäße in den Vermehrungskasten oder auf eine Stellage über den Heizrohren.

Nach dem Keimen sollte die Nachttemperatur im Haus etwa einen Monat lang nicht unter 16° C absinken. Für die rein weiblichen F_1-Hybriden sollte die Nachttemperatur sogar auf mindestens 21° C gehalten werden.

Vor dem Auspflanzen der Setzlinge spannt man unter dem Dach des Treibhauses einen waagrechten Draht. Er sollte etwa 30 cm von den Glasflächen entfernt sein.

Wenn die Gurkensetzlinge zwei kräftige Blätter ausgebildet haben, pflanzt man sie ins Kleingewächshaus aus. Am Fuß der Pflanzen bindet man eine Schnur an, die oben am Querdraht befestigt wird. An dieser Schnur läßt man die Pflanzen hochranken.

Wenn die Pflanzen eine Höhe von etwa 2,5 m (oder den oberen Querdraht) erreicht haben, werden die jungen Spitzen der Leittriebe abgekniffen.

Haben die Seitentriebe Früchte angesetzt, kürzt man ihre Spitzen auf ein bis zwei Blätter oberhalb der ersten Gurke ein. Sobald die Seitentriebe weitere Nebentriebe gebildet haben, an denen Früchte sitzen, kneift man die Spitzen der Nebentriebe ebenfalls ein bis zwei Blätter oberhalb der ersten Frucht

aus. Die Gurken tragen sowohl männliche als auch weibliche Blüten (mit Ausnahme der rein weiblichen F_1-Hybriden, die nur weibliche Blüten besitzen). Die weiblichen Blüten sind an der embryonalen Gurke unter dem Blütenboden zu erkennen. Sobald sich die männlichen Blüten entwickeln, werden sie entfernt, damit die weiblichen Blüten nicht befruchtet werden. Befruchtete Gurken haben Kerne und schmecken nicht so gut.

Bei starkem Sonnenschein müssen die Pflanzen beschattet und reichlich gegossen werden. Damit die Luft feucht bleibt, sollte man auch mindestens zweimal am Tag den Boden im Treibhaus mit Wasser bespritzen. Wenn an der Oberfläche des Gurkenbeets weiße Wurzeln hervortreten, deckt man sie mit frischer Komposterde ab.

Haben sich die Pflanzen gut entwickelt, dann können die ersten Gurken 12–14 Wochen nach der Aussaat geerntet werden. Man nimmt sie ab, wenn sie schon recht groß sind, sich aber noch nicht gelb gefärbt haben.

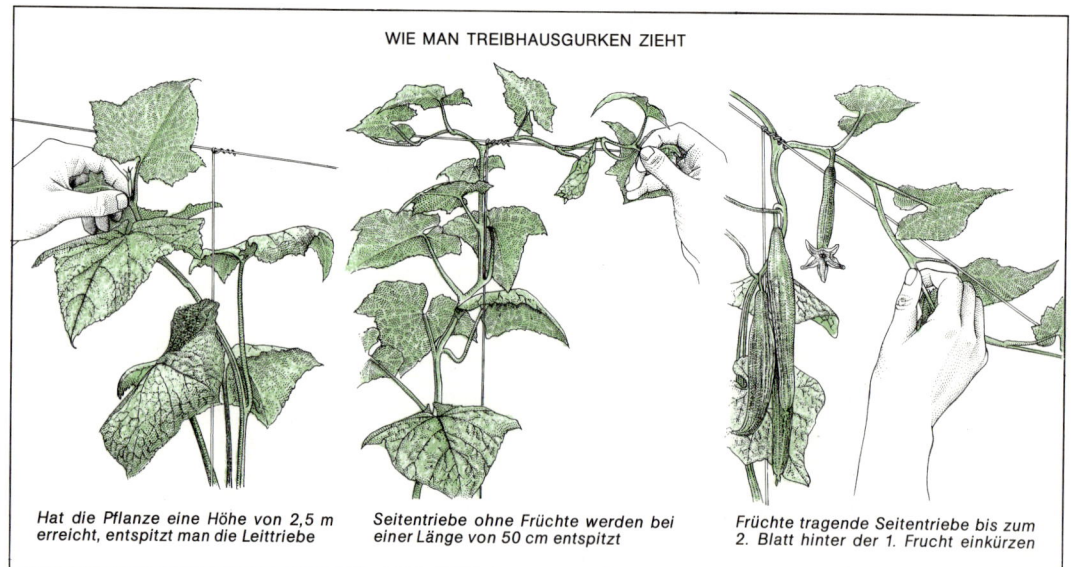

WIE MAN TREIBHAUSGURKEN ZIEHT

Hat die Pflanze eine Höhe von 2,5 m erreicht, entspitzt man die Leittriebe

Seitentriebe ohne Früchte werden bei einer Länge von 50 cm entspitzt

Früchte tragende Seitentriebe bis zum 2. Blatt hinter der 1. Frucht einkürzen

Anbau von Treibhausgurken im Frühbeet

In den Boden des Frühbeets wird gut verrotteter Stallmist eingearbeitet und mit 10–12 cm Mutterboden aus dem Garten abgedeckt.

Ende April kann man die Samen in Töpfe oder Handkästen genauso wie bei der Kultur im Treibhaus aussäen, die Behälter zum Keimen stellt man jedoch in den unbeheizten Frühbeetkasten.

Wenn sich die Jungpflanzen entwickelt haben, pflanzt man jeweils ein bis zwei Pflänzchen unter ein Frühbeetfenster. Bei Torftöpfen wird vor dem Einpflanzen der obere Rand aufgerissen. Um den Stengel der Pflanze sollte der Boden leicht angehäufelt werden. Rund um die Pflanzen wird Schneckenkorn ausgelegt.

Man legt das Frühbeetfenster auf und bestreicht es mit Schattierfarbe oder Kalkmilch. Tagsüber hebt man das Fenster an der windabgekehrten Seite um etwa 5 cm an; bei Nacht läßt man es einen kleinen Spalt offen. Am besten legt man ein „Luftholz" unter. Unterschiedliche Länge, Breite und Höhe des Holzes ermöglichen verschiedene Öffnungshöhen.

Die Pflanzen werden regelmäßig gegossen. Bei heißem Wetter spritzt man mindestens zweimal am Tag.

Früher wurde die Triebspitze der Pflanzen ausgekniffen, nachdem sich sechs Laubblätter gebildet hatten. Diese Maßnahme ist nicht mehr zu empfehlen. Man läßt den Haupttrieb weiterwachsen und beschneidet nur die Seitentriebe. Dies kann geschehen, sobald sich vier Blätter entwickelt haben. Da moderne Gurkensorten leicht Früchte ansetzen, muß man die Triebe nur dann herausnehmen, wenn sie über den Frühbeetkasten hinauswachsen.

Werden Gewächshausgurken im Frühbeetkasten angebaut, können die männlichen Blüten entfernt werden, damit sich keine Samen bilden. Es gibt im Fachhandel aber auch typische Kastengurken. Bei diesen Sorten brauchen männliche Blüten nicht entfernt zu werden. Sie sind im Gegenteil nützlich, da diese Sorten bestäubt werden müssen, um sicher Früchte anzusetzen.

Die Seitentriebe legt man gleichmäßig über den Boden des Frühbeetkastens aus. Ende Juli oder Anfang August kann man in der Regel mit der Ernte beginnen.

ERZIEHUNG IM FRÜHBEETKASTEN

Früchte tragende Seitentriebe werden bis auf 1–2 Blätter oberhalb der ersten Gurke eingekürzt

Anbau von Freilandgurken

Frühsorten werden Ende April im unbeheizten Gewächshaus oder Frühbeetkasten herangezogen. Man legt den Samen etwa 1,5 cm tief in 7–8 cm große Töpfe mit Komposterde.

Im Mai werden die Sämlinge abgehärtet und dann in der ersten Juniwoche ausgepflanzt. Mit dem Handspaten werden die Pflanzlöcher in Abständen von 60–75 cm von Pflanze zu Pflanze und 90 cm von Reihe zu Reihe ausgehoben. Rund um die Pflanzen legt man Schneckenkorn aus.

Spätere Aussaaten werden direkt auf die endgültige Beet – entweder Mitte Mai unter Folienhauben (die man Mitte Juni wieder entfernt) oder Ende Mai ohne Abdeckung – vorgenommen.

Man sät die Samen in Abständen von 60–75 cm in Horsten aus, wobei pro Horst drei Samen 2,5 cm tief in den Boden gelegt werden. Wenn man mehr als eine Reihe aussät, sollte der Abstand zwischen den Reihen 90 cm betragen. Um jeden Horst legt man Schneckenkorn aus. Wenn die Jungpflanzen zwei bis vier Blätter ausgebildet haben, werden die Horste ausgedünnt. Man läßt immer nur die kräftigste Pflanze stehen.

Bei einer anderen ebenfalls platzsparenden Art der Aussaat werden die Samenkörner in Abständen von 20–25 cm in eine 2,5 cm tiefe Saatrille gelegt. Die Pflanzen zieht man dann an Drahtgittern in die Höhe.

Bei trockenem Wetter müssen die Pflanzen reichlich gegossen werden. Die männlichen Blüten werden (im Gegensatz zu den Treibhausgurken) nicht entfernt, denn die weiblichen Blüten müssen befruchtet werden. Man unterstützt die Bestäubung, indem man einige voll entwickelte männliche Blüten abnimmt und den Pollen auf die weiblichen Blüten überträgt. Alle Triebe, die keine jungen Gurkenfrüchte tragen, werden bis auf das siebte Blatt eingekürzt.

Die Gurken werden verhältnismäßig jung abgenommen, um die Ausbildung weiterer Früchte zu fördern. Einen hohen Ertrag kann man im August und September erzielen. Die Pflanzen sterben ab, wenn die Herbstfröste einsetzen.

ERZIEHUNG IM FREILAND

Alle Triebe, die keine Gurken tragen, werden bis auf das siebte Blatt eingekürzt

Schäden, die bei Gurken auftreten können

Gurkenmosaikvirus Die Pflanzen bleiben im Wuchs zurück. Blätter und Früchte sind gesprenkelt und gekräuselt. Befallene Pflanzen sofort vernichten.

Weiße Fliege Das kleine, mottenähnliche Insekt mit weißen Flügeln saugt den Saft aus den Pflanzen. Es sitzt an der Unterseite der jungen Blätter. Befallene Pflanzen spritzt man mit Malathion° oder Diazinon.

Stengelfäule Die Pflanzen faulen an der Basis des Stengels ab; zuvor verfärbt sich der Stengel.

Die Ursache kann eine schlechte Entwässerung des Bodens sein.

Gurkenmehltau Weißliche Flekken bzw. Überzug auf der Blattober- und -unterseite. Die Blätter vertrocknen. Wiederholtes Spritzen mit Triforin u. a.

Andere Schäden Schneckenfraß, Milben bzw. Rote Spinne.

Empfehlenswerte Gurkensorten

TREIBHAUSGURKEN
'Bambina'
'Pandes'
'Pandorex'
'Granex'
'Pepinex'
'Uniflora-D'
'Virgo-A'

KASTENGURKEN
'Produkta'
'Sensation'
'Green Stick'

FREILAND-, SCHÄL- UND SALATGURKEN
'Moneta'
'Highmark II'
'Chinesische Schlangen'
'Hoffmanns Giganta'
'Riesenschäl'
'Sensation'

FREILAND-EINLEGEGURKEN
'Argus'
'Fablo'
'Nimbus'
'Hokus'
'Levo'
'Delfin'
'Heureka'

Kartoffeln

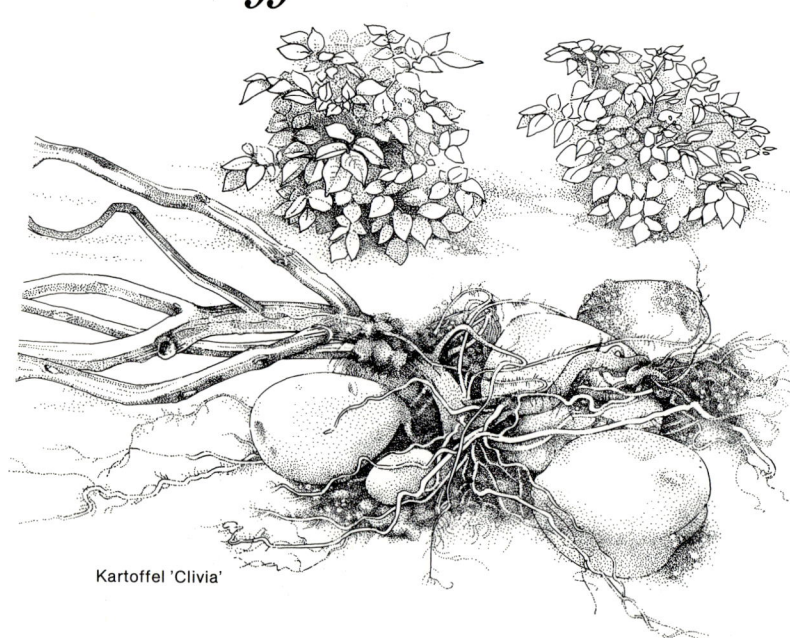

Kartoffel 'Clivia'

Es gibt Frühkartoffeln, mittelfrühe Sorten und Spätsorten. Sie werden aus kleinen Saatkartoffeln gezogen, die man vor dem Einpflanzen in Kisten vorkeimen läßt.

Frühkartoffeln werden Mitte März gepflanzt und im Juni und Juli geerntet. Die mittelfrühen Sorten kommen Anfang April in den Boden und werden fortlaufend von Juli bis September geerntet. Die Hauptkultur legt man Ende April, erntet sie im September und lagert sie dann für den Winter ein.

Die Kartoffel beansprucht ziemlich viel Platz, etwa eine Fläche von 10 x 5 m für acht Reihen, die einen Ertrag von rund 250 kg bringen. Wenn man wenig Platz hat, sollte man besser nur eine geringere Menge Frühkartoffeln anbauen, die dann reif sind, wenn die neuen Kartoffeln im Laden teuer sind.

Wer Platz hat, sollte ruhig Spätsorten nach eigenem Geschmack anbauen, denn bei den im Laden erhältlichen handelt es sich meist um Sorten, die mehr wegen des hohen Ertrags als wegen der guten Qualität kultiviert werden.

Kartoffeln können rund, länglich oder nierenförmig sein, eine rote, weiße oder gelbe Schale und weißes oder gelbes und mehliges oder speckiges Fleisch haben.

Die Kartoffel braucht viel Licht, im Schatten entwickelt sie mehr Kraut und weniger Knollen. Sie wächst recht gut in den meisten Böden, bevorzugt jedoch einen lockeren, leicht zu bearbeitenden Lehmboden. Einen schweren Boden muß man auflockern, indem man gut verrotteten Gartenkompost, Torfmull oder grobkörnigen Sand einarbeitet. Bei günstigen Bodenbedingungen braucht man lediglich gut verrotteten Stallmist zuzusetzen, wenn das Beet nicht bereits innerhalb des dreijährigen Fruchtwechsels vorgedüngt worden ist. In jedem Fall wird jedoch vor der Pflanzzeit der Boden mit 60 g/m² eines mineralischen Volldüngers gedüngt.

Vorbereitung der Saatkartoffeln zum Auslegen

Am besten eignen sich hühnereigroße, 60–90 Gramm schwere Saatkartoffeln. Größere Knollen teilt man zur Pflanzzeit der Länge nach in zwei Hälften. Man kauft die Saatkartoffeln Ende Januar und legt sie sofort in Kisten, die sich gut stapeln lassen, z. B. Tomatenkisten. Bei den Saatkartoffeln sitzen die meisten Augen (aus denen die Keime austreiben) nahe bei oder an einem Ende. Diese Stelle nennt man die Krone.

Man legt die Saatkartoffeln mit den Kronen nach oben nebeneinander in die Kisten. Wenn man zusammengefaltetes Zeitungspapier zwischen die Reihen legt, bleiben sie so stehen. Gut geeignet sind Tomatenkisten. Sie haben an den Ecken überstehende Holzleisten und lassen sich gut stapeln.

Die Kisten kommen an einen frostfreien Platz (Schuppen, Gewächshaus) mit reichlicher Luftzufuhr, in dem die Temperatur 5–7° C beträgt und die Luftfeuchtigkeit nicht hoch ist. Etwas Licht ist erforderlich, damit die Keime stark und grün werden. Die Kartoffeln werden vier oder fünf Wochen vor dem Legen vorgekeimt. Dadurch steigert man den Ertrag und kann auch feststellen, ob alle Knollen keimfähig und nicht von Pilz- oder Viruskrankheiten befallen sind.

Zur Pflanzzeit sollen die Keime kurz und dick sein, etwa 7–12 mm. An einem zu dunklen und zu warmen Platz werden sie lang und dünn. Legt man Kartoffeln mit längeren Keimen aus, muß man aufpassen, daß die Keime nicht beschädigt werden.

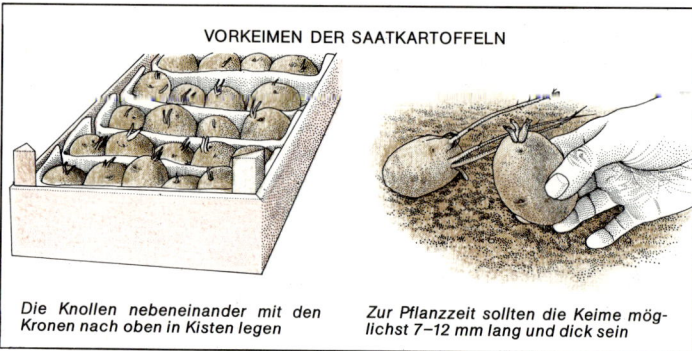

VORKEIMEN DER SAATKARTOFFELN

Die Knollen nebeneinander mit den Kronen nach oben in Kisten legen

Zur Pflanzzeit sollten die Keime möglichst 7–12 mm lang und dick sein

Anbau von Frühkartoffeln in Töpfen

Man kann im Gewächshaus im Januar oder Februar einige Saatkartoffeln in 25-cm-Töpfe setzen und zu verfrühtem Wachstum antreiben. Die Abflußlöcher der Töpfe werden mit einer Tonscherbe abgedeckt. Dann füllt man etwa 5 cm hoch gute Blumentopferde ein, setzt jeweils eine Knolle mit der Krone nach oben in jeden Topf und bedeckt sie mit einer 2,5 cm hohen Kompostschicht. Mit fortschreitendem Wachstum füllt man Komposterde nach, bis sie etwa 2,5 cm unter den Topfrand reicht.

Man gießt regelmäßig mit einer verdünnten Düngerlösung. Etwa 12–14 Wochen nach dem Pflanzen klopft man den Erdballen aus dem Topf, nimmt die größten Knollen ab und setzt ihn in den Topf zurück, damit die Pflanze weiterwächst.

Anbau von Frühkartoffeln

In warmen, geschützten Lagen kann man Frühkartoffeln ab Mitte März bis Anfang April legen und dann im Juni oder Juli ernten. In kälteren Gegenden wartet man mit dem Legen bis Mitte April, weil die jungen Pflänzchen nur einen Frost von wenigen Minusgraden aushalten.

Mit der Ziehhacke macht man in 60 cm Abstand Furchen, die in leichtem Boden 10 cm und in schwerem Boden 15 cm tief sein sollten, und legt gut vorgekeimte Saatkartoffeln 30 cm auseinander mit den Kronen nach oben hinein. Dann schiebt man das Erdreich mit den Füßen oder der Hacke in die Furchen und zieht zwischen ihnen mit dem Rechen etwas Erde weg und häufelt sie zu einem flachen Damm auf. Sobald die Triebe aus dem Boden treten, häufelt man als Frostschutz weiter Erde auf sie. Wenn sie dazu zu groß sind, deckt man die Blattbüschel mit etwas trockenem Laub oder Stroh ab. Man kann sie auch vorübergehend mit Zeitungspapier abdecken, das man an den Ecken mit kleinen Pflöcken feststeckt. Eine andere Möglichkeit ist, einen Folientunnel über den Reihen aufzubauen, ähnlich wie beim Gemüse. Darunter erwärmt sich der Boden schnell, so daß ein früher Durchtrieb erfolgt, und der Tunnel bietet auch einen gewissen Frostschutz.

Anhäufeln Wenn das Kraut etwa 20–25 cm hoch ist, beginnt man mit dem Anhäufeln. Damit bringt man eine höhere Erdschicht auf die Wurzeln, unter der sie sich besser ausbreiten und Knollen ausbilden können, und verringert die Gefahr, daß Licht an die Knollen kommt und sie dann grün und ungenießbar werden. Da man dabei die Erde hackt, werden auch Unkräuter niedergehalten.

Als erstes lockert man die Erde zwischen den Reihen mit der Hacke und streut dann (Herstellerhinweise beachten) einen Handelsdünger, beispielsweise Blaukornvolldünger, über den Boden. Mit der Ziehhacke wird dann der Boden aus den Zwischenräumen zu einem flachen Damm an die Pflanzen herangezogen.

Nach einer Woche häufelt man wieder an und zieht etwas mehr Erde heran. Wenn die Pflanzen 30 cm hoch sind, häufelt man noch ein letztes Mal so an, daß der Damm maximal 15 cm hoch ist. Der Damm muß oben möglichst breit sein, an den Seiten jedoch steil abfallen. Bei sehr trockenem Wetter macht man die Krone des Damms flach oder sogar etwas nach innen geneigt, so daß sich das Regen- oder Gießwasser sammeln kann. Wenn jedoch eine längere feuchte Witterung angesagt ist, rundet man sie ab, damit überschüssiges Wasser ablaufen kann.

Ernte Die ersten Frühkartoffeln können in günstigen Gebieten im Juni geerntet werden. Man entfernt mit der Hand etwas Erde von einer Seite des Damms, um die Größe der Knollen zu prüfen. Erntereif sind die hühnereigroßen Knollen. Von ihnen gräbt man vorsichtig nur so viele aus, wie man gerade zum Essen braucht. Die andern müssen weiter heranwachsen.

Wenn dann alle Knollen herangereift sind – etwa Ende Juni oder Anfang Juli –, kann die reguläre Ernte beginnen. Man nimmt auch jetzt nur so viel Knollen heraus, wie man braucht. Dazu schneidet man das Kraut mit einer Schere ab, weil sich die Knollen dann leichter ausgraben lassen. Man sticht mit der Grabgabel oder dem Spaten in einiger Entfernung von der Pflanze so tief in den Boden, daß man die ganze Pflanze herausheben und zwischen den Reihen ablegen kann. Alle Knollen, die nicht sofort verwendet werden, legt man zum Trocknen aus.

ANHÄUFELN

Eine nach innen abgeschrägte Dammkrone hält Wasser zurück

Eine abgerundete Dammkrone läßt überschüssiges Wasser ablaufen

Anbau von mittelfrühen Sorten und Lagerkartoffeln

Die mittelfrühen Sorten werden Anfang April, die Spätsorten (Lagerkartoffeln) Ende April angebaut. Man macht mit der Ziehhacke etwa 10 cm tiefe und 7 cm breite Furchen in Abständen von 65 cm und legt die Saatkartoffeln ca. 5 cm voneinander entfernt hinein, deckt sie mit Erdreich zu und recht es zu einem flachen Damm an, damit kein Licht an die Knollen kommt und sie sich nicht grün färben und ungenießbar werden.

Wenn das Kraut 20 cm hoch ist, streut man Dünger zwischen die Reihen und häufelt wie bei Frühkartoffeln etwas Erde an.

Anfang Juli spritzt man mit Maneb, Zineb oder Kupferoxychlorid, um der Kraut- und Knollenfäule vorzubeugen. Wichtig ist, daß sowohl die Unterseiten als auch die Oberseiten der Blätter gespritzt werden.

Mittelfrühe Sorten können von Juli bis Anfang September geerntet werden. Bei Bedarf kann man einen Teil einlagern. Die Hauptkultur ist im September oder Anfang Oktober erntereif, wenn das Kraut abstirbt. Nach dem Ausgraben legt man die Kartoffeln zum Trocknen aus, denn sie müssen vor dem Einlagern vollständig trocken sein.

Gelagert werden Kartoffeln am besten in einem frostsicheren, dunklen Raum wie Schuppen, Untergeschoß, Keller, in luftdurchlässigen Kisten oder besser in einer Kartoffelhürde.

Man kann sie aber auch im Freien in einer Miete einlagern. Dazu hebt man einen flachen, etwa 1,2 m breiten und 10 cm tiefen Graben aus, der lang genug ist, um die später aufgeschichteten Kartoffeln aufzunehmen. Der Boden der Miete wird mit Stroh ausgelegt, und darauf schichtet man die Kartoffeln bis zu einer Höhe von etwa 1 m auf und deckt sie mit einer 15 cm starken Strohlage ab und diese mit einer 15 cm dicken Schicht Erde.

Wenn man die Miete schließt, schafft man einen Luftschacht, indem man ein 10 cm dickes Strohbündel zusammendreht und durch die Erdabdeckung hindurchführt. Bei längeren Mieten muß alle 1,8 m ein Luftschacht gemacht werden.

Um Kartoffeln zu entnehmen, wird die Miete an einem Ende geöffnet. Danach muß sie wieder mit Erde und Sackleinen gegen Frost geschützt werden.

Anbau von Kartoffeln unter schwarzer Plastikfolie

Wenn man Kartoffeln unter einer schwarzen Plastikfolie anbaut, braucht man weder anzuhäufeln noch Unkraut zu hacken. Das Beet wird wie bei der üblichen Anbauweise vorbereitet.

Die Saatkartoffeln werden normal vorgekeimt und einzeln mit der Krone nach oben etwa 7–10 cm tief in Pflanzlöcher gesetzt, die Frühsorten in Abständen von 30 cm, die anderen Sorten in Abständen von 35 cm. Zwischen den Reihen wird etwas Schneckenkorn ausgelegt. Dann legt man die Plastikfolie (50 cm breit, 0,75 mm stark) darüber. Ihre Kanten werden eingegraben und in kurzen Abständen mit Steinen beschwert, damit der Wind sie nicht hochheben kann.

Sobald die jungen Pflanzen herauskommen, schneidet man über

jedem Trieb mit einer Rasierklinge einen 5 cm langen Schlitz in die Folie und führt die Triebe durch die Schlitze hindurch. Wenn sich im Laufe des Wachstums herausstellt, daß einige Schlitze zu groß geraten sind, häufelt man etwas Torfmull rund um die Stengel an, damit kein Licht an die Knollen kann und diese nicht grün und somit wertlos werden.

Wenn die Pflanzen blühen, hebt man die Folie an einer Seite hoch, denn die ersten Knollen könnten bereits erntereif sein. Einige Knollen werden auf dem Boden, andere nur knapp darunter liegen. Man nimmt nur die größten Kartoffeln ab und legt dann die Plastikfolie wieder auf.

Vor der endgültigen Ernte schneidet man das Kraut ab, nimmt die Folie herunter und gräbt die Kartoffeln aus. Bevor man sie einlagert, läßt man sie einige Stunden in der Sonne liegen, bis sie ganz trocken sind, denn feuchte Kartoffeln faulen leicht.

1. Die Kartoffeln mit den Keimen nach oben 7–10 cm tief in den Boden legen

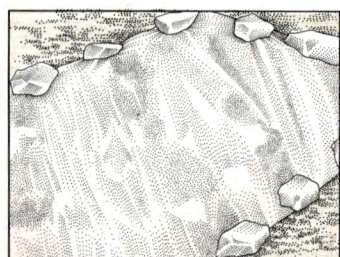

3. Die Folie ringsum eingraben und mit schweren Steinen verankern

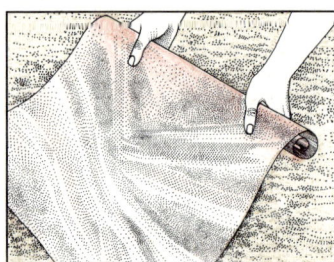

2. Die Reihen mit der schwarzen Plastikfolie abdecken

4. Bei zu großen Schlitzen etwas Torfmull um die Stengel anhäufeln

Schäden, die bei Kartoffeln auftreten können

Drahtwürmer Sie können mit den größten Schaden anrichten, vor allem auf neu kultiviertem Land. Ihre kleinen, gelbbraunen Larven fressen winzige Löcher in die Knollen. Echte Abhilfe schafft nur eine sorgfältige und fortlaufende Kultivierung des Bodens. Wo Schäden zu befürchten sind, baut man Frühsorten an und nimmt Spätsorten sofort nach der Reife aus dem Boden.

Man wendet vorbeugend Streugranulate, z. B. Diazinon, an.

Kraut- und Knollenfäule Eine gefährliche Pilzerkrankung, bei der die Blätter gelbbraune Flecken bekommen und sich einrollen. Bei feuchtem Wetter bildet der Pilz unter den Blättern ein Pilzmyzel aus weißen Fäden. Die Krankheit geht dann auf die Knollen über und verursacht rötlichbraune Verfärbungen unter der Schale, die als graue Flecken durchscheinen. Vorbeugend kann man Anfang Juli mit Maneb oder Kupferoxychlorid spritzen.

Kartoffelschorf Erhöhte Schorfflecken treten auf den Schalen auf, das Fleisch selbst wird aber nicht angegriffen. Der Schorf wird von einem Pilz verursacht, der sich unter alkalischen Bedingungen ausbreitet. Vor dem Pflanzen darf dem Boden kein Kalk zugeführt werden. Der Boden muß eine größere Menge organischen Materials enthalten. Wenn der Schorf beständig auftritt, müssen resistente Sorten gepflanzt werden.

Kartoffelälchen Diese Älchen verursachen stecknadelkopfgroße, gelbe oder braune Anschwellungen an den Wurzeln. Am besten beugt man einem Befall durch Fruchtwechsel vor. Für die Hauptkultur ist eine fünfjährige Fruchtfolge am günstigsten; Frühsorten können jedoch in kürzeren Abständen angebaut werden, ohne daß sich der Schädling gefährlich vermehrt. Wenn der Befall sehr stark ist, dürfen auf dem verseuchten Boden vorläufig keine Kartoffeln mehr angebaut werden.

Empfehlenswert ist der Anbau resistenter Sorten. Unter Umständen sollte man den Boden entseuchen.

Andere Schäden Schneckenfraß.

Empfehlenswerte Kartoffelsorten

FRÜHSORTEN
'Erstling' Älteste und früheste, beste Qualitätsspeisekartoffel; Knollen langoval, hell gelbfleischig; verlangt gute Böden
'Atica' Knollen langoval bis lang, gelbfleischig, mittelgroß; Geschmack angenehm bis kräftig; gewisse Resistenz gegen Viren; guter Ertrag
'Friga' Knollen lang in guter Form, hell gelbfleischig; gute Koch- und Geschmacksqualität

MITTELFRÜHE SORTEN
'Clivia' Knollen oval, gelbfleischig; anspruchslos; hohe Erträge
'Grandifolia' Knollen langoval, gelbfleischig, festkochend, anspruchslos, relativ krankheitsresistent
'Maja' Knollen rundoval, gelbfleischig, festkochend, mit gutem Geschmack; anspruchslos

'Ulla' Knollen gelbfleischig, vorwiegend mehlig festkochend; hohe Erträge

SPÄTE SORTEN
'Datura' Gutwüchsig; guter Geschmack
'Carmen' Knollen rundoval, festschalig, gelbfleischig; angenehm kräftiger Geschmack; mittlere Ansprüche an den Boden
'Elke' Knollen rundoval bis oval, gelbfleischig, mehlig festkochend; mittelhoher bis hoher Ertrag und guter Widerstand gegen Krankheiten
'Fatima' Knollen rundoval, gelbfleischig; guter Ertrag
'Cosima' Knollen groß; anspruchslos; sehr ertragreich; relativ widerstandsfähig gegen Kraut- und Knollenfäule
'Isola' Knollen rundoval, hell gelbfleischig, mit schneller Entwicklung

Obst

Fast das ganze Jahr über Obst aus dem eigenen Garten – das kann man haben, wenn man die richtigen Arten und Sorten anbaut

Kernobst

Wenn man Kernobst anbauen möchte, muß man sich als erstes für die Form der Bäume entscheiden – und dabei spielt die Größe des Gartens eine wichtige Rolle. Für kleine Gärten ist Zwergobst am besten geeignet.

Obstgehölze stellen, wie alle Pflanzen, ganz bestimmte Ansprüche an ihren Standort. Wenn man diese nicht erfüllt, wird man Jahr für Jahr enttäuscht, weil Obstgehölze sehr langlebig sind und Boden und Klima unveränderliche Wachstumsfaktoren darstellen.

Der Apfel, die wichtigste und wertvollste Frucht des Gartens, kann auf allen kulturwürdigen Böden angebaut werden. Extrem trockene, leichte oder staunasse Standorte sind nicht geeignet. An das Klima stellt der Apfel keine besonders hohen Anforderungen; deswegen gedeiht er in vielen Gebieten. Das kommt daher, daß es viele Sorten und für verschiedene Standorte geeignete Unterlagen gibt. Unter den Sorten sind besonders anspruchsvolle und pflegebedürftige, aber auch solche, die genügsam sind. Sorten, die besonders hohe Ansprüche an Boden, Klima und Pflege stellen, sollte man nur anbauen, wenn optimale Voraussetzungen gegeben sind. Ein Beispiel dafür ist die Sorte 'Cox Orange'. Sie ist besonders anspruchsvoll und pflegebedürftig, anfällig für fast alle Krankheiten und Schädlinge, und das Holz ist nur gering frosthart.

Die Sorte 'Golden Delicious' ist nicht für kalte, feuchte, neblige Standorte geeignet, weil die Früchte nur im warmen Klima gut ausreifen. Bei dieser Sorte ist die Frosthärte des Holzes relativ gering, die der Blüte dagegen hoch. Der 'Golden Delicious' ist sehr schorfanfällig; man sollte ihn also nur dann anpflanzen, wenn der Schorf durch häufiges Spritzen bekämpft werden kann.

Auf Quitte veredelte Birnen stellen ähnlich hohe Ansprüche wie der Apfel. Besonders die spät reifenden Tafelbirnen verlangen viel Sonne und gedeihen daher am besten im Weinklima. Gerade die wertvollsten Birnensorten stellen auch die höchsten Ansprüche an Klima, Boden und Pflege. Wenn diese Voraussetzungen nicht gegeben sind, leiden vor allem die Geschmackseigenschaften.

Der Apfel 'Cox Orange' mit seinem feinwürzigen Geschmack ist wohl der feinste Tafelapfel. Er stellt jedoch sehr hohe Ansprüche an den Boden und muß intensiv gepflegt werden. Außerdem ist er anfällig für Krankheiten und Schädlinge. Die Erträge setzen früh ein

▲ Apfel 'Oldenburg'

◀ 'Bosc's Flaschenbirne'

▲ Apfel 'Roter Boskoop'

Der 'Oldenburg' ist eine Herbstsorte, die sehr hohe Erträge bringt

Der 'Rote Boskoop' ist ein großer, betont säuerlicher Tafelapfel

Der 'Golden Delicious', ein erstklassiger Tafelapfel, ist sehr saftig und *aromatisch*

'Bosc's Flaschenbirne' ist etwas rauhschalig, aber saftig und süß

Hier wächst die 'Williams Christbirne' in einer Flasche, die später mit Schnaps aufgefüllt wird

'Alexander Lucas' ist eine recht große, saftige und süße triploide Sorte

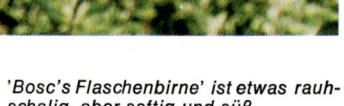

'Williams Christbirne' ▼

▲ Apfel 'Golden Delicious'

Birne 'Alexander Lucas'

Steinobst

Zum Steinobst zählen Süßkirschen, Sauerkirschen, Pflaumen, Zwetschen, Mirabellen, Renekloden, Pfirsiche, Nektarinen und Aprikosen. Das anspruchsvollste Steinobstgehölz ist die Aprikose. Sie verlangt vor allem Wärme. Deshalb ist der Anbau nur im Weinbauklima sinnvoll. Im Garten sollten Aprikosen nur an besonders geschützten und klimatisch bevorzugten Orten stehen, z. B. an besonnten Mauern und Hauswänden. Die Aprikose läßt sich vielseitig verwenden: Man kann sie frisch verzehren, für Kompott oder Marmelade verwenden, dörren oder brennen lassen.

Auch Pfirsiche sollten nur in klimatisch bevorzugten Gebieten angebaut werden, denn milde Winter sind die Voraussetzung dafür, daß man keine Enttäuschungen erlebt. Der Pfirsich liebt einen leichten, warmen, durchlässigen Boden. Bei Aprikosen und Pfirsichen sind Blüte und Holz stark frostempfindlich. Pflaumen gedeihen gut auf nährstoffreichem, humosem und genügend feuchtem Boden. Die Hauszwetsche ist am genügsamsten.

Süß- und Sauerkirschen werden bereits im Juni/Juli reif und schmecken nicht nur frisch köstlich, sondern eignen sich auch als Kuchenbelag bestens und ergeben erfrischendes Kompott und bekömmliche Marmelade.

Die 'Aprikose von Nancy' ist saftreich und gut steinlösend

Der Pfirsich 'Cumberland' ist auch für ungünstige Lagen geeignet

Die 'Hauszwetsche', eine tiefblaue Spätzwetsche, eignet sich gut zum Einmachen, Backen, Dörren und zur Marmeladebereitung. Der Baum ist anspruchslos und sehr robust

▲ 'Aprikose von Nancy'

Pfirsich 'Cumberland' ▼

▼ 'Hauszwetsche'

▲ 'Büttners Rote'

Die 'Schattenmorelle' ist die bekannteste und auch verbreitetste Sauerkirsche. Ihre Frucht, leuchtend dunkelrot und saftreich, eignet sich bestens für Konserven, Kuchen sowie für die Most- und Saftbereitung. Sie wird Mitte bis Ende Juli reif, trägt reich und ist selbstfruchtbar. Der Baum muß aber regelmäßig geschnitten und gedüngt werden, wenn man hohe Erträge und dicke Früchte erzielen will

'Büttners Rote' ist eine großfruchtige und festfleischige Süßkirsche. Sie wird in der 4.–5. Kirschwoche reif

Die Sorte 'Rote Vierländer' ist recht anspruchslos und trägt von Mitte bis Ende Juni mittelgroße, süß-saure Beeren an langen Trauben. Die Sorte ist starkwüchsig, ertragreich, ertragssicher und robust

Die Stachelbeere 'Weiße Triumph' ist eine recht widerstandsfähige Sorte, die sehr stark wächst und regelmäßig hohe Erträge bringt. Die Beeren sind süß-säuerlich, dünnschalig und stark bewehrt

Die Sorte 'Schönemann' ist kaum krankheitsanfällig, dazu starkwüchsig und robust. Sie trägt von Mitte Juni bis Mitte Juli große, säuerliche Beeren, die eine gute Marmelade ergeben und sich gut als Kuchenbelag eignen. Man kann sie auch einfrieren

▲ 'Schattenmorelle'

▲ Blühende 'Schattenmorelle'
Rote Johannisbeere 'Rote Vierländer' ▼   ▼ Stachelbeere 'Weiße Triumph'   ▼ Himbeere 'Schönemann'

Beerenobst

Zum Beerenobst gehören Johannisbeeren, Stachelbeeren, Himbeeren, Brombeeren, Loganbeeren, Heidelbeeren, Erdbeeren und Weintrauben.

Das Strauchbeerenobst ist zwar im allgemeinen nicht besonders anspruchsvoll an Boden und Lage, man sollte den Boden aber doch gut mit Humus und Dünger versorgen, denn sonst erzielt man keine befriedigenden Erträge. Bei Flachwurzlern, wie zum Beispiel Stachelbeeren und Johannisbeeren, darf man den Boden nicht tief bearbeiten, denn sonst beschädigt man die Wurzeln.

Regelmäßige Schnittmaßnahmen und Schädlingsbekämpfung danken die Beerenobststräucher mit einer langen Lebensdauer und reichen Erträgen. Am anspruchsvollsten sind die Johannis- und Stachelbeeren. Sie fühlen sich in einem nährstoffreichen, milden und humosen Lehmboden besonders wohl. Zeitweise Trockenheit und stauende Nässe vertragen sie nicht. Am genügsamsten sind die Brombeeren. Sie sind sehr robust und tragen fast an allen Standorten gut. Empfindlich sind sie nur gegenüber starken Winterfrösten. Himbeeren sind echte Waldpflanzen und gedeihen nur auf kräftigen, stark humosen Böden.

Auch Erdbeeren tragen nur reichlich, wenn sie gut mit Humus versorgt werden. Heidelbeeren verlangen einen sauren Boden mit einem pH-Wert von 3,5–5.

'Theodor Reimers' ist eine rankende, reich tragende, stark bewehrte Sorte

'Senga Sengana' ist festfleischig und eignet sich gut für Konserven

Die Sorte 'Blauer Portugieser' ist gut für große Wände geeignet

'Earlyblue' ist eine besonders winterharte, aufrecht wachsende Sorte

▲ *Brombeere 'Theodor Reimers'*

▲ *Weintraube 'Blauer Portugieser'*

▼ *Erdbeere 'Senga Sengana'*

▲ *Heidelbeere 'Earlyblue'*

533

Gemüse

Frisches Gemüse hat einen hohen gesundheitlichen Wert, denn es enthält wichtige Vitamine und Mineralstoffe – und aus dem eigenen Garten ist es frischer als aus dem Laden

Pflanzliche Kost, und vor allem Gemüse, ist für eine ausgeglichene Ernährung besonders wichtig. Dabei kommt es nicht so sehr auf den Nährstoffgehalt an, sondern auf die Vitamine, Mineralstoffe und Füllstoffe. Während die Vitamine und Mineralstoffe in den Lebensrhythmus des Körpers eingreifen, sorgen die Füllstoffe für eine gesunde Verdauung.

Im Garten hat man die Möglichkeit, gesundes und, was sehr wichtig ist, tagesfrisches Gemüse zu kultivieren. Der Vorteil dabei ist, daß man es in wirklich reifem Zustand ernten und sofort verwerten kann; dadurch gehen wenig wertvolle Bestandteile verloren. Das gilt natürlich nur, wenn das Gemüse möglichst schonend verarbeitet wird – wenn man also Gemüse, das vor der Verwertung gewaschen werden muß, nur kurz wäscht, damit keine Vitamine und Minerale verlorengehen, und Kochgemüse nicht „verkocht".

Auch im Haus- und Kleingarten kann man vielerlei Gemüsearten anbauen und damit den Küchenfahrplan abwechslungsreicher gestalten. Bei der Auswahl der Sorten sollte man sich nicht nur nach dem eigenen Geschmack richten, sondern auch nach den örtlichen Gegebenheiten. Manche Gemüsearten, z. B. Porree oder Lauch, Feldsalat, Spinat usw., baut man nur zu bestimmten Zeiten des Jahres an, während andere Gemüsearten nahezu ganzjährig kultiviert werden können. Kopfsalat, Rettiche, Radieschen, Kohlrabi usw. sind heute zu Ganzjahreskulturen geworden. Zwar wird man den Anbau im Freien nur auf die übliche Vegetationszeit beschränken; mit einem Kleingewächshaus oder Frühbeetkasten kann jedoch die Vegetationszeit vorverlegt oder verlängert werden.

Guten Erfolg hat man auch nur, wenn man die richtigen Sorten anbaut. Gute Sorten garantieren nicht nur einen hohen Ertrag, sie sind auch, was sehr wichtig ist, oftmals resistent gegen vielerlei Einflüsse. So gibt es beispielsweise viele Sorten, die gegen schwerwiegende Krankheitserreger gefeit sind, oder solche, die weniger von Schädlingen befallen werden. In den Sortenbeschreibungen bei der jeweiligen Gemüseart sind die Eigenschaften aufgeführt; man sollte sie also aufmerksam lesen.

Blumenkohl, Tomaten, Lauch, Rettiche, Radieschen, Salat, Kohlrabi, Sellerie und Zwiebeln – das sind noch längst nicht alle Gemüsearten, die man auch in einem kleinen Garten kultivieren kann. Wichtig vor allem ist es, die richtigen Sorten zu wählen

▲ Chinakohl 'Hongkong'

Eissalat ist eine Form des Kopfsalats. Er ist besonders knackig und bleibt nach der Ernte lange frisch

Radieschen kann man ganzjährig im Garten bzw. im Kleingewächshaus ziehen. Für den Sommeranbau gibt es spezielle Sorten, die nicht pelzig werden

Die Tomate zählt zu den begehrtesten Fruchtgemüsearten. Im eigenen Garten kann man ganz nach Geschmack halb- oder vollreif ernten

Chinakohl ist ein wichtiges Herbstgemüse. Er wird vorwiegend ab Juli angebaut. Man bevorzugt hauptsächlich kurze, gedrungene Sorten, da sie mehr zartgrüne Innenblätter haben

Es gibt heute Rote-Rüben-Sorten, die gleichmäßig gefärbtes Fleisch ohne Ringbildung haben

Lauch oder Porree ist ein sehr gutes Herbst- und Wintergemüse. Man sollte langschäftige Sorten anbauen, die eine hohe Ausbeute garantieren

Rote Rübe 'Rote Kugel' ▲

▲ Eissalat 'Great Lakes'

Radieschen 'Champion' ▼

◀ Tomate 'Moneymaker'

▼ Lauch 'Elefant'

▲ Gurke 'Riesenschäl'

Brokkoli sind nahe verwandt mit dem Blumenkohl, bilden aber keine so geschlossenen Köpfe aus. Jede Pflanze wird zweimal erntereif

Möhren (Mohrrüben, Karotten, Gelbe Rüben) enthalten sehr viel Vitamin A. Als Rohkost gegessen, sind sie daher besonders gesund

Der Rotkohl hat fast die gleichen Eigenschaften und stellt ähnliche Ansprüche wie der Weißkohl, nur die Kultur dauert etwas länger

Freilandgurken werden als Salat-, Schäl- oder als Einmachgurken verwendet. Bitterfreie Sorten sind am besten

Rettiche sind vor allem in Süddeutschland sehr beliebt. Besonders die weißen Frühsommerrettiche können fast das ganze Jahr über angebaut werden

Bei Weißkohl ist es wichtig, daß man die Sortenauswahl nach der jeweiligen Jahreszeit trifft

▲ Brokkoli 'Yoko'

Möhre 'Lange Rote Stumpfe ohne Herz' ▼

▼ Rotkohl 'Mohrenkopf'

Rettich 'Unus Treib' ▲

▼ Weißkohl 'Braunschweiger'

Kohlrabi

Kohlrabi 'Blauer Speck'

Aussäen, pflanzen und pflegen

Kohlrabi werden üblicherweise als Pflanzgemüse angebaut. Der Samen wird auf Saatbeeten im Frühbeet oder bei ganz frühen Sorten im Kleingewächshaus oder am Zimmerfenster ausgesät. Dann pikiert man zu eng stehende Sämlinge (siehe Seite 515) und setzt die erstarkten Jungpflanzen auf Beete. Nur selten sät man direkt ins Freie. Für frühe Pflanzungen kauft man am besten Setzlinge beim Gärtner, wenn man kein Kleingewächshaus hat.

Ausgepflanzt wird ab Ende März oder Anfang April. Frühe Pflanzungen kann man mit einem Folientunnel überdecken; damit fördert man die Entwicklung und sichert eine frühe Ernte.

Wenn man den ganzen Sommer über Kohlrabi ernten will, pflanzt man eine gewünschte Anzahl im Abstand von etwa zwei Wochen. Am häufigsten werden die rasch wachsenden Frühsorten angebaut. Wer später Knollen lagern will, verwendet für diesen Zweck eine ausgesprochene Sommersorte, z. B. 'Blauer Speck'.

Ausgepflanzt wird im Abstand 20×20 cm, Spätsorten mit starker Entwicklung setzt man weiter auseinander.

Bei Trockenheit muß man regelmäßig gießen, damit die Pflanzen weiterwachsen. Auch ausreichend düngen sollte man. Wenn der Gemüsegarten nicht sowieso mit einer Grunddüngung versehen wurde, sollte etwa zwei Wochen nach dem Pflanzen eine Kopfdüngung mit einem Blaukornvolldünger verabreicht werden.

Geerntet werden die ausgewachsenen Knollen, solange das Fleisch noch fein und zart ist. Da Kohlrabi rasch welken, sollte man sie bald nach der Ernte verwenden.

Der Kohlrabi zählt zu den Kohlgewächsen. Er hat eine sehr kurze Kulturzeit und braucht, je nach Jahreszeit, von der Aussaat bis zur Ernte etwa zehn bis zwölf Wochen Entwicklungszeit. Gegessen wird die Knolle; man verwertet jedoch auch, vor allem im Frühjahr, das zarte Laub.

Man unterscheidet zwischen weißen und blauen Sorten. Die Farbe bezieht sich nur auf die Schale, denn das Fleisch ist immer weiß.

Die Kohlrabiknolle ist eine Verdickung des Sprosses, deshalb kann es bei Wachstumsstörungen zu Holzeinlagerungen kommen, wodurch die Zartheit des Fleisches leidet. Man sollte daher immer darauf achten, daß die Pflanzen gleichmäßig wachsen, damit die Knollen nicht holzig werden. Blaue Kohlrabi bleiben im allgemeinen länger zart als weiße.

Für den Frühanbau gibt es spezielle Sorten. Sie sind widerstandsfähiger und neigen nicht so sehr zum Schießen. Wenn nämlich Jungpflanzen im Frühjahr einen leichten Frost bekommen oder über einen längeren Zeitraum zu niedrigen Temperaturen ausgesetzt werden, können sie später schießen, d. h., es kommt zum Ansatz von Blütenknospen ohne ausreichende Knollenbildung.

Bodenvorbereitung

Kohlrabi lieben einen mittelschweren, humosen und gut dränierten Boden. Im Herbst gräbt man um, im Frühjahr oder im Lauf des Sommers aber wird der Boden nur flach mit der Hacke gelockert. Humusarmer Boden wird durch Stallmist, Kompost oder Torf verbessert. Einen zu schweren Boden kann man durchlässiger machen, indem man Sand oder Styromull einarbeitet.

Unter einem Folientunnel wachsen die Pflanzen rasch heran

Schäden bei Kohlrabi

Platzen der Knollen Bei Wachstumsstörungen, vor allem bei krassem Wechsel zwischen Feuchtigkeit und Trockenheit im Boden, platzen die Knollen. Deshalb ist auf eine gleichmäßige Durchfeuchtung des Bodens zu achten.

Erdflöhe Bei Sommeraussaaten und anhaltend trockener Witterung werden Sämlinge gerne von Erdflöhen befallen, die vorwiegend an den Blättern fressen. Vorbeugend sind die Beete feucht zu halten. Bei Befall Propoxur spritzen oder Parathion-methyl stäuben.

Empfehlenswerte Sorten

WEISSE KNOLLEN
'Trero'
'Lanro'
'Marko'
'Primavera weiß'
'Galant'
'Haubners F₁-Hybride'
'Delikateß'

BLAUE KNOLLEN
'Blaro'
'Blusta'
'Optimus blau'
'Primavera blau'
'Delikateß blauer'
'Blauer Speck'

Kopfkohl

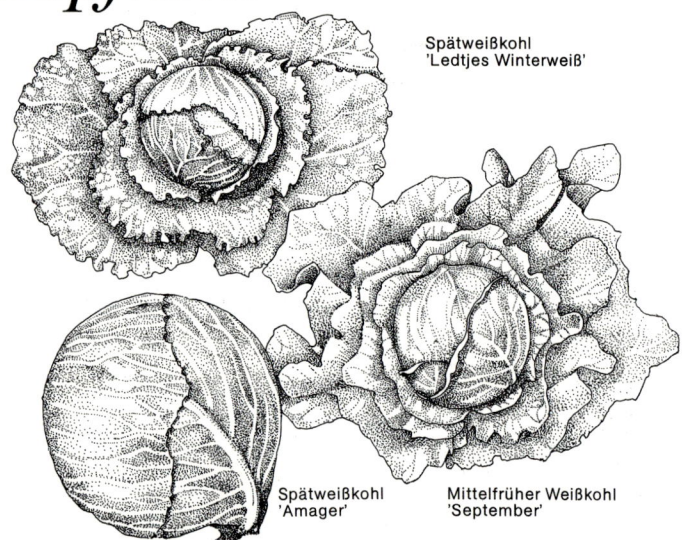

Spätweißkohl
'Ledtjes Winterweiß'

Spätweißkohl
'Amager'

Mittelfrüher Weißkohl
'September'

Kopfkohl kann man über viele Monate des Jahres hinweg ernten, wenn man verschiedene Sorten nacheinander aussät. Es gibt drei Hauptgruppen: den schnell wachsenden Frühkohl, der im Spätwinter ausgesät wird, den etwas langsamer wachsenden Sommerkohl, der im Frühjahr ausgesät wird, und den noch langsamer wachsenden Herbst- und Winterkohl, der im späten Frühjahr ausgesät wird. In milden Klimagebieten kann man den schnell wachsenden Frühkohl in einigen Sorten im Herbst aussäen und noch im Spätherbst oder zeitigen Frühjahr auspflanzen.

Die Kohlköpfe sind verschieden groß und können rund, spitz zulaufend oder abgeflacht sein.

Zum Kopfkohlgemüse gehört auch der Wirsing. Er wird zur gleichen Zeit wie der Kohl ausgesät. Als Frühwirsing wächst er besonders schnell und ist früher schnittfertig als Weiß- und Rotkohl. Als Herbst- und Winterkohl kann er sogar noch etwas länger im Freien bleiben, weil er im allgemeinen etwas frosthärter ist. Ähnliche Eigenschaften hat der Chinakohl.

Der Kopfkohl wird in vorbereitete Saatbeete ausgesät und später auf das endgültige Beet an einen sonnigen Platz gesetzt und dort kultiviert. Kohlgemüse wächst am besten in tiefgründigem, humusreichem Gartenboden mit reichem Nährstoffvorrat. Bei Frühkohl wird eine übliche Vorratsdüngung verabreicht, während bei Sommer-, Herbst- und Winterkohl diese bereits zur Vorkultur gegeben wird. In diesem Fall wird vor dem Pflanzen nur noch eine übliche Grunddüngung verabreicht.

Für die Pflanzung von Frühkohl wird der Boden im Herbst umgegraben. Man läßt ihn bis zur Pflanzzeit grobschollig liegen. Er wird erst kurz vor dem Pflanzen ebengezogen. Hat man eine Vorkultur angebaut, wird der Boden nur flach gelockert. Ende März oder Anfang April werden die Pflanzen langsam abgehärtet.

Sobald die Witterung es erlaubt, pflanzt man in den Garten. Frühkohl wird im allgemeinen in Reihen ausgepflanzt. Der Abstand der Pflanzen in der Reihe beträgt 40 cm. Werden mehrere Reihen angelegt, beträgt der Reihenabstand 50 cm.

In milden Klimagebieten kann man auch bereits Ende August oder Anfang September aussäen. Die Pflanzen werden dann im kalten Frühbeetkasten oder im kalten Gewächshaus überwintert. In ganz milden Klimagebieten setzt man schon Ende September oder im Oktober die Pflanzen ins Freiland, wo sie auch überwintern. Diese sehr früh gepflanzten Kohlsorten kann man schon ab Ende Mai ernten. Im allgemeinen wird der Frühkohl sonst im Juni geerntet.

Wer schon bald Frühkohl ernten will, kann schon etwas früher die ersten Setzlinge in den Frühbeetkasten pflanzen und den Kohl unter Glas heranwachsen lassen. Es ist auch möglich, bereits im März ins Freiland zu pflanzen und die Setzlinge mit einem Folientunnel oder einer Flachfolie abzudecken. Gut bewährt hat sich die Schlitzfolie. Wenn die Pflanzen größer werden, wölbt sie sich empor und sorgt so für eine gute Belüftung.

Unmittelbar vor dem Pflanzen nimmt man eine Kopfdüngung der Setzlinge mit üblichem Blaukornvolldünger vor. Man löst ungefähr 30 g Dünger in 10 l Wasser auf und begießt die Setzlinge. Nach dem Düngen spritzt man die Pflanzen ab.

Frühkohl Ausgesprochene Frühsorten werden im Februar oder Anfang März ins Kleingewächshaus oder in den heizbaren Frühbeetkasten ausgesät. Man sät in Handkisten; der Kohl keimt bei etwa 15° C. Nachdem sich die ersten Laubblätter gebildet haben, werden die Pflanzen in Handkisten oder in den Frühbeetkasten pikiert. Es ist darauf zu achten, daß die Temperatur nicht zu tief absinkt.

Sommerkohl Die Sorten für die Ernte im Sommer werden im März oder Anfang April ausgesät und können in der Zeit von Juli bis September geschnitten werden. Wenn man noch zeitiger aussät, kann es vorkommen, daß der Kohl früh blüht und Samen bildet, ohne daß ein Kopf entsteht.

Ausgesät wird direkt in einen kalten Frühbeetkasten oder in ein vorbereitetes Saatbeet unter einer Plastikabdeckung. Der Samen wird breitwürfig oder dünn in 1,5 cm tiefe Saatrillen gesät, die 15 cm voneinander entfernt sind. Wenn die Pflanzen in den Reihen zu dicht stehen, dünnt man die Sämlinge auf Abstände von etwa 8 cm aus.

Die Jungpflanzen werden rechtzeitig abgehärtet und können dann im Mai ins Freiland ausgepflanzt werden.

Die jungen Pflanzen werden bis zu den ersten Keimblättern in den Boden gesetzt. Die Pflanzabstände sollten 45 cm betragen. Man pflanzt versetzt in Reihen, die ebenfalls 45 cm voneinander entfernt sind.

Herbst- und Winterkohl Der Samen wird wie beim Sommerkohl dünn in ein vorbereitetes Saatbeet ausgesät. Es können Folgesaaten im April und Mai vorgenommen werden, so daß man von Oktober bis Dezember ernten kann.

Die jungen Kohlsetzlinge werden im Juni oder Juli in Abständen von 50 cm in Reihen ausgepflanzt, die wiederum 50 cm voneinander entfernt sind. Der Abstand zwischen den Reihen muß größer sein als beim Sommerkohl, weil die Herbst- und Wintersorten länger auf ihrem endgültigen Beet bleiben.

Wirsing Ausgesät wird im Kleingewächshaus in Handkisten, ins Frühbeet oder ins Freiland in gleicher Weise wie bei den anderen Kohlarten. Die Anbaudaten für Wirsing sind ähnlich wie bei Weiß- und Rotkohl. Frühwirsing benötigt von der Pflanzung bis zur Ernte ungefähr 50 Tage, Frühweißkohl 60–70 Tage und Frührotkohl 70 bis 80 Tage. Die Spätkohlarten brauchen im allgemeinen bis zu 150 Tagen.

Die Jungpflanzen des Wirsings werden ausgepflanzt, wenn sie etwa sechs Wochen alt sind. Man setzt sie in Abständen von 40 bis 45 cm in Reihen, die 40–50 cm voneinander entfernt sind. Sonst gelten die gleichen Regeln wie beim Kohl.

Kopfsalat

Pflege und Ernte von Kopfkohl

Zwischen den Reihen wird der Boden regelmäßig gehackt. Bei trockenem Wetter muß man reichlich gießen.

Frühkohl sollte frühzeitig zur Ausbildung von festen Köpfen angeregt werden. Man gibt den Pflanzen deshalb während des Hauptwachstums ein- bis zweimal eine Kopfdüngergabe von etwa 20–30 g eines Blaukornvolldüngers je m². Der Dünger muß leicht in die Krume eingehackt und anschließend kräftig gegossen werden.

Der Kohl ist schnittreif, wenn er einen festen Kopf ausgebildet hat. Man darf nicht warten, bis der Kopf platzt. Am besten werden die Köpfe mit einer größeren Gartenschere unterhalb der Umblätter abgeschnitten.

Schäden, die bei Kopfkohl auftreten

Kohlhernie Die Blätter welken und verfärben sich bisweilen, die Wurzeln schwellen an und werden unförmig, zerfallen und verrotten. Die Ursache ist ein Bodenpilz, der in sauren Böden auftritt. Befallene Pflanzen werden aus dem Boden genommen und verbrannt. Nötigenfalls verbessert man die Dränage und düngt den Boden mit Branntkalk oder kohlensaurem Kalk, da sich der Pilz vor allem im sauren Boden besonders stark entwickelt.

Kohlfliege Die jungen Pflanzen verwelken und fallen zusammen, weil die Wurzeln von weißen Maden zerfressen werden und die Fraßgänge bis in die Strünke laufen. Man verbrennt die befallenen Pflanzen. Die Setzlinge werden geschützt, indem man beim Auspflanzen Diazinon als Streugranulat dem Boden beimischt oder mit einer Lösung aus Diazinon gießt.

Weiße Fliege Die weißen Mottenschildläuse sitzen an der Unterseite der Blätter und saugen den Saft aus dem Gewebe. Man spritzt die jungen Pflanzen mit Malathion° oder Dimethoat. Stark befallene Pflanzen werden vernichtet.

Erdflöhe Besonders bei trockenem Wetter fressen die Erdflöhe viele winzige Löcher in die jungen Blätter. Man gießt und spritzt täglich mit Wasser, bis sich die Setzlinge gut entwickeln. Bis zur Ausbildung größerer Laubblätter wird bei Bedarf mit Diazinon und Propoxur gespritzt.

Andere Schäden Raupen, Blattläuse, Vögel, Umfallkrankheit.

Empfehlenswerte Kohlsorten

FRÜHWEISSKOHL 'Marschländer Frühspitz', 'Dithmarscher Frühstamm', 'Marner Allfrüh'	MITTELFRÜHER ROTKOHL 'Allrot', 'Mohrenkopf' SPÄTROTKOHL 'Winterrot'
MITTELFRÜHER WEISSKOHL 'Nagels Frühweiß', 'Wiam', 'September', 'Braunschweiger'	FRÜHWIRSING 'Fischenicher Advent', 'Praeco', 'Vorbote'
SPÄTWEISSKOHL 'Amager', 'Ledtjes Winterweiß', 'Marner Lagerweiß'	MITTELFRÜHER WIRSING 'Marner Grünkopf', 'Gonsenheimer' SPÄTWIRSING 'Hammer', 'Vertus', 'Dauerwirsing'
FRÜHROTKOHL 'Erstrot', 'Frührot'	CHINAKOHL 'Hongkong'

Kopfsalat 'Attraktion'

Kopfsalat kann man praktisch das ganze Jahr über ziehen. Die im Winter und zeitigen Frühjahr schnittreifen Sorten muß man aber unter Glas kultivieren.

Von Ende März bis Ende Juli wird direkt ins Freiland ausgesät; ernten kann man dann von Juni bis Mitte Oktober. Es ist aber auch eine Pflanzenanzucht auf Beeten möglich, so daß anschließend Setzlinge gepflanzt werden. Auch für die Ernte im November und Dezember kann man Anfang August im Freiland aussäen. Die Jungpflanzen werden dann Anfang September in den heizbaren Frühbeetkasten oder ins Kleingewächshaus gepflanzt.

Winterharte Sorten, sogenannter Wintersalat, werden Ende August oder Anfang September im Freien ausgesät. In milderen Gegenden läßt man sie im Freiland überwintern und schneidet sie gegen Ende April.

Mitte Oktober sät man Treibsalate, die unter „heizbarem Glas" gezogen werden. Im März und April können die Köpfe dann geschnitten werden.

Unter Glas kann man auch im Januar und Februar aussäen, wenn man im Frühjahr ernten will.

Alle Kopfsalate sollten sich schnell und möglichst ungestört entwickeln. Sie gedeihen am besten auf einem humosen und nährstoffreichen, gut bewässerten, mittelschweren bis leichten Boden, der im Herbst oder Winter mit Stallmist gedüngt wurde.

Vor der Aussaat werden 60 g/m² eines organisch-mineralischen oder mineralischen Volldüngers eingeharkt.

Man kann den Kopfsalat auch als Zwischenkultur oder Folgekultur anbauen (siehe Seite 513), beispielsweise auf einem abgeräumten Spinatbeet, nach Feldsalat, Rettichen oder Radieschen.

Kopfsalat ernten rund ums Jahr

Wenn man Kopfsalat jeweils in kleineren Mengen aussät, kann man in mehreren Folgen ernten.

Man unterscheidet drei Salattypen, den Kopfsalat, den Eissalat, den Römischen Binde- und Pflücksalat. Der Kopfsalat hat eine runde, geschlossene Form und kann butterzart sein, während der Eissalat mit ähnlichen Formen krachig-fest ist. Der Bindesalat wächst locker und aufrecht und hat längliche, meist krachige Blätter. Der Pflücksalat bildet keine Köpfe.

Aussaat der Hauptkultur (Sommersorten) im Freiland Die erste Aussaat im Freiland erfolgt Ende März. Im Abstand von 14 Tagen werden bis Ende Juli mehrere Folgen ausgesät. Man kann dann von Juni bis Mitte Oktober ernten.

Man sät am endgültigen Platz in 1,5 cm tiefe Saatrillen, die 25–30 cm voneinander entfernt sind. Wenn das erste echte Blattpaar gut ausgebildet ist, werden die Sämlinge ausgedünnt. Man entfernt die schwächsten Pflänzchen und dünnt in mehreren Stadien aus, so daß die Pflanzenabstände in der Reihe erst auf 8 cm, dann 15 cm und schließlich 25–30 cm betragen. Gelockerter Boden wird wieder festgedrückt.

Man kann Kopfsalat auch auf Saatbeete breitwürfig oder in Reihen aussäen und später die Setzlinge auf ein Pflanzbeet im Abstand von 25×25 bis 30×30 cm auspflanzen.

Aussaat früher Herbst- und Wintersorten Spätestens in der ersten Augustwoche werden ausgesprochene Frühsorten in 1,5 cm tiefe Saatrillen mit Abständen von 15 cm dünn ins Saatbeet ausgesät. Sobald sich die Jungpflanzen gut entwickelt haben (Anfang September), setzt man sie in einen Frühbeetkasten, und zwar von Reihe zu Reihe versetzt (Dreiecksverband) oder parallel (quadratisch). Es darf nicht zu tief gepflanzt werden, weil die Pflanzen sonst krank werden oder keine Köpfe bilden. Das Frühbeet läßt man bis Mitte September offen und legt dann die Fenster auf.

Man kann die Jungpflanzen aber auch im Saatbeet stehenlassen und sie auf Abstände von 25–30 cm ausdünnen. Mitte September deckt man sie dann mit einem Folientunnel ab. Diese Methode ist vor allem in milden Klimagebieten üblich.

Ausgesprochene Treibsorten kann man auch Ende August auf ein Beet im Kleingewächshaus aussäen. Die Mindesttemperatur für die jungen Pflanzen sollte 7–10° C betragen. Die Köpfe können im Dezember geschnitten werden.

Aussaat von Treibsorten unter Glas Treibsorten können auch Mitte Oktober ausgesät und im April geerntet werden. Aussaat und Kultur erfolgen ganz unter Glas.

Am besten ist es, wenn man die Samen in eine Handkiste aussät und später in kleine Töpfe pikiert. Man bekommt dann kräftige Setzlinge, die ab Anfang Dezember im Abstand von 25 x 25 cm an ihren endgültigen Platz im beheizbaren Frühbeetfenster oder im Kleingewächshaus gepflanzt werden. Die Kulturtemperatur sollte 7–10° C nicht unterschreiten.

Aussaat von Frühjahrssorten im Freiland In milderen Gegenden lohnt sich der Versuch, einige winterfestere Salatsorten, beispielsweise 'Maiwunder', im Freiland ohne Abdeckung anzubauen. Diese Sorten überstehen den Winter, wenn er nicht allzu streng ist.

Man sät Ende August oder Anfang September in ein vorbereitetes Saatbeet, wie eingangs beschrieben.

Im Oktober werden die Sämlinge auf eine Pflanze pro Horst ausgedünnt. Mit den ausgedünnten Sämlingen kann man eine neue Reihe beginnen, wenn noch Platz vorhanden ist. Im zeitigen Frühjahr dünnt man die Pflanzen dann auf Abstände von 25–30 cm aus. Die Köpfe sind Ende April oder im Mai schnittreif.

Aussaat im beheizten Gewächshaus oder Frühbeetkasten Sorten für die verfrühte Ernte im Frühjahr werden von Mitte Januar bis Ende Februar in mehreren Folgen im Frühbeetkasten oder Kleingewächshaus ausgesät. Man kann dann von Mitte bis Ende April ernten.

Für die Kultur unter Plastikhauben wird wie bei den zeitigen Frühjahrssorten ausgesät und später umgepflanzt. Im Frühbeetkasten oder Kleingewächshaus sät man dünn in 1,5 cm tiefe und 15 cm voneinander entfernte Rillen aus. Wenn sich die Sämlinge gut entwickelt haben, pflanzt man sie in Abständen von 20–25 cm wieder ins Frühbeet oder in geschützten Lagen ins Freiland unter Folientunnels. Später werden die Pflanzen abgehärtet (siehe Seite 524). Mitte April nimmt man dann die Frühbeetfenster oder Abdeckhauben ganz ab.

Aussaat im unbeheizten Treibhaus oder Frühbeetkasten Kopfsalatsorten, die ebenfalls für eine verfrühte Freilandernte bestimmt sind, können Anfang Februar im unbeheizten Treibhaus oder Frühbeetkasten ausgesät, im April ins Freiland gepflanzt und etwa Ende Mai geschnitten werden.

Man sät breitwürfig in einen Handkasten mit Komposterde aus und übersiebt den Samen mit feiner Komposterde, so daß er gerade bedeckt ist. Den Kasten deckt man mit einer Glasscheibe zu, damit die Feuchtigkeit erhalten bleibt. Über das Glas legt man ein zusammengefaltetes Zeitungsblatt, um das Licht abzuhalten.

Man kontrolliert regelmäßig, ob die Samen keimen (was etwa sechs bis zehn Tage dauert). Sobald die Keimung eintritt, entfernt man das Zeitungspapier, weil die Sämlinge sonst dünn und schwach werden. Wenn die Sämlinge drei oder vier Wochen alt sind, pikiert man sie in einen größeren Kasten mit Komposterde. Etwa in der dritten Märzwoche beginnt man mit dem Abhärten der Pflänzchen und pflanzt sie dann im April aus.

Kultur und Ernte von Kopfsalat

Zwischen den Reihen wird regelmäßig gehackt, um den Boden zu belüften und Unkraut niederzuhalten. Bei trockenem Wetter wird gegossen, denn der Boden darf niemals ganz austrocknen. Wenn man mit der Bewässerung einmal begonnen hat, muß man während der ganzen Trockenperiode regelmäßig gießen, weil der Salat sonst schießt, bevor er Köpfe ausbilden kann.

Als Schutz gegen Vögel spannt man Netze über die Sämlinge. Wenn diese kräftig herangewachsen sind, braucht man sie nicht mehr zu schützen.

Die Sämlinge schützt man vor Schnecken, indem man nach der Aussaat oder nach dem Umpflanzen Schneckenkorn entlang den Reihen auslegt.

Im Frühbeetkasten oder unter Abdeckhauben im Winter gezogener Salat sollte möglichst wenig gegossen werden, und zwar morgens. Die Abdeckungen und Frühbeete sollten bei geeignetem Wetter möglichst oft gelüftet werden.

Salatsorten, die volle Köpfe ausbilden, schneidet man frühmorgens, wenn sie noch vom Tau feucht sind, zwischen dem Strunk und den untersten Blättern ab. Der Strunk wird auf den Komposthaufen geworfen. Wichtig ist bei der Ernte, daß man behutsam mit den Köpfen umgeht, damit sie keine Druckstellen bekommen. Diese faulen nämlich rasch, und der Salat wird ungenießbar.

Krauskohl

Schäden, die bei Kopfsalat auftreten können

Schießen Kopfsalat kann leicht schießen (schossen, frühzeitig blühen), wobei er lange, dicke Stiele treibt. Man beugt vor, indem man nicht zu spät umpflanzt, nicht zu dicht pflanzt und Wassermangel vermeidet. Geschossene Pflanzen werden auf den Komposthaufen geworfen.

Falscher Mehltau Tritt meist nicht auf, wenn man richtig gießt, belüftet und die Fruchtfolge einhält. Krankheitszeichen sind grauer oder weißlicher Schimmelrasen an den Unterseiten und gelbe Flecken an den Oberseiten der Blätter. Mit Dichlofluanid spritzen oder resistentere Sorten anbauen.

Grauschimmel Die Pflanzen werden in Bodennähe faulig und sind mit einem grauen, samtigen Schimmel bedeckt. Die Pflanzen welken

und lassen sich leicht von den Wurzeln abtrennen. Boden vorbeugend mit Basamid entseuchen. Befallene Freilandpflanzen spritzen mit Benomyl oder Dichlofluanid, unter Glas gezogene mit AApirol-Staub° bestäuben oder mit den gleichen Mitteln spritzen.

Wurzelläuse Kolonien weißer, mit Wachs überzogener Läuse an den Wurzeln. Befallszeit im Freiland im Spätsommer und Herbst. Die Pflanzen kurz nach dem Pflanzen mit einer Bromophos°- oder Diazinon-Spritzlösung spritzen. Strünke nicht im Boden lassen.

Andere Schäden Gelegentlicher Befall durch grüne Blattläuse. Die Sämlinge können von Schnecken oder Vögeln angefressen werden oder unter der Umfallkrankheit leiden. Es treten auch Virosen auf, vor allem beim Kopfsalat. Dann ist das Blatt gekräuselt oder blasig aufgetrieben.

Empfehlenswerte Kopfsalatsorten

FRÜHJAHRSANBAU UNTER GLAS
'Apollo'
'Deci-Minor'
'Hilmar'
'Kwiek'
'Magiola'
'Unico'

FRÜHJAHRS-FREILANDANBAU
'Blondine'
'King'
'Prima-Vera'

FRÜHSOMMER-FREILANDANBAU
'Attraktion'
'Groso'
'Neckarriesen'
'Suzan'
'Tophit'

SOMMER-FREILANDANBAU
'Groso'
'Kagraner Sommer'
'Neckarriesen'
'Hilds Savio'

HERBST-FREILANDANBAU
'Attraktion'
'Mona'
'Neckarriesen'
'Elsa'
'Silvester'

WINTERSALAT
'Maiwunder'
'Wunderbutterkopf'

HERBSTANBAU UNTER GLAS,
NICHT GEHEIZT
'Apollo'
'Deci-Minor'
'Kwiek'
'Magiola'
'Muck'

WINTERANBAU UNTER GLAS,
TEMPERIERT
'Apollo'
'Deci-Minor'
'Hilmar'
'Kwiek'
'Magiola'
'Rapide'
'Unico'

EISSALAT
'Laibacher Eis'
'Format'
'Oswego'
'Great Lakes'
'Lüneburger Eis'

PFLÜCKSALAT (ohne Kopfbildung)
'Amerikanischer Brauner'

Krauskohl
'Halbhoher Grüner Krauser'

Der Krauskohl oder Grünkohl ist ein Wintergemüse, das ein strengeres Klima verträgt als der Rosenkohl. Man kann ab Herbst einige Zeit lang immer wieder Kohlblätter von den Pflanzen abschneiden. Besonders geschätzt wird der Krauskohl in der Zeit von Anfang Januar bis Ende März, wenn der Garten kaum ein anderes Blattgemüse liefert.

Man unterscheidet drei Sortentypen, die sich durch die Länge der Stiele und damit durch die Höhe der Pflanzen unterscheiden. Neuerdings werden vorzugsweise niedrige Sorten angebaut, da sie frosthärter sind.

Den Krauskohl pflanzt man auf einen Boden, der bereits für die Kultur des Vorjahrs reichlich mit Humus gedüngt worden ist. Er bevorzugt einen gut bearbeiteten Boden, nimmt aber auch mit etwas kargeren Böden vorlieb. Von der Kohlhernie, die bei den übrigen Kohlgemüsen häufig auftritt, bleibt der Krauskohl meist verschont.

Kürbisse

'Gelber Zentnerkürbis'

'Seneca Zucchini'

Aussaat und Einpflanzen von Krauskohl

Das Saatbeet wird im Freiland vorbereitet. Die einzelnen Sorten können Ende April und im Mai in 2 cm tiefe Saatrillen, die einen Abstand von 15 cm haben, ausgesät werden. Auch Breitsaat ist möglich.

Bevor man die Setzlinge umpflanzt, wird das vorgesehene Beet mit etwa 60 g eines Blaukornvolldüngers pro Quadratmeter gedüngt. Das Düngemittel wird in den Boden eingeharkt.

Wenn die Jungpflanzen vier bis fünf Blätter ausgebildet haben (etwa im Juli oder Anfang August), setzt man sie auf das endgültige Beet. Die Jungpflanzen werden vor dem Umpflanzen nochmals angegossen. Dann hebt man sie mit einem Handspaten aus dem Boden, wobei die Wurzeln nicht beschädigt werden dürfen.

Beim Pflanzen wird ein allseitiger Pflanzenabstand von 50 cm eingehalten. Schwach wachsende Sorten können in Abständen von 45 cm gesetzt werden. Zum Pflanzen und Andrücken der Setzlinge benützt man ein Pflanzholz.

Pflege und Ernte von Krauskohl

Zwischen den Pflanzen wird der Boden regelmäßig mit der Hacke bearbeitet, um Unkräuter niederzuhalten. Im Spätsommer wird mit der Hacke bis zu den untersten Blättern Erde an die Pflanzen gehäufelt. Dadurch schützt man die Pflanzen vor Wind und Frostschaden. Während der Wachstumsperiode darf man dem Blätterkohl keinen Stickstoffdünger verabreichen, weil die Blätter sonst weich werden und die Pflanzen den Winter nicht so gut überstehen.

Sollte das Wachstum infolge von Nährstoffmangel stocken, wird am besten eine Kopfdüngergabe mit einem Blaukornvolldünger verabreicht.

Bei den im April und Mai ausgesäten Pflanzen kann man im Frühherbst mit der Ernte beginnen. Man schneidet die Blätter, solange sie noch jung und zart sind. Zuerst nimmt man die Blätter am unteren Ende des Stengels ab, danach die höheren Blätter. Die Spitzen werden zuletzt abgeschnitten. Natürlich kann man auch die ganzen Pflanzen ernten. In diesem Fall werden sie mit einer Gartenschere dicht über dem Boden abgeschnitten.

Schäden, die bei Krauskohl auftreten können

Erdflöhe Sie fressen die Blätter der Sämlinge. Man spritzt mit Diazinon oder Propoxur.

Umfallkrankheit Von dieser Pilzkrankheit können Sämlinge und junge Pflanzen befallen werden. Die Stengel werden dann in Bodennähe schwarz verfärbt und kippen um. Befallene Sämlinge werden sofort aus dem Bestand entfernt. Außerdem kann der Bestand mit einem Captan-Präparat angegossen werden. Für einen Quadratmeter braucht man 4 l fertige Lösung.

Andere Schäden Die Blätter können von Blattläusen und Raupen angefressen werden. Auch die Weiße Fliege setzt dem Kohl zu.

Empfehlenswerte Krauskohlsorten

SORTEN MIT MITTLERER BZW. GERINGERER WINTERFESTIGKEIT
'Fischenicher'
'Lerchenzungen'
'Halbhoher Grüner Krauser'
WINTERHARTE SORTEN
'Frosty'
'Hammer'
'Niedriger Grüner Krauser'

Es gibt rankende und nichtrankende Kürbisse. Die nichtrankenden Arten und Sorten werden in Abständen von 60 cm gepflanzt und beanspruchen weniger Platz als die rankenden, die sich über den Boden ausbreiten und in Abständen von 90–120 cm gesetzt werden müssen.

Auch Zucchini – nichtrankende, längliche oder auch runde Kürbisse – bleiben ziemlich klein. Die Pflanzen sind fast ebenso groß wie die der anderen Sorten und werden in Abständen von 60 cm gesetzt, die Früchte erntet man jedoch, sobald sie ungefähr 10 cm lang sind.

Die Erntezeit von Gemüsekürbissen erstreckt sich von Juli bis Oktober. Sie sind nicht winterfest und halten einem Frost nicht stand. Frühe Aussaaten im April oder Anfang Mai müssen unter Glas vorgenommen werden. Die Pflanzen werden dann Ende Mai oder Anfang Juni ausgepflanzt. Spätere Aussaaten im Mai können im endgültigen Beet erfolgen.

Die Pflanzen brauchen einen nährstoffreichen Boden und viel Feuchtigkeit. Den Boden hebt man spatentief aus und arbeitet zwei oder drei Eimer gut verrotteten Stallmist oder Gartenkompost pro Quadratmeter ein. Dann wirft man den Mutterboden wieder zurück, so daß praktisch ein Hügel entsteht. Man kann auch auf normale Beete pflanzen.

Aussaat unter Glas und im Freiland

Im April oder Anfang Mai werden die Samen einzeln 2,5 cm tief in 6–8 cm große Töpfe mit Komposterde gesetzt. Am besten eignen sich Torftöpfe, die mit den Sämlingen gepflanzt werden.

Die Töpfe deckt man mit einer Glasscheibe und Zeitungspapier ab und stellt sie in ein temperiertes oder kaltes Gewächshaus, in den Frühbeetkasten oder auf ein schattiges Fensterbrett. Sobald die Samen keimen, wird das Zeitungspapier entfernt.

Bei Nachtfrostgefahr deckt man die Sämlinge mit einer Pappschachtel zu oder legt Sackleinen, Strohmatten usw. über die Frühbeetfenster.

Im Mai werden die Pflänzchen abgehärtet (siehe Seite 515) und gegen Ende des Monats ausgepflanzt.

Mit dem Handspaten hebt man im vorbereiteten Beet Pflanzlöcher aus, die so groß sind, daß die Torftöpfe oder der Erdballen mit den Wurzeln der Jungpflanzen gut hineinpaßt. Der Erdballen muß 1,5 cm unter der Bodenoberfläche liegen. Man kann Kürbisse durchaus tiefer pflanzen, als sie vorher gestanden haben. Für die Pflanzabstände siehe Seite 542.

Etwa Mitte Mai ist die Aussaat im Freiland unter Folienhauben möglich, die man Anfang Juni entfernt. Ende Mai können die Samen im Freiland ausgesät werden. Die Samen von nichtrankenden Kürbissen und Zucchini werden in Abständen von 60 cm in Horsten zu je drei Samen 2,5 cm tief und 10 cm voneinander entfernt ausgesät. Später wird jeder Horst bis auf eine kräftige Pflanze ausgedünnt.

Bei den rankenden Kürbissen sollte der Abstand zwischen den Horsten 1,2 m, mindestens jedoch 90 cm betragen. Man legt jeweils vier bis fünf Samen 2,5 cm tief im Abstand von 10 cm in einen Horst.

Die gut entwickelten Sämlinge dünnt man bis auf die kräftigste Pflanze in jedem Horst aus.

Pflege von Kürbissen

Nach der Aussaat oder dem Auspflanzen ins Freiland legt man um das Beet Schneckenkorn aus. Solange die Pflanzen noch jung sind, sollte dies mehrmals geschehen.

Verzweigen sich die rankenden Kürbisse nicht von selbst, werden ihre Vegetationspunkte herausgebrochen, nachdem sich vier oder fünf Blätter gebildet haben. Jede Pflanze entwickelt dann drei oder vier Seitentriebe. Eine solche Pflanze ist für einen kleinen Garten besser geeignet und trägt auch besser als eine mit nur einer langen Hauptranke.

Kürbisse müssen bei trockenem Wetter häufig gegossen werden. Alle 14 Tage verabreicht man ein flüssiges Düngemittel. Eine häufigere Düngung ist nicht angebracht, weil die Pflanzen zu viele Blätter ausbilden. Ist dies der Fall, schneidet man einige Blätter ab, damit die Blüten und jungen Früchte mehr Luft bekommen.

Die Pflanzen tragen sowohl männliche als auch weibliche Blüten. Damit die weiblichen Blüten Früchte ansetzen, müssen sie vom Pollenstaub der männlichen Blüten bestäubt werden. Weibliche Blüten erkennt man an dem großen, unterständigen Fruchtknoten.

Bei kaltem, trübem Wetter, wenn nur wenige Insekten ausschwärmen, muß man die Blüten von Hand bestäuben. Man pflückt eine reife, männliche Blüte ab und entfernt die Blütenblätter; dann drückt man die männliche Blüte mit den Staubgefäßen gegen die Narbe in der Mitte der voll geöffneten weiblichen Blüte. Mit einer männlichen Blüte kann man zwei bis drei weibliche bestäuben.

Ernte von Kürbissen und Zucchini

Kürbisse und Zucchini sollen laufend von der Pflanze geschnitten werden, solange sie noch jung sind.

Mit dem Schneiden von Zucchini beginnt man im Juli, sobald die welken Blüten abfallen. Die Früchte sollen etwa 10–12 cm lang sein. Sie werden mit einem scharfen Messer abgeschnitten.

Die für den sofortigen Verbrauch bestimmten Kürbisse erntet man, wenn sie 15–20 cm groß sind. Die Schale sollte einem leichten Fingerdruck nachgeben.

Gegen Ende der Saison läßt man einige Kürbisse für die spätere Lagerung voll ausreifen. Unter die größeren Früchte legt man Steinplatten oder Ziegelsteine, damit sie nicht am Boden aufliegen. Dadurch verhindert man, daß die Schale verletzt wird, und schützt sie vor Schneckenfraß.

Im September oder Oktober, bevor die ersten Fröste einsetzen, schneidet man die reifen Kürbisse ab und legt sie behutsam in einen

Die beste Zeit für die Bestäubung mit der Hand ist zwischen 11 und 15 Uhr, wenn die Pollen trocken sind.

Die Bestäubung durch Insekten kann auf folgende Weise ermöglicht werden: Frühmorgens, möglichst kurz nach Sonnenaufgang, sprüht man mit einer Spritze Zuckerwasser auf die Pflanzen. Dadurch werden vor allem Bienen angelockt, die nun auch die Blüten der Kürbisse annehmen und so für eine ausreichende Bestäubung sorgen.

Schäden bei Kürbissen

Stengelfäule Hier handelt es sich um ein Abfaulen des Stengels in Bodennähe, die Wurzeln sind zu diesem Zeitpunkt meist schon abgestorben. Die Erkrankung läßt sich auf Staunässe zurückführen.

kühlen Raum. Wenn die Früchte fest und unbeschädigt sind, kann man sie auf diese Weise viele Wochen lang aufbewahren.

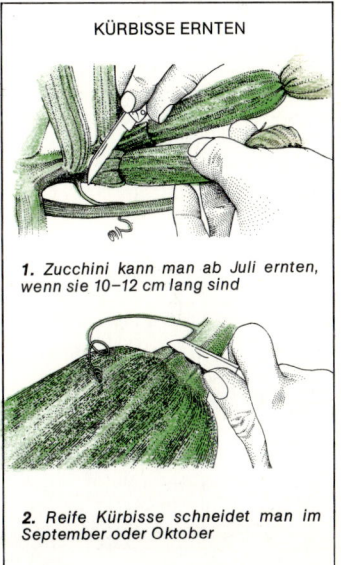

KÜRBISSE ERNTEN

1. Zucchini kann man ab Juli ernten, wenn sie 10–12 cm lang sind

2. Reife Kürbisse schneidet man im September oder Oktober

Bei richtiger Kultur, günstigen Bodenverhältnissen und Fruchtwechsel sollte die Stengelfäule nicht auftreten.

Andere Schäden Die Sämlinge und Früchte können von Schnecken angefressen werden (siehe Seite 515).

Empfehlenswerte Sorten von Kürbissen und Zucchini

KÜRBISSE
'Gelber Zentnerkürbis'
'Gelber Melonenkürbis'

ZUCCHINI
'Nero di Milano'
'Cocozelle von Tripolis'
'Langer Dunkelgrüner'
'Seneca Zucchini'

Lauch

Der Lauch oder Porree gehört zu den Gemüsearten, die sich besonders leicht kultivieren lassen. Er ist sehr widerstandsfähig und übersteht gelegentlich auch strengere Winter.

Wenn man in der Zeit von Ende Februar bis Anfang April aussät, kann man den Lauch ab Ende August bis April nächsten Jahres ernten. Die Aussaat erfolgt zunächst unter Glas, später im Saatbeet im Freien. Die jungen Pflanzen werden später auf das endgültige Beet gesetzt.

Obwohl der Lauch nicht besonders anspruchsvoll ist, sollte man den Boden vor der Aussaat doch bearbeiten.

Man wählt entweder ein Beet aus, das bereits im Vorjahr mit Humus reichlich gedüngt worden ist, oder man arbeitet nach dem Abräumen der Vorkultur beim Herrichten des Beets etwas Gartenkompost in den Boden ein.

Lauch 'Carentan'

Aussaat von Sommer- und Winterlauch

Wenn man zu Beginn des Jahres aussät, erhält man große Setzlinge. Sie sind leichter zu handhaben und liefern auch längere, kräftigere Schäfte.

Gegen Mitte Februar sät man den Sommerlauch unter Glas aus. Eine zusätzliche Beheizung ist nur in rauhen Gebieten erforderlich.

Man füllt eine Anzuchtschale mit Komposterde, der etwas Kalk beigemischt wurde. Die Samen werden in Abständen von 2,5 cm ausgelegt. Zu diesem Zweck schüttet man den Samen zuerst auf ein zusammengefaltetes Blatt Papier und schiebt die Körner mit der Spitze eines Bleistifts einzeln auf das Saatbeet. Auch breitwürfige Saat ist möglich. Die Samen werden mit feiner Komposterde überstreut.

Dann wird die Erde mit einem Holzbrettchen vorsichtig angedrückt. Zuletzt deckt man die Schale mit einer Glasscheibe und Zeitungspapier ab.

Wenn man Pflanzen mit großen Schäften ziehen will, muß der Lauch bei 13–16° C keimen.

Mit dem Abhärten der Pflanzen beginnt man etwa Mitte März. Man kann sie dann in den beiden ersten Aprilwochen auspflanzen.

Für die Hauptkultur bereitet man ein Saatbeet im Freiland oder Frühbeetkasten vor. Den Winterlauch sät man Ende März oder Anfang April aus; von September bis April kann man ihn ernten.

Das Beet wird gründlich gelockert. Unmittelbar vor der Aussaat werden 30–40 g eines mineralischen Volldüngers pro Quadratmeter in den Boden eingearbeitet.

Dann zieht man 1,5 m tiefe Saatrillen im Abstand von 15 cm. Es wird dünn gesät. Bereits in einem frühen Entwicklungsstadium werden die Sämlinge auf Abstände von mindestens 4 cm ausgedünnt. Ausgepflanzt wird im Juni oder Juli.

Pflanzen der Sämlinge in das endgültige Beet

Die Sämlinge werden ausgepflanzt, wenn sie etwa 15–20 cm hoch sind. Bei Sämlingen, die unter Glas ausgesät wurden, ist dies etwa Anfang April der Fall, bei den im Freiland ausgesäten Sämlingen im Juni oder Juli.

Vor dem Einpflanzen der Setzlinge werden die Blätter mit der Schere oder einem Messer um ein Viertel gekürzt.

Mit einem Pflanzholz werden die Setzlinge im Abstand von 20 cm gepflanzt. Die Pflanzlochtiefe beträgt etwa 15 cm. Die Reihen sollten 30–35 cm voneinander entfernt sein. Die Setzlinge werden relativ tief gepflanzt. Durch diese Methode werden die Schäfte lang und gleichzeitig gebleicht. Auf die Wurzeln kommt keine Erde, die Pflanzen werden nicht festgedrückt, und es wird auch keine Erde in die Löcher nachgefüllt.

Man gießt lediglich mit der Gießkanne ohne Brause etwas Wasser direkt in jedes Pflanzloch. Der Gießstrahl spült so viel Erde auf die Wurzeln, daß die Pflanze festgehalten wird. Nach und nach fällt Erde in die Pflanzlöcher.

ANGIESSEN DER SÄMLINGE

Das Pflanzloch wird nicht mit Erde aufgefüllt. Man gießt lediglich Wasser direkt auf die Pflanze

Möhren

Kultur und Ernte von Lauch

Um den Boden zu belüften und Unkräuter niederzuhalten, wird regelmäßig gehackt. Bei trockenem Wetter muß gegossen werden.

Eine Düngung ist normalerweise nicht erforderlich. Nur in nährstoffarmen Böden ist eine Kopfdüngung zweckmäßig. Etwa vier bis sechs Wochen nach der Pflanzung werden 20–30 g/m² eines Blaukornvolldüngers ausgestreut, leicht in den Boden eingearbeitet und anschließend eingewässert. Der Dünger kann auch in 10 l Wasser aufgelöst und gegossen werden. Anstelle eines Volldüngers kann das Wachstum auch durch eine reiche Stickstoffdüngung mit Kalksalpeter angeregt werden.

In rauhen, kalten Gebieten ist der Lauch meist nicht winterfest genug. Daher sollte man ihn dort bis Ende des Jahres ausgraben und an einer geschützten Stelle einschlagen.

Wenn sich die Pflanzlöcher, in die der Lauch gesetzt worden ist, mit Erde gefüllt haben, werden die Schäfte mit einer Hacke angehäufelt. Man erhält auf diese Weise lange, gebleichte Schäfte; nach einigen Wochen häufelt man immer mehr Erde an. Würde man gleich hoch anhäufeln, würden die Pflanzen faulen.

Lagerung An einer schattigen Stelle – beispielsweise an der Nordseite von Mauern, Hecken oder Zäunen – hebt man einen flachen Graben aus und stellt die Pflanzen mit den Wurzeln hinein. Anschließend wird die Erde wieder in den Graben zurückgeworfen. Dabei schlägt man die Pflanzen bis auf die grünen Teile der Blätter ein. Natürlich kann man den Lauch auch im Keller oder Frühbeetkasten einschlagen. So kann man den Lauch noch länger aufbewahren.

BLEICHEN DER SCHÄFTE

Einen langen, gebleichten Schaft erhält man, wenn Erde hoch angehäufelt wird

Schäden, die bei Lauch auftreten können

Zwiebelfliege Die Maden fressen die Wurzeln und den unteren Teil des Schafts, so daß die Pflanzen eingehen. Wo diese Fliegenmaden auftreten, wird vorbeugend ein Granulat gegen Zwiebelfliegen auf der Basis von Diazinon oder Bromophos° ausgestreut.
Lauchmotte Die Herzblätter sind zerfressen. An den Fraßstellen findet man grünliche Raupen. Spritzen mit Dimethoat oder Diazinon.
Krankheiten Der Lauch wird im allgemeinen von Krankheiten nicht befallen, man kann bei ihm jedoch die gleichen Symptome wie bei Zwiebeln beobachten. Manchmal tritt Rost auf, der an den orangeroten Pusteln zu erkennen ist.

Empfehlenswerte Sorten

SOMMER- UND HERBSTSORTEN
'Fafner'
'Schweizer Spezial'
'Ekkehard'
'Elefant'

WINTERSORTEN
'Elefant'
'Carentan'
'Siegfried'
'Winterriesen'

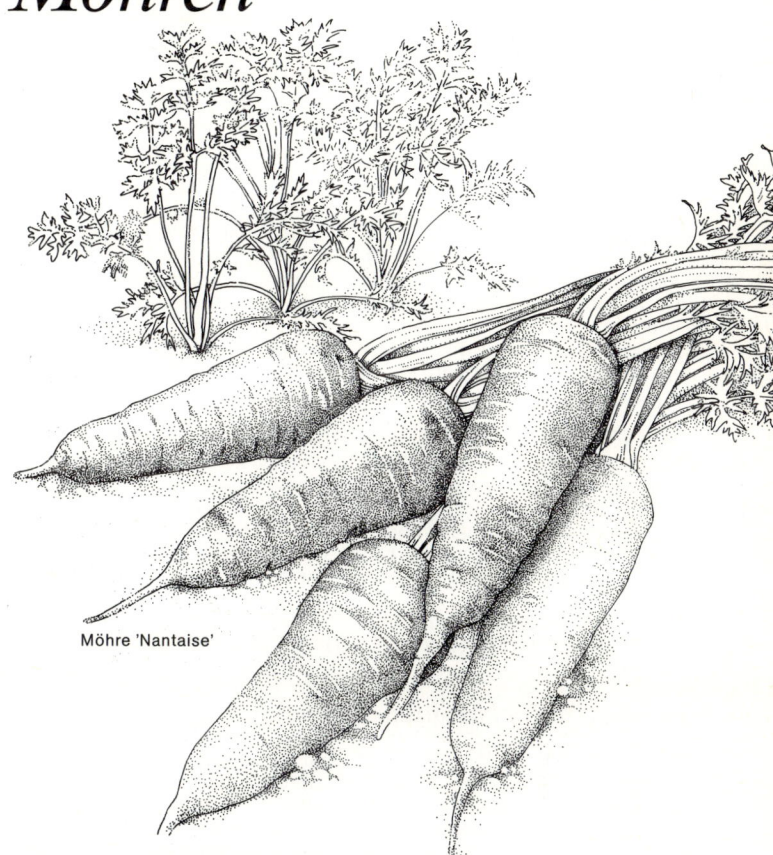

Möhre 'Nantaise'

Möhren, auch Mohrrüben, Gelbe Rüben oder Karotten genannt, werden wegen ihres hohen Vitamin-A-Gehalts geschätzt. Man unterscheidet kurze, halblange und lange Sorten. Sie können walzenförmig und am Ende abgestumpft, die kurzen Sorten auch rund sein oder unten spitz zulaufen.

Möhren mit abgestumpftem Ende sind besonders beliebt. Kurze und stumpfe Sorten eignen sich sehr gut für die Frühkultur in Frühbeetkästen oder unter Folienhauben. Die halblangen und langen Sorten (mit abgestumpftem oder spitzem Ende) eignen sich am besten für die späte Aussaat und Lagerung.

Alle Sorten gedeihen gut in lockerem Boden mit ausgewogenem Nährstoffgehalt. Man wählt ein Beet, das für die vorjährige Frucht bereits eine kräftige Humusgabe als Vorratsdüngung erhalten hat, und nimmt dann nur noch eine mineralische oder organisch-mineralische Düngung vor.

Einige Tage vor der Aussaat werden 40–50 g eines organisch-mineralischen oder mineralischen Volldüngers (z. B. Blaukorn) pro Quadratmeter in den Boden eingearbeitet. Der Boden wird möglichst feinkrümelig hergerichtet, weil Erdklumpen oder Steine oft die Ursache dafür sind, daß sich die Wurzeln gabeln. In schweren Böden sollte man nur kurze oder halblange Möhren ziehen.

Aussaat von Möhren

Die Frühmöhren (Sorten mit abgestumpfter oder runder Rübe) werden im Februar oder März ausgesät. Man bereitet das Saatbeet in einem Frühbeetkasten oder unter einer Folienabdeckung vor und stellt die Abdeckung bereits 14 Tage vor der Aussaat auf, damit sich der Boden darunter erwärmt.

Auf dem Saatbeet zieht man 1,5 cm tiefe Saatrillen in Abständen von 15 cm. Der Samen wird dünn ausgestreut und dann leicht mit Erde abgedeckt.

Die keimenden Sämlinge werden nur dann ausgedünnt, wenn sie zu dicht stehen. Mitte April entfernt man das Frühbeetfenster oder die Plastikfolie und hält den Boden feucht, wenn kein Regen fällt. Die Möhren können im Juni gezogen werden. Zunächst nimmt man nur die größten Pflanzen heraus und läßt die anderen weiterwachsen.

Die erste Aussaat im Freien – eine kurze Sorte mit abgestumpfter Rübe – wird im März vorgenommen. Sollte der Boden noch kalt oder feucht sein, wartet man mit der Aussaat weitere drei oder vier Wochen. Danach kann man jede Sorte bis Juni aussäen.

Man zieht 1–2 cm tiefe Rillen in Abständen von 20–25 cm und streut den Samen möglichst dünn aus. Dann deckt man den Samen zu, indem man die Rillen mit dem Rücken der Harke zuschiebt. Zum Schluß wird der Boden leicht überrecht. Ausgedünnt wird an einem trüben, kühlen Tag oder abends. **Danach gießt man das Beet.**

Das erste Ausdünnen erfolgt auf Pflanzenabstände von ungefähr 2,5 cm, sobald sich die ersten kräftigen Blätter gebildet haben. Später wird weiter ausgedünnt, bis die Sorten mit kurzen Wurzeln im Abstand von etwa 5 cm und die Sorten mit längeren Wurzeln im Abstand von ungefähr 10 cm stehen.

Ernte und Lagerung von Möhren

Die Möhren aus der Frühsaat werden geerntet, sobald sie groß genug sind. Die späten Aussaaten sind mehr zum Einwintern bestimmt.

Möhren, die man einlagern will, sollten in der ersten Oktoberhälfte gezogen werden, ehe schlechtes Wetter die Ernte erschwert. Gute, richtig gelagerte Möhren kann man bis März oder April des nächsten Jahres aufbewahren.

Möhren, die man einlagern will, gräbt man mit der Gabel aus dem Boden. Dabei muß man aufpassen, daß sie nicht beschädigt werden. Alle beschädigten Möhren werden ausgesondert und möglichst sofort **verwendet. Beschädigte Rüben faulen häufig.**

Vor dem Einlagern schneidet man alle Blätter möglichst nahe am Ansatzpunkt ab, ohne ihn jedoch zu beschädigen. Man entfernt auch die anhängende Erde und schichtet die Möhren zwischen Lagen aus feuchtem Sand in Kisten oder in frei stehenden Mieten in einem trockenen, gut belüfteten, frostfreien Schuppen auf.

Man kann Möhren aber auch im Freien wie Kartoffeln einmieten. Die Miete wird an einem trockenen, geschützten Platz angelegt.

Die Möhren werden mit dem oberen Ende (Blattende) nach außen zu einem kegelförmigen Haufen aufgeschichtet. Den Haufen bedeckt man dann mit sauberem, trockenem Stroh, das man mit einer etwa 5 cm dicken, feuchten Erdschicht umgibt. Die Erde wird festgeklopft. Für die Belüftung läßt man oben etwas Stroh aus dem Kegel ragen.

Wenn Möhren zu feucht gelagert werden, kann die Weichfäule auftreten, hervorgerufen durch einen Pilz mit flockigem Myzel. Durch ihn werden die Möhren schwarz und hart.

Schäden, die bei Möhren auftreten können

Möhrenfliege In den Wurzeln sind Gänge, in denen die Maden der Möhrenfliege sitzen. Frühkulturen an geschützten Stellen und Spätsaaten werden nur selten befallen. Die Fliege legt ihre Eier Ende Juni/Anfang Juli; etwa eine Woche später schlüpfen die Maden.

Befürchtet man, daß die Maden der Möhrenfliege die Sämlinge befallen, oder ist dies schon geschehen, wird Birlane-Granulat angewandt. Wichtigster Termin für die Behandlung ist Ende Juni. Eine zweite Generation kann später auftreten. In diesem Fall muß man die Pflanzen Mitte August noch einmal mit Birlane-Granulat behandeln.

Man kann auch andere Streumittel verwenden. Diazinon 10 Granulat oder Nexion-Streumittel° bzw. Fleur-Insekten-Streu ist dafür geeignet. Die Gebrauchsanweisung ist genau einzuhalten.

Aufgeplatzte Wurzeln Wenn auf eine Trockenperiode starke Regengüsse folgen, platzen die Wurzeln leicht. Man sorgt für gleichmäßiges Wachstum, indem man den Boden regelmäßig gießt.

Andere Schäden Gefahr droht auch von Schnecken, Raupen und Drahtwürmern (siehe Seite 515).

Empfehlenswerte Möhrensorten

FRÜHMÖHREN	SOMMERMÖHREN
'Duwicker' (kreiselförmig),	'Juwarot', 'Nantaise',
'Gonsenheimer Treib' (zylindrisch),	'Rotin' (alle zylindrisch)
'Kundulus' (oval, spitz),	DAUERMÖHREN
'Signal' (rund),	'Lange Rote Stumpfe Ohne Herz'
'Pariser Markt' (rund)	(zylindrisch)

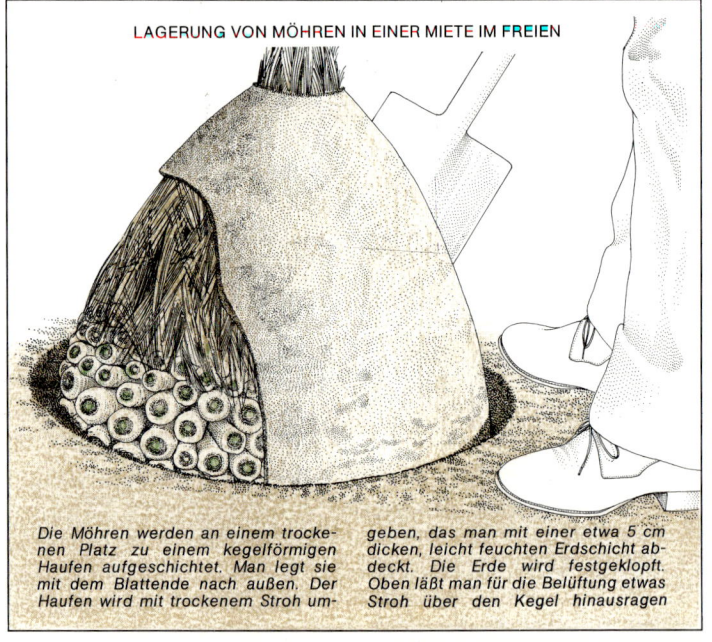

LAGERUNG VON MÖHREN IN EINER MIETE IM FREIEN

Die Möhren werden an einem trockenen Platz zu einem kegelförmigen Haufen aufgeschichtet. Man legt sie mit dem Blattende nach außen. Der Haufen wird mit trockenem Stroh umgeben, das man mit einer etwa 5 cm dicken, leicht feuchten Erdschicht abdeckt. Die Erde wird festgeklopft. Oben läßt man für die Belüftung etwas Stroh über den Kegel hinausragen

Puffbohnen

Puffbohnen tragen reichlich und sind anspruchslos. Man sät sie möglichst in einen vor der Bestellung gut gedüngten Boden. Sie begnügen sich aber auch mit jedem im Herbst gut umgegrabenen Stück Land. Vor der Aussaat wird die Erde mit dem Rechen eingeebnet.

Aussaat im Freien Die erste Aussaat im Freiland wird Anfang März vorgenommen. Später kann man dann nochmals Ende März und Anfang April aussäen.

Man kann in einfachen oder Doppelreihen aussäen. Eine Doppelreihe bringt einen höheren Ertrag pro Anbaufläche. Zwischen den Puffbohnen und einer anderen Gemüsesorte auf einem benachbarten Beet sollte man 60 cm Abstand lassen.

Bei der Aussaat in einfacher Reihe zieht man 5 cm tiefe Saatrillen in Abständen von 45 cm. Bei Doppelreihen beträgt der Abstand zwischen den beiden Reihen 22 cm und zwischen zwei Doppelreihen 60 cm.

Vor der Aussaat werden die Bohnen mit einem Beizmittel behandelt, um Krankheiten vorbeugend zu bekämpfen. Alle Bohnen mit kleinen Löchern (Ausgangsöffnungen des Bohnenkäfers) werden weggeworfen.

Die Samen legt man in Abständen von 20 cm, bei Doppelreihen gegeneinander versetzt. Die frisch ausgesäten Reihen deckt man mit Plastikfolie oder Netzen ab, um sie vor Vögeln zu schützen. Wenn die Samen gekeimt haben, kann man die Abdeckung ohne weiteres wieder abnehmen.

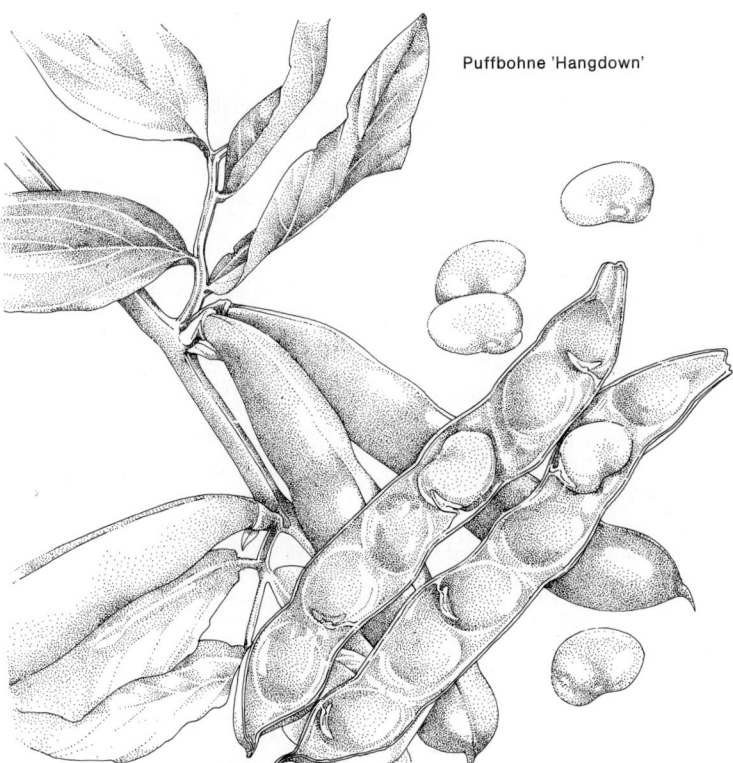

Puffbohne 'Hangdown'

Anzucht von Puffbohnen für die Frühkultur

Die erste Aussaat von Puffbohnen unter Glas in einem unbeheizten Gewächshaus oder im kalten Frühbeetkasten kann in kälteren Gegenden Anfang Januar und in wärmeren, südlichen Gegenden im Februar erfolgen. In beiden Fällen kann man die Bohnen dann Anfang Juni ernten.

Man füllt eine Kiste für die Anzucht mit Komposterde und legt die Bohnen mit einem allseitigen Abstand von 5 cm auf die Erde. Dann werden sie mit einer 3 cm hohen Schicht Komposterde abgedeckt. Die Erde muß locker liegen, damit die Keimung nicht beeinträchtigt wird.

Eine andere Methode besteht darin, daß man die Bohnen in 8 cm große Töpfe mit Komposterde legt. In jeden Topf werden 2 Bohnen etwa 2 cm tief in die Erde gedrückt. Die Töpfe stellt man wie die Kisten zum Ankeimen an einen leicht temperierten Platz. Die Komposterde darf nicht ganz austrock-

nen, soll aber auch nur leicht angegossen werden.

Nach der Keimung der Bohnen werden jeweils die schwächsten Pflanzen aus den Töpfen herausgenommen. Nur die stärkste Pflanze bleibt stehen.

Ende März beginnt man damit, die jungen Pflanzen an die Bedingungen im Freiland zu gewöhnen (siehe Seite 524). Wenn sie in einem unbeheizten Gewächshaus angezogen wurden, stellt man sie zunächst in einen kalten Frühbeetkasten.

Ins Freiland ausgepflanzt wird Anfang April. Sind die Pflanzen in Töpfen angezogen worden, stellt man die Töpfe unmittelbar vor dem Auspflanzen für einige Minuten ins Wasser oder gießt gründlich an.

Mit dem Handspaten hebt man in Abständen von 20 cm die Pflanzlöcher aus und setzt die Töpfe so hinein, daß ihre Ränder gerade noch mit Erde bedeckt sind.

Die Pflanzen werden in der gleichen Weise wie eine im Freiland ausgesäte Kultur behandelt.

Pflege und Ernte von Puffbohnen

Zwischen den Reihen wird regelmäßig gehackt, um das Unkraut niederzuhalten. Bis zum Beginn der Blüte brauchen die Bohnen dann nur noch wenig Pflege.

Wenn die Pflanzen in voller Blüte stehen, entspitzt man sie, indem man die obersten Blattbüschel von den Trieben abkneift. Dadurch wird der Fruchtansatz begünstigt und der Läusebefall gehemmt.

Puffbohnen brauchen im allgemeinen keine Abstützung. Einige Sorten mit langen Hülsen, die bis zu 1,2 m hoch wachsen, sollten jedoch an windigen Plätzen mit Pfählen und dazwischengespannten Schnüren abgestützt werden.

Ernte Frühe Sorten kann man Ende Mai oder Anfang Juni pflücken, bevor sich die Bohnen in den

Hülsen ausgebildet haben. Die Hülsen sind dann 5–10 cm lang, werden gekocht und wie Schnittbohnen gegessen.

Die im Freien ausgesäte Hauptkultur kann man ab Ende Juni, den ganzen Juli hindurch und bis in den August hinein ernten. Gepflückt wird, wenn die Bohnenkerne schon ziemlich groß und gut ausgebildet, die Hülsen aber noch nicht holzig sind. Man nimmt jeweils einige Hülsen von jeder Pflanze ab und beginnt dabei mit den untersten Früchten. Auf diese Weise fördert man die Entwicklung der übrigen Hülsen.

Nach der Ernte werden die Pflanzen abgeschnitten und auf den Komposthaufen geworfen. Die Wurzeln reißt man nicht aus, weil sie durch die Knöllchenbakterien Stickstoff enthalten und den Boden damit anreichern.

Rettiche

Frühjahrs- und
Herbstradieschen
'Champion'

Schäden an Puffbohnen

Schwarze Bohnenlaus Wenn Schwarze Bohnenläuse (Blattläuse) auftreten – zunächst oft unbemerkt an den Blattunterseiten –, spritzt man mit einem Insektizid. Wenn die Hülsen bereits pflückreif sind oder in Kürze abgenommen werden sollen, verwendet man Insektizide mit kurzer Wartezeit, beispielsweise Malathion° oder Diazinon. Man muß dann aber unbedingt die vom Hersteller angegebene Zeit zwischen Spritzung und Ernte (Wartezeit) einhalten. Im Zweifelsfall fragt man den Pflanzenschutzdienst.

Samenkäfer Bohnenkerne mit durchscheinenden, dünnhäutigen, fensterartigen Stellen, später mit kleinen, runden Löchern. Sofort nach der Blüte mit Parathion-methyl stäuben und keine befallenen Körner auslegen.

Brennfleckenkrankheit Ähnliche Krankheitserscheinungen wie bei Buschbohnen. Rechtzeitig bekämpfen; befallene Pflanzen sofort vernichten.

Andere Schäden Die Jungpflanzen werden gerne von Schnecken gefressen (siehe Seite 515).

Empfehlenswerte Puffbohnensorten

Mit reinweißen Blüten – Bohnen bleiben nach dem Kochen oder Sterilisieren weiß oder grün
'Sterntaler'
'Staygreen'
'Hangdown Grünkernig'
Mit schwarzgefleckten Blüten – Bohnen färben sich nach dem Kochen oder Sterilisieren braun
'Con Amore'
'Felix'
'Hedosa'
'Trio'
'Osma'
'Osnabrücker Markt'
'Hangdown'
'Gruno'
'Frühe Weißkeimige'
'Major'
'Sito'

Man unterscheidet zwei Arten von Rettichen: die kleinen Radieschen und die großen Speiserettiche.

Sie gedeihen in jedem gut kultivierten, feinkrümeligen Boden. In leichte, sandige Böden harkt man Torfmull oberflächlich ein, damit die Feuchtigkeit im Boden gehalten wird, denn Radieschen und Rettiche bleiben nur zart und knackig, wenn sie ohne Stockung wachsen können.

Frühsaat unter Abdeckhauben oder im Frühbeet

Von Ende Februar bis Ende März kann man Radieschen und Rettiche im Frühbeetkasten und unter Abdeckhauben aussäen. Man zieht für Radieschen 1,5 cm tiefe Saatrillen in Abständen von ca. 10 cm, für Rettiche von 15–20 cm. Die Samen werden sehr dünn ausgestreut, so daß sie sich nicht berühren, und mit dem Rechenrücken mit Erde zugedeckt. Dann gießt man leicht und deckt das Frühbeet ab oder stellt die Abdeckhauben auf. Wenn nicht allzu dicht ausgesät wurde, braucht man die Pflanzen nicht auszudünnen. Sonst vereinzelt man Radieschen auf 5–7 cm, Rettiche auf 15 cm.

Rettiche kann man das ganze Jahr über anbauen, im Frühjahr und Frühsommer vorwiegend schnell wachsende und früh erntereife Bund- und Stückrettiche, sogenannte Frühsommerrettiche, in den heißen Sommermonaten die Sommerrettiche und in den Herbstmonaten die lagerbaren Herbst- und Winterrettiche.

Ausgesät wird im Frühbeetkasten. Bundrettiche brauchen 15 bis 20 cm Reihenabstand, Frühsommer- und Sommerrettiche 20–25 cm und Herbst- und Winterrettiche 25 cm. Nach der Keimung werden die Pflanzen auf 15 cm, Winterrettiche auf 20 cm Abstand vereinzelt. Sommerrettiche werden vorwiegend im April und Mai, Herbst- und Winterrettiche von Juni bis August ausgesät. Bundrettiche und Frühsommerrettiche benötigen von der Aussaat bis zur Ernte 50–60 Tage, Sommerrettiche 70 Tage, Herbst- und Winterrettiche ca. 120 Tage.

Anbau von Radieschen im Freiland

Von Anfang März bis September kann man je nach Bedarf in Abständen von zwei oder drei Wochen mehrere Folgesaaten von Radieschen ausbringen. Im Sommer sollte man an einem kühlen, nicht vollsonnigen Platz säen, weil die Radieschen sonst schießen und pelzig werden. Gesät wird wie im Frühbeet. Bei trockenem Wetter muß man regelmäßig gießen.

Die heranwachsenden Pflanzen werden vereinzelt und vier bis sechs Wochen nach der Aussaat geerntet, solange sie noch zart sind.

Schäden an Rettichen und Radieschen

Erdflöhe Sie fressen an den Blättern der jungen Pflanzen, die dann mit kleinen Löchern durchsetzt sind. Der Befall tritt am stärksten bei trockenem Wetter im Mai auf. Sämlinge immer gleichmäßig feucht halten und bei Bedarf spritzen mit Diazinon oder Propoxur.

Bormangel Verfärbte Flecken am Fleisch oder die Wurzeln werden innen braun. Man verabreicht 30 g/20 m² Borax mit lockerem Sand vermischt.

Empfehlenswerte Sorten

FRÜHJAHRS- UND HERBST-RADIESCHEN
'Champion', 'Delikat', 'Treff'
SOMMERRADIESCHEN
'Parat', 'Delikat', 'Eiszapfen'
BUNDRETTICHE
'Quick', 'Ostergruß rosa'
FRÜHSOMMERRETTICHE
'Unus Treib', 'Fetzers Maindreieck'
SOMMERRETTICHE
'Halblanger weißer Sommer'
HERBST- UND WINTERRETTICHE
'Mainkrone', 'Münchner Bier'

Rhabarber

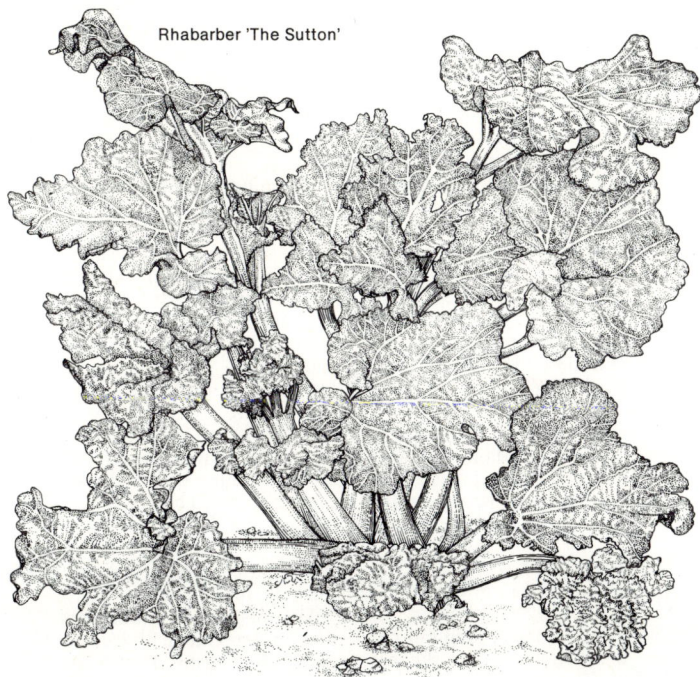

Rhabarber 'The Sutton'

Rhabarber ist von Mitte April bis Ende Juni erntereif. Wenn man aber das Wachstum künstlich anregt, kann man schon ab Februar bis Anfang April ernten. Er kann auch mehrere Jahre lang an der gleichen Stelle kultiviert werden. Deshalb arbeitet man vor dem Pflanzen eine Vorratsdüngung aus Stallmist oder gut verrottetem Gartenkompost tiefgründig in den Boden ein, indem man ihn holländert (siehe Seite 614). Zwei Wochen vor dem Einpflanzen düngt man mit 80 bis 100 g/m² eines organisch-mineralischen Volldüngers.

Rhabarber wird kaum von Schädlingen oder Krankheiten befallen. Gelegentlich kommt es zu Fäulnis an den Triebspitzen, die sich oft bis zum Wurzelstock ausbreitet. Dieser verfärbt sich dann schwärzlich, und die entstehenden Blätter werden dünn und lang und sterben frühzeitig ab. Man gräbt dann die Pflanze aus und verbrennt sie; an die gleiche Stelle setzt man keine weiteren Rhabarberpflanzen.

Anzucht von Rhabarber aus Samen

Aus Samen gezogener Rhabarber ist von geringerer Qualität, und man kann in den ersten zwei Jahren noch keine Stengel ernten. Es eignen sich Sorten wie 'Holsteiner Blut' und 'Victoria'.

Man sät in 1,5 cm tiefe und 30 cm auseinander liegende Rillen im März im Frühbeetkasten, im April im Freiland. Die Sämlinge vereinzelt man dann auf einen Abstand von 15 cm und pflanzt sie ein Jahr später an den endgültigen Standort. Danach behandelt man sie wie aus Wurzelstöcken gezogene Pflanzen.

Anzucht von Rhabarber aus Wurzelstöcken

Wurzelstöcke werden am besten im März oder April gepflanzt. Man kauft sie entweder oder teilt bestehende Stöcke. Geeignete Sorten sind 'The Sutton', 'Elmsfeuer', 'Elmsblitz' und 'Elmsjuwel'.

In Abständen von 90 cm hebt man Pflanzlöcher so tief aus, daß die ganzen Wurzelstöcke Platz haben; die jungen Triebe sollen hinterher gerade noch aus dem Boden herausschauen. Dann wird der Boden rund um die Wurzeln festgetreten. Bei trockenem Boden muß reichlich gegossen werden.

Frühe Ernte durch künstliches Antreiben

Das Wachstum der Triebe kann für eine frühzeitige Ernte dadurch künstlich angeregt werden, daß man die Pflanzen in einem Schuppen, Gewächshaus oder im Freiland künstlich antreibt.

Im November gräbt man eine oder zwei kräftige Pflanzen aus, die zwei Jahre oder älter sind, und legt sie mit den Blättern nach unten an den Boden, um die Wurzeln dem Frost auszusetzen und die winterliche Ruheperiode frühzeitig einzuleiten.

Im Dezember pflanzt man die Rhizome dann in Kisten und stellt diese in einen dunklen Raum (Schuppen u. a.). Die Wurzeln werden mit Stroh oder Torfmull abgedeckt und leicht feucht gehalten.

Wenn der Raum nicht vollständig dunkel ist, kann man die Pflanzen mit einer hohen, umgedrehten Kiste abdecken, damit kein Licht herankommt. Die Temperatur sollte zwischen 10 und 18° C liegen.

Man kann ein frühzeitiges Wachstum auch dadurch anregen, daß man die Wurzelrhizome in ein Gewächshausbeet unter die Stellagen pflanzt und das Beet mit einer schwarzen Plastikfolie abdunkelt.

Erst im zweiten Jahr kann man Stengel ernten: Man faßt sie möglichst tief unten an und bricht sie mit einer drehenden und ziehenden Bewegung los. Heranwachsende Stengel dürfen dabei nicht beschädigt werden.

Entstehende Blütenstiele werden sofort abgeschnitten. Der Boden muß reichlich gemulcht, gut feucht gehalten und im Sommer regelmäßig mit flüssigem Volldünger angereichert werden.

Nach der letzten Ernte, Ende Juni, gibt man 120–150 g/m² Handelsdünger. Er wird flach in die Krume eingearbeitet und bei Trockenheit auch eingewässert.

Je nach Temperatur sind dann die Stengel nach vier bis acht Wochen erntereif.

Noch einfacher ist es jedoch, Rhabarberstöcke im Februar einfach mit einem Folientunnel zu überdecken. Unter dem Folienzelt entsteht ein Gewächshausklima, das zu einem frühzeitigen Austreiben der Rhizome und einem schnellen Durchtrieb der Pflanzen beiträgt.

Nach etwa zwei Monaten kontrolliert man das Wachstum der Rhabarberköpfe. Die Stengel können geerntet werden, sobald sie 25–30 cm lang sind.

RHABARBER ANTREIBEN

Die Rhizome bringt man in einer Kiste in einen dunklen Raum und deckt sie, wenn nötig, ab, damit kein Licht darankommt

Rosenkohl

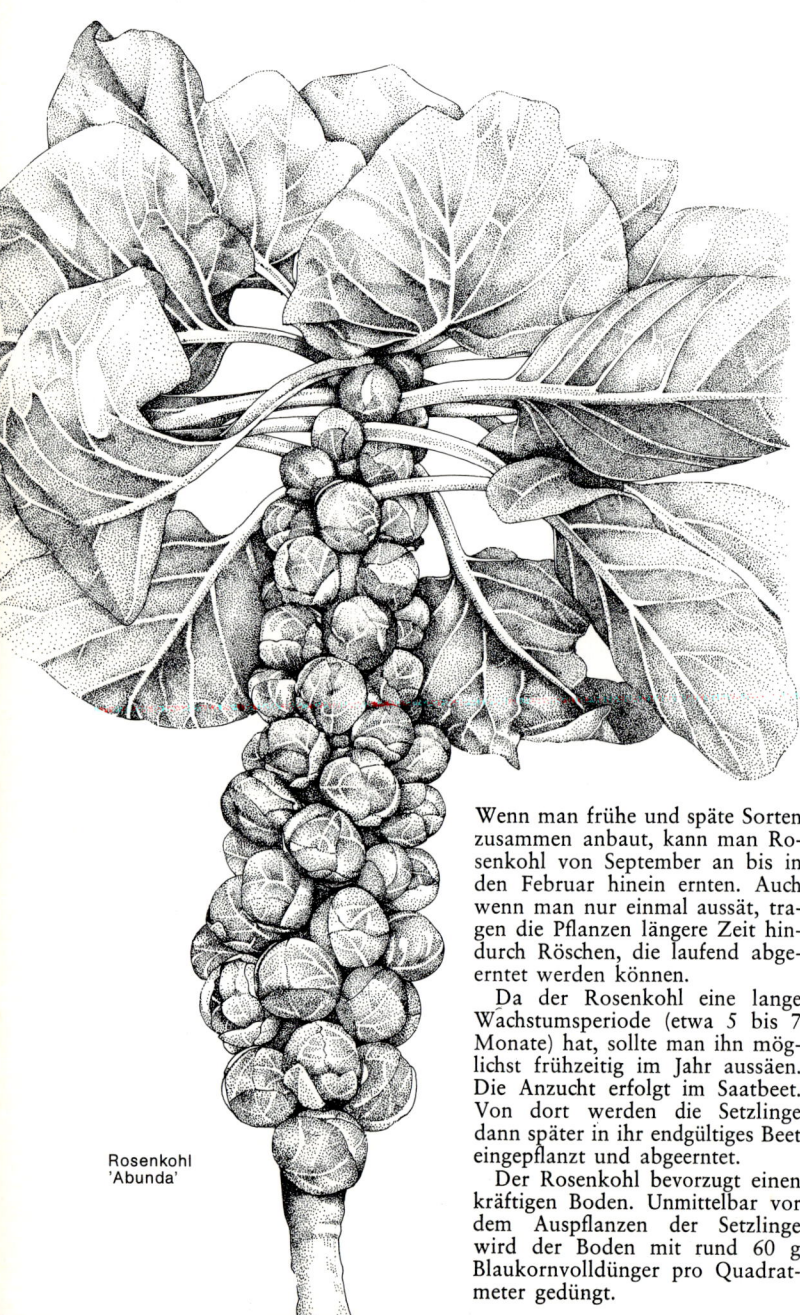

Rosenkohl
'Abunda'

Wenn man frühe und späte Sorten zusammen anbaut, kann man Rosenkohl von September an bis in den Februar hinein ernten. Auch wenn man nur einmal aussät, tragen die Pflanzen längere Zeit hindurch Röschen, die laufend abgeerntet werden können.

Da der Rosenkohl eine lange Wachstumsperiode (etwa 5 bis 7 Monate) hat, sollte man ihn möglichst frühzeitig im Jahr aussäen. Die Anzucht erfolgt im Saatbeet. Von dort werden die Setzlinge dann später in ihr endgültiges Beet eingepflanzt und abgeerntet.

Der Rosenkohl bevorzugt einen kräftigen Boden. Unmittelbar vor dem Auspflanzen der Setzlinge wird der Boden mit rund 60 g Blaukornvolldünger pro Quadratmeter gedüngt.

Früh- und Spätkulturen aussäen und auspflanzen

Die Frühsorten werden im April ausgesät und können Ende September geerntet werden. Bei der Aussaat im Frühbeetkasten sät man den Samen breitwürfig aus. Später dünnt man die Sämlinge auf Abstände von ungefähr 8 cm aus. Die herausgezogenen Sämlinge werden pikiert.

Die Aussaat für die Hauptkultur erfolgt von Mitte April bis Mai in vorbereitete Saatbeete. Man sät den Samen dünn in 1,5 cm tiefe Saatrillen, die 15 cm voneinander entfernt sind.

Auch eine Breitsaat ist möglich. Das Saatgut wird dann mit der Gabel in die Krume eingearbeitet oder mit torfhaltiger Komposterde

überstreut. Es muß dünn ausgesät werden, damit sich die Sämlinge kräftig entwickeln können. Man sät 3–4 g Samen auf 1 m² aus. Nach der Keimung werden Samen, die zu dicht stehen, vereinzelt.

Die jungen Pflänzchen werden in das endgültige Beet gesetzt, wenn sie etwa sechs Wochen alt und 10 bis 15 cm hoch sind. Frühe Sorten können Ende Mai oder Anfang Juni gesetzt werden, die späteren Aussaaten sind im Lauf des Monats Mai oder Anfang Juni so weit gediehen. Schwach entwickelte Setzlinge werden in der Regel nicht verwendet.

Der Abstand zwischen den Pflanzen sollte etwa 50 cm betragen, die Entfernung von Reihe zu Reihe ungefähr 50–60 cm.

Pflege und Ernte von Rosenkohl

Der Boden wird regelmäßig mit der Hacke bearbeitet. Bei trockenem Wetter muß man reichlich gießen. Etwa einen Monat nach dem Pflanzen häufelt man etwas Erde rund um den Stamm an.

In nährstoffarmen Böden ist während der Kultur eine Kopfdüngung erforderlich. Ein- bis zweimal streut man 20–30 g eines Blaukornvolldüngers auf 1 m² aus und wässert gut ein.

Sobald sich die unteren Blätter

der Pflanzen gelb färben, bricht man sie aus.

Die ausgesäten Frühsorten können ab September abgeerntet werden. Die beste Ernte aus der Hauptkultur erzielt man im November und Dezember. Im allgemeinen sollte die Ernte bis Weihnachten abgeschlossen sein. Nur in milden Klimagebieten kann der Rosenkohl auch später noch abgeerntet werden. Stärkere Fröste wirken sich ungünstig auf die Röschen aus.

Die Röschen werden von unten nach oben vom Stengel gepflückt.

Schäden, die bei Rosenkohl auftreten können

Lockere, flattrige Rosen Wenn die Röschen nicht fest und prall sind, läßt dies auf schlechtes Saatgut, zu lockeren Boden, Kaliummangel oder zuviel Stickstoff im Boden schließen. Bei Saatgut aus zuverlässiger Quelle und richtiger Kultur der Pflanzen sollte der Schaden nicht auftreten.

Andere Schäden Der Rosenkohl ist den gleichen Gefahren wie der

Weißkohl ausgesetzt. Zu seinen Schädlingen gehören auch Raupen und Blattläuse.

Empfehlenswerte Sorten

FRÜHSORTEN
'Wilhelmsburger', 'Harola', 'Abunda'

SPÄTSORTEN
'Hilds Ideal', 'Harola', 'Abunda', 'Citadel', 'Lunet', 'Fortress'

Rote Rüben

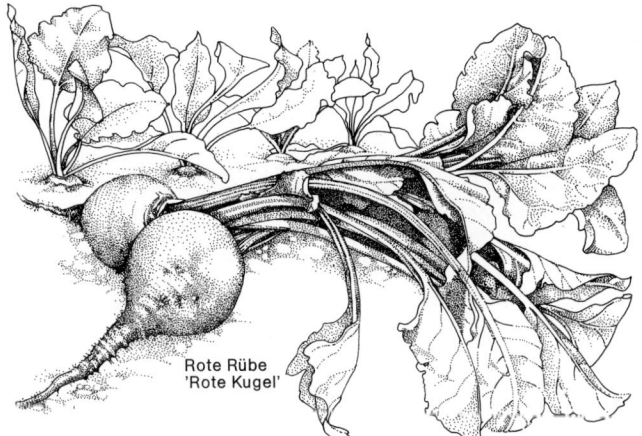

Rote Rübe
'Rote Kugel'

Die Rote Rübe braucht nur wenig Platz und ist einfach zu kultivieren. Da sie sich auch leicht lagern läßt, kann man sie fast das ganze Jahr über in der Küche verwenden.

In Boden, der mit frischem Stallmist gedüngt wurde, sollte man Rote Rüben nicht aussäen. Wenn der Boden nicht sehr fruchtbar ist, wird vor der Aussaat eine Volldüngung vorgenommen. Man arbeitet 50 g eines organisch-mineralischen Düngers pro Quadratmeter in die Erde.

Es gibt drei Hauptformen der Roten Rübe, die runde, die walzenförmige (halblang und bis zu 30 cm lang) und die plattrunde Form.

Runde Rüben werden im zeitigen Frühjahr ausgesät und ab Juni aus dem Boden gezogen, wenn sie für die Zubereitung von Sommersalaten reif sind. Die langen und plattrunden Sorten werden von April bis Anfang Juni ausgesät. Man kann sie im Herbst aus dem Boden nehmen und für die Verwendung im Winter und Frühjahr bis etwa April lagern. Natürlich können auch runde Rübensorten von April bis Anfang Juni ausgesät werden.

Es empfiehlt sich, bei der Wahl der Sorten deren Eigenschaften zu beachten. Ältere Sorten bilden häufig kräftigere Ringe aus. Diese aber sind unerwünscht. Die Knollen sollten durch und durch gleichmäßig rot gefärbt sein.

Aussaat der Frühkultur Ehe man runde Rüben im März aussät, wird das Saatbeet in einem kalten Frühbeetkasten oder unter einem Folientunnel vorbereitet. Der Boden wird mit einem organisch-mineralischen Volldünger gedüngt (50 g pro m²). Dann zieht man 2 cm tiefe Saatrillen in Abständen von 15 cm und streut den Samen dünn aus. Die Saatrillen deckt man mit Erde zu und drückt diese etwas fest.

Damit die Sämlinge nicht zu dicht stehen, werden sie auf Abstände von 12–15 cm ausgedünnt. Dann härtet man sie allmählich ab, und schließlich wird das Frühbeetfenster oder die Folienhaube Mitte April ganz abgenommen. Das Beet muß feucht gehalten werden.

Aussaat der Hauptkultur Die walzenförmigen, plattrunden sowie runden Rüben können von April bis Anfang Juni ausgesät werden. Es lohnt sich auch, runde Rüben im Juli auszusäen, die dann im späten Herbst geerntet werden.

Die Saatrillen werden 2,5 cm tief in Abständen von 30 cm gezogen. Man streut den Samen dünn und schiebt die Saatrille mit dem Harkenrücken zu.

Wenn sich das erste kräftige Blatt entwickelt hat, dünnt man die Sämlinge auf Abstände von etwa 5 cm aus und läßt nur jeweils ein Pflänzchen an einer Stelle stehen. Im Juli wird dann nochmals ausgedünnt; man nimmt jede zweite Pflanze heraus und verwendet sie in der Küche. Der Abstand zwischen den Rüben, die im Boden bleiben, beträgt dann jeweils rund 10 cm.

Rote Rüben brauchen nur wenig Wasser zum Wachsen; als Sämlinge müssen sie jedoch regelmäßig gegossen werden. Unkraut sollte von Zeit zu Zeit mit der Hacke gejätet werden, dabei muß man aber aufpassen, daß die Wurzeln nicht beschädigt werden, weil sonst die Rübe „blutet" und an Farbe und Geschmack einbüßt.

Rote Rüben können unter einem Mangel an bestimmten Mineralien

Ernte und Lagerung von Roten Rüben

Die runden Rüben werden im Juni aus dem Boden gezogen, wenn sie etwas größer als ein Tennisball sind. Läßt man sie noch länger wachsen, werden sie meist hart und holzig. Rüben, die nicht sofort verwendet werden, muß man einlagern.

Die in mehreren Zeitabständen ausgesäten Rüben der Hauptkultur können gezogen werden, sobald sie groß genug sind – ungefähr ab Anfang August. Für die Lagerung bestimmte Rüben der Hauptkultur werden erst im Oktober aus dem Boden genommen.

Die Rüben müssen vorsichtig geerntet werden. Gräbt man sie mit einer Gabel aus dem Boden, dürfen sie nicht verletzt oder beschädigt werden. Beschädigte oder von Schädlingen befallene Rüben dürfen nicht eingelagert werden, weil sie den gesamten Lagerbestand gefährden.

Hat man die Rüben herausgezogen, schneidet man die Blätter etwas oberhalb der Herzblätter ab.

leiden. So weisen beispielsweise gelbe Stellen zwischen den Adern älterer Blätter auf einen Manganmangel hin. Man spritzt dann mit Mangansulfat, etwa 20 g/3 l Wasser (mit Zusatz von etwas Netzmittel), oder gießt den Boden mit einer Mangansulfatlösung von rund 10 g/1 l. Grauweiße oder braune Flecken im Fleisch der Rüben sowie Herzfäule lassen einen Mangel an Bor erkennen. Man verabreicht dann möglichst schon vor der Neuanlage eines Beetes bei der nächstjährigen Kultur rund 30 g (1 Eßlöffel) Borax pro 20 m² Fläche, vermengt mit lockerem Sand.

Auch Raupen und andere Bodenschädlinge können die Rote Rübe befallen; die Sämlinge leiden gelegentlich unter der Umfallkrankheit. Im folgenden Jahr sollte man die Anbaufläche wechseln.

Dadurch schließen sich die Poren in den Stielen, so daß der Saft in der Rübe bleibt. Die Herzblätter dürfen auf keinen Fall abgeschnitten werden.

Gelagert werden die Rüben an einem kühlen Ort. Man legt sie auf eine Unterlage von feuchtem Sand in eine Kiste. Man kann sie aber auch ganz einfach auf dem Boden stapeln.

Diese Miete wird mit Sand abgedeckt. Die Mieten kann man aufstocken, sobald weitere Rüben herangewachsen sind. Auch die folgenden Lagen werden mit Sand abgedeckt.

Empfehlenswerte Rote-Rüben-Sorten

RUNDE SORTEN
'Rote Kugel', 'Detroit', 'New Globe', 'Boltardy'

PLATTRUNDE SORTEN
'Ägyptische Plattrunde'

WALZENFÖRMIGE SORTEN
'Formanova'

Sellerie

Bleich-
sellerie
'Goldgelber
Selbstbleichender'

Beim Anbau von Sellerie im Garten muß man zwischen zwei Formen unterscheiden. Es gibt Knollensellerie und Bleichsellerie. Während beim Knollensellerie besonderer Wert auf den knollenförmig verdickten Stengelteil gelegt wird, werden beim Bleichsellerie vor allem die Blattstengel verwertet.

Die Anzucht von Selleriepflanzen unterscheidet sich nur unwesentlich. Sobald jedoch die Setzlinge ins Freie gepflanzt werden, müssen unterschiedliche Kulturmethoden beachtet werden.

Sellerie braucht einen sehr gut vorbereiteten Boden, während des Wachstums viel Feuchtigkeit und eine gute Dränage. In das für den Anbau von Sellerie vorgesehene Beet muß gut verrotteter Stallmist, Gartenkompost oder Torfmull eingearbeitet werden. Vor dem Auspflanzen werden 60–90 g eines organisch-mineralischen oder mineralischen Volldüngers pro Quadratmeter ausgestreut und in die Krume eingearbeitet.

Kultur, Vorbereitung der Gräben und Einpflanzen

Bleichsellerie kann auf verschiedene Weise kultiviert werden. Wer eine größere Menge anbauen will, kann die Grabenkultur wählen. Andernfalls wählt man eine selbstbleichende Sorte aus und kultiviert sie auf ebener Erde.

Im April hebt man die Gräben aus, in die im Mai und Juni gepflanzt wird. Die Gräben sind 35 cm breit, wenn man in einer Reihe pflanzt, und 45–60 cm, wenn man in zwei Reihen pflanzt. Der Reihenabstand beträgt 30 cm.

Die Umrisse der Gräben werden mit Pflöcken und einer Schnur markiert. Dann hebt man den Graben mindestens 30 cm tief aus und verteilt das Erdreich auf beiden Seiten.

Wenn der Unterboden nährstoffarm ist, hebt man von der Sohle des Grabens nochmals eine 20–30 cm hohe Schicht ab und lagert sie an einer anderen Stelle des Gartens. Diese Schicht ersetzt man dann durch guten Mutterboden oder Komposterde.

In die Sohle des Grabens arbeitet man eine größere Menge von gut verrottetem Stallmist oder Gartenkompost ein. Dann wird der ausgehobene Mutterboden von beiden Seiten größtenteils – jedoch nicht vollständig – wieder in den Graben zurückgeworfen. Nachdem sich das Erdreich gesetzt hat, sollte der Graben etwa 15 cm unter dem Bodenniveau liegen, während die Erddämme beiderseits des Grabens etwa 7 cm hoch sind.

In diese Vertiefung werden die jungen Selleriepflanzen gesetzt. Die seitlichen Erddämme braucht man später zum Anhäufeln des Bleichselleries.

In der Zwischenzeit können an dieser Stelle andere Kulturen gezogen werden. So kann man beispielsweise auf den Dämmen in Abständen von 30 cm Salatpflanzen setzen oder Buschbohnen aussäen.

Bei frühem Anbau sollten die Jungpflanzen bis Ende Mai vollständig abgehärtet sein. Die im April ausgesäten und im unbeheizten Gewächshaus oder Frühbeetkasten angezogenen Jungpflanzen können im Juni ausgepflanzt werden. Wenn man jedoch zu früh pflanzt und Spätfröste auftreten, nehmen die Jungpflanzen Schaden.

Beim Pflanzen in einer Reihe werden die Pflänzchen in die Mitte des 35 cm breiten Grabens in Abständen von 25 cm gesetzt. Pflanzt man in einer Doppelreihe in den 45–60 cm breiten Graben, sollte der Abstand zwischen den Reihen 30 cm und zwischen den Pflanzen 25 cm betragen. Die Pflanzen werden nicht gegeneinander versetzt, sondern im Quadrat gepflanzt. Anschließend werden sie dann kräftig angegossen.

Aussaat von Selleriesamen unter Glas

Anfang März kann man den Sellerie, der im Mai ausgepflanzt und ab September geerntet werden soll, in einen beheizten Vermehrungskasten bei einer Temperatur von ungefähr 16° C aussäen.

Der Samen wird dünn in Töpfe, eine Schale oder eine Handkiste mit Komposterde ausgesät. Dann überstreut man den Samen mit fein durchsiebter Komposterde.

Das Gefäß mit dem Samen wird mit einer Glasplatte und einer darübergelegten Zeitung abgedeckt. Sobald der Samen keimt, nimmt man die Glasscheibe und das Zeitungspapier weg.

Wenn die Sämlinge eine gewisse Größe erreicht haben, werden sie in eine Handkiste pikiert.

Mit dem Pikierholz macht man Löcher in Abständen von 5 cm. Sie müssen so tief sein, daß sie die langen Wurzeln aufnehmen können.

Im April werden die Jungpflanzen in den Frühbeetkasten gestellt, wo sie für das Auspflanzen im Freien abgehärtet werden.

Mitte April kann ein zweites Mal in unbeheizte Frühbeet oder Gewächshaus gesät werden. In diesem Fall wird der Sellerie im Juni ausgepflanzt und ab Oktober geerntet.

Kultur von Knollensellerie Man pflanzt ihn nach den Eisheiligen Mitte Mai ins Freiland aus. Die Pflanzflächen werden wie gewohnt vorbereitet und die Pflanzen in Reihen oder auf Beete ausgepflanzt. Bei Reihenpflanzung beträgt der Reihenabstand 50 cm und der Abstand in der Reihe 40–50 cm. Wer Normalbeete von 1,2 m Breite hat, legt drei Reihen pro Beet an, wobei die Pflanzen in der Reihe 40–50 cm voneinander entfernt sein sollten.

Die Pflanzen werden so tief in die Erde gesetzt, wie sie vorher im Pikierbeet gestanden haben. Nach dem Pflanzen wird sofort angegossen. Während der Kultur ist eine ein- bis zweimalige Kopfdüngung mit ungefähr 20–40 g eines mineralischen Volldüngers (Blaukornvolldünger) notwendig.

Geerntet wird, sobald die Knollen ausreichend herangewachsen sind. Für den eigenen Gebrauch können einzelne Pflanzen bereits im August geerntet werden. Gewöhnlich erntet man im September und Oktober.

Knollensellerie läßt sich gut lagern. Nach der Ernte im Oktober bricht man das Laub vorsichtig von den Knollen und läßt nur einige Herzblätter stehen. Die Sellerieknollen werden dann im Frühbeetkasten oder im Keller überwintert. Die Knollen werden in sandige Erde eingeschlagen oder auf Sand aufgesetzt und das Substrat immer etwas feucht gehalten. Mit Torf oder Erde vermischt, ist dies leicht möglich. Der Lagerraum muß kühl und luftig sein. So behandelt, kann man selbst geernteten Sellerie bis März oder April verwenden.

Kultur von Bleichsellerie in Gräben

Sellerie zählt zu den sogenannten Meeresstrandpflanzen, die ein kühles, feuchtes, jedoch kein kaltes Klima lieben.

Deshalb muß man während der Wachstumsperiode darauf achten, daß die Pflanzen immer ausreichend mit Wasser versorgt werden. Andererseits darf natürlich auch keine Staunässe entstehen.

Mit dem Anhäufeln beginnt man, wenn die Pflanzen etwa 30 cm hoch sind. Der im Mai ausgepflanzte Bleichsellerie erreicht diese Höhe meist Anfang August, der im Juni ausgepflanzte im September oder Anfang Oktober.

Vor dem Anhäufeln werden alle Seitentriebe abgeschnitten, die sich an der Basis der Pflanzen entwickelt haben. Dann bindet man die Blattstiele unter den Blättern locker zusammen. Anschließend wird der Boden gründlich angefeuchtet.

Ein- bis zweimal während des Wachstums sollte eine Kopfdüngung verabreicht werden.

Man kann dazu einen beliebigen Mineraldünger verwenden. Gut geeignet ist der im Garten häufig gebrauchte Blaukornvolldünger. Auf einen Quadratmeter gibt man 30 g Dünger.

Die Erde darf nur bis an die Basis der Blätter angehäufelt werden. Es ist darauf zu achten, daß in das Herz der Pflanzen keine Erde fällt.

Das erstemal wird nur leicht angehäufelt. Dabei schiebt man etwas Erde von den seitlichen Dämmen des Grabens mit dem Spaten an die Pflanzen heran. Drei Wochen später wird ein zweites Mal angehäufelt. Diesmal schüttet man mehr Erde auf.

Nach weiteren drei Wochen wird ein drittesmal angehäufelt. Gelegentlich muß man noch ein wenig Erde von den Seiten des Grabens abheben. Die Blattstiele werden bis an die Blätter heran so angehäufelt, daß ein gleichmäßig abfallender Erdwall entsteht.

Vom ersten Anhäufeln dauert es etwa sechs bis acht Wochen, bis der Sellerie richtig gebleicht ist. Nach dieser Zeit kann man die Pflanzen je nach Bedarf ausgraben. Wenn schon früh im Herbst Schneefälle oder starke Fröste angekündigt sind, legt man Reisig oder Stroh auf den Erdwall, um die Pflanzen etwas zu schützen. Für die Ernte wird der Erdwall an einem Ende aufgegraben; die Pflanzen werden entnommen. Anschließend wird die Erde zum Schutz vor Frost wieder angeböscht.

ANHÄUFELN VON BLEICHSELLERIE

Sobald die Pflanzen ungefähr 30 cm hoch sind, wird das erste Mal leicht angehäufelt. Beim zweiten und dritten Anhäufeln wird im Abstand von jeweils drei Wochen mehr Erde angeschüttet

Auspflanzen und Kultur von selbstbleichendem Sellerie

Selbstbleichender Sellerie braucht nicht in Gräben kultiviert zu werden. Da er frostempfindlich ist, zieht man ihn als Frühkultur, die etwa ab Mitte September erntereif ist.

Auf einem ebenen Beet setzt man die Pflanzen gruppenweise zusammen. So geben sie sich gegenseitig Schatten und bleichen gut. Die nicht vollständig beschatteten Pflanzen am Rand müssen etwas abgedeckt werden.

Man kann den selbstbleichenden Sellerie auch in einem Frühbeetkasten ziehen, so daß die äußeren Pflanzen durch die Seitenwände des Kastens beschattet sind.

Das Beet wird im April vorbereitet, indem man reichlich gut verrotteten Stallmist, Gartenkompost oder Torfmull in den Boden einarbeitet. Die Anfang März ausgesäten Jungpflanzen sollten im Mai abgehärtet und zum Auspflanzen bereit sein. Der Abstand zwischen den Pflanzen beträgt 25×25 cm. Nach dem Pflanzen wird gründlich gegossen.

Wenn das Wetter trocken ist, muß jede Woche reichlich bewässert werden. Anhäufeln ist nicht notwendig. Haben die Pflanzen eine Höhe von 30–35 cm erreicht, schneidet man die vom Boden ausgehenden Seitentriebe ab, damit sich die Haupttriebe kräftig entwickeln.

Wenn die Pflanzen auf einem freien Beet gezogen werden, schichtet man Stroh um die Blattstiele der äußeren Stöcke, so daß sie weitgehend vor Licht geschützt sind und bleichen.

Je nach Bedarf werden die Pflanzen dann mit der Grabgabel oder dem Spaten aus der Erde gehoben. Das Stroh, das vor der Ernte weggeräumt wurde, wird sogleich wieder um die außenstehenden Pflanzen gelegt.

Schäden, die bei Sellerie auftreten

Schnecken Sie richten den größten Schaden an. Man legt Schneckenkorn aus, hält das Beet frei von Unkraut und läßt keine organischen Abfälle herumliegen.

Sellerieminierfliege Die Larven verursachen ab Mai hellbraune Gangminen in den Blättern. Man entfernt die befallenen Blätter und verbrennt sie oder zerdrückt die darin befindlichen Maden mit den Fingern. Um das Wachstum anzuregen, düngt man die Pflanzen mit 20 g Volldünger oder Kalksalpeter pro Quadratmeter. Der Dünger muß sofort eingegossen werden. Man darf nicht zu stark düngen, weil die Wurzeln sonst verbrennen. Bei stärkerem Befall spritzt man mit Diazinon oder Dimethoat.

Blattfleckenkrankheit Dies ist eine Pilzerkrankung, die sich in Form brauner Flecken an den Blättern und Stielen bemerkbar macht. Man spritzt mit Kupferoxychlorid oder Maneb. Bei Bedarf kann jede Woche gespritzt werden.

Sellerieschorf Im August treten an den Knollen braune Flecken auf, das Gewebe reißt. Nur alle vier Jahre Sellerie an dieselbe Stelle pflanzen.

Empfehlenswerte Selleriesorten

KNOLLENSELLERIE
'Apia'
'Hilds Markant'
'Hilds Neckarland'
'Invictus'
'Iram'
'Volltreffer'
'Rokanova'
'Brevi'
'Bergers weiße Kugel'

BLEICHSELLERIE
'Goldgelber Selbstbleichender'
'Goldgelber, Typ de Roy'
(beide Sorten selbstbleichend)

Spargel

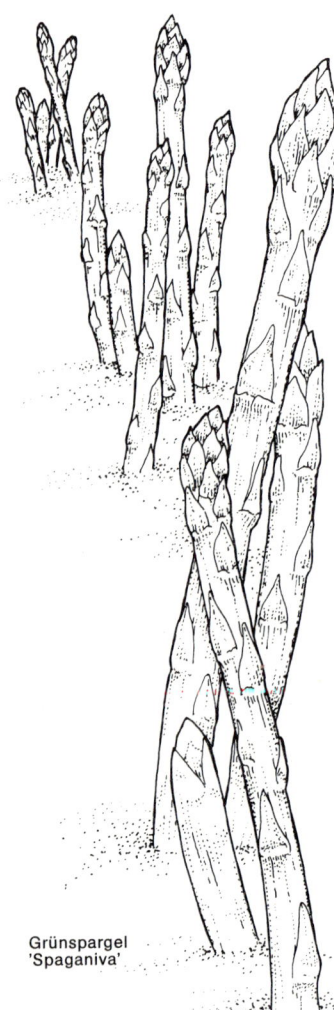

Grünspargel
'Spaganiva'

Der Spargel gehört zu den teureren Gemüsen, und sein Anbau im Hausgarten ist um so lohnender, da man von den gleichen Pflanzen Jahr für Jahr ernten kann. Spargelpflanzen werden im gleichen Beet bis zu 20 Jahre alt. Man kann ab Ende April oder Anfang Mai sechs Wochen lang Spargel stechen.

Pflanzen von Spargelsetzlingen

Grünspargel wächst in nahezu jedem Boden, während Bleichspargel nur in leichtem Boden angebaut werden kann. Eine gute Voraussetzung ist jedoch ein gut dränierter und unkrautfreier Boden. Im Herbst vor dem Einpflanzen wird der Boden tiefgründig umgegraben und mit einem Eimer Stallmist oder Kompost pro m² angereichert.

Pflanzzeit ist Anfang April. Man kauft am besten einjährige Setzlinge. Während der Vorbereitung des Beets dürfen ihre Wurzeln nicht austrocknen. Deshalb schützt man sie mit einem feuchten Sack.

Man zieht etwa 40 cm breite und 30 cm tiefe Gräben in Abständen von 1,5 m und mischt das ausgehobene Erdreich mit Sand, um eine gute Belüftung und Entwässerung im Wurzelbereich zu erzielen. Von der ausgehobenen Erde wirft man so viel in den Graben zurück, daß auf der Sohle ein 10 cm hoher Wall entsteht.

Auf diesen Wall setzt man die Pflanzen in 40 cm Abstand und breitet ihre Wurzeln seitlich aus. Die Gräben werden nicht mit Erde aufgefüllt, sondern man deckt die Setzlinge mit einer 5–7 cm hohen Schicht zu, so daß die Wurzeln nicht mehr zu sehen sind.

Mit fortschreitendem Wachstum des Spargels werden dann die Gräben allmählich aufgefüllt, indem man bei jeder Bodenbearbeitung mit der Hacke etwas mehr Erdreich über den Pflanzen anhäuft.

Anzucht von Spargel aus Samen Der Samen wird im April in 1 cm tiefen Rillen, die 45 cm Abstand haben, ausgesät. Die Sämlinge werden auf 15 cm Abstand ausgedünnt. Im März oder April des nächsten Jahres pflanzt man die Jungpflanzen wie Setzlinge aus.

Spargel stechen und Pflege der Pflanzen

Obwohl die ersten Stangen gegen Ende April oder Anfang Mai heranwachsen, werden sie im ersten Jahr nach dem Einpflanzen noch nicht gestochen. Im zweiten Jahr sticht man pro Pflanze nur die dickste Stange. Im dritten Jahr werden alle Stangen fünf Wochen lang gestochen, im vierten Jahr und danach dann sechs Wochen lang. Das Ende der Stechzeit ist normalerweise ums Johannisfest (24. Juni).

Man erntet die Stangen, wenn sie 10 cm aus dem Boden ragen. Höher läßt man sie nicht wachsen – ob sie nun dick oder dünn sind –, denn sie werden sonst nur holziger. Man schneidet möglichst tief, am besten mit einem abgewinkelten Spargelmesser, man kann aber auch ein gewöhnliches Brotmesser verwenden.

Für Bleichspargel muß etwa Mitte April, wenn die ersten Knospen aus der Erde kommen, ein Damm aufgeworfen werden, und zwar ca. 40 cm breit und 30 cm über Erdniveau. Man kann aber auch um jede Pflanze einen Hügel aufwerfen, in den dann die Stangen hineinwachsen. Bei der Ernte wird die Erde leicht beiseite geschoben, und wenn die Köpfe eben den Boden durchbrechen wollen, schneidet man die Stangen mit dem Spargelmesser. Am Ende der Ernteperiode ebnet man die Hügel ein und kultiviert den Boden normal weiter.

Wenn man die gestochenen Stangen nicht gleich kocht oder wenn man die Ernte einige Tage für ein bestimmtes Spargelgericht sammeln muß, stellt man die Stangen einige Stunden in eiskaltes Wasser. Danach kann man sie dann mehrere Tage lang im Kühlschrank bei Temperaturen von 0–4° C aufbewahren. Für eine längere Lagerung können sie auch tiefgekühlt werden.

Nach der Schnittzeit läßt man die Spargelstangen zu voller Höhe heranwachsen. Wenn sich das Spargelkraut Ende Oktober gelb färbt, schneidet man die Stiele bis auf die Höhe des Erdbodens zurück. Dadurch wird das Wachstum neuer Stangen wieder angeregt. Das Schnittgut wird auf den Komposthaufen geworfen, wo es dann verrotten kann.

Sofort nach der Ernte werden 50 bis 60 g/m² Volldünger mit der Harke leicht in die Oberfläche des Bodens eingearbeitet. Unkraut wird im Frühjahr von Hand gejätet. Nur in Großanlagen werden chemische Unkrautbekämpfungsmittel eingesetzt.

Krankheiten und Schädlinge

Spargelkäfer Der Käfer kann das Spargelkraut vollkommen kahlfressen. Sobald hellgraue Larven zu erkennen sind, spritzt man mit Diazinon.

Wurzelfäule Die Wurzelspitzen können von einem bläulichroten Pilzmyzel überzogen sein; die Pflanze vergilbt und stirbt ab. Befallene Pflanzen werden aus dem Boden genommen und verbrannt. Die infizierte Bodenstelle muß mit einem pilztötenden Mittel begossen werden, solange auf dem gleichen Beet Spargel angebaut wird.

Frost Bei Frostschäden färben sich die Pflanzen schwarz und gehen ein. Die Stöcke sind zwar meist durch die Erdwälle ausreichend geschützt, wenn nur die Köpfe herausschauen. Bei starker Frostgefahr sollte man sie jedoch zusätzlich mit Sackleinen usw. abdecken.

Empfehlenswerte Sorten

GRÜNSPARGEL
'Spaganiva'

BLEICHSPARGEL
'Spaganiva'
'Ruhm von Braunschweig'
'Schwetzinger Meisterschuß'

Spinat

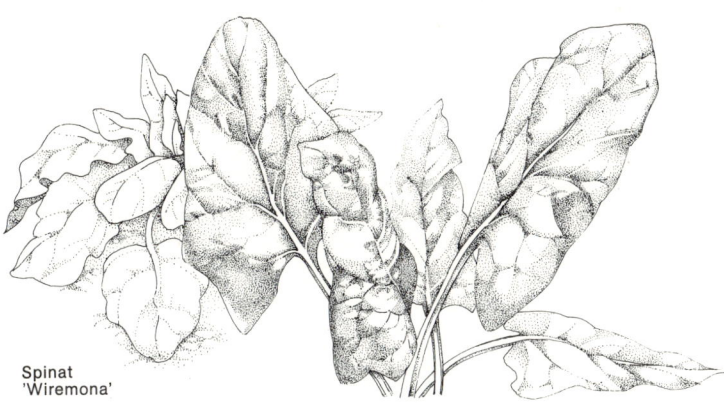

Spinat
'Wiremona'

Man unterscheidet Frühjahrs-, Sommer-, Herbst- und Winterspinat. Als Spinatersatz wird gelegentlich auch Stiel- und Blattmangold (Römischer Kohl) angebaut. Alle Arten und Formen werden wegen ihrer Blätter angebaut, die man fortlaufend pflückt, um weiteres Wachstum anzuregen. Spinat wird jedoch oft nur einmal geerntet.

Frühjahrsspinat wird im Mai, Sommerspinat von Mai bis September, Herbstspinat von September bis November und Winterspinat von März bis April geerntet. Wird Winterspinat unter Folienzelten oder in Kleingewächshäusern gezogen, erstreckt sich die Ernte von etwa November bis März. Mangold kann man von Juli bis Oktober ernten.

Man sät den Spinat stets in kleineren Mengen aus, weil die Pflanzen sonst in Samen schießen, bevor man sie verwenden kann.

Der Boden sollte im Winter mit Stallmist oder Kompost angereichert worden sein.

Anbau von Frühjahrs-, Sommer- und Herbstspinat

Die erste Aussaat erfolgt Ende Februar oder Anfang März. Die weiteren Aussaaten folgen dann in Abständen von zehn Tagen bis Mitte August.

Für die ersten Aussaaten wählt man einen sonnigen Standplatz; die späteren – von Mai bis Juli – sollten besser an einen etwas schattigeren Platz kommen, weil die Pflanzen dort weniger gegossen werden müssen und nicht so leicht schießen.

Man zieht 3 cm tiefe Saatrillen in Abständen von 15–20 cm, streut den Samen dünn ein, deckt ihn mit Erde zu und ebnet das Beet ein. Man kann auch breitwürfig säen und das Saatgut mit der Gabel in den Boden flach einarbeiten. Man braucht etwa 5–6 g Saatgut pro Quadratmeter. Zwischen den Reihen wird regelmäßig gehackt, und bei trockenem Wetter muß man reichlich gießen.

Man beginnt zu pflücken, sobald die Blätter genügend groß sind – meist ab Mai –, indem man nur die größten Blätter von jeder Pflanze mit den Fingern abkneift. Durch unvorsichtiges Ziehen könnte man die Wurzeln lockern und die spätere Ernte verlieren. Man kann aber auch die ganzen Pflanzen mit dem Messer ernten. Sonst wird regelmäßig und kräftig durchgeerntet.

Anbau von Winterspinat

Winterspinat wird in Abständen von vierzehn Tagen ab Ende August bis etwa in die dritte Septemberwoche an einem geschützten und sonnigen Platz wie Sommerspinat ausgesät. Wenn der Garten im Winter unter Staunässe leidet, häufelt man den Boden zu etwa 10 cm hohen Beeten an und zieht darin die Saatrillen. Man erntet, sobald die Pflanzen groß genug sind. Spinat, der erst im Frühjahr geerntet

Mangold – ein guter Spinatersatz

Blattmangold ist ein Rübengewächs, das nur wegen der Blätter kultiviert wird.

Gesät wird im April, geerntet im Sommer und Herbst. Man zieht 2,5 cm tiefe Saatrillen in Abständen von 20–30 cm und sät den Samen dünn aus. Die Sämlinge werden auf Abstände von 20 cm in der Reihe ausgedünnt. Man hält die Reihen durch Hacken frei von Unkraut und gießt die Pflanzen bei einer längeren Trockenheit hin und wieder.

Schäden, die am Spinat auftreten können

Falscher Mehltau Die Oberseiten der Blätter haben gelbe Flecken, auf den Unterseiten sitzt ein grauer oder weißer Schimmelrasen. Man vereinzelt die Pflanzen und spritzt mit Kupferoxychlorid. Auf Fruchtwechsel achten. Mehltauresistente Sorten anbauen.

Viruskrankheit Blätter sind gestreift, gefleckt, gesprenkelt oder mißgebildet. Befallene Pflanzen vernichten.

Rübenfliege Von Mai bis August treten in den Blättern Blattminen auf, die von kleinen Maden verursacht werden. Bei beginnendem Befall Bestand sofort ernten; mit Diazinon spritzen.

werden soll, muß in relativ kleinem Zustand in den Winter gehen, damit er die kalte Zeit gut übersteht. In milden Klimagebieten kann man Spinat mit Folientunnel überdachen und dann, von längeren Frostperioden abgesehen, meistens den ganzen Winter über ernten.

Man sollte nur mehltauresistente Sorten wählen, damit die Kulturen nicht durch diese Pilzkrankheit zerstört werden, denn chemische Mittel kann man kaum einsetzen.

Die Blätter werden zusammen mit den Stielen abgepflückt, sobald sie eine brauchbare Größe erreicht haben. Alle groben Blätter, die man nicht verwenden will, werden ebenfalls abgepflückt und kommen auf den Komposthaufen. Dadurch werden die Pflanzen auf einfache Weise fortlaufend verjüngt.

Stielmangold wird wie Blattmangold angebaut. Seine Blätter haben eine weiße Mittelrippe, die abgetrennt und als Feingemüse wie Spargel gekocht werden kann. Den Rest der Blätter vom Stielmangold kann man als Spinatgemüse verwerten.

Gelbe Blätter Bei Nährstoffmangel und Bodenverdichtungen. Boden vor dem Säen tief auflockern.
Andere Schäden Vogelfraß und Blattläuse (siehe Seite 515).

Empfehlenswerte Sorten

FRÜHJAHRSSORTEN
'Subito', 'Wiremona', 'Frühremona', 'Marathon', 'Dynamo'

SOMMERSORTEN
'Dorema', 'Matares', 'Nores', 'Sorema', 'Sperlings Montaku'

HERBSTSORTEN
'Wiremona', 'Frühremona', 'Marathon', 'Dynamo', 'Sorema'

WINTERSORTEN
'Wiremona'

Stangenbohnen

Stangenbohnen sind ertragreich und leicht zu ziehen. Sie sind größer und kräftiger im Geschmack als Buschbohnen, jedoch weniger widerstandsfähig.

Am bekanntesten sind bei uns die hohen Sorten, die an langen Stangen oder Drahtgerüsten kultiviert werden. Nur selten werden auch Zwergsorten angeboten.

Eine größere Vorratsdüngung ist nicht erforderlich. Das gilt vor allen Dingen für den Stickstoff. Wie andere Leguminosen können auch die Stangenbohnen mit den Knöllchenbakterien der Wurzeln Luftstickstoff aufnehmen und so sich selbst ernähren.

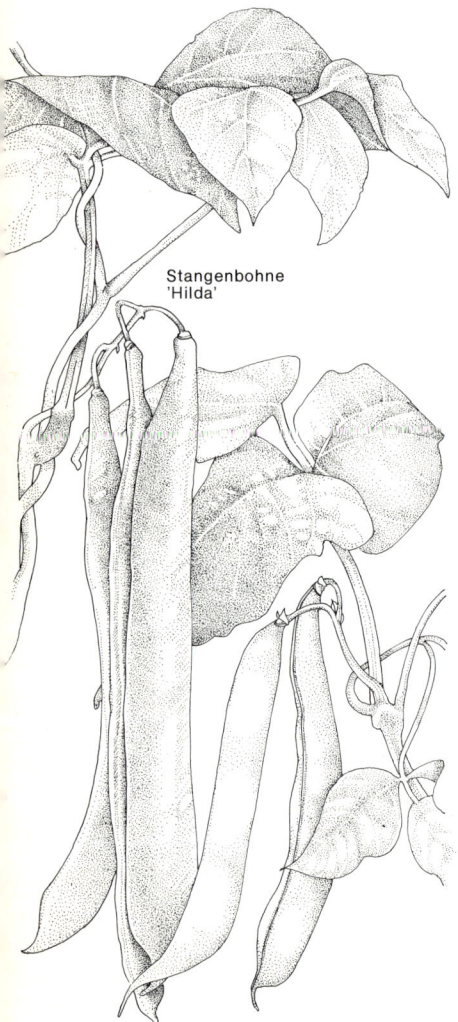

Stangenbohne
'Hilda'

Anzucht von Stangenbohnen für die Frühkultur

Frühe Sorten werden Anfang April ausgesät, so daß man sie bereits Anfang Juli ernten kann. Man legt die Samen einzeln etwa 2,5 cm tief in Töpfe mit Komposterde und stellt diese in einen beheizten Vermehrungskasten oder ins warme Zimmer. Wenn die Samen gekeimt sind, kommen die Töpfe ins Glashaus, in den Frühbeetkasten oder auf ein Fensterbrett in einem kühlen Raum. Auf keinen Fall dürfen die Keimlinge Frost bekommen. Dann werden die jungen Pflänzchen allmählich abgehärtet (siehe Seite 553). Stellen die Töpfe in einem kalten Frühbeetkasten, lüftet man an warmen Tagen, schließt die Fenster aber in der Nacht, wenn die Temperatur auf nahe 0° C absinkt.

Wenn die Pflanzen dann widerstandsfähiger sind, kann man sie in wärmeren Gegenden in der zweiten Maiwoche ins Freiland setzen. In kälteren Gegenden sollte man lieber bis nach den Eisheiligen (15. Mai) oder gar bis zur ersten Juniwoche warten.

Vor dem Auspflanzen stellt man das Gerüst aus Stangen oder Stahlwellstäben auf und hebt daneben für jeden Topf ein Pflanzloch aus.

Auf ein Normalbeet werden zwei Reihen Stangenbohnen angepflanzt. Der Abstand von Reihe zu Reihe sollte nicht weniger als 80 cm betragen.

Nach dem Pflanzen wird angegossen, damit die Wurzeln rasch Fuß fassen. Wie man die Ranken aufleitet, siehe Seite 557.

Aussaat im Freien unter einer Plastikabdeckung

Im Freiland kann man unter Plastikhauben (Folientunnel) gegen Mitte oder Ende April zum erstenmal säen, so daß man Ende Juli ernten kann. Man stellt die Abdeckung bereits 14 Tage vor der Aussaat auf, damit sich der Boden anwärmen kann.

Die beste Saattiefe beträgt 2 bis 3 cm. Je tiefer das Saatgut liegt, um so länger braucht es bis zur Keimung.

Sofort nach der Aussaat werden die Plastikhauben wieder aufgesetzt. Man entfernt sie erst, wenn keine Frostgefahr mehr besteht – in wärmeren Gegenden Mitte Mai, in kälteren Ende Mai oder Juni –, und stellt dann die Gerüste auf, an denen sich die Bohnen hochranken können.

Aussaat der Hauptkultur in Abschnitten

Die erste Aussaat für die Hauptkultur kann man etwa Anfang Mai vornehmen. Man muß darauf achten, daß der Boden bereits etwas angewärmt ist. In ungünstigen Lagen wartet man besser einige Tage länger. Denn bei einer zu frühen Aussaat keimen die Samen schlecht und faulen, vor allem bei nasser Witterung.

Eine zu frühe Aussaat sollte man auch deswegen vermeiden, weil bei Spätfrösten die Keimlinge, die bereits den Boden durchbrochen haben, sofort erfrieren. Wenn nötig, kann man einen keimenden Bestand mit Sackleinen, Papier usw. vor Spätfrösten schützen. Um die Erntezeit auszudehnen, wählt man zunächst eine frühe, schnellwachsende Sorte. Für die übrige Hauptkultur kann man Sorten nacheinander bis Ende Juni aussäen.

Pflege und Ernte von Stangenbohnen

Nach der Aussaat streut man Schneckenkörner auf dem Beet aus, damit die Sämlinge nicht von Schnecken aufgefressen werden. Setzt während der Keimung trockenes Wetter ein, muß nach Bedarf gegossen werden. Denn keimendes Saatgut darf nicht austrocknen, weil sonst der Keimvorgang unterbrochen wird und der Sämling abstirbt. Gegossen wird möglichst morgens, damit das Beet abends, wenn der Frost einsetzen kann, abgetrocknet ist. Sobald die ersten Blätter hervortreten, rammt man die Bohnenstangen so in den Boden, daß sich ihre Spitzen kreuzen.

Wenn die Sämlinge ausgewachsen sind, mulcht man mit strohhaltigem, verrottetem Mist, Gartenkompost oder Torfmull, noch bevor sich stärkerer Unkrautwuchs bemerkbar macht.

Wenn die Blütenknospen erscheinen und die ersten Blüten sich öffnen, wässert man gründlich.

Stangenbohnen pflückt man, solange sie noch jung und zart sind und bevor die Samen anzuschwellen beginnen. Um die Pflanze nicht zu beschädigen, hält man den Stiel mit einer Hand fest und zieht die Hülse mit der anderen ab. Man sollte möglichst oft pflücken, denn dadurch regt man sie zum Remontieren an, d. h. zu einem zweiten Blühen und Fruchten.

Stangenbohnen aus der Frühkultur sind Anfang Juli pflückreif. Die im April ausgesäten und mit Plastikhauben abgedeckten Bohnen kann man Ende Juli ernten, die Hauptkultur pflückt man im August und September.

Sobald die letzten Hülsen abgeerntet wurden, schneidet man das Laub an der Basis ab und bringt es auf den Kompost. Das Wurzelwerk läßt man im Boden, weil es Stickstoff liefert.

Buschbohnen

Stützvorrichtungen für Stangenbohnen

Stangenbohnen müssen abgestützt werden, damit die Hülsen nicht am Boden aufliegen. Am besten ist ein stabiles Gerüst aus 2–2,5 m langen Holzstangen, denn eine voll belaubte Reihe Stangenbohnen wirkt wie ein Segel im Wind.

Meist werden die Stangen in Abständen von 40–60 cm, also im Abstand der jeweiligen Horste, an beiden Seiten einer Doppelreihe in den Boden gesteckt, sobald die Pflanzen aufkeimen. Die Stangen sollten 30–50 cm in den Boden gerammt werden und sich an den Spitzen kreuzen. Zwischen die Spitzen legt man eine Querstange und bindet sie fest. Anstelle von Holzpfählen können auch Stahl-

wellstäbe verwendet werden. Wenn man die Stangen senkrecht in den Boden steckt, stützen sie sich nicht gegenseitig.

Die Pflanzen wachsen normalerweise von selbst an den Stangen empor. Sollten sie sich mit ihren Triebspitzen nicht zurechtfinden, muß man die Ranken um die Stangen legen, und zwar gegen den Uhrzeigersinn, da die Pflanzen Linkswinder sind. In windreichen Gebieten sollte man die Ranken festbinden.

Auch weitmaschiges, mit Kunststoff überzogenes Drahtnetz eignet sich als Gerüst. Man stützt das Netz mit 2,5 m langen Stangen (mit Querverstrebungen), die in Abständen von 3 m in den Boden gerammt werden. Dieses Gerüst wird vor dem Pflanzen aufgestellt.

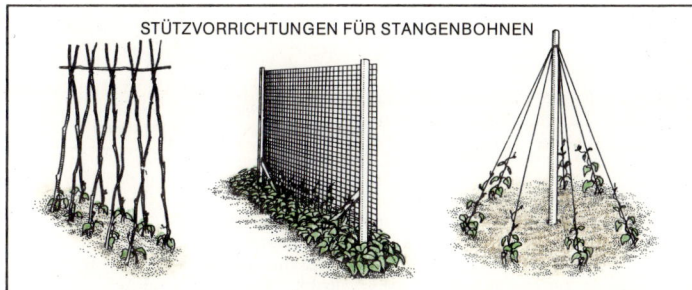

STÜTZVORRICHTUNGEN FÜR STANGENBOHNEN

Man kann Bohnenstangen auf beiden Seiten einer Doppelreihe in den Boden rammen, Drahtnetze verwenden oder Schnüre zeltartig an eine Mittelstange spannen

Schäden an Stangenbohnen

Geringer Ertrag Wenn nach guter Blüte die Ernte gering ist oder ganz ausfällt, liegt es an Trockenheit im Wurzelbereich oder an mangelhafter Befruchtung durch Insekten. Der Boden muß zur Zeit der Knospenbildung stets feucht und der Platz so geschützt sein, daß Insekten angelockt werden.
Bohnenrost Von Juni bis zur Ernte treten zunächst auf der Blattunterseite weiße Pusteln auf, später auf der Blattoberseite braune und

schwarze Sporenlager. Blätter werden zerstört. Rechtzeitig mit Metiram spritzen.
Andere Schäden Schwarze Bohnenläuse oder Schnecken treten auf (siehe Seite 515).

Empfehlenswerte Sorten

> 'Perle von Marbach'
> 'Julifreude'
> 'Rheinprinzessin'
> 'Neckarkönigin'
> 'Rapid'
> 'Hilda'

Buschbohnen sind kleiner und widerstandsfähiger als Stangenbohnen, brauchen keine Stützvorrichtung, und man kann sie früher aussäen. Im April unter Glas ausgesät, erntet man bereits Ende Juni. Man pflückt sie, solange sie noch jung und grün sind.

Aussaat unter Glas und im Freien
Im Herbst vor dem Anbau wird das Beet tief umgegraben. Buschbohnen gedeihen am besten in einem Boden, der im Herbst und Winter mit Stallmist oder Gartenkompost gedüngt wurde.

Mit der Frühkultur beginnt man Anfang April; dann sind die Bohnen Ende Juni pflückreif. Man sät die Samen in Abständen von 5 cm in 10 cm hohe Kisten mit Komposterde und stellt sie in einen Frühbeetkasten. Im Mai werden die Sämlinge allmählich abgehärtet (siehe Seite 515). Gegen Ende Mai

Pflege, Ernte und Lagerung

Wichtig ist, regelmäßig zu hacken, bei Bedarf zu gießen und bei nährstoffarmem Boden ein flüssiges Düngemittel einzusetzen.

Wenn die Pflanzen etwa 10 cm hoch sind, vereinzelt man sie auf Abstände von 20 cm.

Die Hülsen werden regelmäßig gepflückt, solange sie noch jung und zart sind. Dadurch regt man die Ausbildung weiterer Hülsen an.

Schäden an Buschbohnen

Fettfleckenkrankheit Auf Blättern wasserhelle, hellgrüne bis gelbliche, unregelmäßige Flecken, die zunächst fettig aussehen und später vertrocknen. Blätter sterben ab. Auch an Stengeln und Hülsen ähnliche Fleckenbildungen. Vor der Blüte mit Metiram spritzen.
Brennfleckenkrankheit Rundliche oder längliche Flecken an Blättern und Stengeln, Flecken zuweilen von rötlichem Rand umgeben.

werden die Sämlinge in Reihen ausgepflanzt, wobei der Abstand zwischen den Reihen 40–45 cm und zwischen den Pflanzen 20 cm betragen sollte. Noch besser ist es aber, mehrere Samenkörner in Töpfchen auszulegen, in gleicher Weise vorzukultivieren und dann auszupflanzen.

Im Freiland sät man unter Folientunnel Mitte April aus; man kann dann Anfang Juli ernten. Die Hauben werden 14 Tage vor der Aussaat aufgestellt, damit sich der Boden erwärmen kann. Den Samen legt man 5 cm tief und in Abständen von 10 cm in Saatrillen, die 40–45 cm voneinander entfernt sind. Ende Mai können die Abdeckhauben abgenommen werden.

Bei der Horstsaat (siehe Stangenbohnen) legt man 4–6 Samenkörner in Stufen aus, die ca. 40 cm auseinanderliegen.

Sie sollen nicht länger als 10 cm heranwachsen, weil sie dann holzig und bastig werden.

Getrocknete Bohnen für den Winter erhält man, wenn man die Hülsen einiger Pflanzen trockenreif werden läßt, die Pflanzen in Bodenhöhe abschneidet und mit den abgeschnittenen Enden nach oben regengeschützt zum Trocknen aufhängt. Wenn die Hülsen strohtrocken sind, nimmt man die Kerne heraus und lagert sie in luftdichten Behältern.

Blätter sterben ab. Zwei- bis dreimal im Abstand von 10–14 Tagen mit Metiram spritzen.
Andere Schäden Schwarze Bohnenläuse oder Schnecken treten auf (siehe Seite 515).

Empfehlenswerte Sorten

> 'Saxa'
> 'Schreibers Grandimuna'
> 'Von Waverens Favorit'

Tomaten

Tomate
'Rheinlands Ruhm'

Anzucht von Sämlingen im Gewächshaus oder im Zimmer

Im März kann man in einen beheizten Vermehrungskasten (bei 15–18° C) oder in eine Handkiste oder in Töpfe mit Komposterde aussäen und diese auf ein sonniges Fensterbrett oder ins Kleingewächshaus stellen.

Bei der Aussaat in Handkisten beträgt der Abstand 2,5 cm. Man legt die Samen in ein V-förmig gefaltetes Stück Papier und schiebt sie einzeln mit der Spitze eines Bleistifts herunter. Die Samen werden etwa 3 mm hoch mit Komposterde überstreut und anschließend angegossen. Dann deckt man die Kiste mit einer Glasscheibe und doppeltem Zeitungspapier ab. Sobald die Saat aufläuft (etwa nach acht oder zehn Tagen), entfernt man die Abdeckung und stellt die Sämlinge voll ins Licht.

Sobald sich die ersten Blattpaare ausgebildet haben, pikiert man die Sämlinge einzeln in 7-cm-Töpfe mit Komposterde, läßt diese im Gewächshaus oder am Fenster stehen und hält die Erde feucht.

Wenn man in Töpfen aussät, legt man die Samen etwa 3 mm tief und in Abständen von 6 mm in die Erde; sonst geht man vor wie bei der Aussaat in Kisten. Beim Ausdünnen läßt man nur einen kräftigen Sämling pro Topf stehen.

Etwa Anfang Mai beginnt man mit dem Abhärten der Pflanzen und pflanzt sie dann aus (siehe Seite 515).

PIKIEREN

Den Sämling an den Keimblättern fassen und in einen Topf pikieren

Auspflanzen junger Tomaten ins Freiland

Man wählt einen warmen, geschützten Platz – an einer Mauer etwa –, und der Boden sollte einige Zeit vorher, möglichst schon im vorangegangenen Herbst, gründlich umgegraben und mit einer größeren Menge gut verrottetem Stallmist, Torf oder Gartenkompost versetzt und dann vierzehn Tage vor dem Auspflanzen mit 50–70 g/m² eines Volldüngers angereichert werden.

Wenn die Frostgefahr vorüber ist – meist nach Mitte Mai –, klopft man die Jungpflanzen aus den Töpfen, ohne den Erdballen zu beschädigen, und pflanzt sie so tief ein, daß der Ballen 1–2 cm unter der Erde liegt. Man setzt die Pflanzen in Abständen von 40 cm bei einem Reihenabstand von 75 cm. Bei Buschtomaten betragen die Pflanzabstände 60 cm.

Dann steckt man etwa 1,5 m hohe Holzpfähle oder Drahtwellstäbe neben den Wurzelballen tief in die Erde und gießt viel. Buschtomaten braucht man nicht abzustützen.

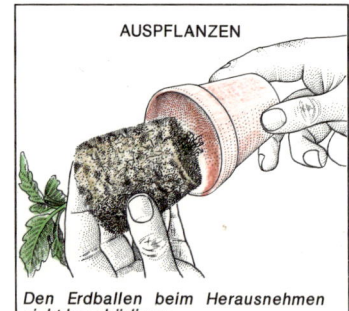

AUSPFLANZEN

Den Erdballen beim Herausnehmen nicht beschädigen

Tomaten sind sehr frost- und kälteempfindlich; der Gärtner kultiviert sie deshalb meist im Gewächshaus. Es gibt aber auch Sorten, die man von Mitte Mai bis Oktober an einem sonnigen, geschützten Platz im Freiland anbauen kann.

Weil die Tomate von der Aussaat bis zur Reife je nach Lage vier bis fünf Monate braucht, muß man im März aussäen. Bei günstigem Wetter kann man sie ohne weiteres im unbeheizten Gewächshaus anziehen; besser ist es jedoch, zu heizen.

Ausgepflanzt werden die Pflänzchen etwa Mitte April ins unbeheizte Gewächshaus oder Frühbeet, etwa Mitte Mai ins Freiland.

Man kann aber auch vorgetriebene Setzlinge kaufen. Sie sollten kräftig, dunkelgrün und etwa 20 cm hoch sein. Schwache Pflanzen oder solche mit farnartig verkrüppelten Blättern sind ungeeignet, ebenso hellgrüne mit weiten Blattabständen, weil sie unter schlechten Lichtverhältnissen angezogen wurden, und rötlichgrüne, weil sie zu kalt standen.

Tomaten werden meist eintriebig als Stabtomaten gezogen, im Gewächshaus ausschließlich. Es gibt auch Zwerg- und Buschtomaten, die man im Freiland zieht. Zwergtomaten breiten sich auf dem Boden aus und werden nicht höher als 15 cm. Buschtomaten bilden sehr viele etwas überhängende Triebe aus.

Entspitzen und Aufbinden der Pflanzen im Gewächshaus

Alle Seitentriebe, die aus den Blattachseln wachsen, müssen abgeschnitten oder ausgebrochen werden, bevor sie 5 cm lang sind.

Die Blüten müssen normalerweise nicht künstlich bestäubt werden, wenn für eine ständige Luftbewegung gesorgt wird. Man sollte die Bestäubung jedoch unterstützen, indem man möglichst um die Mittagszeit gegen die Stützvorrichtung klopft, damit sich der Pollen löst und auf die Narben herabfällt.

Wenn sich sechs Fruchtstände ausgebildet haben, unterbricht man das Wachstum der Pflanze, indem man den Vegetationspunkt (Gipfel-trieb) oder aber alle über dem sechsten Fruchtstand liegenden Blütenstände abschneidet, damit die gebildeten Nährstoffe den Früchten zugute kommen.

Man kann die Tomaten an Pfählen anbinden oder an senkrechten Schnüren befestigen, die man an einem waagrechten Spanndraht befestigt, der etwa 1,8 m über dem Boden von einer Stehwand zur anderen gezogen wird. Das untere Ende der Schnüre befestigt man an der Basis der Pflanzenstiele. Man braucht dann die heranwachsende Pflanze nur um die Schnur zu winden. Die Schnur sollte nicht zu straff gespannt sein, weil sich die Pflanzen in dem frisch gelockerten Boden später setzen und sich dabei an der straffen Schnur aufhängen können.

ENTSPITZEN DER TOMATEN

Seitentriebe in den Blattachseln entfernen, bevor sie 5 cm lang sind

Über dem sechsten Fruchtstand den Gipfeltrieb abschneiden

AUFBINDEN DER PFLANZEN

Meistens werden die Pflanzen an Pfählen aufgebunden

Auch Schnüre an einem Spanndraht eignen sich gut als Stützen

Anbau von Tomaten im Gewächshaus

Wenn man ausreichend Platz hat, kann man Tomaten im unbeheizten Gewächshaus anbauen und so ihre Entwicklungszeit verlängern.

Das Gewächsbeet düngt man im Winter mit Mist oder Kompost.

Schäden, die bei Tomaten auftreten können

Braunfleckigkeit Die Oberseiten der Blätter haben gelbe Flecken, an den Unterseiten sitzt ein rötlich-brauner Schimmelbelag. Meist tritt der Befall ab Juni auf; er wird durch einen Pilz verursacht. Das Gewächshaus gut lüften, und spritzen mit Maneb oder Mancozeb. Nach sehr starkem Befall das Gewächshaus desinfizieren. Resistente Sorten pflanzen.

Viruserkrankung Das Wachstum ist gehemmt, die Blätter sind mosaikartig gefleckt, mißgebildet und streifig. Die Ernte ist gering. Befallene Pflanzen ausgraben und verbrennen. Blattläuse und Blasenfüße bekämpfen, weil sie die Krankheit verbreiten.

Blütenendfäule Ein runder, brauner oder schwarzer Fleck tritt am Blütenende der Früchte auf und breitet sich gelegentlich in die Frucht aus. Vor allem, wenn die Früchte schwellen, den Boden nie austrocknen lassen.

Kraut- und Braunfäule Pilzerkrankung der Freilandpflanzen. Die Blätter haben braune Flecke

Wenn die Jungpflanzen 15–20 cm groß sind, nimmt man sie aus den Töpfen und pflanzt sie in Abständen von 30 cm in der Reihe. Der Reihenabstand beträgt 60 cm. Nach dem Einpflanzen wird angegossen. Danach genügt eine gründliche Bewässerung ein- oder zweimal in der Woche.

und einen weißlichen, pelzigen Schimmelrasen an der Unterseite. Die Blätter welken, die Früchte faulen. Vorbeugend spritzen mit Maneb oder Mancozeb, sobald sich die ersten Früchte ausbilden. Vor allem bei trockenem Wetter die Spritzung alle 10–14 Tage wiederholen.

Insektenschäden Die Weiße Fliege und die Rote Spinne saugen gelegentlich den Saft der Pflanzen unter Glas und im Freiland. Die kleine Weiße Fliege befällt die Unterseite der jungen Blätter oder ruft gelbe Flecken an älteren Blättern hervor. Die Milben der Roten Spinne lassen helle Tupfen auf den Oberflächen der Blätter zurück, die dann vergilben und absterben. Stark befallene Pflanzen sind von einem seidigen Gespinst überzogen.

Blattläuse (schwarze und grüne) und Blasenfüße können vor allem bei trockenem Wetter im Freien und im Gewächshaus großen Schaden anrichten.

Andere Schäden Die Sämlinge können von der Stengelfäule (Umfallkrankheit) befallen und von Schnecken gefressen werden (siehe Seite 515).

Empfehlenswerte Tomatensorten

RUNDFRÜCHTIGE, ROTE SORTEN	GERIPPTE, ROTE FLEISCHTOMATEN
'Moneymaker'	'Große Fleischtomate'
'Viktoria'	
'Tip-Top'	GELBFRÜCHTIGE SORTEN
'Rotkäppchen'	'Goldene Königin'
'Moneydor'	
'Frühstamm'	BUSCHTOMATEN
'Rheinlands Ruhm'	'Prof. Rudloff'
'Frühzauber'	'Heinemanns Jubiläum'
'Sioux'	'Hoffmans Rendita'
	'Lintorpa Prinzeß'

Pflege von Tomaten im Freiland

Bei sehr trockenem Wetter müssen die Tomaten regelmäßig und häufig gegossen werden; sonst sollten sie jedoch nicht allzuviel Wasser bekommen. Bei unregelmäßiger Wasserversorgung platzen die Früchte oft auf.

Wenn sich auf dem ersten Blütenstand Früchte ausgebildet haben, düngt man einmal in der Woche mit einem Blaukornvolldünger, von dem man ca. 30 g/m² ausstreut oder, besser, in 10 l Wasser auflöst und auf etwa 1–1,5 m² verteilt. Nach der Düngung hält man den Boden feucht, damit die Pflanzen die Nährstoffe aufnehmen können.

Bei Stabtomaten bindet man den heranwachsenden Haupttrieb mit Schnur oder Bast am Stab fest.

Alle Schößlinge, die in den Blattachseln austreiben, werden entfernt (ausgegeizt), bevor sie 5 cm lang sind.

Wenn die Tomaten fünf Blütentrauben ausgebildet und sich die Früchte angesetzt haben, schneidet man den Gipfeltrieb zwei Blätter oberhalb des höchsten Fruchtstandes ab, damit sich keine weiteren Blüten mehr ausbilden und die Früchte ausreifen können. Noch besser ist es aber, wenn man die Pflanzen weiterwachsen läßt und alle sich neu bildenden Blütentrauben ausbricht. Dann produzieren die jungen Blätter Nährstoffe und

ANBINDEN DER PFLANZE

Das Bindematerial zweimal fest um den Stab und einmal locker um den Stengel schlingen

geben sie an die heranwachsenden und reifenden Früchte weiter.

Buschtomaten werden nicht angebunden, und man läßt den Haupttrieb und die Seitentriebe ungehindert wachsen.

Um Buschtomaten legt man Stroh, Plastikfolie usw., damit die Tomaten der unteren Fruchtstände nicht mit dem Boden in Berührung kommen. Dadurch können auch Unkräuter nicht aufkommen, und außerdem bleibt, was wichtig ist, die Feuchtigkeit im Wurzelbereich erhalten.

ERZIEHUNG VON STABTOMATEN

1. Schößlinge aus den Blattachseln entfernen, bevor sie 5 cm lang sind

2. Wenn fünf Fruchtstände da sind, den Gipfeltrieb entfernen

Nachreifen und Ernten von Tomaten im Freiland

Man pflückt Tomaten, indem man sie in die hohle Hand nimmt und mit dem Daumen den Stiel darüber abbricht.

Bevor der erste Frost einsetzt, schneidet man alle unreifen Fruchtstände ab und legt sie zum Nachreifen auf ein Fensterbrett in einen geschlossenen Raum oder einfach in Papier eingewickelt in einen dunklen Schrank. Man kann auch Plastikfolie oder Stroh um die Pflanzen breiten, die ganzen Pflanzen auf die Unterlage legen und mit einem Folientunnel abdecken. Man muß nur gut lüften, damit sich kein Kondenswasser bildet. Sonne ist zum Nachreifen nicht erforderlich, nur Wärme ist wichtig. Bei zu starker Sonneneinstrahlung schrumpfen die Tomaten und werden ungenießbar.

Eine weitere Möglichkeit ist, die Pflanzen mit den Wurzeln auszugraben, die Blätter zu entfernen und sie dann kopfüber im Gewächshaus aufzuhängen.

Anbau von Tomaten in Töpfen oder Kisten

Wenn man im Garten oder Gewächshaus keinen geeigneten Platz hat, kann man Tomaten auch in Gefäßen ziehen, die man auf ein sonniges Fensterbrett vor einem Zimmer oder auf einen Balkon oder auf eine sonnige Terrasse stellt.

Man verwendet 25-cm-Töpfe oder Kübel, die mit einem Gemisch aus zwei Teilen guter Erde und einem Teil Torfmull oder mit Komposterde gefüllt werden.

Wenn die Sämlinge in Kisten angezogen wurden, pikiert man sie in 7-cm-Töpfe (siehe Seite 515), läßt sie dort etwa drei Wochen weiterwachsen und pflanzt sie dann in das endgültige Gefäß. Man hebt mit dem Handspaten in der Erde des Behälters ein Pflanzloch aus, in

NACHREIFEN VON TOMATEN

Die Pflanzen auf eine Unterlage unter einen Folientunnel legen

Oder ausgraben und ohne Blätter im Gewächshaus aufhängen

dem der unbeschädigte Wurzelballen bequem Platz hat, setzt die Pflanze ein und drückt die Erde fest. Dann wird die Pflanze angegossen.

Topfpflanzen brauchen mehr Wasser und Dünger als Pflanzen, die im Freiland oder Gewächshausbeet gezogen werden. Meist müssen sie einmal am Tag – bei warmem Wetter sogar zweimal – gegossen werden, wobei man dem Gießwasser einmal wöchentlich einen Flüssigdünger zusetzt, und zwar 2 g/l Wasser.

Die Pflanzen werden wie Stabtomaten im Freiland angebunden und entspitzt.

Wenn sich die Früchte an den Blütenständen auszubilden beginnen, deckt man die Erde nochmals mit Kompost oder Torf ab. Danach wird kräftig gegossen, damit sich die Erde etwas setzen kann.

Zuckermais

Zuckermais
'Early Hybrid'

Der Zuckermais ist eine Maisart, die wegen ihrer wohlschmeckenden, ca. 20 cm langen Kolben angebaut wird. Man erntet sie, bevor sie vollreif sind, von August bis zu den ersten Herbstfrösten. Die Pflanze wird 1,2–1,8 m hoch.

Zuckermais kann an sonnigen, geschützten Plätzen ab Ende April im Freiland ausgesät werden. Damit sich die Pflanzen jedoch möglichst lange entwickeln können, kann man bereits im April unter Glas aussäen und die Sämlinge dann im Mai ins Freilandbeet umpflanzen, das im Winter zuvor gut mit Humus gedüngt wurde. Unmittelbar vor dem Säen oder Pflanzen verabreicht man 60 g/m² eines Volldüngers. Die Samen kann man auch mit Folie abdecken.

Anzucht der Pflanzen im Gewächshaus

Im April wird im unbeheizten Gewächshaus ausgesät. Man füllt 6-cm-Torf- oder -Tontöpfe mit feuchter Komposterde und legt zwei Maiskörner etwa 2,5 cm tief in jeden Topf. Die Töpfe stellt man auf Tische und deckt sie mit einer Glasscheibe und Zeitungspapier ab. Sobald die Samen auflaufen, wird die Abdeckung entfernt. Nach einigen Tagen zieht man den schwächeren der beiden Sämlinge heraus.

Die Pflänzchen müssen ziemlich feucht gehalten werden, und Anfang Mai beginnt man mit dem Abhärten. Ende Mai wird dann ins vorbereitete Beet umgepflanzt. Vorher werden die Pflanzen gründlich gegossen.

Man setzt die Pflanzen in Abständen von 30 cm auf eine möglichst quadratische Fläche in kurzen, 40 cm auseinander liegenden Reihen, damit der Pollen vom Wind von einer Pflanze zur anderen übertragen wird und der Samenansatz gewährleistet ist.

Aussaat im Freiland mit oder ohne Abdeckung

Unter Folienhauben kann Mitte April ausgesät werden. Ohne Abdeckung sollte man warten, bis keine Frostgefahr mehr besteht.

Die Anbaufläche wird mit kurzen Reihen möglichst quadratisch angelegt. Man zieht 2,5 cm tiefe Saatrillen in Abständen von 30 cm und sät jeweils drei Samenkörner in Horsten aus, die 30 cm voneinander entfernt sind. Über die Aprilaussaat stellt man Abdeckhauben.

Wenn die Saat aufläuft, dünnt man die beiden schwächsten Sämlinge aus. Die Abdeckungen werden etwa Mitte Juni entfernt, wenn die Pflanzen so hoch geworden sind, daß sie fast an die Abdeckung reichen.

Pflege von Zuckermais

Das Beet darf nicht austrocknen, und einmal in der Woche gibt man eine Lösung eines flüssigen Düngemittels. Im allgemeinen genügen 1 bis 2 g eines handelsüblichen Blaukornvolldüngers pro Liter Wasser. Bei Bedarf kann die Konzentration etwas erhöht werden.

Sollten sich an der Basis der Stengel Seitentriebe ausbilden, werden sie abgekniffen, wenn sie etwa 15 cm lang sind. Dadurch wird der Hauptstengel besser versorgt und wächst kräftiger heran.

Rund um die Stengel wird etwas Erde angehäufelt, denn dann kann sich die Pflanze kräftiger einwurzeln und hält dem Wind besser stand. Wenn sich die Kolben ausbilden, läßt man nur an den kräftigsten Pflanzen mehr als drei Kolben stehen.

1. Seitentriebe an der Stengelbasis abkneifen, wenn sie 15 cm lang sind

2. Anhäufeln, um die Wurzeln zu kräftigen und den Stand zu verbessern

Bestäubung und Ernte von Zuckermais

Die gefiederten männlichen Blüten wachsen an den Spitzen der Stengel. Aus ihnen fällt der Pollen auf die mit quastenförmigen Narbenfäden besetzten, zigarrenförmigen weiblichen Blüten, die tiefer unten sitzen und die Kolben ausbilden.

Im August, wenn die Kolben angeschwollen und die seidigen Narbenfäden an den Kolben braun und welk geworden sind, stellt man fest, ob die Kolben pflückreif sind. Man zieht einige Deckblätter von einem Kolben zurück und sticht mit einem Messer in ein Korn. Wenn ein klarer Saft austritt, ist der Kolben noch nicht reif; quillt aber eine milchige Flüssigkeit heraus, kann er geerntet werden. Tritt keine Flüssigkeit aus, sind die Körner bereits zu hart. Ein Zeichen der Milchreife ist auch, wenn sich die Körner mit dem Fingernagel eindrücken lassen.

Schäden, die bei Zuckermais auftreten können

Frit- oder Maisfliege Die Larven der Fliege fressen sich in den Vegetationspunkt, hemmen das Wachstum des Haupttriebs, und die Blätter verkrüppeln und verdrehen sich korkenzieherartig. Wenn die Pflanze zwei oder drei Blätter ausgebildet hat, spritzt man mit Diazinon.

Maisbeulenbrand Blasige Beulen mit schwarzen Sporen an den oberirdischen Teilen. Fruchtwechsel ist zu empfehlen.

Empfehlenswerte Sorten

'Carmel Cross'
'Early Hybrid'
'Golden Beauty'
'Merit'
'Gold Cup'
'Aztek'

Zwiebeln und Schalotten

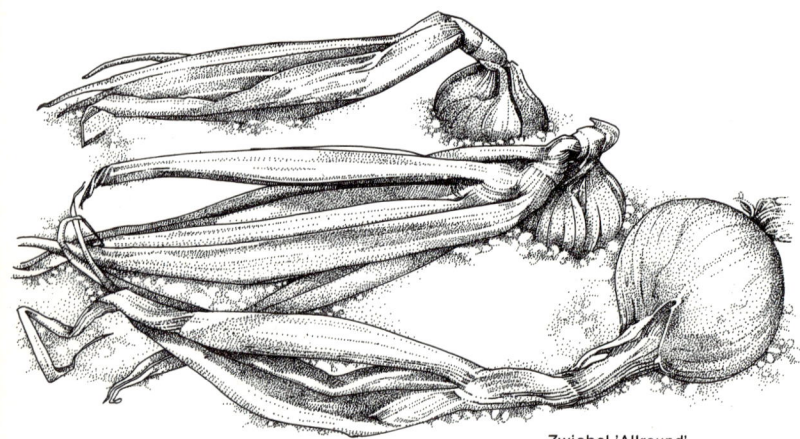

Zwiebel 'Allround'

Zwiebeln stehen der Hausfrau das ganze Jahr hindurch zur Verfügung. Für die Haupternte – ab Juli – wird im zeitigen Frühjahr ausgesät.

Größere Zwiebeln erzielt man jedoch in unseren Klimagebieten meistens, wenn man bereits im Vorjahr dicht aussät und die relativ kleinen Zwiebeln im Juli erntet. Diese werden überwintert und als Steckzwiebeln im Frühjahr des nächsten Jahres wieder auf Beete ausgelegt. Sie wachsen normal weiter und geben dann bis Sommer oder Spätsommer große und lagerfähige Zwiebeln.

Für die Ernte im Frühjahr (etwa April/Mai) sät man winterfeste Sorten von Frühlingszwiebeln im August aus.

Schalotten werden in der gleichen Weise wie Zwiebeln angebaut; sie lassen sich aber leichter ziehen. Man verwendet für die Anzucht meist Brutzwiebeln, die im April gesteckt werden, weil aus Samen gezogene Schalotten häufig schießen. Sie werden im Juli oder August geerntet und sind lagerfähig.

Zwiebeln in brauchbarer Größe und Qualität für die normale Verwendung in der Küche können in jedem durchschnittlichen Boden angebaut werden. Sie gedeihen jedoch besser und werden größer, wenn man sie auf einem Beet kultiviert, das tief umgegraben und bereits im Herbst des Vorjahres reichlich mit Humus gedüngt worden ist.

Bevor man aussät oder die Zwiebeln legt, werden 50–60 g/m² eines organisch-mineralischen Volldüngers in den Boden eingeharkt.

Aussaat der Zwiebeln

Im Freiland kann man Anfang März, wenn sich der Boden bearbeiten läßt, gleich ins endgültige Beet aussäen. Der Samen wird in Rillen eingestreut, die 1,5 cm tief und 20 cm voneinander entfernt sind.

Wenn die Sämlinge etwa 5 cm hoch sind, dünnt man sie auf Abstände von 2,5 cm aus. Wenn sie eine Höhe von 10–15 cm erreicht haben, wird auf Abstände von 8 bis 10 cm ausgelichtet. Man kann die gezogenen Pflänzchen als Gewürz verwenden. Die Zwiebeln können je nach Entwicklung ab Ende Juli geerntet werden. Zum Einlagern erntet man sie im September.

Auslegen von Steckzwiebeln

Statt Samen auszusäen, kann man auch im April Steckzwiebeln in den Boden legen. Sie sind einfacher zu handhaben, und man braucht sie nicht auszudünnen und umzupflanzen.

Steckzwiebeln sind vor allem in rauhen Gebieten und ungünstigen Bodenverhältnissen zu empfehlen (Staunässe). In solchen Lagen entwickeln sich Saatzwiebeln zu langsam; sie werden nicht schön und groß. Die bereits halb gewachsenen Steckzwiebeln dagegen reifen, sofern sie von guter Qualität sind und richtig behandelt wurden, auch in etwas rauheren Lagen oder ungünstigeren Sommern zu schönen Zwiebeln heran, die sich von Saatzwiebeln aus günstigeren Klimagebieten nicht unterscheiden.

Das gleiche gilt für Gebiete mit nassen Spätsommern und somit ungünstiger Zwiebelreife. Die aus Steckzwiebeln gezogenen Zwiebeln haben unter solchen Umständen schon im Sommer eine annehmbare Größe erreicht und können frühzeitig genug geerntet werden und ausreichend nachreifen. Andererseits können sie aber leicht schießen (vorzeitig blühen), wenn man sie während der Entwicklungszeit ungenügend mit Wasser versorgt. Wichtig ist auch, daß die Steckzwiebeln den Winter über richtig gelagert werden. Sie müssen entweder bei Zimmertemperatur oder mindestens drei bis vier Wochen lang bei einer Temperatur von 30–40° C gelagert werden, denn nur durch dieses Darren wird verhindert, daß sie im folgenden Jahr schießen. Bei tieferen Temperaturen verlängert man die Behandlungszeit entsprechend.

Wichtig für eine gute Ernte ist auch, daß man die richtigen Sorten verwendet. Sie müssen sich zum Steckzwiebelanbau eignen und gleichzeitig eine gewisse Schoßfestigkeit aufweisen. Am bekanntesten dafür ist die Sorte 'Stuttgarter Riesen'. Es lohnt sich, sie bevorzugt anzubauen. Weitere geeignete Sorten sind auf Seite 563 aufgeführt.

Steckzwiebeln kann man auch in Samenhandlungen nach Gewicht kaufen. Je nach Sorte kommen etwa 175–350 Stück auf ein Kilogramm. Wenn man sie nicht gleich auslegen kann, darf man sie nicht in der Tüte oder im Sack lagern; man muß sie an einem kühlen, trockenen Ort ausbreiten, damit sie nicht frühzeitig austreiben.

Das Beet sollte möglichst feinkrümelig und feucht sein, wenn man die Zwiebeln auslegt.

Man zieht in Abständen von 25 cm Rillen, die so tief sind, daß die Spitzen der Steckzwiebeln gerade aus dem Boden herausschauen, wenn man sie mit Erde abdeckt. 15 cm Abstand von Zwiebel zu Zwiebel sind recht.

Die Rillen werden zugeschoben, und dann vergewissert man sich, daß die Zwiebeln fest sitzen. Über die Reihen legt man ein Netz (siehe Seite 522) als Vogelschutz. Die Pflanzen werden wie die aus Samen gezogenen Zwiebeln behandelt.

Aussaat von Frühlings- oder Salatzwiebeln

Frühlingszwiebeln können im August oder Anfang September in Rillen ausgesät werden, die 1,5 cm tief und 20 cm voneinander entfernt sind. Die Pflänzchen werden nicht ausgedünnt, bleiben den Winter über im Freien und werden nur in sehr ungünstigen Lagen geschützt. Die Zwiebeln können dann etwa ab April geerntet werden.

Man erntet sie in grünem Zustand. An den grünen, frischen Schlotten sitzen unterirdisch die saftigen Zwiebeln. Sie werden nicht gelagert, sondern nach Geschmack gleich verwendet.

Pflege und Ernte für die Einwinterung

Zwischen den Reihen wird regelmäßig gehackt und Unkraut gejätet. Vor allem in Trockenperioden müssen die Pflanzen ausreichend gegossen werden, damit sie nicht schießen.

Wenn sich Zwiebellaub außen gelb zu färben beginnt, werden die Schlotten (Blätter) umgeknickt. Dadurch werden die Zwiebeln früher reif und oft auch schwerer. Man darf sie aber nicht umtreten, weil man sonst die Zwiebelherzen beschädigt und damit die Lagerhaltbarkeit gefährdet.

Vierzehn Tage später lockert man die Zwiebeln und reißt die Wurzeln ab, indem man mit einer Grabgabel darunterstich und sie etwas anhebt. Dadurch wird ebenfalls die Reifung unterstützt. Nach weiteren vierzehn Tagen hebt man sie mit der Grabgabel heraus und breitet sie zum Trocknen aus.

Einige Tage später schneidet man die Blätter ab, entfernt lose Schalen, ohne die Zwiebeln dabei zu verletzen, und lagert sie an einem kühlen, trockenen Ort auf einem Lattenrost oder aufgehängt in Netzen bzw. zu Zöpfen zusammengebunden, denn sonst halten sie nicht den Winter über.

1. Die Blätter umknicken, wenn sie außen gelb werden

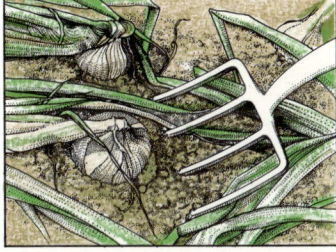
2. Nach 14 Tagen die Zwiebeln durch leichtes Anheben lockern

3. 14 Tage später herausheben und zum Trocknen auslegen

4. Die Zwiebeln in Netzen oder zu Zöpfen gebunden aufhängen

Schäden an Zwiebeln und Schalotten

Zwiebelfliege Die Maden der Fliege fressen sich in das Herz der Zwiebel, die dann weich und faulig wird. In trockenem Boden richten die Maden größeren Schaden an. Befallene Pflanzen werden aus dem Boden gehoben und verbrannt. Es dürfen auch keine Maden im Boden zurückbleiben. Vorbeugend vor oder kurz nach der Aussaat Bromophos° oder Diazinon streuen.

Blasenfuß (Thrips) Im Sommer treten an den Blättern silbrigweiße Saugstellen auf. Gelegentlich sind kleine schwarze Kotflecken festzustellen. Wärme und anhaltende Trockenheit begünstigen den Befall. Man wendet am besten Insektizide gegen saugende Insekten an, z. B. Dimethoat.

Zwiebelminierfliege Von Mai bis zur Ernte treten an den Blättern kleine, unregelmäßige, weißlich Flecken auf, die sich gelegentlich zu weißen Linien vereinigen. Die Blätter (Schlotten) verfärben sich, werden bei stärkerem Verfall grau,

faulen und sterben ab. Unter der Oberhaut der Blätter erkennt man bei genauem Hinsehen kleine Maden. Schon wenn die ersten weißen Flecken auftreten, muß man eingreifen. Bewährt haben sich Mittel auf der Basis von Diazinon und Dimethoat.

Falscher Mehltau Vor allem bei feuchter Witterung können graue oder rötliche Streifen und Flecken an den Blättern auftreten. Sobald sich der Mehltaubelag bemerkbar macht, spritzt man mit Kupferoxychlorid.

Zwiebelfäule (Grauschimmel) Während der Kultur bekommen Zwiebeln einen grauen, samtigen Schimmelrasen in der Nähe des Zwiebelhalses. Starke Stickstoffdüngung vermeiden.

Auch eingelagerte Zwiebeln können von einem grauen, samtigen Schimmel befallen werden, der sich in der Nähe des Halses ansiedelt. Man lagert nur gut ausgereifte und einwandfreie Zwiebeln. Erkrankte Zwiebeln werden vernichtet.

Wichtig ist natürlich auch, die Zwiebeln unter günstigen Bedingungen zu lagern.

Binden eines Zwiebelzopfes

Zu einem Zwiebelzopf nimmt man als Mittelstück ein etwa 50 cm langes, dünnes Seil oder Strohbündel, das man mit Bindfaden zusammenschnürt.

Mit einer Schnur werden die Zwiebeln spiralförmig von unten nach oben so an das Mittelstück gebunden, daß die Wurzeln nach außen weisen. Die Schnur wickelt man um den Hals der einzelnen Zwiebeln.

ZWIEBELZOPF

Die Zwiebeln von unten nach oben rund um ein Seil binden

Zu einem Zopf geflochtene Zwiebeln werden am besten an einem trockenen und luftigen Platz aufgehängt, damit sie nicht faulen. Nur gut ausgereifte und nachgetrocknete Zwiebeln halten Wochen und Monate.

Wenn man es einrichten kann, sollte man die Lagertemperatur niedrig halten. Doch zu tiefe Frosttemperaturen sind wiederum auch nicht gut. Am besten halten sich Zwiebeln über den Winter bei Temperaturen zwischen 0° und −2° C.

Empfehlenswerte Zwiebelsorten

SÄZWIEBELN
'Stuttgarter Riesen'
'Zwickauer Gelbe'
'Allround'

STECKZWIEBELN
'Stuttgarter Riesen'
'Juwarund'
'Birnförmige'

FRÜHLINGSZWIEBELN
'Weiße Frühlingszwiebel'
'Zwaans große Winter'
'Fortuna'

Küchenkräuter

Für die gute Küche sind Würzkräuter unentbehrlich. Dem Gartenfreund bringen sie doppelte Freude – durch die frischen Farben ihrer Blätter und ihren starken, aromatischen Duft

Den Küchenkräutern kann man im Garten einen eigenen Platz geben oder sie mit anderen, blühenden Pflanzen zusammensetzen. Wenn man Salbei an den Rand einer Rabatte pflanzt, so daß beim Rasenmähen einige Blätter mit erfaßt werden, mischt sich ein starker Duft mit dem Geruch des frisch gemähten Grases. Thymian kann man zwischen die Steinplatten eines Wegs oder auf die Trokkenmauer setzen. Auch ein irdener Topf mit Petersilie sieht zwischen anderen Topfpflanzen auf einer sonnigen Terrasse hübsch aus.

Fast alle Küchenkräuter bevorzugen einen sonnigen Platz und leichten, fruchtbaren, gut dränierten Boden, vertragen aber auch schlechtere Bodenbedingungen. Mit Ausnahme des Sauerampfers lieben alle einen alkalischen Boden. Im Herbst verabreicht man eine leichte Kalkdüngung, im Frühjahr einen Volldünger.

Gepflanzt, gesät, ausgedünnt, gegossen und vermehrt wird wie bei allen anderen einjährigen Pflanzen, Stauden und Sträuchern (siehe die entsprechenden Kapitel).

Pflanzt man verschiedene Kräuter zusammen, sollten die höheren Arten so stehen, daß sie die niedrigeren nicht überschatten.

Kräuterzucht in der Küche Frische Kräuter für den Winterbedarf können in Töpfen oder Kistchen an einem sonnigen Fensterbrett in der Küche gezogen werden.

Die besten Ergebnisse erzielt man mit Pflanzen, die im Herbst aus Stecklingen oder Ablegern herangezogen werden. Schnittlauch, Petersilie, Majoran, Minze, Rosmarin, Salbei und Bohnenkraut können alle in der Küche gezogen werden. Weil sie jedoch in geschlossenen Räumen nicht sehr ausdauernd sind, muß man im Herbst mehrere Setzlinge heranziehen.

Einige Kräuter, wie Dill und Petersilie, können im Spätsommer im Freiland ausgesät und im Herbst zum Überwintern in der Küche in Töpfe umgepflanzt werden. Ein Versuch, Küchenkräuter aus Samen im Winter in der Küche aufzuziehen, lohnt sich nicht.

Die Töpfe füllt man am besten mit Blumen- oder Komposterde. Die Pflanzen müssen regelmäßig gegossen werden und dürfen nicht an einer zugigen Stelle stehen. Wenn möglich, stellt man die Töpfe in eine flache Schale mit Kies, der dann gegossen wird, damit die Pflanzen in einer feuchten Atmosphäre stehen.

Lorbeerblätter

Rosmarin

Knoblauchzehe

Knoblauchzwiebeln

Wenn man Küchenkräuter im eigenen Garten anbaut, hat man stets frische Würze zur Verfügung, mit der sich der Geschmack vieler Speisen verfeinern läßt. Aber auch im Garten kommen sie gut zur Geltung und geben beim Zerdrücken ihren aromatischen Geruch ab

Küchenkräuter, die man im eigenen Garten anbauen kann

Anis

Pimpinella anisum

Die aromatischen Körner sind etwa 5 mm lang und haben einen lakritzenartigen Geschmack. Man verwendet sie zum Würzen von Süßspeisen, Gebäck, Brot, Salaten und Suppen.

Anis verwendet man auch häufig in Likören und Hustensäften.

Die Heimat des Aniskrauts soll Kleinasien sein. Es wird in den wärmeren Gegenden Europas und in Nordafrika gewerblich angebaut. Die Blüten, die im Juli aufbrechen, sind gelblichweiß

Art Robuste Einjahrspflanze
Höhe/Breite 45 cm/25–30 cm
Standort Warm und sonnig
Idealer Boden Gut dräniert, leicht und ziemlich nährstoffreich
Anzucht Aussaat im April oder Mai am endgültigen Standort in 1,5 cm tiefen Rillen bei 30 cm Reihenabstand. Ausdünnen der Sämlinge auf 25–30 cm Abstand

Ernte Etwa einen Monat nach der Blüte im Juli
Konservierung Die Pflanzen werden abgeschnitten und die Samen über einem Papier ausgeschüttelt und dann getrocknet. Man bewahrt sie in einem vollkommen trockenen Behälter auf
Vermehrung Durch Samen (siehe Anzucht)

Basilikum

Ocimum basilicum

Die Blätter verleihen vielen Speisen einen kräftigen, würzigen Geschmack. Das Kraut wird meist als Einjahrspflanze behandelt, kann jedoch im Winter am Fenster oder im Gewächshaus als Topfpflanze gehalten werden

Art Einjahrspflanze
Höhe/Breite 60–90 cm/30 cm
Standort Volle Sonne, geschützt
Idealer Boden Leicht und nährstoffreich
Anzucht Aussaat Ende März oder Anfang April unter Glas bei 15° C. Sobald die Sämlinge groß genug sind, pikiert man in Schalen um und pflanzt Ende Mai oder Anfang Juni in Abständen von 30 cm ins Freiland aus. Man kann auch Ende April an Ort und Stelle aussäen

Ernte Für den sofortigen Verbrauch können Blätter vor der Blüte im August geschnitten werden, die zweite Ernte vor dem Frost. Zur Konservierung werden die Pflanzen ein- oder zweimal auf 15 cm zurückgeschnitten
Konservierung Trocknung oder Einfrieren (siehe Seite 572). Man kann die Blätter auch schichtweise zwischen Salz in Glasgefäße legen, mit Olivenöl bedecken und im Kühlschrank aufbewahren
Vermehrung Durch Samen (siehe Anzucht)

Bohnenkraut

Satureja hortensis

Die aromatischen Blätter des Bohnenkrauts sind leicht bitter und erinnern im Geschmack an die Minze. Die Pflanze hat einen holzigen Stiel und kleine, hellrosa Blüten.

Das Kraut ist eine traditionelle Zugabe zum Bohnengemüse. Man verwendet es aber auch zum Würzen von Wurst, Fleisch, Suppen, Eintopfgerichten, Fisch, Salaten, Soßen und Kräuteromeletten (siehe auch Winterbohnenkraut).

Zerdrückte Blätter des Bohnenkrauts, auf die Haut gelegt, sind ein altes Hausmittel gegen Bienen- und Wespenstiche

Art Robuste Einjahrspflanze
Höhe/Breite 15–30 cm/15–30 cm
Standort Volle Sonne
Idealer Boden Gut dräniert, locker und nährstoffreich
Anzucht Aussaat Anfang April in knapp 1 cm tiefen Rillen bei 30 cm Reihenabstand; späteres Ausdünnen der Sämlinge auf 15 cm. Die Keimdauer der Samen beträgt drei bis vier Wochen

Ernte Die Blätter schmecken am besten im Juli vor der Blüte.

Wenn man die Pflanze zurückschneidet, wächst eine zweite Ernte nach
Konservierung Trocknung (siehe Seite 572).
Vermehrung Durch Samen (siehe Anzucht)

Borretsch (Gurkenkraut)

Borago officinalis

Die haarigen Blätter des Borretschs strömen einen intensiven Gurkengeruch aus. Man verwendet sie möglichst jung, und zwar für Salate, Soßen und Fischgerichte sowie zum Einmachen von Gurken.

Der Borretsch hat hängende, himmelblaue Blüten mit fünf sternförmig angeordneten Blütenblättern, von denen die Bienen angelockt werden. Die Blüten können als Garnierung für Erfrischungsgetränke oder, wie Veilchen kandiert, als Verzierung für verschiedenes Backwerk dienen

Art Robuste Einjahrspflanze
Höhe/Breite 45–90 cm/30 cm
Standort Sonne oder Teilschatten
Idealer Boden Jeder normale Boden
Anzucht Freilandaussaat von März bis Juni in 1,5 cm tiefe Rillen bei Reihenabständen von 40 cm. Die Sämlinge werden auf 30 cm Abstand ausgedünnt

Ernte Die ersten Blätter können acht Wochen nach der Aussaat gepflückt werden
Konservierung Nicht möglich
Vermehrung Wenn man die Blüten ausreifen läßt, stehen für die Nachzucht in milden Klimagebieten meist genügend selbstausgesäte Sämlinge zur Verfügung. Sonst im Frühjahr aussäen

Dill

Anethum graveolens

Sowohl die jungen Blätter als auch die Samen werden in der Küche verwendet – für Soßen, Fisch, Eierspeisen, Käsegerichte, Gemüse und Salate. Um Dillessig herzustellen, weicht man Dillsamen einige Tage lang in Essig ein

Art Robuste Einjahrspflanze

Höhe/Breite 90 cm/20–30 cm

Standort Volle Sonne

Idealer Boden Gut dräniert, aber feucht

Anzucht Aussaat ab April in knapp 1 cm tiefen Rillen bei 20 cm Reihenabstand; dann auf Abstände von 20 cm ausdünnen. Folgesaaten sind bis Juni möglich

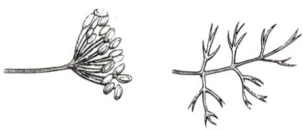

Ernte Man pflückt die jungen Blätter nach Bedarf. Die Stengel werden bei trockenem Wetter geschnitten, sobald die Samen herangereift sind

Konservierung Die Blätter werden sehr langsam bei Temperaturen unter 40° C getrocknet (siehe Seite 572). Zum Trocknen der Samenkörner hängt man die reifen Fruchtstände an einem warmen Ort auf und breitet ein Tuch darunter aus, um die Körner aufzufangen. Dann werden sie in der Sonne oder bei mäßiger Hitze vollständig getrocknet

Vermehrung Durch Samen (siehe Anzucht)

Estragon

Artemisia dracunculus

Die gehackten, aromatischen Blätter des Estragons werden in Krätermischungen, für Fischsoßen, für die Herstellung von Estragonessig, in Suppen, Omeletten, Kräuterbutter, Salaten und bestimmten Fleischgerichten verwendet.

In kalten Gegenden und in feuchten Böden nehmen die Wurzeln leicht Schaden. Wo solche Bedingungen herrschen, muß man die Pflanzen nach dem Rückschnitt im Herbst mit Reisig abdecken

Art Robuste Staude

Höhe/Breite 60 cm/35 cm

Standort Volle Sonne, geschützter Platz

Idealer Boden Gut dräniert und trocken; muß nicht besonders nährstoffreich sein

Anzucht In der Gärtnerei aufgezogene Jungpflanzen werden im März oder April in Abständen von 45 cm ausgepflanzt

Ernte Die Blätter bei Bedarf pflücken

Konservierung Trocknung oder Einfrieren (siehe Seite 572)

Vermehrung Durch Stockteilung im März oder April (siehe Seite 206) oder durch Stecklinge von den Triebspitzen im Frühsommer (siehe Seite 208)

Fenchel

Foeniculum vulgare

Die Blätter verleihen den Soßen, die zu Fischgerichten – insbesondere Lachs, Makrelen, Steinbutt und Forellen – gereicht werden, einen süßlichen Geschmack. Sie können auch zum Würzen von Schweine- und Kalbfleisch verwendet und Salaten zugesetzt werden. Mit den Samen würzt man Fleisch, Suppen, Gemüse, Salate und Fisch.

Der Gartenfenchel ist kein Gemüse wie der Römische Fenchel (Finocchio)

Art Staude; vorwiegend einjährig kultiviert

Höhe/Breite 1,2 m/60 cm

Standort Direkte Sonne oder leichter Schatten

Idealer Boden Gut dräniert

Anzucht Horstaussaat von drei oder vier Körnern im April in knapp 1 cm tiefen Rillen bei Reihenabständen von 45 cm; später bis auf den kräftigsten Sämling pro Horst ausdünnen

Ernte Die Blätter nach Bedarf pflücken. Zum Einsammeln der Samen werden die Stengel im September oder Oktober abgeschnitten und wie Dillkraut behandelt

Konservierung Trocknung oder Einfrieren (siehe Seite 572)

Vermehrung Mindestens jedes dritte Jahr frisch aussäen. Besser einjährig kultivieren

Gartenbibernell (Kleiner Wiesenknopf)

Sanguisorba minor

Die Blätter haben einen milden, gurkenähnlichen Geschmack und werden wie Borretsch in Erfrischungsgetränken oder fein gehackt in Salaten usw. verwendet.

Die Pflanze ist in verschiedenen Teilen Europas beheimatet. Die Blütenstände in Form kugeliger Köpfchen mit 1,5 cm Durchmesser bestehen aus winzigen grünen bis braunroten Blüten. Durch Entfernen der Blütenstiele regt man das Wachstum junger Blätter an

Art Winterharte Staude, wird oft einjährig gezogen

Höhe/Breite 30–50 cm/20–30 cm

Standort Bevorzugt pralle Sonne, verträgt aber auch Teilschatten

Idealer Boden Locker, gut dräniert

Anzucht Aussaat im April in knapp 1 cm tiefen Rillen. Ausdünnen der Sämlinge auf 30 cm Abstand

Ernte Am besten sind die jungen Blätter, die man je nach Bedarf das ganze Vegetationsjahr über pflückt. Die Blütenstiele werden ausgeschnitten

Konservierung Nicht möglich

Vermehrung Durch Teilung älterer Pflanzen im März (siehe Seite 206) oder durch Aussaat

Kerbel

Anthriscus cerefolium

Ein Würzkraut, das in der französischen Küche sehr beliebt ist und in gleicher Weise wie die Petersilie verwendet wird.

Die frischen Blätter werden zerhackt für Salate, Kräutersoßen, Fleisch, Geflügel, Suppen, Eier-, Käse- und Fischgerichte verwendet
Art Robuste Einjahrspflanze
Höhe/Breite 45 cm/30 cm
Standort Direkte Sonne für frühe und späte Aussaaten; etwas Schatten für Sommeraussaaten
Idealer Boden Normaler Boden
Anzucht Aussaat von April bis August in knapp 1 cm tiefen Rillen bei 30 cm Reihenabstand. Die Sämlinge werden auf 30 cm Abstand in der Reihe ausgedünnt. Folgeaussaaten alle vier bis sechs Wochen. Für den Winterbedarf kann man auch von Oktober bis Januar in Schalen unter Glas bei 7–10° C aussäen

Ernte Die Blätter können sechs bis acht Wochen nach der Aussaat geschnitten werden. Man schneidet sie möglichst tief unten ab. Die Blüten werden ausgebrochen
Konservierung Die Blätter können getrocknet werden (siehe Seite 572); frische Blätter sind aber vorzuziehen
Vermehrung Durch Samen (siehe Anzucht)

Knoblauch

Allium sativum

Der Knoblauch gehört zur Familie der Liliengewächse und ist mit dem Lauch und der Zwiebel verwandt. Er ist ein äußerst kräftiges Gewürz und sollte in der Küche nur sparsam verwendet werden, weil er einen starken Mundgeruch hinterläßt.

Beim Salat genügt es meist, die Salatschüssel innen mit einer Knoblauchzehe auszureiben.

Den Knoblauch kann man auch zum Würzen vieler Fleisch- und Gemüsegerichte sowie in Suppen und Eintopfgerichten verwenden
Art Staude
Höhe/Breite 30–60 cm/20–30 cm
Standort Volle Sonne
Idealer Boden Locker
Anzucht Man steckt Ende Oktober in milden Gebieten die Knoblauchzehen in Abständen von 15 cm und bei Reihenabständen von 30 cm so tief in feinkrümeligen Boden, daß sie gerade bedeckt sind. Sonst wird im Frühjahr ausgelegt

Ernte Die Knoblauchzwiebeln ausgraben, wenn die Stengel abwelken
Konservierung Die Zwiebeln in der Sonne trocknen und an einem trockenen, kühlen Ort lagern
Vermehrung Durch Stecken einzelner Zehen (siehe Anzucht)

Koriander

Coriandrum sativum

Die unreifen Früchte haben einen unangenehmen Geruch, der beim Heranreifen jedoch verschwindet. Die getrockneten Körner werden zu einem Pulver vermahlen und zum Würzen von Kalbfleisch, Schweinefleisch, Schinken, Blätterteiggebäck, Backwaren, Süßspeisen und Brot verwendet. Das Pulver kann auch Wurst- oder Geflügelfüllungen zugesetzt werden und schmeckt ausgezeichnet zu gekochtem Sellerie und in Erbsensuppen.

Die jungen Blätter können in Suppen und Fleischgerichten verwendet oder gehackt mit Avocadobirnen serviert werden
Art Robuste Einjahrspflanze
Höhe/Breite 45 cm/15–20 cm
Standort Volle Sonne, geschützt
Idealer Boden Gut dräniert, fruchtbar
Anzucht Aprilaussaat in knapp 1 cm tiefen Rillen mit 30 cm Reihenabstand. Auf 15 cm ausdünnen

Ernte Die Samenstände werden abgeschnitten, sobald der unangenehme Geruch verflogen ist
Konservierung Auf Schalen ausbreiten und in der Sonne oder bei mäßiger Hitze trocknen. Die Samen von Hand ausklopfen und erst lagern, wenn sie ganz trocken sind
Vermehrung Durch Samen (siehe Anzucht)

Kümmel

Carum carvi

Ein sehr bekanntes Gewürz, das in der Küche vielseitig verwendet wird. Man nimmt die reifen Körner zum Würzen von Fleisch, Fisch, Soßen, Suppen, Gemüse, Käse und Salaten, für Brot, Kuchen und Gebäck.

Wenn man einige Kümmelkörner in einem Leinensäckchen in das Wasser hängt, in dem Kohl gekocht wird, überdecken sie den unangenehmen Kochgeruch
Art Robuste Zweijahrspflanze
Höhe/Breite 45–60 cm/20–30 cm
Standort Volle Sonne
Idealer Boden Gut dräniert
Anzucht In milden Gegenden Aussaat im August oder September in knapp 1 cm tiefe Rillen bei Reihenabständen von 30 cm. Man kann auch im März oder April aussäen. Wenn die Sämlinge 5 cm hoch sind, dünnt man auf 30 cm Abstand aus

Ernte Die Pflanzen blühen im Jahr nach der Aussaat. Man schneidet die Blütenköpfe bei einsetzender Reife ab
Konservierung Die Blütenköpfe werden an einem warmen, gut belüfteten Ort zum Nachreifen aufgehängt. Darunter legt man Papier oder ein Tuch aus, um die Körner aufzufangen
Vermehrung Durch Samen (siehe Anzucht)

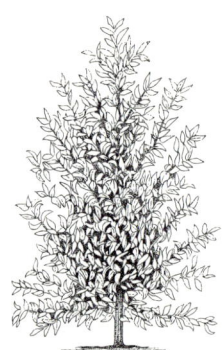

Liebstöckel

Levisticum officinale

Die Liebstöckelblätter werden besonders zum Würzen von Suppen, aber auch von Gemüsen, Fleisch-, Geflügel- und Fischgerichten verwendet. Die dunkelgrünen Blätter haben eine starke Würzkraft. Man sollte sie sparsam verwenden.

Die Heimat des Liebstöckels ist vermutlich der gebirgige Teil Südwestasiens, doch wird es bereits seit dem 8. Jahrhundert bei uns angebaut. Die Blüte ist blaßgelb und erscheint im Juli
Art Mehrjährige Pflanze
Höhe/Breite 1,5 m/1 m
Standort Jede normale Lage
Idealer Boden Nährstoffreicher, tiefgründiger Gartenboden
Anzucht Aussaat im Frühjahr oder August; später wird pikiert und dann im Abstand von 40 x 50 cm ausgepflanzt. Auch Stockteilung ist möglich. Die alte Pflanze wird ausgegraben, mit einem scharfen Messer in mehrere Teilstücke aufgeteilt, und diese werden gepflanzt

Ernte Während der ganzen Vegetationsperiode werden die Blätter frisch gepflückt
Konservierung Die stark wachsende Pflanze bildet eine große Zahl von Blättern. Diese werden im Sommer gepflückt und getrocknet (siehe Seite 572)
Vermehrung Durch Samen oder Stockteilung (siehe Anzucht)

Lorbeerblatt

Laurus nobilis

Lorbeerblätter werden zum Würzen von vielen Fleischgerichten, Soßen und Suppen sowie für Marinaden und eingelegte Gurken verwendet.

Der Lorbeerbaum ist in unseren Breiten nicht winterhart und sollte als Kübelpflanze gezogen werden. Im Herbst stellt man ihn in einen hellen Raum bei 6–8° C zum Überwintern.

Man kauft ihn als kleinen Stamm oder Halbstamm und schneidet ihn zwei- oder dreimal während der Wachstumszeit zurück
Art Baum (Strauch)
Höhe/Breite 1,5–2 m/70 cm
Standort Sonne oder Teilschatten, geschützt vor kalten Winden
Idealer Boden Gute Komposterde
Anzucht Die Jungpflanzen werden im September, März oder April eingepflanzt

Ernte Die Blätter nach Bedarf pflücken; getrocknete Blätter schmecken jedoch kräftiger
Konservierung Trocknung im Dunkeln. Man breitet die Blätter zwischen saugfähigem Papier aus und beschwert sie mit einem Brett. Auch Schnelltrocknung im Ofen möglich (siehe Seite 572)
Vermehrung Durch Stecklinge vom halbharten Holz, die im Spätsommer abgenommen werden (siehe Seite 69)

Majoran

Majorana hortensis

Der gegenüber dem Wilden Majoran (siehe Oregano) im Geschmack etwas mildere Gartenmajoran ist nur einjährig und hat quirlige Blütenstände. Die Blätter werden frisch oder getrocknet für Geflügel, Fleisch, Fisch, Suppen, Eintopfgerichte, Soßen, Eierspeisen, Käsegerichte und Salate verwendet
Art Einjahrspflanze
Höhe/Breite 60 cm/30–45 cm
Standort Volle Sonne
Idealer Boden Gut dräniert und nährstoffreich
Anzucht Märzaussaat unter Glas bei 10–15° C in Töpfen oder Schalen mit Komposterde. Die Sämlinge werden in Schalen mit Komposterde pikiert. Nach dem Abhärten wird Ende Mai oder Anfang Juni in Abständen von 30 cm ausgepflanzt (siehe Seite 515). Ebenso ist im April eine Freilandaussaat an einem warmen Platz in knapp 1 cm tiefen Rillen bei Reihenabständen von 25 cm möglich. Späteres Ausdünnen der Sämlinge auf 25 cm

Ernte Die Blätter bei Bedarf pflücken. Für die Trocknung im Juni kurz vor der Blüte schneiden
Konservierung Trocknung (siehe Seite 572)
Vermehrung Durch Samen (siehe Anzucht)

Meerrettich

Armoracia rusticana

Die weißen, rübenförmigen Wurzeln des Meerrettichs, der im Südosten Europas beheimatet ist, werden fein gerieben und als scharfe, pikante Würze zu Fleisch und Fischgerichten verwendet.

Weil der Meerrettich (Kren) sehr stark wuchert, dürfen beim Ausgraben im Herbst keine abgebrochenen Wurzelreste im Boden bleiben. Die im ersten Jahr ausgebildeten Wurzeln sind qualitativ besser. Wenn man in jedem Jahr neu auspflanzt, kommt es kaum zu einer Blüte.
Art Staude
Höhe/Breite 60 cm/30 cm
Standort Volle Sonne oder leichter Schatten
Idealer Boden Tiefgründig, nährstoffreich und feucht
Anzucht Im März oder April werden 8–12 cm lange Fechser (Seitenwurzeln) in Abständen von 30 cm so in den Boden gelegt, daß sie gerade mit Erde bedeckt sind. Bei Trockenheit viel gießen

Ernte Im November ausgraben
Konservierung In Sand einschlagen
Vermehrung Die Seitenwurzeln werden als Fechser im März oder April für die Nachzucht eingepflanzt (siehe Seite 209)

Melisse

Melissa officinalis

Das Kraut, auch Zitronenmelisse genannt, verleiht Fleischfüllungen, Fisch- und Salatsoßen einen milden Zitronengeschmack und wird im Sommer auch zu Erfrischungsgetränken serviert. Die Blätter werden frisch, getrocknet oder gefroren verwendet. Bei der Konservierung dürfen sie nicht verletzt werden

Art Winterharte Staude; braucht Winterschutz

Höhe/Breite 0,6–1,2 m/30–45 cm

Standort Sonne oder Halbschatten

Idealer Boden Jede Gartenerde

Anzucht Die winzigen Samen werden im Mai in eine Schale ausgesät. Die Sämlinge werden auf 5 cm Abstand pikiert. Wenn die Pflänzchen 10 cm hoch sind, setzt man sie in Abständen von 30 cm in 45 cm Reihenabstand an den endgültigen Standplatz um

Ernte Vom Blütebeginn bis September

Konservierung Trocknung oder Einfrieren (siehe Seite 572)

Vermehrung Durch Teilung im Herbst, jedoch spätestens im Oktober. Die Rhizome werden in Stücke mit je drei oder vier Augen zerschnitten und in Abständen von 30 cm in 45 cm Reihenabstand gesteckt (siehe Seite 206). Auch durch Aussaat im Frühjahr

Minze (Grüne Minze)

Mentha spicata

Diese am häufigsten angebaute Art der Minze ist auch als Gartenminze bekannt. Andere Arten, z. B. die Pfefferminze (*M. × piperita*) oder die Rundblättrige Minze (*M. rotundifolia*), werden ebenso angebaut

Art Staude

Höhe/Breite 30–45 cm/30–45 cm

Standort Teilschatten oder Sonne

Idealer Boden Nährstoffreich und feucht

Anzucht Im Herbst oder Frühjahr Wurzelstecklinge in 30 cm Abstand in 5 cm tiefe Rillen legen

Ernte Blätter bei Bedarf pflücken. Zum Abernten ganzer Pflanzen Stengel Ende Juni in Bodenhöhe abschneiden. Zweite Ernte vor Herbstbeginn

Konservierung Trocknung oder Einfrieren (siehe Seite 572)

Vermehrung Durch Teilung im Herbst oder Frühjahr. Man pflanzt 10–15 cm lange Rhizomstücke neu ein. Für den Winterbedarf werden die Pflanzen von September bis März ausgegraben. Man pflanzt die Rhizome in 5 cm Abstand und 3 cm tief in eine Schale mit Komposterde, stellt sie hell bei mindestens 10° C auf und hält die Erde feucht. *M. × piperita* wird durch Aussaat, die Sorte 'Mitcham' durch Stockteilung vermehrt

Oregano (Wilder Majoran)

Origanum vulgare

Obwohl es sich um eine mehrjährige, winterharte Pflanze handelt, braucht der Oregano einen warmen Platz im Garten, wenn er blühen soll.

Er wird wie der Gartenmajoran verwendet, ist aber etwas bitterer im Geschmack.

Der Wilde Majoran hat entweder grüne Stengel und weiße Blüten oder rötliche Stengel mit blaßroten Blüten. Man kann ihn für den Winterbedarf in Töpfen in der Küche ziehen

Art Staude

Höhe/Breite 30 cm/30 cm

Standort Volle Sonne, warmer, geschützter Platz

Idealer Boden Gut dräniert und nährstoffreich

Anzucht Freilandaussaat im Frühjahr oder Herbst in knapp 1 cm tiefe Rillen bei 30 cm Reihenabstand. Auf 20–25 cm ausdünnen. In der Gärtnerei aufgezogene Jungpflanzen werden im Frühjahr in Abständen von 30×25 cm ausgepflanzt

Ernte Wie beim Majoran

Konservierung Trocknung (siehe Seite 572)

Vermehrung Durch Teilung der Pflanzen im Frühjahr. Stecklinge von den Triebspitzen können im Sommer bewurzelt werden (siehe Seite 208)

Petersilie

Petroselinum crispum

Eines der bekanntesten Küchenkräuter, das für Fleisch, Geflügel, Fisch, Soßen, Suppen, Gemüse und Eierspeisen verwendet wird. Zum Garnieren nimmt man oft die 'Mooskrause'-Petersilie

Art Zweijahrspflanze

Höhe/Breite 30 cm/30 cm

Standort Im Sommer und Herbst freier Platz im Garten; für den Winterbedarf ein geschütztes, nach Süden gerichtetes Beet

Idealer Boden Tiefgründig, feucht und mit organischem Material angereichert

Anzucht Aussaat Ende Februar und März für Sommer- und Herbstbedarf, Ende Juli für Winter und Frühjahr. Der Samen wird dünn in knapp 1 cm tiefe Rillen mit 20–25 cm Reihenabstand eingestreut oder breitwürfig ausgesät. Die Sämlinge werden auf 20 cm Abstände ausgedünnt. Bei Juliaussaat wird das Beet mit Folienzelten als Winterschutz abgedeckt

Ernte Stiele bei Bedarf schneiden, jedoch höchstens drei von einer Pflanze

Konservierung Trocknung oder Einfrieren (siehe Seite 572)

Vermehrung Im zweiten Jahr schießt die Petersilie in Blüte. Für eine fortlaufende Ernte macht man zwei Aussaaten im Jahr

Rosmarin

Rosmarinus officinalis

Alle Teile dieser immergrünen Pflanze sind sehr aromatisch und sollten nur sparsam verwendet werden, z. B. für Fleisch und Geflügel, Fisch, Soßen und Marinaden, grüne Bohnen und Kartoffeln.

Man kann den Rosmarin in milden Lagen im Freiland in Komposterde kultivieren, sonst ist eine Überwinterung in geschützten Räumen notwendig.

Die blauen Blüten werden als duftende Garnierung für Fruchtschalen verwendet
Art Kleiner Strauch
Höhe/Breite 0,6–1,5 m/0,6–2 m
Standort Sonnig, geschützt
Idealer Boden Gut dräniert und locker
Anzucht Die Samen werden im Februar oder März in Töpfen ausgesät und ins Kleingewächshaus oder am Zimmerfenster zum Keimen gebracht. Die Jungpflanzen werden Mitte Mai in Abständen von 60 cm ausgepflanzt

Ernte Die kleinen Zweige nach Bedarf schneiden
Konservierung Kann getrocknet und frisch verwendet werden
Vermehrung Durch 10 cm lange Stecklinge, die im August vom halbreifen Holz abgenommen werden (siehe Seite 69)

Salbei

Salvia officinalis

Besonders geschätzt sind die schmalen, graugrünen Blätter dieses immergrünen Halbstrauchs als Gewürz für Schweinefleisch, Lammfleisch und verschiedene Füllungen. Auch für Tomatensoße, Marinaden, bestimmte Suppen, Gemüse und Fisch wird Salbei gern verwendet. Da er besonders intensiv schmeckt, sollte man sparsam damit umgehen
Art Halbstrauch
Höhe/Breite 30–60 cm/45 cm
Standort Volle Sonne oder leichter Schatten, warm
Idealer Boden Gut dräniert, locker und nährstoffreich; nimmt aber auch mit fast jedem anderen Boden vorlieb
Anzucht Jungpflanzen aus der Gärtnerei im März oder April auspflanzen oder im Frühjahr Samen aussäen

Ernte Die Blätter nach Bedarf pflücken. Zum Trocknen die Stengel im Mai vor der Blüte und beim neuen Zuwachs schneiden
Konservierung Trocknung (siehe Seite 572)
Vermehrung Eine vegetative Vermehrung ist möglich, Salbei wird jedoch meist durch Aussaat im März oder April im Frühbeetkasten vermehrt; nach Mitte Mai wird ausgepflanzt. Alle drei Jahre sollten neue Pflanzen nachgezogen werden

Sauerampfer

Rumex acetosa

Die Blätter des Sauerampfers verleihen Eintopfgerichten, Suppen und Salaten einen herbsäuerlichen Geschmack. Sie werden roh gegessen, wie Spinat gekocht oder püriert zu Fisch- und Fleischgerichten serviert.

R. acetosa ist die einheimische Art. Der Römische Ampfer (*R. scutatus*), eine bei uns akklimatisierte Gebirgspflanze Mittel- und Südeuropas, ist säuerlicher im Geschmack
Art Robuste Staude
Höhe/Breite 30–60 cm/30 cm
Standort Volle Sonne
Idealer Boden Tiefgründig und feucht
Anzucht Aussaat im März, April oder August in knapp 1 cm tiefen Rillen bei 30 cm Reihenabstand. Wenn die Sämlinge 8 cm hoch sind, dünnt man sie auf 30 cm aus. Samenstengel werden entfernt, damit sich die Blätter stärker entwickeln

Ernte Die Stengel vor der Blüte schneiden
Konservierung Trocknung oder Einfrieren (siehe Seite 572)
Vermehrung Durch Stockteilung im März (siehe Seite 206) oder Aussaat jedes Jahr; der Abstand zwischen den Pflanzen beträgt 10 cm, zwischen den Reihen 20 cm

Schnittlauch

Allium schoenoprasum

Die grasartigen Blätter dieser Lauchart haben einen milden Zwiebelgeschmack. Sie werden kleingehackt auf Salate, Eierspeisen und Käsegerichte, Schmelzkäse, Brotaufstriche, Suppen, Schmorfleisch und Soßen gestreut
Art Winterharte Staude
Höhe/Breite 15–25 cm/30 cm
Standort Direkte Sonne oder leichter Schatten
Idealer Boden Gut dräniert, nährstoffreich
Anzucht Die Samen werden von April bis Juni 1,5 cm tief gesät im Abstand von ca. 25 cm zu je 30 Samenkörnern pro Saatstelle

Ernte Die ersten Blätter können etwa sechs Wochen nach der Aussaat geschnitten werden. Man schneidet häufig und nahe am Boden, um weiteres Wachstum anzuregen. Nach jedem Schnitt ist eine Kopfdüngergabe mit einem leichtlöslichen Stickstoffdünger erforderlich. Die Blüten werden bei Erscheinen ausgebrochen
Konservierung Die Blätter verlieren beim Trocknen ihre Farbe. Für den Winterbedarf lieber einige Stöcke eintopfen und im Gewächshaus oder am Küchenfenster aufstellen. Man kann Schnittlauch auch einfrieren (siehe Seite 572)
Vermehrung Durch Teilen der Stöcke alle drei bis vier Jahre

Thymian

Thymus vulgaris

Mit den gehackten frischen oder getrockneten Blättern kann man Hammel- und Kalbfleisch, Wild, Geflügel und verschiedene Füllungen würzen. Auch in gekochtem Gemüse, Salaten, Soßen und Suppen können sie verwendet werden (siehe auch Zitronenthymian).

Der Gartenthymian, der ursprünglich aus Südeuropa kommt, darf nicht mit dem einheimischen Wildthymian oder Quendel (*T. serpyllum*) verwechselt werden, dessen Blätter breiter sind

Art Halbstrauch
Höhe/Breite 20 cm/25 cm
Standort Sonniger Platz
Idealer Boden Gut dräniert
Anzucht Jungpflanzen aus der Gärtnerei werden im März oder April ausgepflanzt. Samen werden im April in flache Rillen bei Reihenabständen von 30 cm ausgesät und mit feiner Erde abgedeckt. Die Sämlinge werden auf 15 cm ausgedünnt

Ernte Die Blätter nach Bedarf pflücken. Pflanzen zum Trocknen im Juni vor der Blüte schneiden
Konservierung Trocknung (siehe Seite 572)
Vermehrung Die Beete alle drei oder vier Jahre neu herrichten. Ältere Pflanzen im März oder April teilen (siehe Seite 206)

Winterbohnenkraut

Satureja montana

Diese ausdauernde Art des Bohnenkrauts hat staudigen Charakter. Die Blätter schmecken nicht so gut wie die des einjährigen Bohnenkrauts (siehe dort), werden aber in der Küche in der gleichen Weise verwendet.

Beide Arten sind im Mittelmeerraum beheimatet, werden aber schon seit langer Zeit in unseren Gärten angebaut

Art Staude
Höhe/Breite 30–45 cm/30–45 cm
Standort Volle Sonne
Idealer Boden Gut dräniert und locker
Anzucht Aussaat Anfang April in knapp 1 cm tiefe Rillen bei 30 cm Reihenabstand. Ausdünnen der Sämlinge auf 25 cm

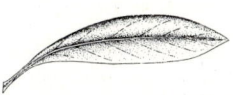

Ernte Am besten vor der Blüte im Juli. Wenn man die Pflanze auf die Hälfte zurückschneidet, wächst eine zweite Ernte nach
Konservierung Die Blätter können getrocknet werden (siehe Seite 572); dies ist jedoch beim immergrünen Winterbohnenkraut meist nicht erforderlich
Vermehrung Durch Teilung älterer Pflanzen im März oder April (siehe Seite 206), durch Stecklinge im Mai (siehe Seite 208) oder durch Aussaat im April. Pflanzen alle zwei oder drei Jahre nachziehen

Ysop

Hyssopus officinalis

Ein immergrüner, mehrjähriger Halbstrauch, dessen Zweige das ganze Vegetationsjahr hindurch gepflückt werden können.

Die Blätter haben einen minzeartigen, jedoch etwas bitteren Geschmack und sollten deshalb in Suppen, Fleischgerichten oder Salaten sowie feingehackt auf Pfirsich- oder Aprikosenkuchen nur sparsam verwendet werden.

Der Ysop eignet sich als heckenartige Einfassung von Kräuterrabatten und wird Ende März gestutzt. Er blüht von Juni bis Ende August blau, rosarot oder weiß

Art Halbstrauch
Höhe/Breite 60 cm/20–30 cm
Standort Volle Sonne
Idealer Boden Locker, gut dräniert
Anzucht Aussaat im April im Saat- oder Frühbeet in 1 cm tiefe Rillen. Auf 8 cm ausdünnen. Die Sämlinge in Abständen von 30 cm auf dem endgültigen Beet auspflanzen. Während des Wachstums kräftig gießen

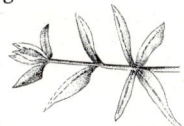

Ernte Nach Bedarf pflücken; für Salate nur die jüngsten Blätter nehmen
Konservierung Trocknung oder Einfrieren (siehe Seite 572)
Vermehrung Durch Stecklinge der Triebspitzen (siehe Seite 208)

Zitronenthymian

Thymus citrodorus

Diese Thymianart kann in der gleichen Weise wie der Gartenthymian in der Küche verwendet werden, ist jedoch nicht so scharf und besitzt einen ausgeprägten Zitronengeschmack, der Puddings und Cremespeisen ein köstliches Aroma verleiht (siehe auch Thymian). Der Zitronenthymian breitet sich am Boden kriechend aus

Art Staude
Höhe/Breite 20 cm/30 cm
Standort Sonniger Platz
Idealer Boden Gut dräniert
Anzucht In der Gärtnerei aufgezogene Jungpflanzen werden im März oder April in Abständen von 20 cm ausgepflanzt

Ernte Die Blätter nach Bedarf pflücken. Zum Trocknen bestimmte Blätter schneidet man unmittelbar vor der Blüte im Juni ab
Konservierung Trocknung (siehe Seite 572)
Vermehrung Durch Stockteilung im März oder April (siehe Seite 206). Man kann die Pflanzen aber auch absenken, indem man Erde auf einige Triebe der Pflanzen häuft, so daß sich entlang der Zweige Wurzeln ausbilden können. Die bewurzelten Zweige werden dann von der Mutterpflanze abgetrennt und einzeln ausgepflanzt

Küchenkräuter für den Winterbedarf konservieren

Kräuter aus dem eigenen Garten trocknen

Frisch gepflückte oder tiefgefrorene Kräuter sind den getrockneten vorzuziehen, für die Wintermonate sind jedoch getrocknete Blätter nützlich.

Um Kräuter zu trocknen, ist ein luftiger Platz auf dem Dachboden am besten geeignet; die Fenster sollten verdunkelt werden, weil die Blätter im Licht ihre Farbe verlieren. Man hält sie bei einer Temperatur von 20–25° C, bis sie sich leicht zerreiben lassen.

Zum Trocknen bestimmte Blätter nimmt man ab, ehe die Pflanzen Knospen bilden. Man schneidet sie an einem trockenen Tag am zeitigen Morgen. Beschmutzte Blätter werden gewaschen.

Bei großblättrigen Kräutern, wie Minze, befreit man die Blätter zunächst von den Stielen. Alle schadhaften Blätter werden weggeworfen. Die gesunden breitet man auf Drahtrosten oder Papier aus.

Kräuter mit kleineren Blättern, wie Rosmarin, Thymian und Winterbohnenkraut, schnürt man zu kleinen Bündeln zusammen, schlägt sie in Mull ein und hängt sie an einem Spanndraht auf.

Trocknung im Küchenherd Wenn kein geeigneter Raum zur Verfügung steht, können Kräuter auch im Backofen getrocknet werden.

Man wickelt sie zunächst in Mull und taucht sie für eine Minute in kochendes Wasser. Dann schüttelt man das Wasser ab und breitet die Blätter auf Drahtrosten (oder auf Backblechen, über die ein Stück Mull gespannt wurde) aus, damit die Luft zirkulieren kann.

Den Backofen stellt man auf 40–50° C, schiebt die Blätter hinein und trocknet sie etwa eine Stunde bei offener Ofentür, bis sie sich leicht zerreiben lassen.

Petersilie trocknen Petersilie muß in besonderer Weise behandelt werden, wenn sie beim Trocknen nicht ihre Farbe verlieren soll.

Bei großblättrigen Kräutern, wie Minze, entfernt man die Stiele und breitet die Blätter auf Drahtrosten oder Zeitungspapier zum Trocknen aus

Kleinblättrige Küchenkräuter, wie Rosmarin, werden gebündelt in Mull eingeschlagen und an einem Spanndraht in einem warmen Raum zum Trocknen aufgehängt

Man bindet sie an den Stielen zu losen Bündeln zusammen und taucht sie eine Minute lang in kochendes Wasser. Dann schüttelt man das Wasser ab und hängt die Bündel am Backofenrost auf. Dort läßt man sie eine Minute lang bei 200° C hängen.

Dann nimmt man die Petersilie heraus, läßt den Backofen auf 110 bis 120° C abkühlen und hängt die Petersilie wieder hinein, bis sie hart ist.

Zerkleinerung und Lagerung Sobald die Blätter von Kräutern hart sind, zerkleinert man sie vorsichtig mit einem Nudelholz. Will man ein Küchenkraut in Pulverform aufbewahren, drückt man die zerkleinerten Blätter durch ein Sieb.

Die Behälter müssen luftdicht sein; besonders gut eignen sich Marmeladegläser mit fest schließenden Deckeln. Die Gläser sollten außen schwarz angestrichen, mit dunkler Folie beklebt oder in einen dunklen Schrank gestellt werden, da die Kräuter bei Tageslicht die Farbe verlieren. Auf die Gläser klebt man ein Etikett mit Inhalt und Datum. Da getrocknete Küchenkräuter ihr Aroma bald verlieren, sollte man jedes Jahr einen neuen Vorrat anlegen.

Wie man Küchenkräuter einfriert

Küchenkräuter mit fleischigen Blättern können eingefroren werden. Am besten geeignet sind Melisse, Basilikum, Schnittlauch, Fenchel, Minze, Petersilie, Ampfer und Estragon. Jedes Kraut wird getrennt eingelagert.

Die jungen Triebe oder Blätter schneidet man zeitig am Morgen. Man wäscht dann die Blätter, schüttelt das Wasser ab, legt sie in einen Drahtkorb (Frittiersieb) oder Mullbeutel und taucht sie in kochendes Wasser. Dieses Verfahren, Blanchieren genannt, konserviert Farbe und Geschmack.

Man nimmt einen halben Liter Wasser pro 75–100 g Kräuter; das Wasser soll innerhalb einer Minute nach dem Eintauchen der Kräuter wieder aufwallen. Man läßt es 30 Sekunden kochen (bei Melisse, Minze und Ampfer eine Minute), nimmt die Blätter heraus und taucht sie eine Minute in eiskaltes Wasser. Dann nimmt man sie heraus, schüttelt das Wasser ab und füllt sie dicht in Plastikbeutel.

Die Beutel werden mit einer Schnur fest zugebunden und mit einem Etikett versehen, das Datum und Namen des Krauts trägt. Dann kommen sie an die kälteste Stelle der Truhe.

Bei Bedarf nimmt man eine kleine Menge aus dem Beutel heraus und läßt sie langsam auftauen.

Petersilie einfrieren Das Blanchieren hat den Nachteil, daß die Blätter weich werden. Es eignet sich daher nicht für Petersilie, mit der später Speisen garniert werden sollen.

Man kann Petersilie ohne Blanchieren einfrieren; die Farbe beginnt jedoch nach etwa drei Monaten zu vergilben.

Zunächst wäscht man die Petersilie in kaltem Wasser und schüttelt die Feuchtigkeit ab. Dann füllt man sie portionsweise in kleine Plastikbeutel und legt die Beutel in die Tiefkühltruhe. Bei Bedarf wird die Petersilie langsam aufgetaut und wie üblich verwendet.

GEFRORENE PETERSILIE ZERKLEINERN

Wenn gefrorene Petersilie klein zerteilt werden soll, zerreibt man die gefrorenen und brüchigen Blätter im Beutel mit den Fingern

Der gesunde Garten

In jedem Garten können Schädlinge und Krankheiten auftreten. Doch heute gibt es gegen die meisten wirksame Mittel. Wichtig ist nur, die richtige Diagnose zu stellen und das richtige Mittel auszusuchen. Mit diesem Kapitel gelingt dies Ihnen

Schädlinge und Krankheiten

Gegen die meisten Schäden gibt es Mittel. Man stellt anhand der Illustrationen fest, worum es sich handelt, und wendet das angegebene Mittel an

Dieser Abschnitt soll Ihnen helfen, die Schädlinge, Krankheiten und physiologischen Störungen zu erkennen und zu bekämpfen, die unsere Kulturpflanzen am häufigsten befallen. Zwar wirkt diese Massendarstellung einigermaßen erschreckend, doch wird ein einzelner Garten meist nur von einigen wenigen dieser Schädlinge oder Krankheiten heimgesucht.

Man sollte alle Pflanzen ständig kontrollieren, um möglichst früh Gegenmaßnahmen ergreifen zu können, falls sich an Blättern, Stengeln oder Blüten ein Schaden zeigt. Pflanzen, die schon früher regelmäßig von einem Schädling oder einer Krankheit befallen wurden, werden vorbeugend dagegen behandelt. Spritzmittel wendet man am besten bei trübem, windstillem Wetter an. In offene Blüten sollte man nicht spritzen.

Umgang mit dem Schaubild

Das Schaubild links zeigt eine kranke Dahlie: Die Blätter sind durchlöchert, die Triebe faulen und sind stellenweise mit grauem Schimmel bedeckt, und die Wurzeln sind von großen, weißen Raupen oder Käferlarven zerfressen.

Um nun festzustellen, was z. B. die Blätter haben, sucht man aus den Illustrationen unter der Überschrift „Blätter mit Löchern", die auf Seite 575 beginnen, die dem Schadensbild ähnlichste Darstellung heraus. In diesem Fall ist das oberste Bild rechts richtig. Es zeigt den durch Blattwanzen verursachten Schaden. In der Aufstellung steht es auf Seite 576.

Die Illustrationen der Symptome sind in der folgenden Reihenfolge aufgeführt: Blätter, Triebe, Blütenknospen, Blüten, Früchte, Wurzeln, Rasen. Das Bild wird nicht immer gerade die Pflanze zeigen, die in Ihrem Garten befallen wurde. In den Bildunterschriften sind jedoch die am häufigsten befallenen Pflanzenarten aufgezählt, zusammen mit den Symptomen und dem Zeitpunkt des Befalls. Unter der Überschrift „Abnorme und welke Triebe" findet man z. B., daß die Dahlientriebe von Grauschimmel befallen sind (siehe Seite 585).

Gedeiht eine Pflanze nicht, obgleich oberirdisch nichts festzustellen ist, legt man die Wurzeln frei. Hier würde sich zeigen, daß die Dahlienwurzeln von Raupen oder Käferlarven befallen sind.

Die Namen der zur Bekämpfung vorgeschlagenen Pflanzenschutzmittel sind in der Aufstellung ab Seite 599 aufgeführt.

Dahlie

Blätter mit rißförmigen Löchern

Faulende und von Grauschimmel befallene Triebe

Von Raupen oder Käferlarven angefressene Wurzeln

Blattwanzen

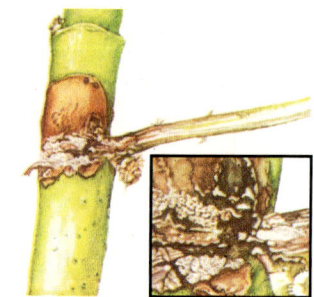

Grauschimmel (oder Botrytis)

Raupen

Blätter mit erkennbaren Schädlingen

Blätter mit Löchern

Blattläuse

Befallene Pflanzen Fast alle im Freien, im Gewächshaus oder im Haus wachsenden Kulturpflanzen
Schadensbild Kolonien kleiner, schwarzer, grüner, rosa, roter, gelber oder verschieden gefärbter, meist ungeflügelter, gelegentlich auch geflügelter Läuse
Befallszeit Frühling bis Herbst im Freien; das ganze Jahr unter Glas und im Haus
Abhilfe Gründliches Spritzen mit systemischen Insektiziden, wie Dimethoat, oder mit nichtsystemischen, wie Malathion°, Pirimicarb, Endosulfan und Propoxur, oder im Gewächshaus räuchern

Weiße Fliege oder Mottenschildlaus

Befallene Pflanzen Tomaten, Stechapfel, Fuchsie, Edelpelargonie u. a.
Schadensbild Weiße Fliegen an Blattunterseite. Blätter welken
Befallszeit Mai bis September im Freien, immer im Warmhaus
Abhilfe Spritzen mit Propoxur, Malathion° oder Dimethoat. Treibhaus räuchern mit Alphos-Nebeldose. Alte Pflanzen vernichten

Wolläuse

Befallene Pflanzen Viele verschiedene Treibhaus- und Zimmerpflanzen, besonders Sukkulenten, Kamelien, *Coleus* und Orchideen
Schadensbild Kleine rosa, mit einem wolligen oder mehligen, weißen Wachs überzogene Insekten auf den Blättern
Befallszeit Ganzjährig
Abhilfe Spritzen mit Dimethoat

Schildläuse

Befallene Pflanzen Viele Arten, besonders Grünpflanzen, Kamelie, Zitrus- und Farnarten; besonders lästig in Treibhäusern
Schadensbild Flache oder gewölbte braune Schildläuse, hauptsächlich auf der Blattunterseite, zumeist längs den Blattrippen
Befallszeit Spätfrühling und Frühsommer im Freien, jederzeit unter Glas und in Wohnräumen
Abhilfe Im Freien spät im Mai und drei Wochen danach spritzen mit Malathion°, Oleomalathion* oder einem systemischen Insektizid wie Dimethoat. Dieselbe Behandlung im Treibhaus, sobald Schildläuse aktiv werden. Zimmerpflanzen möglichst mit der Hand mit einem weichen, in Seifenwasser getauchten Lappen abwischen. Mit Sprühmitteln behandeln

Raupen

Befallene Pflanzen Viele Arten, besonders Sträucher und Bäume
Schadensbild Unregelmäßig zerfressene Blätter mit oft großen Löchern
Befallszeit Im Freien ab März; jederzeit im Treibhaus
Abhilfe Absammeln der Raupen oder gründliches Spritzen mit Diazinon oder Endosulfan, sobald sich die Schäden zeigen

Ohrwürmer

Befallene Pflanzen *Clematis*, Dahlien u. a.
Schadensbild Unregelmäßige Löcher in den Blättern
Befallszeit Von Mai bis Oktober
Abhilfe Stäuben mit Parathion-methyl

Blätter mit Löchern (Fortsetzung)

Stachelbeerblattwespe
Befallene Pflanzen Stachelbeeren
Schadensbild Blattgewebe zerfressen, manchmal bis auf die kahlen Blattrippen
Befallszeit April bis August
Abhilfe Gründlich mit Dimethoat oder Diazinon früh im Mai spritzen oder wenn die ersten Anzeichen des Befalls zu erkennen sind

Schnecken
Befallene Pflanzen Tulpen, Lilien, Rittersporn, Wicken, Salat und viele andere
Schadensbild Unregelmäßig ausgefressene Löcher, sogenannte Schabefraßstellen, Schleimspuren
Befallszeit April bis Oktober
Abhilfe Gründlich hacken und verrottende Pflanzenteile entfernen. Nicht mulchen. Mercaptodimethur- oder metaldehydhaltige Schneckenköder verwenden

Blattrandkäfer
Befallene Pflanzen Erbsen
Schadensbild Blattränder bogenförmig ausgefressen
Befallszeit April bis Mai
Abhilfe Mit Endosulfan spritzen. Ältere Pflanzen werden nicht stark befallen

Schrotschußkrankheit
Befallene Pflanzen Pflaumen, Pfirsiche, Kirschen und andere *Prunus*-Gewächse
Schadensbild Rötliche bis braune Blattflecken, die später ausfallen
Befallszeit Mai bis Herbst
Abhilfe Bäume jährlich düngen, mulchen, die Erde nicht austrocknen lassen. Winter- oder Austriebspritzung und Blattfallspritzungen mit Kupferoxychlorid, Blüte- und Nachblütespritzungen mit Captan

Blattwanzen
Befallene Pflanzen Äpfel, Bohnen, Dahlien, *Buddleja* (Schmetterlingsstrauch), Forsythien, Hortensien u.a.
Schadensbild Kleine Löcher in jungen Blättern
Befallszeit April bis August
Abhilfe Schutz gefährdeter Pflanzen durch Spritzen mit Malathion° oder Diazinon; stäuben mit Parathion-methyl

Wicklerraupen
Befallene Pflanzen Sträucher, Bäume, Obstgehölze und krautige Gewächse
Schadensbild Unregelmäßige, kleine Löcher in Blättern, die durch seidiges Gespinst zusammengezogen sind
Befallszeit Mai bis September
Abhilfe Gründliches Spritzen unter Druck mit Diazinon oder Endosulfan. Raupen entfernen

Blattwespenlarven der Rose
Befallene Pflanzen Rosen
Schadensbild Zerfressenes Blattgewebe, transparente Oberhaut bleibt stehen, auch an Trieben oder in Blattrollen
Befallszeit Juni bis September
Abhilfe Gründlich mit Diazinon oder Endosulfan spritzen

Seerosenblattkäfer
Befallene Pflanzen Seerosen, reine Arten und Hybriden
Schadensbild Fraßstellen an Blättern und Knospen
Befallszeit Juni bis August
Abhilfe Mit Wasserstrahl die 5 bis 8 mm großen Käfer abspülen, so daß sie ins Wasser fallen und von Fischen gefressen werden oder ertrinken. Auch Larven werden von Fischen gefressen

Durch Schäden verfärbte Blätter

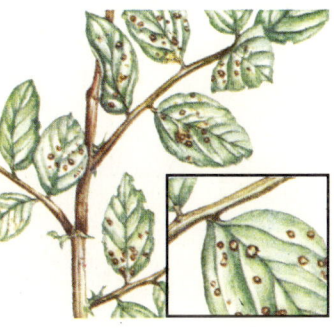

Erdflöhe
Befallene Pflanzen Kohl, Rettich, Goldlack und andere Kreuzblütler
Schadensbild Junge Blätter fein durchlöchert
Befallszeit Während Trockenzeiten im Frühjahr und Sommer
Abhilfe Sämlinge mit Parathionmethyl stäuben; spritzen mit Diazinon

Brennfleckenkrankheit
Befallene Pflanzen Bohnen
Schadensbild Kleine, dunkelbraune Flecken an Blättern und Stengeln, die ineinanderfließen können
Befallszeit Juni oder Juli
Abhilfe Brennfleckenresistente Sorten auswählen, spritzen bereits im Jugendstadium mit Polyram Combi. Spritzungen möglichst im Abstand von 10 bis 14 Tagen zwei- bis dreimal wiederholen

Schwarzer Krebs
Befallene Pflanzen Trauerweiden u. a. Weiden
Schadensbild Kleine, braune Flecken auf den Blättern, Triebspitzen welken
Befallszeit Ab der Entfaltung der Blätter im Frühjahr bis zum Sommer
Abhilfe Wiederholtes Spritzen mit Kupferoxychlorid; abgefallene Blätter verbrennen

Andere Blattfleckenkrankheiten
Befallene Pflanzen Viele Gattungen und Arten
Schadensbild Braune, runde oder ovale Flecken, oft mit ausgeprägtem Rand und schwarzen Pusteln
Befallszeit Vegetationszeit
Abhilfe Befallene Blätter entfernen und verbrennen. Die Pflanzen und ihre unmittelbaren Nachbarn mit Maneb oder Zineb spritzen

Schwarzfleckenkrankheit der Christrose
Befallene Pflanzen Christrosen
Schadensbild Auf welkenden und absterbenden Blättern dunkle Flecken in konzentrischen Kreisen
Befallszeit Immer, am häufigsten im Winter und Frühling
Abhilfe Erkrankte Teile entfernen und verbrennen. Die Pflanzen regelmäßig mit Kupferoxychlorid, Mancozeb oder Zineb spritzen

Teerfleckenkrankheit
Befallene Pflanzen Platanen und andere Ahorngewächse
Schadensbild Große, schwarze Flecken mit hellgelben Rändern
Befallszeit Sommer
Abhilfe Befallene Blätter zusammenharken und verbrennen. Spritzen mit Kupferoxychlorid

Schorf
Befallene Pflanzen Äpfel, Birnen und Feuerdorn
Schadensbild Braungrüne Flecken auf den frühzeitig abfallenden Blättern
Befallszeit Vegetationszeit
Abhilfe Mit Vorblütenspritzungen beginnen, dann regelmäßig spritzen bis in den Sommer (Lagersorten bis September) mit Benomyl. Fruchtschorf, siehe Seite 591

Rost
Befallene Pflanzen Vor allem Rosen, Malven, Johanniskraut, Pelargonien, Bartnelken und Pflaumen
Schadensbild Braune, orangefarbene oder gelbe Sporenhäufchen auf Blättern und Stengeln
Befallszeit Vegetationszeit
Abhilfe Befallene Blätter verbrennen. Pelargonien wöchentlich mit Triforin, andere Pflanzen mit Maneb alle zwei Wochen spritzen

Durch Schäden verfärbte Blätter (Fortsetzung)

Samtfleckenkrankheit

Befallene Pflanzen Tomaten unter Glas

Schadensbild Grünlicher, samtartiger Schimmel an den Blattunterseiten, gelbe Flecken an den Oberseiten; Blätter vertrocknen

Befallszeit Ab April oder Mai, meist jedoch ab Juni

Abhilfe Gewächshaus gut lüften. Mit Mancozeb spritzen. Resistente Sorten anbauen

Chrysanthemen-Minierfliege

Befallene Pflanzen Chrysanthemen, Cinerarien sowie andere Gattungen und Arten

Schadensbild Enge, gewundene Miniergänge im Blattgewebe, oft mehrere in einem Blatt

Befallszeit Während der ganzen Vegetationszeit

Abhilfe Stark befallene Blätter absammeln und verbrennen. Spritzen mit Diazinon oder Dimethoat

Sternrußtau

Befallene Pflanzen Rosen

Schadensbild Deutliche schwarze oder braune Flecken, entweder klein und diffus oder bis zu 1,2 cm groß auf den Blättern, die bald gelb werden und abfallen

Befallszeit Vegetationszeit

Abhilfe Spritzen mit Triforin, Dichlofluanid, Maneb oder Zineb, sobald sich die ersten Blätter entfalten. Bei Bedarf den Sommer hindurch wiederholen

Grauschimmel (Botrytis)

Befallene Pflanzen Gemüse und Zimmerpflanzen im Gewächshaus, besonders Tomaten, Chrysanthemen, Salat, Alpenveilchen; Sommerblumen im Freiland

Schadensbild Grauer, samtiger Schimmel auf faulenden Blättern

Befallszeit Vegetationszeit

Abhilfe Kranke Teile entfernen und verbrennen. Das Gewächshaus gut lüften. Spritzen mit Benomyl, Dichlofluanid oder Tecto FL°

Fichtengallenlaus

Befallene Pflanzen Nadelbäume

Schadensbild Schwarze Läuse, teils von weißem, wolligem Wachs überdeckt, an Nadelunterseiten und in Blattachseln. Triebe kümmern, z. T. mit bleichgrünen, kirschkerngroßen Gallen bedeckt

Befallszeit April und Mai

Abhilfe Kurz vor dem Austrieb mit Austriebspritzmittel oder mit Endosulfan spritzen

Birnenpockenmilben

Befallene Pflanzen Birnen und Ebereschen

Schadensbild Zahlreiche rötliche, später braune Pusteln auf beiden Blattseiten, im Frühjahr weißliche Milben

Befallszeit April bis August

Abhilfe Kranke Blätter verbrennen. Im Winter spritzen mit Gelbkarbolineum oder später mit Endosulfan

Schaumzikade

Befallene Pflanzen Lavendel, Chrysanthemen, Rosen, Goldrute, perennierende Astern

Schadensbild An Stengeln und Blättern Schaumhäufchen (Kuckucksspeichel), die kleine rosa oder grüne Insekten bedecken

Befallszeit Juni und Juli

Abhilfe Schaum mit Wasser abspritzen, dann mit Diazinon spritzen

Chlorose durch Kalküberschuß

Befallene Pflanzen Alle Pflanzen, gut sichtbar an Obstbäumen und Rosen

Schadensbild Blätter an Triebspitzen gelblich verfärbt

Befallszeit Vegetationszeit

Abhilfe Saures Humusmaterial, z. B. Torf, untergraben. Humusmaterial, Eisenchelatverbindungen oder Spurenelementdünger mit Eisen zuführen

Rote Spinne

Befallene Pflanzen Fuchsien, Nelken, Rosen, Pfirsiche, Gurken, Dahlien, Veilchen und Erdbeeren
Schadensbild Feine, helle Sprenkelung auf der Blattoberseite, Blatt vergilbt und stirbt ab. Seidiges Gespinst auf der Blattunterseite
Befallszeit Immer unter Glas, Juni bis August im Freien
Abhilfe Spritzen mit Demeton-S-methyl, Diazinon oder Dimethoat

Echter Mehltau

Befallene Pflanzen Begonien, Pfaffenhütchen, Staudenastern, Rosen, Stachelbeeren, Erdbeeren, Äpfel
Schadensbild Weißer, mehliger Überzug auf Blättern und Trieben, mitunter auch auf den Blüten
Befallszeit Vegetationszeit
Abhilfe Besonders befallene Triebe im Herbst herausschneiden und befallene Blätter beseitigen. Spritzen mit Benomyl, Dinocap, Dichlofluanid und Triforin

Nadelholz-Spinnmilbe

Befallene Pflanzen Fichten, Kiefern, Wacholder, Zypressen und einige andere Koniferen
Schadensbild Die Nadeln bräunen sich und fallen frühzeitig ab. Milben und Gespinst vorhanden
Befallszeit Juni bis September
Abhilfe Gründlich mit Dimethoat, Malathion° oder Demeton-S-methyl ab Mitte Juni spritzen und bei Bedarf später wiederholen

Zikade

Befallene Pflanzen Rosen, Pelargonien, Primeln und andere Pflanzen im Freien und unter Glas
Schadensbild Weißliche oder grünlichgelbe Flecken auf den Blättern, springend-fliegende Insekten an der Blattunterseite
Befallszeit April bis Oktober im Freien, immer unter Glas und im Haus
Abhilfe Spritzen mit Diazinon, Dimethoat

Weißer Rost

Befallene Pflanzen Blaukissen, Mondviole, Meerrettich, Schwarzwurzeln, Gänsekresse
Schadensbild Blasen und Schwellungen mit weißen, pulvrigen Sporen auf Blättern und Stengeln
Befallszeit Vegetationszeit
Abhilfe Befallene Blätter verbrennen. Spritzen mit Maneb, Mancozeb oder Zineb

Magnesiummangel

Befallene Pflanzen Alle Arten, besonders Tomaten und Äpfel
Schadensbild Gelblichorange Bänder zwischen den Blattrippen, die später braun werden
Befallszeit Vegetationszeit oder nach Düngung mit stark kalkhaltigen Mitteln
Abhilfe Magnesiumhaltige Düngemittel geben, zum Beispiel Patentkali

Thrips

Befallene Pflanzen Liguster, Gladiolen, Erbsen und viele andere Pflanzen
Schadensbild Blätter fein gesprenkelt mit silbrigen Flecken
Befallszeit Juni bis September, besonders bei heißem Wetter
Abhilfe Beim ersten Auftreten der Anzeichen spritzen mit Diazinon

Kälteschäden

Befallene Pflanzen Prunkwinden, Wicken, Beetpflanzen u. a.
Schadensbild Junge, zarte Blätter verfärben sich weißlich oder blaßgelb
Befallszeit Im Sämlingsalter und Jugendstadium beim Austrieb
Abhilfe Keine, mit einem Blattdünger Schock überwinden. Bei Rosen, siehe Seite 581

Durch Schäden verfärbte Blätter (Fortsetzung)

Virus
Befallene Pflanzen Alle Arten
Schadensbild Gelbe Streifen, Flecken oder Marmorierung auf den Blättern, die mißgestalt sein können; fleckige, marmorierte Blüten; Triebsucht
Befallszeit Vegetationszeit
Abhilfe Pflanze herausnehmen und verbrennen. Saugende Insekten, z. B. Blattläuse, Spinnmilben, Blasenfüße, stets bekämpfen, da sie Viren übertragen

Falscher Mehltau
Befallene Pflanzen Goldlack, Kohl, Salat, Zwiebeln und andere Pflanzen
Schadensbild Weißer oder grauer Schimmelrasen an den Blattunterseiten, gelbe Flecken auf den Blattoberseiten
Befallszeit Herbst und Frühling
Abhilfe Sämlinge jedes Jahr an einem anderen Ort aussäen; spritzen mit Kupferoxychlorid

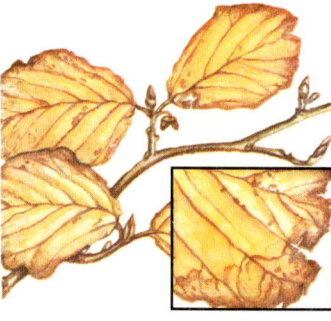

Schäden durch ungünstige Bodenverhältnisse
Befallene Pflanzen Alle Arten
Schadensbild Viele Blätter werden gelb und können auch frühzeitig abfallen
Befallszeit Vegetationszeit
Abhilfe Düngen, mulchen, Boden tiefgründig lockern, die Erde nie austrocknen lassen. Zu nasse Böden entwässern. Mit Blattdünger spritzen

Verbrennungserscheinungen
Befallene Pflanzen Die meisten Gewächshaus- und Zimmerpflanzen sowie Buchen und Ahorn
Schadensbild Braune Flecken auf Blättern, die dann absterben
Befallszeit Bei Bäumen und Sträuchern Frühling und Sommer, bei Gewächshaus- und Zimmerpflanzen Sommer
Abhilfe Vorbeugend für Schatten im Gewächshaus sorgen. Mit einem Blattdünger spritzen

Stickstoffmangel
Befallene Pflanzen Alle Arten
Schadensbild Junge Blätter blaß gelbgrün, werden später gelblich, rötlich oder purpurn. Die Pflanzen sind klein und schwach
Befallszeit Vegetationszeit
Abhilfe Anwendung stickstoffhaltiger Dünger, z. B. Kalksalpeter, schwefelsaures Ammoniak. Ein Blattdünger kann förderlich sein

Kraut- und Braunfäule
Befallene Pflanzen Tomaten und Kartoffeln
Schadensbild Braune Flecken auf den Blättern, pelziger, grauweißer Belag unten, sie werden braun und vertrocknen
Befallszeit Juli bis Ende der Vegetationszeit
Abhilfe Alle 10–14 Tage, besonders bei feuchter Witterung, mit Maneb oder Mancozeb spritzen

Ulmensterben
Befallene Pflanzen Ulmen
Schadensbild Blätter werden gelb, dann braun und fallen vorzeitig ab
Befallszeit Mai bis September
Abhilfe Tote oder schwer betroffene Bäume mit den Stümpfen ausmerzen. Den Ulmensplintkäfer, der den Erreger der Krankheit verschleppt, bekämpfen

Minierfliege der Stechpalme
Befallene Pflanzen Stechpalmen
Schadensbild Fleckige, gelbe Miniergänge in den Blättern
Befallszeit Mai bis August, aber die Symptome halten sich während des ganzen Jahres
Abhilfe Befallene Blätter absammeln und vernichten. Gründlich mit Diazinon spritzen

Blattälchen

Befallene Pflanzen Astern, Chrysanthemen, Begonien, Farne
Schadensbild Dunkelbraune oder gelbe Verfärbungen zwischen den Hauptrippen der Blätter
Befallszeit Juli bis Dezember, Zimmerpflanzen ganzjährig
Abhilfe Laub und Stengel möglichst trocken halten. Befallene Blätter verbrennen, ebenso stark befallene Pflanzen. Anbaufläche wechseln

Fusariumwelke

Befallene Pflanzen Gladiolen und Freesien
Schadensbild Blätter vergilben anfänglich streifig zwischen den Rippen, sterben schließlich ab
Befallszeit Vegetationszeit
Abhilfe Befallene Pflanzen verbrennen. Am Ende der Saison die noch vorhandenen Knollen in Captan oder Benomyl tauchen und im folgenden Jahr an anderen Standort setzen

Fusariumwelke

Befallene Pflanzen Alle Nelkenarten, Wicken, Bohnen, Erbsen u. a.
Schadensbild Die Blätter und oft auch die Stengelbasen verfärben sich, die Pflanzen welken
Befallszeit Vegetationszeit
Abhilfe Befallene Pflanzen verbrennen. Pflanzen spritzen oder Boden begießen mit Captan oder Benomyl. Anbaufläche jedes Jahr wechseln. Erde mit Basamid Granulat entseuchen

Kälteschäden

Befallene Pflanzen Rosen
Schadensbild Junge Blätter werden rosa
Befallszeit Vom März bis in den Mai
Abhilfe Keine; Schutz ist jedoch möglich, wenn es sich um eine frostgefährdete Lage handelt (siehe Seite 64)

Rußtau

Befallene Pflanzen Besonders Pflaumen, Weiden, Birken, Eichen, Linden, Rosen, Kamelien, Zitruspflanzen und Lorbeer
Schadensbild Schwarzer, rußiger Überzug auf den Blattoberseiten; Blätter sind klebrig
Befallszeit Sommer und Herbst
Abhilfe Saugende Insekten, z. B. Blattläuse, bekämpfen mit Malathion°, Dimethoat, Propoxur u. a.

Erikasterben

Befallene Pflanzen Heidekrautarten
Schadensbild Fahlgrüne Verfärbung und danach Absterben der Triebe; Pflanzen können eingehen
Befallszeit Immer
Abhilfe Pflanzen ausgraben und verbrennen. Neues Heidekraut nicht an die gleiche Stelle pflanzen oder zuerst die Erde austauschen, mit Captan gießen

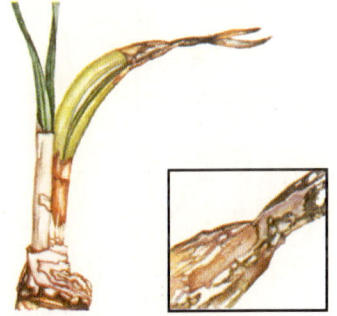

Narzissenfeuer

Befallene Pflanzen Narzissen
Schadensbild Blätter faulen und sind mit grauem Schimmelrasen bedeckt
Befallszeit Frühjahr
Abhilfe Befallene Zwiebeln vernichten, befallene Pflanzen während der Vegetationszeit ausreißen und verbrennen, sobald sich Laubschäden zeigen. Die übrigen mit Benomyl alle zehn Tage spritzen

Obstbaumspinnmilben (Rote Spinne)

Befallene Pflanzen Äpfel, Pflaumen, Birnen und andere Pflanzen
Schadensbild Ältere Blätter werden allmählich bronzegelb, vertrocknen und sterben ab
Befallszeit Mai bis September
Abhilfe Gründliche Winterspritzung mit Gelbkarbolineum oder Dinoseb oder direkt nach der Blüte mit Dimethoat spritzen

Verkrüppelte Blätter

Pflaumenlaus
Befallene Pflanzen Pflaumen und Zwetschen
Schadensbild Junge Blätter gerollt und gekräuselt
Befallszeit April bis Juli
Abhilfe Spritzen mit einem systemischen Insektizid, wie Dimethoat oder Demeton-S-methyl, vor der Blüte spritzen, nötigenfalls nach der Blüte wiederholen, auch Winterspritzung ausführen

Kirschblattwespe
Befallene Pflanzen Kirschbäume
Schadensbild Blätter krümmen sich, sind oben abgeschabt und von grünlichen oder schwärzlichen Larven besetzt
Befallszeit Mai bis August
Abhilfe Gründlich mit einem systemischen Insektizid, wie Dimethoat, oder mit Propoxur, Endosulfan, Diazinon direkt nach der Blüte spritzen

Fliedermotte
Befallene Pflanzen Flieder und Liguster
Schadensbild Blattgewebe mit braunen, blasig vertrocknenden Minen; Blätter von der Spitze her eingerollt
Befallszeit Mai bis Juli
Abhilfe Befallene Blätter absammeln und verbrennen. Spritzen mit Diazinon oder Dimethoat, notfalls wiederholen

Stockkrankheit (Stengelälchen an Phlox)
Befallene Pflanzen Phlox
Schadensbild Junge Blätter sind ungewöhnlich schmal und sterben früh ab, starke Bestockung der Pflanze, Blüten verkümmern
Befallszeit Mai bis Juli
Abhilfe Stark befallene Pflanzen verbrennen. Durch Wurzelstecklinge neue Pflanzen nachziehen, aber nicht in verseuchte Erde pflanzen

Weichhautmilben
Befallene Pflanzen Begonien, Dahlien, Fuchsien, Gerbera, Alpenveilchen, Farne u. a. Treibhauspflanzen
Schadensbild Blätter bei schwerem Befall ganz verkrüppelt, sonst an den Rändern gekräuselt, leicht verdickt und spröde
Befallszeit Immer unter Glas
Abhilfe Gründlich spritzen mit Endosulfan

Blattroll-Rosenblattwespe
Befallene Pflanzen Busch- und Kletterrosen
Schadensbild Blätter in ganzer Länge eingerollt
Befallszeit Mai bis September
Abhilfe Befallene Blätter absammeln und verbrennen. Spritzen in 14tägigem Abstand mit Diazinon oder Dimethoat

Ohrläppchenkrankheit
Befallene Pflanzen Azaleen
Schadensbild Stark verdickte, zunächst blaßgrün oder rosa, dann weiß und schließlich braun verfärbte Blätter
Befallszeit Immer, aber die Symptome zeigen sich oft erst Monate nach der Infektion
Abhilfe Befallene Blätter entfernen und verbrennen

Klemmherzigkeit des Blumenkohls
Befallene Pflanzen Brokkoli und Blumenkohl
Schadensbild Verkrüppelte, dünne, bandähnliche Blätter
Befallszeit Vegetationszeit, vor allem bei saurem Boden
Abhilfe Mit einer Lösung aus Natriummolybdat spritzen; Konzentration: 0,2–0,6 %

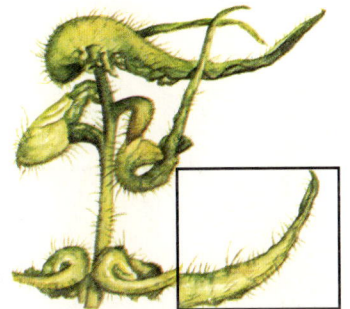

Stengelälchen

Befallene Pflanzen Narzissen, Tulpen, Hyazinthen u. a.
Schadensbild Verkrüppelte, verdrehte Blätter mit kleinen, gelblichen Schwellungen
Befallszeit Januar bis Mai
Abhilfe Befallene Pflanzen herausnehmen und verbrennen. Drei Jahre lang keine Zwiebeln am verseuchten Standort pflanzen

Schäden durch hormonhaltige Unkrautvertilgungsmittel

Befallene Pflanzen Alle Arten
Schadensbild Blätter schmal, fächerförmig verändert
Befallszeit Vegetationszeit
Abhilfe Keine; Pflanzen erholen sich nur gelegentlich. Vorbeugen: keine Unkrautvertilgungsmittel bei Wind spritzen, die Geräte dazu nicht zu anderem Zweck verwenden, nach dem Spritzen gründlich reinigen

Kohlhernie

Befallene Pflanzen Kohlarten, Goldlack, Levkojen und andere Kreuzblütler
Schadensbild Welken der oft auch verfärbten Blätter, Knollen an den Wurzeln
Befallszeit Während der Vegetationszeit
Abhilfe Siehe Kohlhernie, Seite 597

Schwarzer Krebs

Befallene Pflanzen Trauerweiden und andere Weiden
Schadensbild Blätter werden fleckig, fallen frühzeitig ab, Triebspitzen welken
Befallszeit Während der Blattentfaltung im Frühjahr, auch in nassen Sommern
Abhilfe Während der Blattentfaltung mit Kupferoxychlorid oder Zineb spritzen, im Sommer zweimal wiederholen

Welke

Befallene Pflanzen Sumach- und Ahornarten, Tomaten, Chrysanthemen und Nelken unter Glas
Schadensbild Die Blätter welken an ein bis zwei Trieben (bei Tomaten alle Blätter, aber Erholung über Nacht), die absterben
Befallszeit Vegetationszeit
Abhilfe Befallene Zweige bis ins gesunde Holz zurückschneiden, andernfalls Pflanze verbrennen

Johannisbeerblasenlaus

Befallene Pflanzen Rote und Schwarze Johannisbeeren
Schadensbild Erhabene, unregelmäßige, rote oder gelblichgrüne Blasen auf Blättern
Befallszeit Mai und Juni
Abhilfe Mit Winterspritzmittel im Januar spritzen, um die Eier abzutöten, oder Austriebspritzung ausführen. Vor der Blüte Dimethoat anwenden, notfalls auch danach

Apfelblattlaus

Befallene Pflanzen Apfelbäume
Schadensbild Blätter verkrüppelt und gerollt, manchmal mit gekräuselten, verdickten, roten Rändern
Befallszeit Vegetationszeit
Abhilfe Austriebspritzung mit Mineralöl. Direkt vor der Blüte mit systemischen Insektiziden, wie Dimethoat oder Demeton-S-methyl, spritzen, notfalls nach der Blüte noch einmal

Kräuselkrankheit

Befallene Pflanzen Pfirsiche, Nektarinen, Mandeln und Zierpflanzen derselben Art
Schadensbild Die mit großen, roten Blasen besetzten Blätter werden weiß, braun und fallen ab
Befallszeit Vor dem Aufbrechen der Knospen
Abhilfe Austriebspritzung mit Captan, nach 14 Tagen und kurz vor dem Blätterfall wiederholen

583

Verkrüppelte Blätter
(Fortsetzung)

Fressende und saugende Schädlinge an Trieben

Gallmilben
Befallene Pflanzen Linden, Ahorn, Platanen und andere Bäume
Schadensbild Kleine, längliche oder runde, gelblichbraune oder rote Gallen an den Blattoberseiten
Befallszeit Juni bis Oktober
Abhilfe Befallene Blätter nach Möglichkeit entfernen und verbrennen. Im Frühjahr gründlich mit Endosulfan spritzen

Blattläuse
Befallene Pflanzen Viele Arten
Schadensbild Kolonien von Blattläusen auf neuen Trieben
Befallszeit Mai bis September im Freien, immer im Gewächshaus
Abhilfe Siehe Blattläuse, Seite 575

Schildläuse
Befallene Pflanzen Viele Arten im Freien und unter Glas, besonders Zierpflanzen und Obstbäume
Schadensbild Kolonien brauner, gelber und weißer Schildläuse auf Trieben
Befallszeit Fast immer, besonders Spätfrühling und Sommer
Abhilfe Siehe Schildläuse, Seite 575

Borkenkäfer (Splintkäfer)
Befallene Pflanzen Ulmen, Obstbäume und Laub- und Nadelgehölze
Schadensbild Komplizierte Gangsysteme unter der Rinde
Befallszeit Juni bis April
Abhilfe Befallenes totes Holz im Winter verbrennen und gefährdete Bäume wenn möglich im Mai und August mit Spezialmitteln gegen Borkenkäfer (Mittel beim Pflanzenschutzdienst erfragen) spritzen

Gallwespen
Befallene Pflanzen Eichen, einige Rosenarten und Weiden
Schadensbild Erbsen-, kirschen- und knopfförmige Gallen wachsen einzeln oder zu mehreren aus Blättern und Trieben
Befallszeit Juli bis September
Abhilfe Möglichst entfernen und vernichten. Gallwespen verursachen selten größere Schäden

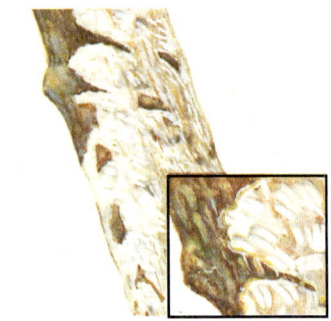

Kaninchen, Hasen
Befallene Pflanzen Junge Bäume
Schadensbild Rinde an holzigen Trieben am Boden oder etwas darüber abgenagt
Befallszeit Winter und Frühjahr
Abhilfe Triebe junger Bäume mit Spiraleisen oder feinem Maschendraht schützen. Kaninchen und Hasen mit Spezialmitteln vertreiben

Eulenraupen
Befallene Pflanzen Salat, andere Gemüse und einjährige Zierpflanzen
Schadensbild Triebe, Blätter und Blüten zerfressen; dicke, grünliche oder braune Raupen
Befallszeit Frühes Frühjahr und Spätsommer
Abhilfe Unkrautbekämpfung; Gemüse mit Propoxur spritzen

Blutläuse
Befallene Pflanzen Äpfel, *Cotoneaster*, Feuerdorn, Weißdorn, Eberesche u. a. Pflanzen
Schadensbild Krebsartige Schwellungen und weiße, wollige Absonderungen an Stämmen und Ästen
Befallszeit April bis September
Abhilfe Kolonien mit Spezialmitteln gegen Blutläuse bepinseln oder damit spritzen. Auch Dimethoat oder Propoxur geeignet

Abnorme und welke Triebe

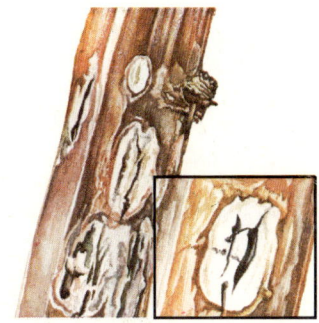

Sclerotinia-Stengel- und -Knollenfäule

Befallene Pflanzen Viele Arten, besonders Dahlien, Chrysanthemen, Zinnien, Astern
Schadensbild Weißes, lockeres Pilzgewebe mit großen, schwarzen Sklerotien auf den Stengeln, die verfaulen und zusammenfallen
Befallszeit Frühling und Sommer
Abhilfe Das befallene Material verbrennen. Jungpflanzen vorbeugend mit Benomyl angießen

Obstbaumspinnmilbe (Rote Spinne)

Befallene Pflanzen Äpfel, Pflaumen, Pfirsiche und Beerenobst
Schadensbild Runde, rotbraune Eier auf den Trieben
Befallszeit April bis Oktober
Abhilfe Im Februar gründlich mit einem DNOC- oder Dinoseb-Winterspritzmittel spritzen und im Juni nach der Blüte mit Diazinon, Dimethoat oder einem Spinnmilbenmittel, z. B. Kelthane, bekämpfen

Hexenbesen

Befallene Pflanzen *Prunus*-Arten, Birken und andere Gehölze
Schadensbild Auf befallenen Ästen stehen besenartig veränderte Triebe
Befallszeit Während der ganzen Lebenszeit des Baums
Abhilfe Befallene Äste 15 cm unterhalb des Besens aus dem gesunden Holz herausschneiden und Schnittfläche mit Wundverschlußmittel bestreichen

Rutenkrankheit

Befallene Pflanzen Himbeeren
Schadensbild An einjährigen Ruten blauviolette Flecken, die sich später dunkel verfärben. Rinde stirbt ab, dabei platzen ganze Rindenpartien auf
Befallszeit Mai bis Oktober
Abhilfe Vor der Blüte ein- bis zweimal mit Kupferoxychlorid spritzen, erste Spritzung, wenn Triebe 20 cm lang sind, zweite Spritzung 14 Tage später

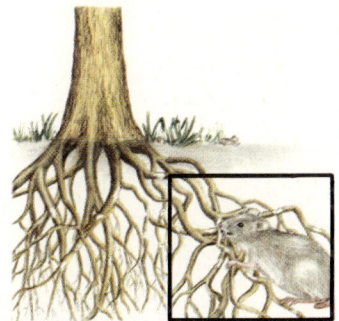

Wolläuse

Befallene Pflanzen Gewächshaus- und Zimmerpflanzen, besonders Kakteen sowie andere Sukkulenten und Grünpflanzen
Schadensbild Kolonien von Wolläusen, mit weißer, wachsartiger Wolle bedeckt, besonders auf Knospen und in Blattachseln
Befallszeit Fast immer, aber besonders im Spätsommer und Herbst
Abhilfe Siehe Wolläuse, Seite 575

Wühlmäuse

Befallene Pflanzen Junge Bäume, Ziergehölze, Blumenzwiebeln
Schadensbild Rinde an den Wurzeln und am Wurzelhals abgenagt
Befallszeit Winter und Frühjahr
Abhilfe Wühlmäuse mit Drahtfallen fangen oder chemische Mittel einsetzen, Fertigköder und Begasungspatronen

Gummifluß

Befallene Pflanzen Kirschen und andere *Prunus*-Arten
Schadensbild Gummiartiger Saft tritt aus Zweigen und Stämmen aus und wird allmählich hart
Befallszeit Das ganze Jahr, am meisten im Sommer
Abhilfe Gut düngen, mulchen und gießen, Harz entfernen und die kranke Stelle bis auf gesundes Holz herausschneiden

Grauschimmel (Botrytis)

Befallene Pflanzen Clarkien, Atlasblumen, Zinnien und andere
Schadensbild Faulende Stengel mit grauem Schimmelrasen bedeckt
Befallszeit Vegetationszeit, bei feuchter Witterung
Abhilfe Befallene Triebe ausschneiden, mit Benomyl, Captan oder Tecto FL° spritzen

Abnorme und welke Triebe (Fortsetzung)

Rost der Rose (Rosenrost)

Befallene Pflanzen Rosen
Schadensbild Hell orangerote Schwielen an den Trieben, die aufbrechen und Massen hellorange gefärbter Sporen entlassen
Befallszeit Sommer bis Herbst
Abhilfe Befallene Triebe ausschneiden und verbrennen. Siehe auch Rost, Seite 577

Verbänderungen

Befallene Pflanzen Viele Arten, besonders Forsythien, Lilien, Rittersporn und *Prunus*-Arten
Schadensbild Triebe sind breit und flach, können sich aber verzweigen und normale Blüten und Blätter tragen
Befallszeit Gewöhnlich im Frühling, doch die Symptome zeigen sich Monate später
Abhilfe Befallene Triebe bis hinter die Verbänderung abschneiden

Asternwelke

Befallene Pflanzen Sommerastern
Schadensbild Pflanzen welken, oft kurz vor der Blüte. Direkt über dem Boden rosa Pilz an den Stielen
Befallszeit Sommer
Abhilfe Resistente Pflanzen auf frischen Boden pflanzen. Kranke Pflanzen vernichten. Bestand mit Benomyl 0,1 % oder Tecto FL° angießen

Rotpustelkrankheit

Befallene Pflanzen Besonders Ahorn, Magnolie und Rote Johannisbeere
Schadensbild Triebe und große Äste sterben ab. Mit Sporen gefüllte rote Pusteln am toten Holz
Befallszeit Immer
Abhilfe Tote Triebe 5–10 cm tiefer als die befallenen Teile wegschneiden und verbrennen. Zur Kräftigung düngen, mulchen, gießen oder entwässern je nach Bedarf

Normal

Gestaucht

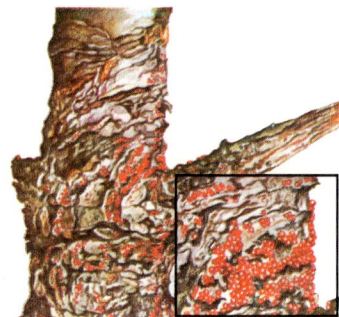

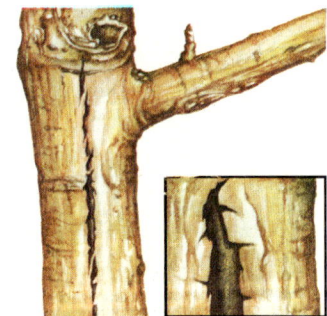

Viruskrankheit

Befallene Pflanzen Alle Pflanzen, besonders Dahlien, Chrysanthemen, Lilien, Erdbeeren
Schadensbild Pflanzen mit gestauchtem Wuchs und mißfarbenen sowie mißgebildeten Blättern und kleinen Blüten
Befallszeit Vegetationszeit
Abhilfe Befallene Pflanzen vernichten. Saugende Insekten als Überträger ausschalten

Clematissterben

Befallene Pflanzen *Clematis*
Schadensbild Ein oder mehrere Triebe welken und sterben rasch ab
Befallszeit Während der Vegetationszeit
Abhilfe Befallene Triebe herausschneiden. Tiefgreifende Bodenlockerung und Entwässerung. Pflanze angießen mit Benomyl oder Tecto FL°

Obstbaumkrebs

Befallene Pflanzen Äpfel, Birnen
Schadensbild Offene oder geschlossene Krebsgeschwüre an Stämmen und Zweigen, die über den Geschwüren absterben
Befallszeit Immer
Abhilfe Kranke Teile bis zum gesunden Holz zurückschneiden, beim Laubfall und vor dem Knospenaufbrechen spritzen mit Kupferoxychlorid

Platzen der Rinde

Befallene Pflanzen Viele Baumarten, auch Obst
Schadensbild Die Rinde platzt unter Frosteinwirkung
Befallszeit Später Winter
Abhilfe Totes Holz und lose Rinde entfernen. Die Schnittflächen mit einem entsprechenden Mittel versiegeln. Ausreichend düngen, mulchen und gießen. Stämme vorbeugend mit Kalk streichen

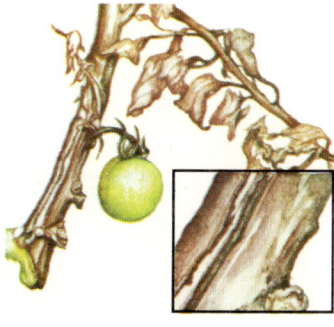

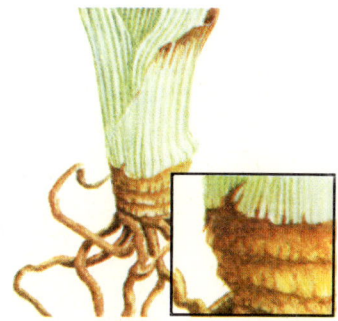

Schorf

Befallene Pflanzen Äpfel und Birnen

Schadensbild Kleine, blasenähnliche Pusteln an jungen Trieben; Rinde blättert ab. Wird als Zweiggrind bezeichnet

Befallszeit Vegetationszeit

Abhilfe Beim Winterschnitt schorfige Triebe ausschneiden. Spritzen wie bei Schorf (siehe Seite 577)

Ungünstige Bodenverhältnisse

Befallene Pflanzen Bäume und Sträucher, besonders Obstbäume, Rosen

Schadensbild Triebe mit verfärbten Blättern werden braun und sterben ab

Befallszeit Immer

Abhilfe Totes Holz bis ins gesunde Holz zurückschneiden. Schnittflächen mit Wundwachs bestreichen. Boden verbessern

Viruskrankheit

Befallene Pflanzen Tomaten

Schadensbild Pflanzen bekommen Streifen an Blattstielen und Stengeln und sterben ab

Befallszeit Vegetationszeit

Abhilfe Kranke Pflanzen ausgraben und verbrennen. Saugende Insekten bekämpfen

Rhizomfäule

Befallene Pflanzen Iris

Schadensbild Weiche, gelbe, übelriechende Fäule des Rhizoms. Blätter vergilben und knicken direkt über dem Boden

Befallszeit Immer, besonders bei nasser Witterung

Abhilfe Bei Bedarf entwässern, Schnecken und andere Schädlinge vernichten. Befallene Pflanzen vernichten. Rhizome nur in gesunde Erde pflanzen

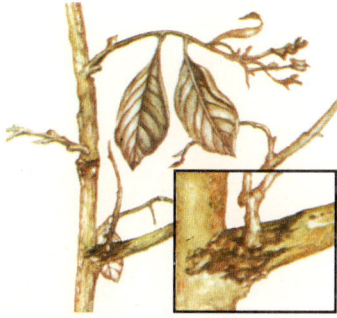

Feuerbrand

Befallene Pflanzen Cotoneaster-, Weißdorn- und Ebereschenarten, Birnen, Äpfel und verwandte Ziergehölze

Schadensbild Triebe sterben ab, Blätter werden braun und welken, Geschwüre an der Basis der Triebe

Befallszeit Blütezeit

Abhilfe Pflanzenschutzdienststelle um Rat fragen

Welke des Flieders

Befallene Pflanzen Flieder

Schadensbild Junge Triebe werden schwarz und sterben ab (ähnliche Symptome wie bei Frostschäden)

Befallszeit Frühjahr

Abhilfe Befallene Triebe bis ins gesunde Holz zurückschneiden und mit Kupferoxychlorid spritzen. Im nächsten Frühjahr wieder spritzen, sobald sich die Blätter entfalten

Stecklingsfäule, Schwarzbeinigkeit

Befallene Pflanzen Pelargonien

Schadensbild An der Basis von Stengeln oder Ablegern bildet sich schwarze Fäule; das Gewebe wird weich. Die Blätter werden gelb, und der Steckling oder Stengel stirbt ab

Befallszeit Junge Pflanzen, nachdem Stecklinge genommen wurden

Abhilfe Stark befallene Pflanzen ausmerzen. Gießen mit Zineb

Stamm- und Stengelfäule

Befallene Pflanzen Tomaten, Wikken, Bohnen, Erbsen und andere Pflanzen

Schadensbild Verfärbte Stengelbasis fault, die Wurzeln sterben ab

Befallszeit Vegetationszeit

Abhilfe Fruchtwechsel bei Gemüse und Beetpflanzen betreiben, bei Topfpflanzen sterilisierte Erde verwenden. Captan oder Zineb gießen, bei Bedarf wiederholen

Abnorme und welke Triebe (Fortsetzung)

Tulpenfeuer
Befallene Pflanzen Tulpen
Schadensbild Triebe faulen an der Basis. Oberirdische Pflanzenteile mit grauem Schimmelrasen bedeckt
Befallszeit Frühjahr
Abhilfe Siehe Seite 595

Tulpenfeuer
Befallene Pflanzen Tulpen
Schadensbild Junge Triebe verkrüppelt, faulen an der Basis und weisen grauen Schimmelrasen auf
Befallszeit Frühjahr
Abhilfe Siehe Seite 595

Trockenfäule
Befallene Pflanzen Vor allem Gladiolen, aber auch Acidantheren, Krokusse und Freesien
Schadensbild Wegen der Trockenfäule der Blattscheiden an der Basis fallen die Pflanzen um. Befallene Gewebe bedeckt mit gerade noch sichtbaren, winzigen und unbeweglichen, schwarzen Sklerotien
Befallszeit Vegetationszeit
Abhilfe Mit Benomyl oder Tecto FL° spritzen oder gießen

Grauschimmel des Salats (Botrytis)
Befallene Pflanzen Salat
Schadensbild Welke Pflanzen sind an der Basis verfault und mit grauem Schimmelrasen bedeckt. Blätter lösen sich leicht von den Wurzeln
Befallszeit Während der gesamten Vegetationszeit, besonders bei Wintersalat
Abhilfe Blätter vernichten und mit Benomyl oder Dichlofluanid spritzen, zweimal wiederholen

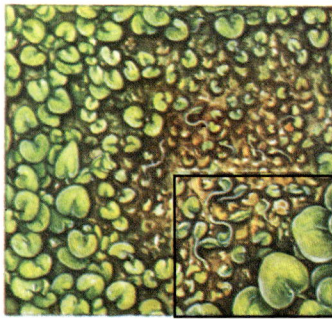

Umfallkrankheit
Befallene Pflanzen Sämlinge aller Arten, besonders Salat, Kohl, Sommerblumen u. a.
Schadensbild Die Sämlinge faulen an der Stengelbasis, kippen um
Befallszeit Während des Keimens der Saat
Abhilfe Vorbeugen durch sterile Erde, saubere Töpfe, sorgfältiges Gießen. Bei Beginn der Krankheit mit Captan gießen

Päonienwelke
Befallene Pflanzen Päonien (Pfingstrosen)
Schadensbild Befallene Triebe welken und sterben ab
Befallszeit Vegetationszeit
Abhilfe Befallene Triebe bis unter die Erdoberfläche zurückschneiden. Kurz nach dem Blattaustrieb mit Captan, Dichlofluanid oder Benomyl spritzen

Stiefmütterchenwelke (Wurzelfäule)
Befallene Pflanzen Stiefmütterchen und Veilchen
Schadensbild Pflanzen welken, Wurzelhals dunkel verfärbt
Befallszeit Vegetationszeit
Abhilfe Kulturwechsel, mit Zineb oder Captan gießen, bei Bedarf wöchentlich wiederholen. Befallene Pflanzen mit Wurzeln verbrennen

Krankheiten der Blütenknospen

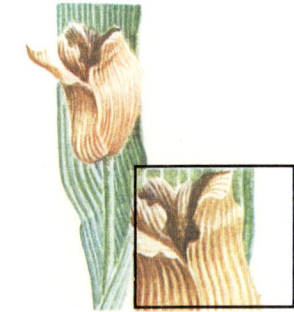

Rosenkäfer
Befallene Pflanzen Rosen
Schadensbild Abgefressene Blüten-blätter und angefressene Knospen
Befallszeit April bis Juni
Abhilfe Spritzen mit Diazinon oder Endosulfan. Die großen, bronzegrünen Käfer absammeln und vernichten

Raupen
Befallene Pflanzen Rosen, Chrys-anthemen, Äpfel
Schadensbild Fraßstellen an Knos-pen
Befallszeit Juni bis September im Freien, immer unter Glas
Abhilfe Spritzen mit Endosulfan, Diazinon oder stäuben mit Para-thion-methyl, wenn die Schädlinge auftreten

Blindtriebe bei Blumenzwiebeln
Befallene Pflanzen Narzissen und Tulpen beim Antreiben im Zimmer oder Kleingewächshaus
Schadensbild Blüten sterben ab, bevor sie sich öffnen
Befallszeit Vegetationszeit
Abhilfe Zwiebeln kühl und trok-ken lagern. Zur richtigen Zeit aus-pflanzen; die Erde nicht austrock-nen lassen, sobald das Wachstum begonnen hat

Schäden durch Dompfaffen
Befallene Pflanzen Pflaumen, Bir-nen, Kirschen, Stachelbeeren, Jo-hannisbeeren und Forsythien
Schadensbild Blütenknospen ab-gefressen
Befallszeit November bis April
Abhilfe Mit Netzen oder mit Kunststoffgespinsten überdecken

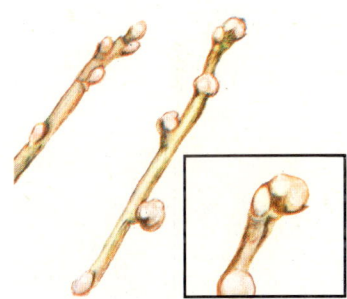

Apfelblütenstecher
Befallene Pflanzen Äpfel
Schadensbild Die Blütenknospen öffnen sich im Frühjahr nicht, wer-den braun, im Innern weißlich-gelbe Larven oder Puppen
Befallszeit März und April
Abhilfe Austriebspritzung mit ei-nem Spezialmittel auf Mineralöl-basis. Nur bei starkem Befall bei einer Vorblütespritzung Endosulfan anwenden

Viruskrankheit
Befallene Pflanzen Lilien
Schadensbild Blütenknospen ver-krüppeln, öffnen sich nicht richtig
Befallszeit Immer, Krankheit zeigt sich aber erst bei der Blüte
Abhilfe Befallene Pflanzen ver-nichten

Päonienwelke (Botrytisstengelfäule)
Befallene Pflanzen Pfingstrosen
Schadensbild Blütenknospen fau-len und sind mit grauem Schim-melrasen bedeckt, Stiele braun-schwarz verfärbt
Befallszeit Blütezeit
Abhilfe Befallene Triebe bis un-ter die Erde ausschneiden. Nach dem Austrieb mit Dichlofluanid spritzen

Johannisbeergallmilben
Befallene Pflanzen Johannisbee-ren und Stachelbeeren
Schadensbild Knospen sind bal-lonförmig aufgetrieben
Befallszeit März und April
Abhilfe Befallene Knospen ent-fernen. Mehrmals spritzen mit En-dosulfan vor und während der Blüte. Wartezeit: Stachelbeeren, Rote Johannisbeeren 30 Tage, Schwarze Johannisbeeren 60 Tage

Schädlinge und Krankheiten an Blüten

Raupen
Befallene Pflanzen Chrysanthemen, Nelken u. a. Gewächshauspflanzen
Schadensbild Blütenblätter zerfressen, oft Raupen in der Blüte
Befallszeit Immer
Abhilfe Sind wenige Blüten befallen, Raupen entfernen. Sonst mit Diazinon oder Endosulfan spritzen, bevor die Blüten ganz geöffnet sind, weil sonst Schäden durch das Spritzen entstehen können. Stäuben mit Parathion-methyl

Ohrwürmer
Befallene Pflanzen *Clematis*, Chrysanthemen, Dahlien
Schadensbild Unregelmäßige Löcher in den Blütenblättern
Befallszeit Mai bis Oktober
Abhilfe Stäuben mit Parathion-methyl

Viruskrankheit
Befallene Pflanzen Stiefmütterchen, Goldlack, Tulpen, Lilien, Dahlien, Chrysanthemen und viele andere Pflanzen
Schadensbild Blütenblätter verformt, in der Farbe nicht ausgeglichen, mit helleren oder dunkleren Streifen versehen
Befallszeit Vegetationszeit
Abhilfe Befallene Pflanzen herausnehmen und verbrennen

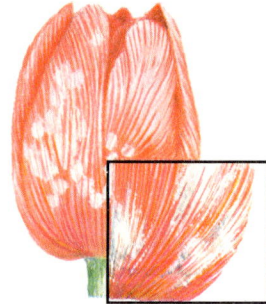

Grauschimmel (Botrytis)
Befallene Pflanzen Alpenveilchen, Chrysanthemen unter Glas u. a.
Schadensbild Bei Alpenveilchen nur Flecken auf den Blütenblättern. Sonst danach grauer Schimmel auf faulenden Blüten
Befallszeit Blütezeit
Abhilfe Befallene Blüten entfernen und verbrennen. Feuchtigkeit verringern. Mit Benomyl und Dichlofluanid im Wechsel spritzen

Mycoplasmen
Befallene Pflanzen Primelarten, *Helenium*, Erdbeeren, gelegentlich auch Narzissen und Chrysanthemen
Schadensbild Die Blüten sind grün, statt normal gefärbt
Befallszeit Vegetationszeit
Abhilfe Bei *Helenium* befallenen Teil herausschneiden. Bei den anderen Gewächsen die gesamte Pflanze vernichten

Wanzen
Befallene Pflanzen Chrysanthemen, Dahlien und viele andere ein- und mehrjährige Zierpflanzen
Schadensbild Verkrüppelte und zerfetzte Blüten
Befallszeit Juni bis Oktober, unter Glas auch länger
Abhilfe Spritzen mit Malathion°, Endosulfan oder Diazinon oder stäuben mit Parathion-methyl

Tulpenfeuer
Befallene Pflanzen Tulpen
Schadensbild Kleine, graubraune Flecken auf den Blütenblättern, die faulen und verschimmeln
Befallszeit Blütezeit
Abhilfe Siehe Tulpenfeuer, Seite 595

Krankheiten an Obst und Weichfrüchten

Schwarzfleckenkrankheit
Befallene Pflanzen Rittersporn
Schadensbild Schwarze Flecken auf den Blüten und Stengeln
Befallszeit Blütezeit
Abhilfe Kranke Teile entfernen und verbrennen, regelmäßig spritzen mit Kupferoxychlorid, Captan oder Benomyl

Obstmade
Befallene Pflanzen Hauptsächlich Äpfel, aber auch Birnen
Schadensbild Larven des Apfelwicklers fressen in heranreifenden Äpfeln
Befallszeit Juni bis August
Abhilfe Nach der Blüte im Abstand von 14–21 Tagen spritzen mit Diazinon oder Dimethoat. An allgemeinen Spritzplan halten und Warnruf des Pflanzenschutzdienstes beachten

Apfelsägewespe
Befallene Pflanzen Äpfel
Schadensbild Raupen fressen im Innern der kleinen Früchte, die dann abfallen. Schädlinge fressen auch unter der Fruchtschale, so daß verkorkter Miniergang entsteht
Befallszeit Mai bis Juni
Abhilfe Sobald die Blütenblätter abgefallen sind, gründlich mit Diazinon, Propoxur oder Dimethoat spritzen

Apfelwanze
Befallene Pflanzen Hauptsächlich Äpfel, aber auch Birnen
Schadensbild Erhabene, auch korkig veränderte Flächen auf den Früchten
Befallszeit Mai bis August
Abhilfe Nachblütespritzungen mit Dimethoat oder Diazinon

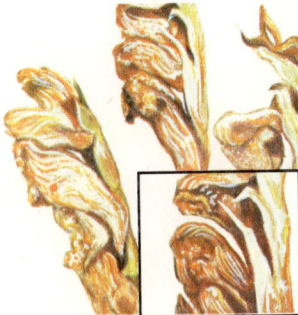

Thrips bei Gladiolen
Befallene Pflanzen Gladiolen und einige verwandte Arten
Schadensbild Feine, silbrige Flecken an den Blütenblättern. In schweren Fällen sind die Blüten ganz verfärbt und sterben ab
Befallszeit Juni bis September
Abhilfe Knollen auf dem Lager zwei- bis dreimal einstäuben mit Parathion-methyl. Spritzen mit Demeton-S-methyl oder Diazinon

Schorf
Befallene Pflanzen Äpfel und Birnen (auch Beeren des Feuerdorns)
Schadensbild Brauner oder schwarzer Schorf auf den Früchten, die dann rissig werden und aufplatzen
Befallszeit Vegetationszeit
Abhilfe Spritzen mit Dichlofluanid, Triforin, Captan u. a.

Polsterschimmel (Monilia)
Befallene Pflanzen Alle Obstfrüchte
Schadensbild Früchte mit braunen Faulflecken; Pilzsporen bilden sich in kreisförmiger Anordnung; danach vertrocknen die Früchte
Befallszeit Im Sommer und während der Lagerung
Abhilfe Befallene Früchte vernichten, tote Triebe ausschneiden, spritzen mit Captan gegen Schorf

Stippigkeit des Apfels
Befallene Pflanzen Äpfel
Schadensbild Eingesunkene, braune Flecke in Schale und Fleisch
Befallszeit Vegetationszeit, Krankheit wird aber erst beim Ernten oder Lagern sichtbar
Abhilfe Düngen, mulchen, den Boden nie austrocknen lassen. Ab Ende Juli mit Kalziumnitratlösung (60 g/10 l Wasser) dreimal in dreiwöchigem Abstand spritzen

591

Krankheiten an Obst und Weichfrüchten (Fortsetzung)

Aufplatzen
Befallene Pflanzen Äpfel, Birnen und Pflaumen
Schadensbild Aufplatzen der Schale
Befallszeit Vegetationszeit
Abhilfe Mulchen und auf gleichmäßige Bodenfeuchtigkeit achten

Absterben von Früchten durch ungünstige Bodenverhältnisse
Befallene Pflanzen Obst, Weichfrüchte in geringerem Maße
Schadensbild Abfallen der Früchte, oft Absterben der Triebe
Befallszeit Vegetationszeit
Abhilfe Boden verbessern

oder
ungenügende Bestäubung
Befallene Pflanzen Weichfrüchte, Baumfrüchte und Tomaten
Schadensbild Sehr geringe Fruchtbildung; Früchte mißgebildet
Befallszeit Nach der Blütezeit
Abhilfe Für geeignete Bestäuber sorgen

oder Viruserkrankung
Befallene Pflanzen Weichfrüchte
Schadensbild Abfallen der Früchte, meist begleitet von schlechtem Pflanzenwuchs
Befallszeit Vegetationszeit
Abhilfe Befallene Pflanzen vernichten

Himbeerkäfer
Befallene Pflanzen Himbeeren, Loganbeeren, Brombeeren
Schadensbild Larven fressen in den reifenden Früchten
Befallszeit Mai bis Juni
Abhilfe Vor und gleich nach Aufbruch der Blüte mit Endosulfan spritzen. Später nicht mehr anwenden, da Wartezeit 30 Tage beträgt

Grauschimmel (Botrytis)
Befallene Pflanzen Alle Weichfrüchte, besonders Erdbeeren und Himbeeren
Schadensbild Die Früchte faulen und werden mit grauem Schimmel überzogen
Befallszeit Blütezeit, Krankheit tritt aber erst an den Früchten auf
Abhilfe Spritzen, wenn sich die ersten Blüten öffnen, dann zwei- oder dreimal alle 14 Tage wiederholen. Spritzmittel: Dichlofluanid. Kranke Früchte entfernen

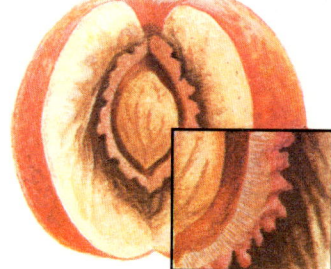

Aufspalten der Früchte und Steine
Befallene Pflanzen Pfirsiche und Nektarinen
Schadensbild Früchte und Steine spalten sich auf
Befallszeit Vegetationszeit und kurz vor der Ernte
Abhilfe Kalken, falls der Boden zu sauer ist. Düngen, mulchen, wässern, damit sich das Wachstum gleichmäßig vollzieht

---

Fruchtfall
Befallene Pflanzen Alle Obstbäume
Schadensbild Die noch kleinen Früchte fallen ab
Befallszeit Kurz nach der Blütezeit
Abhilfe Darauf achten, daß geeignete Bestäuber vorhanden sind. Düngen, mulchen, gießen. Teilabfall der Früchte im Juni normal

---

Echter Mehltau
Befallene Pflanzen Weintrauben, Erdbeeren und Stachelbeeren
Schadensbild Weißes Mycel auf Stachelbeeren, das später braun wird. Bei Erdbeeren Verfärbungen. Weintrauben platzen auf
Befallszeit Vegetationszeit
Abhilfe Siehe Echter Mehltau, Seite 579

Braunfleckigkeit durch Hitzeschaden
Befallene Pflanzen Weintrauben, bei heißer Witterung Stachelbeeren und mitunter Baumfrüchte
Schadensbild Verfärbte, eingesunkene Flecken in den Beeren
Befallszeit Bei heißer Witterung
Abhilfe Befallene Beeren ausschneiden, ehe sie faulen

Krankheiten an Tomaten, Erbsen- und Bohnenhülsen

  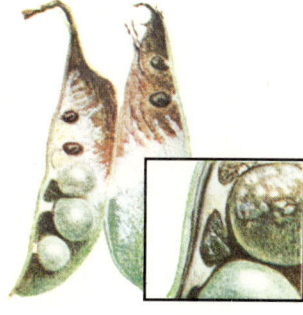 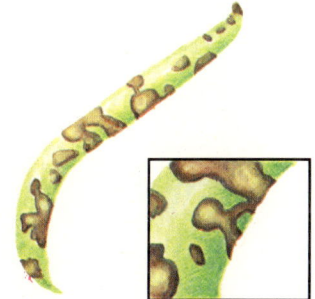

Aufplatzen
Befallene Pflanzen Tomaten
Schadensbild Die Schale platzt in der Nähe des Ansatzes, oft ringförmig, auf
Befallszeit Während der Fruchtentwicklung
Abhilfe Für gleichmäßigen Wuchs sorgen, Boden nie austrocknen lassen

Braunfäule
Befallene Pflanzen Freilandtomaten
Schadensbild Braune Verfärbung, die sich erweitert, bis die Frucht schrumpft und rasch verfault
Befallszeit Spätsommer bei nasser Witterung
Abhilfe Alle 10 bis 14 Tage, besonders bei nasser Witterung, mit Kupferoxychlorid, Mancozeb oder Dichlofluanid spritzen

Grauschimmel (Botrytis)
Befallene Pflanzen Tomaten, bei nasser Witterung auch Erbsen
Schadensbild Faulende Schoten mit grauem Schimmelrasen bedeckt
Befallszeit Vegetationszeit
Abhilfe Kranke Früchte oder Hülsen entfernen und verbrennen. Spritzen mit Dichlofluanid

Brennfleckenkrankheit der Buschbohnen
Befallene Pflanzen Buschbohnen, manchmal auch Stangenbohnen
Schadensbild Schwarzbraune, eingesunkene Stellen an den Hülsen sowie braune Flecken auf Blättern und Stengeln. Blätter können frühzeitig abfallen
Befallszeit Vegetationszeit, besonders in kühlen, nassen Sommern
Abhilfe Kranke Pflanzen vernichten, keine eigene Saatgutgewinnung. Saatgut eines zuverlässigen Lieferanten an anderer Stelle säen. Resistente Sorten anbauen

Grünkragen
Befallene Pflanzen Tomaten
Schadensbild Ein harter, gelber oder grüner Fleck entwickelt sich in der Nähe des Stielansatzes; ähnliche Flecken auch an anderen Stellen der Frucht
Befallszeit Während der Fruchtentwicklung
Abhilfe Unempfindliche Sorten ziehen, Boden nie austrocknen lassen, ausgeglichen düngen

Blütenendfäule
Befallene Pflanzen Tomaten
Schadensbild Ringförmiger, brauner oder schwarzer Fleck am Blütenende der Frucht, bei starker Feuchtigkeit faulend
Befallszeit Während der Fruchtentwicklung
Abhilfe Boden nie austrocknen lassen, reichlich Humus zuführen

Erbsenwickler
Befallene Pflanzen Gartenerbsen
Schadensbild Die Erbsen in den Hülsen sind angefressen. Kleine, madenähnliche Raupen vorhanden
Befallszeit Juni bis August
Abhilfe Sehr spät oder früh reifende Sorten ziehen

Krankheiten an Zwiebel- und Knollengewächsen sowie an Wurzelgemüsearten

Läuse
Befallene Pflanzen Tulpen, Iris, Gladiolen, Krokusse
Schadensbild Kolonien dunkelgrüner Blattläuse entwickeln sich auf den ruhenden Zwiebeln und beblätterten Sprossen während der Ruheperiode
Befallszeit November bis April
Abhilfe Mit Parathion-methyl stäuben oder mit Dimethoat oder Propoxur spritzen; die Zwiebeln und Sprosse müssen völlig trocken werden

Narzissenfliege
Befallene Pflanzen Narzissen, aber auch andere Zierpflanzen, wie Schneeglöckchen, Amaryllis
Schadensbild Zwiebeln weich und faulig, darin erdbraune Maden
Befallszeit Zwischen April und Juni; Symptome zeigen sich erst bei den ruhenden Zwiebeln beim Auspflanzen oder im nächsten Frühjahr
Abhilfe Weiche Zwiebeln wegwerfen. Befallene Pflanzen vernichten. Mit Diazinon gießen

Basalfäule (Zwiebelgrundfäule)
Befallene Pflanzen Krokusse, Narzissen und Lilien
Schadensbild Wurzeln und Basis der Zwiebeln oder Knollen faulen. Bei Längsschnitt dunkle Streifen sichtbar
Befallszeit Immer, bei Narzissenzwiebeln auch bei der Lagerung
Abhilfe Befallene Zwiebeln vernichten. Zwiebeln vor dem Pflanzen 30 Minuten in eine 0,2%ige Benomyllösung tauchen

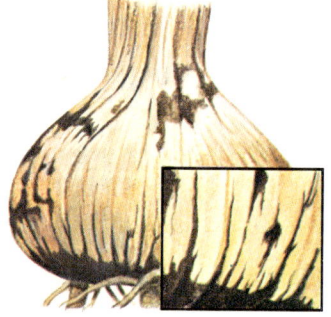

Trockenfäule
Befallene Pflanzen Acidantheren, Krokusse, Freesien, Gladiolen, Kartoffeln und einige andere Knollen
Schadensbild Viele kleine dunkle Flecken auf der Knolle verschmelzen zu größeren dunklen Stellen, die Knolle schrumpft zusammen
Befallszeit Vegetationszeit und während der Lagerung
Abhilfe Befallene Knollen vernichten. Knollen von Zierpflanzen in Captanlösung tauchen. Alljährlicher Standortwechsel

Stengel- oder Zwiebelälchen
Befallene Pflanzen Narzissen, Tulpen, Hyazinthen
Schadensbild Zwiebeln innerlich gelblichbraun verfärbt, verfaulen schließlich; Pflanzen verkümmert, verkrüppelt
Befallszeit Vegetationszeit
Abhilfe Befallene Pflanzen ausmerzen. Mindestens drei Jahre lang keine neuen Zwiebeln im verseuchten Boden pflanzen

Zwiebelfliege
Befallene Pflanzen Zwiebeln, Lauch, Schalotten
Schadensbild Zwiebeln werden breiig weich. Kleine, weiße Maden im faulenden Gewebe
Befallszeit Mai bis August
Abhilfe Während der Vegetationszeit ab Mitte Mai mit Diazinon oder Dimethoat angießen oder Granulat streuen. Auch Bromophos°-Präparate möglich

Mehlkrankheit
Befallene Pflanzen Zwiebeln, Lauch, Schalotten, Knoblauch
Schadensbild Zwiebelbasis und Wurzeln mit weißem, mehligem Schimmel bedeckt, faulen
Befallszeit Vegetationszeit
Abhilfe Jährlicher Standortwechsel. Im verseuchten Boden bleibt der Erreger mindestens acht Jahre erhalten. Kranke Pflanzen verbrennen. Boden auf pH 6,5 aufkalken

Zwiebelhalsfäule
Befallene Pflanzen Zwiebeln
Schadensbild Grauer Schimmelrasen entwickelt sich am Hals der Zwiebeln, die rasch verfaulen
Befallszeit Vegetationszeit, doch Schaden oft erst bei der Lagerung sichtbar
Abhilfe Nur gesunde Zwiebeln trocken und luftig lagern. Kranke Zwiebeln sofort vernichten

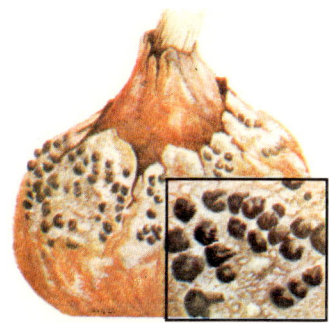

Tulpenfeuer
Befallene Pflanzen Tulpen
Schadensbild Zwiebeln faulen, darauf schwarze Sklerotien
Befallszeit Kurz vor oder nach dem Pflanzen
Abhilfe Infizierte oder faulende Zwiebeln vernichten. Jährlicher Standortwechsel. Wenn die Blätter 5 cm lang sind, mit Benomyl, Dichlofluanid gießen, und das bis zur Blüte wiederholen

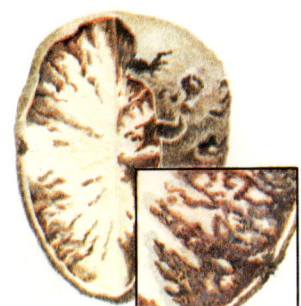

Braunfäule, Knollenfäule
Befallene Pflanzen Kartoffeln
Schadensbild Graue, leicht eingesunkene Flecken auf den Knollen. Die Krankheit dringt nach innen, sekundäre Bakterien erzeugen eine übelriechende, weiche Fäule
Befallszeit Juni bis zur Ernte
Abhilfe Befallene Knollen vernichten, nicht auf den Kompost werfen. Laubbehandlung mit Laubdünger

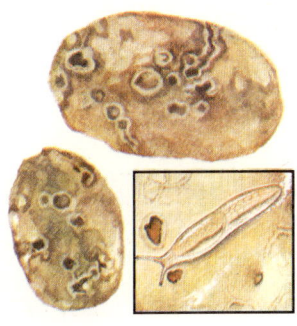

Schneckenfraß
Befallene Pflanzen Kartoffeln, Narzissen, Tulpen u. a.
Schadensbild Unregelmäßige Löcher und Streifen in Knollen und Zwiebeln. Oft auch Schnecken vorhanden
Befallszeit Fast immer
Abhilfe Schneckenkorn auf der Basis von Metaldehyd oder Mercaptodimethur° ausstreuen. Kartoffeln so früh wie möglich ernten

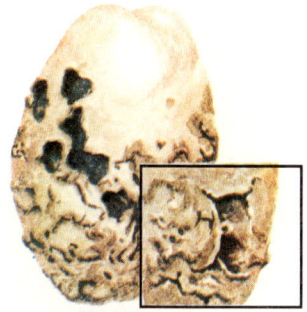

Gewöhnlicher Schorf
Befallene Pflanzen Kartoffeln
Schadensbild Unregelmäßiger Schorf auf den Knollen
Befallszeit Vegetationszeit
Abhilfe Keinen Kalk vor dem Pflanzen verwenden. Dem Boden viel Humus geben, ihn nie austrocknen lassen, damit der Wuchs gleichmäßig wird. Bei andauernden Schäden resistente Sorten anbauen. Abfall und Schalen vernichten

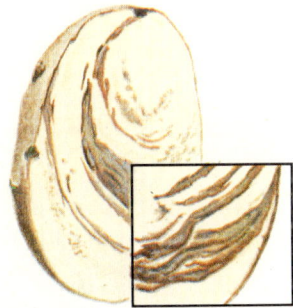

Ringfäule
Befallene Pflanzen Kartoffeln
Schadensbild Braune ringförmige Flecken im Fleisch
Befallszeit Vegetationszeit
Abhilfe Befallene Knollen vernichten. Mehrere Jahre nicht am selben Platz Kartoffeln pflanzen

Hartfäule
Befallene Pflanzen Gladiolen, auch Knollen anderer Arten
Schadensbild Große, deutlich abgesetzte, schwarzbraune, etwas eingesunkene Flecken auf den Knollen, die hart werden und einschrumpfen
Befallszeit Infektion im Sommer, Schaden tritt erst bei Lagerung auf
Abhilfe Siehe Trockenfäule, Seite 594

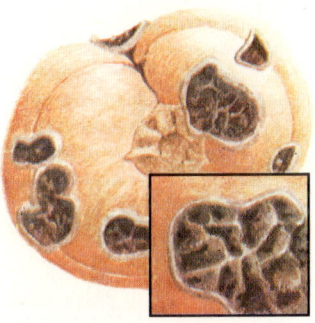

Lackschorf der Gladiole
Befallene Pflanzen Gladiolen
Schadensbild Runde, eingesunkene, braune bis schwarze Flecken mit erhabenem Rand und schleimig-lackartigen Ausscheidungen
Befallszeit Infektion im Sommer, Schaden erst beim Herausnehmen und Lagern sichtbar
Abhilfe Siehe Trockenfäule, Seite 594

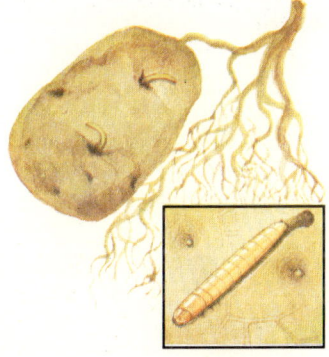

Drahtwürmer
Befallene Pflanzen Salat, Kartoffeln, Karotten, Tomaten, andere Gemüse; Chrysanthemen, andere Zierpflanzen
Schadensbild Unterirdische Teile von Fraßgängen der gelbbraunen, wurmähnlichen Larven durchsetzt
Befallszeit März bis September
Abhilfe Verseuchten Boden häufig hacken, um die Pflanzen Diazinonpräparate 5 cm tief einarbeiten

Krankheiten an Zwiebel- und Knollengewächsen sowie an Wurzelgemüsearten
(Fortsetzung)

Andere Wurzelkrankheiten

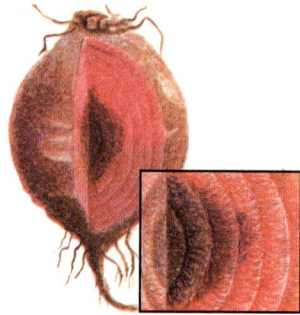

Bormangel
Befallene Pflanzen Bete (rote Rüben) und Rüben
Schadensbild Graue oder braune Flecken am oberen Teil der Rübe, Schwärzung des Wurzelinnern
Befallszeit Vegetationszeit
Abhilfe 250 g Borax (mit feinem Sand vermischt zur leichteren Verteilung) pro Ar in den Boden einarbeiten. Düngemittel mit Bor anwenden

Pulverschorf
Befallene Pflanzen Kartoffeln
Schadensbild Gleichmäßig runde, zuerst erhabene, dann aufbrechende Pusteln, die Massen von olivbraunen Sporen entlassen. Die befallenen Knollen weisen Mißbildungen auf
Befallszeit Vegetationszeit
Abhilfe Befallene Knollen vernichten. An der gleichen Stelle mehrere Jahre lang keine Kartoffeln pflanzen

Larven des Dickmaulrüßlers
Befallene Pflanzen Topfalpenveilchen, Knollenbegonien, Primeln, Dickblattgewächse, Steinbrechgewächse und andere. Der größte Schaden entsteht unter Glas, aber auch im Freien gibt es diese Schädlinge
Schadensbild Kleine, fette, weiße Larven leben in der Erde und fressen an Wurzeln und Knollen
Befallszeit Sommer und Herbst
Abhilfe Beim Umtopfen alle Larven entfernen und vernichten. Streumittel gegen Bodenschädlinge vorbeugend anwenden, z. B. Mittel auf der Basis von Diazinon oder Bromophos°

Raupen der Wurzelbohrer
Befallene Pflanzen Verschiedene krautige, mehrjährige Pflanzen
Schadensbild Schmutzigweiße Raupen ernähren sich von den Wurzeln
Befallszeit Immer
Abhilfe Unkrautbekämpfung und hacken und umgraben. Bei besonders empfindlichen Pflanzen Bromophos° in den Boden einarbeiten

Möhrenfliege
Befallene Pflanzen Möhren und Sellerie
Schadensbild Die Fliegenmaden bohren sich in die Wurzeln
Befallszeit Juni bis August
Abhilfe Bromophos°-Streumittel in den Boden einarbeiten, Pflanzen spritzen mit Diazinon- oder Dimethoatpräparaten

Aufplatzen
Befallene Pflanzen Alle Arten von Wurzelgemüsen
Schadensbild Aufplatzen der Länge nach
Befallszeit Vegetationszeit
Abhilfe Durch Gießen für ausgeglichenes Wachstum sorgen, der Boden darf nie austrocknen

Kohlfliege
Befallene Pflanzen Frisch gepflanzte Kohlarten, besonders Kohl, Blumen- und Rosenkohl sowie Goldlack
Schadensbild Die Fliegenmaden im Boden ernähren sich von den Wurzeln. Die Pflänzchen fallen um
Befallszeit April bis September
Abhilfe Die Pflanzen schützen, indem man Diazinon in die Erde einarbeitet oder gießt

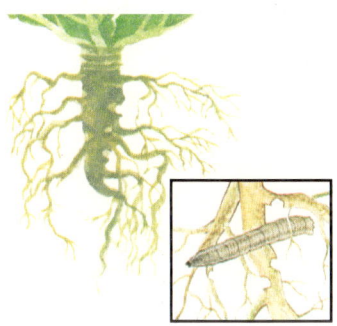

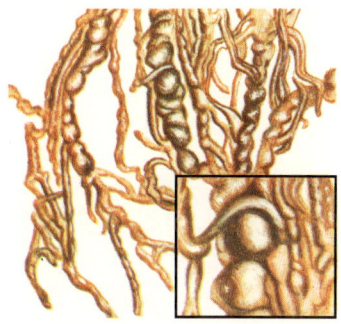

Schnakenlarven (Wiesenwürmer)
Befallene Pflanzen Kohlarten, andere Gemüse, verschiedene Zierpflanzen, Rasen; junge Pflanzen am anfälligsten
Schadensbild Wurzeln abgefressen von harthäutigen, graubraunen, beinlosen Maden
Befallszeit November bis Juni
Abhilfe Vor dem Pflanzen die verseuchte Erde gut umgraben und hacken

Wurzelläuse
Befallene Pflanzen Kakteen, Sukkulenten, Primeln und andere sowie Salat und einige im Freien wachsende Zierpflanzen
Schadensbild Kolonien weißer, mit wachsartigem Überzug versehener Läuse an den Wurzeln
Befallszeit Im Freien Mai bis Herbst, immer unter Glas
Abhilfe Mit Diazinon gießen, Netzmittel zusetzen. Für Gemüse Pflanzenschutzdienst befragen

Wurzelgallenälchen
Befallene Pflanzen Hauptsächlich Gewächshauspflanzen, besonders Tomaten, Gurken, Begonien, Alpenveilchen
Schadensbild Unregelmäßig geformte Anschwellungen und Knoten an den Wurzeln
Befallszeit Immer
Abhilfe Stark befallene Pflanzen verbrennen, damit der Schädling sich nicht verbreitet, Boden entseuchen

Wurzelbräune
Befallene Pflanzen Primelarten
Schadensbild Welkende, krank aussehende Pflanzen. Wurzeln faulen bis zur Basis ab
Befallszeit Mai bis Oktober
Abhilfe Mehrere Jahre lang an der gleichen Stelle keine Primelarten ziehen. Befallene Pflanzen samt Wurzeln entfernen und verbrennen. Andere Pflanzenarten an diesem Standort ziehen. Überbrausen mit Benomyl

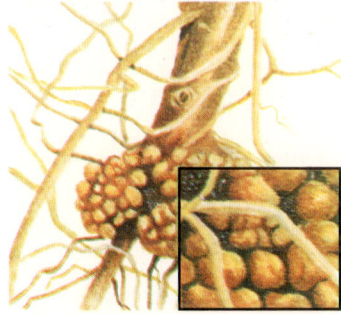

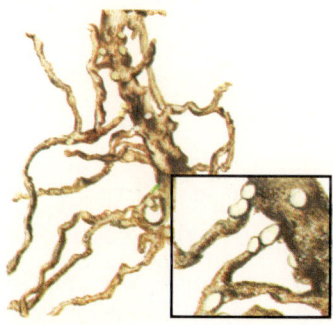

Kohlhernie
Befallene Pflanzen Kohl, Rosenkohl, Blumenkohl, Kohlrüben, Rettich, Goldlack, Levkojen
Schadensbild Korkartige Wurzelverdickungen, die Pflanzen sind schwächlich und gelb
Befallszeit Vegetationszeit
Abhilfe pH-Wert des Bodens auf 7 bringen: 100 g/m² Kalk einarbeiten. So lange wie möglich Fruchtwechsel betreiben

Wurzelkropf
Befallene Pflanzen Viele Arten
Schadensbild Walnuß- bis ballgroße, kropfartige Wucherungen an den Wurzeln oder am Wurzelhals
Befallszeit Vegetationszeit
Abhilfe Wurzelverletzungen vermeiden. Nasse Böden entwässern. Stark befallene Pflanzen verbrennen

Kartoffelälchen
Befallene Pflanzen Kartoffeln und Tomaten
Schadensbild Stecknadelkopfgroße, gelbe oder braune Knötchen an den Wurzeln; die Pflanzen welken und sterben ab
Befallszeit Juli bis September
Abhilfe Fünfjähriger Fruchtwechsel, bei Frühkartoffeln etwas häufiger. Boden mit Dazomet entseuchen. Resistente Sorten anpflanzen

Rasenschäden

Moose
Schadensbild Rasenflächen an verschiedenen Stellen von mehr oder weniger großen Moospolstern überzogen, können bei Trockenheit braun werden
Befallszeit Immer, vor allen Dingen bei nassen Böden
Abhilfe Moospolster mit Vertikutierrechen ausharken, vor allen Dingen im Frühjahr vor Vegetationsbeginn. Spezialmittel gegen Moosarten im Rasen ausstreuen oder ausgießen

Fusarium
Schadensbild Große, abgestorbene Flecken im Rasen mit weißem, flaumigem Pilzbefall, der besonders bei feuchtem Wetter und nach Abtauen des Schnees auffällt
Befallszeit Frühjahr
Abhilfe Nicht zu viel Stickstoff geben, besonders ab August. Spritzen mit Tecto FL°

Blattrost
Schadensbild Gelbe Rasenflächen mit rötlichem Pilzbefall
Befallszeit Sommer und Herbst nach Regen
Abhilfe Oberfläche des Bodens verticutieren zur besseren Durchlüftung. Im Frühling mit Stickstoff düngen. Spritzen mit Triforin

Feldschwindling, Hexenringe
Schadensbild Dunkelgrüne Ringe im Rasen mit Pilzbefall
Befallszeit Frühjahr
Abhilfe Nicht zu viel Stickstoff geben, besonders ab August. Spritzen mit Tecto FL°

Pflanzenschutzmittel im Garten

Die Hauptfeinde aller Pflanzen sind die Schädlinge aus dem Insektenreich und die Pilzkrankheiten, die Laub, Blüten oder Früchte zerstören und unter Umständen die ganze Pflanze vernichten können. Es gibt nun zwar eine Unzahl von Insektiziden (Schädlingsbekämpfungsmitteln) und Fungiziden (Pilzbekämpfungsmitteln), die verspritzt oder verstäubt werden, doch darf man sie nicht wahllos anwenden. Denn der fortgesetzte Gebrauch eines bestimmten Mittels kann zur Folge haben, daß sich Schädlinge entwickeln, die gegen das Mittel resistent, d. h. widerstandsfähig, werden. So gibt es z. B. an den Obstbäumen Rote Spinnmilben, die gegen fast alle Bekämpfungsmittel, die normalerweise verwandt werden, resistent geworden sind. Hinzu kommt, daß solche Bekämpfungsmittel gewöhnlich die natürlichen Feinde der Schädlinge mit ausrotten, so daß ein resistenter Schädlingsstamm sich hinterher ungehindert vermehren kann. Es werden nach Möglichkeit Bekämpfungsmittel entwickelt, die gezielt nur die Schädlinge vernichten; so merzt z. B. Pirimicarb, das auch dem Amateurgärtner zur Verfügung steht, nur Blattläuse aus, ohne die Nützlinge zu schädigen.

Natürliche Feinde Immer mehr Wissenschaftler wenden sich heute biologischen Methoden zu, indem sie, wo irgend möglich, die natürlichen Feinde der Schädlinge oder Schädlingsparasiten bei der Schädlingsbekämpfung einsetzen.

Beispiele dafür sind die winzige Wespe *Encarsia formosa*, welche die Weiße Fliege in den Gewächshäusern befällt, und der Feind der Roten Spinnmilben, die Raubmilbe *Phytoseiulus persimilis*, die auch viel in Gewächshäusern eingesetzt wird. Diese beiden biologischen Schädlingsvernichter kann man bei und zu vom Pflanzenschutzdienst beziehen.

Diese Art der Schädlingsbekämpfung setzt allerdings voraus, daß immer eine gewisse Population der Schädlinge vorhanden ist, weil ja sonst auch die Nützlinge verhungern würden. Im ganzen sind zur Zeit nur wenige natürliche Feinde von Insekten verfügbar, so daß man gezwungen ist, andere Bekämpfungsmittel anzuwenden. Auch lohnt es sich für den Kleingärtner meistens nicht, diese Tiere zu beschaffen.

Am vernünftigsten ist es, zugelassene chemische Bekämpfungsmittel mit Umsicht und Sorgfalt anzuwenden. Man beobachtet die Pflanzen genau, von denen man weiß, daß sie anfällig sind, verwendet Chemikalien nur dann, wenn die Schädlinge tatsächlich sichtbar sind, und paßt dann die Behandlung dem Befall und auch der Umgebung der befallenen Pflanze an. Eine solche gezielte Behandlung ermöglicht es dann auch den natürlichen Feinden der Schädlinge zu überleben.

Einige der hier aufgeführten Schädlings- und Pilzbekämpfungsmittel sind als systemische Mittel aufgeführt, d. h., daß diese Mittel durch die Blätter oder Stengel der Pflanze aufgenommen werden und eine Zeitlang im Saft verbleiben, wo sie ihre Funktion weiter ausüben. Hier ist es besonders wichtig, den auf der Packung angegebenen Zeitraum zwischen Spritzen und Ernten auch tatsächlich einzuhalten, da diese Chemikalien ja nicht abgewaschen werden können. Überhaupt ist es wichtig, im Gemüse- und Obstgarten die Vorschriften des Pflanzenschutzdienstes genau zu beachten. Die vorgeschriebenen Wartezeiten müssen eingehalten werden; man darf Gemüse und Obst erst dann ernten, wenn die vorgeschriebene Frist zwischen der letzten Anwendung und der Ernte verstrichen ist.

Anwendung der Mittel Auf den einzelnen Packungen wird meistens angegeben, in welcher Konzentration ein Mittel verspritzt werden soll. Diese Konzentration bezieht sich immer auf eine bestimmte Mittelmenge, die in Wasser aufgelöst werden soll. Dabei gehen die Hersteller der Präparate davon aus, daß bei Pflanzenbeständen bis 50 cm Höhe 6 l Brühe pro Ar (100 m²) ausgebracht werden. Wird also beispielsweise auf einer Packung angegeben, daß ein Mittel in 0,2%iger Konzentration gespritzt werden soll, benötigt man von diesem Präparat 12 g bzw. ml auf 6 l Wasser. Diese Spritzlösung soll auf 100 m² gleichmäßig verteilt werden. Wird nämlich die Dosierung bzw. die Wassermenge falsch gewählt, kann es zu Überdosierungen und überhöhten Konzentrationen auf den Pflanzen kommen. Zwischen 50 bis 125 cm Bestandshöhe rechnet man im allgemeinen 9 l Brühe pro Ar und über 125 cm Bestandshöhe mit 12 l/a. Im Obst- und Beerenobstgarten rechnet man normalerweise mit 20 l/a, während man sich in Ziergarten nach ähnlichen Richtlinien wie im Gemüseanbau richtet.

Giftabteilungen Pflanzenschutzmittel müssen nach den geltenden Gesetzen und Verordnungen von amtlicher Seite geprüft und zugelassen sein und das vorgeschriebene Zeichen tragen (siehe Abb. 1).

Außerdem werden die Pflanzenschutzmittel in verschiedene Giftabteilungen eingeteilt. Alle Pflan-

1

2

zenschutzmittel, die nach den Ausführungen des Gesetzes giftig sind, müssen in eine entsprechende Giftabteilung eingestuft sein. Man unterscheidet drei Giftabteilungen:

Giftabteilung 1 In diese Giftabteilung werden die besonders gefährlichen Pflanzenschutzmittel eingereiht. Sie müssen alle mit einem weißen Totenkopf auf schwarzem Grund und der Warnung *Gift!* gekennzeichnet sein (siehe Abb. 2). Diese Kennzeichnung muß auf dem Etikett der Verpackung, dem Verschluß bzw. Deckel und an einer weiteren Stelle des Abgabebehältnisses angebracht sein.

Giftabteilung 2 Es handelt sich dabei um die weniger giftigen Pflanzenschutzmittel. Sie tragen auf einem weißen Etikett in roter Farbe die gleichen Kennzeichen wie die Mittel der Giftabteilung 1 (siehe Abb. 3). Die Kennzeichen müssen immer in gleicher Weise angebracht sein.

Giftabteilung 3 In diese Giftabteilung werden die weniger giftigen Mittel eingereiht. Sie sind an der roten Aufschrift *Vorsicht!* auf einem weißen Etikett zu erkennen (siehe Abb. 4). Das Kennzeichen muß in gleicher Weise angebracht sein wie bei Giftabteilung 1.

3

4   Vorsicht !

Ungiftige Pflanzenschutzmittel

Neben den giftigen Präparaten gibt es eine große Anzahl von Pflanzenschutzmitteln, die nach dem Gesetz ungiftig und daher nicht besonders gekennzeichnet sind.

Für den Haus- und Kleingarten ist es empfehlenswert, grundsätzlich nur ungiftige Mittel einzusetzen oder im Bedarfsfall Präparate der Giftabteilung 3 anzuwenden. Nur in seltenen Fällen, in denen andere Mittel nicht ausreichen oder keine wirksamen Präparate vorhanden sind, sollte zu Mitteln der Giftabteilung 2 und 1 gegriffen werden.

Beim Umgang mit Pflanzenschutzmitteln ist grundsätzlich zu beachten, daß diese in verschlosse-

nen Behältnissen und vor Kindern gesichert aufbewahrt werden. Ein Abfüllen in andere Behälter ist unzulässig. Auch sind beim Umgang mit Pflanzenschutzmitteln alle erdenklichen Vorsichtsmaßnahmen zu beachten. Das gilt vor allen Dingen für den Hinweis, bei Pflanzenschutzarbeiten Schutzkleidung zu tragen und dabei nicht zu essen, zu trinken oder zu rauchen. Sollten Unklarheiten auftreten, wendet man sich an den zuständigen Pflanzenschutzdienst (siehe Register).

Hinweis zur Tabelle: Die mit einem ° gekennzeichneten Wirkstoffe und Mittel sind nur in der Bundesrepublik Deutschland erhältlich, die mit einem * versehenen nur in der Schweiz, und solche ohne Kennzeichen gibt es in beiden Ländern.

PILZTÖTENDE MITTEL (FUNGIZIDE)		
Wirkstoff	**Handelsname**	**Anwendung und Beschreibung**
Benomyl	Du Pont Benomyl° Benlate*	Systemisch wirkendes Spritz- und Gießmittel gegen pilzliche Krankheiten. Wird vorwiegend eingesetzt gegen Grauschimmel (Botrytis) an Obst-, Gemüse- und Zierpflanzen, Schorf an Kernobst, Echtem Mehltau usw. Bei häufigem Einsatz kann es zu resistenten Pilzstämmen kommen. Deshalb setzt man Benomyl möglichst im Wechsel mit anderen Pflanzenschutzmitteln ein
Captafol	Ortho Difolatan	Fungizid gegen Kräuselkrankheit, Schorf, Blattfleckenkrankheiten u. a. Pilze
Captan	Captan 50, Captan 83, Orthocid 50, Orthocid 83	Fungizid zur Bekämpfung von Sternrußtau, Blattflecken, Apfel- und Birnenschorf, Schrotschußkrankheit, Monilia, Kräuselkrankheit und sonstigen Pilzkrankheiten. Kann zum Übergießen des Bodens bei Umfallkrankheiten und anderen durch den Boden verbreitete Krankheiten verwendet werden. Giftig für Fische; kann beim Menschen Auge, Mund und Nase reizen
Dazomet	Basamid Granulat	Zur Bodenentseuchung gegen Pilzkrankheiten und gegen keimende Unkrautsamen
Dichlofluanid	Euparen	Spritzpulver gegen verschiedene Pilzkrankheiten, Päonienwelke, Sternrußtau, Tulpenfeuer, Echten Mehltau, Grauschimmel (Botrytis), Schorf, Rosenrost
Dinocap	Karathane	Fungizid gegen Echten Mehltau bei Zierpflanzen, Obst und Gemüse
Dodemorph + Fenitrothion + Tetradifon°	blitol-Gartenspray, Compo Rosenspray, Fleur-Rosenspray	Sprühmittel in Sprühdosen gegen Echten Mehltau an Rosen, gegen saugende Insekten und Spinnmilben

PILZTÖTENDE MITTEL (FUNGIZIDE)

Wirkstoff	Handelsname	Anwendung und Beschreibung
Kupferoxychlorid	Grünkupfermittel verschiedener Hersteller, Kupferspritzmittel, Vitigran u. a.	Wirksames Mittel gegen Rost, Falsche Mehltaupilze, Blattfleckenkrankheiten, Kraut- und Braunfäule bei Tomaten und Kartoffeln, Schorf, Monilia, Obstbaumkrebs, Kräuselkrankheit, Schrotschußkrankheit, Rindenkrankheiten, Blattfallkrankheiten und verschiedene andere Pilzkrankheiten
Mancozeb	Dithane Ultra, park-Pilzspritzmittel°	Wirkungsvolles Fungizid gegen Falschen Mehltau an Zierpflanzen, Gemüse, Kraut- und Braunfäule an Tomaten, Rostpilze an Zierpflanzen, Schorf und andere Pilzkrankheiten
Maneb	BASF-Maneb-Spritzpulver°, Luxan Maneb Spritzpulver°, Maneb u. a.	Fungizid zur Bekämpfung von Sternrußtau und Rost bei Rosen, Kraut- und Braunfäule bei Kartoffeln und Tomaten, Tomatensamtfleckenkrankheit und Falschen Mehltaupilzen bei Zierpflanzen
Metiram	Compo Pilz-frei°, Polyram-Combi	Fungizid zur Bekämpfung von Falschem Mehltau an Kopfsalat, Brennfleckenkrankheit an Bohnen, Keimlingskrankheiten, Blattfleckenkrankheit an Sellerie, Schorf u. a. Pilzkrankheiten im Obst- und Zierpflanzenbau
Thiabendazol°	Tecto FL	Zur Bekämpfung von Botrytis, Echtem Mehltau u. a. Pilzen
Triforin	Saprol°, Funginex*	Systemisches Fungizid, das mit Benomyl und Thiophanat-methyl nicht verwandt ist; kann daher im Wechsel mit diesen eingesetzt werden. Wirkt gegen Sternrußtau und Echten Mehltau, Schorf, Rostpilze an Zierpflanzen sowie andere Krankheiten an Zierpflanzen und Obst
Zineb	Phytox 80°, Fungo-Pulvit°, Luxan Zineb, Zinosan°, M 535*, Zineb	Fungizid, das verschiedene Krankheiten an Zierpflanzen, Obst und Gemüsen bekämpft. Es wirkt vor allem gegen Schorf, Rostpilze, Falsche Mehltaupilze, Sternrußtau, Wurzelbräune usw.

MITTEL GEGEN TIERISCHE SCHÄDLINGE (INSEKTIZIDE U. A.)

Wirkstoff	Handelsname	Anwendung und Beschreibung
Bromophos°	Fleur-Insekten-Streu, Nexion (als Stäubemittel, Streumittel, Emulsion und Granulat)	Kontaktgift gegen Raupen von Eulenfaltern, Drahtwürmern, Kohlfliegen- und Möhrenfliegenlarven und andere im Boden wirkende Schädlinge. Wirkt auch gegen andere saugende und beißende Insekten, Ameisen, Obstmade und Sägewespe
Butoxycarboxim°	Plant pin, Paral Pflanzen-Zäpfchen, Wacker Insektizid-Stäbchen	Pflanzenstäbchen zum Einstecken in die Erde. Wirkt gegen Blattläuse und Spinnmilben als systemisches Insektizid
Demeton-S-methyl	Metasystox	Systemisch wirkendes Insektizid gegen saugende Insekten an Gemüsen, Zierpflanzen und Obstarten. Wirkt recht gut gegen Spinnmilben, Läuse an Laub- und Nadelhölzern sowie gegen Sägewespen

Wirkstoff	Handelsname	Anwendung und Beschreibung
Diazinon	Basudin, Diazinon Emulsion, Gesal-Staub für Gemüse°	Als Spritz- und Gießmittel gegen Fliegenmaden an Gemüse, beißende und saugende Insekten am Gemüse, Spinnmilben, Obstmaden, Drahtwürmer und Engerlinge, Ameisen u. a. Insekten
Dichlorvos + Tetrasul°	Alphos-Nebeldose	Gegen saugende Insekten, Spinnmilben, Weiße Fliege im Gewächshaus
Dicofol	Kelthane	Zur Bekämpfung von Spinnmilben
Dimethoat	Compo Insektenvernichter°, Dimethoat, Dimethoate von verschiedenen Firmen, Perfekthion, Rogor, Roxion u. a.	Systemisches Insektizid. Findet Verwendung als Spritz- oder Gießmittel gegen Blattläuse, Zikaden, verschiedene saugende Parasiten, Wollläuse, Spinnmilben und kleine Raupen
Dinoseb	Hivertox°, Butyl-gelb°, Gelbkarbol 3, Plüss-Staufer*	Wirkungsvolles Winterspritzmittel gegen allgemeine Obstbaumschädlinge an Kernobst, Steinobst und Beerenobst sowie gegen San-José-Schildlaus. Bei relativ später Anwendung gute Wirkung gegen Apfelblütenstecher
Endosulfan	Beosit°, Thiodan in flüssiger Ausführung und als Spritzpulver Melophen*	Gegen beißende und saugende Insekten an Gemüse, Obst und Zierpflanzen; wirkt auch gegen Sägewespen, Gallmilben, Erdbeermilben usw. Bewährte, bienenungefährliche Pflanzenschutzmittel
Malathion°	Malathion von verschiedenen Herstellern, Parasitol-Emulsion usw.	Relativ ungefährliches und nicht lang wirkendes Insektizid. Wird als Spritzmittel gegen Blattläuse, Weiße Fliege, Zikaden, Raupen, Wollläuse, Schildläuse, Thrips, Wanzen, Rote Spinnmilben und andere Schädlinge verwendet
Mercaptodimethur°	Schneckenkorn Mesurol	Wie Metaldehyd-Präparate
Metaldehyd	Schneckenkorn zahlreicher Hersteller	Typische Ködermittel zur Bekämpfung von Schnecken, insbesondere Ackerschnecken an allen Gemüsekulturen, Erdbeeren und Zierpflanzen
Mineralöl + Malathion*	Oleomalathion	Wie Malathion
Mineralöl + Parathion	Eftol-Öl°, Folidol-Öl-Spritzmittel°, Oleoparathion*, Pacol*	Typisches Austriebspritzmittel beim Knospenschwellen gegen allgemeine Obstbaumschädlinge, Blattläuse, San-José-Schildlaus, Schildläuse, Blattläuse und Rosenzikaden an Kernobst, Steinobst, Beerenobst, Rosen und anderen Ziergehölzern
Parathion-methyl	E 605 Staub°, Ekatox 20*	Pulverförmiges Mittel der Giftabteilung 3, das zur Bekämpfung beißender und saugender Insekten in Gemüsekulturen, im Obstgarten und bei Zierpflanzen eingesetzt werden kann, speziell gegen Erdflöhe und Raupen
Pirimicarb	Pirimor	Nicht lang wirkendes Kontaktgift mit leicht systemischer Wirkung. Sehr wirksam gegen Blattläuse. Wirkt sehr selektiv; tötet Parasiten und natürliche Feinde der Schädlinge nicht ab
Propoxur	Unden	Gegen beißende und saugende Insekten, speziell Blattläuse, Schildläuse usw. bei Gemüse, Obst, Ziergehölzen und anderen Zierpflanzen

Unkräuter

Die Abbildungen auf den folgenden Seiten zeigen einige der häufigsten Unkräuter, die auf Gartenbeeten, Rasenflächen und an Teichen wachsen.

Für jedes Unkraut ist der allgemeine und der botanische Name angegeben. Die Bildunterschriften enthalten außerdem einen Hinweis darauf, ob es sich um eine einjährige oder ausdauernde Pflanze handelt (es sei denn, dies geht aus dem Namen hervor), wie sie sich vermehrt und wie man das betreffende Unkraut am besten bekämpfen kann.

Die Schwarzweißzeichnungen zeigen die Unkräuter als Sämlinge in der Draufsicht, damit man sie frühzeitig erkennen kann, was ihre Bekämpfung erleichtert. Fehlt diese Zeichnung, haben die Sämlinge die gleiche Blattform wie die ausgewachsene Pflanze.

Unkrautbekämpfungsmittel sind in der Tabelle ab Seite 608 aufgeführt.

Krauser Ampfer *Rumex crispus*
Mehrjährig. Vermehrung durch Samen und Wurzeln. Bekämpfung: wiederholte Behandlung mit Dichlobenil unter Gehölzen oder punktweise Behandlung mit 2,4-D + 2,4,5-T-Präparaten im Rasen

Spitzwegerich *Plantago lanceolata*
Mehrjährig. Häufiges Rasenunkraut. Vermehrung durch Samen. Bekämpfung: einfach unter Kontrolle zu bringen mit Dicamba + MCPA-Salz im Rasen

Giersch *Aegopodium podagraria*
Mehrjährig. Vermehrung durch Rhizomabschnitte. Bekämpfung: wiederholte Behandlung mit Dichlobenil unter Gehölzen

Breitwegerich *Plantago major*
Mehrjährig. Vermehrung durch Samen. Bekämpfung: 2,4-D + MCPA-Salz im Rasen oder Paraquat auf freien Flächen

Gemeine Quecke *Agropyron repens*
Mehrjährig. Vermehrung hauptsächlich durch Rhizomabschnitte. Bekämpfung: Domatol Spezial in Kernobst- und Steinobstanlagen ab 4. Standjahr, Propyzamid in Ziergehölzen

Löwenzahn *Taraxacum officinale*
Mehrjährig. Häufiges Rasenunkraut. Vermehrung durch Samen und Teilstücke der fleischigen Pfahlwurzel. Bekämpfung: Behandlung mit 2,4-D + MCPA-Salz im Rasen

Huflattich *Tussilago farfara*
Mehrjährig. Vermehrung durch Samen, Wurzeln und Ausläufer. Bekämpfung: wiederholte Behandlung mit Dichlobenil unter Gehölzen

Flohknöterich *Polygonum persicaria*
Einjährig. Vermehrung durch Samen. Bekämpfung: Propachlor in Gemüse- und Blumenkulturen oder Dichlobenil unter Gehölzen

Zaunwinde *Convolvulus sepium*
Ein- und mehrjährig. Vermehrung durch Rhizome. Bekämpfung: wiederholte Behandlung mit Dichlobenil unter Gehölzen und MCPA-Salz beim Baumobst

Kriechender Hahnenfuß *Ranunculus repens* Wiesenunkraut. Mehrjährig. Vermehrung durch Samen und kriechende Triebe. Bekämpfung: 2,4-D + 2,4,5-T

Gänsedistel *Sonchus oleraceus, S. arvensis* und *S. asper*. Einjährig. Vermehrung durch Samen. Bekämpfung: Propachlor in Gemüse- und Blumenkulturen oder Dichlobenil unter Gehölzen

Ackerdistel *Cirsium arvense*
Mehrjährig. Vermehrung durch Ausläufer und Samen. Bekämpfung: Dichlobenil unter Gehölzen oder punktweise mit 2,4-D + MCPA-Salz im Rasen. Schwierig zu bekämpfen

Hirtentäschel *Capsella bursapastoris* Einjährig. Vermehrung durch Samen. Bekämpfung: Dichlobenil oder Propachlor

Rispengras *Poa annua*
Einjährig. Im Zierrasen Samenansatz durch häufiges Mähen verhindern, Schnittgut kompostieren. Bekämpfung: Rasen düngen, um das Wachstum anderer Gräser zu begünstigen, Mittel gegen einkeimblättrige Unkräuter

Kleine Brennessel
Urtica urens Vermehrung durch Samen. Bekämpfung: Propachlor oder Dichlobenil oder wie Große Brennessel

Kamille
Matricaria matricarioides und *M. chamomilla.* Einjährig. Vermehrung durch Samen. Bekämpfung: 2,4-D + MCPA-Salz im Rasen oder Mittel gegen zweikeimblättrige Unkräuter

Taubnessel
Lamium purpureum Einjährig. Vermehrung durch Samen. Bekämpfung: 2,4-D + MCPA-Salz im Rasen, mehrmals anwenden

Schaumkraut
Cardamine hirsuta Einjährig. Vermehrung durch Samen. Bekämpfung: Propachlor oder Dichlobenil

Gänseblümchen
Bellis perennis Mehrjährig. Vermehrung durch Samen. Bekämpfung: 2,4-D oder 2,4-D+Mecoprop-Kombinationen anwenden

Scharbockskraut *Ranunculus ficaria*
Mehrjährig. Vermehrung durch kleine Nebenzwiebeln. Bekämpfung: bisher nicht möglich

Hainsimse *Luzula campestris*
Häufiges Rasenunkraut auf leichten, sauren Böden. Mehrjährig. Vermehrung durch Samen und Ausläufer. Bekämpfung: Rasen düngen, sehr sauren Boden etwas mit Kalk anreichern

Große Brennessel *Urtica dioica*
Mehrjährig. Vermehrung durch Samen. Bekämpfung: wiederholte Behandlung mit 2,4-D + MCPA-Salz oder 2,4-D + 2,4,5-T-Mischungen im Rasen. Auf unbebauten Flächen Natriumchlorat oder blitol Brennesselfrei

Weißer Gänsefuß
Chenopodium album Einjährig. Häufig auf ehemaligem Ackerland. Vermehrung durch Samen. Bekämpfung: Dichlobenil

603

Fingerkraut *Potentilla reptans*
Mehrjährig. Häufiges Rasenunkraut. Vermehrung durch Samen. Bekämpfung: wiederholte Behandlung mit 2,4-D + MCPA-Salz oder 2,4 D + 2,4,5 T

Wolfsmilch *Euphorbia peplus*
Einjährig. Auf bebautem und brachliegendem Boden häufig. In bebauten Gebieten das Unkraut durch Hacken oder mit Deiquat + Paraquat-Kombinationen bekämpfen. Zur Bekämpfung auf Brachland siehe Seite 608

Weißklee *Trifolium repens*
Mehrjährig. Häufig im Rasen. Vermehrung durch Samen und kriechende Stengelteile. Bekämpfung: 2,4-D + MCPA-Salz. Fläche im folgenden Frühjahr mit einem Stickstoffdünger wie schwefelsaures Ammoniak düngen

Braunelle
Prunella vulgaris Mehrjährig. Häufiges Rasenunkraut. Bekämpfung: wiederholte Behandlung mit 2,4-D + MCPA-Salz. Vor dem Mähen ausreißen

Sauerklee
Oxalis corymbosa Mehrjährig. Vermehrung durch kleine Nebenzwiebeln oder Samen. Keine wirksame chemische Bekämpfung möglich

Ampfer *Rumex acetosella*
Mehrjährig. Häufiges Rasenunkraut auf sauren Böden. Vermehrung durch Samen und Ausläufer. Bekämpfung: wiederholte Behandlung mit 2,4-D + MCPA-Salz im Rasen. Sehr sauren Boden mit etwas Kalk düngen

Sonnenwolfsmilch
Euphorbia helioscopia Einjährig. Häufig auf bebauten Flächen. Bekämpfung: Deiquat + Paraquat

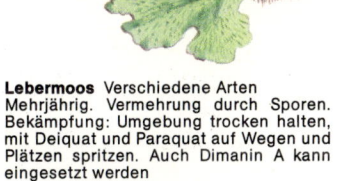

Ackerwinde *Convolvulus arvensis*
Mehrjährig. Vermehrung durch Samen und durch Teile der fleischigen, kriechenden Wurzeln. Bekämpfung: mit Dichlobenil unter Gehölzen, Domatol Spezial beim Baumobst oder MCPA im Rasen behandeln

Vogelknöterich
Polygonum aviculare Einjährig. Vermehrung durch Samen. Bekämpfung: Propachlor oder aber Dichlobenil anwenden

Lebermoos Verschiedene Arten
Mehrjährig. Vermehrung durch Sporen. Bekämpfung: Umgebung trocken halten, mit Deiquat und Paraquat auf Wegen und Plätzen spritzen. Auch Dimanin A kann eingesetzt werden

Gemeine Schafgarbe
Achillea millefolium Mehrjähriges Rasenunkraut. Bekämpfung: wiederholt behandeln mit 2,4-D + MCPA-Salz. Rasen kurz mähen und mit schwefelsaurem Kalk düngen

Ehrenpreis *Veronica filiformis*
Mehrjährig. Häufiges Rasenunkraut. Schon kleine Stengelteile bewurzeln sich. Bekämpfung: Spezialpräparate gegen verschiedene Ehrenpreisarten sind Dacthal W 75 oder Rasen Certrol u. a.

Vogelmiere *Stellaria media*
Einjährig. Häufig auf Rasenflächen mit feuchtem Boden. Vermehrung durch Samen. Bekämpfung: Behandlung am besten mit 2,4-D + MCPA-Salz im Rasen und Propyzamid bei Kernobst

Gemeines Kreuzkraut
Senecio vulgaris Einjährig. Vermehrung durch Samen. Bekämpfung: Propachlor oder Dichlobenil

Schachtelhalm *Equisetum arvense*
Mehrjährig. Vermehrung durch Rhizome
und durch Sporen. Bekämpfung wiederholte Behandlung mit MCPA und Kombinationen, auf Nichtkulturland mit Atrazin.
Die Bekämpfung ist schwierig

Rasenmoose Verschiedene Arten
Mehrjährig. Vermehrung durch Sporen. Bekämpfung: Eisen-II-sulfat zur vorübergehenden
Bekämpfung. Jährlich anwenden. Will man den Rasen ständig moosfrei halten, muß man
ein- oder zweimal jährlich die Grasnarbe mit einem Eisenrechen durchziehen und den
Boden entwässern

Wasserpest *Elodea canadensis*
Mehrjähriges Wasserunkraut. Vermehrung
durch schwimmende Samen. Bekämpfung:
Pflanzen regelmäßig entfernen. Von Mai bis
September kann mit Paraquat gespritzt werden

Entengrütze *Lemna minor*
Mehrjähriges Wasserunkraut. Vermehrung durch schwimmende Samen.
Keine Chemikalienbekämpfung. Teich
regelmäßig mit einem Netz reinigen

Schilf (Rohr) *Phragmites australis*
Mehrjähriges Wasserunkraut. Vermehrung
durch Samen und Rhizome. Bekämpfung:
Roundup im Spätfrühjahr oder Herbst. Man
kann es auch mechanisch entfernen

Unkräuter im Garten

Jede Pflanze, die an einem unerwünschten Standort wächst – eine Petunie im Kohlfeld, ein Salatkopf im Blumenbeet oder eine Kapuzinerkresse im Zwiebelbeet –, könnte man als Unkraut bezeichnen. In der Praxis bezeichnet man mit dem Begriff Unkraut jedoch jede Pflanze, die unter den verschiedensten Bedingungen auf verschiedenen Bodenarten gedeiht, schnell wächst, den umgebenden Pflanzen die Nahrung und das Licht wegnimmt und sich leicht vermehrt.

Viele Unkräuter haben zierende Blüten und sehen an Hecken oder auf Brachland sehr hübsch aus; im Garten sollte man sie jedoch entfernen, weil sie den Kulturpflanzen Wasser, Nährstoffe und Licht wegnehmen und durch ihre rasche Entwicklung das Wachstum der langsam keimenden und langsam wachsenden Gemüsearten, wie Zwiebeln oder Möhren, ungünstig beeinflussen und den Ertrag stark beeinträchtigen.

Ganz abgesehen davon sind Unkräuter oft Wirtspflanzen für Insekten, Krankheiten und Viren, die für Garten- und Gewächshauspflanzen gefährlich werden können. Sie können die Krankheiten von Jahr zu Jahr übertragen und dadurch immer wieder neue Pflanzungen gefährden.

Einjährige und mehrjährige Unkräuter

Einjährige Unkräuter schließen ihren Wachstumszyklus vom Sämling bis zur Samenerzeugung innerhalb einiger Monate ab. Beispiele hierfür sind das Gemeine Kreuzkraut und die Vogelmiere. Man sollte sie nach Möglichkeit schon im Jugendstadium bekämpfen, damit der Samen später nicht ausfällt. Mehrjährige Unkräuter können fleischige oder holzige Triebe haben. Zu den Pflanzen mit fleischigen Trieben gehören Unkräuter, die im Winter ruhen und mit fleischigen Wurzeln, Knollen oder Zwiebeln überwintern und im folgenden Frühjahr neu austreiben. Sie sind schwer zu bekämpfen, weil sie tief eindringende Wurzelsysteme haben. Beispiele hierfür sind Giersch, Quecke, Winde und Schachtelhalm.

Mehrjährige Unkräuter mit holzigen Trieben, z. B. Brombeeren, speichern die Nahrung in holzigen Sprossen. Sie sind einfacher zu bekämpfen, weil sie keine unterirdischen Triebe haben.

Unkrautbekämpfung durch Pflegemaßnahmen

Die meisten Gartenunkräuter lassen sich zwar mit den modernen Unkrautvernichtungsmitteln auf recht einfache Weise beseitigen; aber bei den kleinparzellierten Flächen der Haus- und Kleingärten ist es immer noch besser, sie auszuhacken.

Wenn man unkrautverseuchtes Land kultivieren will, entfernt man zunächst möglichst viele Wurzeln oder Rhizome mehrjähriger Unkräuter. Dadurch werden die Unkräuter stark dezimiert. Auf stark verunkrautetem Boden, den man nicht sofort bebauen muß, kann man zunächst Rasen einsäen. Wenn man den Rasen dann zwei Jahre hintereinander regelmäßig kurz mäht, werden die meisten mehrjährigen Unkräuter vernichtet.

Es ist äußerst schwierig, wenn nicht gar unmöglich, zwischen den verschiedenen Kulturen mit chemischen Unkrautvertilgungsmitteln zu arbeiten, ohne Schäden an den Kulturpflanzen anzurichten.

Bekämpfung von Unkräutern mit Chemikalien

Chemische Unkrautvernichtungsmittel werden unter bestimmten Handelsnamen vertrieben; die chemische Bezeichnung des aktiven Wirkstoffes muß jedoch auf der Verpackung angegeben sein.

Herbizide wirken auf verschiedene Art. Selektive Herbizide, wie 2,4-D, werden von Blättern und Stielen aufgenommen und töten die Pflanze durch übermäßige Wachstumsanregung ab. Man bezeichnet sie häufig auch als Wuchsstoffherbizide und verwendet sie zur Bekämpfung breitblättriger, zweikeimblättriger Unkräuter auf Rasenflächen.

Nicht selektive, allgemein wirkende Herbizide, wie Natriumchlorat, Simazin und Aminotriazol u. a., töten viele Pflanzen ab. Man verwendet sie zur Reinigung von Wegen und unbebauten Flächen.

Deiquat und Paraquat, die beide nicht selektiv wirken, sind besonders wegen ihrer raschen Wirkung zu empfehlen, da sie bei Berührung mit dem Boden neutralisiert werden. Sie töten nur die grünen oberirdischen Pflanzenteile ab und sind deshalb zur Bekämpfung der meisten einjährigen Unkräuter geeignet. Bei wiederholter Behandlung werden jedoch oft auch mehrjährige Unkräuter abgetötet.

Herbizide mit Dauerwirkung, wie Simazin, töten zwar keine fest verwurzelten Unkräuter ab, wirken aber gegen keimende Sämlinge mehrere Monate lang. Sie können in der Nähe vieler Kulturpflanzen sicher angewendet werden.

Herbizide gibt es als Pulver, Granulate oder Flüssigkeiten.

Unkräuter reagieren sehr unterschiedlich auf Herbizide. Einige sterben schon nach einer Anwendung ab, andere brauchen zwei oder drei Behandlungen. Wieder andere, wie Sauerklee und Knöterich, widerstehen vielen Chemikalien und lassen sich deshalb nur durch eine ständige mechanische Bekämpfung beseitigen.

Vor dem Kauf eines Herbizids siehe Tabelle ab Seite 608 und die Abbildungen der Unkräuter ab Seite 601.

Vorbereiten einer vernachlässigten Bodenfläche Auf einem verunkrauteten Boden ohne Gartenpflanzen, Bäume oder Sträucher kann ein allgemein wirkendes Herbizid, wie Natriumchlorat oder Aminotriazol, verwendet werden. Bei hoher Dosierung können Herbizide dieser Art im Boden viele Monate wirksam sein.

Nach dem Abtöten der Unkräuter werden alle abgestorbenen Pflanzenreste verbrannt. Anschließend hält man die Fläche, sofern es die Kulturen erlauben, mit einem Langzeitherbizid wie Simazin unkrautfrei.

Unkräuter, die zwischen den einzelnen Kulturen auftauchen, werden mit einer Mischung aus Paraquat und Deiquat bekämpft.

ACHTUNG

Herbizide sind oft giftig und müssen deshalb stets so aufbewahrt werden, daß Kinder sie nicht in die Hände kriegen können. Befolgen Sie die Herstelleranweisungen genau. Bewahren Sie Herbizide niemals in einer unbeschrifteten Flasche oder einer Getränkeflasche auf.

Zu den Symptomen einer Herbizidvergiftung gehören Bauchschmerzen und Erbrechen. Bei Verdacht auf Herbizidvergiftung muß die betreffende Person sofort ins nächste Krankenhaus gebracht werden. Im Krankenhaus nennt man den Namen des Herbizids; am besten ist, den Behälter oder das Etikett der Verpackung mitzubringen.

Chemische Mittel zur Unkrautbekämpfung (Herbizide)

Einsatzbereich	Anwendung gegen	Wirkstoffe	Handelsnamen	Besondere Hinweise
Unkultiviertes Land	Viele Unkräuter	Simazin	Simazin, Gesatop	Vorsicht bei angrenzenden Kulturen. Bei hartnäckigen Unkräutern wiederholen. Keine Anwendung an Gewässern
	Ungräser, auch zur Bekämpfung von Schilf und Binsen in Entwässerungsgräben	Glyphosat	Roundup	Gegen Quecken u. a. Unkräuter. Auf die grünen Teile der Unkräuter spritzen
	Viele Unkräuter, Moose und Algen	Diuron	Diuron 80°, Karmex°, Diuron Hoko*	Anwendung von Frühjahr bis Frühsommer, lange Dauerwirkung
Wege und Plätze	Viele Unkräuter	Amitrol + Diuron°	Ektorex, Hedit Neu, Ustinex PA	Kann auch im Gießverfahren ausgebracht werden
		Paraquat + Deiquat	Duanti°, Priglone*	Kontakt-Herbizid zum Spritzen und Gießen. Wird im Boden sofort inaktiviert. Wirkt nur über die Blätter; ohne Dauerwirkung
		Paraquat	Gramoxone	Siehe Duanti
	Unkräuter und Moose	Diuron	Diuron 80°, Karmex°, Diuron Hoko*	Vorsicht bei angrenzenden Kulturen. Bei hartnäckigen Unkräutern wiederholen. Keine Anwendung an Gewässern
Ziergehölze	Viele Unkräuter	Paraquat + Deiquat	Duanti°, Priglone*	Siehe Wege und Plätze
	Unkräuter und Ungräser	Simazin + Amitrol	Domatol°	Beste Anwendung im Frühjahr, grüne Teile von Kulturpflanzen dürfen nicht von der Spritzbrühe getroffen werden, erst ab zweitem Standjahr anwenden. Auf humosen Böden unbefriedigende Wirkung möglich
	Samenunkräuter	Simazin	Simazin 50, Gesatop 50, Gesatop 2 Granulat°, Gesal – Der Unkrautvertilger unter Bäumen und Sträuchern°	Anwendung auf noch unkrautfreiem Boden, anschließend keine Bodenbearbeitung vornehmen, eventuell schon im Herbst einsetzen
	Allgemeine Unkräuter	Dichlobenil	Casoron G, Fleur-Unkraut-Streu°, Total-Unkrautvertilger-Sandoz*	Ab zweitem Standjahr anwenden
	Vorwiegend einkeimblättrige Unkräuter	Propyzamid	Kerb 50 W	Wirkt auch gegen Quecke, ab erstem Standjahr einsetzen
Rosen	Samenunkräuter	Simazin	Siehe Ziergehölze	
Zierrasen	Breitblättrige Unkräuter	2,4-D- + Mecoprop-Ester	CM-Unkrautstab°, Tuta-RR	Einzelstehende Unkräuter betupfen
		Dicamba- + Dichlorprop-Salz	Rasenrein-Schaumspray°, blitol-Unkrautspray für Rasen°, Volpan*	Für Einzelpflanzenbehandlung, nicht im Ansaatjahr anwenden
		Dicamba- + MCPA-Salz	Banvel M, blitol Unkrautfrei für Rasen°, Rasen-Hedomat°, Rasen-Utox°, Dicamba M, Garten-Perle Unkrautfrei° u. a.	Wirkt am besten beim typischen Wachstumswetter ab 12–15° C, bei regenfreiem Wetter anwenden
		2,4-D + MCPA-Salz	Zahlreiche Handelspräparate	Alle Mittel nicht im Ansaatjahr einsetzen
		Dicamba + Dichlorprop + 2,4,5-T-Salz° u. a. Kombinationen	Aglukon Rasenrein Spritzmittel°, Fleur-Rasenrein-Spritz°, Gesal-Rasenpfleger – Der Unkrautvertilger für den Rasen°, Frankol-Combi°, Compo Rasen-Unkrautvernichter°, Etisso	Alle Mittel nicht im Ansaatjahr einsetzen
	Nur wirksam gegen Ehrenpreis	Chlorthal	Dacthal W 75	Bester Einsatzzeitpunkt im Herbst, ab erstem Standjahr
	Ehrenpreis u. a. breitblättrige Unkräuter	Dichlorprop + Ioxynil	Certrol DP, Rasen-Certrol°	Wirkt ab Mai gegen Ehrenpreis u. a. Unkräuter
	Moose	Eisen-II-sulfat u. a. Kombinationen	Moosvernichter°, Moostod°, Moosvertilger°, Rasen-Moos-Ex°	Nicht im Ansaatjahr einsetzen
		Chloroxuron	Tenoran	Nicht im Ansaatjahr einsetzen
Sommerblumen	Samenunkräuter	Chloramben	Amiben-Granulat°	Ca. 14 Tage nach dem Pflanzen ausstreuen, nicht einarbeiten. Einsatz lohnt sich nur bei großflächigem Anbau
	Einjährige Unkräuter	Propachlor	Ramrod°	Auf feuchten Boden spritzen, Wirkung hält 6–10 Wochen an, nur für großflächigen Anbau gegen bestimmte Unkräuter

Einsatzbereich	Anwendung gegen	Wirkstoffe	Handelsnamen	Besondere Hinweise
Gartenstauden	Samenunkräuter	Chloramben	Amiben-Granulat°	Siehe Sommerblumen
	Einjährige Unkräuter	Propachlor	Ramrod°	Siehe Sommerblumen
Zwiebelgewächse (z. B. Narzissen, Hyazinthen, Tulpen, Gladiolen usw.)	Allgemeine Unkräuter	Chloroxuron	Tenoran	Bei frühjahrsblühenden Zwiebelgewächsen nach dem Legen; einsetzen bei Gladiolen im Frühjahr, nur bei größerem Anbau von Zwiebelgewächsen lohnend
Baumobst	Viele Unkräuter	Simazin + Amitrol + MCPA-Salz	Domatol Spezial°	Nur Sommeranwendung, bei Kernobst ab zweitem, bei Steinobst ab viertem Standjahr. Gegen Wurzelunkräuter grundsätzlich nur ab viertem Standjahr
		Paraquat + Deiquat	Duanti°, Priglone*	Siehe Wege und Plätze
	Samenunkräuter	Simazin	Gesal – Der Unkrautvertilger unter Bäumen und Sträuchern°, Gesatop 2 Granulat°, Gesatop 50, Simazin 50, Simazin 2 Granulat°	Kern- und Steinobst, je nach Präparat ab erstem bis drittem Standjahr
	Vorwiegend einkeimblättrige Unkräuter in Kernobst	Propyzamid	Kerb 50 W	Einsatz ab erstem Standjahr nach Beginn der Vegetationsruhe, wirkt auch gegen Vogelmiere u. a. Unkräuter
	Unkräuter in Kernobst	Amitrol + Diuron°	Ektorex, Hedit Neu, Herbixol GW, Schloß Frisia Totalunkrautvernichter	Im Spritz- und Gießverfahren ab viertem Standjahr einsetzbar
	Unkräuter und Ungräser	Simazin + Amitrol°	Domatol	Je nach Aufwandmenge ab erstem bis viertem Standjahr einsetzen, am besten im Frühjahr, wenn Ungräser und Unkräuter 10–15 cm hoch sind. Keine Bodenbearbeitung. Grüne Teile der Kulturpflanzen sollen nicht getroffen werden
	Brennesseln	MCPA + Mecoprop + 2,4,5-T-Salz°	blitol Brennesselfrei, Brennesselgranulat	In Kernobst ab viertem Standjahr auf taufeuchte Pflanzen oder nach Regen ausbringen. Auch bei einigen Ziergehölzen einsetzbar
Strauchbeerenobst	Viele Unkräuter	Paraquat + Deiquat	Duanti°, Priglone*	In Wasser auflösen und mit der Gießkanne ausbringen. Grüne Pflanzenteile der Kulturpflanzen dürfen nicht getroffen werden
		Paraquat	Gramoxone	Einsatz im wesentlichen wie Duanti
	Samenunkräuter	Simazin	Siehe Baumobst	
	Vorwiegend einkeimblättrige Unkräuter	Propyzamid	Kerb 50 W	Ab erstem Standjahr nach Beginn der Vegetationsruhe ausbringen. Boden muß ausreichend feucht sein. Kühle Witterungsbedingungen, möglichst unter 10° C, begünstigen die Wirkung
Erdbeeren	Viele Unkräuter	Paraquat	Gramoxone	Zur Zwischenreihenbehandlung einsetzbar. Kulturpflanzen dürfen nicht getroffen werden
	Samenunkräuter	Simazin	Siehe Baumobst	Nach der Ernte bis Spätherbst oder im zeitigen Frühjahr auf gelockerten, unkrautfreien, feuchten Boden spritzen. Vorsicht, früh reifende Sorten eventuell empfindlich
	Keimende Unkräuter bis Vierblattstadium	Chloroxuron	Tenoran	Anwenden 10–14 Tage nach dem Pflanzen oder im Frühjahr bei Wachstumsbeginn. Auch für Sommerblumen und Gartenstauden geeignet
Gemüse	Im allgemeinen werden Unkräuter im Gemüsegarten mechanisch bekämpft. Für den Großanbau sind zahlreiche Spezialpräparate im Handel			
Unkräuter an und in Gewässern	Schilf, Binsen usw. in Entwässerungsgräben	Dalapon	Dowpon	Einsatz nach Gebrauchsanweisung
	Allgemeine Unkräuter und Schwimmblattpflanzen	Dichlobenil	Casoron G	Anwendung im Frühjahr bei Vegetationsbeginn. Sichere Wirkung nur in stehenden bzw. sehr langsam fließenden Gewässern

Ernährung der Pflanzen

Der Boden besteht vorwiegend aus verwittertem Gestein. Zur optimalen Entwicklung der Pflanzen muß er eine gute physikalische Beschaffenheit aufweisen und mit ausreichenden Mengen Nährstoff versorgt sein

Um ein gutes Wachstum und eine reiche Ernte zu erzielen, muß der Boden eine gute Struktur und Gare besitzen. Dies kann man ohne weiteres durch die richtige Bearbeitung des Bodens und eine entsprechende Düngung mit Humus erreichen.

Die Pflanzen wiederum brauchen für den Aufbau von Blättern, Trieben, Wurzeln, Blüten und Früchten zahlreiche Nährstoffe, die sie vorwiegend dem Boden entnehmen.

So muß der Gartenbesitzer für eine hervorragende Beschaffenheit des Bodens sorgen und den Pflanzen in regelmäßigen Abständen Nährstoffe zuführen.

Die Hauptnährstoffe – Stickstoff, Phosphorsäure, Kali, Magnesium, Kalk – müssen in größeren Mengen vorhanden sein. Dazu kommen Eisen, Schwefel, Natrium und viele andere Elemente in geringerer Menge. Da sie bereits in Spuren wirksam sind, bezeichnet man solche Nährstoffe als Spurenelemente oder Mikronährstoffe.

Die Nährstoffe können dem Boden in verschiedener Weise zugeführt werden, in der Regel durch sogenannte Düngemittel, die sich in organische und mineralische Dünger teilen. Beim Einsatz dieser Dünger müssen besondere Richtlinien beachtet werden, damit sie ihre volle Wirkung erzielen. Überdosierungen sollte man grundsätzlich vermeiden.

Organische Düngemittel

Organische Stoffe aus tierischen Abfallprodukten – Hornmehl, Hornspäne, Knochenmehl, Fischmehl, Blutmehl usw. – werden zu Düngemitteln verarbeitet, die vorzugsweise Stickstoff und Phosphorsäure enthalten. Kein organischer Dünger auf dieser Basis enthält den wichtigen Nährstoff Kali.

Organische Düngemittel werden im Boden durch Bakterien zersetzt. Es entstehen anorganische Stoffe, die den Pflanzen dann zur Verfügung stehen. Da diese sogenannte Mineralisierung nur langsam erfolgt, haben solche Dünger eine gewisse Langzeitwirkung. Außerdem erhöhen sie die Salzkonzentration des Bodens nicht. Deshalb sind bei normalen Gaben keine Schäden an Pflanzen zu befürchten.

Bei Düngern aus Hornmehl, Hornspänen, Knochenmehl und Blutmehl werden im allgemeinen 30–80 g/m² vor Beginn der Vegetation in den Boden eingebracht; dies bewirkt eine meist ausreichende Versorgung mit Stickstoff und Phosphorsäure. Kali muß jedoch in mineralischer Form zusätzlich verabreicht werden.

Es gibt aber auch sogenannte organisch-mineralische Volldünger, die im Gegensatz zu organischen Mehrnährstoffdüngern auch Kali in mineralischer Form enthalten. Sie werden ebenfalls in der Regel vor Vegetationsbeginn eingesetzt, und zwar 30–100 g/m².

Mineralische Dünger

Grundsätzlich unterscheidet man zwischen sogenannten Einzel- oder Mehrnährstoffdüngern und Volldüngern. Ein Einzeldünger wird verwendet, wenn nur jeweils ein besonderer Nährstoff verabreicht werden soll:

Stickstoffdünger Stickstoff regt die Pflanze zu verstärktem Wachstum, zur Trieb- und Blattbildung an. Stickstoffdünger gibt es in physiologisch alkalischer (Kalksalpeter, Kalkammonsalpeter) und physiologisch saurer Bindung (schwefelsaures Ammoniak, Ammonsulfatsalpeter). Liegen keine besonderen Ansprüche an die Bindungsform vor, arbeitet man vielfach mit Kalksalpeter oder Kalkammonsalpeter. Als Kopfdünger eingesetzt, reichen in der Regel 20–40 g/m².

Phosphorsäuredünger Die Phosphorsäure wird hauptsächlich zur Blüten- und Fruchtausbildung benötigt. Auch hier unterscheidet man zwischen physiologisch sauren (Superphosphat) und alkalischen (Thomasphosphat) Düngemitteln. Eine spezielle Gabe eines Phosphorsäuredüngers ist nur selten notwendig; während der Kultur wird Superphosphat, als Grunddüngung im Winter Thomasphosphat bevorzugt. Der Aufwand beträgt in der Regel 30–50 g/m².

Kalidünger Dieser unentbehrliche Nährstoff verleiht den Pflanzen Festigkeit und fördert die Wachstumsprozesse. Wird kein Volldünger verwendet, muß er zusätzlich verabreicht werden. Für den Garten kommt in erster Linie das sogenannte Patentkali oder schwefelsaure Kalimagnesia sowie schwefelsaures Kali in Frage. Beide sind chlorarm und deshalb gut verträglich. Der Aufwand beträgt 20 und 50 g/m² und wird vor der Kultur oder als Kopfdünger eingesetzt.

Kalkdünger Kalk wird auch zur Verbesserung der Bodenstruktur verwendet. Enthält der Boden von Natur aus viel Kalk, muß nur der Kalkentzug ersetzt werden. Kalkarme Böden müssen regelmäßig mit Kalkdünger versorgt werden. In Frage kommen kohlensaurer Kalk (gemahlener Kalkstein) oder Branntkalk. Ersterer wird in normalen Gartenböden in einem Aufwand bis zu 200 g/m², letzterer in schweren Lehmböden und Tonböden in einem Aufwand bis zu 100 g/m² eingesetzt. Die beste Zeit ist im Herbst, wenn der Boden trocken ist; so wirkt sich der Kalk günstig auf die Stabilisierung der Bodenkrümel aus. Vor allem kohlensaurer Kalk kann ganzjährig verabreicht werden.

Volldünger Neben diesen Einzeldüngern gibt es viele Volldünger. Für den Garten kommt der sogenannte Blaukornvolldünger am ehesten in Frage, ein mit blauem Markierkorn eingefärbter Volldünger, der sich aus pflanzenverträglichen Einzeldüngern zusammensetzt.

Wer wenig Erfahrung hat, sollte als Grund- und Kopfdüngung immer Blaukorn verwenden. Als Grunddünger wird es in einem Aufwand von 30–60 g/m² ausgestreut und in den Boden gebracht; als Kopfdünger wird es in einem Aufwand von 20–30 g/m² entweder ausgestreut, in den Boden flach eingearbeitet und eingewässert oder in Wasser aufgelöst und ausgegossen. In diesem Fall verwendet man die angegebene Menge in 10 l Wasser und gießt damit eine Fläche von 1–1,5 m². Die Pflanzen müssen anschließend mit klarem Wasser abgespritzt werden, da sonst Salzkonzentrationsschäden auftreten können.

Mineralische Dünger können die Salzkonzentration sofort erhöhen und Verbrennungen an Wurzeln und Blättern verursachen. Deshalb muß nach einer Düngung immer für eine ausreichende Bodenfeuchtigkeit gesorgt werden. Die Nährstoffe werden sehr rasch aufgenommen und kommen schneller zur Wirkung als bei einer organischen Düngung. Daher werden organische Dünger nur als Grunddünger, mineralische Dünger dagegen auch als Kopfdünger während der Kultur verwendet.

Spurenelemente sind vielfach in Volldüngern enthalten. Sollte ein Mangel an besonderen Spurenelementen auftreten, muß mit einem entsprechenden Mittel zusätzlich gedüngt werden. Bei Eisenmangel, der sich in vergilbenden Blättern äußert, helfen Eisenchelate.

Der Komposthaufen – die einfachste Düngerquelle

Organischen Dünger, also Humusdünger, kann man in Form von Gartenkompost aus organischen Garten- und Küchenabfällen, durch Stroh und Laub angereichert, selbst herstellen.

Die Bestandteile des Komposthaufens werden durch Bakterien und andere Mikroorganismen zersetzt, die zum Wachstum Luft, Wasser, Stickstoff, einen Kalkgehalt und Wärme benötigen.

Selbst unter idealen Bedingungen ist jedoch die Zersetzungskraft der Bakterien oft begrenzt. Deshalb sollte man kein Holz oder anderes schwer zersetzbares Material zum Kompostieren verwenden.

Kranke Pflanzen dürfen nicht auf den Komposthaufen kommen, da die Krankheit später mit dem Kompost ausgebreitet werden kann, auch nicht die Wurzeln mehrjähriger Unkräuter oder einjährige Unkräuter mit Samen.

Am besten geeignet sind weiche Abfälle wie gemähtes Gras, welke Blätter, Salatabfälle, Erbsenhülsen, Heu und Stroh sowie rohe Gemüseabfälle aus der Küche.

Der Komposthaufen wird quadratisch aufgehäuft, damit er nicht so schnell austrocknet. Für rasche Ergebnisse sollte er 2×2 m groß und 1,5 m hoch sein. In einem kleineren Garten ist ein sauberer Behälter aus Drahtgitter und Pfählen zu empfehlen. Die Größe hängt von der Größe des Gartens ab, 1,5×1,5×1,5 m ist jedoch das Minimum.

Man kann auch fertige Kompostbehälter kaufen oder einen offenen Silo aus Holzpfählen und Latten herstellen, der an den Seiten zwischen den Latten Luft durchläßt. Eine Seite dieses Silos sollte aufklappbar sein, damit man den Kompost bequem umsetzen kann.

Beim Aufbau des Komposthaufens macht man Schichten von jeweils 30 cm Stärke. Jede Schicht wird mit dem Gartenschlauch gut durchfeuchtet. Außerdem setzt man schwefelsaures Ammoniak (1 Teelöffel/m²) zu und deckt mit 5 cm Erde ab.

Die Seiten des Komposthaufens sollten leicht abgeschrägt sein. Wenn er die gewünschte Höhe erreicht hat, wird er mit 2 cm Gartenerde oder Torf abgedeckt. Ist der Boden kalkhaltig, braucht man dem Kompost keinen Kalk mehr zusetzen; bei saurem Boden streut man etwas Branntkalk über den fertigen Komposthaufen und gießt noch einmal an. In trockenen Sommern gießt man den Komposthaufen alle 14 Tage.

Die Zersetzung wird beschleunigt, wenn man den Komposthaufen nach sechs Wochen umsetzt. Gleichzeitig gießt man alle trockenen Flächen. Meistens wird ein Komposthaufen danach nur einmal im Frühjahr und einmal im Herbst umgesetzt. Hat man nur weiches Material verwendet, ist die Zersetzung bereits nach ein bis anderthalb Jahren abgeschlossen. Sonst dauert der Prozeß zwei bis drei Jahre.

Anschließend kann die Komposterde auf die Beete ausgestreut und mit der Krume vermischt werden. Für Aussaaten, Vermehrungen, Topf- und Balkonpflanzen soll nur gut verrottete Komposterde verwendet werden, die vorher ausgesiebt wurde.

EINEN KOMPOSTHAUFEN SCHICHTWEISE AUFBAUEN

Die Grundfläche beträgt mindestens 1,5 x 1,5 m, besser 2 x 2 m. Weiche Gartenabfälle werden zu einer 30 cm hohen Schicht locker aufgesetzt, angefeuchtet, mit etwas schwefelsaurem Ammoniak bestreut und mit einer Schicht Erde bedeckt. Den Komposthaufen baut man Schicht für Schicht auf, bis er etwa 1,5 m hoch ist

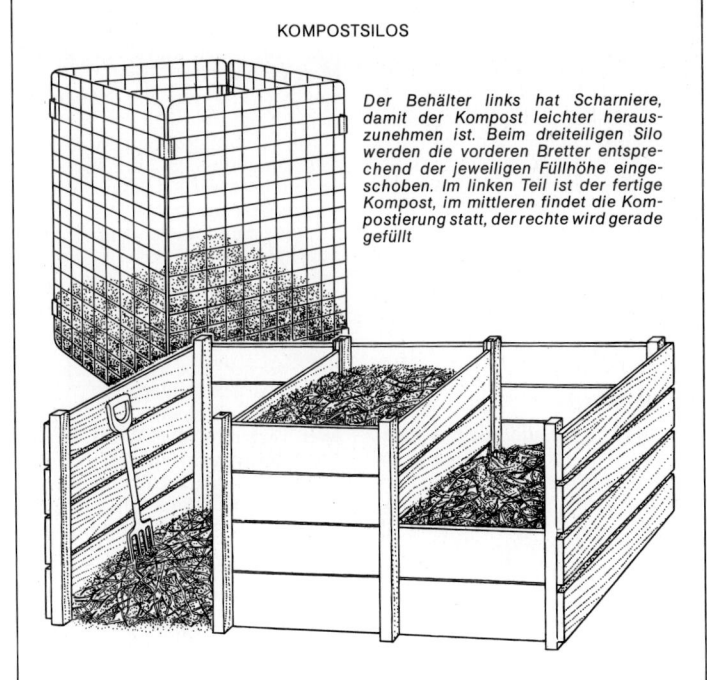

KOMPOSTSILOS

Der Behälter links hat Scharniere, damit der Kompost leichter herauszunehmen ist. Beim dreiteiligen Silo werden die vorderen Bretter entsprechend der jeweiligen Füllhöhe eingeschoben. Im linken Teil ist der fertige Kompost, im mittleren findet die Kompostierung statt, der rechte wird gerade gefüllt

Andere praktische Düngerquellen

Organischer Dünger muß in größeren Mengen verwendet werden. Gut gedüngt ist der Boden, wenn man eine 1 cm dicke Schicht organischen Düngers aufbringt. Diese entspricht etwa der Menge eines 10-l-Eimers pro m².

Alle organischen Abfälle sind als Gartendünger geeignet, vorausgesetzt, daß sie keine schädlichen Chemikalien enthalten und sich einigermaßen schnell zersetzen.

Will man Sägemehl, Rindenfaser oder Strohhäcksel verwenden, streut man – auch bei Streu aus Hühnerställen – eine Handvoll schwefelsaures Ammoniak pro m² über eine 5–7 cm dicke Schicht.

Der beste organische Dünger ist Stallmist, bei dem als Einstreu normalerweise Stroh verwendet wird.

Der Ammoniakgehalt von frischem Mist kann die Pflanzen schädigen. Deshalb verwendet man ihn am besten erst nach einer gewissen Lagerzeit, wenn er teilweise zersetzt ist. Bei der Lagerung im Freien werden die löslichen Nährstoffe durch den Regen ausgewaschen, so daß gut zersetzter Stallmist wenig pflanzliche Nährstoffe enthält. Dafür liefert er den erforderlichen Humus, und humusreicher Boden ist im allgemeinen sehr fruchtbar.

Getrockneten Klärschlamm kann man gelegentlich bei den Gemeinden günstig erwerben. Man trägt ihn direkt auf den Boden auf oder reichert den Komposthaufen damit an. Der städtische Klärschlamm ist aber manchmal durch Metalle, wie Zink und Chrom, verseucht. Vor dem Kauf sollte man sich über den Chemikaliengehalt informieren.

Laub ist ebenfalls nützlich. Große Mengen Buchenblätter läßt man auf einem getrennten Komposthaufen zu Lauberde verrotten; in den meisten Gärten kommen die Blätter jedoch am besten auf den Komposthaufen.

Wenn man in der Nähe einer Brauerei wohnt, kann man eventuell Hopfenabfälle bekommen. Am besten setzt man sie dem Komposthaufen zu und läßt sie mit den anderen organischen Stoffen verrotten.

Gründüngung Im Gemüse- oder Obstgarten hat man manchmal Gelegenheit, eine Fläche mit einer schnell wachsenden Düngepflanze, wie Senf oder Raps, anzulegen. Man sät nach der Gemüseernte im Sommer oder vor der Neuanlage eines Obstgartens.

Die Gründüngungspflanzen werden unmittelbar vor der Blüte untergegraben. Auf jeden Quadratmeter gibt man zusätzlich 30 g schwefelsaures Ammoniak, wenn der Boden bald wieder genutzt werden soll. Dies fördert die Zersetzung der Pflanzen durch die Bakterien.

Torf und seine Anwendung

Torf besteht aus pflanzlichen Stoffen, die sich im Wasser teilweise zersetzt haben. Er ist besonders zum Bewurzeln von Jungpflanzen und zur Anreicherung von Humus im Garten von Nutzen.

In Ballen oder Säcken gelieferter Torf muß vor Gebrauch meist angefeuchtet werden. Man verteilt trockenen Torf auf einer harten Oberfläche, gießt reichlich, wendet den Torf mit einer Schaufel und gießt wieder, bis keine trockenen Stellen zurückbleiben.

Man unterscheidet vor allem zwei Torfarten, den Weißtorf und den Schwarztorf. Weißtorf ist weniger stark verrottet und stark sauer (pH-Wert um 4,5). Schwarztorf ist feiner in der Struktur, also schon stärker zersetzt, und vielfach kalkhaltiger (pH-Wert 5 – 6,5). Weißtorf gibt es zwar unter der Bezeichnung Düngetorf, aber er enthält keine Nährstoffe. Torfprodukte mit Nährstoffen nennt man Torfmischdünger.

Der pH-Wert: Säure- oder Kalkgehalt messen

Der Säure- oder Kalkgehalt von Gartenerde kann durch Branntkalk, sauren Torf und verschiedene Dünger, wie schwefelsaures Ammoniak, reguliert werden.

Gemessen werden Säure und Kalkgehalt mit dem pH-Wert, einer Skala von 0 bis 14. Neutraler Boden hat den Wert pH 7. Liegt der pH-Wert darüber, ist der Boden alkalisch; liegt er darunter, ist er sauer.

Die meisten Pflanzen gedeihen am besten in leicht saurem Boden von ungefähr pH 6,5.

Man prüft den Boden am besten mit einem einfachen Gerät, das in jedem Fachgeschäft erhältlich ist.

In saurem Boden wachsen einige Pflanzen und Gemüse besser, wenn man dem Boden etwas Branntkalk oder kohlensauren Kalk zusetzt. Dies gilt besonders für Gemüse, z. B. für Kohlarten, Erbsen und Bohnen, die einen Boden mit einem pH-Wert um 7 brauchen. Die meisten Obstarten gedeihen jedoch am besten auf schwach sauren Böden und brauchen nur gelegentlich eine Kalkgabe.

Der Hobbygärtner verwendet am besten kohlensauren Kalk, gelöschten Kalk oder Branntkalk für den Garten.

Ein zu saurer Boden im Gemüsegarten kann durch etwa 100–200 g Kalk pro m² korrigiert werden. Die Behandlung wird alle drei Jahre wiederholt, damit der richtige Säurewert erhalten bleibt.

Bekämpfung von Krankheiten Die Pilzkrankheit Kohlhernie des Kohls wird durch sauren Boden begünstigt, tritt andererseits bei hohem Kalkgehalt wesentlich seltener auf. Dagegen ist die Knollenfäule der Kartoffel bei kalkhaltigen Böden eher schlimmer.

Lehmböden sind gelegentlich sauer. Kalkzusatz verbessert hier auch die Bodenstruktur, da die Partikel krümeliger werden und sich leichter bearbeiten lassen; sie werden auch durchlässiger, was die Bewurzelung begünstigt. Auch Sandböden können sehr sauer sein und werden durch regelmäßiges Kalken im allgemeinen verbessert.

Auf Böden, die von Natur aus kalkreich sind, gedeihen die Pflanzen schlecht, weil sie wichtige Nährstoffe, wie Eisen und Mangan, nicht aufnehmen können. Rosen, Gemüsepflanzen, Obstbäume und -sträucher bleiben im Wachstum zurück, ihre Blätter bleiben klein und werden gelb.

Es ist zwar relativ einfach, einen torfhaltigen, sauren Boden durch Kalk zu neutralisieren, die Umstellung eines kalkhaltigen Bodens ist dagegen schwieriger.

Am wirksamsten ist die Behandlung, wenn man reichlich Torf, besonders Weißtorf, untermischt, der sauer ist und ebenfalls die Bodenstruktur verbessert.

Zur guten Humusversorgung und gleichzeitigen Ansäuerung verabreicht man pro 100 m² Fläche zwei bis drei Ballen oder Säcke Torf. Dies kann alle drei Jahre wiederholt werden.

Einige prächtige Gartenpflanzen, wie Rhododendren, Azaleen, Lorbeerrose, Lavendelheide, Scheinbeere, Amberbaum und Heidekraut, können normalerweise nicht auf alkalischen Böden gedeihen. Sie können jedoch mit Erfolg kultiviert werden, wenn man reichliche Mengen Torf verwendet.

Eisenmangel tritt besonders in kalkhaltigen Böden auf. Er drückt sich in Chloroseerscheinungen aus. Behoben wird er durch den Zusatz von Eisenchelaten in den vom Hersteller empfohlenen Mengen.

Den für Gemüse besonders schädlichen Manganmangel, der zum Vergilben und Fleckigwerden der Blätter führt, kann man durch Spritzen der Blätter im Frühjahr mit einer Lösung aus 30 g Mangansulfat in 10 l Wasser beheben. Weitere wichtige Spurenelemente sind Molybdän und Bor. Gegen Mangelerscheinungen gibt es wirkungsvolle Spezialdünger.

Gartenabfälle verbrennen

Einige Gartenabfälle wie abgeschnittene Äste, kranke Pflanzen und samentragende Unkräuter dürfen nicht auf den Komposthaufen gebracht werden. Die Zersetzung des Holzes würde zu lange dauern, der Unkrautsamen ginge wieder auf, und Krankheiten könnten sich später mit dem Kompost verbreiten. Deshalb wird dieser Abfall am besten verbrannt.

Das Verbrennen von Gartenabfällen ist jedoch oft verboten. Hier muß man sich nach den örtlichen Bestimmungen richten. Ist es nicht erlaubt, müssen diese Gartenabfälle abtransportiert werden.

Wählen Sie für das Verbrennen einen günstigen Tag aus, an dem der Wind den Rauch so weit wie möglich von den Nachbarn wegbläst. Die Rauchentwicklung kann man eindämmen, indem man das Feuer schnell brennen läßt. Dafür braucht das Feuer guten Zug von unten; ein Müllverbrenner aus Stein oder Metall ist wesentlich wirksamer als ein direkt auf dem Boden entzündetes Feuer.

Holz wird in kleine Stücke geschnitten; große Zweige brennen nicht sehr gut, weil die Zwischenräume zu groß sind.

Da die Pflanzenasche Kali enthält, kann man sie sofort nach dem Abkühlen gleichmäßig im Garten verstreuen. Das Kali ist wasserlöslich und wird mit dem nächsten Regen in den Boden gespült und dort von den Pflanzenwurzeln verarbeitet.

Man kann die Asche auch auf den Komposthaufen werfen. In diesem Fall muß man aber damit rechnen, daß das Kali ausgewaschen wird.

Nur Pflanzenasche ist wertvoll, Kohleasche ist nutzlos und kann höchstens als Wegfundament verwendet werden. Auch Ruß, der bei Ölheizungen entsteht, kann man nicht als Düngemittel verwenden; er schadet den Pflanzen.

Umgraben – wann und wie tief?

Lehmböden werden am besten im Herbst oder Frühwinter umgegraben. Frost im Winter bricht den Boden in feine Krümel auf und bereitet ihn für das Pflanzen und Säen im Frühjahr vor. Leichte, sandhaltige Böden brauchen keine Frostgare und können jederzeit umgegraben werden.

In den meisten Fällen braucht man nur einen Spaten tief umzugraben; im Gemüsegarten jedoch oder beim Anbau von tief wurzelnden Gehölzen sollte der Boden zwei Spaten tief umgegraben werden.

Hierbei kann man verrotteten Kompost tief untergraben, so daß

eventuell verbliebene Unkrautsamen nicht keimen können. Auch die Wurzeln von mehrjährigen Unkräutern können dabei entfernt werden.

Das zwei Spaten tiefe Umgraben, das sogenannte Holländern, verbessert die Dränage bei einem Boden, der zu stauender Nässe neigt.

Dies lohnt sich jedoch nur bei tiefgründigem Boden. Viele Gärten haben nur eine dünne Bodenschicht oder -krume über einem Kalk-, Kalkstein-, Kies-, Sand- oder Lehmgrund, wo das Holländern nur dazu führen würde, daß die dünne, fruchtbare Deckschicht vollkommen unter dem unfruchtbaren Bodengrund vergraben wird.

In diesem Fall wird beim normalen Umgraben der Spaten alljähr-

lich etwas tiefer in den Boden eingeführt, so daß eine ganz dünne Schicht des Untergrunds mit umgraben wird. Auf diese Weise wird der Boden langsam, aber stetig tiefgründiger und für die Pflanzenwurzeln besser aufschließbar, so daß sich im Lauf der Jahre die fruchtbare Bodenschicht verstärkt. Solange der Boden nicht unter Staunässe leidet, gedeihen auch auf der dünnsten Krume wertvolle Pflanzen, wenn man regelmäßig Mist oder Kompost 10–15 cm tief untergräbt.

Lehmboden darf niemals zu naß umgegraben werden, da er zu festen, harten Klumpen zusammengetreten wird. Schwerer Lehmboden kann strukturschonend mit der Grabgabel umgegraben werden.

Einfaches Umgraben einer größeren Fläche

Um eine größere Fläche umzugraben, teilt man sie zunächst mit Hilfe einer Schnur in der Mitte.

Dann hebt man eine etwa 30 cm breite Furche, die von einer Seite der Fläche bis zur Mittellinie verläuft, einen Spaten tief aus. Der Versuch, möglichst viel Erde auf einmal aufzunehmen, erschwert die Arbeit nur unnötig. Es reicht völlig aus, wenn jedesmal etwa 10 bis

15 cm Erde auf dem Spaten liegt.

Die Erde aus dieser ersten Furche wird an diesem Ende des Beets neben der anderen, durch die Schnur abgeteilten Hälfte aufgehäuft. Mit dieser Erde wird die letzte Furche zum Schluß ganz aufgefüllt.

Wenn der Boden mit Mist oder Gartenkompost angereichert werden soll, verteilt man diesen mit der Gabel gleichmäßig auf der Oberfläche, wobei man etwas davon zusammen mit der aufgehäuf-

ten Erde für den letzten Graben zurückläßt.

Jetzt gräbt man einen zweiten Streifen um und wirft dabei die Erde in die erste Furche. Dabei wird der Spaten jedesmal umgedreht, so daß die ursprüngliche Oberfläche jetzt etwa 20–25 cm tief liegt.

Auf diese Weise gräbt man die erste Hälfte um und anschließend die zweite in umgekehrter Richtung. Die letzte Furche füllt man mit der Erde aus der ersten auf.

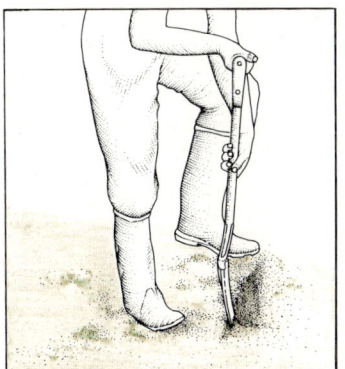 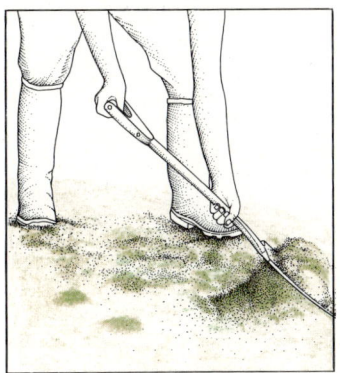 

1. Den Spaten senkrecht in den Boden stoßen

2. Mit der linken Hand den Stiel unten greifen; leicht in die Knie gehen

3. Den Spaten heben, die Beine strecken, um den Rücken zu entlasten

Ein Beet holländern (rigolen)

Um eine große Fläche zu holländern, d. h. zwei Spaten tief umzugraben, teilt man sie zunächst wie beim einfachen Umgraben mit einer Schnur in der Mitte.

Mit einer weiteren Schnur markiert man einen 60 cm breiten Streifen am Ende der einen Beethälfte und legt einen Graben von einer Spatentiefe an. Den Boden häuft man am gleichen Ende neben der anderen Beethälfte auf.

Mit der Grabgabel oder dem Spaten lockert man den Boden im Graben etwa 25 cm tief.

Wie beim einfachen Umgraben verteilt man Mist oder Kompost auf der ganzen umzugrabenden Fläche. Wenn man nur wenig Mist

oder Kompost hat, hackt man ihn erst nach dem Umgraben 10–15 cm unter.

Den Mist oder Kompost für den nächsten 60 cm breiten Streifen wirft man in den Graben. Dann verteilt man ihn gleichmäßig und arbeitet ihn mit der Grabgabel unter.

Jetzt wird der zweite 60 cm breite Streifen umgegraben; dabei wird der erste Spatenstich jeweils von der entfernteren Seite des zweiten Streifens genommen und an der Stirnseite des Grabens aufgeschüttet. Jeder Spatenstich Erde wird umgekehrt in den Graben gefüllt.

Jetzt arbeitet man die erste Beethälfte und anschließend die zweite in umgekehrter Richtung, bis der letzte Graben mit dem Boden aus dem ersten aufgefüllt wird.

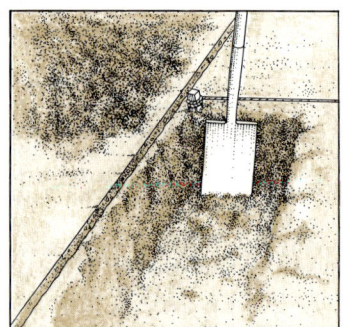

1. Aushub aus dem ersten Graben neben der zweiten Beethälfte anhäufen

2. Mit der Grabgabel Boden des Grabens lockern; Kompost unterharken

3. Den zweiten Streifen umgraben; dabei Aushub in den Graben füllen

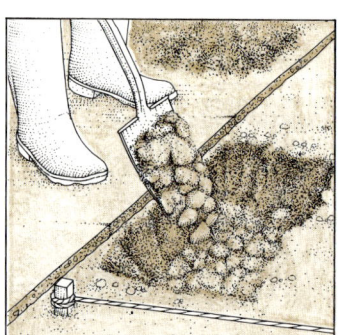

4. Den letzten Graben mit der Erde aus dem ersten füllen

Die Dränage bei Lehmböden verbessern

Die meisten Pflanzen brauchen einen gut dränierten Boden. Auch wo Wege oder Mauern gebaut werden sollen, muß der Boden entwässert sein.

Gärten mit schwerem Lehmboden oder anderem bindigen Boden sind häufig schlecht dräniert, weil die Bodenpartikel zusammenhängen und das Wasser stauen. Sandiger Boden ist im allgemeinen gut dräniert.

In einem neuen Garten kann man die Dränage prüfen, indem man ein etwa 60 cm tiefes Loch gräbt und mit Wasser füllt. Ist die Dränage gut, verschwindet das Wasser innerhalb von 24 Stunden. Bleibt das Wasser 48 Stunden oder länger stehen, muß der Boden besser entwässert werden.

Bei nicht zu bindigen Lehmböden kann man eine gewisse Dränage durch Verbesserung der Bodenstruktur erreichen. Hierfür gräbt man organische Stoffe, wie Stallmist, Kompost oder Torf, sowie anorganische Stoffe, wie scharfen Sand oder Schaumstoffe, z. B. Styromull, unter. Dieser ist im Gartenhandel in der Regel erhältlich.

Im allgemeinen nimmt man etwa einen Eimer organischen Dünger

pro Quadratmeter Boden und ein bis zwei Eimer Sand.

Wenn der Boden sehr sauer ist, kann der Lehm durch Kalken poröser gemacht werden, weil Kalk die feinen Bestandteile zu Krümeln zusammenballt.

Die zuzusetzenden Kalkmengen hängen vom Säuregrad des Bodens ab; als Faustregel kann man bei Branntkalk etwa 100 g/m², bei kohlensaurem Kalk 200 g/m² rechnen.

Der Kalk wird auf die umgegrabene Fläche verteilt und mit der obersten Bodenschicht vermischt. Man gräbt ihn nicht unter. Wenn nötig, wird der Boden alle zwei bis drei Jahre nachgekalkt.

Durchgraben einer harten Schicht Sandige Böden können schlecht dräniert sein, wenn eine dicke Schicht verdichteter Erde unter der Oberfläche liegt. Diese Schicht entsteht, wenn der Boden, z. B. beim Neubau, ständig begangen oder von schweren Fahrzeugen befahren wird. Eine solche Schicht bricht man durch Holländern oder Tiefpflügen auf.

Leidet das ganze Gelände unter anhaltender Staunässe, müssen Dränageröhren aus Ton oder Kunststoff in ungefähr 80 cm Tiefe in den Boden eingegraben werden. Das Wasser sickert in diese Röhren und wird zu einem Sammler abgeführt.

Die Bedeutung des Gießens

Von April bis September, während der Hauptwachstumszeit, ist das Gießen besonders wichtig.

Ein Gemüsegarten braucht in der Regel doppelt soviel Wasser wie ein Blumenbeet, und neu gepflanzte Bäume und Sträucher müssen bei Trockenheit sehr häufig gegossen werden, auch wenn sie sehr kräftig aussehen.

Beete, die durch eine Mauer oder Hecke vor Regen geschützt sind, brauchen mehr Wasser als frei liegende Beete. Dies gilt besonders

für Beete an der Oberseite einer Mauer, da die regenführenden Winde meist aus Südwesten kommen.

Sämlinge mit ihren kurzen Wurzeln müssen ständig überwacht und bei Bedarf gegossen werden. Rasenflächen brauchen im Normalfall weniger gegossen zu werden als Blumen- und Gemüsebeete. Das gilt jedoch nur für Gebiete mit hoher Luftfeuchtigkeit. Unter kontinentalen Klimaeinflüssen muß auch der Rasen gleichmäßig befeuchtet werden, besonders bei länger anhaltenden Trockenperioden.

Register

Halbfette Seitenzahlen bedeuten, daß es sich um einen
ausführlichen Eintrag handelt,
kursive Seitenzahlen weisen auf eine Abbildung hin

BILDNACHWEIS

Überzug Vorderseite: Mauritius/Schrempp (oben links), Mauritius/Holder (unten rechts)
ZEFA/Steinbach (unten links), ZEFA/Becker (oben rechts)
Überzug Rückseite: Mein schöner Garten/BURDA GMBH

10 Flora-Bild/Burda GmbH **11** Fotostudio Woog (1), Kinkelin/Mein schöner Garten (1) **12** Flora-Bild/Burda GmbH (1), J. Kessler (1), Roebild/Morell (1), Fotostudio Woog (1) **13** Flora-Bild/Burda GmbH (1), Mauritius/Harstrick (1) **14** Schuler-Verlag **15** Bavaria/Thomas **17** E. Gugenhan (2) **18** E. Deiser (2) **19** Mein schöner Garten/Burda GmbH **20** Kinkelin/Dols **21** Bavaria/Amann **49** E. Gugenhan (1), Roebild (1) **50** Fotostudio Woog (1), Flora-Bild/Burda GmbH (1), Bavaria/Rhisé (1), Kinkelin/Hackenberg (1) **51** Kinkelin/Dols (1), E. Gugenhan (1), F. Krautter (1) **52** ZEFA/Thonig (1), Fotostudio Woog (1), Mein schöner Garten/Burda GmbH (1), E. Gugenhan (1) **53** T. Schneiders (1), Roebild/Morell (1), Fotostudio Woog (1) **54** Flora-Bild/Burda GmbH (1), E. Gugenhan (2) **55** ZEFA/Damm (1), ZEFA/Rosenstiel (1), Bavaria/Stüvermann (1) **56** ZEFA/Walber (1), ZEFA/Schäfer (1), Mauritius/Bob (1), ZEFA/Rosenstiel (1)
145 Flora-Bild/Burda GmbH (1), E. Gugenhan (1) **146** E. Gugenhan (4), Mein schöner Garten/Burda GmbH (1) **147** E. Gugenhan (1), Kinkelin/Eigstler (1) **148** E. Gugenhan (1), Kinkelin/Eigstler (3) **149** Kinkelin/Eigstler (2) **150** E. Gugenhan (1), Kinkelin/Eigstler (2) **151** E. Gugenhan (2), Mein schöner Garten/Burda GmbH (1), Fotostudio Woog (1), Kinkelin/Eigstler (1) **152** E. Gugenhan (1), Bildarchiv Sammer (2), Roebild/Röder (1), Anthony-Verlag/Kratz (1) **185** Roebild/Röhrig-Vollmann (1), Roebild/Röhrig (1) **186** Bildarchiv Seeger (1), W. Schacht (2), Fotostudio Woog (1), Roebild/Fritsch (1) **187** Fotostudio Woog (2), Flora-Bild/Burda GmbH (1) **188** Bildarchiv Seeger (1), W. Schacht (1), E. Gugenhan (2) **189** Roebild/Röhrig-Morell (1), Roebild/Morell (1) **190** Bildarchiv Seeger (1), Mein schöner Garten/Burda GmbH (1), Flora-Bild/Burda GmbH (1) **191** W. Schacht (1), E. Gugenhan (1) **192** E. Gugenhan (2), Roebild/Morell (1), Fotostudio Woog (1)
225 E. Gugenhan **226** T. Schneiders (1), Bavaria/Harstrick (1), E. Gugenhan (1) **227** E. Gugenhan (2), E. Krautter (1), Bavaria/Stüvermann (1) **228** E. Gugenhan (1), Bavaria/Pugh (1), Fotostudio Woog (1), E. Krautter (1) **229** E. Gugenhan (2), Fotostudio Woog (1), Kinkelin/Eigstler (1) **230** E. Gugenhan (3), Kinkelin/Eigstler (1) **231** E. Gugenhan (1), Roebild/Morell (1), Kinkelin/Eigstler (1) **232** E. Gugenhan (2), Roebild (1), E. Krautter (1) **265** Flora-Bild/Burda GmbH (1), Mauritius/Kohlhaupt (1), Roebild/Müller (1) **266** Flora-Bild/Burda GmbH (1), E. Gugenhan (1), W. Schacht (1) **267** Fotostudio Woog (2), E. Gugenhan (2), Mauritius/Kohlhaupt (1) **268** E. Gugenhan (3), Flora-Bild/Burda GmbH (1), Roebild/Röder (1) **269** Mein schöner Garten/Burda GmbH (1), Roebild/Müller (1) **270** Flora-Bild/Burda GmbH (2), Roebild/Anders (1), E. Gugenhan (1) **270/271** Mauritius/Damm (1) **271** Mein schöner Garten/Burda GmbH (1), E. Gugenhan (2) **272** Roebild/Morell (1), ZEFA/Heil (1), Kinkelin/Wirz (1), Mein schöner Garten/Burda GmbH/Kinkelin (1)
337 Roebild/Müller (1), Flora-Bild/Burda GmbH (1), W. Schacht (1), E. Gugenhan (1) **338** W. Schacht (1), Flora-Bild/Burda GmbH (1), E. Gugenhan (2), Roebild/Pfältzer (1) **339** E. Gugenhan **340** Roebild/Morell (2), E. Gugenhan (1) **341** Flora-Bild/Burda GmbH (1), E. Gugenhan (1), E. Krautter (2) **342** Bavaria/Jungblut (1), Roebild/Röder (1), E. Krautter (1) **343** Mein schöner Garten/Burda GmbH (1), E. Gugenhan (1) **344** Flora-Bild/Burda GmbH (3) **377** Flora-Bild/Burda GmbH (1), E. Gugenhan (2) **378** Flora-Bild/Burda GmbH (1), E. Gugenhan (1) **379** Flora-Bild/Burda GmbH (2), Roebild/Müller (1) **380** E. Gugenhan (4), Flora-Bild/Burda GmbH (1) **381** E. Gugenhan (1), H. Bechtel (1) **382** T. Schneiders (1), ZEFA/Ernest (1), E. Gugenhan (1), H. Bechtel (2), W. Schacht (1) **383** Roebild/Müller (1), W. Schacht (2), E. Gugenhan (1) **384** Roebild/Müller (1), Mauritius (2)
411 Abbildung aus: „Ratgeber für den Blumenfreund"/Kuno Krieger **449** Schuler-Verlag **451** E. Gugenhan (2), Kinkelin/Flora-Bild (1) **452** E. Gugenhan (3) **454** Mauritius/Bob (1), Mauritius/Werner (2), Mauritius/Holder (1) **455** laenderpress (1), Mauritius/Abel (1)
529 Bildarchiv Seeger **530** E. Gugenhan (2), Flora-Bild/Burda GmbH (1), Metzner, Weinsberg (1), Dr. Schiffer (1), Bildarchiv Seeger (1) **531** Flora-Bild/Burda GmbH (1), laenderpress/Heil (1), W. Schacht (1) **532** Roebild/Morell (1), Flora-Bild/Burda GmbH (2), Bildarchiv Seeger (3) **533** Flora-Bild/Burda GmbH (1), ZEFA/Wienke (1), Bößer, Landau (1), laenderpress/Schrempp (1) **534** Flora-Bild/Burda GmbH **535** E. Gugenhan (5), laenderpress/Schrempp (1) **536** E. Gugenhan (2), Flora-Bild/Burda GmbH (1), Mauritius/Schrempp (1), Mauritius/Oechslein (1), Roebild/Schindler (1)

ZEICHNUNGEN

Norman Barber, David Baxter, Leonora Box, Helen Cowcher, Terence Dalley, Jackson Day Designs, Brian Delf, Ian Garrard, Tony Graham, Roy Grubb, Vana Haggerty, Nicolas Hail, Gary Hincks, David Hutter, Richard Jacobs, Gillian Kenny, Sarah Kensingto, Patricia Ann Lenander, Richard Lewington, Constance Marshall, Sean Milne, Thea Nockels, Charles Pickard, Charles Raymond, John Rignall, John Roberts, Anne Savage, Walter Schöllhammer, Horst Schönwalter, Kathleen Smith, Les Smith, Joyce Tuhill, John Western, Michael J. Woods, Elsie Wrigley

Besonderer Dank gilt außerdem Royal Horticultural Society's Garden, The Royal National Rose Society, Merrist Wood Agricultural College